자치통감

5

열국지와 초한지, 삼국지의 시대

資治通鑑

자치통감

5

사마광 저
신동준 역주

인간사랑

제5부 후한시대

제6부 삼국시대 1

제7부 삼국시대 2

– 자치통감 전체 차례 –

제4부 왕망시대

제5부 후한시대

제6부 삼국시대 1

제7부 삼국시대 2

** 권55-한기漢紀 47: 당고의 화를 조성하다

한환제 연희 7년(AD 164)

1) 봄 2월 16일[1], 항향충후郈鄕忠侯 황경黃瓊이 훙거했다. 안장安葬을 하려고 하자 사방의 원근에서 명사 6천-7천 명이 모였다.

당초 황경은 집에서 학생들을 교수教授했다. 자가 유자孺子인 서치徐稚가 그를 추수追隨하며 찾아와 대의大義를 묻곤 했다. 황경이 귀하게 되자 서치는 관계를 끊고 다시는 사귀지 않았다. 이때에 이르러 서치가 그의 집을 찾아가 조문했다. 술을 땅에 붓는 진뢰進酹 의식을 행하면서 애곡哀哭한 뒤 떠났다. 그를 알아보는 사람이 없었다. 여러 명사들이 상례를 주관하는 상재喪宰에게 묻자 상재가 이같이 대답했다.

"조금 전에 한 서생書生이 거칠고 얇은 조박粗薄의 옷을 입고 슬피 곡을 했는데 성과 자字를 기록하지 못했습니다."

여러 사람이 말했다.

"반드시 서유자徐孺子일 것이다."

이에 언변에 능한 진류陳留 출신 모용茅容을 뽑은 뒤 경기輕騎로 추격하게 해 도중에서 따라잡았다. 모용이 술과 고기를 사는 고주시육沽酒市

---

1 원문은 병술丙戌이다. 2월에는 '병술'이 없다. 16일을 가리키는 병진丙辰의 오사일 공산이 크다. 번역문은 바꿔 놓았다.

肉을 하자 서치가 이를 먹고 마시는 음식飮食을 했다. 그러나 나라에 관한 일인 국가지사國家之事를 묻는 모용의 질문에 대해서는 대답하지 않았다. 다시 농사에 관한 일인 가색지사稼穡之事를 묻자 비로소 이내 대답했다. 모용이 돌아와 여러 사람들에게 이를 얘기하자 혹자가 물었다.

"공자가 말하기를, '더불어 말해야 할 때 더불어 말하지 않으면 사람을 잃게 된다'[2]고 했소. 그렇다면 서유자는 사람을 잃은 것이오?"

태원太原 출신 곽태郭泰가 말했다.

"그렇지 않소. 서유자는 위인이 청결淸潔하고 고렴高廉하오. 배가 고파도 밥을 얻어먹지 않고, 추워도 옷을 얻어 입지 않소. 그러나 이번은 자가 계위季偉인 모용를 위해 음주식육飮酒食肉을 한 것이오. 이는 계위가 현명한 사람인 것을 알았기 때문이오. 국사國事에 대답하지 않은 것은 공자가 위衛나라 대부 영무자甯武子를 두고 겉으로 드러난 그의 현명한 행보를 흉내 낼 수는 있으나 나라가 무도無道할 때 그가 보여준 어리석은 듯이 보이는 행보는 흉내 낼 수 없다는 취지에서 나온 것이오."[3]

곽태는 박학博學하고 담론談論에 뛰어났다. 당초 낙양에 유학할 때 사람들이 곽태를 제대로 알아보지 못했다. 그러나 진류 출신 부융符融만은

---

2 원문은 '가여언이불여언可與言而不與言, 실인失人'이다. 『논어』「위령공」에서 공자가 더불어 말해야 할 때 더불어 말하지 않으면 사람을 잃게 되고, 더불어 말하지 않아야 할 때 더불어 말하면 말을 잃게 된다는 취지로 언급한 '가여언이불여언可與言而不與言, 실인失人. 불가여언이여지언不可與言而與之言, 실언失言' 구절에서 인용한 것이다.

3 원문은 '기지가급其智可及, 기우불가급야其愚不可及也'이다. 이는 『논어』「공야장」의 '방유도즉지邦有道則知, 방무도즉우邦無道則愚. 기지가급야其知可及也, 기우불가급야其愚不可及也' 구절에서 인용한 것이다. 공자는 위衛나라 대부 영무자甯武子의 치세와 난세를 구분해 현명하게 대처한 행보를 두고 "영무자는 나라에 도가 있을 때는 지혜롭게 처신했고, 나라에 도가 없을 때는 마치 어리석은 듯이 처신했다. 나는 그의 지혜로운 처신에는 가히 미칠 수 있으나, 어리석은 듯이 행동한 처신에는 미칠 수 없다."라고 칭송한 바 있다.

한 번 보고는 그의 탁이卓異함에 감탄했다. 곧바로 하남윤 이응에게 곽태를 소개한 이유다. 이응은 자가 임종林宗인 곽태를 상견한 뒤 이같이 말했다.

"나는 많은 선비를 보았으나 아직 곽림종郭林宗과 같은 사람은 없었소. 그는 총명한 식견이 통달한 총식통랑聰識通朗과 높고 우아하며 치밀하고 해박한 고아밀박高雅密博의 모습을 보이고 있소. 오늘의 화하華夏에서는 그런 사람을 찾아보기 어렵소."

마침내 곽태와 더불어 친교를 맺었다. 그의 명성이 경사에 널리 떨친 이유다. 이후 향리로 돌아가게 되자 의관衣冠을 차려 입은 여러 유생들이 황하 강변까지 나와 배웅했다. 수레가 수천 량兩에 달했다. 이응만이 곽태와 함께 배를 타고 황하를 건넜다. 많은 빈객들이 그 모습을 보고 신선과 같다고 했다.

곽태는 천성적으로 지인知人에 밝았고, 사류士類를 칭찬하며 가르치는 것을 좋아했다. 여러 군국郡國을 주유周遊했다. 모용茅容은 40여 세에 들판에서 밭을 갈다가 같은 무리의 사람들과 함께 나무 아래서 비를 피했다. 다른 사람들 모두 땅 위에 두 다리를 쭉 펴고 마주앉는 이거상대夷踞相對를 하고 있었으나 모용 홀로 두 무릎을 꿇고 앉는 위좌危坐의 모습으로 더욱 공경스런 태도를 보였다. 곽태가 이를 보고는 기이하게 생각해 그의 집에 머물기를 청했다.

다음날 모용이 닭을 잡아 음식을 만들었다. 곽태는 자신을 위해 만든 것으로 생각했다. 그러나 모용은 반을 잘라 모친에게 주고, 나머지 반은 주방의 찬장에 넣어 두는 기치庋置를 했다. 자신은 나물 반찬인 초소草蔬를 갖고 손님과 함께 밥을 먹었다. 곽태가 말했다.

"경의 현명함은 남다르오! 나 곽림종은 아직도 부모에게 올릴 3가지 희생물인 닭과 소와 돼지의 3생三牲을 덜어 빈려賓旅를 접대하고 있소.

경이 이와 같이 하니 바로 나의 벗이오."

곽태는 일어나서 그와 마주하고 읍揖을 한 뒤 학문을 할 것을 권했다. 결국 모용은 성덕盛德으로 명성을 떨쳤다.

거록鉅鹿 즉 거록巨鹿 출신 맹민孟敏은 태원에 있는 곽태의 집에 빈객의 자격으로 거주하는 객거客居를 했다. 시루를 들다가 땅에 떨어뜨리자 뒤도 돌아보지 않고 가버렸다. 곽태가 그 모습을 보고는 연고를 묻자 이같이 대답했다.

"시루가 이미 깨졌는데 그것을 본들 무슨 도움이 되겠소!"

곽태는 맹민이 분별력과 결단력을 지니고 있다고 생각해 함께 얘기를 나눈 뒤 그의 덕성을 알게 됐다. 이 기회에 유학遊學을 갈 것을 권했다. 마침내 맹민은 당세當世에 명성을 널리 알렸다.

진류 출신 신도반申屠蟠은 집안이 가난해 칠공漆工으로 일했다. 언릉鄢陵 출신 유승庾乘은 어려서부터 현정縣廷에서 급사給事로 일하다가 문사門士가 됐다. 곽태가 그의 모습을 보고는 기이하게 생각했다. 후에 이들 모두 명사名士가 됐다. 그밖에도 원래 백정이나 술 장사꾼인 도고屠沽 내지 병졸인 졸오卒伍로 있다가 곽태의 권고로 학업을 연마해 이름을 이룬 자가 매우 많았다.

진국陳國 출신 동자童子인 위소魏昭가 곽태를 면회할 생각으로 청했다.

"경전을 가르치는 스승인 경사經師는 쉽게 만날 수 있으나, 사람을 가르치는 스승인 인사人師는 만나기 어렵습니다. 원컨대 좌우에서 물 뿌리며 청소하는 쇄소灑掃를 공급供給하도록 하겠습니다."

곽태가 이를 허락했다.

곽태는 일찍이 몸이 좋지 않아 위소에게 명해 죽을 만들게 했다. 죽이 완성돼 곽태에게 올렸으나 곽태가 꾸짖었다.

"윗사람을 위해 죽을 쑤면서 존경의 마음을 더하지 않았는데 내가 이를 어찌 먹을 수 있겠는가!"

그러고는 그릇을 땅에 내던졌다. 위소가 다시 죽을 쑤어 올렸으나 곽태가 다시 그를 꾸짖었다. 이같이 한 것이 모두 3번에 이르렀으나 위소의 자용姿容은 전혀 변하지 않았다. 곽태가 말했다.

"나는 처음에 그대의 얼굴만 보았으나 이제는 그대의 마음을 이해할 수 있게 됐소!"

마침내 위소를 친구로 삼고 우대했다.

진류 출신 좌원左原은 군郡의 학생으로 있다가 법을 범해 쫓겨났다. 곽태가 길에서 그를 만나 주효酒餚를 차려놓고 위로했다.

"옛날 안탁취顔涿聚는 양보산梁甫山의 거도巨盜였고, 단간목段干木은 진국晉國의 큰 거간꾼인 대장大駔이었다.[4] 끝내 각각 제나라의 충신과 위魏나라의 명현名賢이 됐다. 현자로 유명한 거원蘧瑗과 안회顔回조차 오히려 아무런 잘못도 하지 않는 게 불가능했는데 하물며 나머지 사람의 경우이겠는가! 분노와 원한인 에한恚恨을 품지 말고, 자신에게서 책임을 추궁하도록 하라!"

좌원이 그 말을 받아들이고 떠났다. 혹자는 곽태가 악인과 관계를 끊지 않았다고 비방했다. 곽태가 말했다.

"사람이 어질지 못한 것을 너무 심히 미워해도 난을 일으키게 된다."[5]

---

4 원문은 '석안탁취昔顔涿聚, 양보지거도梁甫之巨盜. 단간목段干木, 진국지대장晉國之大駔'이다. 『여씨춘추』「권학」에 나오는 '안탁취는 양보산의 대도大盜였으나 공자 밑에서 공부했고, 단간목은 진晉나라의 거간꾼이었으나 공자의 수제자인 자하子夏 밑에서 공부했다.' 구절에서 인용한 것이다.

5 원문은 '인이불인人而不仁, 질지이심疾之已甚, 난야亂也'이다 『논어』「태백」에서 용기를 좋아하고 가난을 싫어하면 난을 일으키게 되고, 사람이 어질지 못한 것을 너무 심히 미워해도 난을 일으키게 된다는 취지로 언급한 '호용질빈好勇疾貧, 난야亂也. 인이불인人而不仁, 질지이심疾之已甚, 난야亂也' 구절에서 따온 것이다.

좌원은 후에 문득 분노를 품고 빈객과 결탁해 제생諸生에게 보복하려 했다. 그날 곽태는 학교에 있었다. 좌원은 이전에 했던 약속을 어긴 사실을 부끄러워하며 보복을 포기하고 떠났다. 후에 이 일이 드러나자 많은 사람들이 모두 곽태에게 감사해하며 탄복했다. 혹자가 범방范滂에게 물었다.

"곽종림은 어떤 사람이오?"

범방이 대답했다.

"은거하면서 부모님 말씀을 어기지 않았고, 정직貞直하면서도 세상과 절연하는 절속絕俗을 하지 않았소. 천자는 신하로 삼고자 했으나 그리하지 못했고, 제후는 친구로 삼고자 했으나 그리하지 못했소. 나는 그 밖의 것은 알지 못하오."

곽태는 일찍이 한안제 때 도가道家의 인물로 천거하기 시작한 유도有道로 추천됐으나 나아가지 않았다. 같은 군에 사는 송충宋沖이 평소 그의 덕성에 감복했다. 한나라 건국 이래 그런 인물이 없었다고 생각해 일찍이 그에게 출사出仕를 권했다. 곽태가 대답했다.

"나는 밤에는 천문현상인 건상乾象을 관찰하고, 낮에는 인사人事를 살피오. 하늘이 폐기하려고 하면 지탱시킬 수 없소. 나는 장차 천하를 여유있게 유람하는 우유優遊를 하다가 숨을 거두는 졸세卒歲를 할 뿐이오."

그러나 그는 오히려 경사를 두루 돌아다니며 가르치고 지도하는 회유誨誘를 그치지 않았다. 서치徐稚가 서신을 보내 경계했다.

"무릇 대목大木이 쓰러지려고 할 때는 한 가닥의 새끼줄인 일승一繩으로는 유지시킬 수 없소. 어찌하여 허둥지둥하면서 편히 쉬려 하지 않는 것이오!"

곽태가 뭔가 깨닫는 감오感寤를 했다.

"삼가 그 말에 경의를 표하고, 사표師表로 삼겠습니다."

제음濟陰 출신 황윤黃允은 준재俊才로 명성이 났다. 곽태가 그를 보고 말했다.

"경의 고재高才는 보통 사람을 뛰어넘는 절인絶人의 경지에 있소. 족히 위기偉器가 될 만하오. 나이가 40세를 넘으면 성명聲名이 널리 드러날 것이오. 그러나 그때쯤 이르면 의당 깊이 스스로를 단속해야 하오. 그리하지 않으면 장차 그런 영예를 잃게 될 것이오!"

이후 사도 원외袁隗가 조카딸을 위해 혼인관계를 맺고자 했다. 황윤을 보고는 감탄했다.

"이런 사람을 사위로 얻으면 만족할 것이다."

황윤이 그 말을 듣고는 아내 하후씨夏侯氏를 내쫓았다. 아내 하후씨는 종친을 많이 청해 놓고 이별을 했다. 이 기회에 종친 가운데 한 사람이 소매를 떨치면서 황윤이 은닉한 15가지 사실을 거론한 뒤 떠났다. 황윤이 이로 인해 당시 사람들에게 몹쓸 사람으로 지탄받았다.

당초 황윤은 한중漢中 출신 진문경晉文經과 나란히 재지才智로 원근에 명성을 떨치고 있다고 믿고, 징소나 벽소가 있을지라도 나아가지 않았다. 경사에서 병을 치료하는 요병療病을 핑계로 빈객들과 교통하지 않았다. 공경대부가 문생門生들을 보내 단모旦暮로 문질問疾했다. 낭리郎吏들은 그 집의 문 앞에서 잡좌雜坐했으나 오히려 만나볼 수 없었다. 삼공三公의 관부에서 벽소할 사람이 있으면 으레 그를 방문해 묻고, 그가 말하는 장부臧否 즉 호오에 따라 당락 즉 여탈與奪을 결정했다. 부융符融이 이응李膺에게 말했다.

"황윤과 진문경의 행업行業에 대해 들은 바가 없소. 호걸豪桀을 자처해 마침내 공경들로 하여금 문질問疾을 하고, 왕의 신하들인 왕신王臣들로 하여금 문 앞에 자리를 잡는 좌문坐門을 하게 했소. 나 부융은 저들의 하찮은 도학이 대의를 깨뜨리고, 명예를 텅 비게 만들어 실질을 어그러뜨릴까 두렵소. 특별히 주의 깊게 살펴야 할 것이오."

이응도 그리 생각했다. 황윤과 진문경은 이후 명망과 평판이 점차 시들해졌고, 빈객들도 점차 줄어들었다. 순월旬月 사이에 부끄러움을 느껴 한탄하며 달아나는 참탄도거慚歎逃去를 했다. 이후 나란히 죄를 짓고 버림을 받게 됐다.

진류 출신 구향仇香은 행동이 순수하고 조용한 지행순묵至行純嘿의 모습을 보인 까닭에 향당鄉黨에서 알아주는 자가 없었다. 나이 40세가 되어 포정蒲亭하남성 고성현의 정장亭長이 됐다. 백성 가운데 진원陳元이라는 자가 홀로 모친을 모시고 살았다. 모친이 구향을 찾아와 진원이 불효를 한다고 말하자 구향이 놀라 이같이 말했다.

"나는 근일近日 진원의 집 앞을 지나왔습니다. 거주하는 집인 여락廬落이 정돈돼 있었고, 때맞춰 본밭을 경작하고 김을 매는 경운耕耘을 하고 있었습니다. 이런 사람은 악인惡人이 아니고, 의당 교화가 아직 미치지 못했을 뿐입니다. 모친이 과부로 지내면서 애비 없는 아들을 양육하며 평생 고생하며 늙었으니 어찌 하루아침의 분노인 일단지분一旦之忿으로 오랜 기간 공들인 양육을 포기하려는 것입니까? 또 모친이 죽은 남편이 남긴 애비 없는 고아인 유고遺孤를 키워 바르게 키울 수 없으면 사자에게 지각이 있어 사후에 죽은 남편을 만나게 될 경우 무슨 면목으로 보려는 것입니까?"

모친이 눈물을 흘리며 일어났다. 구향이 친히 진원의 집으로 가서 인륜과 효행에 관해 언급하면서 화복에 비유해 설명해주었다. 진원이 감오感悟해 마침내 효자가 됐다.

고성考城 현령인 하내河內 출신 왕환王奐이 구향을 주부主簿로 임명한 뒤 이같이 말했다.

"나는 그대가 포정蒲亭의 정장으로 있을 때 진원을 처벌하지 않고 교화시켰다는 얘기를 들었소. 이는 수리와 매처럼 불효자를 강력 처벌하는 의지인 이른바 응전지지鷹鸇之志[6]가 없기에 그랬던 게 아니었소?"

구향이 말했다.

"저는 '응전'이 난새와 봉황인 난봉鸞鳳보다 못하다고 생각했기에 그리 하지 않은 것입니다."

왕환이 말했다.

"탱자나무와 가시나무 숲인 지극지림枳棘之林은 난봉鸞鳳이 모이는 곳이 아니오. 사방 100리에 불과한 곳은 대현大賢이 다스릴 곳이 아니오."

이내 1개월의 봉급을 구향에게 노자로 내주면서 태학에 입학하도록 했다. 곽태와 부융이 종이에 이름을 써 자신을 찾아보도록 하는 일종의 명함인 명자名刺를 보내 구향을 배알하고 뒤이어 유숙留宿했다. 다음날 아침인 명단明旦에 곽태가 일어난 뒤 침상에서 내려와 그에게 절하며 말했다.

"군君은 나 곽태의 스승으로, 곽태의 친구가 아닙니다."

구향이 학업을 마치고 고향으로 돌아가 비록 한가하게 머무는 연거宴居를 했으나 반드시 의복을 단정하게 하고, 처자가 그를 섬기는 것이 마치 엄군嚴君을 대하듯이 했다. 처자에게 잘못이 있으면 면관免冠한 뒤 자책自責했고, 처자가 뜰에서 잘못했다고 생각해 사죄해야 비로소 관을 썼다. 그래야 처자가 이내 마루에 올라가는 승당升堂을 할 수 있었다. 종내 그는 희로喜怒와 성색聲色의 변화를 보이지 않았다. 징벽徵辟에 응하지 않고 집에서 졸卒했다.

---

6 응전지지鷹鸇之志는 『춘추좌전』「노문공 18년」조에서 인용한 것이다. 여기에서 군주에게 무례한 자를 보면 수리와 매인 응전鷹鸇이 참새를 쫓듯 주륙하라는 취지의 '견무례어기군자見無禮於其君者, 주지여응전지축조작야誅之如鷹鸇之逐鳥雀也' 구절이 나온다.

2) 3월 계해癸亥, 운석隕石이 호현鄠縣섬서성 호현에 떨어졌다.

3) 여름 5월 19일, 경사에 우박이 내렸다.

4) 형주荊州 자사 도상度尙이 주변의 여러 만이蠻夷를 포섭해 애현艾縣강서성 수수현 일대의 도적을 쳐 대파했다. 항복한 자가 수만 명에 달했다. 계양桂陽의 오래된 도적인 숙적宿賊 복양卜陽과 반홍潘鴻 등이 달아나 깊은 산 속으로 들어갔다. 도상이 수백 리가량 끝까지 쫓아가는 궁추窮追를 해 그들의 주둔지 세 곳을 격파하고, 진보를 대거 노획했다.

복양과 반홍의 무리가 오히려 왕성해지자 도상이 그들을 치려고 했으나 사졸士卒들이 교만하고 재물이 많아지자 투지를 잃었다. 도상은 사졸들을 느슨하게 해주면 싸우지 않고, 핍박하면 반드시 도망갈 것으로 판단해 이같이 선언했다.

"복양과 반홍이 도적 노릇을 한 지 10년이나 됐다. 공수에 능하고, 현재 우리 군사는 너무 적기에 쉽게 진격할 수 없다. 의당 제군諸郡의 병사가 모두 올 때까지 기다렸다가 그때 병력幷力해 적들을 칠 것이다."

군중軍中에 거듭 영을 내리는 신령申令을 하며 임의로 사렵射獵을 해도 좋다고 허락했다. 병사들이 희열喜悅하며 직책의 대소를 막론하고 모두 출렵出獵했다. 도상이 이내 은밀히 친객親客을 잠입시켜 그들의 군영을 불살라 버렸다. 쌓아둔 진보珍積가 모두 타버렸다. 사냥을 나갔던 자들이 돌아와 그 모습을 보고는 눈물을 흘리지 않는 자가 없었다. 도상이 한 사람씩 위로하고, 불이 난 것이 자신의 책임이라며 깊이 자책한 뒤 이같이 말했다.

"복양 등이 가진 재보財寶는 족히 여러 세대 동안 부유하게 살 정도로 많다. 단지 그대들이 힘을 합쳐 싸우지 않을까 걱정할 뿐이다. 불타 없어진 것은 소소少少할 뿐이니 어찌 족히 개의介意할 만한 것이겠는가!"

무리들이 모두 발분하여 날뛰는 분용憤踊을 했다. 도상이 명을 내려 말에게 먹이를 먹이고 군사들이 깬 자리에서 아침식사를 하는 말마욕식秣馬蓐食을 하게 했다. 다음날 아침에 지름길로 도적의 주둔지로 달려갔다. 복양과 반홍 등은 자신들의 주둔지가 심고深固하다고 생각해 재차 방어 설비設備를 하지 않았다. 이사吏士들이 날카로운 기세인 예기銳氣에 올라타 마침내 적들을 깨뜨리고 평정하는 파평破平을 했다. 도상이 출병한 지 3년 만에 군구群寇가 모두 평정됐다. 그를 후향후右鄕侯에 봉했다.

5) 겨울 10월 5일, 황제가 남순南巡했다.

10월 23일, 광무제 유수의 부친과 조부 등의 묘가 있는 장릉章陵에 행차했다.

11월 1일[7], 운몽雲夢호북성 안륙현으로 행차해 한수漢水까지 갔다가 돌아와 신야新野하남성 신야현로 행차했다. 당시 공경과 귀척貴戚의 거기車騎가 1만여 기騎를 헤아렸다. 비용과 노역에 대한 징구徵求가 극에 달했다. 호가종사護駕從事인 계양 출신 호등胡騰이 상언했다.

"천자에게는 내부와 외부의 차이가 없습니다. 승여가 행차하는 곳이 바로 경사京師가 됩니다. 신은 청컨대 형주 자사를 황제를 호종하는 사례교위에 비견하기를 바랍니다. 그러면 신은 자연히 경기 일대 관원을 감찰하는 사례교위의 속관 도관종사都官從事와 같게 됩니다."

황제가 이를 좇았다. 이후 기율이 숙연해졌다. 감히 군현을 간섭하며 어지럽히는 간요干擾를 행하는 자가 없었다.

황제가 남양에 머물 때 좌우가 나란히 간리姦利를 얻고자 했다. 조서를 내려 많은 자를 낭관에 제수한 이유다. 태위 양병楊秉이 상소했다.

"태미원太微垣 별자리에 많은 별들이 모여 있습니다. 그 이름을 낭위郎

7 원문은 무진戊辰이다. 그러나 10월에는 '무진'이 없다. 11월이 누락된 것으로 보는 게 합리적이다. '무진'은 11월 1일을 가리킨다. 번역문은 이같이 바꿔 놓았다.

位라고 합니다. 들어와서는 천자를 받들어 숙위하고, 나가서는 백성을 양육하는 역할을 합니다. 의당 차마 어쩔 수 없이 하사한 은총인 불인지은不忍之恩을 입은 자들을 잘라내 욕심을 채우는 길을 끊어야 합니다."

이내 조서를 통한 관직의 제수를 중지시켰다.

6) 호강교위 단경段熲이 위수 상류 쪽에 있는 당전當煎의 강족을 격파했다.

7) 12월 4일, 거가車駕가 낙양으로 환궁했다.

8) 중상시인 여양후汝陽侯 당형唐衡과 무원후武原侯 서황徐璜이 모두 졸卒했다.

9) 당초 시중 구영寇榮은 구순寇恂의 증손자로 성격이 긍결矜潔해 사람들과 어울리는 일이 적었다. 권총權寵의 질시를 받은 이유다. 구영의 종형 아들은 황제의 누이동생인 익양장공주益陽長公主를 모시고 살았다. 황제는 구영의 종손녀를 후궁으로 들였다. 황제의 좌우가 그를 더욱 시기한 이유다. 마침내 이들이 함께 그를 무함해 종족과 함께 면관하여 고군故郡으로 돌아가게 했다. 관원들이 넌지시 지시하는 뜻을 이어받는 승망풍지承望風旨를 하여 그를 급하게 박해했다.

구영은 죽음을 면치 못할까 두려워 궁중으로 가서 스스로 변호하려 했다. 낙양에 이르기도 전에 유주幽州 자사 장경張敬은 구영이 멋대로 유배지 경계 밖을 벗어났다는 이유로 추가 탄핵을 하자 체포의 조서가 내려왔다. 구영이 달아나 숨는 도찬逃竄을 수년 동안 하다가 사면령을 만났으나 해제를 받지 못해 더욱 곤궁한 처지가 됐다. 이내 망명 도중 상서했다.

"폐하는 천하 만물을 통어統御하기에 백성의 부모가 됩니다. 이빨이 난 이상 모든 백성이 그 덕택德澤을 입는 이유입니다. 신의 형제들은 잘못이 없는데도 무고無辜히 권세를 휘두르는 전권지신專權之臣의 배척을 받게 됐습니다. 쉬파리 같은 자인 청승지인青蠅之人[8]이 함께 모의해 사건을 얽어 폐하로 하여금 자모지인慈母之仁 시행을 소홀히 하게 하고, 증삼의 어머니가 북을 내던지고 달아난 것처럼 투저지노投杼之怒[9]를 일으켰습니다. 잔학하며 아첨을 잘하는 관원인 잔첨지리殘諂之吏는 기구와 그물을 펼쳐놓고 나란히 말을 달려 앞을 다툽니다. 마치 원수를 향해 내달리는 듯해 벌주는 것이 죽음에 이르고, 머리를 깎는 곤형髡刑이 분묘의 초목을 깎는 지경에 이릅니다. 엄한 조정으로 하여금 반드시 형을 남발하도록 한 결과입니다. 이에 감히 천위天威를 뚫고 들어갈 수 없기에 스스로 산림으로 들어가 숨었습니다. 폐하가 신성神聖한 귀를 열고, 홀로 밝은 눈을 열어 구할 수 있는 사람을 구하고, 죽음에 빠진 목숨을 도와주기 바랍니다. 생각지도 못하게 쌓인 분노는 봄여름이 가도 식지 않고, 쌓인 한은 세월이 흘러도 줄어들지 않아 마침내 우역郵驛을 내달리게 해 원근에 널리 알리게 됐습니다. 엄격한 법조문은 각박해 상설霜雪보다 더 아팠고, 신을 추격하는 자는 길에 가득 차게 됐습니다. 비록 춘추시대 말기 초나라가 현상금을 내걸고 오원伍員 즉 오자서伍子胥를 붙잡으려 했고, 한고제가

---

8 청승지인青蠅之人은 『시경』「소아, 청승」에서 윙윙거리는 쉬파리가 울타리에 앉으니 인후仁厚한 우리 군주는 남의 헐뜯는 말 믿지 말라는 취지의 '영영청승營營青蠅, 지우번止于樊, 개제군자豈弟君子, 무신참언無信讒言' 표현으로 나온다. 여기서 '청승지인'은 남을 헐뜯는 쉬파리 같은 소인배를 가리키게 됐다.

9 투저지노投杼之怒는 효행으로 이름이 높은 공자의 제자 증삼의 모친이 자식이 살인한 것으로 오해한 일화에서 나온 성어이다. 어떤 사람이 증삼의 모친에게 달려와 증삼이 사람을 죽였다고 말했으나 모친이 믿지 않고 태연히 베틀에서 계속 베를 짰다. 잠시 후 또 한 사람이 달려와 같은 얘기를 했을 때도 안색 하나 변하지 않고 계속 베를 짰다. 그러나 다시 어떤 사람이 와서 같은 소식을 전하자 증삼의 모친이 마침내 북을 내던지고 베틀에서 황급히 내려와 담을 넘어 도망갔다. 여기서 사실이 아닌 거짓을 퍼뜨려 남을 무함하는 것을 뜻하는 증삼살인曾參殺人, 세 사람이 같은 말을 되풀이하면 북을 내던지고 달아난 증삼의 모친처럼 결국 미혹된다는 취지의 투저지의投杼之疑 내지 투저지혹投杼之惑 성어가 나왔다. 본문의 투저지노投杼之怒는 증삼의 모친처럼 미혹에 빠진 사람이 화를 내는 것을 가리킨다.

즉위 후 자신을 붙잡으려 했던 초나라의 의협 계포季布를 붙잡으려 했으나 저를 붙잡으려 한 것과 비교조차 할 수 없습니다. 신이 벌을 받은 이래 3번의 사면령이 있었고, 2번의 속죄 기회가 있었습니다. 증명할 길이 없는 죄목이니 족히 사면해도 충분했으나 폐하는 신을 미워하는 게 더욱 심해졌고, 유사는 신의 허물을 찾는 데 더 힘을 쏟기 시작하는 보력甫力을 했습니다. 도주하는 것을 멈추면 일거에 쓸려 내려가고, 계속 달아나면 도주범의 신세가 됩니다. 실로 산다고 해도 궁박한 사람이 궁인窮人이 되고, 끝내 자살할지라도 원통한 귀신인 원귀冤鬼가 될 뿐입니다. 하늘이 넓다고 하나 이 몸 하나 덮어줄 곳이 없고, 땅이 두텁다고는 하나 이 몸 하나 실어줄 곳이 없습니다. 흙을 밟아도 흙에 빠지는 걱정인 침륜지우沉淪之憂, 먼 곳에 바위 담장을 쌓아도 눌려서 죽는 우환인 진압지환鎭壓之患을 갖게 된 배경입니다. 만일 신이 하늘에 닿는 대죄인 원악대대元惡大憝를 범했으면 들판에 내어놓고 칼과 톱인 도거刀鋸를 마련하는 것으로 충분할 것입니다. 폐하는 의당 신이 연루된 죄목을 널리 알려 중론衆論의 의심을 풀어줘야 할 것입니다. 신은 국문國門 안으로 들어가서 억울함을 알리는 궁정 밖의 거석인 폐석肺石 위에 앉아 삼괴구극三槐九棘인 삼공에게 신의 죄를 평의하도록 하는 방안을 생각하기도 했습니다. 그러나 궁궐인 창합閶闔이 9겹인데다 함정陷穽이 걸음마다 설치돼 있고, 발가락을 들 때마다 그물인 부저罘罝에 걸리고, 움직이는 동행動行을 할 때마다 나망羅網에 걸리기에 천자인 만승萬乘 앞에 이를 수 없고, 영원히 신뢰를 받을 시기도 없다고 생각했습니다. 슬픕니다! 오랫동안 살았는데 또 다시 무엇을 하겠습니까? 대개 충신은 살신殺身으로 군주의 분노를 풀어주고, 효자는 목숨을 바치는 운명殞命으로 부모의 원한을 편안하게 합니다. 위대한 순임금이 창고를 칠하고 샘을 파는 도름준정塗廩浚井의 와중에 자신을 죽이려고 한 부친의 의도를 피하지 않고, 춘추시대 중엽 진헌공晉獻公의 세자 신생申生이 계모인 여희驪姬의 무함을 피하지 않은 이유입니다. 신이 어찌 감히 이런 도리를 잊고 자살로써 성상의 분노를 풀어주는 방안을 생각지 않을 리 있겠습니까? 빌건대 이 한 몸으로 책임을 질 터이니 폐하가 저의 형제들의 죽을 목숨을 살려주어 신의 일문이 자못 후사를 이어나갈 수 있도록 너그러이 용서하는 은혜인 관요지혜寬饒之惠를 베풀어 주기 바랍니다. 죽음에 앞서 진정陳情하는 것이기에, 이 글을 앞에 두고 읍혈泣血을 하고 있습니다!"

황제가 글을 살펴보고는 더욱 분노해 구영을 주살했다. 구씨 가문은 이로 인해 쇠폐衰廢하고 말았다.

** 起閼逢執徐, 盡柔兆敦牂, 凡三年.

孝桓皇帝延熹七年

春, 二月, 丙戌, 邟鄉忠侯黃瓊薨. 將葬, 四方遠近名士會者六七千人.

初, 瓊之教授於家. 徐稚從之咨訪大義, 及瓊貴, 稚絕不復交. 至是, 稚往弔之, 進酹, 哀哭而去, 人莫知者. 諸名士推問喪宰, 宰曰, "先時有一書生來, 衣粗薄而哭之哀, 不記姓字." 眾曰, "必徐孺子也." 於是選能言者陳留茅容輕騎追之, 及於塗. 容為沽酒市肉, 稚為飲食. 容問國家之事, 稚不答. 更問稼穡之事, 稚乃答之. 容還, 以語諸人, 或曰, "孔子云, '可與言而不與言, 失人' 然則孺子其失人乎?" 太原郭泰曰, "不然. 孺子之為人, 清潔高廉, 饑不可得食, 寒不可得衣, 而為季偉飲酒食肉, 此為已知季偉之賢故也. 所以不答國事者, 是其智可及, 其愚不可及也."

泰博學, 善談論. 初游雒陽, 時人莫識, 陳留符融一見嗟異, 因以介於河南尹李膺. 膺與相見, 曰, "吾見士多矣, 未有如郭林宗者也.

其聰識通朗, 高雅密博, 今之華夏, 鮮見其儔." 遂與為友, 於是名震京師. 後歸鄉里, 衣冠諸儒送至河上, 車數千兩, 膺唯與泰同舟而濟, 衆賓望之, 以為神仙焉. 泰性明知人, 好獎訓士類, 周遊郡國. 茅容, 年四十餘, 耕於野, 與等輩避雨樹下, 衆皆夷踞相對, 容獨危坐愈恭. 泰見而異之, 因請寓宿. 旦日, 容殺雞為饌, 泰謂為己設. 容分半食母, 餘半庋置, 自以草蔬與客同飯. 泰曰, "卿賢哉遠矣! 郭林宗猶減三牲之具以供賓旅, 而卿如此, 乃我友也." 起, 對之揖, 勸令從學, 卒為盛德. 鉅鹿孟敏, 客居太原, 荷甑墮地, 不顧而去. 泰見而問其意, 對曰, "甑已破矣, 視之何益!" 泰以為有分決, 與之言, 知其德性, 因勸令遊學, 遂知名當世. 陳留申屠蟠, 家貧, 傭為漆工. 鄢陵庾乘, 少給事縣廷為門士. 泰見而奇之, 其後皆為名士. 自餘或出於屠沽·卒伍, 因泰獎進成名者甚衆.

陳國童子魏昭請於泰曰, "經師易遇, 人師難遭, 願在左右, 供給灑掃." 泰許之. 泰嘗不佳, 命昭作粥, 粥成, 進泰, 泰呵之曰, "為長者作粥, 不加意敬, 使不可食!" 以杯擲地. 昭更為粥重進, 泰復呵之. 如此者三, 昭姿容無變. 泰乃曰, "吾始見子之面, 而今而後, 知卿心耳!" 遂友而善之. 陳留左原, 為郡學生, 犯法見斥, 泰遇諸路, 為設酒餚以慰之. 謂曰, "昔顏涿聚, 梁甫之巨盜, 段干木, 晉國之大駔, 卒為齊之忠臣, 魏之名賢. 蘧瑗·顏回尚不能無過, 況其餘乎! 慎勿恚恨, 責躬而已!" 原納其言而去. 或有譏泰不絕惡人者, 泰曰, "人而不仁, 疾之已甚, 亂也." 原後忽更懷忿結客, 欲報諸生, 其日, 泰在學, 原愧負前言, 因遂罷去. 後事露, 衆人咸謝服焉. 或問范滂曰, "郭林宗何如人?" 滂曰, "隱不違親, 貞不絕俗, 天子不得臣, 諸侯不得友, 吾不知其它." 泰嘗舉有道, 不就, 同郡宋沖素服其德, 以為自漢元以來, 未見其匹, 嘗勸之仕. 泰曰, "吾夜觀乾象, 晝察人事, 天之所廢, 不可支也, 吾將優遊卒歲而已.” 然猶周旋京師, 誨誘不息. 徐穉以書戒之曰, “夫大木將顛, 非一繩所維, 何為棲棲不遑寧處!” 泰感寤曰, “謹拜斯言, 以為師表.” 濟陰黃允, 以俊才知名, 泰見而謂曰, “卿高才絕人, 足成偉器, 年過四十, 聲名著矣. 然至於此際, 當深自匡持, 不然, 將失之矣!” 後司徒袁隗欲為從女求姻, 見允, 歎曰, “得婿如是, 足矣.” 允聞而黜遣其妻. 妻請大會宗親為別, 因於眾中攘袂數允隱慝十五事而去, 允以此廢於時.

初, 允與漢中晉文經幷恃其才智, 曜名遠近, 徵辟不就. 託言療病京師, 不通賓客, 公卿大夫遣門生旦暮問疾, 郎吏雜坐其門, 猶不得見. 三公所辟召者, 輒以詢訪之, 隨所臧否, 以為與奪. 符融謂李膺曰, “二子行業無聞, 以豪桀自置, 遂使公卿問疾, 王臣坐門, 融恐其小道破義, 空譽違實, 特宜察焉.” 膺然之. 二人自是名論漸衰, 賓徒稍省, 旬月之間, 慚歎逃去, 後幷以罪廢棄. 陳留仇香, 至行純嘿, 鄉黨無知者. 年四十, 為蒲亭長. 民有陳元, 獨與母居, 母詣香告元不孝. 香驚曰, “吾近日過元舍, 廬落整頓, 耕耘以時, 此非惡人, 當是教化未至耳. 母守寡養孤, 苦身投老, 奈何以一旦之忿, 棄歷年之勤乎! 且母養人遺孤, 不能成濟, 若死者有知, 百歲之後, 當何以見亡者!” 母涕泣而起, 香乃親到元家, 為陳人倫孝行, 譬以禍福之言, 元感悟, 卒為孝子. 考城令河內王奐署香主簿, 謂之曰, “聞在蒲亭, 陳元不罰而化之, 得無少鷹鸇之志邪?” 香曰, “以為鷹鸇不若鸞鳳, 故不為也.” 奐曰, “枳棘之林非鸞鳳所集, 百里非大賢之路.” 乃以一月奉資香, 使入太學. 郭泰·符融繼刺謁之, 因留宿. 明旦, 泰起, 下床拜之曰, “君, 泰之師, 非泰之友也.” 香學畢歸鄉里, 雖在宴居, 必正衣服, 妻子事之若嚴君. 妻子有過, 免冠自責, 妻子庭謝思過, 香冠, 妻子乃敢升堂, 終不見其喜怒聲色之異. 不應徵辟, 卒於家.

三月, 癸亥, 隕石於鄠.

夏, 五月, 己丑, 京師雨雹.

荊州刺史度尚募諸蠻夷擊艾縣城, 大破之, 降者數萬人. 桂陽宿賊卜陽·藩鴻等逃入深山. 尚窮追數百里, 破其三屯, 多獲珍寶. 陽·鴻黨眾猶盛, 尚欲擊之, 而士卒驕富, 莫有鬪志. 尚計緩之則不戰, 逼之必逃亡, 乃宣言曰, "卜陽·藩鴻作賊十年, 習於攻守, 今兵寡少, 未易可進, 當須諸郡所發悉至, 乃并力攻之." 申令軍中恣聽射獵, 兵士喜悅, 大小皆出. 尚乃密使所親客潛焚其營, 珍積皆盡. 獵者來還, 莫不潤涕. 尚人人慰勞, 深自咎責, 因曰, "卜陽等財寶足富數世, 諸卿但不并力耳, 所亡少少, 何足介意!" 眾咸憤踊. 尚敕令秣馬蓐食, 明旦, 逕赴賊屯, 陽·鴻等自以深固, 不復設備, 吏士乘銳, 遂破平之. 尚出兵三年, 群寇悉定, 封右鄉侯.

冬, 十月, 壬寅, 帝南巡. 庚申, 幸章陵. 戊辰, 幸雲夢, 臨漢水, 還, 幸新野. 時公卿·貴戚車騎萬計, 徵求費役, 不可勝極. 護駕從事桂陽胡騰上言曰, "天子無外, 乘輿所幸, 即為京師. 臣請以荊州刺史比司隸校尉, 臣自同都官從事." 帝從之. 自是肅然, 莫敢妄干擾郡縣. 帝在南陽, 左右并通姦利, 詔書多除人為郎, 太尉楊秉上疏曰, "太微積星, 名為郎位, 入奉宿衛, 出牧百姓, 宜割不忍之恩, 以斷求欲之路." 於是詔除乃止.

護羌校尉段熲擊當煎羌, 破之.

十二月, 辛丑, 車駕還宮.

中常侍汝陽侯唐衡·武原侯徐璜皆卒.

初, 侍中寇榮, 恂之曾孫也, 性矜潔, 少所與, 以此為權寵所疾. 榮從兄子尚帝妹益陽長公主, 帝又納其從孫女於後宮. 左右益忌之, 遂共陷以罪, 與宗族免歸故郡, 吏承望風旨, 持之浸急. 榮恐不免, 詣闕自論. 未至, 刺史張敬追劾榮以擅去邊, 有詔捕之. 榮逃竄數年, 會赦, 不得除, 積窮困, 乃自亡命中上書曰, "陛下統天理物, 作民父母, 自生齒以上, 咸蒙德澤. 而臣兄弟獨以無辜, 為專權之臣所見批抵, 青蠅之人所共構會, 令陛下忽慈母之仁, 發投杼之怒. 殘諂之吏, 張設機網, 幷驅爭先, 若赴仇敵, 罰及死沒, 髡剔墳墓, 欲使嚴朝必加濫罰. 是以不敢觸突天威而自竄山林, 以俟陛下發神聖之聽, 啟獨睹之明, 救可濟之人, 援沒溺之命. 不意滯怒不為春夏息, 淹恚不為歲時怠, 遂馳使郵驛, 布告遠近, 嚴文克剝, 痛於霜雪, 逐臣者窮人途, 追臣者極車軌. 雖楚購伍員, 漢求季布, 無以過也. 臣遇罰以來, 三赦再贖, 無驗之罪, 足以蠲除. 而陛下疾臣愈深, 有司咎臣甫力, 止則見掃滅, 行則為亡虜, 苟生則為窮人, 極死則為冤鬼, 天廣而無以自覆, 地厚而無以自載, 蹈陸土而有沉淪之憂, 遠巖牆而有鎮壓之患. 如臣犯元惡大憝, 足以陳原野, 備刀鋸, 陛下當班布臣之所坐, 以解眾論之疑. 臣思入國門, 坐於肺石之上, 使三槐九棘平臣之罪, 而閶闔九重, 陷阱步設, 舉趾觸罘罝, 動行絓羅網, 無緣至萬乘之前, 永無見信之期. 悲夫, 久生亦復何聊! 蓋忠臣殺身以解君怒, 孝子殞命以寧親怨, 故大舜不避塗廩·浚井之難, 申生不辭姬氏讒邪之謗. 臣敢忘斯義, 不自斃以解明朝之忿哉! 乞以身塞責, 願陛下丐亡兄弟死命, 使臣一門頗有遺類, 以崇陛下寬饒之惠. 先死陳情, 臨章泣血!" 帝省章愈怒, 遂誅榮, 寇氏由是衰廢.

한환제 연희 8년(AD 165)

1) 봄 정월, 황제가 중상시 좌관左悺을 고현苦縣하남성 녹읍현으로 보내 노자老子를 제사하게 했다.

2) 발해왕 유회劉悝는 평소 행동이 험벽險僻한데다 참람하고 오만해

불법을 많이 저질렀다. 북군중후北軍中候인 진류 출신 사필史弼이 밀봉한 건의 서신인 봉사封事를 올렸다.

"신이 듣건대, 제왕은 친척을 대할 때 친애가 비록 융숭할지라도 반드시 위엄을 보여야 하고, 신분이 비록 존귀할지라도 반드시 법도로 금지해야 한다고 했습니다. 이같이 하면 화목지도和睦之道가 일어나고, 골육지은骨肉之恩이 이뤄집니다. 가만히 듣건대, 발해왕 유회劉悝는 밖으로 사납고 경박한 표경剽輕의 불령지도不逞之徒를 모으고, 안으로 거친 모습으로 주악酒樂을 즐기며 출입이 무상無常하고, 함께 지내는 자들 모두 집에서 버리다시피 한 자식과 조정에서 물리친 신하들이라고 합니다. 반드시 한경제 때 원앙袁盎을 척살한 양승羊勝과 한무제 때 회남왕과 함께 반란을 꾀한 오피伍被의 변란과 유사한 사건이 있을 것입니다. 주州의 관사官司는 감히 규탄糾彈을 못하고, 사부와 재상도 보좌하며 바로잡는 광보匡輔를 못하고, 폐하는 형제간의 우애가 융성해 차마 막고 끊는 알절遏絕을 못하고 있습니다. 아마 끝내 이런 일이 만연해지는 자만滋蔓으로 인해 해악이 더욱 넓고 크게 번질까 두렵습니다.

빌건대 신의 주소奏疏를 공개해 백료百僚에게 선시宣示하고, 법에 따라 공평히 처리하십시오. 법으로 판결해 죄가 정해지면 차마 시행하기 어려운 조서를 내리십시오. 신하들이 법에 따라 사안을 처리해야 한다고 고집하면 조금 지난 뒤 이를 허락하십시오. 이같이 하면 성조聖朝에서 친척에게 상처를 입혔다는 비난이 사라질 것이고, 발해왕 또한 봉국을 향유하는 경사를 맞게 될 것입니다. 그리하지 않으면 장차 대옥大獄이 있을까 두렵습니다."

황상이 듣지 않았다. 발해왕 유회가 과연 부도不道한 일을 꾀하자 유사가 봉국 폐지를 청했다. 황제는 조서를 내려 발해왕을 영도왕癭陶王으로 폄강貶降한 뒤 1개 현縣을 식읍으로 내렸다.

3) 1월 30일, 일식이 있었다. 조서를 내려 공경과 교위校尉에게 관원 후보자인 현량賢良과 방정方正을 천거하게 했다.

4) 천추만세전千秋萬歲殿에 화재가 났다.

5) 중상시 후람侯覽의 동생 후삼侯參이 익주益州 자사로 있었다. 잔포殘暴하고 탐람貪婪해 쌓아둔 재산이 1억 전을 헤아렸다. 태위 양병楊秉이 주청해 함거檻車로 후삼을 불러들이도록 했다. 후삼이 도중에 자살했다. 그의 수레는 무게가 300여 량兩에 달했다. 모두 금은金銀과 금백錦帛으로 꾸며져 있었다. 양병이 상주했다.

"신이 구전舊典을 살펴보니 환관은 본래 궁궐인 성달省闥의 급사給使로 있으면서 날이 어두워지면 야간경비를 하는 사혼수야司昏守夜를 담당했습니다. 지금은 외람되게도 과분한 은총을 받아 정권을 잡고 권력을 휘두르는 집정조권執政操權을 하고 있습니다. 붙어서 아부하는 부회자附會者에 대해서는 공무를 구실로 포거褒擧하고, 뜻을 거스르는 위오자違忤者에 대해서는 사안을 찾아 중상中傷합니다. 사는 곳은 왕공王公을 본받고, 부유함은 나라를 본뜨고, 음식은 진수성찬인 효선餚膳을 다하고, 복첩僕妾까지 비단을 몸에 두르고 있습니다. 중상시 후람의 동생인 후삼은 탐욕스럽고 잔인한 탐잔貪殘의 행보로 으뜸가는 악행인 원악元惡을 저질러 스스로 화를 자초해 죽었습니다. 후람은 후삼의 죄가 깊고 무거운 흔중釁重의 모습을 보인 것을 알고 있었고, 반드시 스스로도 의심하는 마음인 자의지의自疑之意를 갖고 있었습니다. 신은 어리석으나 의당 다시는 그가 황상의 친근親近으로 있는 모습을 보여서는 안 된다고 생각합니다. 옛날 춘추시대 중엽 제의공齊懿公은 병촉邴歜의 죽은 아비에게 벌을 내렸고, 염직閻職의 아내를 빼앗았습니다. 그런데도 두 사람을 참승參乘하도록 한 탓에 문득 죽림 속에서 죽는 난을 당했습니다.[10] 후람은 의당 속히 물리쳐 호랑이에게 던져주어야 하고, 이런 사람에겐 결하고 용서를 베풀어서도 안 됩니다. 청컨대 면관한 뒤 본군本郡으로 보내야 할 것입니다."

상서가 올라가자 상서가 양병 휘하의 태위부 연속掾屬을 불러 힐문했다.

"관직을 만들고 직책을 나누는 설관분식設官分職을 하면 각각 담당부서인 유사有司가 존재하오. 삼공은 외조外朝를 통솔하고, 어사御史는 궁내를 감찰하오. 현재 직분을 뛰어넘어 환관에 대해 주문奏文을 올린 것은 경전經典과 한나라 제도 가운데 어디에 근거를 둔 것이오? 이를 공개적으로 자세히 대답하도록 하시오!"

양병이 이같이 대답하게 했다.

"『춘추좌전』에 이르기를, '신하는 군주가 미워하는 자를 제거하는 일에 오직 모든 힘을 다해 완수할 뿐이다'[11]라고 했다. 한문제 때 태중대부 등통鄧通이 해만懈慢한 모습을 보이다가 승상 신도가申屠嘉에게 불려가

---

10 『춘추좌전』「노문공 18년」조에 일화가 나온다. 이에 따르면 제의공은 공자일 때 병촉邴歜의 부친과 땅 문제를 놓고 다퉜으나 이기지 못했다. 그는 즉위 후 병촉의 죽은 아비 무덤을 헤쳐 시체를 꺼낸 뒤 발목을 끊는 형벌을 가하고, 병촉에게 자신의 수레를 몰도록 했다. 또 그는 신하 염직閻職의 아내를 빼앗은 뒤 염직을 수레 오른편의 타는 거우車右인 참승驂乘으로 삼았다. 기원전 609년 5월, 제의공이 신지申池에서 노닐고 있을 때 병촉과 염직이 연못에서 함께 목욕을 했다. 병촉이 말채찍으로 염직을 때리자 염직이 크게 화를 냈다. 병촉이 힐난하기를, "다른 사람이 네 마누라를 빼앗아도 성내지 않았는데 내가 너를 한 번 때린 것이 무슨 문제가 있겠는가?"라고 했다. 염직도 병촉을 힐난하기를, "제 아비의 발목을 끊어도 원망할 줄 모르는 자는 어떠한가?"라고 했다. 이내 두 사람이 제의공을 죽인 뒤 시체를 대나무 밭에 내버리고 달아났다.

11 원문은 '제군지악除君之惡, 유력시시唯力是視'이다. 『춘추좌전』「노희공 24년」조에서 인용한 것이다. 이에 따르면 기원전 636년 봄, 진문공晉文公은 즉위 직후 자신의 망명 시절에 부친인 진헌공晉獻公의 명을 받아 자신을 죽이려 했던 환관 발제勃鞮피披의 알현 요청을 거부했다. 발제가 항변하기를, "신하로서 군명君名을 받들 때는 두 마음이 없어야 하니 이는 고래의 법도입니다. 신하는 군주가 미워하는 자를 제거하는 데에 오직 모든 힘을 다해 이를 완수할 뿐입니다."라고 했다. 진문공은 발제의 제보 덕분에 반란을 꾀한 자들의 척살 음모를 가까스로 피할 수 있었다.

힐문을 당했고, 황제가 사람을 보내 사정을 한 덕분에 겨우 목숨을 구한 적이 있다. 한나라의 고사故事에 따르면 삼공은 통솔하지 않는 게 없다."

상서가 더 이상 따질 수 없었다. 황제가 부득이 결국 후람을 면관시켰다. 사례교위 한연韓縯이 이를 계기로 좌관左悺의 죄악을 비롯해 그의 형이자 태복太僕인 남향후南鄕侯 좌칭左稱이 주군州郡에 청탁해 취렴聚斂한 간악한 짓과 빈객들의 방종한 이민吏民 침범 사례를 상주했다. 좌관과 좌칭 모두 자살했다.

한연은 또 중상시 구원具瑗의 형이자 패국沛國의 재상인 구공具恭의 뇌물죄인 장죄臧罪를 상주했다. 황제가 소환해 정위에게 가도록 했다. 구원이 감옥에 들어가 사죄했으나 황상이 동무후東武侯의 인수를 환수하고, 조서를 내려 도향후都鄕侯로 폄강했다. 선초單超와 서황徐璜, 당형唐衡처럼 봉지를 이어받은 자들 역시 향후鄕侯로 폄강됐고, 자제로서 분봉된 자들 모두 작위와 봉지인 작토爵土를 박탈당했다. 유보劉普 등은 폄강돼 관내후關內侯가 됐고, 윤훈尹勳 등도 모두 작위를 박탈당했다.

6) 황제의 내총內寵이 많았다. 궁녀가 5천-6천 명에 달했다. 일을 부리고 심부름을 하는 구역종사驅役從使는 이보다 2배 이상 많았다. 등후鄧后는 존귀함을 믿고 교만하며 투기하는 교기驕忌의 모습을 보였다. 황제가 총행하는 곽귀인郭貴人과 서로 참소譖訴한 게 그렇다.

2월 27일, 황후 등씨를 폐하고 폭실暴室로 보내자 등씨가 이내 근심으로 죽는 우사憂死를 했다. 하남윤 등만세鄧萬世와 호분중랑장 등회鄧會 모두 하옥돼 주살됐다.

7) 호강교위 단경段熲이 위수 상류의 한저罕姐 지역 강족을 격파했다.

8) 3월 16일, 천하에 사면령을 내렸다.

9) 완릉宛陵안휘성 신성현 일대의 대성大姓인 양원군羊元群이 북해군北海郡에서 파직됐다. 뇌물을 주고받은 장오臧汚 행각이 낭자狼籍했다. 군청

의 변소인 혼헌溷軒이 기교奇巧하게 장식돼 있었다. 그는 그것을 수레에 싣고 향리로 돌아갔다. 하남윤 이응이 표문을 올려 그의 죄를 조사할 것을 청했다. 양원군이 환관에게 뇌물을 보내자 이응이 오히려 죄에 연루됐다.

당시 선초單超의 동생 선천單遷이 산양山陽 태수로 있다가 죄를 범해 하옥됐다. 정위廷尉 풍곤馮緄이 조사를 하다가 치사하게 만들었다. 중관中官 즉 환관들이 무리를 만들어 풍곤을 죄로 다스려야 한다고 무고했다. 당시 중상시 소강蘇康과 관패管霸가 천하의 양전良田과 좋은 직업인 미업美業을 강점했으나 주군에서는 감히 따지지 못했다. 대사농 유우劉祐가 땅 소재지에 문서를 보낸 뒤 토지등급의 법령인 과품科品에 의거해 몰수했다. 황제가 대로한 나머지 이응과 풍곤을 좌천시켜 좌교左校 밑에서 노역하게 했다.

10) 여름 4월 19일, 한혜제의 능묘인 안릉安陵의 원침園寢에서 화재가 났다.

11) 4월 22일, 조서를 내려 군국에 있는 모든 잡스런 사당인 음사淫祀를 부수게 했다. 특별히 낙양의 왕환王渙과 밀현密縣의 탁무卓茂를 기리는 사당은 남겨두었다.

12) 5월 22일, 태위 양병楊秉이 훙거했다. 양병은 위인이 청백清白하고 과욕寡欲했다. 그는 일찍이 이같이 말했다.

"나에게는 3가지 미혹되지 않는 이른바 '3불혹三不惑'이 있다. 주酒와 색色과 재財가 그것이다."

양병이 죽자 그가 천거한 현량인 광릉廣陵 출신 유유劉瑜가 이내 경사에 와 상서했다.

"중관中官이 부당하게 어깨를 나란히 하는 비견比肩을 하여 봉토封土를 하사받는 열토裂土를 하고 있습니다. 이어 다퉈 후사인 윤사胤嗣를 세운 뒤 대를 이어 작위를 전하는 계체전작繼體傳爵을 하고 있습니다. 궁녀는 보충돼 계속 쌓이는 폐녀충적嬖女充積으로 인해 일하지도 않고 밥을 먹으며 궁궐의 곳간을 텅 비게 하는 용식공궁冗食空宮이 진행됨으로써 백성에게 상처를 입히고 나라의 재화를 소비하고 있습니다. 게다가 저택인 제사第舍가 마구 늘어나면서 기이한 장식인 기교가 궁극窮極을 달리고 있습니다. 산을 파고 돌을 깨는 일에 엄형嚴刑을 다급하게 적용하고, 주군州郡의 관부官府에서 각자 일을 심사하자 간사한 자들은 뇌물을 주어 일을 처리하려 들어 모두 간리奸吏의 먹이가 되고 있습니다. 백성들은 시름에 겨운 나머지 울적한 마음이 맺혀 들고 일어나 도적의 무리에 들어가고, 관부는 번번이 군사를 일으켜 그들의 죄를 토벌하고 있습니다. 빈곤한 백성은 때로 그 수급首級을 팔아 보수와 상금을 받기 위해 부형父兄은 서로를 도둑으로 신고해 몸을 해치게 만들고, 처자는 서로 분열되는 일이 행해지고 있습니다. 또 폐하는 미행微行으로 근습近習한 자의 집으로 가거나, 사사로이 환자宦者의 집으로 행차하는 것을 좋아합니다. 빈객들은 사리를 취하기 위해 이 사실을 시장에 팔아먹는 시매市買를 하며 고기를 연기로 굽는 훈작熏灼처럼 도로를 횡행하고 있습니다. 폭력과 방종이 난무하고 있는데도 용납지 않는 게 없는 실정입니다. 오직 폐하가 간언하는 언로인 간도諫道를 활짝 여는 개광開廣을 하여 옛날의 고사를 널리 살피는 박관전고博觀前古의 자세로 영사佞邪한 자를 멀리하고, 음탕한 무리인 정鄭나라와 위衛나라의 소리를 추방하는 길밖에 없습니다. 그러면 정사가 화평和平에 이르고, 은덕이 상서로운 기풍인 서풍祥風을 감동시킬 것입니다."

조서를 내려 특별히 유유를 부른 뒤 재난과 허물인 재구災咎가 빚어질 징조를 묻게 했다. 집정자執政者들은 유유로 하여금 자신의 말이 틀린 것으로 말하게 한 뒤 다른 사건을 갖고 다시 대책문對策文을 바치도록 했다. 유유가 다시 정성을 기울여 8,000여 마디로 된 대책문을 올렸다. 그

글이 이전보다 훨씬 절절했다. 유유를 조정의 득실을 논하는 낭중령郎中令 휘하의 의랑議郎에 제수했다.

13) 형주荊州의 병사 주개朱蓋 등이 반기를 들었다. 계양桂陽의 도둑 호란胡蘭 등과 함께 다시 계양을 공격하자 태수 임윤任胤이 성을 버리고 달아났다. 도적의 무리가 마침내 수만 명에 이르게 됐다. 이들은 이리저리 다니다가 영릉零陵호남성 영릉현을 공격했으나 태수인 하비下邳 출신 진구陳球가 굳게 수비하며 이들을 막았다.

영릉은 땅이 낮고 습한 까닭에 나무를 엮어 성을 만들었다. 군중郡中의 백성들이 황공惶恐해 한 이유다. 연사掾史가 진구에게 가족을 안전한 곳으로 피난避難시킬 것을 권하자 진구가 화를 냈다.

"태수는 군사동원 신표인 나라의 호부虎符를 나눠 갖고 한 지역을 위임받아 담당하는 자이다. 어찌 처자식인 처노妻孥만 생각해 국위國威를 저상沮喪시킬 수 있단 말인가! 다시 말하는 자는 참할 것이다!"

이에 큰 나무를 구부려 활을 만들고, 창에 매달린 깃털을 화살로 삼고, 기계를 끌어와 잇달아 발사함으로써 도적을 대거 살상했다. 도적들이 격류激流를 끌어와 성 안으로 흘려보냈으나, 진구는 번번이 지세를 이용해 반대로 둑을 터뜨려 도적이 있는 곳을 물에 잠기게 했다. 서로 대치하는 상거相拒를 10여 일 동안 했으나 함락시키지 못했다.

바로 이때 도상度尙이 징소돼 경사로 돌아왔다. 조서를 내려 중랑장으로 삼은 뒤 보기步騎 2만 명을 이끌고 진구를 구원하게 했다. 또 제군諸郡의 병사를 이끌고 힘을 합쳐 도적을 토격討擊하게 했다. 결국 도적을 대파한 뒤 계양의 도적 우두머리인 호란 등을 비롯한 3,000여 수급을 베었다. 다시 도상을 형주 자사로 삼았다. 이때 창오蒼梧 태수 장서張敍가 도적에게 붙잡힌 뒤 계양 태수 임윤 등과 함께 모두 기시棄市됐다.

호란의 잔당이 남쪽으로 가서 창오로 달아났으나 교지交趾 자사 장반

張磐이 격파했다. 도적들이 다시 형주의 경계로 환입還入했다. 도상度尙이 자신에게 책임이 돌아올까 두려운 나머지 이내 거짓으로 창오의 도적들이 형주의 경계로 들어왔다고 상언했다. 이로 인해 장반을 불러들여 정위에게 내려 보냈다. 사건 서류인 사장辭狀이 아직 심사를 받기 전에 마침 사면령이 내려져 용서받을 수 있었으나 장반은 출옥할 생각을 하지 않았다. 바야흐로 다시 옥에 집어넣고 형구를 채운 뒤 옥리獄吏가 물었다.

"천은天恩이 크게 넓은 광연曠然의 모습을 보이는데도 군君은 옥 밖으로 나가려 하지 않으니 그 연고가 무엇이오?"

장반이 대답했다.

"나 장반의 지위는 방백方伯이었으나 도상이 진실을 왜곡해 죄를 받아 옥에 들어오게 됐소. 무릇 일에는 허실虛實, 법에는 시비是非가 있는 법이오. 나 장반은 실제로 허물이 없어 사면을 할지라도 없애야 할 죄목이 없소. 만일 구차스럽게 사면되는 것을 참게 되면 영원히 침해와 모욕을 받는 수치인 침욕지치侵辱之恥를 당하게 되오. 살아도 악한 관리인 악리惡吏, 죽어도 다 해진 귀신인 폐귀敝鬼 취급을 받게 되오. 빌건대 도상이 정위에 가서 조사를 받아야 한다고 전해주고, 얼굴을 맞대고 곡직을 가리면 진위를 충분히 밝힐 수 있을 것이오. 도상이 소환되지 않으면 나 장반은 감옥에 뼈를 묻은 채 끝내 헛되이 나가지 않고, 먼지를 바라보며 왜곡된 죄의 대가를 받는 망진수왕望塵受枉을 할 것이오!"

정위가 그 진상을 황상에게 올리자 조서를 내려 도상을 불러 정위로 가게 했다. 도상은 말이 궁해진 나머지 죄를 받게 됐으나 전에 세운 공적 덕분에 용서받을 수 있었다.

14) 윤7월 1일, 북문을 경비하는 관청인 남궁南宮의 삭평서朔平署에 화재가 났다.

15) 단경段熲이 서강西羌을 격파한 뒤 진병進兵하여 끝까지 추격하는

궁추窮追를 했다. 산과 계곡을 전전展轉해 뒤지는 과정에서 봄에서 가을까지 단 하루도 싸우지 않은 날이 없었다. 서강의 잔병이 마침내 패산敗散했다. 무릇 참수한 숫자가 23,000급에 달했고, 포로로 잡은 자가 수만 명이고, 항복한 자는 1만여 부락이나 됐다. 단경을 도향후都鄕侯에 봉했다.

16) 가을 7월, 의론을 담당하는 태중대부太史大夫 진번陳蕃을 태위로 삼았다. 진번은 태상 호광胡廣과 의랑 왕창王暢, 형 집행이 정지된 이형도弛刑徒 이응李膺에게 양보하고자 했으나 황제가 불허했다.

왕창은 왕공王龔의 아들로 일찍이 남양 태수로 있을 때 그 지역에 사는 많은 귀척貴戚과 호족豪族을 싫어해 하거下車하자마자 열심히 위맹威猛을 떨쳤다. 대성大姓이 범법을 하면 때로는 관원을 시켜 그 집을 허물거나 나무를 베는 발옥벌수發屋伐樹와 우물과 아궁이를 메우는 인정이조堙井夷竈를 했다. 공조功曹 장창張敞이 주기奏記로 간했다.

"한경제 때 촉군 태수를 지낸 문옹文翁과 서주의 건국공신인 소공召公 석奭, 광무제 때 태부를 지낸 탁무卓茂 등이 모두 온후한 정사를 펼쳐 그 소문이 후대까지 전해졌습니다. 집을 허물거나 나무를 베는 '발옥벌수'는 엄렬嚴烈해 비록 징악懲惡이라고는 해도 후대까지 오래도록 알려지기는 어렵습니다. 이 남양군은 구도舊都로 천하의 도성에서 1,000리 떨어진 전복甸服 내지 1,500리 떨어진 후복侯服의 나라입니다. 선조의 원묘園廟는 장릉章陵하남성 조양현에 있고, 광무제의 부인인 음려화와 한화제의 부인인 음황후와 등수 등 3명의 황후는 신야현新野縣 출신입니다. 한나라가 중흥한 이래 공신功臣과 장상將相이 세대를 이어 융성했습니다. 어리석게도 간절한 자세로 형벌을 사용하는 간간용형懇懇用刑은 은혜를 베푸는 행은行恩만 못하고, 부지런히 간인奸人을 잡아내는 자자구간孶孶求奸은 현자를 예우하는 예현禮賢만 못하다고 저는 생각합니다. 순임금이 고요皐陶를 천거하자 불인자不仁者가 멀리 떠났습니다. 사람에 대한 교화는 덕에 있지, 형벌에 있는 게 아닙니다."

왕창이 그의 말을 깊이 받아들여 새로이 관정寬政을 존숭하는 자세로 정사를 펼쳤다. 교화敎化가 크게 행해진 이유다.

17) 8월 6일, 처음으로 군국郡國에 농지를 가진 유전자有田者로부터 넓이 단위인 무畝에 따라 세전稅錢을 거두게 했다.

18) 9월 15일, 경사에 지진이 났다.

19) 겨울 10월, 사공 주경周景이 면직됐다. 태상 유무劉茂를 사공으로 삼았다. 유무는 한안제 때 태위를 지낸 유개劉愷의 아들이다.

20) 낭중郎中 두무竇武는 두융竇融의 현손玄孫으로, 그의 딸이 귀인貴人이 됐다. 비빈의 제2급인 채녀采女 전성田聖이 황제로부터 총애를 입었다. 황제는 장차 그녀를 황후로 삼고자 했다. 사례교위 응봉應奉이 상서했다.

"모후母后는 고귀한 존재인 까닭에 흥폐興廢의 원인이 됩니다. 한성제 때 조비연趙飛燕을 황후로 세우는 바람에 윤사胤嗣가 민절泯絶된 바 있습니다. 의당 요조숙녀窈窕淑女는 군자의 좋은 배필인 군자호구君子好逑에 해당한다고 한 『시경』「관저關雎」의 취지를 좇아 5가지 금기대상의 여인[12]은 멀리 해야 할 것입니다."

태위 진번 역시 전씨田氏는 비미卑微한 집안인 데 반해 두씨竇氏는 양가良家 출신인 점을 거론하며 완고하게 다투었다. 황제가 부득이했다.

10월 20일, 두귀인竇貴人을 황후로 세우고, 두무竇武를 특진 겸 성문교위城門校尉에 제수하고, 괴리후槐里侯에 봉했다.

---

12 원문은 오금지소기五禁之所忌이다. 『후한서』「양리적응곽원서열전楊李翟應霍爰徐列傳」의 구절을 인용한 것이다. 5가지 문제를 지닌 여인은 아내로 맞이하지 않는 것을 말한다. 『한시외전韓詩外傳』에 따르면 첫째, 부인의 상을 당한 사람의 장녀인 상부지장녀喪婦之長女이다. 명운을 제대로 받지 못했기 때문이다. 둘째, 대대로 바쁜 질병이 있는 집안의 여인인 세유악질世有惡疾이다. 하늘이 버렸기 때문이다. 셋째, 대대로 형벌을 받은

21) 11월 21일, 감옥이 있는 황문북시黃門北寺에 화재가 났다.

22) 진번이 이응李膺과 풍곤馮緄, 유우劉祐之의 억울한 사연을 자주 말하고, 그들을 용서해 승작升爵하여 임명할 것을 요청했다. 언급이 반복되고, 실로 간절히 고하며 심지어 체류流涕까지 했으나 황제가 불청했다. 사례교위 응봉이 다시 상소했다.

"무릇 충현忠賢 무장은 나라의 심장이며 등뼈인 심려心膂입니다. 가만히 보건대 좌교左校 밑에서 노역을 하는 이형도弛刑徒 풍곤과 유우 및 이응 등은 사악한 신하를 가려내 주살했음에도 법에 의해 처리됐습니다. 폐하가 상세히 조사하는 것을 허락지 않고, 도리어 무고하는 참소譖訴를 가벼이 믿었습니다. 마침내 충신이 큰 악행을 저지른 원악元惡과 함께 벌을 받은 이유입니다. 봄에서 겨울에 이르기까지 용서받지 못해 원근에 있는 자 모두 이를 관청觀聽하며 탄식하고 있습니다. 무릇 정사를 바로 세우는 입정立政의 요체는 공적을 기억하고 잘못을 잊는 기공망실記功忘失에 있습니다. 한경제[13]가 수감 중인 형도들 속에서 한안국韓安國을 발탁하고, 한선제가 망명자 가운데서 장창張敞을 징소한 게 그렇습니다. 풍곤이 전에 무릉과 장사의 만이를 토벌하는 공을 세운 것은 주나라 때 험윤獫狁을 토벌한 윤길보尹吉甫의 공과 같습니다. 유우는 자주 사례교위인 독사督司를 담당했고, 겸손하고 공손해 달면 삼키고 쓰면 뱉는 식의 토여吐茹의 행보를 하지 않는 절조를 지니고 있습니다. 이응은 유주幽州와 병주幷

집안의 여인인 세유형인世有刑人이다. 사람들이 버렸기 때문이다. 넷째, 부정한 집안의 여인인 난가녀亂家女이다. 종족이 바르지 못했기 때문이다. 다섯째, 역적 집안의 여인인 역가자逆家子이다. 인륜을 저버렸기 때문이다.

13 원문은 무제사안국武帝舍安國으로 되어 있다. 여기의 '무제'는 '경제'의 잘못이다. 당시 한안국은 한무제 때 양梁나라 대부로 있다가 죄에 저촉돼 수감됐다. 이후 한경제가 죄수들 가운데 한안국을 발탁해 내사內史로 삼았다.

州에서 위엄을 떨치며 도료장군의 직책을 다했습니다. 지금 세 방면의 변경에서 도적들이 준동하고 있으나 왕의 군사는 힘을 떨치지 못하고 있습니다. 빌건대 이응 등을 용서해 불측의 사건에 대비하시길 바랍니다."

상소문이 올라간 덕분에 겨우 모두 형벌을 면하게 됐다. 한참 뒤에 이응은 다시 사례교위에 임명됐다. 당시 소황문小黃門 장양張讓의 동생 장삭張朔은 야왕野王의 현령으로 있었다. 그는 탐잔무도貪殘無道했으나 이응의 위엄을 두려워해 도망쳐 경사로 돌아온 뒤 형의 집의 기둥과 기둥 사이인 합주合柱 가운데에 몸을 숨겼다. 이응이 그 정황을 알고 이졸吏卒을 이끌고 가 기둥을 부수고 장삭을 붙잡아 낙양의 감옥에 보낸 뒤 심문이 끝나자 곧바로 주살했다. 장양이 황제에게 억울함을 호소하는 소원訴冤을 하자 황제가 이응을 불러 장삭을 주살하려는 뜻을 먼저 청하지 않은 점을 힐책했다. 이응이 대답했다.

"옛날 중니仲尼는 노나라 사구司寇로 취임한 지 7일 만에 나라를 어지럽히는 소정묘少正卯를 주살했습니다. 현재 신이 도관到官한 지 이미 10일인 1순旬이 지났습니다. 개인적으로 사안을 늦추는 계류稽留로 인해 허물이 되지 않을까 두려워했습니다. 이 와중에 사안을 신속히 처리한 속질速疾로 인해 득죄하리라고는 생각지도 못했습니다. 실로 스스로 큰 죄책인 흔책釁責을 저지른 것을 알고 있습니다. 죽음이 눈앞에 닥쳐 발길을 돌리는 선종旋踵의 상황입니다. 특별히 빌건대 5일 동안만 직책에 더 머물게 해주면 반드시 원흉을 처단하도록 하겠습니다. 물러난 뒤 정확鼎鑊의 벌을 받도록 하겠습니다. 이는 저의 평생소원인 시생지원始生之願이기도 합니다."

황제가 다시 말하지 않은 채 장양을 돌아보며 말했다.

"이는 네 아우의 죄로 인한 것이다. 사례교위에게 무슨 허물이 있겠는가!"

이내 이응에게 나가도록 했다. 이후 각 황문黃門과 상시常侍 모두 몸을 낮추며 숨을 죽이는 국궁병기鞠躬屛氣의 자세로 목욕을 위해 쉬는 비번일인 휴목일休沐日에도 감히 출궁하려고 하지 않았다. 황제가 괴이하게 여겨 연유를 묻자 모두 머리를 고두叩頭하며 울었다.

"이 교위校尉가 두렵기 때문입니다."

이때 조정은 날로 어지러워져 기강이 크게 무너지는 퇴이頹弛 양상이 빚어졌다. 이 와중에 이응만 홀로 엄정한 기풍인 독지풍재獨持風裁의 모습을 보였다. 그의 명성이 절로 높아진 이유다. 선비들 가운데 그에게 용납돼 접견이 받아들여지는 것을 두고 세인들은 등용문登龍門[14]이라고 불렀다.

23) 동해국東海國의 재상 유관劉寬을 징소해 상서령尙書令으로 삼았다. 유관은 유기劉崎의 아들이다. 전에 3개 군郡을 다스릴 때 온인溫仁의 성품으로 용서하는 일이 많았다. 비록 일이 갑자기 발생해도 일찍이 말을 빨리하거나 안색을 문득 바꾸는 질언거색疾言遽色이 없었다. 이민吏民이 잘못을 범하면 단지 왕골로 만든 채찍인 포편蒲鞭으로 벌을 주어 욕을 보였을 뿐 끝내 고통을 주지는 않았다. 매번 부로父老들을 볼 때마다 농사와 마을에 관한 말로 위로하고, 소년에게는 효제孝悌의 교훈으로 권면勸勉했다. 사람들 모두 기뻐하며 교화된 이유다.

* 孝桓皇帝延熹八年

春, 正月, 帝遣中常侍左悺之苦縣祠老子.

14 등용문登龍門을 두고 이현李賢은 『후한서』「당고전」의 주에서 풀이하기를, "물고기가 승천해 용이 되는 전설에 비유한 것이다. 용문龍門은 황하의 입구에 있다. 지금의 강주絳州 용문현龍門縣을 가리킨다."고 했다.

勃海王悝, 素行險僻, 多僭傲不法. 北軍中候陳留史弼上封事曰, “臣聞帝王之於親戚, 愛雖隆必示之以威, 體雖貴必禁之以度, 如是, 和睦之道興, 骨肉之恩遂矣. 竊聞勃海王悝, 外聚剽輕不逞之徒, 內荒酒樂, 出入無常, 所與群居, 皆家之棄子, 朝之斥臣, 必有羊勝·伍被之變. 州司不敢彈糾, 傅相不能匡輔, 陛下隆於友於, 不忍遏絶, 恐遂滋蔓, 為害彌大. 乞露臣奏, 宣示百僚, 平處其法. 法決罪定, 乃下不忍之詔. 臣下固執, 然後少有所許. 如是, 則聖朝無傷親之譏, 勃海有享國之慶. 不然, 懼大獄將興矣.” 上不聽. 悝果謀為不道. 有司請廢之, 詔貶為癭陶王, 食一縣.

丙申晦, 日有食之. 詔公·卿·校尉舉賢良方正.

千秋萬歲殿火.

中常侍侯覽弟參為益州刺史, 殘暴貪婪, 累臧億計. 太尉楊秉奏檻車徵參, 參於道自殺, 閱其車重三百餘兩, 皆金銀錦帛. 秉因奏曰, “臣案舊典, 宦官本在給使省闥, 司昏守夜. 而今猥受過寵, 執政操權, 附會者因公褒舉, 違忤者求事中傷, 居法王公, 富擬國家, 飲食極餚膳, 僕妾盈紈素. 中常侍侯覽弟參, 貪殘元惡, 自取禍滅. 覽顧知釁重, 必有自疑之意, 臣愚以為不宜復見親近. 昔懿公刑邴歜之父, 奪閻職之妻, 而使二人參乘, 卒有竹中之難. 覽宜急屏斥, 投畀有虎, 若斯之人, 非恩所宥, 請免官送歸本郡.” 書奏, 尚書召對秉掾屬, 詰之曰, “設官分職, 各有司存. 三公統外, 御史察內. 今越奏近官, 經典·漢制, 何所依據? 其開公具對!” 秉使對曰, “『春秋傳』曰, ‘除君之惡, 唯力是視’ 鄧通懈慢, 申屠嘉召通詰責, 文帝從而請之. 漢世故事, 三公之職, 無所不統.” 尚書不能詰, 帝不得已, 竟免覽官. 司隸校尉韓縯因奏左悺罪惡, 及其兄太僕南鄉侯稱請托州郡, 聚斂為奸, 賓客放縱, 侵犯吏民. 悺·稱皆自殺. 又奏中常侍具瑗兄沛相恭臧罪, 徵詣廷尉. 瑗詣獄謝, 上還東武侯印綬, 詔貶為都鄉侯. 超及璜·衡襲封者, 并降為鄉侯, 子弟分封者, 悉奪爵土. 劉普等貶為關內侯, 尹勳等亦皆奪爵.

帝多內寵, 宮女至五六千人, 及驅役從使復兼倍於此, 而鄧后恃尊驕忌, 與帝所幸郭貴人更相譖訴. 癸亥, 廢皇后鄧氏, 送暴室, 以憂死. 河南尹鄧萬世·虎賁中郎將鄧會皆下獄誅.

護羌校尉段熲擊罕姐羌, 破之.

三月, 辛巳, 赦天下.

宛陵大姓羊元群罷北海郡, 臧污狼籍. 郡舍溷軒有奇巧, 亦載之以歸. 河南尹李膺表按其罪. 元群行賂宦官, 膺竟反坐. 單超弟遷為山陽太守, 以罪繫獄, 廷尉馮緄考致其死. 中官相黨, 共飛章誣緄以罪. 中常侍蘇康·管霸, 固天下良田美業, 州郡不敢詰, 大司農劉祐移書所在, 依科品沒入之. 帝大怒, 與膺·緄俱輸作左校.

夏, 四月, 甲寅, 安陵園寢火.

丁巳, 詔壞郡國諸淫祀, 特留雒陽王渙·密縣卓茂二祠.

五月, 丙戌, 太尉楊秉薨. 秉為人, 清白寡欲, 嘗稱"我有三不惑. 酒·色·財也."

秉既沒, 所舉賢良廣陵劉瑜乃至京師上書言曰, "中官不當比肩裂土, 競立胤嗣, 繼體傳爵. 又, 嬖女充積, 冗食空宮, 傷生費國. 又, 第舍增多, 窮極奇巧, 掘山攻石, 促以嚴刑. 州郡官府, 各自考事, 姦情賕賂, 皆為吏餌. 民愁鬱結, 起入賊黨, 官輒興兵誅討其罪. 貧困之民, 或有賣其首級以要酬賞, 父兄相代殘身, 妻孥相視分裂. 又, 陛下好微行近習之家, 私幸宦者之舍, 賓客市賈, 熏灼道路, 因此暴縱, 無所不容. 惟陛下開廣諫道, 博觀前古, 遠佞邪之人, 放鄭·衛之聲, 則政致和平, 德感祥風矣." 詔特召瑜問災咎之徵. 執政者欲令瑜依違其辭, 乃更策以它事, 瑜復悉心對八千餘言, 有切於前, 拜為議郎.

荊州兵朱蓋等叛, 與桂陽賊胡蘭等復攻桂陽, 太守任胤棄城走, 賊眾遂至數萬. 轉攻零陵, 太守下邳陳球固守拒之. 零陵下濕, 編木為城, 郡中惶恐. 掾史白球遣家避難, 球怒曰, "太守分國虎符, 受任一邦, 豈顧妻孥而沮國威乎! 復言者斬!" 乃弦大木為方, 羽矛為矢, 引機發之, 多所殺傷. 賊激流灌城, 球輒於內因地勢, 反決水淹賊, 相拒十餘日不能下. 時度尚徵還京師, 詔以尚為中郎將, 率步騎二萬餘人救球, 發諸郡兵并勢討擊, 大破之, 斬蘭等首三千餘級, 復以尚為荊州刺史. 蒼梧太守張敍為賊所執, 及任胤皆徵棄市. 胡蘭餘黨南走蒼梧, 交趾刺史張磐擊破之, 賊復還入荊州界. 度尚懼為己負, 乃僞上言蒼梧賊入荊州界, 於是徵磐下廷尉. 辭狀未正, 會赦見原, 磐不肯出獄, 方更牢持械節. 獄吏謂磐曰, "天恩曠然, 而君不出, 何乎?" 磐曰, "磐備位方伯, 為尚所枉, 受罪牢獄. 夫事有虛實, 法有是非, 磐實不辜, 赦無所除. 如忍以苟免, 永受侵辱之恥, 生為惡吏, 死為敝鬼. 乞傳尚詣廷尉, 面對曲直, 足明真僞. 尚不徵者, 磐埋骨牢檻, 終不虛出, 望塵受枉!" 廷尉以其狀上, 詔書徵尚, 到廷尉, 辭窮, 受罪, 以先有功得原.

閏月, 甲午, 南宮朔平署火.

段熲擊破西羌, 進兵窮追, 展轉山谷間, 自春及秋, 無日不戰, 虜遂敗散, 凡斬首二萬三千級, 獲生口數萬人, 降者萬餘落. 封熲都鄉侯.

秋, 七月, 以太史大夫陳蕃為太尉. 蕃讓於太常胡廣·議郎王暢·弛刑徒李膺, 帝不許. 暢, 龔之子也, 嘗為南陽太守, 疾其多貴戚豪族, 下車, 奮厲威猛, 大姓有犯, 或使吏發屋伐樹, 堙井夷竈. 功曹張敞奏記諫曰, "文翁·召父·卓茂之徒, 皆以溫厚為政, 流聞後世. 發屋伐樹, 將為嚴烈, 雖欲懲惡, 難以聞遠. 郡為舊都, 侯甸之國, 園廟出於章陵, 三后生自新野, 自中興以來, 功臣將相, 繼世而隆. 愚以為懇懇用刑, 不如行恩. 孳孳求奸, 未若禮賢. 舜舉皋陶, 不仁者遠, 化人在德, 不在用刑." 暢深納其言, 更崇寬政, 教化大行.

八月, 戊辰, 初令郡國有田者畝斂稅錢.

九月, 丁未, 京師地震.

冬, 十月, 司空周景免. 以太常劉茂為司空, 茂, 愷之子也. 郎中竇武, 融之玄孫也, 有女為貴人. 采女田聖有寵於帝, 帝將立之為后. 司隸校尉應奉上書曰, "母后之重, 興廢所因. 漢立飛燕, 胤嗣泯絕. 宜思『關雎』之所求, 遠五禁之所忌." 太尉陳蕃亦以田氏卑微, 竇族良家, 爭之甚固. 帝不得已, 辛巳, 立竇貴人為皇后, 拜武為特進·城門校尉, 封槐里侯.

十一月, 壬子, 黃門北寺火.

陳蕃數言李膺·馮緄·劉祐之枉, 請加原宥, 升之爵任, 言及反覆, 誠辭懇切, 以至流涕. 帝不聽. 應奉上疏曰, "夫忠賢武將, 國之心膂. 竊見左校弛刑徒馮緄·劉祐·李膺等, 誅舉邪臣, 肆之以法. 陛下既不聽察, 而猥受譖訴, 遂令忠臣同愆元惡, 自春迄冬, 不蒙降恕, 遐邇觀聽, 為之歎息. 夫立政之要, 記功忘失. 是以武帝舍安國於徒中, 宣帝徵張敞於亡命. 緄前討蠻荊, 均吉甫之功. 祐數臨督司, 有不吐茹之節. 膺著威幽·并, 遺愛度遼. 今三垂蠢動, 王旅未振, 乞原膺等, 以備不虞." 書奏, 乃悉免其刑. 久之, 李膺復拜司隸校尉. 時小黃門張讓弟朔為野王令, 貪殘無道, 畏膺威嚴, 逃還京師, 匿于兄家合柱中. 膺知其狀, 率吏卒破柱取朔, 付雒陽獄, 受辭畢, 即殺之. 讓訴冤於帝, 帝召膺, 詰以不先請便加誅之意. 對曰, "昔仲尼為魯司寇,七日而誅少正卯. 今臣到官已積一旬, 私懼以稽留為愆, 不意獲速疾之罪. 誠自知釁責, 死不旋踵, 特乞留五日, 克殄元惡, 退就鼎鑊, 始生之願也.” 帝無復言, 顧謂讓曰, “此汝弟之罪, 司隸何愆!” 乃遣出. 自此諸黃門·常侍皆鞠躬屏氣, 休沐不敢出宮省. 帝怪問其故, 幷叩頭泣曰, “畏李校尉.” 時朝廷日亂, 綱紀頹弛, 而膺獨特風裁, 以聲名自高, 士有被其容接者, 名為登龍門云.

征東海相劉寬為尚書令. 寬, 崎之子也, 歷典三郡, 溫仁多恕, 雖在倉卒, 未嘗疾言遽色. 吏民有過, 但用蒲鞭罰之, 示辱而已, 終不加苦. 每見父老, 慰以農里之言, 少年, 勉以孝悌之訓, 人皆悅而化之.

한환제 연희 9년(AD 166)

1) 봄 정월 초하루, 일식이 있었다.

공경 및 각 군국에 조서를 내려 효성이 지극한 자를 천거하게 했다. 태상 조전趙典이 천거한 순상荀爽이 대책문에서 말했다.

“옛날 성인이 천지 사이에 법칙을 세웠습니다. 그게 이른바 예禮입니다. 중례衆禮 가운데 혼례昏禮가 으뜸입니다. 양성陽性은 순수하면 시사施舍할 수 있고, 음체陰體가 순수하면 소화消化할 수 있습니다. 예禮로써 즐거움을 조절하고, 절節로써 기氣를 퍼뜨립니다. 자손을 퍼뜨리는 상서로움 위에 늙어서 장수하는 복에 이르게 됩니다. 하은주 삼대三代의 말기에 이르러 음란이 절제가 되지 않아 위로는 양기가 없어지고, 아래로는 음기가 막혔습니다. 주공周公이 경계해 말하기를, ‘조갑祖甲 이후에 즉위한 은나라 군주는 태어날 때부터 편안해 오직 마음껏 즐기는 일만 추구한 까닭에 아무도 오랫동안 나라를 다스리지 못했다’[15]라고 했습니다. 전해오

15 원문은 ‘시역망혹극수時亦罔或克壽’이다. 『서경』「무일」에 나오는 ‘자시궐후自時厥

는 고서古書에 이르기를, '발을 잘라 신발에 맞추는 절지적구截趾適屨를 하면 누구라도 그 어리석음을 말할 것이다. 누가 이런 자와 같은가 하면 욕망을 추구해 몸을 상하게 하는 자가 바로 그렇다'[16]라고 했습니다. 실로 애통한 일입니다. 신이 가만히 듣건대, 후궁에는 채녀采女가 5,000–6,000명이고, 종관從官과 시사侍使는 다시 그 외의 숫자에 들어간다고 합니다. 이는 무고한 백성에게 헛되이 세금을 거둬 무용無用의 여인에게 제공하는 것입니다. 지금 백성은 밖에서 궁곤窮困하고, 음양陰陽은 안에서 격색隔塞됐습니다. 화기和氣가 이상하게 움직이는 감동感動을 하여 재이가 줄지어 나타난 이유입니다. 신의 어리석은 생각으로는 아직 황제가 다가가지 않은 여인을 하나같이 내보내 배필을 만나 합치게 하면 실로 나라의 큰 복이 되리라고 봅니다."

조서를 내려 순상을 낭중에 임명했다.

2) 사례司隸와 예주豫州에 기근이 발생했다. 죽은 자가 10의 4–5에 달했다. 심지어 호구가 완전히 사라진 멸호滅戶의 경우도 있었다.

3) 조서를 내려 장환張奐을 징소해 대사농, 다시 황보규를 불러 도료장군度遼將軍으로 삼았다. 황보규는 스스로 계속해서 높은 자리인 대위大位에 있다고 판단해 퇴피退避하려 했다. 자주 칭병하여 상서했으나 받

後, 역망혹극수亦罔或克壽' 구절에서 인용한 것이다. 여기에 "은나라 고종高宗의 둘째 아들 조갑祖甲은 형인 조경祖庚을 제치고 왕이 되는 것이 의롭지 않다고 여겨 오랫동안 아래 백성으로 있었다. 조경 사후 즉위해서는 서민을 보호하며 은혜를 베풀었고, 홀아비나 과부를 감히 업신여기지 않았다. 그의 재위 기간은 33년이었다. 이후에 즉위한 군주는 태어날 때부터 편안했다. 태어나면 곧 편안했기에 농사의 어려움을 전혀 알지 못했다. 백성의 수고로움을 듣지 못한 채 오직 마음껏 즐기는 일만 추구했다. 이후 아무도 오랫동안 나라를 다스리지 못했다."는 구절이 나온다.

16 원문은 '절지적구截趾適屨, 숙운기우孰云其愚, 하여사인何與斯人, 추욕상구追欲喪軀'이다. 『후한서』「순상전」에서 인용한 것이다.

아들여지지 않았다.

마침 친구가 죽어 영구가 도착하자 황보규는 관할 지역의 경계를 넘어 이를 맞이했다. 이어 빈객을 시켜 병주 자사 호방胡芳에게 밀고해 '황보규가 멋대로 군영을 떠났으니 의당 급히 검거해야 한다'는 내용의 상주문을 올리게 했다.

호방이 자가 위명威明인 황보규를 두고 이같이 말했다.

"위명이 벼슬길인 사도仕塗로 나아가는 것을 피하기 위해 고의로 나를 격발激發시킨 것일 뿐이다. 나는 의당 조정을 위해 인재를 아껴야 한다. 어찌 그의 계략에 빠질 수 있겠는가!"

마침내 책임을 묻지 않았다.

4) 여름 4월, 제음濟陰과 동군東郡, 제북濟北, 평원平原 일대의 황하가 맑아졌다.

5) 사도 허허許栩가 면직됐다.

5월, 태상 호광을 사도로 삼았다.

6) 5월 12일[17], 황상이 친히 탁용궁濯龍宮에서 노자에게 제사를 올렸다. 무늬가 있는 융단인 문계文罽로 제단을 꾸미고, 순금淳金으로 제기祭器의 입구에 띠를 두르는 구기釦器를 했다. 화려하게 수를 놓은 덮개인 화개華蓋가 있는 자리를 설치하고, 교사郊祀 때 사용하는 음악인 교천악郊天樂을 연주했다.

7) 선비족은 장환張奐이 대사농으로 승진해 낙양으로 갔다는 소식을 듣고는 남흉노와 오환을 불러 연합한 뒤 함께 반기를 들었다.

6월, 남흉노와 오환, 선비가 여러 길로 입새入塞해 변경 주변의 9개 군

---

17 원문은 경오庚午이다. 5월에는 '경오'가 없다. 12일을 가리키는 경자庚子의 오사일 공산이 크다. 번역문은 바꿔 놓았다.

을 구락寇掠했다.

가을 7월, 선비족이 다시 입새해 동각東羌을 유인誘引한 뒤 동맹을 맺고 맹서했다. 상군上郡의 침저沈氐와 안정安定의 선령先零 등 여러 종족이 함께 무위武威와 장액張掖에 침구했다. 변경 일대가 크게 해독을 입은 이유다.

조서를 내려 다시 장환을 호흉노중랑장護匈奴中郎將으로 삼고, 9경九卿과 같은 녹질을 주었다. 이어 유주幽州와 병주幷州 및 양주涼州 등 3개 주를 비롯해 도료장군 및 오환교위가 관할하는 지역의 군영을 감독하는 '독유병량삼주급도료오환이영督幽幷涼三州及度遼烏桓二營'의 직책을 맡게 했다. 겸하여 이 지역의 자사와 2천석의 능력 여부도 살피게 했다.

8) 당초 황제가 여오후蠡吾侯로 있을 때 감릉甘陵산동성 청평현 출신으로 자가 중진仲進인 주복周福으로부터 학문을 배웠다. 황제로 즉위한 뒤 주목을 발탁해 상서로 삼았다. 당시 같은 감릉 출신 하남윤河南尹 방식房植은 자가 백무伯武로, 명망이 있는데다 조정에서 일했다. 고향 사람들이 이 같이 노래했다.

천하의 본보기 된 자 방백무이고
天下規矩, 房伯武 천하규구, 방백무
스승이 돼 인수 쥔 자 주중진이지
因師獲印, 周仲進 인사확인. 주중진

방씨와 주씨 등 두 집안의 빈객은 서로 나무라며 비교하는 기췌譏揣를 했다. 마침내 각각 붕당을 만들자 점차 틈이 생기게 됐다. 이로 인해 감릉에 남부와 북부의 2개 파가 생겼고, 붕당의 의론은 여기서부터 시작됐다.

여남汝南 태수 종자宗資는 자가 맹박孟博인 범방范滂, 남양 태수 성진

成瑨은 자가 공효公孝인 잠질岑晊을 각각 공조功曹로 삼았다. 모두 자신의 공조를 전폭 신뢰하며 지원하는 위심청임委心聽任을 통해 잘한 일을 칭송하며 잘못된 일을 규탄하는 포선규위褒善糾違의 방법으로 군의 관기를 숙청肅淸하게 만들게 했다.

당시 범방은 더욱 강경剛勁했다. 그는 악행을 싫어하는 것이 마치 원수같이 대하는 듯했다. 범방의 생질 이송李頌이 평소 좋은 행실을 한 적이 없다. 중상시 당형唐衡이 여남 태수 종자에게 부탁하자 종자가 그를 등용해 관원으로 삼았다. 그러나 범방은 인사 담당의 공조로 있었던 까닭에 무시한 채 뒤로 미뤄두고 생질인 이송을 부르지 않았다. 여남 태수 종자가 화를 내며 문서 담당 서리인 서좌書佐 주령朱零에게 채찍질을 했다. 주령이 종자를 쳐다보며 말했다.

"범방이 깨끗이 처리한 까닭에 오늘 차라리 태형을 맞아 죽을지라도 범방의 뜻을 어길 수는 없습니다."

종자가 이내 중지했다. 군중郡中의 일반 관원은 범방을 이해하지 못한 까닭에 원망하지 않는 자가 없었다. 이에 여남과 남양에 이런 노래가 나돌았다.

여남 태수 종자는 공조 범방만 믿어
　汝南太守范孟博 여남태수범맹박
남양 출신 종자는 서명만 할 뿐이고
　南陽宗資主畫諾 남양종자주획락
남양 태수 성진은 공조 잠질만 믿어
　南陽太守岑公孝 남양태수잡공효
홍농 출신 성진은 앉아 휘파람 불지
　弘農成瑨但坐嘯 홍농성진단좌소

당시 태학의 제생諸生은 모두 3만 명이었다. 곽태郭泰와 영천穎川 출신 가표賈彪가 가장 뛰어났다. 자가 원례元禮인 이응李膺, 자가 중거仲擧인 진번陳蕃, 자가 숙무叔茂인 왕창王暢은 서로 상대를 칭송하며 중시하는 포중褒重을 했다. 태학 내에 이런 노래가 나돌았다.

천하의 모범이 되는 자는 이원례
　天下模楷, 李元禮 천하모해, 이원례
강자를 두려워 않는 자는 진중거
　不畏強禦, 陳仲擧 불외강어, 진중거
천하의 크게 우수한 자는 왕숙무
　天下俊秀, 王叔茂 천하준수, 왕숙무

중외中外에서 이런 기풍을 이어받았다. 다퉈서 어떤 인물이 좋고 나쁜지 그 장부臧否에 관한 논의를 서로 숭상한 게 그렇다. 공경 이하 모든 관원 가운데 그들이 깎아내려 의논하는 폄의貶議를 두려워하지 않는 자가 없었다. 신발도 제대로 신지 못한 채 급히 태학의 문까지 찾아와 인사하는 사리도문屣履到門[18]의 모습마저 보였다.

당시 완성宛城하남성 남양시에는 부유한 상인인 장범張汎이라는 자가 있었다. 그는 후궁과 친척관계였다. 또한 조루雕鏤 즉 조각에 능해 아로새긴 노리개인 완호물玩好物을 자못 중궁中宮 즉 환관에게 뇌물로 보냈다. 덕분에 직위를 얻었고, 권세를 이용해 멋대로 구는 종횡縱橫을 했다. 남양의 공조 잠질岑晊과 도적 담당의 적조사賊曹史 장목張牧이 태수 성진成瑨

18　사리도문屣履到門이 『후한서』「정현전鄭玄傳」에는 사리조문屣履造門으로 나온다. 같은 뜻이다.

에게 장범 등을 체포할 것을 권했다. 장범 등이 체포됐다가 사면령을 맞이하게 됐으나 성진은 끝내 죽여 버렸다. 나아가 그의 종족과 빈객을 붙잡아 200여 명을 죽였다. 이후 마침내 상주문을 올려 보고했다

소황문小黃門인 진양晉陽 출신 조진趙津은 탐횡방자貪橫放恣해 현縣 전체의 거환巨患이 됐다. 태원太原 태수인 평원平原 출신 유질劉瓆은 군리郡吏 왕윤王允을 시켜 그를 토포討捕하게 했다. 역시 사면령이 내렸음에도 죽여 버렸다.

이에 중상시 후람侯覽 등이 장범의 처를 시켜 상서해 억울함을 호소하는 송원訟冤을 하게 했다. 환관들이 이를 빌미로 남양 태수 성진과 태원 태수 유질을 참소譖訴했다. 황제가 대로한 나머지 성진과 유질을 불러들인 뒤 모두 하옥下獄했다. 유사有司가 황제의 뜻을 이어받는 승지承旨를 하여 성진과 유질 모두 기시棄市에 해당한다고 상주했다.

산양山陽 태수 척초翟超가 산양군에 사는 장검張儉을 군내 동쪽 현을 감독하는 동부독우東部督郵로 삼았다. 후람의 고향집이 방동防東산동성 어합현에 있었다. 그는 백성에게 잔포殘暴했다. 후람이 모친의 상을 당하자 고향집으로 돌아가 무덤인 영총塋塚을 크게 만들었다. 장검이 후람의 죄상을 열거해 상주했으나 후람이 기회를 엿보는 사후伺候를 하여 중간에 차단하는 차절遮截을 했다. 결국 이 상주문은 올라가지 못했다.

중상시 서황徐璜의 형의 아들인 서서徐宣이 하비下邳의 현령으로 있었다. 포학暴虐이 특히 심했다. 일찍이 전 여남汝南 태수 이고李暠의 딸을 달라고 했으나 얻지 못했다. 끝내 이졸吏卒을 이끌고 이고의 집으로 가 그녀를 수레에 싣고 집으로 돌아간 뒤 희롱하고 활을 쏘아 죽였다. 동해東海의 재상 여남 출신 황부黃浮가 이 소식을 듣고는 서선의 가속을 붙잡은 뒤 노소를 불문하고 모두 고문했다. 연사掾史 이하의 소관小官들이 강력히 말리는 고쟁固爭을 했으나 황부는 이같이 대답했다.

"서선은 국적國賊이다. 오늘 그를 죽이고, 내일 이 일에 연루돼 죽을지라도 족히 눈을 감을 만하다!"

즉시 서선의 죄를 조사해 기시棄市에 처한 뒤 들판에 시체를 그대로 드러내놓는 폭시暴屍를 했다. 이에 환관들이 황제에게 소원訴冤했다. 황제가 대로했다. 척초와 황부 모두 머리를 깎는 곤겸髡鉗에 처해진 뒤 좌교左校로 보내졌다.

태위 진번陳蕃과 사공 유무劉茂가 함께 간해 성진과 유질을 비롯해 척초와 황부 등의 죄를 용서해 줄 것을 청했다. 황제가 불열不悅했다. 유사가 이들을 탄핵해 상주했다. 유무는 감히 다시 말하지 않았으나 진번은 이내 홀로 상소했다.

"지금 밖에서 노략하는 도적은 사지四支의 질병 탓이고, 안에서 정사가 다스려지지 않는 것은 심복心腹의 질환 탓입니다. 신은 누워도 잠을 잘 수 없고, 밥을 먹어도 배부르지 않습니다. 실로 황상이 좌우의 환관들을 날로 가까이하고, 충언은 날로 소원해지고, 안에 있는 걱정인 내환內患은 점점 쌓이고, 밖에 있는 환난인 외난外難은 바야흐로 깊어지는 것을 걱정하기 때문입니다. 폐하는 열후인 여오후의 자리에서 뛰어올라 천위天位를 계승했습니다. 작은 가정인 소가小家에서 100만의 자산을 축적했다면 그 자손은 조상이 쌓은 업적을 잃는 것을 부끄럽게 여깁니다. 하물며 폐하의 산업産業은 천하를 아우르고, 선제先帝로부터 받은 것입니다. 어찌 해태懈怠하여 스스로 경홀輕忽히 할 수 있겠습니까? 실로 자신을 아끼지 않을지라도 의당 선제가 힘써 노력하고 고생하며 얻은 것을 마땅히 생각해야 하지 않겠습니까? 이전에 양씨梁氏 가문의 '5후五侯' 해독이 전국에 걸쳐 두루 미치자 하늘이 성인의 뜻을 일깨워 그들을 체포해 주륙誅戮했습니다. 천하의 의론은 장차 조금 안정되는 소평小平의 모습을 보일 것으로 기대했습니다. 밝은 거울이 되는 명감明鑒의 사례는 먼 곳에 있지 않고, 뒤집힌 수레인 복거覆車는 어제 일어난 일과 같습니다. 황제 곁에 있어 익숙해진 근습近習의 환관들 권력이 다시 서로 부채질하며 결합하는 선결扇結을 하고 있습니다. 소황문小黃門 조진趙津과 크게 교활한 대활大猾 장범張泛 등은 탐학貪虐을 멋대로 자행하고, 폐하의 좌우에게 간교한 눈짓아첨인 간미奸媚를 했습니다. 예전의 태원 태수 유질劉瓆과 남양 태수 성진成瑨이 이들의 잘못을 밝혀내 주륙했습니다. 비록 사면령을 내린 후에 부당히 주살했다고 하나, 원래 그들의 진실한 마음은 악행을 제거하는 거악去惡에 있었습니다. 어찌 폐하에게까지 화를 내는 연연悁悁의 마음을 가졌겠습니까? 소인배는 술수가 뛰어난 까닭에 황상의 성청聖聽을 영혹營惑했습니다. 마침내 천위天威의 화를 돋워 반드시 형벌과 견책인 형적刑謫을 가하게 만든 게 그렇습니다. 이 또한 이미 매우 과한 것인데 하물며 마침내 중벌을 가해 형장의 칼인 우도歐刀 아래 엎어지게 만들려는 것입니까? 또 예전 산양 태수 척초翟超와 동해국 재상 황부黃浮는 공적인 일을 받들어 굽히지 않았고, 악행을 저지른 자를 싫어한 것이 원수 대하듯 했습니다. 척초가 후람의 재물을 몰수하고, 황부가 서선의 죄에 주륙을 가한 이유입니다. 두 사람이 나란히 형을 받는 일에 연루돼 사면 또는 용서를 만나지 못하고 있습니다. 후람은 방종하게 횡행했는데도 겨우 재산을 몰수당하는 데 그쳤으니 다행이라고 할 수 있고, 서선은 큰 과오인 흔과釁過를 범한 까닭에 죽어도 죄행이 남는 여고餘辜가 있습니다. 옛날 한문제 때 승상 신도가申屠嘉는 황제가 총애하는 등통鄧通을 소환해 책망했고, 광무제 때 낙양 현령 동선董宣은 공주에게 모욕을 주는 절욕折辱을 했습니다. 한문제는 직접 신도가에게 용서해 주기를 청했고, 광무제는 오히려 중상重賞을 더해 주었습니다. 두 신하가 명령을 멋대로 내린 탓에 주살되는 이른바 전명지주專命之誅를 받았다는 얘기를 들어본 적이 없습니다. 지금 폐하 좌우의 여러 환관인 군수群豎는 태학생들이 당을 만들었다는 식으로 미워하며 손상을 입히고자 합니다. 망령되게 서로 이리저리 얽어매 이들에게 형벌을 가하게 하려는 게 그렇습니다. 신이 이같이 말하는 것을 그들이 들으면 폐하는 다시 저들이 울며 호소하는 체소啼訴를 당하게 될 것입니다. 폐하는 근습이 정사에 참여하는 근원을 잘라 막는 할색割塞을 하고, 상서와 조정 신하 가운데 능력 있고 청고清高한 자를 받아들이고, 간녕奸佞하고 사악한 자를 척출斥黜하도록 하십시오. 그러면 하늘은 위에서 화합하고, 땅은 아래서 흡족하게 됩니다. 아름답고 상서로운 조짐인 휴정부서休禎符瑞가 어찌 멀리 있다고 하겠습니까?"

황제가 받아들이지 않았다. 환관들은 이 일로 진번을 더욱 심하게 미워했다. 인재를 뽑아 천거하는 이른바 선거選擧에서 명단을 상주해 올리면 번번이 중간에서 조서를 핑계로 나무라며 물리치는 견각譴卻을 했다. 장사長史 이하 많은 관원들이 죄를 받게 된 이유다. 그러나 오히려 진번은 명망이 높은 명신名臣인 까닭에 감히 해를 가하지 못했다.

평원平原 출신 양해襄楷가 궁궐로 가서 상소했다.

"신이 듣건대 위대한 하늘은 말을 하지 않고, 천문 현상의 변화를 갖고 가르친다고 합니다. 신이 가만히 태미太微와 천정오제天廷五帝의 성좌를 보니 벌을 주관하는 금벌성金罰星과 화벌성火罰星이 그 가운데서 빛을 내고 있습니다. 점에서는 천자가 흉한 것으로 봅니다. 또 방수房宿과 심숙心宿으로 들어갔으니 법적으로 후사가 없게 됩니다. 전년 겨울은 대한大寒으로 인해 조수鳥獸가 얼어 죽고, 어별魚鱉이 해를 입고, 성벽 옆에 있는 대나무와 잣나무인 죽백竹柏의 잎이 상하고 말랐습니다. 신은 스승으로부터 '죽백이 상하고 마르면 2년을 넘지 않아 천자가 그런 일을 당한다'는 얘기를 들었습니다. 지금 봄여름부터 서리와 우박인 상포霜雹를 비롯해 대우大雨와 뇌전雷電이 잇따르고 있습니다. 신하가 위복威福을 만드는 까닭에 형벌이 매우 급히 가까운 시간에 올 듯한 느낌입니다. 태원 태수 유질劉瓆과 남양 태수 성진成瑨은 간사奸邪를 제거하고자 하는 뜻을 지니고 있었습니다. 그가 주벌을 가해 제거한 일은 모두 인망人望에 부합합니다. 폐하는 환관인 엄수閹豎의 참언을 받아들여 이내 유질과 성진을 멀리서 불러들여 치죄했습니다. 삼공이 상서해 걸애乞哀했으나 내용은 캐묻거나 살피지도 않은 채 엄히 견책하며 꾸짖기만 했습니다. 우국憂國의 책임을 맡은 신하들은 장차 마침내 입을 다물 것입니다. 신은 '죄 없는 자를 죽이거나 현자를 주살하면 그 재앙이 3대까지 미친다'[19]고 들었습니다. 폐하는 즉위한 이래 주살의 형벌을 빈번히 시행했습니다. 양씨梁氏와 구씨寇氏, 손씨孫氏, 등씨鄧氏 등이 모두 족멸族滅을 당하고, 연루된 자가 수도 없이 많았던 게 그렇습니다. 환관의 전횡을 탄핵하다가 옥사한 백마 현령 이운李雲이 상서한 것처럼 명주明主는 의당 간언을 꺼려서는 안 됩니다. 이운과 함께 정위에 불려가 옥사한 두중杜衆이 죽기를 비는 걸사乞死를 한 것은 성군을 감오感悟하게 만들 수 있다고 기대했기 때문입니다. 그러나 일찍이 사면이나 용서인 사유赦宥를 받기는커녕 나란히 잔륙殘戮을 당했습니다. 천하 사람들이 모두 그 억울함인 원왕冤枉을 알고 있는 이유입니다. 한나라가 들어선 이래 간언을 막고 현자를 주살하는 거간주현拒諫誅賢을 자행하고, 이처럼 심하게 형법을 가한 적은 없습니다. 옛날 주문왕은 단지 1명의 부인만 있었지만 10명의 아들을 낳았습니다. 지금 궁녀가 수천 명에 달합니다. 아직 황자가 제대로 양육되고 있다는 애기를 듣지 못했습니다. 의당 덕을 닦고 형벌을 줄이는 수덕생형修德省刑을 통해

19 원문은 '살무죄殺無罪, 주현자誅賢者, 화급삼세禍及三世'이다. 『삼략三略』「하략下略」에서 현자를 해친 자는 그 재앙이 3대에 미치고, 현자를 은폐한 자는 그 몸이 해를 입는다는 취지로 언급한 '상현자傷賢者, 앙급삼세殃及三世. 폐현자蔽賢者, 신수기해身受其害' 구절을 인용한 것이다.

『시경』「동사螽斯」에 나오듯이 많은 자식을 낳는 복을 넓혀야 할 것입니다. 살피건대 춘추시대 이래 옛 제왕에 이르기까지 황하가 맑아진 적이 없었습니다. 신이 생각건대 황하는 제후의 자리입니다. 청淸은 양陽, 탁濁은 음陰에 속합니다. 황하는 의당 탁해야 하는데도 반대로 맑은 것은 음이 양으로 바뀌려는 것입니다. 제후가 황제의 자리를 노리는 조짐입니다. 주역에 밝은 경방京房은 해설서인 『역전易傳』에서 말하기를, '황하의 물이 맑으면 천하가 태평해진다'고 했습니다. 지금 하늘은 이상異象을 보이고 있고, 땅은 요기妖氣를 토해내고 있고, 사람은 역질疫疾에 걸려 있습니다. 이들 3가지 현상이 동시에 빚어지는 와중에 황하가 맑아졌습니다. 이는 춘추시대 당시 기린이 보이지 않아야 함에도 불구하고 공자가 이를 기록해 놓으며 괴이하다고 생각한 것과 같습니다. 원컨대 맑고 한가한 시간인 청한淸閒을 내려주면 모든 상황을 극진極盡히 설명하도록 하겠습니다."

상소문이 올라갔으나 살피지 않았다.

10여 일 뒤 다시 상서했다.

"신이 듣건대 은나라 주紂가 호색好色하자 달기妲己가 출현하고, 초나라 현자인 섭공葉公이 호룡好龍하자 진룡眞龍이 정원에서 노닐었다고 합니다. 지금 황문과 상시는 원래 신체적으로 이미 천형天刑을 받은 사람들로, 폐하가 아끼며 대우하고 있습니다. 보통 사람을 총애하는 것보다 갑절이나 되니, 계사繫嗣가 아직 나타나지 않는 조짐이 어찌 이 때문이 아니겠습니까? 또 듣건대 궁중에 황제黃帝와 노자老子 및 부도浮屠 즉 부처의 사당을 건립했다고 합니다. 이러한 도道는 깨끗하고 텅 빈 청허淸虛에 입각해 무위無爲를 귀하게 여기며 숭상하는 귀상무위貴尙無爲, 살리는 것을 좋아하고 죽이는 것을 싫어하는 호생오살好生惡殺, 욕심을 줄이거가 사치를 제거하는 생욕거사省欲去奢를 주장합니다. 지금 폐하는 기욕耆欲을 버리지 않고, 살벌殺罰이 이치를 넘고 있습니다. 이미 그 도를 거스르고 있으니 어찌 복을 얻을 수 있겠습니까? 부처는 뽕나무 밑에서도 3일간을 머물지 않으면서 오래 머물면 나타나는 애련愛戀의 마음이 생기는 것을 바라지 않았으니 그 정성이 지극하다고 하겠습니다. 그는 이 한 가지를 고수한 덕분에 마침내 성도成道하게 됐습니다. 지금 폐하는 음녀淫女와 염부艶婦 등 천하의 아름다운 것을 극진히 하고, 살찐 고기를 달게 여기며 맛있는 것을 마시는 감비음미甘肥飮美와 천하의 모든 맛인 천하지미天下之味를 끝까지 추구하고 있습니다. 그러니 어찌 황제와 노자의 도를 이룰 수 있겠습니까?"

상서가 올라가자 즉시 불려 들어갔다. 상서에게 조서를 내려 진상을 묻도록 했다. 양해가 대답했다.

"옛날에는 본래 환신宦臣이 없었습니다. 한무제 말년에 자주 후궁과 노닐면서 처음으로 두었을 뿐입니다."

상서가 승지承旨하여 상주했다.

"양해는 말씨와 이치인 사리辭理를 올바르게 하지 않고, 경전과 육예六藝를 위배하고, 별자리인 성수星宿를 가차假借해 사의私意를 합치시키며 황상을 속이며 일을 그르치는 무상망사誣上罔事를 하고 있습니다. 청컨대 사례교위에게 내려 보내 그의 죄법罪法을 다스리도록 속히 낙양의 옥에 수송收送해야 합니다."

황제는 양해의 말이 비록 격절激切하기는 했으나 모두 천문항상天文恆象에 관한 술수인 까닭에 죽이지 않고, 2년간 변방으로 쫓아내 복역하게 하는 사구司寇의 형벌을 내렸다. 한명제의 영평永平 연간 이래 신민臣民 가운데 비록 부처의 술법을 믿는 자가 있기는 했으나 천자는 아직 좋아하지 않았다. 그러나 한환제의 시기에 이르러 마침내 독실한 자세로 호불好佛을 하기 시작했다. 그는 늘 직접 사당으로 가서 기도했다. 불법佛法이 점차 크게 유행하면서 양해가 이를 언급하게 된 것이다.

황제의 인새 등을 담당하는 소부少府 소속의 부절령符節令인 여남 출신 채연蔡衍과 의랑議郎 유유劉瑜가 표문을 올려 성진과 유질을 구제해달라고 청했다. 언사가 매우 절실하고 매서운 절려切厲의 모습을 보였다. 역시 연루돼 면관됐다. 성진과 유질은 결국 옥중에서 죽었다.

두 사람은 평소 강직剛直했다. 경술經術을 갖고 있어, 당시에 널리 이름이 알려져 있었다. 천하의 사람들이 애석하게 여긴 이유다. 잠질岑晊가 장목張牧은 도찬逃竄한 덕문에 죽음을 면할 수 있었다. 자가 공효公孝인 잠질이 망명해 있을 때 친구들이 다퉈 그를 숨겨주었다. 그러나 가표賈彪만 홀로 문을 굳게 닫은 채 받아주지 않았다. 사람들이 괴이하게 생각하자 가표가 말했다.

"『춘추좌전』에 이르기를, '시세時勢에 맞게 행동함으로 후대인에게 누가 없도록 했다'[20]고 했소. 공효公孝는 군주에게 요구하다가 틈이 생겼으니 스스로 허물을 초래한 셈이오. 내가 창을 들고 상대相待할 수는 없지만 오히려 그를 숨겨주라고 하는 것이오!"

이에 모두 그가 바르게 결정했다고 승복했다. 가표는 일찍이 신식新息 하남성 식현 현장縣長으로 있었다. 소민小民들이 곤빈困貧으로 인해 대부분 자식들을 양육하지 않자 가표는 이를 엄격히 통제하면서 살인과 같은 죄로 다스렸다. 신식현의 성남城南에 사람들을 겁해劫害하는 도적이 있었고, 성북城北에는 자식을 죽이는 부인婦人이 있었다. 가표가 안험案驗하러 나가자 연리掾吏가 그를 남쪽으로 인도하려고 했다. 가표가 화를 냈다.

"도적이 사람을 해치는 일은 늘 있는 이치인 상리常理일 뿐이다. 그러

20 원문은 '상시이동相時而動, 무루후인無累後人'이다. 『춘추좌전』「노은공 11년」조에 정장공鄭莊公이 시세時勢에 맞게 행동함으로 후대인에게 누가 없도록 했으니 가히 예를 알았다고 할 수 있다는 취지로 언급한 '상시이동相時而動, 무루후인無累後人, 가위지례의可謂知禮矣' 구절에서 인용한 것이다.

나 모친이 자식을 죽이는 것은 하늘의 이치를 거스르는 역천위도逆天違道에 해당한다!"

마침내 수레를 몰아 성북으로 간 뒤 조사해 죄를 주었다. 성남의 도적은 그 말을 듣고는 스스로 손을 뒤로 묶고 나오는 면박面縛을 하여 자수했다. 덕분에 수년 동안 자식을 낳아 기르는 자가 1,000여 명을 헤아렸다. 사람들이 말했다.

"이 아이는 가표 아버지가 낳았다!"

모두 '가賈'를 성씨로 삼았다.

9) 하남河南 출신 장성張成은 의약 및 양생養生의 술법인 풍각風角에 능했다. 미뤄 점을 치며 사면령이 있을 것이라고 말하고, 자식들에게 사람을 죽이라고 가르쳤다. 사례교위 이응이 그를 속히 잡아들이게 했으나 이미 사면령이 내려져 형을 면하게 됐다. 이응이 더욱 분노하고 미워하는 분질憤疾을 품게 됐다. 끝내 그를 조사해 죽여 버렸다.

장성은 평소 의약 및 양생 등에 관한 비술인 방기方伎로 환관들과 교통交通했다. 황제 역시 자못 그가 친 점을 믿곤 했다. 환관이 장성 동생의 아들 뇌수牢修에게 상서하게 했다.

"이응 등이 태학생과 사방을 떠돌며 생활을 도모하는 문인文人인 유사游士를 양성하고, 제군諸郡의 생도들과 왕래하며 연결하고, 다시 서로 마구 몰려다니는 구치驅馳를 하여 함께 부당部黨을 만들고, 조정을 비산誹訕 즉 비방을 하고, 풍속을 의심하며 어지럽히고 있습니다."

이에 천자가 진노震怒해 조서를 내리는 반하班下를 하여 당인黨人을 체포하고 천하에 이를 포고布告해 백성들로 하여금 분노하며 미워하게 했다. 이 안건은 삼공三公이 있는 삼부三府를 거쳐야 했다. 태위 진번이 이를 물리쳤다.

"지금 이번에 조사하려는 자들은 모두 해내海內 사람들이 칭찬하는 사람들이고, 나라를 걱정하며 공적인 일에 충실한 우국충공憂國忠公의 신하들이다. 이런 자들은 장차 10세 후손이라 하지라도 용서해야 한다. 어찌 죄명도 드러나지 않았는데 체포해 고문을 하는 수략收掠을 할 수 있단 말인가!"

진번이 서명하려고 하지 않았다. 황제가 더욱 화를 내며 마침내 진번 등을 환관들이 관할하는 북시옥北寺獄에 집어넣게 했다. 이 말에 연루된 자로는 태복인 영천 출신 두밀杜密을 비롯해 어사중승御史中丞 진상陳翔과 진식陳寔 및 범방范滂의 무리 200여 명이었다. 간혹 달아나 숨는 도둔逃遁으로 붙잡히지 않은 자도 있었다. 모두 현상금을 내걸고 붙잡을 사람을 모집했다. 사자가 사방으로 나가자 서로 얼굴을 바라볼 정도로 많았다. 진식이 말했다.

"내가 감옥으로 가지 않으면 많은 사람들이 믿을 곳이 없게 된다."

이내 스스로 가서 갇히기를 청했다. 범방이 감옥에 도착하자 옥리가 말했다.

"무릇 연루돼 갇힌 자들은 모두 황제黃帝 때의 법관인 고요皐陶에게 제사를 지내야 하오."

범방이 말했다.

"고요는 황제 때의 직신直臣이오. 나 범방이 무죄인 것을 알면 장차 천제天帝에게 가서 이 문제를 처리할 것이오. 만일 죄가 있다면 제사를 지낸들 무슨 이익이 있겠소!"

중인衆人들이 이에 그만두었다. 진번이 다시 상서해 극간極諫했다. 황제는 그의 절박한 언사가 거슬린 나머지 진번이 벽소한 자들이 적당한 자들이 아니라는 구실로 책서를 통해 면직시키는 책면策免을 했다.

당시 당인의 옥사에서 당인에게 물들었다는 이유로 체포된 자들 모두 천하의 명현名賢들이었다. 도료장군 황보규皇甫規가 서주西州의 호걸로서 함께 하지 못한 것을 수치스럽게 생각해 이내 상언했다.

"신은 이전에 옛날 대사농으로 있던 장환張奐을 천거했는데, 이 사람이 당인에게 붙었습니다. 또 신이 전에 좌교左校 밑으로 가 복역을 하라는 판결을 받았을 때 태학생 장봉張鳳 등이 상서해 신을 해명한 일이 있습니다. 이는 당인을 위해 붙은 것입니다. 신은 의당 연루된 셈입니다."

조정이 그 사실을 알고 있었으나 불문에 붙였다.

두밀杜密은 평소 이응과 명성 및 행보 면에서 서로 비슷했다. 당시 사람들이 두 사람을 묶어 '이두李杜'로 불렀다. 동시에 갇힌 이유다. 두밀은 일찍이 북해국北海國 재상을 역임했다. 춘계 순시에 나서 고밀高密산동성 고밀현에 갔다가, 이후 경학에 대한 주석을 집대성한 정현鄭玄이 소송 및 부세 담당의 소관인 향색부鄕嗇夫로 있는 것을 보고 특이한 그릇異器임을 단박에 알아보았다. 곧바로 불러 군의 직책을 맡기고, 마침내 그를 태학으로 보내 학업에 전념하게 했다. 결국 그는 대유大儒로 성장했다.

후에 두밀이 관직을 떠나 집으로 돌아갔다. 태후와 현령을 배알할 때마다 부탁하는 게 많았다. 정반대로 같은 영천군 출신으로 자가 계릉季陵인 유승劉勝 역시 촉군蜀郡에서 관직을 그만둔 뒤 향리로 돌아온 뒤 문을 닫고 발길을 끊는 폐문소궤閉門掃軌의 행보로 세상일에 간여하지 않았다. 태수 왕욱王昱이 두밀에게 말했다.

"유계릉劉季陵은 청고淸高한 선비로, 공경들 대부분이 그를 천거한 바 있습니다."

두밀은 왕욱이 자신을 자극하고 있는 것을 알고 이같이 대답했다.

"유승은 지위가 대부에 이르러 상빈上賓의 예우를 받고 있으나, 선량한 자를 알고도 천거하지 않았고, 악한 자에 관한 얘기를 듣고도 말하지 않았소. 자신의 감정을 숨겨 스스로를 아끼는 은정석기隱情惜己의 자세로 스스로 마치 겨울 매미인 한선寒蟬처럼 행동한 것이오. 이는 죄인의 모습이오. 지금 나는 의에 뜻을 두고 힘써 행하는 지의역행志義力行의 현자는 적극 천거하고, 도리에 위배되고 절조를 잃는 위도실절違道失節의 선비는 적극 규탄해 명부明府로 하여금 상형賞刑을 알맞게 실시해 그 명성을 널리 떨치도록 만들었소. 유승의 '한선' 행보는 이런 역량의 1만 분의 1에 불과한 게 아니겠소!"

왕욱이 부끄러워하며 승복하는 참복慚服을 한 뒤 대우하는 게 더욱 두터워졌다.

10) 9월, 광록훈 주경周景을 태위로 삼았다.

11) 사공 유무劉茂가 면직됐다.

겨울 12월, 광록훈인 여남 출신 선풍宣酆을 사공으로 삼았다.

12) 한무제 때 설치된 8교위 중 하나인 월기교위越騎校尉 두무竇武를 도성의 성문 등을 지키는 성문교위城門校尉로 삼았다. 두무는 재직 중에 명사들을 대거 벽소했다. 몸을 청결히 하며 악한 것을 싫어해 예의 상 바치는 뇌물이 통하지 않았다. 처자식은 겨우 의식衣食을 충족할 뿐이었다. 황제와 황후의 양궁兩宮으로부터 상사賞賜가 있었으나 모두 태학의 제생諸生과 빈민들에게 나눠주었다. 많은 사람의 칭송을 얻은 이유다.

13) 흉노와 오환은 장환張奐이 다시 부임했다는 소식을 듣고는 모두 부족을 이끌고 잇달아 돌아와 항복했다. 무릇 20만 명에 달했다. 장환은 단지 그 수악首惡만을 주살하고, 나머지는 위로하며 받아들였다. 오직 단석괴檀石槐가 지휘하는 선비족만은 출새出塞하여 나가버렸다.

조정은 단석괴를 통제할 수 없을까 걱정했다. 이내 사자를 파견해 인수의 하사로 봉왕封王하여 화친하려 했다. 단석괴가 이를 받아들이지 않은 채 침입해 약탈하는 구초寇抄를 더욱 심하게 했다. 그는 스스로 자신의 영토를 크게 3부部로 나눴다.

우선 우북평右北平하북성 풍윤현에서 동쪽으로 요동遼東요녕성 요양시 일대에 이르는 곳은 부여夫餘와 예맥濊貊 등 20여 개 읍과 이어져 있어 동부東部로 삼았다. 또 우북평에서 서쪽으로 상곡上谷하북성 회래현에 이르는 10여 개 읍은 중부中部, 상곡에서 서쪽으로 돈황敦煌과 오손烏孫에 이르는 20여 개 읍은 서부西部로 삼았다. 각 곳에 부족장인 대인大人을 두고 다스리게 했다.

* 孝桓皇帝延熹九年

春, 正月, 辛卯朔, 日有食之. 詔公卿·郡國擧至孝. 太常趙典所擧荀爽對策曰, "昔者聖人建天地之中而謂之禮, 眾禮之中, 昏禮為首. 陽性純而能施, 陰體順而能化, 以禮濟樂, 節宣其氣, 故能豐子孫之祥, 致老壽之福. 及三代之季, 淫而無節, 陽竭於上, 陰隔於下, 故周公之戒曰, '時亦罔或克壽'『傳』曰, '截趾適屨, 孰云其愚, 何與斯人, 追欲喪軀' 誠可痛也. 臣竊聞後宮采女五六千人, 從官·侍使復在其外, 空賦不辜之民, 以供無用之女, 百姓窮困於外, 陰陽隔塞於內, 故感動和氣, 災異屢臻. 臣愚以為諸未幸御者, 一皆遣出, 使成妃合, 此誠國家之大福也." 詔拜郎中. 司隸·豫州饑, 死者什四五, 至有滅戶者.

詔徵張奐為大司農, 復以皇甫規代為度遼將軍. 規自以連在大位, 欲求退避, 數上病, 不見聽. 會友人喪至, 規越界迎之, 因令客密告并州刺史胡芳, 言規擅遠軍營, 當急擧奏. 芳曰, "威明欲避第仕塗, 故激發我耳. 吾當為朝廷愛才, 何能申此子計邪!" 遂無所問.

夏, 四月, 濟陰·東郡·濟北·平原河水清.

司徒許栩免. 五月, 以太常胡廣為司徒.

庚午, 上親祠老子於濯龍宮, 以文罽為壇飾, 淳金釦器, 設華蓋之坐, 用郊天樂.

鮮卑聞張奐去, 招結南匈奴及烏桓同叛. 六月, 南匈奴·烏桓·鮮卑數道入塞, 寇掠緣邊九郡. 秋, 七月, 鮮卑復入塞, 誘引東羌與共盟詛. 於是上郡沈氐·安定先零諸種共寇武威·張掖, 緣邊大被其毒. 詔復以張奐為護匈奴中郎將, 以九卿秩督幽·并·涼三州及度遼·烏桓二營, 兼察刺史·二千石能否.

初, 帝為蠡吾侯, 受學於甘陵周福, 及即位, 擢福為尚書. 時同郡河南尹房植有名當朝, 鄉人為之謠曰, "天下規矩, 房伯武. 因師獲印, 周仲進." 二家賓客, 互相譏揣, 遂各樹朋徒, 漸成尤隙. 由是甘陵有南北部, 黨人之議自此始矣. 汝南太守宗資以范滂為功曹, 南陽太守成瑨以岑晊為功曹, 皆委心聽任, 使之褒善糾違, 肅清朝府. 滂尤剛勁, 疾惡如仇. 滂甥李頌, 素無行, 中常侍唐衡以屬資, 資用為吏. 滂寢而不召. 資遷怒, 捶書佐朱零, 零仰曰, "范滂清裁, 今日寧受笞而死, 滂不可違." 資乃止. 郡中中人以下, 莫不怨之. 於是二郡為謠曰, "汝南太守范孟博, 南陽宗資主畫諾. 南陽太守岑公孝, 弘農成瑨但坐嘯."

太學諸生三萬餘人, 郭泰及潁川賈彪為其冠, 與李膺·陳蕃·王暢更相褒重. 學中語曰, "天下模楷, 李元禮. 不畏強禦, 陳仲舉. 天下俊秀, 王叔茂." 於是中外承風, 競以臧否相尚, 自公卿以下, 莫不畏其貶議, 屣履到門.

宛有富賈張汎者, 與後宮有親, 又善雕鏤玩好之物, 頗以賂遺中宮, 以此得顯位, 用勢縱橫. 岑晊與賊曹史張牧勸成瑨收捕汎等, 既而遇赦. 瑨竟誅之, 并收其宗族賓客, 殺二百餘人, 後乃奏聞. 小黃門晉陽趙津, 貪橫放恣, 為一縣巨患. 太原太守平原劉瓆使郡吏王允討捕, 亦於赦後殺之. 於是中常侍侯覽使張泛妻上書訟冤, 宦官因緣譖訴瑨·瓆. 帝大怒, 徵瑨·瓆, 皆下獄. 有司承旨, 奏瑨·瓆罪當棄市.

山陽太守翟超以郡人張儉為東部督郵. 侯覽家在防東, 殘暴百姓. 覽喪母還家, 大起塋塚. 儉舉奏覽罪, 而覽伺候遮截, 章竟不上. 儉遂破覽塚宅, 藉沒資財, 具奏其狀, 復不得御. 徐璜兄子宣為下邳令, 暴虐尤甚. 嘗求故汝南太守李暠女不能得, 遂將吏卒至家, 載其女歸, 戲射殺之. 東海相汝南黃浮聞之, 收宣家屬, 無少長, 悉考之. 掾史以下固爭, 浮曰, "徐宣國賊, 今日殺之, 明日坐死, 足以瞑目矣!" 即案宣罪棄市, 暴其屍, 於是宦官訴冤於帝, 帝大怒, 超·浮并坐髡鉗, 輸作左校.

太尉陳蕃·司空劉茂共諫, 請瑨·瓆·超·浮等罪. 帝不悅. 有司劾奏之, 茂不敢復言. 蕃乃獨上疏曰, "今寇賊在外, 四支之疾. 內政不理, 心腹之患. 臣寢不能寐, 食不能飽, 實憂左右日親, 忠言日疏, 內患漸積, 外難方深. 陛下超從列侯, 繼承天位, 小家畜產百萬之資, 子孫尚恥愧失其先業, 況乃產兼天下, 受之先帝, 而欲懈怠以自輕忽乎! 誠不愛己, 不當念先帝得之勤苦邪! 前梁氏五侯, 毒遍海內, 天啟聖意, 收而戮之. 天下之議, 冀當小平. 明鑒未遠, 覆車如昨, 而近習之權, 復相扇結. 小黃門趙津·大猾張泛等, 肆行貪虐, 奸媚左右. 前太原太守劉瓆·南陽太守成瑨糾而戮之, 雖言赦後不當誅殺, 原其誠心, 在乎去惡, 至於陛下, 有何悁悁! 而小人道長, 營惑聖聽, 遂使天威為之發怒, 必加刑謫, 已為過甚, 況乃重罰令伏歐刀乎! 又, 前山陽太守翟超·東海相黃浮, 奉公不橈, 疾惡如仇, 超沒侯覽財物, 浮誅徐宣之罪, 并蒙刑坐, 不逢赦恕. 覽之從橫, 沒財已幸. 宣犯釁過, 死有餘辜. 昔丞相申屠嘉召責鄧通, 雒陽令董宣折辱公主, 而文帝從而請之, 光武加以重賞, 未聞二臣有專命之誅. 而今左右群豎, 惡傷黨類, 妄相交構, 致此刑譴, 聞臣是言, 當復啼訴. 陛下深宜割塞近習與政之源, 引納尚書朝省之士, 簡練清高, 斥黜佞邪. 如是天和於上, 地洽於下, 休禎符瑞, 豈遠乎哉!" 帝不納. 宦官由此疾蕃彌甚, 選舉奏議, 輒以中詔譴卻, 長史以下多至抵罪, 猶以蕃名臣, 不敢加害.

平原襄楷詣闕上疏曰, "臣聞皇天不言, 以文象設教. 臣竊見太微·天廷五帝之坐, 而金·火罰星揚光其中, 於占, 天子凶. 又俱入房·心, 法無繼嗣. 前年冬大寒, 殺鳥獸, 害魚鱉, 城傍竹柏之葉有傷枯者. 臣聞於師曰, '柏傷竹枯, 不出二年, 天子當之' 今自春夏以來, 連有霜雹及大雨雷電, 臣作威作福, 刑罰急刻之所感也. 太原太守劉瓆, 南陽太守成瑨, 志除奸邪, 其所誅翦, 皆合人望. 而陛下受閹豎之譖, 乃遠加考逮. 三公上書乞哀瓆等, 不見采察而嚴被譴讓, 憂國之任, 將遂杜口矣. 臣聞殺無罪, 誅賢者, 禍及三世. 自陛下即位以來, 頻行誅罰, 梁·寇·孫·鄧幷見族滅, 其從坐者又非其數. 李雲上書, 明主所不當諱. 杜衆乞死, 諒以感悟聖朝. 曾無赦宥而幷被殘戮, 天下之人咸知其冤, 漢興以來, 未有拒諫誅賢, 用刑太深如今者也. 昔文王一妻, 誕致十子. 今宮女數千, 未聞慶育, 宜修德省刑以廣『螽斯』之祚. 案春秋以來, 及古帝王, 未有河清. 臣以為河者, 諸侯位也. 清者, 屬陽. 濁者, 屬陰. 河當濁而反清者, 陰欲為陽, 諸侯欲為帝也. 京房『易傳』曰, '河水清, 天下平' 今天垂異, 地吐妖, 人癘疫, 三者幷時而有河清, 猶春秋麟不當見而見, 孔子書之以為異也. 願賜清閒, 極盡所言." 書奏, 不省.

十餘日, 復上書曰, "臣聞殷紂好色, 妲己是出. 葉公好龍, 真龍游廷. 今黃門·常侍, 天刑之人, 陛下愛待, 兼倍常寵, 繫嗣未兆, 豈不為此! 又聞宮中立黃·老·浮屠之祠, 此道清虛, 貴尚無為, 好生惡殺, 省欲去奢. 今陛下耆欲不去, 殺罰過理, 既乖其道, 豈獲其祚哉! 浮屠不三宿桑下, 不欲久生恩愛, 精之至也. 其守一如此, 乃能成道.

今陛下淫女艷婦，極天下之麗，甘肥飲美，單天下之味，奈何欲如黃·老乎!”書上，即召入，詔尚書問狀．楷言曰，“古者本無宦臣，武帝末數游後宮，始置之耳.”尚書承旨，奏曰，“楷不正辭理，而違背經藝，假借星宿，造合私意，誣上罔事，請下司隸正楷罪法，收送雒陽獄.”帝以楷言雖激切，然皆天文恆象之數，故不誅．猶司寇論刑．自永平以來，臣民雖有習浮屠術者，而天子未之好．至帝，始篤好之，常躬自禱祠，由是其法侵盛，故楷言及之．

符節令汝南蔡衍·議郎劉瑜表救成瑨·劉瓆，言甚切厲，亦坐免官．瑨·瓆竟死獄中．瑨·瓆素剛直，有經術，知名當時，故天下惜之．岑晊·張牧逃竄獲免．晊之亡也，親友競匿之．賈彪獨閉門不納，時人望之．彪曰，“傳言‘相時而動，無累後人’公孝以要君致釁，自遺其咎，至已不能奮戈相待，反可容隱之乎!”於是咸服其裁正．彪嘗為新息長，小民困貧，多不養子．彪嚴為其制，與殺人同罪．城南有盜劫害人者，北有婦人殺子者．彪出案驗，掾吏欲引南，彪怒曰，“賊寇害人，此則常理．母子相殘，逆天違道!”遂驅車北行，案致其罪．城南賊聞之，亦面縛自首．數年間，人養子者以千數．曰，“此賈父所生也.”皆名之為賈．

河內張成，善風角，推占當赦，教子殺人．司隸李膺督促收捕，既而逢宥獲免．膺愈懷憤疾，竟案殺之．成素以方伎交通宦官，帝亦頗訊其占．宦官教成弟子牢修上書，曰，“膺等養太學游士，交結諸郡生徒，更相驅馳，共為部黨，誹訕朝廷，疑亂風俗.”於是天子震怒，班下郡國，逮捕黨人，布告天下，使同忿疾．案經三府，太尉陳蕃卻之曰，“今所案者，皆海內人譽，憂國忠公之臣，此等猶將十世宥也，豈有罪名不章而致收掠者乎!”不肯平署．帝愈怒，遂下膺等於黃門北寺獄，其辭所連及，太僕潁川杜密·御史中丞陳翔及陳寔·范滂之徒二百餘人. 或逃遁不獲, 皆懸金購募, 使者四出相望. 陳寔曰, "吾不就獄, 眾無所恃." 乃自往請囚. 范滂至獄, 獄吏謂曰, "凡坐繫者, 皆祭皐陶." 滂曰, "皐陶, 古之直臣, 知滂無罪, 將理之於帝, 如其有罪, 祭之何益!" 眾人由此亦止. 陳蕃復上書極諫, 帝諱其言切, 托以蕃辟召非其人, 策免之.

時黨人獄所染逮者, 皆天下名賢, 度遼將軍皇甫規, 自以西州豪桀, 恥不得與, 乃自上言曰, "臣前薦故大司農張奐, 是附黨也. 又, 臣昔論輸左校時, 太學生張鳳等上書訟臣, 是為黨人所附也, 臣宜坐之." 朝廷知而不問. 杜密素與李膺名行相次, 時人謂之李·杜, 故同時被繫. 密嘗為北海相, 行春, 到高密, 見鄭玄為鄉嗇夫, 知其異器, 即召署郡職, 遂遣就學, 卒成大儒. 後密去官還家, 每謁守令, 多所陳托. 同郡劉勝, 亦自蜀郡告歸鄉里, 閉門掃軌, 無所干及. 太守王昱謂密曰, "劉季陵清高士, 公卿多舉之者." 密知昱以激己, 對曰, "劉勝位為大夫, 見禮上賓, 而知善不薦, 聞惡無言, 隱情惜己, 自同寒蟬, 此罪人也. 今志義力行之賢而密達之, 違道失節之士而密糾之, 使明府賞刑得中, 令問休揚, 不亦萬分之一乎!" 昱慚服, 待之彌厚.

九月, 以光祿勳周景為太尉.

司空劉茂免.

冬, 十二月, 以光祿勳汝南宣酆為司空.

以越騎校尉竇武為城門校尉. 武在位, 多辟名士, 清身疾惡, 禮賂不通. 妻子衣食裁充足而已. 得兩宮賞賜, 悉散與太學諸生及丐施貧民. 由是眾譽歸之.

匈奴烏桓聞張奐至, 皆相率還降, 凡二十萬口. 奐但誅其首惡, 餘皆慰納之. 唯鮮卑出塞去. 朝廷患檀石槐不能制, 遣使持印綬封為王, 欲與和親. 檀石槐不肯受, 而寇抄滋甚. 自分其地為三部. 從右北平以東至遼東, 接夫餘·濊貊二十餘邑, 為東部. 從右北平以西, 至上谷十餘邑, 為中部. 從上谷以西至敦煌·烏孫二十餘邑, 為西部. 各置大人領之.

** 권56-한기漢紀 48: 붕당이 척결대상이 되다

한환제 영강永康 원년(AD 167)

1) 봄 정월, 동강東羌의 선령先零 부족이 대우殺祤섬서성 휘현 동쪽를 포위하고, 운양雲陽섬서성 돈화현 서북쪽을 쳤다. 위수 상류 당전當煎의 여러 종족이 다시 반란을 일으켰다. 단경段熲이 이들을 난조鸞鳥섬서성 무위현 남쪽에서 대파했다. 서강西羌이 안정된 배경이다.

2) 부여왕 부태夫台가 현도玄菟를 침구했다. 현도 태수 공손역公孫域이 이를 격파했다.

3) 여름 4월, 선령先零의 강족이 삼보三輔를 침구했다. 2개의 군영인 경조호아영京兆虎牙營과 부풍옹영扶風雍營을 공격해 무너뜨리는 공몰攻沒을 한 뒤 1,000여 명을 죽였다

4) 5월 30일, 일식이 있었다.

5) 진번이 이미 면직된 후 조신朝臣들은 진률震慄한 나머지 감히 다시는 당인을 위해 말하는 자가 없었다. 가표賈彪가 말했다.

"내가 지금의 영천에서 서쪽 낙양으로 서행西行하지 않으면 대화大禍를 해결할 길이 없다."

이내 낙양으로 들어가 성문교위 두무와 상서인 위군魏郡 출신 곽서霍諝 등을 설득해 그를 변호하게 했다. 두무와 곽서 등이 상소했다.

"폐하가 즉위한 이래 아직까지 선정善政을 베풀었다는 얘기를 듣지 못

했습니다. 상시와 황문이 다퉈 속임수와 거짓인 휼사譎詐을 행하고, 망령되게 걸맞지 않는 자에게 작위를 주었습니다. 엎드려 장안을 도성으로 한 서경西京 시대 즉 전한 시대를 살피건대 아첨하는 영신佞臣이 집정하면 종내 천하를 잃는 상천하喪天下를 맞이했습니다. 지금 전사前事의 실수를 고려하지 않고 다시 엎어진 수레의 궤적인 복거지궤覆車之軌를 반복해 가고 있습니다. 신은 진秦 2세 호해胡亥 때의 재난이 반드시 다시 오고, 조고趙高의 변란이 아침이 아니면 저녁인 부조즉석不朝則夕의 기간에 빚어질까 두렵습니다. 근자에 간신 뇌수牢修가 당인에 관한 논의를 조작해 마침내 전에 사례교위를 지낸 이응 등을 체포해 고문했고, 연루된 자가 수백 명에 달하고 있습니다. 오랫동안 구속하고 조사하는 광년구록曠年拘錄을 했지만 사안과 관련한 증거인 효험效驗이 전혀 없었습니다. 신은 이응 등이 충성을 세우고 절개를 지키는 건충항절建忠抗節의 자세로 뜻을 왕실의 경륜에 두는 지경왕실志經王室을 한 것으로 봅니다. 이는 실로 폐하가 주나라의 선조인 후직后稷과 순임금 때의 재상인 설契, 은나라의 건국공신인 이윤伊尹, 주나라의 건국공신인 여상呂尙의 보좌를 받은 것과 같습니다. 그러나 헛되게도 간신적자奸臣賊子의 무함으로 억울한 일을 당하게 됐습니다. 천하가 가슴이 썰렁한 한심寒心에 빠지고, 해내海內가 실망하는 모습을 보이는 이유입니다. 오직 폐하가 정신을 차려 깨끗이 살피는 유신징성留神澄省의 자세로 즉시 이치를 따져 인귀人鬼가 함께 입을 모아 앙망하는 마음인 옹옹지심喁喁之心을 만족시켜 주기 바랍니다. 지금 대각臺閣의 근신近臣인 상서 주우朱寓와 순곤荀緄, 유우劉祐, 위랑魏朗, 유구劉矩, 윤훈尹勳 등은 모두 나라의 정사貞士이고 조정의 훌륭한 보좌인 양좌良佐입니다. 상서랑尚書郎 장릉張陵과 규호嬀皓, 원강苑康, 양교楊喬, 변소邊韶, 대회戴恢 등은 명실상부로 빛나는 문질빈빈文質彬彬[21]의 인물로, 나라의 법전인 국전國典을 훤히 꿰고 있습니다. 그밖에도 안팎의 관직에 많은 인재인 군재群才가 줄지어 서 있습니다. 지금 폐하는 근습近習의 환관에게 권력을 위임해 오로지 탐욕스럽기 짝이 없는 도철饕餮과 같은 자들만 심는 전수專樹를 하고 있습니다. 이들이 밖으로 주군州郡을 다스리고, 안으로 가장 중요한 측근신하인 심려心膂를 주관하는 배경입니다. 의당 차례에 따라 관직을 깎거나 내쫓는 폄출貶黜을 하고, 죄상을 조사해 처벌하는 안죄규벌案罪糾罰을 행해야 합니다. 이어 충량忠良한 자를 신임하고, 선악인 장부臧否를 공평히 판결하는 평결平決을 하고, 사정邪正과 훼예毁譽의 대상이 각각 그 자리를 얻게 하고, 천자를 섬기는 관원인 천관天官을 보배롭게 아끼는 보애寶愛를 하면서 오직 선한 자에게만 자리를 내줘야 합니다. 이같이 하면 허물의 징조가 자연 소멸되고, 하늘의 감응인 천응天應도 가히 기다릴 수 있게 됩니다. 요즘 상서로움을 알리는 벼인 가화嘉禾와 영지靈芝인 지초芝草, 황룡黃龍 등이 나타난 일이 있습니다. 무릇 상서로움은 반드시 훌륭한 선비인 가사嘉士에서 나오고, 복분福分의 강림은 선인을 통해 이뤄지고, 유덕有德한 곳에 상서로움이 있고, 무덕無德한 곳에 재해가 나타납니다. 폐하의 소행所行은 천의天意에 합치되지 않고 있으니 의당 칭찬하고 축하하는 경칭稱慶을 해서는 안 됩니다."

상소문이 올라갈 즈음 이내 칭병한 뒤 성문교위와 괴리후槐里侯의 인수를 반환해 올려 보냈다. 곽서 역시 표문을 올려 이응 등의 사면을 청했다. 황제의 마음이 약간 누그러져 중상시 왕보王甫에게 명해 옥으로 가서 당인인 범방 등을 심문하게 했다. 머리와 손과 발 등 3곳을 형틀에 묶고

21 문질빈빈文質彬彬은 『논어』「옹야」에서 인용한 구절이다. 공자는 「옹야」에서 바탕이 문채를 이기면 거칠고, 문채가 바탕을 이기면 겉만 호화스러운 까닭에 문채와 바탕이 조화를 이룬 연후에 비로소 군자가 될 수 있다는 취지로 '질승문즉야質勝文則野, 문승질야사文勝質則史. 문질빈빈文質彬彬, 연후군자然後君子'를 언급했다.

얼굴에 자루를 씌우는 이른바 삼목낭두三木囊頭를 한 뒤 계단 아래에 그대로 놓아두었다. 왕보가 그들을 차례로 힐책했다.

"경 등은 서로 뽑아서 천거하고, 교대로 서로 뗄 수 없는 순치脣齒의 관계를 맺었소. 그 의도가 무엇이오?"

범방이 대답했다.

"중니仲尼가 말하기를, '선한 일을 보면 마치 미치지 못할 듯이 열심히 행하고, 악한 일을 보면 마치 끓는 물을 만지는 듯이 멀리 하라'[22]고 했소. 나 범방 역시 선한 일을 선하게 여기면서 청정한 곳으로 돌아가게 하는 선선귀청善善歸淸과 악한 일을 악하게 여기면서 오탁汚濁한 곳으로 돌아가게 하는 악악귀오惡惡歸汚를 이루고자 했소. 왕도王道의 정사인 왕정王政을 이뤘다는 얘기를 듣고자 한 것으로, 당을 만들려 했다는 소리를 들으리라고는 깨닫지 못했소. 옛날에는 선행을 닦으면서 스스로 많은 복을 받으려고 했으나, 오늘날에는 선행을 닦으면 몸이 대륙大戮에 처하게 되오. 이 몸이 죽는 날에 바라건대, 나 범방을 수양산首陽山 곁에 묻어 위로는 황천皇天을 저버리지 않게 하고, 아래로는 백이와 숙제에게 부끄럽지 않게 해주시오."

왕보는 불쌍히 생각하는 민연愍然의 모습으로 안색을 고친 뒤 이내 나란히 질곡桎梏을 풀어주었다. 이응 등이 또 환관 자제들을 대상으로 대거 비행을 검거하고 나서자 환관들이 두려워하며 황제에게 천시天時에 비춰 의당 사면해줘야 한다고 말했다.

---

22 원문은 '견선여불급見善如不及, 견악여탐탕見惡如探湯'이다. 『논어』「계씨」에서 인용했다. 「계씨」에서 공자는 선한 일을 보면 마치 미치지 못할 듯이 열심히 행하면서 선하지 못한 일을 보면 마치 끓는 물을 만지는 듯이 멀리 하는 사람을 나는 직접 보기도 했고 듣기도 했다는 취지로 '견선여불급見善如不及, 견불선여탐탕見不善如探湯. 오견기인의吾見其人矣, 오문기어의吾聞其語矣' 구절을 언급했다.

6월 8일, 천하에 사면령을 내리고 영강永康으로 개원했다. 이어 당인 200여 명을 모두 고향으로 돌려보낸 뒤 이름을 삼부三府에 기록해 두고, 종신토록 관직을 가질 수 없는 형벌인 금고禁錮에 처했다. 범방이 곽서霍諝를 찾아가 안부를 물으면서 자신을 위해 상소한 것에 사례하지는 않았다. 혹자가 이를 책망하자 범방이 말했다.

"옛날 춘추시대 당시 진晉나라 대부 숙향叔向은 자신의 석방을 주도한 기해祁奚를 만나지도 않았소. 당연한 일을 한 것이 따로 인사할 필요가 없다고 그런 것인데 나 또한 무엇을 사례해야 하는 것이오!"

범방이 남쪽 여남汝南으로 돌아가자 남양의 사대부들이 그를 영접했다. 수레가 수천 대에 이르렀다. 고향 사람인 은도殷陶와 황목黃穆이 범방 곁에서 호위하면서 빈객에게 응대했다. 범방이 은도 등에게 말했다.

"지금 그대들이 나를 따라오고 있는데 이는 나에게 닥칠 화를 더 무겁게 하는 것이오!"

마침내 향리로 돌아가 은둔했다.

당초 조서를 내려 당인을 검거할 때 군국에서 연루된 자들을 상주했다. 많은 곳에서는 수백 명에 달했다. 오직 평원平原의 재상 사필史弼만 주문奏文을 올리지 않았다. 앞뒤로 조서를 내려 독촉하자 주군州郡에서는 연사掾史들에게 곤형髡刑과 태형笞刑을 가했다. 종사從事가 전사傳舍에 앉아 사필을 불러 힐책했다.

"조서에서는 당인들을 크게 미워하는 질오疾惡를 하고 있소. 그 지의旨意가 매우 간절하고 측은한 간측懇惻의 모습이오. 청주青州의 6개 군郡 가운데 5개 군에서는 당인이 있다고 하는데 유독 평원군만 어떻게 다스렸기에 유독 한 사람도 없는 것이오?"

사필이 대답했다.

"선왕先王은 천하를 다스리는 강리천하疆理天下를 하면서 경계를 긋고 나눌 때 수토水土에 따라 정제整齊하고, 풍속을 달리했소. 다른 군에서는 절로 있을지라도 평원군에 절로 없게 된 것을 두고 어찌 비교할 수 있단 말이오! 만일 상사上司의 뜻을 받들어 우러러보며 양선良善의 인물을 무함誣陷하고, 부당한 형벌을 남용하는 음형남벌淫刑濫罰을 행하고, 이치에 맞지 않는 일을 즐겨하면 평원의 백성들은 누구라도 당인이 될 것이오. 재상인 나는 오직 죽음만 있을 뿐, 없는 당인을 만들어 낼 수는 없소!"

종사가 대로했다. 즉시 군의 요직僚職을 체포해 감옥으로 송치한 뒤 마침내 사필을 거론하는 주장을 올렸다. 마침 당인을 금지하는 당금黨禁이 중간에 해지된 덕분에 사필은 봉록으로 속죄贖罪할 수 있었다. 이때 곤경에서 벗어난 자가 매우 많았다.

두무가 천거한 인물을 예로 들면 주우朱寓는 패국沛國, 원강苑康은 발해勃海, 양교楊喬는 회계會稽, 변계邊韶는 진류陳留 출신이다. 양교는 용의容儀가 위려偉麗했고, 자주 정사에 관해 상언했다. 황제가 그의 재모才貌를 아껴 공주를 처로 삼게 하려고 했다. 양교가 고사하며 듣지 않았다. 끝내 입을 다물고 음식을 먹지 않는 폐구불식閉口不食을 7일 동안 행하다가 죽었다.

6) 가을 8월, 파부巴部사천성 중경시에서 황룡이 보였다고 말했다.

당초 군郡에 사는 사람이 연못에서 목욕을 하려고 할 때 물이 흐려 있는 것을 보고는 장난삼아 사람들을 무섭게 만들려고 이같이 말했다.

"이 안에 황룡이 있다!"

이 말이 마침내 백성들 사이에 퍼지자 태수가 좋은 일로 여겨 조정에 보고했다. 군리郡吏 부견傅堅이 간했다.

"이는 심부름을 하는 하인인 주졸走卒들이 농담으로 한 희어戲語일 뿐입니다."

태수가 듣지 않았다.

7) 6월, 대수大水가 있었다. 발해勃海에서 해일海溢이 있었다.[23]

8) 겨울 10월, 선령先零 강족이 삼보三輔를 침구했다. 장환張奐이 사마 윤단尹端과 동탁董卓을 파견해 방어하며 공격하는 거격拒擊을 하여 대파하게 했다. 추호酋豪를 참수했고, 우두머리 급의 1만여 명을 포로로 잡았다. 덕분에 3개 주州가 맑게 평정됐다.

장환의 전공을 논하면 의당 열후에 봉해야만 했으나 환관을 섬기지 않은 까닭에 결국 책봉되지 못했다. 오직 20만 전을 하사받고, 집안사람 1명이 낭관으로 제수됐을 뿐이다.

장환이 사양하며 받지 않고, 홍농弘農으로 옮겨줄 것을 청했다. 구제舊制에 따르면 변경 출신인 변인邊人은 내지로 옮길 수 없었다. 조서를 내려 장환이 공을 세운 까닭에 특별히 허락했다. 동탁에게도 벼슬을 내려 낭중郎中으로 삼았다. 동탁은 농서隴西 출신으로 조맹粗猛한 성품에 모략을 지니고 있었다. 강족과 호족이 그를 두려워했다.

9) 12월 23일, 다시 영도왕癭陶王 유회劉悝를 발해왕으로 삼았다.

10) 12월 28일, 황제가 덕양전전德陽前殿에서 붕어했다.

12월 29일, 두황후를 높여 황태후로 불렀다. 두태후가 임조臨朝했다.

당초 두황후가 이미 책립됐는데도 황제가 찾는 일이 매우 드물었다. 오직 채녀采女 전성田聖 등 일부 후궁만 총애를 입었다. 황후는 평소 시기심이 많고 잔인했다. 황제의 재궁梓宮이 아직 덕양전전에 있는데도 평소 황제의 총애를 입은 전성을 마침내 살해했다.

---

23 원문은 '발해해일勃海海溢'이다. 일부 판본에는 발해가 범람했다는 뜻의 '발해일勃海溢'로 되어 있다. 범람의 원인인 대수大水나 우수雨水 등의 표현이 없는 점에 비춰 '발해해일'의 오자일 공산이 크다.

성문교위 두무가 후사를 세울 일을 논의하기 위해 시어사侍御史인 하간河間 출신 유숙劉儵을 불러 국중國中의 종실 가운데 누가 현자인지 물었다. 유숙이 해독정후解瀆亭侯 유굉劉宏을 칭송했다. 유굉은 하간효왕河間孝王 유개劉開의 증손으로 조부는 유숙劉淑, 부친은 유장劉萇이었다. 이들은 대대로 해독정후에 봉해졌다.

두무가 안으로 들어가 두태후에게 고한 뒤 금중禁中에서 황위皇位를 결정했다. 이어 시어사 유숙劉儵을 수광록대부守光祿大夫로 삼은 뒤 중상시中常侍 조절曹節과 함께 지절持節의 자격으로 중황문中黃門과 호본虎賁 및 우림羽林 등 1,000명의 호위병을 이끌고 가 해독정후 유굉을 봉영奉迎하게 했다. 당시 유굉의 나이는 12세였다.

** 起強圉協洽, 盡重光大淵獻, 凡五年.

孝桓皇帝永康元年

春, 正月, 東羌先零圍祋祤, 掠雲陽, 當煎諸種復反. 段熲擊之於鸞鳥, 大破之, 西羌遂定.

夫餘王夫台寇玄菟. 玄菟太守公孫域擊破之.

夏, 四月, 先零羌寇三輔, 攻沒兩營, 殺千餘人.

五月, 壬子晦, 日有食之.

陳蕃既免, 朝臣震慄, 莫敢復為黨人言者. 賈彪曰, "吾不西行, 大禍不解." 乃入雒陽, 說城門校尉竇武·尚書魏郡霍諝等, 使訟之. 武上疏曰, "陛下即位以來, 未聞善政, 常侍·黃門, 競行譎詐, 妄爵非人. 伏尋西京, 佞臣執政, 終喪天下. 今不慮前事之失, 復循覆車之軌. 臣恐二世之難, 必將復及, 趙高之變, 不朝則夕. 近者奸臣牢修造設黨議, 遂收前司隸校尉李膺等逮考, 連及數百人. 曠年拘錄, 事無效驗. 臣惟膺等建忠抗節, 志經王室, 此誠陛下稷·契·伊·呂之佐.

而虛為奸臣賊子之所誣枉，天下寒心，海內失望．惟陛下留神澄省，時見理出，以厭人鬼喁喁之心．今臺閣近臣，尚書朱寓·荀緄·劉祐·魏朗·劉矩·尹勳等，皆國之貞士，朝之良佐．尚書郎張陵·媯皓·苑康·楊喬·邊韶·戴恢等，文質彬彬，明達國典，內外之職，群才并列．而陛下委任近習，專樹饕餮，外典州郡，內干心膂，宜以次貶黜，案罪糾罰．信任忠良，平決臧否，使邪正毁譽，各得其所，寶愛天官，唯善是授，如此，咎徵可消，天應可待．間者有嘉禾·芝草·黃龍之見．夫瑞生必於嘉士，福至實由善人，在德為瑞，無德為災．陛下所行不合天意，不宜稱慶.”書奏，因以病上還城門校尉·槐里侯印綬．霍諝亦為表請．帝意稍解，因中常侍王甫就獄訊黨人范滂等，皆三木囊頭，暴於階下，甫以次辨詰曰，“卿等更相拔舉，迭為脣齒，其意如何?”滂曰，“仲尼之言，‘見善如不及，見惡如探湯’滂欲使善善同其清，惡惡同其汙，謂王政之所願聞，不悟更以為黨．古之修善，自求多福．今之修善，身陷大戮．身死之日，願埋滂於首陽山側，上不負皇天，下不愧夷·齊.”甫愍然為之改容，乃得并解桎梏．李膺等又多引宦官子弟，宦官懼，請帝以天時宜赦．六月，庚申，赦天下，改元．黨人二百餘人皆歸田里，書名三府，禁錮終身．范滂往候霍諝而不謝．或讓之，滂曰，“昔叔向不見祁奚，吾何謝焉!”滂南歸汝南，南陽士大夫迎之者，車數千兩，鄉人殷陶·黃穆侍衛於旁，應對賓客．滂謂陶等曰，“今子相隨，是重吾禍也!”遂遁還鄉里．

初，詔書下舉鉤黨，郡國所奏相連及者，多至百數，唯平原相史弼獨無所上．詔書前後迫切州郡，髡笞掾史，從事坐傳舍責曰，“詔書疾惡黨人，旨意懇惻．青州六郡，其五有黨，平原何治而得獨無?”弼曰，“先王疆理天下，畫界分境，水土異齊，風俗不同．它郡自有，平原自無，胡可相比！若承望上司，誣陷良善，淫刑濫罰，以逞非理，則平原之人, 戶可為黨. 相有死而已, 所不能也!" 從事大怒, 即收郡僚職送獄, 遂舉奏弼. 會黨禁中解, 弼以俸贖罪. 所脫者甚眾. 竇武所薦. 朱寓, 沛人. 苑康, 勃海人. 楊喬, 會稽人. 邊韶, 陳留人. 喬容儀偉麗, 數上言政事, 帝愛其才貌, 欲妻以公主, 喬固辭, 不聽, 遂閉口不食, 七日而死.

秋, 八月, 巴部言黃龍見. 初, 郡人欲就池浴, 見池水濁, 因戲相恐曰, "此中有黃龍," 語遂行民間, 太守欲以為美. 故上之. 郡吏傅堅諫曰, "此走卒戲語耳." 太守不聽.

六月大水, 勃海海溢.

冬, 十月, 先零羌寇三輔, 張奐遣司馬尹端·董卓拒擊, 大破之, 斬其酋豪, 首虜萬餘人, 三州清定. 奐論功當封, 以不事宦官故不果封, 唯賜錢二十萬, 除家一人為郎. 奐辭不受, 請徙屬弘農. 舊制, 邊人不得內徙, 詔以奐有功, 特許之. 拜董卓為郎中. 卓, 隴西人, 性粗猛有謀, 羌胡畏之.

十二月, 壬申, 復癭陶王悝為勃海王.

丁丑, 帝崩於德陽前殿. 戊寅, 尊皇后曰皇太后. 太后臨朝. 初, 竇后既立, 御見甚稀, 唯采女田聖等有寵. 后素忌忍, 帝梓宮尙在前殿, 遂殺田聖. 城門校尉竇武議立嗣, 召侍御史河間劉鯈, 問以國中宗室之賢者, 鯈稱解瀆亭侯宏. 宏者, 河間孝王之曾孫也, 祖淑, 父萇, 世封解瀆亭侯. 武乃入白太后, 定策禁中, 以鯈守光祿大夫, 與中常侍曹節并持節將中黃門·虎賁·羽林千人, 奉迎宏, 時年十二.

한영제漢靈帝 건녕建寧 원년(AD 168)[24]

1) 봄 정월 3일, 성문교위城門校尉 두무竇武가 대장군이 되고 전 태위太尉 진번陳蕃이 태부太傅가 됐다. 두무와 진번, 사도司徒 호광胡廣이 함께 녹상서사錄尙書事의 일을 맡았다.

이때 마침 황제의 대상大喪이 있었으나 후사가 정해지지 않았다. 모든 상서尙書들이 두려워한 나머지 칭병稱病하고 조회朝會에 나오지 않자 진번이 꾸짖었다.

"옛 사람들은 절의를 세우면서 망자를 살았을 때처럼 섬기는 사망여존事亡如存을 했소.[25] 지금 새 황제가 아직 서지도 않고 국가의 정사가 날로 급박한데 제군諸君들은 어째서 씀바귀를 먹는 듯한 고통인 도요지고荼蓼之苦를 피한 채 편히 쉬려고만 하는 것이오?[26] 그러고도 의리상 편할 수가 있소?"

상서들이 황공해 하며 모두 입조入朝해 일을 보았다.

2) 1월 20일, 해독정후解瀆亭侯가 하문정夏門亭에 도착했다.[27] 두무에게 지절持節의 자격으로 청개靑蓋를 가지고 가 영접해 입궁하게 했다.

1월 21일, 황제가 즉위해 연호를 건녕建寧으로 바꿨다.

---

24 영제靈帝는 재위기간 내내 환관을 총애해 이른바 '당고지화黨錮之禍'를 일으킴으로써 황건적黃巾賊의 난을 촉발시키는 등 나라를 망국의 길로 이끄는 데 결정적인 역할을 수행했다. 조조와 유비, 손권 등 천하의 영웅호걸들이 대거 기병해 쟁천하爭天下를 하게 된다.

25 진번의 이 말은 『춘추좌전』에 나오는 '사사여사생事死如事生' 구절을 달리 표현한 것이다. 『춘추좌전』「노애공 15년」조에 이 구절이 나온다.

26 '도요지고'는 씀바귀와 여뀌를 먹는 것과 같이 매우 큰 신고辛苦를 말한다. 흔히 '도고荼苦'로 쓰이기도 한다. 『시경』「패풍邶風·곡풍谷風」에서 인용한 것이다.

27 해독정후는 영제로 등극하는 유굉이 부친인 유장劉萇의 뒤를 이어 세습한 작위명이다. 열후는 각기 식읍으로 나눠 준 지역의 이름을 앞에 붙이게 돼 있었는데 공이 큰 자에게는 현후縣侯, 그보다 작은 자에게는 향후鄕侯와 정후亭侯 등의 작호를 주었다.

3) 2월 13일, 환제桓帝를 선릉宣陵에 예장하고 묘호를 위종威宗이라 했다.

4) 2월 23일, 천하에 대사령을 내렸다.

5) 당초 호강교위護羌校尉 단경段熲이 정벌에 나서 서강西羌서쪽의 강족은 평정이 됐지만 동쪽의 강족인 동강東羌은 아직 귀순하지 않았다.[28] 도료장군度遼將軍 황보규皇甫規와 중랑장中郞將 장환張奐이 해마다 정토에 나섰으나 그때마다 항복과 반란이 거듭됐다.[29] 일찍이 환제가 단경에게 조서를 내려 하문한 적이 있었다.

"선령先零[30]과 동강이 반란을 일으켜 황보규와 장환이 각기 정예병을 이끌고 가 무시로 그들을 평정했다. 이제 단경에게 병사를 이동시켜 동강을 토벌하려는데 과연 그것이 옳은지 모르겠다. 가히 잘 생각해 술략術略을 세워보도록 하라."

단경이 상언했다.

"신이 보건대 선령과 동강이 비록 수차 반기를 들었으나 황보규에게 투항한 자가 이미 2만여 호에 달하고 있어 선한 자와 악한 자의 구분이 이미 분명히 드러났습니다. 투항하지 않은 나머지 적이 과연 얼마나 되는지는 알 수 없습니다. 지금 장환이 주저하며 진군하지 않는 것은 단지 항복

28 '교위'는 북군과 남군 등에 속해 있는 최고 무관으로 거기장군車騎將軍 이하의 장군과 마찬가지로 녹질이 2천석이다.

29 '중랑장'은 원래 황제를 시위하는 군관으로 녹질이 2천석에 준했다. 중랑장에는 오관중랑장五官中郞將과 좌우중랑장左右中郞將 등이 있었다. 중랑장 밑에는 600석의 의랑議郞과 중랑中郞, 시랑侍郞 등을 비롯해 300석의 낭중郞中이 있었다.

30 선령은 서쪽 강족의 일족으로 한나라 때에는 지금의 감숙성 임하현 이서와 청해성 동북부 일대에 널리 분포해 있었다. 후한 초기 중국내지로 이주했으나 후한 말기에 들어서는 동쪽의 강족과 더불어 반란을 자주 일으켜 후한의 멸망을 앞당기는 데 중요한 역할을 수행했다.

한 강족과 반기를 든 강족이 서로 내통할까 염려하기 때문입니다. 대군이 한 번 움직이면 그들은 필경 크게 놀라 두려워할 것입니다. 더구나 반적들은 작년 겨울에서 올 봄까지 수비병력을 해산하지 않은 까닭에 사람과 짐승이 모두 피리疲羸해져 스스로 멸망하는 모습을 보이고 있습니다. 다시 투항을 유인하는 방안을 생각해 이들을 앉아서 제압하는 게 옳을 듯합니다. 신이 생각건대 오랑캐는 야심野心을 지니고 있어 은덕으로 감화하기가 어렵습니다. 그들은 세력이 약할 때는 일단 항복하지만 대군이 일단 철수하면 또다시 반란을 일으키고 있습니다. 오직 유일한 방법은 시퍼런 칼날인 백인白刃을 그들의 목에 갖다 대는 길 뿐입니다. 대략 항복하지 않은 동강의 수는 3만여 호로 이들 대부분이 새내塞內 부근에 모여 살고 있습니다. 이들이 앞으로 나아가는데 특별히 험한 길도 없고 우리에게는 연燕·제齊·진秦·조趙와 같은 연합세력이 없습니다.[31] 결국 오랜 기간에 걸쳐 병주幷州와 양주凉州가 소란해지고 삼보三輔까지 침해되는 일이 나타난 것입니다.[32] 서하西河감숙성 난주시 및 상군上郡섬서성 수덕현을 급히 새내로 옮기고 안정安定감숙성 고원현과 북지北地감숙성 영현가 다시 위험에 처하게

---

31 단경이 '연제진조' 등을 거론한 것은 전국시대와 같이 합종연횡合縱連橫할 세력이 없음을 의미한다.

32 후한 말기까지 의 지방조직은 한무제 원봉 5년인 106년에 설치한 13주로 구성돼 있었는데 양주凉州는 대략 지금의 감숙성 일대를 말하고 병주幷州는 지금의 산서성 일대에 해당한다. '삼보'는 한나라 때 황궁이 있는 장안 주변지역을 총칭하는 말로 이른바 경기京畿지역을 의미하는 말이다. 장안의 동쪽을 담당하는 좌내사와 서부를 담당하는 우내사가 기원전 104년 확대 개편돼 좌내사가 좌풍익左馮翊, 우내사가 경조윤京兆尹으로 명칭이 바뀌고 여기에 우부풍右扶風이 첨가됨으로써 '3보' 명칭이 나타났다. '3보'는 원래 2천석의 경조윤과 좌풍익, 우부풍의 관직을 통틀어 말하는 것이었으나 통상 경기지역 자체를 의미하는 말로 쓰였다. 이들의 업무는 군태수와 유사해 대략 일개 군 정도의 관할지역을 다스렸는데 이들이 관할한 지역은 경성에 속해 있는 까닭에 통상 군郡으로 분류되지 않았다.

된 것도 모두 이 때문입니다. 운중雲中내몽골 탁극탁현과 오원五原에서 서쪽의 한양漢陽감숙성 천수현에 이르기까지 2,000여 리인데 흉노와 모든 강족이 이 일대를 점거하고 있어 마치 농창膿瘡이 겨드랑이에 숨어 있는 것과 같습니다. 만일 이들을 제거하지 못하면 장차 큰 우환이 있습니다. 기병 5,000명과 보병 1만 명, 전차戰車 3천 대로 2년 반의 시간인 3동2하三冬二夏면 그들을 평정할 수 있습니다. 비용은 대략 54억 전錢 가량이 드나 강족을 모두 궤멸시키고 흉노를 장기적으로 귀복시키면 장성 안인 새내塞內로 옮긴 군현이 본거지로 다시 돌아갈 수 있습니다. 생각건대 영초永初 연간에 강족의 각 부락이 반기를 들어 길게는 14년에 걸쳐 모두 240억 전이 들었고 영화永和 말년에 또 7년이 걸려 모두 80여억 전이 들었습니다. 이처럼 막대한 비용을 쓰고도 이들을 완전히 제거하지 못함으로써 잔존한 오랑캐들이 또 일어나 해를 끼치고 있는 것입니다. 만일 지금 백성들로 하여금 잠시의 어려움을 참게 하지 못하면 장차 영원히 안녕을 꾀할 수 없을 것입니다. 신이 우둔하고 못난 노열駑劣의 재주를 다할 것이니 보내주시길 바랍니다."

황제가 청한 바대로 모두 들어주었다. 단경이 15일분의 군량에 군사 1만여 명을 이끌고 팽양彭陽감숙성 진원현에서 고평高平감숙성 고원현으로 진격해 봉의산逢義山에서 선령 등의 강족들과 교전했다. 단경이 병사들에게 장거리 활과 날카로운 칼인 장족이인長鏃利刃을 잡게 한 뒤 장창부대인 장모長矛를 3중으로 배열해 쇠뇌부대인 강노强弩를 잡게 하고 경기輕騎를 좌우로 벌여 두 날개로 삼았다. 이어 장병들에게 하령했다.

"우리는 지금 집에서 수천 리 떨어져 있다. 전진하면 성공하고 후퇴하면 모두 죽게 된다. 모두 함께 공을 세우자."

큰소리로 외쳐대며 병사들이 달려 나가고 기병들이 양옆에서 날듯이 돌격하자 적군이 궤멸됐다. 단경이 8,000명의 수급을 베자 두태후竇太后

가 조서를 내려 공을 표창하는 포미褒美를 했다.

"동강이 평정됐으니 반드시 논공행상이 있어야 했다. 지금 단경에게 20만 전을 내리고 그의 가족 가운데 한 사람을 낭중郎中으로 삼는다."

또 칙령으로 중장부中藏府에서 돈과 채단 등을 내어 하사하고 군사비를 증액 원조하는 한편 단경을 파강장군破羌將軍으로 삼았다.[33]

6) 윤3월 갑오甲午, 황제의 할아버지를 효원황제孝元皇帝, 할머니 하씨夏氏를 효원황후孝元皇后, 아버지를 효인황제孝仁皇帝으로 추존하고 황제의 생모 동씨董氏를 신원귀인愼園貴人으로 삼았다.[34]

7) 여름 4월 1일, 태위 주경周景이 세상을 떠났다. 사공司空 선풍宣酆이 면직되고 장락위위長樂衛尉 왕창王暢을 사공으로 삼았다.[35]

8) 5월 1일, 일식日食이 있었다.[36]

9) 태중대부太中大夫 유구劉矩를 태위로 임명했다.

10) 6월, 경성京城에 큰 수재가 났다.[37]

11) 6월 17일, 논공행상을 해 두무를 문희후聞喜侯에 봉하고 그의 아

---

33 중장부는 소부少府 소속으로 비단과 금은 등의 재보를 관장하던 부서이다. 소부는 황제 개인에게 필요한 물품을 공급하는 일을 관장했다. 국가재정에 관한 일은 대사농大司農에서 관장했다.

34 효원황제는 영제의 조부인 유숙劉淑을 말하고 효인황제는 영제의 생부인 유장劉萇을 말한다.

35 '장락위위'는 장락궁을 지키는 수위군사의 책임자를 말한다. '위위'는 구경九卿의 하나로 궁궐을 지키는 일을 전담했다. 위위의 명칭은 관장하는 궁궐의 이름을 앞에 붙여 부르게 돼 있었다. 장락궁은 장안성 동쪽 모퉁이에 위치해 있었다. 이는 원래 진나라의 흥락궁興樂宮으로 한고제가 개수해 살았던 궁이다.

36 여기서 말하는 일식은 흔히 말하는 개기일식이나 부분일식 등이 아니라 음력 초하루를 의미한다.

37 경성京城은 황제가 머무는 수도를 의미하는 말로 헌제 때 장안으로 천도하기 전까지는 낙양을 지칭했다. 『자치통감』에서는 수도를 의미하는 말로 경성 이외에도 경사京師, 경도京都, 경조京兆, 금성金城 등의 용어가 사용되고 있으나 모두 같은 뜻이다.

들 두기竇機를 위양후渭陽侯, 형의 아들 두소竇紹와 두정竇靖을 각각 호후鄠侯와 서향후西鄉侯에 봉했다. 이어 중상시中常侍 조절曹節을 장안향후長安鄕侯에 봉하는 등 모두 11명을 후侯에 봉했다.[38] 탁군涿郡하북성 탁군 출신 노식盧植이 두무에게 상서해 간했다.[39]

"족하足下는 단旦과 석奭이 주나라 종실을 보좌했듯이 성주聖主를 옹립하고 천하를 장악하니 모든 사람이 족하의 공이 매우 크다고 생각하고 있소. 사실 동종同宗에서 뒤를 잇고 친소관계 등에 따라 인선을 하는 것이니 무슨 공이 있다고 하겠으며 어찌 천하의 공을 자신의 역량에 따른 것이라고 할 수 있겠소? 의당 중상重賞을 사양해 명성을 온전히 해야 할 것이오."

두무가 이를 받아들이지 않았다. 노식은 키가 8척2촌이었는데 목소리가 마치 커다란 종소리 같고 성정이 강의剛毅하며 큰 절조가 있었다. 젊었을 때에는 마융馬融을 모셨는데 마융은 사치를 좋아해 항시 여창女倡의 가무를 즐겼다. 노식은 오랫동안 시강侍講을 하면서도 한 번도 곁눈질을 하지 않았다. 마융이 그를 매우 공경히 대하게 됐다. 태후가 진번을 옛 공훈을 기려 특별히 고양향후高陽鄕侯에 봉하자 진번이 이를 사양하며 상

---

38 '중상시'는 시중侍中과 산기상시散騎常侍, 급사중給事中, 영상서사領尙書事 등과 함께 본래의 관직 이외에 겸하는 관직에 해당한다. 시중은 황궁에 들어가 황제를 시봉하고, 산기상시는 황제의 수레를 수행하는 역할을 수행했다. 주로 열후와 구경, 상서 등 고위관원이 이를 겸직했다. 중상시는 황제의 침궁寢宮에 들어가 시중을 들기 때문에 환관들이 이 직책을 전담했다. 급사중은 황제의 자문에 응하는 고문의 역할을 수행했다. 주로 대부와 박사, 황문랑 등이 이 역할을 맡았다. 영상서사는 상주문 등을 수집해 이를 심사하는 역할을 담당했으나 사실은 명예직에 해당하는 것으로 대장군을 비롯해 대사마와 거기장군 등 무관들이 이를 전담해 겸직했다.

39 노식의 자는 자구子搆로 탁군涿郡 출신이다. 어려서 마융馬融에게서 배웠고 영제 희평4년에 구강九江태수를 역임한 뒤 의랑議郎, 교서동관校書東觀 등을 거쳐 시중侍中, 상서尙書 등을 지냈다. 192년에 죽었다.

소했다.

"신이 듣건대 땅을 떼어 분봉分封하는 것은 의당 공덕에 근거한다고 합니다. 신은 비록 소결素潔한 행위는 없으나 '군자는 정당하게 얻지 않는 부귀는 취하지 않는다'는 말을 늘 가슴에 새겨왔습니다.[40] 신이 사양치 않는다면 하늘의 진노를 사고 백성에게 재화災禍를 돌리는 것입니다. 그리 되면 신은 과연 어디에 몸을 둘 수 있겠습니까?"

태후가 허락지 않았으나 진번은 10여 차례에 걸쳐 상주문을 올리고 끝내 봉작을 받지 않았다.

12) 단경이 경병輕兵을 이끌고 강족을 추격했다. 교문곡橋門谷섬서성 안정현을 출발해 밤낮으로 달려가 사연택奢延澤과 낙천落川, 영선수令鮮水에서 강족을 연파한 뒤 영무곡靈武谷의 교전에서 강족을 마침내 대파했다.

가을 7월, 단경이 경양涇陽감숙성 평량현에 도착하니 나머지 강족 4,000여 호가 모두 한양의 산곡으로 숨어들었다. 호흉노중랑장護匈奴中郎將 장환이 상언했다.

"동쪽의 강족을 비록 대파했으나 잔당을 완전히 없애기가 어렵습니다. 단경은 경솔히 결단을 내리려 하나 의당 승패가 무상함을 생각해야 합니다. 의당 은혜를 베풀어 항복을 권함으로써 결하고 후회를 남기지 않도록 해야 합니다."

조서를 내리자 단경이 상서했다.

"동강의 인구가 많다고는 하나 매우 연약해 쉽게 제압할 수 있습니다. 그래서 신의 우견愚見을 진술해 영녕永寧을 만들고자 했던 것입니다. 중랑장 장환이 적이 강대해 깨뜨리기 어려우니 의당 초항招降해야 한다고

---

40 『논어』「이인」의 "부여귀富與貴, 시인지소욕야是人之所欲也. 불이기도득지不以其道得之, 불처야不處也." 구절을 인용한 것이다.

주장했으나 다행히 주상이 영명해 신의 우견을 받아들였습니다. 상황이 과연 그의 짐작과 정반대로 전개되자 시기하고 원망하는 시한猜恨을 행한 나머지 강족의 주장을 믿고 교묘히 말을 꾸며 신의 군사가 여러 번 좌절되는 절뉵折衄을 했다고 무함했습니다. 또한 말하기를, '강족 역시 하늘의 영기를 받아 태어났으니 절멸시킬 수 없고 산과 계곡이 광대해 사람이 살지 않도록 할 수 없으니 피가 들을 오염시키면 화기和氣를 상하게 하고 재난을 초래하게 된다'고 했습니다. 신이 엎드려 생각건대 주나라와 진나라 때에는 융적戎狄의 해가 가장 컸고 한나라의 중흥 이후에는 강족이 가장 심합니다. 이는 이들에 대한 주살誅殺이 제대로 되지 않아 항복과 반란이 거듭되기 때문입니다. 지금 선령 등의 강족이 반복反覆해 마을을 공격해 백성을 약탈하고 분묘를 파헤쳐 시신을 훤히 드러내고 있으니 재앙이 산 사람뿐만 아니라 죽은 사람에게까지 미치고 있습니다. 하늘이 진노해 우리를 통해 그들을 토벌하게 하는 것입니다. 옛날 형邢나라가 극도로 혼란해 위衛나라가 그들을 정벌하고자 군사를 동원하자 하늘이 때맞춰 비를 내려주었습니다. 신이 군사를 지휘한 이래 혹서 속에서도 연이어 감수甘澍 때맞춰 내리는 비가 내리고 해마다 풍작이며 인민은 질병이 없습니다. 위로 천심을 헤아리건대 재해가 없고 아래로 인사를 살피건대 군민軍民이 화목하니 그로 인해 싸움마다 승리를 하게 된 것입니다. 교문橋門에서 서쪽으로 낙천落川 이동까지는 오래된 읍현邑縣들이 서로 이어져 있는 지역으로 깊고 험한 지세의 심험절역深險絶域의 변방이 아니라 수레와 말이 모두 편히 다닐 수 있어서 절뉵折衄을 당할 일이 없습니다. 장환은 한나라의 관원으로 변경에서 2년 동안 주둔하면서 적들을 평정하지도 못하면서 오히려 글을 숭상하고 무력을 거두는 수문집과修文戢戈를 행해 야만적인 적들을 초항해야 한다며 허황되기 그지없는 애기를 하고 있습니다. 그가 왜 이처럼 말하겠습니까? 전에 선령족이 침범해 왔을 때 조충국趙忠國이 그들을 한족 거주지역인 거내居內로 이주시켰습니다.[41] 이후 변경침입을 걱정한 나머지 마원馬援이 다시 이들을 삼보로 옮겼지만 처음에만 복종하고 끝내 반기를 들어 지금에 이르러 생선가시인 골경骨鯁이 됐으니 식견 있는 인사들은 깊은 우려를 금치 못하고 있습니다.[42] 지금 변경 군의 인구가 희소해 누차 강족의 침해를 받았으니 만일 항복하는 강족과 한인을 섞여 살게 하면 이는 좋은 밭에 탱자와 가시나무인 지극枳棘을 심고 방안에서 살무사인 사훼蛇虺를 기르는 것과 같습니다. 그래서 신이 대한大漢의 웅혼한 위엄을 받들어 장구한 계책을 세운 것으로 이는 그들로 인한 화란을 근절해 다시는 이런 우려가 없게 하려는 것입니다. 원래 3년간의 군비로 마련된 54억 전 가운데 겨우 1년밖에 지나지 않아 채 반도 사용하지 않았고 남아 있는 적들 또한 점차 사그라지는 잔신殘燼의 양상입니다. 신은 매번 조서를 받을 때마다 조정은 군무에 간섭하지 않는다는 뜻을 전달받았습니다. 원컨대 이런 태도를 관철해 신이 전권을 쥐고 시의에 맞게 일을 처리해 군기軍機를 놓치지 않도록 해 주기 바랍니다."

13) 사공 왕창이 면직되고 종정宗正 유총劉寵이 사공이 됐다.[43]

14) 당초 두태후가 황후가 될 때 진번이 진력을 다했다. 태후가 임조청정臨朝聽政하면서 대소정사는 모두 진번이 처리하도록 위임했다. 진번과 두무가 힘을 합쳐 왕실을 보좌하며 천하의 명사인 이응李膺과 두밀杜密,

---

41 기원전 60년경인 한선제漢宣帝 때 조충국이 서쪽의 강족을 쳐 귀부한 강족을 금성군金城郡으로 이주시켜 지금의 감숙성 난주시에 있던 금성속국을 만들었다.

42 왕망의 신나라 때 벼슬길에 올라 후한 초 광무제에게 귀부해 농서태수가 된 마원馬援은 건무 5년인 29년 광무제에게 상주해 삼보지역이 땅이 넓고 비옥한 이유 등을 들어 강족들을 이 지역으로 이주시켰다.

43 종정은 구경九卿 가운데 하나로 황실종친부의 최고위직을 말한다.

윤훈尹勳, 유유劉瑜 등을 조정으로 불러들여 정사에 참여시켰다. 천하의 사대부들 가운데 태평성세의 도래를 간절히 기대하지 않는 사람이 없게 됐다.

황제의 유모 조요趙嬈와 여자내관인 여상서女尙書들이 주야로 태후를 둘러싸고 권력을 휘두르게 됐다. 또한 중상시 조절曹節과 왕보王甫 등은 서로 결탁해 태후에게 아첨으로 신임을 얻어 여러 차례에 걸쳐 조명詔命을 받아 높은 관작官爵을 받게 됐다. 진번과 두무는 이들을 미워했는데 일찍이 조당朝堂에 모여 있을 때 진번이 은밀히 두무에게 말했다.

"조절과 왕보 등은 선제先帝 때부터 조정을 훔쳐 천하를 소란하게 했으니 지금 그들을 제거하지 않으면 후에 환란이 무궁할 것이오."

두무가 깊이 동조하자 진번이 기뻐하며 손으로 방석을 밀쳐내고 벌떡 일어났다. 두무가 뜻을 같이 하는 상서령 윤훈 등과 함께 커다란 계책을 논의했는데 마침 일식이 있게 되자 진번이 두무에게 제의했다.

"전에 어사대부 소망지蕭望之가 일개 환관인 석현石顯에게 패했는데 하물며 지금은 수십 명의 석현이 있으니 그 재난을 예측하기 어렵소.[44] 나는 이미 80세가 넘었으니 장군이 나서서 해악을 제거해야 할 것이오. 지금 일식을 구실로 환관들을 척파斥罷하기 좋으니 부디 그들을 제거해 하늘의 재앙을 막도록 해 주오."

두무가 태후에게 건의했다.

"옛 사례를 보면 황문黃門환관과 상시常侍는 오직 궁정의 궐문 등인 성내省內를 책임지고 궁내의 각종 재산을 다루었을 뿐입니다. 지금 그들은

---

44 소망지는 한선제漢宣帝 때 높은 명망으로 인해 발탁된 후 한원제漢元帝 때 태부의 자리까지 올랐다. 초원 2년인 기원전 47년, 환관 석현의 암수에 걸려들어 소환을 받게 되자 감옥에 들어가 구차하게 살 수 없다며 약을 먹고 자진했다. 한원제는 뒤늦게 자신의 실수를 깨닫고 그의 묘에 해마다 제사를 지내게 했다.

정사에 참여해 대권을 위임받아 자제와 당우黨友들을 배치해 탐욕스럽고 포악한 일을 일삼고 있습니다. 천하의 여론이 분분하니 의당 그들을 주살하거나 자리를 빼앗아 조정을 맑게 해야 합니다."

태후가 반대했다.

"한나라 건국 이래 줄곧 환관이 있었다. 만일 죄가 있다면 의당 벌을 받아야 하지만 어찌 무턱대고 그들을 전부 없앨 수 있겠는가?"

당시 중상시 관패管霸는 재주와 지략이 있어 궁중에서 권력을 쥐고 있었다. 두무는 일찍이 태후에게 관패와 소강蘇康 등을 잡아 사형에 처할 것을 요청한 적이 있었다. 두무가 다시 태후에게 조절 등을 잡아 죽일 것을 거듭 청했으나 태후는 그때마다 망설이며 차마 하지 못하는 유예미인冘豫未忍의 모습을 보였다. 일이 오랫동안 매우 어렵게 되자 진번이 상소했다.

"지금 경성의 여론이 비등해 후람侯覽과 조절, 공승흔公乘昕, 왕보, 정삽鄭颯 등이 황제의 유모인 조부인趙夫人 및 여상서들과 함께 천하를 소란하게 한다는 얘기가 떠돌고 있습니다. 그들에게 붙으면 관작이 올라가고 그들을 등지면 중상모략을 당하니 군신群臣들은 강에 떠 있는 나무토막과 같아 동서로 떠돌며 봉록이나 탐하면서 이들을 두려워하고 있습니다. 만일 태후 폐하가 빨리 그들을 주살하지 않으면 필연 화란이 일어나 사직이 위태롭고 그 재화를 헤아리기 어려울 것입니다. 신의 주장奏章을 근신들에게 보여주어 천하의 간신들로 하여금 신이 얼마나 큰 통한을 가지고 있는지를 알도록 해 주기 바랍니다."

태후가 받아들이지 않았다.

이 달에 태백성太白星이 방수房宿의 상장성上將星을 범하고 태미원太微垣에 접근했다.[45] 시중 유유劉瑜가 천문을 연구하면서 흉조가 있을 것을 예감하고 태후에게 상서했다.

“『점서占書』에 보면 궁문을 굳게 닫을 경우 반드시 장상將相에게 불리하게 됩니다. 간사한 무리가 군주의 신변에 머물러 있으니 원컨대 급히 이를 방지하기 바랍니다.”

유유가 다시 두무와 진번 등에게 상주문을 보여주며 결단을 촉구했다. 두무와 진번이 주우朱寓를 사례교위司隷校衛, 유우劉佑를 하남윤河南尹, 우기虞祁를 낙양현령雒陽縣令으로 임명했다.[46] 두무는 또 황문령黃門令 위표魏彪를 면직하고 자신과 가까운 소황문小黃門 산빙山冰으로 대체해 줄 것을 주청했다. 두무는 산빙의 상주를 통해 장락상서長樂尙書 정삽을 잡아들인 뒤 북시옥北寺獄으로 압송하게 할 생각이었는데 진번이 두무에게 이의를 제기했다.

“산빙 등은 정삽 등을 속히 죽이려고 하는데 무엇 때문에 공연히 그들을 심문하게 하려는 것이오.”

두무가 이를 듣지 않고 산빙과 윤훈, 황제의 수레를 모는 관원인 시어사侍御史 축진祝瑨 등으로 하여금 정삽을 심문해 조절과 왕보가 연루됐다는 공사供辭를 받아내려 했다. 윤훈과 산빙이 즉시 조절 등을 잡은 뒤

---

45 방수는 별자리의 이름이다. 천자를 상징하는 북극성 주변의 4개의 문무별이 천자의 통치를 보좌하는 문무관의 우두머리를 상징했다. 상장성上將星과 차장성次將星, 상상성上相星과 차상성次上星이 그것이다. 태미원은 천자의 궁정을 상징한다.

46 한나라 때 지방조직은 크게 장안 주변의 경기京畿와 그 이외의 지역으로 구분됐는데 경기지역을 흔히 3보三輔라고 했다. 나머지 지역은 주州·군郡·현縣으로 계층을 이뤘는데 주에는 경기주변의 사례주司隷州에는 2천석의 사례교위가 파견됐고 여타 주에는 2천석의 자사刺史가 파견됐다. 자사는 흔히 주목州牧으로 별칭됐다. 주 밑에는 10개 안팎의 군이 소속돼 있었는데 보통 군에는 흔히 태수太守로 불리는 2천석의 군수郡守가 파견돼 다스렸고 황제의 친속인 제왕諸王들이 다스리는 왕국王國은 국상國相 또는 상국相國으로 불리는 내사內史가 다스렸다. 또한 군 밑에는 지방조직의 최하단위인 현縣이 있었는데 1만호 이상의 상현上縣에는 1,000석의 현령縣令이 파견됐고 1만호 미만의 작은 현에는 500석의 현장縣長이 파견돼 다스렸다.

곧 유유로 하여금 이 사실을 황제에게 상주하게 했다.

9월 7일, 두무가 궁을 나가 대장군부에 도착했다. 중서中書를 관장하는 사람들이 이미 소식을 듣고 장락오관사長樂五官史 주욱朱瑀에게 보고했다.[47] 주욱이 두무의 상주문을 훔쳐본 뒤 욕을 했다.

"방자한 환관은 당연히 주살되어야 하나 우리가 무슨 죄가 있단 말인가? 결국 우리들의 씨를 말려 멸족시키려는 것이 아닌가."

곧이어 주욱이 큰 소리로 외쳐대며 돌아다녔다.

"진번과 두무가 태후에게 황제의 폐위를 상주하는 대역부도를 범했다."

이어 평소 친근했던 신체 건강한 장락종관사長樂從官史 공보共普와 장량張亮 등 17명을 불러 모아 짐승의 피를 입술에 바르며 맹서하는 유혈喩血을 하며 두무 등을 죽이기로 했다. 조절이 황제에게 거짓으로 보고했다.

"밖의 상황이 급박하니 속히 출궁해 덕양전전德陽前殿으로 나아가야 합니다."

조절이 황제에게 칼을 뽑아든 채 뛰어나가도록 사주한 뒤 조요 등에게 황제 옆에서 시위하도록 조치했다. 이어 독신讀信을 들고 가 궁문을 닫게 한 뒤 상서부의 관원들을 불러 모으고 칼로 협박해 조서인 조판詔板을 작성하게 했다.[48] 또 왕보를 황문령에 임명한 뒤 지절持節을 가지고 북시옥으로 가 윤훈과 산빙을 잡도록 했는데 산빙이 조서가 가짜인가 의심해 접수하기를 거부하자 왕보가 그 자리에서 그와 윤훈을 죽이고 곧바로

---

47 장락궁은 지금의 섬서성 장안현 서북쪽에 있었던 한나라 때의 궁전 이름으로 동한 시대에 태후가 머물던 궁이다. 흔히 동궁東宮이라고 했다. 태후궁에는 5명의 여상서가 있었는데 오관사五官史가 이들을 관장했다.

48 독신은 나무로 만든 일종의 통행증이다. 대략 국자 모양을 닮았다.

정삽을 구해냈다.

이어 병사들을 이끌고 태후궁으로 가 태후를 협박해 옥새인 새수璽綬를 빼앗은 뒤 알자謁者에게 명해 남궁南宮을 지키는 한편 궁문을 닫아 궁내로 통하는 통로인 복도複道를 차단하게 했다.[49] 또 정삽 등에게 부절을 주어 시어사와 알자 등을 이끌고 가 두무 등을 잡도록 했다.

두무가 조서를 접수하지 않고 곧바로 병영으로 달려가 형의 아들인 보병교위步兵校尉 두소竇紹와 합세해 알자 등을 활로 쏘아 죽인 뒤 북군北軍 5로의 장병 수천 명을 불러 모아 역참인 도정都亭을 지키게 했다. 이어 장병들에게 하령下令했다.[50]

"황문과 상시가 반기를 들었으니 공을 세우는 자에게는 열후列侯의 작호를 주고 후히 상을 내리겠다."

진번이 난이 일어났다는 얘기를 듣고 곧 관속 등 80여 명과 함께 손에 칼을 빼들고 승명문承明門으로 쳐들어가 상서문尙書門에 이르러 팔을 번쩍 들어 외쳤다.

"대장군 두무는 충심으로 나라를 보위했고 오히려 황문들이 반기를 들었는데 어찌 두장군을 사도邪道라고 하는가?"

왕보가 마침 궁에서 나오다가 그의 말을 듣고 곧 진번을 꾸짖었다.

"선제가 얼마 전에 붕어하는 기천하棄天下를 해 능묘 조성작업인 산릉山陵이 채 끝나지도 않았는데 두무가 무슨 공이 있다고 형제부자 3명이 동시에 열후가 된 것인가? 또한 연회를 열어 후궁의 궁녀들을 대동한 채

---

49 알자는 궁정의 일을 담당하는 광록훈光祿勳 소속의 관원으로 주로 조서나 상주문을 전달하는 역할을 맡았다.

50 '도정'은 진한시대의 제도로 일종의 역참驛站이다. 10리마다 정후을 하나씩 두고 군현의 치소에 도정을 하나씩 설치했다. 당시의 1리는 대략 400m이니 정후간의 거리는 4km에 해당하는 셈이다.

10일 동안 수만 전의 재력을 낭비했으니 대신이 이와 같다면 어찌 사도라고 하지 않을 수 있겠는가? 공은 재보宰輔의 몸으로 구차히 결당을 해 놓고 어디 가서 적을 잡겠다는 것인가?"

왕보가 병사들에게 진번을 잡도록 명하자 진번이 칼을 뽑아 왕보를 가리키며 꾸짖었다. 언사와 안색이 더욱 엄했다. 진번이 붙잡혀 북시옥으로 가자 황문黃門에 종사하는 기사騎士들이 그를 발로 차면서 욕했다.

"이 늙은 귀신아(사노매死老魅), 이래도 다시 우리를 쫓아내고 봉록을 빼앗을 수 있겠는가!"

이날 곧바로 진번을 죽였다. 당시 장환은 경성에 징소徵召돼 있었다. 조절 등은 장환이 방금 전에 도착해 정변의 내막을 모르는 것을 빌미로 조서를 조작해 그를 불렀다. 소부少府 주정周靖을 행거기장군行車騎將軍·가절假節로 삼아 장환과 함께 5영營의 군사들을 이끌고 두무를 치게 했다.[51] 이윽고 날이 밝자 왕보가 호본虎賁[52]과 우림羽林 등 총 1,000여 명을 이끌고 주작액문朱雀掖門을 지키다가 장환 등과 합세해 병사들을 이끌고 궁문 아래로 가 두무와 대치했다.[53] 왕보가 병력이 점차 증강되자 병사들을 두무의 군사들이 있는 곳으로 보내 큰 소리로 떠들게 했다.

"두무가 반기를 들었으면 너희들은 모두 금군禁軍으로서 의당 궁성宮省을 보위해야지 어째서 반적을 좇으려 하는 것인가? 먼저 투항하는 자는 큰 상을 받을 것이다."

---

51 관직 앞에 붙는 행行은 품계가 높은 관원이 품계가 낮은 관직을 맡는 것을 의미하고 수守는 정반대의 경우를 말한다. 또한 영領은 본직을 가진 채 다른 관직을 겸직하는 경우를 의미한다.

52 호본虎賁은 군주를 호위하는 호랑이처럼 날랜 정예병을 가리킨다. 본賁은 통상 '분'으로 읽으나 '호본'을 뜻할 때는 '본'으로 읽는다.

53 호분과 우림은 황궁을 지키는 친위군을 말하고 주작액문은 궁궐의 북쪽으로 나 있는 궐문을 말한다.

군영에 근무하는 군사들은 평소 중관中官인 환관들을 두려워했다. 두무의 군사들이 하나둘씩 왕보에게 투항하기 시작해 동틀 무렵쯤에는 거의 모두가 투항했다. 두무와 두소가 간신을 몸을 빼냈으나 군사가 포위망을 좁히며 추격해오자 모두 자진하고 말았다. 두 사람의 수급이 낙양의 도정都亭에 내걸리고 두씨의 종친과 문객, 인척 등이 모두 주살된 것은 물론 시중 유유와 둔기교위屯騎校尉 풍술馮述 등도 삼족을 멸하는 이족夷族을 당했다.

환관들은 또 호본중랑장 유숙劉淑과 전상서 회계會稽 출신 위랑魏朗 등이 두무와 모의를 같이 했다고 무함해 그들이 자진하게 만들었다. 이어 황태후를 남궁으로 옮기게 한 뒤 두무의 가속을 일남日南베트남 순화현으로 유배 보냈다.

공경 이하의 관원으로서 전에 진번과 두무 등이 추천한 사람과 그들의 문생門生들 모두 관직을 박탈당하고 금고禁錮됐다. 의랑議郎인 발해渤海 출신 파숙巴肅은 당초 두무 등과 공모했으나 조절 등이 이 사실을 몰라 금고처분을 받았다가 후에 내막이 알려지자 곧 체포령이 내려지게 됐다. 파숙이 자진해 수레를 타고 현부縣府로 갔는데 현령이 파숙이 오는 것을 보고 곧바로 관아로 달려와 인수를 푼 뒤 파숙에게 함께 도망할 것을 제안했다. 파숙이 고개를 가로저었다.

"신하 된 몸으로 공모한 사실이 있다면 감히 숨겨서는 안 되고 죄가 있다면 의당 벌을 받아야 하오. 나는 원래 공모한 사실을 감추고자 하는 생각이 없었으니 어찌 감히 형벌을 피하겠소?"

파숙이 주살되고 말았다.

조절이 장락위위長樂衛尉에 임명돼 육양후育陽侯에 봉해졌고 왕보는 중상시에 올라 황문령의 자리를 계속 맡았다. 주오와 공보, 장량張亮 등 6명이 열후에 봉해지니 모두 11명이 관내후關內侯가 됐다. 숱한 소인들이 활개를 치게 되고 사대부는 모두 의기가 저상沮喪됐다.

진번의 친구 진류陳留 출신 주진朱震은 진번의 시신을 거두어 장례를 치르고 진번의 아들 진일陳逸을 몰래 감추었다가 이 사실이 들통 나 옥에 갇히고 전 가족이 모두 잡히게 됐다. 주진은 모진 고문인 고략拷掠을 당했음에도 입을 열지 않았다. 진일이 겨우 사죄를 면하게 된 이유다.

관부의 하속인 부연府掾으로 있는 계양桂陽 출신 호등胡騰이 모시던 두무의 시신을 거두어 관에 넣어 발상發喪한 혐의로 금고처분을 받았다. 두무의 손자 두보竇輔는 겨우 2세였다. 호등이 거짓으로 자신의 아들이라고 속여 영사令史인 남양南陽 출신 장창張敞과 함께 두보를 영릉零陵호남성 영릉현 경내에 몰래 숨겨 두었다가 간신히 도망할 수 있었다.

장환은 대사농이 돼 열후에 봉해졌다. 장환은 조절 등에게 이용당한 사실에 깊은 한을 품고 끝내 사양하며 받지 않았다.

15) 사도 호광을 태부·녹상서사錄尙書事, 사공 유총劉寵을 사도, 대홍려大鴻臚 허허許栩를 사공으로 삼았다.

16) 겨울 10월 30일, 일식이 있었다.

17) 11월, 태위 유구를 면직하고 태복太僕인 패국沛國안휘성 수계현 출신 문인습聞人襲을 태위로 삼았다.[54]

18) 12월, 선비鮮卑와 예맥濊貊의 군사가 유주幽州와 병주幷州를 침입했다.

19) 이 해에 소륵국疏勒國신강성 소륵현의 왕의 숙부 화득和得이 왕을 죽이고 자립했다.

54 패국沛國은 전한 때에 군郡이었다가 후한 때에 국國으로 승격됐다. 치소는 지금의 안휘성 수계현濉溪縣 서북쪽에 있었다. 삼국시대의 주인공인 조조와 유비 등이 모두 이 지역 출신이다.

20) 오환烏桓의 추장 상곡난루上谷難樓가 9,000여 부락을 이끌고 왕을 자처했다. 요서군遼西郡의 역구거力丘居도 5,000여 부락을 거두어 모두 스스로 왕을 칭했다. 요동군遼東郡의 소복연蘇僕延은 1,000여 부락을 이끌고 초왕峭王을 자칭했다. 우북평군右北平郡의 오연烏延은 800여 부락을 거느리고 한로왕汗魯王을 자칭했다.

* 孝桓皇帝建寧元年

春, 正月, 壬午, 以城門校尉竇武為大將軍. 前太尉陳蕃為太傅, 與武及司徒胡廣參錄尚書事. 時新遭大喪, 國嗣未立, 諸尚書畏懼, 多托病不朝. 陳蕃移書責之曰, “古人立節, 事亡如存. 今帝祚未立, 政事日蹙, 諸君奈何委荼蓼之苦, 息偃在床, 於義安乎!” 諸尚書惶怖, 皆起視事.

己亥, 解瀆亭侯至夏門亭, 使竇武持節, 以王青蓋車迎入殿中. 庚子, 即皇帝位, 改元.

二月, 辛酉, 葬孝桓皇帝於宣陵, 廟曰威宗.

辛未, 赦天下.

初, 護羌校尉段熲既定西羌, 而東羌先零等種猶未服, 度遼將軍皇甫規·中郎將張奐招之連年, 既降又叛. 桓帝詔問熲曰, “先零東羌造惡反逆, 而皇甫規·張奐各擁強眾, 不時輯定, 欲令熲移兵東討, 未識其宜, 可參思術略.” 熲上言曰, “臣伏見先零東羌雖數叛逆, 而降於皇甫規者, 已二萬許落. 善惡既分, 餘寇無幾. 今張奐躊躇久不進者, 當慮外離內合, 兵往必驚. 且自冬踐春, 屯結不散, 人畜疲羸, 有自亡之勢, 欲更招降, 坐制強敵耳. 臣以為狼子野心, 難以恩納, 勢窮雖服, 兵去復動. 唯當長矛挾脅, 白刃加頸耳! 計東種所餘三萬餘落, 近居塞內, 路無險所, 非有燕·齊·秦·趙從橫之勢, 而久亂並·

涼, 累侵三輔, 西河·上郡, 已各內徙, 安定·北地, 復至單危. 自雲中·五原, 西至漢陽二千餘里, 匈奴·諸羌, 並擅其地, 是為癰疽伏疾, 留滯脅下, 如不加誅, 轉就滋大. 若以騎五千·步萬人·車三千兩, 三冬二夏, 足以破定, 無慮用費為錢五十四億, 如此, 則可令群羌破盡, 匈奴長服, 內徙郡縣, 得反本土. 伏計永初中, 諸羌反叛, 十有四年, 用二百四十億. 永和之末, 復經七年, 用八十餘億. 費耗若此, 猶不誅盡, 餘孽復起, 於茲作害. 今不暫疲民, 則永寧無期. 臣庶竭駑劣, 伏待節度." 帝許之, 悉聽如所上, 熲於是將兵萬餘人, 繼十五日糧, 從彭陽直指高平, 與先零諸種戰於逢義山. 虜兵盛, 熲眾皆恐. 熲乃令軍中長鏃利刃, 長矛三重, 挾以強弩, 列輕騎為左右翼, 謂將士曰, "今去家數千里, 進則事成, 走必盡死, 努力共功名!" 因大呼, 眾皆應聲騰赴, 馳騎於傍, 突而擊之, 虜眾大潰, 斬首八千餘級. 太后賜詔書褒美曰, "須東羌盡定, 當並錄功勤. 今且賜熲錢二十萬, 以家一人為郎中." 敕中藏府調金錢·彩物增助軍費, 拜熲破羌將軍.

閏月, 甲午, 追尊皇祖為孝元皇, 夫人夏氏為孝元後, 考為孝仁皇, 尊帝母董氏為慎園貴人.

夏, 四月, 戊辰, 太尉周景薨, 司空宣酆免. 以長樂衛尉王暢為司空.

五月, 丁未朔, 日有食之.

以太中大夫劉矩為太尉.

六月, 京師大水.

癸巳, 錄定策功, 封竇武為聞喜侯, 武子機為渭陽侯, 兄子紹為鄠侯, 靖為西鄉侯, 中常侍曹節為長安鄉侯, 侯者凡十一人. 涿郡盧植上書說武曰, "足下之於漢朝, 猶旦·奭之在周室, 建立聖主, 四海有系, 論者以為吾子之功, 於斯為重. 今同宗相後, 披圖案牒, 以次建之, 何勳之有! 豈可橫叨天功, 以為己力乎! 宜辭大賞, 以全身名." 武不能用. 植身長八尺二寸, 音聲如鐘, 性剛毅, 有大節. 少事馬融, 融性豪侈, 多列女倡歌舞於前, 植侍講積年, 未嘗轉眄, 融以是敬之. 太后以陳蕃舊德, 特封高陽鄉侯. 蕃上疏讓曰, "臣聞割地之封, 功德是為. 臣雖無素潔之行, 竊慕君子'不以其道得之, 不居也' 若受爵不讓, 掩面就之, 使皇天振怒, 災流下民, 於臣之身, 亦何所寄!" 太后不許. 蕃固讓, 章前後十上, 竟不受封.

段熲將輕兵追羌, 出橋門, 晨夜兼行, 與戰於奢延澤·落川·令鮮水上, 連破之. 又戰於靈武谷, 羌遂大敗. 秋, 七月, 熲至涇陽, 餘寇四千落, 悉散入漢陽山谷間. 護匈奴中郎將張奐上言曰, "東羌雖破, 餘種難盡, 段熲性輕果, 慮負敗難常, 宜且以恩降, 可無後悔." 詔書下熲, 熲復上言曰, "臣本知東羌雖眾, 而軟弱易制, 所以比陳愚慮, 思為永寧之算, 而中郎將張奐說虜強難破, 宜用招降. 聖朝明監, 信納瞽言, 故臣謀得行, 奐計不用. 事勢相反, 遂懷猜恨, 信叛羌之訴, 飾潤辭意, 雲臣兵'累見折衄, 又言'羌一氣所生, 不可誅盡, 山谷廣大, 不可空靜, 血流污野, 傷和致災' 臣伏念周·秦之際, 戎狄為害, 中興以來, 羌寇最盛, 誅之不盡, 雖降復叛. 今先零雜種, 累以反覆, 攻沒縣邑, 剽略人物, 發塚露屍, 禍及生死, 上天震怒, 假手行誅. 昔邢為無道, 衛國伐之, 師興而雨. 臣動兵涉夏, 連獲甘澍, 歲時豐稔, 人無疵疫. 上佔天心, 不為災傷. 下察人事, 眾和師克. 自橋門以西·落川以東, 故宮縣邑, 更相通屬, 非為深險絕域之地, 車騎安行, 無應折衄. 案奐為漢吏, 身當武職, 駐軍二年, 不能平寇, 虛欲修文戢戈, 招降獷敵, 誕辭空說, 僭而無征. 何以言之? 昔先零作寇, 趙充國徙令居內, 煎當亂邊, 馬援遷之三輔, 始服終叛, 至今為鯁, 故遠識之士, 以為深憂. 今傍郡戶口單少, 數為羌所創毒, 而欲令降徒與之雜居, 是猶種枳棘於良田, 養虺蛇於室內也. 故臣奉大漢之威, 建長久之策, 欲絕其本根, 不使能殖. 本規三歲之費, 用五十四億. 今適期年, 所耗未半, 而餘寇殘燼, 將向殄滅. 臣每奉詔書, 軍不內御, 願卒斯言, 一以任臣, 臨時量宜, 不失權便."

八月, 司空王暢免, 宗正劉寵為司空.

初, 竇太后之立也, 陳蕃有力焉. 及臨朝, 政無大小, 皆委於蕃. 蕃與竇武同心戮力, 以奬王室, 征天下名賢李膺·杜密·尹勳·劉瑜等, 皆列於朝廷, 與共參政事. 於是天下之士, 莫不延頸想望太平. 而帝乳母趙嬈及諸女尚書, 旦夕在太后側, 中常侍曹節·王甫等共相朋結, 諂事太后. 太后信之, 數出詔命, 有所封拜. 蕃·武疾之, 嘗共會朝堂, 蕃私謂武曰, "曹節·王甫等, 自先帝時操弄國權, 濁亂海內, 今不誅之, 後必難圖." 武深然之. 蕃大喜, 以手椎席而起. 武於是引同志尚書令尹勳等共定計策. 會有日食之變, 蕃謂武曰, "昔蕭望之困一石顯, 況今石顯數十輩乎! 蕃以八十之年, 欲為將軍除害, 今可因日食斥罷宦官, 以塞天變." 武乃白太后曰, "故事, 黃門·常侍但當給事省內典門戶, 主近署財物耳. 今乃使與政事, 任重權, 子弟布列, 專為貪暴. 天下匈匈, 正以此故, 宜悉誅廢以清朝廷." 太后曰, "漢元以來故事, 世有宦官, 但當誅其有罪者, 豈可盡廢邪!" 時中常侍管霸, 頗有才略, 專制省內, 武先白收霸及中常侍蘇康等, 皆坐死. 武複數白誅曹節等, 太后冘豫未忍, 故事久不發. 蕃上疏曰, "今京師囂囂, 道路喧嘩, 言侯覽·曹節·公乘昕·王甫·鄭颯等, 與趙夫人·諸尚書並亂天下, 附從者升進, 忤逆者中傷, 一朝群臣如河中木耳, 泛泛東西, 耽祿畏害. 陛下今不急誅此曹, 必生變亂, 傾危社稷, 其禍難量. 願出臣章宣示左右, 並令天下諸奸知臣疾之." 太后不納.

是月, 太白犯房之上將, 入太微. 侍中劉瑜素善天官, 惡之, 上書皇太后曰, “案『占書』宮門當閉, 將相不利, 奸人在主傍, 願急防之.” 又與武·蕃書, 以星辰錯繆, 不利大臣, 宜速斷大計. 於是武·蕃以朱寓為司隸校尉, 劉祐為河南尹·虞祁為雒陽令. 武奏免黃門令魏彪, 以所親小黃門山冰代之, 使冰奏收長樂尚書鄭颯, 送北寺獄. 蕃謂武曰, “此曹子便當收殺, 何復考為!” 武不從, 令冰與尹勳·侍御史祝瑨雜考颯, 辭連及曹節·王甫. 勳·冰即奏收節等, 使劉瑜內奏.

九月, 辛亥, 武出宿歸府. 典中書者先以告長樂五官史朱瑀, 瑀盜發武奏, 罵曰, “中官放縱者, 自可誅耳, 我曹何罪, 而當盡見族滅!” 因大呼曰, “陳蕃·竇武奏白太后廢帝, 為大逆!” 乃夜召素所親壯健者長樂從官史共普·張亮等十七人, 歃血共盟, 謀誅武等. 曹節白帝曰, “外間切切, 請出御德陽前殿.” 令帝拔劍踊躍, 使乳母趙嬈等擁衛左右, 取棨信, 閉諸禁門, 召尚書官屬, 脅以白刃, 使作詔板, 拜王甫為黃門令, 持節至北寺獄, 收尹勳·山冰. 冰疑, 不受詔, 甫格殺之, 並殺勳. 出鄭颯, 還兵劫太后, 奪璽綬. 令中謁者守南宮, 閉門絕復道. 使鄭颯等持節及侍御史謁者捕收武等. 武不受詔, 馳入步兵營, 與其兄子步兵校尉紹共射殺使者. 召會北軍五校士數千人屯都亭, 下令軍士曰, “黃門·常侍反, 盡力者封侯重賞.” 陳蕃聞難, 將官屬諸生八十餘人, 並拔刃突入承明門, 到尚書門, 攘臂呼曰, “大將軍忠以衛國, 黃門反逆, 何雲竇氏不道邪!” 王甫時出與蕃相遇, 適聞其言, 而讓蕃曰, “先帝新棄天下, 山陵未成, 武有何功, 兄弟父子並封三侯! 又設樂飲宴, 多取掖廷宮人, 旬日之間, 貲財巨萬, 大臣若此, 為是道邪! 公為宰輔, 苟相阿黨, 復何求賊!” 使劍士收蕃, 蕃拔劍叱甫, 辭色逾厲. 遂執蕃, 送北寺獄. 黃門從官騶蹋踧蕃曰, “死老魅! 復能損我曹員數·奪我曹稟假不!” 即日, 殺之. 時護匈奴中郎將張奐征還京師, 曹節等以奐新至, 不知本謀, 矯制以少府周靖行車騎將軍·加節,與奐率五營士討武. 夜漏盡, 王甫將虎賁·羽林等合千餘人, 出屯朱雀掖門, 與奐等合, 已而悉軍闕下, 與武對陳. 甫兵漸盛, 使其士大呼武軍曰, "竇武反, 汝皆禁兵, 當宿衛宮省, 何故隨反者乎! 先降有賞!" 營府兵素畏服中官, 於是武軍稍稍歸甫, 自旦至食時, 兵降略盡. 武·紹走, 諸軍追圍之, 皆自殺, 梟首雒陽都亭. 收捕宗親賓客姻屬, 悉誅之, 及侍中劉瑜·屯騎校尉馮述, 皆夷其族. 宦官又譖虎賁中郎將河間劉淑·故尚書會稽魏朗, 云與武等通謀, 皆自殺. 遷皇太后於南宮, 徙武家屬於日南. 自公卿以下嘗為蕃·武所舉者及門生故吏, 皆免官禁錮. 議郎勃海巴肅, 始與武等同謀, 曹節等不知, 但坐禁錮, 後乃知而收之. 肅自載詣縣, 縣令見肅, 入閤, 解印綬, 欲與俱去. 肅曰, "為人臣者, 有謀不敢隱, 有罪不逃刑, 既不隱其謀矣, 又敢逃其刑乎!" 遂被誅.

曹節遷長樂衛尉, 封育陽侯. 王甫遷中常侍, 黃門令如故. 朱瑀·共普·張亮等六人皆為列侯, 十一人為關內侯. 於是群小得志, 士大夫皆喪氣. 蕃友人陳留朱震收葬蕃屍, 匿其子逸, 事覺, 系獄, 合門桎梏. 震受考掠, 誓死不言, 逸由是得免. 武府掾桂陽胡騰殯斂武屍, 行喪, 坐以禁錮. 武孫輔, 年二歲, 騰詐以為己子, 與令史南陽張敞共匿之於零陵界中, 亦得免. 張奐遷大司農, 以功封侯. 奐深病為曹節等所賣, 固辭不受.

以司徒胡廣為太傅, 錄尚書事, 司空劉寵為司徒, 大鴻臚許栩為司空.

冬, 十月, 甲辰晦, 日有食之.

十一月, 太尉劉矩免, 以太僕沛國聞人襲為太尉.

十二月, 鮮卑及濊貊寇幽·並二州.

是歲, 疏勒王季父和得殺其王自立.

烏桓大人上谷難樓有眾九千餘落, 遼西丘力居有眾五千餘落, 自稱王. 遼東蘇僕延有眾千餘落, 自稱峭王. 右北平烏延有眾八百餘落, 自稱汗魯王.

한영제 건녕 2년(AD 169)

1) 봄 정월 4일[55], 정축일 천하에 대사령을 내렸다.

2) 황제가 영제의 생모인 동귀인董貴人을 하간河間하북성 헌현에서 경성으로 맞아들였다.

3월 3일, 동귀인을 효인황후孝仁皇后로 높여 영락궁永樂宮에 머물게 했다. 그녀의 오라비 동총董寵을 집금오執金吾, 그의 아들 동중董重을 오관중랑장으로 삼았다.[56]

3) 여름 4월 21일, 황제의 어좌御座 위에서 푸른 뱀이 발견됐다.

4월 22일, 큰 태풍이 불었고 우박이 쏟아져 100여 그루의 큰 나무가 뿌리 채 뽑혀 나갔다. 조령詔令으로 공경 이하 관원 모두 각자 봉사奉事를 하게 하자 대사농 장환이 상소했다.

"옛날 주공周公에 대한 장례가 전례典禮를 어기자 하늘이 노했습니다. 지금 두무와 진번의 충정이 밝게 드러나지 못했으니 재앙인 요생夭眚이 나타난 것도 이 때문입니다. 속히 그들을 안장安葬할 수 있도록 가속에게 돌려주어야 하고 연루돼 금고된 사람은 모두 사면해야 합니다. 또 황태후

55 원문은 정축丁丑이다. 정월에 '정축'은 없다. 1월 4일인 정미丁未의 오사일 공산이 크다. 실제로 북송 때 나온 일종의 백과사전인 유서類書『책부원구冊府元龜』권82에는 '정미'로 나와 있다. 번역문은 바꿔 놓았다.

56 집금오는 양쪽 끝을 금칠을 한 동으로 만든 봉인 '금오金吾'를 가지고 다니는 데서 나온 말이다. 금오는 집금오의 권위를 상징한다. 무제 때 중위中尉를 집금오로 관명을 바꿔 황성주변을 순찰하며 치안을 담당하게 했다. 후한과 삼국시대에는 중위로 칭해지기도 했으나 진晉의 통일 이후 폐지됐다.

는 비록 남궁南宮에 있지만 황은皇恩의 예우를 받지 못하니 조신朝臣이 모두 말을 못하고 원근의 선비들이 모두 실망하고 있습니다. 의당 의를 생각해 친히 고복顧復에 대한 보답이 있어야 합니다."[57]

황제가 장환의 건의를 기꺼이 가납嘉納해 모든 상시에게 자문을 구했다. 환관이 모두 장환에게 악감정이 있어 황제가 나서서 그의 건의를 따를 수가 없었다. 장환이 또 상서 유맹劉猛 등과 함께 상주해 왕창王暢과 이응 등에게 삼공三公의 요직을 맡길 것을 청했다. 조절 등이 이 말을 매우 시기해 마침내 조령으로 이들을 엄히 질책하게 했다. 장환 등은 모두 옥중에 갇혀 있다가 며칠 후에야 비로소 나올 수 있었는데 이들 모두 3개월분의 녹질을 속죄금으로 내놓아야만 했다. 낭중郎中인 동군東郡 출신 사필謝弼이 밀주密奏했다.

"신이 듣기로, '훼사虺蛇는 아름다운 딸을 낳을 징조'라고 합니다.[58] 엎드려 생각건대 태후가 궁내에서 대계를 정하는 정책定策을 해 폐하를 옹립했고 『상서』도 말하기를, '부자형제간의 죄는 서로 미치지 않는다'고 했으니 두무가 주륙을 당한 일이 어찌 능히 태후에게 미칠 수 있겠습니까? 태후를 으슥하고 빈 궁궐에 격리시키니 수심이 하늘에 닿아 있습니다. 만일 불측의 병이 나게 되면 폐하는 무슨 면목으로 천하 백성을 대할 것입니까? 효화황제孝和皇后는 두태후竇太后가 양육한 은혜를 부인하지 않아 전세前世에는 이를 미담으로 삼았습니다.[59] 『예기』에도 '뒤를 잇게 되면 곧

57 고복顧復은 부모가 자식을 양육한 은혜를 뜻하는 말로 『시경』「소아·육아蓼莪」에서 인용한 것이다.

58 『시경』「소아·사간斯干」에서 따온 말이다. 이 시는 궁전이 완공된 기쁨을 노래하며 점쟁이가 해몽한 내용 가운데 한 대목으로 알려지고 있다. 이 시에서는 아들을 낳을 길몽으로 작은 곰과 큰 곰인 '웅비熊羆'가 언급되고 있다.

59 후한의 화제和帝는 제위에 오른지 9년만인 영원 9년인 97년 두태후竇太后가 죽은 뒤에야 자신의 생모인 양귀인楊貴人이 두태후의 무함으로 억울하게 죽은 사실을 알게 됐

자식이 된다'고 했으니 이미 환제는 부친인 셈입니다. 태후를 어머니로 삼지 않을 수 있겠습니까? 원컨대 폐하가 순임금이 행한 효순을 통한 교화인 증증지화蒸蒸之化를 따르고 「개풍凱風」에 나오듯 어머니를 위로하는 은혜를 베풀기를 바랍니다.[60] 신은 또 나라를 열고 집안을 이을 때는 소인을 쓰지 말라는 뜻의 '개국승가開國承家, 물용소인勿用小人' 이야기를 들었습니다. 지금 공신들은 오랫동안 밖에 머물며 작질爵秩을 받지 못하고 있으나 유모인 아모阿母는 총애를 입어 커다란 작호를 받았습니다.[61] 대풍과 우박이 내린 원인이 여기에 있습니다. 또한 전 태부 진번이 근면히 왕실을 위해 힘을 다했으나 일군의 사악한 소인배의 무함에 걸려 단번에 피살되는 등 혹형이 난무하니 천하가 모두 두려워하고 있습니다. 진번의 문생과 옛 부하들이 전부 금고에 처해져 있습니다. 진번은 이미 죽었고 설령 100인을 대신하더라도 그의 생명을 되살릴 수 없으니 의당 시신을 그의 가속에게 보내주고 문생들의 금고를 풀어주어야 합니다. 무릇 재보宰輔는 국가의 명운과 관계가 있습니다. 지금 4공四公 가운데 오직 사공 유총劉寵만이 근면히 직분을 다하고 있으나 나머지는 녹질만 축내는 소찬素餐을 하는 자들로 반드시 '절족복연지흉折足覆悁之凶'을 불러들일 것입니다.[62] 재이災異의 경고를 좇아 나머지 삼공을 면직시키고 전 사공 왕창과 장락소부 이응을 불러 정사를 맡기면 재이가 곧 사라질 것이고 나라가

다. 신하들이 태후의 존호를 깎고 선제인 장제章帝와의 합장을 허락해서는 안 된다고 주장했음에도 자신이 10여 년간 모셨다는 이유 등을 들어 이를 거부하고 안장하게 했다.

60 『시경』「패풍邶風·개풍」에 아들을 일곱이나 두었어도 모친의 마음을 위로하지 못한다는 뜻의 '유자칠인有子七人, 막위모심莫慰母心' 구절이 나온다.

61 이는 나라를 열고 집안을 잇는 데는 소인을 등용치 않는다는 뜻을 지니고 있는 것으로 『주역』「사괘師卦·상륙上六」의 효사에서 나온 말이다.

62 이는 솥의 발이 부러져 제사와 향연에 쓰려던 솥 안의 음식이 엎어지는 재앙이라는 뜻을 지닌 것이다. 『주역』「정괘鼎卦·구사九四」의 괘사에서 따왔다.

영원히 번영할 것입니다."

환관들이 사필의 진언을 통한히 여겨 그를 광릉부승廣陵府丞으로 좌천시켜 경성을 떠나도록 만들자 사필이 관직을 버리고 고향으로 갔다. 조절의 조카 조소曹紹가 동군에서 태수를 맡고 있다가 다른 죄목으로 사필을 옭아넣자 사필이 옥에서 고문으로 죽는 약사掠死를 당했다.

황제가 광록훈光祿勳 양사楊賜에게 훼사虺蛇의 뜻을 묻자 양사가 밀주했다.

"복은 공연히 내리는 것이 아니고 재해 또한 이유 없이 생기는 것이 아닙니다. 군왕의 마음에 생각하는 게 비록 얼굴에 나타나지 않더라도 5성五星이 움직이고 음양이 변화하니 조정이 단정치 못하면 곧 용과 뱀 등의 요얼妖孼이 나타나는 것입니다.

『시경』에서 말하기를, '훼사는 아름다운 딸을 낳을 징조'라고 했습니다. 폐하가 군주의 도리를 다했는지 생각해 의당 내외를 엄히 해 폐행嬖幸의 권세를 억압하고 처첩에 대한 총애를 끊어 내면 요사스런 재이가 사라지고 복된 징조가 곧 나타날 것입니다."

양사는 양병楊秉의 아들이다.

4) 5월, 태위 문인습과 사공 허허가 면직됐다. 6월, 사도 유총을 태위, 태상太常인 여남汝南 출신 허허를 사도, 태복인 장사長沙 출신 유효劉囂를 사공으로 삼았다. 유효는 환관에게 붙어 공경재보公卿宰輔의 지위에 이르렀다.

5) 조서를 내려 풍선馮禪을 한양군漢陽郡에 파견해 강족의 투항을 설득하도록 했다. 단경은 봄이면 백성들이 모두 논밭에 나가 있고 강족이 비록 일시 투항할지라도 현관縣官이 그들을 먹여살릴 수 없어 반드시 다시 반란이 일어날 것으로 보고 차제에 기회를 보아 그들을 진멸殄滅하는 것만 못하다고 판단했다. 군사들를 몰아 강족들이 모여 사는 범정산凡亭

山감숙성 고원현 동남쪽 40–50리에 주둔한 뒤 사마司馬 전안田晏과 가사마假司馬 하육夏育에게 군사 5,000여 명을 이끌고 선봉에 서서 강족을 치게 했다. 강족이 패해 동쪽으로 도망갔다가 다시 사호곡射虎谷감숙성 천수시 서쪽에 모인 뒤 군사를 나눠 사호곡의 상하 입구를 굳게 지켰다. 단경은 일거에 그들을 궤멸시켜 다시는 도망가지 못하게 만들려고 했다.

가을 7월, 단경이 병사 1,000명에게 명해 서현西縣감숙성 천수시 서남쪽에서 나무를 베어 폭 20보步에 길이가 40리에 달하는 목책을 만들어 강족의 도주로를 완전히 차단하게 했다. 이어 전안과 하육 등에게 명해 군사 7,000명을 이끌고 함매銜枚한 채 밤을 노려 서쪽 산으로 기어오르게 했다.[63] 이어 단경이 적과 1리쯤 떨어진 곳에 영채를 세운 뒤 다시 사마 장개張愷에게 병사 3,000명을 이끌고 곧바로 동쪽 산으로 곧장 오르게 하자 강족이 비로소 포위된 것을 알게 됐다. 단경이 장개와 함께 군사를 나눠 동서에서 협공해 사호곡의 상하 입구까지 추격한 뒤 강족을 깊은 산골 속으로 몰아넣고 강족의 장수들을 포함해 모두 19,000여 명의 목을 베었다.

풍선이 항복한 강족 4,000명을 분산시켜 각각 안정安定과 한양漢陽, 농서隴西감숙성 임도현 등 3개 군에 안치함으로써 동강東羌을 모두 평정하게 됐다. 이 싸움에서 단경은 모두 180차례의 전투를 벌여 모두 38,000명을 죽였고 각종 가축 427,000여 두頭를 포획했다. 전비로는 44억 전을 썼으나 사망자는 겨우 400여 명에 불과했다. 단경은 신풍후新豊侯에 갱봉更封돼 식읍이 1만 호에 달하게 됐다.

신 사마광은 평한다.

63 함매는 말과 사람에게 소리를 내지 못하도록 하는 조치를 말한다. 함銜은 말에게 물리는 재갈을 말하는 것으로 말의 입을 좌우로 가로 지르는 쇠조각을 말한다. 매枚는 마치 젓가락처럼 생겨 양 끝에 끈이 있어 이를 목뒤로 묶도록 되어 있다. 함매를 하게 되면 말이나 사람 모두 불편해 소리를 거의 내지 못했다.

"『상서』에서 말하기를, '천지는 만물의 부모이고. 사람은 만물의 영장이다. 실로 총명하면 천자가 될 수 있고, 천자는 백성의 부모가 된다'고 했다.[64] 만이융적蠻夷戎狄이 비록 이민족이기는 하나 이익을 좇고 해를 피하는 취리피해就利避害를 하고 삶을 좋아하고 죽음을 싫어하는 낙생오사樂生惡死를 하는 것은 우리와 하등 다를 바가 없다. 치도로써 그들을 통치하면 그들도 곧 복종할 것이고 치도가 제대로 이뤄지지 않으면 그들은 곧 반란을 일으키는 것이니 이는 본래 당연한 것이다. 선왕의 통치가 반기를 들면 토벌하되 귀부하면 회유해 사방의 변경에 정착시킴으로써 예의지국인 중원을 소란하게 하지 못하도록 한 이유다. 만일 그들을 초목이나 금수로 보고 선악을 가리지 않고 순역順逆을 불문하고 일률적으로 죽이면 이 어찌 백성의 부모 마음이라 하겠는가? 하물며 강족의 반란은 해당 현縣의 침모侵侮가 원망을 낳아 일어난 것이니 더 이상 얘기할 것도 없다. 반기를 든 자를 당시 곧바로 처결하지 못한 것은 제대로 된 장수를 뽑지 못한 데 따른 것이다. 만일 뛰어난 장수를 가려 뽑아 적을 만리장성 밖인 새외塞外로 몰아낸 뒤 훌륭한 관리를 뽑아 그들을 다독였다면 국경을 지키는 무신인 강역지신疆埸之臣이 어찌 많이 죽이는 것을 통쾌하게 생각할 수 있었겠는가? 만일 치도가 도리에 맞지 않는다면 설령 화하華夏의 한인漢人일지라도 봉기하지 않을 수 없었을 터인데 어찌 능히 이들을 모조리 없앨 수 있겠는가? 단경이 비록 뛰어난 장군으로 적을 이긴 공로가 있다 하더라도 군자로서는 그의 행동을 찬동할 수 없는 것이다."

6) 9월, 강하江夏 호북성 신주현의 만인蠻人들이 반기를 들자 주군州郡의

64 『상서』「태서 상」에 나오는 "유천지惟天地, 만물부모萬物父母. 유인惟人, 만물지령萬物之靈. 단총명亶聰明, 작원후作元后, 원후작민부모元后作民父母." 구절에서 인용한 것이다.

군사들이 토벌했다.

7) 단양산丹陽山안휘성 선성현의 월인越人들이 태수 진인陳夤을 포위했으나 오히려 진인에 의해 격파됐다.

8) 당초 이응은 비록 금고에 처해졌으나 천하의 사대부는 모두 그의 행위를 높이 받들고 조정을 멸시했다. 이응을 추종하는 자들은 오직 무리에 끼지 못할까 두려워해 아호雅號를 서로 다투어 지었다. 진번과 두무, 유숙劉淑은 '3군三君'으로 불리었다.[65] '군'은 일세의 종사宗師라는 뜻이다.

이응과 순익荀翌, 두밀, 왕창, 유우, 위랑, 조전趙典, 주우朱寓는 8준八俊으로 불렸다. '준'은 영걸을 의미한다. 곽태郭泰와 범방范滂, 윤훈, 파숙, 남양 출신 종자宗慈, 진류 출신 하복夏馥, 여남 출신 채연蔡衍, 태산泰山 출신 양척羊陟 등은 '8고八顧'로 불렸다. '고'는 덕으로써 타인을 인도하는 것을 의미한다. 장검張儉과 적초翟超, 잠질岑晊, 원강苑康, 산양山陽 출신 유표劉表, 여남 출신 진상陳翔, 노국魯國 출신 공욱孔昱, 산양 출신 단부檀敷는 '8급八及'이라고 했다. '급'은 다른 사람을 인도해 종사를 추종하는 것을 말한다. 또한 탁상度尙과 동평東平 출신 장막張邈, 왕효王孝, 동군 출신 유유劉儒, 태산泰山 출신 호모반胡母班, 진류 출신 진주秦周, 노국 출신 번향蕃向, 동래東萊 출신 왕장王章을 '8주八廚'라고 했다. '주'는 능히 재물을 풀어 타인을 구하는 것을 말한다.

이응 등은 진번과 두무가 집정하면서 기용됐지만 두 사람이 피살되면서 곧바로 폐출됐다. 환관들은 이응 등에게 깊은 원한을 품고 매번 조서를 내려 이들 당인黨人들을 금고에 처할 것을 거듭 요청했다. 특히 후람은

---

65 유숙은 자가 중승仲承이다. 하간의 악성樂城 출신으로 환제 때 시중, 호본중랑장 등을 역임하면서 환관을 없앨 것을 상소했다. 영제 때 두무와 통모했다는 무함을 받고 옥에서 자진했다.

장검張儉에 대해 깊은 원한을 품고 있었다. 후람의 고향 사람인 주병朱幷은 평소 간사한 자로 장검에 의해 쫓겨난 적이 있었다. 주병이 후람의 뜻을 헤아려 장검의 고향사람 24명이 서로 아호를 부르며 결당한 뒤 장검을 수령으로 삼아 사직을 위태롭게 했다고 무고했다. 조명으로 상주문을 간행해 장검 등을 체포하도록 했다.

겨울 10월, 대장추大長秋 조절이 관련부서 관원을 사주해 상주하게 했다.[66]

"서로 결당한 당인들은 전 사공 우방虞放과 이응, 두밀, 주우, 순익, 척초, 유유, 범방 등이니 조서를 각 주군州君에 내려 보내 이들을 치죄하도록 해야 합니다."

이때 황제의 나이가 14세였다. 황제가 조절 등에게 물었다.

"무엇을 구당鉤黨이라고 하오?"[67]

"구당은 함께 결당을 한 자들을 말합니다."

"당인은 무슨 죄가 있어 죽여야 한다는 것이오?"

"그들은 서로 결당해 불궤不軌를 꾀했기 때문입니다."

"불궤는 무엇을 뜻하는 것이오?"

"권력을 탈취해 사직을 훔치는 것입니다."

황제가 상주문을 비준했다.

어떤 사람이 이응에게 권했다.

"도망하는 게 좋을 듯하오."

이응이 고개를 가로저었다.

66 '대장추'는 황후궁을 담당하는 환관들의 최고직책으로 녹질이 2천석이다. 대장추 밑에는 중장추中長秋와 사부령私府令 등이 있었다. 태후궁에는 2천석의 장락소부長樂少府가 따로 환관들을 총괄했다.

67 '구鉤'는 서로 이끌어 준다는 뜻을 지니고 있다.

"일을 하면서 어려움을 개의치 않고 죄가 있으면 형을 피하지 않는 것이 신자臣子된 자의 도리요. 나는 이미 나이 60이오. 사람마다 생사에는 정해진 명이 있다는 뜻의 사생유명死生有命을 행한 것이니 어디로 간들 편할 수 있겠소?"

스스로 옥중에 들어갔다가 고문으로 죽는 고사拷死를 당하자 그의 문생과 옛 부하인 고리故吏들이 모두 금고에 처해졌다. 시어사인 촉군蜀郡 출신 경의景毅의 아들 경고景顧는 이응의 문생이었으나 금고의 명부에는 이름이 기재되지 않아 연루되지 않았다. 경의가 분개하는 모습으로 개연慨然히 말했다.

"본래 이응을 어진 인물로 알고 자식에게 스승으로 삼도록 한 것인데 어째서 명부에서 이름이 빠져 구차히 안전을 꾀할 수 있는가?"

스스로 표문을 올린 뒤 관직을 버리고 고향으로 내려갔다. 여남汝南하남성 평여현의 독우督郵 오도吳導가 범방을 잡기 위해 범방의 고향인 정강征羌하남성 언성현에 도착해 역사驛舍를 걸어 잠근 뒤 조서를 품에 안고 침상 위에 엎드려 눈물을 흘렸다.[68] 사람들이 모두 그 이유를 몰랐다. 범방이 이 얘기를 듣고 말했다.

"반드시 나 때문일 것이다."

곧 자진해 옥중으로 나아가자 현령 곽읍郭揖이 크게 놀라 뛰쳐나와 자신의 인수印綬를 푼 뒤 같이 도망갈 것을 권했다.

"천하가 크기만 한데 그대는 어째서 여기로 온 것이오."

범방이 말했다.

"내가 죽으면 재난이 곧 정지될 것인데 어찌 당신을 연루시키겠소. 더

68 '독우'는 군수를 보좌하는 관원으로 군내 각 현의 위법사항을 규찰했다. 매 군마다 구역을 2-5부部로 나누었고, 매 부마다 1명의 독우를 두었다.

구나 나의 노모를 정처없이 떠돌게 할 수는 없는 일이오."

범방이 모친과 결별하면서 모친에게 말했다.

"동생 범중박范仲博은 효성스러우니 족히 봉양할 수 있습니다. 저는 용서군龍舒君을 좇아 황천으로 가니 생사가 다 정해져 있는 것입니다. 부디 대인大人은 모자간의 애끓는 정을 끊고 비통해 몸을 상하게 하는 감척感戚이 없어야 할 것입니다."

범중박은 범방의 동생이고 용서군은 범방의 부친 범현范顯을 말한다. 범현은 일찍이 용서후국龍舒侯國의 국상國相을 지냈다. 범방의 모친이 격려했다.

"너는 지금 이응 및 두밀 등과 함께 하는 것이니 죽어도 유감이 있을 수 없다. 이미 아름다운 이름을 얻었는데 어찌 오래 사는 것까지 능히 겸할 수 있겠는가?"

범방이 무릎을 꿇고 가르침을 받은 뒤 재배해 하직인사를 올렸다. 이어 자식들에게 고개를 돌려 말했다.

"내가 너희들에게 악을 행하도록 시켜도 악을 행해서는 안 된다. 나는 너희들이 선을 행하도록 만들기 위해 악을 행하지 않았다."

길을 가던 사람들 가운데 이 얘기를 듣고 눈물을 흘리지 않는 자가 없었다. 당인의 사건에 연루돼 죽은 자가 100여 명이나 됐는데 그들의 처자들 또한 변경으로 유배됐다. 천하의 호걸과 의를 중시하는 선비들이 모두 환관들에 의해 당인으로 몰려 핍박을 받게 됐다. 당인의 사건 이후 원한이 생기면 서로 상대방을 궁지에 빠뜨리려는 풍조가 나타나 심지어 사소한 일로 눈을 부릅뜨며 화를 내는 애자지분睚眦之忿조차 상대방을 당인으로 몰아넣는 빌미가 됐다.

각 지방에서는 명령을 받들어 당인과 친교를 맺은 일이 없는 사람들까지 해를 입어 사형이나 유배, 폐출, 금고 등의 사사폐금死徙廢禁에 처해진 사람이 600–700여 명에 달하게 됐다. 곽태郭泰가 당인들이 참사를 받았다는 소식을 듣고 몰래 비통해했다.

"『시경』「대아大雅, 첨앙瞻卬」에서 이르기를, '어진 사람이 없으니 온 나라가 고난에 허덕이고 있다'고 했다. 장차 한실漢室은 멸망할 것이다. 또 「소아小雅, 정월正月」에서 '저 흉조인 까마귀를 보라, 장차 어느 집으로 갈 것인가?'라고 했으니 우리는 그 시기 등을 정확히 알지 못할 뿐이다."

곽태는 비록 인물평을 좋아했지만 아직 남을 해치는 말을 해 원한을 산 적이 없었다. 그래서 능히 난세에 처해서도 화를 당하지 않았던 것이다. 장검張儉은 도망할 때 극심한 어려움을 겪었으나 그를 아는 사람들이 그가 찾아오면 그의 명망과 덕행을 존중해 자칫 패가敗家할 수도 있는 위험을 무릅쓰고 그를 감춰주었다. 후에 동래東萊산동성 액현에 도착해 이독李篤의 집에 머물 때 황현黃縣 현령 모흠毛欽이 무기를 들고 이씨의 집에 도착했다. 이독이 모흠에게 자리를 청하면서 거짓으로 말한 뒤 물었다.

"잠검이 죄를 짓고 도망 중인데 내가 어찌 그를 감히 감추겠소. 만일 그가 정말 여기에 있다면 그는 명사인데 뛰어난 현령 즉 명정明廷[69]은 꼭 그를 체포해야 한다고 생각하오."

모흠이 몸을 일으켜 이독의 어깨를 두드리며 말했다.

"거백옥蘧伯玉은 홀로 군자가 되려고 하지 않았소.[70] 당신은 어찌 혼자서만 인의를 행하려고 하는 것이오."

이독이 감격해했다.

"나는 지금 인의를 함께 행하려고 하는 것이니 '명정'은 이미 그 절반

---

69 명정明廷은 현령의 높임말이다.

70 '거백옥'은 춘추시대 말기의 위衛나라 대부로 잘못을 고치는 데 근면했다. 나아가고 들어오는 것이 자유로워 시세에 어울리면서도 거스르는 바가 없었다.

을 행했소."

모흠이 탄식을 하고 떠나자 이독이 장검을 데리고 북해北海산동성 창평현를 거쳐 어양군漁陽북경시 밀운현으로 갔다가 새외로 달아났다. 장검이 도망을 다니던 중 연루돼 죽은 사람이 10명 가까이 되고 체포돼 고문당한 사람은 부지기수였다. 그의 일가친척은 모두 죽임을 당했다. 숱한 군현郡縣들이 쇠잔함을 면치 못하게 됐다.

장검은 노나라의 공포孔褒와 오랫동안 친교가 있어 그의 집에 들렀으나 마침 공포가 집에 없었다. 공포의 동생 공융孔融이 당시 16세였는데 장검을 숨겨주었으나 이 사실이 후에 누설되자 장검이 미리 몸을 빼어 도주하게 됐다. 노나라의 국상이 곧 공포와 공융을 잡아들였으나 누구의 짓인지 판단할 수가 없었다. 공융이 나서서 말했다.

"장검을 감춘 사람은 나이니 내가 벌을 받아야 합니다."

공포가 말을 가로채 말했다.

"장검은 나를 찾아온 것이니 결하고 동생이 잘못한 것은 아닙니다."

관원이 그의 모친에게 묻자 그녀 또한 나서서 말했다.

"가장이 가사에 책임을 지는 법이니 내가 당연히 그 죄를 받아야 합니다."

전 가족이 모두 죽을죄를 자처하니 모든 군현이 결론을 못 내리고 이 사실을 조정에 보고하자 조정이 공포를 죽이라는 명을 내렸다. 당고黨錮가 해제된 후에야 장검이 겨우 고향에 돌아올 수 있었다. 이후 위위衛尉를 맡다가 84세의 나이로 죽었다.

당초 하복夏馥은 장검이 도망했다는 말을 듣고 길게 탄식했다.

"장검이 스스로 화를 만들어 공연히 선량한 사람들이 다치게 됐다. 한 사람의 도망으로 1만 호가 화를 당하게 됐으니 어찌 살아 있다고 할 수 있겠는가?"

하복은 수염을 깎고 산 속으로 몸을 숨겼는데 이름을 숨기고 대장간에서 직접 불을 지피는 일을 하자 형용이 초췌해져 2–3년이 흐른 후에는 그를 알아보는 사람이 없었다. 하복의 동생 하정夏靜이 수레 위에 합사로 짠 비단인 겸백縑帛을 싣고 와 그를 도우려고 하자 하복이 이를 거절했다.

"동생은 어찌 재난을 싣고 와 나에게 주려고 하는가?"

하복은 당고가 아직 풀리지 않았을 때 세상을 떠났다.

당초 중상시 장양張讓의 부친이 죽어 영천潁川하남성 우현에 묻혔을 때 비록 군내에서는 많은 사람이 왔으나 명사 가운데 그를 조문한 사람은 한사람도 없었다. 장양이 이를 치욕으로 생각했는데 유독 진실陳實만이 홀로 조문을 갔다. 장양은 당인이 대대적으로 화를 당할 때 보답하는 차원에서 그에게 여러모로 관대히 대한 바가 많았다.

남양 출신 하옹何顒은 진번 및 이응과 어울렸는데 체포령이 내려지자 이름을 바꿔 여남 일대에 몸을 숨기고 원소袁紹에게 몸을 의탁해 남을 위해 일하는 관계인 분주지교奔走之交를 맺었다.[71] 늘 몰래 낙양에 잠입해 원소를 좇아 책략을 꾸몄는데 당고의 화로 인해 명부에 오른 많은 명사들을 권술權術로써 도와주어 많은 사람들의 목숨을 보전하게 만들었다.

당초 태위 원탕袁湯은 아들이 셋 있었는데 원성袁成과 원봉袁逢, 원외袁隗가 그들이다. 원성의 자식은 원소였고 원봉의 자식은 원술袁術이다.[72]

---

71 원소의 자는 본초本初로 여양汝陽 출신이다. 원소는 동탁을 불러들여 환관들을 살육하고 정권을 장악하려 했으나 오히려 동탁에게 쫓겨나 하북에 웅거하면서 천하를 도모하려 했다. 동탁토벌의 맹주가 됐으나 동탁토벌에 실패하자 요동의 공손찬을 토벌하고 북방을 평정하게 됐다. 조조와의 관도대전에서 결정적으로 패한 뒤 울분을 참지 못하고 사망하게 됐다.

72 원소의 종제인 원술은 자가 공로公路이고 남양南陽 출신이다. 원소와 사이가 나빠 그와 천하를 놓고 다투기도 했는데 훗날 회남에 웅거하며 천자를 자칭했으나 뜻만 컸을 뿐 지략이 부족해 조조의 공격을 받고 도망 중에 병사했다.

원봉과 원외는 모두 명성이 높아 젊은 시절에 이미 고관을 지냈다. 중상시 원사袁赦는 원봉과 원외가 모두 명문가 출신인데다 자신과 성씨가 같은 점 등으로 인해 그들을 특별히 밀어주어 자신의 외원外援으로 삼았다.

이에 이들 원씨 가문의 귀총貴寵은 당시 비할 자가 없었는데 부유하고 사치한 부사富奢가 매우 심해 다른 공족公族과는 비교가 안 됐다. 원소는 장건壯健한데다 위용威容을 갖춰 명사들과 사귀는 것을 좋아하자 그 명성이 멀리까지 퍼져 나갔다. 빈객들이 그의 집 앞에서 문전성시를 이뤄 덮개를 덮은 귀인용 수레와 짐수레들로 거리가 가득 메워졌다. 원술 역시 협기俠氣로 그 명성이 높았다.

원봉 종형의 아들인 원굉袁閎은 젊을 때부터 품행이 뛰어나 주경야독晝耕夜讀을 업으로 삼았다. 그는 원봉과 원외가 여러 차례 선물을 보내왔으나 하나도 받지 않았다. 그는 시국이 험하고 혼란한데다 가문이 현귀한 것을 보고 늘 형제들에게 탄식했다.

"우리 선조는 대대로 하늘이 내리는 복인 복조福祚를 누렸으나 후세들은 덕행으로 집안을 지키지 않고 끝내 교만과 사치를 뽐내면서 난세에 권력다툼을 하니 이는 진晉나라의 3극三郤과 마찬가지이다."[73]

원굉은 당고의 화가 일어나자 깊은 산속으로 들어갈 것을 생각했으나 모친이 나이가 많아 멀리 가지 못하고 정원 뒤에 토실土室 한 채를 짓고 살았다. 그는 문도 만들지 않은 채 창문만 내고 이를 통해 음식을 받아먹었는데 그의 모친은 원굉 생각이 나면 곧 찾아와 창문을 통해 그를 바라본 뒤 한참 만에 돌아갔다. 원굉은 모친이 떠나면 곧 창문을 닫아버려 그의 형제와 처자들은 아예 그를 볼 수조차 없었다. 그는 18년 동안 토실 속

73 3극은 춘추시대 진晉나라에서 권력을 전횡했던 극기郤錡, 극빈郤玭, 극지郤至를 말한다. 이들은 교만하고 사치해 권력을 오로지 하다가 진여공晉厲公에게 주살됐다.

에서 살다가 숨을 거두었다.

당초 범방 등은 조정의 잘못을 들추어내 비판하는 비알非訐을 해 공경 이하 모든 사람들로부터 크게 추앙받았다. 태학생들이 다투어 그들의 모습을 모방한 이유다. 이들은 학술이 장차 흥성하기 위해서는 재능 있는 인사들이 중용되어야 한다고 생각했다. 오직 신도반申屠蟠만이 홀로 탄식했다.

"과거 전국시대에 명사들이 고론高論을 지껄여대다가 국왕이 직접 앞장서 옹수擁篲하는 지경에 이르렀다가 결국 분서갱유의 대재난을 불러일으켰다.[74] 지금 바로 그 역사가 재연되려 하고 있다."

그는 양梁나라의 탕현碭縣으로 숨어들어 큰 나무에 집을 짓고 머슴인 용인傭人처럼 일하며 살았다. 2년 후 과연 범방 등이 당고의 화를 당할 때 오직 신도반만이 초연히 재난에서 벗어날 수 있었다.

신 사마광은 평한다.

"천하에 도가 있어야만 군자는 조정에서 정의를 펼칠 수 있고 소인을 치죄하더라도 감히 복종하지 않는 자가 없게 된다. 천하에 도가 없으면 군자는 입을 다물고 말하지 않음으로써 소인의 무함으로 인한 화를 피해야 하는데 사실 그렇게 하더라도 화를 피하기가 어렵다. 당고의 화는 혼란한 세상에서 나온 것이다. 고귀한 자리도 없게 되고 천하 또한 크게 혼탁해지는 횡류橫流를 하게 된 이유다. 이런 상황에서 말로써 세상을 구하고 인물을 평해 권선징악을 하려는 것은 마치 독사의 머리를 잡거나 호랑이의 꼬리를 밟는 것과 다름없는 짓이다. 혹형을 당하고 화가 친구에게 미

---

74 '수篲'는 대나무로 만든 빗자루를 말한다. '옹수擁篲'는 전국시대에 연나라의 소왕昭王이 친히 마당을 쓸며 유세객인 추연鄒衍을 귀빈으로 맞아들인 고사에서 나온 말이다.

쳐 선비들이 없어지게 되면 왕조 또한 멸망하게 되는 것이니 이 어찌 비통한 일이 아니겠는가? 오직 곽태만이 명철보신했고 신도반만이 앞일을 내다보았으니 그 뛰어남을 누구와 비교할 수 있겠는가?"

9) 경자일 날이 컴컴해진 뒤 일식이 있었다.[75]

10) 11월, 태위 유총劉寵이 면직되고 태복인 부구扶溝 출신 곽희郭禧가 태위가 됐다.

11) 11월, 선비족이 병주를 침범했다.

12) 장락태복 조절이 중병에 걸렸으나 거기장군車騎將軍에 제수됐다. 얼마 후 병이 더욱 깊어져 인수를 내놓고 중상시 직책만 맡으면서 특진特進[76]의 자리에 있었다. 녹질은 중2천석이었다. 고구려 왕 백고伯固가 요동을 소란스럽게 했다. 현도玄菟 태수 경림耿林이 그들을 토벌해 항복을 받았다.[77]

* 孝桓皇帝建寧二年

春, 正月, 丁丑, 赦天下.

帝迎董貴人於河間. 三月, 乙巳, 尊為孝仁皇后, 居永樂宮, 拜其兄寵為執金吾, 兄子重為五官中郎將.

夏, 四月, 壬辰, 有青蛇見於御坐上. 癸巳, 大風, 雨雹, 霹靂, 拔

---

75 '경자일'은 잘못 기록된 듯하다. 본서에서 간지干支를 그대로 써놓은 것은 해당 월에 그런 간지가 존재하지 않아 정확한 일자를 상고할 수 없기 때문이다.

76 특진特進은 공을 세운 신하에게 내린 특별한 직책으로 조정 회의에 참석해 국사를 논의할 수 있는 권한이 있었다. 조정에서의 자리는 삼공 아래에 있었다.

77 백고는 연나부 출신 명재상이었던 명림답부明臨荅夫의 옹립에 의해 왕위에 오른 신대왕新大王을 말한다. 『삼국사기』에는 신대왕 4년인 169년에 한나라의 현도군 태수 경림이 내침해 고구려군 수백 명을 죽이자 신대왕이 항복해 현도군에 내속內屬하기를 청했다고 기록돼 있다.

大木百餘. 詔公卿以下各上封事. 大司農張奐上疏曰, “昔周公葬不如禮, 天乃動威. 今竇武·陳蕃忠貞, 未被明宥, 妖眚之來, 皆為此也. 宜急為改葬, 徙還家屬, 其從坐禁錮, 一切蠲除. 又, 皇太后雖居南宮, 而恩禮不接, 朝臣莫言, 遠近失望. 宜思大義顧復之報.” 上深嘉奐言, 以問諸常侍, 左右皆惡之, 帝不得自從. 奐又與尚書劉猛等共薦王暢·李膺可參三公之選, 曹節等彌疾其言, 遂下詔切責之. 奐等皆自囚廷尉, 數日, 乃得出, 並以三月俸贖罪.

郎中東郡謝弼上封事曰, “臣聞‘惟虺惟蛇, 女子之祥’ 伏惟皇太后定策宮闥, 援立聖明, 『書』曰, ‘父子兄弟, 罪不相及’, 竇氏之誅, 豈宜咎延太后! 幽隔空宮, 愁感天心, 如有霧露之疾, 陛下當何面目以見天下! 孝和皇帝不絕竇氏之恩, 前世以為美談. 禮, ‘為人後者為之子’, 今以桓帝為父, 豈得不以太后為母哉! 願陛下仰慕有虞蒸蒸之化, 俯思『凱風』慰母之念. 臣又聞‘開國承家, 小人勿用’ 今功臣久外, 未蒙爵秩, 阿母寵私, 乃享大封, 大風雨雹, 亦由於玆. 又, 故太傅陳蕃, 勤身王室, 而見陷群邪, 一旦誅滅, 其為酷濫, 駭動天下. 而門生故吏, 並離徙錮. 蕃身已往, 人百何贖! 宜還其家屬, 解除禁網, 夫台宰重器, 國命所繫, 今之四公, 唯司空劉寵斷斷守善, 餘皆素餐致寇之人, 必有折足覆餗之凶, 可因災異, 並加罷黜, 征故司空王暢·長樂少府李膺並居政事, 庶災變可消, 國祚惟永.” 左右惡其言, 出為廣陵府丞, 去官, 歸家. 曹節從子紹為東郡太守, 以它罪收弼, 掠死於獄.

帝以蛇妖問光祿勳楊賜, 賜上封事曰, “夫善不妄來, 災不空發. 王者心有所想, 雖未形顏色, 而五星以之推移, 陰陽為其變度. 夫皇極不建, 則有龍蛇之孽, 『詩』云, ‘惟虺惟蛇, 女子之祥’ 惟陛下思乾剛之道, 別內外之宜, 抑皇甫之權, 割艷妻之愛, 則蛇變可消, 禎祥立應.” 賜, 秉之子也.

五月, 太尉聞人襲·司空許栩免. 六月, 以司徒劉寵為太尉, 太常汝南許訓為司徒, 太僕長沙劉囂為司空. 囂素附諸常侍, 故致位公輔.

詔遣謁者馮禪說降漢陽散羌. 段熲以春農, 百姓布野, 羌雖暫降, 而縣官無廩, 必當復為盜賊, 不如乘虛放兵, 勢必殄滅. 熲於是自進營, 去羌所屯凡亭山四五十里, 遣騎司馬田晏·假司馬夏育將五千人先進, 擊破之. 羌眾潰東奔, 復聚射虎谷, 分兵守谷上下門, 熲規一舉滅之, 不欲復令散走. 秋, 七月, 熲遣千人於西縣結木為柵, 廣二十步, 長四十里遮之. 分遣晏·育等將七千人銜枚夜上西山, 結營穿塹, 去虜一里許, 又遣司馬張愷等將三千人上東山, 虜乃覺之. 熲因與愷等夾東·西山, 縱兵奮擊, 破之, 追至谷上下門, 窮山深谷之中, 處處破之, 斬其渠帥以下萬九千級. 馮禪等所招降四千人, 分置安定·漢陽·隴西三郡. 於是東羌悉平. 熲凡百八十戰, 斬三萬八千餘級, 獲雜畜四十二萬七千餘頭, 費用四十四億, 軍士死者四百餘人. 更封新豐縣侯, 邑萬戶.

臣光曰, “書稱曰, ‘天地, 萬物父母, 惟人萬物之靈. 但聰明, 作元后, 元后作民父母.’ 夫蠻夷戎狄, 氣類雖殊, 其就利避害, 樂生惡死, 亦與人同耳. 御之得其道則附順服從, 失其道則離叛侵擾, 固其宜也. 是以先王之政, 叛則討之, 服則懷之, 處之四裔, 不使亂禮義之邦而已. 若乃視之如草木禽獸, 不分臧否, 不辨去來, 悉艾殺之, 豈作民父母之意哉! 且夫羌之所以叛者, 為郡縣所侵冤故也. 叛而不即誅者, 將帥非其人故也. 苟使良將驅而出之塞外, 擇良吏而牧之, 則疆埸之臣也, 豈得專以多殺為快邪! 夫御之不得其道, 雖華夏之民, 亦將蜂起而為寇, 又可盡誅邪! 然則段紀明之為將, 雖克捷有功, 君子所不與也.”

九月, 江夏蠻反, 州郡討平之.

丹楊山越圍太守陳夤, 夤擊破之.

初, 李膺等雖廢錮, 天下士大夫皆高尚其道而污穢朝廷, 希之者唯恐不及, 更共相標榜, 為之稱號以竇武·陳蕃·劉淑為三君, 君者, 言一世之所宗也. 李膺·荀翌·杜密·王暢·劉祐·魏朗·趙典·朱寓為八俊, 俊者, 言人之英也. 郭泰·范滂·尹勳·巴肅及南陽宗慈·陳留夏馥·汝南蔡衍·泰山羊陟為八顧, 顧者, 言能以德行引人者也. 張儉·翟超·岑晊·苑康及山陽劉表·汝南陳翔·魯國孔昱·山陽檀敷為八及, 及者, 言其能導人追宗者也. 度尚及東平張邈·王孝·東郡劉儒·泰山胡母班·陳留秦周·魯國蕃向·東萊王章為八廚, 廚者, 言能以財救人者也. 及陳·竇用事, 復舉拔膺等. 陳·竇誅, 膺等復廢. 宦官疾惡膺等, 每下詔書, 輒申黨人之禁. 侯覽怨張儉尤甚, 覽鄉人朱並素佞邪, 為儉所棄, 承覽意指, 上書告儉與同鄉二十四人別相署號, 共為部黨, 圖危社稷, 而儉為之魁. 詔刊章捕儉等. 冬, 十月, 大長秋曹節因此諷有司奏"諸鉤黨者故司空虞放及李膺·杜密·朱寓·荀翌·翟超·劉儒·范滂等, 請下州郡考治." 是時上年十四, 問節等曰, "何以為鉤黨?" 對曰, "鉤黨者, 即黨人也." 上曰, "黨人何用為惡而欲誅之邪?" 對曰, "皆相舉群輩, 欲為不軌." 上曰, "不軌欲如何?" 對曰, "欲圖社稷." 上乃可其奏. 或謂李膺曰, "可去矣!" 對曰, "事不辭難, 罪不逃刑, 臣之節也. 吾年已六十, 死生有命, 去將安之!" 乃詣詔獄, 考死. 門生故吏並被禁錮. 侍御史蜀郡景毅子顧為膺門徒, 未有錄牒, 不及於譴, 毅慨然曰, "本謂膺賢, 遣子師之, 豈可以漏脫名籍, 苟安而已!" 遂自表免歸.

汝南督郵吳導受詔捕范滂, 至征羌, 抱詔書閉傳舍, 伏床而泣, 一縣不知所為. 滂聞之曰, "必為我也." 即自詣獄. 縣令郭揖大驚, 出, 解印綬, 引與俱亡, 曰, "天下大矣, 子何為在此!" 滂曰, "滂死則禍塞, 何敢以罪累君. 又令老母流離乎!" 其母就與之訣, 滂白母曰, "仲博孝敬, 足以供養. 滂從龍舒君歸黃泉, 存亡各得其所. 惟大人割不可忍之恩, 勿增感戚!" 仲博者, 滂弟也. 龍舒君者, 滂父龍舒侯相顯也. 母曰, "汝今得與李·杜齊名, 死亦何恨! 既有令名, 復求壽考, 可兼得乎!" 滂跪受教, 再拜而辭. 顧其子曰, "吾欲使汝為惡, 惡不可為. 使汝為善, 則我不為惡." 行路聞之, 莫不流涕. 凡黨人死者百餘人, 妻子皆徙邊, 天下豪桀及儒學有行義者, 宦官一切指為黨人. 有怨隙者, 因相陷害, 睚眥之忿, 濫入黨中. 州郡承旨, 或有未嘗交關, 亦離禍毒, 其死·徙·廢·禁者又六七百人.

郭泰聞黨人已死, 私為之慟曰, "『詩』云, '人之雲亡, 邦國殄瘁' 漢室滅矣, 但未知'瞻烏爰止, 於誰之屋'耳!" 泰雖好臧否人倫, 而不為危言核論, 故能處濁世而怨禍不及焉.

張儉亡命困迫, 望門投止, 莫不重其名行, 破家相容. 後流轉東萊, 止李篤家. 外黃令毛欽操兵到門, 篤引欽就席曰, "張儉負罪亡命, 篤豈得藏之! 若審在此, 此人名士, 明廷寧宜執之乎!" 欽因起撫篤曰, "蘧伯玉恥獨為君子, 足下如何專取仁義!" 篤曰, "今欲分之, 明廷載半去矣." 欽歎息而去. 篤導儉經北海戲子然家, 遂入漁陽出塞. 其所經歷, 伏重誅者以十數, 連引收考者布遍天下, 宗親並皆殄滅, 郡縣為之殘破. 儉與魯國孔褒有舊, 亡抵褒, 不遇, 褒弟融, 年十六, 匿之. 後事洩, 儉得亡走, 國相收褒·融送獄, 未知所坐. 融曰, "保納捨藏者, 融也, 當坐." 褒曰, "彼來求我, 非弟之過." 吏問其母, 母曰, "家事任長, 妾當其辜." 一門爭死, 郡縣疑不能決, 乃上讞之, 詔書竟坐褒. 及黨禁解, 儉乃還鄉里, 後為衛尉, 卒, 年八十四. 夏馥聞張儉亡命, 歎曰, "孽自己作, 空汚良善, 一人逃死, 禍及萬家, 何以生為!" 乃自翦須變形, 入林慮山中, 隱姓名, 為冶家傭, 親突煙炭, 形貌毁瘁, 積二三年, 人無知者. 馥弟靜載縑帛追求餉之, 馥不受曰, "弟奈何載禍相餉乎!" 黨禁未解而卒.

初, 中常侍張讓父死, 歸葬潁川, 雖一郡畢至, 而名士無往者, 讓甚恥之, 陳寔獨弔焉. 及誅黨人, 讓以寔故, 多所全宥. 南陽何顒, 素與陳蕃·李膺善, 亦被收捕, 乃變名姓匿汝南間, 與袁紹為奔走之交, 常私入雒陽, 從紹計議, 為諸名士罹黨事者求救援, 設權計, 使得逃隱, 所全免甚眾.

初, 太尉袁湯三子, 成·逢·隗. 成生紹, 逢生術. 逢·隗皆有名稱, 少歷顯官. 時中常侍袁赦以逢·隗宰相家, 與之同姓, 推崇以為外援, 故袁氏貴寵於世, 富奢甚, 不與它公族同. 紹壯健有威容, 愛士養名, 賓客輻湊歸之, 輜軿·柴轂, 填接街陌. 術亦以俠氣聞. 逢從兄子閎, 少有操行, 以耕學為業, 逢·隗數饋之, 無所受. 閎見時方險亂, 而家門富盛, 常對兄弟歎曰, "吾先公福祚, 後世不能以德守之, 而競為驕奢, 與亂世爭權, 此即晉之三郤矣." 及黨事起, 閎欲投跡深林, 以母老, 不宜遠遁, 乃築土室四周於庭, 不為戶, 自牖納飲食. 母思閎時, 往就視, 母去, 便自掩閉, 兄弟妻子莫得見也. 潛身十八年, 卒於土室.

初, 范滂等非訐朝政, 自公卿以下皆折節下之, 太學生爭慕其風, 以為文學將興, 處士復用. 申屠蟠獨歎曰, "昔戰國之世, 處士橫議, 列國之王至為擁彗先驅, 卒有坑儒燒書之禍, 今之謂矣." 乃絕跡於梁·碭之間, 因樹為屋, 自同傭人. 居二年, 滂等果罹黨錮之禍, 唯蟠超然免於評論.

臣光曰, "天下有道, 君子揚於王庭, 以正小人之罪, 而莫敢不服. 天下無道, 君子囊括不言, 以避小人之禍, 而猶或不免. 黨人生昏亂之世, 不在其位, 四海橫流, 而欲以口舌救之, 臧否人物, 激濁揚清, 撩虺蛇之頭, 踐虎狼之屬, 以至身被淫刑, 禍及朋友, 士類殲滅而國隨以亡，不亦悲乎！夫唯郭泰旣明且哲，以保其身，申屠蟠見幾而作，不俟終日，卓乎其不可及已！”

庚子晦，日有食之.

十一月，太尉劉寵免. 太僕扶溝郭禧為太尉.

鮮卑寇并州.

長樂太僕曹節病困，詔拜車騎將軍. 有頃，疾瘳，上印綬，復為中常侍，位特進，秩中二千石.

高句驪王伯固寇遼東，玄菟太守耿臨討降之.

한영제 건녕 3년(AD 170)

1) 봄 3월 30일, 일식이 있었다.

2) 조칙으로 단경을 경성으로 불러 시중에 임명했다. 단경은 변경에서 10수년을 보내면서 풀로 만든 잠자리에서 잠을 자며 기꺼이 장병들과 고락을 같이 했다. 장병들이 모두 그를 위해 목숨을 바쳐 싸우려해 가는 곳마다 공훈을 세웠다.

3) 여름 4월, 태위 곽희가 파직되고 태중태부 문인습이 태위가 됐다.

4) 가을 7월, 사공 유효가 파직됐다.

8월, 대홍려인 양국 출신 교현橋玄을 사공으로 삼았다.

5) 9월, 집금오 동총이 영제의 생모인 영락태후永樂太后의 의지懿旨를 사칭해 다른 사람에게 일을 부탁했다가 뒤에 이 사실이 누설돼 감옥에 갇혔다가 옥사獄死했다.

6) 겨울, 욱림郁林광서성 계평현 태수 곡영谷永이 은덕과 신망으로 오호烏滸에 사는 백성 10여만 명을 투항하게 만들었다. 이들에게 벼슬을 주고 그 땅에 7개 현을 설치했다.

7) 양주涼州 자사 부풍扶風 출신 맹타孟佗가 종사 임섭任涉에게 명해

돈황敦煌의 사병 500명을 이끌고 가도록 했다. 무기교위戊己校尉 조관曹寬과 서역장사西域長史 장안張晏 등이 이끄는 언기焉耆신강성 언기현와 구자국龜玆國, 거사전車師前, 후왕국後王國 등지의 군사 3만여 명과 합세해 소륵疏勒을 정토하게 한 것이다. 40여 일 동안 소륵의 동쪽에 있는 정중성楨中城을 공격했으나 항복시키지 못하자 곧 철수했다. 이후 소륵의 왕이 잇달아 살해됐으나 조정 역시 그들을 제압할 수가 없었다.

당초 중상시 장양은 감노監奴에게 가사를 맡겼다. 그의 위세가 대단히 높았다. 맹타는 재산이 많아 감노와 어울리며 재물을 아끼지 않고 뇌물을 주어 소홀함이 없었다. 감노가 그 덕을 높이 사 바라는 바를 묻자 맹타가 말했다.

"너희들이 나에게 읍揖을 한 번만 해주면 된다."

당시 수많은 빈객들이 장양을 만나기 위해 수천 대의 수레를 이끌고 장양의 집을 찾아왔다. 맹타도 찾아보려 했으나 나중에 도착한 까닭에 문 앞으로 갈 수 없었다. 이때 감노가 종들을 거느리고 길에 나와 맹타를 영접해 함께 문안으로 들어서게 됐다. 놀란 빈객들 모두 맹타가 장양과 매우 가까운 것으로 생각하고 그에게 진귀한 물건을 다투어 뇌물로 바쳤다. 맹타가 뇌물의 일부를 장양에게 보내자 장양이 기뻐하며 맹타를 양주凉州 자사로 보냈다.

* 孝桓皇帝建寧三年

春, 三月, 丙寅晦, 日有食之.

征段熲還京師, 拜侍中. 熲在邊十餘年, 未嘗一日蓐寢, 與將士同甘苦, 故皆樂為死戰, 所向有功.

夏, 四月, 太尉郭禧罷. 以太中大夫聞人襲為太尉.

秋, 七月, 司空劉囂罷. 八月, 以大鴻臚梁國橋玄為司空.

九月, 執金吾董寵坐矯永樂太后屬請, 下獄死.

冬, 鬱林太守谷永以恩信招降烏滸人十餘萬, 皆內屬, 受冠帶, 開置七縣.

涼州刺史扶風孟佗遣從事任涉將敦煌兵五百人, 與戊己司馬曹寬·西域長史張宴將焉耆·龜茲·車師前·後部, 合三萬餘人討疏, 攻楨中城, 四十餘日不能下, 引去. 其後疏勒王連相殺害, 朝廷亦不能復治. 初, 中常侍張讓有監奴, 典任家事, 威形喧赫. 孟佗資產饒贍, 與奴朋結, 傾竭饋問, 無所遺愛. 奴咸德之, 問其所欲. 佗曰, “吾望汝曹為我一拜耳!” 時賓客求謁讓者, 車常數百千兩, 佗詣讓, 後至, 不得進, 監奴乃率諸倉頭迎拜於路, 遂共輿車入門, 賓客咸驚, 謂佗善於讓, 皆爭以珍玩賂之. 佗分以遺讓, 讓大喜, 由是以佗為涼州刺史.

한영제 건녕 4년(AD 171)

1) 봄 정월 3일, 황제가 관례를 올리고 천하에 대사령을 내렸으나 오직 당인만은 사면을 받지 못했다.

2) 2월 13일, 지진이 났다.

3) 3월 1일, 일식이 있었다.

4) 태위 문인습이 면직되고 태복 여남인 이함李咸이 태위가 됐다.

5) 온역瘟疫이 유행했다. 사도 허훈許訓이 면직되고 사공 교현이 사도가 됐다.

여름 4월, 태상 남양인 내염來艷이 사공이 됐다.

6) 가을 7월, 사공 내염이 면직됐다.

7) 7월 계축, 귀인 송씨를 황후로 책봉했다. 그녀는 집금오 송풍宋酆의 장녀였다.

8) 사도 교현이 면직됐다. 태상 남양인 종구宗俱가 사공이 됐다. 전 사

공 허허가 사도에 임명됐다.

9) 황제가 자신의 즉위에 두태후의 공로가 크다는 사실을 새삼 알게 됐다.

겨울 10월 1일, 황제가 군신을 이끌고 남궁으로 가서 두태후를 만나 친히 태후를 위해 연회를 베풀어 만수무강을 기원하는 축수祝壽를 했다. 황문령 동맹董萌이 여러 차례 태후를 위한 신원을 해 황제가 이를 기꺼이 받아들이게 되자 공양하는 물품이 늘어나게 됐다. 조절과 왕보는 동맹을 한스럽게 여겨 그가 영락궁에 있는 황제의 생모를 비방했다고 무함했다. 동맹이 하옥돼 옥사했다.

10) 선비족이 병주를 침범했다.

* 孝桓皇帝建寧四年

春, 正月, 甲子, 帝加元服, 赦天下, 唯黨人不赦.

二月, 癸卯, 地震.

三月, 辛酉朔, 日有食之.

太尉聞人襲免. 以太僕汝南李咸為太尉.

大疫.

司徒許訓免. 以司空橋玄為司徒. 夏, 四月, 以太常南陽來艷為司空. 秋, 七月, 司空來艷免.

癸丑, 立貴人宋氏為皇后, 後, 執金吾酆之女也.

司徒橋玄免. 以太常南陽宗俱為司空, 前司空許栩為司徒.

帝以竇太后有援立之功, 冬, 十月, 戊子朔, 率群臣朝太后於南宮, 親饋上壽. 黃門令董萌因此數為太后訴冤, 帝深納之, 供養資奉, 有加於前. 曹節·王甫疾之, 誣萌以謗訕永樂宮, 下獄死.

鮮卑寇并州.

** 권57-한기漢紀 49: 황제가 관직을 팔다

한영제 희평熹平 원년(AD 172)

1) 봄 정월, 황제가 광무제의 능인 원릉原陵을 참배했다. 사도연司徒掾 진류 출신 채옹蔡邕이 찬탄했다.[78]

"신이 듣건대 옛날 천자는 묘제墓祭를 지내지 않았다고 합니다. 그래서 신은 조정에서 행하는 능제사인 상릉上陵의 예를 없앨 수도 있다고 생각했습니다. 지금 능제사의 위엄을 보니 제례의 본의를 깨달을 수 있어 이제야 비로소 효명황제孝明皇帝가 지극히 효성스럽고 어질었다는 사실을 알게 됐습니다.[79] 예의가 비록 번다하다 하나 결하고 생략할 수 없다고 하는 게 바로 이를 가리키는 것인 듯합니다."

2) 3월 8일, 태부 호광이 죽었다. 향년 82세였다. 그는 태부와 태위, 사도, 사공 등 4공四公의 자리를 30여 년 동안 맡아 왔다. 안제安帝와 순제順帝, 충제冲帝, 질제質帝, 환제桓帝, 영제靈帝 등 모두 6명의 황제를 모셨으

---

78 채옹은 자가 백개伯喈로 지금의 하남성 기현 남쪽인 진류어陳留圉 출신이다. 어렸을 때 호광에게 배워 박학했다. 처음에 사도 교현의 밑에서 일하다가 낭중, 의랑이 됐다. 글을 잘 써 희평4년에 태학의 문밖에 그의 글씨로 된 경서를 새긴 비가 세워졌다. 헌제 때 고양향후에 봉해졌으나 옥중에서 사망했다.

79 효명황제는 광무제의 넷째 아들로 후한의 2대황제에 오른 현종顯宗 유장劉莊을 말한다. 그는 어렸을 때부터 학문을 좋아해 나이 30에 황제의 자리에 오른 후 18년간의 재위기간 동안 내내 덕정을 베풀어 후대에 명군으로 칭송받게 됐다 .

나 황제의 예우가 두터워 매번 면직되어도 그 기간이 1년을 넘지 않았다. 그가 발탁한 천하의 많은 명사들 가운데 진번과 이함 등과 같은 인물은 삼공까지 됐다. 전장典章에 정통하고 고사에 해박해 경성에서는 이런 속언이 나돌 정도였다.

"만사가 이치에 맞지 않는 불리不理의 모습을 보이면 백시伯始 호광에게 물어보도록 하라! 천하의 중용中庸은 호광에게 있다!"

그는 사람됨이 온유하면서도 돈후하고 말씨 또한 겸손해 당시 사람들의 칭송을 들었다. 다만 충직한 절조가 없어 천하의 사대부들로부터 경시를 받은 바 있었다.

3) 5월 16일, 천하에 대사령을 내리고 연호를 희평熹平으로 바꿨다.

4) 장락궁의 태복 후람이 전횡을 해 교만하고 사치했다. 황제가 영을 내려 그의 인신을 거두자 후람이 자진했다.

5) 6월, 경성에 큰 수재가 났다.

6) 두태후의 모친이 이때 비경比景베트남 해동현에서 세상을 떠나자 태후가 슬픔과 사념 속에 병이 들어 일어나지 못했다.

6월 10일, 두태후가 남궁의 운대雲臺에서 붕어했다. 환관들은 평소 두태후를 원망해 평소 입던 옷 그대로 시신을 수레에 실어 낙양성 남쪽의 시사市舍에 두었다. 며칠 뒤 조절과 왕보가 두태후를 귀인의 예로 장사지낼 것을 청하자 황제가 반대했다.

"태후가 짐의 몸인 짐궁朕躬을 친히 세워 대업大業을 잇게 했으니 어찌 귀인의 예로 태후를 장사지낼 수 있겠는가?"

태후의 예로 발상하게 했다. 조절 등이 태후의 장례를 별도의 장소에서 하려고 했다. 풍귀인馮貴人의 위패를 환제의 종묘에 배향하려고 했기 때문이다. 황제가 공경들에게 조당에 모일 것을 명한 뒤 중상시 조충趙忠에게 회의를 주재하게 했다. 태위 이함이 마침 병이 들었다. 빻은 후추약인 도초擣椒를 몸에 지닌 채 수레에 오르며 처자에게 당부했다.

"만일 황태후가 환제의 종묘에 배향되지 못하면 나는 살아서 돌아오지 않을 것이다."

회의가 시작되자 수백 명의 관원들이 서로 바라보기만 할 뿐 한참이 지나도 아무도 감히 먼저 말하려고 하지 않았다. 조충이 입을 열어 말했다.

"시간이 이미 됐으니 의안을 당초 원안대로 확정하는 게 어떻겠소?"

정위廷尉 진구陳球가 반대했다.

"두태후는 덕이 높은데다 양가 출신으로 국모가 됐으니 의당 선제의 사당에 배향되어야 하오. 이는 의심할 여지가 없는 것이오."

조충이 웃으며 말했다.

"그렇다면 진정위陳廷尉가 마땅한 의안을 써내도록 하시오."

진구가 곧 의안을 써냈는데 의안의 내용은 다음과 같았다.

"두태후는 일찍이 초방椒房에 있을 때 총명하고 국모로서의 높은 덕행이 있었다.[80] 선제가 세상을 떠나자 성명한 황제를 세워 종묘를 잇게 했으니 그 공업이 지극히 크다. 선제가 세상을 떠난 지 얼마 후 큰 옥사가 일어나 텅 빈 남궁으로 옮긴 뒤 불행히도 일찍 세상을 떠나게 됐다. 두씨 가문이 비록 죄가 있다고 하나 태후와는 무관한 일이고 지금 만일 태후를 별도로 장사지내면 이는 천하 사람을 실망시키는 것이다. 더구나 풍귀인의 묘는 일찍이 파헤쳐진 뒤 적들의 시체와 함께 뒤섞이어 영혼이 오염됐고 나라에 공 또한 없으니 어찌 천자의 사당에 배향할 수 있겠는가?"

조충이 진구의 의안을 읽다가 안색이 문득 변하더니 이윽고 진구를 비웃으며 말했다.

---

80 초방은 후비들의 방에는 후추나무를 두어 방향을 내게 한 데서 나온 말로 황후나 왕비가 거처하는 곳을 뜻한다.

"진정위의 건의가 매우 좋소!"

진구가 비장하게 말했다.

"진씨와 두씨 두 집안이 억울하게 누명을 쓰고 두태후가 무고하게 유폐된 것을 나는 매우 가슴아프게 생각하고 있고 천하사람 또한 분개하고 있소. 쫓겨나 죄를 얻는 것은 내가 오래 전부터 원하는 바이오."

이함李咸이 동조했다.

"나 또한 같은 의견이오."

공경들은 진구의 의견에 찬동했다. 조절과 왕보가 서로 상의했다

"이전에 양황후梁皇后의 가문이 대죄를 지어 양황후를 의릉懿陵에 따로 모셨고 한무제도 위황후衛皇后를 폐출한 뒤 이부인李夫人을 배향하게 했소.[81] 지금 두무의 죄가 매우 큰데 어찌 선제와 합장할 수 있겠소."

이함이 다시 상소했다.

"신이 엎드려 생각건대 이전에 시호가 장덕황후章德皇后인 두황후竇皇后가 공회황후恭懷皇后인 양황후梁皇后를 학대하고 안사황후安思皇后인 염황후閻皇后의 집안이 대죄를 범했다고는 하나 화제和帝는 개장의 의논을 내지 않았고 순제順帝도 존호를 폄강貶降하라는 조서를 내린 바 없습

81 양황후는 한화제漢和帝의 생모인 양귀인을 말한다. 양귀인은 한화제를 낳았는데 한장제漢章帝의 부인 두황후竇皇后가 화제를 자식처럼 키웠다. 건초 8년인 83년 두태후가 익명서를 만들어 양귀인의 부친 양송梁竦을 무함해 양송이 주살되자 양귀인도 심려 끝에 죽고 말았다. 화제가 즉위한 후 영원 4년인 92년 두태후의 오라비 두헌竇憲 일당이 시역을 꾀하다가 발각돼 자진하게 됐으나 황제가 두태후를 이 사건에 연루시키지 않았다. 영원 9년 두태후가 죽자 양귀인의 언니가 사건의 전모를 밝히게 돼 신하들이 한무제 때의 여후呂后의 고사를 들어 합장을 반대했음에도 불구하고 화제가 경릉敬陵에 합장시켰다. 화제는 이후 생모의 억울한 죽음을 신원하기 위해 공회황후恭懷皇后로 추존하고 서릉西陵에 개장했다. 조절 등이 양황후 가문이 죄를 지어 양황후가 다른 능을 쓰게 됐다고 주장한 것은 잘못이며 설령 양황후가 아니라 불궤의 죄를 지은 두황후를 지칭했다 하더라도 두황후 역시 능을 따로 쓰지 않았기 때문에 이는 역사적 사실과 다른 것이다.

니다.[82] 위황후의 경우는 무제가 직접 폐출한 것으로 같이 논할 수 없습니다. 두태후는 줄곧 태후의 존호를 받은데다 일찍이 임조청정을 했고 지금 황제를 세워 황업을 크게 빛나게 했습니다. 태후는 황제를 아들로 삼았는데 폐하는 어찌 태후를 모친으로 모시지 않을 수 있겠습니까? 아들은 모친을 내칠 수 없고 신자는 군왕을 깎을 수 없는 것입니다. 의당 두태후를 선제와 합장해 선릉宣陵에 모셔야 하니 일체의 예를 옛 제도에 따르도록 하십시오."

황제가 이함의 상주문을 보고 그의 건의를 좇았다.

가을 7월 2일 환사황후桓思皇后인 두태후를 선릉에 장사지냈다.

7) 어떤 사람이 주작문 위에 익명서를 써 붙이고 환관들과 백관들을 비판했다.

"천하에 대란이 일어나 조절과 왕보가 태후를 가두어 죽였다. 백관들은 시위소찬이나 하며 감히 충언을 하려는 자가 없다."

사례교유 유맹劉猛에게 익명서를 쓴 자를 급히 잡아내라는 조칙이 내려졌는데 열흘에 한 번꼴로 이를 논의하기 위한 모임이 열렸다. 유맹이 익명서의 내용에 동조해 범인을 적극적으로 잡으려 하지 않자 1달이 지나도 범인을 잡을 수가 없었다. 유맹이 간의대부諫議大夫로 좌천됐는데 어사중승御史中丞 단경이 그의 직무를 대행하면서 도처에 군사를 풀어 범인 체포를 서둘렀다. 태학생을 비롯한 모두 1,000여 명의 인사들이 혐의

82 염황후는 한안제漢安帝의 황후로 궁인 이씨가 한안제의 총애를 입고 황자 유보劉保를 낳자 원초2년에 이씨를 짐살鴆殺했다. 염황후는 황태자 유보를 무함해 제음왕濟陰王으로 삼게 했는데 안제가 남순南巡하던 도중 수레 안에서 죽게 됐다. 영구가 경성에 도착할 때까지 발상을 미뤘다가 북향후 유의劉懿를 소제로 옹립했다. 소제가 200여 일만에 죽게 되자 중황문 손정孫程 등이 미리 손을 써 제음왕을 한순제漢順帝로 즉위시켰다. 염태후는 이궁으로 옮겨졌다가 이듬해 죽었는데 공릉恭陵에 합장됐다. 궁인 이씨는 순제에 의해 공민황후恭愍皇后로 추존되고 공북릉恭北陵에 이장됐다.

자로 잡히게 됐다. 조절이 단경을 사주해 유맹을 다른 사건으로 옭아 넣어 탄핵하게 하자 유맹이 좌교左校에서 복역하게 됐다.[83]

당초 사례교위 왕우王寓는 환관을 끼고 태상 장환에게 자신을 추천해 줄 것을 청했으나 장환이 이를 거절하자 원한을 품고 장환을 무함했다. 장환이 당고의 화를 입게 됐다. 장환은 일찍이 단경과 강족에 대한 공격 문제를 놓고 논쟁을 벌인 일로 인해 구원舊怨이 있었다. 단경이 사례교위를 맡자 장환을 돈황으로 쫓아내 해를 입히고자 했으나 장환이 단경에게 글로써 애원해 간신히 죽음을 면하게 됐다.

당초 위군魏郡 출신 이고李暠는 사례교위가 되자 구원이 있던 부풍인 소겸蘇謙에게 죄를 뒤집어 씌워 그를 죽였다. 소겸의 아들 소불위蘇不韋가 부친을 매장하지 않고 대충 안치한 뒤 변성명해 협객과 어울리며 때를 기다려 원수를 갚고자 했다. 이고가 대사농이 되자 소불위가 곳간인 괴중廥中에 몸을 숨기고 땅굴을 판 뒤 이고의 침실로 들어가 그의 첩과 어린 아들을 죽였다. 이고가 너무 두려운 나머지 목판으로 땅을 두드리며 하루 밤에도 잠자리를 9차례나 옮겼다.

소불위가 또 이고 부친의 묘소까지 땅굴을 뚫고 들어가 시신의 목을 자른 뒤 이름표를 달아 거리에 내걸었는데 이고는 소불위를 잡으려고 백방으로 노력했으나 결국 잡지 못하자 피를 토하고 죽었다. 후에 소불위는 대사령으로 풀려나 집으로 돌아온 뒤에야 비로소 부친의 시신을 안장했다.

장환은 평소 소씨 집안과 화목했고 단경은 이고와 서로 가까웠다. 이고가 죽은 뒤 단경이 소불위를 불러 사례종사司隷從事로 삼으려고 했으

83 좌교는 진나라와 한나라 초기에 설치된 관부로 좌, 우, 전, 후, 중의 5교校가 있었다. 후에 좌우 두 교만 남게 됐다. 후한 때의 좌우교는 물건을 만드는 일을 관장하는 부서로 기능했다. 대개 대신들이 죄를 지으면 좌교로 보내져 노역을 해야만 했다.

나 소불위가 두려운 나머지 칭병하고 나아가지 않았다. 단경이 화가 나 부하 장현張賢에게 소씨 집으로 찾아가 소불위를 죽이라고 명했다. 단경은 이 일이 있기 전에 장현의 부친에게 독이 든 술을 건네주면서 엄포한 적이 있었다.

"만일 장현이 소불위를 죽이지 못하면 당신이 이것을 마셔야 한다."

장현은 소불위를 비롯해 그의 일족 60여 명을 모조리 잡아 죽였다.

8) 발해왕渤海王 유회劉悝가 영도왕癭陶王으로 좌천되자 중상시 왕보를 통해 원래의 봉국을 되찾으려고 5천만 전을 뇌물로 쓰고자 했다. 얼마 후 환제가 죽으면서 유조遺詔를 내려 유회에게 봉국을 되찾게 해주자 유회는 이것이 왕보의 공로가 아님을 알고 사례금을 주지 않으려고 했다. 중상시 정삽과 중황문中黃門 동등董騰이 줄곧 유회와 가까이 지냈는데 왕보가 이를 은밀히 조사해 단경에게 고자질했다.

겨울 10월, 단경이 정삽을 잡아들여 북시옥으로 보내자 상서령 염충廉忠이 정삽 등을 무고했다.

"정삽 등은 유회를 황제로 옹립하려고 한 대역부도한 인물입니다."

기주자사冀州刺史에게 조명을 내려 유회를 잡아 고실拷實고문을 가해 진실을 밝혀내게 하고 유회를 추궁하다가 결국 자진하게 만들었다. 그의 처첩 11명과 자녀 70여 명, 기녀伎女 24명이 모두 옥사했고 발해국에 있던 유회의 사부師傅와 국상國相 이하의 관원이 모두 죽임을 당했다. 왕보 등 12명은 대역죄를 토벌한 공로로 열후가 됐다.

9) 11월, 회계의 반적 허생許生이 구장현句章縣에서 반란을 일으켜 자칭 양명황제陽明皇帝를 칭했다. 무리가 수만 명에 달하자 조정이 급히 양주揚州 자사 장민臧旻과 단양丹陽호북성 자귀현 동남쪽 태수 진인陳寅을 보내 이들을 토벌하게 했다.

10) 12월, 사도 허허가 파직되고 대홍려 원외가 사도가 됐다.

11) 선비족이 병주에 쳐들어 왔다.

12) 이 해에 선우單于 차아車兒가 죽었다. 아들 도특약시축屠特若尸逐이 선우의 자리에 올랐다.

** 起玄黓困敦, 盡上章涒灘, 凡九年.

孝靈皇帝熹平元年

春, 正月, 車駕上原陵. 司徒掾陳留蔡邕曰, "吾聞古不墓祭. 朝廷有上陵之禮, 始謂可損. 今見威儀, 察其本意, 乃知孝明皇帝至孝惻隱, 不易奪也. 禮有煩而不可省者, 此之謂也."

三月, 壬戌, 太傅胡廣薨, 年八十二. 廣周流四公, 三十餘年, 歷事六帝, 禮任極優, 罷免未嘗滿歲, 輒復升進. 所辟多天下名士, 與故吏陳蕃·李咸並為三司. 練達故事, 明解朝章, 故京師諺曰, "萬事不理, 問伯始. 天下中庸, 有胡公." 然溫柔謹慤, 常遜言恭色以取媚於時, 無忠直之風, 天下以此薄之.

五月, 己巳, 赦天下, 改元.

長樂太僕侯覽坐專權驕奢, 策收印綬, 自殺.

六月, 京師大水.

竇太后母卒於比景, 太后憂思感疾, 癸巳, 崩於雲台. 宦者積怨竇氏, 以衣車載太后屍置城南市捨, 數日, 曹節·王甫欲用貴人禮殯. 帝曰, "太后親立朕躬, 統承大業, 豈宜以貴人終乎!" 於是發喪成禮. 節等欲別葬太后, 而以馮貴人配祔. 詔公卿大會朝堂, 令中常侍趙忠監議. 太尉李咸時病, 扶輿而起, 搗椒自隨, 謂妻子曰, "若皇太后不得配食桓帝, 吾不生還矣!" 既議, 坐者數百人, 各瞻望良久, 莫肯先言. 趙忠曰, "議當時定!" 廷尉陳球曰, "皇太后以盛德良家, 母臨天下, 宜配先帝, 是無所疑." 忠笑而言曰, "陳廷尉宜便操筆." 球即下議曰, "皇太后自在椒房, 有聰明母儀之德. 遭時不造, 援立聖明承繼宗廟, 功烈至重. 先帝晏駕, 因遇大獄, 遷居空宮, 不幸早世, 家雖獲罪, 事非太后, 今若別葬, 誠失天下之望. 且馮貴人塚嘗被發掘, 骸骨暴露, 與賊並屍, 魂靈汚染, 且無功於國, 何宜上配至尊!" 忠省球議, 作色俯仰, 蚩球曰, "陳廷尉建此議甚健!" 球曰, "陳·竇既冤, 皇太后無故幽閉, 臣常痛心, 天下憤歎! 今日言之, 退而受罪, 宿昔之願也!" 李咸曰, "臣本謂宜爾, 誠與意合." 於是公卿以下皆從球議. 曹節·王甫猶爭, 以為曰, "梁後家犯惡逆, 別葬懿陵, 武帝黜廢衛後, 而以李夫人配食, 今竇氏罪深, 豈得合葬先帝!" 李咸復上疏曰, "臣伏惟章德竇後虐害恭懷, 安思閻後家犯惡逆, 而和帝無異葬之議, 順朝無貶降之文. 至於衛後, 孝武皇帝身所廢棄, 不可以為比. 今長樂太后尊號在身, 親嘗稱制, 且援立聖明, 光隆皇祚. 太后以陛下為子, 陛下豈得不以太后為母! 子無黜母, 臣無貶君, 宜合葬宣陵, 一如舊制." 帝省奏, 從之.

秋, 七月, 甲寅, 葬桓思皇后於宣陵.

有人書朱雀闕, 言曰, "天下大亂, 曹節·王甫幽殺太后, 公卿皆尸祿, 無忠言者." 詔司隸校尉劉猛逐捕, 十日一會. 猛以誹書言直, 不肯急捕. 月餘, 主名不立. 猛坐左轉諫議大夫, 以御史中丞段熲代之. 熲乃四出逐捕, 及太學游生系者千餘人. 節等又使熲以它事奏猛, 論輸左校.

初, 司隸校尉王寓依倚宦官, 求薦於太常張奐, 奐拒之, 寓遂陷奐以黨罪禁錮. 奐嘗與段熲爭擊羌, 不相平, 熲為司隸, 欲逐奐歸敦煌而害之. 奐奏記哀請於熲, 乃得免.

初, 魏郡李暠為司隸校尉, 以舊怨殺扶風蘇謙. 謙子不韋瘞而不葬, 變姓名, 結客報仇. 暠遷大司農, 不韋匿於諭廥中, 鑿地旁達暠之寢室，殺其妾並小兒．暠大懼，以板藉地，一夕九徙．又掘暠父塚，斷取其頭，標之於市．暠求捕不獲，憤恚，嘔血死．不韋遇赦還家，乃葬父行喪．張奐素睦於蘇氏，而段熲與暠善，熲辟不韋為司隸從事，不韋懼，稱病不詣．熲怒，使從事張賢就家殺之，先以鴆與賢父曰，“若賢不得不韋，便可飲此!” 賢遂收不韋，並其一門六十餘人，盡誅之．

渤海王悝之貶癭陶也，因中常侍王甫求復國，許謝錢五千萬．既而桓帝遺詔復悝國，悝知非甫功，不肯還謝錢．中常侍鄭颯·中黃門董騰數與悝交通，甫密司察以告段熲．冬，十月，收颯送北寺獄，使尚書令廉忠誣奏“颯等謀迎立悝，大逆不道”，遂詔冀州刺史收悝考實，迫責悝，令自殺．妃妾十一人·子女七十人·伎女二十四人皆死獄中，傅·相以下悉伏誅．甫等十二人皆以功封列侯．

十一月，會稽妖賊許生起句章，自稱陽明皇帝，眾以萬數．遣揚州刺史臧旻·丹楊太守陳寅討之．

十二月，司徒許栩罷，以大鴻臚袁隗為司徒．

鮮卑寇并州．

是歲，單于車兒死，子屠特若尸逐就單于立．

한영제 희평 2년(AD 173)

1) 봄 정월, 역질이 크게 돌았다.

2) 1월 27일, 사공 종구가 죽었다.

3) 2월 3일, 천하에 대사령을 내렸다.

4) 광록훈 양사楊賜가 사공이 됐다.

5) 3월, 태위 이함이 면직됐다.

6) 5월, 사례교위 단경이 태위가 됐다.

7) 6월, 북해北海에 지진이 났다.

8) 가을 7월, 사공 양사가 면직되고 태상 영천인 당진唐珍이 사공이 됐다. 당진은 당형唐衡의 동생이다.

9) 12월, 태위 단경이 파직됐다.

10) 선비족이 유주와 병주에 침입했다.

11) 12월 29일, 일식이 있었다.

* 孝靈皇帝熹平二年

春, 正月, 大疫.

丁丑, 司空宗俱薨.

二月, 壬午, 赦天下.

以光祿勳楊賜為司空.

三月, 太尉李咸免.

夏, 五月, 以司隸校尉段熲為太尉.

六月, 北海地震.

秋, 七月, 司空楊賜免. 以太常穎川唐珍為司空. 珍, 衡之弟也.

冬, 十二月, 太尉段熲罷.

鮮卑寇幽·並二州.

癸酉晦, 日有食之.

한영제 희평 3년(AD 174)

1) 2월 26일 천하에 대사령을 내렸다.

2) 태상 동해東海 출신 진탐陳耽이 태위에 임명됐다.

3) 3월, 중산목왕中山穆王 유창劉暢이 죽었다. 아들이 없어 봉국을 없앴다.

4) 6월, 하간왕 유리劉利의 아들 유강劉康이 제남왕濟南王에 봉해져 효인황제孝仁皇帝의 제사를 받들게 됐다.

5) 오군吳郡강소성 소주의 사마司馬 부춘富春 출신 손견孫堅이 1,000여 명의 용사들을 모아 주군州郡에서 허생을 토벌할 때 도움을 주었다.[84] 11월, 장민과 진인이 회계會稽에서 허생의 무리를 궤멸시키고 허생을 죽였다.

6) 임성왕任城王 유박劉博이 죽었다. 아들이 없어 봉국을 없앴다.

7) 12월, 선비족이 북지군北地郡영하성 영오현을 침범했다. 군수 하육夏育이 도각屠各 부락민을 이끌고 추격해 승리를 거두었다. 하육이 호오환교위護烏桓校尉로 승진됐다. 선비족이 다시 병주에 침입했다.

8) 사공 당진이 파직됐다. 영락소부永樂少府 허주許州가 사공이 됐다.

* 孝靈皇帝熹平三年

春, 二月, 己巳, 赦天下.

以太常東海陳耽為太尉.

三月, 中山穆王暢薨, 無子, 國除.

夏, 六月, 封河間王利子康為濟南王, 奉孝仁皇祀.

吳郡司馬富春孫堅召募精勇, 得千餘人, 助州郡討許生. 冬, 十一月, 臧旻·陳寅大破生於會稽, 斬之. 任城王博薨, 無子, 國絕.

十二月, 鮮卑入北地, 太守夏育率屠各追擊, 破之. 遷育為護烏桓校尉. 鮮卑又寇并州.

84 손견(155-192)의 자는 문태文台로 지금의 절강성 부양현인 오군의 부춘富春 출신이다. 어려서 현의 관리가 돼 허생의 난을 진압했는데 후에 많은 군사를 이끌고 장강長江 일대를 점거함으로써 오나라 건국의 기초를 놓았다. 동탁토벌의 선봉에 서서 싸우고 장사에서 일어난 반적 구성區星을 토벌한 공로로 오정후烏程侯에 책봉됐다. 형주의 유표를 공격하다가 계략에 빠져 죽었다.

司空唐珍罷, 以永樂少府許訓為司空.

한영제 희평 4년(AD 175)

1) 3월, 조서를 내려 유생들에게 『5경五經』의 글을 교정하도록 했다. 의랑 채옹에게 고문古文과 전자篆字, 예서隷書 등의 3종의 글자체로 오경의 내용을 베끼게 한 뒤 이를 돌에 새겨 태학문 밖에 세우도록 했다.[85] 태학생을 비롯한 유생들에게 이를 표준으로 삼게 하자 석비가 세워질 즈음 이를 보고 베끼려는 수레가 매일 1,000여 대에 달해 온 거리를 가득 메우게 됐다.

2) 당초 조정에서는 각 주와 군이 결탁해 무리를 만들어 사익을 도모하는 것을 막기 위해 혼인관계에 있는 양측의 사람들이 상대 지역의 관원이 될 수 없도록 했다. 다시 3호법三互法[86]을 추가함에 따라 금기하는 경향이 매우 엄해져 인재선발이 쉽지 않았다. 유주와 기주의 자사 자리는 오랜 기간 빈 채로 놓아 둔 채 충원하지 못한 이유다. 채옹이 상소했다.

"엎드려 생각건대 유주와 기주는 원래 병사와 양마良馬를 산출하는 곳입니다. 근년 들어 전란과 기근으로 점점 공허해지고 있습니다. 지금 계속해 관리를 임명하지 않고 있어 백성이 목을 길게 늘여 기다리고 있는데도 3부三府는 1달이 넘도록 인선을 확정하지 못하고 있습니다. 신이 매우 기괴하게 생각해 이유를 물었더니 모두 3호법에 저촉되지 않기 위해서라고 합니다. 지금 11개 주州에 금령이 있으나 이 2개 주에 대한 인선이 가장

---

85 태학은 낙양성 남쪽에 소재했던 유일한 국립대학으로 이 당시 새겨진 석경을 흔히 '희평석경熹平石經'이라고 한다. 당시의 오경은 『상서尙書』, 『주역周易』, 『춘추공양전春秋公羊傳』, 『예기禮記』, 『논어論語』를 말한다.

86 삼호법三互法은 혼인관계에 있는 두 가문과 두 가문이 소재하고 있는 지역의 사람들이 서로 해당 지역의 관원이 되는 것을 금지한 법을 말한다.

엄한데다 취임 시기까지 제한이 있어 인선을 일부러 늦추는 게 아니냐는 의심마저 받고 있습니다. 2주가 비어 만리가 황량한 것은 관리할 사람이 없기 때문입니다. 신의 어리석은 생각으로는 3호법의 금령을 풀어주고 조정의 권위로 법령을 밝혀 두 주의 인사들이 상대지역의 관원이 될 수 있도록 허락해 주어야 한다고 봅니다. 일찍이 감히 결당해 사리를 도모한 적도 없고 하물며 3호법까지 있는 바에야 혐의를 둘 만한 것이 무엇이 있겠습니까? 전에 한안국韓安國이 죄수 중에서 발탁되고 주매신朱買臣이 비천한 신분에서 관원이 된 것도 모두 재간이 있었기 때문입니다.[87] 여기에 어찌 3호법을 고려하고 지엽적인 제약에 구속된 바 있겠습니까? 신은 폐하가 선제를 본받아 지금의 금령을 폐하고 각주의 자사로서 능히 교체해 선발할 만한 그릇이면 임기와 3호법의 제약을 받지 말고 편의에 좇아 적당히 뽑아 쓰는 것이 바람직하다고 생각합니다."

조정에서 받아들이지 않았다.

신 사마광은 평한다.

"숙향叔向은 '국가가 망하려면 제도가 반드시 번다해지는 법이다'라고 했다.[88] 성명한 군주의 정치는 근신해 충현忠賢을 가려 임용해 조정 안팎의 신하가 공이 있으면 상을 내리고 죄가 있으면 벌하는 것이다. 사사로움

87 한안국은 한경제 때 양국梁國 출신으로 죄수 중에서 발탁돼 양국의 재상이 됐다. 주매신 역시 한무제 때 회계군 출신으로 땔감을 팔아 생계를 이었으나 한무제의 발탁으로 회계군 태수가 됐다.

88 『춘추좌전』「노소공 6년」조에 '국장망國將亡, 필다제必多制' 구절이 나온다. 춘추시대 중기 초나라 및 제나라와 함께 힘을 겨루던 진晉나라가 천하의 패권을 쥐게 만드는 데 핵심적인 역할을 했던 인물이 바로 숙향이다. 그의 본명은 양설힐羊舌肸로 진도공晉悼公과 진평공晉平公, 진소공晉昭公 등 3대를 모시면서 진소공 때에 초나라와 제나라를 제압하고 진나라를 맹주의 자리에 올려놓는 데 결정적인 공헌을 했다. 기원전 536년 법가사상가인 정나라의 자산子產이 형정刑鼎 즉 형법조문을 새겨넣은 세발솥을 만들자 숙향이 자산을 만나 법치法治만으로는 통치를 제대로 이룰 수 없다며 충고했다.

이 없고 법령이 복잡하지 않으니 천하가 크게 다스려질 수밖에 없는 것이다. 그 이유는 무엇인가? 정치의 근본을 파악했기 때문이다. 세도가 쇠미해지고 백관의 임용에 적당한 사람을 찾지 못하는 것은 금령과 조문이 더욱 많고 엄밀해져 공을 세운 자가 조문에 구속받아 상을 받지 못하고 악을 행한 자가 교묘히 조문을 이용해 벌을 면하기 때문이다. 그리 되면 상하가 서로 고생만 하고 천하가 대란에 빠지게 된다. 그 이유는 무엇인가? 이는 근본을 버리고 지엽을 좇았기 때문이다. 영제靈帝 때 자사와 2천석의 관원이 마치 시랑豺狼과 같이 탐욕스러워 백성에게 포악하게 굴어도 조정은 여전히 3호법의 금령만을 엄수했다. 지금 볼 때 이 어찌 사람들로 하여금 웃음을 자아낼 일이 아니겠는가? 의당 가슴 깊이 새겨 경계로 삼아야 할 것이다."

3) 하간왕 유건劉建의 손자 유타劉佗를 임성왕으로 삼았다.

4) 여름 4월, 7개 군과 봉국에서 큰 수재가 났다.

5) 5월 1일, 천하에 대사령을 내렸다.

6) 한성제의 능인 연릉원延陵園에 실화로 화재가 났다.

7) 선비족이 유주를 침입했다.

8) 6월, 홍농弘農하남성 영보현과 삼보三輔에 황충의 재해가 있었다.

9) 우치국于寘國의 왕 안국安國이 구미국拘彌國신강성 우전현을 공파攻破하고 그 왕을 죽였다. 무기교위와 서역장사가 각기 군사를 일으켜 구미국을 도와 한나라에 인질로 와 있던 정흥定興을 구미국의 새 왕으로 세웠다. 구미국의 인구가 1,000명으로 줄어들었다.

* 孝靈皇帝熹平四年

春, 三月, 詔諸儒正『五經』文字, 命議郎蔡邕為古文·篆·隸三體書之, 刻石, 立於太學門外, 使後儒晚學咸取正焉. 碑始立, 其觀視及摹寫者車乘日千餘兩, 填塞街陌.

初, 朝議以州郡相黨, 人情比周, 乃制昏姻之家及兩州人士不得對相監臨, 至是復有三互法, 禁忌轉密, 選用艱難, 幽·冀二州久缺不補. 蔡邕上疏曰, "伏見幽·冀舊壤, 鎧·馬所出, 比年兵饑, 漸至空耗. 今者闕職經時, 吏民延屬, 而三府選擧, 逾月不定. 臣怪問其故, 雲避三互. 十一月有禁, 當取二州而已. 又, 二州之士或復限以歲月, 狐疑遲淹, 兩州懸空, 萬里蕭條, 無所管系. 愚以為三互之禁, 禁之薄者. 今但申以威靈, 明其憲令, 對相部主, 尚畏懼不敢營私. 況乃三互, 何足為嫌! 昔韓安國起自徒中, 朱買臣出於幽賤, 並以才宜, 還守本邦, 豈復顧循三互, 系以末制乎! 臣願陛下上則先帝, 蠲除近禁, 其諸州刺史器用可換者, 無拘日月·三互, 以差厥中." 朝廷不從.

臣光曰, "叔向有言曰, '國將亡, 必多制.' 明王之政, 謹擇忠賢而任之, 凡中外之臣, 有功則賞, 有罪則誅, 無所阿私, 法制不煩而天下大治. 所以然者何哉? 執其本故也. 及其衰也, 百官之任不能擇人, 而禁令益多, 防閑益密, 有功者以閡文不賞, 為奸者以巧法免誅, 上下勞擾而天下大亂. 所以然者何哉? 逐其末故也. 孝靈之時, 刺史·二千石貪如豺虎, 暴殄烝民, 而朝廷方守三互之禁. 以今視之, 豈不適足為笑而深可為戒哉!"

封河間王建孫佗為任城王.

夏, 四月, 郡·國七大水.

五月, 丁卯, 赦天下.

延陵園災.

鮮卑寇幽州.

六月, 弘農·三輔螟.

于窴王安國攻拘彌, 大破之, 殺其王. 戊己校尉·西域長史各發兵輔立拘彌侍子定興為王, 人衆裁千口.

한영제 희평 5년(AD 176)

1) 여름 4월 계해癸亥, 천하에 대사령을 내렸다.

2) 익주益州의 이인夷人들이 반기를 들자 태수 이옹李顒이 토벌했다.[89]

3) 기우제를 지냈다.

4) 5월, 태위 진탐陳耽이 파직되고 사공 허훈이 태위에 임명됐다.

5) 윤월閏月, 영창永昌운남성 보남현 태수 조란曹鸞이 상서해 진언했다.

"무릇 당인黨人은 나이가 많고 덕이 두터운 사람들이거나 뛰어난 현자들로서 의당 왕실을 보필하고 국가대계에 참여해야 할 자들입니다. 오랜 세월 금고에 처해져 진흙먼지를 뒤집어쓰고 있으니 모반대역을 꾀한 자도 관대한 사면을 받는 마당에 유독 당인만이 무슨 죄가 있어 용서받지 못하는 것입니까? 재이가 여러 번 나타나고 수재와 한재가 그치지 않는 것은 모두 이 때문입니다. 의당 은전을 베풀어 천심에 합쳐야 할 것입니다."

황제가 상주문을 보고 대로해 사례교위와 익주자사에게 조명을 내려 조란을 죄수 호송 수레인 함거檻車에 실어 괴리槐里의 감옥에 가두도록 했는데 조란이 감옥에서 약살掠殺을 당했다. 또한 각 주와 군에 조령을 내려 당인의 문생과 옛 부하 관원을 비롯해 부자와 형제 가운데 관직에 있는 자들을 다시 조사해 면직시키고 금고에 처하도록 했다. 관련자들과 5복五服을 입는 친인척들이 모두 연루된 이유다.[90]

6) 6월 3일, 태상 남양인 유일이 사공에 임명됐다.

---

89 익주는 원래 한나라 때 한 주州를 이뤘으나 훗날 유비가 이 지역을 점거한 이후 촉한蜀漢을 의미하게 됐다. 익주의 치소는 지금의 사천성 성도成都에 있었다.

90 5복은 참최斬衰, 제최齊衰, 대공大功, 소공小功, 시마緦麻 등 촌수에 따라 상복을 입는 모든 일가친족을 망라한 것을 말한다.

7) 가을 7월, 태위 허훈이 파직되고 광록훈 유관劉寬이 태위가 됐다.

8) 겨울 10월, 사도 원외가 파직됐다.

11월 병술丙戌, 광록대부光祿大夫 양사를 사도로 임명했다.

9) 이 해에 선비족이 유주를 소란하게 했다.

* 孝靈皇帝熹平五年

夏, 四月, 癸亥, 赦天下.

益州郡夷反, 太守李顒討平之.

大雩.

五月, 太尉陳耽罷, 以司空許訓為太尉.

閏月, 永昌太守曹鸞上書曰, "夫黨人者, 或耆年淵德, 或衣冠英賢, 皆宜股肱王室, 左右大猷者也. 而久被禁錮, 辱在塗泥. 謀反大逆尚蒙赦宥, 黨人何罪, 獨不開恕乎! 所以災異屢見, 水旱荐臻, 皆由於斯. 宜加沛然, 以副天心." 帝省奏, 大怒, 即詔司隸·益州檻車收鸞, 送槐里獄, 掠殺之. 於是詔州郡更考黨人門生·故吏·父子·兄弟在位者, 悉免官禁錮, 爰及五屬.

六月, 壬戌, 以太常南陽劉逸為司空.

秋, 七月, 太尉許訓罷. 以光祿勳劉寬為太尉.

冬, 十月, 司徒袁隗罷. 十一月, 丙戌, 以光祿大夫楊賜為司徒.

是歲, 鮮卑寇幽州.

한영제 희평 6년(AD 177)

1) 봄 정월 15일, 천하에 대사령을 내렸다.

2) 여름 4월, 크게 가물어 7개 주에 황충의 재해가 있었다.

삼공에게 조령을 내려 각기 포악하고 탐오貪汚한 지방관의 명단을 올려 이들을 모두 파면하도록 했다. 평원平原하남성 평원현의 국상인 어양漁陽 출신 양구陽球가 혹형을 행한 혐의로 정위의 심문을 받게 됐다. 황제는 양구가 과거 구강 태수 시절 적을 토벌한 공을 감안해 특별히 사면해 의랑으로 삼았다.

3) 선비족이 변경의 동, 서, 북쪽 삼변三邊에 침입했다.

4) 수십 명의 백성과 상인이 모여 일제히 환제가 효자였다고 입을 모았다. 조서를 내려 이들 모두를 태자사인太子舍人으로 임명했다.

5) 가을 7월, 사공 유일이 면직되고 위위 진구가 사공이 됐다.

6) 당초 황제는 문학을 좋아해 직접 『황의편皇羲篇』 50장을 썼다. 이어 태학생 가운데 능히 문장사부文章辭賦를 지을 수 있는 자를 선발해 홍도문하鴻都門下에서 조령詔令을 짓도록 했다.[91] 뒤에 일체의 공문서신을 쓰고 전서를 쓸 수 있는 자들을 추가로 선발하게 하니 뽑힌 사람이 모두 수십 명에 달하게 됐다.

시중侍中·좨주祭酒 낙송樂松과 가호賈護가 자품이 천박하고 시세에 아부하는 자들을 그 사이에 끌어들였다. 이들 모두 항간의 시시콜콜한 이야기에 일가견이 있었다. 황제가 이들의 이야기를 매우 즐겨 듣게 돼 이들을 차서次序를 뛰어넘어 발탁했다.

황제가 매우 오랫동안 종묘 등에 나아가 제사를 올리지 않았는데 마침 군신들에게 조령을 내려 정치의 요체인 정요政要를 개진하게 했다. 채옹이 봉사奉事를 올렸다.

"무릇 5교五郊에서 절기를 맞이하고 청정한 종묘에서 제사하며 태학인 벽옹辟雍에서 노인을 봉양하는 것은 황제가 해야 하는 큰일로 조종이

91 홍도는 궁궐의 문 이름으로 그 안에 학교와 서고를 두었다.

경건히 받들어 온 행사입니다.[92] 해당 관원인 유사有司가 결국 번국藩國에 있는 먼 황친皇親의 상사喪事와 궁녀의 출산, 이졸吏卒이 병사하는 등의 흉사와 관련한 예를 폐해 행하지 않았습니다. 예의 큰 줄기를 잊고, 금기를 너무 굳게 믿는데다, 소절에 얽매이게 돼 큰 제도를 잃게 됐습니다. 이제부터라도 의당 옛 제도를 좇아야만 하늘의 진노와 재해의 이상을 막을 수 있습니다. 또한 고대에 인재를 선발할 때는 의당 제후로 하여금 매년 뽑아 올리도록 했습니다. 무제 때에는 군수로 하여금 효렴과 현량, 문학 등을 천거하도록 해 뛰어난 신하들이 끊임없이 출현함으로써 문무가 모두 흥성했습니다. 한나라가 인재를 얻은 것은 바로 이런 방법을 통한 것이었습니다. 서화와 시부는 작은 재능에 불과해 이로써는 나라를 제대로 다스릴 수 없습니다. 폐하는 즉위한 초기부터 경전을 먼저 섭렵하고 한가한 때에 한해 문학인 편장篇章을 보아야 합니다. 수시로 쌍육과 바둑 등의 박혁博奕을 즐기는 것은 백성을 교화하고 선비를 뽑는 근본이 아닙니다. 유생의 신분으로 이익을 좇는 자가 적지 않으니 그중 나은 사람은 그나마 경서의 교훈과 풍속교화를 인용하기는 합니다. 수준 미달의 인물은 글을 온통 속어로 가득 채우고 있으니 마치 배우와 한가지로 어떤 자는 남의 문장을 베끼는 것은 물론 이름까지 도용하고 있습니다. 신은 매번 성화문盛化門에서 조서를 접수해 순서대로 등록하면서 부득이 수준 미달의 자들에게조차 관직을 주고 있습니다. 조정이 이미 은혜를 베풀어 이를 다시 거두거나 고치기가 어렵다면 그들로 하여금 근신해 녹질만을 받게 해야 합니다. 도의에 좇아 관대한 아량을 이미 베풀었으니 그들이 백성을 다스리고 주와 군에서 관직을 맡게 할 수는 없는 것입니다. 전에 선제宣帝는 석거각石渠閣에 유생들을 모았고 장제章帝는 백호관白虎觀에 학사들

92 한나라는 매년 5번 교郊에서 각 절기를 맞아들이는 제사를 지냈다.

을 집합시켜 경전의 뜻을 강석講釋하게 했으니 그 일이 성대하기만 합니다.[93] 이제라도 문왕·무왕의 대도를 의당 좇아야만 할 것입니다. 공자는 일찍이 작은 재능과 작은 선행은 비록 볼만한 것이 있을지라도 결국은 통하지 않을 것을 알았습니다. 군자는 의당 대도를 추구해야 합니다. 또한 얼마 전에 환제를 효자로 만들기를 바라는 사람들을 모두 태자사인으로 삼았습니다. 신이 듣건대 효문황제는 상제를 규정하면서 복상服喪이 단지 36일을 넘지 못하도록 했다고 합니다.[94] 따라서 설령 보위를 잇는 계체繼體를 한 군주는 물론 부자지간과 큰 은혜를 입은 대신의 경우일지라도 의당 사정을 억제하고 상기로 정해진 일자를 지켜야만 할 것입니다. 지금 허망한 소인들은 환제의 골육지친도 아니고 총행을 받은 바도 없으며 녹질을 받은 적도 없으니 도대체 그들의 효심이 어디에서 왔다는 것입니까? 심지어 간사한 소인배가 그 안에 섞여 있기까지 합니다. 환사황후桓思皇后 두태후의 장례 때 동군東郡에 간사한 자가 효자행렬에 끼어 있어 현의 관리가 그를 잡아내 법에 따라 죄 주었습니다. 이처럼 허황된 사안은 일

93 한선제는 감로 3년인 기원전 51년에 석거각石渠閣에 유학자들을 모아놓고 오경五經의 내용을 비교 검토해 소망지蕭望之 등이 논의한 내용을 정리해 보고하도록 했다. 선제가 친림한 가운데 양구하梁丘賀의 『주역』과 하후건夏侯建의 『상서』, 곡량적穀梁赤의 『춘추』를 표준으로 삼고 박사를 설치해 이를 강론하게 했다. 후한 장제 역시 건초4년인 79년 백호관白虎觀에 장군과 대부, 박사, 낭관을 비롯한 모든 유생들을 모아놓고 오경의 이동異同을 논하게 했다. 오관중랑장 위응魏應에게 이를 주관하게 하고 시중 순우공淳于恭에게 논의된 내용을 상주하게 해 장제가 친림한 가운데 『백호의주白虎議奏』를 만들었다. 이것이 지금 전해지는 이른바 『백호통白虎通』이다.

94 전한 문제 후원7년인 기원전 157년 6월에 문제가 죽으면서 유조를 남겼는데 상례와 상기를 대폭 간소화할 것을 명했다. 그는 유조에서 관리와 백성 모두 3일만에 상복을 벗고 관혼상제와 고기 먹는 일을 자유롭게 행할 수 있도록 허용하는 한편 상기와 관련해서도 대공은 15일, 소공은 14일, 시마는 7일만에 상복을 벗게 했다. 훗날 성리학자들에게 집중적인 성토를 받게 됐는데 그가 이른바 절장節葬을 강조한 것은 백성들에게 부담을 주지 않고 국부를 더욱 튼튼히 하겠다는 뜻에서 나온 것이다

일이 말로 하는 게 어려울 지경입니다. 태자의 속관은 의당 품성이 고상한 사람을 뽑아야 합니다. 어찌 능묘 앞에서 효자를 멋대로 운위한 자들을 쓸 수 있겠습니까? 불길한 것으로는 그 어떤 것과도 비교할 수가 없으니 의당 그들을 고향으로 돌려보내 자신들의 거짓된 행동을 스스로 분명히 알도록 해야 합니다."

채옹이 봉사를 올리자 황제가 친히 북교北郊에서 겨울철에 친영親迎 행사를 한 뒤 태학으로 가 벽옹의 예를 거행했다. 또한 조서를 내려 선릉의 효자로서 태자사인이 된 자들을 모두 현승縣丞 또는 현위縣尉로 그 직책을 바꾸게 했다.[95]

7) 호오환교위 하육이 건의했다.

"선비족이 봄부터 지금까지 30여 회에 걸쳐 변경을 침략했습니다. 유주 등지의 군사를 동원해 새외塞外로 출격하도록 허락해 줄 것을 청합니다. 1동2춘一冬二春[96]의 기간 내에 반드시 그들을 토벌하도록 하겠습니다."

전에 호강교위護羌校尉 전안田晏이 죄를 지어 형을 받게 됐는데 이후 관대한 처분으로 용서를 받게 되자 큰 공을 세워 보답하려 했다. 중상시 왕보에게 장령將領의 직책을 주선해 줄 것을 청탁하자 왕보가 전안에게 군사들을 보내 하육과 함께 적을 토멸하는 방안을 상언했다. 황제가 전안을 파선비중랑장破鮮卑中郎將으로 삼으려 했으나 많은 대신들이 반대하자 백관들을 조당에 모이게 한 뒤 이를 논의하게 했다. 채옹이 건의했다.

"이민족을 정토한 유래는 이미 오래 됐습니다. 때가 다 같지 않고 형세

---

95 한나라 때의 현승은 문서와 형옥, 현위는 주로 도적을 잡는 일을 관장했다.

96 1동2춘一冬二春은 겨울을 한 번 보내고 2번의 봄을 맞는 것으로 대략 1년 반의 기간을 가리킨다.

가 다르며 책략의 득실이 다르기 때문에 싸움의 승패를 알 수 없습니다. 무제 때에도 신무神武와 지략, 무력이 뛰어난 장수, 충분한 재정을 지니고도 수십 년간 싸움을 벌인 결과 비록 강역을 넓히기는 했으나 관민이 모두 곤핍하게 돼 일찍이 후회한 바 있습니다. 하물며 지금은 사람과 재정이 모두 결핍돼 있고 형세 또한 과거만 못합니다. 흉노가 도주한 이래 선비족이 강성해져 흉노의 옛 땅을 점거해 10만의 군사를 내세우니 지략과 무력이 강대하고 궤계詭計 또한 늘어났습니다. 게다가 관새關塞가 엄밀하지 못하고 금망禁網이 새는 곳이 많은데다 좋은 동철銅鐵을 적들이 보유하고 있고 도망한 한인들이 그들을 위해 계책까지 마련해 주고 있습니다. 그들의 군사가 강하고 말 또한 빠르니 과거의 흉노보다 대적하기가 더 어렵습니다. 전에 단경과 같이 뛰어난 장수도 군사를 잘 알고 작전에도 능했으나 서쪽의 강족과 싸우는데 십여 년이 걸려서야 겨우 그 효과를 보게 됐습니다. 지금 하육과 전안의 재능과 책략은 단경을 넘지 못하고 선비족은 과거의 연약했던 모습과는 비교할 수도 없습니다. 2년이면 능히 성공할 수 있다고 장담하고는 있으나 만일 한 번 싸움이 벌어지면 중도에 어찌 그만 둘 수가 있겠습니까? 결국 백성을 징발하고 군량수송도 그치지 않을 것이니 이는 곧 국력을 소진한 채 만이蠻夷와 싸우는 셈입니다. 변경의 화는 손과 발에 난 옴인 개소疥搔와 같은 것이고 나라 안의 곤경은 등과 배에 난 악성 종양인 표저瘭疽와 같습니다. 지금 각 군현의 도적조차 모두 제어할 방법이 없는 상황에서 어찌 오랑캐들을 제어할 수 있겠습니까? 전에 고조는 평성平城산서성 대동시에서 곤혹스런 치욕을 참았습니다.[97] 여후 역시 흉노가 보낸 서신을 읽고도 오히려 수치를 참고 감사의 답

---

97 한고제 유방은 기원전 200년에 32만 명의 대군을 이끌고 흉노족을 토벌하러 평성에 이르렀다가 지금의 산서성 대동시인 백등白登에서 흉노의 묵돌冒頓 선우가 이끄는 40

장을 보냈습니다.[98] 그들의 역량을 지금과 비교하면 어느 쪽이 강합니까? 하늘은 산천을 만들고 진나라는 만리장성을 구축했고 한나라는 관새를 수축했으니 이는 안팎과 서로 다른 풍속을 구별키 위한 것입니다. 단지 나라를 전복하는 내환만 없으면 그것으로 족한 것입니다. 어찌 벌레 같은 오랑캐와 장단을 비교해 거래할 것입니까? 설령 그들을 치더라도 무슨 방법으로 그들을 모두 없앤 후 조정에서 일이 바빠 늦은 저녁에 먹는 식사인 간식旰食을 편히 먹을 수 있겠습니까? 전에 회남왕淮南王 유안劉安은 월나라를 치는 것을 막으며 말하기를, '만일 월나라 사람들이 죽기 살기로 싸우도록 상황을 몰아간다면 군사들로 하여금 상처를 입고 돌아오게 할 수밖에 없으니 설령 월왕의 목을 얻었다 할지라도 여전히 한나라의 수치로 남을 것이다'라고 했습니다. 지금 한나라의 백성을 오랑캐 포로와 교환하는 것도 황실의 위엄을 낮춰 오랑캐와 같은 반열에 서게 하는 수치를 감수하는 것이니 이는 매우 위험한 일입니다. 하물며 승패조차 헤아릴 길이 없으니 더 이상 말할 필요가 있겠습니까?"

황제가 듣지 않았다.

8월, 하육은 고류高柳산서성 양고현, 전안은 운중雲中에서 출병하고 흉노중랑장 장민은 남선우南單于의 군사를 이끌고 안문雁門산서성 우옥현에서 진

만 대군에게 7일간이나 포위당하게 됐다. 겨우 묵돌선우의 측근에게 뇌물을 써 포위망을 빠져나와 허겁지겁 평성으로 돌아온 일이 있었다. 채옹의 이야기는 이를 언급한 것이다.

98 한혜제漢惠帝 3년인 기원전 192년에 종실의 여인을 모두 공주라고 속여 흉노의 묵돌선우에게 시집보내자 묵돌이 사자를 통해 여후에게 매우 외설스럽고 오만한 내용의 서신을 보냈다. "여러 차례 변경에 이르러 중국의 중심지로 들어가 한 번 놀아보고자 했다. 지금 너의 남편이 죽었으니 빈 방을 참기 어려울 것이라고 생각된다. 우리 두 사람은 이미 그리 즐겁게 살지 못했는데 스스로 즐길 방법 또한 없다. 이제 네가 나에게 시집와 서로 자신에게 없는 것을 교환하는 게 어떠하겠는가?" 여후가 화를 냈다가 계포의 말을 듣고 매우 겸손한 언사로 감사의 답장을 보내게 했다. 묵돌선우가 다시 사자를 보내 사과하며 한나라와 화친하게 됐다.

병했다. 각각 기병 1만 명을 이끌고 3로로 나눠 2,000여 리를 나아가자 선비족의 추장 단석괴檀石槐가 3부족의 대인에게 각자 부중을 이끌고 가서 적을 맞아 싸우는 역전逆戰을 하도록 했다. 하육 등이 대패해 부절과 치중을 잃고 수십 기의 기병으로 간신히 도망쳤는데 이 싸움에서 죽은 자가 10분의 7~8이나 됐다. 세 장군 모두 함거에 실려 옥에 갇혔다가 속전贖錢을 내고서야 비로소 풀려나 평민이 됐다.

8) 겨울 10월 1일, 일식이 있었다.

9) 태위 유관劉寬이 면직됐다.

10) 10월 신축辛丑, 경성에 지진이 났다.

11) 사공 진구가 면직됐다.

12) 12월 3일, 태상 하남河南 출신 맹욱孟彧이 태위가 됐다.

13) 12월 29일, 사도 양사가 면직됐다.

14) 태상 진탐을 사공으로 임명했다.

15) 요서태수인 감릉甘陵 출신 조포趙苞가 직임을 맡으면서 자신의 모친과 처자를 맞이하려 했다. 그의 모친과 처자가 요서군에 도착할 즈음 유성柳城 요녕성 흥성현을 지나다가 1만여 명의 선비족에게 포위돼 인질로 잡히게 됐다. 선비족이 조포의 모친과 처자를 수레에 싣고 요서군을 공격하자 조포가 기병 2만 명을 이끌고 가 대적했다. 선비족이 조포의 모친을 조포에게 보여주자 조포가 통곡하며 모친에게 말했다.

"소자가 불효해 적은 녹질에 기대어 조석으로 봉양하고자 한 것인데 이처럼 큰 화를 당할지 어찌 생각이나 했겠습니까? 전에는 어머님의 자식이나 지금은 황제의 신하이고 충의는 사사로운 은혜를 돌볼 수가 없습니다. 충절을 버리게 되면 만 번 죽더라도 죄를 면하기가 어렵습니다."

모친이 멀리서 말했다.

"장하다. 인간은 각기 제 명이 있으니 하필 사은을 돌보느라 충의를 손상할 수 있겠느냐? 더욱 열심히 노력하도록 해라."

조포가 즉각 진병해 적을 모두 소탕했다. 그의 모친과 처자는 죽임을 당했다. 조포가 상서해 귀장歸葬을 청하자 황제가 사람을 보내 조문하고 그를 유후鄃侯 산동성 평원현로 삼았다. 조포가 장례를 마친 뒤 사람들에 말했다.

"국가의 녹을 먹는 자가 재난을 피하면 충신이 아니고 모친을 죽여 대의를 살리는 것은 효자가 아니다. 상황이 이러한데 내가 무슨 면목으로 세상을 살 수 있겠는가?"

조포가 피를 토하고 죽었다.

* 孝靈皇帝熹平六年

春, 正月, 辛丑, 赦天下.

夏, 四月, 大旱, 七州蝗.

令三公條奏長吏苛酷貪汚者, 罷免之. 平原相漁陽陽球坐嚴酷, 征詣廷尉. 帝以球前為九江太守討賊有功, 特赦之, 拜議郎.

鮮卑寇三邊.

市賈小民有相聚為宣陵孝子者數十人, 詔皆除太子舍人.

秋, 七月, 司空劉逸免, 以衛尉陳球為司空.

初, 帝好文學, 自造『皇羲篇』五十章, 因引諸生能為文賦者並待制鴻都門下. 後諸為尺牘及工書鳥篆者, 皆加引召, 遂至數十人. 侍中祭酒樂松·賈護多引無行趣勢之徒置其間, 熹陳閭里小事. 帝甚悅之, 待以不次之位. 又久不親行郊廟之禮. 會詔群臣各陳政要, 蔡邕上封事曰, "夫迎氣五郊, 清廟祭祀, 養老辟雍, 皆帝者之大業, 祖宗所祗奉也. 而有司數以蕃國疏喪·宮內產生及吏卒小污, 廢闕不行, 忘禮敬之大, 任禁忌之書, 拘信小故, 以虧大典. 自今齋制宜如故典, 庶答風霆·災妖之異. 又, 古者取士必使諸侯歲貢. 孝武之世, 郡舉孝廉, 又有賢良·文學之選, 於是名臣輩出, 文武並興. 漢之得人, 數路而已. 夫書畫辭賦, 才之小者. 匡國治政, 未有其能. 陛下即位之初, 先涉經術, 聽政餘日, 觀省篇章, 聊以游意當代博奕, 非以為教化取士之本. 而諸生競利, 作者鼎沸, 其高者頗引經訓風喻之言, 下則連偶俗語, 有類徘優, 或竊成文, 虛冒名氏. 臣每受詔於盛化門, 差次錄第, 其未及者, 亦復隨輩皆見拜擢. 既加之恩, 難復收改, 但守奉祿, 於義已弘, 不可復使治民及在州郡. 昔孝宣會諸儒於石渠, 章帝集學士於白虎, 通經釋義, 其事優大, 文武之道, 所宜從之. 若乃不能小善, 雖有可觀, 孔子以為致遠則泥, 君子固當志其大者. 又, 前一切以宣陵孝子為太子舍人, 臣聞孝文皇帝制喪服三十六日, 雖繼體之君, 父子至親, 公卿列臣受恩之重, 皆屈情從制, 不敢踰越. 今虛偽小人, 本非骨肉, 既無幸私之恩, 又無祿仕之實, 惻隱之心, 義無所依, 至有奸軌之人通容其中. 桓思皇后祖載之時, 東郡有盜人妻者, 亡在孝中, 本縣追捕, 乃伏其辜. 虛偽雜穢, 難得勝言. 太子官屬, 宜搜選令德, 豈有但取丘墓凶丑之人! 其為不祥, 莫與大焉, 宜遣歸田里, 以明詐偽." 書奏, 帝乃親迎氣北郊及行辟雍之禮. 又詔宣陵孝子為舍人者悉改為丞·尉焉.

護烏桓校尉夏育上言曰, "鮮卑寇邊, 自春以來三十餘發, 請征幽州諸郡兵出塞擊之, 一冬·二春, 必能禽滅." 先是護羌校尉田晏坐事論刑, 被原, 欲立功自效, 乃請中常侍王甫求得為將. 甫因此議遣兵與育並力討賊, 帝乃拜晏為破鮮卑中郎將. 大臣多有不同, 乃召百官議於朝堂. 蔡邕議曰, "征討殊類, 所由尚矣. 然而時有同異, 勢有可否, 故謀有得失, 事有成敗, 不可齊也. 夫以世宗神武, 將帥良猛, 財賦充實, 所括廣遠, 數十年間, 官民俱匱, 猶有悔焉. 況今人財並乏, 事劣昔時乎! 自匈奴遁逃, 鮮卑強盛, 據其故地, 稱兵十萬, 才力勁健, 意智益生. 加以關塞不嚴, 禁網多漏, 精金良鐵, 皆為賊有, 漢人逋逃為之謀主, 兵利馬疾, 過於匈奴. 昔段熲良將, 習兵善戰, 有事西羌, 猶十餘年. 今育·晏才策未必過熲, 鮮卑種眾不弱曩時, 而虛計二載, 自許有成, 若禍結兵連, 豈得中休? 當復征發眾人, 轉運無已, 是為耗竭諸夏, 並力蠻夷. 夫邊垂之患, 手足之疥搔, 中國之困, 胸背之瘭疽, 方今郡縣盜賊尚不能禁, 況此醜虜而可伏乎! 昔高祖忍平城之恥, 呂后棄慢書之詬, 方之於今, 何者為甚? 天設山河, 秦築長城, 漢起塞垣, 所以別內外, 異殊俗也. 苟無蹙國內侮之患則可矣, 豈與蟲蟻之虜, 校往來之數哉! 雖或破之, 豈可殄盡, 而方令本朝為之旰食乎! 昔淮南王安諫伐越曰, '如使越人蒙死以逆執事, 廝輿之卒有一不備而歸者, 雖得越王之首, 猶為大漢羞之' 而欲以齊民易丑虜, 皇威辱外夷, 就如其言, 猶已危矣, 況乎得失不可量邪!" 帝不從. 八月, 遣夏育出高柳, 田晏出雲中, 匈奴中郎將臧旻率南單于出雁門, 各將萬騎, 三道出塞二千餘里. 檀石槐命三部大人各帥眾逆戰, 育等大敗, 喪其節傳輜重, 各將數十騎奔還, 死者什七八. 三將檻車征下獄, 贖為庶人.

冬, 十月, 癸丑朔, 日有食之.

太尉劉寬免. 辛丑, 京師地震.

十一月, 司空陳球免.

十二月, 甲寅, 以太常河南孟彧為太尉.

庚辰, 司徒楊賜免.

以太常陳耽為司空.

遼西太守甘陵趙苞到官, 遣使迎母及妻子, 垂當到郡. 道經柳城, 值鮮卑萬餘人入塞寇鈔, 苞母及妻子遂為所劫質, 載以擊郡. 苞率騎二萬與賊對陳, 賊出母以示苞, 苞悲號, 謂母曰, "為子無狀, 欲以微祿奉養朝夕, 不圖為母作禍, 昔為母子, 今為王臣, 義不得顧私恩, 毀忠節, 唯當萬死, 無以塞罪." 母遙謂曰, "威豪, 人各有命, 何得相顧以虧忠義, 爾其勉之!" 苞即時進戰, 賊悉摧破, 其母妻皆為所害. 苞自上歸葬, 帝遣使弔慰, 封鄃侯. 苞葬訖, 謂鄉人曰, "食祿而避難, 非忠也. 殺母以全義, 非孝也. 如是, 有何面目立於天下!" 遂歐血而死.

한영제 광화光和 원년(AD 178)

1) 정월, 합포合浦광서성 합포현와 교지交趾의 오호족烏滸族들이 반기를 들어 구진九眞베트남 의안현과 일남日南의 백성을 끌어들여 인근 군현을 함몰시켰다.

2) 태위 맹욱이 파직됐다.

3) 2월 1일, 일식이 있었다.

4) 2월 3일, 광록훈인 진국陳國 출신 원방袁滂을 사도로 삼았다.

5) 2월 9일, 지진이 났다.

6) 홍도문학鴻都門學을 세웠다. 학생들은 전부 각 주와 군, 삼공이 추천한 자들로 이들 중에는 이후 지방의 자사와 태수를 비롯해 조정의 상서와 시중이 되기도 했는데 일부는 열후가 되기도 했다. 사대부 군자들은 그들과 함께 불리는 것을 일종의 치욕으로 생각했다.

7) 2월 21일, 천하에 대사령을 내리고 연호를 바꿨다.

8) 태상 상산常山 출신 장호張顥를 태위로 삼았다. 장호는 중상시 장봉張奉의 동생이다.

9) 여름 4월 7일, 지진이 났다.

10) 시중 사리寺里 집에 있는 암탉이 수탉으로 변했다.

11) 사공 진탐이 면직되고 태상 내염이 사공에 임명됐다.

12) 6월 29일, 검은 기운이 황제가 머무는 온덕전溫德殿의 동쪽 정원으로 날아들었다. 길이가 10여 장이나 돼 마치 용과 같았다.

13) 가을 7월, 임자일 옥당玉堂 뒤에 있는 궁전의 마당에 푸른색의 수컷 무지개인 청홍青虹이 나타났다.[99] 조령으로 광록대부 양사 등에게 금상문金商門에 가 재이현상의 제거방법 등을 물어보게 했다. 양사楊賜가 이를 풀이했다.

"『춘추참春秋讖』에 이르기를, '하늘에 암컷 무지개인 예霓가 나타나면 천하 사람이 원망하고 해내海內가 소란해진다' 했으니 이는 400년을 주기로 나타나는 것입니다. 지금 궁녀와 환관이 함께 조정을 전단專斷하며 천자를 속이고 있는데다 홍도문하에는 소인배들이 모여 허튼 문장이나 지으며 총애를 다투면서 서로 추천하자 날이 가고 달이 가는 사이 모두 발탁되고 있습니다. 낙송樂松은 상백常伯이 되고 임지任芝는 납언納言, 극검郤儉과 양곡梁鵠은 각기 높은 작위를 받고 각별한 은총을 입게 되니 사대부 군자는 위축돼 산야에 엎드리고 있습니다. 입에서는 비록 요순의 말을 독송하나 행동은 초세간超世間으로 나아가니 결국 산속에 버려져 관심조차 끌지 못하고 있습니다. 신발과 모자를 바꿔 쓰고 산과 계곡이 자리를 바꾸면 하늘의 견책이 따르는 것입니다. 『주서周書』에 이르기를, '천자가 재이를 보면 덕행을 닦고, 제후가 그러면 정치를 바로 하고, 경대부가 그러면 직무를 밝게 하고, 사서인이 그러면 행동을 바르게 한다'고 했습니다. 폐하는 하루 속히 간녕奸佞한 소인배를 물리친 뒤 충직한 선비인 학명지사鶴鳴之士를 등용하고, 거짓 조서를 단절하며, 바둑 등을 절제함으로써 하늘이 분노를 거두길 기도해야만 합니다. 그러면 모든 재난이 사라

99 낙양의 남궁南宮에 옥당의 전후전前後殿이 있었다.

질 것입니다."

의랑 채옹도 간했다.

"신이 엎드려 생각건대 모든 재이는 망국의 징조입니다. 하늘이 한나라에 대해 은근하면서도 끊임없이 재이를 보여줌으로써 견책을 보내고 있으니 군주로 하여금 스스로 깨달아 위기를 안전으로 바꾸도록 하려는 것입니다. 지금 암무지개가 하늘에서 떨어지고 암탉이 수탉으로 변하는 것은 모두 여인이 정치에 간여한 결과입니다. 유모 조요가 비할 데 없이 총애를 입고 무함과 아첨을 일삼으며 교만 방자하기가 그지없습니다. 또한 영락문사永樂門史 곽옥霍玉은 후대后臺를 믿고 악한 짓을 하지 않는 것이 없습니다. 지금 항간의 의논이 분분합니다. 그 중에는 정대인程大人도 있습니다. 그녀의 행동과 악명을 보면 장차 국가에 화를 부를 것이 분명하니 의당 특별한 예방조치가 있어야만 할 것입니다.[100] 법령을 명확히 해 반드시 조요와 곽옥을 경계의 표본으로 삼아야 할 것입니다. 지금 태위 장호와 광록훈 위장偉璋은 악명 높은 탐관오리입니다. 그 외에 장수교위長水校尉 조현趙玹과 둔기교위屯騎校尉 개승蓋升 등도 모두 일시 요행으로 부귀영화를 누리는 자들입니다. 소인이 자리를 차고앉으면 일어나는 재난을 생각해 그들로 하여금 자리에서 물러나 현자에게 자리를 양보함으로써 얻게 되는 복을 기억하도록 만들어야만 합니다. 신이 엎드려 살피건대 정위 곽희郭禧는 원만하고 성실하며, 광록대부 교현은 총명정직하고, 전태위 유총은 충실하고 방정하니 의당 주군을 위해 계책을 낼 수 있도록 불러들여야 합니다. 무릇 재상과 대신은 모두 군주의 수족이니 그들에게 직책을 맡겨 임무를 완성하도록 하면 그 우열이 자연스럽게 드러날 것입니다. 더 이상 소리小吏들의 말을 듣고 대신大臣들을 쫓아내는 일이 있어서

100 정대인은 궁 안의 나이 많은 환관 정모씨를 지칭하나 이름은 확실치 않다.

는 안 될 것입니다. 또한 상방尙方이 기교 넘치는 작품을 만들고 홍도문하 학생들이 시부를 짓는 일을 잠시 정지하게 해 국정을 우려하는 마음을 밝혀야 합니다.[101] 재상부의 효렴孝廉의 선비 중 뛰어난 자들이어야 하는데 근래 징소가 신중하지 못하니 삼공을 꾸짖어야 합니다. 지금 작은 글재주로 차서를 뛰어넘어 승진하고 청탁하는 관행이 형성돼 성명한 군주의 제도를 위배하고 있으나 많은 사람들이 이를 받아들이지 않으면서도 감히 직설적인 언급을 하지 않고 있습니다. 원컨대 폐하는 애통함을 접고 과감히 이런 일들을 끊어내어 천하대사인 만기萬機만을 생각함으로써 하늘의 기대에 부응하기를 바랍니다. 성명한 군주가 이미 극기를 하게 되면 좌우의 신하들도 곧 감화를 받아 모두 스스로 다짐할 것입니다. 그리 되면 하늘은 곧 교만한 자에게 재앙을 내리고 귀신은 곧 겸허한 자에게 복을 나눠줄 것입니다. 만일 군신이 근신하지 않으면 군왕은 실언의 지적을 받을 것이고 신하는 몸을 망치는 재난을 당할 것입니다. 청컨대 폐하는 신의 주장奏章이 밖으로 새지 않게 해 충신이 소인의 보복을 받는 일이 없도록 해 주십시오."

황제가 이를 본 후 탄식하며 옷을 바꿔 입기 위해 몸을 일으켰다. 조절 등이 뒤에서 그 내용을 모두 훔쳐본 뒤 주변사람들에게 말함으로써 주장의 내용이 모두 누설됐다. 채옹이 축출대상으로 지목한 자들은 곁눈질을 하며 채옹을 중상하기 위해 혈안이 됐다.

당초 채옹과 대홍려 유합劉郃은 평소 사이가 좋지 않았다. 채옹의 숙부인 위위 채질蔡質도 장작대장將作大匠 양구陽球와의 사이에 틈이 벌어져 있었다. 양구는 중상시 정황程璜의 사위였다. 정황이 마침내 사람을 시

101 상방은 황제가 사용하는 칼과 그 밖의 황제에게 소용되는 여러 장식물을 만들던 곳이다.

켜 급히 상주문을 올려 채옹 등을 무함했다.

"채옹과 채질은 늘 사사로이 유합에게 청탁을 했는데 유합이 이를 듣지 않았습니다. 채옹이 앙심을 품고 유합을 중상하려고 했습니다."

조령으로 상서에게 명해 채옹을 책문하게 하자 채옹이 상서해 변명했다.

"신은 실로 어리석게 고지식한 우당愚戇으로 인해 후환을 돌아보지 않았습니다. 폐하가 충신의 직언을 듣지 않기로 했으면 의당 상주문의 내용이 밖으로 누설되지 않도록 덮어주어야만 합니다. 이는 비방이 한 번 일기 시작하면 의심이 꼬리를 물기 때문입니다. 신은 이미 나이 46세의 홀몸으로 충신이라는 칭송을 얻을 수 있게 되면 죽더라도 오히려 과분할 뿐입니다. 다만 폐하가 다시는 충직한 말을 듣지 못할까 걱정하지 않을 수 없습니다."

이내 채옹과 채질이 낙양의 감옥에 갇히게 됐는데 곧 이들을 탄핵하는 상서가 올라왔다.

"사적인 원한을 공적으로 보복해 대신을 무함하고 대불경죄를 범했으니 의당 거리에서 참수해야 합니다."

중상시인 하남 출신 여강呂强이 채옹을 안타깝게 여겨 모든 힘을 기울여 그의 무죄를 주장했다. 황제도 채옹의 상주문 내용을 다시 생각해 곧 조서를 내려 하명했다.

"죽을죄를 감일등減一等하니 가속과 함께 머리 깎고 차꼬를 차는 곤감髡鉗을 한 채 삭방으로 유배 보내도록 하라. 또 대사령이 내릴지라도 면죄치 못하게 하라."

양구가 자객을 보내 노상에서 채옹을 척살하도록 했으나 자객들이 채옹의 절의에 감동해 이를 듣지 않았다. 또한 양구가 주목과 군수인 부주部主에게 뇌물을 주어 채옹을 독살하려 했으나 의뢰받은 자들이 오히려 그 사실을 채옹에게 알려주어 다행히 화를 면하게 됐다.

14) 8월, 천시성天市星 주변에 기이한 현상이 나타났다.[102]

15) 9월, 태위 장호가 파직되고 태상 진구가 태위가 됐다.

16) 사공 내염이 죽었다.

겨울 10월, 둔기교위 원봉을 사공으로 삼았다.

17) 송황후가 실총失寵하자 총행을 받은 후궁들이 일치해 그녀를 무함했다. 발해왕 유회의 비인 송씨는 송황후의 고모였다. 중상시 왕보는 송황후가 자신을 원망할까 두려워 송황후가 주술로써 황제를 저주했다고 무함했다. 황제가 이 말을 믿고 마침내 황후의 새수璽綬를 빼앗게 하자 황후가 자진해 궁정감옥인 폭실暴室로 들어간 뒤 심려 끝에 죽었다. 그녀의 부친인 불기향후不其鄕侯 산동성 노산현 서북쪽 송풍宋酆과 그 형제들이 모두 주살됐다.

18) 10월 30일, 일식이 있었다. 상서 노식이 상서해 간했다.

"당인으로 금고禁錮된 자가 대부분 죄가 없으니 사면으로 용서해 그 원망을 풀어주어야 합니다. 또한 송황후의 가속은 모두 무고無辜한데 시신이 드러나 수습조차 못하고 있습니다. 의당 수습해 떠도는 영혼을 평안하게 해 주어야 합니다. 군수와 자사가 1달 내에 여러 차례 승진하니 의당 임면제도에 따라 설령 9년은 채우지 못하더라도 의당 3년은 채우게 해야 합니다. 또한 사적인 청탁은 하나같이 금지해 관원선출의 일은 의당 유사有司가 처리하도록 해야 합니다. 천자는 나라를 집으로 삼아 이치에 따라 다스리니 사적인 축적이 있을 수 없습니다. 의당 천하를 다스리는 업무인 대무大務를 널리 펴고 작은 일은 생략하는 견략蠲略을 해야 할 것입니

102 천시성은 방수房宿와 심수心宿의 동북쪽에 있는 별자리로 북극성의 울타리에 위치하며 별자리의 포진에서 중추에 해당한다고 여겨지는 별자리이다.

다."

황제가 받아들이지 않았다.

19) 11월, 선비족이 주천酒泉감숙성 주천현에 침입한 뒤 점차 날마다 그 수가 증가하자 변경에서 그 침해를 받지 않은 곳이 없었다.

20) 중상방中尙方에게 조서를 내려 홍도문학 낙송樂松과 강람江覽 등 32인의 초상을 그려 찬사를 붙인 뒤 이를 통해 학자들을 권면勸勉하게 했다. 상서령 양구가 상서해 간했다.

"낙송과 강람 등은 출신이 미천하고 국량이 작은 소인인 두소소인斗筲小人입니다. 외척과 권세에 기대어 교묘한 아첨으로 총애를 받아 요행히 진급한 자들입니다.[103] 이들은 간혹 사부辭賦와 조전鳥篆으로 채워진 문서를 올리기도 해 낭중으로 승급됐는데 이제 단청으로 그들의 초상까지 그리게 할 수는 없습니다.[104] 이들은 글자 한 자 쓰지 못하고 문장 한마디 만들지 못해 다른 사람에게 대필하도록 한 자들이니 괴이하고 허황한 단서가 끝이 없습니다. 그럼에도 각별한 은총을 더욱 받게 되니 천하의 식자들치고 입을 가리고 이들을 비웃으며 탄식하지 않는 자가 없습니다. 신이 듣건대 초상을 그리는 것은 사람들로 하여금 권면하게 하고 군주에게는 이를 거울로 삼아 선인의 득실을 알게 하려는 것이라고 합니다. 신은 아직 소인배들이 거짓된 글로 고관의 자리를 훔쳐 초상을 남기게 했다는 이야기를 들어본 적이 없습니다. 지금 태학과 동관東觀으로도 성명한 폐하의 교화를 선양할 만하니 홍도문학의 선출을 폐지해 천하 사람의 비방을 멈추도록 만들어야 할 것입니다."

---

103 소筲는 원래 대나무로 만든 작은 그릇을 가리킨다. '두소'는 재능과 지식이 짧고 천박한 자와 기량이 협소한 자를 일컫는 말로, 소인배를 지칭한다.

104 조전은 새의 발모양을 한 전서篆書의 일종이다.

양구가 상주문을 올렸으나 황제가 받아들이지 않았다.

22) 이 해에 서저西邸에서 매관매직하는 것을 윤허하자 2천석의 관직은 2천만 전, 400석의 관직은 400만 전에 팔렸다. 덕행이 있어 의당 뽑힐 자는 그 액수의 절반 또는 3분의 1만 내도록 됐는데 서쪽 후원에 창고를 짓고 관직을 팔아 거둔 돈을 쌓아 두었다. 어떤 사람이 궁문에 도착해 글을 올려 돈으로 현縣의 관직을 사려고 하자 현의 크기에 따라 값이 정해졌다. 돈 있는 자는 미리 돈을 주어 관직을 사고 돈이 없는 자는 우선 임명된 뒤 정해진 액수의 2배로 갚았다.

황제가 측근을 통해 은밀히 공경의 자리도 팔았다. 삼공三公은 1,000만 전, 경卿은 500만 전이다. 당초 황제는 열후로 있을 때 늘 돈이 없어 고통을 당한 탓에 즉위해서는 매번 환제桓帝가 사적으로 재산을 쌓아두지 못한 사실을 한탄했다. 매관매직으로 돈을 모아 사적으로 창고에 쌓아두게 된 것이다.

황제가 일찍이 시중 양기楊奇에게 물었다.

"짐을 환제와 비교하면 과연 어떠하오?"

양기가 대답했다.

"폐하를 환제에 비교하는 것은 마치 순임금을 요임금에 비교하는 것과 같습니다."

황제가 불편해했다.

"경은 고집이 센 강항強項의 인물이니 양진楊震의 자손임에 틀림없소. 죽은 뒤에 반드시 다시 대조大鳥를 불러들일 것이오."[105]

---

105 양진은 한안제漢安帝 때 활약했다. 자는 백기伯起로, 홍농 화음華陰 출신이다. 어려서부터 경서를 모두 박람해 깊이 연구하지 않은 것이 없는데다 20여 년간 은거하며 제자들을 길러내 유생들로부터 '관서공자關西孔子'라는 칭송을 들었다. 이후 대장군 등즐鄧騭의 천거로 관도로 나아간 뒤 탁군 태수와 태복, 태상 등을 거쳐 사도와 태위의 자리까

양기는 양진의 증손이다.

23) 남흉노 도특약시축취屠特若尸逐就 선우가 죽자 그의 아들 호정呼征이 즉위했다.

* 孝靈皇帝光和元年

春, 正月, 合浦·交趾烏滸蠻反, 招引九真·日南民攻沒郡縣.

太尉孟彧罷.

二月, 辛亥朔, 日有食之.

癸丑, 以光祿勳陳國袁滂為司徒.

己未, 地震.

置鴻都門學, 其諸生皆敕州郡·三公舉用辟召, 或出為刺史·太守, 入為尚書·侍中, 有封侯·賜爵者. 士君子皆恥與為列焉.

三月, 辛丑, 赦天下, 改元.

以太常常山張顥為太尉. 顥, 中常侍奉之弟也.

夏, 四月, 丙辰, 地震.

侍中寺雌雞化為雄.

司空陳耽免. 以太常來艷為司空.

六月, 丁丑, 有黑氣墮帝所御溫德殿東庭中, 長十餘丈, 似龍.

秋, 七月, 壬子, 青虹見玉堂後殿庭中. 詔召光祿大夫楊賜等詣金

지 오르게 됐다. 그는 청렴 강직해 권귀權貴의 인사 청탁을 거절했는데 많은 원한을 사 참소를 당한 끝에 연광 3년인 124년 스스로 짐주鴆酒를 마시고 죽었다. 이듬해 한순제漢順帝가 등극한 후 참소한 자들을 주살한 뒤 그를 예장하게 했는데 장례를 치르는 날 대조大鳥가 날아 와 슬피 울다가 장례가 끝난 후에야 날아 갔다. 사람들이 그의 묘 옆에 대조의 석상을 세워두게 됐다. 영제는 바로 양진의 이런 고사를 예로 들어 양기의 강직함을 칭송한 것이다.

商門, 問以災異及消復之術. 賜對曰, "『春秋言籤』曰, '天投蜺, 天下怨, 海內亂' 加四百之期, 亦復垂及. 今妾媵·閹尹之徒共專國朝, 欺罔日月. 又, 鴻都門下招會群小, 造作賦說, 見寵於時, 更相薦說, 旬月之間, 並各拔擢. 樂松處常伯, 任芝居納言, 郤儉·梁鵠各受豐爵不次之寵, 而令搢紳之徒委伏畎畝, 口誦堯·舜之言, 身蹈絕俗之行, 棄捐溝壑, 不見逮及. 冠履倒易, 陵谷代處, 幸賴皇天垂象譴告. 『周書』曰, '天子見怪則修德, 諸侯見怪則修政, 卿大夫見怪則修職, 士庶人見怪則修身' 唯陛下斥遠佞巧之臣, 速征鶴鳴之士, 斷絕尺一, 抑止槃游, 冀上天還威, 眾變可弭!"

議郎蔡邕對曰, "臣伏思諸異, 皆亡國之怪也. 天於大漢殷勤不已, 故屢出祆變以當譴責, 欲令人君感悟, 改危即安. 今蜺墮·雞化, 皆婦人干政之所致也. 前者乳母趙嬈, 貴重天下, 讒諛驕溢, 續以永樂門史霍玉, 依阻城社, 又為奸邪. 今道路紛紛, 復雲有程大人者, 察其風聲, 將為國患. 宜高為堤防, 明設禁令, 深惟趙·霍, 以為至戒. 今太尉張顥, 為玉所進. 光祿勳偉璋, 有名貪濁. 又長水校尉趙玹, 屯騎校尉蓋升, 並叨時幸, 榮富優足. 宜念小人在位之咎, 退思引身避賢之福. 伏見廷尉郭禧, 純厚老成. 光祿大夫橋玄, 聰達方直. 故太尉劉寵, 忠實守正. 並宜為謀主, 數見訪問. 夫宰相大臣, 君之四體, 委任責成, 優劣已分, 不宜聽納小吏, 雕琢大臣也, 又, 尚方工技之作, 鴻都篇賦之文, 可且消息, 以示惟優. 宰府孝廉, 士之高選, 近者以辟召不慎, 切責三公, 而今並以小文超取選舉, 開請托之門, 違明王之黃, 眾心不厭, 莫之敢言. 臣願陛下忍而絕之, 思惟萬機, 以答天望. 聖朝既自約厲, 左右近臣亦宜從化, 人自抑損, 以塞咎戒, 則天道虧滿, 鬼神福謙矣. 夫君臣不密, 上有漏言之戒, 下有失身之禍, 願寢臣表, 無使盡忠之吏受怨奸仇." 章奏, 帝覽而歎息. 因起更衣, 曹節於後竊視之, 悉宣語左右, 事遂漏露. 其為邕所裁黜者, 側目思報. 初, 邕與大鴻臚劉命素不相平, 叔父衛尉質又與將作大匠陽球有隙. 球即中常侍程璜女夫也. 璜遂使人飛章言"邕·質數以私事請托於郃, 郃不聽. 邕含隱切, 志欲相中." 於中詔下尚書召邕詰狀. 邕上書曰, "臣實愚戇, 不顧後害, 陛下不念忠臣直言, 宜加掩蔽, 誹謗卒至, 便用疑怪. 臣年四十有六, 孤特一身, 得托名忠臣, 死有餘榮, 恐陛下於此不復聞至言矣!" 於是下邕·質於雒陽獄, 劾以"仇怨奉公, 議害大臣, 大不敬, 棄市." 事奏, 中常侍河南呂強愍邕無罪, 力為伸請. 帝亦更思其章, 有詔曰, "減死一等, 與家屬髡鉗, 徙朔方, 不得以赦令除." 陽球使客追路刺邕, 客感其義, 皆莫為用. 球又賂其部主, 使加毒害, 所賂者反以其情戒邕, 由是得免.

八月, 有星孛於天市. 九月, 太尉張顥罷, 以太常陳球為太尉.

司空來艷薨.

冬, 十月, 以屯騎校尉袁逢為司空.

宋皇后無寵, 後宮幸姬眾共譖毀. 渤海王悝妃宋氏, 即後之姑也, 中常侍王甫恐後怨之, 因譖後挾左道祝詛. 帝信之, 遂策收璽綬. 後自致暴室, 以憂死. 父不其鄉侯酆及兄弟並被誅.

丙子晦, 日有食之.

尚書盧植上言曰, "凡諸黨錮多非其罪, 可加赦恕, 申宥回枉. 又, 宋後家屬並以無辜委骸橫屍, 不得斂葬, 宜敕收拾, 以安遊魂. 又, 郡守·刺史一月數遷, 宜依黜陟以章能否, 縱不九載, 可滿三歲. 又, 請謁希求, 一宜禁塞, 選舉之事, 責成主者. 又, 天子之體, 理無私積, 宜弘大務, 蠲略細微." 帝不省.

十一月, 太尉陳球免.

十二月, 丁巳, 以光祿大夫橋玄為太尉.

鮮卑寇酒泉. 種衆日多, 緣邊莫不被毒.

詔中尚方爲鴻都文學樂松·江覽等三十二人圖像立贊, 以勸學者. 尚書令陽球諫曰, "臣案松·覽等皆出於微蔑, 斗筲小人, 依憑世戚, 附托權豪, 俛眉承睫, 徼進明時. 或獻賦一篇, 或鳥篆盈簡, 而位升郎中, 形圖丹青. 亦有筆不點牘, 辭不辨心, 假手請字, 妖僞百品, 莫不被蒙殊恩, 蟬蛻滓濁. 是以有識掩口, 天下嗟歎. 臣聞圖像之設, 以昭勸戒, 欲令人君動鑒得失, 未聞豎子小人詐作文頌, 而可妄竊天官, 垂象圖素者也. 今太學·東觀足以宣明聖化, 願罷鴻都之選, 以銷天下之謗." 書奏, 不省.

是歲, 初開西邸賣官, 入錢各有差. 二千石二千萬. 四百石四百萬. 其以德次應選者半之, 或三分之一. 於西園立庫以貯之. 或詣闕上書占令長, 隨縣好醜, 豐約有賈. 富者則先入錢, 貧者到官然後倍輸. 又私令左右賣公卿, 公千萬, 卿五百萬. 初, 帝爲侯時常苦貧, 及即位, 每歎桓帝不能作家居, 曾無私錢, 故賣官聚錢以爲私藏. 帝嘗問侍中楊奇曰, "朕何如桓帝?" 對曰, "陛下之於桓帝, 亦猶虞舜比德唐堯." 帝不悅曰, "卿強項, 真楊震子孫, 死後必復致大鳥矣." 奇, 震之曾孫也.

南匈奴屠特若尸逐就單于死, 子呼征立.

한영제 광화 2년(AD 179)

1) 봄, 크게 역질이 돌았다.

2) 3월, 사도 원방이 면직되고 대홍려 유합이 사도가 됐다.

3) 3월 20일, 태위 교현이 면직된 뒤 태중대부가 되고 태중대부 단경이 태위가 됐다. 이때 교현의 어린 아들이 밖에서 놀다가 도적에게 끌려가게 됐는데 도적이 누대 위에 올라가 돈을 요구하자 교현이 주지 않았다. 사례

교위와 하남윤河南尹 등이 교현의 집을 포위하고도 감히 가까이 가지 못하자 교현이 눈을 부릅뜨고 큰 소리로 말했다.

"도적이 무법하기 그지없구나. 내 어찌 어린 애 하나로 나라의 도적을 놓아주겠는가?"

급히 도적을 치도록 명하자 도적이 죽으면서 교현의 자식을 죽였다. 교현이 곧바로 상언했다.

"무릇 인질을 잡는 자들은 모두 죽여야 합니다. 재물을 주어 인질을 돌려받는 것은 간적奸賊에게 길을 열어주는 것이니 이를 허용해서는 안 됩니다."

이에 인질사건이 모두 끊어지게 됐다.

4) 경성에 지진이 났다.

5) 사공 원봉이 파직돼 태상 장제張濟가 사공이 됐다.

6) 여름 4월 1일, 일식이 있었다.

7) 왕보와 조절 등이 권력을 휘둘러 조정 안팎을 주무르자 태위 단경이 그들에게 아부했다. 조절과 왕보의 부형자제들이 구경과 교위校尉, 주목州牧, 군수郡守, 현장縣長 직을 맡아 전국 각지에 가득 차게 됐는데 이들 모두 포학하고 탐람貪婪하기가 그지없었다.

왕보의 양자 왕길王吉이 패국沛國의 국상을 맡았는데 말할 수 없이 잔혹해 사람을 죽일 때 시체를 토막 내어 함거에 실은 뒤 죄명을 붙여 각 현에 전시하도록 했다. 여름에 파리가 뼈를 파고 들어가 구더기를 낳게 된 썩은 시체를 전 군현에 돌리자 보는 사람마다 놀라지 않는 자가 없었다. 그는 재임했던 5년 동안 1만여 명을 죽였는데 상서령 양구陽球가 늘 허벅지를 치며 울분을 토했다.

"만일 나를 사례교위로 삼는다면 어찌 이런 소인배를 그대로 두겠는가?"

얼마 후 양구가 과연 사례교위가 됐다. 당시 왕보를 따르는 무리들이 경성에서 긁어모은 재물이 대략 7,000여만 전에 달했다. 경조윤 양표楊彪가 그들의 악행을 지적해 사례교위에게 보고했다. 양표는 양사楊賜의 아들이다.

이때 왕보는 집에서 쉬고 있었는데 단경은 일식이 일어난 것을 계기로 자핵自劾스스로의 잘못을 탄핵함하며 근신했다. 양구가 궁문에 도착해 사은한 뒤 천자에게 왕보와 단경, 중상시 순우등淳于登, 봉탑封□ 등의 죄악을 알렸다.

4월 8일, 왕보와 단경, 왕보의 아들 영락소부 왕맹王萌, 패국의 국상 왕길 등이 모두 낙양의 감옥에 갇히게 됐다. 양구가 직접 왕보 등을 심문하면서 5독五毒의 형을 가했다.[106] 양구 이전에 사례교위를 맡은 적이 있었던 왕맹이 양구에게 간청했다.

"우리 부자의 죄는 의당 죽어도 할 말이 없으나 내가 전임자인 점을 감안해 늙은 부친만큼은 관대히 봐주어 고통을 덜 수 있게 해 주시오."

양구가 꾸짖었다.

"너의 죄는 대악으로 1만 번 죽어도 그 죄를 씻을 수 없는데 어찌 전임자임을 내세워 관대히 대해줄 것을 바라는가?"

왕맹이 화가 나 욕을 했다.

"전에 너는 마치 종처럼 우리 부자를 받들었는데 이제 종이 자신의 주인에게 반기를 드는 것인가? 너는 오늘 우물에 빠진 사람에게 돌을 떨어뜨렸으니 반드시 그 대가를 치를 것이다."

양구가 진흙으로 왕맹의 입을 틀어막고 채찍과 몽둥이로 다스리게 했

---

106 5독은 편타鞭打채찍질, 곤타棍打몽둥이질, 화소火燒지지기, 승곤繩捆밧줄로 옥죄기, 현적懸吊거꾸로 매달기을 말한다.

다. 왕보 부자가 모두 맞아죽고 단경 또한 자진하게 됐다. 양구가 왕보의 시체를 하성문夏城門에 내건 뒤 글을 이같이 써서 붙여 놓게 했다.

'적신賊臣 왕보'

왕보 등의 재산이 몰수되고 그의 처자들 모두 비경으로 유배 보내졌다. 양구가 조절 등을 제거하기 위해 중도관종사中都官從事에게 하명했다.

"우선 권귀대간權貴大奸부터 제거한 것이니 이제 나머지 자들도 의당 제거해야만 한다. 원씨 집안과 같은 공경대족은 너희들이 직접 처리하라. 내가 직접 나설 필요가 있겠는가!"

권귀들이 이 말을 전해 들었으나 감히 큰소리로 화를 내지 못했다. 조절과 같은 자들도 감히 휴가를 내는 출목出沐을 할 수가 없었다. 이때 마침 순제順帝의 우귀인虞貴人이 죽어 장례를 치르게 됐다. 조절이 조정백관들과 함께 장지에서 돌아오던 도중 왕보의 시체 토막이 길에 쌓여 있는 것을 보고 분개해 눈물을 손으로 닦으며 말했다.

"우리가 스스로 서로 잡아먹는 상식相食을 할지라도 어찌 감히 개가 와서 우리의 피를 핥도록 놓아둘 수야 있는가?"

조절이 환관들에게 당부했다.

"우리 모두 오늘 궁에 들어가면 집에 돌아가서는 안 된다."

조절이 곧장 궁으로 들어가 황제를 사주했다.

"양구는 본래 잔혹한 관리로 소문이 나 전에 삼공이 상주해 그를 파면하도록 한 적이 있습니다. 그는 구강에서의 작은 공로로 다시 발탁됐으나 사람을 함부로 죽일 정도로 담대하고 망령되기 그지 없으니 그에게 사례교위를 계속 맡길 수는 없습니다. 이는 그의 잔혹함을 부추기는 꼴이 됩니다."

황제가 곧 양구의 관직을 위위로 바꾸게 했다. 당시 양구는 체직 소식도 듣지 못한 채 환제의 능을 참배하던 중이었다. 조절이 상서령에게 명해 양구를 불러 배사拜謝하도록 하고 체직의 내용을 담은 공문발송을 일시 늦추게 했다. 양구가 부름을 받고 급히 달려와 황제 알현을 간청했다.

"신은 청고한 덕행도 없이 사례교위의 직임을 맡는 황은을 입었습니다. 곧바로 왕보와 단경 등을 죽였습니다만 그들은 이리와 같은 짐승에 지나지 않아 천하에 이를 드러내어도 시원치 않았습니다. 원컨대 신에게 1달의 말미를 주시면 반드시 이리와 올빼미 같은 무리인 시랑치효豺狼鴟梟가 자신들의 죄를 자복하도록 만들겠습니다."

이마를 땅에 찧어 유혈이 낭자했으나 오히려 전상殿上의 시종들이 꾸짖었다.

"위위는 조명을 거부하려는 것인가?"

양구는 계속 여러 차례 읍소했으나 결국 위위로 전직되고 말았다. 조절과 주우朱瑀 등의 권세가 더욱 커져 조절은 상서령을 겸하게 됐다. 낭중인 양국梁國 출신 심충審忠이 상서했다.

"폐하가 즉위한 초기는 만기를 친히 처리하기 어려워 황태후가 황제를 양육한 옛 정을 생각해 일시 섭정하면서 중상시 소강蘇康과 관패管霸 등을 즉시 복주伏誅시켰습니다. 태부 진번과 대장군 두무가 그들의 당여黨與를 조사한 것은 조정을 맑게 하자는 것이었습니다. 화용후華容侯 주우朱瑀가 내막을 알고 폭로하다가 화가 그 몸에 미치게 되니 마침내 역모를 일으켜 왕실을 소란하게 했습니다. 그들은 궁정에서 정변을 일으켜 세수를 강탈하고 폐하를 협박한 후 군신들을 모아놓고 모자간의 은정을 이간시켜 진번과 두무, 윤훈 등을 죽게 만들었습니다. 나라를 쪼개 서로 작위와 관직을 나누어 갖고 부형자제가 모두 영예를 얻게 되니 평소 그들과 친한 자들은 지방관이 되고 일부는 구경 또는 삼공의 자리까지 오르는 지경이 됐습니다. 이들은 관작官爵이 중한 것을 모르고 사사로이 치부해 거만의 재산을 모아 집을 단장하는 것은 물론 궁 안의 어수御水를 훔쳐내

거리를 가로 질러 집안의 연못으로 끌어 들인 뒤 낚시질을 하고 있습니다. 거마와 복색, 애완물 또한 군왕과 비할 만하나 공경들은 오직 입을 굳게 다문 채 감히 말도 못하는 지경이 됐습니다. 주목과 군수 등 지방관 역시 그들의 지휘를 받아 인재를 선발할 때 현명한 선비는 제켜두고 한낱 우매한 자만을 취하고 있습니다. 메뚜기가 재해를 이루고 오랑캐가 반기를 드는 이유입니다. 하늘의 분노가 이미 극에 달한지 십여 년이 돼 해마다 일식과 지진이 일어나니 이는 군왕이 각오를 새로이 해 간적을 뿌리 뽑도록 견계譴戒하는 것입니다. 옛날 은나라 고종高宗 무정武丁은 기러기가 세발 솥鼎 위에서 울자 정치를 새로이 해 중흥의 대업을 이루었습니다.[107] 근래 신령이 폐하를 깨우치게 해 왕보 부자를 괵절馘截하도록 하자 길을 가던 남녀들 모두 마치 부모의 원수를 제거한 것인 양 좋아했습니다.[108] 지금 나머지 간적들을 없애지 않는 것은 실로 이상하기만 합니다. 이는 진나라 2세가 조고趙高를 신임하다가 나라를 망치고 오나라 왕 여채餘祭가 형벌받은 자를 믿다가 자신마저 화를 당한 것과 같습니다.[109] 지금 그들을 죽이는 것을 참지 못하고 그들이 범한 멸족의 죄를 사하게 되면 그들은 다시 일어서기 위해 온갖 모략을 꾀할 것이니 나중에 후회한들 무슨 소용이 있겠습니까? 신은 15년 동안 눈과 귀로 보고 들어 주우가 한 소행을 잘 알고 있습니다. 그의 죄상은 실로 하늘도 용서치 않을 것입니다. 원컨대 폐하는 누각漏刻의 틈을 내어 신의 주청을 듣고 신이 올린 표문表文을

---

107 은나라 왕 무정의 재위 시 전래의 세발 솥에 갑자기 기러기가 날아와 앉아 울자 이를 하늘의 견책으로 알고 덕정을 펼침으로써 은나라 중흥의 기틀을 닦았다고 한다.

108 괵절은 주살한 뒤 그 귀를 잘라내는 것을 말한다.

109 『춘추좌전』「노양공 29년」조에 따르면 기원전 544년에 오나라의 왕 여채餘祭는 월나라를 정벌해 포로들을 잡아다가 선박을 관리하는 간수로 삼았다가 배를 시찰하던 도중 월나라 포로 출신 간수들에 의해 죽임을 당했다.

살피어 추한 무리를 쓸어 없앰으로써 하늘의 분노를 가라앉히기 바랍니다.[110] 주우를 잡아 심문해 만일 신의 말 가운데 조금이라도 틀린 말이 나오면 신은 기꺼이 끓는 물에 들어가고 처자가 유배되는 벌을 달게 받아 망언을 그치도록 하겠습니다."

심충의 상주문이 한 구석으로 치워진 채 황제에게 보고되지 않았다.

중상시 여강은 청렴해 충심으로 공사를 처리했다. 황제가 여러 사람을 열후에 봉할 때 그를 도향후都鄕侯에 봉하자 여강이 끝내 나아가지 않고 상소했다.[111]

"신이 듣건대 고조는 약속을 중히 여겨 공신이 아니면 결하고 열후에 봉하지 않음으로써 천자의 작위가 존귀한 것을 명확히 보여주었다고 합니다. 중상시 조절 등은 자품이 비열하고 천박한 환관들로서 참언과 아부로 말을 꾸며 성총을 감히 훔치려 하는 자들입니다. 진나라 조고가 화를 불러온 전례가 있음에도 불구하고 지금 이들에 대한 거열형車裂刑이 시행되지 않고 있습니다.[112] 폐하는 이를 깨닫지 못하시고 임의로 그들에게 토지를 늘려주고 봉국을 주어 가업을 잇게 하고 있습니다. 이들은 소인들을 등용해 자신들의 부형자제까지 몸에 자색紫色의 술이 달린 금인金印을 차게 한 것은 물론 사당邪黨까지 만들어 간사한 무리들을 한데 모으고 있습니다.[113] 음양이 조화롭지 못해 농토가 황폐해지고 인사가 어지러운 것은 모두 여기서 나온 것입니다. 신은 이들에게 봉작한 일 등은 이미 과

110 누각漏刻은 작은 단지를 이용한 일종의 물시계로 단지 안에 부표를 넣어 부표가 오르내리면서 가리키는 눈금을 통해 시각을 알렸다. 여기서는 매우 짧은 시간을 말한다.

111 도향은 지금의 하북성 경내에 있었던 것으로 추정되고 있다.

112 거열형은 고대의 형벌 종류의 일종으로 죄인의 사지를 각기 다른 수레에 맨 뒤 말을 몰아 찢어죽인 형벌을 말한다.

113 자색의 술이 달린 금인은 삼공구경과 같이 최고의 관직인 재상들이 지니고 있던 인신印信을 뜻한다.

거의 일로 다시 말해 보아야 소용이 없다는 것을 잘 알고 있습니다. 신이 이제 죽음을 무릅쓰고 한마디 어리석은 충언을 하고자 하는 것은 다름 아니라 폐하가 과거의 잘못을 고쳐 이번으로 그쳐 주길 바라는 마음 때문입니다. 신이 또 듣건대 후궁으로 선발한 여인이 수천여 명에 달해 그들을 먹이고 입히는 비용이 매일 수백 금이 든다고 합니다. 근래 곡물 값이 비록 떨어져 있기는 하나 백성들은 오히려 굶주린 기색이 완연합니다. 이치상 당연히 부귀해져야 하는데도 다시 가난해지는 것은 부과하는 세금이 너무 많기 때문입니다. 백성들은 세금을 내고 나면 추워도 입을 옷이 없고 굶어도 먹을 양식이 없습니다. 이들이 이처럼 곤경에 처해 있어도 오히려 이를 긍휼히 여기는 사람조차 없는 실정입니다. 궁인들은 한 번도 쓰지 않으면서 후원에 재물을 가득 쌓고 있으니 설령 백성들이 전력을 다해 경작을 하더라도 이를 감당할 길이 없을 것입니다. 또한 전에 폐하가 의랑 채옹을 불러 금상문金商門에 대해 물었을 때 채옹이 사실을 숨김없이 직언해 권귀와 환관을 비난한 적이 있습니다. 폐하가 비밀을 지키지 못해 그 내용이 끝내 누설됨으로써 소인배들이 목을 들이 밀며 혀로 입술에 침을 발라가며 말하는 고순괄설膏脣括舌로 씹어대자 무수한 익명의 무고장이 이리저리 날아다니는 지경에 이르게 됐습니다. 오히려 폐하는 그들의 비방을 그대로 믿고 채옹을 중죄에 처해 그 가속을 모두 유배 보냄으로써 남녀노소를 유리流離하게 만들었으니 어찌 충신을 져버렸다는 얘기를 듣지 않을 수 있겠습니까? 지금 모든 신하들이 채옹을 경계로 삼아 위로는 갑자기 무함으로 인한 횡화橫禍를 당할까 두려워하고 아래로는 자객의 암살이 있을까 두려워합니다. 신은 조정이 다시는 충언을 들을 수 없음을 알 수 있습니다. 전 태위 단경은 무용이 세상을 덮을 만하고 변경의 군사 업무를 누구보다 잘 알았습니다. 어릴 때부터 줄곧 종군해 흰머리가 되어서야 공업을 이루었으니 두 군주를 모시며 공업을 이룬 것으로는 그를 당할 자가 없습니다. 폐하가 이미 그 공을 높이 사 삼공의 자리에 앉았으나 사례교위 양구의 무함으로 인해 헛되이 죽게 되고 처자가 원처에 유배됐습니다. 천하 사람이 모두 슬프게 생각하고 공신 모두 실망을 금치 못하는 이유입니다. 이제라도 의당 채옹을 다시 불러 중용하고 단경의 가속을 돌아오게 해 충정의 길을 열어주어야 천하사람의 원망이 비로소 사라질 것입니다."

황제가 그의 충심을 알았으나 건의만큼은 받아들이지 못했다.

8) 4월 24일, 천하에 대사령을 내렸다.

9) 상록上祿감숙성 성현 현장 화해和海가 상서해 간했다.

"예제에 따르면 증조부의 형제는 사는 곳과 재산을 달리 해 친소가 이미 엷게 된 것입니다. 지금 당인의 금고가 5족에 미쳤으니 이는 경전에 맞지 않고 올바른 법제에도 어긋나는 것입니다."

황제가 주장을 보고 깨달은 바가 있어 당인의 증조부 형제 이하의 사람들에 대해서는 금고를 모두 풀게 했다.

10) 5월, 위위 유관劉寬을 태위로 삼았다.

11) 호흉노중랑장 장수張修와 남선우 호정呼征이 서로 불화했는데 장수가 멋대로 호정을 죽이고 우현왕右賢王 강거羌渠를 새 선우로 삼았다.

가을 7월, 장수가 미리 지시를 받지 않고 멋대로 죽인 혐의로 탄핵을 받아 함거에 실려 정위廷尉에 와 심문을 받다가 죽었다.

12) 당초 사도 유합의 형 시중 유조劉鯈는 두무와 함께 모의한 혐의로 죽었다. 영락소부 진구가 유합에게 말했다.

"공은 황족 출신으로 삼공의 자리에 있으면서 천하 사람의 앙망을 받는 국가의 동량으로 어찌 부화뇌동하며 무조건 수긍하여 무사하려고 하는 용용무위容容無違만 하는 것이오? 지금 조절 등이 방자하기 그지없어 오랫동안 황제의 신변에 있으면서 공의 형 유시중劉侍中에게 해를 입혔소. 공이 속히 표문을 올려 양구가 사례교위를 맡을 수 있도록 추천해 조절 등을 잡아 없애도록 하면 정령이 천자로부터 나오게 돼 가히 태평천하를 기할 수 있을 것이오."

유합이 머뭇거리며 말했다.

"환관의 이목이 많아 일이 성공하지 못하면 먼저 화를 입을까 두렵소."

상서 유납劉納이 질책했다.

"나라의 동량이 된 몸으로 나라가 위기에 처해 있는데도 이를 구하지 못한다면 하필 공이 나서서 보필할 이유가 무엇이 있겠소?"

유합이 이내 응답하고 양구와 은밀히 계책을 꾸몄다. 양구의 소첩은 정황程璜의 딸이었다. 조절이 그녀를 통해 이들의 얘기를 전해 듣게 됐다. 조절이 정황에게 중뢰重賂두터이 뇌물을 줌한 후 협박을 가하자 정황이 두려운 나머지 양구의 일을 조절에게 자세히 고했다. 조절 등이 입을 모아 황제에게 이들을 무함했다.

"유합과 유납, 진구, 양구 등이 서신을 주고받으며 불궤를 꾀했습니다."

황제가 대로했다.

10월 14일, 유합과 진구 등을 옥에 가두게 하자 이들이 이내 옥에서 죽었다.

13) 파군巴郡에 있는 판순족板楯族이 반기를 들었다.[114] 어사중승 소원蕭瑗을 보내 익주자사를 독려해 이들을 정토하게 했으나 이기지 못했다.

14) 12월, 광록훈 양사를 사도로 임명했다.[114]

---

114 판순족은 파군巴郡에 거주하던 종족의 이름으로 주요 성씨로는 나羅, 박樸, 악鄂, 독督, 석夕, 공龔 등의 7성이 있었다. 가무를 좋아하고 활을 잘 쏘아 수렵에 능했다. 싸움을 잘 해 '신병神兵'이라는 호칭을 얻기도 했다. 전국시대에 진나라 소양왕昭襄王 시절 호환虎患을 없애는 공을 세웠다고 전해지고 있다. 한나라 초기에 유방이 관중關中을 평정하는 데 도움을 주기도 했다.

15) 선비족이 유주와 병주에 침입했다.

＊ 孝靈皇帝光和二年

春, 大疫.

三月, 司徒袁滂免, 以大鴻臚劉郃為司徒. 乙丑, 太尉橋玄罷, 拜太中大夫. 以太中大夫段熲為太尉. 玄幼子游門次, 為人所劫, 登樓求貨. 玄不與. 司隸校尉·河南尹圍守玄家, 不敢迫. 玄瞋目呼曰, "奸人無狀, 玄豈以一子之命而縱國賊乎!" 促令攻之, 玄子亦死. 玄因上言曰, "天下凡有劫質, 皆並殺之, 不得贖以財寶, 開張奸路." 由是劫質遂絕.

京兆地震.

司空袁逢罷. 以太常張濟為司空.

夏, 四月, 甲戌朔, 日有食之.

王甫·曹節等奸虐弄權, 扇動內外, 太尉段熲阿附之. 節·甫父兄子弟為卿·校·牧·守·令·長者佈滿天下, 所在貪暴. 甫養子吉為沛相, 尤殘酷, 凡殺人, 皆磔屍車上, 隨其罪目, 宣示屬縣, 夏月腐爛, 則以繩連其骨, 周遍一郡乃止, 見者駭懼. 視事五年, 凡殺萬餘人. 尚書令陽球常拊髀發憤曰, "若陽球作司隸, 此曹子安得容乎!" 即而球果遷司隸.

甫使門生於京兆界辜榷官財物七千餘萬, 京兆尹楊彪發其奸, 言之司隸. 彪, 賜之子也. 時甫休沐里舍, 熲方以日食自劾. 球詣闕謝恩, 因奏甫·熲及中常侍淳于登·袁赦·封封昺等罪惡, 辛巳, 悉收甫·熲等送洛陽獄, 及甫子永樂少府萌·沛相吉. 球自臨考甫等, 五毒備極. 萌先嘗為司隸, 乃謂球曰, "父子既當伏誅, 亦以先後之義, 少以楚毒假借老父." 球曰, "爾罪惡無狀, 死不滅責, 乃欲論先後求假借邪!" 萌乃罵曰, “爾前奉事吾父子如奴, 奴敢反汝主乎! 今日臨坑相擠, 行自及也!” 球使以土窒萌口, 箠撲交至, 父子悉死於杖下. 熲亦自殺. 乃僵磔甫屍於夏城門, 大署榜曰, “賊臣王甫.” 盡沒入其財産, 妻子皆徙比景.

球既誅甫, 欲以次表曹節等, 乃敕中都官從事曰, “且先去權貴大猾, 乃議其餘耳. 公卿豪右若袁氏兒輩, 從事自辦之, 何須校尉邪!” 權門聞之, 莫不屏氣. 曹節等皆不敢出沐. 會順帝虞貴人葬, 百官會喪還, 曹節見磔甫屍道次, 慨然抆淚曰, “我曹可自相食, 何宜使犬舐其汁乎!” 語諸常侍曰, “今且俱入, 勿過里舍也.” 節直入省, 白帝曰, “陽球故酷暴吏, 前三府奏當免官, 以九江微功, 復見擢用. 愆過之人, 好為妄作, 不宜使在司隸, 以騁毒虐.” 帝乃徙球為衛尉. 時球出謁陵, 節敕尚書令召拜, 不得稽留尺一. 球被召急, 因求見帝, 叩頭曰, “臣無清高之行, 橫蒙鷹犬之任, 前雖誅王甫·段熲, 蓋狐狸小丑, 未足宣示天下. 願假臣一月, 必令豺狼鴟梟各服其辜.” 叩頭流血. 殿上呵叱曰, “衛尉扞詔邪!” 至於再三, 乃受拜.

於是曹節·朱瑀等權勢復盛. 節領尚書令. 郎中梁人審忠上書曰, “陛下即位之初, 未能萬機, 皇太后念在撫育, 權時攝政, 故中常侍蘇康·管霸應時誅殄. 太傅陳蕃·大將軍竇武考其黨與, 志清朝政. 華容侯朱瑀知事覺露, 禍及其身, 遂興造逆謀, 作亂王室, 撞蹋省闥, 執奪璽綬, 迫脅陛下, 聚會群臣, 離間骨肉母子之恩, 遂誅蕃·武及尹勳等. 因共割裂城社, 自相封賞, 父子兄弟, 被蒙尊榮, 素所親厚, 布在州郡, 或登九列, 或據三司. 不惟祿重位尊之責, 而苟營私門, 多蓄財貨, 繕修第舍, 連里竟巷, 盜取御水, 以作漁釣, 車馬服玩, 擬於天家. 群公卿士, 杜口吞聲, 莫敢有言. 州牧郡守, 承順風旨, 辟召選舉, 釋賢取愚. 故蟲蝗為之生, 夷寇為之起, 天意憤盈, 積十餘年, 故頻歲日食於上, 地震於下, 所以譴戒人主, 欲令覺悟, 誅金甘無狀. 昔高宗以雉雊之變, 故獲中興之功. 近者神祇啟悟陛下, 發赫斯之怒, 故王甫父子應時馘截, 路人士女莫不稱善, 若除父母之仇. 誠恐陛下復忍孽臣之類, 不悉殄滅. 昔秦信趙高, 以危其國. 吳使刑人, 身遘其禍. 今以不忍之恩, 赦夷族之罪, 奸謀一成, 悔亦何及! 臣為郎十五年, 皆耳目聞見, 瑀之所為, 誠皇天所不復赦. 願陛下留漏刻之聽, 裁省臣表, 掃滅丑類, 以答天怒. 與瑀考驗, 有不如言, 願受湯鑊之誅, 妻子並徙, 以絕妄言之路." 章寢不報.

中常侍呂強清忠奉公, 帝以眾例封為都鄉侯, 強固辭不受, 因上疏陳事曰, "臣聞高祖重約, 非功臣不侯, 所以重天爵·明勸戒也. 中常侍曹節等, 宦官祐薄, 品卑人賤, 讒諂媚主, 佞邪徼寵, 有趙高之禍, 未被轘裂之誅. 陛下不悟, 妄授茅土, 開國承家, 小人是用, 又並及家人, 重金兼紫, 交結邪黨, 下比群佞. 陰陽乖剌, 稼穡荒蕪, 人用不康, 罔不由茲. 臣誠知封事已行, 言之無逮, 所以冒死干觸陳愚忠者, 實願陛下損改既謬, 從此一止. 臣又聞後宮采女數千餘人, 衣食之費日數百金, 比谷雖賤而戶有饑色, 案法當貴而今更賤者, 由賦發繁數, 以解縣官, 寒不敢衣, 饑不敢食, 民有斯厄而莫之恤. 宮女無用, 填積後庭, 天下雖復盡力耕桑, 猶不能供. 又, 前召議郎蔡邕對問於金商門, 邕不敢懷道迷國, 而切言極對, 毀刺貴臣, 譏呵宦官. 陛下不密其言, 至令宣露, 群邪項領, 膏脣拭舌, 競欲咀嚼, 造作飛條. 陛下回受誹謗, 致邕刑罪, 室家徙放, 老幼流離, 豈不負忠臣哉! 今群臣皆以邕為戒, 上畏不測之難, 下懼劍客之害, 臣知朝廷不復得聞忠言矣! 故太尉段熲, 武勇冠世, 習於邊事, 垂發服戎, 功成皓首, 歷事二主, 勳烈獨昭. 陛下既已式序, 位登台司, 而為司隸校尉陽球所見誣脅, 一身既斃, 而妻子遠播, 天下惆悵, 功臣失望. 宜征邕更加授任, 反顈家屬, 則忠貞路開, 眾怨以弭矣." 帝知其忠而不能用.

丁酉, 赦天下. 上祿長和海上言曰, "禮, 從祖兄弟別居異財, 恩義已輕, 服屬疏末. 而今黨人錮及五族, 既乖典訓之文, 有謬經常之法." 帝覽之而悟, 於是黨錮自從祖以下皆得解釋.

五月, 以衛尉劉寬為太尉.

護匈奴中郎將張修與南單于呼征不相能, 修擅斬之, 更立右賢王羌渠為單于. 秋, 七月, 修坐不先請而擅誅殺, 檻車征詣廷尉, 死.

初, 司徒劉郃兄侍中儵與竇武同謀, 俱死. 永樂少府陳球說郃曰, "公出自宗室, 位登台鼎, 天下瞻望, 社稷鎮衛, 豈得雷同, 容容無違而已. 今曹節等放縱為害, 而久在左右, 又公兄侍中受害節等, 今可表徙衛尉陽球為司隸校尉, 以次收節等誅之, 政出聖主, 天下太平, 可翹足而待也!" 郃曰, "凶豎多耳目, 恐事未會, 先受其禍." 尚書劉納曰, "為國棟樑, 傾危不持, 焉用延彼相邪!" 郃許諾, 亦與陽球結謀. 球小妻, 程璜之女, 由是節等頗得聞知, 乃重賂璜, 且脅之. 璜懼迫, 以球謀告節, 節因共白帝曰, "郃與劉納·陳球·陽球交通書疏, 謀議不軌." 帝大怒. 冬, 十月, 甲申, 劉郃·陳球·劉納·陽球皆下獄死.

巴郡板楯蠻反, 遣御史中丞蕭瑗督益州刺史討之, 不克.

十二月, 以光祿勳楊賜為司徒.

鮮卑寇幽·並二州.

한영제 광화 3년(AD 180)

1) 봄 정월 계유癸酉, 천하에 대사령을 내렸다.

2) 여름 4월, 강하의 오랑캐가 반기를 들었다.

3) 가을 주천 지역에 지진이 일어났다.

4) 겨울 혜성이 낭성狼星과 호성弧星의 사이에 나타났다.[115]

5) 선비족이 유주와 병주 두 주에 침입했다.

6) 12월 5일, 귀인 하씨를 황후로 삼았다. 황후의 오라비 영천 태수 하진何進을 시중으로 삼았다.[116] 황후는 원래 남양의 백정집 딸로 궁중에 뽑혀와 황자 유변劉辨을 낳은 뒤 황후가 된 것이다.

7) 이 해에 필규원畢圭苑과 영곤원靈昆苑을 수축하자 사도 양사가 간했다.

"선제 때에는 왼편에 홍지원鴻池苑을 두고 오른편에 상림원上林苑을 두어 사치하지도 않고 검소하지도 않았으니 중용의 도에 합당했습니다. 지금 임의로 경성 교외의 땅을 잘라 원유苑囿를 만들어 옥토를 훼손하고 전원을 황폐하게 해 백성을 내쫓고 금수를 기르게 하는 것은 백성을 자식처럼 사랑하는 대의가 아닙니다. 지금 경성 밖의 원유가 이미 5–6군데나 되니 가히 즐거이 노닐 수 있고 4계절의 수렵에도 적당합니다.[117] 의당 우왕이 궁실을 누추하게 만들고 태종이 노대露臺를 만들지 않은 뜻을 이어 받아 백성들의 노고를 줄여야만 합니다."

황제가 상주문을 보고 원유 건설을 정지할 생각으로 이를 시중 임지任芝와 낙송 등에게 자문하자 이들이 간했다.

"전에 주문왕周文王에게 100리에 걸치는 원유가 있었으나 백성들은 오

---

115 낭성은 별자리 구역 가운데 첫 번째 있는 별로 동정東井의 동남쪽에 있고 호성은 9번째 별로 낭성의 동남쪽에 있다.

116 하진은 자가 수고遂高로 남양南陽 출신이다. 그의 여동생이 영제에게 총애를 입어 그 또한 총애를 받게 됐다. 낭중을 거쳐 대장군의 자리까지 올랐다. 영제가 죽은 뒤 조정을 전단하면서 환관을 주살하려 했다. 그러나 오히려 역습을 받고 죽임을 당했다.

117 당시 성 밖에는 이미 서원西苑과 현양원顯陽苑, 평락원平樂苑, 상림원上林苑, 홍덕원鴻德苑 등이 있었다. 4계절의 수렵은 춘수春蒐, 하묘夏苗, 추선秋獮, 동수冬狩를 의미한다.

히려 너무 작다고 생각했습니다. 제선왕齊宣王은 불과 5리밖에 안 되는 원유를 가졌지만 백성들은 오히려 너무 크다고 생각했습니다. 지금 폐하와 백성이 모두 같이 즐기는데 국정에 무슨 해가 있겠습니까?"

황제가 크게 기뻐하며 계속 지어나가기로 결정했다.

8) 파군의 판순족이 반기를 들었다.

9) 창오蒼梧 광서성 오주시와 계양桂陽 호남성 침주의 반적들이 인근 군현을 공격했다. 영릉零陵 태수 양선楊璇이 대비해 수십 대의 마차를 만들어 석회를 포대에 담아 마차 안에 쌓아두게 했다. 또 말꼬리에 헝겊으로 만든 심지를 매달고 수많은 병거兵車와 궁노弓弩를 준비해 두게 했다. 싸움이 시작되자 마차를 앞에 세워 바람을 이용해 석회가루를 날렸다. 적들이 눈을 뜨지 못하자 이때를 틈타 말꼬리에 매단 심지에 불을 붙였다. 말들이 놀라 미친 듯이 적진으로 뛰어 들어 적진이 일시에 혼란에 빠지게 됐다.

이어 뒤에 배치된 병거에서 궁노를 일제히 발사하고 동시에 전고戰鼓를 크게 울리게 했다. 적들이 모두 놀라 궤주潰走했다. 관군이 뒤를 추격해 반적 수령의 목을 베어 백성들에게 보여주자 군내가 이내 태평해졌다. 형주荊州 자사 조개趙凱가 양선을 무함해 자신이 직접 적을 친 것인 양 거짓으로 보고했다. 양선이 상서해 해명했으나 조개가 붕당의 도움을 받아 오히려 함거를 보내 양선을 잡아가두게 만들었다.

양선이 형리들의 제재가 엄해 신원할 길이 없자 팔뚝을 물어뜯어 흐르는 피로 옷 위에 상주문을 썼다. 상주문에 반적들을 격파할 때의 형세와 조개가 거짓으로 보고한 정황 등을 자세히 기록해 비밀히 친속을 통해 조정에 보내게 했다. 양선은 조서가 내려져 곧 석방되어 의랑이 됐고 조개는 무고죄의 벌을 받게 됐다. 양선은 양교楊喬의 동생이다.

＊ 孝靈皇帝光和三年

春, 正月, 癸酉, 赦天下.

夏, 四月, 江夏蠻反.

秋, 酒泉地震.

冬, 有星孛於狼·弧.

鮮卑寇幽·並二州.

十二月, 己巳, 立貴人何氏為皇后. 征後兄潁川太守進為侍中. 後本南陽屠家, 以選入掖庭, 生皇子辯, 故立之.

是歲作罼圭·靈昆苑. 司徒楊賜諫曰, "先帝之制, 左開鴻池, 右作上林, 不奢不約, 以合禮中. 今猥規郊城之地以為苑囿, 壞沃衍, 廢田園, 驅居民, 畜禽獸, 殆非所謂若保赤子之義. 今城外之苑已有五六, 可以逞情意, 順四節也. 宜惟夏禹卑宮·太宗露台之意, 以慰下民之勞." 書奏, 帝欲止, 以問侍中任芝·樂松. 對曰, "昔文王之囿百里, 人以為小. 齊宣五里, 人以為大. 今與百姓共之, 無害於政也." 帝悅, 遂為之.

巴郡板楯蠻反.

蒼梧·桂陽賊攻郡縣, 零陵太守楊璇制馬車數十乘, 以排囊盛石灰於車上, 系布索於馬尾. 又為兵車, 專彀弓弩. 及戰, 令馬車居前, 順風鼓灰, 賊不得視, 因以火燒布然, 馬驚, 奔突賊陣, 因使後車弓弩亂髮, 鉦鼓鳴震, 群盜波駭破散, 追逐傷斬無數, 梟其渠帥, 郡境以清. 荊州刺史趙凱誣奏璇實非身破賊, 而妄有其功. 璇與相章奏. 凱有黨助, 遂檻車征璇, 防禁嚴密, 無由自訟. 乃噬臂出血, 書衣為章, 具陳破賊形勢, 及言凱所誣狀, 潛令親屬詣闕通之. 詔書原璇, 拜議郎. 凱受誣人之罪. 璇, 喬之弟也.

제6부 삼국시대 1

** 권58–한기漢紀 50: 황건의 난이 일어나다

한영제 광화 4년(AD 181)

1) 봄 정월, 녹기구승騄驥廐丞을 처음으로 설치했다.[118] 각 군국郡國에서 징발해 보낸 말을 접수하기 시작하자 힘센 자들이 말을 독점하는 등의 농간으로 인해 말 한 필 값이 200만 전까지 치솟았다.

2) 여름 4월, 경자일 천하에 대사령을 내렸다.

3) 교지의 오호족 오랑캐들이 오랫동안 난을 일으켰으나 주목과 군수들이 이를 제어하지 못했다. 교지인 양룡梁龍 등이 주변의 군현을 점령하자 조명으로 난릉蘭陵 현령인 회계 출신 주준朱儁을 교지자사로 삼고 이들을 토벌하게 했다. 주준이 군사를 이끌고 가 양룡의 목을 베자 투항한 자가 수만 명이나 됐다. 1달 내에 교주가 완전히 평정되자 주준이 전공을 인정받아 도정후都亭侯에 봉해진 뒤 간의대부로 임명됐다.

4) 6월 19일, 얼음과 우박이 떨어졌다. 크기가 달걀만 했다.

5) 9월 1일, 일식이 있었다.

6) 태위 유관이 면직되고 위위 허욱이 태위에 임명됐다.

7) 윤9월 2일, 북궁의 동쪽 액정掖庭 영항서永巷署에 화재가 났다.[119]

---

118 녹기는 모두 전설상의 명마를 말하는 것으로 녹기구승은 황제가 타는 말들이 있는 마구간의 총책임자를 의미한다.

8) 사도 양수가 파직됐다.

겨울 10월, 태상 진탐이 사도가 됐다.

9) 선비족이 유주와 병주 두 주에 침입했다.[120] 추장인 단석괴가 죽자 그의 아들 화련和連이 뒤를 이었다. 화련은 재능이 부친만 못한데다 탐음貪淫하기까지 했다.[121] 후에 북지에 침공했다가 북지인들의 화살에 맞아 죽게 되자 그의 아들 건만騫曼이 아직 어려 형의 아들 괴두魁頭가 뒤를 이었다. 후에 건만이 장성해 괴두와 다투게 되자 부중들이 모두 사방으로 흩어졌다. 괴두가 죽은 뒤 동생인 보도步度가 계위했다.

10) 이 해에 황제가 궁궐 후원에 점포를 세우고 궁녀인 채녀采女가 물건을 파는 놀이를 즐기자 궁녀들이 서로 물건 훔치기 경쟁이 일어났다. 황제가 상인의 옷을 입고 그녀들과 함께 술을 먹으며 즐겼다. 서쪽 동산에서 기르는 애완견의 머리에 진현관進賢冠을 씌우고 몸통에는 인수를 패용하게 했다.[122] 또한 4마리 나귀가 끄는 어가를 황제가 친히 고삐를 잡고 이리저리 내달리는 놀이를 즐기자 경성의 사람들이 이를 서로 모방하게 돼 노새의 값이 말과 비슷해졌다.

황제가 사사로이 재물 쌓아두기를 좋아해 천하의 진기한 물건을 수장하면서 매번 군국에서 공물을 바칠 때마다 먼저 궁내 관서인 중서中署에

---

119 '액정'은 비빈들이 사는 곳을 말한다. '영항서'는 한대에 비빈들이 죄를 지어 유폐되던 장소를 관리하는 관서를 말한다. 액정은 '영항'으로 불리기도 한다.

120 선비족은 동호족의 지파로서 진한시대에 지금의 시라무렌강과 도아강洮兒江 사이에서 유목하던 종족을 말한다. 일찍이 흉노에게 복속됐다가 한나라 및 위나라에 귀부했다. 남북조시대에 들어와 장성 안으로 이주한 선비족은 한족과 점차 동화돼 그 구별이 어렵게 됐다.

121 단석괴는 후한 말기 선비족의 추장으로 지금의 산서성 양고현 서북쪽 일대인 한산漢山에 궁궐을 짓고 한인들을 채용해 법률을 제정하는 등 선비족 사회의 발전을 촉진시킨 인물이다.

122 진현관은 유자들이 쓰는 관으로 검게 물들인 무명으로 만들었다.

헌납하게 했다. 이를 일컬어 '도행비導行費'라 했다. 중상시 여강이 상주해 간했다.

"천하의 재물은 음양 2기에 의해 만들어지지 않는 것이 없습니다. 이 모든 것이 폐하에게 속하는 것이니 어찌 공사의 구별이 있겠습니까? 지금 중상방中尙方은 각 군국의 진기한 물건을 거두고 있고, 중어부中御府는 천하의 명주비단을 쌓아두고 있고,[123] 서원西園 즉 상림원은 사농司農의 저장물을 색출하고, 중구中廐는 태복의 말을 모아놓고 있습니다. 게다가 이를 공납한 각 군국은 도행비까지 내야 하니 백성은 더욱 빈곤해지고 있습니다. 비용은 많이 드는데 공납이 적으니 간사한 관리들은 이를 틈타 이익을 챙기는 바람에 모든 피해를 백성들이 입게 되는 것입니다. 또한 아첨하는 신하들은 다른 사람의 사재를 빼앗아 공납하길 좋아합니다. 용안을 살피며 아첨하는 소인배들이 고관의 자리를 차지하게 됐습니다. 옛 제도에 따르면 인재를 추천하고 임용하는 일은 모두 삼공에게 맡기고 상서는 단지 상주문을 접수해 황제에게 올리는 것뿐이었습니다. 인재는 시험을 통해 비로소 임용된 뒤 업적을 내어야만 했으니 인정할 만한 업적이 없을 때에는 상서에게 탄핵하게 한 뒤 다시 정위가 세밀히 반복 검사해 징벌을 가했던 것입니다. 삼공은 매번 인재를 선출하는 책임을 맡고 참여하는 속관들은 삼공의 자문에 응해 그들의 재능을 측정했던 것입니다. 만일 이처럼 하게 된다면 쓸모없이 자리나 지키는 관원들을 제거할 수 있고 모든 부분이 그 영향을 받게 될 것입니다. 지금 상서를 통해 인재를 뽑고 심지어 직접 조서를 내려 임용까지 하니 그러면 삼공은 인재선발의 책

123 중상방中尙方과 중어부中御府 모두 천자의 개인 창고이다. 중상방은 주로 황제가 사용하는 칼을 비롯해 황제가 출정하는 장군에게 하사하는 황월黃鉞 등을 만드는 일을 했고, 중어부는 황제와 궁중에서 필요로 하는 여타의 각종 기물을 만드는 일을 했다.

임을 면하게 되고 상서 역시 직무를 태만히 한 죄를 면하게 됩니다. 결국 상과 벌을 내릴 근거가 없게 되는 셈이니 과연 누가 노고를 아끼지 않고 일하려 들겠습니까?"

글로써 상주해 간했으나 황제가 받아들이지 않았다.

11) 하황후는 성정이 굽어 있는데다 투기 또한 심해 왕미인王美人이 황자 유협劉協을 낳자 왕미인을 짐살鴆殺했다. 황제가 대로해 황후를 폐하고자 했으나 환관들이 나서서 막았다.

12) 대장추大長秋 화용후華容侯 조절이 죽었다. 중상시 조충이 대장추의 직임을 대리했다.

** 起重光作噩, 盡強圉單閼, 凡七年.

孝靈皇帝光和四年

春, 正月, 初置騄驥廏丞, 領受郡國調馬. 豪右辜榷, 馬一匹至二百萬.

夏, 四月, 庚子, 赦天下.

交趾烏滸蠻久為亂, 牧守不能禁. 交趾人梁龍等復反, 攻破郡縣. 詔拜蘭陵令會稽朱俊為交趾刺史, 擊斬梁龍, 降者數萬人, 旬月盡定. 以功封都亭侯, 征為諫議大夫.

六月, 庚辰, 雨雹如雞子.

秋, 九月, 庚寅朔, 日有食之.

太尉劉寬免. 衛尉許或為太尉.

閏月, 辛酉, 北宮東掖庭永巷署災.

司徒楊賜罷.

冬, 十月, 太常陳耽為司徒.

鮮卑寇幽·並二州. 檀石槐死, 子和連代立. 和連才力不及父而貪淫，後出攻北地，北地人射殺之．其子騫曼尚幼，兄子魁頭立．後騫曼長大，與魁頭爭國，衆遂離散．魁頭死，弟步度根立．

是歲，帝作列肆於後宮，使諸采女販賣，更相盜竊爭鬥．帝著商賈服，從之飮宴為樂．又於西園弄狗，著進賢冠，帶綬．又駕四驢，帝躬自操轡，驅馳周旋．京師轉相倣傚，驢價遂與馬齊．帝好為私蓄，收天下之珍貨，每郡國貢獻，先輸中署，名為"導行費."中常侍呂強上疏諫曰，"天下之財，莫不生之陰陽，歸之陛下，豈有公私！而今中尚方斂諸郡之寶，中御府積天下之繒，西園引司農之藏，中廏聚太僕之馬．而所輸之府，輒有導行之財，調廣民困，費多獻少，奸吏因其利，百姓受其敝．又，阿媚之臣，好獻其私，容諂姑息，自此而進．舊典選舉委任三府，尚書受奏御而已．受試任用，責以成功，功無可察，然後付之尚書舉劾，請下廷尉覆案虛實，行其罪罰．於是三公每有所選，參議掾屬，咨其行狀，度其器能．然猶有曠職廢官，荒穢不治．今但任尚書，或有詔用，如是，三公得免選舉之負，尚書亦復不坐，責賞無歸，豈肯空自勞苦乎！"書奏，不省．

何皇后性強忌，後宮王美人生皇子協，後鴆殺美人．帝大怒，欲廢後．諸中官固請，得止．

大長秋華容侯曹節卒．中常侍趙忠代領大長秋．

한영제 광화 5년(AD 182)

1) 봄 정월 14일, 천하에 대사령을 내렸다.

2) 조서로 공경에게 명해 민간의 요언謠言을 근거로 자사를 비롯해 2천석 이상의 관원 가운데 백성의 원성을 사는 관리를 적발해 탄핵하게 했다. 태위 허욱許彧과 사공 장제張濟가 환관과 결탁해 뇌물을 받아먹은 뒤 환관의 자제와 빈객들이 모두 탐오貪汚했음에도 불구하고 이를 문제

삼지 않았다. 오히려 변방에 있는 작은 군의 청렴하고 덕행 있는 관리 26명이 탄핵됐다. 관민들이 궁궐 앞에 와 진정을 하자 사도 진탐이 간했다.

"공경의 탄핵은 대체로 사감에 치우친 것으로 올빼미인 치효鴟梟를 놓치고 봉황인 난봉鸞鳳을 잡아들인 격입니다."[124]

황제가 허욱과 장제를 책망하고 요언으로 탄핵됐던 관원들을 모두 의랑으로 삼았다.

3) 2월, 크게 전염병이 돌았다.

4) 3월, 사도 진탐이 면직됐다.

5) 여름 4월, 가물었다.

6) 태상 원외가 사도가 됐다.

7) 5월 5일, 영락궁서永樂宮署에 화재가 났다.

8) 가을 7월, 혜성이 태미성 주위에 나타났다.

9) 판순족 만이蠻夷들이 파군巴郡에 침입해 부근이 소란스러워져 해마다 토벌에 나섰으나 이들을 제압하지 못했다. 황제가 대거 출병을 염두에 두고 익주益州의 계리計吏 한중漢中 출신 정포程包에게 이 문제를 묻자 정포가 대답했다.[125]

"판순족은 7개의 성씨가 있는데 진나라 때 공을 세워 조세와 부역을 면제 받았습니다. 판순족은 용맹하고 싸움을 잘해 영초永初 연간에 강족이 한천漢川에 침입해 인근 군현이 함몰됐을 때 판순족의 도움으로 강족을 거의 다 궤멸시키게 됐습니다. 강족들이 판순족을 신병神兵이라고 부

---

124 치효는 탐관오리를 상징하는 말로 이 문장에서는 환관의 자제와 빈객을 지칭하고 있다. 난봉은 어질고 뛰어난 선비를 상징하는 말로 이 문장에서는 탄핵을 받은 26인의 관원을 지칭하고 있다.

125 계리는 인사와 호구, 부세 등과 관련한 장부인 이른바 '계부計簿'를 관장하는 지방 관원을 말한다.

르자 판순족이 강족에게 권해 자신들은 같은 동족이니 다시는 남진하지 말라는 당부의 말을 전하기도 했습니다. 영화永和 2년에 강족이 재차 대거 침입했을 때에도 판순족의 힘을 빌어 그들을 격파했습니다. 전 거기장군 풍곤馮緄이 남쪽으로 무릉武陵 정벌에 나섰을 때에도 역시 판순족에 의지해 공을 세웠습니다. 근래 익주에서 반란이 일어났을 때 태수 이옹李顒도 판순족을 이용해 이를 평정했습니다. 그들의 공과 충성이 이와 같으니 본래 다른 마음이 없습니다. 단지 그곳의 장리長吏와 향장鄕長 등이 세금을 너무 무겁게 부과한데다 그들을 채찍으로 때리며 종이나 포로를 대하는 것보다 더 잔인하게 부림으로써 난이 일어난 것입니다. 처와 자식을 팔거나 빼앗긴 자들 중에는 스스로 목을 베어 자진하는 경우마저 있었습니다. 주목과 군수에게 억울함을 진정해도 제대로 처리되지도 않고 조정 또한 너무 멀리 떨어져 있어 스스로 알릴 길이 없었던 것입니다. 결국 하늘을 향해 원통함을 외쳐도 들어주는 곳이 없게 되자 부중이 잇달아 반기를 든 것이니 실로 참월하게 후왕을 일컬으며 불궤를 꾀하려고 한 것이 아닙니다. 지금이라도 현명하고 능력 있는 주목과 군수만 파견하게 된다면 자연히 안정될 것이니 번거롭게 정벌까지 할 필요는 없습니다."

황제가 그의 말을 좇아 태수 조겸曹謙을 선발한 뒤 조서를 내려 판순족에 대한 대사령을 공포하자 그들 모두 즉각 투항했다.

10) 8월, 아정도阿亭道에 높이 400척의 대관大觀을 세웠다.[126]

11) 겨울 10월, 태위 허욱이 파면되고 태상 양사가 태위가 됐다.

12) 황제가 상림원에서 교렵校獵을 했다. 유곡관幽谷關을 지나 마침내 광성원廣成苑에 이르기까지 수렵을 계속했다.

12월, 경성으로 돌아와 태학을 순시했다.

---

126 '관觀'은 궁문의 양쪽에 세운 망루를 말한다.

13) 환전桓典이 시어사 자리에 오르자 환관들이 모두 그를 두려워했다. 환전은 늘 총마驄馬를 타고 다녔다. 경성 사람들이 이를 두고 한 구절의 노래를 만들어 불렀다.

"가다 서고 가다 서니 총마어사驄馬御史를 피하기 위한 것이지!"

환전은 환언桓焉의 손자였다.

* 孝靈皇帝光和五年

春, 正月, 辛未, 赦天下.

詔公卿以謠言擧刺史·二千石為民蠹害者. 太尉許彧·司空張濟承望內官, 受取貨賂, 其宦者子弟·賓客, 雖貪汚穢濁, 皆不敢問, 而虛糾邊遠小郡清修有惠化者二十六人, 吏民詣闕陳訴. 司徒陳耽上言曰, "公卿所擧, 率黨其私, 所謂放鴟梟而囚鸞鳳." 帝以讓彧·濟, 由是諸坐謠言征者, 悉拜議郎.

二月, 大疫.

三月, 司徒陳耽免.

夏, 四月, 旱.

以太常袁隗為司徒.

五月, 庚申, 永樂宮署災.

秋, 七月, 有星孛於太微.

板楯蠻寇亂巴郡, 連年討之, 不能克. 帝欲大發兵, 以問益州計吏漢中程包, 對曰, "板楯七姓, 自秦世立功, 復其租賦. 其人勇猛善戰. 昔永初中, 羌入漢川, 郡縣破壞, 得板楯救之, 羌死敗殆盡, 羌人號為神兵, 傳語種輩, 勿復南行. 至建和二年, 羌復大入, 實賴板楯連摧破之. 前車騎將軍馮緄南征武陵, 亦倚板楯以成其功. 近益州郡亂, 太守李顒亦以板楯討而平之. 忠功如此, 本無噁心. 長吏鄉亭更賦至重, 僕役棰楚, 過於奴虜. 亦有嫁妻賣子, 或乃至自剄割, 雖陳冤州郡, 而牧守不為通理, 闕庭悠遠, 不能自聞, 含怨呼天, 無所叩訴. 故邑落相聚以致叛戾, 非有謀主僭號以圖不軌. 今但選明能牧守, 自然安集, 不煩征伐也." 帝從其言, 選用太守曹謙, 遣宣詔赦之, 即時皆降.

八月, 起四百尺觀於阿亭道.

冬, 十月, 太尉許彧罷. 以太常楊賜為太尉.

帝校獵上林苑, 歷函谷關, 遂狩於廣成苑. 十二月, 還, 幸太學.

桓典為侍御史, 宦官畏之. 典常乘驄馬, 京師為之語曰, "行行且止, 避驄馬御史!" 典, 焉之孫也.

한영제 광화 6년(AD 183)

1) 봄 3월 21일, 천하에 대사령을 내렸다.

2) 여름, 대한大旱이 있었다.

3) 황후의 모친에게 무양군舞陽君의 작호를 내렸다.

4) 가을, 금성하金城河의 물이 넘쳐 20여 리가 물에 잠겼다.

5) 오원五原의 산 절벽이 무너져 내렸다.

6) 당초 거록鉅鹿 출신 장각張角은 황로도黃老道를 믿었다.[127] 요술로 전도해 자칭 '태평도太平道'라 칭했다. 주문을 외운 부적을 이용한 물로 병을 고치니 병자들로 하여금 무릎을 꿇고 자신의 죄를 뉘우치게 했다. 혹 병이 낫는 자가 있어 많은 사람들이 그를 신으로 받들면서 태평도를

127 황로도黃老道는 후한 말에 성행한 황제黃帝와 노자老子를 교주로 삼는 종교를 말한다. 장각은 스스로 '대현량사大賢良師'를 일컬으며 무리를 모아 반란을 일으켰다. 이들을 흔히 황건적이라고 부르게 됐다. 이들의 봉기는 후한의 멸망에 결정적인 역할을 수행했다. 황로도는 후대에 도교道教로 발전하게 됐다.

믿었다.

장각이 신도들을 각지로 파견해 사방을 돌아다니며 전도하게 하자 10여 년 사이에 신도가 수십만이나 됐다. 청주靑州와 서주徐州, 유주幽州, 기주冀州, 형주荊州, 양주揚州, 연주兗州, 예주豫州 등 8주의 사람치고 공명하지 않는 사람이 없었다. 개중에는 재산을 팔아 같이 떠도는 자들도 있어 이들로 인해 길이 가득 메워지게 됐다. 이들을 뒤좇지 못해 도중에 사망한 자도 1만 명 가까이나 됐다. 각 군현의 관리들은 그들의 의도를 모르는데다 오히려 장각이 선한 도로 천하를 감화시킨다고 말하자 민심이 더욱 이들에게 쏠리게 됐다. 이때 태위 양사가 사도가 돼 상언했다.

"장각이 지금 백성을 속여 선동하고 있습니다. 전에 사면을 받고도 회개하기는커녕 더욱더 그 세력을 확대시키고 있습니다. 만약 지금 각 주군에 명해 그를 잡지 않으면 앞으로 더 큰 소란을 일으키는 재앙을 키우지나 않을까 우려됩니다. 의당 자사와 2천석의 관리에게 명해 떠도는 유민들을 분류 검사한 뒤 각기 고향으로 돌아가게 해야 합니다. 일단 그 세력을 쇠하게 만든 뒤 그 두목을 잡으면 큰 노력을 들이지 않고도 평정할 수 있습니다."

양사가 체직되자 그가 진언한 방안이 유보됐다가 결국 실시되지 못했다. 사도연司徒掾 유도劉陶가 다시 상소해 양사가 이전에 거론한 사안을 다시 진언했다.[128]

"장각 등의 음모가 날로 심해지자 도처에서 전언하길, '장각이 몰래 경성에 들어와 조정을 엿본다'고 말하고 있습니다. 그들은 인면수심을 가진 자들로 서로 은밀히 내응하고 있습니다. 각 주군州郡에서는 이 사건에 얽

---

128 '연掾'은 각 관부에 소속된 속관屬官을 통칭하는 관직명칭이다. 후대에는 서리書吏, 胥吏 또는 아전衙前이라는 용어가 보다 보편적으로 사용되게 됐다.

히는 것을 꺼려 단지 서로 이런 사실을 전하기만 할 뿐 누구하나 조정에 상주하려고 하지 않습니다. 조정이 의당 조서를 내려 장각의 무리를 거듭 초모招募하는 자는 땅을 상으로 내리되 감히 이를 이행하려 하지 않는 자는 장각과 같은 죄로 다스려야 할 것입니다."

황제는 이 문제에는 별로 관심을 두지 않고 조령으로 유도에게 『춘추조례春秋條例』를 편찬하게 했다.

장각이 마침내 신도들을 36방方으로 편성했다. 방은 일종의 장군將軍에 해당하는 것으로 큰 방에는 1만여 명, 작은 방에는 6,000–7,000명의 무리가 배속됐다. 모든 방은 밑에 소두목을 두지 않았다. 이들은 신도들을 각지로 파견해 이런 요언을 퍼뜨리게 했다.

"창천蒼天은 이미 죽고 황천黃天이 대신하니 갑자년이 되면 천하가 대길할 것이다!"[129]

이들은 백토白土를 이용해 경성의 각 관부는 물론 각 주군의 관부 문 위에 '갑자甲子'라는 두 글자를 써댔다.[130] 대방大方 마원의馬元義 등은 우선 형주와 양주揚州에서 수만 명의 무리를 거둔 뒤 업鄴땅에서 일시에 봉기하기로 방침을 정했다. 마원의가 여러 차례 경성에 와 중상시 봉서封諝 및 서봉徐奉 등과 내통해 3월 5일을 기점으로 경성 안팎에서 일제히 봉기하기로 약속했다.

---

129 창천은 한나라를 상징하는 말이고 황천은 장각을 의미한다. 오행의 상생원리에 의해 한나라 다음에 일어서는 왕조는 황색으로 상징되는 토덕土德의 나라로 간주됐기 때문에 장각이 황색 두건을 신도들에게 쓰도록 하고 '황천'을 내세운 것도 이 때문이다.

130 갑자년은 영제 중평 원년인 184년의 간지를 의미한다. 장각은 이 해에 한조를 쓰러뜨리고 새 왕조를 세우려고 했다. 그의 거사가 삼국시대 영웅들이 일시에 들고 일어나는 단초가 됐다.

＊ 孝靈皇帝光和六年

春, 三月, 辛未, 赦天下.

夏, 大旱.

爵號皇后母為舞陽君.

秋, 金城河水溢出二十餘里.

五原山岸崩.

初, 鉅鹿張角奉事黃·老, 以妖術教授, 號"太平道." 呪符水以療病, 令病者跪拜首過, 或時病癒, 眾共神而信之. 角分遣弟子周行四方, 轉相誑誘, 十餘年間, 徒眾數十萬, 自青·徐·幽·冀·荊·揚·兗·豫八州之人, 莫不畢應. 或棄賣財產·流移奔赴, 填塞道路, 未至病死者亦以萬數. 郡縣不解其意, 反言角以善道教化, 為民所歸.

太尉楊賜時為司徒, 上書言曰, "角誑曜百姓, 遭赦不悔, 稍益滋蔓. 今若下州郡捕討, 恐更騷擾, 速成其患. 宜切敕刺史·二千石, 簡別流民, 各護歸本郡, 以孤弱其黨, 然後誅其渠帥, 可不勞而定." 會賜去位, 事遂留中. 司徒掾劉陶復上疏申賜前議, 言曰, "角等陰謀益甚, 四方私言, 雲角等竊入京師, 覘視朝政. 鳥聲獸心, 私共鳴呼. 州郡忌諱, 不欲聞之, 但更相告語, 莫肯公文. 宜下明詔, 重募角等, 賞以國土, 有敢迴避, 與之同罪." 帝殊不為意, 方詔陶次第春秋條例. 角遂置三十六方, 方猶將軍也. 大方萬餘人, 小方六七千, 各立渠帥. 訛言曰, "蒼天已死, 黃天當立, 歲在甲子, 天下大吉." 以白土書京城寺門及州郡官府, 皆作"甲子" 字. 大方馬元義等先收荊·揚數萬人, 期會發於鄴. 元義數往來京師, 以中常侍封諝·徐奉等為內應, 約以三月五日內外俱起.

한영제 중평中平 원년(AD 184)

1) 봄, 장각의 제자 제남인 당주唐周가 상서해 밀고함에 따라 마원의를 잡아다가 낙양에서 거열형에 처했다. 이어 삼공과 사례교위에게 조서를 내려 궁중을 숙위宿衛하는 군사와 백성들 가운데 장각을 믿는 자들을 가려내 심문하도록 하자 1,000여 명이 잇달아 죽게 됐다. 또 기주에 하령下令해 장각 등을 추격해 잡도록 했다.

장각 등이 3월, 5일의 거사음모가 누설된 것을 알고 사자에게 명해 밤낮으로 달려가 모든 방이 일제히 황건黃巾을 두르고 거병할 것을 통보하게 했다. 당시 사람들은 그들을 '황건적黃巾賊'이라고 불렀다.

2월, 장각이 스스로를 천공장군天公將軍이라 칭한 뒤 자신의 동생 장보張寶는 지공장군地公將軍, 장보의 동생 장량張梁은 인공장군人公將軍을 칭하게 했다. 그가 이르는 곳마다 관부를 방화하고 마을을 약탈하자 각 주군은 이를 막지 못하고 관리들은 오히려 도망치기에 바빴다. 1달 사이 천하가 모두 향응響應하자 경성마저 진동震動하게 됐다. 안평安平산동성 익도과 감릉甘陵하북성 청하현 출신들은 각자 그 왕을 잡아 황건적에 호응했다.

3월 3일, 하남윤 하진을 대장군에 임명하고 신후愼侯에 봉한 뒤 좌우 우림羽林과 5영五營의 군사들을 이끌고 가 도정都亭을 지키는 한편 경성까지 수비하게 했다.[131] 함곡函谷하남성 신안현과 태곡太谷하남성 낙양 대곡구, 광성廣成하남성 임여현, 이궐伊闕하남성 낙양 이궐산, 환원轘轅하남성 언사현 환원산, 선문旋門하남성 공현, 맹진孟津하남성 맹현 서남쪽, 소평진小平津하남성 맹진 부근 등 8개의 관문에 도위都尉를 두었다.[132]

---

131 여기의 도정은 경성 부근의 도정을 말한다.

132 도위는 장군 밑에 있는 두었던 무관의 관직으로 후한 광무제 때 폐지됐으나 농민봉

황제가 군신들을 모아 황건적에 대한 대책을 논의하도록 했다. 북지 태수 황보숭皇甫嵩이 당인의 금고를 풀어 줄 것과 중장부中藏府와 서원구마西園廐馬에 있는 돈과 말들을 군사들에게 나눠 줄 것을 요구했다.[133] 황보숭은 황보규皇甫規 형의 아들이다. 황제가 중상시 여강에게 대책을 묻자 여강이 대답했다.

"당고의 화가 이미 오래 돼 인심이 원한에 차 있습니다. 만일 이들을 사면하지 않으면 이들이 장각과 쉽게 합세해 일이 커질 것이니 나중에 후회한들 무슨 소용이 있겠습니까? 청컨대 지금 우선 황상 주변의 탐관을 주살하고 당인을 사면한 뒤 자사와 2천석의 관리가 유능한지 여부를 가리면 도적이 평정되지 않을 리가 없습니다."

황제는 자신의 의중이 환관들에게 발각될까 두려워했다.

3월 7일, 조서를 내려 당인들을 모두 사면한 뒤 유배 간 당인들의 처자들도 모두 집으로 돌아오도록 조치했다. 다만 장각만은 사면을 해주지 않았다. 이어 천하의 정병들을 소집하도록 한 뒤 우선 북중랑장 노식盧植을 파견해 장각을 토벌하게 하고 좌중랑장 황보숭과 우중랑장 주준에게는 영천의 황건적을 토벌하게 했다.

이때 중상시 조충趙忠과 장양張讓, 하운夏惲, 광승郭勝, 단규段圭, 송전宋典 등은 모두 열후에 봉해진 뒤 귀총貴寵이 되어 있었다. 당시 황제는 늘 말하곤 했다.

"장상시張常侍 장양은 나의 부친이고 조상시趙常侍 조충은 나의 모친이다."

기 등을 진압할 때 임시로 설치하기도 했다.

133 중장부는 황제의 돈을 관리하는 관부이다. 이곳에 저장되어 있는 돈은 황제의 개인 돈으로 이를 '중장전中藏錢'이라고 했다. 이곳의 장관은 소부少府에 소속된 중장부령中藏府令으로 환관이 맡았다. 서원구마는 곧 녹기구마騄驥廐馬를 의미한다.

이에 환관들은 조금도 거리낌이 없이 일제히 주택을 수리해 궁실을 모방했다. 황제가 일찍이 영안궁永安宮의 망루인 후대候臺에 오르려고 하자 환관들은 황제가 자신들이 사는 곳을 볼까 두려워 나이 많은 궁녀인 중대인中大人 상단尙但을 시켜 진언하게 했다.

"천자는 높은 곳에 오르지 않는 법이니 높은 곳에 오르면 백성이 이산하게 됩니다."

황제가 다시는 누각과 정자인 대사臺榭에 오르려고 하지 않았다. 봉서와 서봉이 장각과 내통한 사실이 들통 나자 황제가 비로소 환관들을 책망했다.

"너희들이 늘 당인이 불궤를 꾀한다고 말해 그들을 금고에 처해 개중에는 복주伏誅된 자도 있었다. 지금 당인들이 다시 중용되는 상황에서 너희들은 오히려 장각과 내통한 사실이 드러났으니 너희들을 참해야 하는 게 아닌가?"

환관들이 모두 머리를 찧으며 애원했다.

"이는 모두 왕보와 후람 등이 한 짓이었습니다."

환관들 모두 각자 퇴임한 뒤 몸을 보전할 생각으로 각 주군으로 나가 있던 황실의 종친자제들을 경성으로 들어오게 했다. 조충과 하운 등은 마침내 입을 모아 여강과 그의 당인들이 조정의 일을 논할 때 늘 『곽광전霍光傳』을 읽으면서 불궤를 꾀하고 여강의 형제는 이르는 곳마다 탐오한 짓을 했다고 무고했다. 황제가 중황문에게 명해 군사를 이끌고 가 여강을 부르도록 하자 여강이 황제가 부른다는 얘기를 듣고 화를 냈다.

"내가 죽은 후 화란이 곧 일어날 것이다. 장부로 태어나 진충보국하지는 못할망정 어찌 옥리들과 대면할 수 있겠는가?"

여강이 스스로 목숨을 끊었다. 조충과 하운이 그를 또 무함했다.

"여강은 부름을 받고 무엇을 물을지도 묻지도 않은 채 밖에서 자진했으니 이로 미루어 본래 간특한 정이 있었음에 틀림없습니다."

그의 종친들을 모두 잡아들이고 그의 재산을 몰수했다.

시중 하내인 향허向栩가 상서해 국가가 의당 해야 할 일을 논하면서 황제 주변의 인물들을 통렬히 풍자했다. 장양이 향허가 장각과 한 마음이 돼 내응하려 했으니 그를 황문 북시옥으로 끌고 가 죽여야 한다고 무고했다. 낭중 중산인 장균張鈞이 상서해 간했다.

"신이 생각건대 장각이 능히 군사를 모아 작란作亂을 하고 백성이 즐거이 그를 좇는 원인은 모두 10상시十常侍에서 연유하는 것이라고 봅니다. 그들의 부형자제와 인척, 빈객이 모두 각 지역을 끼고 앉아 폭리를 독점하고 백성을 약탈하니 백성이 억울함을 하소연 할 곳이 없어 불궤를 꾀하고 도적과 한 패가 된 것입니다. 의당 십상시를 참해 그들의 수급을 남교南郊에 매달아 백성들의 마음을 쾌하게 하고 사자를 전국에 보내 이 사실을 포고하면 굳이 군사를 쓰지 않아도 도적들이 자연히 소멸할 것입니다."

황제가 장균의 상주문을 본 뒤 이를 상시들에게 보이자 이들이 모두 관을 벗고 맨발로 기어와 머리를 찧으면서 죄를 자청했다. 이들은 황제에게 자신들을 낙양의 조옥詔獄에 보내고 자신들의 가산을 거두어 모두 군비에 보태 쓸 것을 간청했다.[134] 황제가 이들에게 조서를 내려 다시 관과 신발을 착용해 전과 다름없이 일을 계속하도록 명한 뒤 장균을 지목해 노기를 띠고 말했다.

"이 자는 실로 광자狂子이다. 십상시 중에는 결하고 한 사람도 좋은 사람이 없다는 말인가?"

어사가 황제의 뜻을 헤아려 마침내 장균이 황건도黃巾道를 배웠다고

---

134 조옥은 황제의 조명을 받들어 범인을 압송해 수감하는 감옥을 말한다.

무고했다. 장균이 옥에 갇힌 뒤 얼마 후 옥중에서 죽었다.

2) 경자일 남양의 황건적 장만성張曼成이 남양군으로 쳐들어 와 태수 저공褚貢을 죽였다.

3) 황제가 황건적의 일을 태위 양사에게 물었다. 양사가 사실에 근거해 대답하자 황제가 불쾌해했다.

여름 4월, 양사가 황건적과 관련한 일로 죄를 얻어 면직되고 태부 홍농 출신 정성鄭盛이 태위가 됐다. 이때 황제가 이전의 공문서를 보다가 양사와 유도가 전에 장각과 관련해 올린 상주문을 발견하고 깨닫는 바가 있어 양사를 임진후臨晉侯섬서성 대례현, 유도를 중릉향후中陵鄕侯산서성 평로에 봉했다.

4) 사공 장제가 파직되고 대사농 장온張溫이 사공이 됐다.

5) 황보숭과 주준이 연합해 군사 4만여 명을 이끌고 가 영천의 황건적을 쳤다. 황보숭과 주준이 각기 1군軍을 이끌었다. 주준은 적장 파재波才와 교전해 패했으나 황보숭은 진병해 장사長社하남성 장갈현를 지켰다.

6) 여남의 황건적이 소릉에서 태수 조겸趙謙을 깨뜨렸다. 광양廣陽북경시 서남쪽의 황건적은 유주 자사 곽훈郭勳과 태수 유위劉衛를 죽였다.

7) 파재가 장사에서 황보숭을 포위하자 황보숭의 병력이 적어 장병들이 모두 두려워했다. 도적이 풀을 이용해 영채를 세울 때 마침 거센 바람이 불어 왔다. 황보숭이 사병들에게 갈대를 이용해 횃불을 만들어 성루에 올라가게 했다. 이어 정예병을 내보내 몰래 포위망을 빠져나가 적진에 불을 지른 뒤 고함을 치게 했다. 성루위의 병사들이 일제히 횃불로 호응하자 황보숭이 군사를 이끌고 북소리에 맞춰 고함을 치며 적진으로 쳐들어가니 갑작스런 습격에 놀란 도적들이 궤주하게 됐다. 이때 기도위騎都尉 패국沛國안휘성 수계현 출신 조조曹操가 마침 군사를 이끌고 도착했다.

5월, 황보숭이 조조 및 주준과 연합해 다시 황건적과 교전해 커다란 공세를 펼쳐 수만 명을 죽였다. 황보숭은 도향후都鄕侯에 봉해졌다.

조조의 부친은 조숭曹嵩이다. 그는 중상시 조등曹騰의 양자로 그의 출생 및 생애에 관해서는 소상히 알 길이 없다. 어떤 자는 그가 하후씨夏侯氏의 자손이라고 했다. 조조는 어릴 때부터 총명하고 기민한 기경機警과 임기응변인 권수權數가 있었다. 의협의 협기俠氣가 있고 호탕한 임협방탕任俠放蕩의 모습을 보였다. 생계를 위한 직업에는 종사하지 않았다.

당시 사람들은 그의 기재를 알아보지 못했다. 단지 태위 교현과 남양인 하옹만이 그의 비범함을 알아챘다. 어느 날 교현이 조조에게 말했다.

"천하가 앞으로 어지러울 것이니 치세인 명세命世의 재목이 아니면 이를 구할 수 없소. 천하를 능히 평안하게 만들 수 있는 사람은 바로 군君일 것이오!"

하옹도 조조를 보고 감탄했다

"한나라가 장차 망하게 되면 천하를 안정시킬 바람은 바로 이 사람일 것이다!"

교현이 조조에게 말했다.

"군은 아직 명망이 없으니 장차 허자許子와 사귀는 것이 좋을 듯하오."

허자는 허훈許訓의 조카인 허소許劭를 말한다. 그는 사람을 보면 그 사람의 능력과 그릇을 능히 변별할 줄 알아 종형인 허정許靖과 더불어 명망이 매우 높았다. 둘은 서로 당시의 인물들을 대상으로 품평하는 것을 즐기면서 매월 품평의 대상을 바꿨다. 여남에 매월 초에 사람들을 품평하는 풍속이 생긴 이유다.

허소는 일찍이 여남군의 공조功曹를 지냈다. 군부郡府의 사람들은 그의 행적을 전해 듣고는 그 누구도 자신의 품행을 꾸미려 들지 않았다. 조조가 허소를 예방해 물었다.

"나는 어떤 사람이오?"

허소가 그의 사람됨을 낮게 보고 대답을 하지 않았다. 조조가 그에게 대답을 강요하자 말했다.

"당신은 치세의 능신能臣이고 난세의 간웅奸雄이오."

조조가 크게 기뻐하며 돌아갔다.

주준이 황건적을 칠 때 그의 호군사마護軍司馬 북지인 부섭傅燮이 황제에게 상소했다.

"신이 듣건대 천하의 화란은 밖에서 일어나는 것이 아니라 안에서 일어난다고 했습니다. 순임금도 우선 4흉凶을 없앤 뒤에야 16상相을 임용했습니다.[135] 악인이 분명히 제거되지 않으면 선인이 임용될 도리가 없는 것입니다. 지금 장각이 조趙와 위魏의 옛 땅에서 일어난 것을 계기로 황건적이 전국 6주에서 작란을 하고 있습니다. 이 모두 궁정 내부에서 시작된 화가 사해에 만연한 결과입니다. 신은 적을 토벌하라는 명을 받고 영천에 가 싸웠으나 승리를 거두지는 못했습니다. 황건적이 비록 강성하다고는 하나 아직 묘당廟堂 즉 조정의 우환이 되기에는 부족합니다. 신이 두려워하는 것은 치수를 하면서 그 근원을 다스리지 못해 하류에서 물이 범람해 수재가 날까 하는 점입니다.

폐하는 어질고 너그럽기 그지없어 결단을 못 내리니 환관들이 권세를 휘두르고 충신이 나아가지 못하고 있는 것입니다. 설령 장각을 효수하고 황건적을 복속시키더라도 신의 우려는 더욱 깊어질 수밖에 없습니다. 이유인 즉 무릇 간사한 소인배와 군자는 조정에 같이 있을 수 없기 때문이

---

135 4흉은 순임금이 쫓아낸 4명의 극악한 죄인으로 공공共工, 환두驩兜, 삼묘三苗, 곤鯀을 말한다. 16상은 전설적인 16명의 덕인을 말한다. 16상은 백분伯奮, 중감仲堪, 숙헌叔獻, 계중季仲, 백호伯虎, 중웅仲熊, 숙표叔彪, 계리季狸 등의 '8원八元'과 창서蒼舒, 퇴애隤敳, 도인檮戭, 대림大臨, 방강尨降, 정견庭堅, 중용仲容, 숙달叔達 등의 '8개八愷'를 총칭한 말이다.

니 빙탄氷炭이 같은 용기에 담길 수 없는 이치와 같습니다. 소인배는 군자의 공훈이 곧 자신들이 망할 징조라는 것을 알기 때문에 교묘한 말로 서로 도와가며 거짓말을 만들어 내곤 합니다. 거짓을 전파하는 사람이 많아지면 증삼曾參 같은 효자도 의심을 받게 되고 세 사람이 거리에 호랑이가 나타났다고 거짓말을 하면 모든 사람들이 이를 사실로 믿게 되는 것입니다. 만일 자세히 진위를 가리지 않으면 충신은 장차 백기白起가 두우杜郵에서 자진한 것과 같은 비극을 맞을 것입니다.[136] 폐하는 의당 순임금이 4흉을 내친 것을 생각하시어 하루 속히 참언과 아첨을 일삼는 소인배를 주살해야 합니다. 그리 하면 선한 사람들은 조정으로 나아가려 할 것이고 간사한 악인들은 자연 소멸될 것입니다."

조충이 부섭의 상소를 보고 매우 분한 마음을 품었다. 부섭이 황건적을 깨뜨린 공이 매우 커 의당 상을 받아야 했다. 조충이 그를 참소했다. 황제가 부섭의 말을 믿고 죄를 가하지 않았으나 시종 상을 내리지는 않았다.

8) 장만성이 완하宛下하남성 남양현에서 100여 일 가량 머물렀다.

6월, 남양 태수 진힐秦頡이 진격해 장만성을 죽였다.

9) 교지에서 진귀한 보물이 많이 나게 돼 부임하는 자사들마다 청렴치 못했다. 재물을 긁어모을 기회가 많아 부임을 원하는 자들이 매우 많았다. 관민들이 이를 원망해 반기를 들었다. 반적들이 자사와 합포合浦 태수 내달來達을 잡게 되자 두목이 스스로를 주천장군柱天將軍이라고 칭했다.

3부三府에서 경현京縣 현령 동군인 가종賈琮을 교지자사로 선발했다. 가종이 현지에 부임해 백성들에게 반기를 든 원인을 묻자 모두 입을 모아

136 전국시대 진秦나라의 명장 백기는 장평長平의 싸움에서 혁혁한 공을 세웠다. 후에 재상인 범수范雎와 의견이 맞지 않아 그의 참소로 인해 자진을 하게 됐다.

말했다.

"부역과 세금이 너무 과중해 녹아나지 않은 자가 없습니다. 경성은 멀고 하소연할 곳은 없는데다 살길 또한 막막해 도적이 된 것입니다."

가종이 곧 포고문을 돌려 백성들이 각자 안심하고 생업에 종사할 수 있도록 다독이며 각종 요역을 면제해 주었다. 또한 백성에게 가혹하게 군 자들을 참형에 처하고 자질이 뛰어난 관원들을 선발해 각 현을 맡아 다스리도록 했다. 1년도 안 돼 난이 평정되고 백성들의 생업도 안정되자 거리마다 그를 칭송하는 노래가 흘러나왔다.

"가부賈父가 늦게 와 반기를 들게 했지. 지금 태평하다고 해 관리들이 밥 먹을 자격이 있나!"

10) 황보숭과 주준이 승세를 몰아 여남과 진국陳國의 황건적을 토벌했다. 양적陽翟에서 파재를 추격하고 서화西華에서 팽탈彭脫을 공격해 그들을 모두 깨뜨리자 나머지 황건적들이 일부는 투항하고 일부는 도주했다. 3개 군이 모두 평정됐다.

황보숭이 상서해 보고하자 전공이 주준에게 돌아갔다. 주준이 서향후西鄉侯에 봉해진 뒤 천진적중랑장遷鎭賊中郎將에 임명됐다. 황보숭에게는 동군의 황건적을, 주준에게는 남양의 황건적을 토벌하라는 조령이 내려졌다.

북중랑장 노식은 계속된 싸움에서 장각을 잇달아 깨뜨렸다. 목을 베거나 포로로 잡는 참획斬獲을 한 적의 숫자가 1만여 명에 달했다. 장각 등이 도주해 광종廣宗을 지키자 노식은 보루를 쌓고 참호를 판 뒤 공성용 사다리인 운제雲梯를 만들어 적을 공략하려 했다. 황제가 소황문 좌풍左豐을 보내 군사를 시찰하도록 하자 어떤 사람이 노식에게 뇌물을 건넬 것을 권했다. 노식이 대답하지 않자 좌풍이 돌아가 노식을 참소했다.

"광종의 황건적은 쉽게 격파될 수 있는데도 노중랑장은 오직 영채에서 휴식을 취하며 적이 스스로 소멸되길 기다리고 있습니다."

황제가 대로해 함거를 보내 노식을 경성으로 압송하게 했다. 노식을 감일등減一等해 방면한 뒤 동중랑장 농서隴西 출신 동탁董卓을 보내 노식을 대신하게 했다.

11) 파군의 장수張修가 요술로 병자들을 치료했다. 그 수법이 장각과 유사했다. 병을 치료하려는 자는 모두 5두미五斗米를 내야 했다. 그에게 '오두미사五斗米師'라는 별칭이 붙었다.

가을 7월, 장수가 무리를 모아 반기를 든 뒤 인근 군현을 약탈했다. 당시 사람들이 이들을 '미적米賊'이라고 불렀다.

12) 8월, 황보숭이 황건적과 창정蒼亭산동성 범현에서 교전하면서 두목인 복사卜巳를 포획했다. 동탁은 장각을 쳤으나 전과가 없어 처벌을 받았다.

8월 3일, 조서를 내려 황보숭에게 장각을 치도록 명했다.

13) 9월, 안평국安平國하북성 기현의 왕 유속劉續이 대역부도의 죄로 몰려 참살되고 봉국이 폐지됐다.

전에 황제는 유속이 황건적에게 포로가 됐을 때 돈을 주어 그를 귀환시킨 뒤 그의 봉국을 회복시켜 주려 했다. 의랑 이섭李燮이 저지했다.

"유속은 번국을 지키면서 직책을 칭하지 않고 조정의 명예를 훼손시켰으니 그의 봉국을 회복시켜 주어서는 안 됩니다."

조정이 이를 듣지 않자 이섭은 오히려 황제의 종친을 비방한 죄목으로 좌교左校로 보내져 복역하게 됐다. 1년도 안 돼 유속이 참살되고 이섭이 복직되자 경성에 이런 말이 나돌았다.

"아비는 황제를 세우려 하지 않고, 자식은 번왕을 세우려 하지 않는다!"[137]

---

137 요언에 나오는 아비는 환제를 의미한다. 자식을 두지 못한 것을 지적하는 것이고 자

14) 겨울 10월, 황보숭이 장각의 동생 장량과 광종에서 교전했으나 장량의 부대가 정예하고 용감해 제압할 길이 없었다. 다음 날 영채의 문을 닫고 군사들을 쉬게 한 뒤 적의 동태를 살핀 즉 적들이 조금씩 해이해지는 것을 알아채고 밤에 몰래 병마를 정돈해 두었다가 새벽닭이 울 때를 기다려 적진을 쳤다. 황혼 때까지 계속된 전투에서 적군을 대파했다. 장량의 목을 포함해 3만 명의 수급을 얻었다. 이때 강을 건너다 빠져 죽은 자만도 5만 명에 달했다. 장각은 이미 병사했기 때문에 부관육시剖棺戮尸한 뒤 그 수급을 경성으로 보냈다.

11월, 황보숭이 하곡양下曲陽하북성 진현에서 장각의 동생 장보를 공격해 장보의 목을 벤 뒤 10여만 명을 참획했다. 황보숭을 좌거기장군左車騎將軍·영형주목領荊州牧에 임명하고 괴리후槐里侯에 봉했다.

황보숭은 병사들에게 매우 따듯하게 대해 주었다. 매번 행군할 때마다 쉬게 하고, 영채가 건립된 뒤에야 막사로 돌아온 것은 물론 사병이 모두 밥을 먹은 뒤에야 비로소 밥을 먹었다. 가는 곳마다 이기게 된 것은 이 때문이다.

15) 북지의 선령강족先零羌族과 부한枹罕감숙성 하도현 및 하관河關하도현 서쪽의 도적들이 함께 반기를 드는 조반造反을 했다. 이들은 자신들을 지원하고 나선 황중湟中청해성 청해호의 호인胡人 수령 북궁백옥北宮伯玉을 왕으로 세우고 이문후李文侯를 장군으로 삼은 뒤 호강교위護羌校尉 영정泠征을 죽였다. 금성金城 출신 변장邊章과 한수韓遂는 서주西州에서 평소 명망이 높았다. 반적들이 이들을 유인하고 협박하는 유겁誘劫을 해 군정을 담당하게 만들었다. 이어 이들은 금성 태수 진의陳懿를 죽이고 인근 주군을 분탕질했다.

식은 영제를 가리킨다. 유속이 참살된 것을 지적하는 것이다.

원래 무위武威감숙성 무위현 태수는 권귀에 기대어 전횡을 하면서 방자하고 탐학貪虐하기 그지없었다. 양주종사凉州從事 무도武都 출신 소정화蘇正和가 그의 죄를 추궁했다. 자사 양곡梁鵠은 책임을 추궁당할 것을 두려워한 나머지 소정화를 죽여 자신의 책임을 면탈하려 했다. 한양장사漢陽長史 돈황 출신 갑훈蓋勳을 찾아가 자문을 구했다. 갑훈은 평소 소정화와 사적인 구원이 있었다. 어떤 사람이 갑훈에게 이 기회를 틈 타 보복할 것을 권하자 갑훈이 고개를 가로저었다.

"일을 꾸며 선한 사람을 죽이는 것은 충직하지 못한 짓이고 사람의 위기를 이용하는 것은 어질지 못한 짓이다."

갑훈이 양곡을 만류했다.

"무릇 사람이 매를 키우는 것은 사냥감을 잡고자 하기 때문이오. 사냥감을 잡은 뒤 매를 삶아 먹으려 한다면 매를 키워 무슨 소용이 있겠소?"

양곡이 소정화를 죽이려는 생각을 버렸다. 소정화가 유훈에게 가 사례謝禮를 표시하려고 하자 갑훈이 만나기를 거부했다.

"나는 양사군梁使君을 위해 모사謀事를 한 것이지 소정화 개인을 위해 한 게 아니오."[138]

그는 예전과 다름없이 소정화에 대한 구원을 풀지 않았다.

후임 자사 좌창左昌은 군량미 수만 석을 횡령하려고 하자 갑훈이 이를 말렸다. 좌창이 화가 나 갑훈과 종사 신증辛曾, 공상孔常 등을 아양阿陽감숙성 정녕현에 별도로 주둔시켜 반적을 막게 했다. 좌창은 갑훈이 반적을 제대로 막지 못하면 이를 구실로 갑훈을 죄주려고 했으나 갑훈은 여러 차례에 걸쳐 전공을 세웠다.

138 '사군'은 한나라 때 불린 자사에 대한 별칭이다. 한나라 이후 이 말은 주군의 장관에 대한 존칭어로 통용됐다.

북궁백옥이 금성을 공격했을 때 갑훈은 좌창에게 금성을 구원할 것을 권했으나 좌창이 듣지 않았다. 금성 태수 진의가 죽은 뒤 변장 등이 기현冀縣에 진주해 좌창을 포위하자 좌창이 갑훈 등에게 자신을 구원해 줄 것을 요청했다. 신중 등이 머뭇거리며 출병하려 하지 않자 갑훈이 화를 냈다.

"예전에 장가莊賈가 출동 시기를 늦추는 바람에 사마양저司馬穰苴가 칼을 빼 그를 죽였소. 어찌 오늘의 종사가 옛날의 감군監軍보다 중요하다고 생각할 수 있겠소?"[139]

신중 등이 두려운 나머지 그의 말을 따랐다. 갑훈이 기현에 도착해 변장 등에게 나라를 배반한 죄를 추궁하자 변장 등이 입을 모아 변명했다.

"좌사군이 만일 일찍이 당신의 말을 들어 군사를 이끌고 우리에게 왔다면 우리가 잘못을 뉘우칠 수도 있었을 것이오. 지금 우리가 범한 죄가 이미 중하니 투항할 수 없소."

끝내 포위를 풀고 돌아갔다.

반기를 든 강족이 관부의 목축장에서 교위 하육夏育을 포위하자 갑훈이 주군州郡의 병사들과 합세해 하육을 구원해냈다. 호반狐盤감숙성 감곡현에 도착해서는 강족과의 교전에서 패배해 갑훈의 군사는 채 100명도 남지 않게 됐고, 갑훈 역시 몸에 세 군데나 상처를 입게 됐다. 강족이 몰려오자 갑훈이 가만히 앉아 움직이지 않은 채 길 옆의 나무표지를 가리키

139 춘추시대인 기원전 6세기 무렵 연나라와 진晉나라가 연합해 제나라에 침범한 적이 있었다. 『사기』「사마양저열전」에 따르면 당시 제나라의 경공景公은 사마양저를 장군으로 삼아 군사를 이끌고 가 적을 막게 하고 총신인 장가로 하여금 감군을 당당하게 했다. 사마양저와 장가가 아침 일찍 만나기로 서로 약속했으나 황혼이 질 무렵이 되어서야 장가가 나타났다. 당시 장가는 제경공의 총애를 받아 방자하기 그지없었다. 사마양저가 군법에 의거해 그를 참수했다.

며 강족의 병사들에게 당부했다.

"내 주검을 저곳에 옮겨다 주시오."

말을 마치자 강족의 전오滇吾가 병기를 이용해 반군의 군사들을 저지했다.

"어찌 장사야 말로 현인이 아닌가? 너희들 누구라도 그를 죽이면 하늘의 죄를 받을 것이다."

갑훈이 머리를 들어 꾸짖었다.

"당연히 죽어야 할 반적들이 무엇을 안다고 떠드는가? 속히 나를 죽여라."

강족의 반군들이 서로 얼굴을 쳐다보며 크게 놀라자 전오가 말에서 내려 갑훈에게 말을 타고 떠날 것을 권했다. 갑훈이 이를 듣지 않아 이내 포로가 됐다. 강족들이 그의 절의와 용기에 감복해 감히 그를 죽이지 못하고 한양으로 보내주었다.

후임 자사 양옹楊雍이 표문을 올려 강훈을 영領한양태수으로 천거했다.

16) 장만성의 잔당은 새로 조홍趙弘을 두목으로 삼아 세력이 날로 강성해져 무리가 10여만 명에 이르게 됐다. 이때 이들은 완현宛縣하남성 남양시을 점거하고 있었다. 주준과 형주 자사 서구徐璆 등이 합세해 이들을 포위한 뒤 6월에서 8월까지 공격을 가했으나 성을 공략하지 못했다. 해당관원인 유사가 상주해 주준을 소환하려고 하자 사공 장온이 상소했다.

"일찍이 진나라가 백기를 기용하고 연나라가 악의樂毅를 기용했는데도 모두 오랜 시간이 걸려서야 적을 제압할 수 있었습니다.[140] 주준은 이미 영천의 황건적을 쳐 성공을 거둔 뒤 군사를 이끌고 남진했으니 방략이 이

140 악의는 전국시대 연나라의 명장이다. 연나라의 소왕昭王 시절 아경亞卿에 임명돼 기원전 284년 군사를 이끌고 가 제나라를 대파하고 70여개의 성을 빼앗았다.

미 정해져 있습니다. 전장에서 장군을 바꾸는 것은 병가의 대기大忌입니다. 의당 시일의 말미를 주어 승전을 독려해야 할 것입니다."

황제가 주준의 소환을 멈추게 했다. 마침내 주준이 진격해 조홍의 목을 베었으나 반적의 수령 한충韓忠이 다시 완현을 탈취해 주준에게 저항했다. 주준이 다시 전고를 울리며 진공해 완현의 서남쪽을 치자 반적들이 모두 서남쪽으로 달려갔다. 주준이 직접 정예병을 이끌고 적이 생각지 못한 장소와 시간에 문득 출격하는 출기불의出其不意로 성의 동북쪽에서 성을 넘어 들어갔다.[141] 한충이 작은 성으로 물러나 저항하다가 두려운 나머지 항복을 구했다. 모든 제장이 한충의 항복을 받아들이려고 하자 주준이 반대했다.

"전쟁은 본래 모양은 비록 같을지라도 그 내용은 모두 다른 것이오. 옛날 진나라 말기에 항우項羽가 항복한 자들에게 상을 주며 투항을 권한 것은 백성들이 의당 모실 군주가 없었기 때문이었소. 지금은 해내가 통일됐는데 오직 황건적만이 조반한 것이오. 만일 투항을 받아들이면 곧 반적의 마음을 조장하는 셈이 되는 것이니 반적은 유리하면 곧 싸울 것이고 불리하면 또 항복을 구할 것이오. 이는 결국 반적들을 조장하는 것이나 마찬가지이니 좋은 계책이 아니오."

급히 적진을 맹공했으나 거듭된 싸움에도 불구하고 이기지 못했다. 주준이 토산에 올라 적진을 보고 사마 장초張超에게 말했다.

"이제야 그 원인을 알겠소. 반적은 지금 삼엄한 포위 속에 갇혀 있어 내부의 사정이 급박하오. 항복은 받아들여지지 않고 나가고 싶어도 그럴

141 '출기불의'는 상대방이 전혀 예상치 못한 곳을 기습하는 것을 말한다. 『손자병법』에 이와 유사한 의미를 지닌 '공기무비攻其無備', '공기불수攻其不守', '공기불계攻其不戒', '출기필추出其必趨', '추기불의趨其不意' 표현이 나온다. 사서인 『남제서南齊書』에 나오는 '엄기불비掩其不備도 같은 의미이다.

수 없으니 결사항전으로 나서고 있는 것이오. 만일 군사 1만 명이 한마음이 되면 이길 수 없는데 하물며 10만 명의 군사이니 말할 것도 없는 것이오. 차라리 포위를 푼 뒤 재차 공격함만 못하오. 한충은 포위가 풀리는 것을 보고 반드시 나오려고 할 것이고 나오게 되면 결국 반적들의 투지가 줄어들 것이오. 이것이 바로 적을 깨는 방법이었소."

곧 포위를 풀자 한충이 과연 성을 나와 교전에 임했다. 주준이 이 기회를 노려 총공격을 해 적을 대파하고 1만여 명의 수급을 얻었다. 남양 태수 진힐이 한충의 목을 베었으나 나머지 잔당들이 또 손하孫夏를 두목으로 삼고 완현의 성 안으로 들어가 저항했다. 주준이 다시 성에 맹공을 가할 때 사마 손견孫堅이 군사를 이끌고 와 앞장서 성벽을 기어올랐다.

11월 22일, 완현의 성을 격파하자 손하가 달아났다. 주준이 서악西鄂하남성 남소현의 정산精山까지 쫓아가 손하의 잔당을 깨고 다시 1만여 명의 수급을 얻었다. 황건적의 잔당이 모두 궤멸되고 여타의 잔병도 각 주군에서 잡혀 주살됐다. 매 주군마다 대략 수천 명의 수급을 베었다.

17) 12월 29일, 천하에 대사령을 내리고 연호를 중평中平으로 바꿨다.

18) 예주 자사 태원太原 출신 왕윤王允이 황건적을 치는 와중에 중상시 장양의 빈객이 황건적과 교신한 서신을 손에 넣어 이를 황제에게 올렸다. 황제가 노해 장양을 크게 꾸짖자 장양이 머리를 찧으며 죄를 청해 치죄를 당하지는 않았다.

장양이 왕윤에게 앙심을 품고 다른 사건으로 왕윤을 참소하자 마침내 왕윤이 하옥됐다가 대사령이 내려진 덕으로 자사에 복귀할 수 있게 됐다. 사면된 지 10일 만에 또다시 다른 죄목으로 하옥될 상황에 처하게 됐다. 양사楊賜가 왕윤이 거듭 하옥돼 굴욕을 당하게 할 수는 없다고 생각해 사람을 왕윤에게 보내 충고의 말을 전하게 했다.

"군은 장양의 일로 1달 내에 두 번이나 하옥되는 것이오. 그의 간특함을 헤아릴 수 없으니 다시 한 번 깊이 생각해 처신하길 바라오."

그때 왕윤의 종사들이 모두 눈물을 흘리며 독약을 들고 그에게 왔다. 왕윤이 엄한 어조로 이들을 꾸짖었다.

"나는 신하 된 몸으로 군주에게 죄를 얻어 죽는 것이니 의당 정식처결을 받은 뒤 그 사실이 천하에 공표되어야 한다. 어찌 독약으로 자진할 수 있겠는가?"

왕윤이 독이 든 잔을 집어던진 뒤 분연히 일어나 함거에 올라탔다. 왕윤이 정위에 도착하자 대장군 하진과 양사 및 원회 등이 함께 상소해 간신히 그의 사죄死罪를 면제받게 했다.

* 孝靈皇帝中平元年

春, 角弟子濟南唐周上書告之. 於是收馬元義, 車裂於雒陽. 詔三公·司隸案驗宮省直衛及百姓有事角道者, 誅殺千餘人. 下冀州逐捕角等. 角等知事已露, 晨夜馳敕諸方, 一時俱起, 皆著黃巾以為標幟, 故時人謂之"黃巾賊." 二月, 角自稱天公將軍, 角弟寶稱地公將軍, 寶弟梁稱人公將軍, 所在燔燒官府, 劫略聚邑, 州郡失據, 長吏多逃亡. 旬月之間, 天下響應, 京師震動. 安平·甘陵人各執其王應賊.

三月, 戊申, 以河南尹何進為大將軍, 封愼侯, 率左右羽林·五營營士屯都亭, 修理器械, 以鎮京師. 置函谷·太谷·廣成·伊闕·轘轅·旋門·孟津·小平津八關都尉. 帝召群臣會議. 北地太守皇甫嵩以為宜解黨禁, 益出中藏錢·西園廏馬以班軍士. 嵩, 規之兄子也. 上問計於中常侍呂強, 對曰, "黨錮久積, 人情怨憤, 若不赦宥, 輕與張角合謀, 為變滋大, 悔之無救. 今請先誅左右貪濁者, 大赦黨人, 料簡刺史·二千石能否, 則盜無不平矣." 帝懼而從之. 壬子, 赦天下黨人, 還諸徙者. 唯張角不赦. 發天下精兵, 遣北中郎將盧植討張角, 左中郎將皇甫嵩·右中郎將朱儁討穎川黃巾.

是時中常侍趙忠·張讓·夏惲·郭勝·段珪·宋典等皆封侯貴寵, 上常言曰, “張常侍是我公, 趙常侍是我母.” 由是宦官無所憚畏, 並起第宅, 擬則宮室. 上嘗欲登永安候台, 宦官恐望見其居處, 乃使中大人尙但諫曰, “天子不當登高, 登高則百姓虛散.” 上自是不敢復升台榭. 及封諝·徐奉事發, 上詰責諸常侍曰, “汝曹常言黨人欲為不軌, 皆令禁錮, 或有伏誅者. 今黨人更為國用, 汝曹反與張角通, 為可斬未?” 皆叩頭曰, “此王甫·侯覽所為也!” 於是諸常侍人人求退, 各自征還宗親·子弟在州郡者. 趙忠·夏惲等遂共譖呂強, 雲與黨人共議朝廷, 數讀霍光傳. 強兄弟所在並皆貪穢. 帝使中黃門持兵召強. 強聞帝召, 怒曰, “吾死, 亂起矣! 丈夫欲盡忠國家, 豈能對獄吏乎!” 遂自殺. 忠·惲復譖曰, “強見召, 未知所問而就外自屏, 有奸明審.” 遂收捕其宗親, 沒入財產. 侍中河內向栩上便宜, 譏刺左右. 張讓誣栩與張角同心, 欲為內應, 收送黃門北寺獄, 殺之. 郎中中山張鈞上書曰, “竊惟張角所以能興兵作亂, 萬民所以樂附之者, 其源皆由十常侍多放父兄·子弟·婚親·賓客典據州郡, 辜椎財利, 侵掠百姓, 百姓之冤, 無所告訴, 故謀議不軌, 聚為盜賊. 宜斬十常侍, 縣頭南郊, 以謝百姓, 遣使者布告天下, 可不須師旅而大寇自消.” 帝以鈞章示諸常侍, 皆免冠徒跣頓首, 乞自致雒陽詔獄, 並出家財以助軍費. 有詔, 皆冠履視事如故. 帝怒鈞曰, “此真狂子也! 十常侍固當有一人善者不!” 御史承旨, 遂誣奏鈞學黃巾道, 收掠, 死獄中.

庚子, 南陽黃巾張曼成攻殺太守褚貢.

帝問太尉楊賜以黃巾事, 賜所對切直, 帝不悅. 夏, 四月, 賜坐寇賊免. 以太僕弘農鄧盛為太尉. 已而帝閱錄故事, 得賜與劉陶所上張角奏, 乃封賜為臨晉侯, 陶為中陵鄉侯.

司空張濟罷. 以大司農張溫為司空.

皇甫嵩·朱俊合將四萬餘人, 共討潁川, 嵩·俊各統一軍. 俊與賊波才戰, 敗. 嵩進保長社.

汝南黃巾敗太守趙謙於邵陵. 廣陽黃巾殺幽州刺史郭勳及太守劉衛.

波才圍皇甫嵩於長社. 嵩兵少, 軍中皆恐. 賊依草結營, 會大風, 嵩約敕軍士皆束苣乘城, 使銳士間出圍外, 縱火大呼, 城上舉燎應之, 嵩從城中鼓噪而出, 奔擊賊陳, 賊驚亂, 奔走. 會騎都尉沛國曹操將兵適至, 五月, 嵩·操與朱俊合軍, 更與賊戰, 大破之, 斬首數萬級. 封嵩都鄉侯.

操父嵩, 為中常侍曹騰養子, 不能審其生出本末, 或雲夏侯氏子也. 操少機警, 有權數, 而任俠放蕩, 不治行業. 世人未之奇也, 唯太尉橋玄及南陽何顒異焉. 玄謂操曰, "天下將亂, 非命世之才, 不能濟也. 能安之者, 其在君乎!" 顒見操, 歎曰, "漢家將亡, 安天下者, 必此人也." 玄謂操曰, "君未有名, 可交許子將." 子將者, 訓之從子劭也, 好人倫, 多所賞識, 與從兄靖俱有高名, 好共覈論鄉黨人物, 每月輒更其品題, 故汝南俗有月旦評焉. 嘗為郡功曹, 府中聞之, 莫不改操飾行. 曹操往造劭而問之曰, "我何如人?" 劭鄙其為人, 不答. 操乃劫之, 劭曰, "子, 治世之能臣, 亂世之奸雄." 操大喜而去.

朱俊之擊黃巾也, 其護軍司馬北地傅燮上疏曰, "臣聞天下之禍不由於外, 皆興於內. 是故虞舜先除四凶, 然後用十六相, 明惡人不去, 則善人無由進也. 今張角起於趙·魏, 黃巾亂於六州, 此皆釁發蕭牆而禍延四海者也. 臣受戎任, 奉辭伐罪, 始到潁川, 戰無不克. 黃巾雖盛, 不足為廟堂憂也. 臣之所懼, 在於治水不自其源, 末流彌增其廣耳. 陛下仁德寬容, 多所不忍, 故閹豎弄權, 忠臣不進. 誠使張角梟夷, 黃巾變服, 臣之所憂, 甫益深耳. 何者? 夫邪正之人不宜共國, 亦猶冰炭不可同器. 彼知正人之功顯而危亡之兆見, 皆將巧辭飾說, 共長虛偽. 夫孝子疑於屢至, 市虎成於三夫, 若不詳察真偽, 忠臣將復有杜郵之戮矣! 陛下宜思虞舜四罪之舉, 速行讒佞之誅, 則善人思進, 奸凶自息." 趙忠見其疏而惡之. 燮擊黃巾, 功多當封, 忠譖訴之. 帝識燮言, 得不加罪, 竟亦不封.

張曼成屯宛下百餘日. 六月, 南陽太守秦頡擊曼成, 斬之.

交趾土多珍貨, 前後刺史多無清行, 財計盈給, 輒求遷代, 故吏民怨叛, 執刺史及合浦太守來達, 自稱柱天將軍. 三府選京令東郡賈琮為交趾刺史. 琮到部, 訊其反狀, 咸言"賦斂過重, 百姓莫不空單. 京師遙遠, 告冤無所, 民不聊生, 故聚為盜賊." 琮即移書告示, 各使安其資業, 招撫荒散, 蠲復徭役, 誅斬渠帥為大害者, 簡選良吏試守諸縣, 歲間蕩定, 百姓以安. 巷路為之歌曰, "賈父來晚, 使我先反. 今見清平, 吏不敢飯!"

皇甫嵩·朱儁乘勝進討汝南·陳國黃巾, 追波才於陽翟, 擊彭脫於西華, 並破之, 餘賊降散, 三郡悉平. 嵩乃上言其狀, 以功歸儁, 於是進封儁西鄉侯, 遷鎮賊中郎將. 詔嵩討東郡, 儁討南陽.

北中郎將盧植連戰破張角, 斬獲萬餘人, 角等走保廣宗. 植築圍鑿塹, 造作雲梯, 垂當拔之. 帝遣小黃門左豐視軍, 或勸植以賂送豐, 植不肯. 豐還, 言於帝曰, "廣宗賊易破耳, 盧中郎固壘息軍, 以待天誅." 帝怒, 檻車征植, 減死一等. 遣東中郎將隴西董卓代之.

巴郡張脩以妖術為人療病, 其法略與張角同, 令病家出五斗米, 號"五斗米師." 秋, 七月, 脩聚眾反, 寇郡縣. 時人謂之"米賊."

八月, 皇甫嵩與黃巾戰於蒼亭, 獲其帥卜巳. 董卓攻張角無功, 抵罪. 己巳, 詔嵩討角.

九月, 安平王續坐不道, 誅, 國除. 初, 續為黃巾所虜, 國人贖之得還, 朝廷議復其國. 議郎李燮曰, "續守籓不稱, 損辱聖朝, 不宜復國." 朝廷不從. 燮坐謗毀宗室, 輸作左校, 未滿歲, 王坐誅, 乃復拜議郎. 京師為之語曰, "父不肯立帝, 子不肯立王."

冬, 十月, 皇甫嵩與張角弟梁戰於廣宗, 梁眾精勇, 嵩不能克. 明日, 乃閉營休士以觀其變, 知賊意稍懈, 乃潛夜勒兵, 雞鳴, 馳赴其陳, 戰至晡時, 大破之, 斬梁, 獲首三萬級, 赴河死者五萬許人. 角先已病死, 剖棺戮屍, 傳首京師. 十一月, 嵩復攻角弟寶於下曲陽, 斬之, 斬獲十餘萬人. 即拜嵩為左車騎將軍領冀州牧, 封槐里侯. 嵩能溫恤士卒, 每軍行頓止, 須營幔修立, 然後就捨, 軍士皆食, 爾乃嘗飯, 故所向有功.

北地先零羌及枹罕·河關群盜反, 共立湟中義從胡北宮伯玉·李文侯為將軍, 殺護羌校尉泠征. 金城人邊章·韓遂素著名西州, 群盜誘而劫之, 使專任軍政, 殺金城太守陳懿, 攻燒州郡.

初, 武威太守倚恃權貴, 恣行貪暴, 涼州從事武都蘇正和案致其罪. 刺史梁鵠懼, 欲殺正和以免其負, 訪於漢陽長史敦煌蓋勳. 勳素與正和有仇, 或勸勳因此報之, 勳曰, "謀事殺良, 非忠也. 乘人之危, 非仁也." 乃諫鵠曰, "夫紲食鷹隼, 欲其鷙也. 鷙而亨之, 將何用哉!" 鵠乃止. 正和詣勳求謝, 勳不見, 曰, "吾為梁使君謀, 不為蘇正和也." 怨之如初. 後刺史左昌盜軍穀數萬, 勳諫之. 昌怒, 使勳與從事辛曾·孔常別屯阿陽以拒賊, 欲因軍事罪之. 而勳數有戰功. 及北宮伯玉之攻金城也, 勳勸昌救之, 昌不從. 陳懿既死, 邊章等進圍昌於冀. 昌召勳等自救, 辛曾等疑不肯赴, 勳怒曰, "昔莊賈後期, 穰苴奮劍. 今之從事, 豈重於古之監軍乎!" 曾等懼而從之. 勳至冀, 誚讓章等以背叛之罪. 皆曰, "左使君若早從君言, 以兵臨我, 庶可自改. 今罪已重, 不得降也.” 乃解圍去. 叛羌圍校尉夏育於畜官, 勳與州郡合兵救育, 至狐槃, 為羌所敗. 勳餘衆不及百人, 身被三創, 堅坐不動, 指木表曰, “屍我於此!” 句就種羌滇吾以兵扞衆曰, “蓋長史賢人, 汝曹殺之者為負天.” 勳仰罵曰, “死反虜, 汝何如, 促來殺我!” 衆相視而驚. 滇吾下馬與勳, 勳不肯上, 遂為羌所執. 羌服其義勇, 不敢加害, 送還漢陽. 後刺史楊雍表勳領漢陽太守.

張曼成餘黨更以趙弘為帥, 衆復盛, 至十餘萬, 據宛城. 朱俊與荊州刺史徐璆等合兵圍之, 自六月至八月不拔. 有司奏征俊, 司空張溫上疏曰, “昔秦用白起, 燕任樂毅, 皆曠年歷載, 乃能克敵. 俊討潁川已有功效, 引師南指, 方略已設. 臨軍易將, 兵家所忌, 宜假日月, 責其成功.” 帝乃止. 俊擊弘, 斬之. 賊帥韓忠復據宛拒俊, 俊鳴鼓攻其西南, 賊悉衆赴之. 俊自將精卒掩其東北, 乘城而入. 忠乃退保小城, 惶懼乞降. 諸將皆欲聽之, 俊曰, “兵固有形同而勢異者. 昔秦·項之際, 民無定主, 故賞附以勸來耳. 今海內一統, 唯黃巾造逆. 納降無以勸善, 討之足以懲惡. 今若受之, 更開逆意, 賊利則進戰, 鈍則乞降, 縱敵長寇, 非良計也.” 因急攻, 連戰不克. 俊登土山望之, 顧謂司馬張超曰, “吾知之矣. 賊今外圍周固, 內營逼急, 乞降不受, 欲出不得, 所以死戰也. 萬人一心, 猶不可當, 況十萬乎! 不如徹圍, 並兵入城, 忠見圍解, 勢必自出. 自出則意散, 易破之道也.” 既而解圍, 忠果出戰, 俊因擊, 大破之, 斬首萬餘級. 南陽太守秦頡殺忠, 餘衆復奉孫夏為帥, 還屯宛. 俊急攻之, 司馬孫堅率衆先登. 癸巳, 拔宛城. 孫夏走, 俊追至西鄂精山, 復破之, 斬萬餘級. 於是黃巾破散, 其餘州郡所誅, 一郡數千人. 十二月, 己巳, 赦天下, 改元.

豫州刺史太原王允破黃巾, 得張讓賓客書, 與黃巾交通, 上之. 上責怒讓. 讓叩頭陳謝, 竟亦不能罪也. 讓由是以事中允, 遂傳下獄,會赦, 還為刺史. 旬日間, 復以它罪被捕. 楊賜不欲使更楚辱, 遣客謝之曰, "君以張讓之事, 故一月再征, 凶慝難量, 幸為深計!" 諸從事好氣決者, 共流涕奉藥而進之. 允厲聲曰, "吾為人臣, 獲罪於君, 當伏大辟以謝天下, 豈有乳藥求死乎!" 投杯而起, 出就檻車. 既至廷尉, 大將軍進與楊賜·袁隗共上疏請之, 得減死論.

한영제 중평 2년(AD 185)

1) 봄 정월, 크게 전염병이 돌았다.

2) 2월 10일, 남궁의 운대雲臺에서 불이 난 데 이어 다음날도 악성문樂城門에서 화재가 났다.

중상시 장양과 조충이 황제에게 전부田賦를 징수할 때 매 무畝마다 일률적으로 10전씩 거두어 궁실을 보수하고 동인銅人을 주조할 것을 권했다. 낙안樂安산동성 박흥현 태수 육강陸康이 상소했다.

"예전에 노나라의 선공宣公은 전부징세로 인해 메뚜기의 유충인 누리새끼의 재해인 연재蝝災를 불러들였고 애공哀公은 부세賦稅를 증가하려다 공자의 비난을 받았습니다. 어찌 백성의 재물로 궁실을 조영하고 쓸모없는 동인을 만들려 하는 것입니까? 이는 성인의 훈계를 버리고 스스로 망국의 군왕을 본받는 것입니다."

환관들이 육강이 망국의 군왕을 예로 들어 성명한 황제를 모욕함으로써 대불경죄大不敬罪를 범했다고 참언했다. 육강이 함거에 실려 정위로 압송되어 왔다. 시어사 유대劉岱가 상소해 그의 무죄를 주장함으로써 육강이 겨우 죄를 면해 고향집으로 돌아오게 됐다. 육강은 육속陸續의 손자였다.

조령으로 각 주군에서 좋은 목재와 무늬돌인 문석文石을 징발해 경성으로 보내도록 했다. 황문 상시들이 궁문 앞에서 불합격을 놓은 뒤 값을 깎아 원가의 10분의 1이 안 되는 헐값으로 팔게 했다. 환관들은 모아둔 목재를 다시 각 주군의 관리에게 되팔았다. 주군의 관리가 다시 이들 목재를 보내면 환관들은 이를 곧바로 접수하지 않고 다시 목재가 썩었다고 핑계를 대어 받아들이지 않았다. 궁실이 몇 년이 지나도 세워지지 않게 됐다. 자사와 태수들도 사사로이 부세를 증가시켜 백성들의 입에서는 저절로 한숨소리가 새어나왔다. 서원西園의 관원들을 각지로 내려가 징발을 독촉하게 하자 각 주군마다 죄를 얻을까 두려워한 나머지 허다한 뇌물을 쓰게 됐다.

자사와 2천석의 관리, 무재茂才, 효렴 등의 승진과 임명 시에도 군비 지원 또는 궁궐 수리비 등의 명목으로 헌납을 요구받았다. 큰 군의 경우는 2천-3천만 전에 달했고 나머지 군은 그 크기 등에 따라 액수가 달랐다. 부임하는 관리들은 모두 먼저 서원이 배정한 액수에 따라 돈을 낸 연후에 부임할 수 있었다. 청렴한 인사들은 아예 사직하고 부임하지 않으려 했으나 그들 또한 부임을 강요받았다.

당시 거록鉅鹿 태수 하내河內 출신 사마직司馬直이 새로 임명을 받았다. 그는 청렴하기로 소문이 나 300만 전으로 그 액수가 감액됐다. 사마직이 임명조서를 받은 뒤 처연하게 말했다.

"관원이 되는 것은 본래 백성의 부모가 되는 것인데 오히려 백성의 거죽을 베껴 시류에 영합해야 하니 나는 견딜 수 없다."

병을 칭병하고 사직했으나 비준을 얻지 못했다. 그는 부임 차 가다가 맹진孟津에 이르러 이런 사실을 낱낱이 글로 써 올린 뒤 약을 먹고 자진했다. 황제가 잠시 궁궐 수리비 명목의 수궁전修宮錢 징수를 멈추게 했다.

3) 장각의 난이 일어난 후 해내의 각지에서 도적들이 일시에 일어났다. 박릉博陵 출신 장우각張牛角과 상산常山 출신 저비연褚飛燕을 비롯해 황룡黃龍과 좌교左校, 우저근于氐根, 장백기張白騎, 유석劉石, 좌자문팔左髭

文八, 평한대계平漢大計, 사례연성司隸緣城, 뇌공雷公, 부운浮雲, 백작白雀, 양봉楊鳳, 우독于毒, 오록五鹿, 이대목李大目, 백요白繞, 휴고眭固, 고추苦蝤 등 셀 수 없을 만큼 많은 세력이 나타났다. 큰 무리는 2만–3만, 작은 무리는 6천–7천 명에 이르렀다.

장우각과 저비연이 연합군을 만들어 영도癭陶를 치다가 장우각이 유시流矢에 맞아 죽게 되자 자신의 무리에게 저비연을 수령으로 모실 것을 명한 뒤 저비연에게는 성을 장씨로 바꾸도록 당부했다. 장비연의 본명은 저연褚燕이다. 그는 용맹한데다 나다니는 것이 나는 것 같이 빨라 무리들이 '비연飛燕'이라고 불렀다. 산곡에 근거를 둔 도적들 대다수가 차례로 그에게 귀부하자 그 규모가 매우 커졌다. 이들의 수가 근 100만에 가까워졌을 때 '흑산적黑山賊'으로 불리게 됐다. 하북의 각 군현은 모두 그의 침해를 입었으나 조정은 이들을 토벌할 힘이 없었다.

장비연이 사자를 경성으로 보내 상주문을 올려 항복할 뜻을 밝히자 조정에서는 그를 평난중랑장平難中郎將에 임명해 하북 각 지역 산곡의 일을 관할하게 하고 매년 조정에 효렴과 계리 등을 추천할 수 있는 권한을 부여했다.

5) 사도 원외가 면직됐다.

3월, 정위 최열崔烈을 사도로 삼았다. 최열은 최실崔實의 종형이다.

이때 삼공의 자리는 통상 환관의 허락을 얻어야만 했다. 황제의 유모인 아모阿母는 매관매직으로 얻은 돈을 서원으로 보냈다. 단경과 장온 등은 비록 전공을 세우고 명망이 있었으나 모두 우선 재물을 보냈기에 삼공의 지위에 오를 수 있었다. 사도에 오른 최열은 아모에게 500만 전을 보내 사도가 됐다. 그가 사도에 임명되던 날 천자가 임헌臨軒하자 백관들이 모두 모였다.[142] 황제가 고개를 돌려 측근에게 아쉬운 듯 말했다.

"약간 인색하게 굴지 않은 것이 후회스럽소. 그렇지 않았으면 그 값이

1,000만 전에 달했을 터인데."

정부인이 옆에서 듣고 있다가 최열을 향했다.

"최공은 기주의 명사인데 어찌 돈으로 자리를 사려 했소. 내가 힘을 써 이리 된 것인데 공은 그다지 만족하지 않은 듯하오."

최열이 명예에 큰 상처를 입었다.

6) 이때 양주凉州에서는 병란이 끊이지 않고 일어났으나 조정은 아랑곳 않고 부세징수에 여념이 없었다. 최열은 자신이 의당 양주로 쫓겨 갈 줄 알았다. 조령으로 공경백관에게 이 문제를 의논하게 하자 의랑 부섭이 매서운 어조로 말했다.

"사도 최열을 죽여야만 천하가 겨우 안정할 것입니다."

상서가 부섭이 조정에서 대신을 모욕했다고 상주했다. 황제가 부섭에게 그 이유를 묻자 부섭이 최열을 격렬한 어조로 비판해 대답했다.

"번쾌樊噲는 흉노선우 묵돌冒頓이 패역한 모습을 보이자 의분에 못 이겨 출병을 요구했으니 신하의 도리를 잃지 않았으나 계포季布는 오히려 '번쾌를 죽여야 한다'고 말했습니다. 지금 양주凉州는 천하의 요충지이자 국가의 울타리입니다. 고조는 개국 초기에 역상酈商을 보내 농우隴右를 평정했습니다. 이어 무제가 척경拓境해 4군을 둘 때 이를 논의하는 자들은 이것이 바로 흉노의 오른팔을 자르는 것임을 알았습니다.[143] 지금 지방관의 다스림이 잘못돼 양주에서 반역이 일어났는데 최열은 재상의 몸으로 반란을 평정할 계책은 세우지 않고 오히려 땅을 떼어주자고 주장하니 신은 그를 의구하지 않을 수 없습니다. 만일 호인들이 이곳을 점거할 경

---

142 고대에는 황제가 신하들을 접견할 때에 정전의 옥좌에 앉지 않고 평대平臺 위에 앉아 접견했다. 이를 '임헌'이라고 했다.

143 4군은 주천酒泉, 장액張掖, 무위武威, 돈황敦煌의 4군을 말한다.

우 그들은 용건하고 갑옷 또한 견고한데 작란을 하게 되면 이는 천하의 지극한 재난으로 사직의 깊은 우환이 될 것입니다. 만일 최열이 이를 모르고 말했다면 지극히 아둔한 것이고 고의로 말했다면 이는 불충이 아니겠습니까?"

황제가 부섭의 말이 옳다고 생각해 그의 말을 좇았다.

7) 4월 12일, 커다란 얼음우박이 떨어졌다.

8) 5월, 태위 정성이 파직되고 태복인 하남 출신 장연張延이 태위가 됐다.

9) 6월, 장각을 토벌한 공이 있다고 해 중상시 장양 등 12명을 열후에 봉했다.

10) 가을 7월, 삼보에 황충의 재해가 있었다.

11) 황보숭이 장각을 토벌할 때 업성을 지나면서 중상시 조충의 집이 그 규모가 매우 큰 것을 보고 그의 집을 몰수할 것을 주청했다. 당시 중상시 장양은 황보숭에게 사사로이 5천만 전을 달라고 요청했으나 황보숭이 주지 않았다. 조충과 장양이 입을 모아 황보숭이 잇단 전투에서 전공도 없이 비용만 많이 썼다고 상주했다. 황제가 황보숭을 소환해 좌거기장군의 인수를 빼앗고 녹질을 6천 호로 삭감했다.

8월, 사공 장온을 거기장군에 임명하고 집금오 원방袁滂을 부장군으로 삼았다. 중랑장 동탁을 파로장군破虜將軍에 제수해 탕구장군蕩寇將軍 주신周愼과 함께 장온의 지휘를 받게 했다.

12) 9월, 특진으로 있던 양사를 사공에 임명했다.

겨울 10월 경술庚戌, 임진문열후臨晉文烈侯 양사가 죽었다. 광록대부 허상許相이 사공이 됐다. 허상은 허훈의 아들이다.

13) 간의대부 유도가 상언했다.

"천하가 장각의 난을 맞은 후에 변장의 난을 당했는데 지금 또 서쪽의 강족이 하동河東을 침범하니 이들이 더욱 성해져 경성을 범할까 두렵습니다. 백성은 백방으로 도망갈 생각만 하고 목숨을 걸고 싸울 생각을 안 하고 있습니다. 저들이 점차 밀려와 거기장군 장온이 고립돼 위기에 처해 있으니 그가 지더라도 구원할 길조차 없습니다.

신이 많은 사람들이 싫어하는 것을 여러 번 얘기한 사실을 잘 알고 있음에도 또 다시 말하려는 것은 국가 안녕이 우선돼야 신민臣民이 행복할 수 있고 나라가 위태로우면 신민이 먼저 죽는다는 것을 알기 때문입니다. 신은 지금 가장 중요한 8가지 시국현안을 다시 상언하고자 합니다."

그의 말은 대략 천하대란이 모두 환관들로 인해 일어났다는 것이다. 환관들이 입을 모아 유도를 무함했다.

"전에 장각이 반란을 일으켰을 때 은혜와 위엄으로 조서를 내려 이후 반적들이 모두 뉘우쳤습니다. 지금 사방이 모두 안정돼 있는데 유독 유도가 괴이한 말로 황제의 덕정을 비난하고 조정을 어지럽히고 있습니다. 모든 주군州郡이 이런 일을 보고 하지도 않았는데 유도가 이를 어찌 알겠습니까? 유도가 반적과 내통하는 게 아닌지 의심스럽습니다."

유도를 잡아 황문 북시옥에 가두게 했다. 고문이 날로 심해지자 유도가 황제의 사자에게 유언을 전했다.

"신은 이윤伊尹과 여상呂商을 비롯해 미자微子와 기자箕子 및 비간比干 등 은나라 때 활약한 이른바 3인三仁의 인물과 같은 부류가 되지 못한 것을 한스럽게 생각합니다.[144] 지금 위로는 충성스럽고 정직한 신하를 죽이

144 '이윤伊尹'은 원래 밭을 갈고 있었으나 은나라의 개국조인 탕왕湯王이 3번이나 예를 갖춰 찾아와 도와줄 것을 요청하자 이를 수락하고 은나라를 건국하는 데 결정적인 공헌을 했다. 탕왕 이후에도 태갑太甲과 옥정沃丁에 이르기까지 보좌하며 은나라의 기틀을 확고히 한 은나라 최대의 명신으로 꼽히고 있다. '여상呂尙'은 주무왕을 도와 주나라 건국에 이바지 한 주나라 초기의 명신으로 원래 성은 강姜, 자가 자아子牙이다. 후에 여呂 땅

고 아래로는 백성들을 도탄에 빠지게 한다면 머지 않아 사단이 나게 되면 그 때 후회해도 늦을 것입니다."

그는 스스로 숨을 막고 죽었다. 전 사도 진탐도 위인이 충정해 환관들이 그를 매우 증오했다. 진탐 또한 환관들의 무함에 걸려 옥중에서 죽게 됐다.

14) 장온이 각 지역에서 올라 온 보기步騎보병과 기병 10여만 명을 이끌고 미양美陽섬서성 무공현에 주둔하자 변장과 한수도 미양으로 진군했다. 장온이 그들과 교전했으나 이내 밀리게 됐다.

11월, 동탁이 우부풍인 포홍鮑鴻 등과 합세해 변장 등을 공격해 크게 이겼다. 변장 등이 유중楡中감숙성 유중현으로 달아났다.

장온이 주신에게 보기 3만 명을 이끌고 가 이들을 추살追殺하게 했다. 참군사參軍事 손견이 주신에게 건의했다.

"반적이 점거한 성 안에는 식량이 없으니 밖에서 양식을 구하려 들 것입니다. 제가 보기 1만 명을 이끌고 가 그들의 군량보급로인 양도糧道를 끊을 터이니 장군은 대병을 몰아 그 뒤를 이으면 적들이 반드시 피로와 기아로 감히 싸우지 못하고 강중羌中청해성 동북으로 들어갈 것입니다. 이후 다시 힘을 합쳐 그들을 토벌하면 양주涼州는 곧 평정될 것입니다."

주신이 이 말을 듣지 않고 군사를 이끌고 가 유중성을 포위하자 변장과 한수는 군사를 나눠보내 규원협葵園峽을 봉쇄함으로써 오히려 주신의 양도를 끊으려 했다. 놀란 주신이 치중輜重을 버리고 철퇴했다.[145]

에 봉해져 상보尙父 또는 태공太公으로 존칭됐기에 후대에 '강태공', '태공망', '여망', '여아呂牙' 등으로 불리게 됐다. '삼인三仁'은 공자가 칭송한 은대의 어진 인물로 미자微子와 기자箕子, 비간比干 등 세 사람을 지칭한다. 미자는 은왕 주紂가 포악한 것을 보고 떠났고 기자와 비간은 끝까지 간하다가 옥에 갇히거나 죽임을 당했다.

145 중국에서 나온 일부 주석서는 주신이 치중을 버리고 철군한 것으로 해석하지 않고

장온이 다시 동탁에게 보기 3만 명을 이끌고 가 선령 강족을 치게 했으나 강족과 호인들이 망원望垣의 북면에서 동탁을 포위했다. 동탁군이 양식이 떨어져 부득이 도하하는 지점에 제방을 쌓고 고기를 잡는 것처럼 가장해 몰래 제방 밑으로 군사를 이동한 뒤 도하했다. 반적이 추격해 왔을 때에는 제방이 이미 무너져 수심이 깊어 건널 수가 없었다. 반적들은 군사를 뒤로 물려 부풍을 지켰다.

장온이 조서詔書를 내세워 동탁을 불렀다. 동탁이 한참이 지나서야 오게 되자 장온이 그를 꾸짖었다. 동탁의 응답하는 태도가 불손하자 손견이 앞으로 나와 장온에게 귓속말로 권했다.

"동탁은 사소한 죄 짓는 것을 두려워하지 않고 오히려 큰 소리 치기를 좋아하는 듯합니다. 의당 장군의 소환에 즉시 응하지 않은 죄목으로 군법을 적용해 참하는 게 좋을 듯합니다."

장온이 반대했다.

"동탁은 평소 황하와 농산隴山 일대에서 위명을 날리고 있는데 지금 그를 죽이면 서정西征할 때 기댈 곳이 없게 되오."

손견이 반문했다.

"명공明公은 친히 조정의 군사를 이끌면서 천하를 진동하게 하고 있는데 왜 동탁에게 기대는 것입니까? 동탁이 하는 말을 보면 명공은 안중에도 없습니다. 상관을 무시하고 예를 갖추지 않았으니 이것이 첫 번째 죄목입니다. 변장과 한수가 발호한 지 오래 되어 의당 때에 맞춰 토벌해야 함에도 동탁은 안 된다고 해 출병을 저지하고 군심을 동요시켰으니 이것이

변장과 한수가 스스로 양도를 막는 바람에 철수한 것으로 풀이해 놓았다. 이는 원문의 내용을 잘못 해석한 것으로 이치상으로 보더라도 자신의 양도를 스스로 끊는 경우는 있을 수 없다고 보아야 한다.

두 번째 죄목입니다. 동탁은 조명을 받아 출전하고도 전공이 없는데다 명공의 부름을 받고도 멋대로 늦게 온 것은 물론 태도 또한 불손하니 이것이 세 번째 죄목입니다. 옛날의 명장들치고 왕명을 받아 군사를 통솔하면서 참수를 결단하지 않고 성공한 적이 없었습니다. 지금 명공이 동탁에 대해 이처럼 겸하하니 그를 즉각 참수하지 않으면 군법의 위엄이 훼손되는 것은 여기서부터 시작될 것입니다."

장온은 동탁을 참하라는 명을 내리지 못하고 겨우 이같이 말했다.

"당신은 이제 돌아가시오. 동탁이 우리를 의심할지 모르겠소."

손견이 이내 떠났다.

15) 이 해에 황제는 서원에 만금당萬金堂을 짓고 사농司農에 있던 돈과 비단 등을 꺼내 만금당 속에 쌓아 두었다. 만금당에 넣을 수 없어 남게 된 재물은 소황문과 환관 집에 맡겨 두었다. 각 집마다 대략 재물이 수천만 전에 달했다. 또한 하간에 있는 전택을 사들이고 망루를 갖춘 누각인 제관第觀을 세웠다.

* 孝靈皇帝中平二年

春, 正月, 大疫.

二月, 己酉, 南宮雲台災. 庚戌, 樂城門災.

中常侍張讓·趙忠說帝斂天下田, 畝十錢, 以修宮室·鑄銅人. 樂安太守陸康上疏諫曰, "昔魯宣稅畝而蝝災自生. 哀公增賦而孔子非之, 豈有聚奪民物以營無用之銅人, 捐捨聖戒, 自蹈亡王之法哉!" 內幸譖康援引亡國以譬聖明, 大不敬, 檻車征詣廷尉. 侍御史劉岱表陳解釋, 得免歸田里. 康, 續之孫也. 又詔發州郡材木文石, 部送京師. 黃門常侍輒令譴呵不中者, 因強折賤買, 僅得本賈十分之一, 因復貨之, 宦官復不為即受, 材木遂至腐積, 宮室連年不成. 刺史·太守復增私調，百姓呼嗟．又令西園騶分道督趣，恐動州郡，多受賕賂．刺史·二千石及茂才·孝廉遷除皆至西園諧價，然後得去，其守淸者乞不之官，皆迫遣之．時鉅鹿太守河內司馬直新除，以有淸名，減責三百萬．直被詔，悵然曰，"為民父母而反割剝百姓以稱時求，吾不忍也．"辭疾，不聽．行至孟津，上書極陳當世之失，即呑藥自殺．書奏，帝為暫絶修宮錢．

以朱儁為右車騎將軍．

自張角之亂，所在盜賊並起，博陵張牛角·常山褚飛燕及黃龍·左校·於氐根·張白騎·劉石·左髭文八·平漢大計·司隸緣城·雷公·浮雲·白雀·楊鳳·於毒·五鹿·李大目·白繞·眭固·苦蝤之徒，不可勝數，大者二三萬，小者六七千人．張牛角·褚飛燕合軍攻癭陶，牛角中流矢且死，令其眾奉飛燕為帥，改姓張．飛燕名燕，輕勇走趫捷，故軍中號曰"飛燕．"山谷寇賊多附之，部眾寖廣，殆至百萬，號"黑山賊"，河北諸郡縣並被其害，朝廷不能討．燕乃遣使至京師，奏書乞降．遂拜燕平難中郎將，使領河北諸山谷事，歲得舉孝廉·計吏．

司徒袁隗免．

三月，以廷尉崔烈為司徒．烈，寔之從兄也．是時，三公往往因常侍·阿保入錢西園而得之，段熲·張溫等雖有功勤名譽，然皆行輸貨財，乃登公位．烈因傅母入錢五百萬，故得為司徒．及拜日，天子臨軒，百僚畢會，帝顧謂親幸者曰，"悔不小靳，可至千萬!"程夫人於傍應曰，"崔公，冀州名士，豈肯買官! 賴我得是，反不知姝邪!"烈由是聲譽頓衰．

北宮伯玉等寇三輔，詔左車騎將軍皇甫嵩鎮長安以討之．

時涼州兵亂不解，征發天下役賦無已，崔烈以為宜棄涼州．詔會公卿百官議之，議郎傅燮厲言曰，"斬司徒，天下乃安!"尚書奏燮廷辱大臣. 帝以問燮, 對曰, "樊噲以冒頓悖逆, 憤激思奮, 未失人臣之節, 季布猶曰'噲可斬也' 今涼州天下要衝, 國家藩衛. 高祖初興, 使酈商別定隴石. 世宗拓境, 列置四郡, 議者以為斷匈奴右臂. 今牧御失和, 使一州叛逆. 烈為宰相, 不念為國思所以弭之之策, 乃欲割棄一方萬里之土, 臣竊惑之! 若使左衽之虜得居此地, 士勁甲堅, 因以為亂, 此天下之至慮, 社稷之深憂也. 若烈不知, 是極蔽也. 知而故言, 是不忠也." 帝善而從之.

夏, 四月, 庚戌, 大雨雹.

五月, 太慰鄧盛罷. 以太僕河南張延為太尉.

六月, 以討張角功, 封中常侍張讓等十二人為列侯.

秋, 七月, 三輔螟.

皇甫嵩之討張角也, 過鄴, 見中常侍趙忠舍宅逾制, 奏沒入之. 又中常侍張讓私求錢五千萬, 嵩不與. 二佃是奏嵩連戰無功, 功費者多, 征嵩還, 收左軍騎將車印綬, 削戶六千. 八月, 以司空張溫為車騎將軍, 執金吾袁滂為副, 以討北宮伯玉. 拜中郎將董卓為破虜將軍, 與蕩寇將軍周慎並統於溫.

九月, 以特進楊賜為司空. 冬, 十月, 庚寅, 臨晉文烈侯楊賜薨. 以光祿大夫許相為司空. 相, 訓之子也.

諫議大夫劉陶上言曰, "天下前遇張角之亂, 後遭邊章之寇, 今西羌逆類已攻河東, 恐遂轉盛, 豕突上京. 民有百走退死之心, 而無一前斗生之計, 西寇浸前, 車騎孤危, 假令失利, 其敗不救. 臣自知言數見厭, 而言不自裁者, 以為國安則臣蒙其慶, 國危則臣亦先亡也. 謹復陳當今要急八事." 大較言天下大亂, 皆由宦官. 宦官共讒陶曰, "前張角事發, 詔書示以威恩, 自此以來, 各各改悔. 今者四方安靜, 而陶疾害聖政, 專言妖孽. 州郡不上, 陶何緣知? 疑陶與賊通情." 於是收陶下黃門北寺獄，掠按日急．陶謂使者曰，“臣恨不與伊·呂同疇，而以三仁為輩．今上殺忠謇之臣，下有憔悴之民，亦在不久，後悔何及!” 遂閉氣而死．前司徒陳耽為人忠正，宦官怨之，亦誣陷，死獄中．

張溫將諸郡兵步騎十餘萬屯美陽，邊章·韓遂亦進兵美陽，溫與戰，輒不利．十一月，董卓與右扶風鮑鴻等並兵攻章·遂，大破之，章·遂走榆中．溫遣周慎將三萬人追之．參軍事孫堅說慎曰，“賊城中無穀，當外轉糧食，堅願得萬人斷其運道，將軍以大兵繼後，賊必困乏而不敢戰，走入羌中，並力討之，則涼州可定也!” 慎不從，引軍圍榆中城，而章·遂分屯葵園峽，反斷慎運道，慎懼，棄車重而退．溫又使董卓將兵三萬討先零羌，羌·胡圍卓於望垣北，糧食乏絕，乃於所度水中偽立鰅以捕魚，而潛從鰅下過軍．比賊追之，決水已深，不得度，遂還屯扶風．張溫以詔書召卓，卓良久乃詣溫．溫責讓卓，卓應對不順．孫堅前耳語謂溫曰，“卓不怖罪而鴟張大語，宜以召不時至，陳軍法斬之.” 溫曰，“卓素著威名於河·隴之間，今日殺之，西行無依.” 堅曰，“明公親率王師，威震天下，何賴於卓! 觀卓所言，不假明公，輕上無禮，一罪也．章·遂跋扈經年，當以時進討，而卓雲未可，沮軍疑眾，二罪也．卓受任無功，應召稽留，而軒昂自高，三罪也．古之名將仗鉞臨眾，未有不斷斬以成功者也．今明公垂意於卓，不即加誅，虧損威刑，於是在矣.” 溫不忍發，乃曰，“君且還，卓將疑人.” 堅遂出．

是歲，帝造萬金堂於西園，引司農金錢·繒帛牣積堂中，復藏寄小黃門·常侍家錢各數千萬，又於河間買田宅，起第觀．

한영제 중평 3년(AD 186)

1) 2월, 강하의 병사 조자趙慈가 모반해 남양 태수 진힐을 죽였다.

2) 16일 천하에 대사령을 내렸다.

3) 태위 장연이 파직됐다. 사자에게 부절符節을 가지고 장안으로 가 장온을 태위로 임명하게 했다. 경성 밖에서 삼공을 임명하는 것은 장온에서 시작됐다.

4) 중상시 조충을 거기장군으로 삼았다. 황제가 조충에게 황건적 토벌의 전공을 논하도록 하니 집금오 견거甄擧가 조충에게 말했다.

"부남용傅南容부섭이 전에 동정東征할 때 공로가 있었지만 열후에 봉해지지 않아 천하 사람이 실망하고 있습니다. 지금 장군이 중임을 맡았으니 의당 인재를 추천해 억울함을 풀어줌으로써 민심에 부합하도록 해야 합니다."

조충이 그 의견을 받아들여 자신의 동생인 성문교위城門校尉 조연趙延을 부섭에게 보내 열후에 봉해지기 위해서는 사례가 필요하다는 뜻을 전하게 했다. 조연이 부섭에게 은근히 말했다.

"남용은 나의 형에게 대략 답례하면 되오. 잘되면 어찌 만호후萬戶侯뿐이겠소?"

부섭이 정색하며 거절했다.

"전공을 세우고도 상을 못 받는 것도 내 명운이오. 나 부섭이 어찌 사사로이 상을 구할 수 있겠소?"

조충이 더욱 부섭에게 원한을 품었으나 단지 그의 명성을 꺼려 감히 해를 가하지 못했다. 결국 부섭을 한양태수로 임명해 경성 밖으로 내쫓았다.

5) 황제가 구순령鉤盾令 송전宋典을 파견해 남궁의 옥당을 수리하게 하고 액정령掖庭令 필람畢嵐을 보내 4개의 동인銅人을 주조하게 했다.[146]

---

146 구순령鉤盾令은 소부少府에 소속된 속관으로 황실의 화원 등을 관리했다. 액정령掖庭令은 황실의 환관인사를 관장했다.

또한 4개의 동종銅鐘을 주조하게 했다. 그 용량이 모두 2천곡斛10말이나 됐다. 다시 평문平門 밖의 다리 동쪽에는 천록수天祿獸와 청개구리인 하마蝦蟆를 주조해 세워두게 했다. 입에서 뿜어져 나온 물이 굽이굽이 흘러 황궁 안으로 들어갔다.[147] 다리 서쪽에 설치한 물레방아 번차翻車와 까마귀 형상의 빨판인 갈오渴烏에서는 물이 뿜어져 나와 남북으로 뻗은 대로를 적셨다. 이는 길을 청소하는 백성들에게 지불되는 비용을 줄이기 위해서였다.

6) 5월 30일, 일식이 있었다.

7) 6월, 형주 자사 왕민王敏이 조자를 토벌해 죽였다.

8) 거기장군 조충이 파직됐다.

9) 겨울 10월, 무릉의 오랑캐들이 조반했다. 무릉군의 병사들이 이들을 정토征討했다.

10) 전 태위 장연이 환관의 무함을 받아 옥사했다.

11) 12월, 선비족이 유주와 병주에 침입했다.

12) 장온을 경성으로 불렀다.

* 孝靈皇帝中平三年

春, 二月, 江夏兵趙慈反, 殺南陽太守秦頡.

庚戌, 赦天下.

太尉張延罷. 遣使者持節就長安拜張溫為太尉. 三公在外始於溫.

以中常侍趙忠為車騎將軍. 帝使忠論討黃巾之功, 執金吾甄舉謂忠曰, “傅南容前在東軍, 有功不侯, 天下失望. 今將軍親當重任, 宜

147 천록수天祿獸는 중국 고대의 전설상의 동물로 대략 사슴의 모양과 유사하다. 천록수는 '천록天鹿'으로 표기하기도 한다.

進賢理屈, 以副眾心.” 忠納其言, 遣弟城門校尉延致殷勤於傅燮. 延謂燮曰, “南容少答我常侍, 萬戶侯不足得也!” 燮正色拒之曰, “有功不論, 命也. 傅燮豈求私賞哉!” 忠愈懷恨, 然憚其名, 不敢害, 出為漢陽太守.

帝使鉤盾令宋典繕修南宮玉堂, 又使掖庭令畢嵐鑄四銅人, 又鑄四鐘, 皆受二千斛. 又鑄天祿·蝦蟆吐水於平門外橋東, 轉水入宮. 又作翻車·渴烏, 施於橋西, 用灑南北郊路, 以為可省百姓灑道之費.

五月, 壬辰晦, 日有食之.

六月, 荊州刺史王敏討趙慈, 斬之. 車騎將軍趙忠罷.

冬, 十月, 武陵蠻反, 郡兵討破之.

前太尉張延為宦官所譖, 下獄死.

十二月, 鮮卑寇幽·並二州.

征張溫還京師.

한영제 중평 4년(AD 187)

1) 봄 정월 21일, 천하에 대사령을 내렸다.

2) 2월, 형양滎陽하남성 형양의 반적이 중모中牟하남성 중모현 현령을 죽였다. 3월, 하남윤 하묘何苗가 형양의 반적을 깨뜨린 뒤 거기장군에 임명됐다.

3) 한수가 변장과 북궁백옥을 죽이고 10여만 명의 군사를 몰아 농서를 포위하자 태수 이상여李相如가 반군에 가담해 한수와 연합했다. 양주揚州 자사 경비耿鄙가 6개 군郡의 병력을 모아 한수를 쳤다. 경비는 치중治中 정구程球를 신임했다. 정구는 탐오한 자여서 백성들의 원성이 높았다. 한양 태수 부섭이 경비에게 간했다.

“사군이 임관하지 얼마 후 백성들이 아직 사군의 교화를 받지 못하고 있습니다. 반적들이 대군이 온다는 소리를 들으면 한마음이 돼 더욱 용맹해질 것이니 그리 되면 그 날카로움을 당해내기가 어렵습니다. 우리는 새로이 병사들을 모았기 때문에 아직 상하가 합심하지 못하고 있으니 만일 내부에서 변이라도 일어나면 후회해도 늦을 것입니다. 일단 군사들을 쉬게 해 덕성을 기르게 하면서 신상필벌을 시행함만 못합니다. 그리 되면 반적들은 반드시 해이해져 우리가 겁을 먹은 것으로 알고 우리와 싸울 생각을 버린 채 자중지란을 일으킬 것입니다. 이 때를 틈타 우리가 교화를 받은 백성들을 이끌고 나아가 분란이 생긴 반적을 치게 되면 승리는 가히 앉아서 기다리는 것이나 마찬가지입니다."

경비가 듣지 않았다.

여름 4월, 경비가 적도狄道감숙성 임도현에 도착하자 주州의 별가別駕가 이반해 반적과 내통한 뒤 우선 정구를 죽이고 곧이어 경비도 죽였다. 반적이 마침내 한양성을 포위하자 성 안에는 병사도 적고 양식이 달렸지만 부섭은 굳게 성을 지킬 뿐이다.

이때 북지北地의 호인 기병 수천 명이 반적을 좇아 한양군을 공격했다. 이들 호인들은 부섭이 베푼 옛 은혜를 잊지 않고 있었다. 이들은 일시에 성 밖에서 머리를 조아리며 부섭을 고향으로 돌려보낼 수 있도록 해달라고 간청했다. 당시 부섭의 아들 부간傅干은 나이가 13세였다. 그가 부친 부섭에게 권했다.

"나라가 어지러워 아버님을 조정에서 용납치 못하는 지경에 이르렀습니다. 지금같이 군사들이 스스로 지키기 어려울 때는 의당 강족과 호인들의 요구대로 고향에 돌아간 뒤 덕있는 군주가 나올 때 다시 밖으로 나와 보좌하는 게 나을 듯합니다."

말이 다 끝나기도 전에 부섭이 개연히 탄식했다.

"너는 의당 내가 반드시 죽을 것을 아는구나. 오직 성인만이 임의로 절조節操를 변통하는 달절達節을 할 수 있으니 나머지 사람들은 오직 수절

守節을 할 뿐이다. 은나라 주왕이 포악해 충신 백이伯夷가 주나라의 곡식을 먹지 않고 죽었다. 나는 난세를 만나 호연지기를 기르지도 못하고 이미 군주의 녹질을 받았으니 내가 위난을 피하려고 한들 과연 어디로 갈 수 있겠는가? 나는 반드시 여기서 죽을 것이다. 너는 재주가 있으니 노력하고 또 노력하도록 하라. 주부主簿 양회楊會가 나의 정영程嬰이다."[148]

적도인 왕국王國이 전 주천 태수 황연黃衍을 보내 부섭에게 권했다.

"천하가 이미 한나라의 소유가 아니니 부군府君이 차라리 우리의 수령이 되는 것이 어떠하겠소?"

부섭이 칼자루를 어루만지며 황연을 질책했다.

"당신은 한조의 신하로 어찌 반적의 유세를 하는 것인가?"

좌우 군사를 이끌고 적진으로 뛰어들어 싸우다 죽었다.

경비의 사마 부풍인 마등馬騰이 병사들을 이끌고 한나라를 배반해 한수와 연합한 뒤 공동으로 왕국을 수령으로 추대해 삼보 일대를 약탈했다.

4) 태위 장온이 반적을 평정하지 못한 책임을 지고 면직되자 최열이 태위가 됐다.

5월, 사공 허상이 사도가 되고 광록훈인 패국 출신 정궁丁宮이 사공이 됐다.

5) 당초 장온은 유주의 오환족으로 구성된 기병돌격대인 돌기突騎 3,000명을 양주凉州로 보내 반적을 치게 했다. 중산국中山國하북성 정현의 전 국상 어양漁陽 출신 장순張純이 돌기의 지휘를 자청했으나 장온이 이를 허락지 않고 탁현현령 요서遼西 출신 공손찬公孫瓚에게 이들을 통솔하게 했다. 군사들이 계중薊中하북성 북부에 도착했을 때 군량 보급이 늦어

148 천록수天祿獸는 중국 고대의 전설상의 동물로 대략 사슴의 모양과 유사하다. 천록수는 '천록天鹿'으로 표기하기도 한다.

지자 오환족 돌기 대다수가 반기를 들고 본국으로 돌아갔다.

장순은 통수권이 없음을 통분하게 여겨 같은 군의 전 태산泰山 태수 장거張擧와 오환족의 수령 구력거丘力居 등과 함께 반기를 들었다. 이어 계중을 약탈하고 호오환교위 공기조公綦稠를 비롯해 우북평 태수 유정劉政, 요동 태수 양종陽終 등을 죽인 뒤 부중이 10여만 명에 달하자 비여肥如하북성 노룡현에 주둔하게 됐다. 장거가 스스로 천자를 칭하면서 장순은 미천장군彌天將軍·안정왕安定王을 칭하게 했다. 이들은 각 주군에 포고문을 돌려 장거가 이제 한나라를 대신하게 됐다며 한나라 천자의 퇴위와 공경들의 새 천자 봉영을 명한다고 밝혔다.

6) 겨울 10월, 장사의 반적 구성區星이 부중 1만여 명을 이끌고 스스로 장군으로 칭했다. 황제가 조령으로 의랑 손견을 장사태수에 임명해 이들을 토벌하도록 명하고 다시 손견을 오정후烏程侯에 봉했다.

7) 11월, 태위 최열을 파직하고 대사농 조숭曹嵩을 태위로 삼았다. 이때 관내후의 값이 500만 전이었다.

전 태구太丘 현장縣長 진실陳實이 죽자 전국에서 조상온 사람이 3만여 명이나 됐다. 진실은 향리에서 일처리를 공평히 해 백성들이 송사가 있으면 모두 그에게 판결을 청했다. 그는 시비곡직을 사례를 들어 분명히 깨우쳐 주었기 때문에 사후에 그를 원망하는 사람이 아무도 없었다. 그가 죽게 되자 사람들이 이처럼 탄식하는 소리가 나왔다.

"차라리 형벌을 받을지언정 진군陳君의 지적을 받지 말아야 한다."

전에 양사와 진탐은 매번 공경으로 임명될 때마다 동료 관원들이 모두와 축하해 주었으나 정작 당사자들은 진실이 고위직에 오르지 못한 것을 탄식하며 자신들이 먼저 요직에 오른 것을 늘 부끄러워했다.

＊ 孝靈皇帝中平四年

春, 正月, 己卯, 赦天下.

二月, 滎陽賊殺中牟令. 三月, 河南尹何苗討滎陽賊, 破之. 拜苗為車騎將軍.

韓遂殺邊章及北宮伯玉·李文侯, 擁兵十餘萬, 進圍隴西, 太守李相如叛, 與遂連和. 涼州刺史耿鄙率六郡兵討遂. 鄙任治中程球, 球通姦利, 士民怨之. 漢陽太守傅燮謂鄙曰, "使君統政日淺, 民未知教. 賊聞大軍將至, 必萬人一心, 邊兵多勇, 其鋒難當. 而新合之眾, 上下未和, 萬一內變, 雖悔無及. 不若息軍養德, 明賞必罰, 賊得寬挺, 必謂我怯, 群惡爭勢, 其離可必. 然後率已教之民, 討成離之賊, 其功可坐而待也." 鄙不從. 夏, 四月, 鄙行至狄道, 州別駕反應賊, 先殺程球, 次害鄙, 賊遂進圍漢陽. 城中兵少糧盡, 燮猶固守.

時北地胡騎數千隨賊攻郡, 皆夙懷燮恩, 共於城外叩頭, 求送燮歸鄉里. 燮子幹, 年十三, 言於燮曰, "國家昏亂, 遂令大人不容於朝. 今後不足以自守, 宜聽羌·胡之請, 還鄉里, 徐俟有道而輔之." 言未終, 燮慨然歎曰, "汝知吾必死邪! 聖達節, 次守節. 殷紂暴虐, 伯夷不食周粟而死. 再遭世亂, 不能養浩然之志, 食祿, 又欲避其難乎! 吾行何之, 必死於此! 汝有才智, 勉之勉之! 主簿楊會, 吾之程嬰也." 狄道人王國使故酒泉太守黃衍說燮曰, "天下已非復漢有, 府君寧有意為吾屬帥乎?" 燮按劍叱衍曰, "若剖符之臣, 反為賊說邪!" 遂麾左右進兵, 臨陳戰歿. 耿鄙司馬扶風馬騰亦擁兵反, 與韓遂合, 共推王國為主, 寇掠三輔.

太尉張溫以寇賊未平, 免. 以司徒崔烈為太尉. 五月, 以司空許相為司徒. 光祿勳沛國丁宮為司空.

初, 張溫發幽州烏桓突騎三千以討涼州, 故中山相漁陽張純請將之, 溫不聽, 而使涿令遼西公孫瓚將之. 軍到薊中, 烏桓以牢稟逋縣, 多叛還本國. 張純忿不得將, 乃與同郡故泰山太守張舉及烏桓大人丘力居等連盟, 劫略薊中, 殺護烏桓校尉公綦稠·右北平太守劉政·遼東太守陽終等, 衆至十餘萬, 屯肥如. 舉稱天子, 純稱彌天將軍·安定王, 移收州郡, 雲舉當代漢, 告天子避位, 勑公卿奉迎. 冬, 十月, 長沙賊區星自稱將軍, 衆萬餘人. 詔以議郎孫堅為長沙太守, 討擊平之, 封堅烏程侯.

十一月, 太尉崔烈罷. 以大司農曹嵩為太尉.

十二月, 屠各胡反.

是歲, 賣關內侯, 直五百萬錢.

前大丘長陳寔卒, 海內赴弔者三萬餘人. 寔在鄉閭, 平心率物, 其有爭論, 輒求判正, 曉譬曲直, 退無怨者, 至乃歎曰, "寧為刑罰所加, 不為陳君所短!" 楊賜·陳耽, 每拜公卿, 群僚畢賀, 輒歎寔大位未登, 愧於先之.

** 권59-한기漢紀 51: 동탁이 황제를 폐립하다

한영제 중평 5년(AD188)

1) 봄 정월 15일, 천하에 대사령을 내렸다.

2) 2월, 혜성이 자미원紫微垣에 나타났다.[149]

3) 황건적 잔당인 곽대郭大 등이 하서河西의 백파곡白坡谷에서 기병해 태원太原과 하동에 침입했다.

4) 3월, 도각호屠各胡가 병주를 쳐 자사 장의張懿를 죽였다.

5) 태상 강하인 유언劉焉이 왕실에 일이 많음을 보고 조정에 건의했다.

"사방에서 병란이 일어나도 자사의 위세가 가벼워 이를 제어하지 못하고 있습니다. 게다가 제대로 된 사람조차 뽑지 않으니 이반을 더욱 부추기는 셈입니다. 의당 자사제도를 폐지하고 주목州牧과 주백州伯을 두어야 하니 맑은 행실로 명망이 높은 대신 중에서 선발해 그 직임을 맡겨야 할 것입니다."[150]

---

149 고대에는 항성을 크게 3원垣으로 나누었다. 태미원太微垣과 자미원紫微垣, 천시원天市垣을 말한다. 자미원은 3원의 중심에 있는 별자리로 15개의 별이 있다. 흔히 자궁紫宮으로 별칭되기도 한다.

150 자사는 무제 때 설치된 지방장관의 관제이다. 이는 여러 번 폐지됐다가 부활되기도 했다. 한나라 때의 자사는 6개 사항에 한해 불법을 다스릴 수 있었다. 유언이 자사의 위세가 가볍다고 한 것도 바로 이를 지적한 것이다.

유언은 내심 교지목으로 가고 싶어 했다. 시중 광한廣漢 출신 동부董扶가 은밀히 유언에게 권했다.

"경성에 장차 난이 일어나면 익주 분야分野에 천자의 기상이 있습니다."151

유언이 익주 쪽으로 생각을 바꿨다. 마침 익주 자사 극검郤儉은 부렴賦斂을 번다하게 해 그를 비난하는 노래가 경성까지 전해지고 있었다. 여기에 경비와 장의 등이 모두 도적에게 살해되자 조정은 유언의 건의를 받아들였다. 여러 대신들이 원래의 직책을 기준으로 해 지방관으로 임명됐다. 유언은 익주목, 태복 황완黃琬은 예주목, 종정宗正인 동해 출신 유우劉虞는 유주목이 됐다. 지방장관의 자리가 이때부터 중시되기 시작했다.

유언은 노공왕魯恭王 유여劉餘의 후예이고, 유우는 동해공왕東海恭王 유강劉彊의 5세손이다. 유우는 일찍이 유주자사를 지낸 바 있어 백성들이 그의 은덕과 신의를 신뢰하고 따랐다. 동부董扶와 태창령太倉令 조위趙韙 두 사람은 관직을 버리고 유언을 따라 촉蜀땅으로 들어갔다.

6) 조령으로 남흉노 병사를 징발해 유우에게 주어 장순을 토벌하도록 하자 선우 강거羌渠가 좌현왕左賢王에게 명해 기병을 이끌고 유주에 가도록 했다. 흉노인들이 징병이 계속되는 것을 두려워하게 됐다. 마침내 우부 혜락右部醯落이 반기를 들어 도각호와 합세해 부중 10여만 명을 이끌고 가 강거를 공격해 죽였다. 흉노인들이 강거의 아들 우현왕 어부라於扶羅를 지지시축후持至尸逐侯 선우로 삼았다.

7) 여름 4월, 태위 조숭이 파직됐다.

---

151 분야는 고대 점성술에서 사용하는 특이한 용어이다. 지상에 여러 나라와 주군이 나뉘어져 있듯이 하늘도 일정한 구역으로 나뉘어져 있어 천구天區에 나타나는 현상을 면밀히 관찰하면 지상의 각 구역에서 일어나는 일을 미리 점칠 수 있다는 생각을 바탕으로 해 성립된 용어이다.

8) 5월, 영락소부 남양인 번릉을 태위로 삼았다.

6월, 번릉을 파직했다.

9) 익주의 적도인 마상馬相과 조지趙祇 등이 면죽綿竹에서 기병해 스스로를 '황건黃巾'이라 칭한 뒤 자사 극검을 죽이고 파군과 건위犍爲 등지로 진격했다. 1달 사이에 3군三軍을 격파해 그 무리가 수만 명에 달하자 마침내 천자를 칭하게 됐다.[152] 익주종사 가룡賈龍이 관민들을 이끌고 마상 등을 치자 며칠 만에 마상 등이 도주했다. 익주 경내가 안정을 되찾게 됐다. 가룡이 이졸吏卒들을 이끌고 나아가 유언을 영접했다.

유언이 주의 관부를 면죽으로 옮긴 뒤 반적들을 초무하고 관후안 은혜를 성심껏 펴자 이내 민심이 수습됐다.

10) 7개 군국郡國에 수재가 났다.

11) 전 태부 진번의 아들 진일陳逸이 술사術士 양해襄楷와 기주 자사 왕분王芬을 만나는 자리에서 서로 마주치게 됐다. 양해가 앞날을 예언했다.

"천문이 환관에게 불리하니 황문과 상시가 틀림없이 멸족할 것이오."

진일이 기뻐하자 왕분이 나서서 말했다.

"만일 그렇게 된다면 나 또한 그들을 제거하는 일에 나서고 싶소."

호걸들과 서로 교신을 해 세력을 규합하기로 한 뒤 우선 상주문을 올려 흑산적이 인근 군현을 겁략하니 이를 소탕하기 위한 거병을 허락해 달라고 요청했다. 마침 황제가 하간의 옛 집에 머물며 북방을 순수하는 북순北巡을 하려 했다. 왕분 등은 이 틈을 이용해 무력으로 황제를 겁박劫迫해 상시와 황문 등을 죽인 뒤 합비후合肥侯를 새 황제로 맞아들이려고 했다. 왕분이 이런 계책을 의랑 조조에게 말하자 조조가 반대했다.

"천자를 폐립하는 것은 천하에 가장 상서롭지 못한 일이오. 예전에 폐

152 '3군'은 제후의 군사를 상징하는 말로 천자의 군사는 흔히 '6군六軍'이라고 했다.

립의 성패成敗와 경중輕重을 치밀하게 저울질해 시행한 사람으로는 오직 이윤과 곽광이 있을 뿐이오. 이윤과 곽광조차 지극한 충성심을 갖고 재상들의 세력을 등에 업고 권력을 장악한 후에야 사람들의 기대에 부응했기에 성공할 수 있었던 것이오. 지금 제군은 과거의 쉬운 점만을 보고 지금의 어려움을 보지 못하고 있소.[153] 비상한 거사를 하게 되면 반드시 성공해야 하는데 이번 일은 매우 위험하다고 생각지 않소?"

왕분이 평원인 화흠華歆과 도구홍陶丘洪 등을 끌어들여 함께 계책을 마련했다. 도구홍이 계책을 실행에 옮기려고 하자 화흠이 만류했다.

"폐립의 대사는 이윤과 곽광도 어려웠소. 왕분은 성정이 조악하고 군사를 모르기 때문에 이 일은 반드시 성공할 수 없소."

도구홍이 그만 두었다. 마침 북방의 한밤중에 붉은 기운이 있어 동서를 가로 질러 하늘을 관통하자 태사가 상언했다.

"북방에 불순한 조짐이 있으니 북방으로 가서는 안 됩니다."

황제가 가지 않았다. 이어 조령으로 왕분에게 병사를 해산시키라고 명한 뒤 얼마 후 왕분을 경성으로 불렀다. 왕분이 두려워한 나머지 인수를 풀고 도주했다가 평원平原에 이르러 자진했다.

12) 가을 7월, 사성교위射聲校尉 마일제馬日磾를 태위로 삼았다. 마일제는 마융馬融의 족손이다.

13) 8월, 서원에 8교위를 설치했다. 소황문 건석蹇碩을 상군교위, 호분중랑장 원소袁紹를 중군교위, 둔기교위 포홍鮑鴻을 하군교위, 의랑 조조曹

---

153 본문은 '양자지이曩者之易'이다. 이 구절을 '과거의 쉬운 점'으로 풀이하지 않고 '술사인 양해가 예견한 쉬운 점'으로 해석할 수도 있다. 조조가 천자의 폐립이 과거에는 결하고 쉽다고 얘기한 적도 없고, '양자'를 술사 양해로 해석할 수도 있기 때문이다. 전체 문맥에 비춰 '과거의 쉬운 점'으로 보는 게 타당하다. 이 구절은 구체적으로 '옛날 이윤과 곽광의 거사가 쉽게 성사된 것만을 보고 지금의 어려움을 보지 못하고 있다'는 뜻이다.

操를 전군교위典軍校尉, 조융趙融을 조군좌교위助軍左校尉, 풍방馮芳을 조군우교위助軍右校尉, 간의대부 하모夏牟를 좌교위, 순우경淳于瓊을 우교위로 삼았다. 이들 모두 건석의 통제를 받았다.

황제가 황건적의 난이 일어난 후 군사문제에 관심을 기울이게 됐다. 건석은 건장한데다 무략이 있었다. 황제가 그를 특히 신임해 대장군조차 그의 하속으로 편입시켰다.

14) 9월, 사도 허상이 파직돼 사공 정궁이 사도가 되고 광록훈 남양인 유홍劉弘이 사공이 됐다.

15) 위위조후衛尉條侯 동중董重을 표기장군票騎將軍으로 삼았다. 그는 영락태후의 조카였다.

16) 겨울 10월, 청주와 서주의 황건적이 다시 일어나 인근 군현에 침입했다.

17) 운기를 보는 술사들이 경성에 대병이 모여 양궁兩宮에 유혈사건이 일어날 것을 예견했다. 황제가 이를 미연에 막기 위해 사방의 병사들을 모아 평락관平樂觀 아래에서 무술을 연마하게 했다. 이 때 커다란 단을 쌓고 단상에는 12겹의 오색덮개를 씌웠다. 덮개의 높이가 10장에 달했다. 단의 동북쪽에는 작은 단을 쌓아 9겹의 오색덮개를 씌웠다. 덮개의 높이는 9장이다. 이어 보기 수만 명으로 하여금 대오를 지어 영채를 세우고 군진을 펼치도록 했다.

10월 16일, 황제가 친림해 군사를 사열했다. 황제가 대단의 덮개 아래에 자리를 잡았고 대장군 하진은 소단의 덮개 아래에 자리를 잡았다. 황제가 친히 갑옷을 입고 무장한 말인 개마介馬에 올라타 스스로 '무상장군無上將軍'을 칭했다. 이어 군진을 3바퀴 돈 뒤 병권을 하진에게 넘겨주었다. 황제가 토로교위 갑훈蓋勳에게 물었다.

"짐이 강무講武하면 어떻겠소?"

갑훈이 대답했다.

"신이 듣건대 옛 왕들은 덕정의 선양에 힘썼지 관병觀兵에는 주의를 기울이지 않았다고 합니다. 지금 적도들은 먼 곳에 있는데 가까운 곳에 진을 차렸으니 결연한 의지를 밝히는 데 부족하고 단지 무력시위인 독무黷武를 하는 데 불과할 뿐입니다."

황제가 고개를 끄덕였다.

"그 말이 옳소. 군을 늦게 만난 것이 한이오. 지금까지 신료들 가운데 말한 자가 없었소."

갑훈이 원소에게 감격해했다.

"황제가 매우 총명한데 단지 좌우 근신들에 의해 그 총명이 가려졌을 뿐입니다."

원소와 함께 황제 주변의 총신인 폐행嬖幸들을 주살할 것을 밀모했다. 건석이 이를 두려워 한 나머지 황제에게 건의해 갑훈을 황궁 밖으로 내쫓아 경조윤京兆尹으로 삼게 했다.

18) 11월, 왕국이 진창陳倉섬서성 보계현을 포위하자 조령으로 황보숭을 다시 좌장군으로 삼아 전장군 동탁과 함께 4만 명의 군사를 이끌고 가 이를 막도록 했다.

19) 장순과 구력거가 청주와 서주, 유주, 기주 등 4개주를 약탈하자 조령으로 기도위 공손찬에게 명해 군사를 이끌고 가 그들을 토벌하도록 했다. 공손찬이 속국인 석문石門에서 교전해 장순 등을 대파하자 장순이 처자를 버리고 변경을 넘어 달아났다. 끌려갔던 남녀들이 모두 돌아오게 됐으나 공손찬은 적진에 너무 깊이 들어간 나머지 후속부대와 연결이 끊기게 됐다. 오히려 구력거 등에 의해 요서의 관자성管子城에서 포위됐다. 200여 일이 지나 양식이 다 떨어져 스스로 붕괴됐다. 사망한 병사가 10분의 5-6이나 됐다.

20) 동탁이 황보숭에게 말했다.

"진창이 위급하니 속히 구원해야 합니다."

황보숭이 반대했다.

"그렇지 않소. 백전백승은 부전승만 못하오. 진창은 비록 작지만 성의 수비가 엄밀해 쉽게 공략할 수 없소. 왕국이 비록 강하다 하나 진창을 공략하지는 못할 것이오. 그들이 피곤해질 때를 기다려 출격하는 게 온전한 승리인 전승全勝의 방도요. 어찌 구태여 가서 구원할 필요가 있겠소!"

왕국이 과연 진창을 공격한 지 80여 일이 지나도록 공략하지 못했다.

** 起著雍執徐, 盡上章敦牂, 凡三年.

孝靈皇帝中平五年

春, 正月, 丁酉, 赦天下. 二月, 有星孛於紫宮.

黃巾餘賊郭大等起於河西白波谷, 寇太原·河東.

三月, 屠各胡攻殺并州刺史張懿.

太常江夏劉焉見王室多故, 建議以為曰, "四方兵寇, 由刺史威輕, 既不能禁, 且用非其人, 以致離叛. 宜改置牧伯, 選清名重臣以居其任." 焉內欲求交趾牧. 侍中廣漢董扶私謂焉曰, "京師將亂, 益州分野有天子氣." 焉乃更求益州. 會益州刺史郤儉賦斂煩擾, 謠言遠聞, 而耿鄙·張懿皆為盜所殺, 朝廷遂從焉議, 選列卿·尚書為州牧, 各以本秩居任. 以焉為益州牧, 太僕黃琬為豫州牧, 宗正東海劉虞為幽州牧. 州任之重, 自此而始. 焉, 魯恭王之後. 虞, 東海恭王之五世孫也. 虞嘗為幽州刺史, 民夷懷其恩信, 故用之. 董扶及太倉令趙韙皆棄官, 隨焉入蜀.

詔發南匈奴兵配劉虞討張純, 單于羌渠遣左賢王將騎詣幽州. 國人恐發兵無已, 於是右部醯落反, 與屠各胡合, 凡十餘萬人, 攻殺羌渠. 國人立其子右賢王於扶羅為持至屍逐侯單于.

夏, 四月, 太尉曹嵩罷.

五月, 以永樂少府南陽樊陵為太尉. 六月, 罷.

益州賊馬相·趙祗等起兵綿竹, 自號黃巾, 殺刺史郤儉, 進擊巴郡·犍為, 旬月之間, 破壞三郡, 有眾數萬, 相自稱天子. 州從事賈龍率吏民攻相等, 數日破走, 州界清靜. 龍乃選吏卒迎劉焉. 焉徙治綿竹, 撫納離叛, 務行寬惠, 以收人心.

郡國七大水.

故太傅陳蕃子逸與術士襄楷會於冀州刺史王芬坐, 楷曰, "天文不利宦者, 黃門·常侍真族滅矣." 逸喜. 芬曰, "若然者, 芬願驅除!" 因與豪傑轉相招合, 上書言黑山賊攻劫郡縣, 欲因以起兵. 會帝欲北巡河間舊宅, 芬等謀以兵徼劫, 誅諸常侍·黃門, 因廢帝, 立合肥侯, 以其謀告議郎曹操. 操曰, "夫廢立之事, 天下之至不祥也. 古人有權成敗·計輕重而行之者, 伊·霍是也. 伊·霍皆懷至忠之誠, 據宰輔之勢, 因秉政之重, 同眾人之欲, 故能計從事立. 今諸君徒見曩者之易, 未睹當今之難, 而造作非常, 慾望必克, 不亦危乎!" 芬又呼平原華歆·陶丘洪共定計. 洪欲行, 歆止之曰, "夫廢立大事, 伊·霍之所難. 芬性疏而不武, 此必無成." 洪乃止. 會北方夜半有赤氣, 東西竟天, 太史上言曰, "北方有陰謀, 不宜北行." 帝乃止. 敕芬罷兵, 俄而征之. 芬懼, 解印綬亡走, 至平原, 自殺.

秋, 七月, 以射聲校尉馬日磾為太尉. 日磾, 融之族孫也.

八月, 初置西園八校尉, 以小黃門蹇碩為上軍校尉, 虎賁中郎將袁紹為中軍校尉, 屯騎校尉鮑鴻為下軍校尉, 議郎曹操為典軍校尉, 趙融為助軍左校尉, 馮芳為助軍右校尉, 諫議大夫夏牟為左校尉, 淳于瓊為右校尉. 皆統於蹇碩. 帝自黃巾之起, 留心戎事. 碩壯健有武略, 帝親任之, 雖大將軍亦領屬焉.

九月, 司徒許相罷. 以司空丁宮為司徒, 光祿勳南陽劉弘為司空.

以衛尉條侯董重為票騎將軍. 重, 永樂太后兄子也.

冬, 十月, 青·徐黃巾復起, 寇郡縣.

望氣者以為京師當有大兵, 兩宮流血. 帝欲厭之, 乃大發四方兵, 講武於平樂觀下, 起大壇, 上建十二重華蓋, 高十丈. 壇東北為小壇, 復建九重華蓋, 高九丈. 列步騎數萬人, 結營為陳. 甲子, 帝親出臨軍, 駐大華蓋下, 大將軍進駐小華蓋下. 帝躬擐甲·介馬, 稱"無上將軍", 行陳三匝而還, 以兵授進. 帝問討虜校尉蓋勳曰, "吾講武如是, 何如?" 對曰, "臣聞先王曜德不觀兵. 今寇在遠而設近陳, 不足以昭果毅, 只黷武耳!" 帝曰, "善! 恨見君晚, 群臣初無是言也." 勳謂袁紹曰, "上甚聰明, 但蔽於左右耳." 與紹謀共誅嬖倖, 蹇碩懼, 出勳為京兆尹.

十一月, 王國圍陳倉. 詔復拜皇甫嵩為左將軍, 督前將軍董卓, 合兵四萬人以拒之.

張純與丘力居鈔略青·徐·幽·冀四州. 詔騎都尉公孫瓚討之. 瓚與戰於屬國石門, 純等大敗, 棄妻子, 逾塞走. 悉得所略男女. 瓚深入無繼, 反為丘力居等所圍於遼西管子城, 二百餘日, 糧盡衆潰, 士卒死者什五六.

董卓謂皇甫嵩曰, "陳倉危急, 請速救之." 嵩曰, "不然. 百戰百勝, 不如不戰而屈人兵. 陳倉雖小, 城守固備, 未易可拔. 王國雖強, 攻陳倉不下, 其衆必疲, 疲而擊之, 全勝之道也, 將何救焉!" 國攻陳倉八十餘日, 不拔.

한영제 중평 6년(AD 189)

1) 2월, 왕국이 부하들이 피로에 지치게 되자 마침내 포위를 풀고 철병하게 됐다. 황보숭이 진공하려고 하자 동탁이 만류했다.

"안 됩니다. 병서에 이르기를, '궁지에 몰린 적인 궁구窮寇와 귀환하는 군사인 귀사歸師는 쫓지 말라'고 했습니다."[154]

황보숭이 고개를 저었다.

"그렇지 않소. 이전에 내가 출격하지 않은 것은 그들의 예기를 피하고자 함이고 지금 나가고자 하는 것은 그들의 사기가 쇠약한 것을 이용하고자 함이오. 우리가 공격하고자 하는 적은 피로에 지친 군사인 피사疲師이지 귀사가 아니오. 왕국의 군사는 지금 도피중이니 투지가 없소. 정예부대가 어지러운 적을 치는 것이지 궁구를 치는 게 아니오."

황보숭은 단독으로 출격하면서 동탁으로 하여금 적의 뒤를 끊게 했다. 이에 연전연승해 1만여 명의 수급을 베는 대승을 거두었다. 동탁이 매우 부끄러워하며 원한을 품게 됐다. 황보숭과 틈이 생기게 됐다.

한수 등이 공동으로 왕국을 수령의 지위에서 끌어내린 뒤 전 신도信都현령 한양인 염충閻忠을 협박해 모든 부중을 통솔하도록 만들었다. 염충이 병사하자 한수 등은 마침내 사소한 권리문제를 놓고 다투다가 급기야 서로 죽이는 지경에 이르게 되자 그들의 힘이 날로 쇠약해졌다.

2) 유주목 유우는 부임하자 곧 사자를 선비족에게 보내 이해득실을 설명한 뒤 장거張擧와 장순張純의 수급을 보내 주면 후한 상을 내릴 것을 약속하게 했다. 오환족의 구력거 등이 유우가 왔다는 소식을 듣고 크게 기뻐하며 각 부족마다 통역원을 파견한 뒤 자진해 철군했다.

---

154 『손자병법』을 보면 용병의 방법과 관련해 9가지 주의사항을 예시하고 있다. 그 중의 하나가 바로 '궁구물핍窮寇勿逼'과 '귀사물알歸師勿遏'이다.

장거와 장순이 변경으로 도망가자 나머지 부중이 모두 항복하거나 도망치는 항산降散을 했다. 유우가 상서해 둔병을 해산할 것을 청했다. 다만 항로교위降虜校尉 공손찬만은 보기 1만 명을 이끌고 가 우북평에 주둔하게 했다.

3월, 장순의 문객 왕정王政이 장순을 죽이고 그의 수급을 유우에게 보내왔다. 당시 공손찬은 오환족을 쓸어 없애고자 했으나 유우는 은덕과 신의로 초항招降하려 했다. 두 사람 사이에 틈이 생기게 됐다.

3) 여름 4월, 병자일 일식이 있었다.

4) 태위 마일제가 면직되자 사자를 보내 유주목 유우를 태위로 임명하고 용구후容丘侯에 봉했다.

5) 건석이 대장군 하진을 극히 꺼려 상시들과 함께 입을 모아 하진을 서쪽으로 보내 한수를 칠 것을 건의하자 황제가 그들의 의견을 따랐다. 하진은 이 일이 음모에 의한 것임을 알고 곧 상주문을 올렸다. 원소를 서주와 연주로 보내 원소가 병사들을 모아 돌아오면 서정에 나서겠다고 약속해 출정시기를 늦춘 배경이다.

6) 당초 황제는 여러 번 황자皇子를 잃었다. 이때 하황후가 유변劉辯을 낳았다. 유변은 도인道人 사자묘史子眇의 집에서 양육된 까닭에 '사후史侯'로 불리었다. 또 왕미인은 유협劉協을 낳았다. 유협은 동태후가 친히 키워 '동후董侯'로 불리었다. 신하들이 태자 책립을 청하자 황제는 유변의 인물됨이 경조부박輕佻浮薄해 위의가 없다고 판단해 내심 유협을 생각하고 있었으나 결단하지 못했다. 마침 황제가 중병에 걸리게 되자 유협을 건석에게 부탁했다.

4월 11일, 황제가 가덕전嘉德殿에서 붕崩했다. 마침 건석이 궁내에 있었다. 우선 하진을 죽인 뒤에 유협을 세울 생각으로 사자를 보내 하진을 궁 안으로 불러들였다. 사자가 하진에게 가서 건석이 후사문제를 더불어 이야기하려 한다고 전하자 하진이 가마를 타고 궁을 향해 나아갔다. 건석의 사마 반은潘隱이 하진과 일찍이 교분이 있었다. 궁문 앞에서 하진을 맞이할 때 눈짓을 하자 하진이 놀라 곧바로 지름길로 달아나 자신의 군영으로 들어갔다. 하진이 군사를 이끌고 백군저百郡邸에 머물면서 칭병하고 궁에 들어가지 않았다.[155]

4월 13일, 황자 유변이 황제의 자리에 올랐다. 나이는 14세였다. 하황후가 황태후가 돼 임조청정臨朝聽政하면서 천하에 대사령을 내려 연호를 광희光熹로 바꿨다. 황제의 동생 유협은 발해왕이 됐다. 당시 그의 나이는 9세였다. 이어 후장군 원외袁隗를 태부로 삼고 대장군 하진과 함께 상서의 업무를 공동으로 처리하게 했다.

하진이 정권을 잡은 후 건석이 일찍이 자신을 죽이려 한 데 원한을 품고 몰래 그를 죽이려 했다. 원소가 하진의 심복문객 장진張津을 통해 하진을 부추겨 환관을 모두 죽일 것을 권했다. 하진은 원소가 누대에 걸친 귀총貴寵이고 그의 종제인 호본중랑장 원술과 함께 모든 호걸이 따르는 영웅이라고 생각해 그를 매우 신임했다.[156]

하진이 널리 지모가 출중한 하옹何顒과 순유荀攸, 하남 출신 정태鄭泰 등 20여인을 모은 뒤 하옹을 북군중후北軍中侯, 순유를 황문시랑黃門侍郎, 정태를 상서로 임명해 자신의 심복으로 삼았다.[157] 순유는 순상荀爽의

155 백군저는 각 군국이 경성과의 연락을 위해 경성에 설치해 놓은 관저를 말한다.

156 원씨 집안을 보면 원소의 고조부인 원안袁安이 사도와 사공, 증조부인 원상袁敞이 사공, 조부인 원탕袁湯이 사공·사도·태위, 중부仲父인 원봉袁逢이 사공, 계부季父인 원외袁隗가 삼공을 지냈다.

157 황문시랑은 '황문랑'으로도 불렸다. 궁 안의 일을 담당하던 낭관 또는 급사給事가 후한 시대에 들어와 황제를 시종하며 조령을 전달하는 역할을 전담하게 됐다. 급사를 황문시랑으로 부르기도 했다.

종손從孫이다.[158]

건석이 불안해 한 나머지 중상시 조충과 송전宋典 등에게 서신을 보내 대책을 제시했다.

"대장군의 형제 두 사람이 국정을 잡고 지금 천하의 당인들과 함께 선제의 좌우 근신들과 우리들을 주살하려 하나 단지 내가 금군을 장악하고 있기에 잠시 거동을 못할 뿐이오. 지금 속히 궁문을 닫고 하진을 잡아들여 죽여야만 하오."

중상시 곽승郭勝은 하진과 동향인으로 태후와 하진의 총행을 받아 큰 힘을 발휘하자 하진에게 가까이 붙어 있게 됐다. 곽승이 조충 등과 상의해 건석의 계획을 좇지 않도록 권한 뒤 오히려 건석의 서신을 하진에게 보여주었다.

4월 25일, 하진이 황문령黃門令을 보내 건석을 체포해 죽인 뒤 그의 군사를 장악했다.

표기장군 동중이 하진과 갈등을 빚자 환관들이 동중에 기대어 세력을 키웠다. 동태후가 매번 정사에 간여하려고 하자 그럴 때마다 하태후가 즉각 이를 저지했다. 동태후가 매우 화가 나 욕을 했다.

"네가 지금 이처럼 시끄럽게 떠들어 대는 것이 네 오라비를 믿고 그러

---

158 순상은 후한 말의 대신으로 일명 순서荀諝로 부르기도 했다. 자는 자명慈明이고 지금의 하남성 허창인 영음潁陰 출신이다. 그는 어려서부터 호학해 12살 때 『논어』와 『춘추』을 통달했다고 한다. 조정의 징소에 응하지 않다가 동탁이 권력을 잡았을 때 다시 그를 징소해 평원상平原相에 임명했다. 그는 광록훈에 임명된 지 불과 3일 만에 사공이 돼 포의布衣에서 삼공이 되기까지 95일밖에 걸리지 않았다. 왕윤과 함께 동탁 제거를 밀모했으나 마침 병이 나 죽었다. 순상과 관련된 고사 중에는 이른바 '어리御李'라는 유명한 말이 있다. 이는 순상이 이응李膺의 마차를 몰고는 너무 기뻐해 사람들에게 이응의 마차를 몰았다는 얘기를 자랑삼아 했다는 데서 나온 말로 어진 이를 사모하거나 만나는 일을 뜻하게 됐다. 그의 저서로는 『예역시전禮易詩傳』 등 100여 편이 전해진다.

는 것이 아니냐. 내가 표기장군을 시켜 하진의 머리를 베는 것은 여반수如反手 즉 여반장이다."

하태후가 이 얘기를 하진에게 전해주었다.

5월, 하진과 삼공이 함께 황제에게 건의했다.

"효인황후孝仁皇后동태후가 전중상시 하운夏惲 등을 내세워 각 주군의 관부와 결탁해 재물을 독점한 뒤 이를 모두 서성西省에 재워놓도록 하고 있습니다. 구례에 따르면 번국의 왕후는 경성에 머물지 못하게 돼 있으니 효인황후를 봉국으로 돌려보내야 할 것입니다."[159]

윤허가 내려졌다.

5월 6일, 하진이 군사를 이끌고 가 표기장군의 군부軍府를 포위해 동중을 잡아들인 뒤 그를 파직시키자 동중이 이내 자진했다.

5월 7일, 동태후가 두려움과 걱정으로 인해 폭붕暴崩황제 및 태황태후의 급서했다. 민심이 하씨에게 돌아가지 않았다.

7) 5월 17일, 한영제를 문릉文陵에 예장했다. 하진이 건석의 음모를 교훈으로 삼아 칭병한 뒤 입궁해 배상陪喪하는 일과 산릉에 배상하는 일을 하지 않았다.

8) 수재가 났다.

9) 가을 7월, 발해왕 유협을 진류왕陳留王으로 삼았다.

10) 사도 정관이 파직됐다.

11) 원소가 다시 하진에게 권했다.

"전에 두무가 환관들을 주살하려다가 오히려 해를 입은 것은 비밀이

---

159 전한 말 왕망이 섭정할 때 평제平帝의 모후인 위희衛姬가 전횡할 것을 두려워해 모후는 경성에 머물 수 없다는 규정을 두었다. 하진이 인용한 것은 바로 왕망이 섭정할 당시의 예를 든 것이다.

누설됐기 때문입니다. 또한 5영의 군사들이 모두 환관을 두려워하는데도 두씨는 그들을 이용하려 했으니 스스로 재앙을 초래한 셈입니다. 지금 장군의 형제가 정예부대인 경병勁兵을 장악하고 있고 부하 제장 모두 뛰어난 명사들로 충심으로 장군의 명을 따르고 있습니다. 모든 일이 장군의 손 안에 있으니 이는 하늘이 돕고 있는 더없이 좋은 기회입니다. 장군은 의당 결단해 천하의 우환을 제거해야 합니다. 이름을 후대에 남기려면 결하고 이 기회를 놓쳐서는 안 됩니다."

하진이 이를 태후에게 보고하면서 중상시 이하 환관들을 파직하고 3서三署의 낭관들로 하여금 그 자리를 메꿀 것을 청했다. 태후가 이를 거부하면서 말했다.

"환관이 궁궐을 통령統領한 것은 예로부터 내려오는 한나라 황실의 전통으로 폐할 수 없소. 더구나 선제가 바로 전에 세상을 떠난 마당에 내가 어찌 일일이 군신들과 얼굴을 맞대고 국사를 논의할 수 있겠소."

하진이 태후의 말을 거역하기 어려워 발호한 자들만을 골라 죽이고자 했으나 원소는 환관들이 황제 가까이서 조칙詔勅을 출납하기 때문에 지금 철저히 제거하지 않으면 장차 반드시 후환이 있을 것을 알았다. 태후의 모친 무양군舞陽君과 하묘가 여러 차례 모든 환관들의 뇌물을 받아먹은 까닭에 하진이 환관들을 죽이려는 것을 알고는 누차 태후에게 환관들을 비호해 줄 것을 간청했다. 이들은 태후에게 말하기도 했다.

"대장군이 태후 주변 사람을 멋대로 죽이는 것은 권력을 장악해 사직을 약하게 하려는 행위입니다."

태후는 내심 의구심을 갖고 있던 차에 이들의 말을 듣고 하진을 의심하게 됐다. 하진은 현귀한 자리에 오른 지 얼마 안 됐기에 평소 환관을 경외하며 꺼리는 경탄敬憚을 해 왔다. 비록 겉으로는 환관을 제거한다는 거창한 구호를 내세웠으나 내심 결단하지 못한 이유다. 이 일은 오랫동안 결

말이 나지 않았다.

원소 등이 또 다시 하진에게 사방의 맹장과 호걸들에게 군사를 이끌고 경성으로 와 태후를 겁박하는 계책을 제시했다. 하진이 동의하자 주부 광릉인 진림陳琳이 만류했다.

"속어에 '엄목포작掩目捕雀'이라는 말이 있습니다. 무릇 작은 일조차 속임수로는 결하고 뜻을 이룰 수 없는데 하물며 국가대사를 어찌 속임수로 성사시키려는 것입니까?[160] 지금 장군은 황실의 권위를 한 몸에 지니고 있고 수중에는 병권까지 쥐고 있어 용과 범의 행보인 용양호보龍驤虎步를 마음대로 할 수 있습니다. 환관을 제거하는 것과 같은 일은 마치 큰 화로를 풀무질하며 터럭을 태우는 것과 같이 쉬운 일입니다. 오직 벽력 치듯 신속하고 맹렬하게 행동해 과단성 있게 일을 처리해야만 천의天意와 민심에 부응할 수 있습니다. 이런 이점을 버리고 외부의 도움을 얻으려고 대병을 모으게 되면 힘센 자가 반드시 우두머리를 칭할 것입니다. 이는 칼을 거꾸로 쥐고 칼자루를 남에게 넘겨주는 것과 같아 공업을 이룰 수도 없고 오직 재앙의 길을 터줄 뿐입니다."

하진이 듣지 않았다. 전군교위 조조가 이 말을 듣고 웃으며 말했다.

"환관이라는 자리는 예나 지금이나 늘 있는 것으로 단지 군주가 부당하게 권력과 총애인 권총權寵을 빌려주게 되면 지금과 같은 모양이 나타나게 된다. 이미 그들의 죄를 묻기로 했으면 의당 그 원흉만 죽이면 되는 것으로 이는 일개 옥리獄吏로도 족한 것이다. 어찌 시끄럽게 외부 군사를 부를 필요가 있겠는가? 환관들을 모두 죽이기로 들면 계책이 누설될 수

160 이는 직역하면 '눈 가리고 참새잡기'라는 뜻이나 자신만을 속일 수 있을 뿐 다른 사람을 속일 수는 없다는 뜻을 지니고 있다. 우리말로는 '눈 가리고 아웅'이라는 말에 가깝다. '눈 가리고 방울 훔치기'라는 뜻을 지닌 '엄이도령掩耳盜鈴'도 같은 뜻을 지니고 있다.

밖에 없는 법이니 내 눈에는 이 일이 반드시 실패하리라는 게 훤히 보인다."

당초 영제가 동탁을 불러 소부를 맡기고자 했다. 동탁이 상주문을 올려 거절했다.

"신이 이끄는 황중湟中의 지원병과 진秦, 호胡 지역의 병사들이 신을 찾아와 '녹미인 뇌품牢稟이 충분치 않으면 처자식이 기아와 추위로 죽을 수밖에 없다'고 하소연하면서 신의 수레를 막아 앞으로 나아가지 못하게 했습니다. 강족과 호인은 성정이 조급해 마치 개와 같기에 신으로서는 막을 도리가 없어 오직 그들을 달래고만 있습니다. 장차 정황이 바뀌면 다시 상주하겠습니다."

조정이 동탁에게 뭐라 할 수가 없었다. 황제가 중병에 걸렸을 때 동탁을 병주목幷州牧에 임명하면서 그의 군사를 황보숭에게 넘기라는 조명을 내렸다. 동탁이 다시 상주문을 올려 반발했다.

"신은 외람되이 황은을 입어 군문에 10년간 종사면서 장병들과 고락을 같이 해 왔습니다. 그들은 신이 길러준 은혜를 생각해 신의 명을 즐거이 따르고자 하니 청컨대 그들을 이끌고 북상해 변방을 튼튼히 할 수 있게 해주기 바랍니다."

황보숭의 조카 황보역皇甫酈이 황보숭에게 권했다.

"천하의 병권은 대인과 동탁의 수중에 있습니다. 지금 서로 틈이 벌어져 이미 굳어져 버렸으니 같이 공존할 수 없습니다. 동탁은 조명을 받고도 오히려 글을 올려 군사를 계속 이끌려고 하니 이는 조명에 항거한 것입니다. 그가 경성의 정란政亂을 염두에 두고 시일을 끌며 나아가지 않는 것은 간사한 마음을 품었기 때문입니다. 이 두 가지는 모두 사면 받을 수 없는 죄목입니다. 게다가 그는 흉포해 장병들이 따르지 않고 있습니다. 대인은 지금 원수의 몸으로 국위國威에 의거해 그를 치면 위로는 충의를 드

높이고 아래로는 해악을 제거하는 것이니 결하고 성사시키지 못할 리가 없습니다."

황보숭이 반대했다.

"조명에 항거하면 당연히 죄가 되나 임의로 주벌하는 것 역시 추궁을 당하게 된다. 사안을 공개해 조정에서 결정하는 것만 못하다."

황보숭이 동탁의 죄를 상주하자 황제가 동탁을 질책했으나 동탁은 여전히 조서를 접수하지 않은 채 군사들을 하동에 머물게 한 뒤 시국의 추이인 시변時變을 관망했다.

이때 하진이 동탁을 부르면서 군사를 이끌고 경성에 오도록 하자 시어사 정태가 만류했다.

"동탁은 고집이 세고 잔인한데다 의리가 없고 욕심이 끝이 없는 자입니다. 만일 조정이 그에게 국가대사를 맡기면 그는 멋대로 흉악한 욕심을 드러낼 것이니 반드시 조정을 위험에 빠뜨릴 것입니다. 명공은 국척國戚의 몸으로 덕과 명망이 높고 아형阿衡의 대권을 쥐고 있으니 임의로 독단해 죄지은 자를 벌하면 그뿐입니다.[161] 결하고 동탁에게 의탁해 원조를 구해서는 안 됩니다. 만일 변고가 생기면 두무의 실패가 역사적인 교훈이 되는 은감殷鑑이 될 터이니 속히 결단해야 합니다."

상서 노식도 동탁을 불러서는 안 된다고 말했으나 하진이 따르지 않았다. 정태가 사직서를 내고 떠나면서 순유에게 말했다.

"하공은 보좌하기가 어려운 사람이오."

하진의 요속僚屬인 왕광王匡과 기도위 포신鮑信은 모두 태산 출신이다. 하진이 그들을 태산으로 보내 군사를 초모하게 하고 동군 태수 교모橋瑁

---

161 아형은 은대의 중신이었던 이윤의 관직명이다. 후에 제왕을 보좌해 국정을 장악한 최고 권력자를 지칭하게 됐다.

에게는 군사들을 이끌고 가 성고成皐에 둔병하게 했다. 또한 무맹도위武猛都尉 정원丁原을 시켜 수천 명의 군사를 이끌고 하내로 들어와 맹진을 불태우게 하자 화광이 충천해 낙양성 안을 환히 비추었다. 이 모든 조치가 환관을 제거하기 위한 것이라는 말이 나돌았다.

당시 동탁은 자신을 부른다는 얘기를 듣고 곧바로 군사들을 경성으로 출발하도록 하고 동시에 상주문을 올려 청했다.

"중상시 장양 등이 총애를 훔치는 절행승총竊幸承寵을 행해 천하를 어지럽게 만들고 있습니다. 신은 물이 끓는 것을 멈추게 하는 데에는 아궁이에서 장작을 빼내는 것보다 좋은 것이 없다는 뜻의 '양탕지불揚湯止沸, 막약거신莫若去薪' 얘기를 들은 바 있습니다.[162] 고름을 짜는 것이 비록 아프기는 하나 몸에는 좋습니다. 예전에 조앙趙鞅이 진양지갑晉陽之甲으로 군주 주변의 악인을 몰아낸 적이 있습니다.[163] 지금 신 또한 종고鐘鼓를 울리며 낙양으로 가 장양 등의 간적을 일소할 수 있도록 허락해 주기 바랍니다."

태후가 이를 받아들이지 않았다. 하묘도 하진에게 권했다.

"당초 저와 형님은 함께 남양에서 올라올 당시만 해도 모두 빈천한 출신이었는데 환관들에 기대어 부귀를 얻고 국사를 손쉽게 처결할 수 있는 지위에 오르게 됐습니다. 엎어진 물은 다시 담기 어렵다는 뜻의 복수난수覆水難收 속어가 있습니다. 의당 깊이 심사숙고해야 할 것입니다. 아직은 환관들과 원만히 지낼 필요가 있습니다."

---

162 일을 해결하려면 그 근원을 제거해야 한다는 취지에서 나온 속언이다.

163 이는 춘추시대 말기 진晉나라의 조앙이 주군의 측근 제거를 명분으로 해 진양의 군사를 일으켜 당시 권신이었던 순인荀寅 등을 제거한 고사를 말한다. 후대에는 조정에 대해 불만을 품은 자들이 거사를 한 경우까지도 '진양지갑'을 자칭하게 됐다. 갑甲은 거병을 뜻하는 갑병甲兵의 줄임말이다.

동탁이 민지澠池하남성 민지까지 군사들을 몰고 오자 하진이 다시 의구심이 들어 간의대부 종소種邵에게 조서를 가지고 가 동탁을 그곳에 머물게 했다. 동탁은 조서의 접수를 거부한 채 마침내 하남 근처까지 이르렀다.

종소가 나아가 군사들을 위로하면서 조서를 내보이며 군사를 되돌릴 것을 명했으나 동탁은 경성에 변고가 일어난 것으로 보고 병사들을 시켜 무력으로 종소를 협박하게 했다. 종소가 노해 조명을 내보이며 꾸짖자 비로소 군사들이 흩어졌다. 종소가 동탁을 찾아가 질책하자 동탁이 사죄하고 군사를 뒤로 물려 석양정夕陽亭하남성 성서현에 머물렀다. 종소는 종고種暠의 손자였다.

원소는 하진이 당초의 계획을 변경할까 두려워 그에게 겁을 주었다.

"계책이 이미 실행돼 형세가 이미 드러났는데 장군은 무엇을 기다려 속히 결단하지 않는 것입니까? 일이 지체돼 변고가 일어나게 되면 또 다시 두씨의 비극이 나타날 수밖에 없습니다."

하진이 원소를 사례교위·가절假節로 삼아 궁내 소식의 외부 유출을 차단하는 역할을 전담하게 하고 종사중랑장 왕윤에게는 하남윤을 맡게 했다. 원소가 하급무관인 낙양의 무리武吏들에게는 환관들의 동정을 예의 주시하도록 조치하는 한편 동탁에게는 평락관平樂觀 진주를 청하는 상주문을 급히 올리도록 독촉했다.

태후가 큰 변이 일어날까 두려워한 나머지 중상시와 소황문 등을 모두 파면해 고향으로 돌아가도록 조치한 뒤 오직 하진이 신임하는 사람들만 궁중에 남아 있도록 했다. 중상시와 소황문 등이 모두 하진에게 달려가 사죄하면서 응분의 처벌을 달게 받겠다고 읍소하자 하진이 이들을 달래며 말했다.

"천하가 흉흉한 것은 바로 제군들에 대한 원망 때문이오. 지금 동탁이 막 당도하려고 하는데 제군들은 왜 고향으로 속히 돌아가지 않는 것이오?"

원소는 하진에게 차제에 결단을 내릴 것을 재삼 권했으나 하진이 듣지 않았다. 이내 독자적으로 각 주군에 하진의 뜻을 사칭한 공문을 돌려 환관의 친속들을 잡아들이도록 조치했다. 하진의 계책이 시간이 지나면서 점차 그 전모를 드러내게 되자 환관들이 두려워한 나머지 반전을 꾀했다. 장양은 자신의 며느리가 태후의 여동생인 점을 이용하기 위해 며느리에게 고개를 조아리며 간청했다.

"노신老臣이 죄를 지었으니 의당 신부新婦와 함께 고향으로 가야만 할 듯하오. 단지 누대에 걸쳐 황은을 입은 몸으로 지금 궁을 떠나려고 하니 만단정회로 가슴이 무너지는 듯하오. 다시 한 번 궁에 들어 가 잠시라도 태후와 황제를 시봉하면서 용안을 본 뒤 고향으로 돌아가면 죽어도 여한이 없겠소."

장양의 며느리가 이를 무양군에게 말하자 무양군이 궁에 들어가 장양의 하소연을 태후에게 전해 주었다. 태후가 조서를 내려 상시들 모두 다시 궁 안으로 들어와 입직入直하게 했다.

8월 25일, 하진이 장락궁으로 들어가 태후에게 상시들에 대한 처단을 허락해 달라고 청했다. 당시 중상시 장양과 단규段圭는 하진이 돌연 입궁한 데 놀라 서로 상의했다.

"대장군이 칭병하고 입궁해 조상하는 임상臨喪과 산릉까지 좇아가며 조상하는 송장送葬에도 참여하지 않았는데 지금 돌연 입궁하니 이 무슨 연고인가? 두씨의 사건이 설마 재연되는 것은 아닐까?"

사람을 보내 하진이 태후에게 말하는 내용을 엿듣게 해 그 전모를 알아챈 뒤 곧바로 무리 수십 명에게 병기를 들고 몰래 궁궐의 옆문으로 들어가 궐내의 작은 전각인 성합省閤 밑에 매복하도록 조치했다. 장양 등은 하진이 장락궁에서 나오자 태후의 조서를 사칭해 하진을 성합 안으로 들어가 앉아 있도록 만든 뒤 이어 하진 앞으로 나아가 꾸짖었다.

"천하가 혼란한 것이 우리들만의 죄가 아니다. 선제가 일찍이 태후와 화목치 못해 거의 헤어질 지경에 이르렀을 때 우리가 눈물로써 화해를 주선하면서 우리 모두 가재를 갹출해 각자 1,000만 전 가까이 예물을 만들어 선제의 심기를 기쁘게 해드렸다. 이는 모두 오직 경의 문호에 의탁하고자 했기 때문이다. 그런데 지금 경은 우리들을 멸족시키려고 하니 이는 너무 지나친 것이 아닌가."

상방감尙方監 거목渠穆이 가덕전 앞에서 칼을 뽑아 하진의 목을 베자 장양과 단규 등은 전 태위 번릉樊陵을 사례교위, 소부 허상을 하남윤으로 삼는 조서의 초안을 마련했다. 상서가 이들이 만든 조서 초안을 받아보고 의구심이 들어 머뭇거리며 말했다.

"대장군이 오면 같이 상의하겠소."

중황문이 하진의 수급을 상서에게 내던지며 말했다.

"하진이 모반해 이미 주살됐소."

하진의 부장 오광吳匡과 장장張璋은 궁 밖에서 하진이 피살됐다는 소식을 듣고 군사들을 이끌고 궁으로 쳐들어갔으나 궁문이 이미 굳게 닫혀 있어 들어갈 수가 없었다. 호본중랑장 원술과 오광이 궁문을 부숴가며 들어가려 했으나 중황문이 병사들을 동원해 이들의 진입을 저지했다.

마침 날이 어두운 것을 틈타 원술이 남궁의 청쇄문靑瑣門을 불태워 장양 등을 밖으로 끌어내려고 하자 장양 등이 태후에게 달려가 대장군의 병사들이 모반해 황궁을 불태우고 상서대로 들어가는 문인 상서달尙書闥을 부쉈다고 보고했다. 장량 등은 태후와 어린 황제, 진류왕, 궁내의 기타 관속을 데리고 회랑을 따라 북궁으로 도피했다.

이때 상서 노식이 장창을 들고 합도閤道전각 사이의 회랑의 창 아래에서 고개를 들어 단규의 죄상을 조목조목 나열하자 단규가 놀란 나머지 태후를 놓쳤다. 태후가 합도의 창문을 통해 아래로 뛰어내렸으나 다행히 다친 데는 없었다.

원소는 그의 숙부 원외와 함께 조서를 위조해 번릉과 허상 등을 불러 참한 뒤 다시 하묘와 함께 병사들을 이끌고 가 주작궐朱雀闕 아래를 지키다가 조충 등의 목을 베었다. 오광 등은 평소 하묘에 대한 원한으로 하진과 뜻을 같이 한 게 아닌데다 하묘가 평소 환관들과 통모했다는 의구심을 갖고 있었다. 군사들에게 하령했다.

"대장군을 죽인 자는 거기장군 하묘이다. 너희들은 능히 대장군의 복수를 할 수 있겠는가?"

병사들이 모두 눈물을 흘리며 말했다.

"목숨을 바쳐 싸우겠습니다."

오광이 대장군부의 병사들을 이끌고 가 동탁의 동생 봉거도위奉車都尉 동민董旻과 합세해 하묘를 공격해 죽인 뒤 그의 시체를 궁궐 후원에 던져 버렸다. 이때 원소는 군사들을 지휘해 북궁의 문을 닫고 모든 환관들을 한 곳으로 몰아넣은 뒤 노소를 막론하고 모두 죽여 버렸다. 이때 죽은 환관의 수가 무려 2,000여 명에 달했다. 환관이 아니면서도 수염이 없는 이유로 애꿎게 잡혀 죽은 자도 있었다. 원소가 여세를 몰아 병사들을 궁 안으로 들여보내자 어떤 병사는 궁궐 정문인 단문端門의 지붕 위로 올라가 궁 안을 공격하기도 했다.

8월 27일, 장양과 단규 등이 포위당해 곤경에 처하자 어린 황제와 진류왕 등 수십 명을 데리고 곡문谷門을 빠져 나갔다. 밤이 깊어 소평진小平津하남성 맹진 동북쪽에 이르렀을 때 6개의 옥쇄를 모두 잃어버렸다. 공경들 가운데 이들을 따라왔던 사람은 단 한 명도 없었다. 오로지 상서 노식과 하남중부연河南中部掾 민공閔貢만이 이들을 찾아 헤매다가 밤이 다 되어서야 황하 변에서 이들을 찾아냈다. 민공이 장양 등을 만나자마자 매섭게 질책했다.

"지금 곧바로 자진하지 않으면 내가 너희들을 모두 죽일 것이다."

손에 칼을 빼어 몇 사람의 목을 베자 장양 등이 놀라 어린 황제에게 손을 모아 재배한 뒤 머리를 조아리며 당부했다.

"신 등은 이제 죽으니 폐하는 부디 자애自愛하길 바랍니다."

장양 등이 말을 마친 후 황하 강물로 뛰어들자 민공은 어린 황제와 진류왕을 부축해 밤새 반딧불 빛을 좇아 환궁할 생각으로 남쪽을 향해 걸음을 옮겼다. 몇 리를 가던 중 간신히 민가에서 덮개도 없는 수레를 얻어 모두 함께 올라타 남행을 계속하다가 겨우 낙사雒舍 북망산 북편에 이르러 휴식을 취할 수 있었다.

8월 28일, 어린 황제는 홀로 한 필의 말을 타고 진류왕과 민공은 다른 한 필의 말을 함께 탄 채 낙사를 출발해 남쪽으로 나아갔다. 점차 이들을 찾아다니던 공경들과 차례로 조우하게 됐다.

이때 동탁은 현양원顯陽苑에 도착해 멀리 화광이 일어나는 것을 보고 즉시 변고가 일어났음을 눈치 채고 급히 군사들을 몰아 황궁 쪽으로 나아갔다. 동이 트기 직전 낙양성 서쪽에 도달했을 즈음 어린 황제가 북쪽에 있다는 소식을 듣고 곧 공경들과 함께 달려가 북망산의 언덕 아래에서 어린 황제를 맞이했다. 어린 황제가 동탁이 군사들을 이끌고 오는 것을 보고 두려워한 나머지 다시 울기 시작하자 대신들이 동탁에게 큰 소리로 말했다.

"각병却兵하라는 조명이 내렸다."

동탁이 반박했다.

"제공諸公은 국가의 대신으로서 황실을 제대로 보좌하지 못해 나라를 크게 동요하는 파탕播蕩을 해 놓고 어찌 나보고 각병하라고 말하는 것이오?"

동탁이 어린 황제와 얘기를 나누었다. 어린 황제가 동탁의 말을 알아듣지 못했다. 다시 진류왕과 말을 나누면서 변란이 일어난 원인을 묻자 진류왕이 자초지종을 하나도 빠진 데 없이 소상히 말해주었다. 동탁이 크게 기뻐하면서 동태후가 진류왕을 키웠다는 사실을 곧 알게 됐다. 동탁은 동태후가 자신과 같은 성씨인 것을 감안해 어린 황제를 폐립할 생각을 갖게 됐다.

이날 어린 황제는 환궁해 천하에 대사령을 내리고 연호를 광희에서 소녕昭寧으로 바꿨다. 이어 전국새傳國璽를 제외한 모든 옥새를 찾아낸 뒤 정원丁原을 집금오로 삼았다. 이때 기도위 포신은 태산에서의 모병이 어느 정도 성과를 거두자 원소에게 권했다.

"동탁이 강병을 보유하고 있으니 장차 다른 마음을 품게 될 것이오. 지금 일찍 손을 쓰지 않으면 반드시 그의 제압을 받게 될 것이니 지금 그가 방금 도착해 피곤할 때를 노려 공격하면 가히 그를 잡을 수 있을 것이오."

원소가 동탁을 두려워한 나머지 감히 군사를 움직이려 하지 않자 포신이 군사를 이끌고 다시 태산으로 돌아가 버렸다.

동탁이 경성에 들어왔을 때 보기의 숫자는 3,000명에 불과했다. 그는 자신의 병력이 너무 적어 원근을 제압하지 못할까 우려했다. 대략 4-5일 간격으로 밤에 몰래 경성에서 가까운 1영營의 군사를 밖으로 내보낸 뒤 이튿날 아침이면 깃발을 높이 들고 북을 크게 울리며 돌아오게 한 이유다. 이는 사람들에게 그의 군사가 또 온 것으로 여기도록 만들기 위한 것이었다. 낙양성 안의 사람치고 그 내막을 아는 사람은 단 한 명도 없었다.

얼마 후 하진과 그의 동생 하묘의 부대가 모두 동탁에게 귀속됐다. 동탁은 몰래 정원의 부하인 사마 오원五原 출신 여포呂布에게 정원을 죽이도록 사주한 뒤 정원의 부대까지 병합했다. 동탁이 거느린 군사 규모가 매우 성대해졌다.

동탁은 이어 비가 그치지 않고 계속 내린다는 구실로 사공 유홍劉弘을 파직한 뒤 조정에 자신이 유홍의 뒤를 이을 뜻을 은근히 내비쳤다.

이때 채옹은 삭방에서 유랑을 하다가 대사령이 내려지자 비로소 귀향길에 오를 수 있게 됐다. 원래 채옹은 왕보의 동생 오원 태수 왕지王智가 상주문을 올려 자신이 조정을 비방했다고 무함하자 부득불 망명길에 올랐다가 12년 만에 귀향하게 된 것이다. 동탁이 채옹의 명성을 듣고 그를 부르자 채옹이 칭병하고 나아가지 않았다. 동탁이 크게 화를 냈다.

"나는 채옹의 전 족속을 멸할 수 있다."

채옹이 두려운 나머지 동탁의 부름을 좇아 낙양으로 가 좨주祭酒의 자리에 올랐다. 채옹은 이후 중인들의 존경을 받게 된데다 부시赴試 성적 또한 뛰어나 불과 3일 만에 3대三臺의 고관직을 두루 역임한 뒤 시중이 됐다.[164]

12) 동탁이 원소에게 어린 황제를 폐위할 뜻을 전했다.

"천하의 주인 자리는 의당 현명한 사람이 앉아야 하는데 매번 영제를 생각할 때마다 분노와 한탄을 금할 수 없소. 동후董侯진류왕 유협가 현명한 듯해 그를 세우고자 하는데 지금의 사후史侯유변를 능가할 수 있을지 모르겠소? 사람들 중에는 작은 일에 밝으나 큰일에 어두운 소지대치小智大癡가 있는데 동후는 과연 장차 어떠할지 모르겠소. 지금은 잠시 그렇게 한다 하더라도 유씨의 후대는 장차 다시 보좌할 만한 가치가 없다고 생각하오."

원소가 반대했다.

164 삼대는 원래 상서대尙書臺와 어사대御史臺, 부절대符節臺를 통칭하는 말이다. 삼대와 달리 삼태三台는 삼공의 별칭이다. 여기서는 채옹의 시험성적이 너무 좋아 3일 내에 시어사侍御史와 치서어사治書御史, 상서尙書 등을 두루 거친 것을 뜻한다.

"한실의 천하통치가 400여 년에 이르러 그 은혜가 두텁고 무거운 심악深渥의 모습을 보여 만민이 한실을 받들고 있습니다. 금상의 춘추가 아직 어린데다 무슨 선하지 못한 모습을 천하에 드러낸 것도 아니니 공이 적자를 폐하고 서자를 세우게 되면 중인들이 공의 뜻에 따르지 않을까 두렵습니다."

동탁이 칼자루를 어루만지며 원소를 꾸짖었다.

"이놈(수자豎子), 감히 담대하기도 하다! 천하의 일이 어찌 나에게 있지 않을까? 내가 하고자 하는 일을 감히 누가 따르지 않는다는 말인가? 너는 동탁의 칼이 예리하지 않다고 말하는 것인가?"

원소도 발끈했다.

"천하의 호걸이 어찌 동공만 있을 수 있겠소."

원소가 패도를 뽑아들고 대충 읍揖하는 시늉을 한 뒤 곧바로 나왔다. 동탁은 자신이 낙양에 온 지 얼마 안 되는데다 원소가 대가大家 출신인 점을 감안해 그에게 함부로 해를 가하지 못했다. 원소가 사례교위의 부절을 궁궐의 동문 위에 걸어 놓고 기주로 달려갔다.

9월 계유癸酉, 동탁이 백관들을 모아놓은 뒤 고개를 뒤로 젖힌 채 폐립의 뜻을 내비치며 말했다.

"황제가 암약暗弱해 종묘를 받들기 어려우니 천하의 주인이 될 수 없소. 지금 이윤과 곽광의 고사를 좇아 진류왕을 세우고자 하니 어찌 생각하오?"

대신들이 모두 놀라 감히 입을 열지 못했다. 동탁이 또 큰 소리로 말했다.

"예전에 곽광이 폐립의 대계大計를 세웠을 때 전연년田延年이 칼자루를 만졌소. 감히 대계를 막으려 드는 자는 군법에 따라 처결할 것이오."[165]

앉아 있던 자들이 모두 진동震動했다. 이때 상서 노식이 홀로 나서 반대했다.

"예전에 태갑太甲은 계위한 뒤 혼암했고 창읍왕昌邑王은 죄목이 1,000여 가지나 되어 폐위됐던 것이오. 지금 금상의 춘추가 아직 어리고 실덕한 행위가 없으니 옛날 고사에 비유할 수 없소."

동탁이 대로해 회의를 중지시킨 뒤 노식을 죽이려고 하자 채옹이 노식을 위해 변명하며 말렸다. 의랑 팽백彭伯도 동탁에게 간했다.

"노상서는 해내의 대유大儒여서 사람들이 모두 앙망하고 있습니다. 지금 그를 해치게 되면 천하 사람이 크게 놀랄 것입니다."

동탁이 노식을 죽이려는 계획을 버리는 대신 그의 관직을 빼앗았다. 노식이 마침내 상곡上谷으로 숨어들었다. 동탁이 폐립의 계획을 태부 원외에게 고하자 원외가 동의를 표시했다.

9월 1일, 동탁이 다시 숭덕전전崇德前殿에 백관들을 모아놓고 태후를 겁박해 만든 폐립 칙령을 발표했다.

"황제는 선제의 상중에도 효자로서의 마음을 다하지 않고 위의威儀 또한 인군의 모습을 닮지 않아 지금 폐위하고자 한다. 황제를 홍농왕弘農王으로 삼고 진류왕 유협을 새 황제로 세운다."

원외가 황제의 새수璽綬를 풀어 진류왕에게 바친 후 홍농황을 전 아래로 내려오게 해 칭신하게 했다. 태후가 흐느끼자 군신들 또한 비통해했으나 감히 말하는 자가 없었다. 동탁이 다시 제안했다.

"태후는 일찍이 동태후를 핍박해 심려 끝에 죽게 만들었으니 고부간

165 전한 원평 원년인 기원전 74년 소제昭帝가 후사 없이 죽자 곽광이 그 해 6월 1일 한무제의 손자로 창읍 애왕哀王 유박劉髆의 아들 유하劉賀를 새 황제로 맞아들였다. 곽광이 창읍왕의 부도한 행위로 고민에 빠지자 전연년이 곽광에게 결단을 촉구한 뒤 백관들이 모인 자리에서 칼을 어루만지며 가장 늦게 응답하는 자는 목을 베겠다고 엄포했다. 창읍왕은 보위에 오른 지 불과 27일만에 폐위됐다.

의 예를 위배했소."

하태후를 영안궁으로 옮겨 가 살게 하고 천하에 대사령을 내린 뒤 연호를 소녕에서 영한永漢으로 바꿨다.

9월 3일, 동탁이 하태후를 짐살鴆殺했다. 공경 이하 신료들이 베로 된 상복을 입는 것이 금지돼 장례 때 오직 소복만을 입었다. 동탁이 하묘의 관을 파내어 시신을 절단한 뒤 길가에 내버렸다. 또 하묘의 어미 무양군을 죽여 궁원의 탱자나무 울타리 속에 내던져버렸다.

13) 조령으로 공경 이하의 자제를 낭관에 제수한 뒤 환관의 자리에 충원해 황제를 시봉하게 했다.

14) 9월 12일, 태위 유우를 대사마로 삼고 양분후襄賁侯에 봉했다. 동탁이 스스로 태위·영전장군사領前將軍事가 된 뒤 절전節專과 부월斧鉞, 호본虎賁 등을 하사받고 작호를 미후郿侯로 바꿨다.

15) 9월 13일, 태중대부 양표를 사공으로 삼았다.

16) 9월 21일, 예주목 황완黃琬을 사도로 삼았다.

17) 동탁이 대신들을 이끌고 상서해 진번과 두무를 비롯해 그의 당인들에 대한 안건을 재심리하게 해 그들의 작위를 모두 회복시켜 주었다. 또 사자를 보내 그들을 조상하게 한 뒤 그들의 자제들을 과감히 발탁해 임용하는 탁용擢用을 했다.

18) 이 해의 6월부터 내린 비가 이 달까지 계속됐다.

19) 겨울 10월 3일, 하태후에게 영사황후靈思皇后의 시호를 올려 예장禮葬했다.

20) 백파적白波賊이 하동에 침입하자 동탁이 부장 우보牛輔를 보내 이들을 쳤다.

당초 남선우 어부라가 즉위하자 흉노인들은 어부라의 부친 강거羌渠의 사람들을 죽이고 반기를 든 뒤 수복골도후須卜骨都侯를 선우로 옹립했다.

어부라가 경성에 와 그들을 고발했는데 마침 영제가 붕어하고 천하가 소란해지자 어부라가 기병 수천 명을 이끌고 백파적과 합세해 인근 군현에 침입했다. 이때 백성들이 자체 조직을 만들어 보위함으로써 약탈을 제대로 할 수 없는 것은 물론 오히려 병사들의 사상이 적지 않았다.

어부라가 고국으로 돌아가려 했으나 흉노인들이 받아들이지 않자 하동의 평양平陽에 머무르게 됐다. 수복골도후가 1년간 선우로 있다가 죽자 남흉노 조정이 선우의 자리를 비워둔 채 노왕老王으로 하여금 국정을 대행하게 했다.

21) 11월, 동탁을 상국에 임명하고 배례할 때 성명을 부르지 않는 찬배불명贊拜不名과 입조할 때 잔 걸음으로 빨리 가지 않는 입조불추入朝不趨, 검을 차고 신을 신은 채 전에 오르는 검리전상劍履殿上의 특권을 윤허했다.

22) 12월, 사도 황완을 태위, 사공 양표를 사도, 광록훈 순상荀爽을 사공으로 삼았다.

당초 상서무위尙書武威 주비周毖와 성문교위인 여남 출신 오경伍瓊은 동탁에게 환제와 영제의 통치를 교정해 천하의 명사를 탁용함으로써 민심을 수습할 것을 권했다. 동탁이 이를 받아들여 주비와 오경, 상서 정태, 장사 하옹 등에게 탐관오리를 도태시키고 은신한 인재들을 발굴하도록 했다. 은자인 순상과 진기陳紀, 한융韓融, 신도반申屠蟠 등이 징소徵召됐다.

순상은 평원상이 돼 완릉에 도착했을 때 광록훈에 임명됐다가 다시 3일 만에 사공이 됨으로써 징소받은 지 불과 93일 만에 삼공의 반열에 올랐다. 진기는 오관중랑장五官中郎將, 한융은 대홍려가 됐다. 진기는 진실陳實의 아들이고 한융은 한소韓韶의 아들이다. 순상 등은 모두 동탁의 포학함을 두려워했다.

단지 신도반만이 징소됐을 때 다른 사람이 가기를 권했지만 오히려 웃으며 대답하지 않았다. 동탁은 시종 그를 굴복시킬 수 없었다. 그는 70여 세를 살다가 명대로 살다 죽는 수종壽終을 했다.

동탁이 상서 한복을 기주목, 시중 유대를 연주자사, 진류인 공주孔伷를 예주자사, 동평인 장막張邈을 진류태수, 영천인 장자張咨를 남양태수로 삼았다. 동탁은 자신이 친애하는 사람은 현요한 관직에 임명하지 않고 장교직에만 머물게 했다.

23) 조령으로 광희와 소녕 및 영한 등 3개의 연호를 모두 폐지했다.

24) 동탁은 성정이 잔인해 권력을 잡자 곧 나라의 군사권과 진귀한 보물을 모두 손에 넣어 그 위세가 천하를 진동시켰다. 그는 욕심이 끝이 없었다. 빈객에게 말하곤 했다.

"나의 관상은 더할 데 없이 귀한 귀무상貴無上이다!"

시어사 요룡종擾龍宗은 차고 있던 검을 풀지 않은 채 동탁에게 업무를 보고하다가 그 자리에서 매 맞아 죽는 과살撾殺을 당했다. 당시 낙양성 내의 명문가는 집이 서로 연이어 있으면서 금은재보가 집집마다 가득차 있었다. 동탁이 사병을 풀어 황친 여부를 가리지 않고 그들의 집으로 들어가 재보를 약탈하고 부녀를 빼앗게 했다. 사람들 모두 두려워하며 언제 변을 당할지 몰라 안절부절하지 못했다.

동탁이 현상을 내걸고 원소의 체포를 다그치자 주비와 오경이 동탁에게 권했다.

"무릇 폐립과 같은 중대사는 일반백성들이 능히 이해할 수 없는 것입니다. 원소는 대체大體를 알지 못하고 단지 두려워 도망갔을 뿐 다른 야심은 없을 것입니다. 지금 급히 서두르면 오히려 그에게 반기를 들게 하는 구실이 될 수 있습니다. 원씨는 4대에 걸쳐 은덕을 쌓아 문생과 옛 부하들이 천하에 널리 퍼져 있습니다. 만일 그가 호걸들을 모아 기병하면 영웅들이 이를 계기로 일시에 일어날 것이니 그리 되면 효산崤山의 동쪽은 곧

공의 소유가 아닐 것입니다. 이는 그를 사면해 1군郡의 군수로 삼는 것만 못합니다. 원소는 사면에 기뻐할 것이고 그리 되면 틀림없이 아무런 화란도 일어나지 않을 것입니다."

동탁이 이를 좇아 곧 원소를 사면해 발해태수로 임명하고 항향후邟鄕侯에 봉한 뒤 원술을 후장군後將軍, 조조를 효기교위驍騎校尉로 삼았다. 그러나 원술은 동탁을 두려워해 남양으로 도망갔고, 조조는 이름과 성을 바꾼 뒤 사이 길을 따라 동쪽으로 달아났다.

조조가 중모中牟를 지날 때 정장亭長이 그를 수상하게 생각해 현부에 잡아두었다. 당시 현부에는 이미 조조를 잡아두라는 문서가 접수돼 있었다. 현의 공조功曹는 그가 조조인 것을 알고 난세에 천하웅준天下雄雋을 잡아넣을 수 없다며 현령에게 그를 풀어줄 것을 건의했다. 조조가 진류에 도착한 뒤 가재를 팔아 5,000명의 군사를 모았다.

이때 호걸들 대부분이 기병해 동탁을 토벌하려 했다. 원소는 발해군에 있었으나 기주목 한복韓馥이 여러 명의 종사를 파견해 그를 감시하고 있었기에 감히 기병하지 못했다. 동군 태수 교모가 삼공의 공문서인 이문移文을 위조해 각 주군에 돌렸다. 동탁의 죄상을 기술한 이문에는 이같이 써져 있었다.

"핍박을 받아 자구自救할 길이 없으니 의병을 일으켜 나라의 환난을 제거해 줄 것을 기망企望한다."

한복이 이문을 받고 종사들에게 논의를 부탁하면서 물었다.

"지금 원씨와 동씨 가운데 누구를 도와야 옳겠소?"

치중종사 유자혜劉子惠가 나서며 대답했다.

"지금 거병하는 것은 나라를 위한 것인데 어찌 원씨나 동씨를 말하는 것입니까?"

한복의 얼굴에 부끄러운 기색이 일자 유자혜가 또 말했다.

"병자兵者는 흉사이니 앞세워 말할 수 없습니다. 지금은 우선 다른 주가 기병하는지를 지켜 본 뒤 화답하는 게 옳을 것입니다. 기주는 다른 주에 비해 약하지 않으니 뒤에 기병하더라도 다른 주의 공로가 결하고 기주보다는 더하지 못할 것입니다."

한복이 동의해 곧 서신을 원소에게 보내 동탁의 죄악을 말하고 그를 좇아 기병할 뜻을 밝혔다.

* 孝靈皇帝中平六年

春, 二月, 國衆疲敝, 解圍去, 皇甫嵩進兵擊之. 董卓曰, "不可. 兵法, 窮寇勿迫, 歸衆勿追." 嵩曰, "不然. 前吾不擊, 避其銳也. 今而擊之, 待其衰也. 所擊疲師, 非歸衆也. 國衆且走, 莫有鬥志, 以整擊亂, 非窮寇也." 遂獨進擊之, 使卓為後拒, 連戰, 大破之, 斬首萬餘級. 卓大慚恨, 由是與嵩有隙. 韓遂等共廢王國, 而劫故信都令漢陽閻忠使督統諸部. 忠病死, 遂等稍爭權利, 更相殺害, 由是寖衰.

幽州牧劉虞到部, 遣使至鮮卑中, 告以利害, 責使送張舉·張純首, 厚加購賞. 丘力居等聞虞至, 喜, 各遣譯自歸. 舉·純走出塞, 餘皆降散. 虞上罷諸屯兵, 但留降虜校尉公孫瓚, 將步騎萬人屯右北平. 三月, 張純客王政殺純, 送首詣虞. 公孫瓚志欲掃滅烏桓, 而虞欲以恩信招降, 由是與瓚有隙.

夏, 四月, 丙子朔, 日有食之.

太尉馬日磾免. 遣使即拜幽州牧劉虞為太尉, 封容丘侯.

蹇碩忌大將軍進, 與諸常侍共說帝遣進西擊韓遂. 帝從之. 進陰知其謀, 奏遣袁紹收徐·兗二州兵, 須紹還而西, 以稽行期.

初, 帝數失皇子, 何皇后生子辯, 養於道人史子眇家, 號曰"史侯." 王美人生子協, 董太后自養之, 號曰"董侯." 群臣請立太子. 帝以辯輕佻無威儀, 欲立協, 猶豫未決. 會疾篤, 屬協於蹇碩. 丙辰, 帝崩於嘉德殿. 碩時在內, 欲先誅何進而立協, 使人迎進, 欲與計事. 進即駕往. 碩司馬潘隱與進早舊, 迎而目之. 進驚, 馳從儳道歸營, 引兵入屯百郡邸, 因稱疾不入. 戊午, 皇子辯即皇帝位, 年十四. 尊皇后曰皇太后. 太后臨朝. 赦天下, 改元為光熹. 封皇弟協為渤海王. 協年九歲. 以後將軍袁隗為太傅, 與大將軍何進參錄尚書事.

進既秉朝政, 忿蹇碩圖己, 陰規誅之. 袁紹因進親客張津, 勸進悉誅諸宦官. 進以袁氏累世貴寵, 而紹與從弟虎賁中郎將術皆為豪桀所歸, 信而用之. 復博征智謀之士何顒·荀攸及河南鄭泰等二十餘人, 以顒為北軍中候, 攸為黃門侍郎, 泰為尚書, 與同腹心. 攸, 爽之從孫也. 蹇碩疑不自安, 與中常侍趙忠·宋典等書曰, "大將軍兄弟秉國專朝, 今與天下黨人謀誅先帝左右, 掃滅我曹, 但以碩典禁兵, 故且沉吟. 今宜共閉上閤, 急捕誅之." 中常侍郭勝, 進同郡人也, 太后及進之貴幸, 勝有力焉, 故親信何氏. 與趙忠等議, 不從碩計, 而以其書示進. 庚午, 進使黃門令收碩, 誅之, 因悉領其屯兵.

票騎將軍董重, 與何進權勢相害, 中官挾重以為黨助. 董太后每欲參干政事, 何太后輒相禁塞, 董後忿恚詈曰, "汝今輈舟張, 怙汝兄耶! 吾敕票騎斷何進頭, 如反手耳!" 何太后聞之, 以告進. 五月, 進與三公共奏曰, "孝仁皇后使故中常侍夏惲等交通州郡, 辜較財利, 悉入西省. 故事, 蕃後不得留京師. 請遷宮本國." 奏可. 辛巳, 進舉兵圍票騎府, 收董重, 免官, 自殺. 六月, 辛亥, 董後憂怖, 暴崩. 民間由是不附何氏.

辛酉, 葬孝靈皇帝於文陵. 何進懲蹇碩之謀, 稱疾, 不入陪喪, 又不送山陵.

大水.

秋, 七月, 徙渤海王協為陳留王.

司徒丁宮罷.

袁紹復說何進曰, "前竇武欲誅內寵而反為所害者, 但坐言語漏洩. 五營兵士皆畏服中人, 而竇氏反用之, 自取禍滅. 今將軍兄弟並領勁兵, 部曲將吏皆英俊名士, 樂盡力命, 事在掌握, 此天贊之時也. 將軍宜一為天下除患, 以垂名後世, 不可失也!" 進乃白太后, 請盡罷中常侍以下, 以三署郎補其處. 太后不聽, 曰, "中官統領禁省, 自古及今, 漢家故事, 不可廢也. 且先帝新棄天下, 我奈何楚楚與士人共對事乎!" 進難違太后意, 且欲誅其放縱者. 紹以為中官親近至尊, 出納號令, 今不悉廢, 後必為患. 而太后母舞陽君及何苗數受諸宦官賂遺, 知進欲誅之. 數白太后為其障蔽. 又言曰, "大將軍專殺左右, 擅權以弱社稷." 太后疑以為然. 進新貴, 素敬憚中官, 雖外慕大名而內不能斷, 故事久不決. 紹等又為畫策, 多召四方猛將及諸豪傑, 使並引兵向京城, 以脅太后. 進然之. 主簿廣陵陳琳諫曰, "諺稱'掩目捕雀', 夫微物尚不可欺以得志, 況國之大事, 其要以詐立乎! 今將軍總皇威, 握兵要, 龍驤虎步, 高下在心, 此猶鼓洪爐燎毛髮耳. 但當速發雷霆, 行權立斷, 則天人順之. 而反委釋利器, 更征外助, 大兵聚會, 強者為雄, 所謂倒持干戈, 授人以柄, 功必不成, 只為亂階耳!" 進不聽. 典軍校尉曹操聞而笑曰, "宦者之官, 古今宜有, 但世主不當假之權寵, 使至於此. 既治其罪, 當誅元惡, 一獄吏足矣, 何至紛紛召外兵乎! 欲盡誅之, 事必宣露, 吾見其敗也."

初, 靈帝征董卓為少府, 卓上書言曰, "所將湟中義從及秦·胡兵皆詣臣言, '牢直不畢, 稟賜斷絕, 妻子饑凍' 牽挽臣車, 使不得行. 羌·胡憋腸狗態, 臣不能禁止, 輒將順安慰. 增異復上." 朝廷不能制. 及帝寢疾, 璽書拜卓并州牧, 今以兵屬皇甫嵩. 卓復上書言曰, "臣誤蒙天恩, 掌戎十年, 士卒大小, 相狎彌久, 戀臣畜養之恩, 為臣奮一旦之命, 乞將之北州, 效力邊垂." 嵩從子酈說嵩曰, "天下兵柄, 在大人與董卓耳. 今怨隙已結, 勢不俱存, 卓被詔委兵而上書自請, 此逆命也. 彼率京師政亂, 故敢躊躇不進, 此懷奸也. 二者, 刑所不赦. 且其凶戾無親, 將士不附. 大人今為元帥, 杖國威以討之, 上顯忠義, 下除凶害, 無不濟也." 嵩曰, "違命雖罪, 專誅亦有責也. 不如顯奏其事, 使朝廷裁之." 乃上書以聞. 帝以讓卓. 卓亦不奉詔, 駐兵河東以觀時變.

何進召卓使將兵詣京師. 侍御史鄭泰諫曰, "董卓強忍寡義, 志欲無厭, 若借之朝政, 授以大事, 將恣凶欲, 必危朝廷. 明公以親德之重, 據阿衡之權, 秉意獨斷, 誅除有罪, 誠不宜假卓以為資援也! 且事留變生, 殷鑒不遠, 宜在速決." 尚書盧植亦言不宜召卓, 進皆不從. 泰乃棄官去, 謂荀攸曰, "何公未易輔也." 進府掾王匡, 騎都尉鮑信, 皆泰山人, 進使還鄉里募兵. 並召工郡太守橋瑁屯成皋, 使武猛都尉丁原將數千人寇河內, 燒孟津, 火照城中, 皆以誅宦官為言. 董卓聞召, 即時就道, 並上書曰, "中常侍張讓等, 竊幸承寵, 濁亂海內. 臣聞揚湯止沸, 莫若去薪. 潰癰雖痛, 勝於內食. 昔趙鞅興晉陽之甲以逐君側之惡, 今臣輒鳴鐘鼓如雒陽, 請收讓等以清奸穢!" 太后猶不從. 何苗謂進曰, "始共從南陽來, 俱以貧賤依省內以致富貴, 國家之事, 亦何容易. 覆水不收, 宜深思之, 且與省內和也." 卓至澠池, 而進更狐疑, 使諫議大夫種邵宣詔止之. 卓不受詔, 遂前至河南. 邵迎勞之, 因譬令還軍. 卓疑有變, 使其軍士以兵脅邵. 邵怒, 稱詔叱之, 軍士皆披, 遂前質責卓. 卓辭屈, 乃還軍夕陽亭. 劭, 暠之孫也.

袁紹懼進變計, 因脅之曰, "交構已成, 形勢已露, 將軍復欲何待而不早決之乎? 事久變生, 復為竇氏矣!" 進於是以紹為司隸校尉, 假節, 專命擊斷. 從事中郎王允為河南尹. 紹使雒陽方略武吏司察宦者, 而促董卓等使馳驛上奏, 欲進兵平樂觀. 太后乃恐, 悉罷中常侍·小黃門使還里舍, 唯留進素所私人以守省中. 諸常侍·小黃門皆詣進謝罪, 唯所措置. 進謂曰, "天下匈匈, 正患諸君耳. 今董卓垂至, 諸君何不早各就國!" 袁紹勸進便於此決之, 至於再三. 進不許. 紹又為書告諸州郡, 詐宣進意, 使捕案中官親屬. 進謀積日, 頗洩, 中官懼而思變. 張讓子婦, 太后之妹也, 讓向子婦叩頭曰, "老臣得罪, 當與新婦俱歸私門. 唯受恩累世, 今當遠離宮殿, 情懷戀戀, 願復一入直, 得暫奉望太后陛下顏色, 然後退就溝壑, 死不恨矣!" 子婦言於舞陽君, 入白太后, 乃詔諸常侍皆復入直.

八月, 戊辰, 進入長樂宮, 白太后, 請盡誅諸常侍. 中常侍張讓·段珪相謂曰, "大將軍稱疾, 不臨喪, 不送葬, 今欻入省, 此意何為? 竇氏事竟復起邪?" 使潛聽, 具聞其語. 乃率其黨數十人持兵竊自側闥入, 伏省戶下, 進出, 因詐以太后詔召進, 入坐省閣. 讓等詰進曰, "天下憒憒, 亦非獨我曹罪也. 先帝嘗與太后不快, 幾至成敗, 我曹涕泣救解, 各出家財千萬為禮, 和悅上意, 但欲托卿門戶耳. 今乃欲滅我曹種族, 不亦太甚乎!" 於是尚方監渠穆拔劍斬進於嘉德殿前. 讓·珪等為詔, 以故太尉樊陵為司隸校尉, 少府許相為河南尹. 尚書得詔板, 疑之, 曰, "請大將軍出共議." 中黃門以進頭擲與尚書曰, "何進謀反, 已伏誅矣!"

進部曲將吳匡·張璋在外, 聞進被害, 欲引兵入宮, 宮門閉. 虎賁中郎將袁術與匡共斫攻之, 中黃門持兵守閣. 會日暮, 術因燒南宮青瑣門, 欲以脅出讓等. 讓等入白太后, 言大將軍兵反, 燒宮, 攻尚書闥, 因將太后·少帝及陳留王, 劫省內官屬, 從復道走北宮. 尚書盧植執戈於閣道窗下, 仰數段珪. 珪懼, 乃釋太后, 太后投閣, 得免. 袁紹與叔父隗矯詔召樊陵·許相, 斬之. 紹及何苗引兵屯朱雀闕下, 捕得趙忠等, 斬之. 吳匡等素怨苗不與進同心, 而又疑其與宦官通謀, 乃令軍中曰, “殺大將軍者, 卽車騎也, 吏士能為報仇乎?” 皆流涕曰, “願致死!” 匡遂引兵與董卓弟奉車都尉旻攻殺苗, 棄其屍於苑中. 紹遂閉北宮門, 勒兵捕諸宦者, 無少長皆殺之, 凡二千餘人, 或有無須而誤死者. 紹因進兵排宮, 或上端門屋, 以攻省內.

庚午, 張讓·段珪等困迫, 遂將帝與陳留王數十人步出谷門, 夜, 至小平津, 六璽不自隨, 公卿無得從者, 唯尚書盧植·河南中部掾閔貢夜至河上. 貢厲聲質責讓等, 且曰, “今不速死, 吾將殺汝!” 因手劍斬數人. 讓等惶怖, 叉手再拜, 叩頭向帝辭曰, “臣等死, 陛下自愛!” 遂投河而死. 貢扶帝與陳留王夜步逐螢光南行, 欲還宮, 行數里, 得民家露車, 共乘之, 至雒捨止, 辛未, 帝獨乘一馬, 陳留王與貢共乘一馬, 從雒捨南行, 公卿稍有至者. 董卓至顯陽苑, 遠見火起, 知有變, 引兵急進. 未明, 到城西, 聞帝在北, 因與公卿往奉迎於北芒阪下. 帝見卓將兵卒至, 恐怖涕泣. 群公謂卓曰, “有詔卻兵.” 卓曰, “公諸人為國大臣, 不能匡正王室, 至使國家播蕩, 何卻兵之有!” 卓與帝語, 語不可了. 乃更與陳留王語, 問禍亂由起, 王答, 自初至終, 無所遺失. 卓大喜, 以王為賢, 且為董太后所養, 卓自以與太后同族, 遂有廢立之意. 是日, 帝還宮, 赦天下, 改光熹為昭寧. 失傳國璽, 餘璽皆得之. 以丁原為執金吾. 騎都尉鮑信自泰山募兵適至, 說袁紹曰, “董卓擁強兵, 將有異志, 今不早圖, 必為所制. 乃其新至疲勞, 襲之, 可禽也!” 紹畏卓, 不敢發. 信乃引兵還泰山.

董卓之入也, 步騎不過三千, 自嫌兵少, 恐不為遠近所服, 率四五日輒夜潛出軍近營, 明旦, 乃大陳旌鼓而還, 以為西兵復至, 雒中無知者. 俄而進及遞苗部曲皆歸於卓, 卓又陰使丁原部曲司馬五原呂布殺原而並其衆, 卓兵於是大盛. 乃諷朝廷, 以久雨, 策免司空劉弘而代之.

初, 蔡邕徙朔方, 會赦得還. 五原太守王智, 甫之弟也, 奏蔡邕謗訕朝廷. 邕遂亡命江海, 積十二年, 董卓聞其名而辟之, 稱疾不就. 卓怒, 詈曰, "我能族人!" 邕懼而應命, 到, 署祭酒, 甚見敬重, 舉高第, 三日之間, 周歷三台, 遷為侍中.

董卓謂袁紹曰, "天下之主, 宜得賢明, 每念靈帝, 令人憤毒! 董侯似可, 今欲立之, 為能勝史侯否? 人有小智大癡, 亦知復何如? 為當且爾. 劉氏種不足復遺!" 紹曰, "漢家君天下四百許年, 恩澤深渥, 兆民戴之. 今上富於春秋, 未有不善宣於天下. 公欲廢嫡立庶, 恐衆不從公議也." 卓按劍叱紹曰, "豎子敢然! 天下之事, 豈不在我! 我欲為之, 誰敢不從! 爾謂董卓刀為不利乎!" 紹勃然曰, "天下健者, 豈惟董公!" 引佩刀, 橫揖, 逕出. 卓以新至, 見紹大家, 故不敢害. 紹縣節於上東門, 逃奔冀州.

九月, 癸酉, 卓大會百寮, 奮首而言曰, "皇帝闇弱, 不可以奉宗廟, 為天下主. 今欲依伊尹·霍光故事, 更立陳留王, 何如?" 公卿以下皆惶恐, 莫敢對. 卓又抗言曰, "昔霍光定策, 延年按劍. 有敢沮大議, 皆以軍法從事!" 坐者震動, 尚書盧植獨曰, "昔太甲既立不明, 昌邑罪過千餘, 故有廢立之事. 今上富於春秋, 行無失德, 非前事之比也." 卓大怒, 罷坐. 將殺植, 蔡邕為之請, 議郎彭伯亦諫卓曰, "盧尚書海內大儒, 人之望也. 今先害之, 天下震怖." 卓乃止, 但免植官, 植遂逃隱於上谷. 卓以廢立議示太傅袁隗, 隗報如議.

甲戌, 卓復會群僚於崇德前殿, 遂脅太后策廢少帝, 曰, "皇帝在喪, 無人子之心, 威儀不類人君, 今廢為弘農王, 立陳留王協為帝." 袁隗解帝璽綬, 以奉陳留王, 扶弘農王下殿, 北面稱臣. 太后鯁涕,群臣含悲, 莫敢言者. 卓又議曰, "太后蹙迫永樂宮, 至令憂死, 逆婦姑之禮." 乃遷太后於永安宮. 赦天下, 改昭寧為永漢. 丙子, 卓鴆殺何太后, 公卿以下不布服, 會葬, 素衣而已. 卓又發何苗棺, 出其屍, 支解節斷, 棄於道邊, 殺苗母舞陽君, 棄屍於苑枳落中.

詔除公卿以下子弟為郎, 以補宦官之職, 侍於殿上.

乙酉, 以太尉劉虞為大司馬, 封襄賁侯. 董卓自為太尉, 領前將軍事, 加節傳·斧鉞·虎賁, 更封郿侯.

丙戌, 以太中大夫楊彪為司空.

甲午, 以豫州牧黃琬為司徒.

董卓率諸公上書, 追理陳蕃·竇武及諸黨人, 悉復其爵位, 遣使弔祠, 擢用其子孫.

自六月雨至於是月.

冬, 十月, 乙巳, 葬靈思皇后.

白波賊寇河東, 董卓遣其將牛輔擊之.

初, 南單于於扶羅既立, 國人殺其父者遂叛, 共立須卜骨都侯為單于. 於扶羅指闕自訟. 會靈帝崩, 天下大亂, 於扶羅將數千騎與白波賊合兵寇郡縣. 時民皆保聚, 鈔掠無利, 而兵遂挫傷. 復欲歸國, 國人不受, 乃止河東平陽. 須卜骨都侯為單于一年而死, 南庭遂虛其位, 以老王行國事.

十一月, 以董卓為相國, 贊拜不名, 入朝不趨, 劍履上殿.

十二月, 戊戌, 以司徒黃琬為太尉, 司空楊彪為司徒, 光祿勳荀爽為司空.

初, 尚書武威周毖·城門校尉汝南伍瓊, 說董卓矯桓·靈之政, 擢用天下名士以收眾望, 卓從之, 命毖·瓊與尚書鄭泰·長史何顒等沙汰穢惡, 顯拔幽滯. 於是征處士荀爽·陳紀·韓融·申屠蟠. 復就拜爽平原相, 行至宛陵, 遷光祿勳, 視事三日, 進拜司空. 自被征命及登台司, 凡九十三日. 又以紀為五官中郎將, 融為大鴻臚. 紀, 寔之子. 融, 韶之子也. 爽等皆畏卓之暴, 無敢不至. 獨申屠蟠得征書, 人勸之行, 蟠笑而不答, 卓終不能屈, 年七十餘, 以壽終. 卓又以尚書韓馥為冀州牧, 侍中劉岱為兗州刺史, 陳留孔胄為豫州刺史, 東平張邈為陳留太守, 潁川張咨為南陽太守. 卓所親愛, 並不處顯職, 但將校而已.

詔除光熹·昭寧·永漢三號.

董卓性殘忍, 一旦專政, 據有國家甲兵·珍寶, 威震天下, 所願無極, 語賓客曰, "我相, 貴無上也!" 侍御史擾龍宗詣卓白事, 不解劍, 立撾殺之. 是時, 洛中貴戚, 室第相望, 金帛財產, 家家充積, 卓縱放兵士, 突其廬舍, 剽虜資物, 妻略婦女, 不避貴賤. 人情崩恐, 不保朝夕. 卓購求袁紹急, 周毖·伍瓊說卓曰, "夫廢立大事, 非常人所及. 袁紹不達大體, 恐懼出奔, 非有它志. 今急購之, 勢必為變. 袁氏樹恩四世, 門生故吏遍於天下, 若收豪傑以聚徒眾, 英雄因之而起, 則山東非公之有也. 不如赦之, 拜一郡守, 紹喜於免罪, 必無患矣." 卓以為然, 乃即拜紹勃海太守, 封邟鄉侯. 又以袁術為後將軍, 曹操為驍騎校尉. 術畏卓, 出奔南陽. 操變易姓名, 間行東歸, 過中牟, 為亭長所疑, 執詣縣. 時縣已被卓書, 唯功曹心知是操, 以世方亂, 不宜拘天下雄俊, 因白令釋之. 操至陳留, 散家財, 合兵得五千人.

是時, 豪傑多欲起兵討卓者, 袁紹在勃海, 冀州牧韓馥遣數部從事守之, 不得動搖. 東郡太守橋瑁, 詐作京師三公移書與州郡, 陳卓罪惡, 云, "見逼迫, 無以自救, 企望義兵, 解國患難." 馥得移, 請諸從事問曰, "今當助袁氏邪, 助董氏邪?" 治中從事劉子惠曰, "今興兵為國, 何謂袁·董!" 馥有慚色. 子惠復言曰, "兵者凶事, 不可為首. 今宜往視他州, 有發動者, 然後和之. 冀州於他州不為弱也, 他人功未有在冀州之右者也." 馥然之. 馥乃作書與紹, 道卓之惡, 聽其擧兵.

한헌제漢獻帝 초평 2년(AD 190)

1) 봄 정월, 관동關東의 각 주군이 동탁을 치고자 모두 일어나 원소를 맹주로 삼았다.[166] 원소는 스스로 거기장군車騎將軍을 칭한 뒤 각 제장들에게도 관호를 부여했다. 원소와 하내 태수 왕광王匡은 하내에 주둔하고 기주목 한복은 업성을 지키며 군량을 공급하기로 했다.

예주 자사 공주는 영천에 주둔하고 연주 자사 유대와 진류 태수 장막, 장막의 동생 광릉廣陵 태수 장초張超, 동군 태수 교모, 산양山陽 태수 원유袁遺, 제북상濟北相 포신과 조조는 모두 산조酸棗에 주둔하며 후장군 원술은 노양魯陽에 주둔하도록 했다. 이들은 각각 수만 명의 군사를 이끌었다.

호걸들 대다수가 원소에게 마음이 기울어졌다. 오직 포신만이 조조를 추종하며 격려했다.

"무릇 불세출의 지략을 지니고 능히 발란반정撥亂反正할 수 있는 사람은 바로 군君밖에 없소.[167] 만일 군과 같은 사람이 아니면 설령 지금 강성하더라도 반드시 실패할 것이오. 군은 아마도 하늘이 난세를 구하라고 내려 보낸 사람인 듯싶소."

2) 1월 10일, 천하에 대사령을 내렸다.

3) 1월 계유癸酉, 동탁이 낭중령郎中令 이유李儒를 보내 홍농왕 유변을 짐살鴆殺했다.

---

166 진한秦漢 모두 수도를 지금의 섬서성 내에 두었기 때문에 당시 함곡관函谷關 또는 동관潼關 이동 지역을 흔히 관동이라고 칭했다.

167 '발란반정'은 『춘추공양전』「노애공 14년」조에 나오는 구절이다. 난을 평정해 시국을 난세에서 치세로 돌리는 것을 말한다.

4) 동탁이 군사를 대거 동원해 효산 이동인 산동山東을 토벌할 것을 제의하자 상서 정태가 만류했다.

"정치는 덕행에 있지 군사가 많은 데 있는 것이 아닙니다."

동탁이 불쾌해 하며 반문했다.

"경의 말에 따르면 군사는 무용지물이란 말이오?"

정태가 말했다.

"그렇지 않습니다. 단지 산동은 대군을 동원할 필요가 없다는 뜻입니다. 명공은 서주西州에서 온데다 소싯적에 이미 장수가 돼 군사를 잘 아는 데 반해 원본초袁本初 즉 원소는 일개 공경의 자제에 불과합니다. 그는 오직 경성에서 생장했을 뿐입니다. 장맹탁張孟卓 즉 장막은 동평東平의 충후한 장자長者로 행동이 방정한 좌불규당坐不窺堂의 풍모가 있고, 공공서孔公緖 즉 공주는 말하는 게 고아하고 활달해 좌중을 이끄는 허고취생噓枯吹生하는 재주가 있습니다.[168] 이들 모두 하나같이 군사적 재능이 없어 만일 접전하게 되면 적수가 될 수 없는 자들입니다. 하물며 이들은 작호를 받지도 않은 채 존비의 차서도 없고 숫자가 많은 것만 믿고 있으니 각자 독립해 성패를 관망할 것이 뻔합니다. 이들은 결국 합심협력이 안 돼 함께 진퇴하는 공진공퇴共進共退를 할 수밖에 없을 것입니다.

게다가 산동은 오랜 기간 태평해 백성이 전쟁에 익숙지 않은 데 반해 함곡관 서쪽인 관서關西는 강족의 침입으로 단련돼 부녀조차 능히 활을 갖고 싸울 줄 압니다. 천하에 두려워할 만한 것으로는 병주와 양주凉州의 사람과 강족과 호인의 지원부대밖에는 없습니다. 명공은 그들을 옹유해

168 '좌불규당'은 앉아 있을 때 위나 옆을 흘겨보거나 곁눈질하지 않는 것을 말한다. 행동이 방정한 군자의 풍모를 뜻하는 말이다. '허고취생'은 늙은 고목에 생기를 불어넣어 살려낸다는 뜻이다. 언행에 기지와 재치가 번득여 좌중을 이끄는 재주꾼을 비유한 말이다.

조아爪牙발톱과 이빨로 삼고 있으니 마치 호랑이와 하고뿔소를 몰아 개와 양을 쫓고 광풍을 몰아쳐 마른 잎을 쓸어버리는 것과 같습니다. 천하에 누가 감히 명공을 막을 수 있겠습니까? 별것도 아닌 일에 병마를 모아 천하를 놀라게 하고 징병을 꺼리는 백성을 모아 시끄럽게 만드는 것은 덕행을 버리고 군사에 의지하는 것이니 이는 스스로 위망威望을 훼손하는 것입니다."

동탁이 이 얘기를 듣고 매우 좋아했다.

5) 동탁이 산동의 군사가 강성해 천도해 위험을 피하려 했다. 대신들이 모두 원치 않았으나 감히 속마음을 말하지 못했다. 동탁이 상표해 하남윤 주준朱儁을 태복으로 추천한 뒤 자신의 직속 부관인 부수副手로 삼으려 했다. 사자가 주준에게 가 명을 받도록 하자 주준이 사양했다.

"국가가 서천하면 천하 사람의 여망을 져버리고 산동 연합군에게 구실을 주는 것이니 신은 그 이유를 알 수 없습니다."

사자가 반문했다.

"군에게 임명을 접수하게 했는데 군은 이를 거절했을 뿐이오. 군에게 천도의 일을 묻지도 않았는데 이를 말하는 것은 무슨 뜻이오?"

주준이 대답했다.

"상국을 보좌하는 것은 신이 능히 맡을 수 있는 것도 아니고 천도는 좋은 계책이 아닌데다 사안이 급하기 때문에 말한 것입니다. 신이 사양하는 것은 임무를 맡을 수 없기 때문이고 시급한 사안을 말한 것은 신자로서 당연히 해야 할 일이기 때문입니다."

동탁도 주준을 자신의 부수로 삼을 생각을 그치게 됐다. 동탁이 군신들을 모두 모아놓고 말했다.

"고조가 관중關中섬서성 중부에 도읍을 정해 내려온 것이 11대였고 광무제가 낙양에 건도한 지도 이미 11대가 됐소. 『석포참石包讖』에 따라 의당 장안으로 천도해 천인天人의 뜻에 부응해야 할 것이오."

백관들이 모두 침묵을 지킬 뿐 말이 없었다. 사도 양표가 입을 열었다.

"천도와 제도개혁은 국가 대사입니다. 은나라의 중흥 군주인 반경盤庚이 박읍亳邑으로 천도한 것은 모든 백성들의 원망을 샀기 때문입니다.[169] 광무제가 낙양으로 천도한 것은 관중이 왕망王莽의 난으로 파괴됐기 때문입니다. 이미 낙양으로 온지 시간이 오래 됐고 백성들 또한 안락하게 생각하고 있으니 지금 아무 까닭 없이 종묘 선제의 능원을 버리면 백성들이 경동驚動해 반드시 커다란 혼란이 일어날 것입니다. 『석포참』과 같이 요사한 책을 어찌 능히 믿을 수 있겠습니까?"

동탁이 반박했다.

"관중의 땅이 비옥했기에 진나라가 능히 6국을 병탄할 수 있었소. 농우隴右 지역은 목재가 많이 나고 두릉杜陵 지역은 무제 때 도기를 굽던 곳이니 이를 합쳐 경영하면 빠른 시일 내에 성공을 거둘 수 있소. 어찌 백성을 거론할 필요가 있겠소? 만일 앞을 막으려는 자가 있으면 내가 대병을 이끌고 가 그들을 창해滄海까지 몰아붙일 것이오."

양표가 다시 이의를 제기했다.

"천하를 어지럽게 하는 것은 쉬우나 천하를 안정시키는 것은 매우 어렵습니다. 명공은 이를 깊이 생각하기 바랍니다."

동탁의 안색이 변했다.

"공은 국가대계를 저지하려는 것이오?"

태위 황완이 급히 끼어들었다.

169 원문은 '반경천박盤庚遷亳, 은민서원殷民胥怨'이다. 양표의 언급은 『서경』「상서商書, 반경 상」에서 반경이 도읍을 엄奄 땅에서 은殷 땅으로 옮기려고 하자 백성들이 그곳으로 옮겨가 살려고 하지 않았다는 취지의 '반경천우은盤庚遷于殷, 민부적유거民不適有居' 구절의 취지를 밝힌 것이다.

"이는 국가대사로 양공의 말은 고려할 만한 가치가 있습니다."

동탁이 대답하지 않았다. 사공 순상이 동탁의 기세가 성한 것을 보고 양표 등이 다칠까 걱정돼 부드럽게 권했다.

"상국은 어찌 굳이 이리 하려고만 합니까? 산동의 기병은 능히 하루 이틀에 제압할 수 있는 것이 아니니 일단 천도한 뒤 도모해도 좋을 것입니다. 이는 진나라와 한나라의 초기 형세와 같습니다."

동탁의 노기가 약간 풀렸다. 황완이 돌아가서 상서해 천도를 논박했다.

2월 5일, 동탁이 재이災異를 구실로 상주해 황완과 양표 등을 면직시켰다. 광록훈 조겸趙謙을 태위, 태부 왕윤을 사도로 삼았다. 성문교위 오경과 독군교위 주비가 끝까지 천도를 반대하자 동탁이 대로했다.

"나 동탁이 처음 입조할 때 두 군君이 선사善士의 탁용을 권해 내가 좇았소. 제군諸君이 탁용된 후 오히려 사람들이 거병해 나를 반대하고 있으니 이는 두 사람이 나를 판 것이오. 내가 두 군에게 미안할 일이 또 무엇이 있겠소?"

2월 10일, 동탁이 오경과 주비 두 사람을 잡아 목을 베었다. 양표와 황완이 두려워한 나머지 동탁에게 가 사죄하자 동탁 역시 두 사람을 죽인 것을 후회하고 상표해 양표와 황완을 광록대부로 천거했다.

6) 동탁이 경조윤 갑훈을 불러 의랑으로 삼았다. 이때 좌장군 황보숭이 군사 3만 명을 이끌고 부풍에 주둔하고 있었다. 갑훈이 은밀히 황보숭과 만나 동탁 토벌을 모의했다. 이때 마침 동탁이 황보숭을 불러 성문교위로 삼자 황보숭의 장사 양연梁衍이 황보숭에게 권했다.

"동탁이 경성을 겁략하고 멋대로 황제를 폐립했는데 지금 장군을 불렀으니 잘못되면 화가 뒤따를 것이고 잘되어도 곤욕을 치를 것입니다. 지금 동탁이 낙양에 있고 장차 천자가 서천하려고 하는 이때를 틈타 장군이 군사를 이끌고 가 지존至尊을 맞이해야 합니다. 이후 토역討逆의 조령을 받들어 모은 장병을 통수해 원씨가 동탁의 동쪽을 칠 때 그의 서쪽을 치면 능히 그를 사로잡을 수 있습니다."

황보숭이 듣지 않고 이내 징소에 응하자 갑훈도 군사가 약해 자립이 불가능하다고 판단해 경성으로 돌아갔다. 동탁이 갑훈을 월기교위越騎校尉에 임명했다. 하남윤 주준이 동탁에게 군사문제를 논하자 동탁이 그에게 모욕을 주며 말했다.

"나는 지금까지 백전백승이었소. 흉중에 생각하는 바가 있으니 경은 더 이상 망설妄說을 지껄여 나의 칼을 더럽히는 일이 없도록 해주시오."

갑훈이 반박했다.

"예전에 무정武丁과 같이 성명한 인물도 잠간箴諫충언을 구했는데 하물며 경과 같은 자가 어찌 사람의 입을 막고자 하는 것이오?"[170]

동탁이 이내 주준에게 사과했다.

7) 동탁이 군사들을 양성陽城하남성 등봉현으로 보냈다. 동탁의 군사들이 양성으로 가던 도중 성황당에서 제를 지내는 백성들을 만났다. 남자들은 전부 죽여 수급을 수레의 끌채에 매어달고 부녀들은 자신들의 수레와 치중인 거중車重에 실었다. 이어 노래를 부르고 고함을 치며 낙양으로 돌아와 반적들을 물리치고 대승을 거두었다고 떠들었다. 동탁이 수급을 불태우고 잡아온 부녀들을 군사들에게 나누어 주어 비첩을 삼도록 했다.

8) 2월 17일, 천자가 서천하자 동탁이 낙양의 부호들을 잡아다가 죄를 뒤집어 씌워 주살하고 그들의 재산을 몰수했다. 이때 죽은 자가 얼마인지는 헤아릴 수가 없다. 나머지 수백만의 백성들이 쫓기듯이 억지로 장안으

170 무종은 은대의 고종高宗 이름이다. 그는 어린 시절 민간에서 생장해 즉위한 뒤 59년간 재위하는 동안에 부열傅說과 감반甘盤과 같은 명신을 얻어 탁월한 통치를 펼친 인물로 전해지고 있다.

로 이주했다. 도중에 병사들이 백성들을 급히 몰아치자 인마가 서로 밟히고 기아와 약탈이 극심해 시체가 길을 가득 메웠다. 동탁이 필규원畢圭苑에 남아 궁궐과 종묘, 관부, 민가 등을 불태우고 200리 내에 있는 가옥을 모두 파괴하게 하자 닭과 개조차 남지 않게 됐다.

또한 여포를 보내 이전 황제와 대신들의 능묘를 파헤쳐 진귀한 보물을 거두도록 했다. 동탁이 산동의 사병을 사로잡자 돼지기름을 바른 10여 필의 천으로 포로들의 몸을 감싼 뒤 발쪽에 불을 붙여 산채로 태워 죽였다.

9) 3월 5일, 천자의 어가御駕가 장안으로 들어가 경조윤의 부사府舍에 머무르다가 후에 궁실에 약간의 수리를 한 뒤 비로소 옮겨 거처하게 됐다. 이때 동탁이 아직 장안에 도착하지 않았다. 조정의 대소사는 모두 왕윤이 처리했다. 왕윤이 밖으로는 각 주군과 협조하고 안으로는 황실을 안정시켜 대신의 풍모를 완연히 드러내자 천자 이하 백관들이 모두 그를 의지했다. 왕윤이 몸을 굽혀 동탁을 모시자 동탁도 그를 신임했다.

10) 3월 18일, 동탁이 원소문제로 인해 태부 원외와 태복 원기袁基를 비롯해 어린 아이를 포함한 그들의 모든 가족을 죽이니 죽은 자가 모두 50여 명에 달했다.

11) 당초 형주 자사 왕예王睿와 장사 태수 손견이 함께 공동으로 영릉과 계양의 적들을 공격할 때 왕예는 손견을 일개 무부武夫로 생각해 경멸조의 말을 함부로 해댔다. 각 주군이 기병해 동탁을 토벌할 때 왕예와 손권도 같이 기병했다. 왕예는 무릉 태수 조인曹寅과 불화해 공공연히 조인을 먼저 죽여야 한다고 떠들었다.

조인이 두려워한 나머지 조정의 지방감찰 사자인 안행사자按行使者의 공문을 위조해 손견에게 보내면서 왕예의 죄를 조목조목 제시해 형을 집행한 뒤 그 정황을 보고하도록 지시했다. 손견이 공문을 접수한 후 즉각 군사를 이끌고 왕예를 습격했다. 왕예가 손견이 온다는 얘기를 듣고 성루에 올라가 이를 확인한 후 사람을 보내 그 연유를 묻게 했다.

"무엇을 하려고 군사들이 몰려오는 것인가?"

손견의 선발부대가 둘러대어 말했다.

"병사들이 오랜 전쟁으로 매우 지쳐 있어 사군으로부터 상을 받고자 할 뿐입니다."

이때 왕예가 병사들 속에 있는 손견을 발견하고 놀라서 물었다.

"병사들이 스스로 상을 구하는데 손부군孫府君이 어째서 그 안에 있소?"

손견이 큰 소리로 말했다.

"사군을 주살하라는 사자의 공문을 받았소."

왕예가 놀라서 물었다.

"나에게 무슨 죄가 있다고 그러는 것이오?"

손견이 비웃으며 말했다.

"무지죄無知罪를 범했기 때문이오."

왕예가 이내 궁지에 몰리게 되자 금속의 녹가루인 금설金屑을 깎아 이를 술에 타 마시고 죽었다. 손견이 남양에 이르렀을 때에는 부중이 이미 수만 명에 달하게 됐다. 남양 태수 장자가 군량을 공급하려 하지 않자 손견이 그를 유인해 죽였다. 군내의 사람들이 두려워해 손견이 원하는 것이면 무엇이든 다 갖다 주었다.

손견이 노양에 도착한 뒤 원술과 병력을 합치게 됐다. 원술이 남양을 점거하게 됐다. 원술이 상표해 손견을 행行파로장군·영領예주자사로 천거했다. 이때 조정에서는 조명으로 북군중후北軍中候 유표劉表를 형주자사로 삼았다. 마침 구적寇賊들이 종횡으로 날뛰는 바람에 도로가 막히게 됐다. 유표가 단기필마로 의성宜城에 들어가 남군南郡의 명사 괴량蒯良과 괴월蒯越을 만나 대책을 상의했다.

"지금 강남에 있는 종당宗黨의 세력이 매우 성해 각기 부중을 이끌고 귀부歸附하지 않고 있으니 만일 원술이 그들을 끌어들이면 틀림없이 커다란 화란이 닥칠 것이오. 나는 군사를 모으려고 하나 잘되지 못할까 걱정이니 어찌 하는 게 좋겠소?"

괴량이 권했다.

"백성이 귀부하지 않는 것은 관인寬仁이 부족하기 때문입니다. 귀부 후에도 제대로 다스리지 못하는 것은 은의恩義가 부족하기 때문입니다. 실로 인의의 도를 행하기만 하면 백성은 물이 아래로 흐르듯 저절로 귀부할 것입니다. 어찌 병사들이 모이지 않을까 걱정할 이유가 있겠습니까?"

괴월도 격려했다.

"원술은 교만하고 지략이 없습니다. 종당의 장수들 또한 대부분 탐람하면서도 잔혹해 그 부하들이 앞날을 우려하고 있습니다. 만일 사람을 보내 재리財利로써 그들을 유인하면 반드시 무리를 이끌고 귀부해 올 것입니다. 사군은 그 가운데 무도한 자들만을 골라 제거한 뒤 나머지 부중을 잘 다독여 이용하면 주내의 백성들이 모두 안심하고 살 수 있게 될 것입니다. 그리 되면 사군의 위망과 덕행을 듣게 된 사람들이 어린 아이를 강보에 쌓아 등에 업고 찾아올 것입니다. 일단 군사가 모이고 백성이 귀부하게 되면 남쪽으로 강릉江陵을 점거하고 북쪽으로 양양襄陽호북성 양번시을 수비하기만 하면 됩니다. 그리 되면 형주 경내의 8개 군은 한 장의 격문으로도 평정할 수 있으니 설령 원공로袁公路 원술이 온다 할지라도 어쩔 수가 없을 것입니다."[171]

유표가 크게 기뻐했다.

171 형주의 8개 군은 남양南陽, 남군南郡, 강하江夏, 영릉零陵, 계양桂陽, 장사長沙, 무릉武陵, 장릉章陵 등을 말한다.

"그 의견이 실로 좋소."

괴월을 보내 종당의 장수들을 유인하자 55명이 유표에게 왔다. 유표가 그들 전부를 죽인 뒤 그들의 부대를 손에 넣었다. 마침내 치소를 양양으로 옮기고 각 군현의 반란을 진압하자 강남이 완전히 평정됐다.

12) 동탁이 낙양에 있을 때 원소를 비롯해 앞뒤로 거병을 한 모든 호걸들이 동탁군의 강대함을 두려워해 누구도 감히 앞서 나아가려 하지 않았다. 조조가 사람들을 고취했다.

"의병을 일으킨 것은 폭란暴亂을 제거하려 한 것이오. 지금 대군이 이미 모였는데 제군들은 무엇을 의심하는 것이오. 만일 당초에 동탁이 황실에 기대어 낙양을 거점으로 동쪽을 향해 천하에 임했으면 그가 설령 무도한 전횡을 일삼는다 하더라도 우리가 그를 제거하기가 쉽지 않았을 것이오. 지금 그가 궁전을 불태우고 천자를 겁박해 서천하자 해내가 진동하고 백성들이 갈 바를 몰라 하고 있소. 이는 하늘이 그를 멸망시키려는 것이니 단 한 번의 싸움으로 천하를 평정할 수 있소."

군사를 이끌고 서진해 성고를 점거하려 할 즈음 장막이 휘하 장수 위자衛兹에게 군사를 나눠준 뒤 조조의 뒤를 따르게 했다. 조조군이 형양의 변수汴水에 도달해 동탁의 부장 현도玄菟 출신 서영徐榮과 조우해 교전했으나 패하게 됐다. 조조가 탄 말이 화살에 맞아 부상당하자 종제 조홍曹洪이 자신의 말을 바꿔 탈 것을 종용했다. 조조가 듣지 않으려고 하자 조홍이 간했다.

"천하는 조홍이 없어도 되지만 군君이 없으면 안 됩니다."

조홍은 걷고 조조는 말을 타고 가다가 밤을 이용해 산동군이 있는 산조로 급히 달아났다. 서영이 조조의 군사가 얼마 안 되는 것을 보고 하루 종일 사력을 다해 싸웠지만 성과가 없자 결국 산조를 쉽게 공략할 수 없다고 판단해 군사를 이끌고 돌아갔다.

조조가 산조에 도착하자 각 로의 군사 10여만 명이 날마다 주연을 베풀고 진격하려 하지 않았다. 조조가 그들을 책망하고는 이내 계책을 제시했다.

"제군들은 일단 나의 계모를 들어보도록 하오. 발해渤海 원소는 하내의 군사를 이끌고 맹진으로 가고 산조의 제장들은 성고를 지키면서 오창敖倉을 점거한 뒤 환원轘轅과 태곡太谷을 봉쇄해 모든 험한 요충지를 제압하도록 하오. 또한 원장군袁將軍 원술은 남양의 군사를 이끌고 단수丹水와 석현析縣에 주둔해 삼보三輔를 위협하도록 하시오. 제장들은 보루를 높이 쌓고 해자를 깊이 파는 고루심벽高壘深壁을 하되 동탁군과 교전하지는 말고 적을 현혹시키는 계책인 의병疑兵으로 천하의 대세가 이미 드러났음을 보여주도록 하시오. 이러한 연후에 명분을 내세워 반적을 토벌하면 쾌히 평정할 수 있을 것이오. 지금 우리가 대의로써 기병하고도 오히려 의심해 나아가지 않으니 천하 사람이 실망하고 있소. 나 또한 제군들로 인해 부끄러움을 감출 수 없소."

장막 등이 조조의 계책을 채용하지 않자 조조가 사마로 있는 패국沛國안휘성 수계현 출신 하후돈夏侯惇과 함께 양주揚州로 가서 1,000여 명의 병사를 모은 뒤 다시 하내로 돌아와 주둔했다. 얼마 후 산조에 있는 각 군의 군량이 바닥나자 소속 군사들이 흩어지게 됐다.

이때 유대는 교모와 서로 원한이 있었다. 마침내 교모를 살해하고 왕굉王肱으로 하여금 동군태수를 겸하게 했다. 청주 자사 초화焦和는 기병한 뒤 산조의 각 로 군사들과 함께 동탁 토벌에 참여하기 위해 진군을 서두르는 바람에 청주 백성들의 안전을 고려하지 못했다. 초화의 군사들이 황하를 건널 즈음 황건적이 이미 청주 경내로 쳐들어왔다. 청주는 원래 이전부터 매우 부강한 은실殷實의 모습을 보였고 군사 또한 강성했다. 초화는 매번 적들이 도망치는 모습만 보게 돼 한 번도 풍진風塵을 일으키며 깃발과 북소리인 기고旗鼓를 뒤섞을 계기를 접하지 못했다.

초화는 원래 점치는 것을 좋아하고 귀신을 믿었던데다 청담淸談을 좋아하고 상벌의 시행이 불분명해 다스리는 것이 매우 혼란스러웠다. 청주는 마침내 적막해져 폐허와 같이 됐다. 얼마 후 초화가 병으로 죽자 원소가 광릉인 장홍臧洪을 청주로 보내 백성들을 위무慰撫하게 했다.

13) 여름 4월, 유주목 유우를 태부로 삼았으나 도로가 막혀 조명을 전달할 수가 없었다. 원래 유주는 경성에서 멀리 떨어진 변경지역이어서 유주를 유지하기 위해 소요되는 비용이 막대했다. 해마다 늘 청주와 기주에서 거둔 세금에서 약 2억 전 가량을 조성해 유주에 소요되는 비용의 부족분을 메우게 했다. 이때에 이르러 모든 도로가 두절돼 필요한 물품이 운송되지 않자 유우는 찢어진 옷과 헤진 짚신을 착용해야 했다. 고기반찬은 구경조차 할 수 없었다.

그는 오히려 전력을 다해 관후한 정치를 펴면서 주내의 생산 기반을 확충했다. 농상農桑을 독려하고 상곡에는 호인과의 교역시장을 열어 이익을 거두는 한편 어양군의 철과 소금을 증산해 수입을 매년 늘리자 먹을 양식이 풍부해져 백성들이 모두 기뻐하게 됐다. 곡물 값이 한 석에 겨우 30전밖에 안 돼 청주와 서주의 백성들이 오히려 전란을 피해 유우에게 귀부하자 그 숫자가 무려 100여만 명에 달하게 됐다. 유우는 이들을 모두 수용해 정성을 다해 위무하면서 이들이 안심하고 생업에 종사할 수 있도록 만들어 주었다. 유민들은 자신들이 유망流亡해 왔다는 사실조차 잊게 됐다.

14) 5월, 사공 순상이 세상을 떠났다.

6월, 신축일 광록대부 종불種拂이 사공이 됐다. 종불은 종소種邵의 부친이다.

15) 동탁이 대홍려 한융과 소부 음수陰修, 집금오 호무반胡毋班, 장작

대장將作大匠 오수吳修, 월기교위 왕괴王瑰 등을 보내 관동군을 한곳에 모은 뒤 원소 등을 대상으로 알아듣게 타이르는 효유曉諭를 하게 했다.[172] 호무반과 오수, 왕괴 등이 하내에 도착하자 원소가 왕광을 시켜 이들을 죽이게 하고 원술도 음수를 죽였다. 오직 한융만이 덕망이 높아 화를 면했다.

16) 동탁이 오수전五銖錢을 폐지하고 소전小錢을 만들었다. 낙양과 장안에 있는 동인銅人과 종을 매다는 틀인 종거鍾虡, 비렴飛廉, 동마銅馬 등류의 물건을 모두 거두어 소전을 주조하자 돈 가치가 떨어지고 물가가 치솟아 곡물 한 석의 값이 수만 전에 달하게 됐다.

17) 겨울에 손견이 속관들을 노양성에 모아 함께 술을 마실 때 동탁의 보기 수만 명이 갑자기 나타났다. 손견이 마침 술을 권하며 담소하던 중이었다. 손견의 군사가 정돈돼 있어 함부로 덤빌 수가 없었다. 뒤이어 적의 기병이 점차 많아지자 손견이 그제야 천천히 자리를 일어나 떠나갔다. 손견이 군사를 이끌고 무사히 성으로 들어간 뒤 동탁의 군사들에게 말했다.

"방금 내가 일어나지 않은 것은 우리 군진이 혼란스러워질까 염려했기 때문이오. 제군들은 들어올 수 없소."

동탁의 군사들은 손견의 부대가 잘 정돈돼 있는 것을 보고 감히 진공하지 못하고 끝내 퇴각했다.

18) 왕광이 하양진河陽津에 주둔했으나 동탁이 습격해 대파했다.

19) 좌중랑장 채옹이 건의했다.

"효화황제孝和皇帝 이후 묘호로 종宗을 칭한 것은 의당 전래의 전장제

---

172 장작대장將作大匠은 원래 진시황 때 설치된 관부로 장작소부將作少府로 불리다가 전한 경제 때 장작대장으로 개칭됐다. 궁실과 종묘, 능침 수축을 비롯해 각종 토목영건 업무를 관장하는 부서의 총책임자를 말한다.

도를 존중해 모두 없애야 합니다."

황제가 이를 좇았다.

20) 중랑장 서영이 고향 사람인 전 기주 자사 공손도公孫度를 동탁에게 천거하자 동탁이 그를 요동태수로 임명했다. 공손도는 부임한 후 법에 의해 군내의 호족 100여 호를 주살誅滅하자 군내의 백성들이 공포에 떨었다. 이어 동쪽으로 고구려를 치고 서쪽으로 오환을 치자 가까운 하속下屬 유의柳毅와 양의陽儀 등이 건의했다.[173]

"한실의 천명인 한조漢祚는 장차 끊어질 것이니 의당 모든 공경들과 함께 새 나라의 건국을 도모해야 합니다."

요동을 요서와 중료군中遼郡으로 나누어 각지에 태수를 두고 바다 건너 동래東萊의 각 현을 정복한 뒤에는 영주자사營州刺史를 두었다. 이후 자립해 요동후遼東侯·평주목平州牧을 자칭하고 한고제 유방과 한세조 유수劉秀의 위패를 모신 사당을 세웠다. 또 전래의 제도를 계승해 교외에서 천지에 제사를 지내고 천자의 친경행사인 적전籍田을 한 뒤 천자의 수레인 난거鸞車를 타고 천자의 의장대인 모두旄頭와 친위군인 우림기羽林騎를 두었다.

* 孝靈皇帝初平元年

春, 正月, 關東州郡皆起兵以討董卓, 推渤海太守袁紹為盟主. 紹自號車騎將軍, 諸將皆板授官號. 紹與河內太守王匡屯河內, 冀州牧韓馥留鄴, 給其軍糧, 豫州刺史孔胄屯穎川, 兖州刺史劉岱·陳留太

173 이때는 고구려의 고국천왕故國川王이 재위하던 시기이다. 『삼국사기』에 따르면 고국천왕 6년인 184년에 요동태수가 쳐들어와 고국천왕이 왕자 계수罽須를 보내 막게 했으나 이기지 못해 친히 기병을 이끌고 가 적을 대파했다는 기록이 나온다. 『자치통감』의 이 부분은 혹시 이를 기록한 것이 아닌가 생각된다.

守張邈·邈弟廣陵太守超·東郡太守橋瑁·山陽太守袁遺·濟北相鮑信與曹操俱屯酸棗, 後將軍袁術屯魯陽, 衆名數萬. 豪傑多歸心袁紹者, 鮑信獨謂曹操曰, "夫略不世出, 能撥亂反正者, 君也. 苟非其人, 雖強必斃. 君殆天之所啟乎!"

辛亥, 赦天下.

癸酉, 董卓使郎中令李儒鴆殺弘農王辯.

卓議大發兵以討山東. 尚書鄭泰曰, "夫政在德, 不在衆也." 卓不悅曰, "如卿此言, 兵為無用邪!" 泰曰, "非謂其然也, 以為山東不足加大兵耳. 明公出自西州, 少為將帥, 閑習軍事. 袁本初公卿子弟, 生處京師, 張孟卓東平長者, 坐不窺堂, 孔公緒清談高論, 噓枯吹生. 並無軍旅之才, 臨鋒決敵, 非公之儔也. 況王爵不加, 尊卑無序, 若恃衆怙力, 將各棋峙以觀成敗, 不肯同心共膽, 與齊進退也. 且山東承平日久, 民不習戰. 關西頃遭羌寇, 婦女皆能挾弓而鬥, 天下所畏者, 無若並·涼之人與羌·胡義從. 而明公擁之以為爪牙, 譬猶驅虎兕以赴犬羊, 鼓烈風以掃枯葉, 誰敢御之! 無事徵兵以驚天下, 使患役之民相聚為非, 棄德恃衆, 自虧威重也." 卓乃悅.

董卓以山東兵盛, 欲遷都以避之, 公卿皆不欲而莫敢言. 卓表河南尹朱儁為太僕以為己副, 使者召拜, 儁辭, 不肯受, 因曰, "國家西遷, 必孤天下之望, 以成山東之釁, 臣不知其可也." 使者曰, "召君受拜而君拒之, 不問徙事而君陳之, 何也?" 儁曰, "副相國, 非臣所堪也. 遷都非計, 事所急也. 辭所不堪, 言其所急, 臣之宜也." 由是止不為副.

卓大會公卿議, 曰, "高祖都關中, 十有一世, 光武宮雒陽, 於今亦十一世矣. 案『石包讖』, 宜徙都長安, 以應天人之意." 百官皆默然. 司徒楊彪曰, "移都改制, 天下大事, 故盤庚遷亳, 殷民胥怨. 昔關中遭王莽殘破, 故光武更都雒邑, 歷年已久, 百姓安樂. 今無故捐宗廟, 棄園陵, 恐百姓驚動, 必有糜沸之亂.『石包讖』, 妖邪之書, 豈可信用!" 卓曰, "關中肥饒, 故秦得併呑六國. 且隴石材木自出, 杜陵有武帝陶灶, 並功營之, 可使一朝而辦. 百姓何足與議! 若有前卻, 我以大兵驅之, 可令詣滄海." 彪曰, "天下動之至易, 安之甚難, 惟明公慮焉!" 卓作色曰, "公欲沮國計邪!" 太尉黃琬曰, "此國之大事, 楊公之言得無可思?" 卓不答. 司空荀爽見卓意壯, 恐害彪等, 因從容言曰, "相國豈樂此邪! 山東兵起, 非一日可禁, 故當遷以圖之, 此秦·漢之勢也." 卓意小解. 琬退, 又為駁議. 二月, 乙亥, 卓以災異奏免琬·彪等, 以光祿勳趙謙為太尉, 太僕王允為司徒城門校尉伍瓊·督軍校尉周毖固諫遷都, 卓大怒曰, "卓初入朝, 二君勸用善士, 故卓相從. 而諸君到官, 舉兵相圖, 此二君賣卓, 卓何用相負!" 庚辰, 收瓊·毖, 斬之. 楊彪·黃琬恐懼, 詣卓謝, 卓亦悔殺瓊·毖, 乃復表彪·琬為光祿大夫.

卓征京兆尹蓋勳為議郎, 時左將軍皇甫嵩將兵三萬屯扶風. 勳密與嵩謀討卓. 會卓亦征嵩為城門校尉, 嵩長史梁衍說嵩曰, "董卓寇掠京邑, 廢立從意, 今征將軍, 大則危禍, 小則困辱. 今及卓在雒陽, 天子來西, 以將軍之眾迎接至尊, 奉令討逆, 徵兵群帥, 袁氏逼其東, 將軍迫其西, 此成禽也!" 嵩不從, 遂就征. 勳以眾弱不能獨立, 亦還京師. 卓以勳為直騎校尉. 河南尹朱俊為卓陳軍事, 卓折俊曰, "我百戰百勝, 決之於心, 卿勿妄說, 且污我刀!" 蓋勳曰, "昔武丁之明, 猶求箴諫, 況如卿者, 而欲杜人之口乎!" 卓乃謝之.

卓遣軍至陽城, 值民會於社下, 悉就斬之, 駕其車重, 載其婦女, 以頭系車轅, 歌呼還雒, 雲攻賊大獲. 卓焚燒其頭, 以婦女與甲兵為婢妾.

丁亥, 車駕西遷. 董卓收諸富室, 以罪惡誅之, 沒入其財物, 死者不可勝計. 悉驅徙其餘民數百萬口於長安. 步騎驅蹙, 更相蹈藉, 飢餓寇掠, 積屍盈路. 卓自留屯畢圭苑中, 悉燒宮廟, 官府·居家, 二百里內, 室屋蕩盡, 無復雞犬. 又使呂布發諸帝陵及公卿以下冢墓, 收其珍寶. 卓獲山東兵, 以豬膏塗布十餘匹, 用纏其身, 然後燒之, 先從足起.

三月, 乙巳, 車駕入長安, 居京兆府捨, 後乃稍葺宮室而居之. 時董卓未至, 朝政大小皆委之王允. 允外相彌縫, 內謀王室, 甚有大臣之度, 自天子及朝中皆倚允. 允屈意承卓, 卓亦雅信焉.

董卓以袁紹之故, 戊午, 殺太傅袁隗·太僕袁基, 及其家尺口以上五十餘人.

初, 荊州刺史王睿, 與長沙太守孫堅共擊零·桂賊, 以堅武官, 言頗輕之. 及州郡舉兵討董卓, 睿與堅亦皆起兵. 睿素與武陵太守曹寅不相能, 揚言當先殺寅. 寅懼, 詐作按行使者檄移堅, 說睿罪過, 令收, 行刑訖, 以狀上. 堅承檄, 即勒兵襲睿. 睿聞兵至, 登樓望之, 遣問曰, "欲何為?" 堅前部答曰, "兵久戰勞苦, 欲詣使君求資直耳." 睿見堅驚曰, "兵自求賞, 孫府君何以在其中?" 堅曰, "被使者檄誅君!" 睿曰, "我何罪?" 堅曰, "坐無所知!" 睿窮迫, 刮金飲之而死. 堅前至南陽, 眾已數萬人. 南陽太守張咨不肯給軍糧, 堅誘而斬之. 郡中震慄, 無求不獲. 前到魯陽, 與袁術合兵. 術由是得據南陽. 表堅行破虜將軍, 領預州刺史. 詔以北軍中候劉表為荊州刺史. 時寇賊縱橫, 道路梗塞, 表單馬入宜城, 請南郡名士蒯良·蒯越與之謀曰, "今江南宗賊甚盛, 各擁眾不附, 若袁術因之, 禍必至矣. 吾欲徵兵, 恐不能集, 其策焉出?" 蒯良曰, "眾不附者, 仁不足也. 附而不治者, 義不足也. 苟仁義之道行, 百姓歸之如水之趣下, 何患徵兵之不集乎?" 蒯越曰, "袁術驕而無謀, 宗賊帥多貪暴, 為下所患, 若使人示之以利,必以眾來. 使君誅其無道, 撫而用之, 一州之人有樂存之心, 聞君威德, 必襁負而至矣. 兵集眾附, 南據江陵, 北守襄陽, 荊州八郡可傳檄而定. 公路雖至, 無能為也." 表曰, "善!" 乃使越誘宗賊帥, 至者五十五人, 皆斬之而取其眾. 遂徙治襄陽, 鎮撫郡縣, 江南悉平.

董卓在雒陽, 袁紹等諸軍皆畏其強, 莫敢先進. 曹操曰, "舉義兵以誅暴亂, 大眾已合, 諸君何疑! 向使董卓倚王室, 據舊京, 東向以臨天下, 雖以無道行之, 猶足為患. 今焚燒宮室, 劫遷天子, 海內震動, 不知所歸, 此天亡之時也, 一戰而天下定矣." 遂引兵西, 將據成皋, 張邈遣將衛茲分兵隨之. 進至滎陽汴水, 遇卓將玄菟徐榮, 與戰, 操兵敗, 為流矢所中, 所乘馬被創. 從弟洪以馬與操, 操不受. 洪曰, "天下可無洪, 不可無君!" 遂步從操, 夜遁去. 榮見操所將兵少, 力戰盡日, 謂酸棗未易攻也, 亦引兵還. 操到酸棗, 諸軍十餘萬, 日置酒高會, 不圖進取, 操責讓之, 因為謀曰, "諸君能聽吾計, 使渤海引河內之眾臨孟津, 酸棗諸將守成皋, 據敖倉, 塞轘轅·太谷, 全制其險, 使袁將軍率南陽之軍軍丹·析, 入武關, 以震三輔, 皆高壘深壁, 勿與戰, 益為疑兵, 示天下形勢, 以順誅逆, 可立定也. 今兵以義動, 持疑不進, 失天下望, 竊為諸君恥之!" 邈等不能用. 操乃與司馬沛國夏侯惇等詣揚州募兵, 得千餘人, 還屯河內. 頃之, 酸棗諸軍食盡, 眾散. 劉岱與橋瑁相惡, 岱殺瑁, 以王肱領東郡太守. 青州刺史焦和亦起兵討董卓, 務及諸將西行, 不為民人保障, 兵始濟河, 黃巾已入其境. 青州素殷實, 甲兵甚盛, 和每望寇奔北, 未嘗接風塵·交旗鼓也. 性好卜筮, 信鬼神. 入見其人, 清談干雲, 出觀其政, 賞罰淆亂, 州遂蕭條, 悉為丘墟. 頃之, 和病卒, 袁紹使廣陵臧洪領青州以撫之.

夏, 四月, 以幽州牧劉虞為太傅, 道路壅塞, 信命竟不得通. 先是,幽部應接荒外, 資費甚廣, 歲常割青·冀賦調二億有餘以足之. 時處處斷絕, 委輸不至, 而虞敝衣繩屨, 食無兼肉, 務存寬政, 勸督農桑, 開上谷胡市之利, 通漁陽鹽鐵之饒, 民悅年登, 穀石三十, 青·徐士庶避難歸虞者百餘萬口, 虞皆收視溫恤, 為安立生業, 流民皆忘其遷徙焉.

五月, 司空荀爽薨. 六月, 辛丑, 以光祿大夫種拂為司空. 拂, 邵之父也.

董卓遣大鴻臚韓融·少府陰修·執金吾胡毋班·將作大匠吳修·越騎校尉王瑰安集關東, 解譬袁紹等. 胡毋班·吳修·王瑰至河內, 袁紹使王匡悉收系殺之. 袁術亦殺陰修, 惟韓融以名德免.

董卓壞五銖錢, 更鑄小錢, 悉取雒陽及長安銅人·鐘虡·飛廉·銅馬之屬以鑄之, 由是貨賤物貴, 穀石至數萬錢.

冬, 孫堅與官屬會飲於魯陽城東, 董卓步騎數萬猝至, 堅方行酒談笑, 整頓部曲, 無得妄動. 後騎漸益, 堅徐罷坐, 導引入城, 乃曰, "向堅所以不即起走, 恐兵相蹈藉, 諸君不得入耳." 卓兵見其整, 不敢攻而還.

王匡屯河陽津, 董卓襲擊, 大破之.

左中郎將蔡邕議曰, "孝和以下廟號稱宗者, 皆宜省去, 以遵先典." 從之.

中郎將徐榮薦同郡故冀州刺史公孫度於董卓, 卓以為遼東太守. 度到官, 以法誅滅郡中名豪大姓百餘家, 郡中震慄, 乃東伐高句驪, 西擊烏桓, 語所親吏柳毅·陽儀等曰, "漢祚將絕, 當與諸卿圖王耳." 於是分遼東為遼西·中遼郡, 各置太守, 越海收東萊諸縣, 置營州刺史. 自立為遼東侯·平州牧, 立漢二祖廟, 承製, 郊祀天地, 藉田, 乘鸞路, 設旄頭·羽騎.

** 권60-한기漢紀 52: 난세의 영웅이 출현하다

한헌제漢獻帝 초평 2년(AD 191)

1) 봄 정월 6일, 천하에 대사령을 내렸다.

2) 산동의 제장들이 상의해 천자가 유충幼沖한데다 동탁의 핍박을 받아 관문이 닫힌 먼 곳에 있어 생사를 알 수조차 없으니 황친 가운데 가장 현준賢俊한 유주목 유우를 천자로 옹립하기로 의견을 모았다. 조조가 반대했다.

"우리가 기병을 하자 원근을 막론하고 호응하지 않는 곳이 없게 된 것은 대의를 좇아 기병했기 때문이오. 지금 유주幼主가 비록 미약해 간신에게 제압당하고 있으나 아직 창읍왕과 같이 망국의 단서인 망국지흔亡國之釁을 내보인 적이 없소. 하루아침에 폐립이 이뤄지면 천하사람 가운데 누가 동의하겠소. 제군이 유주의 유우를 세우기 위해 북면北面하면 나는 장안의 천자를 시봉하기 위해 서향西向하겠소."

한복과 원소가 원술에게 서신을 보내 말했다.

"황제는 영제의 아들이 아니오. 강후絳侯 주발周勃과 관영灌嬰이 어린 황제를 폐하고 대왕代王을 맞이한 고사를 좇아 대사마 유우를 새 황제로 봉대奉戴하고자 하오."[174]

---

174 한나라 초기에 대신 주발과 관영은 여산呂産과 여록呂祿 등을 죽이고 어린 황제

원술은 내심 황제가 되고픈 야심이 있어 한나라에 나이 많은 황제가 서는 것이 자신에게 불리하다고 생각했다. 군신 간의 대의를 내세워 이 건의를 거부했다. 원소가 또 원술에게 서신을 보내 권했다.

"지금 서쪽에 있는 유주는 명목상의 군주로 적통이 아니고 대신 또한 모두 동탁에게 아부하고 있을 뿐이니 어찌 능히 그들을 믿을 수 있겠소. 단지 군사를 보내 관문을 굳게 지키면 그들은 곤경에 처해 스스로 죽을 것이고 동쪽에 성군을 세우면 천하태평의 희망이 있는데 왜 머뭇거리는 것이오? 설마 가족이 모두 도륙됐는데도 오자서伍子胥의 고사를 잊지는 않았을 터이니 생각을 바꿔 북면하는 게 어떻겠소?"[175]

원술이 답신을 보내 거절했다.

"천자는 총예聰睿해 주성왕周成王의 자질이 있소. 간적 동탁이 위란의 틈을 타 폭력으로 백관을 굴복시켰으나 이는 단지 한나라 황실 내의 작은 액운에 불과하오. 금상이 적통이 아니라고 말하는데 어찌 그같이 허황한 애기로 사람을 기망할 수 있겠소? 또한 집안이 도륙됐으니 북면하는 게 가하다고 말하나 이는 동탁의 소행이지 어찌 천자의 본의에 의한 것이겠소. 나는 전념해 동탁을 제거하는 데 노력할 뿐 그 밖의 일은 모르오."

한복과 원소가 결국 전 낙랑태수樂浪太守 장기張岐 등을 시켜 유우에게 천자의 존호를 올리게 하자 유우가 장기 등을 보고 정색을 해 꾸짖었다.

유홍劉弘을 폐위시킨 뒤 대왕을 문제文帝로 옹립했다. 주발은 강후에 봉해져 여후 때에는 태위를 지냈고 문제 때에는 우승상이 됐다. 관영은 거기장군으로 있다가 이 거사로 인해 형양후滎陽侯에 봉해져 문제 때 승상을 지냈다.

175 오자서의 본명은 오원伍員으로 춘추시대 말기 초나라 사람이다. 그의 부친 오사伍奢가 태자사부로 있다가 직간을 하다 죽임을 당했다. 오자서가 오나라로 망명해 오왕 합려闔閭를 도와 초나라를 깨뜨려 부형의 원수를 갚았다. 합려가 죽은 뒤 부차가 뒤를 잇자 대부가 됐으나 월나라와의 화해와 북진을 반대하다 무함을 받고 죽게 됐다.

"지금 천하가 혼란해 주상이 몽진蒙塵을 했어도 나는 국가의 후은을 입은 몸으로 국치國恥를 씻지 못하고 있소. 제군은 각 주군을 점거했으면 의당 황실을 위해 전심전력해야 하거늘 어찌 역모를 꾀해 서로 몸을 더럽히려고 하는 것이오?"

유우가 한사하고 수락을 거부하자 한복 등이 다시 유우에게 영상서사領尙書事가 돼 천자의 관작官爵 서임권을 대행해 달라고 청했다. 유우가 이 또한 거절하면서 흉노에게 달아나 스스로를 격리시키려고 하자 원소 등이 이내 제안을 거두었다.

3) 2월 12일, 동탁을 태사로 임명하고 제후왕의 위에 두었다.

손견이 군사를 이동시켜 양현梁縣하남성 임여현 동쪽에 주둔했다가 동탁의 부장 서영에게 패했다. 손견이 다시 흩어졌던 군사를 보아 양인陽人하남성 임여현 서쪽으로 나아가자 동탁이 동군 태수 호진胡軫을 시켜 보기 5,000명을 이끌고 가 손견을 치도록 하고 여포를 기독騎督으로 삼았다. 호진이 여포와 불목不睦해 전열이 흐트러지자 손견이 출격해 이들을 대파하고 도독 화웅華雄의 목을 효수했다. 어떤 사람이 원술에게 권했다.

"손견이 만일 낙양을 얻게 되면 그를 다시는 제압할 수 없습니다. 이는 이리를 물리치자 호랑을 만나는 격입니다."

원술도 의심이 들어 곧 손견에게 군량을 운반하지 못하게 했다. 손견이 밤새 말을 달려 원술을 찾아가 땅 위에다 그림을 그려가며 천하형세와 이해득실을 설명한 뒤 청했다.

"제가 몸을 돌보지 않고 싸우는 이유는 위로는 나라를 위해 역적을 토벌하고 아래로는 장군 가문의 사적인 복수를 돕기 위해서입니다. 저 손견과 동탁은 아무런 개인적인 원한이 없습니다. 장군은 오히려 참언을 듣고 저에게 혐의를 두니 이는 어찌 된 일입니까?"

원술이 크게 궁해 불안해하는 축적踧踖의 모습을 보이며 곧바로 군량을 수집해 발송하는 조발調發을 하도록 했다. 손견이 주둔지로 돌아오자 동탁이 장군 이각李傕을 손견에게 보내 인척의 연을 맺고자 하는 뜻을 전했다. 동탁은 이각에게 만일 손견이 자신의 자제들을 자사와 군수로 만들고자 한다면 그들의 추천과 임용을 적극 약속하겠다는 뜻도 전달하게 했다. 손견이 제안을 거절했다.

"동탁은 천의를 거스른 무도한 자이다. 지금 그의 삼족을 멸해 천하에 내보이지 못하면 죽어도 눈을 감을 수 없는데 어찌 결친結親할 수 있겠는가?"

손견이 또 다시 대곡으로 진군했다. 대곡은 낙양으로부터 90리 떨어진 곳이다. 동탁이 직접 군사를 이끌고 출격해 손견과 황제들의 능묘가 있는 구릉지대에서 교전했다. 동탁이 패주해 민지로 들어가 이를 지키면서 섬현陝縣하남성 섬현에서 군사를 모았다.

이 사이 손견은 낙양까지 진격해 들어가 여포를 연파해 패주시킨 뒤 종묘를 깨끗이 소제하고 소, 양, 돼지를 잡아 지내는 종묘제사인 태뢰太牢를 지냈다. 이때 손견이 낙양성의 남쪽에 있는 견관서甄官署의 우물 속에서 전국새를 얻게 됐다. 손권이 군사를 나눠 신안新安하남성 신안현과 민지 사이에서 동탁의 퇴로를 차단했다.

동탁이 장사 유애劉艾에게 장담했다.

"관동군이 여러 번 패해 모두 고孤를 두려워하고 있으니 별 일은 없을 것이오. 손견은 약간 어리석은 바가 있음에도 제법 용인술이 뛰어나니 의당 제장들에게 그를 잘 방비하도록 일러두어야 하오. 고가 전에 경성에서 변장과 한수를 토벌하기 위해 주신周愼과 서정에 나섰을 때 장온에게 고가 군사를 이끌고 주신을 후원하겠다고 말했으나 장온이 듣지 않았소. 장온은 오히려 고에게 선령강족의 반란 진압에 나서도록 해 고는 이길 수 없음을 알면서도 가지 않을 수 없었소. 마침내 출발하면서 별부사마別部

司馬 유정劉靖에게 보기 4,000명을 이끌고 가 안정安定에 주둔하게 해 지원군으로 삼았소. 강족이 고의 퇴로를 차단하려고 해 고가 단 일격에 이들을 물리쳤소. 이는 강족이 안정에 군사가 있음을 두려워했기 때문에 가능했던 것이오. 강족은 안정에 수만 명의 후원군이 있는 줄로 알았을 뿐 유정이 이끄는 군사가 소부대였다는 사실을 몰랐던 것이오.

손견은 주신을 따라가면서 주신에게 자신이 군사 1만 명을 이끌고 우선 경성에 도착할 터이니 2만 명의 군사로 뒤에서 후원해 줄 것을 요청했소. 변장과 한수는 주신이 이끄는 대군을 두려워해 감히 가벼히 손견과 교전할 수 없었소. 손견의 군사가 그들의 양도를 쉽게 끊을 수 있었던 배경이오. 주신과 장온같은 자들이 만일 손견의 계책을 이용했다면 양주凉州도 능히 평정했을 것이오. 장온은 이미 고의 계책을 듣지 않고 주신 또한 손견의 말을 듣지 않아 전투에서 패주할 수밖에 없었던 것이오. 손견은 일개 좌군사마이기는 하나 식견만큼은 오히려 고와 같으니 실로 인재가 아닐 수 없소. 단지 아무런 이유도 없이 어린 원술인 이른바 원아袁兒에게 붙었기 때문에 끝내 죽음을 면치 못할 것이오."

동탁이 동중랑장東中郎將 동월董越을 민지, 중랑장 단외段煨를 화음華陰섬서성 화음현, 중랑장 우보牛輔를 안읍으로 보내고 나머지 제장들을 여러 현으로 분산시켜 추격해 오는 산동군을 막게 했다. 우보는 동탁의 사위였다. 동탁은 군사들을 이끌고 장안으로 돌아왔고 손견도 모든 능원을 보수한 뒤 군사들을 이끌고 노양으로 돌아갔다.

5) 여름 4월, 동탁이 장안에 도착하자 대신들이 모두 그의 수레가 있는 곳으로 나와 그를 영접했다. 동탁이 박수를 치며 자가 의진義眞인 어사중승 황보숭에게 말했다.

"의진, 두렵지 않소?"

황보숭이 몸을 굽혀 대답했다.

"명공은 덕행으로 조정을 보좌하고 있고 큰 경사가 마침 있었는데 두려워할 것이 무엇이 있겠습니까? 만일 형벌을 남용했다면 천하 사람이 모두 두려워할 것이니 어찌 저만 그러하겠습니까?"

동탁의 무리는 동탁을 강태공에 비유해 상보尙父로 높여 부르고자 했다. 동탁이 채옹의 의견을 묻자 채옹이 반대했다.

"명공의 위덕威德은 실로 높고도 위대합니다. 태공과 같이 논하는 것은 저의 어리석은 생각으로는 아직 이르다고 생각합니다. 의당 관동이 평정돼 천자의 수레인 거가車駕가 낙양으로 돌아간 연후에 다시 논의할 수 있습니다."

동탁이 그만 두었다.

동탁이 사례교위 유효劉囂를 보내 서리와 백성인 이민吏民 가운데 자식으로서 불효한 자, 신하로서 불충한 자, 서리로서 탐람한 자, 아랫사람으로서 불순한 자를 모두 적발해 주살하게 하고 그 재산을 몰수해 관부에 넣도록 했다. 서로 무함하는 풍조가 생겨 억울하게 죽은 자가 1,000여 명에 이르렀다. 백성들이 원망의 목소리가 높았으나 다만 두려워 말을 못하고 노상에서 서로 만나 눈짓만으로 그 뜻을 전했다.

6) 6월 23일, 지진이 났다.

7) 가을 7월, 사공 종불이 면직되고 광록대부 제남인 순우가淳于嘉가 사공이 됐다. 태우 조겸이 파직되고 태상 마일제가 태위에 임명됐다.

8) 당초 하진은 운중 출신 장양張楊을 병주로 보내 군사를 도모하게 했다. 도중에 하진이 피살됐을 때 장양은 수천 명의 부중을 거느리고 상당上黨산서성 장치현에 남아 있었다. 이어 원소가 하내河內하남성 무척현로 진군하자 장양이 원소에게 귀부해 남선우 어부라와 함께 장수漳水에 주둔하게 됐다.

한복은 호걸들 대다수가 원소에게 마음이 기울자 시기심이 일어 몰래 원소의 군량을 덜어내어 군사들을 흩어지게 만들려고 했다. 마침 이때 한복의 부장 국의麴義가 반기를 들었으나 한복과의 교전에서 패하게 됐다. 원소가 국의와 결탁했다. 원소의 문객 봉기逢紀가 원소에게 간했다.

"장군은 대사를 일으키고도 오히려 다른 사람에게 군사 보급을 의존하고 있으니 이는 마치 단 1개 주州도 점거하지 못한 것과 같습니다. 그래서는 자신조차 보전할 길이 없습니다."

원소가 이의를 제기했다.

"기주의 군사는 강한데 나의 군사는 굶주려 있소. 만일 여기에 오지 못했다면 발붙일 곳조차 없었을 것이오."

봉기가 계책을 제시했다.

"한복은 일개 용재庸才에 불과한 자입니다. 은밀히 공손찬公孫瓚과 연락해 그로 하여금 기주를 취하도록 하면 한복이 반드시 놀랄 것입니다. 이때 언변이 좋은 사람을 보내 길흉화복과 이해득실을 논하도록 하면 한복은 창졸 간에 일어난 일로 궁지에 몰린 나머지 반드시 기주를 양보할 것입니다."

원소가 동의해 곧 공손찬에게 서신을 보냈다. 공손찬이 군사를 이끌고 와 겉으로는 동탁 토벌을 외치면서 몰래 한복을 치자 한복이 공손찬과의 교전에서 열세에 몰리게 됐다. 이때 마침 동탁이 관중으로 들어가게 됐다. 원소도 곧 군사를 이끌고 연진延津으로 돌아가면서 생질인 진류인 고간高干과 한복의 심복인 영천인 신평辛評, 순심荀諶, 곽도郭圖 등을 한복에게 보냈다. 이들이 한복을 찾아가 설득했다.

"공손찬이 연燕과 대代의 두 지역 군사들을 이끌고 승세를 몰아 남진하고 있습니다. 모든 군이 나서 저항하고 있으나 그 예봉을 당하기가 어렵습니다. 원소 또한 군사를 이끌고 동쪽으로 가고 있으니 그 뜻을 헤아리기가 어렵습니다. 우리는 장군을 위해 심히 우려하지 않을 수 없습니다."

한복이 두려워하며 물었다.

"그렇다면 어찌 하는 게 좋겠소?"

순심이 반문했다.

"군君은 관인한 덕행으로 백성을 포용해 천하를 귀부시키는 점에서 원소와 비교해 어떻다고 생각합니까?"

"나는 그만 못하오."

"위기 시의 결단인 임위토결臨危吐決과 지용智勇에서 누가 낫다고 생각합니까?"

"나는 그만 못하오."

"누대에 걸쳐 천하 사람에게 은덕을 베푼 점에서 누가 낫다고 생각합니까?"

"나는 그만 못하오."

순심이 권했다.

"원소는 일대의 호걸입니다. 장군은 3가지 면에서 모두 그만 못하면서 그의 위에 오랫동안 있으려 들면 그는 반드시 장군의 밑에 있으려 하지 않을 것입니다. 무릇 기주는 천하재부의 요처입니다. 그가 만일 공손찬과 힘을 합쳐 취하려 들면 장군의 위망은 경각에 달린 셈입니다. 원소는 본래 장군의 옛 친구이고 또한 동탁 토벌의 동맹자이기도 합니다. 지금 취할 수 있는 계책으로는 기주를 들어 원소에게 주는 것뿐입니다. 그리 되면 그도 반드시 장군에게 후하게 보답할 것이고 공손찬도 더 이상 장군과 싸울 수 없을 것입니다. 이는 현자에게 자리를 양보한 명성인 양현지명讓賢之名을 장군에게 안겨주고 일신 또한 태산과 같이 편안하게 만드는 계책이 될 것입니다."

한복은 성정이 소심하고 옹졸한 광겁恇怯으로 인해 이내 동조했다. 한복의 장사 경무耿武와 별가 민순閔純, 치중治中 이력李歷 등이 소식을 듣고 간했다.

“기주는 군사가 100만이고 곡물은 10년간 지탱할 만합니다. 원소는 고단하면서도 곤궁한 객에 불과해 우리를 우러러보며 모든 것을 의탁하고 있습니다. 이는 비유해 말하면 마치 어른이 어린애를 안고 있는 것과 같으니 그는 젖을 떼는 순간 굶어죽게 돼 있습니다. 어찌 어린애에게 기주를 넘겨주려고 하는 것입니까?”

한복이 고개를 가로저었다.

“나는 본래 원씨 가문의 옛 부하인 고리故吏였소. 하물며 재간도 본초本初만 못하고 덕 또한 그러하오. 현인에게 자리를 양보하는 것은 예로부터 성인들이 칭찬한 것이었는데 제군들은 어째서 편벽되게 반대만 하는 것이오?”

앞서 한복의 종사 조부趙浮와 정환程渙은 강노수强弩手 1만 명을 맹진에 주둔시키고 있었다. 이들은 소식을 듣고 군사를 이끌고 급히 기주로 돌아왔다. 이때 원소는 조가朝歌하남성 기현의 청수淸水에 있었다. 조부 등이 원소의 후면에서 다가올 때 전선이 수백 척이고 병사들이 1만여 명에 달했다. 군사행진인 병고兵鼓가 엄정하기는 했으나 밤에 북을 치며 원소의 영채를 지나게 되자 원소가 이를 매우 증오하게 됐다. 조부 등이 기주에 도착해 한복에게 간했다.

“원본초의 군중軍中에는 식량이 떨어져 군사들이 이미 이산하고 있고 비록 마등과 어부라가 최근 귀부했다고는 하나 이들 또한 원소를 위해 전력으로 싸울 수 없으니 우리의 적이 되기에는 부족합니다. 저희들 소종사小從事들에게 지금 이끌고 있는 군사들을 앞세워 그와 대적할 수 있도록 허락해 주면 단 10일 이내에 그를 토붕와해土崩瓦解시킬 수 있으니 장군은 그저 방문을 활짝 열고 베개를 높이 해 편히 자는 개합고침開閤高枕만 하면 됩니다. 장군이 우려하고 두려워할 일이 무엇이 있겠습니까?”

한복은 이를 듣지 않고 관부를 중상시 조충의 옛집으로 옮긴 뒤 아들을 보내 인수를 원소에게 바쳤다. 원소가 막 도착하려고 할 즈음 10명의 종사가 다투어 한복을 버리고 떠났다. 오직 경무와 민순만이 칼을 휘두르며 원소의 진입을 저지했으나 결국 막을 수가 없게 되자 저지를 멈추었다. 원소가 두 사람을 모두 죽여 버렸다.

원소가 이내 영領기주목이 돼 황제의 명의로 한복을 분위장군奮威將軍에 임명했으나 한복에게는 거느리는 병사도 없었고 그에 딸린 속관도 없었다. 원소가 광평廣平 출신 저수沮授를 분무장군奮武將軍에 임명해 모든 제장들을 통령하게 했다. 그에 대한 원소의 총애가 매우 두터웠다. 위군魏郡 출신 심배審配와 거록鉅鹿 출신 전풍田豊 등은 모두 사람이 정직해 한복 밑에서는 뜻을 얻지 못했으나 원소가 전풍을 별가, 심배를 치중에 임명하고 남양인 허유許攸와 봉기, 영천인 순심 등을 모두 자신의 모사로 삼았다.

원소가 또 하내인 주한朱漢을 도관종사都官從事로 삼았다. 주한은 전에 한복으로부터 무시당한 것을 보복도 하고 원소의 의중에도 영합하기 위해 임의로 군사를 이끌고 가 한복의 집을 둘러쌓다. 주한이 칼을 빼들고 지붕 위로 올라가자 한복이 누대 위로 달아났다. 주한이 한복의 큰 아들을 잡아 두 다리를 끊어버렸다.

원소가 즉시 주한을 잡아 죽였으나 한복은 두려운 나머지 원소에게 떠나겠다고 말한 뒤 장막에게 가 몸을 의탁했다. 후에 원소가 사자를 보내 장막을 찾아보게 했다. 사자가 장막과 일을 상의하다가 귓속말로 밀담을 나누자 동석했던 한복은 자신을 모해하려는 것으로 생각하고 잠시 후 변소로 가 죽간에 글을 쓰는 조각칼인 도필刀筆로 자진했다.

포신이 조조에게 권했다.

"원소가 맹주가 되면 권세를 이용해 홀로 이익을 챙길 것이니 장차 천하에 커다란 화란을 일으킬 것입니다. 이는 또 하나의 동탁이 있는 것과 같습니다. 지금 그를 제압하고자 해도 우리에게는 아직 힘이 없어 섣불리 움직였다가는 단지 화를 부를 뿐입니다. 잠시 황하 이남에서 시변時變을 지켜보며 때를 기다리는 것이 좋을 듯합니다."

조조가 흔쾌히 동의했다. 마침 흑산적 우독于毒과 백요白繞, 휴고眭固 등이 10여만 명의 무리를 이끌고 동군을 침범했으나 왕굉은 이를 제어할 힘이 없었다. 조조가 군사를 이끌고 동군으로 들어가 복양濮陽하남성 복양현에서 백요을 깨뜨리자 원소가 조조를 동군태수로 추천한 뒤 치소를 동무양東武陽에 두게 했다.

9) 남선우가 장양을 협박해 원소를 배반한 뒤 여양黎陽에 주둔했다. 동탁이 장양을 건의장군建義將軍·하내태수로 삼았다.

10) 태사太史가 천기를 보고 대신 가운데 장차 피살되는 자가 있을 것이라고 말하자 동탁이 사람을 시켜 위위 장온이 원술과 교신했다고 무함하도록 했다.

겨울 10월 1일, 저자거리에서 장온을 형장으로 쳐 죽이는 태살笞殺을 한 뒤 천의에 부응하는 조치였다고 선전했다.

11) 청주의 황건적이 발해로 쳐들어가 흑산적과 연합하려 했다. 그 무리의 숫자가 30만 명에 달했다. 공손찬이 보기 2만 명을 이끌고 동광현東光縣 남쪽에서 영격迎擊해 황건적을 대파한 후 3만여 수급을 얻게 되자 황건적이 치중을 버리고 황하를 다투어 도하했다. 공손찬이 추격해 도하한지 반시간 만에 황건적을 또다시 대파하고 수만 명을 죽이자 유혈이 강물을 붉게 물들였다. 이때 포로로 잡은 자만도 7만여 명에 달했고 노획한 차량과 갑옷, 재물 등은 그 수를 헤아릴 수가 없었다. 그의 위명이 해내에 크게 떨쳤다.

12) 유우의 자식 유화劉和가 시중이 되자 황제가 낙양으로 돌아갈 생

각으로 유화에게 명해 동탁을 피해 몰래 무관武關섬서성 상구현을 빠져 나가 유우를 만나게 했다. 황제가 유우로 하여금 군사를 이끌고 나와 자신을 영접하도록 할 생각이었다. 유화가 남양에 도착했을 때 원술이 유우를 지원세력으로 삼기 위해 유화를 억류했다. 원술이 유화에게 유우가 군사를 이끌고 도착하면 함께 서쪽 장안으로 갈 것이라고 설득해 유우에게 보내는 서신을 쓰게 했다. 유우가 유화의 서신을 받고 수천 명의 기병을 유화가 있는 곳으로 보냈다.

공손찬은 원술이 야심이 있는 것을 알고 유우의 파병을 막고자 했으나 유우가 듣지 않았다. 공손찬은 이내 원술이 이 일로 인해 자신에게 원한을 품을까 두려워한 나머지 자신의 종제 공손월公孫越에게 기병 1,000명을 이끌고 원술이 있는 곳으로 가게 했다. 공손찬은 공손월을 통해 은밀히 원술을 사주해 유화를 잡아둔 채 유우가 보낸 군사를 거두게 했다. 유우와 공손찬 사이에 틈이 생기게 됐다. 유화는 원술이 있는 곳에서 몰래 빠져 나와 북쪽으로 도주하다가 다시 원소에게 붙잡혀 억류됐다.

이때 관동의 각 주군은 서로 무력을 앞세워 이웃 주군을 병탄하기 시작했다. 원소와 원술 사이에도 틈이 벌어지게 됐다. 원술이 손견을 보내 동탁을 치도록 해 손견이 아직 돌아오지 않았을 때 원소가 회계인 주앙周昂을 예주자사로 삼아 손견의 대본영이 있는 양성陽城을 몰래 기습해 탈취하게 했다. 손견이 크게 탄식했다.

"함께 의병을 일으킨 것은 사직을 구하고자 함이었는데 지금 역적들이 막 타도되려는 이때 각자 이와 같이 싸운다면 나는 누구와 힘을 합쳐 죽을힘을 다해 싸우는 육력戮力을 해야 한다는 말인가?"

군사를 이끌고 가 주앙을 격퇴했다. 이때 원술이 공손월을 보내 손견을 돕도록 했다. 공손월이 유시에 맞아 죽게 되자 공손찬이 대로했다.

"내 동생이 죽은 것은 원소 때문이다!"

이에 군사를 파견해 반하磐河에 주둔하게 하고 이어 상서해 원소의 죄를 낱낱이 보고한 뒤 군사들을 이끌고 가 원소를 쳤다. 기주의 대다수의 성이 원소를 배반하고 공손찬에게 붙게 됐다. 원소가 두려워한 나머지 자신이 차고 있던 발해태수의 인수를 공손찬의 종제인 공손범公孫范에게 넘겨주고 그를 발해군으로 보내 태수직을 맡게 했다. 공손범은 오히려 원소를 배반해 발해의 군사를 이끌고 가 공손찬을 도왔다. 공손찬은 그의 부장 엄강嚴綱을 기주자사, 전해田楷를 청주자사, 단경單經을 연주자사로 삼고 경내의 각 군현 장관을 모두 바꾸도록 했다.

당초 탁군의 유비는 중산정왕中山靖王의 후예로 어렸을 때 부친을 여의고 가세가 빈한해 모친과 함께 신발을 만들어 이를 시장에 내다 팔며 근근이 살아가고 있었다. 그의 신장은 7척5촌인데 두 손을 내리면 무릎에 닿았다. 귀 또한 커서 얼굴을 옆으로 돌리면 자신의 귓바퀴를 볼 수 있었다. 그는 가슴에 큰 뜻을 품어 말수가 적었고 얼굴에 희로애락의 감정을 드러내지 않았다. 일찍이 공손찬과 함께 노식을 스승으로 모셨던 인연으로 공손찬에게 의탁하게 됐다. 이때 공손찬이 유비와 전해를 보내 청주를 치게 하자 유비가 전공을 세우고 평원상平原相이 됐다.

유비는 어렸을 때 이미 하동 출신 관우關羽 및 탁군 출신 장비張飛와 서로 매우 가까운 친구로 지냈다. 유비는 평원상이 되자 관우와 장비를 별부사마別部司馬로 삼아 각각 부대를 이끌게 했다. 유비와 그들 두 사람은 잠을 잘 때면 같은 침상에서 자 그 은정恩情이 마치 형제와 같았다. 다만 여러 사람들과 함께 있을 때는 두 사람 모두 유비의 좌우에서 하루 종일 시립侍立했다. 두 사람은 유비를 따라 남정북전南征北戰하면서 어떤 어려움과 위험도 결하고 피하지 않았다.

상산인 조운趙雲이 본군本郡의 이속과 병사들을 이끌고 공손찬에게 투항하자 공손찬이 의심하면서 물었다.

"듣건대 귀주貴州의 사람들은 모두 원소를 추종한다는데 군은 어째서 홀로 마음을 정하지 못하고 원소를 반대하려는 것이오?"

조운이 공손찬을 칭송했다.

"천하가 흉흉해 누가 옳고 그른지를 알 수 없고 백성들은 극도의 고난에 처해 있습니다. 비주鄙州의 논의가 어진 정사를 하는 쪽을 좇기로 하고 원공을 더 높이 평가했으나 저는 장군이 더 어질다고 생각했습니다."

유비가 조운을 보고 그의 지략이 출중함을 알고 그를 마음속 깊이 받아들였다. 조운이 이내 유비를 좇아 평원으로 가 기병을 통솔하게 됐다.

13) 당초 원술이 남양을 얻었을 때만 하더라도 호구 수가 수백만 명에 달했다. 원술이 사치하고 음란한 사음奢淫의 모습을 보이는데다 징렴徵斂 또한 끝이 없었다. 백성들이 고통을 참지 못해 점차 이산하게 된 이유다. 원술이 후에 원소와 틈이 생기게 되자 각자 지원세력을 넓히기 위해 그 대상을 찾아 나서게 됐다. 원술은 공손찬과 관계를 맺었고 원소는 유표와 연결됐다. 이때 호걸들 대부분은 원소 쪽에 붙게 되자 원술이 대로했다.

"이놈(수자豎子), 나를 좇지 않고 나의 종놈인 가노家奴에게 붙었구나!"

공손찬에게 서신을 보내 원소를 비난했다.

"원소는 원씨의 자손이 아니다!"

원소가 이를 전해 듣고 대로했다. 이때 원술이 손견을 보내 유표를 치게 하자 유표는 부장 황조黃祖를 보내 번성樊城 호북성 번성현과 등현鄧縣 사이에서 손견을 영격하게 했다. 손견이 황조를 격파하고 마침내 양양을 포위하자 유표가 황조에게 명해 밤에 몰래 성을 빠져나가 원병을 이끌고 가다시 손견을 치게 했다. 황조가 원병을 모아 돌아오려고 할 때 손견이 영격에 나서자 황조가 또다시 패주해 현산峴山 속으로 몸을 숨기게 됐다. 손견이 승세를 몰아 심야임에도 불구하고 황조를 추격했다. 황조의 부하 병사가 죽림 사이에 몸을 숨기고 있다가 암전暗箭으로 손견을 쏘아 죽였다.

일찍이 손견의 추천에 의해 효렴이 된 장사인 환계桓階가 유표를 찾아가 손견을 위한 발상을 허락해 달라고 청하자 유표가 그의 의리를 높이 평가해 이를 허락했다. 손견의 조카인 손분孫賁이 손견의 부하들을 이끌고 원술에게 가자 원술이 재차 상표해 손분을 예주자사로 천거했다. 원술은 손견의 죽음으로 유표를 이길 수 없게 됐다.

14) 당초 동탁은 관중으로 들어갈 때 주준朱儁을 남겨두어 낙양을 지키도록 했다. 주준은 은밀히 산동의 제장들과 연락해 계책을 모의하다가 동탁에게 습격당할 것이 두려워 형주로 달아났다. 동탁이 홍농인 양의楊懿를 하남윤으로 삼았으나 주준이 군사를 이끌고 다시 돌아와 낙양을 공격하자 양의가 도망치게 됐다.

주준이 하남 땅이 황폐해 자원이 없음을 알고 곧 동쪽으로 가 중모에 주둔한 뒤 각 주군에 격문을 보내 동탁 토벌을 위한 출사出師를 외치고 나섰다. 서주 자사 도겸陶謙이 상서해 주준을 행거기장군에 추천한 뒤 부하장군에게 정병 3,000명을 이끌고 가 주준을 돕게 했다. 이를 계기로 여타 주군도 각기 약간의 군사를 보내 주준을 돕게 했다.

도겸은 단양인이다. 황건적이 서주에 침입했을 때 조정이 도겸을 서주자사로 삼아 이들을 토벌하게 하자 도겸이 서주에 도착해 황건적을 대파하고 서주 경내를 평정했다.

15) 유언이 익주에서 은밀히 독립을 꾀했다. 패국 출신 장로張魯는 조부인 장릉張陵 때부터 줄곧 오두미도를 믿어왔다. 중간에 촉 땅으로 흘러들어와 살게 되면서 그의 모친은 귀도鬼道무당술에 능해 늘 유언의 집을 내왕하곤 했다. 유언이 장로를 독의사마督義司馬, 장수張修를 별부사마로 삼았다. 유언이 두 사람에게 명해 양쪽이 합세해 한중 태수 소고를 기습살해하는 엄살掩殺을 하고 사곡각斜谷閣섬서성 미현 서남쪽의 통로를 끊어 조정의 사신을 죽이도록 한 뒤 곧 상서해 변명했다.

"오두미적이 도로를 끊어 조정과 다시 교통할 수 없습니다."

유언이 여러 구실로 익주에서 위세를 떨치던 호족 왕함王咸과 이권李權 등 10여 명을 죽여 법령의 위엄을 바로 세웠다. 반발한 건위犍爲 태수 임기任岐와 교위 가룡賈龍이 군사를 일으켜 유언을 공격했다. 유언이 영격해 두 사람을 죽인 뒤 독립해 왕이 되려는 마음이 날로 강해져 가마와 수레 등을 1,000여 대나 만들었다. 유표가 표문을 올려 유언의 행태를 보고했다.

"듣건대 '유언이 자하子夏와 같이 서하西河에서 성인을 모방한다'는 얘기가 있습니다."

당시 유언의 아들인 유범劉范은 좌중랑장, 유탄劉誕은 치서어사治書御史, 유장劉璋은 봉거도위가 돼 모두 황제를 시위하기 위해 장안에 있었고 단지 작은 아들 별부사마 유모劉瑁만이 줄곧 유언의 신변에 있었다. 황제가 유장을 보내 유언의 잘못된 행위를 효유하도록 했다. 유언은 유장을 익주에 머물게 하고 장안으로 되돌려 보내지 않았다.

16) 공손도가 해외에서 그 위명을 날리게 됐다. 해내의 인사 중에도 상당수가 중원의 난을 피해 그에게 몸을 의탁했다. 북해인 관녕管寧과 병원邴原, 왕렬王烈도 모두 그에게 가 의탁했다.

관녕은 어렸을 때 화흠과 친구가 돼 함께 채소를 북돋우기 위해 호미질을 하다가 금덩이를 발견했다. 그는 금을 마치 기와편이나 돌맹이처럼 생각해 하던 호미질을 계속했으나 화흠은 이를 집어 멀리 던졌다. 사람들이 이 일을 보고 두 사람 간의 우열을 알게 됐다.

병원은 일찍이 집에서 멀리 떨어진 곳으로 가 유학을 갔다. 8-9년이 지나 집에 돌아갈 때가 돼 스승과 학우들이 그가 술을 먹지 못하는 것을 알고 쌀과 고기를 모아 그에게 주자 병원이 음주를 제안했다.

"나는 본래 술을 잘 하지만 단지 학업과 사고를 황폐하게 만들까 두려워 안한 것뿐이오. 이제 서로 멀리 헤어지게 됐으니 한 번 크게 마실 만하오."

함께 앉아 술을 마셨으나 그는 하루 종일 마셔도 결하고 취하지 않았다.

관녕과 병원은 모두 품행이 고상했다. 공손도가 객사를 비워놓고 그들을 맞이했다. 관녕은 공손도를 배견拜見한 후 곧바로 산곡에 여막廬幕을 짓고 살았다. 당시 피난 온 사람들 대다수가 군郡의 남쪽에 거주했다. 관녕만이 홀로 군의 북쪽에 여막을 짓고 다시는 군내로 돌아가지 않겠다는 뜻을 나타냈다.

후에 점차 그를 추종하는 사람들의 숫자가 많아지자 채 1달도 안 돼 촌락이 이뤄졌다. 관녕은 매번 공손도를 보게 되면 늘 유가의 경전만을 얘기할 뿐 시사時事에 관해서는 전혀 언급하지 않았다. 산에 돌아가서도 오직 『시경』과 『상서』만을 강의하고 제사의례인 조두俎豆에 관해서만 연구하자 예에 관해 아는 것이 없는 자는 그를 만날 수조차 없었다. 공손도는 그의 현명함에 늘 존경을 표시했고 백성들 또한 그로부터 많은 감화를 받게 됐다.

병원은 성품이 강직해 인사와 사물에 관한 포폄褒貶에 속된 기운이 없었다. 공손도 이하의 모든 관원은 그를 보면 늘 마음이 조마조마했다. 관녕이 어느 날 병원에게 충고했다.

"잠룡潛龍은 사람들 눈에 띄지 않고도 덕을 이루는 것이니 말이 시의에 맞지 않으면 화를 부르는 길이 될 뿐이오."

비밀히 병원에게 고향으로 도망가게 했다. 공손도가 이 얘기를 전해 듣고도 그 뒤를 좇지 않았다.

왕열의 그릇과 학업은 출중한 바가 있어 젊었을 때의 명망은 관녕이나 병원보다 위였다. 그는 사람을 다루는 데 남다른 재주가 있었다. 어느 날 마을에 소를 훔친 사람이 있었다. 소주인이 도둑을 잡자 도둑이 벌을 청하며 당부했다.

“어떤 벌을 가해도 달게 받겠습니다만 왕언방王彥方왕렬이 이 사실을 알지 못하도록 해 주시길 바랍니다.”

왕렬이 이 말을 듣고 사람을 보내 베 1필을 전하면서 사례하게 했다. 어떤 사람이 그 이유를 묻자 왕열이 말했다.

“도둑이 내가 자신의 잘못을 들을까 두려워했으니 이는 악행을 수치스럽게 생각하는 마음이오. 수치를 안다면 선한 마음이 장차 생겨날 것이니 그에게 선행을 권하는 의미에서 베를 보낸 것이오.”

후에 어떤 노인이 길을 가다가 검을 잃게 됐다. 뒤이어 오던 사람이 이를 발견하고는 검 옆에 지키고 앉아 주인이 오길 기다렸다. 밤이 돼 노인이 검을 찾으러 왔다가 검을 찾고는 매우 기이하게 생각했다. 이 일을 왕렬에게 알리자 왕렬이 그 사람을 찾아내게 했다. 그 사람은 바로 예전에 소를 훔쳤던 사람이었다.

어떤 사람들이 쟁송을 하여 옳으냐 그르냐 논쟁을 하다가 결국 왕렬을 찾아가 판결을 구하기로 했다. 일부는 중도에 돌아가고 일부는 그가 사는 집을 살펴본 뒤 돌아갔다. 결국 모두 상대방 말이 맞았다고 양해하면서 감히 왕렬에게 알릴 수가 없었다. 공손도가 그를 장사長史에 임명하려 했으나 왕렬이 이를 사양하면서 스스로 몸을 낮춰 장사꾼인 상고商賈가 되자 공손도도 그를 부르려는 생각을 그치게 됐다.

** 起重光協洽, 盡昭陽作噩, 凡三年.

孝獻皇帝初平二年

春, 正月, 辛丑, 赦天下.

關東諸將議以朝廷幼沖, 逼於董卓, 遠隔關塞, 不知存否, 幽州牧劉虞, 宗室賢俊, 欲共立為主. 曹操曰, “吾等所以擧兵而遠近莫不響應者, 以義故也. 今幼主微弱, 制於奸臣, 非有昌邑亡國之釁, 而一旦改易, 天下其孰安之! 諸君北面, 我自西向." 韓馥·袁紹以書與袁術曰, "帝非孝靈子, 欲依絳·灌誅廢少主·迎立代王故事, 奉大司馬虞為帝." 術陰有不臣之心, 不利國家有長君, 乃外托公義以拒之. 紹復與術書曰, "今西名有幼君, 無血脈之屬, 公卿以下皆媚事卓, 安可覆信! 但當使兵往屯關要, 皆自蹙死. 東立聖君, 太平可冀, 如何有疑? 又室家見戮, 不念子胥可復北面乎?" 術答曰, "聖主聰睿, 有周成之質. 賊卓因危亂之際, 威服百寮, 此乃漢家小厄之會, 乃雲今上'無血脈之屬', 豈不誣乎! 又曰'室家見戮, 可復北面', 此卓所為, 豈國家哉! 慺慺赤心, 志在滅卓, 不識其他!" 馥·紹竟遣故樂浪太守張岐等繼議上虞尊號. 虞見岐等, 厲色叱之曰, "今天下崩亂, 主上蒙塵, 吾被重恩, 未能清雪國恥. 諸君各據州郡, 宜共戮力盡心王室, 而反造逆謀以相垢污邪!" 固拒之. 馥等又請虞領尚書事, 承製封拜, 復不聽, 欲奔匈奴以自絕, 紹等乃止.

二月, 丁丑, 以董卓為太師, 位在諸侯王上.

孫堅移屯梁東, 為卓將徐榮所敗, 復收散卒進屯陽人. 卓遣東郡太守胡軫督步騎五千擊之, 以呂布為騎督. 軫與布不相得, 堅出擊, 大破之, 梟其都督華雄. 或謂袁術曰, "堅若得雒, 不可複製, 此為除狼而得虎也." 術疑之, 不運軍糧. 堅夜馳見術, 畫地計校曰, "所以出身不顧者, 上為國家討賊, 下慰將軍家門之私讎. 堅與卓非有骨肉之怨也, 而將軍受浸潤之言, 還相嫌疑, 何也?" 術踧踖, 即調發軍糧.

堅還屯, 卓遣將軍李傕說堅, 欲與和親, 令堅疏子弟任刺史·郡守者, 許表用之. 堅曰, "卓逆天無道, 今不夷汝三族, 縣示四海, 則吾死不瞑目, 豈將與乃和親邪!" 復進軍大谷, 距雒九十里. 卓自出, 與堅戰於諸陵間. 卓敗走, 卻屯澠池, 聚兵於陝. 堅進至雒陽, 擊呂布,復破走. 堅乃掃除宗廟, 祠以太牢, 得傳國璽於城南甄宮井中. 分兵出新安·澠池間以邀卓. 卓謂長史劉艾曰, “關東軍敗數矣, 皆畏孤, 無能為也. 惟孫堅小戇, 頗能用人, 當語諸將, 使知忌之. 孤昔與周慎西征邊·韓於金城, 孤語張溫, 求引所將兵為慎作後駐, 溫不聽. 溫又使孤討先零叛羌, 孤知其不克而不得止, 遂行, 留別部司馬劉靖將步騎四千屯安定以為聲勢. 叛羌欲截歸道, 孤小擊輒開, 畏安定有兵故也. 虜謂安定當數萬人, 不知但靖也. 而孫堅隨周慎行, 謂慎求先將萬兵造金城, 使慎以二萬作後駐. 邊·韓畏慎大兵, 不敢輕與堅戰, 而堅兵足以斷其運道. 兒曹用其言, 涼州或能定也. 溫既不能用孤, 慎又不能用堅, 卒用敗走. 堅以佐軍司馬, 所見略與人同, 固自為可. 但無故從諸袁兒, 終亦死耳!” 乃使東中郎將董越屯澠池, 中郎將段煨屯華陰, 中郎將牛輔屯安邑, 其餘諸將布在諸縣, 以御山東. 輔, 卓之婿也. 卓引還長安. 孫堅修塞諸陵, 引軍還魯陽.

夏, 四月, 董卓至長安, 公卿皆迎拜車下. 卓抵手謂御史中丞皇甫嵩曰, “義真, 怖未乎?” 嵩曰, “明公以德輔朝廷, 大慶方至, 何怖之有! 若淫刑以逞, 將天下皆懼, 豈獨嵩乎!” 卓黨欲尊卓比太公, 稱尚父. 卓以問蔡邕, 邕曰, “明公威德, 誠為巍巍, 然比之太公, 愚意以為未可. 宜須關東平定, 車駕還反舊京, 然後議之.” 卓乃止. 卓使司隸校尉劉器籍吏民有為子不孝·為臣不忠·為吏不清·為弟不順者, 皆身誅, 財物沒官. 於是更相誣引, 冤死者以千數. 百姓囂囂, 道路以目.

六月, 丙戌, 地震.

秋, 七月, 司空种拂免. 以光祿大夫濟南淳于嘉為司空, 太尉趙謙罷. 以太常馬日磾為太尉.

初, 何進遣雲中張楊還并州募兵, 會進敗, 楊留上黨, 有眾數千人. 袁紹在河內, 楊往歸之, 與南單于於扶羅屯漳水. 韓馥以豪傑多歸心袁紹, 忌之. 陰貶節其軍糧, 欲使其眾離散. 會馥將麴義叛, 馥與戰而敗, 紹因與義相結. 紹客逢紀謂紹曰, "將軍舉大事而仰人資結, 不據一州, 無以自全." 紹曰, "冀州兵強, 吾士饑乏, 設不能辨, 無所容立." 紀曰, "韓馥庸才, 可密要公孫瓚使取冀州, 馥必駭懼, 因遣辯士為陳禍福, 馥迫於倉卒, 必肯遜讓." 紹然之, 即以書與瓚. 瓚遂引兵而至, 外托討董卓而陰謀襲馥, 馥與戰不利. 會董卓入關, 紹還軍延津, 使外甥陳留高幹及馥所親穎川辛評·荀諶·郭圖等說馥曰, "公孫瓚將燕·代之卒乘勝來南, 而諸郡應之, 其鋒不可當. 袁車騎引軍東向, 其意未可量也. 竊為將軍危之!" 馥懼, 曰, "然則為之奈何?" 諶曰, "君自料寬仁容眾為天下所附, 孰與袁氏?" 馥曰, "不如也." "監危吐決, 智勇過人, 又孰與袁氏?" 馥曰, "不如也." 諶曰, "袁氏一時之傑, 將軍資三不如之勢, 久處其上, 彼必不為將軍下也. 夫冀州, 天下之重資也, 彼若與公孫瓚並力取之, 危亡可立而待也. 夫袁氏, 將軍之舊, 且為同盟, 當今之計, 若舉冀州以讓袁氏, 彼必厚德將軍, 瓚亦不能與之爭矣. 是將軍有讓賢之名, 而身安於泰山也." 馥性恇怯, 因然其計. 馥長史耿武·別駕閔純·治中李歷聞而諫曰, "冀州帶甲百萬, 穀支十年. 袁紹孤客窮軍, 仰我鼻息, 譬如嬰兒在股掌之上, 絕其哺乳, 立可餓殺, 奈何欲以州與之!" 馥曰, "吾袁氏故吏, 且才不如本初, 度德而讓, 古人所貴, 諸君獨何病焉!" 先是, 馥從事趙浮·程渙將強弩萬張屯孟津, 聞之, 率兵馳還. 時紹在朝歌清水, 浮等從後來, 船數百艘, 眾萬餘人, 整兵鼓, 夜過紹營, 紹甚惡之. 浮等到, 謂馥曰, "袁本初軍無頭糧, 各已離散, 雖有張楊·於扶羅新附, 未肯為用, 不足敵也. 小從事等請以見兵拒之, 旬日之間, 必土崩瓦解. 明將軍但當開閣高枕, 何憂何懼!" 馥又不聽, 乃避位, 出居中常侍趙忠故捨, 遣子送印綬以讓紹. 紹將至, 從事十人爭棄馥去, 獨耿武·

閔純杖刀拒之, 不能禁, 乃止. 紹皆殺之.

紹遂領冀州牧, 承製以馥為奮威將軍, 而無所將御, 亦無官屬. 紹以廣平沮授為奮武將軍, 使監護諸將, 寵遇甚厚. 魏郡審配·鉅鹿田豐並以正直不得志於韓馥, 紹以豐為別駕, 配為治中, 及南陽許攸·逢紀·穎川荀諶皆為謀主. 紹以河內朱漢為都官從事. 漢先為韓馥所不禮, 且欲徼迎紹意, 擅發兵圍守馥第, 拔刃登屋, 馥走上樓, 收得馥大兒, 槌折兩腳. 紹立收漢, 殺之. 馥猶憂怖, 從紹索去, 往依張邈. 後紹遣使詣邈, 有所計議, 與邈耳語. 馥在坐上, 謂為見圖, 無何, 起至溷, 以書刀自殺.

鮑信謂曹操曰, "袁紹為盟主, 因權奪利, 將自生亂, 是復有一卓也. 若抑之, 則力不能制, 只以遘難. 且可規大河之南以待其變." 操善之. 會黑山·於毒·白繞·眭固等十餘萬眾人略東郡, 王肱不能御. 曹操引兵入東郡, 擊白繞於濮陽, 破之. 袁紹因表操為東郡太守, 治東武陽.

南單于劫張楊以叛袁紹, 屯於黎陽. 董卓以楊為建義將軍·河內太守.

太史望氣, 言當有大臣戮死者. 董卓使人誣衛尉張溫與袁術交通, 冬, 十月, 壬戌, 笞殺溫於市以應之.

青州黃巾寇勃海, 眾三十萬, 欲與黑山合. 公孫瓚率步騎二萬人逆擊於東光南, 大破之, 斬首三萬餘級. 賊棄其輜重, 奔走渡河. 瓚因其半濟薄之, 賊復大破, 死者數萬, 流血丹水, 收得生口七萬餘人, 車甲財物不可勝算, 威名大震.

劉虞子和為侍中, 帝思東歸, 使和偽逃董卓, 潛出武關詣虞, 令將兵來迎. 和至南陽, 袁術利虞為援, 留和不遣, 許兵至俱西, 令和為書與虞. 虞得書, 遣數千騎詣和. 公孫瓚知術有異志, 止之, 虞不聽.

瓚恐術聞而怨之, 亦遣其從弟越將千騎詣術. 而陰教術執和, 奪其兵, 由是虞·瓚有隙. 和逃術來北, 復為袁紹所留.

是時關東州·郡務相兼併以自強大, 袁紹·袁術亦自相離貳. 術遣孫堅擊董卓未返, 紹以會稽周昂為豫州刺史, 襲奪堅陽城. 堅歎曰, "同舉義兵, 將救社稷, 逆賊垂破而各若此, 吾當誰與戮力乎!" 引兵擊昂, 走之. 袁術遣公孫越助堅攻昂, 越為流矢所中死. 公孫瓚怒曰, "余弟死, 禍起於紹." 遂出軍屯磐河, 上疏數紹罪惡, 進兵攻紹. 冀州諸城多畔紹從瓚. 紹懼, 以所佩勃海太守印綬授瓚從弟范, 遣之郡, 而范遂背紹, 領勃海兵以助瓚. 瓚乃自署其將帥嚴綱為冀州刺史, 田楷為青州刺史, 單經為兗州刺史. 又悉改置郡·縣守·令.

初, 涿郡劉備, 中山靖王之後也. 少孤貧, 與母以販履為業, 長七尺五寸, 垂手下膝, 顧自見其耳. 有大志, 少語言, 喜怒不形於色. 嘗與公孫瓚同師事盧植, 由是往依瓚. 瓚使備與田楷徇青州有功, 因以為平原相. 備少與河東關羽·涿郡張飛相友善. 以羽·飛為別部司馬, 分統部曲. 備與二人寢則同床, 恩若兄弟, 而稠人廣坐, 侍立終日, 隨備周旋, 不避艱險. 常山趙雲為本郡將吏兵詣公孫瓚, 瓚曰, "聞貴州人皆願袁氏, 君何獨迷而能反乎?" 雲曰, "天下哅哅, 未知孰是, 民有倒縣之厄, 鄙州論議, 從仁政所在, 不為忽袁公, 私明將軍也." 劉備見而奇之, 深加接納, 雲遂從備至平原, 為備主騎兵. 初, 袁術之得南陽, 戶口數百萬, 而術奢淫肆欲, 征斂無度, 百姓苦之, 稍稍離散. 既與袁紹有隙, 各立黨援以相圖謀. 術結公孫瓚而紹連劉表, 豪桀多附於紹. 術怒曰, "群豎不吾從而從吾家奴乎!" 又與公孫瓚書曰, "紹非袁氏子." 紹聞大怒.

術使孫堅擊劉表, 表遣其將黃祖逆戰於樊·鄧之間, 堅擊破之, 遂圍襄陽. 表夜遣黃祖潛出發兵, 祖將兵欲還, 堅逆與戰, 祖敗走, 竄峴山中. 堅乘勝夜追祖, 祖部兵從竹木間暗射堅, 殺之. 堅所擧孝廉長沙桓階詣表堅喪, 表義而許之. 堅兄子賁率其士眾就袁術, 術復表賁為豫州刺史. 術由是不能勝表.

初, 董卓入關, 留朱儁守雒陽, 而儁潛與山東諸將通謀, 懼為卓所襲, 出奔荊州. 卓以弘農楊懿為河南尹. 儁復引兵還雒, 擊懿, 走之. 儁以河南殘破無所資, 乃東屯中牟, 移書州郡, 請師討卓. 徐州刺史陶謙上儁行車騎將軍, 遣精兵三千助之, 餘州郡亦有所給. 謙, 丹楊人. 朝廷以黃巾寇亂徐州, 用謙為刺史. 謙至, 擊黃巾, 大破走之, 州境晏然.

劉焉在益州陰圖異計. 沛人張魯, 自祖父陵以來世為五斗米道, 客居於蜀. 魯母以鬼道常往來焉家, 焉乃以魯為督義司馬, 以張脩為別部司馬, 與合兵掩殺漢中太守蘇固, 斷絕斜谷閣, 殺害漢使. 焉上書言曰, “米賊斷道, 不得復通.” 又托他事殺州中豪強王咸·李權等十餘人, 以立威刑. 犍為太守任岐及校尉賈龍由此起兵攻焉, 焉擊殺岐·龍. 焉意漸盛, 作乘輿車具千餘乘, 劉表上“焉有似子夏在西河疑聖人”之論. 時焉子范為左中郎將, 誕為治書御史, 璋為奉車都尉, 皆從帝在長安, 惟小子別部車馬瑁素隨焉. 帝使璋曉喻焉, 焉留璋不遣.

公孫度威行海外, 中國人士避亂者多歸之, 北海管寧·邴原·王烈皆往依焉. 寧少時與華歆為友, 嘗與歆共鋤菜, 見地有金, 寧揮鋤不顧, 與瓦石無異, 歆捉而擲之, 人以是知其優劣. 邴原遠行遊學, 八九年而歸, 師友以原不飲酒, 會米肉送之, 原曰, “本能飲酒, 但以荒思廢業, 故斷之耳. 今當遠別, 可一飲燕.” 於是共坐飲酒, 終日不醉. 寧·原俱以操尚稱, 度虛館以候之. 寧既見度, 乃廬於山谷. 時避難者多居郡南, 而寧獨居北, 示無還志, 後漸來從之, 旬月而成邑. 寧每見度, 語唯經典, 不及世事. 還山, 專講『詩』·『書』, 習俎豆, 非學者無見也. 由是度安其賢, 民化其德. 邴原性剛直, 清議以格物, 度已下心不安之. 寧謂原曰, "潛龍以不見成德. 言非其時, 皆招禍之道也." 密遣原逃歸, 度聞之, 亦不復追也. 王烈器業過人, 少時名聞在原·寧之右. 善於教誘, 鄉里有盜牛者, 主得之, 盜請罪, 曰, "刑戮是甘, 乞不使王彥方知也!" 烈聞而使人謝之, 遺布一端. 或問其故, 烈曰, "盜懼吾聞其過, 是有恥惡之心, 既知恥惡, 則善心將生, 故與布以勸為善也." 後有老父遺劍於路, 行道一人見而守之. 至暮, 老父還, 尋得劍, 怪之, 以事告烈, 烈使推求, 乃先盜牛者也. 諸有爭訟曲直將質之於烈, 或至塗而反, 或望廬而還, 皆相推以直, 不敢使烈聞之. 度欲以為長史, 烈辭之, 為商賈以自穢, 乃免.

한헌제 초평 3년(AD 192)

1) 봄 정월 정축丁丑, 천하에 대사령을 내렸다.

2) 동탁이 우보를 보내 군사를 이끌고 가 섬현을 지키게 했다. 우보는 북지인 이각과 장액張掖 출신 곽사郭汜, 무위武威 출신 장제張濟 등 각 교위들에게 보기 수만 명을 이끌고 중모로 가 주준을 치게 했다. 이들이 가는 도중 진류군과 영천군 소속의 각 현을 겁략하자 곳곳이 불에 타고 약탈을 당해 남은 것이 없었다.

당초 순숙荀淑에게 손자 순욱荀彧이 있었다. 순욱은 어릴 때부터 재주가 뛰어나 명망이 있었다. 어느 날 하옹이 그를 본 뒤 매우 놀라워했다.

"참으로 군왕을 보좌할 만한 인재이다."

천하가 어지러워지자 순욱이 마을의 나이 많은 어른인 부로父老들에게 말했다.

"영천은 사면으로부터 적의 침입을 받기 쉬운 지역이므로 의당 빨리 피해야 합니다."

대다수 사람들이 고향으로부터 멀리 떠나는 것을 원치 않았다. 순욱만이 홀로 일족을 이끌고 한복에게 가 몸을 의탁했다. 원소가 한복의 자리를 빼앗은 뒤 상빈上賓의 예로 순욱을 대접했다.

순욱은 원소의 그릇을 보고는 그가 결국 대업을 성취할 수 없을 것이라고 생각했다. 조조가 웅지와 지략인 웅략雄略이 있다는 얘기를 듣고는 곧 원소를 떠나 조조에게 갔다. 조조가 순욱과 얘기를 나눈 뒤 크게 기뻐했다.

"이는 나의 장자방張子房이다!"

조조는 그를 분무사마에 임명했다. 고향에 남아 있던 사람들 대다수는 이각과 곽사 등에게 살해됐다.

3) 원소가 직접 군사를 이끌고 가 공손찬과 싸우자 계교界橋하북성 형대시 이남 20리에 걸쳐 교전이 이뤄졌다. 공손찬의 병력은 3만 명이었다. 그들의 예봉은 매우 날카롭기 그지없었다. 원소가 국의에게 정병 800명을 주어 선봉에 서고 강노수 1,000명이 그 뒤를 따르게 했다. 공손찬이 국의의 병력이 적은 것을 보고는 이를 얕잡아보고 기병을 보내 공격하게 했다. 국의의 군사는 방패 밑에 숨은 채 움직이지 않았다.

서로간의 거리가 불과 10여 보도 채 되지 않았을 때 갑자기 지축을 뒤흔드는 고함소리와 함께 국의의 군사가 일시에 터져 나오자 공손찬의 군사가 대패하게 됐다. 이 싸움에서 공손찬이 임명한 기주 자사 엄강 등이 참살됐고 그밖에도 정예병 1,000여 명이 몰살됐다. 원소의 군사가 계교까지 쫓아가자 공손찬이 잔병들을 모아 저항했으나 국의가 재차 그를 패배시켰다. 이어 여세를 몰아 공손찬의 군영까지 엄습해 아기牙旗를 빼앗자 공손찬의 병사들이 모두 달아났다.[176]

당초 연주 자사 유대는 원소 및 공손찬과 사이가 매우 좋았다. 원소는 처자식을 유대의 집에 맡길 정도였고 공손찬도 종사 범방范方에게 기병을 이끌고 가 유대를 돕게 한 적이 있다. 공손찬이 원소와 사이가 벌어져 교전하게 되면서 처음에 원소의 군사를 격파하자 유대에게 원소의 처자식을 넘겨달라고 말한 뒤 따로 범방에게 지시했다.

"만일 유대가 원소의 처자식을 내놓지 않으면 곧 기병을 이끌고 돌아오거라. 나는 원소를 평정한 뒤 유대 쪽으로 군사를 돌리겠다."

유대가 부하 제장들과 숙의를 거듭했지만 며칠이 지나도록 결정을 못 내렸다. 동군인 정욱程昱이 지모가 있다는 소리를 듣고 곧 그를 불러 자문을 구하니 정욱이 계책을 내어 말했다.

"만일 원소의 근원近援을 버리고 공손찬의 원조遠助를 찾으면 이는 마치 월나라 사람이 수영을 잘 한다는 이유로 마침 자식이 물에 빠져 있는데도 멀리 있는 월나라 사람을 찾아가 도움을 요청하는 것과 마찬가지입니다. 무릇 공손찬은 원소의 적수가 아니니 그가 비록 지금은 원소의 군사를 격파했다 해도 끝내는 원소에게 사로잡힐 것입니다."

유대가 그의 말을 들었다. 범방이 그의 기병을 이끌고 공손찬에게 돌아갔다. 범방이 아직 도착하기도 전에 공손찬은 이미 원소에게 패했다.

4) 조조의 군사가 돈구頓丘하북성 청풍현에 주둔하고 있을 때 우독 등이 동무양東武陽산동성 신현을 공격하자 조조가 병사를 이끌고 서쪽 산속으로 들어가 우독 등의 본진을 공격하려 했다. 제장들이 모두 우선 동무양을 구할 것을 청하자 조조가 고개를 가로저었다.

"만일 적들이 우리가 서쪽으로 간다는 얘기를 들으면 반드시 군사를 돌릴 것이니 동무양의 포위는 자연 해소될 것이오. 만일 그들이 군사들

---

176 고대 군영의 문 입구에는 아기를 세워 두었다. 영문營門이 흔히 '아문牙門'이라고 불리게 된 것도 이때문이다.

돌리지 않으면 우리는 능히 그들의 본영을 공격할 수 있소. 어느 경우든 그들이 동무양을 공격할 수 없는 것은 필연지사요."

조조가 서쪽으로 진병했다. 우독이 이 얘기를 전해 듣고 급히 동무양의 포위를 푼 뒤 서쪽으로 돌아갔다. 조조가 내황內黃하남성 내황현에서 휴고와 남흉노 선우 어부라 등을 공격해 그들을 대파했다.

동탁이 자신의 동생 동민董旻을 좌장군, 형의 아들 동황董璜을 중군교위로 삼아 병권을 완전히 장악한 데 이어 그의 친인척 모두를 조정관원으로 임명했다. 그의 시첩이 낳은 강보에 쌓인 어린아이까지 열후에 봉해져 금자金紫를 장난감처럼 갖고 놀았다.[177] 그의 수레와 복식은 모두 황제를 모방했다. 동탁이 3대三臺에 호령을 내리면 상서 이하의 모든 백관은 동탁의 관부에 가서 계사啓事해야만 했다.

동탁이 또 자신의 봉국인 미현郿縣의 성을 크게 수축하게 해 성벽의 높이와 두께가 모두 7장丈에 달했다. 성안에는 가히 30년간 먹을 수 있는 곡식을 쌓아두게 했다. 이를 두고 동탁은 스스로 말하곤 했다.

"성사되면 천하에 웅거하고, 안 되면 미현을 지키며 생을 마쳐도 가하다."

동탁은 사람을 죽이는 데 매우 무자비했다. 제장들이 만일 말에 조금이라도 실수를 하면 곧바로 그 자리에서 죽임을 당했다. 제장들은 모두 언제 죽임을 당할지 몰라 불안에 떨었다. 사도 왕윤과 사례교위 황완, 복야僕射 사손서士孫瑞, 상서 양찬楊瓚 등이 은밀히 동탁을 제거하는 계책을 모의했다.

---

177 '금자'는 금인金印과 자수紫綬를 말하는 것으로 관원의 신분을 상징하는 것이다. 금자는 진한시대에 상국과 승상, 태위, 대사마, 태부, 열후 등 최고위 관원만이 지니고 다녔다.

중랑장 여포는 궁마弓馬에 능할 뿐 아니라 힘이 절륜한 비력과인臂力過人을 자랑했다. 동탁은 자신이 사람들에게 무례하게 대한다는 것을 알았기 때문에 어디를 가든 늘 여포를 대동해 자신을 시위侍衛하도록 했다. 동탁의 여포에 대한 신임이 더욱 깊어져 부자간의 서약까지 맺게 됐다. 동탁의 성정이 강팍해 여포와 틈이 벌어지는 일이 생겼다. 일찍이 여포가 작은 실수를 저질러 동탁의 뜻을 거스른 적이 있었다. 당시 화가 난 동탁이 수극手戟작은 창을 뽑아 여포에게 던졌으나 여포가 재빨리 몸을 피해 무사할 수 있었다. 여포가 곧 기쁜 낯으로 동탁에게 잘못을 빌어 겨우 동탁의 노기를 가라앉힐 수 있었으나 여포는 이 일을 계기로 동탁에 대해 내심 원한을 품게 됐다.

한번은 동탁이 여포에게 중각中閣을 지키게 한 적이 있었다. 여포가 동탁 몰래 동탁의 부비傅婢시첩와 사통하게 됐다. 여포는 늘 이 사실이 발각될까 마음이 불안했다. 왕윤은 평소 여포를 매우 잘 대해 주었다. 여포가 왕윤을 만나 거의 동탁에게 죽을 뻔했다가 구사일생으로 위기를 피한 얘기를 털어놓자 왕윤이 이를 기화로 동탁을 제거하려는 자신들이 마련한 계책을 여포에게 전해주면서 내응을 부탁했다. 여포가 고개를 가로저었다.

"우리는 부자지간이나 다름없는데 어찌 그럴 수 있겠소?"

왕윤이 여포를 부추기며 말했다.

"군의 성은 여씨로 동탁과는 본래 골육지친이 아니오. 지금 군은 죽음을 염려하기에도 여념이 없을 때인데 어찌 부질없이 부자지간을 말하는 것이오? 그가 군에게 창을 던졌을 때 어찌 부자지정이 있다고 할 수 있겠소?"

여포가 마침내 왕윤의 제의를 수락했다.

여름 4월 정사丁巳, 황제가 병이 났다가 나아지자 미앙전未央殿에서 문무백관을 만났다. 동탁이 조복을 입고 수레에 올라 타 도로 양편에 위병을 가득 세워둔 가운데 그의 군영으로부터 곧장 황궁으로 직행했다. 좌측에는 보병, 우측에는 기병을 세워 삼엄하게 경계를 펼치면서 여포로 하여금 전후에서 자신을 호위하게 했다.

왕윤이 사손서를 시켜 조서를 꾸민 뒤 이를 여포에게 전해주게 했다. 여포가 고향사람인 기도위 이숙李肅과 용사 진의秦誼, 진위陳衛 등 10여 명에게 위사衛士의 옷으로 갈아입고 북액문北掖門 안을 지키면서 동탁을 기다리도록 했다.

동탁이 문을 넘어서자 이숙이 곧바로 창을 들어 그를 향해 찔렀다. 동탁은 조복 속에 호심갑護心甲을 입고 있어 별다른 상처를 입지 않았다. 이숙이 창을 버리고 곧 칼을 빼어들어 그의 팔을 베자 동탁이 수레에서 굴러 떨어졌다. 동탁이 고개를 돌려 다급한 목소리로 외쳐댔다.

"여포는 어디에 있는가?"

뒤에 숨어 있던 여포가 앞으로 쑥 나서면서 말했다.

"적신賊臣을 주살하라는 조명이 내렸다!"

동탁이 마구 욕을 해대며 말했다.

"개 같은 자식(용구庸狗), 네가 감히 이럴 수 있는 것인가?"

여포가 그의 욕이 끝나기도 전에 창을 들어 동탁을 찌른 뒤 병사들에게 그의 목을 치게 했다. 주부 전의田儀와 동탁의 종복이 동탁의 주검 앞으로 달려가자 여포가 그들 또한 죽였다. 이때 죽은 자는 동탁을 포함해 모두 3명이었다.

여포가 곧 가슴에서 조서인 조판詔版을 꺼내들어 하급관원과 병사인 이병吏兵들에게 보여주며 말했다.

"조명을 받들어 동탁을 주살하니 여타인은 모두 죄를 묻지 않겠다."

이병들이 모두 서 있던 자리에서 움직이지도 않은 채 곧바로 '만세'를 크게 외치게 되자 백성들도 대로로 쏟아져 나와 노래를 부르며 춤을 췄다. 장안성 안의 모든 거리와 가게는 패물과 옷가지 등을 팔아 술과 고기를 사먹으며 서로 축하하는 사녀士女들로 가득 차게 됐다. 당시 동탁의 동생 동민과 형의 아들 동황董璜 등을 비롯해 동탁의 일족 가운데 노약자들은 모두 미현에 있었다. 이들 모두 군중들이 휘두른 칼과 도끼 등에 몸이 잘려나가거나 도망을 가다 화살을 맞아 죽거나 했다.

곧 동탁의 시신이 장안거리에 내걸렸다. 마침 이때는 더위가 시작하던 때였다. 동탁은 평소 매우 비대해 시신에서 흘러나온 기름이 땅 위에 넘쳐흘렀다. 시신을 지키던 관리들이 커다란 등잔불 심지를 만들어 시신의 배꼽 속에 집어넣고 불을 붙이자 저녁때부터 타기 시작한 심지불이 다음날 동이 틀 무렵까지 꺼지지 않고 계속 탔다. 이런 일이 며칠간 계속됐다.

원씨 집안의 문생들이 이리저리 잘려나간 동탁의 시신을 한데 모아 불을 질러 재로 만든 뒤 이를 길 위에 뿌렸다. 당시 미현에 있는 동탁의 성안에서 나온 황금이 2–3만 근, 은이 8–9만근이나 됐고 이밖에도 온갖 능라주단과 진기한 물건들이 산더미처럼 쌓여 있는 것이 발견됐다.

동탁이 죽은 후 왕윤이 녹상서사錄尙書事에 임명됐다. 여포는 분위장군·가절에 임명돼 온후溫侯에 봉해지니 모든 의식 및 대우가 삼공과 같았다. 왕윤과 여포는 함께 조정을 장악해 공동으로 다스렸다. 동탁이 죽을 때 좌중랑장 고양후高陽侯 채옹은 마침 왕윤의 집에 볼 일이 있어 손님으로 가 있다가 동탁이 죽은 소식을 듣고 놀라서 탄식을 했다. 왕윤이 발끈해 그를 책망했다.

"동탁은 나라의 대적으로 거의 한실을 망하게 할 뻔했소. 군은 신하의 몸으로 의당 적개심을 가져야 함에도 오히려 그가 베푼 사은私恩을 못잊어 그의 죽음을 비통해 하니 어찌 함께 역적노릇을 한 것이 아니라고 하겠소."

왕윤이 곧바로 채옹을 정위에게 넘기자 채옹이 죄를 청했다.

"몸은 비록 불충했으나 고금의 군신대의君臣大義를 늘 귀로 들으며 싫증내지 않았고 입으로는 이를 늘 외웠는데 어찌 나라를 배반하고 동탁을 향할 수 있겠소. 경월黥刖의 형을 당한 후 한나라의 역사서를 계속 써 이를 완성시키고자 하오."[178]

사대부들이 채옹을 동정해 그를 구하고자 했으나 성공하지 못했다. 태위 마일제가 채옹을 동정해 왕윤에게 말했다.

"백개伯喈채옹는 세상에 둘도 없는 광세曠世의 일재逸才요. 그는 한조의 역사를 두루 아니 의당 그로 하여금 한나라의 역사서인 한사漢史를 계속 써 완성하도록 해 일대 대전을 만들어야 하오. 만일 사소한 잘못을 저지른 것으로 인해 그를 죽이면 천하 사람을 크게 실망시키는 것이 아니겠소?"

왕윤이 반대했다.

"예전에 무제는 사마천을 죽이지 않고 그가 자신을 비방하는 글을 써 후대에 전하도록 허락했소. 지금은 국가가 쇠약한데다 해내의 싸움이 그치지 않고 있으니 간신배들이 어린 황제의 옆에서 붓을 잡도록 할 수는 없소. 이는 성덕에 아무런 도움이 안 되기 때문이오. 또한 우리들이 그의 비방의 대상이 되도록 방치할 수도 없는 일이오."

마일제가 물러나와 사람들에게 말했다.

"왕공은 후대가 없을 것이오. 착한 사람은 국가의 기강紀綱이고 역사서를 쓰는 것은 국가의 전범典範인데 기강을 없애고 전범을 폐하려 드니 어찌 능히 오래 갈 수 있겠소?"

---

178 경黥은 이마에 글자를 새기는 형이고 월刖은 발뒤꿈치를 자르는 형을 말한다. 여기에서는 무제 때 사마천이 남성을 제거하는 궁형宮刑을 당하고 『사기』를 쓴 고사를 좇아 채옹 자신도 경월형을 당한 뒤 사마천의 뒤를 이어 후한의 역사서를 쓰고 싶다는 뜻을 밝힌 것이다.

채옹이 끝내 옥중에서 죽었다.

당초 황문시랑 순유와 상서 정태, 시중 종집種輯 등은 밀모하면서 말한 적이 있었다.

"동탁은 교만 방자한데다 잔인해 가까운 사람이 없다. 그가 비록 강한 군사를 갖고 있으나 실제로는 일개 필부에 불과하다. 직접 그를 척살하는 게 가하다."

일이 성사되기도 전에 발각돼 순유는 잡혀 옥에 갇혔고 정태는 달아나 원술에게 몸을 의탁했다. 순유는 옥에 있을 때에도 말하는 것이나 음식을 먹는 것이 전과 다름없었다. 동탁이 죽게 되자 감옥 밖으로 나오게 됐다.

6) 청주의 황건적이 연주로 쳐들어와 유대가 출병해 영격하려고 하자 제북상 포신이 만류했다.

"지금 적의 숫자가 100만 명이 넘어 백성들이 모두 두려워하고 있고 병사들 또한 투지가 없으니 지금 적과 대적할 수 없습니다. 다만 적은 치중이 없어 오직 약탈한 것만으로 보급 받고 있으니 지금 병사들을 훈련시켜 먼저 성을 지키는 것보다 좋은 것이 없습니다. 그들이 싸움을 하고 싶어 할 수 없고 성을 공격하고 싶어도 할 수 없게 되면 그 세력이 반드시 흩어질 것입니다. 이때를 기다려 정예부대를 선발해 요해처를 점거한 뒤 출격하면 가히 그들을 깨뜨릴 수 있습니다."

유대가 불청하고 황건적과 교전하다가 결국 살해됐다.

조조의 부장 동군인 진궁陳宮이 조조에게 말했다.

"연주는 지금 주인도 없고 조명도 끊어졌으니 제가 연주에 가서 주요 관원들에게 유세를 하겠습니다. 명부明府[179]는 주목州牧이 된 뒤 이를 바

179 명부明府는 원래 2가지 의미로 사용됐다. 첫째, 대부大府 내지 관부官府를 가리킨다. 둘째, 군수郡守 내지 목윤牧尹에 대한 존칭인 명부군明府君의 약칭으로 사용됐다. 여

탕으로 천하를 거두도록 하십시오. 이것이 바로 패왕의 사업입니다."

진궁이 연주의 별가와 치중 등을 만나 유세했다.

"지금 천하는 분열돼 있고 연주에는 주인이 없소. 조동군曹東郡조조은 그 이름을 세상에 널리 떨칠만한 재간이 있소. 만일 조동군을 주목으로 맞이한다면 반드시 백성들을 평안하게 만들 것이오."

포신 등이 진궁의 유세를 적극 받아들여 연주의 이속 만잠萬潛 등과 함께 동군으로 가 조조를 영領연주자사로 맞이했다. 조조가 마침내 군사들을 이끌고 수장壽張산동성 동평현 동쪽으로 가 황건적을 쳤으나 전세가 불리하게 됐다. 황건적은 숫자도 많고 매우 용맹한 데 반해 조조의 군사는 숫자도 적고 매우 약했다.

조조는 막사를 두루 돌아다니며 병사들을 위로하고 사기를 북돋았다. 또한 상벌을 분명히 하고 기병奇兵을 교묘히 구사해 주야를 가리지 않고 싸움을 벌여 매번 이기게 되자 황건적이 끝내 퇴각하고 말았다.[180] 이 싸움에서 포신이 전사하게 됐다. 조조가 현상을 내걸고 그의 시신을 찾았다. 결국 시신을 찾지 못하자 조조가 나무를 깎아 포신의 상을 만들어 제사를 지내면서 통곡을 그치지 않았다.

경조인 금상金尙이 조명으로 연주자사에 임명돼 연주에 도착할 즈음 조조가 영격하자 도망해 원술에게 갔다.

7) 5월, 정서장군征西將軍 황보숭이 거기장군이 됐다.

8) 당초 여포가 왕윤에게 동탁의 부하들을 죽일 것을 권하자 왕윤이

기서는 두 번째 의미로 사용된 것이다. 한나라 때는 주로 현령縣令을 가리켰다. 당나라 때 들어와 현령은 '명부', 현위縣尉는 소부少府로 불렸다.

180 기병奇兵은 주로 매복 등의 계략을 이용해 적의 측면이나 배후에서 갑자기 나타나 적을 공격하는 일종의 기습작전을 수행하는 병사들을 말한다. 기병과는 달리 정규전에 투입되는 병사는 흔히 '정병正兵'이라고 한다.

거절했다.

"그들은 무죄이니 죽일 수 없소."

여포가 동탁의 재물을 상으로 공경과 장교들에게 나눠줄 것을 바랐으나 왕윤이 동의하지 않았다. 왕윤은 평소 여포를 일종의 검객으로 대우했다. 여포는 동탁을 제거한 공로가 있다고 자부하며 늘 으쓱대는 마음인 벌심伐心을 지니고 있었다. 자신의 뜻이 제대로 관철되지 않자 마음속에서 점차 불평이 일기 시작했다.

왕윤은 성정이 강직하고 방정한 강릉剛稜의 인물이어서 악을 미워하길 마치 원수같이 했다. 그는 처음에 동탁을 두려워해 부득불 겸허한 태도를 보였지만 동탁이 이미 제거된 상황에서 다시는 재난이 없을 것으로 생각해 점차 교만해지기 시작했다. 밑의 사람들이 그를 받들려 하지 않게 됐다.

왕윤은 당초 사손서와 상의하면서 특별히 조서를 내려 동탁의 부하들을 사면하는 방안을 생각했으나 얼마 후 의구심이 들어 이같이 말했다.

"부하는 단지 주인을 좇을 뿐이오. 지금 만일 그들을 역적질을 한 자들이라 이름 해 사면하게 되면 오히려 더욱 의심받게 되지나 않을지 걱정이오. 이는 그들을 구슬리는 방법이 아니오."

특별히 대사령을 내리는 방안을 거두었다. 다시 동탁의 군사를 해산하는 문제를 상의할 때 어떤 사람이 왕윤에게 건의했다.

"양주凉州의 사람들은 평소 원소를 꺼리는데다 관동군을 두려워합니다. 지금 일단 군사를 해산해 함곡관을 열어주게 되면 모든 사람들이 위험에 처하게 됩니다. 황보의진皇甫義眞황보숭을 장군으로 삼아 동탁의 부대를 통솔하게 해 섬현에 머물면서 백성을 안무하게 하는 것이 가할 것입니다."

왕윤이 거부했다.

"그리 할 수는 없소. 관동의 의병은 모두 우리들과 같은 입장이오. 지금 험한 요충지를 근거로 섬현에 군사를 둔 채 양주凉州 출신들을 위무하더라도 관동군의 의심을 살 뿐이오. 그같이 할 수는 없소."

당시 백성들 사이에는 조정에서 양주 사람들을 모두 죽이려 한다는 유언비어가 나돌았다. 동탁의 옛 장교들이 서로 말을 전하면서 두려움에 떨게 됐다. 각자 군사를 이끌고 자위에 나서면서 서로 이런 말을 주고받았다.

"채백개는 단지 동공으로부터 두터운 신임과 대우를 받았다는 이유만으로도 연루됐으니 지금 우리를 사면하지 않는 것은 곧 우리 군사를 해산하려는 심산이다. 군사를 해산하면 곧바로 다음날 우리는 어육魚肉이 되고 말 것이다."

여포는 이숙을 섬현으로 보내 조명을 내세워 우보를 죽이도록 했다. 우보 등이 영격하자 이숙이 패해 홍농으로 도주했다가 여포에게 죽임을 당했다. 우보도 영채를 제대로 지키지 못할까 두려워했다. 마침 군영에서 까닭 없이 소동이 일어났다. 이를 틈타 도주하려다가 좌우의 부하들에게 살해됐다. 이각 등이 돌아왔으나 우보가 이미 죽어 기댈 곳이 없게 되자 사자를 장안으로 보내 사면을 청했으나 왕윤이 거절했다.

"한 해에 두 번 사면할 수 없다."

왕윤이 응답을 하지 않자 이각 등은 더욱 두려운 나머지 어찌 할 바를 몰라 각자 흩어져 샛길을 통해 고향으로 돌아가고자 했다. 이때 토로교위인 무위 출신 가후賈詡가 권했다.

"제군들이 만일 군사를 버리고 홀로 떠나게 되면 한 사람의 정장亭長조차 능히 제군들을 잡을 수 있소. 이는 서로 군사를 이끌고 서쪽으로 진격해 장안을 치고 동공을 위해 복수하는 것만 못하오. 성사되면 곧 천자를 옹호해 천하를 광정하고 아니면 다시 도주해도 늦지 않을 것이오."

이각 등이 동의해 이내 서로 결맹한 뒤 수천 명의 군사를 이끌고 밤낮을 달려 서쪽으로 나아갔다. 왕윤이 호문재胡文才와 양정수楊整修 등이 모두 양주凉州의 명문 출신인 것을 알고 곧 그들을 부른 뒤 이각 등을 만나 그들의 오해를 풀어줄 것을 요청했다. 왕윤은 그들과 회견할 때 웃는 낯을 짓지 않고 오히려 화를 냈다.

"관동의 쥐새끼들이 무엇을 하려는 것인가? 경들은 가서 그들을 불러오도록 해 주시오."

두 사람이 떠났으나 사실은 군사를 불러오려는 것이었다.

이각이 장안으로 가는 도중에 수시로 병사들을 불러 모으자 장안에 도착할 때에는 이미 병사가 10여만 명에 달하게 됐다. 이각 등이 동탁의 옛 부하 번조樊稠 및 이몽李蒙 등과 합세해 장안성을 포위했으나 성벽이 높아 공략하지 못하고 8일간의 시일을 끌게 됐다.

6월 1일, 여포의 군중에서 촉병들이 반기를 들어 이각의 군사를 성안으로 끌어들이자 이각이 군사들을 풀어 성안을 노략하게 했다.

여포는 이각과 성안에서 시가전을 벌였으나 이기지 못하자 수백 명의 기병을 이끌고 동탁의 머리를 말안장 위에 묶은 채 성 밖으로 달아났다. 여포가 청쇄문靑瑣門 밖에서 잠시 멈춰 왕윤을 불러 같이 도망갈 것을 권하자 왕윤이 거절했다.

"사직의 신령이 도와주면 위로 나라를 평안하게 만드는 것이 나의 평소 바람이었소. 만일 실현되지 못하면 나는 목숨을 바칠 뿐이오. 지금 황제가 유충해 오직 나만을 믿고 있으니 위난을 당해 도망가는 짓을 나는 차마 할 수 없소. 관동의 제공에게 삼가 나라를 우선 생각해 줄 것을 권하도록 해 주시오."

태상 종불이 말했다.

"대신이 된 몸으로 폭력을 금지하고 수모를 제어하지 못하면 적도들이 칼과 창으로 황궁을 핍박하도록 만드는 것이나 다름없다. 설령 도망간들 어찌 마음이 편할 수 있겠는가?"

그러고는 분전하다가 죽었다.

이각과 곽사가 남궁의 액문을 지키면서 태복 노규魯馗와 대홍려 주환周奐, 성문교위 최열, 월기교위 왕기王頎 등을 비롯해 모두 관민 1만여 명을 죽였다. 거리가 온통 죽은 시신들로 가득 차게 됐다. 왕윤이 황제를 부축해 선평문宣平門으로 올라가 병난을 피하려 했다. 이각 등이 성문 아래에서 엎드려 머리를 조아리자 황제가 이각 등에게 물었다.

"경들이 군사를 멋대로 풀어 무엇을 하려는 것인가?"

이각 등이 대답했다.

"동탁이 폐하에게 충성했으나 무고히 여포에게 살해돼 신 등은 동탁의 복수를 하려 한 것이지 감히 역모를 하려 한 것이 아닙니다. 일이 끝난 뒤 정위에 가서 벌을 달게 받겠습니다."

이각 등이 문루를 포위한 뒤 일제히 상표해 사도 왕윤이 밖으로 나와 질문에 답해 줄 것을 요구하며 이같이 물었다.

"태사 동탁이 무슨 죄를 저질렀단 말이오?"

왕윤이 궁지에 몰려 부득이 문루 아래로 내려가 그들과 접견했다.

6월 2일, 천하에 대사령을 내린 뒤 이각을 양무장군揚武將軍, 곽사를 양렬장군揚烈將軍으로 임명하고 번조 등을 모두 중랑장으로 삼았다. 이각 등이 사례교위 황완을 잡아 죽였다. 당초 왕윤은 고향사람 송익宋翼을 좌풍익左馮翊, 왕굉王宏을 우부풍右扶風으로 삼았다. 이각 등이 왕윤을 죽이고자 했으나 그들이 기병해 복수할까 두려워 우선 송익과 왕굉을 징소했다. 왕총王寵왕굉이 사자를 송익에게 보내 상의했다.

"곽사와 이각은 우리 두 사람이 밖에 있기 때문에 왕공에게 해를 가하지 못하는 것이니 만일 오늘 우리가 가게 되면 반드시 내일 모두 멸족을 당할 것이오. 무슨 좋은 방법이 없겠소."

송익이 자신의 소신을 밝혔다.

"비록 화복을 예측하기 어렵다 해도 조명을 피할 수는 없소."

왕굉이 제의했다.

"관동에서 의병문제가 솥 안에서 물이 끓는 것처럼 떠들썩하고 요란한 정비鼎沸의 모습을 보이며 사람들 모두 동탁을 죽이려 했소. 지금 동탁이 이미 죽었으니 그 당여黨與는 쉽게 제압될 것이오. 만일 우리가 거병해 공동으로 이각 등을 치면 산동의 의병이 호응할 것이니 이는 전화위복이 계기가 될 것이오."

송익은 듣지 않자 왕굉은 혼자 일을 성사시킬 수 없어 함께 징소를 받았다.

6월 7일, 이각이 왕윤과 송익, 왕굉을 모두 잡아들여 죽인 뒤 왕윤의 처자식도 모두 주륙했다. 왕굉이 형을 당할 때 송익에게 욕을 했다.

"송익, 이 식견이 없는 어린 유생인 수유豎儒와는 실로 대계를 논의할 수 없다!"

이각이 왕윤의 시체를 거리에 내놓았으나 감히 거두는 사람이 없었다. 왕윤의 옛 부하 평릉령平陵令 경조인 조전趙戩이 관직을 버리고 왕윤의 시신을 모아 장사지냈다. 당초 왕윤은 동탁을 토벌한 공로를 전부 자신에게 돌렸다. 사손서는 공이 있어도 열후에 봉해지지 않은 덕분에 오히려 재난을 피하게 됐다.

신 사마광은 평한다.

"『주역』「겸괘謙卦」 효사에 이르기를, '공로가 있으면서 겸양하는 군자는 가히 끝이 길하다'고 했으니 사손서는 공로가 있으면서도 스스로 떠들지 않았다. 그는 자신의 몸을 보전했으니 가히 그를 지혜롭다고 하지 않을 수 있겠는가?"

9) 이각 등이 가후를 좌풍익으로 삼고 열후에 봉하려고 하자 가후가

사양했다.

"저의 계책은 목숨을 구하고자 한 것에 불과한데 무슨 공로가 있겠습니까?"

그는 끝내 고사하며 받지 않았다. 다시 그를 상서복야에 임명하려고 하자 가후가 또 사양했다.

"상서복야는 백관의 우두머리로 천하 사람의 기대를 떠안는 자리입니다. 저의 명성은 평소 높지 않으니 사람들을 심복시킬 수 없습니다."

상서에 임명됐다.

10) 여포가 무관에서 남양으로 도주하자 원술이 그를 후하게 대우했다. 여포는 스스로 원씨 가문에 대해 공이 있다고 생각해 군사를 풀어 약탈하게 했다. 원술이 우려의 뜻을 나타내자 스스로 마음이 불안한 나머지 원술을 떠나 하내의 장양張楊을 찾아가 몸을 의탁했다. 이각 등이 현상을 걸고 여포의 체포를 다그치자 여포가 다시 도주해 원소에게 의탁했다.

11) 6월 19일, 전장군 조겸을 사도로 삼았다.

12) 가을 7월 13일, 태위 마일제를 태부·녹상서사로 삼았다.

8월, 거기장군 황보숭이 태위가 됐다.

13) 조령으로 태부 마일제와 태복 조기趙岐에게 부절을 갖고 가 관동을 진무하게 했다.

14) 9월, 이각을 거기장군·영사례교위·가절, 곽사를 후장군, 번조를 우장군, 장제를 표기장군으로 삼고 모두 열후에 봉했다. 이각과 곽사, 번조는 조정을 장악하고 장제는 군사를 이끌고 가 홍농에 주둔했다.

15) 사도 조겸이 파직됐다.

16) 9월 29일, 사공 순우가淳于嘉를 사도, 광록대부 양표를 사공·녹상서사로 삼았다.

17) 당초 동탁은 관중에 들어온 후 한수와 마등에게 유세해 두 사람

이 함께 산동군을 저지하도록 만들었다. 한수와 마등이 군사를 이끌고 장안에 도착할 즈음 마침 동탁이 피살됐다. 이각 등이 한수를 진서장군鎭西將軍에 임명해 금성으로 돌아가도록 하고 마등을 정서장군으로 삼아 미현에 주둔하게 했다.

18) 겨울 10월, 형주 자사 유표가 사자를 보내 공물을 바쳤다. 유표를 진남장군·형주목에 임명하고 성무후成武侯에 봉했다.

19) 12월, 황보숭을 면직하고 광록대부 주충周忠을 태위·참록상서사參錄尙書事로 삼았다.

20) 조조가 황건적을 추격해 제북濟北까지 다다르게 되자 황건적이 모두 조조에게 투항했다. 사병이 모두 30여만 명, 남녀 백성이 총 100여만 명에 달했다. 조조가 그 가운데 정예한 병사를 거두어 이들을 청주병靑州兵이라고 호칭했다.

조조가 진류인 모개毛玠를 불러 치중종사로 삼자 모개가 조조에게 건의했다.

"지금 천하가 분붕分崩해 승여乘輿를 탄 천자는 파탕播蕩하고 백성은 생업을 폐한 채 주린 배를 감싸 안고 유망하게 됐습니다. 공가公家인 관부 또한 1년분의 비축이 없고 백성은 마음을 붙이고 정착할 의지인 안고지지安固之志가 없으니 이 상태로는 오래 버티기가 어렵습니다. 무릇 군사는 의를 내세워야 승리할 수 있고 지위는 재물에 의지해야 능히 유지할 수 있습니다. 의당 봉천자奉天子해 신하의 도리를 못하는 자들을 호령하며 농업과 양잠인 경식耕植을 진흥시켜 충분한 군자軍資를 마련해야만 가히 패왕의 업을 이룰 수 있습니다."

조조가 이를 받아들였다. 사자를 하내 태수 장양에게 보내 서쪽으로 장안에 이르는 길을 빌려줄 것을 청했으나 장양이 응답하지 않았다. 정도定陶 출신 동소董昭가 장양에게 건의했다.

"원소와 조조가 지금 비록 일가를 이루고 있으나 반드시 오래 가기는 어려울 것입니다. 조조는 지금 비록 약하나 실로 천하의 영웅이니 속히 그와 결탁해야만 합니다. 하물며 지금 인연을 맺을 기회가 왔으니 의당 그의 사자에게 상주하는 길을 열어주고 같이 상표해 그를 추천하도록 하십시오. 일이 성사되면 영원히 변치 않을 깊은 인연을 맺을 수 있습니다."

장양이 조조의 사자에게 통과를 허락하면서 따로 조조를 추천하는 상표를 올렸다. 동소는 이어 조조의 명의로 이각과 곽사 등에게 그들의 지위 고하에 따라 차등 있게 문후서신을 써 보냈다. 이각과 곽사는 조조의 사자를 만나본 뒤 관동의 제장이 스스로 황제를 옹립하려는 것으로 생각해 조조가 비록 사자를 보내왔지만 이는 진심이 아니라고 의심해 조조의 사자를 억류하는 방안을 논의하게 했다. 황문시랑 종요鍾繇가 이각과 곽사에게 건의했다.

"지금 영웅들이 동시에 일어나 각자 천자의 명을 가탁해 다스리고 있으나 오직 조연주曹兗州조조만이 황실을 향한 마음을 지니고 있습니다. 만일 그의 충심과 성의인 충관忠款을 받아들이지 않는다면 이는 장래의 기대에 부응하는 처사가 아닙니다."

이각과 곽사가 조조에게 후히 보답하게 됐다. 종요는 종호鍾皓의 증손이다.

21) 서주 자사 도겸과 각 군국의 태수 및 국상 등이 함께 상주해 주준을 태사로 천거했다. 이들은 이 기회를 이용해 격문을 각 주군의 장관에게 돌려 공동으로 이각 등을 토벌하고 천자를 맞이할 생각이었다. 이때 마침 이각이 태위 주충과 상서 가후의 계책을 채택해 주준을 입조하도록 했다. 주준이 도겸의 제의를 거부하고 징소에 응해 태복에 임명됐다.

22) 공손찬이 다시 군사를 보내 원소를 공격했으나 용진龍湊에 이르러 원소에게 격파당했다. 공손찬은 유주로 돌아가 감히 다시 나오지 못했다.

23) 양주揚州 자사 여남인 진온陳溫이 죽자 원소가 원유袁遺를 보내 양주를 다스리게 했다. 원술이 원유를 치자 원유가 패현까지 도주했다가 군사들에 의해 살해됐다. 원술이 하비下邳 출신 진우陳瑀를 양주자사에 임명했다.

* 孝獻皇帝初平三年

春, 正月, 丁丑, 赦天下.

董卓遣牛輔將兵屯陝, 輔分遣校尉北地李傕·張掖郭汜·武威張濟將步騎數萬擊破朱俊於中牟, 因掠陳留·潁川諸縣, 所過殺虜無遺.

初, 荀淑有孫曰彧, 少有才名, 何顒見而異之, 曰, "王佐才也!" 及天下亂, 彧謂父老曰, "潁川四戰之地, 宜亟避之." 鄉人多懷土不能去, 彧獨率宗族去依韓馥. 會袁紹已奪馥位, 待彧以上賓之禮. 彧度紹終不能定大業, 聞曹操有雄略, 乃去紹從操. 操與語, 大悅, 曰, "吾子房也!" 以為奮武司馬. 其鄉人留者, 多為傕·汜等所殺.

袁紹自出拒公孫瓚, 與瓚戰於界橋南二十里. 瓚兵三萬, 其鋒甚銳. 紹令麴義領精兵八百先登, 強弩千張夾承之. 瓚輕其兵少, 縱騎騰之. 義兵伏楯下不動, 未至十數步, 一時同發, 歡呼動地, 瓚軍大敗. 斬其所置冀州刺史嚴綱, 獲甲首千餘級. 追至界橋, 瓚斂兵還戰, 義復破之, 遂到瓚營, 拔其牙門, 餘眾皆走.

初, 兗州刺史劉岱與紹·瓚連和, 紹令妻子居岱所, 瓚亦遣從事范方將騎助岱. 及瓚擊破紹軍, 語岱令遣紹妻子, 別敕范方曰, "若岱不遣紹家, 將騎還! 吾定紹, 將加兵於岱." 岱與官屬議, 連日不決, 聞東郡程昱有智謀, 召而問之, 昱曰, "若棄紹近援而求瓚遠助, 此假人於越以救溺子之說也. 夫公孫瓚非袁紹之敵也, 今雖壞紹軍, 然終為紹所禽." 岱從之. 范方將其騎歸, 未至而瓚敗.

曹操軍頓丘, 於毒等攻東武陽. 操引兵西入山, 攻毒等本屯. 諸將皆請救武陽. 操曰, "使賊聞我西而還, 武陽自解也, 不過, 我能敗其本屯. 虜不能拔武陽必矣." 遂行. 毒聞之, 棄武陽還. 操遂擊眭固及匈奴於夫羅於內黃, 皆大破之.

董卓以其弟旻為左將軍, 兄子璜為中軍校尉, 皆典兵事, 宗族內外並列朝廷. 卓侍妾懷抱中子皆封侯, 弄以金紫. 卓車服僭擬天子, 召呼三台, 尚書以下皆自詣卓府啟事. 又築塢於郿, 高厚皆七丈, 積穀為三十年儲, 自云, "事成, 雄據天下. 不成, 守此足以畢老." 卓忍於誅殺, 諸將言語有蹉跌者, 便戮於前, 人不聊生. 司徒王允與司隸校尉黃琬·僕射士孫瑞·尚書楊瓚密謀誅卓. 中郎將呂布, 便弓馬, 膂力過人, 卓自以遇人無禮, 行止常以布自衛, 甚愛信之, 誓為父子. 然卓性剛褊, 嘗小失卓意, 卓拔手戟擲布, 布拳捷避之, 而改容顧謝, 卓意亦解. 布由是陰怨於卓. 卓又使布守中閤, 而私於傅婢, 益不自安. 王允素善待布, 布見允, 自陳卓幾見殺之狀, 允因以誅卓之謀告布, 使為內應. 布曰, "如父子何?" 曰, "君自姓呂, 本非骨肉. 今憂死不暇, 何謂父子? 擲戟之時, 豈有父子情邪!" 布遂許之.

夏, 四月, 丁巳, 帝有疾新愈, 大會未央殿. 卓朝服乘車而入, 陳兵夾道, 自營至宮, 左步右騎, 屯衛周匝, 令呂布等扞衛前後. 王允使士孫瑞自書詔以授布, 布令同郡騎都尉李肅與勇士秦誼·陳衛等十餘人偽著衛士服, 守北掖門內以待卓. 卓入門, 肅以戟刺之. 卓衷甲, 不入, 傷臂, 墮車, 顧大呼曰, "呂布何在?" 布曰, "有詔討賊臣!" 卓大罵曰, "庸狗, 敢如是邪!" 布應聲持矛刺卓, 趣兵斬之. 主簿田儀及卓倉頭前赴其屍, 布又殺之, 凡所殺三人. 布即出懷中詔版以令吏士曰, "詔討卓耳, 餘皆不問." 吏士皆正立不動, 大稱萬歲. 百姓歌舞於道, 長安中士女賣其珠玉衣裝市酒肉相慶者, 填滿街肆. 弟旻·璜等及宗族老弱在郿, 皆為其群下所斫射死. 暴卓屍於市. 天時始熱, 卓素充肥, 脂流於地, 守屍吏為大炷, 置卓臍中然之, 光明達曙, 如是積日. 諸袁門生聚董氏之屍, 焚灰揚之於路. 塢中有金二三萬斤, 銀八九萬斤, 錦綺奇玩積如丘山. 以王允錄尚書事, 呂布為奮威將軍·假節·儀比三司, 封溫侯, 共秉朝政.

卓之死也, 左中郎將高陽侯蔡邕在王允坐, 聞之驚歎. 允勃然叱之曰, "董卓, 國之大賊! 幾亡漢室. 君為王臣, 所宜同疾, 而懷其私遇, 反相傷痛, 豈不共為逆哉!" 即收付廷尉. 邕謝曰, "身雖不忠, 古今大義, 耳所厭聞, 口所常玩, 豈當背國而向卓也! 願黥首刖足, 繼成漢史." 士大夫多矜救之, 不能得. 太尉馬日磾謂允曰, "伯喈曠世逸才, 多識漢事, 當續成後史, 為一代大典. 而所坐至微. 誅之, 無乃失人望乎!" 允曰, "昔武帝不殺司馬遷, 使作謗書流於後世. 方今國祚中衰, 戎馬在郊, 不可令佞臣執筆在幼主左右, 既無益聖德, 復使吾黨蒙其訕議." 日磾退而告人曰, "王公其無後乎! 善人, 國之紀也. 製作, 國之典也. 滅紀廢典, 其能久乎!" 邕遂死獄中.

初, 黃門侍郎荀攸與尚書鄭泰·侍中种輯等謀曰, "董卓驕忍無親, 雖資強兵, 實一匹夫耳, 可直刺殺也." 事垂就而覺, 收攸系獄, 泰逃奔袁術. 攸言語飲食自若, 會卓死. 得免.

青州黃巾寇兗州, 劉岱欲擊之, 濟北相鮑信諫曰, "今賊眾百萬, 百姓皆震恐, 士卒無鬥志, 不可敵也. 然賊軍無輜重, 唯以鈔略為資. 今不若畜士眾之力, 先為固守. 彼欲戰不得, 攻又不能, 其勢必離散. 然後選精銳, 據要害, 擊之可破也." 岱不從, 遂與戰, 果為所殺. 曹操部將東郡陳宮謂操曰, "州今無主, 而王命斷絕, 宮請說州中綱紀, 明府尋往牧之, 資之以收天下, 此霸王之業也." 宮因往說別駕·治中曰, "今天下分裂而州無主. 曹東郡, 命世之才也, 若迎以牧州, 必寧生民.” 鮑信等亦以為然, 乃與州吏萬潛等至東郡, 迎操領兗州刺史. 操遂進兵擊黃巾於壽張東. 不利. 賊衆精悍, 操兵寡弱, 操撫循激勵, 明設賞罰, 承間設奇, 晝夜會戰, 戰輒禽獲, 賊遂退走. 鮑信戰死, 操購求其喪不得, 乃刻木如信狀, 祭而哭焉. 詔以京兆金尚為兗州刺史, 將之部, 操逆擊之, 尚奔袁術.

五月, 以征西將軍皇甫嵩為車騎將軍.

初, 呂布勸王允盡殺董卓部曲, 允曰, “此輩無罪, 不可.” 布欲以卓財物班賜公卿·將校, 允又不從. 允素以劍客遇布, 布負其功勞, 多自誇伐, 既失意望, 漸不相平. 允性剛稜疾惡, 初懼董卓, 故折節下之. 卓既殲滅, 自謂無復患難, 頗自驕傲, 以是群下不甚附之. 允始與士孫瑞議, 特下詔赦卓部曲, 既而疑曰, “部曲從其主耳. 今若名之惡逆而赦之, 恐適使深自疑, 非所以安之也.” 乃止. 又議悉罷其軍, 或說允曰, “涼州人素憚袁氏而畏關東, 今若一旦解兵開關, 必人人自危. 可以皇甫義真為將軍, 就領其衆, 因使留陝以安撫之.” 允曰, “不然. 關東舉義兵者, 皆吾徒也. 今若距險屯陝, 雖安涼州, 而疑關東之心, 不可也.”

時百姓訛言當悉誅涼州人, 卓故將校遂轉相恐動, 皆擁兵自守, 更相謂曰, “蔡伯喈但以董公親厚, 尚從坐, 今既不赦我曹而欲使解兵, 今日解兵, 明日當復為魚肉矣!” 呂布使李肅至陝, 以詔命誅牛輔, 輔等逆與肅戰, 肅敗, 走弘農, 布誅殺之. 輔恇怯失守, 會營中無故自驚, 輔欲走, 為左右所殺. 李傕等還, 輔已死, 傕等無所依, 遣使詣長安求赦. 王允曰, “一歲不可再赦.” 不許. 傕等益懼, 不知所為, 欲各解散, 間行歸鄉里, 討虜校尉武威賈詡曰, “諸君若棄軍單行, 則一亭長能束君矣. 不如相率而西, 以攻長安, 為董公報仇. 事濟, 奉國家以正天下. 若其不合, 走未後也.” 傕等然之, 乃相與結盟, 率軍數千, 晨夜西行. 王允以胡文才·楊整修皆涼州大人, 召使東, 解釋之, 不假以溫顏, 謂曰, "關東鼠子, 欲何為邪? 卿往呼之!" 於是二人往, 實召兵而還. 傕隨道收兵, 比至長安, 已十餘萬, 與卓故部曲樊稠·李蒙等合圍長安城, 城峻不可攻, 守之八日.

呂布軍有叟兵內反, 六月, 戊午, 引傕眾入城, 放兵虜掠. 布與戰城中, 不勝, 將數百騎以卓頭繫馬鞍出走, 駐馬青瑣門外, 招王允同去. 允曰, "若蒙社稷之靈, 上安國家, 吾之願也. 如其不獲, 則奉身以死之. 朝廷幼少, 恃我而已, 臨難苟免, 吾不忍也. 努力謝關東諸公, 勤以國家為念!" 太常種拂曰, "為國大臣, 不能禁暴禦侮, 使白刃向宮, 去將安之!" 遂戰而死. 傕·汜屯南宮掖門, 殺太僕魯馗·大鴻臚周奐·城門校尉崔烈·越騎校尉王頎. 吏民死者萬餘人, 狼藉滿道.

王允扶帝上宣平門避兵, 傕等於城門下伏地叩頭, 帝謂傕等曰, "卿等放兵縱橫, 欲何為乎?" 傕等曰, "董卓忠於陛下, 而無故為呂布所殺, 臣等為卓報仇, 非敢為逆也. 請事畢詣廷尉受罪." 傕等圍門樓, 共表請司徒王允出, 問曰, "太師何罪?" 允窮蹙, 乃下見之. 己未, 赦天下, 以李傕為揚武將軍, 郭汜為揚烈將軍, 樊稠等皆為中郎將. 傕等收司隸校尉黃琬, 下獄. 殺之.

初, 王允以同郡宋翼為左馮翊, 王宏為右扶風, 傕等欲殺允, 恐二郡為患, 乃先征翼·宏. 宏遣使謂翼曰, "郭汜·李傕以我二人在外, 故未危王公. 今日就征, 明日俱族, 計將安出?" 翼曰, "雖禍福難量, 然王命, 所不得避也!" 宏曰, "關東義兵鼎沸, 欲誅董卓, 今卓已死, 其黨與易制耳. 若舉兵共討傕等, 與山東相應, 此轉禍為福之計也." 翼不從, 宏不能獨立, 遂俱就征. 甲子, 傕收允及翼·宏, 並殺之. 允妻子皆死. 宏臨命詬曰, "宋翼豎儒, 不足議大計!" 傕屍王允於市, 莫敢收者, 故吏平陵令京兆趙戩棄官收而葬之. 始, 允自專討卓之勞,士孫瑞歸功不侯, 故得免於難.

臣光曰, “『易』稱‘勞謙君子有終吉’, 士孫瑞有功不伐, 以保其身, 可不謂之智乎!”

傕等以賈詡為左馮翊, 欲侯之. 詡曰, “此救命之計, 何功之有!” 固辭不受. 又以為尚書僕射, 詡曰, “尚書僕射, 官之師長, 天下所望, 詡名不素重, 非所以服人也.” 乃以為尚書.

呂布自武關奔南陽, 袁術待之甚厚. 布自恃有功於袁氏, 恣兵鈔掠. 術患之, 布不自安, 去從張楊於河內. 李傕等購求布急, 布又逃歸袁紹.

丙子, 以前將軍趙謙為司徒.

秋, 七月, 庚子, 以太尉馬日磾為太傅, 錄尚書事. 八月, 以車騎將軍皇甫嵩為太尉.

詔太傅馬日磾·太僕趙岐杖節鎮撫關東.

九月, 以李傕為車騎將軍·領司隸校尉·假節. 郭汜為後將軍, 樊稠為右將軍, 張濟為驃騎將軍, 皆封侯. 傕·汜·稠筦朝政, 濟出屯弘農.

司徒趙謙罷. 甲申, 以司空淳于嘉為司徒, 光祿大夫楊彪為司空, 錄尚書事.

初, 董卓入關, 說韓遂·馬騰與共圖山東, 遂·騰率眾詣長安, 會卓死, 李傕等以遂為鎮西將軍, 遣還金城. 騰為征西將軍, 遣屯郿.

冬, 十月, 荊州刺史劉表遣使貢獻. 以表為鎮南將軍·荊州牧, 封成武侯.

十二月, 太尉皇甫嵩免, 以光祿大夫周忠為太尉, 參錄尚書事.

曹操追黃巾至濟北, 悉降之, 得戎卒三十餘萬, 男女百餘萬口, 收其精銳者, 號青州兵.

操辟陳留毛玠為治中從事, 玠言於操曰, “今天下分崩, 乘輿播蕩,生民廢業，饑饉流亡，公家無經歲之儲，百姓無安固之志，難以持久．夫兵義者勝，守位以財，宜奉天子以令不臣，修耕植以畜軍資，如此，則霸王之業可成也．" 操納其言，遣使詣河內太守張楊，欲假塗西至長安，楊不聽．定陶董昭說楊曰，"袁·曹雖為一家，勢不久群．曹今雖弱，然實天下之英雄也，當故結之．況今有緣，宜通其上事，並表薦之，若事有成，永為深分．" 楊是通操上事，仍表薦操．昭為操作書與李傕·郭汜等，各隨輕重致殷勤．傕·汜見操使，以為關東欲自立天子，今曹操雖有使命，非其誠實，議留操使．黃門侍郎鐘繇說傕·汜曰，"方今英雄並起，各矯命專制，唯曹兗州乃心王室，而逆其忠款，非所以副將來之望也?" 傕·汜乃厚加報答．繇，皓之曾孫也．

徐州刺史陶謙與諸守相共奏記，推朱俊為太師，因移檄牧伯，欲以同討李人鶴等，奉迎天子．會李傕用太尉周忠·尚書賈詡策，征俊入朝，俊乃辭謙議而就征，復為太僕．

公孫瓚復遣兵擊袁紹，至龍水奏，紹擊破之．瓚遂幽州，不敢復出．

揚州刺史汝南陳溫卒，袁紹使袁遺領揚州．袁術擊破之．遺走至沛，為兵所殺．術以下邳陳瑀為揚州刺史．

한헌제 초평 4년(AD 193)

1) 봄 정월 초하루, 일식이 있었다.

2) 1월 14일, 천하에 대사령을 내렸다.

3) 조조가 견성甄城산동성 견성에 주둔할 때 원술은 유표의 압박을 받아 군사를 이끌고 봉구封丘하남성 북부로 가 주둔했다. 이때 흑산적의 일부와 남흉노 선우 어부라가 함께 원술에게 귀부했다. 조조가 원술의 군사를 경격해 봉구를 포위했다. 원술이 양읍襄邑하남성 수현을 거쳐 영릉까지 도주하자 조조가 추격해 원술을 연이어 격파했다.

원술이 구강九江하남성 회하 이남까지 도망갔으나 양주揚州 자사 진우가 거절해 경내에 들어가지 못하고 뒤로 물러나서 음릉陰陵을 지키면서 회북淮北에서 다시 군사를 모아 수춘壽春안휘성 수현을 향해 진군했다. 진우가 두려워해 하비下邳강소성 비현로 도피하자 원술이 양주를 점거하고 서주백徐州伯을 겸칭했다. 이각이 원술과 결탁해 외원세력으로 삼기 위해 그를 좌장군·가절로 삼고 양적후陽翟侯에 봉했다.

4) 원소가 공손찬과 함께 임명한 청주 자사 전해田楷가 2년 동안 계속해서 교전하자 병사들 모두 크게 지친데다 양식마저 동이 났다. 백성들을 약탈하게 돼 전야에는 푸른 풀이 남아나지 않게 됐다. 원소가 자신의 아들 원담袁譚을 청주자사에 임명하자 전해가 원담과 교전했으나 승리하지 못했다. 마침 조기趙岐가 와 산동군의 화해를 주선하자 공손찬과 원소가 각각 군사를 이끌고 물러났다.

5) 3월, 원소가 박락진薄落津하북성 광종현에 있을 때 위군魏郡의 병사들이 반기를 들어 흑산적 우독 등과 연합해 수만 명의 무리를 이끌고 와 업성을 점령하고 태수를 죽였다. 원소가 군사를 이끌고 척구斥丘로 돌아와 주둔했다.

6) 여름 조조가 정도定陶산동성 정도현로 회군했다.

7) 서주치중 동해인 왕랑과 별가 낭야인 조욱이 자사 도겸에게 건의했다.

"제후의 지지를 받는 것은 근왕勤王하는 것만 못합니다. 지금 천자가 멀리 서경西京 장안에 있으니 의당 사자를 보내 진공進貢해야 합니다."

도겸이 이를 받아들여 조욱에게 상주문을 갖고 장안으로 가게 했다. 황제가 조서를 내려 도겸을 서주목·안동장군에 임명하고 율양후溧陽侯에 봉했다. 또 조욱을 광릉廣陵강소성 양주현 태수, 왕랑을 회계 태수에 임명했다. 이때 서주의 백성들이 모두 부유한데다 경내에 양식이 풍부하자 귀부하는 유민들이 날로 늘어났다. 도겸은 소인배의 참언을 믿고 충직한 인사들을 멀리하자 서주가 점차 혼란에 빠지게 됐다. 허소許邵가 난을 피해 광릉에 오자 도겸이 예를 다해 후하게 대접했다. 허소가 그를 따르는 무리에게 경계했다.

"도겸은 겉으로는 겸손하고 명성을 추구하지만 실제 내심으로는 정직하지 못해 비록 지금 나를 후대하고 있으나 이후 반드시 변할 것이다."

허소가 도겸을 떠났다. 후에 도겸이 과연 붙잡히지 않기 위해 서주의 한 선비 집으로 피신해서 살게 되자 사람들이 허소의 선견지명에 탄복했다.

8) 6월, 부풍扶風섬서성 흥평현에 큰 비와 우박이 내렸다.

9) 화산華山이 무너지고 균열됐다.

10) 태위 주충이 면직되고 태복 주준이 태위·녹상서사가 됐다.

11) 하비인 궐선闕宣이 수천 명의 무리를 모아 스스로 천자를 칭하자 도겸이 그를 죽였다.

12) 큰 비가 내렸다. 주야로 20여 일간 계속 내려 민가가 침수됐다.

13) 원소가 군사들을 이끌고 조가현朝歌縣의 녹장산鹿腸山으로 들어가 우독을 쳤다. 5일간의 포위 공격 끝에 대승해 우독을 비롯한 1만여 명의 수급을 얻었다. 원소가 이어 산을 끼고 북쪽으로 나아가 나머지 적도인 좌자장팔左髭丈八 등을 공격해 그들을 모두 참했다. 또한 유석劉石과 청우각青牛角, 황룡좌교黃龍左校, 곽대현郭大賢, 이대목李大目, 우저근于氐根 등을 공격해 다시 1만여 명을 참하고 군영을 잇대어 주둔해 있던 잔적들을 모두 도륙했다.

최후로 흑산적 장연張燕과 흉노의 한 부족인 도각屠各의 4개 부락, 안문雁門산서성 대현의 오환부락 등과 상산에서 교전했다. 당시 장연은 정병 1만여 명과 기병 수천 명을 이끌고 있었다. 원소가 여포와 함께 장연을 공격해 18일간 싸웠다. 장연 측의 사상자가 더 많았으나 원소의 군사 또한 피로를 견디지 못하게 돼 각각 퇴병하게 됐다.

여포의 군사가 대부분 횡포橫暴해 원소가 우려를 표시하자 여포가 낙양으로 돌아갈 뜻을 밝혔다. 원소가 황제의 명의로 여포를 영사례교위로 삼은 뒤 여포를 전송하는 길에 역사力士를 딸려보내 몰래 그를 죽이게 했다.

여포가 낌새를 알아채고 자신의 장중帳中에서 북과 거문고인 고쟁鼓箏을 연주하게 한 뒤 틈을 타 몰래 빠져나와 도주했다. 역사들이 밤에 몰래 기습했으나 여포가 없자 막사의 기물 등을 모두 부셔버렸다. 날이 밝자 원소는 여포가 도주해 살아 있는 것을 알고 두려워해 문을 닫고 경비를 강화했다. 여포가 군사를 이끌고 장양을 찾아가 몸을 의탁했다.

14) 전태위 조숭은 낭야에서 난을 피했다. 그의 아들 조조가 태산 태수 응소에게 명해 자신의 부친을 영접하게 했다. 조숭의 치중은 100여 량이나 됐다. 도겸의 별장이 음평에 주둔하고 있었다. 병사들이 조숭의 재물에 욕심을 내 화현華縣산동성 비현 동북쪽과 비현費縣산동성 비현 서북쪽 사이에서 조숭을 급습해 조숭과 그의 막내아들 조덕曹德을 죽였다.

가을에 조조가 군사를 이끌고 가 도겸을 쳐 10여 성을 공략한 뒤 팽성彭城강소성 서주시에 이르러 대접전을 벌이게 됐다. 도겸이 대패해 담현郯縣산동성 담성현으로 물러나 방어했다. 당초 경현京縣하남성 형양현과 낙양 일대에 살던 백성들 가운데 대다수가 동탁의 난을 피해 동쪽으로 이동해 서주로 흘러들었다. 이들 수십만 명이 조조가 당도하자 일시에 몰린 나머지 사수泗水에 빠져 죽게 됐다. 익사한 시신들로 인해 강물이 흐르지 못할 지경이 됐다.

조조가 담현을 공략할 수 없게 되자 이내 철병해 여현慮縣하남성 회양현과 수릉睢陵회양현 일대, 하구夏丘안휘성 사현 등 3개 현을 공격해 모두 도륙했다. 닭과 개조차 남지 않은 폐허가 된 마을 안에서 다시는 행인을 볼 수 없게 됐다.

15) 겨울 10월 22일, 경성에 지진이 났다.

16) 혜성이 천시天市 성좌에 나타났다.

17) 사공 양표가 면직됐다.

10월 27일, 태상 조온趙溫이 사공·녹상서사가 됐다.

18) 유우가 공손찬과의 구원舊怨으로 인해 불목하게 돼 공손찬이 누차 원소와 교전했지만 유우가 교전을 저지하거나 전공을 거두지 못하게 하기 위해 점차 군량 등의 대여와 공급을 줄여나갔다. 화가 난 공손찬이 누차 유우의 명령을 어기고 쳐들어와 백성을 약탈했으나 유우는 이를 제어하지 못하고 역사驛使를 통해 급히 공손찬의 죄상을 상주했다. 공손찬도 유우가 군량 공급을 제때 하지 못한 사실을 상주했다. 두 사람의 상주문이 교차로 올라와 상호 비방하자 조정에서는 결론을 내리지 못하고 미룰 뿐이었다.

공손찬이 계성薊城 동남쪽에 작은 성을 짓고 살았다. 유우가 여러 번 그를 불렀으나 공손찬은 매번 칭병하고 응하지 않았다. 유우는 그가 반란을 일으킬까 두려워 소속 병사와 백성들을 끌어 모아 모두 10만 명을 이끌고 공손찬을 공격했다. 당시 공손찬의 부하는 성 밖에 흩어져 있었기에 황급히 동쪽 성을 헤집고 도망가려고 했다. 유우의 군사는 훈련도 하지 않아 전열을 정비할 수 없어 제대로 싸울 수가 없었다. 게다가 유우는 백성들의 집이 불에 탈까 염려돼 불을 놓자는 제안을 거부하면서 부하들에게 경계했다.

"나머지 사람을 상하게 하지 마라. 오직 백규伯圭공손찬 한 사람만 죽이면 된다."

포위하고도 공격하지 않으니 공손찬이 용사 100여 명을 모아 바람을 부는 때를 틈타 불을 질렀다. 공손찬이 불길이 유우 쪽으로 옮겨 가는 것을 틈타 용사들을 이끌고 곧바로 유우에게 쳐들어가니 유우의 군사가 전부 붕괴됐다. 유우와 관속들은 북쪽으로 달아나 거용현居庸縣에 이르렀다. 공손찬이 곧 추격해 포위 공격하니 교전 3일 만에 성이 함락됐다. 유우와 그의 처자식들이 모두 계성으로 잡혀왔으나 공손찬은 유우에게 공문서에 서명하는 등의 주의 업무를 계속하도록 했다.

마침 사자 단훈段訓이 조명을 받들고 와 유우에게 봉읍封邑을 더하고 6주의 일을 감독하게 했다. 또한 공손찬을 전장군에 임명하고 역후易侯에 봉했다. 공손찬이 유우를 무함해 이전에 원소 등과 공모해 천자를 세우려 했던 사실을 무함했다. 이어 단훈을 협박해 계성의 시내에서 유우와 그 처자식을 참했다.

상산국의 전 국상 손근孫瑾과 상산국의 아전인 상산연常山掾 장일張逸과 장찬張瓚 등은 유우를 좇아 형장에 가 공손찬을 크게 욕한 후 유우와 함께 죽었다. 공손찬이 유우의 머리를 경성으로 보내자 유우의 옛 부하인 미돈尾敦이 도중에서 이를 빼앗아 안장했다. 유우는 사람들에게 은의로써 관후하게 대해 민심을 얻었기에 유주의 백성은 물론 유망을 온 자들까지 눈물을 흘리며 그의 죽음을 통석痛惜하게 여겼다.

당초 유우가 사자를 보내 장안에 상주문을 올리려 했으나 적합한 사람을 찾지 못해 어려움을 겪은 적이 있었다. 이때 여러 사람이 입을 모아 말했다.

"우북평 출신 전주田疇가 22세로 나이는 비록 어리나 기재奇才가 있습니다."

유우가 예를 갖추어 자신의 속료가 돼 줄 것을 청했다. 거마를 모두 준비해 놓고 바야흐로 떠날 즈음에 전주가 제안했다.

"지금 길이 막히고 도적이 횡행하니 만일 공개적으로 사자임을 칭하면 반드시 그들의 약탈 대상이 될 것이니 저는 홀로 가고자 합니다. 여하튼 장안에 도착하면 되는 게 아니겠습니까?"

유우는 그의 의견을 따랐다. 전주는 자신의 문객 가운데 20명의 기사를 골라 같이 서쪽으로 나아갔다. 관문을 나선 후 북산北山을 의지해 곧바로 삭방朔方으로 나아간 연후에 소로를 따라 장안에 도착해 사명을 완수했다.

전주를 기도위에 임명하는 조령이 내려지자 전주가 천자가 아직 몽진 중이어 안정이 안 된 상황에서 이런 영예를 얻을 수 없다며 고사하고 받지 않았다. 전주가 황제의 회답문서인 장보章報를 얻어 급히 달려 돌아왔을 때에는 유우는 이미 죽은 뒤였다. 전주가 유우 묘에 가 제사를 올린 뒤 천자에게 사안의 전말을 담은 표문을 올린 뒤 통곡하며 떠났다. 공손찬이 노해 현상을 걸고 전주를 찾은 뒤 그에게 물었다.

"너는 장보를 나에게 보내주지 않았으니 이는 무슨 연고인가?"

전주가 말했다.

"한실은 쇠퇴해 사람들이 모두 야심을 품고 있는데도 오직 유공만이 충정의 절개를 잃지 않았습니다. 장보의 내용에는 장군에 대한 아무런 찬사가 없기에 혹 장군이 안 좋아 하실까 염려해 보내지 않은 것입니다. 게다가 장군은 이미 아무 죄 없는 주인을 죽이고 절개를 지킨 신하를 원수로 대했으니 장차 연燕과 조趙 땅의 선비들이 모두 동해로 가 빠져 죽어 장군을 좇는 사람이 없지나 않을까 염려스럽습니다."

공손찬은 그를 놓아 주었다. 전주가 북쪽으로 나아가 무종현無終縣하북성 계현에 도착한 뒤 일족과 자신을 따르는 종자 수백 명을 모아놓고 땅을 쓸며 맹서했다.

"주군의 원수를 갚지 못하면 나는 세상에서 다시 살 수 없을 것이다."

전주가 서무산徐無山 속으로 들어가 깊고 험한 곳에 한 떼기 평탄한 땅을 경작하며 부모를 공양하자 백성들이 귀부해 와 몇 년 내에 5,000여 호에 이르게 됐다. 전주는 마을의 어른들에게 이같이 말했다.

"지금 인구가 늘어 큰 도시가 됐으나 단지 통일이 돼 있지 않고 법제 또한 없이 다스리니 장구히 안정할 방법이 아니라고 생각됩니다. 저에게 계획이 있어 제위와 함께 시험하고자 하는데 가능하겠습니까?"

모두 환영하자 전주는 법령을 제정해 서로 살상하거나 절도, 쟁송하는 사람은 사안의 경중을 가려 죄를 정하고 사형까지 할 수 있도록 했다. 법조문은 모두 10여 조에 이르렀다. 또한 혼인의 예절과 학교에서의 교육과정도 제정해 반포하니 모두 편히 여겨 길에 물건이 떨어져도 줍지 않았다. 북변의 민족 또한 모두 전주의 신망에 경복하니 오환과 선비족이 각기 사자를 보내 예물을 바쳤다. 전주가 이를 하나같이 접수해 그들을 안무함으로써 노략을 못하게 했다.

19) 12월 23일, 지진이 났다.

20) 사공 조온이 면직됐다.

12월 27일, 위위 장희張喜를 사공으로 삼았다.

* 孝獻皇帝初平四年

春, 正月, 甲寅朔, 日有食之.

丁卯, 赦天下.

曹操軍鄄城. 袁術為劉表所逼, 引軍屯封丘, 黑山別部及匈奴於扶羅皆附之. 曹操擊破術軍, 遂圍封丘. 術走襄邑, 又走寧陵. 操追擊. 連破之. 術走九江, 揚州刺史陳瑀拒術不納. 術退保陰陵, 集兵於淮北, 復進向壽春. 瑀懼, 走歸下邳, 術遂領其州, 兼稱徐州伯. 李傕欲結術為援, 以術為左將軍, 封陽翟侯, 假節.

袁紹與公孫瓚所置青州刺史田楷連戰二年, 士卒疲睏, 糧食並盡, 互掠百姓, 野無青草. 紹以其子譚為青州刺史, 楷與戰, 不勝. 會趙岐來和解關東, 瓚乃與紹和親, 各引兵去.

三月, 袁紹在薄落津. 魏郡兵反, 與黑山賊於毒等數萬人共覆鄴城, 殺其太守. 紹還屯斥丘.

夏, 曹操還軍定陶.

徐州治中東海王朗及別駕琅邪趙昱說刺史陶謙曰, "求諸侯莫如勤王, 今天子越在西京, 宜遣使奉貢." 謙乃遣昱奉章至長安. 詔拜謙徐州牧, 加安東將軍, 封溧陽侯. 以昱為廣陵太守, 朗為會稽太守. 是時, 徐方百姓殷盛, 穀實差豐, 流民多歸之. 而謙信用讒邪, 疏遠忠直, 刑政不治, 由是徐州漸亂. 許劭避地廣陵, 謙禮之甚厚, 劭告其徒曰, "陶恭祖外慕聲名, 內非真正, 待吾雖厚, 其勢必薄." 遂去之. 後謙果捕諸寓士, 人乃服其先識.

六月, 扶風大雨雹.

華山崩裂.

太尉周忠免, 以太僕朱儁為太尉, 錄尚書事.

下邳闕宣聚眾數千人, 自稱天子. 陶謙擊殺之.

大雨, 晝夜二十餘日, 漂沒民居.

袁紹出軍入朝歌鹿腸山, 討於毒, 圍攻五日, 破之, 斬毒及其眾萬餘級. 紹遂尋山北行, 進擊諸賊左髭丈八等, 皆斬之. 又擊劉石·青牛角·黃龍左校·郭大賢·李大目·於氐根等, 復斬數萬級, 皆屠其屯壁. 遂與黑山賊張燕及四營屠各·雁門烏桓戰於常山. 燕精兵數萬, 騎數千匹. 紹與呂布共擊燕, 連戰十餘日, 燕兵死傷雖多, 紹軍亦疲, 遂俱退.

呂布將士多暴橫, 紹患之, 布因求還雒陽. 紹承製以布領司隸校尉, 遣壯士送布, 而陰圖之. 布使人鼓箏於帳中, 密亡去, 送者夜起, 斫帳被皆壞. 明旦, 紹聞布尚在, 懼, 閉城自守. 布引軍復歸張楊.

前太尉曹嵩避難在琅邪, 其子操令泰山太守應劭迎之. 嵩輜重百餘兩, 陶謙別將守陰平, 士卒利嵩財寶, 掩襲嵩於華·費間, 殺之, 並少子德. 秋, 操引兵擊謙, 攻拔十餘城, 至彭城, 大戰, 謙兵敗, 走保郯. 初, 京·雒遭董卓之亂, 民流移東出, 多依徐土, 遇操至, 坑殺男女數十萬口於泗水, 水為不流. 操攻郯不能克, 乃去, 攻取慮·睢陵·夏丘, 皆屠之, 雞犬亦盡, 墟邑無復行人.

冬, 十月, 辛丑, 京師地震.

有星孛於天市. 司空楊彪免. 丙午, 以太常趙溫為司空, 錄尚書事.

劉虞與公孫瓚積不相能, 瓚數與袁紹相攻, 虞禁之, 不可, 而稍節其稟假. 瓚怒, 屢違節度, 又復侵犯百姓. 虞不能制, 乃遣驛使奉章陳其暴掠之罪, 瓚亦上虞稟糧不周. 二奏交馳, 互相非毁, 朝廷依違而已. 瓚乃築小城於薊城東南以居之. 虞數請會, 瓚輒稱病不應. 虞恐其終為亂, 乃率所部兵合十萬人以討之. 時瓚部曲放散在外, 倉卒掘東城欲走, 虞兵無部伍, 不習戰, 又愛民廬舍, 敕不聽焚燒, 戒軍士曰, "無傷餘人, 殺一伯珪而已." 攻圍不下. 瓚乃簡募銳士數百人, 因風縱火, 直衝突之, 虞眾大潰. 虞與官屬北奔居庸, 瓚追攻之, 三日, 城陷, 執虞並妻子還薊, 猶使領州文書. 會詔遣使者段訓增虞封邑, 督六州事. 拜瓚前將軍, 封易侯. 瓚乃誣虞前與袁紹等謀稱尊號, 脅訓斬虞及妻子於薊市. 故常山相孫瑾·掾張逸·張瓚等相與就虞, 罵瓚極口, 然後同死, 瓚傳虞首於京師, 故吏尾敦於路劫虞首, 歸葬之. 虞以恩厚得眾心, 北州百姓流舊莫不痛惜.

初, 虞欲遣使奉章詣長安, 而難其人, 眾咸曰, "右北平田疇, 年二十二, 年雖少, 然有奇材." 虞乃備禮, 請以為掾. 具車騎將行, 疇曰, "今道路阻絕, 寇虜縱横, 稱官奉使, 為眾所指. 願以私行, 期於得達而已." 虞從之. 疇乃自選家客二十騎, 俱上西關, 出塞, 傍北山, 直趣朔方, 循間道至長安致命. 詔拜疇為騎都尉. 疇以天子方蒙塵未安, 不可以荷佩榮寵, 固辭不受. 得報, 馳還, 比至, 虞已死, 疇謁祭虞墓, 陳發章表, 哭泣而去. 公孫瓚怒, 購求獲疇, 謂曰, "汝不送章報我, 何也?" 疇曰, "漢室衰頹, 人懷異心, 唯劉公不失忠節. 章報所言, 於將軍未美, 恐非所樂聞, 故不進也. 且將軍既滅無罪之君, 又讎守義之臣, 疇恐燕·趙之士皆將蹈東海而死, 莫有從將軍者也." 瓚乃釋之.

疇北歸無終, 率宗族及他附從者數百人, 掃地而盟曰, "君仇不報, 吾不可立於世!" 遂入徐無山中, 營深險平敞地而居, 躬耕以養父母, 百姓歸之, 數年間至五千餘家. 疇謂其父老曰, "今衆成都邑, 而莫相統一, 又無法制以治之, 恐非久安之道. 疇有愚計, 願與諸君共施之, 可乎?" 皆曰, "可!" 疇乃為約束, 相殺傷·犯盜·諍訟者, 隨輕重抵罪, 重者至死, 凡一十餘條. 又制為婚姻嫁娶之禮, 與學校講授之業, 班行於衆, 衆皆便之, 至道不拾遺. 北邊翕然服其威信, 烏桓·鮮卑各遣使致饋, 疇悉撫納, 令不為寇.

十二月, 辛丑, 地震.

司空趙溫免. 乙巳, 以衛尉張喜為司空.

** 권61-한기漢紀 53: 유비가 서주를 얻다

한헌제 흥평興平 원년(AD 194)

1) 봄 정월 13일, 천하에 대사령을 내렸다.

2) 1월 16일, 황제가 성년식의 관례복인 원복元服을 입었다.

3) 2월 1일, 유사有司에서 장추궁長秋宮에 머물 황후를 세울 것을 상주했다. 황제가 불윤不允의 조서를 내렸다.

"붕어한 태후인 황비皇妣의 능이 아직 확정도 안 됐는데 어찌 차마 후궁后宮 선발의 논의를 견딜 수 있겠는가?"

2월 5일, 삼공이 황비 왕부인의 개장을 주청해 영회황후靈懷皇后라는 존호를 추상追上했다.

4) 도겸이 전해에게 급히 구원을 요청하니 전해가 평원상 유비와 함께 그를 구했다. 유비는 수하에 수천 명의 군사를 이끌고 있었다. 도겸이 단양丹陽 군사 4,000명을 그에게 주었다. 유비가 전해를 떠나 도겸에게 의탁했다. 도겸이 상표해 유비를 예주자사에 추천해 소패小沛강소성 패현에 머물게 했다. 조조는 군량이 바닥 나 인병해 돌아갔다.

5) 마등이 사적인 일로 이각에게 도움을 청한 일이 있었다. 거절을 당하자 대로해 군사를 일으켜 이각을 치고자 했다. 황제가 사자를 보내 화해하게 했으나 마등이 듣지 않았다. 한수가 군사를 이끌고 와 마등과 이각의 화해를 주선하다가 얼마 후 마등과 연합했다. 간의대부 종소와 시중

마우馬宇, 좌중랑장 유범劉范이 마등을 시켜 장안을 기습하게 하고 내응해 이각을 주살하는 계책을 마련했다.

2월 임신壬申, 마등과 한수가 군사를 정비하는 늑병勒兵을 하여 장평관에 주둔했다. 종소 등이 밀계를 누설하고 괴리槐里섬서성 흥평현로 달아났다. 이각이 번조와 곽사와 곽사 형의 아들인 곽리郭利 등을 시켜 마등과 한수를 공격하게 했다. 마등과 한수가 패배해 양주凉州로 돌아갔다. 번조 등이 여세를 몰아 괴리를 치니 종소 등이 모두 피살됐다. 조령으로 마등 등을 사면했다. 여름 4월, 마등을 안적장군安狄將軍, 한수를 안항장군安降將軍에 임명했다.

6) 조조가 사마 순욱과 수장령壽張令 정욱을 보내 견성을 지키게 하고 재차 도겸을 쳤다. 연도에 있는 낭야琅琊와 동해東海산동성 담성현 등을 약탈하니 지나는 곳이 모두 불에 타고 무너졌다. 조조가 군사를 이끌고 돌아와 담동郯東에서 유비를 격파하니 도겸이 두려워 단양으로 돌아가려 했다. 마침 진류 태수 장막이 조조를 배반하고 여포를 맞아 연주로 들어가니 조조가 환군還軍했다.

당초 장막은 소싯적에 돌아다니며 의협을 발휘하는 것을 좋아했다. 원소와 조조가 모두 그와 친했다. 원소가 맹주가 돼 교만해지기 시작하자 장막이 정색하고 원소를 책망했다. 원소가 대로해 조조를 보내 그를 죽이려 하니 조조가 거절했다.

"맹탁孟卓장막은 친구이니 잘못이 있어도 의당 관용해야 하오. 지금 천하가 불안한데 어찌해서 서로 해치려 하는 것이오?"

조조가 이전에 도겸을 칠 때 죽기로 싸울 것을 결심하고 가속들에게 당부해 말한 적이 있었다.

"내가 만약 돌아오지 않으면 맹탁에게 의지하도록 하라."

후에 돌아와 장막을 보고 눈물을 흘리며 고마워했다.

진류인 고유高柔가 고향사람들에게 말했다.

"조조가 비록 연주에 웅크리고 있으나 본래 사방을 도모하려는 뜻을 가지고 있어 결하고 가만히 앉지 않을 것이오. 장부군張府君장막은 진류의 든든한 배경을 믿고 기회를 틈타 다른 행동을 하려고 하오. 제가 제위와 함께 이 전쟁을 피하고자 하는데 어찌 생각하시오?"

사람들이 모두 조조와 장막이 가까운데다 고유의 나이가 어려 그의 말을 믿지 않았다. 고유의 종형 고간高干이 하북에서 고유를 부르자 고유가 전 가족을 데리고 그에게 갔다. 여포가 원소를 떠나 장양에게 갈 때 장막을 예방하고 떠나면서 손을 잡고 맹서했다. 원소가 이 사실을 전해 듣고 크게 원한을 품었다. 장막은 조조가 끝내 원소를 위해 자신을 죽이지 않을까 두려워했다.

전 구강 태수 진류인 변양邊讓이 일찍이 조조를 기롱譏弄한 적이 있었다. 조조가 이 얘기를 전해 듣고 그와 그의 처자식을 죽였다. 변양은 평소 재주와 명성이 있었기에 연주의 사대부들은 조조를 매우 두려워하게 됐다.

진궁陳宮은 성정이 강직하고 장렬壯烈했다. 내심 의심나는 바가 있어 종사 중랑中郎 허사許汜와 왕해王楷, 장막의 동생 장초張超와 함께 조조를 배반하기로 공모했다. 진궁이 장막에게 건의했다.

"지금 천하가 무너져 영웅호걸이 사방에서 일어서고 있소. 군君은 1,000리에 걸친 백성을 거느리며 요충지를 차지하고 있고 칼을 만지며 사방을 두루 살필 수 있으니 호걸이 될 만한데 오히려 다른 사람의 제압을 받고 있으니 어찌 비루한 모습이 아니겠소? 지금 연주는 군사들이 동정東征에 나서 비어 있고 여포는 싸움을 잘해 그를 당할 자가 없소. 잠시 그를 영접해 같이 연주를 장악해 다스리며 천하형세를 관찰하고 시사時事의 변화를 기다린다면 그것이 바로 한 시대를 종횡하는 계책이 될 것이오."

장막이 진궁의 의견을 들었다.

당시 조조는 진궁에게 명해 군사를 이끌고 동군에 머물게 했다. 진궁은 비밀히 여포를 맞아들여 연주목으로 세웠다. 여포가 도착하자 장막이 동료인 유익劉翊을 보내 순욱에게 거짓 보고했다.

"여장군이 와서 조조를 도와 도겸을 친다고 하니 급히 그의 군량을 공급해야만 하오."

사람들이 의혹을 품자 순욱도 장막이 난을 일으키려 하는 것을 알고 즉시 군사를 이끌고 방어태세를 갖춘 뒤 급히 복양에 있던 동군 태수 하후돈을 불렀다. 하후돈이 급히 오자 여포가 복양을 점령했다.

당시 조조는 자신이 거느리고 있는 거의 모든 군사를 동원해 도겸을 치고 있었다. 동군을 지키고 있던 군사의 숫자가 대단히 적었다. 게다가 제장들과 고위관원 대다수가 장막 및 진궁과 공모해 반기를 들기로 돼 있었다. 하후돈이 급히 돌아온 당일 저녁 수십 명의 반란주모자를 죽이니 군사들이 이내 평소의 모습으로 돌아가게 됐다.

예주 자사 곽공郭貢이 수만 명의 무리를 이끌고 성 아래에 왔다. 어떤 사람이 그와 여포가 동모했다고 말하자 모두 두려워했다. 곽공이 순욱과의 회견을 청해 순욱이 가려고 하자 하후돈이 만류했다.

"군君은 한 주州를 진정시켜야 하는 사람이오. 만약에 가면 반드시 위험에 처하니 가서는 안 되오."

순욱이 말했다.

"곽공과 장막은 평소에 서로 교결을 맺은 적이 없소. 그가 지금 이렇게 빨리 왔으니 계책 또한 아직 정해지지 않았을 것이오. 이 기회에 그를 설득하면 설령 실패하더라도 최소한 그를 중립으로 만들 수 있소. 만일 우리가 먼저 그를 의심하면 그는 노해 적측에게 갈지도 모르오."

곽공은 순욱의 얼굴에 두려운 표정이 없는 것을 보고 견성이 쉽게 공략할 수 없다고 생각해 이내 군사를 이끌고 떠났다. 이때 연주의 모든 군현이 여포에게 기울어졌다. 오직 견성과 범현范縣산동성 범현, 동아현東阿縣산동성 양곡현만이 동요가 없었다. 여포군에서 투항해온 누군가가 말했다.

"진궁이 직접 군사를 이끌고 동아현을 공략하고 범의氾嶷를 보내 범현을 취하려 한다."

관민이 모두 두려워했다. 정욱은 본래 동아현 사람이었다. 순욱이 정욱에게 말했다.

"지금 주의 거의 모든 군현이 반기를 들고 단지 3개 성읍만 남았소. 진궁이 대병을 거느리고 올 터인데 주민들의 마음을 꽉 붙잡을 수 있는 계책이 없다면 3개 성읍의 민심이 반드시 동요할 것이오. 군君은 동아현의 주민이 모두 추앙하는 사람이니 의당 돌아가서 그들을 안무해야 하오."

정욱이 동아현으로 가던 중 범현에 들러 범현현령 근윤靳允에게 말했다.

"듣건대 여포가 당신의 모친과 동생, 처자식을 잡아놓고 있다 하니 효자로서 분명 마음이 불안할 것이오. 지금 천하대란에 영웅이 사방에서 일어나니 반드시 천하대란을 그치게 할 인물이 있을 것이오. 식자로선 반드시 자세히 살펴 선택해야만 할 것이오. 좋은 주인을 만나는 쪽은 흥하지만 그렇지 못하면 곧 멸망할 수밖에 없소. 진궁은 반기를 들어 여포를 영접하자 각 성읍이 모두 향응하니 능히 한 바가 있는 듯이 보이지만 당신의 본 바에 따르면 과연 여포란 자는 어떤 사람이오. 여포는 조야하고 인간미가 없는데다 고집이 세고 예의가 없어 일개 용맹한 무부에 불과할 뿐이오. 진궁 등이 형세가 궁박해 일시 여포와 연합했으나 결하고 여포를 주인으로 섬기지는 못할 것이오. 그들의 군사가 비록 많다고 하지만 결국에는 반드시 성공하지 못할 것이오. 조사군曹使君은 지혜롭고 지모가 출중하니 실로 하늘이 내린 인물이오. 군이 반드시 범현을 지키고 우리가 동아현을 지키면 전단田單이 제나라를 부흥한 공을 다시 이룰 수 있을 것이오.[181] 충정을 배반하고 악한 자를 좇는 것과 모자가 살육되는 것 가운데 어느 것이 낫다고 보시오. 군이 면밀히 검토해 선택해야 할 것이오."

근윤이 눈물을 흘리며 말했다.

"어찌 감히 두 마음이 있겠습니까?"

당시 범의는 이미 범현에 있었다. 근윤이 병사를 매복시켜 놓고 범의를 만나는 자리에서 죽인 뒤 돌아와 범현을 굳게 지켰다.

남북조시대 남조 동진의 역사가 서중徐衆이 논평했다.

"근윤은 조조와 군신의 명분이 확립되지 않은 데 반해 모친은 지친이었으니 도의에 근거해 의당 조조를 떠나 모친을 구했어야 했다. 예전에 위衛나라 공자 개방開方이 제나라에서 벼슬하면서 오랫동안 돌아가지 않자 관중은 자신의 근친을 생각지 않는 자가 어찌 능히 자신의 주군에게 충성할 수 있을까 생각했다. 충신을 반드시 효자가 나온 집에서 구해야 하는 이유다. 근윤은 의당 먼저 가서 지친을 구해야 했다. 후에 서서徐庶의 모친이 조조에게 붙잡혀 있을 때 유비는 곧 서서를 북쪽으로 보내 그의 모친을 구하게 했다. 천하를 취하려는 자는 의당 자식된 자로서의 부모에 대한 인지상정을 관용할 줄 알아야 한다. 조조 역시 의당 근윤을 보내 그의 모친을 구하게 했어야만 했다."

7) 정욱이 기병을 보내 범현 창정진倉亭津을 봉쇄하자 진궁이 도착해 강을 건널 수가 없었다. 정욱이 동아현에 도착하자 동아현령 영천인 조지棗祗가 이미 군사를 이끌고 와 관민을 격려하며 성을 굳게 지키고 있었다. 결국 이들 3개 성읍은 조조의 대군이 올 때까지 지키게 됐다. 조조가 돌

---

181 전단은 전국시대 제나라의 명장으로 임치臨淄 출신이다. 연나라 장수 악의樂毅가 제나라를 공략했을 때 그는 반간계反間計를 이용해 연혜왕燕惠王이 장수를 교체하도록 했다. 또 소꼬리에 불을 붙여 적진으로 뛰어들게 하는 수법을 이용해 연나라 군사를 대파해 일거에 빼앗긴 70여 성을 되찾았다. 제양왕에 의해 상국으로 임명되고 안평군에 봉해졌다.

아와서 정욱의 손을 잡고 말했다.

"그대의 도움이 없었다면 나는 갈 곳이 없을 뻔했다."

조조가 표문을 올려 정욱을 동평상東平相으로 추천하고 범현을 지키게 했다.

여포가 견성을 공격했으나 공략할 수가 없자 서쪽으로 나아가 복양에 주둔했다. 조조가 말했다.

"여포는 한 번에 한 주를 점거하는데도 오히려 동평을 점거하지 못했다. 항보亢父와 태산의 요도要道를 끊고 험한 지세를 이용해 나를 가로막고자 복양에 주둔했으나 나는 그가 그리 할 수 없다는 것을 안다."

진군해 여포를 공격했다.

8) 5월, 양무장군 곽사가 후장군, 안집장군安集將軍 번조가 우장군으로 돼 삼공과 같은 관부官府를 만드니 삼공과 함께 6부六府가 돼 인재선거에 참여했다. 이각 등은 자신이 천거한 인물을 임용하고자 해 만일 한 번이라도 어긋나게 되면 크게 화를 내니 사람들이 크게 우려했다. 순서를 안배해 그들이 천거한 사람을 먼저 임명하도록 만들었다. 이각이 우선이고 곽사와 번조가 그 다음이니 삼공이 추천한 사람은 시종 임용될 길이 없었다.

9) 하서의 4군이 치소가 있는 양주凉州에서 멀리 떨어져 있는데다 황하일대의 도적에 의해 가는 길이 차단돼 있었다.[182] 상서해 따로 주를 설치해 줄 것을 요청했다.

5월 1일, 조령으로 진류 출신 한단상邯鄲商을 옹주雍州자사로 삼아 하서 4군의 사무를 보게 했다.

10) 5월 2일, 경사에 지진이 났다.

---

182 하서 4군은 무위, 장액, 주천, 돈황의 4군을 말한다.

5월 3일, 지진이 또 발생했다.

11) 5월 을유乙酉, 일식이 있었다.

12) 가을 7월 7일, 태위 주준이 면직됐다.

13) 7월 13일, 태상 양표를 태위·녹상서사로 임명했다.

14) 7월 19일, 진남장군 양정楊定을 안서장군安西將軍으로 임명해 삼공과 같은 관부를 설치하게 했다.

15) 여름 4월에서 이달까지 줄곧 비가 오지 않았다. 곡식 1말 값이 50만 전에 달하자 장안성 내에 사람을 먹는 자가 나타났다. 황제가 시어사 후문侯汶에게 명해 태창太倉의 쌀과 콩 등을 내어다 죽을 끓여 빈민에게 나눠주도록 했으나 아사자의 수는 전과 같았다. 황제가 구제에 문제가 있는가 의심해 친히 쌀과 콩 각 5되를 얻어 직접 면전에서 죽을 끓이도록 독촉해 두 그릇이나 먹었다. 곧 후문에게 곤장 50대를 치자 빈민이 모두 구제됐다.

16) 8월, 풍익의 강족이 속현들을 침략했다. 곽사와 번조 등이 군사를 이끌고 가 격파했다.

17) 여포가 군사 일부를 나눠 복양 서쪽에 주둔시켰으나 조조가 야습夜襲해 깨뜨렸다. 조조의 군사가 아직 철수하지 않은 때에 마침 여포가 군사를 이끌고 당도해 교전하게 됐다. 여포가 진두에 나서 분전하면서 아침부터 황혼 무렵까지 수십 회를 싸웠으나 승부를 내지 못하고 쌍방 모두 일진일퇴를 거듭했다.

조조가 적진을 함몰시킬 결사대를 모으자 사마인 진류 출신 전위典韋가 응모한 군사를 이끌고 나아가 여포를 막았다. 여포의 군사가 궁노弓弩를 난발해 화살이 마치 비가 오는 듯했다. 전위도 앞을 볼 수가 없었다. 전위가 대원들에게 명령했다.

"적이 10보 가량 가까이 왔을 때 보고하도록 하라."

대원들이 말했다.

"이미 10보입니다."

전위가 다시 말했다.

"5보 가까이 왔을 때 다시 말하라."

여포의 군사들이 하고앞까지 다가와 대원들이 모두 경황이 없어 급히 소리 지르며 '적이 왔다'고 외치자 전위가 비로소 창을 들고 큰 소리로 외치며 튀어 오르듯이 적진에 뛰어들었다. 그가 닿은 곳마다 적들이 손을 쓰지도 못한 채 쓰러졌다. 여포의 군사가 부득이 후퇴하자 조조가 군사들을 거느리고 철수할 수 있었다. 전위를 도위로 삼아 친위병 100여 명을 거느리게 하고 늘 자신이 머무는 대장大帳 주위를 돌며 경계하도록 했다.

복양의 대성인 전씨田氏가 반간계를 쓰자 조조가 복양성에 진입해 성의 동문을 불태워 다시 올 뜻이 없음을 보였다.[183] 교전이 이루어져 조조의 군사가 패하자 여포의 기병이 조조를 뒤쫓았으나 행방을 알 수 없었다. 공교롭게 마침 도망가던 조조에게 물었다.

"조조가 어디에 있는가?"

조조가 대답했다.

"저기 누런 말을 타고 도망하는 자가 조조입니다."

여포의 기병이 조조를 놓고 그 누런 말을 타고 달아나는 자를 쫓았다. 이 사이에 조조는 불이 나는 쪽으로 뛰어 들어가 황급히 도주했다.

---

183 '반간계'는 『손자병법』에 따를 경우 원래 적의 간첩을 유인해 역정보를 흘리는 것 등을 의미한다. 통상 반간계는 이밖에도 적지의 사람을 이용하는 향간鄕間을 포함해 적의 관리나 군사를 이용하는 내간內間, 적의 고문에 의해 거짓정보를 흘리게 하는 사간死間, 적진에 들어가 거짓 정보를 흘리는 생간生間 등을 이용해 적의 내부를 이간하는 것을 의미한다. 본문은 『손자병법』「용간用間」의 "反間者, 因其敵間, 而用之也." 구절을 인용한 것이다.

조조가 영지에 도착해 친히 군사들을 위로하고 빨리 공성攻城을 위한 기계를 만들도록 독려했다. 기계가 다 만들어진 뒤 다시 군사들을 이끌고 재차 복양성을 공격해 여포와 100여 일을 싸웠다. 이때 황충蝗蟲의 재해가 일어나 백성들이 크게 굶주리고 여포도 군량이 이미 바닥나자 각자 싸움을 멈추고 군사들을 이끌고 돌아갔다.

9월, 조조가 견성으로 돌아왔을 때 여포는 승씨현乘氏縣산동성 거야현에 도착했으나 현에 거주하는 이진李進에게 패해 산양 동쪽으로 나아가 산양에 주둔했다.

겨울 10월, 조조가 동아현에 도착하자 원소가 사람을 보내 조조가 가족을 업성鄴城으로 옮겨 살 수 있도록 해주겠다고 제안했다. 조조가 방금 연주를 잃고 군량도 바닥이 나 동의할 움직임을 보이자 정욱이 만류했다.

"저는 장군이 대개 일에 임해서야 두려워하는 것으로 알고 있습니다. 그렇지 않다면 왜 생각하는 게 왜 이처럼 주밀하지 못한 것입니까? 무릇 원소는 천하를 겸병하겠다는 야심은 있으나 지략이 이를 받치지 못할 뿐입니다. 그런데 장군은 지략이 뛰어나면서도 스스로 그의 밑에 들어가 지낼 수 있다고 생각하는 것입니까? 장군은 용호의 위세를 가지고 그의 한신과 팽월이 되려고 하는 것입니까? 지금 연주가 비록 황폐해졌지만 아직 3개 성읍이 남아 있습니다. 능히 싸울 줄 아는 병사는 그렇지 못한 1만 명보다 결하고 못하지 않다고 했습니다. 장군의 신무神武로 문약文若순욱과 저 정욱 등을 거두어 쓴다면 패왕의 사업을 얼마든지 이룰 수 있습니다. 원컨대 장군은 다시 잘 생각해 주십시오."

조조가 이내 업성으로 옮길 생각을 버렸다.

18) 12월, 사도 순우가가 파직되고 위위 조온이 사도·녹상서사가 됐다.

19) 마등이 이각을 칠 때 유언의 두 아들인 유범劉范과 유탄劉誕이 모두 죽었다. 의랑인 하남 출신 방희龐羲가 평소 유언과 함께 우의를 나누

었기에 이내 유언의 손자를 촉지로 보낼 사람을 구한 적이 있었다. 마침 당시 면죽성綿竹城이 벼락을 맞아 불에 타게 되자 유언은 치소를 성도成都로 옮겼으나 얼마 후 등에 독창이 나 죽었다.

익주의 고위관리인 조위趙韙 등은 유언의 아들 유장劉璋이 온후하고 자애롭다는 사실을 높이 사 함께 상서해 유장을 익주자사로 천거했다. 조정에서는 조령으로 영천인 호모扈瑁를 익주자사로 삼았다. 유장의 부장 심미沈彌와 누발婁發, 감녕甘寧 등이 반기를 들고 유장을 공격했으나 이기지 못하고 형주로 달아났다.

이내 조정에서는 유장을 익주목으로 임명했다. 유장이 조위를 정동중랑장征東中郎將으로 임명해 군사를 이끌고 가 유표를 공격하게 하니 조위가 구인현朐䏰縣사천성 운양현에 주둔했다.

20) 서주목 도겸이 병이 위독해 자리에 누운 뒤 별가 동해인 미축糜竺에게 유언했다.

"유비를 제외하고 누구도 서주를 안정시킬 수 없다."

도겸이 죽자 미축이 서주의 관민을 이끌고 가 유비를 맞아들였다. 유비가 감히 접수하기를 거부하며 이같이 말했다.

"원공로袁公路원술가 가까운 수춘에 있으니 가히 서주를 그에게 줄만하오."

전농교위典農校尉인 하비 출신 진등陳登이 말했다.

"원술은 교만 방자한 자로 난세를 다스릴 주인이 아닙니다. 지금 저희들은 사군을 위해 보기 10만 명을 모으려 하니 위로는 주군을 보좌해 백성을 구하고 아래로는 서주를 독립시켜 보존할 만하기 때문입니다. 만일 저희들의 요구를 받아들이지 않으면 저도 사군의 건의를 받아들일 수 없습니다."

북해상 공융孔融이 유비에게 말했다.

"원술이 어찌 국가를 위해 집안을 잊는 우국망가憂國忘家의 인물이라고 하겠습니까? 무덤 속에 있는 조상의 해골인 고골枯骨이 무슨 가치가 있겠습니까? 오늘의 일은 백성이 현능한 인물을 추천하는 것이니 하늘이 주는 것을 받지 않으면 훗날 후회해도 소용이 없을 것입니다."

유비가 서주를 치지하게 됐다.

21) 당초 태부 마일제가 조기와 함께 조명을 받들어 수춘에 도착했을 때 조기는 지조를 지켜 끝까지 굽히지 않으니 원술이 그를 꺼려했다. 마일제가 전에 원술에게 도움을 구한 적이 있었다. 원술이 모욕을 가하며 마일제에게 부절符節을 잠깐 빌려 본 뒤 돌려주겠다고 말하고는 이내 부절을 돌려주지 않았다. 또 마일제가 데려온 병사 가운데 10여 명의 명단을 열거하며 그들을 불러 줄 것을 독촉했다. 마일제가 장안으로 돌아가려고 하자 원술이 그를 억류한 뒤 강압해 자신의 군사軍師로 삼으려 했다. 마일제가 부절을 잃은 것 등을 심려하다가 끝내 피를 토하고 죽었다.

22) 당초 손견은 전당錢唐 출신 오씨를 얻어 손책孫策과 손권孫權, 손익孫翊, 손광孫匡 등 4명의 아들과 딸 하나를 두었다. 손견이 밖에서 종군할 때 가족들은 수춘에 있었다. 손책이 불과 10여 세일 때 이미 저명한 인사들과 교결했다.

서현舒縣안휘성 여강 출신인 주유周瑜는 손책과 동갑이었다. 그는 매우 총명하며 조숙했다. 그는 손책의 명성을 듣고 서현에서 찾아 와 손책을 예방했다. 두 사람이 곧 성심으로 사귀게 돼 주유가 손책에게 서현으로 옮겨와 살 것을 권하자 손책도 동의했다. 주유가 한 길 옆에 있는 저택을 손책에게 주고 마루에 올라 손책의 어머니에게 예를 갖춰 인사를 하고 양쪽 집안이 한 가족같이 지내게 됐다.

손견이 죽었을 때 손책의 나이는 17세였다. 손책이 돌아와 곡아현曲阿縣강소성 단양현에 부친을 안장한 후 비로소 장강을 넘어 강도江都강소성 양주시 일대에 머물며 호걸들과 사귀는 한편 복수의 뜻을 다졌다.

단양태수 회계인 주흔周昕과 원술은 구원이 있어 서로 배격했다. 원술이 상표해 손책의 외숙 오경吳景을 대신하여 겸하는 영領단양태수로 추천한 데 이어 주흔을 공격해 단양군을 빼앗은 뒤 손책의 종형 손분孫賁을 단양도위로 임명했다. 손책은 모친과 동생을 광릉인 장굉張紘에게 부탁하고는 곧바로 수춘으로 가 원술을 만나 눈물을 흘리며 부탁했다.

"망부亡父가 전에 장사에서 출발해 동탁을 치고자 했을 때 사군과 남양에서 만나 결맹을 맺었으나 불행히 변을 당해 공훈을 마무리 짓지 못했습니다. 저는 사군이 망부에게 베푼 옛 은혜를 생각해 사군께 의탁하고자 하니 원컨대 저의 성심을 살펴주길 바랍니다."

원술이 손책을 경이롭게 생각해 칭찬하면서 그의 부친이 있던 자리로 가는 것은 허락하지 않고 이같이 말했다.

"고孤는 너의 외숙을 단양태수로 삼고 너의 종형 백양伯陽손분을 도위로 삼았다. 단양은 정병이 나오는 곳이다. 너는 돌아가서 외숙 등에게 부탁해 군사를 모아보도록 하라."

손책이 여남인 여범呂范과 종친인 손하孫河 등과 함께 모친을 곡아현으로 모시고 가 외숙에게 맡긴 뒤 이어 수백 명의 군사를 모았다. 경현涇縣안휘성 경현 태수 조랑祖郎의 습격을 받고 거의 모든 군사를 잃게 됐다.

재차 원술을 만나 부탁하자 원술이 손견이 이끌다 남은 1,000여 명의 병사를 손책에게 주고 상표해 그를 회의교위懷義校尉로 삼았다. 이때 손책의 말을 몰던 병사가 죄를 지어 원술의 군영으로 달아나 마구간 속에 몸을 숨겼다. 손책이 사람을 보내 그를 당장 끌어낸 뒤 목을 베었다. 이후 손책이 원술을 찾아가 죄를 청하자 원술이 위로했다.

"병사들은 곧잘 난동을 일으키길 좋아한다. 이는 우리 모두 원통하게 생각하는 것인데 어찌 죄를 청하는가?"

이에 병사들이 손책을 더욱 두려워했다.

원술은 손책을 구강태수로 임명하려 했다가 얼마 후 단양인 진기陳紀로 바꾸어 임명했다. 후에 원술이 서주를 공격하기 위해 여강廬江안휘성 육안 북쪽 태수 육강陸康에게 3만 곡의 쌀을 요청했다. 육강이 거부하자 원술이 대로해 손책에게 육강을 치도록 명했다.

"전에 진기를 잘못 기용한 뒤 늘 원래의 생각을 따르지 않은 것을 후회했다. 지금 육강을 쳐 없앤다면 여강은 반드시 경의 소유가 될 것이다."

손책이 육강을 치고 여강을 점령했다. 원술은 또 그의 옛 부하인 유훈劉勳을 여강태수로 임명했다. 손책은 원술에 대해 크게 실망하게 됐다.

시어사 유요劉繇는 유대의 동생이다. 평소 명망이 높아 조정이 조명으로 그를 양주揚州자사에 임용했다. 주의 관부는 원래 수춘에 있었다. 원술이 수춘을 이미 점거하고 있어 유요는 남쪽으로 장강을 넘어가 관부를 설치하려 했다. 오경과 손분이 유요를 영접해 일단 곡아에 머물게 했다.

유요는 손책이 여강을 칠 즈음에 오경과 손분이 본래 원술이 기용한 사람이라는 것을 알고는 원술과 손책에게 해를 당할까 두려워 구실을 만들어 오경과 손분을 차례로 몰아냈다. 오경과 손분이 물러나와 역양歷陽을 지키니 유요가 부장 번능樊能과 우미于麋를 횡강橫江안휘성 화현, 장영張英을 당리구當利口안휘성 화현 동남쪽에 주둔시켜 오경과 손분의 진공을 막게 했다. 원술이 옛 부하인 혜구惠衢를 양주자사로 임명한 뒤 오경을 독군중랑장督軍中郎將으로 삼아 손분과 함께 출병해 장영을 치게 했다.

** 起瘀逢閹茂, 盡旃蒙大淵獻, 凡二年.

孝獻皇帝興平元年

春, 正月, 辛酉, 赦天下.

甲子, 帝加元服.

二月, 戊寅, 有司奏立長秋宮. 詔曰, "皇妣宅兆未卜, 何忍言後宮之選乎!" 壬午, 三公奏改葬皇妣王夫人, 追上尊號曰靈懷皇后.

陶謙告急於田楷, 楷與平原相劉備救之. 備自有兵數千人, 謙益以丹楊兵四千, 備遂去楷歸謙, 謙表為豫州刺史, 屯小沛. 曹操軍食亦盡, 引兵還.

馬騰私有求於李傕, 不獲而怒, 欲舉兵相攻. 帝遣使者和解之, 不從. 韓遂率衆來和騰·傕, 即而復與騰合. 諫議大夫種邵·侍中馬宇·左中郎將劉范謀使騰襲長安, 己為內應, 以誅傕等. 壬申, 騰·遂勒兵屯長平觀. 邵等謀泄, 出奔槐里. 傕使樊稠·郭汜及兄子利擊之, 騰·遂敗走, 還涼州. 又攻槐里, 邵等皆死. 庚申, 詔赦騰等. 夏, 四月, 以騰為安狄將軍, 遂為安降將軍. 曹操使司馬荀彧·壽張令程昱守鄄城, 復往攻陶謙, 遂略地至琅邪·東海, 所過殘滅. 還, 擊破劉備於郯東. 謙恐, 欲走歸丹楊. 會陳留太守張邈叛操迎呂布, 操乃引軍還.

初, 張邈少時, 好遊俠, 袁紹·曹操皆與之善. 及紹為盟主, 有驕色, 邈正議責紹. 紹怒, 使操殺之. 操不聽, 曰, "孟卓, 親友也, 是非當容之. 今天下未定, 奈何自相危也!" 操之前攻陶謙, 志在必死, 敕家曰, "我若不還, 往依孟卓." 後還見邈, 垂泣相對.

陳留高柔謂鄉人曰, "曹操軍雖據兗州, 本有四方之圖, 未得安坐守也. 而張府君恃陳留之資, 將乘間為變, 欲與諸君避之, 何如?" 衆人皆以曹·張相親, 柔又年少, 不然其言. 柔從兄幹自河北呼柔, 柔舉宗從之.

呂布之捨袁紹從張楊也, 過邈, 臨別, 把手共誓. 紹聞之, 大恨. 邈畏操終為紹殺己也, 心不自安. 前九江太守陳留邊讓嘗譏議操, 操聞而殺之, 並其妻子. 讓素有才名, 由是兗州士大夫皆恐懼. 陳宮性剛直壯烈, 內亦自疑, 乃與從事中郎許汜·王楷及邈弟超共謀叛操. 宮說邈曰, "今天下分崩, 雄傑並起, 君以千里之眾, 當四戰之地, 撫劍顧眄, 亦足以為人豪, 而反受制於人, 不亦鄙乎! 今州軍東征, 其處空虛, 呂布壯士, 善戰無前, 若權迎之, 共牧兗州, 觀天下形勢, 俟時事之變, 此亦縱橫之一時也." 邈從之. 時操使宮將兵留屯東郡, 遂以其眾潛迎布為兗州牧. 布至, 邈乃使其黨劉翊告荀彧曰, "呂將軍業助曹使君擊陶謙, 宜亟供其軍食." 眾疑惑, 彧知邈為亂, 即勒兵設備, 急召東郡太守夏侯惇於濮陽. 惇來, 布遂據濮陽. 時操悉軍攻陶謙, 留守兵少, 而督將·大吏多與邈·宮通謀. 惇至, 其夜, 誅謀叛者數十人, 眾乃定.

豫州刺史郭貢率眾數萬來至城下, 或言與呂布同謀, 眾甚懼. 貢求見荀彧, 彧將往, 惇等曰, "君一州鎮也, 往必危, 不可." 彧曰, "貢與邈等, 分非素結也, 今來速, 計必未定, 及其未定說之, 縱不為用, 可使中立. 若先疑之, 彼將怒而成計." 貢見彧無懼意, 謂鄄城未易攻, 遂引兵去.

是時, 兗州郡縣皆應布, 唯鄄城·范·東阿不動. 布軍降者言曰, "陳宮欲自將兵取東阿, 又使氾嶷取范." 吏民皆恐. 程昱本東阿人, 彧謂昱曰, "今舉州皆叛, 唯有此三城, 宮等以重兵臨之, 非有以深結其心, 三城必動. 君, 民之望也, 宜往撫之." 昱乃歸過范, 說其令靳允曰, "聞呂布執君母·弟·妻子, 孝子誠不可為心. 今天下大亂, 英雄並起, 必有命世能息天下之亂者, 此智者所宜詳擇也. 得主者昌, 失主者亡. 陳宮叛迎呂布而百城皆應, 似能有為. 然以君觀之, 布何如人哉? 夫布粗中少親, 剛而無禮, 匹夫之雄耳. 宮等以勢假合, 不能相君也. 兵雖眾, 終必無成. 曹使君智略不世出, 殆天所授. 君必固范, 我守東阿, 則田單之功可立也. 孰與違忠從惡而母子俱亡乎? 唯君詳慮之!" 允流涕曰, "不敢有貳心." 時氾嶷已在縣, 允乃見嶷, 伏兵刺殺之, 歸, 勒兵自守.

徐衆評曰, 允於曹公未成君臣. 母至親也, 於義應去. 衛公子開方仕齊, 積年不返, 管仲以為不懷其親, 安能愛君! 是以求忠臣必於孝子之門. 允宜先救至親. 徐庶母為曹公所得, 劉備遣庶歸北, 欲為天下者恕人子之情也. 曹公亦宜遣允.

昱又遣別騎絕倉亭津, 陳宮至, 不得渡. 昱至東阿, 東阿令穎川棗祗已率厲吏民拒城堅守, 卒完三城以待操. 操還, 執昱手曰, "微子之力, 吾無所歸矣." 表昱為東平相, 屯范. 呂布攻鄄城不能下, 西屯濮陽. 曹操曰, "布一旦得一州, 不能據東平, 斷亢父·泰山之道, 乘險要我, 而乃屯濮陽, 吾知其無能為也." 乃進攻之.

五月, 以揚武將軍郭汜為後將軍, 安集將軍樊稠為右將軍, 並開府如三公, 合為六府, 皆參選舉. 李傕等各欲用其所舉, 若一違之, 便忿憤喜怒. 主者患之, 乃以次第用其所舉. 先從傕起, 汜次之, 稠次之, 三公所舉, 終不見用.

河西四郡以去涼州治遠, 隔以河寇, 上書求別置州. 六月, 丙子, 詔以陳留邯鄲商為雍州刺史, 典治之.

丁丑, 京師地震. 戊寅, 又震.

乙酉晦, 日有食之.

秋, 七月, 壬子, 太尉朱儁免.

戊午, 以太常楊彪為太尉, 錄尚書事.

甲子, 以鎮南將軍楊定為安西將軍, 開府如三公.

自四月不雨至於是月, 穀一斛直錢五十萬, 長安中人相食. 帝令侍御史侯汶出太倉米豆為貧人作糜, 餓死者如故. 帝疑稟賦不實, 取米豆各五升於御前作糜, 得二盆. 乃杖汶五十, 於是悉得全濟.

八月, 馮翊羌寇屬縣, 郭汜·樊稠等率衆破之.

呂布有別屯在濮陽西, 曹操夜襲破之, 未及還. 會布至, 身自搏戰, 自旦至日, 數十合, 相持甚急. 操募人陷陳, 司馬陳留典韋將應募者進當之, 布弓弩亂髮, 矢至如雨. 韋不視, 謂等人曰, "虜來十步, 乃白之." 等人曰, "十步矣." 又曰, "五步乃白." 等人懼, 疾言曰, "虜至矣!" 韋持戟大呼而起, 所抵無不應手倒者, 布衆退. 會日暮, 操乃得引去. 拜韋都尉, 令常將親兵數百人, 繞大帳左右. 濮陽大姓田氏為反間, 操得入城, 燒其東門, 示無反意. 及戰, 軍敗, 布騎得操而不識, 問曰, "曹操何在?" 操曰, "乘黃馬走者是也." 布騎乃釋操而追黃馬者. 操突火而出, 至營, 自力勞軍, 令軍中促為攻具, 進, 復攻之, 與布相守百餘日. 蝗蟲起, 百姓大餓, 布糧食亦盡, 各引去. 九月, 操還鄄城. 布到乘氏, 為其縣人李進所破, 東屯山陽.

冬, 十月, 操至東阿. 袁紹使人說操, 欲使操遣家居鄴. 操新失兗州, 軍食盡, 將許之, 程昱曰, "意者將軍殆臨事而懼, 不然, 何慮之不深也! 夫袁紹有並天下之心, 而智不能濟也. 將軍自度能為之下乎? 將軍以龍虎之威, 可為之韓·彭邪? 今兗州雖殘, 尚有三城, 能戰之士, 不下萬人, 以將軍之神武, 與文若·昱等收而用之, 霸王之業可成也, 願將軍更慮之!" 操乃止.

十二月, 司徒淳于嘉罷, 以衛尉趙溫為司徒, 錄尚書事.

馬騰之攻李傕也, 劉焉二子范·誕皆死. 議郎河南龐羲, 素與焉善, 乃募將焉諸孫入蜀. 會天火燒城, 焉徙治成都, 疽發背而卒. 州大吏趙韙等貪焉子璋溫仁, 共上璋為益州刺史, 詔拜潁川扈瑁為刺史. 璋將沈彌·婁發·甘寧反, 擊璋, 不勝, 走入荊州. 詔乃以璋為益州牧. 璋以韙為征東中郎將, 率衆擊劉表, 屯朐䏰.

徐州牧陶謙疾篤, 謂別駕東海麋竺曰, "非劉備不能安此州也." 謙卒, 竺率州人迎備. 備未敢當, 曰, "袁公路近在壽春, 君可以州與之.” 典農校尉下邳陳登曰, “公路驕豪, 非治亂之主. 今欲為使君合步騎十萬, 上可以匡主濟民, 下可以割地守境. 若使君不見聽許, 登亦未敢聽使君也.” 北海相孔融謂備曰, “袁公路豈憂國忘家者邪! 塚中枯骨, 何足介意! 今日之事, 百姓與能. 天與不取, 悔不可追.” 備遂領徐州.

初, 太傅馬日磾與趙岐俱奉使至壽春, 岐守志不橈, 袁術憚之. 日磾頗有求於術. 術侵侮之, 從日磾借節視之, 因奪不還, 條軍中十餘人, 使促辟之. 日磾從術求去, 術留不遣, 又欲逼為軍師. 日磾病其失節, 嘔血而死.

初, 孫堅娶錢唐吳氏, 生四男策·權·翊·匡及一女. 堅從軍於外, 留家壽春. 策年十餘歲, 已交結知名. 舒人周瑜與策同年, 亦英達夙成. 聞策聲問, 自舒來造焉, 便推結分好, 勸策徙居舒. 策從之. 瑜乃推道南大宅與策, 升堂拜母, 有無通共. 及堅死, 策年十七, 還葬曲阿. 已乃渡江, 居江都, 結納豪俊, 有復仇之志.

丹楊太守會稽周昕與袁術相惡, 術上策舅吳景領丹楊太守, 攻昕, 奪其郡, 以策從兄賁為丹楊都尉. 策以母弟托廣陵張紘, 逕到壽春見袁術. 涕泣言曰, “亡父昔從長沙入討董卓, 與明使君會於南陽, 同盟結好, 不幸遇難, 勳業不終. 策感惟先人舊恩, 欲自憑結, 願明使君垂察其誠!” 術甚奇之, 然未肯還其父兵, 謂策曰, “孤用貴舅為丹楊太守, 賢從伯陽為都尉, 彼精兵之地, 可還依召募.” 策遂與汝南呂范及族人孫河迎其母詣曲阿, 依舅氏. 因緣召募, 得數百人, 而為涇縣大帥祖郎所襲, 幾至危殆. 於是復往見術. 術以堅餘兵千餘人還策, 表拜懷義校尉. 策騎士有罪, 逃入術營, 隱於內廄. 策指使人就斬之, 訖, 詣術謝. 術曰, “兵人好叛, 當共疾之, 何為謝也!” 由是軍中益畏憚之. 術初許以策為九江太守, 已而更用丹楊陳紀. 後術欲攻徐州, 從廬江太守陸康求米三萬斛. 康不與. 術大怒, 遣策攻康, 謂曰, "前錯用陳紀, 每恨本意不遂. 今若得康, 廬江真卿有也." 策攻康, 拔之, 術復用其故吏劉勳為太守. 策益失望. 侍御史劉繇, 岱之弟也, 素有盛名, 詔書用為揚州刺史. 州舊治壽春, 術已據之, 繇欲南渡江, 吳景·孫賁迎置曲阿. 及策攻廬江, 繇聞之, 以景·賁本術所置, 懼為袁·孫所並, 遂構嫌隙, 迫逐景·賁. 景·賁退屯歷陽. 繇遣將樊能·於糜屯橫江, 張英屯當利口以拒之. 術乃自用故吏惠衢為揚州刺史, 以景為督軍中郎將, 與賁共將兵擊英等.

한헌제 흥평 2년(AD 195)

1) 봄 정월 11일, 천하에 대사령을 내렸다.

2) 조조가 정도定陶산동성 정도현에서 여포를 패퇴시켰다.

3) 조령으로 원소를 우장군에 즉배卽拜[184]했다.

4) 동탁이 죽었을 때 삼보의 민호가 수십만 호에 달했다. 이각 등이 군사를 풀어 약탈한 후 기근이 겹친데다 2년 사이에 백성들이 서로 잡아먹은 결과 백성들이 거의 사라졌다. 이각과 곽사, 번조는 서로 자신의 공이 크다고 주장하면서 권력다툼을 해 여러 차례 상대방과 싸우려 했다. 가후가 늘 대체大體를 논해 그들을 책망하자 내심 불만을 품고도 표면상으로는 서로 포용하는 모습을 취했다.

번조가 마등과 한수를 공격할 때 이리李利는 전력을 다하지 않았다. 번조가 그를 꾸짖었다.

"사람들이 너의 부친의 머리를 끊으려고 할 때조차 네가 감히 이러하겠는가? 설마 내가 경을 죽이지 못할 것이라고 생각하는 것은 아니겠지!"

---

184 즉배卽拜는 사자를 보내 현지에서 임명하는 것을 말한다.

마등과 한수가 패주할 때 번조가 진창까지 추격하니 한수가 번조에게 화해를 청했다.

"본래 우리가 싸운 것은 사원私怨 때문이 아니라 국가대사 때문이다. 나는 족하足下와 같은 고향사람이니 좋게 헤어지고 싶다."

기병을 후퇴시킨 뒤 말머리를 나란히 해 서로 팔을 마주잡고 교담을 한참동안 나눈 뒤 헤어졌다. 군사가 돌아온 뒤 이리가 이각에게 고자질했다.

"한수와 번조가 말을 나란히 해 교담을 했는데 무슨 얘기를 나눴는지는 모르겠습니다. 옆에서 보건대 두 사람이 매우 친밀한 듯했습니다."

이각은 번조가 용맹을 과시해 군사들의 호감을 얻는 것에 대해 내심 시기하고 있었다. 번조가 군사를 이끌고 동쪽으로 출관出關하기 위해 이각에게 병사의 증원을 요구했다.

2월, 이각이 번조에게 군사문제로 상의할 일이 있다고 해 부른 뒤 앉은 좌석에서 번조를 죽였다. 이 일로 인해 제장들 사이에는 서로 시기하고 의심해 두 마음을 가지게 됐다.

이각은 자주 주연을 베풀면서 곽사를 청했다. 어떤 때는 곽사를 자신의 영내에 머물러 자게 했다. 곽사의 처는 곽사가 이각의 비첩을 사랑하는 것을 두려워해 곽사와 이각을 이간하는 방법을 생각해 냈다. 마침 이각이 사람을 시켜 음식을 보내오자 곽사의 처가 콩자반인 두시豆豉에 독약을 넣은 뒤 곽사 앞에서 이를 꺼내 보이며 말했다.

"한 닭장에 두 마리의 수탉을 넣을 수는 없습니다. 나는 당신이 왜 그토록 이각을 믿는지 모르겠습니다."

하루는 이각이 곽사를 연회에 초청했다. 곽사가 대취한 뒤 혹여 술 속에 독이 있는지 의심해 곧 똥물인 분즙糞汁을 휘저어 마셨다. 이후 두 사람은 군사를 정비해 서로 공격하게 됐다.

황제가 시중과 상서 등을 보내 이각과 곽사의 화해를 구했으나 두 사람은 이를 듣지 않았다. 곽사가 황제를 자신의 영채로 옮길 것을 꾀했다. 밤에 그의 영채에서 도망하는 자가 나와 이를 이각에게 알렸다.

3월 25일, 이각이 조카 이섬李暹에게 명해 수천 명의 군사를 이끌고 황궁을 포위하게 한 뒤 3대의 수레로 황제를 맞이했다. 태위 양표가 질책했다.

"예로부터 제왕이 신민의 집에서 거주한 적이 없다. 제군은 일하는 게 어찌 이 모양인가?"

이섬이 말했다.

"장군의 계획이 이미 결정됐습니다."

신하들이 황제의 어가를 따라 걸어서 출궁하자 병사들이 즉시 궁궐에 들어가 궁인들과 어용집물을 노략했다. 황제가 이각의 군영에 도착하자 이각이 궁궐창고에 있던 금은과 비단 등을 자신의 영채로 옮긴 뒤 궁전과 관부에 방화하니 주변에 있던 민가까지 모두 타 재가 됐다.

황제가 또 공경을 보내 이각과 곽사의 화해를 주선했지만 곽사가 양표와 사공 장희張喜, 상서 왕융王隆, 광록훈 유연劉淵, 위위 사손서, 태복 한융, 정위 선번宣璠, 대홍려 영합榮郃, 대사농 주준, 장작대장 양소梁邵, 둔기교위 강선姜宣 등을 자신의 군영에 인질로 잡아 억류했다. 주준은 분이 나서 병이 나 죽었다.

5) 여름 4월 갑자甲子, 귀인 낭야인 복씨伏氏를 황후로 삼았다. 황후의 부친 시중 복완伏完을 집금오에 임명했다.

6) 곽사가 공경을 불러 연회를 연 뒤 이각을 칠 일을 상의하자 양표가 말했다.

"신하들이 서로 다퉈 한 사람은 천자를 겁박해 모시고 한 사람은 공경을 구류해 인질로 삼으니 이 어찌 있을 수 있는 일인가?"

곽사가 대로해 칼로 치려고 하자 양표가 질책했다.

"경은 아예 천자를 받들지 않으니 내가 어찌 구차하게 살 생각을 하겠는가?"

중랑장 양밀楊密이 전력을 다해 막자 곽사가 겨우 그만두었다. 이각이 수천 명의 강족과 호인을 모은 뒤 황궁에서 쓰던 물품과 주단을 그들에게 상으로 내리고 궁인과 부녀 등을 그들에게 상으로 내리는 것을 허락했다. 이각이 그들을 이용해 곽사를 치려고 한 데 반해 곽사는 은밀히 이각의 군영에 있는 중랑장 장포張苞 등과 모의해 이각을 치려고 했다.

4월 25일, 곽사가 먼저 밤에 군사를 이끌고 가 이각의 영문을 쳤다. 이 와중에 화살이 황제의 염유帘帷에 꽂히고 이각의 왼쪽 귀도 화살이 뚫고 갔다. 장포 등이 내응해 불을 질러 영채를 태우려 했으나 불이 붙지 않았다. 양봉楊奉이 밖에서 곽사를 막자 곽사가 철군했다. 장포 등은 소속병사들을 이끌고 곽사에게 갔다.

이날 이각이 다시 천자를 가마에 태워 북오北塢로 끌고 간 뒤 교위를 보내 북오문을 감시하게 했다. 안팎의 연락이 두절됐다. 황제를 좌우에서 모시는 시신侍臣들은 얼굴에 굶은 기색이 완연했다. 황제가 쌀 5말과 소뼈 다섯 개를 얻어 좌우시신에게 나눠주자 이각이 핀잔했다.

"조만간 밥이 나올 텐데 쌀은 무엇에 쓰려는 것입니까?"

소뼈를 빼앗아 황제에게 건네주었다. 황제가 대로해 이각을 질책하려고 하자 시중 양기楊奇가 만류했다.

"이각은 스스로 자신이 패역한 짓을 했다는 것을 압니다. 이각이 승여를 지양池陽섬서성 경현의 황백성黃白城으로 옮기려고 하니 잠시만 참으십시오."

황제가 그만 두었다. 사도 조온이 이각에게 서신을 써 충고했다.

"공은 전에 황성을 도륙해 대신들을 죽이고 이제는 사소한 원한으로 싸우다가 커다란 원한을 만들어 냈소. 조정이 화해를 원해 조명을 내렸는데도 따르지 않고 오히려 승여를 황백성으로 옮기려 하니 실로 우리는 이해할 수 없소. 『주역』에 이르기를, '1차로 이미 분수를 넘고, 2차로 물속으로 들어가, 3차로 다시 고치지 않으니 이는 멸망의 재해를 만나는 것으로 대흉이다'라고 했소. 속히 서로 화해함만 못하오."

이각이 대로해 조온을 죽이려고 하자 이각의 동생 이응李應이 간해 말리자 며칠이 지나 그만두었다. 이각이 무격巫覡의 주술을 신뢰해 늘 궁문 밖에서 소와 돼지, 양 등의 3가지 희생으로 동탁에게 제사를 지냈다. 매번 황제를 보면 '명폐하明陛下' 또는 '명제明帝'라 호칭했다. 이각은 황제에게 곽사의 죄를 고할 때 황제가 그의 뜻을 좇아 응답하자 신이 나서 거의 천자의 환심을 샀다고 스스로 생각했다.

윤5월 9일, 황제가 알자복야謁者僕射 황보역皇甫酈을 보내 이각과 곽사의 화해를 주선했다.[185] 황보역이 우선 곽사에게 가자 곽사가 조명을 좇겠다고 말했다. 이각에게 가자 이각이 거부했다.

"곽사는 마적일뿐인데 어찌 감히 나와 같이 둘 수 있소? 내가 틀림없이 그를 죽일 것이오. 군은 나의 방략과 병사들을 보니 곽사를 족히 제압할 수 있다고 생각지 않소? 곽사가 공경을 협박해 인질로 삼고 있소. 소행이 그와 같은데 군은 그를 돕고자 하는 것이오?"

황보력이 설득했다.

"얼마 전 동공이 얼마나 강대했는지는 장군도 잘 아실 것이오. 여포는 그 은혜를 입고도 오히려 죽일 뜻을 갖고 순식간에 머리를 잘랐으니 이는 용기만 있고 지략이 없는 결과요. 지금 장군은 상장군의 몸으로 나라의

---

185 '알자'는 춘추시대부터 있어 온 관직으로 군주의 뜻을 전달하는 역할을 수행했다. 한나라 때에는 낭중령의 속관으로 알자가 있었고 소부의 속관에도 중서알자령이 있었다. 낭중령알자의 장관을 알자복야라고 했다.

영광과 은총을 입고 있소. 곽사는 공경을 인질로 잡고 있고 장군은 천자를 겁박하고 있으니 누가 가볍고 누가 무겁겠소? 장제와 곽사는 지모가 있지만 양봉은 백파적白波賊의 장수에 불과하오. 그조차 장군의 행위가 옳지 않다는 것을 아니 장군이 아무리 그를 총애한다 해도 부릴 수가 없을 것이오."

이각이 황보력을 꾸짖어 나가게 했다. 황보력이 나와서 황제에게 보고했다.

"이각이 조명을 접수하려 하지 않고 언사 또한 불순합니다."

황제가 혹여 이각이 이를 들을까 두려워 급히 황보력을 나가게 했다. 이각이 호분 왕창王昌을 보내 황보력을 불러다 죽이려 했다. 왕창이 황보력이 충직한 것을 알고 그를 놓아준 뒤 이각에게 거짓으로 보고했다.

"쫓아가기는 했으나 붙잡을 수가 없었습니다."

윤5월 11일, 거기장군 이각을 대사마로 삼아 삼공의 위에 두었다.

7) 여포의 부장 설란薛蘭과 이봉李封이 거야巨野에 주둔했다. 조조가 거야를 치자 여포가 설란 등을 구원하려 했으나 이기지 못하고 퇴각했다. 조조가 설란 등의 목을 베었다.

조조의 군사가 승씨현에 주둔하고 있을 때 도겸이 이미 죽었다는 소식을 듣고 우선 서주를 취한 뒤 다시 돌아와 여포를 평정하려 했다. 순욱이 간했다.

"예전에 한고제는 관중을 지켰고 광무제는 하내를 지켰습니다. 모두 근본을 공고히 한 후 천하를 제압한 것입니다. 진격해서는 적을 이기는 데 만족했고 물러나서는 견고히 지키는 데 만족했습니다. 그로 인해 비록 어려움과 패배가 있었음에도 끝내 대업을 완성한 것입니다. 장군은 본래 연주에서 기병해 산동의 반란을 평정하니 백성들치고 기뻐하며 심복하지 않는 자가 없었습니다. 나아가 연주는 황하와 제수濟水 사이에 위치해 천하의 요충이니 지금 비록 황폐하더라도 오히려 쉽게 지킬 수 있으니 이는 장군의 '관중'이자 '하내'인 것입니다. 우선 연주부터 안정시키지 않으면 안 되는 이유가 여기에 있습니다.

지금 이미 이봉과 설란을 쳤으니 군사를 일부 나눠 동쪽으로 가 진궁을 치면 진궁이 반드시 서쪽으로 진병하지 못할 것입니다. 이 기회에 이곳에서 다 자란 보리를 거둔 뒤 군량을 절약해 나머지 곡물을 쌓아두면 일거에 여포를 격파할 수 있습니다. 여포를 친 뒤 남쪽의 양주에 있는 유요와 연결해 함께 원술을 치고 군사를 회수와 사수泗水로 진출시켜야 합니다.

만일 여포를 놓아둔 채 동정할 경우 남아 있는 군사가 많으면 동정할 군사가 부족할 것이고 적으면 백성까지 동원해 성을 지키야 하니 땔감나무를 거둘 수가 없습니다. 여포가 허를 찔러 쳐들어오면 민심이 또 놀라 오직 견성과 범현, 복양만을 보전할 수 있으니 여타 지역은 우리 소유가 되지 못할 것입니다. 이렇게 되면 우리는 연주를 잃게 됩니다.

만일 서주를 평정하지 못할 경우 장차 군사를 어디로 돌릴 것입니까? 게다가 도겸은 비록 죽었으나 서주는 그렇게 쉽게 평정되지 않을 것입니다. 그들은 왕년의 실패를 거울삼아 두려움으로 인해 더욱 단결해 안팎이 하나가 될 것입니다.

지금 동쪽은 모두 이미 보리가 자랐으니 반드시 성문을 굳게 닫고 성 밖의 곡식을 불태우는 견벽청야堅壁淸野의 전법으로 장군을 기다릴 것입니다. 따라서 성을 공략하지 못하면 아무것도 얻을 것이 없어 열흘도 못 돼 10만 명의 군사가 먼저 스스로 곤경에 처할 것입니다.

전에 장군이 서주를 토벌할 때 엄벌을 실시했기 때문에 서주의 자제들은 부형의 치욕을 기억하고 있습니다. 틀림없이 스스로 지키려 들 뿐 투항할 마음이 없어 설령 공성에 성공하더라고 이들을 제압할 수가 없습니다.

무릇 일이란 이것을 버리고 저것을 취하는 선택이니 대소 가운데 큰 것을 취하는 이대역소以大易小와 안위 가운데 안녕을 취하는 이안역위以安易危, 근본을 동요시키지 않는 범위에서 방편 가운데 편법을 취하는 권의지계權宜之計는 모두 채택이 가능합니다. 지금 우리는 이 세 가지 가운데 하나도 갖고 있지 못했다. 장군이 숙려熟慮하길 바랍니다."

조조가 당초의 생각을 포기했다.

여포가 다시 동민현東緡縣에서 진궁과 함께 1만 명의 군사를 이끌고 진공해 왔다. 조조의 군사는 모두 보리를 베러 나가 군영에는 1,000명도 채 안 됐다. 게다가 영채 또한 견고하지 못했다. 마침 군영의 서쪽에 커다란 제방이 하나 있었다. 제방의 남쪽에는 수림이 무성했다. 조조가 부대의 반을 제방 안에 매복시키고 반은 제방 밖에 두었다.

여포가 바짝 다가왔을 때 조조가 경장부대를 내보내 막도록 했다. 쌍방이 한 번 교전한 뒤 조조의 복병이 전부 둑 위로 올라가 기병과 함께 일제히 출격하니 여포가 대패했다. 조조의 군사가 여포의 군영이 있는 곳까지 추격했다가 귀환했다. 여포가 밤에 도주하니 조조가 정도定陶를 손에 넣게 됐다. 조조가 군사를 나눠 각 현을 평정하니 여포는 동쪽으로 도주해 유비에게 갔다. 장막이 여포와 함께 도주하면서 동생 장초에게 가속을 이끌고 가 옹구雍丘하남성 기현를 지키게 했다. 여포는 처음으로 유비를 보는 순간 매우 존경하는 태도로 유비에게 말했다.

"나는 경과 같이 변경지역 출신이오.[186] 나 여포는 관동에서 거병하는 것을 보고 동탁을 죽이려 했소. 내가 동탁을 죽인 후 동쪽 관문을 빠져나갔으나 관동의 제장 가운데 나를 받아주려는 사람은 하나도 없고 모두 나를 죽이려고 했소이다."

---

186 여포는 오원五原 곧 내몽골 서북방 출신이고 유비는 탁현涿縣 출신이다. 두 곳 모두 당시의 기준에서 볼 때는 변방에 해당했다.

여포가 유비를 자신의 영장營帳으로 초청한 뒤 처가 앉는 자리에 앉아 처에게 유비를 향해 예를 갖춰 인사하게 했다. 이어 주연을 베풀어 환대하면서 유비를 동생으로 불렀다. 유비가 여포의 말에 지나친 점이 있어 겉으로는 비록 응수는 했으나 내심 기분이 좋지 않았다.

8) 이각과 곽사가 수개월간 서로 공격하니 죽은 자가 1만여 명에 달했다.

6월, 이각의 부장 양봉이 이각을 죽이려는 계책을 꾸몄다가 비밀이 누설되자 마침내 군사를 이끌고 이각을 배반했다. 이각의 세력이 점차 쇠락하게 됐다.

6월 경오庚午, 진동장군 장제가 섬현에서 달려와 이각과 곽사를 화해시켜 천자를 홍농으로 옮기고자 했다. 황제도 옛 서울인 낙양이 그리워 사자를 보내 두 사람을 선유宣諭했다. 10차례의 선유 끝에 곽사와 이각이 화해하자고 응답하면서 서로 사랑하는 아들을 바꿔 인질로 삼기로 했다.

이각의 처가 애통해 하는 바람에 화해하는 일이 확정되지 못했다. 이때 강족과 호인이 빈번히 성문에 와서 궁궐을 훔쳐보면서 물었다.

"천자가 이 안에 있는가? 이장군이 우리에게 주기로 한 궁인들은 지금 모두 어디에 있는가?"

황제가 걱정이 돼 시중 유애를 보내 선의장군宣義將軍 가후에게 전하도록 했다.

"경은 전에 직책을 수행하면서 공정하고 충직해 곧바로 승진해 영예와 총애를 받게 됐다. 지금 모든 길에 강족과 호인이 가득 하니 경은 의당 해결할 방도를 찾으라."

가후가 강족과 호인의 수령들을 초청해 연회를 베푼 뒤 상을 내리니 이들이 모두 물러갔다. 이각이 세력이 더욱 고단해졌다. 이때 다시 어떤 사람이 화해문제를 거론하자 이각이 이내 인질을 아들 대신 딸로 하기로 하고 화해방안을 좇았다.

가을 7월, 갑자일 천자의 거가車駕가 선평문宣平門을 나서 다리를 건너려고 하자 곽사의 군사 수백 명이 다리를 막고 물었다.

"이것이 천자의 수레가 맞는가?"

거가가 앞으로 나아갈 수 없었다. 이각의 군사 수백 명이 모두 큰 창을 들고 거가의 앞으로 나와 곽사의 군사들과 싸우려고 하자 시중 유애가 큰 소리로 꾸짖었다.

"이 분은 천자이시다."

이어 시중 양기로 하여금 수레의 휘장인 거유車帷를 높이 걷어 올리도록 하자 황제가 말했다.

"제군은 어찌 감히 지존을 핍박하려 드는가?"

곽사의 병사들이 물러났다. 다리를 지나자 병사들이 모두 만세를 불렀다. 거가가 밤늦게 파릉覇陵섬서성 서안시 동북쪽에 도착하니 따르는 사람들이 모두 허기져 하자 장제가 신분에 따라 차등을 두어 음식을 나눠주었다. 이각이 군사를 이끌고 지양池陽에 주둔했다.

병인일 장제를 표기장군으로 임명하고 관부를 삼공과 같이 만들도록 했다. 곽사를 거기장군, 양정楊定을 후장군, 양봉을 흥의장군興義將軍에 임명하고 모두 열후에 봉했다. 또 우보의 옛 부하였던 동승을 안집장군安集將軍으로 삼았다.

중도에 곽사는 거가를 고릉高陵섬서성 고릉 쪽으로 방향을 돌리려고 했다. 공경과 장제는 홍농으로 가야한다고 생각했다. 회의를 열어 상의했으나 결정을 내리지 못했다. 황제는 사자를 보내 곽사에게 이처럼 조유詔諭했다.

"홍농은 경성 부근의 사당인 교묘郊廟에 가까우니 지체할 이유가 없다."

곽사가 이를 좇지 않자 황제가 하루 종일 아무 것도 먹지 못했다. 곽사가 얘기를 전해 듣고 이같이 말했다.

"잠시 가까운 현에 들를 만하다."

8월, 6일 거가가 신풍新豊섬서성 임동현에 당도했다. 곽사가 다시 황제를 겁박해 미현으로 도읍을 삼으려고 하자 시중 종집이 이를 알고 비밀히 양정과 동승, 양봉 등에게 통보해 신풍에 모이도록 했다. 곽사가 자신의 계획이 누설된 것을 알고 군사를 버리고 남산南山으로 도망쳐 들어갔다.

9) 조조가 옹구를 포위 공격하자 장막이 원술에게 가서 구원을 요청하려 했으나 도착 전에 부하에게 살해됐다.

10) 겨울 10월, 조조를 연주목에 임명했다.

11) 10월 1일, 곽사의 동료 하육夏育과 고석高碩 등이 거가의 서행西行을 밀모했다. 시중 유애가 불을 끄지 못해 황제에게 다른 막사로 옮겨가 불을 피하도록 했다. 양정과 동승이 군사를 이끌고 맞아 양봉의 군영으로 갔다. 하육 등이 군사들을 이끌고 거가를 막으려고 하자 양정과 양봉이 힘을 다해 싸워 하육 등을 간신히 물리치고 빠져 나오게 됐다.

10월 5일, 헌제가 화음華陰섬서성 화음현에 도착했다.

영집장군寧輯將軍 단외段煨가 좋은 의복과 수레 등의 어용품과 공경 이하 관원들이 필요한 물품 등을 준비해 놓고 거가가 자신의 군영에 머물기를 희망했다. 단외는 양정과 평소 틈이 있었다. 양정의 동료인 종집과 좌령左靈이 단외가 반기를 들려 한다고 무함했다.

태위 양표와 사도 조온, 시중 유해, 상서 양소가 입을 모아 단외를 옹호하고 나섰다.

"단외는 모반할 사람이 아닙니다. 신 등이 감히 죽음으로써 보증하겠습니다."

동승과 양정이 홍농군 독우督郵를 협박해 곽사가 이미 단외의 영내에

와 있다고 말하도록 했다. 황제가 의심이 들어 대로의 남쪽에서 노영露營했다.

10월 10일, 양봉과 동승, 양정이 장차 단외를 공격할 생각으로 종집과 좌령을 보내 황제에게 조서를 내려 줄 것을 요구하도록 하니 황제가 거부하며 물었다.

"단외가 모반했다는 흔적이 없는데 양봉 등이 그를 치면서 어찌 짐에게 조서를 쓰라고 하는가?"

종집이 간절히 요청하길 반나절이 넘도록 황제가 불응했다. 양봉 등이 조서도 없이 단외의 군영을 쳤으나 10여 일이 지나도 공략하지 못했다. 단외가 계속 황제의 어선御膳과 백관의 식량을 제공하면서 두 마음이 없음을 표시했다. 황제가 시중과 상서를 양정 등에게 보내 단외와 화해할 것을 명하는 황제의 뜻을 고유告諭하게 했다. 양정 등이 조명을 받들어 군영으로 돌아갔다.

이각과 곽사는 거가를 동쪽으로 가도록 허락한 것을 후회하다가 양정이 단외를 쳤다는 소식을 듣고는 서로 상의해 함께 단외를 구원하기 로 했다. 이들은 황제를 겁박해 서행하려고 했다. 양정이 이각과 곽사가 온다는 소식을 듣고 남전藍田으로 돌아가다가 곽사에게 저지당할까 두려워 단기로 형주를 향해 달아났다. 장제는 양봉, 동승 등과 불목해 이내 다시 이각 및 곽사와 회합했다.

12월, 황제가 홍농에 이렀을 때 장제와 이각, 곽사가 일제히 거가를 뒤쫓아 와 홍농의 동간東澗에서 큰 싸움이 벌어졌다. 동승과 양봉의 군사가 패하자 피살된 관원과 병사들의 숫자가 헤아릴 수 없을 정도로 많았다. 어용물품과 부신符信, 서책書策, 전적典籍 등을 모두 버리게 돼 한 점도 남아 있는 게 없었다.

사성교위 저준沮儁이 상처를 입고 낙마하자 이각이 주변 사람들에게 물었다.

"아직 살 수 있는가?"

저준이 욕했다.

"너희는 흉악한 반적들로 천자를 겁박하고 공경을 죽인데다 궁인들을 떠돌게 만들었다. 일찍이 난신적자亂臣賊子라도 이런 적이 없었다."

이각이 그를 죽였다.

12월 임신壬申, 헌제가 조양曹陽하남성 섬현에서 노영露營했다. 동승과 양봉은 이각 등과 거짓 화해한 것을 이용해 몰래 사자를 하동河東산서성 하현에 보내 전 백파군의 수령 이락李樂과 한섬韓暹, 호재胡才, 남흉노 우현왕 거비去卑 등을 불렀다. 이들이 수천 명의 기병을 거느리고 와 동승과 양봉 등과 함께 이각을 치고 수천 명의 수급을 참했다. 동승 등은 이각 등을 바로 물리쳤으므로 다시 동쪽으로 나아갈 수 있다고 판단했다.

12월 24일, 거가가 동쪽으로 향해 출발하니 동승과 이락이 거가를 앞장 서 호위하고 호재와 양봉, 한섬, 남흉노 우현왕 등이 그 뒤를 따랐다.

이때 이각 등이 다시 와서 교전해 양봉 등이 대패했다. 죽은 자의 숫자가 동간東澗에서의 사망자 숫자보자 많았다. 광록훈 등연鄧淵과 정위 선반, 소부 전분田芬, 대사농 장의張義가 모두 죽었고 사도 조온과 태상 왕강, 위위 주충, 사례교위 관합 등도 이각에게 포획됐다. 이각이 그들을 죽이려고 하자 가후가 저지했다.

"이들은 모두 대신들이오. 경은 어찌 그들을 죽이려 하는 것이오?"

이각이 그만두었다. 이락이 황제에게 진언했다.

"사세가 급하니 폐하는 속히 말에 올라야 합니다."

황제가 거부했다.

"백관을 버려두고 갈 수는 없소. 그들이 무슨 죄가 있다는 말이오?"

군사행렬이 40리에 걸쳐 이어졌다. 거가가 섬현陝縣에 도착하자 이내 영채를 짓고 수비에 들어갔다. 당시 싸움에서 대패한 후 살아남은 호분과 우림군의 숫자는 채 100명도 안 됐다. 이각과 곽사의 병사들이 영채를 둘러싸고 고함을 질러대니 관원들과 병사들의 얼굴이 사색이 돼 각자 도주할 생각만 했다. 이락이 두려워해 거가를 배에 태워 지주砥柱하남성 삼문협시를 통과해 맹진을 빠져나가려 했다. 양표는 황하의 물길이 험난한 것을 알고 만승萬乘의 천자가 타서는 안 된다고 생각했다.

이락을 밤에 도하하게 해 몰래 배를 준비한 뒤 횃불로 신호를 했다. 황제와 공경이 도보로 영채를 빠져나왔다. 황후의 오라비 복덕伏德이 황후를 부축하고 한손으로는 10필의 비단을 옆구리에 끼었다. 동승이 부절령符節令 손휘孫徽를 보내 무리 속에 있는 그를 베고 옆의 시종을 죽이니 선혈이 황후의 옷에 튀었다.

강 언덕의 높이가 10여 장에 달해 내려 갈수가 없었다. 비단으로 연輦을 만들어 앞에서 황제를 업게 하고 나머지는 엎드린 채 기어 내려갔다. 어떤 사람은 위에서 뛰어내리다가 관이 온통 망가지기도 했다. 하변에 도착하자 병사들이 뒤에 처질까 두려워 다투어 배에 올랐다. 동승과 이락이 창으로 그들을 막았다. 배 안에 떨어진 잘린 손이 한 무더기나 됐다.

황제가 배에 올라타니 함께 배에 올라 강을 건넌 사람은 황후와 양표 등을 포함해 모두 수십 명에 불과했다. 나머지 궁녀와 관민들은 강을 건널 수 없어 모두 난병들에게 약탈당해 의복을 빼앗기고 머리털이 잘려져 동사한 사람의 숫자를 헤아릴 수가 없었다. 위위 사손서도 이각에게 살해됐다.

이각이 황하 북안에서 불빛이 나는 것을 보고 급히 기병을 보내 정탐하게 했다. 잠시 후 주위를 둘러보다 때 마침 황제가 배를 타고 도하하는 것을 보고 큰소리로 외쳤다.

"너희들이 천자를 가게 하는가?"

동승은 그들이 활을 쏠까 두려워 이불로 방패를 삼았다.

대양大陽산서성 평격현에 도착한 후 황제가 이락의 군영에 머물렀다. 하내 태수 장양張楊이 수천 명의 사람을 동원해 쌀을 지고와 밥을 지어주었다.

12월 을해乙亥, 황제가 소달구지에 올라 안읍安邑산서성 하현에 도착했다. 하동 태수 왕읍이 주단을 봉헌하니 황제가 이를 공경 이하의 모든 관리에게 차등 있게 나눠주었다. 왕읍을 열후에 봉하고 호재를 정동장군, 장양을 안국장군에 임명해 모두 가절假節과 개부開府를 허용했다. 영내의 모든 제장들이 분분히 관직을 구하니 새겨 놓은 인장이 없어 송곳으로 그리기도 했다.

황제가 가시울타리 속에 거주하며 창문 또한 닫을 수 없어 천자와 군신이 모이면 병사들이 울타리에 걸터앉아 서로 바라보려고 밀고 당겨 웃을 수밖에 없었다.

황제가 다시 태복 한융을 홍농으로 보내 이각과 곽사의 화해를 주선했다. 이각이 공경백관을 석방하면서 그간 약취한 궁인과 거가, 어기御器, 옷 등을 함께 돌려보냈다. 얼마 후 양식이 떨어지자 궁인들은 들에 나는 채소와 열매 등을 먹었다.

12월 을유乙酉, 장양이 야왕현野王縣하남성 심양현에서 와서 천자를 알현하고 천자가 낙양에 돌아가는 방안을 제시했다. 제장들이 듣지 않자 장양이 다시 야왕현으로 돌아갔다.

이때 장안성은 40여 일 동안 비어 있었다. 신체건장한 자는 사방으로 도망하고 노약자들만이 서로 잡아먹으며 근근이 살아가니 2–3년 사이 관중에는 다시 인적이 사라지게 됐다.

저수가 원소에게 말했다.

"장군은 누대에 걸쳐 중신을 배출한 가문 출신으로 충의의 전통을 지니고 있습니다. 지금 조정이 이리저리 유랑하는 파월播越을 해 종묘가 황폐해진 상황입니다. 보건대 각 주군이 비록 표면상 의병을 내세우고 있지만 실제로는 서로를 도모하고자 하니 사직을 염려하고 백성을 구제하려는 생각이 없습니다. 지금 기주는 대략 안정돼 있어 병사들이 정예하고 사민이 연일 귀부하고 있습니다. 만일 서쪽으로 나아가 대가大駕를 영접해 업성에 정도한 뒤 천자를 끼고 제후를 호령하는 이른바 '협천자 挾天子, 영제후令諸侯'를 하면서 병마를 길러 반신叛臣인 부정不庭을 토벌하면 누가 능히 당해내겠습니까?"

영천 출신 곽도郭圖와 순우경淳于瓊이 말했다.

"한실은 쇠미해진지 이미 오래 돼 지금 다시 부흥하는 것은 대단히 어렵지 않겠습니까? 게다가 영웅이 사방에서 일어나 각 주군을 차지해 동원하는 병마의 숫자가 1만 명 이상이니 이는 마치 진나라가 천하를 잃은 정황과 비슷해 먼저 얻는 자가 왕이 될 것입니다. 지금 천자를 맞이해 가까이 두게 되면 움직이는 즉시 상서가 올라가고, 좇게 되면 권력이 가볍게 되고, 위반하면 항명하는 게 됩니다. 이는 좋은 계책이 아닙니다."

저수가 말했다.

"지금 천자를 영접하면 도의를 얻고 시기에도 부합하는 것입니다. 빨리 결정하지 않으면 반드시 먼저 하는 자가 있습니다."

원소가 동의하지 않았다.

12) 당초 단양 출신 주치朱治는 일찍이 손견의 교위를 지낸 적이 있었다. 원술이 덕정을 펴지 않는 것을 보고 손책에게 장강의 남안인 강동江東으로 곧바로 돌아가 그 곳을 취하라고 권했다. 이때는 오경이 번능과 장영 등을 쳤으나 1년이 넘도록 이기지 못할 때였다. 손책이 원술에게 건의했다.

"저희 집은 강동의 사람들에게 구은舊恩의 정이 있습니다. 원컨대 외숙이 횡강橫江안휘성 화현을 토벌하는 데 도울 수 있게 해주십시오. 횡강을 공략하게 되면 본토로 돌아와 가히 3만 명의 군사를 모을 수 있습니다. 이를 이용해 사군이 천하를 평정하는 것을 돕고자 합니다."

원술은 그가 원한이 있다는 것을 알면서도 유요가 곡아를 점거하고 있고 왕랑이 회계를 지키고 있기에 손책이 반드시 평정할 수는 없을 것으로 보았다. 이내 허락한 뒤 상표해 손책을 절충교위折衝校尉에 추천한 이유다. 손책이 1,000여 명의 보병과 수십 명의 기병을 거느리고 가면서 중간에 군사를 모으니 역양에 도착했을 때에는 군사의 숫자가 5,000~6,000명에 이르렀다. 당시 주유의 백부 주상周尙이 단양태수에 임명되자 주유가 군사를 이끌고 와 손책을 영접하면서 군비와 식량을 지원했다. 손책이 크게 기뻐했다.

"나는 경을 얻었다. 실로 하나의 지기知己를 얻었다."

손책이 횡강과 당리로 진공해 모두 일거에 함몰시키자 번능과 장영이 패주했다.

손책이 도강 후 전전하며 접전하는 곳마다 감히 그에게 저항할 수 있는 자가 없었다. 백성은 손랑孫郎이 온다는 얘기를 들으면 모두 혼비백산이 됐고 수령을 비롯한 관원들은 성을 버리고 산 속이나 수풀 사이에 몸을 숨겼다.

손책이 도착하자 군사들이 명령을 받들어 감히 약탈하지 못하고 닭이나 개, 소채 등을 건드리는 자가 없었다. 백성들이 너무 기뻐해 앞을 다투어 소고기와 술로 군사들을 위로했다. 손책은 용모가 매우 출중한데다 우스갯소리도 하고 활달해 사람을 쓰는 데 뛰어났다. 사대부로부터 백성에 이르기까지 그를 본 사람들 가운데 그에게 마음을 다하지 않는 자가 없었으니 모두 즐거이 목숨을 바쳐 그의 명령을 따랐다.

손책이 우저牛渚안휘성 안산시 서남쪽에 있는 유요의 영채를 공격해 창고 속에 비축해 두었던 곡식과 무기 등을 전부 거두었다. 당시 팽성상彭城相 설례薛禮와 하비상下邳相인 단양 출신 책융笮融은 유요를 옹립해 맹주로 삼았다. 설례와 책융이 각각 말릉성秣陵城강소성 강녕현과 말릉현의 남쪽을 지켰으나 손책에 의해 격파됐다. 손책이 이어 매릉梅陵에서 유요의 별장別將을 쳐부순 뒤 군사를 돌려 호숙湖孰, 강승江乘을 공략하고 곡아에 있는 유요를 향해 진격했다.

유요의 동향인인 태사자太史慈가 이때 동래에서 유요를 인사차 찾아왔다. 마침 손책이 군사를 이끌고 진격해 오자 어떤 사람이 유요에게 태사자를 대장으로 삼을 것을 권했다. 유요가 이를 거절했다.

"내가 만일 자의子義태사자를 쓰면 허소許邵가 나의 용인이 잘못됐다고 웃을 것이오."[187]

유요는 태사자를 시켜 손책의 군세를 정탐하게 했다. 태사자가 단지 기병 한 명을 대동하고 가다가 신정神亭에서 속책과 조우하게 됐다. 당시 손책의 뒤에는 30여 명의 기병이 따르고 있었는데 모두 손견의 오랜 장수로 요서인 한당韓當과 영릉인 황개黃蓋 등이었다.

태사자가 앞으로 나와 곧바로 손책과 상대하자 손책이 태사자의 말을 찌르고 이어 그의 등 뒤에 차고 있던 짧은 창인 수극手戟을 낚아챘다. 태사자도 재빨리 손책의 투구를 빼앗았다. 이때 양쪽의 군사들이 같이 달려오게 돼 두 사람 모두 싸움을 그만두고 헤어지게 됐다.

유요가 손책과 교전해 패한 뒤 단도丹徒까지 달아났다. 손책이 곡아에 들어가 군사들에게 상을 나눠주며 위로한 뒤 각 현에 관대한 내용의 공약을 발표했다.

187 허소는 여남 평여平與 출신으로 종형인 허정許靖과 함께 당시의 인물들에 대한 품평으로 이름을 날린 인물이다. 매달 인물비평의 대상을 바꿔 이들의 인물평을 '월단평月旦評'이라고 했다..

"유요와 책융 등의 고향 부하로서 투항하는 자는 일절 책임을 묻지 않을 것이다. 종군하는 자에게는 전 가족의 부역과 세금을 면제한다. 원하지 않는 자에게는 강요하지 않는다."

열흘이 안 돼 지원자가 사방에서 몰려들어 졸지에 2만여 명의 군사와 1,000여 필의 말을 얻게 됐다. 강동이 크게 진동했다.

12월 20일, 원술이 상표해 손책을 진구장군殄寇將軍에 천거했다. 손책의 부장 여범이 손책에게 건의했다.

"지금 장군의 사업이 날로 확대돼 군사 규모가 날로 커지고 있으나 아직 군기가 제대로 잡히지 않고 있습니다. 원컨대 잠시 저에게 도독을 겸하게 해 장군을 옆에서 보좌할 수 있게 해주십시오."

손책이 말했다.

"자형子衡여범은 사대부로서 수하에 이미 대군을 거느리고 있고 밖에서 공을 세웠는데 어찌 다시 몸을 굽혀 소관이 돼 소소한 군사업무를 알려고 하는 것이오."

여범이 반박했다.

"그렇지 않습니다. 지금 살던 곳을 버리고 장군에게 몸을 의탁한 것은 처자를 위한 것이 아니라 제세濟世하기 위한 것입니다. 이는 마치 같은 배를 타고 바다를 건너는 것과 같으니 하나의 일이 확고히 처리되지 않으면 모두 그에 따른 화를 당하게 됩니다. 이는 단지 저 자신만을 위한 것도 아니고 또한 단순히 장군만을 위한 것도 아닙니다."

손책이 웃으면서 대답할 방법이 없었다. 여범이 소창옷을 벗고 기마복인 고습褲褶으로 갈아입은 뒤 말채찍을 잡고 손책의 각하閣下에 가서 계사하면서 자칭 영領도독을 칭했다. 손책이 신표를 수여해 그로 하여금 도독사무를 처리하게 했다. 이로부터 군사들이 정숙하고 화목한 숙목肅穆의 모습을 보이고, 군내에 위엄과 법령이 크게 행해졌다.

손책이 장굉을 정의교위正議校尉로 삼고 팽성 출신 장소를 장사長史로 삼아 늘 그들 가운데 한 사람은 남아 영채를 지키고 다른 한 사람은 출정하게 했다. 광릉인 진송秦松과 진단陳端 등도 작전회의인 모모謀謨에 참여했다. 손책이 사우師友의 예로 장소를 대하니 문무에 관한 모든 일이 대개 장소에게 위임됐다. 장소는 매번 북방 사대부의 서신을 받았다. 서신의 대부분이 강동의 공적을 모두 장소에게 돌리는 것이다. 손책이 이 얘기를 듣고 매우 크게 웃으며 말했다.

"예전에 관중이 제나라의 재상으로 있을 때 하나도 관중이요, 둘도 관중이라 하더니 결국 제환공이 춘추5패의 첫 맹주가 됐다. 지금 장소가 현명하고 나는 그를 능히 쓸 줄 아니 그의 공명이 어찌 나에게도 돌아오지 않겠는가?"

원술이 종제從弟인 원윤袁胤을 단양태수로 임명했다. 주상周尙과 주유가 모두 수춘으로 돌아왔다.

유요가 단도에서 서둘러 회계군으로 떠나려고 하자 허소가 만류했다.

"회계는 부유하고 알차 손책이 탐내는 곳이오. 게다가 멀리 연해지역에 위치해 있어 쉽게 갈 수조차 없소. 예장豫章으로 가느니만 못하오. 그곳은 북쪽이 예주와 접해 있고 서쪽으로는 형주와 연접해 있소. 만일 좋은 그곳의 관민을 잘 거두기만 하면 사자를 보내 조정에 진공하고 맹덕孟德과 연락할 수 있소. 비록 지금 원술이 중간에 놓여 있어 서로 떨어져 있으나 원술은 위인이 시랑豺狼과 같아 오래 갈 수 없을 것이오. 족하足下는 조정의 명을 받은 자사이니 맹덕과 경승景升유표이 틀림없이 도와주러 올 것이오."

유요가 그의 말을 들었다.

13) 당초 도겸은 책융을 하비상으로 임명해 광릉과 하비, 팽성의 양곡 운송을 관장하게 했다. 책융은 3군의 양곡을 횡령해 크게 불사를 일으켜

백성들에게 강제로 불경을 독송하도록 하니 인근에서 몰려 든 불교도가 5,000여 호에 달했다. 매번 석탄일인 욕불절浴佛節마다 큰 불사를 열어 허다한 음식을 차려 놓으니 노변에 설치한 연석의 길이가 무려 수십 리에 달했고 그 비용 또한 수억 전이나 됐다.

책융은 조조가 도겸을 쳐 서주가 동요할 때 그곳의 남녀 1만여 명을 데리고 광릉으로 달아났다. 광릉 태수 조욱趙昱이 빈객의 예로 그를 접대했다. 앞서 팽성상 설례가 도겸의 핍박을 받아 말릉으로 옮겼다. 책융은 광릉의 자원을 탐내 조욱이 얼근히 술에 취했을 때 그를 죽인 뒤 군사를 풀어 크게 약탈했다. 이후 기회를 틈타 장강을 건너가 설례에 의탁하는 척하다가 얼마 후 설례마저 죽였다.

유요가 예장 태수 주호朱皓를 보내 원술이 임명한 태수 제갈현諸葛玄을 치니 제갈현이 물러나와 서성西城을 지켰다. 유요가 강의 서쪽으로 거슬러 올라가 팽택彭澤강서성 호구에 주둔하면서 책융을 보내 주호를 도와 제갈현을 치게 했다. 허소가 유요에게 경계했다.

"책융은 출병하면 명절名節과 신의를 뒤돌아보지 않는 자입니다. 주문명朱文明주호은 진심으로 사람을 성심껏 대하는 것을 좋아하는 사람이니 주호에게 그를 조심하도록 일러두어야 합니다."

책융은 과연 도착 후 간사한 계책을 써 주호를 죽인 뒤 예장군을 손에 넣어 관장했다. 유요가 진군해 책융을 치자 책융이 패주해 산속으로 숨어들었다가 백성들에게 잡혀 죽었다. 조령으로 전 태부연 화흠을 예장태수로 임명했다.

단양군 도위 주치朱治가 오군 태수 허공許貢을 좇아내고 오군을 점령하자 허공이 남쪽으로 가 산적 엄백호嚴白虎에게 몸을 의탁했다.

14) 장초가 옹구에 주둔했을 때 조조가 포위 공격을 매우 급하게 했다. 장초가 말했다.

"장홍臧洪이 와서 나를 구해 주면 된다."

사람들이 말했다.

"원소와 조조는 목전에서 화목하고 장홍은 일찍이 원소의 상표에 의해 기용됐습니다. 그는 반드시 원소와 조조의 우호를 깨지 못할 뿐 아니라 큰 화를 낳을 것입니다."

장초가 말했다.

"자원子源장홍은 천하의 의사로 시종 처음의 충정을 잃지 않을 것이다. 단지 강제에 의해 어쩌지 못할까 걱정될 뿐이다."

장홍은 이때 동군태수가 돼 맨발로 원소에게 가 대성통곡하며 장초의 위기를 위해 군사를 빌려 줄 것을 청했다. 원소가 이를 허락하지 않았다. 장홍이 자기가 이끌고 있는 소속 군사만이라도 이끌고 갈 것을 청했으나 이도 허락받지 못했다. 옹구가 궤멸돼 장초가 자진하니 조조는 그의 삼족을 멸했다.

장홍은 원소에게 원한을 품고 왕래를 절연했다. 원소가 군사를 보내 장홍을 포위했으나 한 해가 지나도 공략할 수 없었다. 원소가 장홍의 고향사람인 진림을 불러 장홍에게 서신을 보내 설득하도록 했다. 장홍이 회답해 원소를 원망했다.

"나는 소인배로 본래 큰 뜻이 없었으나 도중에 출사해 주인 원소의 경개傾蓋를 입었다.[188] 그 은혜와 정분이 깊고 두터워 마침내 한 주를 거느리게 되었으니, 정녕 내가 즐거이 오늘 원소와 칼을 부딪치길 원하는 것은 아니다. 당초 임명을 받을 때 나는 대업을 완성할 수 있다고 생각해 공히

---

188 경개傾蓋는 '수레를 덮고 있는 일산이 기울어졌다'는 고사에서 나온 말로 수레의 덮개가 기울어질 정도로 가까이 다가가서 밀담을 나눈다는 뜻을 지니고 있다. 여기서는 자신을 알아주는 주인을 만나게 됐다는 의미로 사용된 것이다.

황실을 존중했다. 어찌 본주가 침략을 당하리라고 상상조차 했겠는가? 장초가 위난에 처해 출병을 청했으나 거절당하고 단독 출병 또한 억제 당했으니 끝내 나의 옛 주인이 멸망하는 지경까지 이르게 됐다. 나는 이 구구한 절의를 표시할 길이 없으니 어찌 그대와의 붕우지교를 생각해 충효의 이름을 훼손할 수 있겠는가?

이것이 곧 내가 비통한 마음을 억누르고 창을 휘두르며 진중에 서서 눈물을 닦고 결별을 고하는 이유이다. 잘 가게나, 공장孔璋진림! 그대는 영역 밖에서 이익을 찾으니 나는 천자를 위해 명을 받드네. 그대는 맹주 원소에게 몸을 맡기고 있지 나는 장안의 천자를 모시려 하네. 그대는 나의 몸이 죽어 이름조차 없어질 것이라고 하나 나는 그대가 살아 있으면서도 듣지 못할까봐 그것이 우스울 뿐이네."

원소가 장홍의 서신을 본 뒤 그가 투항할 의사가 없음을 알고 군사를 증파해 더욱 급하게 공격했다. 성안의 식량이 이미 바닥나고 밖에서 도와줄 지원군이 없자 장홍이 죽음을 면할 길이 없다고 판단해 관민들을 모아놓고 이같이 말했다.

"원소는 무도하고 불궤를 꾀하는 자요. 또한 나의 옛 주인 장초를 구하지 않았으니 나 장홍은 대의에 좇아 죽지 않을 수 없소. 제군들이 무고하게 이런 재난에 휩쓸려서는 안 되니 성이 무너지기 전에 처자식을 데리고 빠져나가시오."

모든 사람이 눈물을 흘리며 말했다.

"명부明府와 원소는 본래 원수진 것이 없습니다. 그런데도 지금 옛 주인을 위해 스스로 목전의 곤경을 초치했으니 우리라고 어찌 명부를 버리고 도망갈 수 있겠습니까?"

굴을 파 쥐를 잡아 근육과 뼈를 끓여 허기를 채웠으나 이내 먹을 것이 없게 됐다. 주부主簿가 관부 안의 주방을 뒤져 3되의 쌀을 찾아내 진한 죽인 전죽饘粥을 만들어 주니 장홍이 탄식했다.

"내 어찌 홀로 이를 먹을 수 있겠는가?"

묽은 죽인 박미薄糜를 만들어 사병과 백성에게 나눠주도록 하면서 자신의 애첩을 죽여 장사들이 더 먹을 수 있도록 했다. 장사들이 모두 눈물을 흘리며 감히 쳐다보지 못했다. 남녀 7,000~8,000명이 서로를 베개 삼아 죽었으나 단 한 사람도 이반하지 않았다. 성이 함락되자 장홍이 사로잡히게 됐다. 원소가 제장들을 불러 모은 뒤 장홍을 불러 물었다.

"장홍, 왜 이처럼 나를 배반해야만 했는가? 오늘 복종하겠는가?"

장홍이 땅바닥에 앉은 채 눈을 부릅뜨고 말했다.

"원씨가 한나라를 섬긴 후 4세5공四世五公이 나왔다.[189] 가히 조정의 은혜가 깊다고 할 만한데 이처럼 황실이 쇠약할 때 이를 부추겨 보좌할 생각은 하지 않고 이를 기화로 불궤不軌인 비망非望을 꾀해 충량한 자를 죽이고 간사한 위세를 세웠다. 나는 내 눈으로 네가 장진류張陳留장막를 형이라 부르는 것을 보았다. 그러면 장부군은 너의 동생인 셈인데 의당 같이 노력해 나라를 위해 해악을 제거해야 함에도 어째서 군사를 움켜쥔 채 그가 살해되도록 방관했는가? 나는 힘이 없어 칼을 뽑아 천하 사람을 대신해 복수하지 못한 것이 한이다. 어찌 항복 따위를 말하는 것인가?"

---

189 '4세5공四世五公'은 『삼국지』「촉서, 선주전」에 나오는 표현으로, 여남汝南 원씨袁氏 집안에서 모두 4대에 걸쳐 5명의 삼공이 배출됐다는 의미이다. 나관중의 『삼국연의』는 4대에 걸쳐 삼공이 계속 배출됐다는 취지에서 '4세3공'으로 바꿔 표현해 놓았다. 『삼국지』의 '5공'은 5명의 삼공을 뜻하는 수량이고, 『삼국연의』의 '3공'은 삼공三公을 뜻하는 관직에 초점을 맞춘 결과다. 원안袁安이 사도, 원안의 아들 원경袁京과 원창袁敞이 공히 사공, 원경의 아들 원탕袁湯이 사공, 원탕의 아들 원봉袁逢과 원외袁隗가 각각 사공과 태부를 지냈다. 원탕에게 원평袁平, 원성袁成, 원봉袁逢, 원외袁隗 등 4명의 아들이 있었다. 원소袁紹와 원술袁術은 원봉의 아들이다. 원소는 천첩 소생, 원술은 정실 소생이다. 두 사람은 원소가 원탕의 아들 가운데 일찍 사망한 원성의 양자로 들어가게 되면서 족보상으로 사촌관계가 됐다.

원소는 본래 장홍을 좋아해 그를 굴복시켜 다시 용서하려 했다. 장홍의 언사가 강경한 것을 보고 결국 소용이 없을 것으로 판단해 이내 그를 죽였다.

장홍의 고향사람인 진용陳容은 어릴 적부터 장홍을 매우 숭모했다. 이내 앉아 있다가 바로 일어나 원소를 꾸짖었다.

"장군은 기병해 대사를 일으켰으면 천하를 위해 제폭除暴해야 함에도 먼저 충의지사를 죽이니 이 어찌 천의에 합당하다고 하겠소? 장홍의 행위는 자신의 옛 주인을 위한 것이니 어찌 그를 죽일 수 있겠소?"

원소가 너무 부끄러워 그를 데리고 나가라고 명하면서 이같이 말했다.

"너는 장홍의 무리도 아니면서 하필 이처럼 말할 것이 무엇인가?"

진용이 고개를 돌려 말했다.

"인의가 어디 일정한 형식이 있겠소? 그것을 좇으면 군자이고 위배하면 곧 소인이니 오늘 정녕 장홍과 같은 날 죽고 싶을 뿐 장군과 같은 날 살고 싶지 않소."

그 또한 살해됐다. 앉아 있던 사람들 가운데 탄식하지 않는 사람이 없었다. 이들은 은밀히 서로 논의하면서 말했다.

"어찌 하루에 2명의 열사를 죽일 수 있는가?"

15) 공손찬은 유우를 죽인 후 유주를 전부 차지했다. 더욱 기고만장해져 자신의 재능과 힘을 믿고 백성들은 돌보지 않은 채 사람의 단점만 기억하고 장점을 잊는 기과망선記過忘善과 눈을 치뜨는 사람에게 보복하는 애자필보睚眦必報의 모습을 보였다. 선비 가운데 자신보다 명망이 높은 자가 있으면 반드시 법에 얽어 넣어 해를 가했고, 재간 있는 자들에게는 모두 억압을 가해 궁지에 몰아넣었다. 어떤 사람이 그 이유를 묻자 공손찬이 이같이 대답했다.

"선비들은 모두 자신이 당연히 귀하다고 생각해 남이 베푸는 은혜에 대해 고마워할 줄을 모른다."

그의 총애를 받는 자는 모두 장사꾼과 범용한 자, 그들과 형제결연을 맺거나 인척인 자였다. 이들이 가는 곳마다 침학侵虐이 극심해 백성들의 원성이 높았다.

유우의 종사인 어양 출신 선우보鮮于輔 등이 연합해 주의 병사들을 이끌고 함께 유우의 보복을 하기로 하고 연국燕國 출신 염유閻柔가 평소 은덕과 신의가 있다고 생각해 그를 오환사마로 삼았다. 염유가 호인과 한인 수만 명을 불러들여 공손찬이 임명한 어양 태수 추단鄒丹과 노현潞縣의 북쪽에서 교전해 추단을 비롯해 4,000여 명을 죽였다.

오환족 초왕峭王도 오환족과 선비족으로 이뤄진 7,000여 명의 기병으로 선우보를 좇아 남하했다. 도중에 유우의 아들 유화劉和와 원소의 부장 국의를 만나 군사들을 합쳐 모두 10만 명의 군사로 공손찬을 공격해 포구鮑丘북경시 삼하현에서 공손찬을 격파하고 2만여 명의 수급을 베었다. 이때 대군代郡과 광양군廣陽郡, 상곡군, 우북평군 등에서는 모두 공손찬이 임명한 관리들이 죽임을 당했다. 다시 선우보와 유화의 군사를 합치니 공손찬의 군사는 여러 차례 패하게 됐다.

앞서 다음과 같은 동요가 있었다.

"연나라 남쪽 구석, 조나라 북쪽 경계, 중앙은 맞지 않고, 크기가 숫돌 같아, 오직 이곳에 있으니, 가히 피세避世할 만 하네."

공손찬이 스스로 역현易縣이 바로 동요에 나오는 곳으로 알고 마침내 역현으로 옮겨갔다. 사방에 10겹의 참호를 파 참호 속에 높은 언덕을 쌓아 올려 높이가 모두 5–6장이 되게 하고 언덕 위에는 누대를 세웠다.

공손찬은 중간의 참호 가운데에 특별히 높은 언덕을 쌓아 높이가 10장이 되게 한 뒤 그 위에서 살았다. 쇠대문을 만들고 좌우에서 시봉하는 자들을 없앤 뒤 대신 7세 이상의 남자는 그 문을 들어오지 못하게 하고 오직 처첩들과 함께 그 안에서 살았다. 보고문서는 모두 새끼줄을 이용해 위로 올라가게 했다. 부녀들에게 큰 목소리로 소리 지르는 것을 연습하게 해 음성이 멀리 수백 보까지 들리게 한 뒤 명령을 전달했다.

찾아오는 손님이 끊어지고 가까운 측근도 없게 된 이유다. 참모들과 장수들이 점차 이반해 달아났다. 이후 매우 드물게 출격해 싸웠다. 어떤 사람이 그 이유를 묻자 공손찬이 이같이 대답했다.

"나는 예전에 새외에서 반란을 일으킨 호인들을 몰아내고 맹진에서 황건적을 쓸어냈다. 그 때 천하는 쉽게 평정할 수 있을 것으로 보였다. 오늘 돌이켜 보니 전쟁이 방금 일어난 것같이 여겨지고 천하평정은 내가 능히 결정할 것이 아니라는 생각이 들었다. 차라리 군사를 쉬게 해 열심히 경작하며 흉년을 넘기는 것만 못하다. 병법에 보면 백층이나 되는 높은 누각은 공격할 수 없다 했으니 지금 나의 각 영내의 망루는 이미 수십 층이나 된다. 곡물을 300만 곡 쌓아두고 이를 다 먹을 때까지면 족히 천하가 평정될 때를 기다릴 수 있을 것이다."

16) 남선우 어부라가 죽자 동생 호주천呼廚泉이 즉위했다. 평양平陽에 머물렀다.

* 孝獻皇帝興平二年

春, 正月, 癸丑, 赦天下.

曹操敗呂佈於定陶.

詔即拜袁紹為右將軍.

董卓初死, 三輔民尚數十萬戶, 李傕等放兵劫略, 加以饑饉, 二年間, 民相食略盡. 李傕·郭汜·樊稠各相與矜功爭權, 欲斗者數矣, 賈詡每以大體責之, 雖內不能善, 外相含容. 樊稠之擊馬騰·韓遂也, 李利戰不甚力, 稠叱之曰, "人欲截汝父頭, 何敢如此! 我不能斬卿邪!”及騰·遂敗走, 稠追至陳倉, 遂語稠曰, “本所爭者非私怨, 王家事耳. 與足下州里人, 欲相與善語而別.” 乃俱卻騎, 前接馬, 交臂相加, 共語良久而別. 軍還, 李利告傕曰, “韓·樊交馬語, 不知所道, 意愛甚密.” 傕亦以稠勇而得衆, 忌之. 稠欲將兵東出關, 從傕索益兵. 二月, 傕請稠會議, 便於坐殺稠. 由是諸將轉相疑貳. 傕數設酒請郭汜, 或留汜止宿. 汜妻恐汜愛傕婢妾, 思有以間之. 會傕送饋, 妻以豉為藥, 擿以示汜曰, “一棲不兩雄, 我固疑將軍信李公也.” 他日, 傕復請汜, 飲大醉, 汜疑其有毒, 絞糞汁飲之. 於是各治兵相攻矣.

帝使侍中·尚書和傕·汜, 傕·汜不從. 汜謀迎帝幸其營, 夜有亡者. 告傕. 三月, 丙寅, 傕使兄子暹將數千兵圍宮, 以車三乘迎帝. 太尉楊彪曰, “自古帝王無在人家者, 諸君舉事, 奈何如是!” 暹曰, “將軍計定矣.” 於是君臣步從乘輿以出, 兵即入殿中, 掠宮人·御物. 帝至傕營, 傕又徙御府金帛置其營, 遂放火燒宮殿·官府·民居悉盡. 帝復使公卿和傕·汜, 汜留楊彪及司空張喜·尚書王隆·光祿勳劉淵·衛尉士孫瑞·太僕韓融·廷尉宣璠·大鴻臚榮郃·大司農朱俊·將作大匠梁邵·屯騎校尉姜宣等於其營為質. 朱俊憤懣發病死.

夏, 四月, 甲子, 立貴人琅邪伏氏為皇后. 以後父侍中完為執金吾.

郭汜饗公卿, 議政李傕. 楊彪曰, “群臣共鬥, 一人劫天子, 一人質公卿, 可行乎!” 汜怒, 欲手刃之. 彪曰, “卿尚不奉國家, 吾豈求生邪!” 中郎將楊密固諫, 汜乃止. 傕召羌·胡數千人, 先以御物繒綵與之, 許以宮人·婦女, 欲令攻郭汜. 汜陰與傕黨中郎將張苞等謀攻傕. 丙申, 汜將兵夜攻傕門, 矢及帝簾帷中, 又貫傕左耳. 苞等燒屋, 火不然. 楊奉於外拒汜, 汜兵退, 苞等因將所領兵歸汜.

是日, 傕復移乘輿塢北塢, 使校尉監塢門, 內外隔絕, 侍臣皆有饑色. 帝求米五斗·牛骨五具以賜左右. 傕曰, “朝晡上飯, 何用米為?”

乃以臭牛骨與之. 帝大怒, 欲詰責之. 侍中楊琦諫曰, "傕自知所犯悖逆, 欲轉車駕幸池陽黃白城, 臣願陛下忍之." 帝乃止. 司徒趙溫與傕書曰, "公前屠陷王城, 殺戮大臣, 今爭睚眥之隙, 以成千鈞之讎. 朝廷欲令和解, 詔命不行, 而復欲轉乘輿於黃白城, 此誠老夫所不解也. 於『易』, 一為過, 再為涉, 三而弗改, 滅其頂, 凶. 不如早共和解." 傕大怒, 欲殺溫, 其弟應諫之, 數日乃止. 傕信巫覡厭勝之術, 常以三牲祠董卓於省門外. 每對帝或言"明陛下", 或言"明帝", 為帝說郭汜無狀, 帝亦隨其意應答之. 傕喜, 自謂良得天子歡心也.

閏月, 己卯, 帝使謁者僕射皇甫酈和傕·汜. 酈先詣汜, 汜從命. 又詣人鶴, 傕不肯, 曰, "郭多, 盜馬虜耳, 何敢欲與吾等邪! 必誅之! 君觀吾方略士眾, 足辦郭多否邪? 郭多又劫質公卿, 所為如是, 而君苟欲左右之邪?" 酈曰, "近者董公之強, 將軍所知也. 呂布受恩而反圖之, 斯須之間, 身首異處, 此有勇而無謀也. 今將軍身為上將, 荷國寵榮, 汜質公卿而將軍脅主, 誰輕重乎! 張濟與汜有謀, 楊奉, 白波賊帥耳, 猶知將軍所為非是, 將軍雖寵之, 猶不為用也." 傕呵之令出. 酈出, 詣省門, 白"傕不肯奉詔, 辭語不順." 帝恐傕聞之, 亟令酈去. 傕遣虎賁王昌呼, 欲殺之, 昌知酈忠直, 縱令去, 還答傕, 言"追之不及."

辛巳, 以車騎將軍李傕為大司馬, 在三公之右.

呂布將薛蘭·李封屯巨野, 曹操攻之, 布救蘭等, 不勝而走, 操遂斬蘭等. 操軍乘氏, 以陶謙已死. 欲遂取徐州, 還乃定布. 荀彧曰, "昔高祖保關中, 光武據河內, 皆深根固本以制天下, 進足以勝敵, 退足以堅守, 故雖有困敗而終濟大業. 將軍本以兗州首事, 平山東之難, 百姓無不歸心悅服. 且河·濟, 天下之要地也, 今雖殘壞, 猶易以自保, 是亦將軍之關中·河內也, 不可以不先定. 今已破李封·薛蘭, 若分兵東擊陳宮, 宮必不敢西顧, 以其間勒兵收熟麥, 約食畜谷, 一舉而布可破也. 破布, 然後南結揚州, 共討袁術, 以臨淮·泗. 若捨布而東, 多留兵則不足用, 少留兵則民皆保城, 不得樵采, 布乘虛寇暴, 民心益危, 唯鄄城·范·衛可全, 其餘非己之有, 是無兗州也. 若徐州不定, 將軍當安所歸乎! 且陶謙雖死, 徐州未易亡也. 彼懲往年之敗, 將懼而結親, 相為表裡. 今東方皆已收麦, 必堅壁清野以待將軍, 攻之不拔, 略之無獲, 不出十日, 則十萬之眾, 未戰而先自困耳. 前討徐州, 威罰實行, 其子弟念父兄之恥, 必人自為守, 無降心, 就能破之, 尚不可有也. 夫事固有棄此取彼者, 以大易小可也, 以安易危可也, 權一時之勢, 不患本之不固可也. 今三者莫利, 惟將軍熟慮之." 操乃止. 布復從東緡與陳宮將萬餘人來戰, 操兵皆出收麥, 在者不能千人, 屯營不固. 屯西有大堤, 其南樹木幽深, 操隱兵堤裡, 出半兵堤外. 布益進, 乃令輕兵挑戰, 既合, 伏兵乃悉乘堤, 步騎並進, 大破之, 追至其營而還. 布夜走, 操復攻拔定陶, 分兵平諸縣.

布東奔劉備, 張邈從布, 使其弟超將家屬保雍兵. 布初見備, 甚尊敬之, 謂備曰, "我與卿同邊地人也! 布見關東起兵, 欲誅董卓. 布殺卓東出, 關東諸將無安布者, 皆欲殺布耳." 請備於帳中, 坐婦床上, 令婦向拜, 酌酒飲食, 名備為弟. 備見布語言無常, 外然之而內不悅.

李傕·郭汜相攻連月, 死者以萬數. 六月, 傕將楊奉謀殺傕, 事洩, 遂將兵叛傕, 傕眾稍衰. 庚午, 鎮東將軍張濟自陝至, 欲和傕·汜, 遷乘輿權幸弘農. 帝亦思舊京, 遣使宣諭, 十反, 汜·傕許和, 欲質其愛子. 傕妻愛其男, 和計未定, 而羌·胡數來窺省門, 曰, "天子在此中邪! 李將軍許我宮人, 今皆何在?" 帝患之, 使侍中劉艾謂宣義將軍賈詡曰, "卿前奉職公忠, 故仍升榮寵. 今羌·胡滿路, 宜思方略." 詡乃召羌·胡大帥飲食之, 許以封賞, 羌·胡皆引去, 傕由此單弱. 於是復有言和解之計者, 傕乃從之, 各以女為質.

秋, 七月, 甲子, 車駕出宣平門, 當渡橋, 汜兵數百人遮橋曰, "此天子非也?" 車不得前. 傕兵數百人, 皆持大戟在乘輿車前, 兵欲交, 侍中劉艾大呼曰, "是天子也!" 使侍中楊琦高擧車帷, 帝曰, "諸君何敢迫近至尊邪?" 汜兵乃卻. 既渡橋, 士衆皆稱萬歲. 夜到霸陵, 從者皆饑, 張濟賦給各有差. 傕出屯池陽. 丙寅, 以張濟為票騎將軍, 開府如三公. 郭汜為車騎將軍, 楊定為後將軍, 楊奉為興義將軍. 皆封列侯. 又以故牛輔部曲董承為安集將軍. 郭汜欲令車駕幸高陵, 公卿及濟以為宜幸弘農, 大會議之, 不決. 帝遣使諭汜曰, "弘農近郊廟, 勿有疑也." 汜不從. 帝遂終日不食. 汜聞之曰, "可且幸近縣." 八月, 甲辰, 車駕幸新豐. 丙子, 郭汜復謀脅帝還都郿, 侍中種輯知之, 密告楊定·董承·楊奉令會新豐. 郭汜自知謀洩, 乃棄軍入南山.

曹操圍雍丘, 張邈詣袁術求救, 未至, 為其下所殺.

冬, 十月, 以曹操為兗州牧.

戊戌, 郭汜黨夏育·高碩等謀脅乘輿西行. 侍中劉艾見火起不止, 請帝出幸一營以避火. 楊定·董承將兵迎天子幸楊奉營, 夏育等勒兵欲止乘輿, 楊定·楊奉力戰, 破之, 乃得出. 壬寅, 行幸華陰. 寧輯將軍段煨具服御及公卿已下資儲, 欲上幸其營. 煨與楊定有隙, 定黨種輯·左靈言煨欲反, 太尉楊彪·司徒趙溫·侍中劉艾·尚書梁紹皆曰, "段煨不反, 臣等敢以死保." 董承·楊定脅弘農督郵令言郭汜來在煨營, 帝疑之, 乃露次於道南.

丁未, 楊奉·董承·楊定將攻煨, 使種輯·左靈請帝為詔, 帝曰, "煨罪未著, 奉等攻之而欲令朕有詔耶?" 輯固請, 至夜半, 猶弗聽. 奉等乃輒攻煨營, 十餘日不下. 煨供給御膳, 稟贍百官, 無有二意. 詔使侍中·尚書告諭定等, 令與煨和解, 定等奉詔還營. 李傕·郭汜悔令車駕東, 聞定攻煨, 相詔共救之, 因欲劫帝而西. 楊定聞傕·汜至, 欲還藍田, 為汜所遮, 單騎亡走荊州. 張濟與楊奉·董承不相平, 乃復與傕·汜合. 十二月, 帝幸弘農, 張濟·李傕·郭汜共追乘輿, 大虡於弘農東澗, 陳·奉軍敗, 百官·士卒死者, 不可勝數, 棄御物·符策·典籍, 略無所遺. 射聲校尉沮儁被創墜馬, 傕謂左右曰, "尚可活否?" 儁罵之曰, "汝等凶逆, 逼劫天子, 使公卿被害, 宮人流離. 亂臣賊子, 未有如此也!" 傕乃殺之.

壬申, 帝露次曹陽. 承·奉乃譎傕等與連和, 而密遣間使至河東, 招故白波帥李樂·韓暹·胡才及南匈奴右賢王去卑, 並率其眾數千騎來, 與承·奉共擊傕等, 大破之, 斬首數千級. 於是董承等以新破傕等, 可復東引. 庚申, 車駕發東, 董承·李樂衛乘輿, 胡才·楊奉·韓暹·匈奴右賢王於後為拒. 傕等復來戰, 奉等大敗, 死者甚於東澗. 光祿勳鄧淵·廷尉宣播·少府田芬·大司農張義皆死. 司徒趙溫·太常王絳·衛尉周忠·司隸校尉管郃為傕所遮, 欲殺之, 賈詡曰, "此皆大臣, 卿奈何害之!" 乃止. 李樂曰, "事急矣, 陛下宜御馬." 上曰, "不可捨百官而去, 此何境哉!" 兵相連綴四十里, 方得至陝, 乃結營自守. 時殘破之餘, 虎賁·羽林不滿百人, 傕·汜兵繞營叫呼, 吏士失色, 各有分散之意. 李樂懼, 欲令車駕御船過砥柱, 出孟津. 楊彪以為河道險難, 非萬乘所宜乘. 乃使李樂夜渡, 潛具船, 舉火為應. 上與公卿步出營, 皇后兄伏德扶後, 一手挾絹十匹. 董承使符節令孫徽從人間斫之, 殺旁侍者, 血濺後衣. 河岸高十餘丈, 不得下, 乃以絹為輦, 使人居前負帝, 餘皆匍匐而下, 或從上自投, 冠幘皆壞. 既至河邊, 士卒爭赴舟, 董承·李樂以戈擊之, 手指於舟中可掬. 帝乃御船. 同濟者, 皇后及楊彪以下才數十人, 其宮女及吏民不得渡者, 皆為兵所掠奪, 衣服俱盡, 髮亦被截, 凍死者不可勝計. 衛尉士孫瑞為傕所殺. 傕見河北有火，遣騎候之，適見上渡河，呼曰，“汝等將天子去邪!” 董承懼射之，以被為幔．毁到大陽，幸李樂營．河內太守張楊使數千人負米來貢餉．

乙亥，帝御牛車，幸安邑，河東太守王邑奉獻綿帛，悉賦公卿以下，封邑為列侯，拜胡才為征東將軍，張楊為安國將軍，皆假節開府．其壘壁群帥競求拜職，刻印不給，至乃以錐畫之．乘輿居棘籬中，門戶無關閉，天子與群臣會，兵士伏籬上觀，互相鎮壓以為笑．帝又遣太僕韓融至弘農與傕·汜等連和，傕乃放遣公卿百官，頗歸所掠宮人及乘輿器服．已而糧穀盡，宮人皆食菜果．

乙卯，張楊自野王來朝，謀以乘輿還雒陽．諸將不聽，楊復還野王．是時，長安城空四十餘日，強者四散，羸者相食，二三年間，關中無復人跡．沮授說袁紹曰，“將軍累葉台輔，世濟忠義．今朝廷播越，宗廟殘毁，觀諸州郡雖外托義兵，內實相圖，未有憂存社稷恤民之意．今州域粗定，兵強士附，西迎大駕，即宮鄴都，挾天子而令諸侯，畜士馬以討不庭，誰能御之!” 潁川郭圖·淳于瓊曰，“漢室陵遲，為日久矣，今欲興之，不亦難乎! 且英雄並起，各據州郡，連徒聚眾，動有萬計，所謂秦失其鹿，先得者王．今迎天子自近，動輒表聞，從之則權輕，違之則拒命，非計之善者也.” 授曰，“今迎朝廷，於義為得，於時為宜，若不早定，必有先之者矣.” 紹不從．

初，丹楊朱治嘗為孫堅校尉，見袁術政德不立，勸孫策歸取江東．時吳景攻樊能·張英等，歲餘不克，策說術曰，“家有舊恩在東，願助舅討橫江．橫江拔，因投本土召募，可得三萬兵，以佐明使君定天下.” 術知其恨，而以劉繇據曲阿，王朗在會稽，謂策未必能定，乃許之．表策為折衝校尉，將兵千餘人·騎數十匹．行收兵，比至歷陽，眾五六千．時周瑜從父尚為丹楊太守，瑜將兵迎之，仍助以資糧．策大喜, 曰, "吾得卿, 諧也!" 進攻橫江·當利, 皆拔之, 樊能·張英敗走.

策渡江轉鬥, 所向皆破, 莫敢當其鋒者. 百姓聞孫郎至, 皆失魂魄. 長吏委城郭, 竄伏山草. 及策至, 軍士奉令, 不敢虜略, 雞犬菜茹, 一無所犯, 民乃大悅, 競以牛酒勞軍. 策為人, 美姿顏, 能笑語, 性闊達聽受, 善於用人, 是以士民見者莫不盡心, 樂為致死.

策攻劉繇牛渚營, 盡得邸閣糧穀·戰具. 時彭城相薛禮·下邳相丹楊笮融依繇為盟主, 禮據秣陵城, 融屯縣南, 策皆擊破之. 又破繇別將於梅陵, 攻湖孰·江乘, 皆下之, 進擊繇於曲阿. 繇同郡太史慈時自東萊來省繇, 會策至, 或勸繇可以慈為大將. 繇曰, "我若用子義, 許子將不當笑我邪!" 但使慈偵視輕重. 時獨與一騎卒遇策於神亭, 策從騎十三, 皆堅舊將遼西韓當·零陵黃蓋輩也. 慈便前鬥, 正與策對, 策刺慈馬, 而攬得慈項上手戟, 慈亦得策兜鍪. 會兩家兵騎並各來赴, 於是解散. 繇與策戰, 兵敗, 走丹徒. 策入曲阿, 勞賜將士, 發恩布令, 告諭諸縣曰, "其劉繇·笮融等故鄉部曲來降首者, 一無所問. 樂從軍者, 一身行, 復除門戶. 不樂者不強." 旬日之間, 四面雲集, 得見兵二萬餘人, 馬千餘匹, 威震江東.

丙辰, 袁術表策行殄寇將軍. 策將呂范言於策曰, "今將軍事業日大, 士眾日盛, 而綱紀猶有不整者, 范願暫領都督, 佐將軍部分之." 策曰, "子衡既士大夫, 加手下已有大眾, 立功於外, 豈宜復屈小職, 知軍中細事乎!" 范曰, "不然. 今捨本土而託將軍者, 非為妻子也, 欲濟世務也. 譬猶同舟涉海, 一事不牢, 即俱受其敗. 此亦范計, 非但將軍也." 策笑, 無以答. 范出, 便釋褠, 著褲褶, 執鞭詣閣下啟事, 自稱領都督, 策乃授傳, 委以眾事. 由是軍中肅睦, 威禁大行.

策以張紘為正議校尉, 彭城張昭為長史, 常令一人居守, 一人從征討, 及廣陵秦松·陳端等亦參與謀謨. 策待昭以師友之禮, 文武之事,一以委昭. 昭每得北方士大夫書疏, 專歸美於昭, 策聞之, 歡笑曰, "昔管子相齊, 一則仲父, 二則仲父, 而桓公為霸者宗. 今子布賢, 我能用之, 其功名獨不在我乎!"

袁術以從弟胤為丹楊太守. 周尚·周瑜皆還壽春. 劉繇自丹徒將奔會稽, 許劭曰, "會稽富實, 策之所貪, 且窮在海隅, 不可往也. 不如豫章, 北達豫壤, 西接荊州. 若收合吏民, 遣使貢獻, 與曹兗州相聞, 雖有袁公路隔在其間, 其人豺狼, 不能久也. 足下受王命, 孟德·景升必相救濟." 繇從之.

初, 陶謙以笮融為下邳相, 使督廣陵·下邳·彭城糧運. 融遂斷三郡委輸以自入, 大起浮屠祠, 課人讀佛經, 招致旁郡好佛者至五千餘戶. 每浴佛, 輒多設飲食, 布席於路, 經數十里, 費以巨億計. 及曹操擊破陶謙, 徐土不安, 融乃將男女萬口走廣陵, 廣陵太守趙昱待以賓禮. 先是彭城相薛禮為陶謙所逼, 屯秣陵, 融利廣陵資貨, 遂乘酒酣殺昱, 放兵大掠, 因過江依禮, 既而復殺之. 劉繇使豫章太守朱皓攻袁術所用太守諸葛玄, 玄退保西城. 及繇泝江西上, 駐於彭澤, 使融助皓攻玄. 許劭謂繇曰, "笮融出軍, 不顧名義者也. 朱文明喜推誠以信人, 宜使密防之." 融到, 果詐殺皓, 代領郡事. 繇進討融, 融敗走, 入山, 為民所殺. 詔以前太傅掾華歆為豫章太守. 丹楊都尉朱治逐吳郡太守許貢而據其郡, 貢南依山賊嚴白虎.

張超在雍丘, 曹操圍之急, 韓曰, "惟臧洪當來救吾." 眾曰, "袁·曹方睦, 洪為袁所表用, 必不敗好以招禍." 超曰, "子源天下義士, 終不背本. 但恐見制強力, 不相及耳." 洪時為東郡太守, 徒跣號泣, 從紹請兵, 將赴其難, 紹不與. 請自率所領以行, 亦不許. 雍丘遂潰, 張超自殺, 操夷其三族. 洪由是怨紹, 絕不與通. 紹興兵圍之, 歷年不下. 紹令洪邑人陳琳以書喻之, 洪復書曰, "僕小人也, 本乏志用. 中因行役, 蒙主人傾蓋, 恩深分厚, 遂竊大州, 寧樂今日自還接刃乎! 當受任之初, 自謂究竟大事, 共尊王室. 豈悟本州被侵, 郡將遘厄, 請師見拒, 辭行被拘, 使洪故君遂至淪滅, 區區微節, 無所獲申, 豈得復全交友之道, 重虧忠孝之名乎! 斯所以忍悲揮戈, 收淚告絕. 行矣孔璋, 足下徼利於境外, 臧洪投命於君親. 吾子托身於盟主, 臧洪策名於長安. 子謂余身死而名滅, 僕亦笑子生而無聞焉!" 紹見洪書, 知無降意, 增兵急攻. 城中糧穀已盡, 外無強救, 洪自度必不免, 呼將吏士民謂曰, "袁氏無道, 所圖不軌, 且不救洪郡將, 洪於大義, 不得不死. 念諸君無事空與此禍, 可先城未敗, 將妻子出." 皆垂泣曰, "明府與袁氏本無怨隙, 今為本朝郡將之故, 自致殘困. 吏民何忍當捨明府去也!" 初尚掘鼠煮筋角, 後無可復食者. 主簿啟內廚米三升, 請稍以為饘粥, 洪歎曰, "何能獨甘此邪!" 使作薄糜, 遍班士眾, 又殺其愛妾以食將士. 將士咸流涕, 無能仰視者. 男女七八千人, 相枕而死, 莫有離叛者. 城陷, 生執洪. 紹大會諸將見洪, 謂曰, "臧洪, 何相負若此! 今日服未?" 洪據地瞋目曰, "諸袁事洪, 四世五公, 可謂受恩. 今王室衰弱, 無扶翼之意, 欲因際會, 希冀非望, 多殺忠良以立奸威. 洪親見呼張陳留為兄, 則洪府君亦宜為弟, 同共戮力, 為國除害, 奈何擁眾觀人屠滅! 惜洪力劣, 不能推刃為天下報仇, 何謂服乎!" 紹本愛洪, 意欲令屈服, 原之. 見洪辭切, 知終不為己用, 乃殺之. 洪邑人陳容少親慕洪, 時在紹坐, 起謂紹曰, "將軍舉大事, 欲為天下除暴, 而先誅忠義, 豈合天意! 臧洪發舉為郡將, 奈何殺之! . 紹慚, 使人牽出, 謂曰, "汝非臧洪儔, 空復爾為!" 容顧曰, "仁義豈有常, 蹈之則君子, 背之則小人. 今日寧與臧洪同日而死, 不與將軍同日而生也!" 遂復見殺. 在坐無不歎息, 竊相謂曰, "如何一日殺二烈士!"

公孫瓚既殺劉虞, 盡有幽州之地, 志氣益盛, 恃其才力, 不恤百姓,記過忘善, 睚眥必報. 衣冠善士, 名在其右者, 必以法害之. 有材秀者, 必抑困使在窮苦之地. 或問其故, 瓚曰, "衣冠皆自以職分當貴, 不謝人惠." 故所寵愛, 類多商販·庸兒, 與為兄弟, 或結婚姻. 所在侵暴, 百姓怨之. 劉虞從事漁陽鮮於輔等, 合率州兵欲共報仇, 以燕國閻柔素有恩信, 推為烏桓司馬. 柔招誘胡·漢數萬人, 與瓚所置漁陽太守鄒丹戰於潞北, 斬丹等四千餘級. 烏桓峭王亦率種人及鮮卑七千餘騎, 隨輔南迎虞子和與袁紹將麴義, 合兵十萬共攻瓚, 破瓚於鮑丘, 斬首二萬餘級. 於是代郡·廣陽·上谷·右北平各殺瓚所置長吏, 復與鮮於輔·劉和兵合, 瓚軍屢敗.

先是有童謠曰, "燕南垂, 趙北際, 中央不合大如礪, 唯有此中可避世." 瓚自謂易地當之, 遂徙鎮易, 為圍塹十重, 於塹裡築京, 皆高五六丈, 為樓其上. 中塹為京, 特高十丈, 自居焉. 以鐵為門, 斥去左右, 男人七歲以上不得入門, 專與姬妾居. 其文簿·書記皆汲而上之. 令婦人習為大聲, 使聞數百步, 以傳宣教令. 疏遠賓客, 無所親信, 謀臣猛將, 稍稍乖散. 自此之後, 希復攻戰. 或問其故, 瓚曰, "我昔驅畔胡於塞表, 掃黃巾於孟津, 當此之時, 謂天下指麾可定. 至於今日, 兵革方始, 觀此, 非我所決, 不如休兵力耕, 以救凶年. 兵法, 百樓不攻. 今吾諸營樓櫓數十重, 積穀三百萬斛. 食盡此谷, 足以待天下之事矣."

南單于於扶羅死, 弟呼廚泉立, 居於平陽.

** 권62-한기漢紀 54: 조조가 정적 원소를 치다

한헌제 건안建安 원년(AD 196)

1) 봄 정월 7일, 대사면을 내리고 연호를 건안建安으로 바꿨다.

2) 동승과 장양이 천자를 낙양으로 다시 돌려보내려 했으나 양봉과 이락은 원치 않았다. 제장들이 서로 의심하며 두 마음이 생기게 됐다.

2월, 한섬이 동승을 치자 동승이 야왕으로 달아났다. 한섬이 문희聞喜산서성 안읍에 주둔하고 호재와 양봉은 오향塢鄉하남성 언사현에 도착했다. 호재가 한섬을 치려고 하자 황제가 사자를 보내 저지하도록 고유했다.

3) 여남과 영천의 황건적 하의何儀 등이 부중을 이끌고 원술에게 귀부하니 조조가 하의 등을 격파했다.

4) 장양이 동승을 보내 우선 낙양궁을 수선하게 했다. 태복 조기가 동승을 위해 유표를 설득해 군사를 낙양에 보내 궁실 수선을 돕게 했다. 군용물자의 운송이 앞뒤로 그치지 않았다.

5월 2일, 황제가 사자를 양봉과 이락 및 한섬의 군영에 보내 낙양으로 귀환할 때 호송해 줄 것을 명하자 양봉 등이 이를 받아들였다.

6월 1일, 거가가 문희에 이르렀다.

5) 원술이 유비를 쳐 서주를 빼앗으려 하니 유비가 사마 장비를 하비에 주둔하게 하고 직접 군사를 이끌고 우이盱眙강소성 서부와 회양淮陽회수 이북으로 가 원술을 막았다. 서로 1달이 지나도록 교전했으나 승부가 나지

않았다.

하비상 조표는 도겸의 옛 제장이었으나 장비와 불목했다. 장비가 그를 죽이자 성 안에서 반란이 일어났다. 원술이 여포에게 서신을 주어 하비를 엄습하게 하고 군량 원조를 허락했다. 여포가 크게 기뻐하며 수군과 육군을 거느리고 동쪽으로 내려가니 유비가 임명한 중랑장 단양인 허탐許耽은 성문을 열고 그를 맞아들였다. 장비가 패해 도주하니 여포가 유비의 처자식과 제장과 관원, 그의 가속들을 포로로 잡았다.

유비가 소식을 듣고 군사를 이끌고 돌아왔으나 하비에 도착했을 때 병사들이 흩어졌다. 유비가 나머지 병사들을 수습해 동쪽으로 내려가 광릉을 공략한 뒤 원술과 교전했으나 또 패했다. 해서海西강소성 동해에 주둔했다. 기아가 극심해 관원과 병사들이 서로 상대방을 죽여 인육으로 허기를 채웠다.

종사 동해인 미축이 가재를 털어 군자금을 지원하자 유비가 이내 여포에게 투항을 구했다. 여포도 원술이 군량을 계속 공급하지 않는 것을 원망해 유비를 불러 예주자사에 임명했다. 여포가 유비와 합세해 원술을 공격한 뒤 유비를 소패에 주둔하게 하고 스스로 서주목이 됐다.

여포의 부장 하내인 학맹郝萌이 야음을 틈타 여포를 공격하니 여포가 봉두산발로 옷을 갖춰입지 못한 채 도독 고순高順의 군영으로 도주했다. 고순이 즉각 병비兵備를 갖춰 관부에 쳐들어가 학맹을 치니 학맹이 패주했다. 날이 밝자 학맹의 부장 조성曹性이 그를 죽였다.

6) 6월 6일, 양봉과 한섬이 황제를 시위해 동쪽으로 돌아왔다. 장양張楊이 양식을 가지고 와 길에서 영접했다.

가을 7월 1일, 천자가 낙양에 도착해 전 중상시 조충의 집에서 머물렀다.

7월 14일, 대사령을 내렸다.

8월 8일, 황제가 남궁의 양안전楊安殿에 들었다. 장양이 스스로 공로가 있다고 생각해 궁전의 이름을 자신의 이름을 따 양안전이라고 했다. 장양이 제장들에게 말했다.

"천자는 천하 사람이 받드는 것이니 조정의 일은 공경대신이 처리해야 합니다. 나는 의당 나아가 외환을 막겠습니다."

장양이 야왕으로 돌아가고 양봉도 낙양에서 나와 양현梁縣하남성 임여현에 주둔했다. 한섬과 동승만이 남아 경성의 경비를 맡았다. 안국장군 장양을 대사마, 양봉을 거기장군, 한섬을 대장군·영사례교위로 삼았다. 모두에게 가절假節의 자격으로 황월黃鉞을 지니게 했다.[190]

당시 궁실은 예전에 이미 타버려 백관들이 가시나무를 쪼개 울타리로 삼고 담장에 의지해 사는데도 각 주군들은 강병을 거느리고도 진공進貢하지 않았다. 신료들이 기아로 곤경에 처하자 상서랑 이하 관리들이 들로 나아가 야생곡물을 채집하니 어떤 자는 담장 사이에서 굶어 죽기도 하고 어떤 자는 병사에게 살해되기도 했다.

7) 이런 참언이 나돌았다.

"한나라를 대신할 자는 의당 도고途高이다!"[191]

원술은 이 참언이 자신의 이름인 술術 자와 부합한다고 스스로 생각

---

190 황월黃鉞의 월鉞은 비교적 크기가 큰 청동 내지 철제 도끼를 가리킨다. 천자가 사용하는 것은 황금으로 장식한 까닭에 '황월'이라고 했다. 최고의 군사권을 상징한다. 대신들과 일선 장군들이 전장에 나갈 때 잠정적으로 황월을 내리는 것을 두고 '가황월假黃鉞'이라고 했다. 황월은 천자만이 사용하고 신하들은 감히 사용할 수 없다는 의미에서 나온 용어이다. 가황월은 비록 한시적이기는 하되 최고의 군사권이 이양됐음을 상징했다.

191 원문은 '대한자당도고代漢者當塗高'이다. 이 참언은 광무제의 건무 6년인 30년에 이미 널리 유포된 바 있다. 당시의 참언 구절은 '대한자성당도代漢者姓當塗, 기명고其名高'였다. 원술은 자신의 이름인 '술術'과 자字인 '공로公路'의 글자 요소 가운데 '출朮'자와 '로路'자를 합치면 길을 뜻하는 '도途'자가 돼 참언과 일치한다고 멋대로 생각한 것이다.

했다. 그는 또 원씨는 춘추시대의 진국陳國에서 나왔으니 순임금의 후대이며 '이황대적以黃代赤'이 되어야만 오행상의 이치에도 부합한다고 생각했다.[192] 원술이 찬위하기 위한 반역 음모를 꾸미게 된 배경이다.

원술은 손견이 전국새를 손에 넣었다는 소문을 듣고 손견의 처자를 잡아 옥새를 빼앗았다. 천자가 조양에서 패했다는 소식을 듣고는 부하들을 불러 칭제하는 문제를 상의하게 했다. 아무도 감히 입을 열지 못하자 주부 염상이 간했다.

"예전에 주나라는 후직으로부터 문왕 때까지 공덕이 높아 천하의 3분의 2를 가졌음에도 계속 은나라에 신복했습니다. 명공은 비록 누세에 걸쳐 극히 창성한 집안이기는 하나 아직 주나라의 흥성만은 못합니다. 한실 또한 비록 쇠약하다 하나 은나라 주왕처럼 잔학하지는 않습니다."

원술은 묵연默然히 말이 없었다.

원술이 처사 장범張范을 불렀으나 장범이 나오지 않고 자신의 동생인 장승張承을 보내 사양의 뜻을 전하자 원술이 장승에게 말했다.

"고孤는 광대한 땅을 지니고 있고 사민士民 또한 많으니 제환공의 복을 구하고 한고제를 닮으려고 하는데 어찌 생각하는가?"

장승이 말했다.

"득천하得天下는 도덕에 있지 강대함에 있지 않습니다. 도덕을 행해 천하 사람의 뜻에 따르는 것이 비록 처음에는 필부의 행동에 불과하지만 패왕의 공업을 일으킬 수 있으니 어렵다고 할 수는 없습니다. 만일 참월僭越하게 찬위簒位하려 든다면 천시天時를 위배해 행동하는 것으로 이는 백

---

192 음양오행상 적색은 한나라의 화덕火德을 의미하므로 다음에 나올 왕조는 이를 대신하는 황색의 토덕土德으로 간주된다. 원술이 '이황대적以黃代赤'을 주장한 이유가 여기에 있다.

성들이 버리고자 하는 게 되니 누가 능히 흥성할 수 있겠습니까?"

원술이 듣고 매우 언짢아했다. 손책이 원술에게 서신을 보내 충고했다.

"은나라 탕왕이 하나라의 폭군 걸桀을 칠 때는 하나라는 많은 죄를 지었다는 뜻의 '유하다죄有夏多罪', 주무왕이 은나라의 폭군 주紂를 칠 때는 은나라는 혹형이 많다는 의미의 '은유중벌殷有重罰'을 언급했습니다. 탕왕과 무왕이 모두 비록 성덕이 있었지만 만일 당시 걸과 주가 잘못이 없었다면 그들이 천하를 탈취할 이유가 없었을 것입니다. 지금 주상은 천하 사람에 대해 악을 행한 일이 없습니다. 단지 유충해 강포한 신하의 협박을 받고 있을 뿐이니 이는 탕무의 시대와는 다른 것입니다. 동탁이 탐람 황음하고 교만 방자한데다 욕심이 끝이 없었으나 폐주廢主하고 자립하는 지경까지는 감히 하지 못했습니다. 그런데도 천하 사람이 일제히 그를 원수로 생각했는데 하물며 그를 본받아 그보다 더욱 큰 잘못을 저지르려 하는 것입니까? 또한 듣건대 유주幼主는 명지총민明智聰敏해 일찍이 덕을 이루었다고 하니 천하가 비록 그의 은혜를 입지 못했다 해도 모두 마음이 주상을 향해 있습니다. 사군은 5대를 이어 한조를 보좌해 영총榮寵이 그 누구와도 비교할 수 없습니다. 이치상 의당 충성을 다해 신하의 도리를 다함으로써 주공 단旦과 소공 석奭의 공업을 이루는 것이 천하 사람이 바라는 것입니다. 지금 사람들이 도참설의 도위圖緯에 미혹돼 멋대로 해석하는 것을 즐기니 성패득실의 계책을 고려하지 못하고 있습니다. 성패는 고금에 모두 신중히 한 것으로 어찌 고려하지 않을 수 있겠습니까? 옛날 말에 충직한 말은 귀에 거슬리는 충언역이忠言逆耳와 논박은 증오를 낳게 되는 박의치증駁議致憎 얘기가 있습니다. 실로 존명尊明[193]에게 조금이라도 유익함이 있다면 어찌 감히 사양할 수 있겠습니까?"

---

193 존명尊明은 상관에 대한 존칭이다. 성명聖明한 군주를 가리키기도 한다.

원술은 당초 회남에 많은 군사와 백성이 있기 때문에 손책이 틀림없이 자신을 지지할 것으로 생각했다. 손책의 서신을 받고는 상심해 병이 났다. 손책은 원술이 이미 그의 의견을 받아들이지 않는 것을 보고 원술과 왕래를 끊었다.

8) 조조가 허현許縣에 있으면서 천자를 맞아들일 계획을 하자 사람들이 말했다.[194]

"산동이 아직 평정되지 않은데다 한섬과 양봉이 스스로 공이 있다고 믿고 교만 방자하니 한 번에 제압할 수 없습니다."

순욱이 말했다.

"예전에 진문공晉文公은 주양왕周襄王을 맞아 제후를 복종시켰고 한 고제도 의제義帝를 위한 호소縞素상복를 해 천하 사람이 성심으로 귀부했습니다. 천자가 밖에서 떠돌게 되자 장군이 앞장서서 의병을 일으켰으나 산동에 전란에 있어 마중 나갈 여가가 없었습니다. 지금 천자의 수레인 난가鑾駕가 돌아오더라도 동경東京 즉 낙양은 풀이 우거져 있으니 충의지사는 근본을 보존하고픈 마음이 간절하고 조민兆民백성은 옛날을 그리는 아픔에 젖게 됩니다. 진정 이 기회를 이용해 주상을 맞이해 백성의 바람을 따라야 할 것이 시의에 맞는 것입니다. 지공至公으로 천하 사람을 심복시키는 것이 가장 좋은 계책이고 대의大義를 널리 일으켜 천하영재를 부르는 것이 가장 큰 덕행입니다. 사방에 비록 반역을 꾀하는 역신들이 있다해도 그들이 무엇을 능히 하겠습니까? 한섬과 양봉이 어찌 고려의 대상이 되겠습니까? 만일 빨리 결정짓지 못하면 호걸들에게 욕심을

194 허현은 춘추시대 때 허국許國이었으나 진나라 때 허현이 됐다. 치소는 지금의 하남성 허창현 동쪽에 있었다. 후한 건안 원년인 196년 조조가 헌제를 맞이해 이곳을 도읍으로 삼았다. 위나라 황초 2년인 221년 허창許昌으로 이름을 바꿨다.

일으키도록 만들 것이니 후에 비록 다시 하고자 해도 어쩔 수가 없을 것입니다."

조조가 양무중랑장揚武中郎將 조홍曹洪에게 군사를 이끌고 서쪽으로 가 천자를 영접하도록 했으나 동승董承 등이 험지險地에 기대어 항거하자 조홍이 나아가지 못했다.

의랑 동소董昭가 양봉의 군사가 비록 강하지만 외원을 하는 세력이 별로 없다는 것을 알고 조조를 대신해 양봉에게 서신을 써 설득했다.

"나는 장군의 대명을 오래전부터 듣고 늘 당신의 충의를 앙모하면서 성심으로 사귀고 싶어 했소. 지금 장군이 온갖 어려움 속에서 천자를 구해 옛 수도로 돌아오니 보좌한 공로가 이 세상에서 둘도 없이 커 그 누구도 당할 수 없을 것이오. 지금 여러 흉적들이 중원을 크게 어지럽혀 사해가 안녕치 못하오. 황제의 자리인 신기神器가 매우 중요해 대신의 보좌가 필요하오. 반드시 많은 현명한 지사들이 나서 군왕이 나아가는 길 위의 장애를 제거해야만 하오. 이는 확실히 한 사람이 단독으로 할 수 있는 게 아니오. 몸통과 사지가 서로 의지하듯이 하나라도 없으면 곧 결함이 있는 것이오. 장군이 안에서 조정의 일을 주관하고 나는 밖에서 돕게 되면 지금 나는 식량이 있고 장군은 군사가 있으니 서로 보완이 돼 생사와 화복을 같이 나누게 될 것이오."

양봉이 서신을 받고 매우 기분이 좋아 제장에게 말했다.

"조연주曹兗州의 군사가 허현에 가까이 있고 군사와 식량이 있다 하니 국가는 의당 그에게 의뢰해야 한다."

모두 상표해 조조를 진동장군鎭東將軍으로 삼고 그의 부친의 작위를 이어 받아 비정후費亭侯가 되도록 했다.

한섬이 스스로 공이 있다고 자부하면서 전횡방자하자 동승이 이를 크게 우려해 은밀히 조조를 불렀다. 조조가 군사를 이끌고 낙양에 도착한 후 한섬과 장양의 죄상을 상주했다. 한섬이 주살될까 두려워 단기로 양봉에게 도망가자 황제가 한섬과 장양이 거가를 호위한 공로가 있다며 조서를 내려 일체 추궁하지 못하게 했다.

8월 18일, 조조를 사례교위·녹상서사에 임명했다. 조조가 상서 풍석馮碩 등 3명을 죄가 있다 해 주살하고 위장군衛將軍 동승 등 13인을 공이 있다 해 열후에 봉했다. 사성교위 저준을 죽음으로써 절의를 지켰다 해 홍농태수로 추증했다.

조조가 동소를 불러 함께 앉은 뒤 물었다.

"지금 고孤가 여기에 왔으니 의당 어떤 계책을 써야만 하오?"

동소가 대답했다.

"장군은 의병을 일으켜 폭란을 제거하고 천자를 배알한 후 왕실을 보좌하니 이는 춘추5패의 공업입니다.[195] 여기에 있는 제장과 사람들이 모두 의견이 달라 반드시 장군을 따른다고도 할 수 없습니다. 지금 낙양에 머물면서 천자를 보좌하는 것은 사세 상 불리하니 천자를 허현으로 옮겨야만 좋을 것입니다.

천자가 이곳저곳을 떠돌다가 최근에야 비로소 옛 수도에 돌아와 원근의 백성들이 모두 까치발을 들어 쳐다보며 신속하게 안정되길 바라고 있습니다. 지금 또 천자를 옮기는 것은 백성의 기대에 맞지 않습니다. 무릇 비상한 일에는 비상한 공업이 뒤따르는 것이니 원컨대 장군이 보아 이익이 많다고 생각되는 쪽을 취하시길 바랍니다."

조조가 말했다.

---

195 춘추5패는 춘추시대에 패자覇者를 칭한 5명의 제후를 말한다. 대략 제환공과 진문공, 초장왕, 오왕 합려, 월왕 구천을 꼽으나 일설에는 합려와 구천 대신에 송양공과 진목공을 넣기도 한다.

"이는 곧 고의 본래 마음이기도 하오. 양봉이 지금 양현 가까이 있는데 그의 군사가 정예하다고 들었소. 혹여 고의 짐이 되는 것은 아닌지 모르겠소."

동소가 대답했다.

"양봉은 약간의 무리가 지원하고 있을 뿐이어서 마음으로 우리와 결연하고 했던 것입니다. 장군을 진동장군으로 삼고 비정후에 봉한 것은 모두 양봉이 결정한 것입니다. 의당 날을 잡아 사자를 보내 후한 예물로 답례해 그를 안심시킨 뒤 이같이 말해야 합니다. '경성에 양식이 없으니 천자를 잠시 노양魯陽하남성 노양현에 모시고 갑시다. 노양은 허현에 가까이 있어 양식 운반이 비교적 쉬울 것이니 가히 궁핍의 우려는 없을 것이오.' 양봉이 용맹하나 지략이 적어 반드시 의심치 않을 것이니 사자가 왕래하는 이 틈에 가히 계책을 마련할 수 있습니다. 양봉이 어찌 장군의 짐이 될 수 있겠습니까?"

조조가 흔쾌히 찬동하고 곧 사자를 양봉에게 보냈다.

8월 27일, 천자의 거마가 환원관轘轅關하남성 언사현을 떠나 동쪽으로 갔다가 결국 허현으로 천도했다. 천자가 조조의 군영에 도착해 조조를 대장군에 임명하고 무평후武平侯에 봉했다. 이내 허현에 종묘사직을 건립하기 시작했다.

9) 손책이 회계를 공취하려 했다. 오군吳郡 출신 엄백호 등이 각기 1만여 명의 부중을 이끌고 곳곳에 주둔하니 제장들은 엄백호를 먼저 치려고 했다. 손책이 장담했다.

"엄백호 등의 도적떼는 큰 뜻이 없다. 그들은 쉽게 사로잡힐 것이다."

솔병해 절강浙江을 넘어갔다. 회계공조 우번虞翻이 태수 왕랑王郎에게 권했다.

"손책은 용병을 잘하니 그를 피하는 게 낫습니다."

왕랑이 듣지 않고 군사를 보내 고릉固陵에서 손책을 막도록 했다. 손책은 여러 차례 물을 건너가 교전했으나 이기지 못하자 손책의 숙부 손정孫靜이 손책에게 건의했다.

"왕랑이 성에 기대어 방어하니 단번에 공략하기 어렵다. 사독査瀆절강성 소산은 여기에서 남쪽으로 수십 리에 불과하니 의당 그곳을 거점으로 해 그의 뱃속으로 진격해야 한다. 이것이 바로 적이 방비하지 못한 곳을 치는 공기불비攻其不備이고, 상대방이 전혀 예상하지 못한 곳을 기습하는 출기불의出其不意라고 할 수 있다."

손책이 그의 의견을 좇아 밤에 숱한 불을 피워 놓고 의병疑兵을 꾸민 뒤 군사를 나누어 사독로를 따라가 고천高遷에 주둔하고 있던 적의 영채를 기습했다. 왕랑이 크게 놀라 전 단양 태수 주흔周昕 등에게 군사를 이끌고 가 영격하게 했다. 손책이 주흔의 군사를 깨뜨리고 주흔의 목을 베었다. 왕랑이 몰래 도망가자 우번이 도주하는 군사의 뒤를 따라가며 왕랑을 보호했다. 배를 타고 바다를 건너 동야東冶복건성 복주에 도착하자 손책이 곧 뒤쫓아와 왕랑의 군사를 대파하니 왕랑이 손책에게 투항했다.

손책이 스스로 회계태수를 겸하고 우번을 공조에 임명한 뒤 친구 간의 예로 그를 대우했다. 손책이 사냥하기를 좋아하니 우번이 간했다.

"명부는 경무장으로 미행微行하길 좋아하니 시종하는 관원은 엄밀하게 경호할 여가가 없고 이졸吏卒들은 좇아가느라 늘 고생을 하고 있습니다. 무릇 군주로서 행동이 장중하지 않으면 위엄이 없으니 백룡白龍은 물고기로 변했다가 예차豫且에게 곤욕을 치렀습니다.[196] 또 백사白蛇가 함부

---

196 원문은 '백룡어복白龍魚服, 곤어예차困於豫且'이다. 고대 전설에 따르면 백룡이 한 번 물고기로 변했다가 어부인 예차가 쏜 화살에 눈을 다치게 됐다. 백룡이 천제天帝에게 이를 애기하자 천제가 "예차가 활을 쏠 때는 백룡이 아니라 물고기였을 뿐이니 물고기는 늘 사람들이 잡는 것이므로 예차에게는 잘못이 없다"고 판정했다.

로 나다니다 유방劉邦에 의해 살해됐으니 원컨대 조심하길 바랍니다.[197]"

손책이 대답했다.

"군의 말이 과연 옳다."

손책은 이를 고치지 않았다.

10) 9월, 사도 순우, 태위 양표, 사공 장희가 모두 파직됐다.

11) 천자가 동천할 때 양봉이 양현에서 출병해 이를 저지하고 나섰으나 미치지 못했다. 겨울 10월, 조조가 양봉을 정토하니 양봉이 남쪽으로 가 원술에게 투항했다. 마침내 양현의 영채를 공격해 무너뜨렸다.

12) 황제가 원소에게 조서를 내려 꾸짖었다.

"땅이 넓고 군사가 많은데도 오직 무리를 심는 데 열중해 근왕勤王을 위해 출동했다는 얘기는 들리지 않고 오직 멋대로 서로 토벌한다는 얘기만 들린다."

원소가 상서해 진력으로 자신을 변명하자 원소를 태위로 삼고 열후에 봉했다. 원소가 직위상 조조의 밑에 있게 된 것을 치욕으로 생각해 화를 냈다.

"조조가 몇 번이나 죽게 됐을 때 내가 모두 구해주었다. 그런데 이제 천자를 끼고 나에게 명령하려 드는 것인가?"

원소가 상표해 이를 받지 않으려고 하자 조조가 두려워해 대장군의 직함을 원소에게 주기를 청했다.

9월 병술丙戌, 조조를 사공·행行거기장군으로 임명하자 조조가 순욱을 시중·수守상서령으로 삼았다.

조조가 순욱에게 지모가 있는 인물을 추천하도록 하자 순욱이 자신의

---

197 원문은 '백사자방白蛇自放, 유계해지劉季害之'이다. 한고제 유방이 백사를 죽임으로써 진나라를 멸하고 한나라를 건국하게 됐다는 고사에서 나온 말이다.

조카인 촉군 태수 순유荀攸와 영천인 곽가郭嘉를 천거했다. 조조가 순유를 초빙해 상서로 삼고 그와 얘기를 나눈 뒤 기뻐했다.

"순유는 비상한 인물이다. 내가 그와 일을 논의할진대 천하에 그 무엇을 우려할 것인가?"

순유를 군사軍師로 삼았다.

곽가는 당초 원소를 만나러 갔었다. 원소가 심히 그를 존중해 예로써 대우했다. 수십 일이 지난 뒤 곽가가 원소의 모신謀臣 신평辛評과 곽도郭圖에게 말했다.

"무릇 지혜로운 자는 신중하게 자신의 주인을 선택해야만 만사를 온전히 할 수 있고 공명도 세울 수 있다. 원공은 한낱 주공이 현사를 예우한 것만 모방하려 들 뿐 용인의 요체를 모른다. 잡무에 바빠 요점이 없고 계획 세우는 것을 좋아하나 결단을 못 내린다. 그와 함께 천하대란을 구해 패왕의 공업을 이루는 것은 지난한 일이다. 나는 장차 새로운 주인을 찾아 나서려고 하니 그대들도 같이 가지 않을 터인가?"

두 사람이 말했다.

"원소가 천하에 은덕을 베풀어 백성 대다수가 그에게 귀순하고 있다. 더구나 지금 세력이 가장 강하니 그를 떠나 장차 어디로 간다는 말인가?"

곽가는 그들이 자신의 얘기를 깨닫지 못하고 있음을 알고 재차 말하지 않고 떠났다. 조조가 곽가를 불러 천하대사를 의논한 뒤 기뻐했다.

"고에게 대업을 성취하도록 해 줄 인물은 반드시 이 사람일 것이다!"

곽가도 조조와 얘기를 나눈 뒤 기뻐했다.

"참으로 나의 주인이다!"

조조가 상표해 곽가를 사공좨주로 천거했다.

조조가 산양인 만총滿寵을 허현 현령으로 임명했다. 조조의 종제 조홍의 빈객 중에 허현 경내에서 여러 번 범법을 한 자가 있어 만총이 그를 잡아들였다. 조홍이 만총에게 서신을 써 사정을 말하니 만총이 듣지 않았다. 조홍이 이 일을 조조에게 보고하니 조조가 허현의 주사主史를 불러들였다. 만총은 조조가 빈객을 용서하려는 것을 알고 급히 빈객을 죽여 버렸다. 조조가 기뻐했다.

"일을 하려면 이처럼 해야 하지 않는가!"

북해 태수 공융孔融은 스스로 재주가 많고 기개가 높다고 자부해 화란을 평정하는 데에 뜻을 두었다. 재주는 볼만한 것이 없는데도 뜻만 높아 줄곧 이룬 바가 없었다. 고담高談을 즐겨 말하고 교양이 풍부해 관부에 일러 준 내용 중에는 들을 만한 것이 적지 않았고 문장이 고아高雅해 읊으며 완상할 만했다.

다만 그가 논한 일들은 실제로 일일이 시행하기가 어려웠다. 단지 늘어놓고 두루 언급한 것뿐이어서 알맹이가 너무 많이 빠져 있었다. 잠시 사람의 마음을 얻었을지라도 시간이 지나면 대부분의 사람들이 그의 곁에 붙어 있으려고 하지 않았다. 그가 임용한 자들은 기이한 것을 좋아하는 부박浮薄한 자들로 약간의 재주가 있을 뿐이었다.

그는 한나라 초기의 명유 정현鄭玄을 존숭해 자손의 예로써 그를 섬기니 자신의 고향 이름을 '정공향鄭公鄕'으로 바꾸기도 했다. 청준한 선비인 좌승조左承祖와 유의손劉義遜 등이 그의 빈객으로 있었을 뿐이었다. 그들과 정사를 논하지 않은 배경이다. 그는 그 이유를 이같이 말했다.

"이들은 백성이 앙망하는 인물이기에 이들을 잃어서는 안 된다."

황건적이 침범하자 공융이 패해 도창현都昌縣으로 물러나 지켰다. 당시 원소와 조조, 공손찬 등은 앞뒤로 호응해 싸웠다. 공융은 병력도 약하고 양식도 달려 일방적으로 고립됐음에도 그들과 교신하지 않았다. 좌승조가 공융에게 의당 강한 쪽에 붙으라고 권했으나 공윤은 이를 듣지 않고 오히려 그를 죽였다. 유의손은 공융을 등지고 떠났다.

청주 자사 원담이 공융을 공격할 때 봄이 지나 여름이 다 가도록 공융의 군사는 겨우 수백 명에 불과했다. 화살이 어지럽게 사방으로 날아 다니는데도 공융은 여전히 책상에 기대어 전과 같이 책을 읽고 담소했다. 성이 밤새 함락돼 이내 동산東山으로 도망하다가 처자식이 원담에게 포로로 잡혔다. 조조가 공융과 오랜 교분이 있어 그를 불러 장작대장으로 삼았다.

원담이 청주에 도착하기 시작했을 때 그의 영토는 황하에서 서쪽으로 평원현平原縣을 넘지 않았다. 원담이 북쪽으로 전해田楷를 몰아낸 뒤 동쪽으로 공융을 치니 일시에 그의 위망이 높아졌다. 그는 소인배들을 신임한데다 사음奢淫하고 교만 방자해 이내 명망이 쇠락해졌다.

14) 중평 이후 천하가 혼란으로 분열되자 백성들은 농사일을 버리게 됐다. 사방에서 군사가 일시에 일어나니 양식이 결핍돼 1년분의 비축도 없었다. 굶게 되면 약탈하고 배가 부르면 나머지를 버리고 갔다. 와해돼 떠도는 것이 이와 같아 적을 만나기도 전에 스스로 멸망하는 자가 속출하니 그 수를 셀 수조차 없었다.

원소가 하북河北에 있을 때 군인들은 뽕과 오디를 먹었다. 원술이 강회江淮에 있을 때에는 군사들이 부들蒲과 소라 등으로 허기를 채우고 백성들은 서로 죽여 인육으로 살아가니 마을이 온통 황량해졌다.

우림감羽林監 조지가 둔전屯田의 실시를 건의하자 조조가 동의해 조지를 둔전도위에 임명하고 기도위 임준任峻을 전농중랑장典農中郎將으로 삼았다. 백성들을 모아 허현 일대에 둔전을 하도록 해 곡식 100만 곡을 거두었다. 주군에 차례로 전관田官을 두어 현지에 곡물을 쌓아놓도록 하니 얼마 후 창고가 모두 가득 차게 됐다. 조조가 사방으로 전쟁에 나서도 양식을 운반하는 노고를 덜게 돼 끝내 군웅을 겸병하는 바탕이 됐다. 군국의 부유함은 바로 조지에서 시작돼 임준에 의해 성공을 거두었다고 할 수 있다.

15) 원술이 여포가 자신에게 해를 끼칠까 염려해 아들의 혼사문제로 여포에게 청혼하니 여포가 동의했다. 원술이 부장 기령紀靈 등에게 보기 3만 명을 이끌고 유비를 치게 했다. 유비가 여포에게 구원을 청하자 제장들이 여포에게 말했다.

"장군이 늘 유비를 죽이고자 했으니 지금 원술의 손을 빌릴 만합니다."

여포가 말했다.

"그럴 수 없다. 원술이 만일 유비를 격파하게 되면 북쪽에서 가히 태산과 같은 제장들이 연합하게 되고 나는 원술의 포위에 갇히게 된다. 그를 구하지 않을 수 없다."

보기 1,000여 명을 이끌고 살과 같이 달려갔다. 기령 등은 여포가 왔다는 얘기를 듣고 군사를 거두었다. 여포가 패성沛城의 서남부에 주둔하면서 시위 군사인 영하鈴下를 보내 기령 등을 연회에 초청하니 기령 등도 역시 여포를 청했다. 여포가 가서 유비와 함께 음식을 먹으면서 기령 등에게 말했다.

"현덕玄德은 나의 동생이오. 제군에게 포위돼 곤경에 처하게 돼 내가 와서 구원한 것이오. 나 여포는 성정이 함께 싸우는 합투合鬪를 좋아하지 않고 싸움을 화해시키는 해투解鬪를 좋아하오."

이어 군후軍候부관에게 명해 영문營門에 철극鐵戟을 세워놓고 활을 가져오게 한 뒤 고개를 돌려 말했다.

"제군은 내가 창끝의 작게 갈라져 나온 부분인 극소지戟小支를 맞추는 것을 보시오. 내가 맞추면 의당 각자 군사를 해산하시고 못 맞추면 남아서 결투를 해도 좋소."

여포가 화살 한 대를 쏘아 정확히 맞추자 기령 등이 크게 놀라며 말했다.

"장군은 실로 천위天威하늘이 내린 무위이오."

다음날 다시 함께 모여 즐긴 후에 각자 해산했다.

유비가 1만여 명의 군사를 모으자 여포가 불만을 품고 군사를 이끌고 가 유비를 쳤다. 유비가 패주해 조조에게 의탁하자 조조가 그를 후히 대우해 예주목에 임명했다. 어떤 사람이 조조에게 말했다.

"유비는 영웅의 기개가 있어 지금 일찍 제거하지 않으면 후에 반드시 화가 될 것입니다."

조조는 이 일을 곽가에게 묻자 곽가가 말했다.

"그렇기는 합니다. 공은 의병을 일으켜 백성을 위해 제폭하고 정성과 신의로 준걸들을 모으고 있는데 그들이 오지 않을까 걱정입니다. 지금 유비는 영웅의 칭호가 있으나 갈 데가 없어 의탁했는데 그를 해치면 현인을 죽였다는 악명을 얻게 됩니다. 이 경우 지사智士들이 의심을 하고 마음을 돌려 새로운 주인을 찾을 것이니 공은 누구와 더불어 천하를 평정할 것입니까? 장차 화근이 될 한 인물을 제거해 천하 사람의 기대를 저버린다면 이는 존망과 관련된 중대 사안입니다. 잘 헤아리지 않으면 안 됩니다."

조조가 웃으며 말했다.

"군의 말이 옳소."

조조는 유비의 병력을 증가시켜 주고 군량을 공급함으로써 유비가 동쪽으로 소패에 가 흩어진 군사를 다시 모아 여포를 도모할 수 있게 해 주었다.

당초 유비는 예주에 있으면서 진군陳郡 출신 원환袁渙을 무재茂才로 천거했다.[198] 원환이 여포에게 억류되자 여포가 원환에게 유비를 욕하는

198 무재茂才는 향시에 합격한 수재秀才를 의미한다. 후한 때에는 광무제의 이름이 유수劉秀였으므로 이를 휘諱해 '무재'로 부르게 됐다.

서신을 쓰게 했다. 원환이 이를 거부하자 재삼 그를 강박했으나 소용이 없었다. 여포가 대로해 병기를 들고 위협하면서 말했다.

"쓰면 살고 안 쓰면 죽는다."

원환이 안색을 고치지 않고 웃으면서 말했다.

"나 원환은 도의로써 사람을 수치스럽게 만들 수 있다는 얘기는 들었어도 욕을 하면서 한다는 말은 듣지 못했소. 만일 유비가 군자라면 장군이 욕한다고 해서 수치스럽게 생각지 않을 것이오. 만일 소인이라면 장군을 욕하는 답장을 보낼 것이니 그러면 욕을 먹는 사람은 장군이지 그가 아니게 되오. 하물며 나는 과거에 유 장군을 모신 적이 있소. 이는 내가 지금 장군을 모시는 것과 한가지니 만일 내가 일단 떠났다고 다시 장군을 욕한다면 이것이 될 일이겠소?"

여포가 부끄러워 그만 두었다.

16) 장제가 관중에서 군사를 이끌고 형주 경내로 들어가 양성穰城하남성 등현을 치다가 유시流矢에 맞아 죽었다. 형주의 관속들이 모두 유표에게 축하인사를 하자 유표가 말했다.

"장제가 도망하다가 갈 곳이 없어 왔는데 나는 예를 갖춰 영접하지 않고 곧바로 교전까지 했으니 이는 나의 본의가 아니다. 나는 애도인사를 받아야지 축하인사를 받을 수 없다."

사람을 보내 장제의 무리를 받아들이니 무리들이 듣고 크게 기뻐하며 심복했다. 장제의 일족인 건충장군建忠將軍 장수張繡가 장제를 대신해 무리를 이끌고 완성宛城에 주둔했다.

당초 황제가 장안성을 나선 후 선위장군宣威將軍 가후는 인수를 돌려주고 화음으로 가서 단외에게 의탁했다. 가후는 평소 명망이 있어 단외의 군사들이 그를 앙모하자 단외가 그에 대한 예우에 만전을 기했다. 가후가 몰래 장수에게 의탁하려고 하자 누군가 물었다.

"단외가 군에게 후하게 대해주고 있는데 군은 어디로 가려는 것이오?"

가후가 대답했다.

"단외는 사람이 의심이 많고 나를 시기하는 뜻이 있으니 예우가 비록 후하나 오래 있을 수 없다. 오래 머물러 있으면 장차 그에게 모해謀害를 받을 것이다. 내가 떠나면 그는 반드시 기뻐할 것이다. 그는 내가 밖에서 자신을 위해 커다란 지원을 해 줄 것을 바라고 있어 반드시 나의 처자식에게 후대할 것이다. 장수는 계책을 낼 사람이 아니기에 나를 얻기를 원하고 있다. 그렇다면 내가 떠나는 것이 나와 나의 가속을 모두 보전하는 길이다."

가후가 떠나니 장수가 자손의 예로써 그를 대우했다. 단외도 과연 그의 가속에게 매우 잘 대해주었다. 가후가 장수에게 유표에게 귀부하길 권하자 장수가 이를 따랐다. 가후가 유표를 찾아보게 됐다. 유표가 가후를 보고 빈객의 예로 대하자 가후가 말했다.

"유표는 평세平世라면 삼공의 재목에 불과하다. 그는 일의 변화를 읽지 못하는데다 의심이 많고 결단을 못 내리니 일을 할 사람이 못된다."

유표가 백성을 다독이며 선비들을 양성했다. 조용히 자신을 보존하니 경내가 평안했다. 관서와 연주, 예주의 학자들이 그에게 귀부하니 그 수가 무려 1,000명을 헤아렸다. 유표가 이내 학교를 세워 유학의 경전을 가르치도록 하고 전 아악랑雅樂郎 하남 출신인 두기杜夔에게 아악을 정립하도록 했다. 아악이 정비된 후 유표가 마당에서 아악 연주를 감상하려고 하자 두기가 만류했다.

"지금 장군은 천자가 아니니 아악을 모아 뜰에서 연주하게 하는 것은 불가하지 않겠습니까?"

유표가 그만두었다.

평원인 예형禰衡은 젊었을 때부터 재변才辯이 있어 응대를 잘했으나 사람을 깔보는 기운이 있었다. 공융이 그를 조조에게 추천하자 예형이 조조를 욕했다. 조조가 노해 공융에게 말했다.

"예형, 이 자식을 고가 죽이면 이는 참새나 쥐새끼를 죽이는 것과 같다. 단지 이 자가 평소 허명虛名이 있어 원근의 사람이 나를 두고 너그러이 사람을 받아들이지 않았다고 말할까 두려울 뿐이다."

그를 유표에게 주었다. 유표가 예를 갖춰 맞아들인 후 상빈으로 대우하자 예형이 침이 마를 정도로 유표를 칭송했다. 그의 좌우인물을 풍자하거나 폄하하는 것을 즐기니 좌우의 인물들이 기회를 보아 그를 무함했다.

"예형이 장군의 인의는 주문왕도 따를 수 없다고 칭찬했습니다. 장군이 매사에 결단하지 못해 끝내 성공할 수 없다고 비난하니 반드시 이 자 때문입니다."

이는 사실 유표의 단점을 지적한 것이었으나 사실 예형이 말한 것은 아니었다. 유표가 크게 화를 내게 됐다. 유표는 강하江夏 태수 황조黃祖가 성질이 급한 것을 알고 예형을 그에게 보냈다. 황조는 예형에게 잘 대해주었으나 예형이 자신을 욕하려고 들자 그를 죽여 버렸다.

** 起柔兆困敦, 盡著雍攝提格, 凡三年.

孝獻皇帝建安元年

春, 正月, 癸酉, 大赦, 改元.

董承·張楊欲以天子還雒陽, 楊奉·李樂不欲, 由是諸將更相疑貳. 二月, 韓暹攻董承, 承奔野王. 韓暹屯聞喜, 胡才·楊奉之塢鄉. 胡才欲攻韓暹, 上使人諭止之.

汝南·潁川黃巾何儀等擁眾附袁術, 曹操擊破之.

張楊使董承先繕修雒陽宮. 太僕趙岐為承說劉表, 使遣兵詣雒陽, 助修宮室. 軍資委輸, 前後不絕. 夏, 五月, 丙寅, 帝遣使至楊奉·李樂·韓暹營, 求送至雒陽, 奉等從詔. 六月乙未, 車駕幸聞喜.

袁術攻劉備以爭徐州, 備使司馬張飛守下邳, 自將拒術於盱眙·淮陰, 相持經月, 更有勝負. 下邳相曹豹, 陶謙故將也, 與張飛相失, 飛殺之, 城中乖亂. 袁術與呂布書, 勸令襲下邳, 許助以軍糧. 布大喜, 引軍水陸東下. 備中郎將丹楊許耽開門迎之. 張飛敗走, 布虜備妻子及將吏家口. 備聞之, 引還, 比至下邳, 兵潰. 備收餘兵東取廣陵, 與袁術戰, 又敗, 屯於海西. 飢餓困踧, 吏士相食, 從事東海麋竺以家財助軍. 備請降於布, 布亦忿袁術運糧不繼, 乃召備, 復以為豫州刺史, 與並勢擊術, 使屯小沛. 布自稱徐州牧. 布將河內郝萌夜攻布, 布科頭袒衣, 走詣都督高順營. 順即嚴兵入府討之, 萌敗走. 比明, 萌將曹性擊斬萌.

庚子, 楊奉·韓暹奉帝東還, 張楊以糧迎道路. 秋, 七月, 甲子, 車駕至雒陽, 幸故中常侍趙忠宅. 丁丑, 大赦. 八月, 辛丑, 幸南宮楊安殿. 張楊以為己功, 故名其殿曰楊安. 楊謂諸將曰, "天子當與天下共之, 朝廷自有公卿大臣, 楊當出扞外難." 遂還野王. 楊奉亦出屯梁, 韓暹·董承並留宿衛. 癸卯, 以安國將軍張楊為大司馬, 楊奉為車騎將軍, 韓暹為大將軍·領司隸校尉, 皆假節鉞. 是時, 宮室燒盡, 百官披荊棘, 依牆壁間, 州郡各擁強兵, 委輸不至. 群僚饑乏, 尚書郎以下自出采稆, 或饑死牆壁間, 或為兵士所殺.

袁術以讖言"代漢者當塗高", 自雲名字應之. 又以袁氏出陳, 為舜後, 以黃代赤, 德運之次, 遂有僭逆之謀. 聞孫堅得傳國璽, 拘堅妻而奪之. 乃聞天子敗於曹陽, 乃會群下議稱尊號. 眾莫敢對. 主簿閻象進曰, "昔周自後稷至於文王, 積德累功, 參分天下有其二, 猶服事殷. 明公雖弈世克昌, 未若有周之盛. 漢室雖微, 未若殷紂之暴也!" 術默然. 術聘處士張范, 范不往, 使其弟承謝之. 術謂承曰, "孤以土地之廣, 士民之眾, 欲徼福齊桓, 擬跡高祖, 何如?” 承曰, “在德不在強. 夫用德以同天下之欲, 雖由匹夫之資而興霸王之功, 不足為難. 若苟欲僭擬, 干時而動, 眾之所棄, 誰能興之!” 術不悅. 孫策聞之, 與術書曰, “成湯討桀稱‘有夏多罪’, 武王伐紂曰‘殷有重罰’, 此二主者, 雖有聖德, 假使時無失道之過, 無由逼而取也. 今主上非有惡於天下, 徒以幼小, 脅於強臣, 異於湯·武之時也. 且董卓貪淫驕陵, 志無紀極, 至於廢主自興, 亦猶未也, 而天下同心疾之, 況傚尤而甚焉者乎! 又聞幼主明智聰敏, 有夙成之德, 天下雖未被其恩, 咸歸心焉. 使君五世相承, 為漢宰輔, 榮寵之盛, 莫與為比, 宜效忠守節, 以報王室, 則旦·奭之美, 率土所望也. 時人多惑圖緯之言, 妄牽非類之文, 苟以悅主為美, 不顧成敗之計, 古今所慎, 可不孰慮! 忠言逆耳, 駁議致憎, 苟有益於尊明, 無所敢辭!” 術始自以為有淮南之眾, 料策必與己合, 及得其書, 愁沮發疾. 既不納其言, 策遂與之絕.

曹操在許, 謀迎天子. 眾以為“山東未定, 韓暹·楊奉, 負功恣睢, 未可卒帛.” 荀彧曰, “昔晉文公納周襄王而諸侯景從, 漢高祖為義帝縞素而天下歸心. 自天子蒙塵, 將軍首唱義兵, 徒以山東擾亂, 未遑遠赴. 今鑾駕旋軫, 東京榛蕪, 義士有存本之思, 兆民懷感舊之哀. 誠因此時, 奉主上以從人望, 大順也. 秉至公以服天下, 大略也. 扶弘義以致英俊, 大德也. 四方雖有逆節, 其何能為? 韓暹·楊奉, 安足恤哉! 若不時定, 使豪傑生心, 後雖為慮, 亦無及矣.” 操乃遣揚武中郎將曹洪將兵西迎天子, 董承等據險拒之, 洪不得進. 議郎董昭以楊奉兵馬最強而少黨援, 作操書與奉曰, “吾與次軍聞名慕義, 便推赤心. 今將軍拔萬乘之艱難, 反之舊都, 翼佐之功, 超世無疇, 何其休哉! 方今群凶猾夏, 四海未寧, 神器至重, 事在維輔. 必須眾賢以清王軌, 誠非一人所能獨建, 心腹四支, 實相恃賴, 一物不備, 則有闕焉. 將軍當為內主, 吾為外援. 今吾有糧, 將軍有兵, 有無相通, 足以相濟, 死生契闊, 相與共之." 奉得書喜悅, 語諸將軍曰, "兗州諸軍近在許耳, 有兵有糧, 國家所當依仰也." 遂共表操為鎮東將軍, 襲父爵費亭侯.

韓暹矜功專恣, 董承患之, 因潛召操. 操乃將兵詣雒陽. 既至, 奏韓暹·張楊之罪. 暹懼誅, 單騎奔楊奉. 帝以暹·楊有翼車駕之功, 詔一切勿問. 辛亥, 以曹操領司隸校尉·錄尚書事. 操於是誅尚書馮碩等三人, 討有罪也. 封衛將軍董承等十三人為列侯, 賞有功也. 贈射聲校尉沮儁為弘農太守, 矜死節也. 操引董昭並坐, 問曰, "今孤為此, 當施何計?" 昭曰, "將軍興義兵以誅暴亂, 入朝天子, 輔翼王室, 此五伯之功也. 此下諸將, 人殊意異, 未必服從, 今留匡弼, 事勢不便, 惟有移駕幸許耳. 然朝廷播越, 新還舊京, 遠近跂望, 冀一朝獲安, 今復徙駕, 不厭眾心. 夫行非常之事, 乃有非常之功, 願將軍算其多者." 操曰, "此孤本志也. 楊奉近在梁耳, 聞其兵精, 得無為孤累乎?" 昭曰, "奉少黨援, 心相憑結, 鎮東·費亭之事, 皆奉所定, 宜進遣使厚遺答謝, 以安其意, 說'京都無糧, 欲車駕暫幸魯陽, 魯陽近許, 轉運稍易, 可無縣乏之憂' 奉為人勇而寡慮, 必不見疑, 比使往來, 足以定計, 奉何能為累!" 操曰, "善!" 即遣使詣奉. 庚申, 車駕出轘轅而東, 遂遷都許. 己巳, 幸曹操營, 以操為大將軍, 封武平侯. 始立宗廟社稷於許.

孫策將取會稽, 吳人嚴白虎等眾各萬餘人, 處處屯聚, 諸將欲先擊白虎等. 策曰, "白虎等群盜, 非有大志, 此成禽耳." 遂引兵渡浙江. 會稽功曹虞翻說太守王朗曰, "策善用兵, 不如避之." 朗不從. 發兵拒策於固陵. 策數渡水戰, 不能克. 策叔父靜說策曰, "朗負阻城守, 難可卒拔. 查瀆南去此數十里, 宜從彼據其內, 所謂攻其無備, 出其不意者也.” 策從之, 夜, 多然火為疑兵, 分軍投查瀆道, 襲高遷屯. 朗大驚, 遣故丹楊太守周昕等帥兵逆戰, 策破昕等, 斬之. 朗遁去, 虞翻追隨營護朗, 浮海至東冶, 策追擊, 大破之, 朗乃詣策降. 策自領會稽太守, 覆命虞翻為功曹, 待以交友之禮. 策好遊獵, 翻諫曰, “明府喜輕出微行, 從官不暇嚴, 吏卒常苦之. 夫君人者不重則不威, 故白龍魚服, 困於豫且, 白蛇自放, 劉季害之. 願少留意!” 策曰, “君言是也.” 然不能改.

九月, 司徒淳于嘉·太尉楊彪·司空張喜皆罷.

車駕之東遷也, 楊奉自梁欲邀之, 不及. 冬, 十月, 曹操征奉, 奉南奔袁術, 遂攻其梁屯, 拔之.

詔書下袁紹, 責以“地廣兵多, 而專自樹黨, 不聞勤王之師, 但擅相討伐.” 紹上書深自陳訴, 戊辰, 以紹為太尉, 封鄴侯, 紹恥班在曹操下, 怒曰, “曹操當死數矣, 我輒救存之, 今乃挾天子以令我乎!” 表辭不受. 操懼, 請以大將軍讓紹. 丙戌, 以操為司空, 行車騎將軍事. 操以荀彧為侍中, 守尚書令. 操問彧以策謀之士, 彧薦其從子蜀郡太守攸及穎川郭嘉. 操征攸為尚書, 與語, 大悅, 曰, “公達, 非常人也. 吾得與之計事, 天下當何憂哉!” 以為軍師. 初, 郭嘉往見袁紹, 紹甚敬禮之, 居數十日, 謂紹謀臣辛評·郭圖曰, “夫智者審於量主, 故百全而功名可立. 袁公徒欲效周公之下士, 而不知用人之機, 多端寡要, 好謀無決, 欲與共濟天下大難, 定霸王之業, 難矣. 吾將更舉以求主, 子盍去乎!” 二人曰, “袁氏有恩德於天下, 人多歸之, 且今最強, 去將何之!” 嘉知其不寤, 不復言, 遂去之. 操召見, 與論天下事, 亘曰, “使孤成大業者, 必此人也!” 嘉出, 亦喜曰, “真吾主也!” 操表嘉為司空祭酒. 操以山陽滿寵為許令, 操從弟洪, 有賓客在許界數犯法, 寵收治之, 洪書報寵, 寵不聽. 洪以白操, 操尋許主旨, 寵知將欲原客,乃速殺之. 操喜曰, “當事不當爾邪!”

北海太守孔融, 負其高氣, 志在靖難, 而才疏意廣, 訖無成功. 高談清教, 盈溢官曹, 辭氣溫雅, 可玩而誦, 論事考實, 難可悉行. 但能張磔網羅, 而目理甚疏. 造次能得人心, 久久亦不願附也. 其所任用, 好奇取異, 多剽輕小才, 至於奠事名儒鄭玄, 執子孫禮, 易其鄉名曰鄭公鄉, 及清俊之士左承祖·劉義遜等, 皆備在座席而已, 不與論政事, 曰, “此民望, 不可失也!” 黃巾來寇, 融戰敗, 走保都昌. 時袁·公孫首尾相連, 融兵弱糧寡, 孤立一隅, 不與相通. 左承祖勸融宜自托強國, 融不聽而殺之, 劉義遜棄去. 青州刺史袁譚攻融, 自春至夏, 戰士所餘裁數百人, 流矢交集, 而融猶隱幾讀書, 談笑自若. 城夜陷, 及奔東山, 妻子為譚所虜. 曹操與融有舊, 征為將作大匠. 袁譚初至青州, 其土自河而西, 不過平原. 譚北排田楷, 東破孔融, 威惠甚著. 其後信任群小, 肆志奢淫, 聲望遂衰.

中平以來, 天下亂離, 民棄農業, 諸軍並起, 率乏糧穀, 無終歲之計, 饑則寇略, 飽則棄餘, 瓦解流離, 無敵自破者, 不可勝數. 袁紹在河北, 軍人仰食桑椹. 袁術在江淮, 取給蒲蠃, 民多相食, 州里蕭條. 羽林監棗祗請建置屯田, 曹操從之, 以祗為屯田都尉, 以騎都尉任峻為典農中郎將. 募民屯田許下, 得谷百萬斛. 於是州郡倒置田官, 所在積穀, 倉廩皆滿. 故操征伐四方, 無運糧之勞, 遂能兼併群雄. 軍國之饒, 起於祗而成於峻.

袁術畏呂布為己害, 乃為子求婚, 布復許之, 術遣將紀靈等步騎三萬攻劉備, 備求救於布. 諸將謂布曰, “將軍常欲殺劉備, 今可假手於術.” 布曰, “不然. 術若破備, 則北連泰山諸將, 吾為在術圍中, 不得不救也.” 便率步騎千餘馳往赴之. 靈等聞布至, 皆斂兵而止. 布屯沛城西南, 遣鈴下請靈等, 靈等亦請布, 布往就之, 與備共飲食. 布謂靈等曰, “玄德, 布弟也, 為諸君所困, 故來救之. 布性不喜合鬥, 喜解斗耳.” 乃令軍候植戟於營門, 布彎弓顧曰, “諸君觀布射戟小支, 中者當各解兵, 不中可留決鬥.” 布即一發, 正中戟支. 靈等皆驚, 言曰, “將軍天威也!” 明日復歡會, 然後各罷. 備合兵得萬餘人, 布惡之, 自出兵攻備. 備敗走, 歸曹操, 操厚遇之, 以為豫州牧. 或謂操曰, “備有英雄之志, 今不早圖, 後必為患.” 操以問郭嘉, 嘉曰, “有是. 然公起義兵, 為百姓除暴, 推誠杖信以招俊傑, 猶懼其未也. 今備有英雄名, 以窮歸己而害之, 是以害賢為名也. 如此, 則智士將自疑, 回心擇主, 公誰與定天下乎! 夫除一人之患以沮四海之望, 安危之機也, 不可不察.” 操笑曰, “君得之矣!” 遂益其兵, 給糧食, 使東至沛, 收散兵以圖呂布.

初, 備在豫州, 舉陳郡袁渙為茂才. 渙為呂布所留, 布欲使渙作書罵辱備, 渙不可, 再三強之. 不許. 布大怒, 以兵脅渙曰, “為之則生, 不為則死!” 渙顏色不變, 笑而應之曰, “渙聞唯德可以辱人, 不聞以罵. 使彼固君子邪, 且不恥將軍之言. 彼誠小人邪, 將復將軍之意, 則辱在此不在於彼. 且渙他日之事劉將軍, 猶今日之事將軍也, 如一旦去此, 復罵將軍, 可乎!” 布慚而止.

張濟自關中引兵入荊州界, 攻穰城, 為流矢所中死. 荊州官屬皆賀, 劉表曰, “濟以窮來, 主人無禮, 至於交鋒, 此非牧意, 牧受弔, 不受賀也.” 使人納其眾. 眾聞之喜, 皆歸心焉. 濟族子建忠將軍繡代領其眾, 屯宛. 初, 帝既出長安, 宣威將軍賈詡上還印綬, 往依段煨於華陰. 詡素知名, 為煨軍所望, 煨禮奉甚備. 詡潛謀歸張繡, 或曰, “煨待君厚矣, 君去安之?” 詡曰, “煨性多疑, 有忌詡意, 禮雖厚, 不可恃久, 將為所圖. 去必喜, 又望吾結大援於外, 必厚吾妻子. 繡無謀主, 亦願得詡則家與身必俱全矣.” 詡遂往, 繡執子孫禮, 煨果善視其家.

詡說繡附於劉表, 繡從之. 詡往見表, 表以客禮待之. 詡曰, "表, 平世三公才也, 不見事變, 多疑無決, 無能為也!" 劉表愛民養士, 從容自保, 境內無事, 關西·兗·豫學士歸之者以千數. 表乃起立學校, 講明經術, 命故雅樂郎河南杜夔作雅樂. 樂備, 表欲庭觀之. 夔曰, "今將軍號不為天子, 合樂而庭作之, 無乃不可乎!" 表乃止.

平原禰衡, 少有才辨, 而尚氣剛傲, 孔融薦之於曹操. 衡罵辱操, 操怒, 謂融曰, "禰衡豎子, 孤殺之, 猶雀鼠耳. 顧此人素有虛名, 遠近將謂孤不能容之." 乃送與劉表, 表延禮以為上賓. 衡稱表之美盈口, 而好譏貶其左右, 於是左右因形而譖之曰, "衡稱將軍之仁, 西伯不過也, 唯以為不能斷, 終不濟者, 必由此也." 其言實指表短, 而非衡所言也. 表由是怒, 以江夏太守黃祖性急, 送衡與之, 祖亦善待焉. 後衡衆辱祖, 祖殺之.

한헌제 건안 2년(AD 197)

1) 봄 정월, 조조가 장수를 공격한 뒤 육수淯水하남성 남양시 남쪽에 주둔하니 장수가 군사를 이끌고 투항했다. 조조가 장제의 처자를 거둬들이자 장수가 원한을 품었다.

조조가 금덩어리를 장수의 맹장 호차아胡車兒에게 보내자 장수가 이 얘기를 들은 후 의심을 해 두려운 나머지 조조의 군사를 습격해 조조의 큰아들 조앙曹昻을 죽였다. 조조가 유시에 맞아 상처를 입은 채 패주했다. 교위 전위가 장수와 있는 힘을 다해 싸웠으나 좌우의 군사가 거의 다 죽거나 다쳤고 전위 역시 몸에 수십 군데의 상처를 입었다.

장수의 병사가 앞으로 나와 전위를 포박하려고 하자 전위가 겨드랑이 사이에 두 명의 적을 끼고 격살擊殺한 뒤 눈을 부릅뜨고 크게 욕을 하며 죽었다. 조조가 흩어진 군사를 모아 무양舞陽에 돌아와 주둔하자 장수가 군사를 이끌고 추격해 왔다. 조조가 이를 깨뜨리자 장수가 양현으로 돌아가 다시 유표와 연합했다.

이때 조조의 군 내부에서 대대적인 반란이 일어나자 오직 평로교위平虜校尉 태산인 우금于禁 한 사람만이 군사들을 정돈해 돌아왔다. 우금이 돌아오던 도중 노상에서 청주병들이 백성을 약탈하는 것을 보고 그들의 죄상을 나열한 뒤 공격하자 청주병들이 달아나 조조에게 보고했다. 우금은 도착한 뒤 먼저 영채를 세우게 하면서 곧바로 조조에게 인사를 가지 않자 어떤 사람이 우금에게 말했다.

"청주병이 이미 당신을 일렀을 터이니 의당 빨리 가서 조공을 만나보고 변명하도록 하시오."

우금이 말했다.

"지금 도적들이 뒤에 있어 어느 때고 들이칠 터인데 방비를 잘하는 것보다 우선할 것이 없다. 방비도 하지 않은 채 무엇으로 적을 막겠다는 것인가? 더구나 조공은 총명하니 참소가 통할 리가 있겠는가?"

조용히 참호를 파고 영채를 다 세운 후에야 비로소 조조를 찾아가 인사하고 그간의 사정을 상세히 보고했다. 조조가 기뻐하며 우금에게 말했다.

"육수에서의 변란 때 나는 실로 낭패를 당했소. 장군은 변란의 와중에도 군사를 정비해 적을 치며 보루를 튼튼히 지켰으니 불굴의 기절이 있다 할 만하오. 고대의 그 어떤 명장이라 한들 어찌 당신을 뛰어넘을 수 있겠소?"

우금이 앞뒤로 세운 공을 세세히 기록한 뒤 익수정후益壽亭侯에 봉했다. 조조가 군사를 이끌고 허현으로 돌아왔다.

2) 원소가 조조에게 서신을 보냈다. 언사가 매우 교만했다. 조조가 순욱과 곽가에게 대책을 물었다.

"지금 나는 불의를 치고자 하나 다만 힘이 달려 그의 적수가 안 되니 어찌 하면 좋겠소?"

이들이 대답했다.

"예전에 유방이 항우의 적수가 아니었던 사실을 공도 알고 있습니다. 한고제는 오직 지혜로써 항우를 이겼으니 항우가 비록 강대했다고는 하나 결국 유방에게 잡히고 말았습니다. 지금 원소에게는 10가지 패배할 요인이 있고 공에게는 10가지 승리할 요인이 있습니다. 우선 원소는 비록 강대하기는 하나 힘을 쓸 수가 없습니다. 원소는 예의가 번다하기 그지없으나 공은 이를 자연에 맡기는 임자연任自然이라고 하니 이는 다스림의 이치인 치도治道에서 그를 이긴 것입니다. 원소는 천자에 대항해 순리를 거스르는 역동逆動을 하고 있으나 공은 천자를 모시어 순리를 좇아 천하를 이끄는 봉순솔천하奉順率天下를 하니 이는 다스림의 명분인 치의治義에서 이긴 것입니다.

환제와 영제 이래 정치가 너그러운 관유寬柔의 모습을 잃자 원소는 관유로써 관유를 구하려고 해 어지러운 국면을 정돈할 수가 없습니다. 공은 엄격하고 단호한 엄맹嚴猛으로 국면을 바르게 정비하니 상하에 절제가 있습니다. 이는 다스림의 법제인 치법治法에서 그를 이긴 것입니다. 원소는 겉으로는 관유를 내세우면서도 내심 시기하고 사람을 쓰면서도 의심을 잘하니 그가 임용한 자들은 오직 친척과 그의 자제들일 뿐입니다. 공은 밖으로는 간략하면서도 편하게 사람을 대하나 심중에는 요체를 꿰고 있어 사람을 쓰되 의심치 않는 용인무의用人無疑를 행합니다. 오직 그 재능에 근거해 적합한지 여부를 따지며 친소원근을 가리지 않으니 이는 다스리는 자의 그릇인 치기治器에서 그를 이긴 것입니다. 원소는 계획하는 것은 많으나 결단을 내리는 것이 적어 좋은 기회를 놓치고 있으나 공은 계책이 서면 곧바로 행동에 옮기는 득책첩행得策輒行을 행하고 임기응변에 능한 응변무궁應變無窮의 모습을 보이니 이는 다스림의 계책인 치모治

謀에서 그를 이긴 것입니다.

원소는 고상한 얘기를 즐기면서 사람을 대할 때 겸양하는 자세로 명예를 낚으려고 하니 선비들 가운데 말과 외양을 잘 꾸미는 헛된 자들이 그에게 의탁합니다. 공은 성심으로 사람을 대하고 헛된 가식인 허미虛美를 좇지 않으니 선비들 가운데 충직하며 실력이 있는 자들이 멀리서도 발탁되길 바라고 있으니 이는 다스림의 덕성인 치덕治德에서 그를 이긴 것입니다. 원소는 사람이 춥고 배고픈 것을 보면 이를 구제하면서 가슴에 담으니 연민의 정이 얼굴에 나타납니다. 그는 자신이 보지 못하는 일에는 충분히 고려하지 못하고 있습니다. 공은 눈앞의 작은 일에는 때로 소홀함이 있습니다. 대사에는 해내의 각지와 연결해 은혜를 베푸니 그 은혜가 모두 기대를 넘고 눈에 보이지 않는 일조차 소홀함이 없게 되니 이는 다스림의 어짊인 치인治仁에서 그를 이긴 것입니다. 원소의 대신들은 권력을 쥐려고 서로 무함해 시비혼란이 일어나나 공은 치도로써 부하를 다스리니 참언과 무함이 통하지 않습니다. 이는 다스림의 지혜인 치지治智에서 그를 이긴 것입니다. 원소는 시비가 불명하나 공은 옳은 것은 예로 대해 승진을 시키고 옳지 않은 것은 법으로써 징치懲治하니 이는 다스림의 문화인 치문治文에서 그를 이기는 것입니다. 원소는 허장성세만을 구사할 줄 알아 용병의 요체를 모릅니다. 공은 적은 군사로써 대군을 이기는 이소극중以少克衆을 해 용병이 신과 같고 공의 군사가 모두 공을 믿고 적들은 공을 두려워하니 이는 다스림의 근본 힘인 치무治武에서 이기는 것입니다."

조조가 웃으며 말했다.

"경들이 말하는 것을 내 무슨 덕으로 담당할 수 있겠소?"

곽가가 또 말했다.

"원소는 지금 북쪽에서 공손찬을 공격하고 있습니다. 그가 원정할 때를 틈 타 동쪽으로 여포를 공략하십시오. 만일 원소가 우리를 치게 되면 여포는 그의 외원外援이 될 터이니 이는 매우 위험합니다."

순욱이 말하였다.

"여포를 먼저 치지 않으면 하북은 쉽게 도모할 수 없습니다."

조조가 동의했다.

"그렇소. 이는 내가 고민한 것이오. 또한 원소가 관중으로 들어와 서쪽으로 강족 및 호족과 연결해 작란하고 남쪽으로 촉과 한중漢中을 부추겨 침범할까 걱정이오. 그리 되면 나는 홀로 연주와 예주를 가지고 천하의 6분의 5와 싸워야 하니 이를 어찌 하면 좋겠소?"

순욱이 건의했다.

"관중의 장수는 겨우 10여 명에 불과하고 서로 통제가 안 되는 상황인데 오직 한수와 마등만 가장 강력합니다. 그들은 산동에서 바야흐로 전쟁이 있게 되면 반드시 각자 군사를 이끌고 지켜볼 것입니다. 지금 은덕을 베풀어 그들을 안무하고 사자를 보내 강화를 맺으면 비록 오랫동안 안정을 바랄 수는 없어도 공이 산동을 안정시킬 때까지는 변치 않을 것입니다. 시중·상서복야 종요는 지모가 있으니 그에게 서쪽의 일을 맡기면 크게 걱정할 필요가 없을 것입니다."

조조가 상표해 종요를 시중·수守사례교위·지절관중제군持節關中諸軍으로 삼아 법제인 과제科制에 얽매이지 않고 일을 처리할 수 있도록 특별히 윤허했다. 종요가 장안에 도착한 후 한수와 마등 등에게 서신을 보내 화복득실을 상세히 논해 설득했다. 마등과 한수는 각자 아들을 허현으로 보내 입시入侍하도록 했다.

3) 원술이 수춘에서 칭제한 후 자칭키를 '중가仲家'라 했다. 구강태수를 회남윤淮南尹으로 삼고 공경백관을 둔 뒤 교외에서 천지에 제사지냈다. 패상沛相 진규陳圭는 진구陳球의 동생의 아들이다. 소싯적에 원술과 친구였다. 원술이 서신을 보내 진규를 부를 때 그의 아들을 인질로 잡았

다. 원술이 반드시 진규가 오리라 기대했으나 진규는 회신을 통해 이를 거절했다.

"조장군이 법제도를 부흥해 장차 흉특凶慝한 자를 소탕하려고 해 나는 족하足下가 일심으로 협력해 한실을 보좌할 것으로 알았다. 오히려 불궤를 꾀해 화를 부르고 나에게 사리私利를 좇아 족하에게 붙기를 바라니 내 정녕 죽더라도 할 수는 없다."

원술이 전 연주 자사 금상金尙을 태위로 임명하려고 했다. 금상이 응하지 않고 도주하자 원술이 그를 죽였다.

4) 3월, 조령으로 장작대장 공융에게 부절을 갖고 가 원소를 대장군에 임명하도록 하고 기주와 청주, 유주, 병주 등 4주를 함께 관리하도록 했다.

5) 5월, 황충의 재해가 있었다.

6) 원술이 사자 한윤韓胤을 여포에게 보내 칭제한 일을 통고하면서 여포의 딸을 며느리로 맞아들일 뜻을 전했다. 여포가 딸에게 한윤을 따라가도록 명했다. 진규가 서주와 양주가 연합하면 자신에게 위난이 그치지 않을 것을 염려해 여포를 찾아가 설득했다.

"조공이 천자를 모시고 국정을 보좌하니 장군은 의당 그와 함께 계책을 논의해 공존의 대계를 마련해야 하오. 지금 장군이 원술과 혼사를 맺게 되면 반드시 불의의 오명을 얻어 장차 계란을 쌓아놓은 것처럼 지극히 위험한 누란지위累卵之危에 처하게 될 것이오."

여포도 원술에게 원한이 있어 당초에는 받아들이려 하지 않았기 때문에 길을 가던 여식을 불러 다시 돌아오게 했다. 여포는 혼사문제를 없는 것으로 한 뒤 한윤을 압송해 허현의 거리에서 참하고 그 머리를 효수했다.

진규가 자식인 진등陳登을 조조에게 보내려고 하자 여포가 강력히 반대했다. 마침 여포를 좌장군으로 삼는 조령이 내려지자 조조가 또 친히 여포에게 서신을 보내 그를 위무하며 회유했다. 여포가 크게 기뻐하며 즉시 진등을 보내 상주문을 올려 사은하고 조조에게 답신을 전하도록 했다.

진등이 조조를 만나 여포가 용기는 있되 지모가 없고 행동 또한 가벼워 반복무상反覆無常하니 의당 조기에 그를 도모해야 한다고 진언하자 조조가 동의했다.

"여포는 이리와 같은 야심을 가진 자로 확실히 오랫동안 그대로 놓아두기가 어렵소. 경이 아니면 누가 능히 그의 실체를 통찰해 낼 수 있겠소?"

곧 진규의 녹질을 중中2천석으로 올리고 진등을 광릉태수로 임명했다. 조조가 헤어질 때 진등의 손을 잡고 당부했다.

"동쪽의 일은 경에게 부탁하오!"

그에게 몰래 부중을 모아 장차 내응해 줄 것을 당부했다.

당초 여포는 진등이 자신을 위해 서주목을 부탁해 줄 것을 바랐다. 진등이 이에 대해 아무런 얘기도 없이 돌아오자 여포가 대로해 철극을 뽑아 책상을 내리쳐 자르면서 말했다.

"경의 부친이 나에게 조조와 잘 협력해 조정을 보좌하라고 권해 내가 원공로와의 혼사도 끊었다. 지금 나의 바람은 좌절됐는데 경의 부자는 일제히 이름을 날려 존중을 받게 됐으니 나만 경에게 농락당한 꼴이 아닌가?"

진등이 안색을 변하지 않고 조용히 말했다.

"내가 조공을 만나 말하기를, '여장군을 기르는 것은 호랑이를 키우는 것과 같으니 고기로 배부르게 하면 배고플 때 사람을 잡아먹게 된다'고 했소. 그랬더니 조공이 말하기를, '경의 말이 틀리니 이는 예컨대 매를 기르는 것과 같아 굶주리게 하면 부릴 수 있고 배부르게 하면 날아가 버릴 것이오'라고 했소. 그의 말이 실로 이와 같았소."

여포의 노기가 풀렸다.

원술이 자신의 대장 장훈張勳과 교유橋蕤 등을 한섬 및 양봉에게 보내 이들과 함께 연합해 보기 수만 명을 이끌고 하비로 가 일곱 갈래의 길로 나눠 여포를 치게 했다. 이때 여포에게는 겨우 군사 3,000명과 말 400필뿐이었다. 여포가 적수가 되지 못할까 두려워 진규에게 대책을 물었다.

"오늘 원술의 군사를 부르게 된 것은 바로 경 때문이오. 어찌하면 좋겠소?"

진규가 대답했다.

"한섬과 양봉은 원술과 창졸 간에 군사를 합쳐 쳐들어 온 것에 불과하니 미리 치밀한 계책을 마련한 것이 아니어서 연합이 오래 가지는 못할 것이오. 나의 아들 진등이 벌써 판단을 끝냈으니 마치 수탉들이 한 닭장에서 같이 있을 수 없는 것에 비유할 수 있소. 조만간 그들은 분산될 것이오."

여포가 진규의 계책을 채택해 한섬과 양봉에게 서신을 보내어 말했다.

"두 장군은 친히 천자의 대가를 호송했고 나는 내손으로 동탁을 죽였으니 모두 함께 공명을 세운 것이오. 지금 어째서 원술과 함께 적신이 되려 하는 것이오. 이는 우리들이 힘을 합쳐 원술을 치느니만 못하니 함께 나라를 위해 해악을 제거합시다."

여포가 이들에게 원술이 가지고 있는 모든 군자軍資를 넘겨주겠다고 약속하자 한섬과 양봉은 크게 기뻐하며 즉각 입장을 바꿔 여포를 따랐다. 여포가 진군해 장훈의 군영에서 100보 떨어진 곳까지 다다랐을 때 한섬과 양봉의 군사들이 갑자기 일시에 소리를 지르며 장훈의 군영으로 쳐들어갔다. 장훈 등이 놀라 황급히 도주하자 여포의 군사가 추격해 장수 18명의 목을 베니 나머지 군사 또한 거의 죽임을 당하거나 물에 빠져 죽었다.

여포가 세를 몰아 한섬과 양봉과 합세해 수춘으로 쳐들어갔다. 수륙으로 병진해 종리현鍾離縣에 이르니 가던 도중 줄곧 노략을 하고 회북淮北으로 돌아 건널 때에는 원술을 욕하는 서신을 남겨 두었다. 원술이 직접 보기 5,000명을 이끌고 회하에 도착해 무력시위를 하자 여포의 기병들이 맞은 편에서 크게 조롱을 한 뒤 회군했다.

태산적泰山賊의 두목 장패臧覇가 거현莒縣산동성 거현에서 낭야상 소건蕭建을 습격해 소건의 재물을 노획한 뒤 이를 여포에게 보내겠다고 약속했다가 이행하지 않았다. 여포가 직접 가서 찾아오려고 하자 그의 독장督將 고순高順이 만류했다.

"장군의 위명威名이 멀리까지 퍼져 원근이 모두 두려워하는데 무엇인가를 얻지 못했다고 해 스스로 찾으려 들면 어찌 장군의 위명에 손상이 안 되겠습니까?"

여포가 듣지 않고 거현에 도착하자 장패 등이 그가 온 뜻을 몰라 끝까지 거부하자 여포가 아무 소득도 없이 돌아왔다. 고순은 사람이 청렴한데다 위엄이 있고 말이 적어 통솔하는 700여 병사가 호령 한마디에 잘 정비되니 매 전투마다 반드시 이겨 '함진영陷陣營'이라는 별명을 얻었다. 여포가 후에 고순과 소원해졌을 때 위속魏續이 자신의 친척이라는 이유로 고순의 병권을 빼앗아 위속에게 주었다. 싸움이 벌어져 다시 고순에게 통솔토록 명했으나 고순은 전혀 원망하는 기색이 없었다. 여포가 늘 쉽게 결정을 바꿔 행동거지가 무상했다. 고순이 매번 간했다.

"장군은 행동할 때 충분히 생각지 않으면 돌연 실수가 있게 됩니다. 행동에 옮긴 뒤 곧 잘못됐다고 말하니 그 잘못이 어찌 한두 번입니까?"

여포는 그가 충직하다는 것을 알면서도 성격상 따를 수가 없었다.

7) 조조가 의랑 왕포王誧에게 조서를 가지고 가 손책을 기도위騎都尉에 임명하도록 했다. 또한 손견의 작위를 승습承襲해 오정후烏程侯에 봉하고 회계태수를 겸하게 한 뒤 여포 및 오군 태수 진우陳瑀와 함께 원술

을 치도록 했다. 손책이 장군의 칭호를 얻어 자신의 위명을 높이고 싶어 하자 왕보가 천자를 대신해 손책에게 명한장군明漢將軍이라는 칭호를 주었다.

손책이 군사를 정비해 전당錢唐절강성 항주에 도착하니 진우가 몰래 손책을 급습할 계책을 마련해 은밀히 조랑祖郞 및 엄백호 등과 결탁해 내응하도록 했다. 손책이 이를 알아채고 부장 여범과 서일徐逸을 보내 해서海西에서 진우를 치니 진우가 단기로 도주해 원소에게 갔다.

당초 진왕陳王 유총劉寵은 용맹해 궁노를 잘 쏘았다. 황건적이 일어났을 때 유총이 군사를 정비해 굳게 지키니 백성들이 그를 두려워해 감히 이반하지 못했다. 당시 진국의 국상國相 회계인 낙준駱俊은 평소 명망과 은혜가 있었다. 진왕의 일족인 왕후王侯들은 조세수입에 따른 녹질이 없는데다 여러 차례 노략을 당해 이틀에 한 끼를 먹거나 해 전전유랑 하다가 산야의 골짜기인 구학溝壑에서 소리 없이 죽었다.

진국이 다시 부강해지자 인접한 군의 백성이 다수 귀부해 부중이 10여만에 달하게 됐다. 각 주군에서 의병이 일어나는 때에 이르러 유총이 군사를 이끌고 양하陽夏에 주둔하고 자칭 보한대장군輔漢大將軍이라 했다. 원술이 진국에 양식을 구하자 낙준이 이를 거절했다. 원술이 원한을 품고 자객을 보내 간계를 써 낙준과 유총을 모두 죽였다. 진국은 다시 쇠퇴하기 시작했다.

9) 9월, 사공 조조가 친히 군사를 이끌고 동쪽으로 가 원술을 쳤다. 원술이 조조가 온다는 얘기를 듣고 군사를 버리고 도주했으나 남아 있던 제장 교유 등이 기양蘄陽에서 조조에게 저항했다. 조조가 이들을 격파하고 모두 참했다. 원술이 회하를 건너 도주할 때는 마침 한발이 닥쳐 백성들이 기한으로 인해 긴박한 상황에 처해 있었다. 이로부터 원술도 점차 쇠약해지게 됐다.

조조가 진국 출신 하기何夔를 발탁해 속관으로 삼은 뒤 원술이 장차 어찌 될 것인지를 묻자 하기가 간략히 대답했다.

"하늘은 능히 시대에 순응하는 사람을 돕고 백성은 신뢰할 수 있는 사람을 돕습니다. 원술은 순응치도 못하고 신뢰를 결했음에도 오히려 하늘과 사람의 도움을 기대했으니 어찌 될 리가 있겠습니까?"

조조가 말했다.

"나라를 다스리면서 현인을 잃으면 망하게 된다. 군이 원술에 의해 쓰이지 않았으니 그가 망하는 것은 당연한 일이 아니겠는가?"

조조의 성정은 매우 엄려해 속리들이 공사公事 문제로 왕왕 매를 맞았다. 하기는 늘 독약을 들고 다니면서 죽어도 매를 맞는 수모는 당하지 않겠다고 맹서했다. 그가 시종 매를 맞지 않은 이유다.

패국 출신 허저許褚는 용력이 절륜해 소년들과 종족 1,000여 가를 모은 뒤 성벽을 튼튼히 해 외적의 침입을 막아냈다. 회하와 여수汝水, 진국, 양국梁國 일대의 사람들은 모두 그를 두려워했다. 조조가 회수와 여수일대를 정벌할 때 허저가 무리를 이끌고 조조에게 귀부하자 조조가 기뻐했다.

"이 자는 나의 번쾌樊噲이다!"

조조가 바로 당일 그를 도위에 임명한 뒤 허현의 성안으로 끌어들여 야간경비를 책임지게 했다. 허저를 좇아온 사람들은 모두 협객들로 이들 모두 호사虎士무사에 임명됐다.

10) 전 태위 양표가 원술과 혼인관계를 맺고 있었다. 조조가 이를 혐오해 그가 천자의 폐위를 꾀했다고 무함하니 상주해 그를 하옥하게 한 뒤 대역부도의 죄로 다스리려 했다. 장작대장 공융이 이 얘기를 들은 후 조복朝服도 입지 않은 채 조조를 만나 탄원했다.

"양공은 4대에 걸쳐 청백한 덕성인 청덕淸德으로 해내가 모두 그를 앙모하고 있습니다.[199] 『서경』「주서周書, 강고康誥」에서 부자형제 간에도 연루되지 않는다는 취지의 '부자형제父子兄弟, 죄불상급罪不相及'을 언급했는데 하물며 원술의 죄를 양공에게 물을 수 있습니까?"[200]

조조가 짤막하게 답했다.

"이는 천자의 생각이오."

공융이 반박했다.

"만일 주성왕이 소공을 죽이려 했다면 주공이 과연 모른다고 할 수 있습니까?"

조조가 허현령 만총에게 명해 양표의 옥사獄事를 심사하도록 했다. 공융과 상서령 순욱이 함께 만총에게 부탁했다

"자백인 공사供辭만을 받으면 되니 모진 고문인 고략拷掠을 가하지 말도록 하게"

만총이 아무 대답도 하지 않은 채 형법에 의거해 고문취조인 고신拷訊을 가한 뒤 며칠 뒤 조조를 만나 이같이 보고했다.

"양표가 고신을 가해도 아무 것도 말하지 않습니다. 이 사람은 천하에 명망이 높으니 만일 증거 없이 죄를 정하게 되면 반드시 민심을 크게 잃을 것입니다. 생각건대 그리 되면 명공에게 매우 애석한 일이 아닐 수 없습니다."

조조가 당일 양표를 사면해 석방했다. 당초 순욱과 공융 등은 만총이

---

199 양표 역시 원소와 마찬가지로 양진楊震, 양병楊秉, 양사楊賜, 양표楊彪에 이르기까지 4대에 걸쳐 고관을 지낸 명문가 출신이다.

200 현재의 『서경』에 나오지 않는 구절이다. 『춘추좌전』「노희공 33년」조에 인용된 『서경』「주서, 강고」에는 아비가 자식을 사랑하지 않고, 자식이 부모를 공경치 않고, 형이 아우에게 우애를 보이지 않고, 아우가 형에게 공순함을 보이지 않을지라도 형벌은 서로 미치지 않는다는 취지의 '부부자父不慈, 자부지子不祗, 형불애兄不友, 제불공弟不共, 불상급야不相及也' 구절이 나온다.

양표에게 고략을 가했다는 얘기를 듣고 모두 분노했다가 양표가 출옥하자 만총과 더욱 친해졌다.

양표는 한실이 쇠미해져 정권이 조조의 손에 떨어진 것을 읽고 다리경련을 칭병해 10여 년을 걷지 않음으로써 화를 면했다.

11) 마일제의 영구가 경성에 이르니 조정에서 상례의 격을 높일 것을 상의하자 공융이 반대했다.

"마일제는 상공上公의 몸으로 최상급의 부절인 모절旄節을 가진 주상의 사신이었소. 그는 오히려 몸을 낮추어 간신에게 아부하고 간신의 통제를 받았으니 왕실대신으로 어찌 협박을 받았다고 해서 말을 다르게 할 수 있겠소? 성상이 구신舊臣을 애석히 여겨 추궁하지만 않았을 뿐이니 의당 상례의 격을 높일 수 없소."

조정이 공융의 의견을 접수했다. 마침 금상金尙의 영구도 경성에 도달하니 백관이 조문을 하라는 조령이 내려졌다. 그의 아들 금위金瑋를 낭중으로 임명했다.

12) 11월, 조조가 재차 장수를 공격해 호양湖陽하남성 당하을 점령하고 유표의 부장 등제鄧濟를 생포했다. 이어 무양을 공격해 점령했다.

13) 한섬과 양봉이 하비에서 출발해 서주와 양주揚州의 접경지대를 약탈했다. 군사들이 기아를 견디지 못하고 여포에게 작별하고 형주로 가려고 했으나 여포가 이를 허락하지 않았다.

양봉이 유비와 여포 사이에 옛 원한인 숙감宿憾이 있는 것을 알고 사적으로 유비와 연락해 함께 여포를 치자고 제안하자 유비가 거짓으로 동의했다. 양봉이 군사를 이끌고 패현에 도착하자 유비가 양봉을 성안으로 불러들여 주연을 베풀던 중 그 자리에서 양봉을 묶은 뒤 목을 베었다.

한섬은 양봉을 잃고 고립돼 10여 명의 기병을 거느리고 병주로 돌아가다가 저추현杼秋縣안휘성 탕산 현령 장선張宣에게 살해됐다. 호재와 이락은 하동에 남아 있었다. 얼마 후 호재는 그를 원망하는 집안에 의해 살해됐고 이락은 병사했다. 곽사는 그의 제장 오습伍習에 의해 살해됐다.

14) 영천인 두습杜襲과 조엄趙儼, 번흠繁欽이 형주로 피난을 가자 유표가 이들 모두에게 빈객의 예로 대접했다. 번흠이 여러 차례 유표로부터 칭찬을 받게 되자 두습이 충고했다.

"내가 그대와 함께 온 것은 단지 몸을 보전하면서 때를 기다리기 위한 것인데 어찌 유표가 반란 진압인 발란撥亂의 주장이라고 말하면서 그에게 투신하려 하는 것이오? 그대가 만일 계속해서 재능을 내보이면 나와 동료가 될 수 없으니 나는 그대와의 관계를 끊겠소."

번흠이 개연히 말했다.

"삼가 받들어 충고를 깊이 새기겠소."

조조가 천자를 맞아 허현을 도읍으로 정하자 조엄이 번흠에게 말했다.

"조진동曹鎭東조조은 반드시 화하華夏를 능히 구할 수 있을 것이오. 나는 이제 귀의할 데를 알았소."

마침내 조조를 찾아가자 조조가 조엄을 낭릉현朗陵縣하남성 확산의 현장으로 임명했다.

양안도위陽安都尉 강하인 이통李通의 처백부가 범법행위를 하자 조엄이 그를 잡아 사형死刑인 대벽大辟에 처했다. 당시 살생의 권한은 주목이나 태수에 의해 결정됐다. 이통의 처가 방성대곡하며 이통에게 애걸하자 이통이 이같이 말했다.

"바야흐로 조공과 함께 국가를 위해 헌신하고 있는데 도의상 사사로운 이유로 공적인 일을 폐하는 이사폐공以私廢公을 할 수는 없소."

이통이 조엄의 법집행이 공정하다고 칭찬하면서 그와 친구관계를 맺었다.

＊ 孝獻皇帝建安二年

春, 正月, 曹操討張繡, 軍於淯水, 繡舉衆降. 操納張濟之妻, 繡恨之. 又以金與繡驍將胡車兒, 繡聞而疑懼, 襲擊操軍, 殺操長子昂. 操中流矢, 敗走, 校尉典韋與繡力戰, 左右死傷略盡, 韋被數十創. 繡兵前搏之, 韋雙挾兩人擊殺之, 瞋目大罵而死. 操收散兵, 還住舞陰. 繡率騎來追, 操擊破之, 繡走還穰, 復與劉表合. 是時, 諸軍大亂, 平虜校尉泰山於禁獨整衆而還, 道逢青州兵劫掠人, 禁數其罪而擊之. 青州兵走, 詣操. 禁既至, 先立營壘, 不時謁操. 或謂禁曰, "青州兵已訴君矣, 宜促詣公辨之." 禁曰, "今賊在後, 追至無時, 不先為備, 何以待敵! 且公聰明, 譖訴何緣得行!" 徐鑿塹安營訖, 乃入謁, 具陳其狀. 操悅, 謂禁曰, "淯水之難, 吾猶狼狽, 將軍在亂能整, 討暴堅壘, 有不可動之節, 雖古名將, 何以加之! 於是錄禁前後功, 封益壽亭侯. 操引軍還許.

袁紹與操書, 辭語驕慢. 操謂荀彧·郭嘉曰, "今將討不義而力不敵, 何如?" 對曰, "劉·項之不敵, 公所知也. 漢祖唯智勝項羽, 故羽雖強, 終為所禽. 今紹有十敗, 公有十勝, 紹雖強, 無能為也. 紹繁禮多儀, 公體任自然, 此道勝也. 紹以逆動, 公奉順以率天下, 此義勝也. 桓·靈以來, 政失於寬, 紹以寬濟寬, 故不攝, 公糾之以猛而上下知制, 此治勝也. 紹外寬內忌, 用人而疑之, 所任唯親戚子弟, 公外易簡而內機明, 用人無疑, 唯才所宜, 不問遠近, 此度勝也. 紹多謀少決, 失在後事, 公得策輒行, 應變無窮, 此謀勝也. 紹高議揖讓以收名譽, 士之好言飾外者多歸之, 公以至心待人, 不為虛美, 士之忠正遠見而有實者皆願為用, 此德勝也紹見人饑寒, 恤念之, 形於顏色, 其所不見, 慮或不及, 公於目前小事, 時有所忽, 至於大事, 與四海接, 恩之所加, 皆過其望, 雖所不見, 慮無不周, 此仁勝也. 紹大臣爭權, 讒言惑亂, 公御下以道, 浸潤不行, 此明勝也. 紹是非不可知, 公所是進之以禮, 所不是正之以法, 此文勝也. 紹好為虛勢, 不知兵要, 公以少克衆, 用兵如神, 軍人恃之, 敵人畏之, 此武勝也." 操笑曰, "如卿所言, 孤何德以堪之!" 嘉又曰, "紹方北擊公孫瓚, 可因其遠征, 東取呂布. 若紹為寇, 布為之援, 此深害也." 或曰, "不先取呂布, 河北未易圖也." 操曰, "然. 吾所惑者, 又恐紹侵擾關中, 西亂羌·胡, 南誘蜀·漢, 是我獨以兗·豫抗天下六分之五也. 為將奈何?" 或曰, "關中將帥以十數, 莫能相一, 唯韓遂·馬騰最強. 彼見山東之爭, 必備擁衆自保, 今若撫以恩德, 遣使連和, 雖不能久安, 比公安定山東, 足以不動. 侍中·尚書僕射鐘繇有智謀, 若屬以西事, 公無憂矣." 操乃表繇以侍中守司隸校尉, 持節督關中諸軍, 特使不拘科制. 繇至長安, 移書騰·遂等, 為陳禍福, 騰·遂各遣子入侍.

袁術稱帝於壽春, 自稱仲家, 以九江太守為淮南尹, 置公卿百官, 郊祀天地. 沛相陳珪, 球弟子也, 少與術游. 術以書召珪, 又劫質其子, 期必致珪. 珪答書曰, "曹將軍興復典刑, 將撥平凶慝, 以為足下當戮力同心. 匡翼漢室. 而陰謀不軌, 以身試禍, 欲吾營私阿附, 有死不能也." 術欲以故兗州刺史金尚為太尉, 尚不許而逃去, 術殺之.

三月, 詔將作大匠孔融持節拜袁紹大將軍, 兼督冀·青·幽·並四州.

夏, 五月, 蝗.

袁術遣使者韓胤以稱帝事告呂布, 因求迎婦, 布遣女隨之. 陳珪恐徐·揚合從, 為難未已, 往說布曰, "曹公奉迎天子, 輔贊國政, 將軍宜與協同策謀. 共存大計. 今與袁術結婚, 必受不義之名, 將有累卵之危矣!" 布亦怨術初不己受也, 女已在塗, 乃追還絕昏, 械送韓胤, 梟首許市. 陳珪欲使子登詣曹操, 布固不肯. 會詔以布為左將軍, 操復遺布手書, 深加慰納. 布大喜, 即遣登奉章謝恩, 並答操書. 登見操,因陳布勇而無謀, 輕於去就, 宜早圖之. 操曰, “布狼子野心, 誠難久養, 非卿莫究其情僞.” 即增珪秩中二千石, 拜登廣陵太守. 臨別, 操執登手曰, “東方之事, 便以相付.” 令陰合部眾以為內應. 始, 布因登求徐州牧不得, 登還, 布怒, 拔戟斫幾曰, “卿父勸吾協同曹操, 絕婚公路. 今吾所求無獲, 而卿父子並顯重, 但為卿所賣耳!” 登不為動容, 徐對之曰, “登見曹公言, ‘養將軍譬如養虎, 當飽其肉, 不飽則將噬人’ 公曰, ‘不如卿言. 譬如養鷹, 饑即為用, 饑則颺去’ 其言如此.” 布意乃解.

袁術遣其大將張勳·橋蕤等與韓暹·楊奉連勢, 步騎數萬趣下邳, 七道攻布. 布時有兵三千, 馬四百匹, 懼其不敵, 謂陳珪曰, “今致術軍, 卿之由也, 為之奈何?” 珪曰, “暹·奉與術, 卒合之師耳, 謀無素定, 不能相維, 子登策之, 比於連雞, 勢不俱棲, 立可離也.” 布用珪策, 與暹·奉書曰, “二將軍親拔大駕, 而布手殺董卓, 俱立功名, 今奈何與袁術同為賊乎! 不如相與並力破術, 為國除害.” 且許悉以術軍資與之. 暹·奉大喜, 即回計從布. 布進軍, 去勳營百步, 暹·奉兵同時叫呼, 並到勳營, 勳等散走, 佈兵追擊, 斬其將十人首, 所殺傷墮水死者殆盡. 布因與暹·奉合軍向壽春, 水陸並進, 到鐘離, 所過虜略, 還渡淮北, 留書辱術. 術自將步騎五千揚兵淮上, 布騎皆於水北大咍笑之而還.

泰山賊帥臧霸襲琅邪相蕭建於莒, 破之. 霸得建資實, 許以賂布而未送, 布自往求之. 其督將高順諫曰, “將軍威名宣播, 遠近所畏, 何求不得, 而自行求賂! 萬一不克, 豈不損邪?” 布不從. 既至莒, 霸等不測往意, 固守拒之, 無獲而還. 順為人清白有威嚴, 少言辭, 所將七百餘兵, 號令整齊, 每戰必克, 名“陷陳營.” 布後疏順, 以魏續有內外之親, 奪其兵以與續, 及當攻戰, 則復令順將, 順亦終無恨意. 布性決易，所以無常，順每諫曰，“將軍舉動，不肯詳思，忽有失得，動輒言‘誤’，誤豈可數乎!” 布知其忠而不能從.

曹操遣議郎王誧以詔書拜孫策為騎都尉，襲爵烏程侯，領會稽太守，使與呂布及吳郡太守陳瑀共討袁術. 策欲得將軍號以自重，誧便承製假策明漢將軍. 策治嚴，行到錢唐，瑀陰圖襲策，潛結祖郎·嚴白虎等，使為內應. 策覺之，遣其將呂范·徐逸攻瑀於海西. 瑀敗，單騎奔袁紹.

初，陳王寵有勇，善弩射. 黃巾賊起，寵治兵自守，國人畏之，不敢離叛. 國相會稽駱俊素有威恩，是時王侯無復租祿，而數見虜奪，或并日而食，轉死溝壑，而陳獨富強，鄰郡人多歸之，有眾十餘萬. 及州郡兵起，寵率眾屯陽夏，自稱輔漢大將軍. 袁術求糧於陳，駱俊拒絕之，術忿恚，遣客詐殺俊及寵，陳由是破敗.

秋，九月，司空曹操東征袁術. 術聞操來，棄軍走，留其將橋蕤等於蘄陽以拒操. 操擊破蕤等，皆斬之. 術走渡淮，時天旱歲荒，士民凍餒，術由是遂衰. 操辟陳國何夔為掾，問以袁術何如，對曰，“天之所助者順，人之所助者信. 術無信順之實而望天人之助，其可得乎!” 操曰，“為國失賢則亡，君不為術所用，亡，不亦宜乎!” 操性嚴，掾屬公事往往加杖. 夔常蓄毒藥，誓死無辱，是以終不見及. 沛國許褚，勇力絕人，聚少年及宗族數千家，堅壁以御外寇，淮·汝·陳·梁間皆畏憚之，操徇淮·汝，褚以眾歸操，操曰，“此吾樊噲也! 即日拜都尉，引入宿衛，諸從褚俠客，皆以為虎士焉. 故太尉楊彪與袁術昏姻，曹操惡之，誣雲欲圖廢立，奏收下獄，劾以大逆. 將作大匠孔融聞之，不及朝服，往見操曰，“楊公四世清德，海內所瞻.『周書』，父子兄弟，罪不相及，況以袁氏歸罪楊公乎!” 操曰，“此國家之意.” 融曰，“假使成王殺召公，周公可得言不知邪?” 操使許令滿寵按彪獄，融與尚書令荀彧皆屬寵曰, "但當受辭, 勿加考掠." 寵一無所報, 考訊如法. 數日, 求見操, 言之曰, "楊彪考訊, 無他辭語. 此人有名海內, 若罪不明白, 必大失民望. 竊為明公惜之." 操即日赦出彪. 初, 彧·融聞寵考掠彪, 皆怒. 及因此得出, 乃更善寵. 彪見漢室衰微, 政在曹氏, 遂稱腳攣, 積十餘年不行, 由是得免於禍.

馬日磾喪至京師, 朝廷議欲加禮, 孔融曰, "日磾以上公之尊, 秉髦節之使, 而曲媚奸臣, 為所牽率, 王室大臣, 豈得以見脅為辭! 聖上哀矜舊臣, 未忍追案, 不宜加禮." 朝廷從之. 金尚喪至京師, 詔百官弔祭, 拜其子瑋為郎中.

冬, 十一月, 曹操復攻張繡, 拔湖陽, 禽劉表將鄧濟. 又攻舞陰, 下之.

韓暹·楊奉在下邳, 寇掠徐·揚間, 軍飢餓, 辭呂布, 欲詣荊州. 布不聽. 奉知劉備與布有宿憾, 私與備相聞, 欲共擊布. 備陽許之. 奉引軍詣沛, 備請奉入城, 飲食未半, 於座上縛奉, 斬之. 暹失奉, 孤特, 與十餘騎歸并州, 為抒秋令張宣所殺. 胡才·李樂留河東, 才為怨家所殺, 樂自病死. 郭汜為其將伍習所殺.

穎川杜襲·趙儼·繁欽避亂荊州, 劉表俱待以賓禮. 欽數見奇於表, 襲喻之曰, "吾所以與子俱來者, 徒欲全身以待時耳, 豈謂劉牧當為撥亂之主而規長者委身哉! 子若見能不已, 非吾徒也, 吾與子絕矣!" 欽慨然曰, "請敬受命!" 及曹操迎天子都許, 儼謂欽曰, "曹鎮東必能匡濟華夏, 吾知歸矣!" 遂還詣操, 操以儼為朗陵長. 陽安都尉江夏李通妻伯父犯法, 儼收治, 致之大辟. 時殺生之柄, 決於牧守, 通妻子號泣以請其命. 通曰, "方與曹公戮力, 義不以私廢公!" 嘉儼執憲不阿, 與為親交.

한헌제 건안 3년(AD 198)

1) 봄 정월, 조조가 허현으로 돌아왔다. 3월, 재차 장수를 치려고 하자 순유가 만류했다.

"장수는 유표와 서로 의지해 세력이 강대하기는 하나 유격대인 유군游軍의 식량을 완전히 유표에게 의존하고 있어 유표가 식량을 공급하지 못하면 세력이 반드시 쇠약해질 것입니다. 잠시 출군을 늦춰 변화를 기다리는 것만 못하니 장수를 유인해 이리로 오게 하는 방법도 쓸 만합니다. 만일 급히 출병하게 되면 그들은 반드시 서로 원조하게 될 것입니다."

조조가 듣지 않고 출병해 양성穰城에서 장수를 포위했다.

2) 여름 4월, 알자복야 배무裴茂를 관중의 제장 단외 등에게 보내 조명을 받들어 이각을 토벌하고 그의 삼족을 멸하라고 명했다. 단외를 안남장군安南將軍에 임명하고 문향후閿鄕侯에 봉했다.

당초 원소는 매번 조서를 접할 때마다 자신에게 불리한 내용이 있을까 두려워해 천자를 자신으로부터 가까운 곳으로 옮기고자 했다. 조조에게 사자를 보내 허현은 저지대로 습기가 많고 낙양은 황폐하니 의당 견성甄城으로 천도해 사방에서의 접근을 용이하게 해야 한다고 유세했다. 조조가 이를 거절하자 전풍田豊이 원소에게 건의했다.

"천도하는 계책은 이미 받아들여질 수 없으니 의당 허현을 도모해야 합니다. 천자를 맞이해 조서를 빙자해 움직이면서 천하를 호령하는 게 상책입니다. 그렇지 못하면 끝내 남에게 사로잡히게 될 것이니 그때는 후회해도 아무 소용이 없습니다."

원소가 듣지 않았다.

때마침 원소 군사의 한 도망병이 조조를 찾아와 전풍이 원소에게 허현을 기습할 것을 권했다고 알려주었다. 조조가 양성의 포위를 풀고 철수하자 장수가 군사를 이끌고 추격했다.

5월, 유표가 장수를 구하려고 군사를 보내 안중安衆하남성 진평에 주둔하게 하면서 험지에 기대어 조조 군사의 퇴로를 차단하게 했다. 조조가 순욱에게 서신을 보내며 말했다.

"나는 안중에 도착해 반드시 장수를 격파할 것이다!"

이내 안중에 도착하자 조조 군사가 앞뒤에서 적을 만나게 됐다. 조조가 밤에 험한 지세에 길을 만들어 도망가는 척했다. 유표와 장수가 전군을 이끌고 추격하자 조조가 기습하는 군대로 보병과 기병騎兵을 풀어 전후에서 협격하게 하자 유표와 장수가 대패했다. 후에 순욱이 조조에게 궁금해 물었다.

"전에 적을 반드시 깰 것이라고 했는데 어찌 된 것입니까?"

조조가 말했다.

"적은 나의 회군을 저지해 사지로 몰아넣었다. 나는 반드시 승리할 것을 알았다."

장수가 조조를 추격할 때 가후가 만류했다.

"추격해서는 안 됩니다. 추격하면 반드시 패하게 됩니다."

장수가 듣지 않고 군사를 이끌고 나아가 교전해 대패하고 돌아오자 가후가 성루에 올라가 장수에게 말했다.

"빨리 다시 조조를 추격하시오. 그러면 반드시 이길 것이오."

장수가 사양했다.

"공의 계책을 쓰지 않아 이 지경이 됐소. 지금 이미 패했는데 어찌 다시 추격하라는 것이오?"

가후가 말했다.

"전쟁의 형세는 늘 변화가 있습니다. 지금 급히 그를 추격하도록 하십시오."

장수는 평소 가후의 말을 믿었기에 흩어진 병사들을 다시 모아 추격하기 시작했다. 과연 승리하고 돌아온 뒤 가후에게 물었다.

"나는 정병精兵으로 철수하는 군사를 추격했으나 공은 반드시 패할 것이라고 말했소. 지금 패졸敗卒로 이긴 병사를 치는데 공은 반드시 이길 것이라고 했소. 그 결과가 모두 공이 말한 바와 같으니 이는 어찌 된 것이오?"

가후가 대답했다.

"매우 알기 쉽습니다. 장군은 비록 용병을 잘하나 조공의 적수가 되지 못합니다. 조공은 철군을 시작하면서 반드시 스스로 뒤를 끊을 것입니다. 그래서 장군이 필패하리라는 것을 알았습니다. 조공은 장군을 칠 때 아무런 실책이 없었는데도 힘을 다하지 않고 돌연 철수했습니다. 이는 반드시 국내에 변고가 있기 때문입니다. 조공은 이미 장군을 패퇴시켰기에 반드시 경무장으로 급히 나아갈 것이고 나머지 제장들을 남겨 두어 뒤를 끊으려 들 것입니다. 그들은 비록 용맹하기는 하나 장군의 적수가 아닙니다. 그래서 비록 패잔병을 이끌고 추격했지만 싸워서 필승할 수 있었던 것입니다."

4) 여포가 다시 원술과 화해한 뒤 중랑장 고순과 북지 태수 안문인 장료張遼를 보내 유비를 치게 했다. 조조가 장군 하후돈夏侯惇을 보내 유비를 구하게 했으나 고순에게 패했다.

9월, 고순 등이 패성을 공략해 유비의 처자를 포로로 잡자 유비가 단신으로 도주했다.

조조가 친히 군사를 이끌고 여포를 치려고 하자 제장들이 만류했다.

"유표와 장수가 뒤에 있는데 멀리 있는 여포를 치게 되면 반드시 위험하게 됩니다."

순유가 제장들의 견해에 반대했다.

"유표와 장수는 방금 패해 감히 망동하지는 못할 것입니다. 여포는 효용驍勇한데다 원술에게 의지하고 있으니 만일 그가 회하와 사수일대에서 종횡무진하게 되면 호걸들이 필연 그에게 호응할 것입니다. 지금 그가 방금 이반해 군심이 통일돼 있지 않은 틈을 타 먼저 공격하면 반드시 그를 깨뜨릴 수 있습니다."

조조가 말했다.

"그 안이 매우 좋다."

조조가 출정할 때 태산에 주둔하던 장패와 손관孫觀, 오돈吳敦, 윤례尹禮, 창희昌狶 등이 모두 여포에게 귀부했다. 조조가 유비와 양국梁國에서 만나 함께 팽성으로 진주하자 진궁이 여포에게 제안했다.

"응당 지금 영격해야 합니다. 휴식을 취하며 적이 피곤해지길 기다리는 이일대로以逸待勞의 계책으로 임해 이기지 못한 적이 없습니다."[201]

여포가 말했다.

"적이 가까이 오기를 기다리느니만 못하다. 사수 중간에 올 때까지 지켜보기로 하자."

겨울 10월, 조조가 팽성을 도륙하자 광릉 태수 진등이 광릉군의 병사를 이끌고 조조의 선봉이 돼 하비로 진격했다. 여포가 직접 군사를 이끌고 여러 차례 조조와 교전했으나 모두 대패한 뒤 성 안으로 들어가 지키기만 할 뿐 감히 나오려 하지 않았다.

조조가 여포에게 서신을 보내 화복득실을 논하며 투항을 권했다. 여포가 두려워해 투항하려고 하자 진궁이 만류했다.

"조조는 멀리서 왔으니 그 세가 반드시 오래 갈 수 없습니다. 장군이 만일 군사를 이끌고 성 밖으로 나가 주둔하면 제가 나머지 부대를 이끌

201 『손자병법』「군쟁軍爭」에 나오는 '이근대원以近待遠, 이일대로以逸待勞, 이포대기以飽待饑' 구절을 인용한 것이다.

고 안에서 문을 잠그고 방비하겠습니다. 그가 장군을 공격하면 제가 군사를 이끌고 그의 배후를 치고 오직 성만 공격하게 되면 장군이 밖에서 구원하면 됩니다. 1달이 안 돼 조조군의 양식이 다 떨어질 때 재차 공격하면 가히 그를 깨뜨릴 수 있습니다."

여포가 동의해 진궁과 고순에게 성을 지키도록 하고 자신은 기병騎兵을 이끌고 나가 조조군의 양도를 끊으려 했다. 여포의 처가 여포에게 말했다.

"진궁과 고순은 줄곧 불목하니 장군이 한 번 나가면 두 사람은 반드시 마음을 합치지 못한 채 성을 지킬 것이니 만일 실수가 있으면 장군은 장차 어디에서 자립할 것입니까? 게다가 조조는 전에 진궁을 아들처럼 대했는데도 그는 조조를 떠나 우리에게 귀부했습니다. 지금 장군의 후대가 조조보다 낫지도 못하니 만일 그가 이 성을 들어 조조에게 바치려 들지도 모릅니다. 처자를 버리고 외로운 군사로 멀리 나가 있다가 만일 변고라고 있게 되면 소첩이 어찌 두 번 다시 장군의 처가 될 수 있겠습니까?"

여포가 당초의 생각을 버린 뒤 몰래 관속인 허사許汜와 왕해王楷를 원술에게 보내 구원을 요청하자 원술이 거절했다.

"여포가 딸을 나에게 보내지 않았으니 이치상 당연히 실패하게 돼 있다. 이제 와서 또 무슨 일로 나를 찾는가?"

허사와 왕해가 말했다.

"명상明上[202]이 지금 여포를 구하지 않게 되면 실패를 자초하게 됩니다. 여포가 패하면 명상 역시 패하게 됩니다."

원술이 병마를 정비하고 지원군을 구성해 여포에게 보냈다. 여포는 혼

---

202 명상明上은 군주의 높임말로 명주明主 내지 성상聖上과 같은 뜻이다. 『안자춘추』「문하이십問下二十」에 '명상지소금야明上之所禁也' 구절이 나온다.

사문제로 원술이 지원군을 보내지 않을까 염려해 딸을 비단 끈으로 말 위에 단단히 묶은 뒤 밤에 직접 딸을 호송해 성 밖으로 내보냈다. 도중에 조조의 수비군과 만나게 돼 화살이 비 오듯 쏟아지자 이를 뚫을 방법이 없어 다시 성으로 돌아오게 됐다.

하내 태수 장양은 평소 여포와 사이가 좋아 이내 가서 구하려 했으나 별다른 방법이 없자 야왕현 동시東市하남성 심양현에 출병해 멀리서 성원했다.

11월, 장양의 부장 장추張丑가 장양을 죽이고 조조에 호응하자 장양의 별장 휴고眭固가 다시 장추를 죽인 뒤 무리를 이끌고 북쪽으로 가 원소와 회합했다. 장양은 성품이 인자하고 온화해 엄한 형벌이 없었다. 부하가 모반을 꾀하다가 발각되면 그는 오히려 그들 앞에서 눈물을 흘리고 울면서 용서한 뒤 더 이상 추궁하지 않았다. 그가 끝내 재난을 당하게 된 배경이다.

조조가 참호를 파 하비를 포위했다. 포위 기간이 길어져 병사들의 피로한 기색이 역력해 조조가 철군을 생각하자 순유와 곽가가 만류했다.

"여포는 용감하지만 지모가 없으니 지금 연전연패해 예기가 이미 꺾여 있습니다. 무릇 병사들은 장군을 주장主將으로 삼는 것이니 주장이 쇠하면 병사들은 투지를 잃게 됩니다. 진궁이 비록 지모가 있다 하나 주저함이 있으니 지금 여포의 예기가 회복되지 못하고 진궁의 계책이 아직 마련되지 않은 틈을 타 급히 공격하면 여포를 가히 굴복시킬 수 있습니다."

기수沂水와 사수의 물을 끌어들여 성에 흘려 들여보냈다. 1달여 뒤 여포가 더욱 곤궁해져 성위로 올라가 조조의 군사에게 소리쳐 항복할 뜻을 밝혔다.

"경들은 나를 포위할 필요가 없소. 나는 스스로 명공에게 자수自首하고자 하오."

진궁이 반박했다.

"역적 조조가 무슨 명공입니까? 오늘 그에게 투항하는 것은 계란으로 바위를 치는 난투석卵投石이나 마찬가지입니다. 어찌 목숨을 부지할 수 있겠습니까?"

여포의 부장 후성侯成이 명마를 잃었다가 얼마 후 다시 찾았다. 제장들이 예물을 가지고 후성에게 가 축하하자 후성이 주육을 내어 여포에게 먼저 권하니 여포가 화를 냈다.

"내가 금주령을 내렸는데도 경들은 술을 빚으니 이는 술 마시는 틈을 타 함께 나를 모해하고자 하는 게 아닌가!"

후성이 화가 나고 두려웠다.

12월 24일, 후성과 송헌宋憲, 위속 등이 함께 진궁과 고순을 잡은 뒤 부하들을 이끌고 투항했다. 여포가 부하들과 함께 백문루白門樓에 오르자 조조 군사들의 포위 공격이 한층 급해졌다. 여포가 좌우에 명해 자신의 목을 쳐 조조에게 가져가도록 했으나 좌우의 부하들이 차마 못하자 곧 백문루에서 내려와 투항했다.

여포가 조조를 보고 말했다.

"오늘 이후로 천하가 평정됐소!"

조조가 의아해하며 물었다.

"무엇을 믿고 그처럼 말하는 것이오?"

여포가 대답했다.

"명공이 우려하는 사람은 나 여포일 뿐인데 오늘 내가 이미 항복했소. 만일 나에게 기병을 이끌도록 하고 명공이 보병을 통솔하면 천하 평정은 그리 어려운 일이 아닐 것이오."

여포가 고개를 돌려 유비를 향했다.

"현덕, 경은 상객이고 나는 투항한 포로가 됐소. 설마 내가 밧줄에 꽁꽁 묶여 있다 한들 나를 위해 한마디 말쯤 못해주지는 않겠지요?"

조조가 웃으며 말했다.

"호랑이를 묶으면서 꽁꽁 묶지 않을 수야 없지 않소."

여포의 포승을 느슨하게 해 주라고 명하자 유비가 만류했다.

"안 되오. 명공은 여포가 정건양丁建陽정원과 동태사董太師를 어떻게 했는지를 보지 못했소?"

조조가 고개를 끄덕이자 여포가 눈을 부릅떠 유비를 노려보며 말했다.

"이 귀 큰 놈아(대이아大耳兒), 너는 가장 믿지 못할 놈이다!"

조조가 진궁에게 말했다.

"경은 평생 스스로 지모에 남음이 있다고 자부했는데 오늘 결국 어찌 된 일이오?"

진궁이 여포를 가리키며 대답했다.

"이 자가 내말을 듣지 않았기 때문에 지금 이 지경에 이른 것이오. 내 의견이 받아들여졌다면 반드시 잡히지는 않았을 것이오."

조조가 물었다.

"경의 모친은 어찌 할 셈이오."

진궁이 대답했다.

"듣건대 효로써 천하를 다스리는 자는 사람의 양친을 해치지 않는다 했으니 노모의 생사는 명공에게 있지 나에게 있지 않소."

조조가 물었다.

"경의 처자는 어찌 할 것이오."

진궁이 대답했다.

"듣건대 천하에 인정仁政을 베푸는 자는 사람의 후사를 끊지 않는다 했으니 처자의 생사는 명공에게 있지 나에게 있는 게 아니오."

조조가 다시 할 말이 없었다. 진궁이 형 받기를 청해 마침내 일어서 나가면서 뒤도 돌아보지 않자 조조가 그를 위해 눈물을 흘렸다. 이날 여포와 고순 등이 모두 교수된 뒤 수급이 허현의 거리에 내걸렸다. 조조가 진궁의 모친을 불러 종신토록 모실 것을 약속하고 진궁의 딸이 출가하는 것을 보살피는 등 진궁의 전 가족을 보살폈다. 모든 것이 당초 진궁이 조조를 따를 때보다 더 두터웠다.

전 상서령 진기陳紀와 진기의 아들 진군陳群이 여포의 군사 속에 있었으나 조조가 이들 모두에게 예로써 대우해 임용했다. 장료는 부하들을 이끌고 투항해 중랑장에 임명됐다. 장패는 도주해 몸을 숨겼으나 조조는 현상을 걸어 그를 잡았다. 이어 장패를 보내 오돈과 윤례, 손관 등을 설득하게 하자 그들 모두 투항했다. 조조가 낭야와 동해를 나누어 성양城陽, 이성利城, 창려군昌慮郡을 설치한 뒤 장패 등을 각각 군수와 국상 등에 임명했다.

당초 조조가 연주에 있을 때 서흡徐翕과 모휘毛暉를 장수로 삼았으나 연주에 난이 일어나자 두 사람 모두 반기를 들었다. 연주가 평정된 뒤 서흡과 모휘가 도망쳐 장패에게 투항했다. 조조가 유비를 통해 장패가 그들 두 사람을 참해 그 수급을 보내도록 하는 명을 전달하자 장패가 유비에게 말했다.

"내가 자립한 이유는 이런 일을 하지 않기 위해서였소. 나는 주공이 살려주는 은혜를 입어 감히 명을 위반하지는 못하오. 패왕의 군주는 가히 의로써 서로 고하는 것이니 원컨대 장군이 나를 대신해 몇 마디 해주시오."

유비가 장패의 말을 조조에게 전하자 조조가 감탄하며 장패에게 말했다.

"이는 옛 사람이 숭상한 일이었는데 군이 능히 그것을 실현했으니 이는 내가 바라던 바이오."

서흡과 모휘 모두 군수로 임명됐다. 진등은 공을 세운 이유로 복파장군伏波將軍으로 승진됐다.

5) 유표와 원소는 서로 매우 가까웠다. 치중 등희鄧義가 유표에게 이를 간하자 유표가 반박했다.

"나는 안으로는 조공하는 직책을 소홀히 한 적이 없고 밖으로는 맹주를 배반한 적이 없다. 이는 천하의 공의이기도 하다. 치중은 어째서 홀로 괴이하게 생각하는 것인가?"

등희가 칭병하고 은퇴했다.

장사 태수 장선張羡은 성정이 매우 고집스러워 남에게 굽히기를 싫어하니 유표가 그를 예로써 대하지 않았다. 동군인 환계桓階가 장선에게 장사와 영릉, 계양 등 3개 군을 연합해 유표에 저항할 것을 권하자 장선이 이를 좇았다.

6) 손책이 정의교위正議校尉 장굉張紘을 보내 방물方物토산품을 바치자 조조가 손책을 안무해 거두기 위해 상표해 토역장군討逆將軍으로 추천하고 오후吳侯에 봉했다. 또한 자신의 동생의 딸을 손책의 동생 손광孫匡에게 출가시키고 또한 아들 조창曹彰을 위해 손분孫賁의 딸을 며느리로 맞아들였다. 이어 예를 갖춰 손책의 동생 손권孫權과 손익孫翊을 불러들이는 한편 장굉을 시어사로 삼았다.

원술이 주유를 거소현居巢縣안휘성 소현의 현령으로 삼고 임회臨淮 출신 노숙魯肅을 동성현東城縣의 현령에 임명했다. 주유와 노숙은 원술이 결국 대업을 이루지 못할 것을 알고 모두 관직을 버리고 장강을 건너 손책을 좇았다. 손책이 주유를 건위중랑장建威中郎將으로 삼고 노숙을 곡아현에 정착해 살게 했다.

조조는 상표해 왕랑을 부르자 손책이 왕랑을 보내주었다. 조조가 왕랑을 간의대부로 삼고 사공司空의 군사업무에 참여하게 했다.

원술이 밀사인 간사間使에게 인수를 휴대하고 단양군 지방수령 조랑

祖郞 등을 찾아가 산월인山越人을 부추겨 함께 손책을 도모하자고 설득하게 했다. 유요가 예장군으로 도주했을 때 태사자는 무호蕪湖안휘성 동남부의 산속에 은둔하여 자칭 단양태수라 했다.

손책이 이미 선성宣城 이동지역을 평정했을 때 경현涇縣 이서의 6개 현만 정복되지 않았다. 태사자가 경현으로 들어가 사니 산월인 대다수가 그에게 귀부했다. 손책이 친히 군사를 이끌고 능양으로 가 조랑을 토벌했다. 손책이 조랑을 사로잡은 뒤 물었다.

"너는 전에 나를 습격하고 나의 말안장을 잘랐다. 지금 내가 군사를 일으켜 대업을 세우려고 하니 옛 원한을 잊고 나를 위해 일할 수 있는 인재가 되길 바란다. 천하 사람에 대해 모두 이와 같으니 비단 너뿐만이 아니다. 결하고 두려워하지 마라."

조랑이 머리를 조아리며 사죄하자 손책이 즉각 그의 족쇄를 풀어준 뒤 곧 문하적조門下賊曹로 일하게 했다. 손책은 이어 용리勇里에서 태사자를 토벌해 산채로 잡은 뒤 포승줄을 풀어주며 그의 손을 잡고 물었다.

"아직 신정에서 만났을 때의 일을 기억하오. 만일 경이 당시 나를 잡았으면 어찌 할 생각이었소."

태사자가 대답했다.

"상상할 수조차 없습니다."

손책이 크게 웃으며 말했다.

"오늘의 대업은 내가 경과 공동으로 이루고자 하오. 듣건대 경은 절의인 열의烈義가 있어 천하의 지사라 하니 지금까지 몸을 맡긴 자가 합당한 주인이 아니었을 뿐이오. 고는 경의 지기가 되고자 하니 경의 마음과 같지 않을까 염려할 필요가 없소."

태사자를 즉시 문하독門下督[203]으로 일하게 했다. 군사들이 돌아와 조랑과 태사자가 모두 앞장 서 인도하자 군사들이 모두 영광으로 알았다.

유요가 예장에서 죽을 때 병사 1만여 명이 예장 태수 화흠을 주인으로 추대하자 화흠이 속으로 생각했다.

"권력은 때가 얻도록 만드는 것이지 신하 된 자가 주변의 요구에 응해 만드는 것이 아니다."

부중은 계속 몇 개월을 기다리며 그의 응낙을 기대했으나 화흠이 끝내 사양하고 떠나자 귀부할 곳이 없었다. 손책이 태사자에게 명해 그들을 안무하도록 하면서 말했다.

"유목劉牧유요이 전에 내가 원술을 위해 여강廬江을 공격했다고 비난했소. 당시 나의 선군先君의 병사 수천 명이 모두 원공로가 있는 곳에 있었소. 나의 뜻은 대업을 이루는 것이니 어찌 원공로를 향해 몸을 굽혀 선군의 군사를 찾는 것을 마다하겠소. 후에 원공로가 신하의 절의를 지키지 못하고 스스로 황제가 돼 내가 그를 말렸는데도 듣지 않았소. 대장부는 의로써 서로 사귀고 큰 변고가 있으면 부득불 헤어지는 것이오. 내가 원공로와 사귀고자 한 후 단절하게 된 전후 과정이 이와 같소. 나는 유목이 살아 있을 때 그에게 이 일을 변명하지 못한 것이 한이 됐소. 지금 그의 자식이 예장에 있으니 경이 가서 꼭 그를 만나서 그의 부하에게 고孤의 뜻을 전하시오. 부하들이 원하면 경과 함께 같이 오고 아니면 그들을 위무하시오. 또한 화자어華子魚화흠가 어떻게 관리했는지 그 방법과 책략 등도 살펴보고 오도록 하시오. 경이 얼마나 많은 병사가 필요할지는 경이 알아서 결정하도록 하시오."

---

203 여기의 문하독門下督은 표기장군驃騎將軍과 거기장군車騎將軍 및 위장군衛將軍 등의 막부幕府에 있던 7품의 속관屬官을 말한다. 막부에는 1명의 '문하독' 이외에도 그 밑으로 문하녹사門下錄事와 문리門吏 및 문하서리門下書吏가 각각 1명씩 있었다. 남북조시대에는 문하독이 오직 북제北齐의 청도군清都郡 내에 장수부將帥府의 속관屬官으로 존재한 바 있다.

태사자가 말했다.

"나 태사자는 용서받지 못할 죄가 있는데도 장군의 도량은 제환공이나 진문공과 같으니 당연히 죽음으로써 보답해야 합니다. 지금 모두 병사들을 휴식하게 하고 있으니 많이도 필요 없고 수십 명 정도면 족합니다."

손책의 좌우 사람들이 말했다.

"태사자가 일단 북쪽으로 가면 틀림없이 오지 않을 것입니다."

손책이 반박했다.

"자의子義태사자가 나를 버리고 다시 누구를 좇는단 말인가?"

창문昌門에서 전별할 때 손책이 태사자의 팔을 잡고 물었다.

"언제 돌아올 수 있소?"

"60일은 넘지 않을 것입니다."

태사자가 떠난 후 의논하던 사람들은 아직도 분분히 태사자를 보낸 것은 실책이라고 말했다.

손권이 단호하게 말했다.

"제군는 더 이상 말하지 마시오. 나의 결정은 주밀한 고려를 거친 것이오. 태사자는 비록 용맹하고 담이 크나 방자한 인물인 종횡지인縱橫之人은 아니오. 그는 마음이 도의 위에 서 있고 말에 조리가 있어 일단 마음으로 맺은 지기는 죽을지언정 배반하지 않을 인물이오. 제군은 아무 염려할 필요가 없소."

태사자가 과연 정한 기일에 돌아와 손책에게 말했다.

"화자어는 미덕인 양덕良德이 있는 자입니다. 다른 특별한 책략은 없고 오직 양덕만을 지켰을 뿐입니다. 그 외에 단양인 동지僮芝가 여릉廬陵강서성 길안현에서 패도를 행하고 있습니다.

번양番陽의 추장 별립종부別立宗部가 말하기를, '나는 이미 해혼海昏강소성 영수현의 상료上繚에 별도의 군郡을 만들어 예장군의 초청을 받을 수 없다'고 했습니다. 화자어는 단지 눈을 뜨고 지켜볼 뿐이었습니다."

손책이 박장대소하며 겸병할 뜻을 갖게 됐다.

7) 원소가 해를 이어 공손찬을 공격했으나 이기지 못했다. 서신을 써 이전의 구원은 잊어버리고 연합하자고 설득했다. 공손찬이 응당치 않고 오히려 방위를 강화하면서 장사 태원인 관정關靖에게 말했다.

"지금 사방에서 패권다툼인 호쟁虎爭이 일어나고 있으나 아직 나의 성 아래에 앉아 서로 지키면서 해를 넘겨 버틴 자가 분명 없었다. 원본초가 나를 어찌 할 수 있겠는가?"

원소가 대대적으로 군사를 일으키는 흥병興兵을 해 공손찬을 쳤다.

앞서 공손찬의 별장 가운데 한 사람이 적에게 포위돼 곤경에 빠졌을 때 공손찬이 구원을 거부하면서 말한 적이 있었다.

"이 사람을 구하게 되면 훗날 다른 제장들도 구해줄 것만을 믿고 역전力戰하지 않을 것이다."

이에 원소가 진공하자 공손찬의 남쪽 각 군영은 버틸 수도 없을 뿐 아니라 구원군은 더더욱 오지 않을 것으로 알고 일부는 투항하고 일부는 달아났다. 원소의 군사가 곧바로 역경易京하북성 웅현의 성문에 당도하자 공손찬은 아들 공손속公孫續을 흑산적의 각 수령에게 보내 구원을 요청하게 했다. 공손찬은 이어 직접 기병돌격대를 이끌고 출성한 뒤 서산西山의 길을 따라 흑산적의 무리를 이끌고 기주로 쳐들어가 원소의 퇴로를 끊고자 했다. 관정이 만류했다.

"지금 장군의 장병 가운데 와해瓦解하려는 마음을 지니지 않은 자가 없습니다. 그들이 아직 버티는 이유는 그들 집안의 부모와 처자식을 생각하고 장군의 진두지휘를 믿고 있기 때문입니다. 성을 굳건히 지켜 시일을 끌다보면 혹 원소가 스스로 퇴병할지도 모릅니다. 만일 장군이 그들을 버리고 출성하면 후방에는 지휘할 자가 없게 돼 역경이 함락되는 것은 가히 시간문제일 뿐입니다."

공손찬은 출성해 기습하려는 계획을 버렸다. 원소의 군사가 점점 가까이 와 급히 공격을 가하자 공손찬의 군사는 더욱 곤경에 처하게 됐다.

＊ 孝獻皇帝建安三年

春, 正月, 曹操還許. 三月, 將復擊張繡. 荀攸曰, "繡與劉表相恃為強. 然繡以遊軍仰食於表, 表不能供也, 勢必乖離. 不如緩軍以待之, 可誘而致也. 若急之, 其勢必相救." 操不從, 圍繡於穰.

夏, 四月, 使謁者僕射裴茂詔關中諸將段煨等討李傕, 夷其三族. 以煨為安南將軍, 封C171鄉侯.

初, 袁紹每得詔書, 患其有不便於己者, 欲移天子自近, 使說曹操以許下埤濕, 雒陽殘破, 宜徙都鄄城以就全實. 操拒之. 田豐說紹曰, "徙都之計, 既不克從, 宜早圖許, 奉迎天子, 動托詔書, 號令海內, 此算之上者. 不爾, 終為人所禽, 雖悔無益也." 紹不從. 會紹亡卒詣操, 雲田豐勸紹襲許, 操解穰圍而還, 張繡率眾追之. 五月, 劉表遣兵救繡, 屯於安眾, 守險以絕軍後. 操與荀彧書曰, "吾到安眾, 破繡必矣." 及到安眾, 操軍前後受敵, 操乃夜鑿險偽遁. 表·繡悉軍來追, 操縱奇兵步騎夾攻, 大破之, 它日, 彧問操曰, "前策賊必破, 何也?" 操曰, "虜遏吾歸師, 而與吾死地, 吾是以知勝矣." 繡之追操也, 賈詡止之曰, "不可追也, 追必敗." 繡不聽, 進兵交戰, 大敗而還. 詡登城謂繡曰, "促更追之, 更戰必勝." 繡謝曰, "不用公言, 以至於此, 今已敗, 奈何復追?" 詡曰, "兵勢有變, 促追之." 繡素信詡言, 遂收散卒更追, 合戰, 果以勝還, 乃問詡曰, "繡以精兵追退軍, 而公曰必敗. 以敗卒擊勝兵, 而公曰必克, 悉如公言, 何也?" 詡曰, "此易知耳. 將軍雖善用兵, 非曹公敵也. 曹公軍新退, 必自斷後. 故知必敗. 曹公攻將軍, 既無失策, 力未盡而一朝引退, 必國內有故也. 已破將軍, 必輕軍速進, 留諸將斷後, 諸將雖勇, 非將軍敵, 故雖用敗兵而戰必勝也.” 繡乃服.

呂布復與袁術通, 遣其中郎將高順及北地太守雁門張遼攻劉備. 曹操遣將軍夏侯惇救之, 為順等所敗. 秋, 九月, 順等破沛城, 虜備妻子, 備單身走. 曹操欲自擊布, 諸將皆曰, “劉表·張繡在後, 而遠襲呂布, 其危必也.” 荀攸曰, “表·繡新破, 勢不敢動, 布驍猛, 又恃袁術, 若從橫淮·泗間, 豪傑必應之. 今乘其初叛, 眾心未一, 往可破也.” 操曰, “善!” 此行, 泰山屯帥臧霸·孫觀·吳敦·尹禮·昌豨等皆附於布. 操與劉備遇於梁. 進至彭城. 陳宮謂布曰, “宜逆擊之, 以逸擊勞, 無不克也.” 布曰, “不如待其來攻, 蹙著泗水中.” 冬, 十月, 操屠彭城. 廣陵太守陳登率郡兵為操先驅, 進至下邳. 布自將屢與操戰, 皆大敗, 還保城, 不敢出.

操遺布書, 為陳禍福. 布懼, 欲降. 陳宮曰, “曹操遠來, 勢不能久. 將軍若以步騎出屯於外, 宮將餘眾閉守於內. 若向將軍, 宮引兵而攻其背. 若但攻城, 則將軍救於外. 不過旬月, 操軍食盡, 擊之, 可破也.” 布然之, 欲使宮與高順守城, 自將騎斷操糧道. 布妻謂布曰, “宮·順素不和, 將軍一出, 宮·順必不同心共城守也, 如有蹉跌, 將軍當於何自立乎? 且曹氏待公台如赤子, 獨捨而歸我. 今將軍厚公台不過曹氏, 而欲委全城, 捐妻子, 孤軍遠出, 若一旦有變, 妾豈得復為將軍妻哉!” 布乃止, 潛遣其官屬許汜·王楷求救於袁術. 術曰, “布不與我女, 理自當敗, 何為復來?” 汜·楷曰, “明上今不救布, 為自敗耳. 布破, 明上亦破也.” 術乃嚴兵為布作聲援. 布恐術為女至, 故不遣救兵, 以綿纏女身縛著馬上, 夜自送女出, 與操守兵相觸, 格射不得過, 復還. 河內太守張楊素與布善, 欲救之, 不能, 乃出兵東市, 遙為之勢. 十一月, 楊將楊丑殺楊以應操, 別將眭固復殺丑, 將其眾北合袁紹. 楊性仁和, 無威刑, 下人謀反發覺, 對之涕泣, 輒原不問, 故及於難.

操掘塹圍下邳, 積久, 士卒疲敝, 欲還, 荀攸·郭嘉曰, "呂布勇而無謀, 今屢戰皆北, 銳氣衰矣. 三軍以將為主, 主衰則軍無奮意. 陳宮有智而遲. 今及布氣之未復, 宮謀之未定, 急攻之, 布可拔也." 乃引沂·泗灌城. 月餘, 布益困迫, 臨城謂操軍士曰, "卿曹無相困, 我當自首於明公." 陳宮曰, "逆賊曹操, 何等明公! 今日降之, 若卵投石, 豈可得全也!"

布將侯成亡其名馬, 已而復得之, 諸將合禮以賀成, 成分酒肉先入獻布. 布怒曰, "布禁酒而卿等醞釀, 為欲因酒共謀布邪?" 成忿懼, 十二月, 癸酉, 成與諸將宋憲·魏續等共執陳宮·高順, 率其眾降. 布與麾下登白門樓. 兵圍之急, 布令左右取其首詣操, 左右不忍, 乃下降. 布見操曰, "今日已往, 天下定矣." 操曰, "何以言之?" 布曰, "明公之所患不過於布, 今已服矣. 若令布將騎, 明公將步, 天下不足定也." 顧謂劉備曰, "玄德, 卿為坐上客, 我為降虜, 繩縛我急, 獨不可一言邪?" 操笑曰, "縛虎不得不急." 乃命緩布縛. 劉備曰, "不可. 明公不見呂布事丁建陽·董太師乎!" 操頷之. 布目備曰, "大耳兒, 最叵信!" 操謂陳宮曰, "公台平生自謂智有餘, 今竟何如?" 宮指布曰, "是子不用宮言, 以至於此. 若其見從, 亦未必為禽也." 操曰, "奈卿老母何?" 宮曰, "宮聞以孝治天下者不害人之親. 老母存否, 在明公, 不在宮也." 操曰, "奈卿妻子何?" 宮曰, "宮聞施仁政於天下者不絕人之祀, 妻子存否, 在明公, 不在宮也." 操未復言. 宮請就刑, 遂出, 不顧, 操為之泣涕, 並布·順皆縊殺之, 傳首許市. 操召陳宮之母, 養之終其身, 嫁宮女, 撫視其家, 皆厚於初. 前尚書令陳紀·紀子群在布軍中,操皆禮而用之. 張遼將其眾降, 拜中郎將. 臧霸自亡匿, 操募索得之, 使霸招吳敦·尹禮·孔觀等, 皆詣操降. 操乃分琅邪·東海為城陽·利城·昌慮郡, 悉以霸等為守·相.

初, 操在兗州, 以徐翕·毛暉為將. 及兗州亂, 翕·暉皆叛. 兗州既定, 翕·暉亡命投霸. 操語劉備, 令霸送二首, 霸謂備曰, "霸所以能自立者, 以不為此也. 霸受主公生全之恩, 不敢違命. 然王霸之君, 可以義告, 願將軍為之辭." 備以霸言白操, 操歎息謂霸曰, "此古人之事, 而君能行之, 孤之願也." 皆以翕·暉為郡守. 陳登以功加伏波將軍.

劉表與袁紹深相結約. 治中鄧羲諫表, 表曰, "內不失貢職, 外不背盟主, 此天下之達義也. 治中獨何怪乎?" 羲乃辭疾而退. 長沙太守張羨, 性屈強, 表不禮焉. 郡人桓階說羨舉長沙·零陵·桂陽三郡以拒表, 遣使附於曹操, 羨從之.

孫策遣其正議校尉張紘獻方物, 曹操欲撫納之, 表策為討逆將軍, 封吳侯. 以弟女配策弟匡, 又為子彰取孫賁女. 禮辟策弟權·翊. 以張紘為侍御史. 袁術以周瑜為居巢長, 以臨淮魯肅為東城長. 瑜·肅知術終無所成, 皆棄官渡江從孫策. 策以瑜為建威中郎將. 肅因家於曲阿. 曹操表徵王朗, 策遣朗還. 操以朗為諫議大夫, 參司空軍事.

袁術遣間使繼印綬與丹楊宗帥祖郎等, 使激動山越, 共圖孫策. 劉繇之奔豫章也, 太史慈遁於蕪湖山中, 自稱丹楊太守. 策已定宣城以東, 惟涇以西六縣未服, 慈因進住涇縣, 大為山越所附. 於是策自將討祖郎於陵陽. 禽之. 策謂郎曰, "爾昔襲孤, 斫孤馬鞍, 今創軍立事, 除棄宿恨, 惟取能用, 與天下通耳, 非但汝, 汝勿恐怖." 郎叩頭謝罪, 即破械, 署門下賊曹. 又討太史慈於勇里, 禽之, 解縛, 捉其手曰, "寧識神亭時邪? 若卿爾時得我雲何?" 慈曰, "未可量也." 策大笑曰, "今日之事, 當與卿共之. 聞卿有烈義, 天下智士也, 但所托未得其人耳. 孤是卿知己, 勿憂不如意也." 即署門下督. 軍還, 祖郎·太史慈俱在前導, 軍人以為榮. 會劉繇卒於豫章, 士衆萬餘人, 欲奉豫章太守華歆為主. 歆以為因時擅命, 非人臣所宜, 衆守之連月, 卒謝遣之. 其衆未有所附, 策命太史慈往撫安之, 謂慈曰, "劉牧往責吾為袁氏攻廬江, 吾先君兵數千人, 盡在公路許, 吾志在立事, 安得不屈意於公路以求之乎? 其後不遵臣節, 諫之不從. 丈夫義交, 苟有大故, 不得不離. 吾交求公路及絶之本末如此, 恨不及其生時與共論辯也. 今兒子在豫章, 卿往視之. 並宣孤意於其部曲. 部曲樂來者與俱來, 不樂來者且安慰之. 並觀華子魚所以牧御方規何如. 卿須幾兵, 多少隨意." 慈曰, "慈有不赦之罪, 將軍量同桓·文, 當盡死以報德. 今並息兵, 兵不宜多, 將數十人足矣." 左右皆曰, "慈必北去不還." 策曰, "子義捨我, 當復從誰!" 餞送昌門, 把腕別曰, "何時能還?" 答曰, "不過六十日." 慈行, 議者猶紛紜言遣之非計. 策曰, "諸君勿復言, 孤斷之詳矣. 太史子義雖氣勇有膽烈, 然非縱橫之人, 其心秉道義, 重然諾, 一以意許知己, 死亡不相負, 諸君勿憂也." 慈果如期而反, 謂策曰, "華子魚, 良德也, 然無他方規, 自守而已. 又, 丹楊僮芝, 自擅廬陵, 番陽民帥別立宗部, 言'我已別立郡海昏上繚, 不受發召', 子魚但睹視之而已." 策拊掌大笑, 遂有兼併之志.

袁紹連年攻公孫瓚, 不能克, 以書諭之, 欲相與釋憾連和. 瓚不答, 而增修守備, 謂長史太原關靖曰, "當今四方虎爭, 無有能坐吾城下相守經年者明矣, 袁本初其若我何!" 紹於是大興兵以攻瓚. 先是瓚別將有為敵所圍者, 瓚不救, 曰, "救一人, 使後將恃救, 不肯力戰." 及紹來攻, 瓚南界別營, 自度守則不能自固, 又知必不見救, 或降或潰. 紹軍徑至其門, 瓚遣子續請救於黑山諸帥, 而欲自將突騎出傍西山, 擁黑山之眾侵掠冀州, 橫斷紹後. 關靖諫曰, “今將軍將士莫不懷瓦解之心, 所以猶能相守者, 顧戀其居處老小, 而恃將軍為主故耳. 堅守曠日, 或可使紹自退. 若捨之而出, 後無鎮重, 易京之危, 可立待也.” 瓚乃止. 紹漸相攻逼, 瓚眾日蹙.

** 권63-한기漢紀 55: 손권이 부형의 뒤를 잇다

한헌제 건안 4년(AD 199)

1) 봄 3월, 흑산적의 수령 장연張燕과 공손속이 10만 명의 병사를 이끌고 3로로 나눠 공손찬을 구했다. 이들이 도착하기 전 공손찬은 비밀히 사자를 통해 공손속에게 서신을 보내 5,000명의 무장 기마병인 철기鐵騎를 북쪽의 저습지대로 이끌고 간 뒤 불을 피워 도착을 알리도록 했다. 공손찬은 이를 신호로 자신이 직접 성내에서 군사를 이끌고 출격해 원소의 군사를 협격하려 했다.

원소의 정찰병이 이 서신을 얻은 후 예상되는 시간에 불을 피우자 공손찬이 구원병이 온 줄 알고 출격했다. 원소가 군사들을 매복시켰다가 공손찬을 공격하게 했다. 공손찬이 대패해 다시 성안으로 들어가 굳게 지켰다.

원소가 땅굴을 파 성루 아래까지 이르게 했다. 나무를 이용해 땅굴을 버티게 한 뒤 대략 성루의 절반쯤 도달했을 때 나무기둥을 불사르게 했다. 성루가 막 쓰러지는 모습을 보였다. 이런 방법으로 점차 공손찬이 거주하고 있는 중경中京까지 공격해 나갔다.

공손찬은 스스로 목숨을 보전하기가 어렵다는 것을 알고 자신의 처와 자매 등을 모두 목을 매게 한 뒤 자신 또한 몸에 불을 질러 죽었다. 원소가 병사들에게 빨리 누대에 올라 공손찬의 목을 베도록 했다. 이때 전해田楷도 전사했다. 관정이 탄식했다.

"전에 내가 만일 장군이 군사를 이끌고 나가겠다는 것을 막지만 않았다면 반드시 이 위기를 구할수 없는 것도 아니었다. 내가 듣건대 군자는 사람을 위난 속으로 떨어뜨리지 않고 반드시 위난을 함께 한다 했으니 어찌 나 홀로 살 수 있겠는가?"

말을 몰아 원소의 군중으로 뛰어 들어가 분전하다가 전사했다. 공손속은 흉노의 도각屠各 부족에 의해 살해당했다.

어양 출신 전예田豫가 태수 선우보鮮于輔에게 말했다.

"조조는 천자를 모시고 제후를 호령하니 끝내 천하를 평정할 것입니다. 의당 일찍이 그를 따르는 것이 옳을 것입니다."

선우보가 부중을 이끌고 조정에 귀의하자 조령으로 선우보를 건충장군建忠將軍에 임명하고 유주의 6개 군을 다스리게 했다.

당초 오환족의 왕 구력丘力이 죽자 그의 아들 누반樓班이 어린 나이로 뒤를 이었으나 구력의 조카 답돈蹋頓이 군사적 재능인 무략武略이 있어 곧 누반을 대신해 왕위를 이었다. 그는 왕위에 오른 뒤 상곡대인上谷大人 난루難樓와 요동대인 소복연蕭僕延, 우북평대인 오연烏延 등을 통솔했다.

원소가 공손찬을 공격할 때 답돈이 오환족을 이끌고 가 원소를 지원했다. 공손찬이 죽자 원소가 조정을 대신해 답돈과 난루, 소복연, 오연 등에게 모두 선우의 인수를 주었다. 이어 염유閻柔는 오환족의 민심을 얻고 있었기 때문에 총행을 더해 안무함으로써 북방변경을 안정되게 만들었다. 후에 난루와 소복연 등이 누반을 받들어 선우로 삼고 답돈을 왕으로 모셨다. 큰 계책을 결정하는 권력은 여전히 답돈에게 있었다.

2) 휴고가 사견射犬하남성 심양 북쪽에 머물렀다. 여름 4월, 조조가 군사를 이끌고 황하에 이르러 장군 사환史渙과 조인曹仁에게 강을 건너가 휴고를 치게 했다. 조인은 조조의 조카였다.

휴고가 직접 군사를 이끌고 북쪽으로 가 원소에게 구원을 요청하려다가 견성에서 사환과 조인 등과 만나니 사환과 조인은 그를 공격해 죽였다. 조조가 황하를 건너 사견을 포위하자 사견이 투항했다. 조조가 군사들을 이끌고 오창敖倉하남성 형양 북쪽으로 돌아왔다.

당초 조조가 연주에 있을 때 위충魏种을 효렴으로 추천한 적이 있었다. 연주에서 반란이 일어났을 때 조조가 말했다.

"오직 위충만이 고를 배반하지 않을 것이다."

이후 조조는 위충이 도망갔다는 얘기를 듣고 노했다.

"위충은 남쪽으로 도망쳐 월나라 땅으로 가지는 않고 북쪽으로 도주해 호인들이 있는 곳으로 갔을 것이다. 내가 그를 그대로 가게 하지는 않을 것이다."

사견을 공략한 후 위충을 사로잡게 되자 조조가 말했다.

"나는 단지 너의 재주를 아낄 뿐이다."

그의 결박을 풀어주고 다시 기용해 하내태수에 임명한 뒤 황하 이북의 일을 그에게 맡겼다.

3) 위장군 동승을 거기장군으로 임명했다.

4) 원술이 칭제한 후 음란하고 사치한 음치淫侈의 행보가 더욱 심해져 시첩인 잉어媵御가 수백 명에 달했다. 몸에는 능라주단을 두르지 않은 것이 없고 기름진 성찬인 양육粱肉만을 포식하자 부하들은 더욱 기아에 시달리며 곤궁해졌다. 그들을 거두어 위로해 돌보는 무휼撫恤을 하는 자는 아무도 없었다.

얼마 후 재물이 완전히 바닥나 자립할 방법이 없게 되자 이내 궁실을 불태우고 자신의 부하인 진간陳簡과 뇌박雷薄에게 달아났다. 다시 진간 등에게 거절당해 마침내 커다란 곤경에 처하게 되니 병사들이 사방으로 흩어졌다. 걱정과 불만으로 어찌 할 바를 모르게 되자 사자를 보내 제호帝號를 종형인 원소에게 바치면서 애걸했다.

"한실이 천하를 잃은 지 이미 오래됐소. 원씨가 천명을 받아 의당 군왕이 되어야 하니 상서로운 징조가 이미 명백히 드러났소. 지금 군은 4개 주를 거느리고 민호가 100만이나 돼 삼가 대명大命을 군에게 드리니 군이 그것을 실현시키시오."

원담이 청주에서 원술을 영접한 후 하비에서 북쪽을 지나 원소가 있는 곳으로 가려고 했다. 조조가 유비와 장군 청하인 주령朱靈을 보내 그들을 공격하게 하자 원술이 북쪽으로 나아갈 방법이 없어 결국 수춘으로 다시 달아났다.

6월, 원소가 강정江亭에 도착해 대나무로 만든 살평상簀에 앉아 탄식했다.

"원술이 결국 이 지경이 되고 말았구나!"

원술이 이내 울분을 참지 못하고 병을 얻어 피를 토하고 죽었다. 원술의 종제 원윤袁胤이 조조를 두려워해 감히 수춘에 머물지 못하고 부하들과 함께 원술의 영구와 그 처자를 이끌고 환성皖城안휘성 잠산의 여강 태수 유훈劉勳에게 투항했다. 전 광릉 태수 서구徐璆가 전국새를 얻어 천자에게 주었다.

5) 원소가 공손찬을 친 뒤 더욱 교만해 조정에 공납하는 공어貢御가 갈수록 줄어들었다. 주부 경포耿包가 은밀히 원소에게 천명에 따라 칭제할 것을 건의했다. 원소가 경포의 건의를 부하들에게 의논하도록 하자 요속僚屬들이 모두 경포가 요망한 얘기를 했다며 참수할 것을 청했다. 원소가 부득이 경포를 죽이고 자신의 책임을 면했다.

원소가 10만 명의 정병과 1만 필의 말을 준비해 허현을 치려고 하자 저수가 말리며 간했다.

"저간에 공손찬을 토벌하니 해마다 출병한 셈이 됩니다. 백성이 피폐하고 창고 또한 비축분이 없으니 움직일 수 없습니다. 먼저 농산에 힘을 기울여 백성들에게 후식을 취하게 한 후 우선 사자를 보내 천자에게 전리품을 올려야만 합니다. 만일 천자에게 올리지 못하게 되면 천자에게 가는 길을 조조가 막고 있다고 상표한 후 여양汝陽하남성 상수 서남쪽에 진주해야 합니다. 이후 점차 황하 남안으로 나아가 배를 더 많이 만들고 무기를 수선한 뒤 정예기병으로 조조의 변경를 약탈해 그들을 쉬지 못하게 하고 우리는 휴식을 취하며 적이 피곤해지길 기다리는 이일대로以逸待勞의 계책으로 임해야 합니다. 그러면 능히 앉아서 천하를 평정할 수 있습니다."

곽도와 심배審配가 반대했다.

"명공의 신무神武로 황하유역과 북변인 하삭河朔의 강병을 거느리면 조조를 토벌하는 것은 손을 뒤집는 것과 같소. 하필 그리 할 필요가 있소?"

저수가 반박했다.

"무릇 난세를 구하고 폭압을 벌하는 구란주폭救亂誅暴을 행하는 것을 의병義兵, 숫자와 강대함에 기대는 시중빙강恃衆憑强을 교병驕兵이라 합니다. 의병은 무적이고 교병은 먼저 망하는 법입니다. 조조는 천자를 모시고 천하를 호령하니 지금 거사해 남하하면 우리가 도의에 어긋나게 됩니다. 게다가 조정을 제압하는 계책은 병력의 강약에 있지 않습니다. 조조의 법령은 한 번 내리면 곧바로 집행이 되고 병사들이 정예해 공손찬처럼 앉아서 공격을 받을 자들이 아닙니다. 지금 만전지책을 버리고 명분 없이 군사를 움직인다면 공을 위해 적잖이 우려하는 바입니다."

곽도와 심배가 재차 반박했다.

"주문왕이 은나라 폭군 주紂를 토벌했으나 도의가 없었다고 말할 수 없소. 하물며 조조를 토벌하는 데 어찌 명분이 없다고 하는 것이오? 게다가 공이 지니고 있는 오늘의 강대함과 장병들의 불타는 투지로 기회를 틈타 대업 완성을 기하지 않는 것은 하늘이 주는 기회를 취하지 않으면 오히려 해를 입는다는 취지의 '천여불취天與不取, 반수기구反受其咎'의 경우와 같소. 이는 춘추시대 말기 월나라가 천하의 패권을 장악하고 오나라가 패망한 원인이기도 하오. 감군監軍의 계책은 먼저 자신을 굳건히 하는 지뢰持牢에 초점을 맞추고 있으나 이는 시기時機의 변화를 읽지 못한 것이오."

원소가 곽도의 의견을 받아들였다. 곽도 등이 이 기회를 이용해 저수를 참소했다.

"감군이 안팎을 모두 장악해 3군에 위세를 떨치고 있으니 만일 그의 권력이 더욱 확대되면 무엇으로 그를 제압하렵니까? 무릇 신하가 군주와 권력이 같으면 망하는 것이니 이는 병서인『황석黃石』이 가장 꺼리는 것입니다.[204] 게다가 감군이 밖에서 군사들을 통제하니 의당 내부의 사무를 알게 하지 않으면 안 됩니다."

원소가 저수가 통수하는 군사를 3명의 도독이 나누어 통제하게 하자 저수와 곽도, 순우경淳于瓊이 각각 1군씩 거느리게 됐다.

기도위인 청하 출신 최염崔琰이 출병을 저지했다.

"천자는 허현에 있고 백성들은 공이 천자를 보필하길 바라고 있습니다. 공격해서는 안 됩니다."

원소가 이를 듣지 않았다. 허현의 장병들이 원소가 장차 허현을 공격한다는 애기를 듣고 모두 두려워하자 조조가 이들을 안심시키며 말했다.

---

204 『황석』은 곧 병법서인『황석공삼략黃石公三略』을 말한다. 황석공은 흔히 이상노인圯上老人으로 불리는 전설적인 인물이다. 전설에 따르면 장량이 진시황 암살에 실패해 도망하던 도중 하비의 다리 위에서 한 노인을 만나『태공병법』이라는 병서를 얻게 됐다. 노인이 말하기를, "13년 후 제북齊北의 곡성산 아래에서 나를 보러 오면 황석黃石이 바로 나인 줄 알도록 하라!"고 했다. 이후 천하통일 후 장량이 한고제와 함께 제나라를 지나던 도중 곡성산에 가서 보니 과연 황석이 있었다고 한다.

“나는 원소의 인물됨을 안다. 그는 뜻만 크고 지략은 작은 지대지소志大智小와 겉으로만 강경하고 내심 겁약한 색려담박色厲膽薄, 질투를 잘하고 성정이 각박해 위엄이 없는 기극소위忌克少威의 인물이다. 그가 비록 병력이 많다고 하나 역할구분이 불분명하고 제장들이 교만해 군령이 통일돼 있지 않다. 그의 땅이 비록 넓고 양식이 풍부하다 하나 이는 오히려 우리의 군량 공급원이 될 만하다.”

공융이 걱정이 돼 순욱에게 말했다.

“원소는 땅이 넓고 군사가 강하오. 전풍과 허유는 책사로서 그를 위해 계책을 내고, 심배와 봉기逢紀는 충신으로서 헌신적으로 일을 처리하오. 안량顔良과 문추文醜는 용장으로서 그를 위해 군사를 통솔하오. 이들을 이기기는 거의 어렵다고 할 것이오.”

순욱이 공융을 안심시켰다.

“원소는 군사가 비록 많다고 하나 군기가 엄정치 못하고 전풍은 고집이 세어 범상犯上하기 쉽고 허유는 탐람해 일을 제대로 처리하지 못하오. 심배는 전권을 휘두르나 지략이 없고 봉기는 과단성은 있으나 제멋대로 결정하오. 이들은 반드시 서로 용납할 수 없어 반드시 안에서 분란이 일어날 것이오. 안량과 문추는 필부지용匹夫之勇에 불과할 뿐이오. 단 한 번의 싸움으로 그들을 생포할 수 있소.”

8월, 조조는 여양으로 진군한 뒤 장패 등에게 정병을 이끌고 청주로 들어가 동쪽을 막게 하고 우금은 남겨두어 황하의 하변河邊에 진주하게 했다.

9월, 조조가 허현에 돌아와 군사를 나눠 관도官渡하남성 중모현를 지켰다.

이때 원소가 사자를 보내 장수張繡를 청하는 동시에 가후에게 서신을 보내 우호를 맺고자 했다. 장수가 원소의 요청에 응하려 했다. 마침 장수와 자리를 같이 했던 가후가 원소의 사자에게 말했다.

“돌아가서 원본초에게 고맙다고 전해주시오. 형제가 서로 용납지도 못하면서 능히 천하의 호걸인 국사國士를 용납하겠다는 말이오?"

장수가 놀라서 말했다.

"어찌 그렇게까지 말할 수 있는 것이오?"

이어 가후에게 은밀히 물었다.

"상황이 이와 같으니 우리는 장차 누구에게 의탁해야 하오?"

가후가 대답했다.

"조공을 따르느니만 못합니다."

장수가 반문했다.

"원소는 강하고 조조는 약하오. 우리는 또 전에 조조와 원수진 일까지 있소. 어찌 그에게 투항할 수 있겠소?"

가후가 대답했다.

"그것이 바로 우리가 의당 그를 따라야 할 이유입니다. 조공은 천자를 모시고 천하를 호령하고 있습니다. 그를 따라야 할 첫 번째 이유입니다. 원소는 강성한데 우리가 많지도 않은 무리를 이끌고 그에게 가면 그는 필연 우리를 중시하지 않을 것입니다. 조공의 병력은 약하니 그가 우리를 얻게 되면 반드시 기뻐할 것입니다. 이것이 두 번째 이유입니다. 패왕이 되려는 사람은 반드시 사적인 원한을 버리고 천하를 향해 은덕을 펼쳐야 합니다. 이것이 세 번째 이유입니다. 원컨대 장군은 더 이상 의심치 마시길 바랍니다."

11월, 장수가 부대를 이끌고 조조에게 투항했다. 조조가 장수의 손을 잡고 그와 함께 같은 자리에서 연회를 즐겼다. 조조가 아들 조균曹均을 위해 장수의 딸을 며느리로 들였다. 장수를 양무장군으로 임명한 후 상표해 가후를 집금오로 추천하고 도정후都亭侯에 봉했다.

관중의 제장들이 원소와 조조가 바야흐로 천하를 놓고 다투려고 하자 모두 중립의 입장에서 관망하는 자세를 취했다. 양주목凉州牧 위단韋

端이 종사로 있는 천수天水 출신 양부楊阜를 허현으로 보냈다. 양부가 돌아오자 관서關西의 제장들이 물었다.

"원소와 조조의 승패는 어찌 되는 것이오?"

양부가 말했다.

"원소는 너그러워 과단성이 없는 관이부단寬而不斷과 계획은 많으나 결정이 적은 호모소결好謀少決의 인물이오. 과단성이 없으면 위엄이 없고 결정이 적으면 시간을 허비하게 되오. 그가 지금 비록 강하나 결국 대업을 이루지는 못할 것이오. 조공은 큰 재주와 지략인 웅재원략雄才遠略과 시기를 맞춰 결단을 내리고 의심치 않는 결기무의決機無疑의 인물이오. 게다가 법령이 통일돼 병사들이 정예하고 틀에 얽매이지 않고 인재를 탁용하고 있소. 임용된 자들이 온 힘을 다해 열심히 일하니 반드시 큰일을 완성할 것이오."

조조가 치서시어사 하동인 위기衛覬를 보내 관중을 진무하게 하니 사면팔방에서 많은 난민들이 찾아왔다. 관중의 제장들이 이들 대다수를 거두자 위기가 서신을 순욱에게 보내 이같이 말했다.

"관중은 기름진 땅인 고유지지膏腴之地로 얼마 전에 기근과 전란으로 인해 형주로 들어간 10만여 호의 민호가 본토가 안정됐다는 소리를 듣고 모두 돌아오려 하고 있소. 돌아온 사람들이 자립할 길이 없자 제장들이 각자 초모해 자신들의 부하로 삼고 있으나 군현은 빈약해 그들과 경쟁할 수가 없소. 제장들의 세력이 강대해지고 있으니 일단 변고가 나면 후환이 있을 것이오. 무릇 소금은 국가의 재부이나 전란으로 인해 관리하는 사람이 없으니 의당 이전의 제도에 의거해 관리를 두어 전매를 책임지게 해야 하오. 여기서 나온 돈으로 쟁기와 소를 사서 고향으로 돌아가려는 백성에게 공급해 그들이 열심히 경작해 곡식을 축적하게 하면 관중은 다시 부유해져 멀리 있는 유민들이 밤낮을 가리지 않고 돌아올 것이오. 다시 사례교위를 보내 관중에 머물게 해 이 지역의 사무를 담당하게 하면 제장들의 세력은 날마다 약해지고 관부와 백성들의 힘은 날마다 강성해 질 것이오. 이것이 바로 근본을 튼튼히 해 적을 약하게 하는 비책이오."

순욱이 위기의 건의를 조조에게 보고하자 조조가 이를 채택했다. 알자복야를 보내 염정鹽政을 관장하게 하고 사례교위를 보내 홍농을 다스리게 했다. 관중이 이로부터 귀순하게 됐다.

원소가 사람을 유표에게 보내 구원을 청하자 유표가 응낙하고도 곧바로 원군을 보내지 않았다. 그렇다고 조조를 지원하지도 않자 종사 중랑장인 남양 출신 한숭韓嵩과 별가인 영릉 출신 유선劉先이 유표에게 권했다.

"지금 양웅이 서로 팽팽하니 천하의 중심이 장군에게 있습니다. 만일 행동을 하려면 그들 양쪽이 패해 모두 상처를 입었을 때 하는 게 가합니다. 만일 그렇지 못하면 의당 따를만한 쪽을 선택해야 합니다. 어찌 10만 명의 군사를 이끌고 성패를 좌시하기만 할 것입니까? 원조 요청을 받고도 돕지 않으면 현인을 만나도 그들이 귀부하려 하지 않을 것입니다. 하면 양쪽의 원한이 모두 장군에게 집중될 것이니 중립을 견지할 길이 없을까 두렵습니다. 조조는 용병을 잘하고 준걸들이 많이 귀부하니 그의 세력이 반드시 원소를 누를 것입니다. 이후에는 군사를 돌려 장강과 한수 일대를 칠 것이니 장군이 이를 막아내지 못할까 두렵습니다. 지금 가장 좋은 계책은 형주를 들어 조조에게 귀부하는 것입니다. 조조가 반드시 장군의 큰 덕에 크게 감격할 것이니 오래도록 복록을 누리면서 이를 후대에 전하는 것으로는 이것이 만전지책입니다."

괴월蒯越 또한 유표에게 권했으나 유표가 의심하며 결단을 못내렸다. 유표가 이내 한숭을 허현에 보내면서 그에게 당부했다.

"만일 지금 누가 천하를 평정할지 모르나 조조는 천자를 모시고 허현에 정도하고 있다. 군은 나를 위해 한 번 형세를 살펴봐 주게."

한숭이 말했다.

"성인은 상황에 따라 절조를 바꾸기는 하나 근본을 버리지 않는 달절達節의 모습을 보입니다. 그렇지 못한 자는 오직 상황에 따른 변절을 거부하며 시종 절조를 지키는 수절守節을 할 뿐입니다. 저는 수절만 할 수 있을 뿐입니다. 일단 군신의 명분이 정해지면 죽음으로 지키는 것입니다. 지금 저는 장군의 신료가 돼 단지 장군의 명령을 들을 뿐이니 비록 끓는 물과 불속으로 뛰어드는 부탕도화赴湯蹈火를 해 죽더라도 사양치 않을 것입니다. 제가 본 바에 따르면 조공은 반드시 천하를 평정할 것입니다. 장군이 위로는 능히 천자를 받들고 아래로는 조공에게 귀부하면 저를 보내도 가합니다. 만일 장군이 결단치 못하고 머뭇거리는 유예猶豫를 할 경우 제가 경성에 머무는 동안에 천자가 저에게 직책을 주면 사양하기 어렵습니다. 그리 되면 천자의 신하이자 장군의 옛 부하가 되는 것입니다. 천자의 신하가 되면 주상을 위해 명을 받들어야 하니 의리상 다시 장군을 위해 목숨을 바칠 방법이 없습니다. 원컨대 장군은 세 번 생각해 저의 일편단심을 버리지 마십시오."

유표는 한숭이 사신으로 가는 것을 꺼린다고 생각해 강제로 보냈다. 한숭이 허현에 도착하자 그를 시중·영릉태수로 임명하는 조령이 내려졌다. 한숭이 돌아와 천자와 조공의 덕을 극찬하면서 유표에게 아들을 입경시켜 천자를 시봉하도록 권했다. 유표가 대로해 한숭이 두마음을 품었다고 의심했다. 요속들을 모두 소집하고 군사를 배치한 뒤 손에 부절을 들고 한숭을 참하려 했다. 유표가 그의 죄를 일일이 나열한 뒤 꾸짖었다.

"한숭, 네가 감히 두 마음을 품을 수 있는가?"

요속들이 모두 두려워하며 한숭이 잘못했다고 생각했다. 한숭이 자세를 전혀 흩뜨리지 않은 채 말했다.

"장군이 저를 버렸지 저는 장군을 버린 적이 없습니다."

한숭이 이 말을 거듭 말했다. 유표의 처자 채씨蔡氏가 간했다.

"한숭은 초국楚國 사람들이 존경하는 인물입니다. 게다가 그의 말은 정직하니 그를 죽이려 해도 죄명이 없습니다."

유표는 여전히 노기를 풀지 않고 한숭의 수행원을 고문해 죽이려고 했다. 결국 얼마 후 한숭이 배반할 뜻이 없었음을 알고 그를 죽이지는 않은 채 감옥에 가두었다.

6) 양주揚州의 반적 수령 정보鄭寶가 강남 이외의 장강 이남 지역인 강표江表까지 쳐들어가 백성들을 약탈하려 했다. 그는 회남에 있는 유엽劉曄이 황족으로 양주의 명사임을 알고 그를 겁박해 이런 계획을 실현시키려고 하자 유엽은 심히 고민이 됐다. 마침 조조가 사자를 양주에 보내 사건을 조사하게 하자 유엽이 사자를 청해 같이 집으로 갔다. 정보가 미리 와서 사자에게 문후하자 유엽이 사자를 남겨두고 정보와 함께 연회에 참석해 술을 마셨다. 연회 도중 유엽이 칼을 빼어 정보를 죽이고 그의 머리를 자른 뒤 그의 부중에게 명했다.

"조공이 영이 내렸으니 감히 망동을 하는 자는 정보와 같은 죄로 다스리겠다."

정보의 무리 수천 명이 모두 두려워해 따르는 섭복讋服의 모습을 보이며 유엽을 수령으로 추대했다. 유엽이 정보의 부중을 여강 태수 유훈劉勳에게 넘겨주자 유훈이 이를 괴이하게 생각해 그 연유를 물었다. 유엽이 대답했다.

"정보에게는 법제가 없어 그의 부중은 평소 약탈을 해 생존해 왔소. 내가 그들을 먹여 살릴 능력도 없이 그들을 거둘 경우 오래지 않아 원한을 살 것이 뻔하기 때문에 그들을 넘겨주었을 뿐이오."

유훈이 원술의 부중을 너무 많이 수용했기 때문에 그들을 먹일 도리가 없었다. 종제 유해劉偕를 상료上繚로 보내 각 부중의 수령인 종수宗帥

들로부터 쌀을 얻어 오도록 했다. 당초 원한 만큼의 양을 채우지 못하자 유해가 유훈에게 군사를 보내 그들을 습격하자고 청했다.

손책이 유훈의 병력이 강대해지는 것을 꺼린 나머지 겸양을 가장해 유훈을 받들면서 말했다.

"상료의 각 부중들이 누차 저의 군郡을 속였습니다. 저는 그들을 치고자 했으나 단지 길이 불편해 이를 실행하지 못했을 뿐입니다. 상료는 매우 풍요하니 원컨대 군이 출병해 정벌하길 바랍니다. 저는 외원을 하겠습니다."

손책이 보석과 명주실과 면실로 짠 견직물인 갈포葛布 등을 유훈에게 뇌물로 주었다. 유훈이 크게 기뻐하자 안팎이 모두 그에게 축하했다. 유엽만이 축하를 하지 않아 유훈이 그 원인을 물었다. 유엽이 대답했다.

"상료는 비록 작지만 성이 견고하고 해자垓字의 구덩이가 넓고 깊으니 지키기는 쉽고 공략하기는 어렵게 돼 있소. 10일 이내에 공략하지 못하면 군사는 밖에서 피로와 싸워야 하고 국내는 텅 비게 되니 손책이 이 틈을 타 우리를 습격하면 후방은 지킬 수가 없게 되오. 그러면 장군은 전진하려 해도 적의 저지를 받게 되고 후퇴하려 해도 돌아가 쉴 곳이 없게 되오. 만일 군사를 반드시 동원하고자 하면 재난이 곧바로 닥칠 것이오."

유훈이 듣지 않고 상료로 출정했다. 해혼海昏에 이르게 되자 각 부중의 수령들이 이를 알게 돼 있는 재물을 모두 싸들고 도주했다. 유훈은 얻은 것이 하나도 없게 됐다.

이때 손책이 솔병해 서쪽으로 황조를 치고 석성石城강소성 영수현에 이르게 됐다. 손책은 유훈이 해혼에 있다는 얘기를 듣자 종형 손분과 손보孫輔에게 군사 8,000명을 이끌고 팽택에 주둔하게 하고 자신은 강하 태수 주유와 함께 2만 명의 군사를 이끌고 환성을 쳤다. 손책은 이 싸움에서 승리해 원술과 유훈의 처자를 비롯해 부중 3만여 명을 포로로 잡았다.

손책이 상표해 여남인 이술李術을 여강태수로 추천하고 그에게 3,000명의 군사를 나눠주어 환성을 지키게 한 후 포획한 사람 모두를 동쪽의 오군으로 옮겼다.

유훈이 팽택에 돌아온 후 손분과 손보가 요격邀擊해 쳐부수었다. 유훈이 물러나 유기流沂를 지키면서 황조에게 구원을 요청했다. 황조가 아들 황역黃射[205]을 보내 수군 5,000명을 이끌고 유훈을 돕도록 했다. 손책이 또 유훈을 공격하자 유훈이 대패해 북쪽으로 가 조조에게 귀부했고, 황역도 정신없이 달아나는 둔주遁走를 했다.

손책은 유훈의 병사 3,000여 명을 거두고 배 1,000척을 얻었다. 마침내 진군해 황조를 쳤다.

12월 8일, 손책의 군사가 사선沙羨에 도착하자 유표가 조카 유호劉虎와 남양인 한희韓晞에게 장창부대 5,000명을 이끌고 가 황조를 구하게 했다.

12월 11일, 손책이 그들과 교전해 대승을 거두고 한희를 참했다. 황조가 탈주하자 황조의 처자와 그의 선박 6천 척을 나포했다. 대부분의 병사들이 살해됐다. 익사자만 수만 명이었다.

손책이 강대한 군사를 모아 예장을 치기 위해 초구椒丘에 주둔한 뒤 공조 우번虞翻에게 말했다.

"화자어는 비록 명성이 있다 하나 아직 나의 적수가 아니다. 만일 그가 성문을 열어 양보하지 않은 채 전고를 한 번 울리게 되면 다치지 않을 수

---

205 황역黃射을 두고 대개 '황사'로 읽고 있으나 『후한서後漢書』「문원열전文苑列傳, 예형전禰衡傳」에 대한 주에서 이현李賢은 풀이하기를, "황역의 역射은 역亦과 음이 같다."고 했다. 원래 역射은 4가지 음이 있다. 첫째, 화살을 쏘는 발시發矢처럼 쏜다는 의미로 사용할 때는 '사'로 읽는다. 둘째, 복야僕射처럼 벼슬 이름으로 사용될 때는 '야'로 읽는다. 셋째, 사물을 지적해 손에 넣는 것처럼 맞춰서 취한다는 의미로 사용될 때는 '석'으로 읽는다. 넷째, 싫어할 염厭의 뜻이거나 무역無射처럼 율려律呂의 고유 명칭으로 사용될 때는 '역'으로 읽는다. 황조의 아들 '황역' 역시 사람의 고유 명칭으로 사용된 경우에 해당한다.

없을 것이다. 경은 앞으로 나아가 나의 뜻을 전하라."

우번이 화흠에게 가 말했다.

"저는 일찍이 명부明府와 전 회계 태수 왕부군王府君왕랑이 모두 중주中州에서 명망이 높아 해내에서 숭배 받는 인물이라고 들었습니다. 저는 비록 동군의 변방에 있으나 늘 명부에 대해 첨앙瞻仰경배하는 마음을 품어 왔습니다."

화흠이 말했다.

"나는 감히 왕회계王會稽왕랑에 비교될 수 없소."

우번이 물었다.

"저는 예장군의 자원과 식량, 무기 등이 어떠한지 모릅니다. 백성들의 과감함과 용맹을 회계군과 비교하면 어디가 강합니까?"

화흠이 대답했다.

"크게 다르오."

우번이 말했다.

"명부가 말하는 게 왕회계와 같지 않습니다. 이는 매우 겸허한 말입니다. 명부는 정병이 회계군과 같지 않다고 말했는데 확실히 말씀하신 것과 같습니다. 손토역孫討逆손책은 지혜롭고 지모가 출중해 용병이 귀신같습니다. 전에 그가 유양주劉揚州유요를 치는 것은 명부가 친히 본 바와 같습니다. 남쪽으로 저의 회계군를 평정한 것도 명부가 아는 바입니다. 지금 명부는 외로운 성을 굳게 지키려 하나 스스로 물자와 양초가 부족하다는 것을 알고 있으니 만일 일찍 조치하지 않으면 후회막급일 것입니다. 지금 대군이 이미 초구에 진주해 있어 저는 곧 돌아가야 합니다. 만일 내일 낮까지 명부의 격문을 받지 못하면 저는 명부와 작별을 해야 합니다."

화흠이 대답했다.

"강표江表에 오래 살다 보니 평소 북쪽의 고향에 가고 싶었소. 손회계가 오니 나는 곧 떠나야겠소."

밤새 격문을 다 쓴 뒤 다음날 아침 관원에게 격문을 가지고 가 손책을 영접하게 했다. 손책이 진군하자 화흠이 갈건葛巾을 입고 맞이하면서 화흠에게 말했다.

"부군은 나이와 덕과 명망이 높고 두터워 원근에서 모두 귀복하고 있습니다. 나 손책은 나이도 어리고 무지하니 의당 자제의 예를 행해야 하겠습니다."

화흠에게 몸을 굽혀 절을 하고 상빈으로 모시었다.

남북조시대 남조 동진東晋의 역사가 손성孫盛이 이같이 평했다.

"화흠은 이미 백이 및 사호四皓와 같이 세상을 떠나 은거하는 기풍도 없는데다 조정의 신하로서 몸을 던져 진충하는 고상한 절조 또한 잃었다. 마음을 굽혀 거짓된 유자 우번의 유세에 굴복함으로써 손책과 같이 미친 자와 결탁하니 지위도 빼앗기고 명절 또한 훼손됐다. 어떤 죄가 이보다 더 하겠는가?"

7) 손책이 예장군의 일부를 나누어 여릉군廬陵郡을 만들고 손분을 예장태수, 손보를 여릉태수로 삼았다. 마침 동지僮芝가 병이 나자 손보가 진군해 여릉을 취한 후 주유를 남겨두었다. 파구巴丘 호남성 악양시에서 주둔해 지키는 진수鎭守를 하도록 조치한 것이다.

손책이 환성을 공략한 후 원술의 처자를 위무해 돌보았다. 예장군에 들어와서는 유요의 영구가 고향에 돌아갈 수 있도록 운구를 보살피고 그의 전 가족을 잘 돌보니 사대부가 이를 칭송했다.

회계군의 공조 위등魏騰이 일찍이 손책의 의견을 정면으로 반박해 손책이 그를 죽이고자 하자 사람들이 두려워 어찌 할 바를 몰랐다. 손책의 모친 오부인吳夫人이 커다란 우물에 기대어 손책에게 말했다.

"너는 방금 강남에 와 아직 성공도 하지 못했기에 의당 현사를 예우하고 이전의 과실은 생각지 말고 공을 세운 사람을 녹용해야 한다. 위공조는 너를 위해 직무를 다한 사람인데 네가 오늘 그를 죽이면 내일 사람들이 너를 배반할 것이다. 나는 재난이 임박한 것을 볼 수 없으니 지금 이 우물 속으로 먼저 뛰어들어야 하겠다."

손책이 크게 놀라 바로 위등을 놓아 주었다.

당초 오군 태수 회계인 성헌盛憲은 고대高岱를 효렴으로 천거한 적이 있었다. 허공許貢이 와서 오군을 관리하자 고대가 성헌을 군영의 장수인 영수營帥로 있는 허소許昭의 집에 피난시켰다. 오정烏程 출신 추타鄒佗와 전동錢銅, 가흥嘉興 출신 왕성王晟 등이 각각 많게는 1만 명에서 적게는 수천 명씩 모아놓고 손책에게 귀부하지 않았다.

손책이 군사를 이끌고 쳐들어와 그들을 모두 깨뜨리고 엄백호를 공격하니 엄백호가 패해 여항余杭절강성 항주시으로 도주한 후 허소에게 투항했다. 정보程普가 손책에게 진격해 허소를 칠 것을 청하자 손책이 이같이 대답했다.

"허소는 옛 주인에게 의리가 있고 옛 친구에게 정성을 다하니 이는 대장부의 지기志氣이다."

당초 계획을 그만 둔 이유다.

8) 조조가 다시 관도에 주둔했다. 조조 신변의 시종 서타徐他 등이 조조를 죽이려고 모의한 뒤 조조의 장막 안으로 들어갔다가 교위 허저를 보고 안색이 크게 변하자 허저는 이를 눈치 채고 이들을 죽였다.

9) 당초 거기장군 동승이 황제의 의대衣帶 속에 있는 은밀한 조서인 밀조密詔를 받았다고 자칭해 유비와 함께 조조를 죽이려고 하자 조조가 종용從容히 유비에게 말했다.

"지금 천하의 영웅은 오직 사군使君과 나 조조뿐이오. 본초와 같은 자들은 낄 수가 없소."

유비가 이때 밥을 먹다가 놀라서 손에 들고 있던 수저를 떨어뜨렸다. 마침 하늘에서 우레 소리가 들리자 유비가 이를 틈타 변명했다.

"공자가 말하기를, '빠른 번개와 광풍은 사람의 안색을 변하게 한다'[206]고 했습니다. 이 말이 실로 일리가 있습니다."

마침내 동승과 장수교위長水校尉 충집种輯, 장군 오자란吳子蘭, 왕복王服 등과 함께 모의했다. 당시 조조가 유비와 주령朱靈에게 원술을 요격하게 하자 정욱과 곽가, 동소董昭 등이 모두 조조를 만류했다.

"유비를 보내서는 안 됩니다."

조조가 후회해 그를 추격하게 했으나 이미 미칠 수가 없었다.

원술이 이미 남쪽을 향해 떠난 뒤여서 주령 등이 군사를 이끌고 돌아왔다. 유비는 서주 자사 차주車胄를 죽인 후 관우를 남겨두어 하비를 지키면서 태수의 일을 처리하게 하고 자신은 소패로 돌아왔다.

동해의 도적 창희와 부근의 군현 대다수가 조조를 배반하고 유비에게 붙었다. 유비가 수만 명의 군사를 갖게 되자 사자를 보내 원술과 연합했다. 조조가 사공장사司空長史인 패국沛國 출신 유대와 중랑장인 부풍 출신 왕충王忠을 보내 이들을 치도록 했으나 이기지 못했다. 유비가 유대 등에게 약을 올리며 말했다.

"너 같은 자 100명을 보내도 나를 어쩔 수 없을 것이다. 설령 조공이 직접 온다 해도 어쩔 수 없다는 것을 알 것이다!"

---

206 원문은 '신뢰풍렬迅雷風烈, 필변必變'이다. 『논어』「향당」에서 공자가 생전에 진수성찬을 받으면 반드시 안색을 바꾸고 자리에서 일어나 차린 사람의 성의에 답했고 빠른 우레가 치거나 바람이 사납게 불면 반드시 안색을 바꿨다는 취지로 언급한 '성찬盛饌, 필변색이작必變色而作. 신뢰풍렬迅雷風烈, 필변必變' 구절에서 인용한 것이다.

** 起署維單閼, 盡上章執徐, 凡二年.

孝獻皇帝建安四年

春, 三月, 黑山帥張燕與公孫續率兵十萬, 三道救之. 未至, 瓚密使行人繼書告續, 使引五千鐵騎於北隰之中, 起火為應, 瓚欲自內出戰. 紹候得其書, 如期舉火. 瓚以為救至, 遂出戰. 紹設伏擊之, 瓚大敗, 復還自守. 紹為地道, 穿其樓下, 施木柱之, 度足達半, 便燒之, 樓輒傾倒, 稍至京中. 瓚自計必無全, 乃悉縊其姊妹·妻子, 然後引火自焚. 紹趣兵登台, 斬之. 田楷戰死. 關靖歎曰, "前若不止將軍自行, 未必不濟. 吾聞君子陷人危, 必同其難, 豈可以獨生乎!" 策馬赴紹軍而死. 續為屠各所殺. 漁陽田豫說太守鮮於輔曰, "曹氏奉天子以令諸侯, 終能定天下, 宜早從之." 輔乃率其眾以奉王命. 詔以輔為建忠將軍, 都督幽州六郡. 初, 烏桓王丘力居死, 子樓班年少, 從子蹋頓有武略, 代立, 總攝上谷大人難樓·遼東大人蘇僕延·右北平大人烏延等. 袁紹攻公孫瓚, 蹋頓以烏桓助之. 瓚滅, 紹承製皆賜蹋頓·難樓·蘇僕延·烏延等單于印綬. 又以閻柔得烏桓心, 因加寵慰以安北邊. 其後難樓·蘇僕延奉樓班為單于, 以蹋頓為王, 然蹋頓猶秉計策.

眭固屯射犬. 夏, 四月, 曹操進軍臨河, 使將軍史渙·曹仁渡河擊之. 仁, 操從弟也. 固自將兵北詣袁紹求救, 與渙·仁遇於犬城, 渙·仁擊斬之. 操遂濟河, 圍射犬. 射犬降, 操還軍敖倉. 初, 操在兗州舉魏種孝廉. 兗州叛, 操曰, "唯魏種且不棄孤." 及聞種走, 操怒曰, "種不南走越, 北走胡, 不置汝也!" 即下射犬, 生禽種, 操曰, "唯其才也!" 釋其縛而用之, 以為河內太守, 屬以河北事.

以衛將軍董承為車騎將軍.

袁術既稱帝, 淫侈滋甚, 媵御數百, 無不兼羅紈, 厭粱肉, 自下饑困, 莫之收恤. 既而資實空盡, 不能自立, 乃燒宮室, 奔其部曲陳簡·雷薄於灊山, 復為簡等所拒, 遂大窮, 士卒散走, 憂懣不知所為. 乃遣使歸帝號於從兄紹曰, "祿去漢室久矣! 袁氏受命當王, 符瑞炳然. 今君擁有四州, 人戶百萬, 謹歸大命, 君其興之!" 袁譚自青州迎術, 欲從下邳北過. 曹操遣劉備及將軍清河朱靈邀之, 術不得過, 復走壽春. 六月, 至江亭, 坐簀床而歎曰, "袁術乃至是乎!" 因憤慨結病, 歐血死. 術從弟胤畏曹操, 不敢居壽春, 率其部曲奉術柩及妻子, 奔廬江太守劉勳於皖城. 故廣陵太守徐璆得傳國璽. 獻之.

袁紹既克公孫瓚, 心益驕, 貢御稀簡. 主薄耿包密白紹, 宜應天人, 稱尊號. 紹以包白事示軍府. 僚屬皆言包妖妄, 宜誅. 紹不得已, 殺包以自解. 紹簡精兵十萬·騎萬匹, 欲以攻許. 沮授諫曰, "近討公孫瓚, 師出歷年, 百姓疲敝, 倉庫無積, 未可動也. 宜務農息民, 先遣使獻捷天子. 若不得通, 乃表曹操隔我王路, 然後進屯黎陽, 漸營河南, 益作舟舡, 繕修器械, 分遣精騎抄其邊鄙, 令彼不得安, 我取其逸. 如此, 可坐定也." 郭圖·審配曰, "以明公之神武, 引河朔之強眾, 以伐曹操, 易如覆手, 何必乃爾!" 授曰, "夫救亂誅暴, 謂之義兵. 恃眾憑強, 謂之驕兵. 義者無敵, 驕者先滅. 曹操奉天子以令天下, 今舉師南向, 於義則違. 且廟勝之策, 不在強弱. 曹操法令既行, 士卒精練, 非公孫瓚坐而受攻者也. 今棄萬安之術而興無名之師, 竊為公懼之!" 圖·配曰, "武王伐紂, 不為不義. 況兵加曹操, 而雲無名? 且以公今日之強, 將士思奮, 不及時以定大業, 所謂天與不取, 反受其咎, 此越之所以霸, 吳之所以滅也. 監軍之計在於持牢, 而非見時知機之變也." 紹納圖言, 圖等因是譖授曰, "授監統內外, 威震三軍, 若其浸盛, 何以制之! 夫臣與主同者亡, 此『黃石』之所忌也. 且御眾於外, 不宜知內." 紹乃分授所統為三都督, 使授及郭圖·淳于瓊各典一軍. 騎都尉清河崔琰諫曰, "天子在許, 民望助順, 不可攻也!" 紹不從. 許下諸將聞紹將攻許, 皆懼, 曹操曰, "吾知紹之為人, 志大而智小, 色厲而膽薄, 忌克而少威, 兵多而分畫不明, 將驕而政令不一, 土地雖廣, 糧食雖豐, 適足以為吾奉也." 孔融謂荀彧曰, "紹地廣兵強, 田豐·許攸智士也, 為之謀. 審配·逢紀忠臣也, 任其事. 顏良·文丑勇將也, 統其兵. 殆難克乎!" 彧曰, "紹兵雖多而法不整, 田豐剛而犯上, 許攸貪而不治, 審配專而無謀, 逢紀果而自用, 此數人者, 勢不相容, 必生內變. 顏良·文丑, 一夫之勇耳, 可一戰而禽也." 秋, 八月, 操進軍黎陽, 使臧霸等將精兵入青州以扞東方, 留於禁屯河上. 九月, 操還許, 分兵守官渡.

袁紹遣人招張繡, 並與賈詡書結好. 繡欲許之, 詡於繡坐上, 顯謂紹使曰, "歸謝袁本初, 兄弟不能相容, 而能容天下國士乎!" 繡驚懼曰, "何至於此!" 竊謂詡曰, "若此, 當何歸?" 詡曰, "不如從曹公." 繡曰, "袁強曹弱, 又先與曹為仇, 從之如何?" 詡曰, "此乃所以宜從也. 夫曹公奉天子以令天下, 其宜從一也. 紹強盛, 我以少眾從之, 必不以我為重, 曹公眾弱, 其得我必喜, 其宜從二也. 夫有霸王之志者, 固將釋私怨以明德於四海, 其宜從三也. 願將軍無疑!" 冬, 十一月, 繡率眾降曹操, 操執繡手, 與歡宴, 為子均取繡女, 拜揚武將軍. 表詡為執金吾, 封都亭侯. 關中諸將以袁·曹方爭, 皆中立顧望. 涼州牧韋端使從事天水楊阜詣許, 阜還, 關右諸將問曰, "袁·曹勝敗孰在?" 阜曰, "袁公寬而不斷, 好謀而少決. 不斷則無威, 少決則後事, 今雖強, 終不能成大業. 曹公有雄才遠略, 決機無疑, 法一而兵精, 能用度外之人, 所任各盡其力, 必能濟大事者也." 曹操使治書侍御史河東衛覬鎮撫關中, 時四方大有還民, 關中諸將多引為部曲. 覬書與荀彧曰, "關中膏腴之地, 頃遭荒亂, 人民流入荊州者十萬餘家, 聞本土安寧, 皆企望思歸. 而歸者無以自業, 諸將各競招懷以為部曲, 郡縣貧弱, 不能與爭, 兵家遂強, 一旦變動, 必有後憂. 夫鹽, 國之大寶也, 亂來放散, 宜如舊置使者監賣, 以其直益市犁牛, 若有歸民, 以供給之, 勤耕積粟以豐殖關中, 遠民聞之, 必日夜競還. 又使司隸校尉留治關中以為之主, 則諸將日削, 官民日盛, 此強本弱敵之利也." 或以白操, 操從之. 始遣謁者僕射監鹽官, 司隷校尉治弘農. 關中由是服從.

袁紹使人求助於劉表, 表許之而竟不至, 亦不援曹操. 從事中郎南陽韓嵩·別駕零陵劉先說表曰, "今兩雄相持, 天下之重在於將軍. 若欲有為. 起乘其敝可也. 如其不然, 固將擇所宜從. 豈可擁甲十萬, 坐觀成敗, 求援而不能助, 見賢而不肯歸. 此兩怨必集於將軍, 恐不得中立矣. 曹操善用兵, 賢俊多歸之, 其勢必舉袁紹, 然後移兵以向江·漢, 恐將軍不能御也. 今之勝計, 莫若舉荊州以附曹操, 操必重德將軍. 長享福祚. 垂之後嗣, 此萬全之策也." 蒯越亦勸之. 表狐疑不斷, 乃遣嵩詣許, 曰, "今天下未知所定, 而曹操擁天子都許, 君為我觀其釁." 嵩曰, "聖達節, 次守節. 嵩, 守節者也. 夫君臣名定, 以死守之. 今策名委質, 唯將軍所命, 雖赴湯蹈火, 死無辭也. 以嵩觀之, 曹公必得志於天下. 將軍能上順天子, 下歸曹公, 使嵩可也. 如其猶豫, 嵩至京師, 天子假嵩一職, 不獲辭命, 則成天子之臣, 將軍之故吏耳. 在君為君, 則嵩守天子之命, 義不得復為將軍死也. 惟加重思, 無為負嵩!" 表以為憚使, 強之. 至許, 詔拜嵩侍中·零陵太守. 及還, 盛稱朝廷·曹公之德, 勸表遣子入侍. 表大怒, 以為懷貳, 大會寮屬, 陳兵, 持節, 將斬之, 數曰, "韓嵩敢懷貳邪!" 眾皆恐, 欲令嵩謝, 嵩不為動容, 徐謂表曰, "將軍負嵩, 嵩不負將軍!" 且陳前言. 表妻蔡氏諫曰, "韓嵩, 楚國之望也. 且其言直, 誅之無辭." 表猶怒, 考殺從行者, 知無它意, 乃弗誅而囚之.

揚州賊帥鄭寶欲略居民以赴江表, 以淮南劉曄, 高族名人, 欲劫之使唱此謀, 曄患之. 會曹操遣使詣州, 有所案問, 曄要與歸家, 寶來候使者, 曄留與宴飮, 手刃殺之, 斬其首以令寶軍曰“曹公有令, 敢有動者, 與寶同罪!” 其眾數千人皆龍言服, 推曄為主. 曄以其眾與廬江太守劉勳, 勳怪其故, 曄曰, “寶無法制, 其眾素以鈔略為利. 僕宿無資, 而整齊之, 必懷怨難久, 故以相與耳!” 勳以袁術部典眾多, 不能贍, 遣從弟偕求米於上繚諸宗帥, 不能滿數, 偕召勳使襲之. 孫策惡勳兵強, 偽卑辭以事勳曰, “上繚宗民數欺鄙郡, 欲擊之, 路不便. 上繚甚富實, 願君伐之, 請出兵以為外援.” 且以珠寶·葛越賂勳. 勳大喜, 外內盡賀, 劉曄獨否, 勳問其故, 對曰, “上繚雖小, 城堅池深, 攻難守易, 不可旬日而擧也. 兵疲於外而國內虛, 策乘虛襲我, 則後不能獨守. 是將軍進屈於敵, 退無所歸, 若軍必出, 禍今至矣.” 勳不聽, 遂伐上繚. 至海昏, 宗帥知之, 皆空壁逃遷, 勳了無所得. 時策引兵西擊黃祖, 行及石城, 聞勳在海昏, 策乃分遣從兄賁·輔將八千人屯彭澤, 自與領江夏太守周瑜將二萬人襲皖城, 克之, 得術·勳妻子及部曲三萬餘人. 表汝南李術為廬江太守, 給兵三千人以守皖城, 皆徙所得民東詣吳. 勳還至彭澤, 孫賁·孫輔邀擊, 破之. 勳走保流沂, 求救於黃祖, 祖遣其子射率船軍五千人助勳. 策復就攻勳, 大破之, 勳北歸曹操, 射亦遁走. 策收得勳兵二千餘人, 船千艘, 遂進擊黃祖. 十二月, 辛亥, 策軍至沙羡, 劉表遣從子虎及南陽韓晞, 將長矛五千來救祖. 甲寅, 策與戰, 大破之, 斬晞. 祖脫身走, 獲其妻子及船六千艘, 士卒殺溺死者數萬人.

策盛兵將徇豫章, 屯於椒丘, 謂功曹虞翻曰, “華子魚自有名字, 然非吾敵也. 若不開門讓城, 金鼓一震, 不得無所傷害. 卿便在前, 具宣孤意.”翻乃往見華歆曰,“竊聞明府與鄙郡故王府君齊名中州, 海內所宗, 雖在東垂, 常懷瞻仰.”歆曰,“孤不如王會稽.”翻復曰,“不早豫章資糧器仗, 士民勇果, 孰與鄙郡?”歆曰,“大不如也.”翻曰,“明府言不如王會稽, 謙光之譚耳. 精兵不如會稽, 實如尊教. 孫討逆智略超世, 用兵如神, 前走劉揚州, 君所親見. 南定鄙郡, 亦君所聞也. 今欲守孤城, 自料資糧, 已知不足, 不早為計, 悔無及也. 今大軍已次椒丘, 僕便還去, 明日日中迎檄不到者, 與君辭矣.”歆曰,“久在江表, 常欲北歸. 孫會稽來, 吾便去也.”乃夜作檄, 明旦, 遣吏繼迎. 策便進軍, 歆葛巾迎策, 策謂歆曰,“府君年德名望, 遠近所歸. 策年幼稚, 宜修子弟之禮.”便向歆拜, 禮為上賓.

孫盛曰,“歆既無夷·皓韜邈之風, 又失王臣匪躬之操, 橈心於邪儒之說, 交臂於陵肆之徒, 位奪節墮, 咎孰大焉!”

策分豫章為廬陵郡, 以孫賁為豫章太守, 孫輔為廬陵太守. 會僮芝病, 輔遂進屯廬陵, 留周瑜鎮巴丘. 孫策之克皖城也, 撫視袁術妻子. 及入豫章, 收載劉繇喪, 善遇其家. 士大夫以是稱之. 會稽功曹魏騰嘗策意, 策將殺之, 眾憂恐, 計無所出. 策母吳夫人倚大井謂策曰,“汝新造江南, 其事未集, 方當優賢禮士, 捨過錄功. 魏功曹在公盡規, 汝今日殺之, 則明日人皆叛汝. 吾不忍見禍之及, 當先投此井中耳!”策大驚, 遽釋騰. 初, 吳郡太守會稽盛憲舉高岱孝廉. 許貢來領郡, 岱將憲避難於營帥許昭家. 烏程鄒佗·錢銅及嘉興王晟等各聚眾萬餘或數千人, 不附孫策. 策引兵撲討, 皆破之, 進攻嚴白虎. 白虎兵敗, 奔餘杭, 投許昭. 程普請擊昭, 策曰,“許昭有義於舊君, 有誠於故友, 此丈夫之志也.”乃捨之.

曹操復屯官渡. 操常從士徐他等謀殺操, 入操帳, 見校尉許褚, 色變, 褚覺而殺之.

初, 車騎將軍董承稱受帝衣帶中密詔, 與劉備謀誅曹操. 操從容謂備曰, "今天下英雄, 惟使君與操耳, 本初之徒, 不足數也!" 備方食, 失匕箸, 值天雷震, 備因曰, "聖人云, '迅雷風烈必變', 良有以也." 遂與承及長水校尉種輯·將軍吳子蘭·王服等同謀. 會操遣備與朱靈邀袁術, 程昱·郭嘉·董昭皆諫曰, "備不可遣也!" 操悔, 追之, 不及. 術既南走, 朱靈等還. 備遂殺徐州刺史車胄, 留關羽守下邳, 行太守事, 身還小沛. 東海賊昌豨及郡縣多叛操為備. 備眾數萬人, 遣使與袁紹連兵. 操遣司空長史沛國劉岱·中郎將扶風王忠擊之, 不克. 備謂岱等曰, "使汝百人來, 無如我何. 曹公自來, 未可知耳!"

한헌제 건안 5년(AD 200)

1) 봄 정월, 동승의 음모가 누설돼 조조가 동승과 왕복, 충집 및 그의 삼족을 주살했다.

조조는 친히 유비를 치기로 하자 제장들이 만류했다.

"공과 더불어 쟁천하爭天下하는 자는 원소입니다. 지금 원소는 바야흐로 쳐들어오려 하는데 공은 동쪽으로 가 유비를 치고자 하면 원소가 이 기회를 노려 우리의 배후를 치면 어찌 되겠습니까?"

조조가 대답했다.

"유비는 인걸이다. 지금 그를 치지 않으면 반드시 훗날의 근심이 될 것이다."

곽가가 말했다.

"원소는 성정이 의심이 많고 결단력이 없어 오더라도 신속히 오지는 못할 것입니다. 유비는 지금 일어나 부중의 인심이 아직 완전히 그에게 귀부하지 않았습니다. 급히 그를 치면 반드시 패배시킬 수 있습니다."

조조가 군사를 이끌고 동정에 나섰다. 기주의 별가 전풍이 원소에게 건의했다.

"조조와 유비의 교전은 빨리 끝나기 어렵습니다. 공이 군사를 이끌고 조조의 후방을 치면 가히 일거에 평정할 수 있습니다."

원소가 아들의 발병으로 사양하고 움직이지 않자 전풍이 지팡이로 땅을 치며 탄식했다.

"슬프다. 천재일우의 기회를 만나고도 어린아이의 병으로 기회를 버리니 애석하기 그지없다. 모두 끝났다!"

조조가 유비를 쳐 깨뜨리고 그의 처자를 포로로 잡았다. 또 하비를 공략해 관우를 사로잡은 뒤 창희를 쳐서 격퇴시켰다. 유비가 청주로 도망친 후 원담을 통해 원소에게 의탁했다. 원소가 유비가 왔다는 얘기를 듣고 업성에서 300리까지 나아가 영접했다. 1달여 가량 지나자 도망친 군사들이 점차 유비의 신변에 모여들었다.

조조가 군사를 이끌고 관도로 돌아오자 원소가 비로소 허현을 치는 문제를 논의하게 했다. 전풍이 반대했다.

"조조가 이미 유비를 쳤기 때문에 허현을 다시 비울 일이 없습니다. 게다가 조조는 용병을 잘하고 변화가 무궁해 군사가 비록 적지만 경시할 수 없습니다. 지금은 그와 지구전으로 대치하는 것만 못합니다. 장군은 산하가 험고한 지형을 점거하고 있고 4개 주의 백성을 거느리고 있습니다. 밖으로 호걸들과 결탁하고 안으로 농사지으며 싸우는 농전農戰에 심혈을 기울인 후 정예한 병사를 골라 기병奇兵을 써 이리저리 적의 허술한 곳으로 번다히 출격하면 황하 이남을 소요스럽게 만들 수 있습니다. 적이 우측을 구하려면 왼쪽을 치고 왼쪽을 구하려면 오른쪽을 쳐 적이 피곤에 지쳐 우왕좌왕하고 백성들이 안심하고 일을 할 수 없게 되면 고생하지 않고 적만 이미 곤핍하게 되니 3년이 안 돼 앉아서도 이길 수 있습니다. 지금 필승의 계책을 버려두고 일전으로 성패를 결정하려는 것은 매우 위험하니 만일 여의치 않을 경우 나중에 후회해도 소용없을 것입니다."

원소가 이를 따르지 않았다. 전풍이 전력으로 간하니 원소가 군심을 저상하게 할 우려가 있다고 생각해 그에게 형구를 씌우도록 했다. 원소가 각 주군에 대해 격문을 돌려 조조의 죄악을 차례로 성토했다. 2월, 원소가 여양黎陽으로 진군했다.

저수가 행군에 즈음해 종족을 모아놓고 집안의 재산을 그들에게 나눠주면서 말했다.

"득세할 때에는 위세가 통하지 않는 곳이 없으나 실세하게 되면 목숨조차 스스로 보존하기 어렵다. 이 얼마나 비통한 일인가!"

그의 동생 저종沮宗이 말했다.

"조조의 병마는 우리의 적이 될 수 없습니다. 군은 무엇을 두려워하는 것입니까?"

저수가 말했다.

"조조는 뛰어난 책략과 협천자挾天子를 자산으로 삼고 있다. 우리는 비록 백규伯圭공손찬를 이겼다 해도 군사가 이미 피폐하고 게다가 주군은 교만하고 제장들은 방자한 주교장태主驕將忲의 상황이다. 향후 군사의 성패가 이 싸움에 달려 있다. 전한 말기의 유학자 양웅揚雄은 일찍이 말하기를, '6국이 소란했던 것은 단지 진나라를 도와 주나라 왕실을 약하게 한 데 있다' 했다.[207] 그의 말이 바로 지금의 상황과 같다."

이때 진위장군振威將軍 정욱이 700명의 병사로 견성을 지켰다. 조조가 2,000명의 군사를 증원하려고 하자 정욱이 거절했다.

"원소는 10만 명의 군사를 이끌고 있어 스스로 자신이 나아가는 곳에

207 양웅은 전한시대 최고의 유학자로 스스로 맹자의 후예임을 자처했다. 그는 왕망이 신나라를 세울 때 간접적으로 도움을 준 이유로 송대에 크게 비판을 받았다.

는 적이 없다고 자부하고 있습니다. 지금 저의 군사가 적다는 것을 알면 반드시 가볍게 보고 공격하지 않을 것입니다. 만일 저의 군사를 증원하면 원소가 지나가면서 공격하지 않을 수 없고 공격하게 되면 반드시 이기게 될 것입니다. 그러면 양쪽이 모두 세력을 모두 잃게 됩니다. 원컨대 공은 의심치 마시기 바랍니다."

원소가 정욱의 군사가 적다는 소리를 듣고 과연 공격하지 않았다. 조조가 가후에게 정욱을 극찬했다.

"정욱의 간담은 맹분孟賁과 하육夏育보다 더하다."[208]

원소가 그의 장수 안량을 보내 백마白馬하남성 활현에서 동군 태수 유연劉延을 치도록 하니 저수가 만류했다.

"안량은 성질이 급해 비록 효용하기는 하나 홀로 맡게 할 수 없습니다."

원소가 듣지 않았다.

여름 4월, 조조가 북으로 향해 유연을 구하자 순유가 건의했다.

"공의 병력이 적어 적을 당할 수 없으니 반드시 그들의 세력을 분산시켜야 합니다. 공은 연진延津하남성 연진에 이르러 만일 황하를 넘어 원소의 후방을 칠 수 있다면 원소가 반드시 서쪽으로 나아가 응전할 것입니다. 그러면 경병輕兵으로 백마를 쳐 엄기불비掩其不備를 하면 안량을 가히 사로잡을 수 있습니다."

조조가 이를 따랐다.

원소가 조조의 군사가 황하를 넘었다는 소식을 듣고 즉각 군사를 나

---

208 맹분과 하육은 고대의 전설적인 용사로 맹분은 물에서는 교룡을 피하지 않고 뭍에서는 호랑이와 하고뿔소를 피하지 않았다고 한다. 하육은 소의 꼬리를 잡아당겨 뽑아냈다고 전해진다.

눠 서쪽으로 가 막게 했다. 조조가 군사를 이끌고 밤낮으로 달려 백마로 갔다. 백마에서 10여리 떨어진 곳에 이르렀을 때 안량이 이를 알고 크게 놀랐다. 안량이 곧 군사를 이끌고 맞아 싸우는 역전逆戰을 하자 조조가 장료와 관우를 선봉으로 내세워 치도록 했다.

관우는 장수가 탄 수레를 표시하며 지휘용으로 쓰는 큰 깃발과 긴 덮개인 안량의 휘개麾蓋를 보자 곧바로 말을 급히 몰아 그대로 달려들었다. 수많은 적군 속인 이른바 만중지중萬衆之中에서 안량의 목을 베어 돌아왔으나 원소의 군사들 가운데 관우를 당할 자가 없었다. 백마의 포위를 푼 뒤 그곳의 백성들에게 모두 짐을 싸게 해 황하를 따라 서쪽으로 나아갔다.

원소가 황하를 건너 추격하려고 하자 저수가 간했다.

"승부의 변화는 신중히 고려해야 합니다. 지금 의당 연진에 군사를 주둔시키고 군사를 나눠 관도로 나아가야 합니다. 만일 그들이 관도를 공략하게 되면 다시 돌아와 주둔하고 있는 군사와 함께 도하해도 늦지 않습니다. 혹여 무슨 불행한 일이라도 있게 되면 군사는 곧 퇴로마저 없게 됩니다."

원소가 듣지 않았다. 저수는 원소가 도하할 즈음 이같이 탄식했다.

"주군은 스스로 자만하는 자대自大로 인해 천하를 도모할 의지로 가득 차 있고, 부하들은 이익에 집착하는 근리近利의 모습을 보이며 황급히 공을 세우려고 한다. 유유히 흐르는 황하여! 우리가 능히 너를 건널 수 있을 것인가?"

저수가 칭병하고 사직하자 원소가 동의하지 않으니 마음속으로 그를 원망했다. 저수가 그의 군사를 줄여 남는 군사를 곽도에게 배속시켰다.

원소의 군사가 연진의 남쪽에 도착하자 조조가 군사를 이끌고 남쪽 언덕 아래에 주둔한 뒤 적진을 살피게 했다. 조조의 병사가 보루로 올라가 원소 군사의 동정을 살핀 후 보고했다.

"대략 기병이 500-600명가량 됩니다."

잠시 후 또 보고했다.

"기병이 점차 많아지고 보병은 그 수를 셀 수가 없습니다."

조조가 말했다.

"다시 보고할 필요가 없다."

조조가 기병들에게 말안장을 떼어낸 후 말을 풀어 놓도록 명했다. 이때 백마를 출발한 치중수레들이 이미 길에 가득 들어차 있었다. 제장들은 적의 기병이 너무 많아 후퇴해 군영을 지키는 것만 못하다고 생각했다. 순유도 의아해했다.

"이는 적을 끌어들이자는 것인데 과연 어떻게 빠져나가려고 그러는 것일까?"

조조가 고개를 돌려 순유를 쳐다보고 미소를 지었다.

원소의 기병대장 문추와 유비가 5,000-6,000명의 기병을 이끌고 앞뒤로 도착하자 제장들이 물었다.

"이제 말에 오를 만합니까?"

조조가 말했다.

"아직 아니다."

잠시 후 도착하는 기병의 숫자가 더욱 많아져 일부는 치중이 있는 곳으로 나아갔다. 조조가 말했다.

"이제 때가 됐다."

제장들이 모두 말에 올랐다. 이때 조조의 기병은 불과 600명도 안 됐으나 조조는 마침내 군사를 풀어 원소의 군사를 대파하고 문추의 목을 베었다. 문추와 안량은 모두 원소의 명장이었으나 두 번의 전투에서 둘 모두 죽게 되자 원소의 군사들은 사기가 땅에 떨어졌다.

당초 조조는 관우의 인물됨을 높이 평가했다. 그가 오래 머물 생각이 없음을 알고 장료를 보내 그 이유를 묻도록 했다. 관우가 탄식했다.

"나는 조공이 나에게 두터이 대우하고 있는 것을 잘 알고 있소. 나는 유장군의 은덕을 입고 죽더라도 같이 죽기로 맹서해 유장군을 배반할 수 없소. 내가 끝내 남아 있을 수 없으니 공을 세워 조공에게 보답한 후 떠나고자 할 뿐이오."

장료가 관우의 말을 조조에게 보고하자 조조가 그의 의기에 감탄했다. 관우가 안량을 죽이게 되자 조조는 그가 반드시 떠날 것을 알고 그에게 후히 포상했다. 관우는 조조로부터 포상 받은 물건을 전부 봉하고 서신을 써 작별을 고한 뒤 원소 군중에 있는 유비에게 갔다. 조조의 좌우 사람들이 쫓아가려고 하자 조조가 만류했다.

"각자 그 주인이 있으니 뒤쫓지 마라."

조조가 관도로 회군하자 염유가 사자를 보내니 조조가 염유를 오환교위烏桓校尉로 임명했다. 선우보는 직접 관도로 와 배견하니 조조가 그를 우도료장군右度遼將軍에 임명한 뒤 유주로 돌아가 지키게 했다.

광릉 태수 진등이 사양射陽강소성 보응현을 다스릴 때 손책이 서쪽으로 나아가 황조를 공격했다. 진등이 엄백호의 잔당을 끌어 모아 손책의 후방을 교란하려 했다. 손책이 회군해 진등을 친 뒤 군사를 이끌고 단도丹徒강소성 진강시 동쪽에 이르러 식량이 도착하길 기다렸다.

당초 손책이 오군 태수 허공을 죽일 때 허공의 노복과 문객들이 민간 속으로 숨어 들어가 허공의 복수를 준비했다. 손책은 원래 수렵을 즐겨해 늘 말을 나는 듯이 몰았다. 그의 말은 뛰어난 명마여서 좌우의 시종들이 절대 그를 따라잡을 수가 없었다.

그러다가 돌연 허공의 문객 3명을 만나게 됐다. 그들은 손책의 뺨을 향해 화살을 날렸다. 뒤따르던 기병이 곧바로 도착해 3명의 문객을 전부 찔러 죽였으나 손책의 상처는 이미 매우 깊었다. 손책이 장소 등을 불러 당부했다.

"중원이 바야흐로 전란 중이니 오월吳越의 백성과 3강三江의 험고에 의지하면 족히 성패를 관망할 수 있을 것이오.[209] 공들은 나의 동생을 잘 보좌해 주시오."

이어 손권을 큰 소리로 불러 인수를 채워주며 유언했다

"나는 강동의 군사를 이끌고 두 진영의 사이에서 전략을 짜고 결정하는 결기決機를 했다. 천하의 영웅들과 승패를 다투는 것은 경이 나만 못하다. 현능한 자를 탁용해 그들로 하여금 충성을 다해 강동을 보위하게 하는 것은 내가 경만 못하다."

4월 4일, 손책이 세상을 떠났다. 나이 26세였다.

손권이 비통해 곡을 하며 군정을 처리하지 않자 장소가 말했다.

"손효렴, 지금이 어찌 울기만 할 때인가?"

손권의 옷을 갈아입히고 그를 부축해 말에 오르게 한 뒤 각 군을 순시하게 했다. 장소는 이어 요속들과 함께 조정에 상표한 뒤 각 성과 안팎의 장교들에게 공문을 보내 각자 전과 다름없이 직무를 수행하라고 명했다.

주유가 파구巴丘강서성 협강현에서 군사들을 거느리고 와 분상奔喪한 뒤 곧 오군에 머물면서 중호군中護軍의 자격으로 장소와 함께 군정사무를 처리했다. 당시 손책이 비록 회계와 오군, 단양, 예장, 여강, 여릉 등을 장악하고 있었으나 이들 지역은 매우 멀고 위험한 지역이었다. 백성들이 완전히 귀부한 것도 아니었고 유망해 온 선비들 역시 개인적인 안위를 좇아 거취를 결정했기에 아직 손씨 정권과 군신관계가 정립된 것이 아니었다. 단지 장소와 주유 등은 손권이 그들과 함께 공동으로 대업을 완성할 수

---

209 3강은 곧 오송강吳淞江과 전당강錢塘江, 포양강浦陽江을 말한다.

있다고 생각해 헌신적으로 노력했을 뿐이다.

3) 가을 7월, 황제의 아들 유풍劉馮을 남양왕南陽王으로 삼았으나 12일에 훙거薨去했다.

4) 여남의 황건적 유벽劉辟 등이 조조를 배반하고 원소에게 귀부하자 원소가 유비에게 군사를 이끌고 가 유벽을 돕게 했다. 부근의 군현이 분분히 호응했다. 원소가 사자를 보내 양안도위陽安都尉 이통李通을 정남장군征南將軍에 임명하고 유표 또한 은밀히 그를 불렀으나 이통은 이를 모두 거절했다. 어떤 사람이 이통에게 원소에게 귀부할 것을 권하자 이통이 칼자루를 잡고 호통쳤다.

"조공은 명철해 반드시 천하를 평정할 것이다. 원소는 비록 강성하다 하지만 끝내 조공의 포로가 될 것이다. 나는 죽어도 두 마음을 갖지 않을 것이다!"

원소의 사자를 죽이고 원소가 보낸 인수를 조조에게 바쳤다.

이통이 더욱 급박하게 매 호구 당 징수하는 비단인 호조戶調를 거두자 낭릉朗陵 현장 조엄趙儼이 이통을 찾아와 충고했다.

"지금 모든 군이 모두 이반해 단지 양안만이 남았는데 호조를 재촉해 거두면 소인배들이 좋아라고 작란을 할 것이니 급히 거두어서는 안 되지 않겠소?"

이통이 말했다.

"조공이 원소와 급박하게 다투고 있는데 좌우의 군현이 모두 배반했소. 만일 비단을 보내지 않으면 옆에 있는 사람 가운데 누군가가 내가 관망하며 기다리고 있다고 말할 것이오."

조엄이 말했다.

"군이 생각하는 게 확실히 일리가 있소. 의당 사물의 경중을 가려야 하오. 조금이라도 징수를 늦추면 내가 군을 위해 그런 걱정을 풀어주겠소."

이어 순욱에게 서신을 썼다.

"지금 양안의 백성은 곤궁하고 인근의 각 성은 이미 이반했기에 양안군 역시 전복되기 쉬우니 이는 한편으로 존망의 관건이기도 합니다. 양안군의 백성들은 충절을 지니고 위기에 처해서도 두 마음을 품지 않으니 국가는 의당 그들을 위무해야 한다고 생각합니다. 지금같이 급히 비단을 거두면 장차 무엇으로 백성들을 권선勸善할 것입니까?"

순욱이 곧 조조에게 보고해 징수하는 비단을 전부 백성들에게 돌려주도록 하자 상하가 모두 좋아하니 양안군이 안정됐다. 이통이 구공瞿恭 등을 쳐 모두 깨뜨리니 마침내 회수와 여수汝水 일대가 평정됐다.

이때 조조가 새로운 법령을 만들어 각 주군에 발포하니 법령이 대단히 엄준한데다 비단 징수가 대단히 급박했다. 장광長廣 태수 하기何夔가 조조에게 간해 건의했다.

"고대의 군왕은 원근을 따져 9복九服의 부세를 정했습니다.[210] 또한 3전三典의 형법을 제정해 치세와 난세를 구분해 적용했습니다.[211] 저는 장광군이 의당 먼 지역인데다 새로 귀부한 지역임을 감안해 세금과 형법을 적용해야 한다고 생각합니다. 민간의 작은 일은 지방장관이 임시로 편의에 따라 처리하도록 하면 위로는 조정의 정법을 위배하지 않고도 아래로는

---

210 구복은 제왕이 사는 경성 이외의 지방을 원근에 따라 9등급으로 나눈 것을 말한다. 사방 1,000리 내에 있는 것을 왕기王畿라고 하고, 그 밖에 있는 사방 500리의 지역을 후복侯服이라 했다. 나머지 지역은 이런 방법을 유추해 각각 전甸, 남男, 채采, 위衛, 만蠻, 이夷, 진鎮, 번藩 등으로 구분했다.

211 3전은 경전輕典·중전中典·중전重典 등의 3종류의 형법을 말한다. 『주례』「추관 대사구」 구절에 따르면 새로이 건국할 때에는 경전을 쓰고 통상의 경우에는 중전中典을 쓰며 전란 시에는 무거운 중전重典을 구사한다고 적혀 있다. 동일한 사안에 대해서도 상황에 따라 각기 다른 형법을 구사하는 것을 말한다.

백성의 마음에 순응할 수 있습니다. 3년을 한해 백성들의 생업을 안정시킨 연후에 통일된 법전을 시행해야만 그들을 제대로 다스릴 수 있습니다."

조조가 이를 받아들였다.

유비가 여수와 영수潁水 일대를 공략하자 허현으로부터 그 이남까지 관민이 모두 불안해했다. 조조가 이를 심려하자 조인이 안심시켰다.

"남방은 대장군이 원소와 서로 다투는 눈앞의 시급한 지역이니 사세상 반드시 가서 구하지 않을 수 없습니다. 유비가 강병을 이끌고 왔으니 그들이 배반할 것은 이치상 당연합니다. 유비는 방금 원소의 군사를 통수하게 돼 아직 그들을 완전히 장악하지 못했을 것입니다. 우리가 먼저 유비를 공격하면 가히 격파할 수 있습니다."

조조가 조인에게 기병을 이끌고 유비를 치도록 하자 유비가 패해 달아났다. 조인이 이반한 각 현을 다시 전부 수복한 뒤 귀환했다.

유비가 원소의 군영으로 돌아온 뒤 은밀히 원소를 떠나려고 생각해 원소에게 남방의 유표와 연합할 것을 권했다. 원소가 유비에게 그의 군사를 이끌고 여남에 다시 가도록 하니 중도에 비적 공도龔都 등이 합류해 부중이 수천 명이 됐다. 조조가 부장 채양蔡楊을 보내 유비를 치도록 했으나 유비에 의해 살해됐다.

원소의 군사가 양무陽武에 주둔하자 저수가 원소에게 건의했다.

"북군은 비록 숫자는 많으나 전투력이 남군만 못하고 남군은 군량이 적어 군수물자가 북군만 못합니다. 남군은 속전인 급전急戰에 이롭고, 북군은 지구전인 완사緩師에 유리합니다. 우리는 의당 지구전으로 가 시간을 최대한 늦춰야 합니다."

원소가 듣지 않았다.

8월, 원소가 군영을 점차 앞으로 이동시켰다. 모래언덕에 의지해 영채를 세우니 그 길이가 동서로 수십 리에 달했다. 조조도 군진을 나누어 원소의 부대와 대치해 주둔했다.

5) 9월 1일, 일식이 있었다.

6) 조조가 출병해 원소와 교전했으나 이기지 못하자 뒤로 물러나 영채를 굳게 지켰다. 원소가 높은 누대를 만들고 토산을 쌓아 조조 군영을 향해 화살을 쏘도록 하자 조조 군사는 모두 영내에서 방패를 머리에 이고 달렸다. 조조가 벽력거霹靂車를 만든 뒤 돌덩이를 쏘아 올려 원소의 누대를 공격했다.[212]

원소는 누대가 모두 부서지자 땅굴을 파 조조를 공격하게 했으나 조조는 영내에 길고도 깊은 물구덩이를 만들어 저항했다. 조조의 군사는 적고 식량마저 다하자 병사들이 극히 피로해졌고 백성들마저 세금으로 인해 어려움을 겪자 분분히 조조를 배반해 원소에게 귀부했다. 조조가 이를 우려해 순욱에게 서신을 쓴 뒤 허현으로 돌아가 원소를 깊이 끌어들이고자 했다. 순욱이 회신을 보내 조조를 격려했다.

"원소는 모든 군사를 관도에 결집시켜 공과의 승패를 속히 가리고자 합니다. 공은 최약체의 군사로 최강의 군사와 싸우니 만일 적을 제압하지 못하면 곧 적에게 제압당하게 되니 이 싸움은 천하를 가름하는 최대 관건입니다. 원소는 원래 일개 포의布衣의 사내에 불과할 뿐이어서 인재를 모을 수는 있으나 쓸 줄을 모릅니다. 공은 신무神武와 명철한 지략을 지니고 천자를 모시는 명분까지 갖고 있으니 어찌 성공하지 못할 리 있겠습니까?

지금 양식이 비록 적다 하지만 아직 초나라와 한나라가 형양滎陽과 성고成皐에서 대치할 때의 상황에는 이르지 않았습니다. 당시 유방과 항우

212 벽력거는 일종의 돌을 쏘아 올리는 기계로 발사할 때의 소리가 우레와 같아 이런 이름이 나오게 됐다.

는 먼저 퇴각하려고 하지 않았으니 이는 선퇴하면 곧 굴복하는 게 됐기 때문입니다. 공은 원소의 10분의 1도 안 되는 군사로 지반을 굳건히 해 지킴으로써 원소 군사의 목을 잡고 전진을 못하게 한 지 이미 반년이 넘었습니다. 대치상황이 계속돼 적의 세력이 궁하게 되면 반드시 변화의 조짐이 나타날 것입니다. 이는 기책奇策을 써 적을 제압할 절호의 시점이니 이를 놓쳐서는 안 됩니다."

조조가 건의를 좇아 성을 굳건히 지키며 대치했다.

이어 군량을 운반하는 사람을 보고 위무했다.

"15일이 지나면 원소를 깨드려 너희들을 다시는 고생시키지 않겠다."

원소의 군사가 수천 대 분의 양곡을 싣고 관도에 도착하자 순유가 조조에게 건의했다.

"원소의 양곡운반 수레가 짧은 순간인 단모旦暮에 도착하고 있습니다. 운송을 책임진 한맹韓猛은 비록 정예하기는 하나 적을 우습게 보는 자입니다. 그를 치면 반드시 승산이 있습니다."

조조가 물었다.

"누구를 보내는 것이 좋겠소?"

순유가 대답했다.

"서황徐晃이 적합합니다."

편장군 하동인 서황과 사환史渙을 보내 한맹을 요격하게 했다. 이들이 한맹을 격퇴해 치중을 모두 불살라 버렸다.

겨울 10월, 원소가 다시 수레를 보내 군량을 운송하게 하면서 그의 부장 순우경에게 1만 명의 군사를 이끌고 가 수레를 호송하게 했다. 이들이 원소의 영채에서 북쪽으로 40리 되는 곳에서 야영하자 저수가 원소에게 건의했다.

"장기蔣奇에게 따로 지대를 편성해 운송수레의 외곽을 보호하도록 해 조조의 양곡 탈취를 막도록 하십시오."

원소가 듣지 않자 허유가 또 다른 계책을 건의했다.

"조조는 적은 군사를 모두 동원해 우리를 막고 있으니 허현은 나머지 소수의 군사로 지킬 수밖에 없어 방비가 반드시 허술할 것입니다. 경무장 병사인 경병輕兵을 나누어 보내 밤에 기습하면 가히 허현을 취할 수 있습니다. 허현을 취해 천자를 봉영한 후 조조를 토벌하면 조조가 포로가 될 수밖에 없습니다. 설령 일시에 함락하지 못할지라도 조조가 앞뒤로 분주히 뛰어다녀야 하니 그를 능히 깨뜨릴 수 있습니다."

원소는 이 건의 또한 듣지 않고 말했다.

"나는 우선 조조부터 취할 것이다."

당시 허유 집안의 사람이 법을 어긴 일이 있었다. 심배가 그를 잡아들이자 허유가 분노해 조조에게 투항했다. 조조가 허유가 왔다는 얘기를 듣고 신발도 신지 않은 채 맨발로 달려 나와 영접하는 자리에서 박장대소했다.

"자경원래子卿遠來하니 나의 사업이 완성됐다!"[213]

조조가 허유와 함께 자신의 장막帳幕으로 들어와 앉자 허유가 조조에게 물었다.

"원소의 군사가 강성한데 무엇으로 가지고 대적하려는 것입니까? 지금 식량은 얼마나 남았습니까?"

조조가 대답했다.

"아직 1년은 버틸 수 있소."

---

213 허유의 자字는 원래 자원子遠이다. '자경원래子卿遠來'는 '자경이 멀리서 왔다'는 뜻이다. 자경子卿은 허유의 자를 높여 표현한 것이나 원래 두 글자의 자 가운데 한 글자에 경卿이라는 칭호를 붙여 표현하는 경우는 거의 없다고 보아야 한다. 이는 조조가 허유의 자를 가지고 일종의 시를 지어 자신의 기쁨을 표시한 것으로 그가 얼마나 기뻐했는지를 대략 짐작할 수 있다.

허유가 말했다.

"그렇게 오래 버틸 리 없습니다. 다시 말해 주십시오."

조조가 궁한 모습으로 말했다.

"가히 반년은 버틸만하오."

허유가 반문했다.

"족하足下는 원소를 격파할 생각이 없습니까? 왜 진실을 얘기하지 않는 것입니까?"

조조가 웃으며 대답했다.

"방금한 애기는 희언戲言으로 한 얘기였소. 사실 1달밖에 없으니 어찌하면 좋겠소?"

허유가 필승의 계책을 건의했다.

"공은 외로운 군사로 홀로 지키는 고군독수孤軍獨守를 하고 있는데다 외부의 지원도 없고 더구나 양식마저 이미 바닥나고 있습니다. 실로 매우 위급한 상황입니다. 원소의 치중은 지금 1만여 대가 고시故市와 오소烏巢에 있으나 이를 지키는 군사의 방비가 허술합니다. 만일 경병을 보내 출기불의로 급습해 그들의 양초를 태우면 3일이 못돼 원소는 싸우지도 못한 채 패할 것입니다."

조조가 크게 기뻐하며 이내 조홍과 순유에 군영을 지키도록 하고 친히 보기 5,000명을 이끌고 출진했다. 조조가 원소군의 기치를 든 군사들과 말을 모두 함매銜枚하게 하고 각자 한 단의 땔감으로 쓸 마른 풀을 들게 해 한밤에 옆길을 따라 숨을 죽인 채 길을 떠났다. 길을 가던 도중 노상에서 만난 사람들이 이런 행군의 이유를 묻자 천연스럽게 말했다.

"원공이 조조가 군진의 후방을 칠까 염려스러워 군사를 보내 수비를 더욱 굳건히 하려는 것이오."

듣던 사람들이 이를 사실로 알고 모두 일상처럼 일을 했다.

조조의 군사가 마침내 오소에 도착해 영채를 포위한 후 가지고 온 마른 풀에다가 불을 질렀다. 영내의 군사들이 모두 놀라 큰 소란에 빠지게 됐다. 바로 날이 밝자 순우경이 조조의 군사가 적은 것을 알고 영문을 열고 출격했으나 조조가 급히 공격하자 후퇴해 군영 안으로 들어갔다. 조조가 잇달아 군영을 공격했다.

조조가 순우경을 공격했다는 얘기를 듣고 원소가 그의 아들 원담에게 말했다.

"설령 조조가 순우경을 격파하더라도 나는 그의 군영을 공략할 생각이다. 그리 되면 그는 돌아갈 곳이 없을 것이다."

부장 고람高覽과 장합張郃 등에게 명해 조조의 군영을 치도록 하니 장합이 이의를 제기했다.

"조조는 정예병을 이끌고 갔기 때문에 반드시 순우경 등을 격파할 것입니다. 순우경 등이 패하면 대사는 곧 끝나는 것이니 우선 순우경을 먼저 구하길 바랍니다."

곽도는 끝까지 조조 군영을 칠 것을 청했다. 장합이 반박했다.

"조공의 군영은 견고해서 공략할 수 없습니다. 만일 순우경 등이 잡히게 되면 우리 모두 포로가 됩니다."

원소가 순우경에게는 경기병만을 보내 구원하게 하고 제장들에게는 중병重兵대군을 이끌고 가 조조의 군영을 치도록 했으나 공략할 수가 없었다. 원소의 기병이 오소에 도착했을 때 조조 측근 중의 하나가 말했다.

"적기敵騎가 점점 가까이 오니 군사를 나누어 막아야 합니다."

조조가 화를 냈다.

"적이 등 뒤까지 다가왔을 때 다시 보고하도록 하라."

병사들이 모두 죽기로 싸워 원소군을 대파했다. 마침내 순우경 등의 목을 벤 후 원소군의 양초를 모두 불태웠다. 조조의 병사들이 원소군의 병사 1,000여 명의 하고를 베고 우마의 주둥이와 혀를 잘라 원소군에게 보내자 원소군의 장병들이 모두 놀라며 두려워했다.

곽도가 자신의 계책이 실패한 것에 부끄러운 나머지 다시 원소의 면전에서 장합을 헐뜯었다.

"장합은 우리 군사가 패한 것을 통쾌하게 여깁니다."

장합이 분하고 두려워 고람과 함께 공격 장비를 불태운 후 조조의 군영으로 가 투항했다. 조홍이 의심해 감히 받아들이려 하지 않자 순유가 말했다.

"장합은 자신의 계책이 채택되지 않아 화가 나 투항한 것인데 군은 무엇을 의심하는 것이오?"

조홍이 이내 그의 투항을 받아들였다.

원소의 군사는 두려워한 나머지 돌연 혼란 속에 빠져들어 스스로 붕괴하고 말았다. 원소와 원담 등은 남성용 장식 모자인 폭건幅巾을 쓴 채 말에 올라 800명의 기병과 함께 황하를 건넜다. 조조의 군사가 이를 추격했으나 잡지 못하자 돌아와 원소군의 치중과 도서, 보옥 등을 전부 거둔 뒤 투항한 원소군을 모두 산 채로 묻으니 앞뒤로 죽은 자가 모두 7만여 명에 달했다.

저수가 원소를 좇아 강을 넘지 못해 조조의 군사에게 사로잡히자 큰 소리로 말했다.

"나는 투항하지 않는다. 단지 잡혔을 뿐이다!"

조조가 그와 옛 정이 있어 친히 영접했다.

"머무는 곳이 달라 서로 떨어져 있는 비절圮絶을 해 오늘 군이 나에게 잡힐 줄을 생각도 못했소."

저수가 말했다.

"원기주袁冀州는 실책해 스스로 무너져 북쪽으로 도망갔으나 나는 지혜와 역량을 제대로 펴지 못해 사로잡힌 것이오."

조조가 말했다.

"본초는 지략이 없어 군의 계책을 사용하지 못한 것이오. 지금 전쟁 등의 커다란 재앙인 상란喪亂이 아직 평정되지 않았으니 의당 군과 함께 도모할 생각이오."

저수가 대꾸했다.

"나의 숙부와 모제母弟인 외숙의 목숨이 원소의 수중에 있소. 내가 공의 은혜를 입는다면 속히 죽이는 것이 나의 복이 될 것이오."

조조가 탄식했다.

"내가 조금만 일찍 군을 얻었어도 천하에 염려할 일이 없었을 것이다."

저수를 사면하고 좋은 대우를 했다. 얼마 후 저수가 원소에게 돌아가려고 하자 조조가 이내 그를 죽였다.

당시 조조는 원소의 서신을 대거 손에 넣었다. 거기에는 허현과 자신의 군사 가운데 어떤 사람들이 원소에게 보낸 편지도 있었다. 조조가 이를 모두 불태우도록 지시했다.

"원소가 강성할 때에는 고 또한 스스로를 보호할 길이 없었다. 하물며 다른 사람들이야 말할 것이 있겠는가!"

기주의 성읍 대부분이 조조에게 투항했다. 원소가 여양의 북안까지 도망해 그의 부장 장의거張義渠의 군영으로 들어가 그의 손을 잡고 말했다.

"고는 고의 머리를 군에게 맡기고자 하오."

장의거가 자신의 군영 장막을 원소에게 주어 살게 하고 그가 자신의 군사들을 호령하게 했다. 부중들이 원소가 군영에 있다는 얘기를 듣고 점차 돌아오기 시작하자 어떤 사람이 전풍에게 말했다.

"너는 반드시 중용될 것이다."

전풍이 말했다.

"원공은 겉으로 관용하나 내심 꺼리는 모관내기貌寬內忌로 인해 나의 충성을 믿지 않고 있소. 나는 누차 지언至言인 직언으로 범상犯上했기에 만일 승리했다면 기분이 좋아 나를 살려줄 수 있을 것이오. 지금 패한 상황에서는 크게 성을 내어 내심 꺼리고 있기 때문에 만일 사단이 일어나면 나는 살아남길 바랄 수 없소."

당시 원소의 군사들이 모두 가슴을 치고 울면서 말했다.

"만일 전풍이 있었다면 반드시 패배하지는 않았을 것이다."

원소가 봉기에게 말했다.

"기주의 사람들이 나의 군사가 패했다는 소리를 들으면 모두 나에게 책임을 돌릴 것이다. 전에 전풍이 나를 말리며 저들과 다른 의견을 내놓았다. 나 또한 부끄럽기 그지없다."

봉기가 말했다.

"전풍은 듣건대 장군이 패퇴하자 박장대소하며 자신의 말이 맞은 것을 기뻐했다고 합니다."

원소가 요속에게 말했다.

"나는 전풍의 계책을 쓰지 않았으니 과연 그의 비웃음을 살만하다."

원소가 마침내 전풍을 죽였다.

당초 조조는 전풍이 군사를 따라 출정하지 않았다는 애기를 듣고 기뻐했다.

"원소는 반드시 패할 것이다."

또 원소가 도망가게 되자 안도했다.

"만일 원소가 전별가田別駕 전풍의 계책을 썼다면 아직도 어찌 될지 모른다."

심배의 두 자식이 조조의 포로가 되자 원소의 부장 맹대孟岱가 원소에게 말했다.

"심배는 지위가 높아 권력을 장악하고 있는데 일족의 세력이 크고 군사도 강한데다 두 아들마저 남쪽에 있으니 반드시 모반할 생각을 품을 것입니다."

곽도와 신평도 그같이 생각했다. 원소는 맹대를 감군으로 삼아 심배를 대신해 업성을 지키도록 했다. 호군 봉기는 평소 심배와 불목했다. 원소가 심배의 문제를 봉기에게 묻자 봉기가 심배를 옹호했다.

"심배는 성정이 맹렬하고 강직한 열직烈直의 인물이고 옛 사람의 기절을 앙모합니다. 반드시 두 아들이 남방에 있다고 해 불의한 일을 만들지는 않을 것입니다. 원컨대 혐의치 마시길 바랍니다."

원소가 의아해하며 물었다.

"군은 평소 그를 증오하지 않았소?"

봉기가 대답했다.

"전에 싸운 것은 사정私情 때문이고 지금 말한 것은 국사國事입니다."

원소가 감탄했다.

"과연 그 말이 옳소."

원소가 심배를 버리지 않자 심배가 봉기와 더욱 친해졌다.

기주 대다수 성읍이 원소를 배반했으나 원소가 점차 이를 평정해 나갔다.

원소는 위인이 너그럽고 우아한 관아寬雅의 모습을 보이고 기량인 국도局度도 있어 희로의 표정이 얼굴에 나타나지 않았다. 단지 긍지가 높고 고집이 세어 스스로를 높이는 긍퍅자고矜愎自高의 성정으로 인해 직언을 받아들이는 데 문제가 있었다. 결국 이런 패배에 이르게 됐다.

7) 겨울 10월 12일 혜성이 대량大梁 성좌에 나타났다.

8) 여강 태수 이술李術이 양주揚州 자사 엄상嚴象을 공격해 죽이자 여강인 매건梅乾과 뇌서雷緖, 진란陳蘭 등이 각기 강회 일대에서 부중 수만

명을 모았다. 조조가 상표해 패국 출신 유복劉馥을 양주자사로 천거했다. 당시 양주는 오직 구강九江만이 조조의 통제 밑에 있었다.

유복은 단기필마로 합비合肥의 비어 있는 성에 도착해 양주의 관부를 세우고 매건과 뇌서 등을 초무하자 그들 모두 조정에 공납을 멈추지 않았다. 수년 사이에 큰 은덕을 베풀자 귀부하는 유민의 수가 1만 명에 달했다.

널리 둔전을 행하고 연못과 방죽인 피알陂堨을 건축했다. 관민 모두 저축으로 여유가 생기자 학생들을 모집해 학교를 세웠다. 이어 성벽과 보루를 높이 축성하고 목재와 돌을 많이 비축해 유사시의 전쟁에 대비했다.

9) 조조가 손책이 죽었다는 소식을 접하고 이를 틈타 정벌하고자 하니 시어사 장굉이 막으며 말했다.

"사람의 상사를 이용하는 것은 예로부터 의에 어긋나는 일입니다. 만일 성공하지 못하면 새로운 원수를 만들고 옛날의 우호관계마저 잃게 됩니다. 이 기회를 이용해 오히려 후대함만 못합니다."

조조가 상표해 손권을 토로장군으로 추천해 회계태수를 겸임하게 했다. 조조는 이어 장굉으로 하여금 손권을 설득해 자신에게 귀부하게 하기 위해 장굉을 회계동부도위會稽東部都尉에 임명했다. 장굉이 오군에 도착하자 태부인太夫人 즉 오부인은 손권이 나이 어린 것을 염려해 장굉과 장소로 하여금 공동으로 손권을 보좌하게 했다. 장굉은 생각이 깊어 무엇을 보완해야 할지 잘 알았다. 태부인이 양무도위 회계인 동습董襲에게 물었다.

"강동을 가히 보전할 수 있겠소?"

동습이 대답했다.

"강동에는 산천의 험고險固가 있고 손토역孫討逆손책이 백성에게 널리 덕을 베푼 데 이어 손토로孫討虜손권가 그 유업을 잇고 있습니다. 백관이 명을 받드니 장소張昭는 군기를 다루고 저희들은 조아爪牙가 돼 열심히 일하고 있습니다. 지리地利와 인화人和가 맞아떨어지는 곳이니 전혀 우려

할 게 없습니다."

손권이 장굉을 회계군으로 보내 그곳을 다스리게 하려고 했다. 어떤 사람이 장굉은 조정이 임명한 관원이어서 그의 뜻이 비단 이 자리에 그치지 않을 것을 우려했다. 손권은 이를 개의치 않았다.

노숙이 북쪽으로 돌아가려고 하자 주유가 그를 제지하면서 손권에게 천거했다.

"노숙의 재간은 의당 크게 써야 하고 당연히 이런 인재를 널리 불러 모아 공업을 이뤄야 합니다."

손권이 급히 노숙을 불러 얘기를 나누고 크게 기뻐했다. 빈객들이 간 후 손권이 노숙을 남게 해 어탑御榻에 함께 앉아 술을 마시며 말했다.

"지금 한실이 무너지려 해 고는 제환공과 진문공의 공업을 이루고자 하오. 군은 무엇으로 나를 보좌할 생각이오?"

노숙이 말했다.

"예전에 한고제도 제환공 등과 같이 의제를 존봉하려 했으나 성공하지 못했습니다. 이는 항우의 무리가 방해를 했기 때문입니다. 지금의 조조는 옛날의 항우와 같으니 장군이 어떻게 능히 춘추5패의 우두머리격인 제환공과 진문공을 닮을 수가 있겠습니까? 생각건대 한실은 이제 부흥시키기가 어렵습니다. 더구나 조조도 단숨에 없애기가 어렵습니다. 장군을 위한 계책으로는 오직 강동을 굳게 지키면서 천하의 형세추이를 관찰하는 방안이 있습니다. 만일 북방이 일이 많아 신경 쓸 겨를이 없게 되면 황조黃祖를 제거하는 초제剿除를 하고 유표를 토벌해 장강 일대를 모두 차지할 수 있습니다. 이것이 바로 패왕의 업입니다."

손권이 고개를 가로저었다.

"지금 나는 모든 노력을 다해 한실을 보좌하고자 하오. 군이 말한 것은 내가 능히 감당할 수 있는 일이 아니오."

장소가 노숙이 너무 나이가 어리고 하는 일이 조소粗疏하다고 비방했으나 손권은 오히려 그를 더욱 중시했다. 손권이 노숙에게 많은 재물을 상으로 주어 저축하는 저치儲偫를 하도록 했다. 당초부터 부유한 다른 집과 같게 만들어 준 이유다.

손권이 숫자도 얼마 안 되고 능력 차이도 나지 않는 모든 작은 단위의 군사를 하나로 합쳤다. 별부사마 여남인 여몽呂蒙이 군용을 잘 정비하고 병사들을 잘 훈련시키니 손권이 대단히 기뻐하며 그의 병력을 증원시켜 주고 매우 총애했다.

공조 낙통駱統이 손권에게 현사들을 만나 그들에게 위정의 득실을 묻도록 권했다. 연회를 베풀어 상을 내리면서 그들을 일일이 접견해 건강 등을 묻고 친근한 태도로 자신의 의견을 발표하도록 권유해 그들의 생각과 취미 등을 파악하라고 조언하자 손권이 이를 받아들여 실행했다. 낙통은 낙준駱俊의 아들이다.

여릉 태수 손보는 손권이 강동을 지키지 못할까 우려해 몰래 사람을 조조에게 보내 빨리 남하하라는 서신을 전했다. 서신을 보내는 사람이 이를 손권에게 보고하자 손권이 손보의 모든 측근을 죽이고 부하들을 분산 배치한 뒤 그를 오군의 동부로 유배 보냈다.

조조가 상표해 화흠을 의랑으로 임명해 징소하고 사공司空의 군사업무에 참정하게 했다. 여강 태수 이술이 손권을 받들지 않는 것은 물론 손권을 배반해 도망한 자들을 많이 수용했다. 손권이 이런 상황을 조조에게 보고했다.

"자사 엄상은 전에 공이 임용한 사람이나 이술이 그를 죽였습니다. 방자하게도 이처럼 무도한 행위를 저질렀으니 의당 그를 신속히 주살해야 합니다. 지금 이술이 반드시 교묘한 말로 구원을 청할 것입니다. 명공은 아형阿衡의 중임을 맡고 있어 해내가 모두 경모하고 있습니다. 원컨대 좌우에 훈계해 그의 말을 다시는 듣지 않게 해 주길 바랍니다."

손권이 군사를 일으켜 환성으로 가 이술을 공격했다. 이술이 조조에게 구원을 요청했으나 조조가 응하지 않았다. 손권이 환성을 도살하여 이술의 목을 효수하고 그의 부중 2만여 명을 이주시켰다.

11) 유표가 장선을 공격했으나 해가 지나도 공략치 못했다. 조조가 원소와 대치하고 있어 장선을 도와줄 여가가 없었다. 장선이 병사하자 장사長沙의 백성들이 그의 아들 장역張懌을 옹립했다.

유표가 장역을 궤멸시킨 뒤 영릉군과 계양군까지 모두 평정했다. 유표의 영역이 사방 수천 리에 달하고 군사도 10여만 명에 이르게 됐다. 마침내 조정에 공납을 하지 않고 교외에서 천지에 제사지낸 뒤 주택과 복식 등을 모두 천자와 같게 했다.

12) 장로는 유장劉璋이 어둡고 나약한 암나暗懦의 인물인 것을 알았다. 다시는 그의 명령을 따르지 않은 채 별부사마 장수張修를 습격해 죽이고 그의 부대를 병탄했다. 유장이 노해 장로의 모친과 동생을 죽이자 장로가 한중을 점거하고 유장과 적이 됐다. 유장이 중랑장 방희龐羲를 보내 장로를 쳤으나 이기지 못했다. 유장이 방희를 파군巴郡태수로 삼은 뒤 낭중閬中에 주둔해 장로를 막게 했다.

방희가 한창현漢昌縣의 종민賨民호남과 사천 일대의 토민들을 불러 병사로 삼았으나 어떤 사람이 유장에게 방희를 무함하자 유장이 방희를 의심하기 시작했다. 조위趙韙가 여러 차례 유장에게 간했으나 유장이 듣지 않자 심중에 노여움과 원한이 생기게 됐다.

당초 남양과 삼보에 살던 사람 가운데 익주로 유입한 사람이 수만 가에 달했다. 유언이 이들을 전부 수용해 자신의 군사로 만든 뒤 '동주병東州兵'이라고 칭했다. 유장은 성정이 관유寬柔해 위엄과 지략이 없었다. 동주東州 출신 백성에 대한 침학侵虐이 극심했으나 이를 제지하지 못했다.

조위가 평소 인심을 얻은 것을 기화로 익주 사민들의 유장에 대한 원망을 이용해 작란을 일으켰다. 4만 명의 군사를 이끌고 유장을 치면서 두터운 뇌물로 형주의 유표와 연합했다. 촉군과 광한, 건위犍爲 등의 많은 군郡이 이에 호응했다.

＊ 孝獻皇帝建安五年

春, 正月, 董承謀洩. 壬子, 曹操殺承及王服·種輯, 皆夷三族. 操欲自討劉備, 諸將皆曰, "與公爭天下者, 袁紹也, 今紹方來而棄之東, 紹乘人後, 若何?" 操曰, "劉備, 人傑也, 今不擊, 必為後患." 郭嘉曰, "紹性遲而多疑, 來必不速. 備新起, 衆心未附, 急擊之, 必敗." 操師遂東. 冀州別駕田豐說袁紹曰, "曹操與劉備連兵, 未可卒解. 公舉軍而襲其後, 可一往而定." 紹辭以子疾, 未得行. 豐舉杖擊地曰, "嗟乎! 遭難遇之時, 而以嬰兒病失其會, 惜哉, 事去矣!" 曹操擊劉備, 破之, 獲其妻子. 進拔下邳, 禽關羽. 又擊昌豨, 破之. 備奔青州, 因袁譚以歸袁紹. 紹聞備至, 去鄴二百里迎之, 駐月餘, 所亡士卒稍稍歸之.

曹操還軍官渡, 紹乃議攻許, 田豐曰, "曹操既破劉備, 則許下非復空虛. 且操善用兵, 變化無方, 衆雖少, 未可輕也, 今不如以久持之. 將軍據山河之固, 擁四州之衆, 外結英雄, 內修農戰, 然後簡其精銳, 分為奇兵, 乘虛迭出以擾河南, 救右則擊其左, 救左則擊其右, 使敵疲於奔命, 民不得安業, 我未勞而彼已困, 不及三年, 可坐克也. 今釋廟勝之策而決成敗於一戰, 若不如志, 悔無及也." 紹不從. 豐強諫忤紹, 紹以為沮衆, 械系之. 於是移檄州郡, 數操罪惡. 二月, 進軍黎陽. 沮授臨行, 會其宗族, 散資財以與之曰, "勢存則威無不加, 勢亡則不保一身, 哀哉!" 其弟宗曰, "曹操士馬不敵, 君何懼焉?" 授曰, "以曹操之明略, 又挾天子以為資, 我雖克伯珪, 眾實疲敝, 而主驕將忲, 軍之破敗, 在此舉矣. 揚雄有言, '六國蚩蚩, 為嬴弱姬' 其今之謂乎!"

振威將軍程昱以七百兵守鄄城. 曹操欲益昱兵二千, 昱不肯, 曰, "袁紹擁十萬眾, 自以所向無前, 今見昱少兵, 必輕易, 不來攻. 若益昱兵, 過則不可不攻, 攻之必克, 徒兩損其勢, 願公無疑." 紹聞昱兵少, 果不往, 操謂賈詡曰, "程昱之膽, 過於賁·育矣!"

袁紹遣其將顏良攻東郡太守劉延於白馬, 沮授曰, "良性促狹, 雖驍勇, 不可獨任." 紹不聽. 夏, 四月, 曹操北救劉延. 荀攸曰, "今兵少不敵, 必分其勢乃可. 公到延津, 若將渡兵向其後者, 紹必西應之, 然後輕兵襲白馬, 掩其不備, 顏良可禽也." 操從之, 紹聞兵渡, 即分兵西邀之. 操乃引軍兼行趣白馬, 未至十餘里, 良大驚, 來逆戰. 操使張遼·關羽先登擊之. 羽望見良麾蓋, 策馬刺良於萬眾之中, 斬其首而還, 紹軍莫能當者. 遂解白馬之圍, 徙其民, 循河而西. 紹渡河追之, 沮授諫曰, "勝負變化, 不可不詳. 今宜留屯延津. 分兵官渡, 若其克獲, 還迎不晚, 設其有難, 眾弗可還." 紹弗從. 授臨濟歎曰, "上盈其志, 下務其功, 悠悠黃河, 吾其濟乎!" 遂以疾辭. 紹不許而意恨之, 復省其所部並屬郭圖. 紹軍至延津南, 操勒兵駐營南阪下, 使登壘望之, 曰, "可五六百騎." 有頃, 復白曰, "騎稍多, 步兵不可勝數." 操曰, "勿復白." 令騎解鞍放馬. 是時, 白馬輜重就道, 諸將以為敵騎多, 不如還保營. 荀攸曰, "此所以餌敵, 如何去之!" 操顧攸而笑. 紹騎將文丑與劉備將五六千騎前後至. 諸將復白曰, "可上馬." 操曰, "未也." 有頃, 騎至稍多, 或分趣輜重. 操曰, "可矣!" 乃皆上馬. 時騎不滿六百, 遂縱兵擊, 大破之, 斬丑. 丑與顏良, 皆紹名將也, 再戰, 悉禽之, 紹軍奪氣.

初, 操壯關羽之為人, 而察其心神無久留之意, 使張遼以其情問之, 羽歎曰, "吾極知曹公待我厚. 然吾受劉將軍恩, 誓以共死, 不可背之. 吾終不留, 要當立效以報曹公乃去耳." 遼以羽言報操, 操義之, 及羽殺顏良, 操知其必去, 重加賞賜. 羽盡封其所賜, 拜書告辭, 而奔劉備於袁軍. 左右欲追之, 操曰, "彼各為其主, 勿追也."

操還軍官渡, 閻柔遣使詣操, 操以柔為烏桓校尉. 鮮於輔身見操於官渡, 操以輔為右度遼將軍, 還鎮幽土.

廣陵太守陳登治射陽, 孫策西擊黃祖, 登誘嚴白虎餘黨, 圖為後害, 策還擊登, 軍到丹徒, 須待運糧. 初, 策殺吳郡太守許貢, 貢奴客潛民間, 欲為貢報仇. 策性好獵, 數出驅馳, 所乘馬精駿, 從騎絕不能及, 卒遇貢客三人, 射策中頰, 後騎尋至, 皆刺殺之. 策創甚, 召張昭等謂曰, "中國方亂, 以吳·越之眾, 三江之固, 足以觀成敗, 公等善相吾弟!" 呼權, 佩以印綬, 謂曰, "舉江東之眾, 決機於兩陳之間, 與天下爭衡, 卿不如我. 舉賢任能, 各盡其心以保江東, 我不如卿." 丙午, 策卒, 時年二十六. 權悲號, 未視事, 張昭曰, "孝廉, 此寧哭時邪!" 乃改易權服, 扶令上馬, 使出巡軍. 昭率僚屬, 上表朝廷, 下移屬城, 中外將校, 各令奉職, 周瑜自巴丘將兵赴喪, 遂留吳, 以中護軍與張昭共掌眾事. 時策雖有會稽·吳郡·丹楊·豫章·廬江·廬陵, 然深險之地, 猶未盡從, 流寓之士, 皆以安危去就為意, 未有君臣之固, 而張昭·周瑜等謂權可與共成大業, 遂委心而服事焉.

秋, 七月, 立皇子馮為南陽王. 壬午, 馮薨.

汝南黃巾劉辟等叛曹操應袁紹, 紹遣劉備將兵助辟, 郡縣多應之. 紹遣使拜陽安都尉李通為征南將軍, 劉表亦陰招之, 通皆拒焉. 或勸通從紹, 通按劍叱之曰, "曹公明哲, 必定天下. 紹雖強盛, 終為之虜耳. 吾以死不貳." 即斬紹使, 送印綬詣操. 通急錄戶調, 朗陵長趙儼見通曰, "方今諸郡並叛, 獨陽安懷附, 復趣收其綿絹, 小人樂亂, 無乃不可乎?" 通曰, "公與袁紹相持甚急, 左右郡縣背叛乃爾, 若綿絹不調送, 觀聽者必謂我顧望, 有所須待也." 儼曰, "誠亦如君慮, 然當權其輕重. 小緩調, 當為君釋此患." 乃書與荀彧曰, "今陽安郡百姓困窮, 鄰城並叛, 易用傾蕩, 乃一方安危之機也. 且此郡人執守忠節, 在險不貳, 以為國家宜垂慰撫. 而更急斂綿絹, 何以勸善!" 彧即白操, 悉以綿絹還民, 上下歡喜, 郡內遂安. 通擊群賊瞿恭等, 皆破之. 遂定淮·汝之地. 時操制新科, 下州郡, 頗增嚴峻, 而調綿絹方急. 長廣太守何夔言於操曰, "先王辨九服之賦以殊遠近, 制三典之刑以平治亂. 愚以為此郡宜依遠域新邦之典, 其民間小事, 使長吏臨時隨宜, 上不背正法, 下以順百姓之心. 比及三年, 民安其業, 然後乃可齊之以法也." 操從之.

劉備略汝·潁之間, 自許以南, 吏民不安, 曹操患之. 曹仁曰, "南方以大軍方有目前急, 其勢不能相救, 劉備以強兵臨之, 其背叛故宜也. 備新將紹兵, 未能得其用, 擊之, 可破也." 操乃使仁將騎擊備, 破走之, 盡復收諸叛縣而還. 備還至紹軍, 陰欲離紹, 乃說紹南連劉表. 紹遣備將本兵復至汝南, 與賊龔都等合, 眾數千人. 曹操遣將蔡楊擊之, 為備所殺.

袁紹軍陽武, 沮授說紹曰, "北兵雖眾而勁果不及南, 南軍谷少而資儲不如北. 南幸於急戰, 北利在緩師. 宜徐持久, 曠以日月." 紹不從. 八月, 紹進營稍前, 依沙堆為屯, 東西數十里. 操亦分營與相當.

九月, 庚午朔, 日有食之.

曹操出兵與袁紹戰, 不勝, 復還, 堅壁. 紹為高櫓, 起土山, 射營中, 營中皆蒙楯而行. 操乃為霹靂車, 發石以擊紹樓, 皆破, 紹復為地道攻操, 操輒於內為長塹以拒之. 操眾少糧盡, 士卒疲乏, 百姓困於徵賦, 多叛歸紹者, 操患之, 與荀彧書, 議欲還許, 以致紹師. 彧報曰, "紹悉眾聚官渡, 欲與公決勝敗. 公以至弱當至強, 若不能制, 必為所乘, 是天下之大機也. 且紹, 布衣之雄耳, 能聚人而不能用. 以公之神武明哲而輔以大順, 何向而不濟! 今谷食雖少, 未若楚·漢在滎陽·成皋間也. 是時劉·項莫肯先退者, 以為先退則勢屈也. 公以十分居一之眾, 畫地而守之, 扼其喉而不得進, 已半年矣. 情見勢竭, 必將有變. 此用奇之時, 不可失也." 操從之, 乃堅壁持之. 操見運者, 撫之曰, "卻十五日為汝破紹, 不復勞汝矣." 紹運谷車數千乘至官渡. 荀攸言於操曰, "紹運車旦暮至, 其將韓猛銳而輕敵. 擊, 可破也!" 操曰, "誰可使者?" 攸曰, "徐晃可." 乃遣偏將軍河東徐晃與史渙邀擊猛, 破走之, 燒其輜重.

冬, 十月, 紹復遣車運谷, 使其將淳于瓊等將兵萬餘人送人, 宿紹營北四十里. 沮授說紹曰, "可遣蔣奇別為支軍於表, 以絕曹操之鈔." 紹不從. 許攸曰, "曹操兵少而悉師拒我, 許下餘守, 勢必空弱. 若分遣輕軍, 星行掩襲, 許可拔也. 許拔, 則奉迎天子以討操, 操成禽矣. 如其未潰, 可令首尾奔命, 破之必也." 紹不從, 曰, "吾要當先取操." 會攸家犯法, 審配收系之, 攸怒, 遂奔操. 操聞攸來, 跣出迎之, 撫掌笑曰, "子卿遠來, 吾事濟矣!" 既入坐, 謂操曰, "袁氏軍盛, 何以待之? 今有幾糧乎?" 操曰, "尚可支一歲." 攸曰, "無是, 更言之!" 又曰, "可支半歲." 攸曰, "足下不欲破袁氏邪! 何言之不實也!" 操曰, "向言戲之耳. 其實可一月, 為之奈何?" 攸曰, "公孤軍獨守, 外無救援而糧穀已盡, 此危急之日也. 袁氏輜重萬餘乘, 在故市·烏巢, 屯軍無嚴備, 若以輕兵襲之, 不意而至, 燔其積聚, 不過三日, 袁氏自敗也."

操大喜, 乃留曹洪·荀攸守營, 自將步騎五千人, 皆用袁軍旗幟, 銜枚縛馬口, 夜從間道出, 人抱束薪, 所歷道有問者, 語之曰, "袁公恐曹操鈔略後軍, 遣軍以益備.” 聞者信以為然, 皆自若. 既至, 圍屯, 大放火, 營中驚亂. 會明, 瓊等望見操兵少, 出陳門外, 操急擊之, 瓊退保營, 操遂攻之. 紹聞操擊瓊, 謂其子譚曰, “就操破瓊, 吾拔其營, 彼固無所歸矣!” 乃使其將高覽·張郃等攻操營. 郃曰, “曹公精兵往, 必破瓊等, 瓊等破, 則事去矣, 請先往救之.” 郭圖固請攻操營. 郃曰, “曹公營固, 攻之必不拔. 若瓊等見禽, 吾屬盡為虜矣.” 紹但遣輕騎救瓊, 而以重兵攻操營, 不能下. 紹騎至烏巢, 操左右或言曰, “賊騎稍近, 請分兵拒之.” 操怒曰, “賊在背後, 乃白!” 士卒皆殊死戰, 遂大破之, 斬瓊等, 盡燔其糧穀, 殺士卒千餘人, 皆取其鼻, 牛馬割脣舌, 以示紹軍, 紹軍將士皆恟懼. 郭圖慚其計之失, 復譖張郃於紹曰, “郃快軍敗.” 郃忿懼, 遂與高覽焚攻具, 詣操營降. 曹洪疑, 不敢受, 荀攸曰, “郃計畫不用, 怒而來奔, 君有何疑!” 乃受之. 於是紹軍驚擾, 大潰, 紹及譚等幅巾乘馬, 與八百騎渡河. 操追之不及, 盡收其輜重·圖書·珍寶. 餘眾降者, 操盡坑之, 前後所殺七萬餘人. 沮授不及紹渡, 為操軍所執, 乃大呼曰, “授不降也, 為所執耳!” 操與之有舊, 迎謂曰, “分野殊異, 遂用圮絕, 不圖今日乃相禽也!” 授曰, “冀州失策, 自取奔北. 授知力俱困, 宜其見禽.” 操曰, “本初無謀, 不相用計, 今喪亂未定, 方當與君圖之.” 授曰, “叔父·母弟, 縣命袁氏, 若蒙公靈, 速死為福.” 操歎曰, “孤早相得, 天下不足慮也.” 遂赦而厚遇焉. 授尋謀歸袁氏, 操乃殺之. 操收紹書中, 得許下及軍中人書, 皆焚之, 曰, “當紹之強, 孤猶不能自保, 況眾人乎!”

冀州城邑多降於操. 袁紹走至黎陽北岸, 入其將軍蔣義渠營, 把其手曰, “孤以首領相付矣!” 義渠避帳而處之, 使宣號令. 眾聞紹在, 稍復歸之. 或謂田豐曰, “君必見重矣.” 豐曰, “公貌寬而內忌, 不亮吾忠, 而吾數以至言迕之, 若勝而喜, 猶能赦我, 今戰敗而恚, 內忌將發, 吾不望生." 紹軍士皆拊膺泣曰, "向令田豐在此, 必不至於敗." 紹謂逢紀曰, "冀州諸人聞吾軍敗, 皆當念吾, 惟田別駕前諫止吾, 與眾不同, 吾亦慚之." 紀曰, "豐聞將軍之退, 拊手大笑, 喜其言之中也." 紹於是謂僚屬曰, "吾不用田豐言, 果為所笑." 遂殺之. 初, 曹操聞豐不從戎, 喜曰, "紹必敗矣." 及紹奔遁, 復曰, "向使紹用其別駕計, 尚未可知也." 審配二子為操所禽, 紹將孟岱言於紹曰, "配在位專政, 族大兵強, 且二子在南, 必懷反計." 郭圖·辛評亦以為然. 紹遂以岱為監軍, 代配守鄴. 護軍逢紀素與配不睦, 紹以問之, 紀曰, "配天性烈直, 每慕古人之節, 必不以二子在南為不義也. 願公勿疑." 紹曰, "君不惡之邪?" 紀曰, "先所爭者, 私情也. 今所陳者, 國事也." 紹曰, "善!" 乃不廢配, 配由是更與紀親. 冀州城邑叛紹者, 紹稍復擊定之. 紹為人寬雅, 有局度, 喜怒不形於色, 而性矜愎自高, 短於從善, 故至於敗.

冬, 十月, 辛亥, 有星孛於大梁.

廬江太守李術攻殺揚州刺史嚴象, 廬江梅乾·雷緒·陳蘭等各聚眾數萬在江淮間. 曹操表沛國劉馥為揚州刺史. 時揚州獨有九江, 馥單馬造合肥空城, 建立州治, 招懷乾·緒等, 皆貢獻相繼. 數年中, 恩化大行, 流民歸者以萬數. 於是廣屯田, 興陂堨. 官民有畜, 乃聚諸生, 立學校. 又高為城壘, 多積木石, 以修戰守之備.

曹操聞孫策死, 欲因喪伐之. 侍御史張紘諫曰, "乘人之喪, 既非古義, 若其不克, 成仇棄好, 不如因而厚之." 操即表權為討虜將軍, 領會稽太守. 操欲令紘輔權內附, 及以紘為會稽東部都尉. 紘至吳, 太夫人以權年少, 委紘與張昭共輔之. 紘惟補察, 知無不為. 太夫人問揚武都尉會稽董襲曰, "江東可保不?" 襲曰, "江東有山川之固, 而討逆明府恩德在民, 討虜承基, 大小用命, 張昭秉眾事, 襲等為爪牙, 此地利人和之時也, 萬無所憂.” 權遺張紘之部, 或以紘本受北任, 嫌其志趣不止於此, 權不以介意.

魯肅將北還, 周瑜止之, 因薦肅於權曰, “肅才宜佐時, 當廣求其比以成功業.” 權即見肅, 與語, 悅之. 賓退, 獨引肅合榻對飲, 曰, “今漢室傾危, 孤思有桓·文之功, 君何以佐之?” 肅曰, “昔高帝欲尊事義帝而不獲者, 以項羽為害也. 今之曹操, 猶昔項羽, 將軍何由得為桓·文乎! 肅竊料之, 漢室不可復興, 曹操不可卒除, 為將軍計, 惟有保守江東以觀天下之釁耳. 若因北方多務, 剿除黃祖, 進伐劉表, 竟長江所極, 據而有之, 此王業也.” 權曰, “今盡力一方, 冀以輔漢耳, 此言非所及也.” 張昭毀肅年少粗疏, 權益貴重之, 賞賜儲偫, 富擬其舊.

權料諸小將兵少而用薄者, 併合之. 別部司馬汝南呂蒙, 軍容鮮整, 士卒練習. 權大悅, 增其兵, 寵任之. 功曹駱統勸權尊賢接士, 勤求損益, 饗賜之日, 人人別進, 問其燥濕, 加以密意, 誘諭使言, 察其志趣. 權納用焉. 統, 俊之子也. 廬陵太守孫輔恐權不能保江東, 陰遣人繼書呼曹操. 行人以告, 權悉斬輔親近, 分其部曲, 徙輔置東. 曹操表徵華歆為議郎·參司空軍事. 廬江太守李術不肯事權, 而多納其亡叛. 權以狀白曹操曰, “嚴刺史昔為公所用, 而李術害之, 肆其無道, 宜速誅滅. 今術必復詭說求救. 明公居阿衡之任, 海內所瞻, 願敕執事, 勿復聽受.” 因舉兵攻術於皖城. 術求救於操, 操不救. 遂屠其城, 梟術首. 徙其部曲二萬餘人.

劉表攻張羨, 連年不下. 曹操方與袁紹相拒, 未暇救之. 羨病死, 長沙復立其子懌. 表攻懌及零·桂, 皆平之. 於是表地方數千里, 帶甲十餘萬, 遂不供職貢, 郊祀天地, 居處服用, 僭擬乘輿焉.

張魯以劉璋暗懦, 不復承順, 襲別部司馬張修, 殺之而並其眾. 璋怒, 殺魯母及弟, 魯遂據漢中, 與璋為敵. 璋遣中郎將龐羲擊之, 不克. 璋以羲為巴郡太守, 屯閬中以御魯. 羲輒召漢昌賨民為兵, 或構羲於璋, 璋疑之. 趙韙數諫不從, 亦恚恨. 初, 南陽·三輔民流入益州者數萬家, 劉焉悉收以為兵, 名曰東州兵. 璋性寬柔, 無威略, 東州人侵暴舊民, 璋不能禁. 趙韙素得人心, 因益州士民之怨, 遂作亂, 引兵數萬攻璋. 厚賂荊州, 與之連和. 蜀郡·廣漢·犍為皆應之.

** 권64-한기漢紀 56: 조조가 세력을 넓히다

한헌제 건안 6년(AD 201)

1) 봄 3월 정묘丁卯, 일식이 있었다.

2) 조조가 군사를 양식이 비교적 많은 안민安民산동성 동평현으로 이동시켰다. 조조가 원소가 방금 격파 당했다는 소식을 듣고 이 사이에 유표를 치려고 하자 순욱이 만류했다.

"원소가 이미 전쟁에서 패해 그의 부중은 반드시 인심이 흩어졌을 것이니 의당 이를 틈타 그를 평정해야 합니다. 공은 장강과 한수 일대에 원정을 가려고 하나 만일 원소가 그들 잔여부대를 모아 이 틈을 노려 우리의 뒤를 치게 되면 공의 사업도 끝나는 것입니다."

조조가 그만두었다.

여름 4월, 조조가 황하 변에서 군사훈련을 했다. 창정倉亭산동성 아현에 주둔한 원소군을 기습해 격파했다.

9월, 조조가 허현으로 돌아왔다.

3) 조조가 친히 군사를 이끌고 여남에서 유비를 공격하니 유비는 유표에게 도망가고 공도 등은 모두 흩어졌다. 유표가 유비가 왔다는 얘기를 듣고 친히 교외에 나아가 영접하면서 상빈의 예로 대우하고 병력을 증원시켜 주어 신야新野하남성 신야에 머물게 했다.

유비가 형주에서 수년 동안 머물다가 한 번은 유표와 함께 앉아 있다가 측간에 가서 개연히 눈물을 흘렸다. 유표가 기이한 생각이 들어 묻자 유비가 이같이 대답했다.

"전에는 늘 말안장에서 떠나지 않아 허벅지의 살이 모두 야위었는데 지금은 말을 타지 않아 허벅지 살이 다시 올랐소. 세월이 살같이 빨라 조만간 늙게 되는데 공업을 아직도 이루지 못했으니 그로 인해 비통할 뿐이오."

4) 조조가 하후연과 장료를 보내 동해에서 창희를 포위하게 했다. 수개월 후 양식이 다하자 군사를 이끌고 회군할 것을 상의하자 장료가 하후연에게 말했다.

"며칠 이래 매번 바깥 진영을 순시하다가 창희의 눈과 마주쳤는데 그가 쏘는 화살의 거리가 매우 짧았소. 이는 틀림없이 창희가 마음속으로 유예하는 게 있어 전력으로 싸우지 않기 때문이오. 내가 시험 삼아 그와 한 번 얘기를 나눠볼까 하오. 혹 그를 유인해 투항하게 만들지도 모르오."

사람을 보내 전하게 했다.

"조공의 명으로 장료를 보내 전할 말이 있습니다."

창희가 과연 성벽을 내려와 장료와 얘기를 나누었다. 장료가 조조의 신무를 칭송하면서 은덕으로 사방을 안무하니 귀부한 사람들이 모두 큰 상을 받았다고 말했다. 창희가 곧 투항할 것을 약속하자 장료가 곧 홀로 삼공산三公山에 올라 창희의 집으로 가 그의 처에게 예를 갖춰 인사했다. 창희가 기뻐해 장료를 따라가 조조를 배견하자 조조가 곧 창희에게 명해 돌아가 지키도록 했다.

5) 조위가 성도에서 유장을 포위하자 동주인들이 조위에게 몰살당할까 두려워 힘을 다해 분전했다. 조위가 마침내 패해 도망하다가 강주江州 사천성 중경시에 이르러 살해됐다. 방희가 두려운 나머지 속리屬吏 정기程祁를 그의 부친 한창현령 정기程畿에게 보내 종민賨民 병사들을 소집해 줄

것을 부탁하게 했다. 한창현령 정기가 거절했다.

"군郡에서 군사를 소집하는 것은 본래 작란을 하기 위함이 아니니 설령 참언과 비방이 있다 할지라도 중요한 것은 자신의 충정을 다하는 것이다. 만일 군사소집에 다른 뜻이 있다면 나는 감히 명을 받지 못하겠다."

방희가 다시 정기를 파견해 유세하게 하자 한창현령 정기가 말했다.

"나는 주목인 유장의 은혜를 받았기에 의당 나의 충절을 다해야 한다. 너는 방희의 군리郡吏이니 의당 그를 위해 힘을 다하면 된다. 나는 불의한 일은 죽어도 하지 않을 것이다."

방희가 대로해 다른 사람을 보내 정기에게 경고했다.

"태수인 나의 명에 불복하게 되면 커다란 화가 너의 집에 내릴 것이다."

정기가 단호하게 말했다.

"예전에 악양樂羊이 자식을 삶은 고깃국을 먹었는데 이는 부자간의 정이 없었기 때문이 아니라 대의를 위한 것이다.[214] 지금 나의 아들 정기를 삶아 고기 국물을 만들어 주더라도 나 또한 마실 것이다."

방희가 유장에게 심심한 사과의 뜻을 표하게 됐다. 유장이 정기를 강양江陽태수로 발탁했다.

조정에서 익주가 심히 어지럽다는 얘기를 듣고 오관중랑장 우단牛亶을

---

214 악양은 흔히 악양자樂羊子로도 불렸다. 전국시대 초기 위문후魏文侯가 악양을 발탁해 중산국中山國을 치게 했다. 당시 악양의 아들 악서樂舒가 중산국에서 벼슬을 하고 있었다. 궁지에 몰린 중산국의 왕 희굴姬窟이 악서를 삶아 국을 끓여 악양에게 보냈다. 악양이 이 국을 태연히 마신 후 중산국을 점령했다. 위문후는 악양의 지나친 태도를 우려한 나머지 그를 중용하지 않았다. 이 때문인지는 몰라도 『사기』「위세가魏世家」에는 이름만이 간략히 언급돼 있을 뿐 아무런 기록도 남기지 않고 있다. 오히려 사서에서는 악양보다 그의 부인에 관한 얘기가 자세히 실려 있다. 『후한서』「열녀전列女傳」에는 그의 부인이 면려勉勵를 독려하기 위해 맹자의 어머니처럼 단기斷機의 교회敎誨를 남긴 일화가 실려 있다.

익주자사로 임명해 유장을 불렀으나 유장이 오지 않았다.

6) 장로는 귀신을 믿는 사도를 이용해 백성을 끌어들이니 병든 사람으로 하여금 자신의 잘못을 회개하며 기도하도록 했다. 이는 실로 병 치료에 무익한 것이었으나 혼우한 소인배들이 이를 신봉했다.

그는 규율을 어긴 자들에게는 3번 용서를 해 준 후 형을 집행했고 속료들을 두는 대신 좨주祭酒가 각 부중을 다스리게 했다.[215] 백성들과 오랑캐가 이를 환영하니 그가 있는 곳으로 흘러들어와 사는 자들은 모두 그의 도를 믿지 않을 수 없었다. 후에 장로가 파군을 탈취하자 조정은 그를 토벌할 힘이 없어 오히려 은총을 내려 그를 진민중랑장鎭民中郞將에 임명하고 한녕漢寧태수를 겸임하게 했다. 장로는 단지 약간의 공물을 보냈을 뿐이다.

백성 중에 땅 속에서 옥인玉印을 얻은 자가 있어 부중이 장로를 한녕왕漢寧王으로 옹립하려고 하자 공조인 파서巴西 출신 염포閻圃가 저지했다.

"한천漢川의 백성은 10여만 호이니 물자가 풍부하며 땅이 비옥하고 사면이 험고합니다. 위로는 천자를 보좌해 제환공과 진문공의 공업을 쌓기에 족하고 또한 두융竇融과 같은 인물이 나와 부귀를 잃지 않았습니다. 지금 천자를 대신해 스스로 관직을 설치하면 사세 상 반드시 제환공 및 진문공의 공업과 두융의 부귀에 이르는 길을 단절하게 되니 번거롭게 왕이 될 필요가 없습니다. 원컨대 잠시 왕호를 칭하지 않음으로써 미리 재난을 초래하지 않길 바랍니다."

장로가 염포의 의견을 들었다.

215 장로는 자신의 설법을 수행하는 자들을 처음에는 귀졸鬼卒로 부르다가 후에 좨주로 명칭을 바꿨다. 좨주가 각 부중을 실질적으로 이끌었다.

＊漢紀五十六 起重光大荒落, 盡旃蒙作噩, 凡五年.

孝獻皇帝建安六年

春, 三月, 丁卯朔, 日有食之.

曹操就谷於安民. 以袁紹新破, 欲以其間擊劉表. 荀彧曰, "紹既新敗, 其眾離心, 宜乘其困, 遂定之. 而欲遠師江·漢, 若紹收其餘燼, 承虛以出人後, 則公事去矣." 操乃止. 夏, 四月, 操揚兵河上, 擊袁紹倉亭軍, 破之. 秋, 九月, 操還許.

操自擊劉備於汝南, 備奔劉表, 龔都等皆散. 表聞備至, 自出郊迎, 以上賓禮待之, 益其兵, 使屯新野. 備在荊州數年, 嘗於表坐起至廁, 慨然流涕. 表怪, 問備, 備曰, "平常身不離鞍, 髀肉皆消. 今不復騎, 髀裡肉生. 日月如流, 老將至矣, 而功業不建, 是以悲耳."

曹操遣夏侯淵·張遼圍昌豨於東海, 數月, 糧盡, 議引軍還. 遼謂淵曰, "數日已來, 每行諸圍, 豨輒屬目視遼, 又其射矢更稀. 此必豨計猶豫, 故不力戰. 遼欲挑與語, 倘可誘也." 乃使謂豨曰, "公有命, 使遼傳之." 豨果下與遼語. 遼為說操神武, 方以德懷四方, 先附者受大賞, 豨乃許降. 遼遂單身上三公山, 入豨家, 拜妻子, 豨歡喜, 隨遼詣操. 操遣豨還.

趙韙圍劉璋於成都. 東州人恐見誅滅, 相與力戰, 韙遂敗退, 追至江州, 殺之. 龐羲懼, 遣吏程祁宣旨於其父漢昌令畿, 索賨兵. 畿曰, "郡合部曲, 本不為亂, 縱有讒諛, 要在盡誠, 若遂懷異志, 不敢聞命." 羲更使祁說之, 畿曰, "我受牧恩, 當為盡節. 汝為郡吏, 自宜效力. 不義之事, 有死不為." 羲怒, 使人謂畿曰, "不從太守, 禍將及家!" 畿曰, "樂羊食子, 非無父子之恩, 大義然也. 今雖羹祁以賜畿, 畿啜之矣." 羲乃厚謝於璋. 璋擢畿為江陽太守. 朝廷聞益州亂, 以五官中郎將牛亶為益州刺史. 征璋為卿, 不至.

張魯以鬼道教民, 使病者自首其過, 為之請禱, 實無益於治病, 然小人昏愚, 競共事之. 犯法者, 三原, 然後乃行刑. 不置長吏, 皆以祭酒為治. 民·夷便樂之, 流移寄在其地者, 不敢不奉其道. 後遂襲取巴郡, 朝廷力不能征, 遂就寵魯為鎮民中郎將, 領漢寧太守, 通貢獻而已. 民有地中得玉印者, 群下欲尊魯為漢寧王. 功曹巴西閻圃諫曰, "漢川之民, 戶出十萬, 財富土沃, 四面險固. 上匡天子, 則為桓·文, 次及竇融, 不失富貴. 今承製署置, 勢足斬斷, 不煩於王. 願且不稱, 勿為禍先." 魯從之.

한헌제 건안 7년(AD 202)

1) 봄 정월, 조조의 군사가 초현譙縣에 주둔해 마침내 준설할 준비를 마친 후 수양거睢陽渠를 보수했다. 사자를 보내 태뢰太牢의 제례로 교현橋玄을 제사지낸 후 관도로 진군했다.

2) 원소가 관도의 패전 이후 부끄럽고 분한 생각에 병이 나 피를 토했다. 5월, 훙거薨去했다.

당초 원소에게는 3명의 아들이 있었으니 원담袁譚과 원희袁熙, 원상袁尙이 그들이다. 원소의 후처 유씨柔氏는 원상을 좋아해 늘 원소의 면전에서 그를 칭찬했다. 원소는 그를 자신의 후계로 삼고 싶어 했으나 명확한 언질을 하지 않았다. 이내 원담을 자신의 형의 양자로 내주어 뒤를 잇게 하는 계후繼後를 하도록 조치하고 청주자사를 맡게 하자 저수가 간했다.

"세상에는 1만 명이 토끼를 잡으러 쫓아다니다가도 한사람이 잡은 뒤에야 비로소 나머지 사람들이 그만두게 됩니다. 이는 명분이 이미 확정됐기 때문에 그런 것입니다. 원담은 장자로서 의당 후사後嗣가 되어야 함에도 오히려 그를 외지에 보내 살게 하면 장차 화란이 여기로부터 나올 것입니다."

원소가 말했다.

"나는 모든 자식에게 각기 1개 주를 맡게 한 뒤 그들의 능력을 시험해 보려고 한다."

그러고는 원희를 유주자사, 생질 고간高干을 병주자사로 삼았다.

봉기와 심배가 평소 원담의 증오대상이 되자 신평과 곽도가 모두 원담을 좇아 심배 및 봉기와 불목하게 됐다. 원소가 세상을 떠나자 대부분의 사람들이 원담이 장자인 점을 내세워 그를 옹립하려 했다. 심배 등은 원담이 계위하게 되면 신평 등이 해를 가할까 두려운 나머지 원소의 유명遺命을 고쳐 원상을 후사로 만들었다.

원담이 빈소에 도착해 계위를 못하자 자칭 거기장군을 칭하고 여양에 주둔했다. 원상이 원담에게 매우 적은 병력을 준 뒤 봉기를 파견해 그를 수종하게 했다. 원담이 군사 증원을 요구하자 심배 등이 상의한 후 이를 거절했다. 원담이 대로해 봉기를 죽였다.

9월, 조조가 황하를 건너 원담을 쳤다. 원담이 원상에게 긴급지원을 요청하자 원상이 심배를 남겨두어 업성을 지키게 한 뒤 직접 군사를 이끌고 나가 원담을 원조해 조조와 대치했다. 연일 계속된 싸움에서 원상이 패배하자 퇴병해 영루를 굳게 지켰다.

원상은 자신이 임명한 하동 태수 곽원郭援과 고간을 보내 흉노의 남선우와 함께 하동군을 치게 하고 사자를 보내 관중의 제장인 마등 등과 연합하려 했다. 마등 등이 몰래 응답하니 곽원이 지나는 곳을 모두 공략했다.

하동군의 관원 가규賈逵가 강현絳縣산서성 곡옥현을 지켰으나 곽원의 공격이 매우 격렬해 성이 장차 함락하게 됐다. 성안의 부로父老들이 곽원과 약정해 가규를 죽이지 않으면 투항하겠다고 하자 곽원이 응답했다.

곽원이 가규를 자신의 부장으로 삼을 생각으로 힘으로써 그를 협박했으나 가규가 미동도 하지 않았다. 좌우에서 가규를 잡고 머리를 조아리게 하려고 하자 가규가 그들을 꾸짖었다.

"어디 국가의 관원이 도적에게 머리를 조아리는 경우가 있는가?"

곽원이 화가 나 그를 참하려고 하자 어떤 사람이 자신의 몸으로 그의 몸을 덮어 구해냈다. 강현의 관민들이 가규를 죽이려 한다는 소리를 듣자 모두 성 위로 올라가 큰 소리로 말했다.

"약속을 저버리고 우리의 현군賢君을 죽이게 되면 우리 모두 차라리 함께 싸우다 죽을 따름이다."

곽원이 가규를 호관壺關산서성 장치현의 땅속 감옥에 가두고 수레바퀴로 뚜껑을 덮었다. 가규가 감옥을 지키는 사람에게 말했다.

"여기에는 씩씩한 사내인 건아健兒도 없는가? 의사義士를 이 속에서 죽게 할 셈인가?"

마침 평소 의리를 중시하는 사람이 지나가다 가규의 이 말을 듣고 밤에 몰래 가 가규를 꺼내어 족쇄를 풀어준 뒤 그를 가게 하고는 자신의 이름을 말하지 않았다.

조조가 사례교위 종요를 보내 평양平陽산서성 임분현에서 남흉노 선우를 포위 공격하게 할 때 아직 공략이 안 된 사적들의 구원병이 왔다. 종요가 신풍新豊 현령 풍익인 장기張旣를 마등에게 보내 이해득실을 논해 설득하게 했다. 마등이 의심하며 결론을 내리지 않자 부간傅干이 마등에게 말했다.

"옛 사람의 말에 '순덕자順德者는 흥하고 역덕자逆德者는 망한다'고 했습니다. 조공은 천자를 모시고 폭란을 구제하니 법령이 엄정해 정치를 밝게 하는 법명정치法明政治와 상하가 모두 명을 받드는 상하용명上下用命을 행해 가히 순덕자라 할 만합니다. 원씨는 자신의 강대함만을 믿어 왕명을 어기고 호인을 끌어들여 중국을 능욕하니 가히 역덕자라 할 만합니다.

지금 장군은 이미 순덕자인 조공을 받들고도 몰래 두 마음을 갖고 가만히 앉아 성패를 관망하려 하고 있습니다. 저는 성패가 정해진 후 조공이 천자의 명으로 죄를 물어 장군을 우선 참하지 않을까 두렵습니다."

마등이 두려워하는 모습을 보이자 부간이 연이어 진언했다.

"지자智者는 능히 전화위복할 줄 알아야 합니다. 지금 조공과 원씨가 서로 대치하고 있는 상황에서 고간과 곽원이 연합해 하동을 공격하고 있어 조공이 설령 만전지계가 있다 하더라도 하동의 위험을 구할 수는 없습니다. 장군은 능히 군사를 이끌고 가 곽원을 깰 수 있으니 안팎으로 협격하면 사세 상 반드시 승리할 수 있습니다. 장군은 단 한 번의 거동으로 원씨의 팔을 잘라 한쪽의 위급함을 구할 수 있으니 조공은 반드시 장군의 덕행에 크게 감격해 할 것이고 장군의 공명 또한 그 어느 것과 비교할 수 없을 정도로 클 것입니다."

마등이 아들 마초馬超에게 군사 1만여 명을 이끌고 가 종요와 연합하게 했다.

당초 제장들은 곽원의 병력이 강성해 평양을 버리고 떠나려고 했다. 종요가 저지했다.

"원씨가 바야흐로 강성해지자 곽원이 왔을 때 관중의 제장들이 몰래 그와 통하고도 한 사람도 배반하지 않은 이유는 오직 나의 위명威名을 꺼렸기 때문이오. 만일 성을 버리고 떠나면 우리의 허약함을 드러내는 것이니 이곳의 백성 모두가 우리의 적이 될 것이오. 설사 우리가 돌아가려 한들 어찌 능히 돌아갈 수 있겠소. 이는 싸우기도 전에 이미 스스로 패하는 것이나 다름없소.

곽원은 성격이 까다롭고 고집이 센 강퍅剛愎의 성정을 지니고 있고 남을 이기고자 하는 호승심好勝心이 강해 반드시 우리 군을 경시할 것이오. 그가 분수汾水를 건너 영채를 세우려 할 때 그가 완전히 도하하지 못한 때를 기해 출격하면 가히 대승을 거둘 수 있소."

곽원이 당도해 과연 직접 앞으로 나가 분수를 건너려 하니 사람들이 그를 제지했으나 이를 듣지 않았다. 곽원의 군사가 반도 채 도하하지 못했을 때 치니 곽원이 대패했다. 전투가 끝난 후 사람들이 모두 곽원이 이미 죽어 그의 수급을 찾을 수 없다고 말했다. 곽원은 종요의 생질이다.

한참 후에 마초의 사례교위 남안南安 출신 방덕龐德이 말위에 싣는 활통인 동개(건鞬) 속에서 한 사람의 머리를 찾아내니 종요가 이를 보고 곡을 했다. 방덕이 종요에게 사죄하자 종요가 말했다.

"곽원은 비록 나의 생질이라 하더라도 반역국의 역적이었소. 경이 미안할 게 무엇이 있겠소?"

남흉노의 선우가 투항했다.

3) 유표가 유비를 시켜 북쪽을 침입하게 하니 유비가 엽현葉縣하남성 엽현에 이를 즈음 조조가 하후돈과 우금을 보내 유비를 막게 했다. 유비가 돌연 군영을 불태우고 철수하니 하후돈 등이 추격하려고 하자 비장군인 거록 출신 이전李典이 말했다.

"적이 아무 이유 없이 퇴각하니 반드시 매복이 있을까 의심스럽소. 게다가 남쪽의 길은 협착하고 초목이 우거져 추격할 수 없소."

하후돈이 듣지 않고 이전에게 군영을 지키도록 한 뒤 군사를 이끌고 추격했다가 과연 매복을 만나 참패했다. 이전이 달려가 구원하자 유비가 비로소 물러났다.

4) 조조가 손권에게 글을 내려 임자任子를 요구했다.[216] 손권이 부하들을 불러 상의했으나 장소와 진송秦松 등이 머뭇거리며 결론을 못 내렸다. 손권이 주유를 불러 함께 오부인에게 가 이 문제를 결정지으려 했다. 주유

216 임자任子는 2천석 이상의 관원이 만 1년의 기한으로 자식 가운데 한 명을 경성으로 보내 황제의 시봉을 드는 것을 말한다. 이 제도는 전한 초기에 만들어져 후한 말까지 계속됐다. 후세에는 부친의 벼슬로 인해 관원이 되는 자를 뜻하는 말로 그 뜻이 바뀌었다.

가 건의했다.

“예전에 초나라는 당초 책봉을 받았을 때 100리도 안 되는 땅이었습니다. 자손들이 현명해 넓게 강역을 개척한 결과 끝내 형주와 양주를 점거한 채 그 공업과 작위를 전승한 햇수가 무려 900여 년이 됐습니다. 지금 장군은 부형의 사업기초인 여자餘資를 이어 받아 6개 군의 백성을 거느리고 있습니다.[217] 군사가 정예하고 양식이 풍부한데다 장병들이 명을 받들어 산을 개발해 동을 채굴하고 바닷물을 끓여 소금을 만드니 경내가 부요富饒하고 인심이 안정되어 있는데 무슨 핍박을 받아 인질을 보내려 하는 것입니까? 인질은 일단 가면 조조의 앞뒤로 늘 따라 다니지 않을 수 없어 같이 걷고 뛰어야 합니다. 그러면 장군은 징소의 명이 내릴 때 가지 않을 수 없고 결국 다른 사람의 통제를 받게 됩니다. 이는 잘되어야 겨우 열후의 인장과 종복 10여 명, 수레 몇 대, 말 몇 필을 받는 데 불과할 뿐입니다. 어찌 남면南面해 군주를 칭하는 칭고稱孤를 하는 것과 비교할 수 있겠습니까? 차라리 인질을 보내지 않고 차분히 시국의 변화를 관찰함만 못합니다. 만일 조조가 능히 도의를 좇아 천하를 다스리게 되면 그때 가서 장군이 다시 그를 모시더라도 늦지 않습니다. 만일 그가 폭란을 도모하면 스스로를 보호하기도 힘들 터인데 어찌 능히 사람을 해칠 수 있겠습니까?”

오부인이 말했다.

“공근公瑾주유의 말이 옳다. 공근과 백부伯符손책는 동년으로 단지 1달이 적을 뿐이다. 나는 그를 자식처럼 대하고 있다. 너는 공근을 형처럼 모셔야 한다.”

그러고는 인질을 보내지 않았다.

---

217 6개 군은 회계군과 오군, 단양군, 예장군, 여릉군, 여강군 등을 말한다.

＊ 孝獻皇帝建安七年

春, 正月, 曹操軍譙, 遂至浚儀, 治睢陽渠. 遣使以太牢祀橋玄. 進軍官渡.

袁紹自軍敗, 慚憤, 發病嘔血. 夏, 五月, 薨. 初, 紹有三子譚·熙·尚. 紹後妻劉氏愛尚, 數稱於紹. 紹欲以為後, 而未顯言之. 乃以譚繼兄後, 出為青州刺史. 沮授諫曰, "世稱萬人逐兎, 一人獲之, 貪者悉止, 分定故也. 譚長子, 當為嗣, 而斥使居外, 禍其始此矣." 紹曰, "吾欲令諸子各據一州, 以視其能." 於是以中子熙為幽州刺史, 外甥高幹為并州刺史. 逄紀·審配素為譚所疾, 辛評·郭圖皆附於譚, 而與配·紀有隙. 及紹薨, 衆以譚長, 欲立之. 配等恐譚立而評等為害, 遂矯紹遺命, 奉尚為嗣. 譚至, 不得立, 自稱車騎將軍, 屯黎陽. 尚少與之兵, 而使逄紀隨之. 譚求益兵, 審配等又議不與. 譚怒, 殺逄紀. 秋, 九月, 曹操渡河攻譚. 譚告急於尚, 尚留審配守鄴, 自將助譚, 與操相拒. 連戰, 譚·尚數敗, 退而固守. 尚遣所置河東太守郭援, 與高幹·匈奴南單于共攻河東, 發使與關中諸將馬騰等連兵, 騰等陰許之, 援所經城邑皆下. 河東郡吏賈逵守絳, 援攻之急. 城將潰, 父老與援約, 不害逵乃降, 援許之. 援欲使逵為將, 以兵劫之, 逵不動. 左右引逵使叩頭, 逵叱之曰, "安有國家長吏為賊叩頭!" 援怒, 將斬之, 或伏其上以救之. 絳吏民聞將殺逵, 皆乘城呼曰, "負約殺我賢君, 寧俱死耳!" 乃囚於壺關, 著土窖中, 蓋以車輪. 逵謂守者曰, "此間無健兒邪, 而使義士死此中乎?" 有祝公道者, 適聞其言, 乃夜往, 盜引出逵, 折械遣去, 不語其姓名.

曹操使司隷校尉鍾繇圍南單于於平陽, 未拔而援至. 繇使新豐令馮翊張既說馬騰, 為言利害. 騰疑未決. 傅幹說騰曰, "古人有言'順道者昌, 逆德者亡', 曹公奉天子誅暴亂, 法明政治, 上下用命, 可謂順道矣. 袁氏恃其強大, 背棄王命, 驅胡虜以陵中國, 可謂逆德矣. 今將軍既事有道, 不盡其力, 陰懷兩端, 欲以坐觀成敗. 吾恐成敗既定, 奉辭責罪, 將軍先為誅首矣!" 於是騰懼. 幹因曰, "智者轉禍為福. 今曹公與袁氏相持, 而高幹·郭援合攻河東. 曹公雖有萬全之計, 不能禁河東之不危也. 將軍誠能引兵討援, 內外擊之, 其勢必舉. 是將軍一舉, 斷袁氏之臂, 解一方之急, 曹公必重德將軍, 將軍功名無與比矣." 騰乃遣子超將兵萬餘人與繇會. 初, 諸將以郭援眾盛, 欲釋平陽去. 鐘繇曰, "袁氏方強, 援之來, 關中陰與之通, 所以未悉叛者, 顧吾威名故耳. 若棄而去, 示之以弱, 所在之民, 誰非寇仇? 縱吾欲歸, 其得至乎? 此為未戰先自敗也. 且援剛愎好勝, 必易吾軍, 若渡汾為營, 及其未濟擊之, 可大克也." 援至, 果徑前渡汾, 眾止之, 不從. 濟水未半, 繇擊, 大破之. 戰罷, 眾人皆言援死而不得其首. 援, 繇之甥也. 晚後, 馬超校尉南安龐德, 於鞬中出一頭, 繇見之而哭. 德謝繇, 繇曰, "援雖我甥, 乃國賊也, 卿何謝之有!" 南單于遂降.

劉表使劉備北侵, 至葉, 曹操遣夏侯惇·於禁等拒之. 備一旦燒屯去, 惇等追之. 裨將軍鉅鹿李典曰, "賊無故退, 疑必有伏. 南道窄狹, 草木深, 不可追也." 惇等不聽, 使典留守而追之, 果入伏裡, 兵大敗. 典往救之, 備乃退.

曹操下書責孫權任子, 權召群僚會議, 張昭·秦松等猶豫不決. 權引周瑜詣吳夫人前定議, 瑜曰, "昔楚國初封, 不滿百里之地. 繼嗣賢能, 廣土開境, 遂據荊·揚, 至於南海, 傳業延祚, 九百餘年. 今將軍承父兄餘資, 兼六郡之眾, 兵精糧多, 將士用命, 鑄山為銅, 煮海為鹽, 境內富饒, 人不思亂, 有何逼迫而欲送質! 質一入, 不得不與曹氏相首尾, 與相首尾, 則命召不得不往, 如此, 便見制於人也. 極不過一侯印, 僕從十餘人, 車數乘, 馬數匹, 豈與南面稱孤同哉! 不如勿遣, 徐觀其變. 若曹氏能率義以正天下, 將軍事之未晚. 若圖為暴亂, 彼自亡之不暇, 焉能害人!" 吳夫人曰, "公瑾議是也. 公瑾與伯符同年, 小一月耳, 我視之如子也, 汝其兄事之." 遂不送質.

한헌제 건안 8년(AD 203)

1) 봄 2월, 조조가 여양을 치면서 원담 및 원상과 여양성 아래에서 교전하니 원담과 원상이 패주해 업성으로 들어갔다.

2) 여름 4월, 조조가 업성까지 추격해 성 주위의 보리를 베었다. 사람들이 승세를 타 업성에 진공하려고 하자 곽가가 건의했다.

"원소는 두 아들을 사랑했으나 누구를 후사로 세워야 좋을지를 몰랐습니다. 지금 그들의 권력이 서로 비등한 상모相侔의 모습을 보이니 각자 추종세력인 당여黨與가 있습니다. 상황이 위급하면 서로 보호하나 완화되면 서로 다툴 것입니다. 남쪽으로 내려가 형주의 유표를 치면서 변화의 추이를 지켜보느니만 못합니다. 형제간의 내홍內訌이 생긴 연후에 공격하면 가히 일거에 평정할 수 있습니다."

조조가 기뻐했다.

"과연 그 의견이 좋소."

5월, 조조가 허현으로 돌아오면서 부장 가신賈信을 여양에 머물게 했다. 이때 원담이 원상에게 말했다.

"나의 군사는 갑옷이 좋지 않아 전에 조조에게 패했다. 지금 조조군이 철수하면서 장병들이 모두 돌아가려는 마음뿐일 터이니 그들이 완전히 황하를 건너지 못했을 때 출병해 기습하면 가히 크게 붕궤시킬 수 있다. 이처럼 좋은 계책을 버릴 수는 없다."

원상이 그 동기를 의심해 원담에게 군사를 증원해 주지 않고 갑옷도 바꿔주지 않았다. 원담이 대로하자 곽도와 신평이 원담에게 고자질했다.

"선공先公이 장군을 백부의 후사로 보낸 것은 모두 심배의 모략입니다."

원담이 군사를 이끌고 나가 원상을 치니 업성의 성문 밖에서 전투가 벌어졌으나 원담이 패해 군사를 이끌고 남피南皮하북성 남피현로 갔다.

별가 북해인 왕수王修가 관민을 이끌고 청주로 가 원담을 구원했다. 원담은 다시 돌아가 원상을 치려고 하자 왕수가 저지했다.

"형제는 좌우의 손과 같습니다. 비유컨대 사람이 전투를 앞두고 자신의 오른팔을 자른 뒤 '나는 반드시 이길 수 있다'고 하는 것과 같으니 이것이 과연 가능한 일입니까? 형제를 포기하고 친근하지 않으면 천하에 누가 그보다 더 친할 수 있습니까? 참언하는 자들은 골육지간을 이간해 일시에 이득을 취하려는 자들이니 원컨대 그들의 말을 귀를 막고 듣지 마십시오. 만일 지금 몇 명의 간신을 칠 수만 있다면 형제가 다시 화목해져 사방을 제압하고 천하를 자유롭게 휘저을 수 있습니다."

원담이 듣지 않았다. 원담의 부장 유순劉詢이 탑양漯陽에서 기병해 원담에게 반기를 들자 각 성이 호응하니 원담이 탄식했다.

"지금 모든 주가 이반하니 어찌 나의 부덕의 소치가 아니겠는가?"

왕수가 말했다.

"동래 태수 관통管統이 비록 해표海表발해만 일대에 있으나 이 사람은 반기를 들지 않을 사람입니다. 그쪽으로 갑시다."

십여 일 후 관통은 과연 처자를 버리고 원담을 따라왔다. 그의 처자가 반적에게 모두 죽임을 당하자 원담이 관통을 낙안樂安태수로 임명했다.

2) 8월, 조조가 유표를 공격하고 서평西平하남성 서평현에 주둔했다.

3) 원상이 직접 군사를 이끌고 가 원담을 치니 원담이 대패했다. 원담이 평원平原으로 달아나 성을 점거해 굳게 지키는 영성고수嬰城固守를 했

다. 원상이 포위해 매우 급하게 공격하자 원담이 신평의 동생 신비辛毗를 조조에게 보내 구원을 요청했다.

유표가 원담에게 서신을 써 만류했다.

"군자는 어려움을 만나도 적국으로 가지는 않고 절교를 하여도 욕을 하지 않소. 하물며 선공의 원수임을 잊고 형제친척의 우호를 저버림으로써 만세에 걸쳐 경계하는 실례가 된다면 모든 동맹자들에게 수치를 남기는 것이오. 설령 기주冀州원상가 형을 존중하지 않는 오만함을 보이더라도 인군仁君이 의당 뜻을 굽혀 굴욕을 참으면서 일을 완성하는 데 심혈을 기울여야 하오. 일이 모두 정해진 후 천하 사람으로 하여금 그 곡직曲直을 가리게 하는 게 바로 고의高義고상한 절의가 아니겠소?"

유표가 또 원상에게 서신을 써 타일렀다.

"금목수화金木水火가 강함과 부드러움이 서로 기대어 생겨나는 강유상제剛柔相濟를 한 연후에 비로소 조화로움을 얻을 수 있고 능히 사람이 사용할 수 있는 것이오. 원담은 천성이 각박하고 급한 초급峭急의 인물로 곡직을 가리지 못하니 인군이 큰 국량으로 널리 포용해 여유작작餘裕綽綽하게 받아들이시오. 큰 것이 작은 것을 포용하는 이대포소以大包小와 우월함으로 용렬함을 수용하는 이우용렬以優容劣을 행해 우선 조조를 제거하는 게 선공의 한을 푸는 것이오. 일이 정해진 후에 다시 곡직을 가리는 계책이 더 좋지 않겠소? 만일 길을 잘못 들어 돌아올 수 없게 되면 호인胡人과 이인夷人들이 이를 비웃는 말을 할 터인데 나 같은 동맹자들이 또다시 군을 위해 애를 쓸 수 있겠소? 이것이 바로 한로韓盧와 동곽東郭이 서로 쫓고 쫓기다가 모두 상처를 입고 전부지획田父之獲이 되는 원인이었소."[218]

218　이 고사는 『전국책戰國策』「제책齊策」에 나온다. 천하의 양견良犬 한로가 천하의

원담과 원상 모두 유표의 말을 들으려 하지 않았다.

신비가 서평에 도착해 조조를 배견하고 원담의 뜻을 전달했다. 신료들 대부분이 유표가 강대하기 때문에 먼저 그를 평정해야지 원담이나 원상은 우려할 대상이 못된다고 생각했다. 순유가 반대했다.

"천하가 바야흐로 격렬한 쟁투를 하고 있는 지금 유표는 오직 장강과 한수의 사이에 걸터앉아 이 일대를 지키고 있으니 그가 천하를 겸병하려는 대지가 없음을 이를 통해 알 수 있습니다. 원씨는 4개 주의 땅을 점거하고 있고 수십만의 군사를 이끌고 있습니다. 원소는 관후해 민심을 얻었으니 그가 만일 두 아들을 화목하게 만들어 자신이 이룬 업적을 지키게 했다면 천하의 화란은 쉽게 평정되지 못할 것입니다. 지금 그들 형제가 서로 원수가 돼 세가 양립할 수 없으니 만일 한 쪽이 이기게 되면 두 세력을 하나로 합치게 되니 그 후에는 대적하기가 어렵게 됩니다. 지금 그들이 다투고 있는 기회를 틈 타 그 지역을 취하게 되면 천하는 능히 평정할 수 있습니다. 이 시기를 결하고 잃어서는 안 됩니다."

조조가 순유의 건의를 받아들였다.

며칠 후 조조가 생각을 바꿔 먼저 형주를 평정하고 그 사이에 원담과 원상이 서로 상처를 입게 만들려고 했다. 신비가 조조의 안색을 살펴보다가 변화가 있음을 알아채고 이를 곧 곽가에게 알렸다. 곽가가 조조에게 보고하자 조조가 신비를 불러 물었다.

"원담은 과연 믿을 만하고, 원상을 반드시 이길 수 있겠는가?"

신비가 대답했다.

교토狡兎인 동곽을 쫓아 다섯 산과 세 개의 고개를 넘었다가 결국 동곽이 먼저 죽자 뒤이어 죽게 됐고, 길을 가던 나이 많은 농부가 마침 이들을 발견해 쉽게 손에 넣게 됐다는 내용이다. 늙은 농부가 한로와 동곽을 손쉽게 얻었다는 의미에서 이 고사를 흔히 '전부지획田父之獲'이라고 한다.

"명공은 믿고 속이고 하는 문제를 묻지 말고 곧바로 목전의 형세를 얘기하기 바랍니다. 원씨 두 사람은 본래 형제로서 서로 싸우고 있으니 다른 사람이 그 틈을 이용할 것을 생각지 못하고 단지 스스로 천하를 평정할 수 있다고 생각할 뿐입니다. 지금 원담이 홀연히 명공에게 구원을 청한 데서 그런 정황을 쉽게 알 수 있습니다. 현보顯甫원상는 현사顯思원담가 곤경에 처해 있는 것을 보고도 공략을 못하고 있습니다. 이는 그의 세력이 이미 쇠진했음을 설명해 주는 것입니다. 군사들은 밖에서 패배를 당하고 모신들은 안에서 주살을 당하고 있습니다. 형제간의 내부투쟁인 참혁讒鬩으로 나라가 이분돼 해마다 전쟁이 이어지니 장사들의 갑옷인 개갑介甲 속에 이와 벼룩 등의 기슬虮蝨이 생기고 있습니다. 게다가 한발과 메뚜기 재해인 한황旱蝗이 덮쳐 기근이 동시에 발생하니 위로는 하늘의 경고에 응하는 것이고 아래로는 인재가 곤핍하게 됐습니다. 백성 중에는 총명한 자와 어리석은 자를 막론하고 모두 원씨의 통치가 토붕와해土崩瓦解될 것이라는 사실을 알고 있습니다. 이는 하늘이 원상을 멸망하게 하려는 것입니다. 지금 명공이 가서 업성을 치면 원상은 회군해 구원할 수가 없으니 업성은 스스로 지킬 도리가 없게 됩니다. 만일 회군해 구원하려 들면 원담이 그 뒤를 따를 것입니다. 명공의 위세로 곤궁한 적을 상대하는 것이고 피곤에 지친 적을 치는 것이니 질풍으로 가을 낙엽을 쓰는 것과 한가지입니다. 하늘이 원상을 멸하는 기회를 명공에게 주었으니 명공은 형주를 칠 필요가 없습니다. 형주는 풍요하고 백성들이 안정돼 망할 징조가 없습니다. 은나라 탕왕 때의 재상인 중훼仲虺는 적이 혼란할 때 공략하고 망하려 할 때 모욕을 가한다는 취지의 취란모망取亂侮亡을 언급했습니다. 지금 두 원씨가 멀리 생각지 않고 내부에서 서로 모해하니 가히 혼란하다 할 만 합니다. 거주하는 사람은 먹을 게 없고 길가는 행인은 양식이 없으니 가히 망하려 한다 할 만 합니다. 아침에 저녁을 기약할 수 없으니 백성은 편히 쉴 수 없고 명공이 가서 평정치 않으면 다른 해에 다시 올 것을 기다리려 할 판입니다. 이후 혹 반년이 지나 원씨 형제가 망할 조짐이 있음을 알고 과실을 고치게 되면 용병의 기회를 놓치게 됩니다. 지금 구원 요청을 받아들여 가서 원담을 위무하는 것보다 더 유리한 방안은 없습니다. 하물며 사방의 적 가운데 황하 이북을 점거한 원씨보다 강대한 자가 없으니 황하 이북을 평정하면 6군六軍은 더욱 강성해져 천하를 진동하게 할 것입니다."[219]

조조가 기뻐했다.

"그 의견이 실로 좋소."

그러고는 원담과의 강화를 허락했다.

겨울 10월, 조조가 여양에 도달했다. 원상은 조조가 황하를 건넜다는 소식을 듣고 평원의 포위를 푼 후 업성으로 들어갔다. 원상의 부장 여광呂曠과 고상高翔이 반기를 들고 조조에게 귀부했다. 원담이 몰래 장군의 인장을 새겨 여광과 고상에게 보내자 조조가 원담의 속셈을 읽고 아들 조정曹整을 위해 원담의 딸을 며느리로 맞아들여 원담을 안심시킨 후 회군했다.

4) 손권이 서쪽으로 황조를 쳐 그의 수군을 격파했으나 성을 공략하지는 못했다. 이때 산지에 사는 산월인들이 재차 소동을 일으켰다.

손권이 회군하는 길에 예장군을 지나면서 정로중랑장 여범을 보내 번양과 회계 등을 평정하게 하고 탕구중랑장蕩寇中郎將 정보를 보내 낙안을 토벌하게 한 뒤 건창도위建昌都尉 태사자를 보내 해혼현의 사무를 관

219 『주례』에 따르면 12,500명으로 구성된 것이 군軍으로 왕은 6군, 큰 나라는 3군, 그 다음은 2군, 소국은 1군을 둘 수 있다. 흔히 6군은 황제가 관할하는 조정의 군사를 지칭하게 됐다.

리하게 했다. 이어 별부사마 황개黃蓋와 한당韓當, 주태周泰, 여몽 등을 보내 산월인들이 거주하는 현의 현령과 현장 등의 직책을 나누어 맡아 산월인들을 정토하게 했다. 산월인들이 모두 평정됐다.

이어 건안建安과 한흥漢興, 남평南平의 백성들이 이반해 각각 1만여 명의 부중을 모으게 되자 손권이 남부도위 회계인 하제賀齊를 보내 이들을 토벌하게 했다. 하제가 이들을 모두 평정한 뒤 무너진 각 현의 성을 중건하고 사병 1만 명을 선출했다. 하제를 평동교위平東校尉에 임명했다.

* 孝獻皇帝建安八年

春, 二月, 曹操攻黎陽, 與袁譚·袁尚戰於城下, 譚·尚敗走, 還鄴. 夏, 四月, 操追至鄴, 收其麥. 諸將欲乘勝遂攻之, 郭嘉曰, "袁紹愛此二子, 莫適立也. 今權力相侔, 各有黨與, 急之則相保, 緩之則爭心生. 不如南向荊州以待其變, 變成而後擊之, 可一舉定也." 操曰, "善!" 五月, 操還許, 留其將賈信屯黎陽.

譚謂尚曰, "我鎧甲不精, 故前為曹操所敗. 今操軍退, 人懷歸志, 及其未濟, 出兵掩之, 可令大潰, 此策不可失也." 尚疑之, 既不益兵, 又不易甲. 譚大怒, 郭圖·辛評因謂譚曰, "使先公出將軍為兄後者, 皆審配之謀也." 譚遂引兵攻尚, 戰於門外. 譚敗, 引兵還南皮. 別駕北海王修率吏民自青州往救譚. 譚欲更還攻尚, 修曰, "兄弟者, 左右手也. 譬人將斗而斷其右手, 曰'我必勝', 其可乎? 夫棄兄弟而不親, 天下其誰親之! 彼讒人離間骨肉以求一朝之利, 願塞耳勿聽也. 若斬佞臣數人, 復相親睦, 以御四方, 可橫行於天下." 譚不從. 譚將劉詢起兵漯陰以叛譚, 諸城皆應之. 譚歎曰, "今舉州皆叛, 豈孤之不德邪?" 王修曰, "東萊太守管統, 雖在海表, 此人不反, 必來." 後十餘日, 統果棄其妻子來赴譚, 妻子為賊所殺. 譚更以統為樂安太守.

秋, 八月, 操擊劉表, 軍於西平.

袁尚自將攻袁譚, 大破之. 譚奔平原, 嬰城固守. 尚圍之急, 譚遣辛評弟毘詣曹操請救. 劉表以書諫譚曰, "君子違難不適仇國, 交絕不出惡聲, 況忘先人之仇, 棄親戚之好, 而為萬世之戒, 遺同盟之恥哉! 若冀州有不弟之傲, 仁君當降志辱身, 以濟事為務, 事定之後, 使天下平其曲直, 不亦為高義邪?" 又與尚書曰, "金·木·水·火以剛柔相濟, 然後克得其和, 能為民用. 今青州天性峭急, 迷於曲直. 仁君度數弘廣, 綽然有餘, 當以大包小, 以優容劣, 先除曹操以卒先公之恨, 事定之後, 乃議曲直之計, 不亦善乎! 若迷而不反, 則胡夷將有譏誚之言, 況我同盟, 復能戮力為君之役哉? 此韓盧·東郭自困於前而遺田父之獲者也." 譚·尚皆不從.

辛毘至西平見曹操, 致譚意, 群下多以為劉表強, 宜先平之, 譚·尚不足憂也. 荀攸曰, "天下方有事, 而劉表坐保江·漢之間, 其無四方之志可知矣. 袁氏據四州之地, 帶甲數十萬, 紹以寬厚得眾心. 使二子和睦以守其成業, 則天下之難未息也. 今兄弟遘惡, 其勢不兩全, 若有所並則力專, 力專則難圖也. 及其亂而取之, 天下定矣, 此時不可失也." 操從之. 後數日, 操更欲先平荊州, 使譚·尚自相敝, 辛毘望操色, 知有變, 以語郭嘉. 嘉白操, 操謂毘曰, "譚必可信, 尚必可克不?" 毘對曰, "明公無問信與詐也, 直當論其勢耳. 袁氏本兄弟相伐, 非謂他人能間其間, 乃謂天下可定於己也. 今一旦求救於明公, 此可知也. 顯甫見顯思困而不能取, 此力竭也. 兵革敗於外, 謀臣誅於內, 兄弟讒鬩, 國分為二, 連年戰伐, 介胄生蟣虱, 加以旱蝗, 饑饉並臻. 天災應於上, 人事困於下, 民無愚智, 皆知土崩瓦解, 此乃天亡尚之時也. 今往攻鄴, 尚不還救, 即不能自守. 還救, 即譚踵其後. 以明公之威, 應困窮之敵, 擊疲敝之寇, 無異迅風之振秋葉矣. 天以尚與明公, 明公不取而伐荊州, 荊州豐樂, 國未有釁. 仲虺有言, '取亂侮亡' 方今二袁不務遠略而內相圖, 可謂亂矣. 居者無食, 行者無糧, 可謂亡矣. 朝不謀夕, 民命靡繼, 而不綏之, 欲待他年. 他年或登, 又自知亡而改修厥德, 失所以用兵之要矣. 今因其請救而撫之, 利莫大焉. 且四方之寇, 莫大於河北, 河北平, 則六軍盛而天下震矣." 操曰, "善!" 乃許譚平. 冬, 十月, 操至黎陽. 尚聞操渡河, 乃釋平原還鄴. 尚將呂曠·高翔畔歸曹操, 譚復陰刻將軍印以假曠·翔. 操知譚詐, 乃為子整娉譚女以安之, 而引軍還.

孫權西伐黃祖, 破其舟軍, 惟城未克, 而山寇復動. 權還, 過豫章, 使征虜中郎將呂范平鄱陽·會稽, 蕩寇中郎將程普討樂安, 建昌都尉太史慈領海昏, 以別部司馬黃蓋·韓當·周泰·呂蒙等守劇縣令長, 討山越, 悉平之. 建安·漢興·南平民作亂, 聚眾各萬餘人, 權使南部都尉會稽賀齊進討, 皆平之, 復立縣邑, 料出兵萬人. 拜齊平東校尉.

한헌제 건안 9년(AD 204)

1) 봄 정월, 조조가 황하를 건너 제방을 쌓고 기수沂水의 물을 백구白溝하남성 봉구현로 끌어들여 양곡의 운송수도로 이용했다.

2) 2월, 원상이 또 평원에 도착해 원담을 치면서 부장 심배와 소유蘇由를 남겨두어 업성을 지키게 했다. 조조가 진군해 업성 남쪽을 흐르는 원수洹水에 이르렀을 때 소유가 은밀히 내응할 계책을 마련했으나 음모가 누설되자 조조에게 달아났다. 조조가 업성에 이르러 토산을 만들고 땅굴을 파 업성을 공격했다. 원상의 무안현武安縣 현장 윤해尹楷가 모성毛城하남성 무안에 주둔하면서 상당上黨으로 가는 식량운송로를 보호했다.

여름 4월, 조조가 조홍을 남겨두고 업성을 쳤다. 손수 군사를 이끌고 윤해를 공격해 승리한 뒤 회군했다. 한단에 이르러 원상의 부장 저곡沮鵠

을 치고 한단을 점령했다.

역양현易陽縣하북성 영년현 현령 한범韓范과 섭현涉縣하북성 자현 현장 양기梁岐가 전 현을 들어 조조에게 투항하자 서황이 조조에게 건의했다.

"두 원씨가 아직 무너지지 않아 공략되지 않은 성의 관리들이 투항자의 얘기를 경청하고 있습니다. 의당 두 현의 관리들에게 상을 주어 다른 현의 사람들이 알 수 있도록 해야 합니다."

조조가 이를 받아들여 한범과 양기를 모두 관내후로 삼았다. 흑산적 수령 장연張燕이 사자를 보내 조조를 도울 뜻을 밝혀 평북장군平北將軍에 임명됐다.

5월, 조조가 토산과 땅굴을 허문 뒤 업성 주위에 참호를 파니 둘레의 길이가 40리에 달했다. 처음에는 얕게 파도록 명해 몸을 날려 넘을 수 있도록 했다. 심배가 이를 보고 웃으면서 출병해 저지하지 않았다. 조조의 군사가 하룻밤 사이에 깊이 파자 깊이와 넓이가 각각 2장이 됐다. 여기에 장수漳水의 물을 끌어들이자 성안에서 아사하는 자가 반을 넘었다.

가을 7월, 원상이 군사 1만여 명을 이끌고 업성을 구하러 왔다. 도착하기 전에 심배에게 성 밖의 동정을 알아보도록 하기 위해 우선 주부 거록 출신 이부李孚를 성안으로 들여보냈다. 이부가 나뭇가지로 병사들을 징벌할 때 사용하는 회초리를 만들어 말 옆에 매달았다. 이어 자신은 위가 평평한 무관용 두건인 평상책平上幘을 쓴 채 3명의 기병을 데리고 황혼 무렵에 업성의 성 아래에 당도했다.

이부가 스스로 도독이라 칭하면서 북쪽의 성벽 주위를 둘러보고 성벽 위의 표시를 좇아 동쪽으로 갔다. 걸음을 옮길 때마다 성벽 주위를 지키는 병사들을 꾸짖으며 죄의 경중에 따라 회초리로 벌을 가했다. 조조의 군영 앞을 지나 남쪽의 성벽 주위에 이르러 장문章門을 순시한 뒤 노해 병사들을 꾸짖으면서 그들을 포승으로 묶도록 했다.

이 틈을 타 포위를 뚫고 성 아래로 날듯이 달려가 성위의 군사를 부르자 성위의 군사가 밧줄을 내려주어 이부 등을 입성하게 했다. 심배 등은 이부를 보고 희비가 교차해 북을 울리며 시끄럽게 만세를 외쳤다.

성 주위를 지키던 병사들이 이 얘기를 듣고 조조에게 이부가 입성한 정황을 얘기하자 조조가 웃으며 말했다.

"이들은 단지 들어가려 할뿐만 아니라 다시 나오려고 할 것이다."

이부는 성 밖의 포위가 더욱 심해졌음을 알고 다시 모험할 수가 없자 이내 심배에게 성안의 노약자들을 내보내 양곡을 절약할 것을 청했다. 밤에 노약자 수천 명을 선발해 손에 백기를 들고 3개의 성문을 통해 일시에 나아가 투항하게 했다. 이부가 또 3명의 기병에게 투항하는 사람과 같은 옷을 입고 이들 사이에 섞여 야밤을 틈타 포위를 뚫고 가게 했다.

원상의 군사가 이미 도착하자 제장들이 모두 겁을 냈다.

"이는 귀사歸師이다. 병사들이 모두 죽기살기로 분투할 터이니 그들을 피하는 것만 못하다."

조조가 이의를 제기했다.

"원상이 큰 길을 따라 왔으면 내가 의당 피할 것이다. 만일 그가 서쪽 산을 돌아서 왔다면 나의 포로가 될 것이다."

원상이 과연 서쪽 산을 돌아서 동쪽으로 양평정에 이르러 업성에서 70리 떨어진 부수滏水에 영채를 세웠다. 밤에 모닥불을 피워 성안의 군사에게 알리자 성안에서도 역시 불을 피워 응답했다. 심배는 성의 북쪽에서 출병해 원상과 함께 조조 군사를 협격해 포위망을 뚫으려 했다. 조조가 원상을 영격하자 심배는 패배해 퇴군하고 원상도 패주해 구부러져 휘어 흐르는 장수를 의지해 영채를 벌였다.

조조가 원상의 영채를 포위했다. 교전이 일어나지 않자 원상이 두려운 나머지 사자를 보내 항복을 구했으나 조조가 듣지 않고 포위 공격을 더욱 급하게 했다. 원상이 야음을 틈타 도주해 기산祁山하남성 안양에서 버티자 조조가 또 다시 진군해 원상을 포위했다. 원상의 부장 마연馬延과 장의張顗 등이 군진 앞에서 투항하자 원상의 군사가 무너졌다.

원상이 산속으로 도주하니 조조가 원상의 모든 치중을 수거했다. 원상의 인수를 비롯해 부절과 부월인 절월節鉞 및 의복 등을 모아 업성의 군사에게 보여주자 성안 군사들의 사기가 무너지고 저상되는 붕저崩沮의 모습을 보였다. 심배가 병사들을 격려했다.

"굳게 지켜 죽기로 싸우자. 조조의 군사가 이미 피곤한데다 원유주袁幽州원희가 곧 도착하니 주인이 없다 한들 무엇이 두렵겠는가?"

조조가 성 밖의 진지를 둘러보던 중 심배가 매복시켜 놓은 군사가 쏜 강노에 맞아 거의 죽을 뻔했다.

심배의 형의 아들 심영審榮이 동문교위東門校尉가 됐다.

8월 2일, 심영이 밤에 성문을 열고 조조의 군사를 성안으로 불러들였다. 심배가 성안에서 분전했으나 조조의 군사에 의해 사로잡혔다. 신평의 일족이 업성의 감옥에 수감되자 신비가 바삐 움직이며 그들을 구하고자 했으나 이미 심배 등에 의해 전부 죽은 뒤였다. 조조의 병사들이 심배를 묶어 조조의 장막 아래로 데리고 왔다. 신비가 그의 얼굴과 마주치자 말채찍을 들어 그의 머리통을 치면서 욕했다.

"이 놈(노奴), 너 오늘 죽을 줄 알아라!"

심배가 고개를 돌려 말했다.

"개자식(구배狗輩), 정말로 너희 놈들 때문에 우리 기주冀州가 무너지게 됐다. 너를 죽이지 못한 것이 한인데 오히려 네가 오늘 나를 죽이려 하는구나!"

잠시 후 조조가 심배를 인견한 뒤 물었다.

"며칠 전 고가 성 밖 진지를 순시할 때 어째서 궁노수가 그리 많이 있었는가?"

심배가 대꾸했다.

"나는 너무 적었던 것이 한이오."

조조가 칭찬했다.

"경이 원씨에게 충성하니 이 또한 부득이한 일이다."

조조가 당초 그를 살려 줄 생각이었다. 심배가 의기가 장렬해 끝내 용서를 바라는 말을 한마디도 하지 않고 신비 등이 울음을 그치지 않자 마침내 그의 목을 베었다.

당초 기주인 장자겸張子謙은 조조에게 미리 투항했다. 평소 심배와 불목했다. 장자겸이 심배를 비웃으며 말했다.

"정남正南심배, 결국 경과 나를 비교하니 어떻소?"

심배가 매서운 목소리로 꾸짖었다.

"너는 항복한 포로이고 나 심배는 충신이다. 내 비록 죽을지언정 어찌 너처럼 구차하게 도생圖生을 하겠는가?"

심배가 처형되기 직전 망나니인 회자수劊子手를 꾸짖어 자신의 목을 북쪽으로 향하게 한 뒤 말했다.

"나의 주군은 북쪽에 있다!"

조조가 원소의 묘 앞에 가서 제사하고 통곡하며 눈물을 흘렸다. 이어 원소의 처자를 위로해 원소의 재물을 모두 돌려준 뒤 주단 등을 포함한 직물인 증서繒絮 등을 상으로 하사하고 양식도 보태주었다.

당초 원소와 조조가 함께 기병했을 때 원소가 조조에게 물은 적이 있었다.

"만일 사정이 여의치 못하면 어느 쪽이 가히 점거할 만하오."

조조가 오히려 반문했다.

"족하는 어찌 하는 게 좋다고 생각합니까?"

원소가 대답했다.

"나는 남으로 황하를 점거하고 북으로 연燕과 대代에 의지해 북쪽 오랑캐를 군사로 불러들여 남쪽으로 내려가 쟁천하爭天下를 하겠소. 대개 그러면 거의 성공할 것이오."

조조가 응답했다.

"나는 천하의 지모와 역량을 사용해 도로써 그들을 제어하겠소. 어느 곳이든 모두 가하오!"

9월, 조령으로 조조를 영領기주목으로 임명했다. 조조가 연주목의 직책을 반환했다.

당초 원상은 종사 안평인 견초牽招를 상당으로 보내 군량미 운송을 감독하게 했다. 견초가 돌아오지 않자 원상이 중산으로 달아났다. 견초가 고간에게 병주에서 원상을 영접해 힘을 합친 후 시국의 변화를 지켜보도록 유세했으나 고간이 듣지 않았다. 견초가 동쪽으로 가 조조에게 투항하자 조조가 그를 기주종사에 임명했다. 조조가 또 최염을 불러 별가로 임명한 뒤 그에게 신이 나서 말했다.

"어제 내가 호적을 살펴보니 가히 30만 명의 군사를 얻을 수 있겠다. 그래서 기주를 대주大州라고 하는 모양이다."

최염이 반박했다.

"지금 9주가 분열된데다 두 원씨 형제가 싸우니 기주 백성들의 시체가 들판에 널려 있으나 천자의 군사가 백성들의 이런 고통을 염려했다는 소리를 듣지 못했습니다. 백성을 극단의 곤경에서 구출해야 하는데 오히려 병사의 숫자를 세어 이를 우선으로 삼으니 우리 기주의 백성들이 명공에게서 무엇을 기대할 수 있겠습니까?"

조조가 태도를 바꿔 최담에게 사죄했다.

허유는 자신이 세운 공을 믿고 거만했다. 일찍이 많은 사람이 동석한 자리에서 조조의 소싯적 이름을 불렀다.

"아만阿瞞, 경은 내가 아니었으면 기주를 얻을 수 없었을 것이오!"

조조가 웃으며 말했다.

"네 말이 맞다."

조조는 내심 매우 기분이 좋지 않았다. 후에 조조가 끝내 그를 죽였다.

2) 혜성이 동정東井의 성좌에 나타났다.

3) 고간이 병주를 들어 조조에게 투항하자 조조가 고간을 병주자사에 임명했다.

4) 조조가 업성을 공격할 때 원담이 재차 조조를 배반하고 감릉甘陵과 안평, 발해, 하간 등을 공략했다. 중산에서 원상을 치자 원상이 패해 고안故安하북성 역현으로 도주해 원희에게 몸을 의탁했다.

원담이 원상의 나머지 군사를 모두 거둔 뒤 회군해 용진龍湊산동성 덕현에 주둔했다. 조조가 원담에게 서신을 보내 그의 배신행위를 책망하고 그와의 혼인관계를 단절해 딸이 돌아오자 곧이어 진군해 토벌했다.

12월, 조조의 군사가 기문其門에 주둔하자 원담이 평원을 공략한 후 물러나 남피현을 지키면서 청하淸河 가까이 영채를 세웠다. 조조가 평원에 들어가 모든 현을 평정했다.

5) 조조가 상표해 공손도를 무위장군으로 삼고 영녕향후永寧鄕侯에 봉하자 공손도가 화를 냈다.

"나는 요동에서 왕으로 지냈다. 무슨 영녕향후인가?"

공손도가 인수를 무기고 속에 집어넣었다. 이 해에 공손도가 죽었다. 그의 아들 공손강公孫康이 계위한 뒤 영녕향후의 작위를 그의 동생 공손공公孫恭에게 주었다.

조조는 견초가 일찍이 원씨 밑에서 오환족의 기병을 관장했기 때문에 그를 유성柳城요녕성 조양시으로 보내 오환족을 위무하게 했다. 이때 오환족의 초왕峭王이 5,000명의 기병을 정비해 원담을 지원하려고 준비하고 있었다. 마침 공손강이 사자 한충韓忠을 초왕에게 보내 선우의 인수를 주었다. 초왕이 모든 부락의 추장을 불러 모은 자리에 한충도 참석하자 조왕이 견초에게 물었다.

"전에 원공袁公이 천자의 명을 받았다며 나를 선우로 임명한 적이 있소. 지금 조공이 또 다시 천자에게 상주해 나를 진정한 선우로 임명한다고 말했는데 요동에서도 사람을 보내 선우의 인수를 보내왔으니 어느 것이 옳은 것이오?"

견초는 대답했다.

"전에 원공은 능히 천자의 이름으로 관작을 수여하는 승제承制를 할 수 있었소. 다만 중간에 천자의 뜻을 거슬렀기 때문에 조공이 그를 대신해 천자에게 상주해 당신을 진정한 선우로 삼은 것이오. 요동은 아직 조정에 속해 있는 일개 군에 지나지 않으니 어찌 멋대로 관작을 수여할 수 있겠소?"

한충이 반박했다.

"우리 요동은 창해滄海의 동쪽에서 100여만 명의 군사를 이끌고 있고, 부여扶餘와 예맥濊貊까지 부리고 있소. 지금의 정세는 강자가 우위에 서는 것이니 조조가 어찌 멋대로 이 일을 할 수 있다는 말이오?"

견초가 한충을 책망했다.

"조공은 진실되고 겸손하며 밝고 지혜로운 윤공명철允恭明哲의 모습을 보이고 있는데다 천자를 모시어 보좌하는 익대翼戴를 해 반적을 토벌하고 심복시켜 사해를 평안히 만들었소. 너희들은 군신君臣 모두 어리석고 간사한 완효頑嚚의 인물인데다 험고한 벽지에 기대어 왕명을 위배하고 관작을 멋대로 수여해 신기神器를 모독하니 의당 도륙되어야 한다. 어찌 감히 함부로 조공을 비방할 수 있는가?"

견초가 곧 한충의 머리를 잡아끌어 땅에 엎드리게 하고 칼을 뽑아 치려고 했다. 초왕이 놀라 맨발로 뛰어나가 견초를 말려 한충을 구하자 주위 사람들이 모두 대경실색했다. 견초가 자리로 돌아와 초왕 등에게 성패의 득실과 화복의 결과를 말했다. 자리에 있던 사람들이 모두 일어나 땅에 엎드려 천자의 명을 경건히 받들고 요동의 사자를 사절한 뒤 출정 준비를 끝낸 기병을 해산했다.

6) 단양군의 대도독 규람嬀覽과 군승郡丞 대원戴員이 단양 태수 손익孫翊을 죽였다. 장군 손하孫河가 경성에 머물다가 이 소식을 들은 후 완릉宛陵으로 달려가자 요람과 대원이 또 그를 죽였다. 두 사람이 사람을 보내 양주 자사 유복을 맞아들여 역양에 머물도록 한 뒤 자신들은 단양에서 그와 호응했다.

규람이 태수의 군부軍府에 머물며 손익의 처 서씨를 강요해 자신에게 시집오도록 하자 서씨가 그를 속였다.

"이달 그믐에 주인의 제사를 지내고 상복을 벗을 때까지 기다려 주면 이후 명을 받들겠습니다."

규람이 동의하자 서씨가 몰래 서신을 써 사자를 통해 손익과 가까웠던 옛 제장 손고孫高와 부영傅嬰 등에게 보내 규람을 함께 제거할 것을 제의했다. 손고와 부영 등이 눈물을 흘리며 응답한 후 비밀히 손익을 지근에서 모셨던 20여 명의 시종을 찾아내 함께 복수할 것을 맹서했다.

그믐이 돼 제사상을 차려놓고 서씨가 통곡해 애도하면서 제사를 끝낸 뒤 상복을 벗고 유향의 연기인 훈향薰香으로 목욕하고 즐거이 웃으며 담소했다. 부중의 사람들 가운데 비통해 하지 않는 자가 없었다. 서씨의 이런 행동을 보고 모두 괴이하게 생각했다. 규람이 서씨의 이런 모습을 몰래 훔쳐보고 다시는 의심치 않았다.

서씨가 손고와 부영을 방안에 매복하게 한 뒤 사람을 보내 규람을 불렀다. 규람이 오자 서씨가 방문 밖으로 나가 그를 맞이하면서 한 번 절한 뒤 곧 크게 외쳐 말했다.

"두 분은 가히 손을 쓸 수 있다."

손고와 부영이 일제히 뛰쳐나와 규람을 죽이고 다른 사람들은 즉각 밖으로 나가 대원을 죽였다. 서씨가 새로이 상복을 갈아입은 뒤 규람과 대원의 수급을 들고 손익의 묘 앞에서 제사를 지냈다. 전군이 이 얘기를 듣고 경악했다.

손권이 반란이 일어났다는 소식을 접하고 초구에서 회군했다. 이어 단양에 도착해 규람과 대원의 잔당을 모두 주살한 후 손고와 부영을 아문牙門장령으로 발탁하고 다른 사람에게도 차등 있게 상을 주었다.

당시 손하의 아들 손소孫韶는 17세에 불과했으나 손하의 나머지 군사를 모아 경성에 주둔했다. 손권이 군사를 이끌고 오군으로 돌아오던 중 밤에 경성의 성 아래에 주둔하면서 손소의 군사적 재능을 알아보기 위해 짐짓 공격해 손소의 군사를 동요시키려 했다. 손소의 병사들이 모두 성위로 올라가 군령을 전달하고 경비를 엄히 하니 공격을 명하는 소리가 땅을 흔들고 내리쏘는 화살이 비 오듯 했다.

손권이 사람을 보내 효유曉諭하자 비로소 공격이 멈췄다. 다음날 손권이 손소를 회견한 뒤 그를 승렬교위承烈校尉에 임명해 손하의 군사를 이끌게 했다.

* 孝獻皇帝建安九年

春, 正月, 曹操濟河, 遏淇水入白溝以通糧道.

二月, 袁尚復攻袁譚於平原, 留其將審配·蘇由守鄴. 曹操進軍至洹水, 蘇由欲為內應, 謀洩, 出奔操. 操進至鄴, 為土山·地道以攻之. 尚武安長尹楷屯毛城, 以通上黨糧道. 夏, 四月, 操留曹洪攻鄴, 自將擊楷, 破之而還. 又擊尚將沮鵠於邯鄲, 拔之. 易陽令韓范·涉長梁岐皆舉縣降. 徐晃言於操曰, “二袁未破, 諸城未下者傾耳而聽, 宜旌賞二縣以示諸城.” 操從之, 范·岐皆賜爵關內侯. 黑山賊帥張燕遣使求助, 操拜平北將軍.

五月, 操毁土山·地道, 鑿塹圍城, 周回四十里, 初令淺, 示若可越. 配望見, 笑之, 不出爭利. 操一夜浚之, 廣深二丈, 引漳水以灌之. 城中餓死者過半.

秋, 七月, 尚將兵萬餘人還救鄴. 未到, 欲令審配知外動止, 先使主簿鉅鹿李孚入城. 孚斫問事杖, 繫著馬邊, 自著平上幘, 將三騎, 投暮詣鄴下. 自稱都督, 歷北圍, 循表而東, 步步呵責守圍將士, 隨輕重行其罰. 遂歷操營, 前至南圍, 當章門, 復責怒守圍者, 收縛之. 因開其圍, 馳到城下, 呼城上人, 城上人以繩引, 孚得入. 配等見孚, 悲喜, 鼓噪稱萬歲. 守圍者以狀聞, 操笑曰, “此非徒得入也, 方且復出.” 孚知外圍益急, 不可復冒, 乃請配悉出城中老弱以省谷, 夜, 簡別數千人, 皆使持白幡, 從三門並出降. 孚復將三騎作降人服, 隨輩夜出, 突圍得去.

尚兵既至, 諸將皆以為曰, “此歸師, 人自為戰, 不如避之.” 操曰, “尚從大道來, 當避之. 若循西山來者, 此成禽耳.” 尚果循西山來, 東至陽平亭, 去鄴十七里, 臨滏水為營. 夜, 舉火以示城中, 城中亦舉火相應. 配出兵城北, 欲與尚對決圍. 操逆擊之, 敗還, 尚亦破走, 依曲漳為營, 操遂圍之. 未合, 尚懼, 遣使求降. 操不聽, 圍之益急. 尚夜遁, 保祁山, 操復進圍之. 尚將馬延·張顗等臨陳降, 眾大潰, 尚奔中山. 盡收其輜重, 得尚印綬·節鉞及衣物, 以示城中, 城中崩沮. 審配令士卒曰, “堅守死戰! 操軍疲矣, 幽州方至, 何憂無主!” 操出行圍, 配伏弩射之, 幾中. 配兄子榮為東門校尉, 八月, 戊寅, 榮夜開門內操兵. 配拒戰城中, 操兵生獲之. 辛評家系鄴獄, 辛毘馳往, 欲解之, 已悉為配所殺. 操兵縛配詣帳下, 毘逆以馬鞭擊其頭, 罵之曰, "奴, 汝今日真死矣!" 配顧曰, "狗輩, 正由汝曹破我冀州, 恨不得殺汝也! 且汝今日能殺生我邪?" 有頃, 操引見, 謂配曰, "曩日孤之行圍, 何弩之多也!" 配曰, "猶恨其少!" 操曰, "卿忠於袁氏, 亦自不得不爾." 意欲活之. 配意氣壯烈, 終於橈辭, 而辛毘等號哭不已, 遂斬之. 冀州人張子謙先降, 素與配不善, 笑謂配曰, "正南, 卿竟何如我?" 配厲聲曰, "汝為降虜, 審配為忠臣. 雖死, 豈羨汝生邪!" 臨行刑, 叱持兵者令北向, 曰, "我君在北也." 操乃臨祀紹墓, 哭之流涕. 慰勞紹妻, 還其家人寶物, 賜雜繒絮, 稟食之.

初, 袁紹與操共起兵, 紹問操曰, "若事不輯, 則方面何所可據?" 操曰, "足下意以為何如?" 紹曰, "吾南據河, 北阻燕·代, 兼戎狄之眾, 南向以爭天下, 庶可以濟乎!" 操曰, "吾任天下之智力, 以道御之, 無所不可."

九月, 詔以操領冀州牧. 操讓還兗州.

初, 袁尚遣從事安平牽招至上黨督軍糧, 未還, 尚走中山, 招說高幹以并州迎尚, 並力觀變, 幹不從. 招乃東詣曹操, 操復以為冀州從事. 又辟崔琰為別駕, 操謂琰曰, "昨案戶籍, 可得三十萬眾, 故為大州也." 琰對曰, "今九州幅裂, 二袁兄弟親尋干戈, 冀方蒸庶, 暴骨原野, 未聞王師存問風俗, 救其塗炭, 而校計甲兵, 唯此為先, 斯豈鄙州士女所望於明公哉!" 操改容謝之. 許攸恃功驕嫚, 嘗於眾坐呼操小字曰, "某甲, 卿非我, 不得冀州也!" 操笑曰, "汝言是也." 然內不樂, 後竟殺之.

冬, 十月, 有星孛於東井.

高幹以并州降, 操復以幹為并州刺史.

曹操之圍鄴也, 袁譚復背之, 略取甘陵·安平·勃海·河間. 攻袁尚於中山, 尚敗, 走故安, 從袁熙. 譚悉收其眾, 還屯龍湊. 操與譚書, 責以負約, 與之絕婚, 女還, 然後進討. 十二月, 操軍其門, 譚拔平原, 走保南皮, 臨清河而屯. 操入平原, 略定諸縣.

曹操表公孫度為武威將軍, 封永寧鄉侯. 度曰, "我王遼東, 何永寧也!" 藏印綬於武庫. 是歲, 度卒, 子康嗣位, 以永寧鄉侯封其弟恭. 操以牽招嘗為袁氏領烏桓, 遣詣柳城, 撫慰烏桓. 值峭王嚴五千騎欲助袁譚, 又, 公孫康遣使韓忠假峭王單于印綬. 峭王大會群長, 忠亦在坐. 峭王問招曰, "昔袁公言受天子之命, 假我為單于. 今曹公復言當更白天子, 假我真單于. 遼東復持印綬來. 如此, 誰當為正?" 招答曰, "昔袁公承製, 得有所拜假. 中間違錯天子命, 曹公代之, 言當白天子, 更假真單于, 是也. 遼東下郡, 何得擅稱拜假也!" 忠曰, "我遼東在滄海之東, 擁兵百餘萬, 又有扶餘·濊貊之用. 當今之勢, 強者為右, 曹操何得獨為是也!" 招呵忠曰, "曹公允恭明哲, 翼戴天子, 伐叛柔服, 寧靜四海. 汝君臣頑嚚, 今恃險遠, 背違天命, 欲擅拜假, 侮弄神器. 方當屠戮, 何敢慢易咎毀大人!" 便捉忠頭頓築, 拔刀欲斬之. 峭王驚怖, 徒跣抱招, 以救請忠, 左右失色. 招乃還坐, 為峭王等說成敗之效, 禍福所歸. 皆下席跪伏, 敬受敕教, 便辭遼東之使, 罷所嚴騎.

丹楊大都督媯覽·郡丞戴員殺太守孫翊. 將軍孫河屯京城, 馳赴宛陵, 覽·員復殺之. 遣人迎揚州刺史劉馥, 令往歷陽, 以丹楊應之. 覽入居軍府中, 欲逼取翊妻徐氏. 徐氏紿之曰, "乞須晦日, 設祭除服, 然後聽命." 覽許之. 徐氏潛使所親語翊親近舊將孫高·傅嬰等與共圖覽, 高·嬰涕泣許諾, 密呼翊時侍養者二十餘人與盟誓合謀. 到晦日, 設祭. 徐氏哭泣盡哀, 畢, 乃除服, 薰香沐浴, 言笑歡悅. 大小心妻愴, 怪其如此. 覽密覘, 無復疑意. 徐氏呼高·嬰置戶內, 使人召覽入. 徐氏出戶拜覽, 適得一拜, 徐大呼曰, "二君可起!" 高·嬰俱出, 共殺覽, 餘人即就外殺員. 徐氏乃還縗絰至, 奉覽·員首以祭翊墓, 擧軍震駭. 孫權聞亂, 從椒丘還. 至丹楊, 悉族誅覽·員餘黨, 擢高·嬰為牙門, 其餘賞賜有差.

河子韶, 年十七, 收河餘眾屯京城. 權引軍發吳, 夜至京城下營, 試攻驚之. 兵皆乘城, 傳檄備警, 歡聲動地, 頗射外人. 權使曉諭, 乃止. 明日見韶, 拜承列校尉, 統河部曲.

한헌제 건안 10년(AD 205)

1) 봄 정월, 조조가 남피를 공격하자 원담이 성을 나와 교전했으나 많은 병사들이 사망했다. 조조가 잠시 공격을 늦추려고 하자 의랑 조순曹純이 간했다.

"지금 외로운 군사로 깊이 들어와 있기에 지구전은 어렵습니다. 만일 진군해 이기지 못하고 후퇴하게 되면 반드시 군위軍威를 크게 손상하게 됩니다."

조조가 친히 북채를 들고 북을 치며 진공을 독려해 마침내 남피를 공략했다. 원담이 성을 나와 도주하자 조조 군사가 추격해 그의 목을 베었다.

이부는 스스로 기주주부冀州主簿라 칭했다. 도중에 조조 배견을 청했다.

"지금 성안에는 사람들이 서로 살상해 인심이 크게 동요하고 있습니다. 의당 방금 투항한 사람을 성안으로 들여보내 알고 믿을 만한 사람이 와서 명교明敎를 전달하고 있다는 사실을 성안 사람들이 알도록 해야 합니다."

조조가 즉각 이부를 성안으로 들여보내 관민에게 각자 옛 일을 안정되게 하고 서로 침범하는 일이 없도록 하라고 고시하자 성안이 비로소 안정됐다. 조조가 곽도 등과 그의 처자를 죽였다.

원담이 왕수王修를 낙안으로 보내 군량미를 운송하게 했다. 왕수가 원담이 위급하다는 얘기를 전해 듣고 군사를 이끌고 구원에 나섰다. 고밀高密에 이르러 원담이 죽었다는 소식을 듣자 하마해 대성통곡했다.

"군이 없으면 저는 장차 어디로 가란 말입니까?"

마침내 조조를 배견하고 원담을 거두어 장사지내는 수장收葬을 하도록 허락해 줄 것을 요청했다. 조조가 이를 허락한 후 왕수에게 낙안으로 돌아가 군량 운송을 계속 감독하게 했다.

원담에게 소속됐던 각 성읍이 모두 귀복했다. 유독 낙안 태수 관통만이 투항하려 하지 않았다. 조조가 왕수에게 가서 관통의 수급을 베어 오도록 하자 왕수가 관통이 망국의 충신임을 알고 포승을 느슨하게 해 조조를 배견하게 했다. 조조가 크게 기뻐하며 관통을 사면하고 왕수를 사공연司空掾으로 삼았다.

곽가가 조조에게 청주와 기주, 유주, 병주 등 4개 주의 명사들을 불러 속관으로 삼아 인심을 귀부하게 할 것을 권하자 조조가 받아들였다. 관도의 싸움 당시 원소가 진림陳琳에게 조조를 토벌하는 격문을 쓰도록 했다. 진림이 조조의 죄목을 일일이 지적하니 조조의 집안에 이르기까지 극히 추잡한 욕설을 다했다. 원소가 전투에 패한 후 진림이 조조에게 귀부하자 조조가 물었다.

"경은 예전에 원본초를 위해 격문을 썼는데 고에 관한 죄상은 그렇다 하더라도 어찌 나의 부친과 조부까지 거론한 것인가?"

진림이 사죄하자 조조가 그를 풀어주고 진류인 완우阮瑀와 함께 기록 비서관인 기실記室의 일을 관장하게 했다.

이전에 어양 출신 왕송王松이 탁군을 점거하고 있을 때 탁군 출신 유방劉放이 왕송에게 군을 들어 조조에게 귀부하자고 권했다. 조조가 유방을 참사공군사參司空軍事로 삼았다.

원희가 그의 부장 초촉焦觸과 장남張南에 의해 공격을 받자 원상과 함께 요서군에 있는 오환족의 부락으로 도주했다. 초촉은 자칭 유주자사를 칭하며 각 군의 태수와 각 현의 현령 및 현장 등에게 원씨를 배반하고 조조에게 귀부하도록 압력을 가했다. 그는 병사 수만 명을 늘여세우고 백마를 죽여 맹서한 뒤 명했다.

"나의 명에 감히 대항하는 자는 참한다."

사람들이 그를 감히 쳐다보지도 못했다. 각각 순서대로 피를 마시며 맹서하자 별가인 대군 출신 한형韓珩이 이를 거부했다.

"나는 원공 부자의 후은을 입었으나 지금 그들은 이미 패망했다. 나는 능히 그들을 구할 지혜도 없었고 그들을 위해 순사할 용기도 없었다. 나는 이미 의리를 결한 것이니 내가 설령 조씨에게 북면北面신하가 된다고 할지라도 이처럼 피를 마시며 맹서할 수는 없다."

만좌한 사람이 한행의 대담한 발언에 놀라 실색을 하자 초촉이 말했다.

"무릇 대사를 이루기 위해서는 의당 대의를 세워야 한다. 일의 성사가 한 사람에 의해 좌우될 수 없고 한행의 뜻 또한 이루어졌으니 우리 모두 면려勉勵해 군주를 받들도록 하자."

한행을 놓아주었다. 초촉 등이 마침내 조조에게 투항해 모두 열후에 봉해졌다.

2) 여름 4월, 흑산적 수령 장연이 부중 10여만 명을 이끌고 투항했다. 그를 안국정후安國亭侯에 봉했다.

3) 고안인 조독趙犢과 곽노霍奴 등이 유주자사와 탁군태수를 죽이자 3개 군의 오환부락이 광평獷平에서 선우보鮮于輔를 공격했다.[220] 8월, 조

220 3개 군의 오환족 부락은 요서의 답돈蹋頓과 요동의 소화연蘇僕延, 우북평의 오연

조가 조독 등을 정토해 죽이고 노수潞水를 건너 광평을 구했다. 오환부락이 새외로 달아났다.

4) 겨울 10월, 고간이 조조가 오환을 정토했다는 소식을 듣고 병주에서 반기를 들어 상당태수를 잡아두고 솔병해 호관구에 주둔했다. 조조가 부장 악진과 이전을 보내 그를 공격했다. 하내인 장성張晟이 1만여 명의 군사를 모아 효산과 민지 일대를 침략했다. 홍농인 장염張琰이 기병해 호응했다.

하동 태수 왕읍王邑이 부름을 받자 군연郡掾 위고衛固와 중랑장 범선范先 등이 사례교위 종요를 찾아가 왕읍이 하동에 머물 수 있도록 해달라고 청했다. 종요가 동의하지 않았다. 위고 등은 표면상 왕읍의 유임을 명분으로 삼았지만 내심 고간과 통모하려고 했다. 조조가 순욱에게 말했다.

"관서의 제장들은 겉으로는 승복하나 내심 두 마음을 품고 있소. 장성이 효산과 민지 일대를 약탈하고 남쪽으로 유표와 결탁하면 위고 등은 이 기회를 틈탈 것이니 앞으로 큰 재해가 될 것이오. 지금 하동은 천하의 요충으로 군이 나를 위해 현재賢才를 추천하면 그에게 하동을 맡기고자 하오."

순욱이 대답했다.

"서평 태수 경조인 두기杜畿는 용기가 위기를 대처할 만하고 지략은 일의 변화에 좇을 만합니다."

조조가 두기를 하동태수에 임명했다. 종요가 왕읍에게 군의 부절인 군부郡符를 바칠 것을 독촉하자 왕읍이 인수를 차고 곧장 하북河北산서성 예성현에서 허현으로 와 인수를 바치었다.

위고 등이 군사 수천 명을 보내 섬진陝津산서성 평격현을 끊자 두기가 도

烏延을 말한다.

착한지 수개월이 됐어도 황하를 건널 수가 없었다. 조조가 하후돈을 보내 위고 등을 정토하게 하자 그가 도착하기 전에 두기가 이의를 제기했다.

"하동은 3만 호에 달하는 백성이 있는데 이들 모두 작란을 하려는 것은 아니다. 지금 핍박이 극히 심해 선한 사람을 따르려고 해도 영도하는 사람이 없어 부득이 두려운 나머지 위고를 따르고 있음에 틀림없다.

위고 등이 세력이 커 전권을 휘두르고 있으니 만일 그를 공격해 이기지 못하면 재난이 그치지 않을 것이다. 그를 쳐서 이기는 것은 한 군의 백성을 모두 해치는 것이다. 게다가 위고 등이 아직 공개적으로 왕명을 거절하지도 않았다. 표면상 전임 태수의 유임을 명분으로 삼고 있으니 필연하고 신임 태수를 해치지는 못할 것이다.

내가 단기필마로 곧바로 가서 출기불의로 나타나면 위고라는 위인이 계책은 많으나 결단을 못 내리니 반드시 거짓으로라도 나를 맞을 것이다. 내가 능히 1달가량 머물면서 그들을 회유하는 계책을 쓰면 그것으로 족할 것이다."

두기가 은밀한 도강 통로인 두진郖津을 통해 황하를 건넜다. 범선이 두기를 죽이고 부중을 위협할 생각으로 잠시 두기의 거취를 관찰한 뒤 군부郡府의 문 앞에서 주부 이하 30여 명을 죽였다. 두기의 행동거지가 전과 다름없었다. 위고가 이의를 제기했다.

"그를 죽여 봐야 무슨 소용이 있겠는가? 명성만 나빠질 뿐이다. 더구나 그는 우리의 손안에 있지 않은가?"

두기를 태수로 모시게 되자 두기가 위고와 범선에게 회유했다.

"위씨와 범씨는 하동의 명족으로 나는 당신들의 뛰어난 재능에 기대어 일을 처리해 나가길 바라네. 군신 간에는 분수가 정해져 있기는 하나 성패는 함께 하는 것이네. 군 내의 큰일은 의당 함께 상의하도록 하세."

위고를 도독으로 임명해 군승의 업무를 처리하게 하고 공조를 겸임하게 했다. 장교를 비롯한 사병 3,000여 명은 모두 범선이 통제하도록 했다. 위고 등이 기뻐하며 비록 표면상이기는 하나 두기를 모셨다. 실제로는 다른 생각을 품고 있어 위고는 크게 군사를 일으키려고 했다. 두기가 이를 염려해 위고를 설득했다.

"지금 크게 징병하면 반드시 민심이 소란해질 터이니 천천히 돈을 주고 모병하는 것만 못하네."

위고가 그럴 듯하다고 생각해 동의했으나 초모된 군사는 매우 적었다. 두기가 위고 등에게 다시 말했다.

"사람의 마음은 늘 집을 생각하기 마련이니 제장과 속관들을 집으로 보내 휴식하게 하는 편이 좋을 것 같네. 완급을 가려 다시 소집하는 게 그리 어렵지는 않을 걸세."

위고 등이 병사들의 반발을 살까 두려워 또 동의했다. 두기를 추종하는 세력들이 밖에서 은밀히 외원세력이 되고 반대하는 세력은 각자 분산해 자기의 집으로 돌아갔다.

마침 황건적 잔당의 두목 장백기張白騎가 동원東垣산서성 원곡현을 공격한 데 이어 고간이 호택濩澤산서성 양성현으로 침입했다. 두기가 모든 현이 자신에게 귀부한 것을 알고 곧 출성해 수십 명의 기병을 이끌고 성으로 들어가 굳게 지켰다. 관민이 분분히 성을 들어 두기를 원조하니 수십 일 만에 4,000여 명의 군사를 얻게 됐다.

위고 등이 고간 및 장성 등과 함께 두기를 공격했으나 공략하지 못하고 이어 각 현을 침범했으나 얻을 것이 없었다. 이때 조조가 의랑 장기張既에게 서쪽으로 가 관중의 제장 마등 등을 불러 모두 함께 군사를 이끌고 가 장성 등을 공격하게 했다. 위고와 장염 등을 대파하고 그들의 수급을 벤 후 나머지 당여는 모두 사면했다.

두기가 하동을 다스리면서 관후한 정치를 펴는 데 노력했다. 백성들이 송사문제로 찾아오면 두기가 의리에 입각해 사리를 설명해 주면서 각자 집에 돌아가 자세히 생각하게 만들었다. 부로들이 모두 각자 자신들을 책망하며 감히 송사를 벌일 생각을 하지 못하게 됐다.

두기가 농상農桑과 목축 등을 장려하니 백성들이 가가호호 부유해졌다. 이후 학교를 세워 효제孝悌를 드높이고 군사업무를 정비해 무비武備를 튼튼히 하자 하동군이 끝내 안정됐다. 두기가 하동군에서 16년간 재직하는 동안 그의 목민성적이 늘 천하의 최고였다.

5) 비서감·시중 순열荀悅이 『신감申鑑』 5편을 저술해 천자에게 바쳤다.[221] 순열은 순상荀爽의 형의 아들이다. 당시 대권은 조조의 손에 있어 천자는 단지 제왕의 자리만 지키는 공기恭己를 할 뿐이었다. 순열이 이 책을 저술해 바친 것은 군주에게 실행 가능성에 따라 채택하거나 폐지하는 헌가체부獻可替否를 권하고자 하는 데 있었다. 그는 자신의 지략을 펼칠 길이 없어 이 책을 지었다. 그 대략적인 내용은 다음과 같다.

"정치를 하는 방법은 우선 4환四患을 없애고 5정五政을 좇는 데 있다. 거짓으로 풍속을 소란하게 하고, 사사로운 운영으로 법령을 훼손하고, 방자한 태도로 올바른 집행을 뛰어넘고, 사치로 제도를 훼손하는 것 등 4가지를 막지 못하면 정치는 제멋대로 행해진다. 이를 4환이라 한다. 농상을 진흥해 백성을 잘 살게 하고, 호오를 잘 가려 민간의 풍속을 단정히 하고, 문교를 선양해 사회덕화를 표창하고, 무비를 튼튼히 해 천자의 위엄을 옹호하고, 상벌을 분명히 해 조정의 법령을 통일하는 것. 이를 5정이라고 한다. 사람이 죽음을 두려워 않으면 징벌로서 사람을 두렵게 만들 수 없다.

221 『신감』 5편은 「정체政體」와 「시사時事」, 「속혐俗嫌」, 「잡언雜言」상·하 등으로 이루어져 있다. 대체적인 내용은 유가 사상에 입각해 통치하되 덕형德刑을 같이 사용해야 한다고 주장했다. 그의 주장 가운데 특이한 것으로는 '경이물유耕而勿有' 주장이다. 경작은 하되 전답을 소유치 못하게 한 점에서 현대 공산주의 사상과 궤를 같이 하고 있다.

사람이 삶을 즐기려 하지 않으면 선으로써 사람을 권할 수 없다. 그래서 재상자在上者 즉 위정자는 우선 백성의 재물을 풍족하게 해주고 그들의 마음을 안정되게 해야 한다. 이를 두고 민생을 튼튼히 하는 양생養生이라고 한다. 선악은 공과 죄를 형량하고 훼예毁譽는 실천을 통해 검증해야 한다. 언행이 합일하고 명실이 상부해야 한다. 허위와 사기로 민심을 현혹함이 없어야 풍속에 간사함과 괴이함이 없고 백성이 음풍淫風에 어지러워지지 않는다. 이를 풍속을 바로 잡는 정속正俗이라고 한다. 영예와 치욕은 상벌의 핵심이다. 예교禮敎와 영욕榮辱이 군자에게 실시되면 그 감화가 그들의 마음에 미치게 된다. 차꼬와 수갑인 질곡桎梏을 비롯해 채찍과 몽둥이인 편박鞭撲을 소인에게 가하면 그 규범이 그들의 행동에 미치게 된다. 만일 교화가 제대로 안 되면 중간의 사람이 소인의 범주로 떨어지고 만일 교화가 시행되면 중간의 사람을 군자의 길로 이끌 수 있다. 이를 두고 선하고 밝게 이끄는 장화章化라고 한다. 재상자는 반드시 무비를 해 유사시를 대비해야 한다. 나라가 안녕하면 내정에 사용하고 전란 시에는 군사에 쓴다. 이를 두고 위엄을 지키는 병위秉威라고 한다. 상벌은 정치의 근본이다. 군주는 함부로 상을 주어서는 안 된다. 이는 자신의 재물을 애석해 하기 때문이 아니라 함부로 상을 주면 선행을 권할 길이 없기 때문이다. 벌이 어지럽지 않아야 하는 것은 악인을 연민해서가 아니라 함부로 벌을 주면 악행을 징치할 길이 없기 때문이다. 선행을 권할 수 없는 것을 지선止善, 악행을 징치할 수 없는 것을 종악縱惡이라고 한다. 위정자가 능히 아래의 선행을 막지 않고 아래의 악행을 용납하지 않으면 국법이 확립된다. 이를 두고 법집행이 공평한 통법統法이라고 한다. 4환이 제거되고 5정이 세워지면 성심으로 집행하고 끝까지 옹호하니, 간명하면서도 나태하지 않고, 소활한 듯이 보이나 빠짐이 없고, 팔짱을 낀 채 서로 양보하는 수공읍양垂拱揖讓을 한다. 천하가 평안해진다."

＊孝獻皇帝建安十年

春, 正月, 曹操攻南皮, 袁譚出戰, 士卒多死. 操欲緩之, 議郎曹純曰, "今縣師深入, 難以持久, 若進不能克, 退必喪威." 乃自執桴鼓以率攻者, 遂克之. 譚出走, 追斬之. 李孚自稱冀州主簿, 求見操曰, "今城中弱強相陵, 人心擾亂, 以為宜令新降為內所識信者宣傳明教." 操即使孚往入城, 告諭吏民, 使各安故業, 不得相侵, 城中乃安. 操於是斬郭圖等及其妻子. 袁譚使王修運糧於樂安, 聞譚急, 將所領兵往赴之, 至高密, 聞譚死, 下馬號哭曰, "無君焉歸!" 遂詣曹操, 乞收葬譚屍, 操許之, 復使修還樂安, 督軍糧. 譚所部諸城皆服, 唯樂安太守管統不下. 操命修取統首, 修以統亡國忠臣, 解其縛, 使詣操, 操悅而赦之, 辟修為司空掾.

郭嘉說操多辟青·冀·幽·並名士以為掾屬, 使人心歸附, 操從之. 官渡之戰, 袁紹使陳琳為檄書, 數操罪惡, 連及家世, 極其醜詆. 及袁氏敗, 琳歸操, 操曰, "卿昔為本初移書, 但可罪狀孤身, 何乃上及父祖邪!" 琳謝罪, 操釋之, 使與陳留阮瑀俱管記室. 先是漁陽王松據涿郡, 郡人劉放說松以地歸操, 操辟放參司空軍事.

袁熙為其將焦觸·張南所攻, 與尚俱奔遼西烏桓. 觸自號幽州刺史, 驅率諸郡太守令長, 背袁向曹, 陳兵數萬, 殺白馬而盟, 令曰, "敢違者斬!" 眾莫敢仰視, 各以次歃. 別駕代郡韓珩曰, "吾受袁公父子厚恩, 今其破亡, 智不能救, 勇不能死, 於義闕矣. 若乃北面曹氏, 所不能為也." 一坐為珩失色. 觸曰, "夫舉大事, 當立大義, 事之濟否, 不待一人, 可卒珩志, 以厲事君." 乃捨之. 觸等遂降曹操, 皆封為列侯.

夏, 四月, 黑山賊帥張燕率其眾十餘萬降, 封安國亭侯.

故安趙犢·霍奴等殺幽州刺史及涿郡太守, 三郡烏桓攻鮮於輔於獷平. 秋, 八月, 操討犢等, 斬之. 乃渡潞水救獷平, 烏桓走出塞.

冬, 十月, 高幹聞操討烏桓, 復以并州叛, 執上黨太守, 擧兵守壺關口. 操遣其將樂進·李典擊之. 河內張晟, 衆萬餘人, 寇崤·澠間, 弘農張琰起兵以應之.

河東太守王邑被征, 郡掾衛固及中郎將范先等詣司隸校尉鍾繇, 請留之. 繇不許. 固等外以請邑為名, 而內實與高幹通牒. 曹操謂荀彧曰, "關西諸將, 外服內貳, 張晟寇亂殽·澠, 南通劉表, 固等因之, 將為深害. 當今河東, 天下之要地也, 君為我擧賢才以鎮之." 彧曰, "西平太守京兆杜畿, 勇足以當難, 智足以應變." 操乃以畿為河東太守. 鍾繇促王邑交符, 邑佩印綬, 逕從河北詣許自歸. 衛固等使兵數千人絕陝津, 杜畿至, 數月不得渡. 操遣夏侯惇討固等, 未至, 畿曰, "河東有三萬戶, 非皆欲為亂也. 今兵迫之急, 欲為善者無主, 必懼而聽於固. 固等勢專, 必以死戰. 討之不勝, 為難未已. 討之而勝, 是殘一郡之民也. 且固等未顯絕王命, 外以請故君為名, 必不害新君. 吾單車直往, 出其不意, 固為人多計而無斷, 必僞受吾. 吾得居郡一月, 以計縻之, 足矣." 遂詭道從郖津度. 范先欲殺畿以威衆, 且觀畿去就, 於門下斬殺主簿已下三十餘人, 畿擧動自若. 於是固曰, "殺之無損, 徒有惡名. 且制之在我." 遂奉之. 畿謂固·先曰, "衛·范, 河東之望也, 吾仰成而已. 然君固有定義, 成敗同之, 大事當共平議." 以固為都督, 行丞事, 領功曹. 將校吏兵三千餘人, 皆范先督之. 固等喜, 雖陽事畿, 不以為意. 固欲大發兵, 畿患之, 說固曰, "今大發兵, 衆情必擾, 不如徐以貲募兵." 固以為然, 從之, 得兵甚少. 畿又喻固等曰, "人情顧家, 諸將掾史, 可分遣休息, 急緩召之不難." 固等惡逆衆心, 又從之. 於是善人在外, 陰為己援. 惡人分散, 各還其家.

會白騎攻東垣, 高幹入濩澤. 畿知諸縣附己, 乃出, 單將數十騎, 赴堅壁而守之, 吏民多擧城助畿者, 比數十日, 得四千餘人. 固等與高幹·張晟共攻畿，不下，略諸縣，無所得．曹操使議郎張既西征關中諸將馬騰等，皆引兵會擊晟等，破之，斬固·琰等著，其餘黨與皆赦之．

於是杜畿治河東，務崇寬惠．民有辭訟，畿為陳義理，遣歸諦思之，父老皆自相責怒，不敢訟．勸耕桑，課畜牧，百姓家家豐實．然後興學校，舉孝弟，修戎事，講武備，河東遂安．畿在河東十六年，常為天下最．

秘書監·侍中荀悅作『申鑒』五篇，奏之．悅，爽之兄子也．時政在曹氏，天子恭己，悅志在獻替，而謀無所用，故作是書．其大略曰，為政之術，先屏四患，乃崇五政．偽亂欲，私壞法，放越軌，奢敗制四者不除，則政末由行矣，是為四患．興農桑以養其生，審好惡以正其俗，宣文教以章其化，立武備以秉其威，明賞罰以統其法，是謂五政．人不畏死，不可懼以罪．人不樂生，不可勸以善．故在上者，先豐民財以定其志，是謂養生．善惡要乎功罪，毀譽效於准驗，聽言責事，舉名察實，無或作偽以蕩眾心．故欲無奸怪，民無淫風，是謂正俗．榮辱者，賞罰之精華也．故禮教榮辱以加君子，化其情也．桎梏鞭撲以加小人，化其形也．若教化之廢，推中人而墜於小人之域，教化之行，引中人而納於君子之塗，是謂章化．在上者必有武備以戒不虞，安居則寄之內政，有事則用之軍旅，是謂秉威．賞罰，政之柄也．人主不妄賞，非愛其財也，賞妄行，則善不勸矣．不妄罰，非矜其人也，罰妄行，則惡不懲矣．賞不勸，謂之止善，罰不懲，謂之縱惡．在上者能不止下為善，不縱下為惡，則國法立矣．是謂統法．四患既蠲，五政又立，行之以誠，守之以固，簡而不怠，疏而不失，垂拱揖讓，而海內平矣．

** 권65-한기漢紀 57: 중장통이 『창언』을 쓰다

한헌제 건안 11년(AD 206)

1) 봄 정월, 혜성이 북두성좌에 나타났다.

2) 조조가 친히 솔병해 고간을 칠 때 세자인 조비曹丕를 업성에 남겨 두고 별가 종사 최염에게 조비를 보좌하게 했다. 조조가 호관壺關을 포위하니 3월, 호관이 투항했다. 고간이 직접 흉노지역으로 들어가 구원을 요청했으나 선우가 듣지 않았다. 고간이 몰래 몇 명의 기병과 함께 남쪽의 형주로 달아났다. 상락현上洛縣하남성 노씨현 도위 왕염王琰이 그를 잡아 머리를 베니 병주가 완전히 평정됐다.

3) 조조가 진군인 양습梁習을 별부사마·영병주자사로 삼았다. 당시 전란으로 해내가 황폐해지자 호인과 적인들이 스스로 영웅호걸을 칭했다. 관민이 반기를 들어 이들 부락으로 들어가니 각 지역의 유력한 자들이 강대한 세력을 보유하고 각기 한 지역을 차지한 채 주변지역을 침략했다.

양습은 부임 후 유인·효유하는 등의 방법으로 예를 갖춰 이들을 불러들였다. 이후 점차 이들을 추천해 막부幕府에 기용하고 이들을 거의 다 기용한 후에는 곧 청장년을 징발해 지원병으로 삼았다. 대군이 출정할 때에는 제장들에게 이들을 각기 분속시켜 용사로 삼도록 했다. 당시 이병吏兵이 떠나기 전후로 점차 업성으로 보내진 그들의 가족이 대략 수만 명에 달했다. 명을 듣지 않는 자는 군사를 동원해 토벌했다. 참수된 자만 1,000

여 명에 달했고 투항자는 대략 1만 명 가까이 됐다.

선우의 태도는 공순했다. 각 부락의 왕이라 칭하는 자들도 모두 머리를 조아리며 복종하니 부역과 공납이 일반백성과 차이가 없었다. 변경이 조용해졌고 백성들이 전야에 가득 차게 됐다.

양습은 은근히 농상을 권유하는 한편 법령으로 기강을 잡아나갔다. 노인들은 자신들이 보고 들은 자사 가운데 양습과 같은 인물은 없다고 칭송했다. 양습이 병주 경내로 난을 피해 온 하내인 상림常林과 양준楊俊, 왕상王象, 순위荀緯, 태원인 왕릉王淩 등의 명사를 조정에 천거했다. 조조가 이들을 모두 각 지역의 현장에 임명했다. 후에 이들 모두 세상에 그 이름을 떨쳤다.

당초 산양 출신 중장통仲長統은 병주에 유학 와서 고간을 만나게 됐다. 고간이 그를 잘 대우하면서 그에게 세상을 보는 법을 묻자 그가 고간에게 충고했다.

"군은 웅지雄志는 있으나 웅재雄才가 없고 선비를 좋아하나 인재를 선발할 줄을 모르오. 이는 군이 깊이 경계해야 할 일이오."

고간은 평소 스스로 자신의 재간이 많다고 생각하는 자다自多의 모습을 보였다. 중장통의 말을 매우 꺼린 이유다. 중장통이 이내 그를 떠났다. 고간이 죽자 순욱이 중장통을 상서랑으로 천거했다. 중장통은 『창언昌言』 1권을 저술했다.[222] 그 내용은 주로 치란을 논한 것으로 그 대강은 다음과 같다.

"천명을 받은 호걸은 처음부터 천하의 명분을 갖고 시작하는 것은 아

---

222 『창언』의 원래 이름은 『중장자창언仲長子昌言』이다. 모두 34편, 10만여 자로 구성돼 있었다. 지금 대부분이 없어지고 한두 편만이 남아 있다. 사마광이 발췌해 기록한 내용에 비춰 볼 때 중장통은 대략 맹자의 '500년 주기 치란설'과 노자의 '무위통치사상' 등을 종합해 자신의 사상으로 삼은 것으로 보인다.

니다. 천하의 명분이 없으니 자연 쟁천하하려는 인물이 분분히 일어나게 된다. 지혜를 다투는 각지자角智者가 지혜를 다해 궁해지고 힘을 다투는 각력자角力者는 힘을 다해 실패하게 되면 그 형세가 더 이상 대적할 수 없고 그 역량이 더 이상 비교할 수 없는 지경에 이르게 된다. 천명을 받은 호걸은 이때 비로소 자신의 약속을 개시할 수 있게 돼 머리 숙여 천명을 받게 된다. 제왕의 후사가 뒤를 잇는 계체繼體를 할 때에 이르게 되면 호걸들의 웅지는 이미 재가 돼 연기처럼 사라지고 민심은 이미 안정돼 현귀한 가문도 이미 확립되니 지존은 오직 한 사람에게만 있게 된다. 이때에는 설령 하우下愚의 인물일지라도 지존의 자리에 있게 되면 능히 은덕을 베풀어 천지와 같게 되고 위신威信 또한 귀신과 닮게 된다. 설령 수천 명의 주공과 공자가 있더라도 그들의 성덕을 다시는 겨룰 길이 없고 백만 명의 맹분과 하육이 있더라도 그들의 용력을 다시는 발휘할 길이 없게 된다. 보위를 이은 어리석은 군주들은 천하에 감히 자신과 대항할 것이 없는 것으로 보게 되고 스스로 자신의 보위와 천지는 영원히 망하지 않는 것으로 보게 된다. 멋대로 방종하게 되고 자신의 욕심을 끝없이 키우게 된다. 군신이 공개적으로 음락淫樂을 즐기고 일치해 작악作惡해 조정을 황폐하게 하니 인재를 잃거나 잊게 된다. 신임을 받은 측근은 모두 간녕한 아첨꾼이니 총애해 귀하게 중용되는 자는 모두 비빈들의 가족이다. 마침내 천하의 고혈을 모두 태워버리고 만민의 골수까지 빼내게 되니 원성이 길에 들끓고 백성이 편히 살 수 없게 된다. 재난과 전란이 어지러이 동시에 일어나 중국이 시끄러워지니 사방의 오랑캐가 배반해 분분히 침략해 조정이 붕괴되고 대세가 순식간에 기울어져 전에 내가 먹여 기른 자손들이 지금은 모두 나의 피를 빨아먹는 원수가 된다. 이때가 되면 이미 시운이 바뀌고 대세가 이미 무너진 것이다. 그럼에도 이를 깨닫지 못하는 자는 부귀가 불인不仁을 낳아 몰랐다고 하기보다는 대취해 우매한 지경에 이르렀기 때문이라고 보아야 한다. 누대의 존망存亡이 부단히 다시 바뀌게 되고 천하의 치란治亂은 다시 돌기 시작한다. 이는 천지운행의 규율인 천도天道가 늘 그러한 이치이기도 하다."

3) 가을 7월, 무위 태수 장맹張猛이 옹주 자사 한단상邯鄲商을 죽였다. 옹주의 군사가 장맹을 토벌해 죽였다. 장맹은 장환張奐의 아들이다.

4) 8월, 조조가 동쪽으로 해적 관승管承을 토벌하러 나섰다. 순우현淳于縣산동성 안현구에 도착해 부장 악진과 이전을 보내 해적을 격파하니 관승이 해도海島로 도주했다.

5) 창희가 다시 반기를 들자 조조가 우금을 보내 토벌하고 목을 베었다.

6) 이 해에 전 낭야왕 유용劉容의 아들 유희劉熙가 낭야왕이 됐다. 제齊, 북해, 부릉阜陵, 하비, 상산, 감릉, 제양濟陽, 평원 등의 8개 봉국이 모두 폐제됐다.

7) 오환족이 천하대란의 혼란한 틈을 타 한민漢民 10여만 호를 침탈했다. 원소가 전에 그들 각 부락의 추장을 모두 선우로 세우고 평민가의 여자를 자신의 여식으로 삼아 선우에게 시집보냈다. 요서의 오환족 추장 답돈은 더욱 강대해 원소의 후대를 받았다.

답돈은 원상 형제가 자신에게 도망쳐 오자 여러 차례 새내에 침입해 원상이 다시 구지를 회복하는 데 도움을 주고자 했다. 조조가 솔병해 격퇴하고 평로거平虜渠와 천주거泉州渠를 다시 개착해 군량운송을 재개하게 했다.

8) 손권이 산적의 마麻, 보保의 두 진영을 격파하고 그들을 평정했다.

** 起柔兆閹茂, 盡著雍困敦, 凡三年.

孝獻皇帝建安十一年

春, 正月, 有星孛於北斗.

曹操自將擊高幹, 留其世子丕守鄴, 使別駕從事崔琰傅之. 操圍壺關, 三月, 壺關降. 高幹自入匈奴求救, 單于不受. 幹獨與數騎亡, 欲南奔荊州, 上洛都尉王琰捕斬之, 并州悉平. 曹操使陳郡梁習以別部司馬領并州刺史. 時荒亂之餘, 胡·狄雄張, 吏民亡叛入其部落, 兵家擁眾, 各為寇害. 習到官, 誘喻招納, 皆禮如其豪右, 稍稍薦舉, 使詣幕府. 豪右已盡, 次發諸丁強以為義從. 又因大軍出征, 令諸將分清以為勇力. 吏兵已去之後, 稍移其家, 前後送鄴凡數萬口. 其不從命者, 興兵致討, 斬首千數, 降附者萬計. 單于恭順, 名王稽顙, 服事供職, 同於編戶. 邊境肅清, 百姓布野, 勤勸農桑, 令行禁止. 長老稱詠, 以為自所聞識, 刺史未有如習者. 習乃貢達名士, 避地州界者河內常林·楊俊·王象·荀緯及太原王凌之徒, 操悉以為縣長, 後皆顯名於世. 初, 山陽仲長統遊學至并州, 過高幹, 幹善遇之, 訪以世事. 統謂幹曰, "君有雄志而無雄才, 好士而不能擇人, 所以為君深戒也." 幹雅自多, 不悅統言, 統遂去之. 幹死, 荀彧舉統為尚書郎. 著論曰『昌言』, 其言治亂, 略曰, "豪傑之當天命者, 未始有天下之分者也, 無天下之分, 故戰爭者競起焉. 角智者皆窮, 角力者皆負, 形不堪復伉, 勢不足復校, 乃始羈首繫頸, 就我之銜紲耳. 及繼體之時, 豪傑之心既絕, 士民之志已定, 貴有常家, 尊在一人. 當此之時, 雖下愚之才居之, 猶能使恩同天地, 威侔鬼神, 周·孔數千無所復角其聖, 賁·育百萬無所復奮其勇矣. 彼後嗣之愚主, 見天下莫敢與之違, 自謂若天地之不可亡也. 乃奔其私嗜, 騁其邪欲, 君臣宣淫, 上下同惡, 荒廢庶政, 棄忘人物. 信任親愛者, 盡佞諂容說之人也. 寵貴隆豐者, 盡后妃姬妾之家也. 遂至熬天下之脂膏, 斫生民之骨髓, 怨毒無聊, 禍亂並起, 中國擾攘, 四夷侵叛, 土崩瓦解, 一朝而去, 昔之為我哺乳之子孫者, 今盡是我飲血之冠讎也. 至於運徙勢去, 猶不覺悟者,豈非富貴生不仁, 沉溺致愚疾邪! 存亡以之失代, 治亂從此周復, 天道常然之大數也."

秋, 七月, 武威太守張猛殺雍州刺史邯鄲商. 州兵討誅之. 猛, 奐之子也.

八月, 曹操東討海賊管承, 至淳于, 遣將樂進·李典擊破之, 承走入海島.

昌豨復叛, 操遣於禁討斬之.

是歲, 立故琅邪王容子熙為琅邪王. 齊·北海·阜陵·下邳·常山·甘陵·濟陰·平原八國皆除.

烏桓乘天下亂, 略有漢民十餘萬戶, 袁紹皆立其酋豪為單于, 以家人子為己女, 妻焉. 遼西烏桓蹋頓尤強, 為紹所厚, 故尚兄弟歸之, 數入塞為寇, 欲助尚復故地. 曹操將擊之, 鑿平虜渠·泉州渠以通運.

孫權擊山賊麻·保二屯, 平之.

한헌제 건안 12년(AD 207)

1) 2월, 조조가 순우현에서 업성으로 돌아왔다.

2월 5일, 조조가 상주해 대공신 20여 명을 모두 열후에 봉했다. 이어 상표해 만세정후萬歲亭侯 순욱의 공로를 칭송했다.

3월, 순욱에게 1,000호를 더해 주었다. 다시 순욱에게 삼공의 직책을 주려고 하자 순욱이 순유를 보내 자신의 사양하는 뜻을 간곡히 전했다. 이런 일이 10차례에 걸치자 조조가 이내 그만 두었다.

2) 조조가 오환족을 치려고 하자 제장들이 모두 만류했다.

"원상은 단지 일개 도망자에 불과합니다. 이적夷狄은 탐람하고 인정이 없어 어찌 원상에게 이용될 리가 있겠습니까? 지금 깊이 들어가 그들을 정벌할 경우 유비가 반드시 유표에게 군사를 이끌고 허현을 습격하도록 권할 것입니다. 만일 변고가 있으면 후회해도 소용없을 것입니다."

곽가가 반대했다.

"공은 비록 위엄이 천하를 진동시키고 있으나 호인들은 그들이 멀리 떨어져 있는 것만을 믿고 반드시 대비를 소홀히 하고 있습니다. 그들이 대비치 못한 틈을 타 급습하면 그들을 파멸시킬 수 있습니다. 게다가 원소는 백성들과 이적에게 모두 은혜를 베풀어 원상형제가 아직도 살아 있습니다. 지금 4개 주의 백성들은 단지 무력이 두려워 귀부하고 있으나 우리의 은덕이 아직 그들에게 못 미치고 있습니다. 만일 우리가 그들을 그대로 둔 채 이곳을 떠나 남정을 하게 되면 원상이 틀림없이 오환족의 세력을 이용해 주군을 위해 목숨을 바치는 신하인 사주지신死主之臣을 모아들일 것입니다. 이들이 한 번 출동하면 백성과 이적이 함께 호응해 답돈에게 야심을 키워줘 분수 밖의 일을 넘겨다보는 기유지계覬覦之計를 꾀하게 될 것입니다. 그러면 청주와 기주가 우리 소유가 아니게 될까 두렵습니다. 유표는 단지 좌담을 좋아하는 일개 청객淸客에 불과할 뿐입니다. 그는 스스로 자신의 재능으로 유비를 제어할 수 없음을 잘 알고 있어 유비를 중임重任하면 통제하지 못할까 걱정할 것입니다. 반대로 유비를 경임輕任하면 유비가 쉽게 이용당하지 않을 것입니다. 우리가 온 힘을 기울여 나라를 비운채 원정遠征을 갈지라도 공은 걱정할 것이 없습니다."

조조가 곽가의 의견을 좇았다.

대군이 역현易縣하북성 웅현에 이르자 곽가가 제안했다.

"군사는 빠른 이동을 귀하게 여긴다는 취지의 병귀신속兵貴神速의 이치가 있습니다. 지금 1,000리를 달려와 기습하는 데 치중은 많고 유리한 전기戰機를 잡기는 쉽지 않을 터인데 그들은 이미 소식을 듣고 엄히 방비할 것입니다. 치중을 남겨 두고 경병으로 하루에 이틀 길을 달리는 겸도兼道를 해 출기불의로 습격하느니만 못합니다."

당초 원소는 여러 차례 사자를 무종현無終縣으로 보내 전주田疇를 부른 적이 있었다. 그가 오면 즉시 장군의 인수를 주어 그가 거느리는 부중을 안무하려 했으나 전주가 이를 모두 거절했다. 조조가 기주를 평정하자 하간인 형옹이 전주에게 말했다.

"황건적이 일어난 이래 20여 년 동안 천하가 들끓듯 소란해 백성들이 갈 곳이 없어 떠돌게 됐소. 지금 듣건대 조공의 법령이 엄정하다고 하오. 백성들이 전란을 증오하니 전란이 극에 달하게 되면 안정으로 돌아갈 것이오. 먼저 솔선해 시험해 보도록 하오."

전주가 행장을 차려 고향으로 돌아가면서 말했다.

"형옹은 일반백성인 천민天民 중의 선각자이다."

조조가 형옹을 기주종사에 임명했다. 전주는 오환족이 군郡의 관리들을 숱하게 죽인 것을 증오해 가서 토벌하고 싶어 했으나 역량이 없었다. 조조가 사자를 보내 전주를 부르자 전주가 자신의 문인에게 빨리 행장을 차리도록 하니 문인이 의아해하며 물었다.

"전에 원공이 군을 앙모해 5차례나 예빙禮聘했으나 군은 대의를 좇아 굽히지 않았습니다. 지금 조공의 사자가 한 번 오자 군은 마치 도착하지 나 못할까 두려워하는 모습이니 이는 어찌 된 일입니까?"

전주가 웃으며 대답했다.

"이는 군이 알 수 있는 일이 아니다."

전주가 곧 사자를 따라 조조의 군중軍中에 도착하자 조조가 그를 수현蓨縣의 현령에 임명하고 군사들을 따라 무종현에 가게 했다.

이때는 여름이어서 비가 그치지 않았다. 바다에 연해 있는 도로는 지세가 낮은데다 숱한 웅덩이에 진흙과 물이 가득 차 있어 갈 수가 없었다. 더구나 그나마 통행할 수 있는 소로는 이미 적들이 차지해 지키고 있었다. 조조가 이를 우려해 전주에게 묻자 전주가 말했다.

"이 길은 여름 가을 모두 물을 담으니 얕다 해도 거마가 지날 수 없고 깊다 해도 배를 띄울 정도는 아닙니다. 이런 어려움은 매우 오래 됐습니다. 과거 북평군의 치소가 평강平岡에 있었는데 길이 노룡盧龍하북성 진황도시을 지나 유성柳城요녕성 조양시으로 이어져 있습니다. 광무제의 치세인 건무建武 이래 도로가 파괴돼 통행이 끊긴 지 이미 200년이 넘어 오직 소로로 통행이 가능할 뿐입니다. 적들은 지금 우리 대군이 의당 무종현을 지나가야 하기 때문에 결국 전진할 길이 없어 철군할 것으로 알고 안심해 방비를 하지 않았을 것입니다. 만일 몰래 회군해 노룡의 입구에서 백단白檀하북성 흥륭현의 험한 길을 따라가면 방비가 없는 지역으로 나아갈 수 있습니다. 이 길은 가깝고도 쉽게 진입할 수 있습니다. 저들이 미처 대비하지 못한 곳을 기습하는 엄기불비掩其不備를 하면 답돈은 가히 싸우지 않고도 생포할 수 있습니다."

조조가 기뻐했다.

"그 계책이 실로 좋소."

군사를 이끌고 돌아가 물가 옆으로 나 있는 길가에 큰 목패를 세우게 한 뒤 글을 써 넣었다.

"바야흐로 지금 여름이어서 덥고 길이 막혀 있으니 가을이나 겨울을 기다려 다시 진군할 것이다."

오랑캐의 척후기병이 이 목패를 보고는 실로 대군이 철군한 것으로 알았다.

조조가 전주에게 명해 그의 부중을 이끌고 향도嚮導를 서게 했다. 서무산徐無山을 기어올라 산과 골짜기를 지나 500여 리를 간 뒤 다시 백단과 평강을 지나 선비족의 거주 지역을 뚫고 동쪽으로 곧장 유성을 향해 나아갔다. 불과 200리도 남지 않았을 때 적이 비로소 알고 원상과 원희, 답돈, 요서선우 누반樓班, 우북평선우 능신저지能臣抵之 등이 수만 명의 기병을 이끌고 조조군을 영격했다.

8월, 조조가 백랑산白狼山 요녕성 조양시 서남쪽에 올랐을 때 조조의 군사들이 돌연 적군과 조우하게 됐다. 적의 숫자가 매우 많았다. 조조의 치중 좌우에 있던 병사들은 갑옷을 입은 자가 매우 적어 적의 공격을 받을까봐 모두 두려워했다.

조조가 높은 곳에 올라 바라보니 적진이 매우 정제돼 있지 못함을 보고 곧 군사를 출동시켜 진격하게 했다. 장료를 선봉으로 내세워 치도록 하자 적군이 완전히 붕궤됐다. 답돈과 왕을 자칭한 부락추장 이하의 적군을 참하니 호인과 한인 등이 모두 투항했다. 그 수가 무려 20여만 명에 달했다.

요동선우 속복환速僕丸과 원상, 원희는 요동 태수 공손강에게 도망갔으나 그들의 부중으로 아직 수천 명의 기병이 남아 있었다. 어떤 사람이 조조에게 추격을 권하자 조조가 이를 거부했다.

"나는 바야흐로 공손강이 원상과 원희를 잡아 그 수급을 바치도록 할 것이다. 굳이 출병할 이유가 없다."

9월, 조조가 솔병해 유성에서 돌아왔다. 공손강은 과연 원상과 원희의 수급을 취해 공을 세우려고 마구간에 정병들을 매복시켜 놓았다. 원상과 원희가 찾아와 미처 앉기도 전에 공손강이 복병들에게 소리쳐 그들을 나포하게 했다. 원상과 원희, 속복환을 죽여 그들의 수급을 조조에게 보내자 제장 가운데 한 사람이 조조에게 물었다.

"공이 돌아오자 공손강이 원상과 원희 등을 죽였으니 어찌 된 일입니까?"

조조가 대답했다.

"공손강은 평소 원상과 원희를 두려워했다. 내가 급히 몰아세우면 그들은 연합할 것이나 느슨하게 놓아두면 그들은 서로 해치게 된다. 형세가 그러했다."

조조가 원상의 수급을 효수한 뒤 3군에 명했다.

"감히 그를 위해 곡을 하는 자는 참한다."

견초가 홀로 제사상을 차려 비통하게 곡을 하자 조조는 그가 충의가 있는 것을 알고 무재茂才로 천거했다.

이때 춥고 가물어 군영의 사방 200리 근처에 물이 나오지 않았다. 군사들이 먹을 것이 없게 되자 수천 마리의 말을 죽여서 허기를 채운 후 땅을 30여 장 파자 물이 나왔다.

조조가 군사를 이끌고 돌아온 후 이전에 출병을 저지한 사람들의 이름을 조사하게 했다. 사람들이 그 이유를 몰라 모두 두려워했으나 조조가 그들에게 일일이 후하게 상을 주며 말했다.

"고 역시 출병 전에 위험을 무릅쓰고 요행히 성공하길 바랐다. 비록 승리는 했으나 이는 하늘이 도왔기 때문이니 이를 실로 상규로 삼을 수는 없다. 제군의 간언은 모든 위험을 고려한 안전계책인 만안지계萬安之計였던 까닭에 상을 내린다. 이후 모두 말하는 것을 두려워하지 마라."

3) 겨울 10월 3일, 혜성이 순미鶉尾 성좌에 나타났다.

4) 겨울 10월 17일, 황건적이 제남왕 유빈劉斌을 죽였다.

5) 11월, 조조가 역수에 이르러 오환족의 대군代郡부락의 선우 보부로普富盧, 상군부락의 선우 나루那樓 등이 모두 와 축하했다.

군사가 돌아온 후 논공행상을 해 전주를 500호의 정후亭侯에 봉하자 전주가 말했다.

"저는 당초 유공劉公유우의 복수를 위해 부중을 이끌고 숨어 든 것입니다. 저의 뜻과 의절이 아직 실현되지 않았는데 이익을 취하는 것은 저의 본래 뜻에 어긋납니다."

전주가 끝까지 사양하며 받지 않았다. 조조가 그의 진심을 알고 강요하지 않기로 했다.

조조가 오환을 북벌할 때 유비는 유표에게 허현을 습격할 것을 권했으나 유표가 듣지 않았다. 유표가 조조가 돌아왔다는 소리를 듣고 유비에게 미안해했다.

"군의 얘기를 듣지 않아 절호의 기회를 놓쳤소."

유비가 위로했다.

"지금 천하가 분열돼 날마다 전쟁인 간과干戈가 그치지 않고 있으니 기회가 어찌 끝이 있겠습니까? 만일 다음 번 기회에 곧바로 움직이게 되면 이번의 실기는 그다지 애석해 할 필요가 없을 것입니다."

6) 이 해에 손권이 서쪽으로 황조를 치고 그의 백성을 노략해 돌아왔다.

7) 손권의 모친 오씨가 중병에 걸려 장소 등을 보고 그에게 후일을 부탁한 뒤 세상을 떠났다.

당초 낭야 출신 제갈량諸葛亮은 양양襄陽의 융중隆中호북성 양양 서쪽에 살았다. 그는 늘 자신을 관중과 악의에 비유하곤 했다. 당시의 사람들 대부분이 그의 존재를 몰랐다. 단지 영천 출신 서서徐庶와 최주평崔州平만이 그가 인물임을 알았다. 최주평은 최열崔烈의 아들로, 원래 이름은 최균崔鈞이다.

유비가 형주에 있을 때 양양 출신 사마휘司馬徽를 방문해 현사의 추천을 청하자 사마휘가 말했다.

"일개 선비인 유생속사儒生俗士가 어찌 능히 시대의 중요사안인 시무時務를 알겠습니까? 시무를 아는 자는 준걸 중에 있습니다. 여기에는 복룡伏龍과 봉추鳳雛가 있습니다."

유비가 그들이 누구인지를 묻자 사마휘가 말했다.

"그들은 바로 제갈공명諸葛孔明과 방사원龐士元입니다."

서서가 신야에서 유비를 배견하자 유비가 그를 매우 중히 여겼다. 유비가 서서에게 제갈공명에 대해 묻자 서서가 유비에게 반문했다.

"제갈공명은 와룡입니다. 장군은 어찌해 그를 보려고 하는 것입니까?"

유비가 말했다.

"군이 그와 함께 오도록 해 주오."

서서가 고개를 저으며 대답했다.

"저는 가서 그를 만날 수는 있어도 부를 수는 없습니다. 장군이 의당 친히 왕림하는 왕가枉駕를 해야 만날 수 있습니다."

유비가 제갈량을 찾아갔으나 모두 3번을 찾아가서야 그를 만나볼 수 있었다. 유비가 곧 좌우사람을 물리고 물었다.

"한실이 무너져 간신이 조정을 잡고 있기에 고는 자신의 덕성과 역량은 생각지도 않고 천하에 대의를 펴려고 했소. 그러나 지모가 천단淺短해 좌절한 후 현재에 이르게 됐소. 뜻만큼은 아직 버리지 않고 있으니 장차 어찌 해야 좋을지 일러 주시오."

제갈량이 대답했다.

"지금 조조가 이미 백만 대군을 거느리고 협천자로 제후를 호령하고 있으니 확실히 그와 쟁봉爭鋒교전할 수 없습니다. 손권은 강동에 웅거한지 이미 3대가 지났고 지세 또한 험한데다 백성이 믿고 따르며 현능한 인재가 등용되고 있으니 그와 동맹을 맺을 수는 있어도 도모할 수는 없습니다. 형주는 북쪽으로 한수漢水와 면수沔水에 걸쳐 있어 남해南海로 통할 수 있고 동쪽으로 오군과 회계군, 서쪽으로 파군과 촉군으로 통하니 이는 사방이 터져있는 요충지인 용무지국用武之國입니다. 그 주인은 이를 지킬 수 없으니 이는 거의 하늘이 장군에게 주려는 것이라고 할 만합니다. 익주는 지세가 험조險阻하고 옥야가 1,000리에 걸쳐 자원이 풍부한 땅인 천부지국天府之國이나 유장이 암약暗弱해 장로가 북쪽을 차지하고 있습니다. 백성이 은실殷實하고 나라가 부유한 민은국부民殷國富의 모습이나 유장이 이를 지키고 다독일 줄 몰라 지혜 있고 재능 있는 자들이 명군 얻기를 바라고 있습니다. 장군은 이미 황실의 후예로 신의가 사해에 떨치고 있습니다. 만일 형주와 익주를 얻어 그 험조함을 지켜 백성을 안무하고, 융족戎族 및 월족越族을 감싸 안고 손권과 결맹한 뒤 안으로 정치를 밝게 하고 밖으로 시변時變을 관찰하면 가히 패왕의 업을 이루어 한실을 흥기시킬 수 있습니다."

유비가 기뻐했다.

"훌륭합니다."

유비의 제갈량에 대한 총애와 정이 날이 갈수록 더욱 깊어졌다. 관우와 장비가 불평하는 기색을 보이자 유비가 그들을 다독이며 말했다.

"내가 공명을 얻은 것은 물고기가 물을 만나는 어지유수魚之有水와 같다. 원컨대 제군들은 다시 말하지 마라!"

관우와 장비가 불평을 멈췄다.

사마휘는 청아淸雅해 사람을 알아보는 능력인 지인지감知人之鑑이 있었다. 같은 현에 사는 방덕공龐德公이 평소 명망이 있어 사마휘가 그를 형으로 대우했다. 제갈량이 매번 방덕공의 집에 가서 홀로 좌탑坐榻 아래에 앉아 방덕공을 만나보았으나 방덕공이 처음부터 이를 제지하지 않았다.

방덕공의 조카 방통龐統은 소싯적에 투박하고 둔한 박둔朴鈍의 모습을 보여 그의 재능을 아는 사람이 없었다. 단지 방덕공과 사마휘만이 그를 중시했다. 방덕공이 일찍이 제갈공명은 와룡, 방사원은 봉추, 사마덕조司馬德操사마휘는 수감水鑑으로 별호를 지어주었다. 사마휘가 유비와 얘기를 나누면서 제갈량과 방통을 칭찬했던 것이다.

* 孝獻皇帝建安十二年

春, 二月, 曹操自淳于還鄴. 丁酉, 操奏封大功臣二十餘人, 皆為列侯. 因表萬歲亭侯荀彧功狀. 三月, 增封彧千戶. 又欲授以三公, 彧使荀攸深自陳讓, 至於十數, 乃止.

曹操將擊烏桓, 諸將皆曰, "袁尚亡虜耳, 夷狄貪而無親, 豈能為尚用! 今深入征之, 劉備必說劉表以襲許, 萬一為變, 事不可悔." 郭嘉曰, "公雖威震天下, 胡恃其遠, 必不設備, 因其無備, 卒然擊之, 可破滅也. 且袁紹有恩於民夷, 而尚兄弟生存. 今四州之民, 徒以威附, 德施未加, 捨而南征, 尚因烏桓之資, 招其死主之臣, 胡人一動, 民夷俱應, 以生蹋頓之心, 成覬覦之計, 恐青·冀非己之有也. 表坐談客耳, 自知才不足以御備, 重任之則恐不能制, 輕任之則備不為用, 雖虛國遠征, 公無憂矣." 操從之. 行至易, 郭嘉曰, "兵貴神速. 今千里襲人, 輜重多, 難以趨利, 且彼聞之, 必為備. 不如留輜重, 輕兵兼道以出, 掩其不意."

初, 袁紹數遣使召田疇於無終, 又即綬將軍印, 使安輯所統, 疇皆拒之. 及曹操定冀州, 河間邢顒謂疇曰, "黃巾起來, 二十餘年, 海內鼎沸, 百姓流離. 今聞曹公法令嚴. 民厭亂矣, 亂極則平, 請以身先." 遂裝還鄉里. 疇曰, "邢顒, 天民之先覺者也." 操以顒為冀州從事. 疇忿烏桓多殺其本郡冠蓋, 意欲討之而力未能. 操遣使辟疇, 疇戒其門下趣治嚴. 門人曰, "昔袁公慕君, 禮命五至, 君義不屈. 今曹公使一來而君若恐弗及者, 何也?" 疇笑曰, "此非君所識也." 遂隨使者到軍, 拜為蓨令, 隨軍次無終.

時方夏水雨, 而濱海洿下, 濘滯不通, 虜亦遮守蹊要, 軍不得進. 操患之, 以問田疇. 疇曰, "此道, 秋夏每常有水, 淺不通車馬, 深不載舟船, 為難久矣. 舊北平郡治在平岡, 道出盧龍, 達於柳城. 自建武以來, 陷壞斷絕, 垂二百載, 而尚有微徑可從. 今虜將以大軍當由無終, 不得進而退, 懈弛無備. 若嘿回軍, 從盧龍口越白檀之險, 出空虛之地, 路近而便, 掩其不備, 蹋頓可不戰而禽也." 操曰, "善!" 乃引軍還, 而署大木表於水側路傍曰, "方今夏暑, 道路不通, 且俟秋冬, 乃復進軍." 虜候騎見之, 誠以為大軍去也.

操令疇將其眾為鄉導, 上徐無山, 塹山堙谷, 五百餘里, 經白檀, 歷平岡, 步鮮卑庭, 東指柳城. 未至二百里, 虜乃知之. 尚·熙與蹋頓及遼西單于樓班·右北平單于能臣抵之等將數萬騎逆軍. 八月, 操登白狼山, 卒與虜遇, 眾甚盛. 操車重在後, 被甲者少, 左右皆懼. 操登高, 望虜陣不整, 乃縱兵擊之, 使張遼為先鋒, 虜眾大崩, 斬蹋頓及名王已下, 胡·漢降者二十餘萬口. 遼東單于速僕丸與尚·熙奔遼東太守公孫康, 其眾尚有敎千騎. 或勸操遂擊之, 操曰, "吾方使康斬送尚·熙首, 不煩兵矣." 九月, 操引兵自柳城還. 公孫康欲取尚·熙以為功, 乃先置精勇於廄中, 然後請尚·熙入, 未及坐, 康叱伏兵禽之, 遂斬尚·熙, 並速僕丸首送之. 諸將或問操曰, "公還而康斬尚·熙, 何也?" 操曰, "彼素畏尚·熙, 吾急之則並力, 緩之則自相圖, 其勢然也." 操梟尚首, 令三軍曰, "敢有哭之者斬!" 牽招獨設祭悲哭, 操義之, 舉為茂才. 時天寒且旱, 二百里無水, 軍又乏食, 殺馬數千匹以為糧, 鑿地入三十餘丈方得水. 既還, 科問前諫者, 眾莫知其故, 人人皆懼. 操皆厚賞之, 曰, "孤前行, 乘危以徼幸. 雖得之, 天所佐也, 顧不可以為常. 諸君之諫, 萬安之計, 是以相賞, 後勿難言之."

冬, 十月, 辛卯, 有星孛於鶉尾.

乙巳, 黃巾殺濟南王贇.

十一月, 曹操至易水, 烏桓單于代郡普富盧·上郡那樓皆來賀. 師還, 論功行賞, 以五百戶封田疇為亭侯. 疇曰, "吾始為劉公報仇, 率眾遁逃, 志義不立, 反以為利, 非本志也." 固讓不受. 操知其至心, 許而不奪.

操之北伐也, 劉備說劉表襲許, 表不能用. 及聞操還, 表謂備曰, "不用君言, 故為失此大會." 備曰, "今天下分裂, 日尋干戈, 事會之來, 豈有終極乎? 若能應之於後者, 則此未足為恨也."

是歲, 孫權西擊黃祖, 虜其人民而還.

權母吳氏疾篤, 引見張昭等, 屬以後事而卒.

初, 琅邪諸葛亮寓居襄陽隆中, 每自比管仲·樂毅. 時人莫之許也, 惟潁川徐庶與崔州平謂為信然. 州平, 烈之子也.

劉備在荊州, 訪士於襄陽司馬徽. 徽曰, "儒生俗士, 豈識時務, 識時務者在乎俊傑. 此間自有伏龍·鳳雛." 備問為誰, 曰, "諸葛孔明·龐士元也." 徐庶見備於新野, 備器之. 庶謂備曰, "諸葛孔明, 臥龍也, 將軍豈願見之乎?" 備曰, "君與俱來." 庶曰, "此人可就見, 不可屈致也, 將軍宜枉駕顧之." 備由是詣亮, 凡三往, 乃見. 因屏人曰, "漢室傾頹, 奸臣竊命, 孤不度德量力, 欲信大義於天下, 而智術淺短, 遂用猖蹶, 至於今日. 然志猶未已, 君謂計將安出?" 亮曰, "今曹操已擁百萬之眾, 挾天子而令諸侯, 此誠不可與爭鋒. 孫權據有江東, 已歷三世, 國險而民附, 賢能為之用, 此可與為援而不可圖也. 荊州北據漢·沔, 利盡南海, 東連吳會, 西通巴·蜀, 此用武之國, 而其主不能守, 此殆天所以資將軍也. 益州險塞, 沃野千里, 天府之土. 劉璋闇弱, 張魯在北, 民殷國富而不知存恤, 智能之士思得明君. 將軍既帝室之冑, 信義著於四海, 若跨有荊·益, 保其巖阻, 撫和戎·越, 結好孫權, 內修政治, 外觀時變, 則霸業可成, 漢室可興矣." 備曰, "善!" 於是與亮情好日密. 關羽·張飛不悅, 備解之曰, "孤之有孔明, 猶魚之有水也. 願諸君勿復言." 羽·飛乃止.

司馬徽, 清雅有知人之鑒. 同縣龐德公素有重名, 徽兄事之. 諸葛亮每至德公家, 獨拜床下, 德公初不令止. 德公從子統, 少時樸鈍,未有識者, 惟德公與徽重之. 德公常謂孔明為臥龍, 士元為鳳雛, 德操為水鑒. 故德操與劉備語而稱之.

한헌제 건안 13년(AD 208)

1) 봄 정월, 사도 조온이 조조의 아들 조비를 불러들이는 징벽徵辟을 하자 조조가 상표上表했다.

"조온이 신의 아들을 징벽하면 관원을 천거하는 선거選擧가 제대로 시행될 수 없습니다."

조온을 파면했다.

2) 조조가 업성으로 돌아가 현무지玄武池를 수축한 뒤 주사舟師수군를 훈련시켰다.

3) 당초 파군인 감녕은 사노비인 동객僮客 800명을 이끌고 유표에게 귀부했다. 유표가 유자儒者여서 군사에 익숙하지 않았다. 감녕은 유표가 결국 대사를 성취하지 못할 것을 알게 된 뒤 하루아침에 부중이 이산하게 되면 그 화가 자신에게 미칠까 두려워했다. 동쪽으로 나아가 오군으로 들어갈 생각을 하게 됐다.

감녕은 오군으로 가다가 황조가 장강으로 흘러드는 한수漢水 지류인 하수夏水의 입구인 하구夏호북성 무한시에 주둔하고 있어 군사를 이끌고 통과할 길이 없자 그대로 남게 됐다. 감녕이 황조에게 몸을 의탁하기 3년이 지났으나 황조는 그를 일반 병사와 똑같이 대했다.

손권이 황조를 칠 때 황조가 군사들을 이끌고 패주하자 손권의 교위 능조凌操가 군사를 이끌고 급히 추격해 왔다. 이때 감녕이 활을 잘 쏘아 뒤에서 솔병하며 능조를 쏘아 죽였다. 황조가 화를 간신히 면하게 됐다. 황조는 군사를 거두어 영채로 돌아온 뒤에도 감녕을 예전과 똑같이 대했다. 황조의 도독 소비蘇飛가 여러 차례 감녕을 천거했는데도 황조는 들은 척도 하지 않았다.

감녕이 떠나려고 했으나 자칫 빠져나가지 못할까 걱정하자 소비가 황조에게 보고해 감녕을 주현邾縣의 현장으로 임명하게 했다. 감녕이 이를 빌미로 결국 손권에게 도망치자 주유와 여몽이 그를 함께 천거했다. 손권이 감녕을 특별 대우해 구신들과 똑같이 대하자 감녕이 손권에게 헌책했다.

"지금 한나라의 운세인 한조漢祚는 날로 쇠미해져 조조가 장차 보위를 찬탈하는 도적인 찬도篡盜로 변할 것입니다. 남쪽에 있는 형주는 산천의 형세가 우리의 서쪽에서 장강의 상류를 제압하는 모습을 하고 있습니다. 제가 보건대 유표는 심모원려가 없고 자식들 또한 그보다 저열하니 한 사람도 능히 그 기업基業을 계승할 자가 없습니다. 지존至尊은 의당 빨리 도모해 조조의 뒤에 서는 일이 없어야 합니다. 그러기 위해서는 반드시 우선 황조를 제압해야 합니다. 황조는 지금 매우 어리석은 혼모昏耄의 모습이 극에 달해 재물과 양식이 모두 궁핍합니다. 게다가 좌우의 측근 또한 탐람하고 방종해 요속들이 심중에 원한을 품고 있습니다. 배와 병기가 부서져도 고치지 않고 농경 또한 게을리 하니 군에는 아예 기강이 없다고 하겠습니다. 지존이 지금 출정하면 반드시 그를 깨뜨릴 수 있습니다. 황조의 군사를 깨뜨리면 곧 서쪽으로 북을 울리며 진군하는 팽항彭行을 해 초관楚關호북성 장양현을 점거한 뒤 세력이 더욱 커지면 점차 그 범위를 파촉巴蜀으로 넓힐 수 있습니다."

손권이 이 의견에 크게 동의를 표시하자 장소가 옆에 앉아 있다가 반박했다.

"지금 오군의 민심이 들썩이고 있는데 만일 군사가 실로 서쪽으로 움직이면 화란을 부를까 걱정입니다."

감녕이 장소를 힐책했다.

"국가가 군에게 소하蕭何의 대임을 맡겼소. 그런데 군은 오직 지키고 앉아 화란이 일어날 까닭을 걱정하니 그러고도 어찌 능히 소하를 닮길 바랄 수 있겠소?"

손권이 감녕에게 술을 권하면서 말했다.

"흥패興覇, 올해의 서쪽 정토는 이 술과 같으니 서정을 경에게 부탁하오. 경은 방략을 세우는 데에만 전념해 반드시 황조를 깨도록 하오. 그러면 이는 경의 공로이니 하필 장장사張長史장소의 말에 신경 쓸 일이 있겠소?"

손권이 서쪽으로 진격해 황조를 쳤다. 황조가 옆으로 몽충艨艟을 늘여 세워 면수의 입구를 틀어막고, 종려나무로 길게 새끼를 꼬아 돌을 묶어 닻으로 썼다.[223] 배 위에서는 1,000명의 군사에게 강노强弩를 교대로 쏘게 했다. 화살이 비 오듯 해 손권의 군사가 전진할 수가 없었다.

편장군 동습董襲과 별부사마 능통凌統이 각각 돌격대 100명에게 모두 두겹의 갑옷을 입게 한 후 큰 배를 타고 함께 선봉에 서서 몽충 사이로 돌격해 들어갔다. 동습이 직접 칼을 빼어들어 닻줄을 끊자 몽충이 모두 떠내려가게 돼 대군이 마침내 진격하게 됐다.

황조가 도독 진취陳就에게 수군을 이끌고 영격하게 했으나 평북도위 여몽이 선봉에 서 진취를 죽이고 그의 수급을 효수했다. 장병들이 승세를 타 수륙으로 동시에 병진해 황조의 성에 다가서게 됐다. 모든 정예 병사를 총출동시켜 끝내 성지城池를 공략한 후 크게 도륙했다. 황조는 사력을 다해 도주하다가 추병追兵에 의해 참수 당했다. 이때 포로가 된 남녀의 수는 수만 명에 달했다.

223 몽충艨艟은 몽충艨艟 내지 몽충艨衝 또는 몽충蒙沖 등으로도 표기한다. 여기의 충艟과 충艟은 '동'이 아닌 '충'으로 읽는다. 이 배는 선체가 좁고 길며 배에다 가죽을 씌웠다. 배의 양 측면 아래쪽에 구멍이 나 있어 배안의 오물을 버릴 수 있고 위쪽에도 구멍이 있어 활을 쏘거나 긴 창으로 찌를 수 있게 돼 있다.

손권이 앞서 두 개의 함을 만들도록 해 황조와 소비의 수급을 담으려 했다. 손권이 제장들을 위로하기 위해 축하연을 벌이자 감녕이 자리에 앉아 머리를 찧으며 선혈과 눈물이 범벅이 된 채 옛날 소비가 자신에게 베푼 은혜를 말하며 손권에게 선처를 읍소했다.

"나 감녕은 소비를 만나지 못했으면 일찍이 구학溝壑에 뼈를 묻었을 것이기에 휘하에서 명을 받들 수가 없었습니다. 지금 소비의 죄는 의당 삼족을 멸할 죄이기는 하나 특별히 장군에게 청하건대 그를 한 번 살려 주시기 바랍니다."

손권이 감녕의 말에 감동했다.

"지금 군을 위해 그를 풀어주겠소. 만일 도망가면 어쩔 셈이오?"

감녕이 대답했다.

"소비는 머리가 잘리는 화를 면했으니 장군에게 재생의 은혜를 입은 것입니다. 설령 쫓아낼지라도 그는 가지 않을 것입니다. 그가 어찌 도망갈 생각을 하겠습니까? 만일 그런 일이 일어난다면 저의 머리가 그를 대신해 함 속에 담길 것입니다."

손권이 소비를 풀어주었다. 능통은 감녕이 자신의 부친 능조를 죽인 것에 대해 원한을 품고 늘 그를 죽이고자 했다. 손권이 능통에게 감녕을 원수로 대하지 못하게 명하고 감녕에게 군사를 이끌고 다른 곳에 주둔하도록 조치했다.

4) 6월 삼공의 직제를 없애고 승상과 어사대부 직제를 다시 두었다.

6월 9일, 조조를 승상에 임명했다. 조조가 기주 출신 별가종사 최염을 승상서조연丞相西曹掾, 진류 출신 사공동조연司空東曹掾 모개毛玠를 승상동조연, 하내 출신 원성元城 현령 사마랑司馬朗을 주부, 그의 동생 사마의司馬懿를 문학연文學掾, 기주주부 노육盧毓을 법조의령사法曹議令史로 삼았다. 노육은 노식의 아들이다. 최염과 모개가 함께 인사를 관장했다.

그들이 추천 임용한 자들은 모두 청렴하고 정직한 인물들이다. 당시 이름은 비록 높았지만 사실 이름에 부합하지 못하는 인물은 시종 임용되지 못했다. 이들은 돈실敦實한 인물을 추천하고 겉멋이 들고 거짓된 화위華僞의 인물은 배척하는 한편 겸공謙恭한 자들을 임용·승진시킴으로써 아부해 사리를 도모하는 아당阿黨을 억제했다. 천하의 선비들 가운데 청렴한 절조인 염절廉節로써 스스로 노력하지 않는 자가 없게 됐다. 설령 현귀한 대신일지라도 차량과 복식 등에서 감히 제도를 넘지 못했다. 관원이 고향에 갈 때에도 때묻은 얼굴과 헤어진 옷 그대로 홀로 1대의 수레를 몰고 갔고 백관이 관부로 들어갈 때에도 조복을 입고 걸어 들어갔다. 관원들이 위부터 맑게 되자 일반백성의 풍속에까지 그 영향을 미치게 됐다. 조조가 이 얘기를 들은 뒤 감탄했다.

"용인을 이처럼 하면 천하 사람이 스스로 알아서 할 터이니 내가 다시 무엇을 하겠는가?"

사마의는 어릴 때부터 총명하고 매사에 통달한 총달聰達의 모습을 보인데다 큰 계책인 대략大略이 있었다. 최염이 사마의의 형 사마랑을 보고 이같이 말했다.

"군의 동생은 총명하고 성실한데다 결단력이 있고 영특하니 네가 따라갈 수 없을 것이다."

조조가 그에 관한 얘기를 들은 후 그를 징소했으나 사마의는 관절염인 풍비風痹를 이유로 거절했다. 조조가 노여워 그를 잡아가두려고 하자 사마의가 두려워해 직위를 받았다.

5) 조조가 장료를 장사長社에 주둔하게 했다. 막상 출발하려는 때에 군중軍中에 모반자가 나타났다. 밤에 군영에서 난이 일어난 데 놀란 군사들이 횃불을 밝히는 등 군중이 소란해지자 장료가 좌우에 말했다.

"움직이지 마라. 이는 군영 전체가 모반한 것이 아니다. 모반을 꾀한 자가 군중의 소란을 이용해 군심을 어지럽게 만들려고 하는 것뿐이다."

이어 군사들을 향해 하령했다.

"모반하지 않은 자는 그 자리에 앉아서 움직이지 마라."

장료가 친병 수십 명을 거느리고 군영의 중앙에 앉았다. 잠시 후 군영이 조용해지자 즉각 주모자를 잡아 목을 베었다.

장료가 장사에 있을 때 우금은 영음潁陰, 악진은 양적陽翟에 주둔하니 3명의 장군이 모두 자기 뜻대로 일을 하려 해 서로 협조할 수 없었다. 조조가 사공주부 조엄을 보내 세 장수의 사무에 참여하게 했다. 조엄이 매번 일이 있을 때마다 중간에 서서 일의 시말을 자세히 설명해주자 3명의 장군이 서로 화목해졌다.

6) 당초 전장군前將軍 마등과 진서장군 한수韓遂는 형제결의를 했으나 후에 부하들의 마찰로 인해 서로 원수가 됐다. 조정이 사례교위 종요와 양주涼州 자사 위단韋端을 보내 이들을 화해시키면서 마등을 불러 괴리槐里에 주둔하게 했다.

조조가 형주를 치기 위해 장기張旣를 마등에게 보내 그가 군사들을 현지에 그대로 둔 채 조정으로 돌아올 것을 설득하게 하자 마등이 응답했다. 얼마 후 마등이 머뭇거리자 장기는 그가 생각을 바꿀까 두려워 곧 각 현에 빨리 양초를 준비하고 2천석의 관리들이 교외에 나와 맞이할 것을 명했다. 마등이 마지못해 동쪽으로 출발하게 됐다. 조조가 상표해 마등을 위위로 삼은 뒤 그의 아들 마초馬超를 편장군으로 임명해 마등의 부대를 지휘하게 한 뒤 그의 모든 가속을 업성으로 이주시켰다.

7) 가을 7월, 조조가 남쪽으로 가 유표를 쳤다.

8) 8월 24일, 광록훈 산양인 치려郗慮를 어사대부로 삼았다.

9) 8월 29일, 태사대부 공융을 공개처형해 시체를 거리에 방치하는 기시棄市를 했다. 공융은 그의 재주와 명망을 믿고 누차 조조를 희롱하고

모욕했다. 언사가 매우 편협하고 방자한 편탕偏宕의 모습을 보여 이치에서 벗어난 적이 많았다. 조조가 공융의 이름이 천하에 높아 표면상 비록 받아들이기는 했으나 내심 그를 매우 꺼려했다. 공융이 상서해 말한 적이 있었다.

"응당 제왕의 직할지를 두는 고대의 왕기王畿 제도를 좇아 경성의 1,000리 이내에는 제후를 봉하지 말아야 합니다."

조조가 공융이 거론하는 내용이 점차 확대되는 것을 알고 더욱 꺼리게 됐다. 공융은 치려와 틈이 있었다. 치려가 조조의 은근한 뜻인 풍지風旨를 알고 공융의 죄상을 엮은 뒤 승상군모좨주丞相軍謀祭酒 노수路粹를 통해 상주했다.

"공융은 전에 북해국에서 왕실이 불안정한 것을 보고 부중을 소집해 불궤를 꾀했고 손권의 사자와 담화할 때 조정을 비판하고 기롱하는 방산謗訕을 했습니다. 또 이전에 벼슬하지 못한 자인 백의白衣 예형과 함께 언행이 방자했는데 예형이 공융에게 '공자가 죽지 않았다' 하자 공융은 예형에게 '안회가 부활했다' 했습니다. 공융은 대역부도하니 의당 극형에 처해야 합니다."

조조가 공융을 잡도록 명해 그의 처자와 함께 죽였다.

당초 경조인 지습脂習은 공융과 매우 친했다. 그는 늘 공융에게 성정이 너무 강직해 반드시 재난을 만날 것이라고 충고했다. 공융이 죽을 때 허현에서 감히 그의 시신을 수습하는 자가 없었다. 지습이 가서 공융의 시체를 어루만지며 말했다.

"문거文擧공융가 나를 버리고 죽었으니 내가 살아야 무슨 소용이 있는가?"

조조가 지습을 잡아 죽이려 했다가 곧 사면했다.

10) 당초 유표에게는 유기劉琦와 유종劉琮이라는 두 아들이 있었다.

유표가 유종을 위해 후처 채씨의 질녀를 며느리로 맞아들였다. 채씨가 유종을 좋아하고 유기를 싫어하게 됐다. 채씨의 동생 채모蔡瑁와 생질 장윤張允이 모두 유표의 총애를 받았다. 그들은 매일 유기를 욕하고 유종을 칭찬하는 데 바빴다.

유기가 마음이 불안해 제갈량에게 자신이 살 방법을 물었으나 제갈량이 대답을 해주지 않았다. 후에 제갈량과 함께 높은 망루에 올라 주변사람들을 누대 아래로 내려가게 한 뒤 제갈량에게 물었다.

"오늘 위로는 하늘에 닿지 않고 아래로도 땅에 닿지 않으니 말이 선생의 입에서 나오면 곧 나의 귀에 들어옵니다. 말해줄 수 있겠습니까?"

제갈량이 말했다.

"군은 신생申生이 국내에 있다가 위험에 처하고 중이重耳가 밖에 머물러 안전했던 사실을 모르는 것이오."[224]

유기가 심중에 느끼는 바가 있어 은밀히 떠날 구실을 찾기 시작했다. 마침 황조가 죽어 유기가 그의 후임으로 갈 것을 청하자 유표가 곧 유기를 강하태수로 임명했다.

이후 유표가 병에 걸려 위독해지자 유기는 돌아가 병간호인 시약侍藥을 하려 했다. 채모와 장윤은 유표가 유기를 보고 부자지정이 발동해 후사를 맡길까 두려운 나머지 유기에게 이같이 권했다.

"장군이 군에게 강하에 가서 백성들을 진무하라고 명했으니 그 책무가 막중하오. 지금 군이 부중을 떠나 마음대로 왔으니 반드시 장군의 견책과 노여움을 살 것이오. 부친의 감정을 상하게 하고 오히려 병세를 더욱

---

224 신생은 춘추시대 진헌공晉獻公의 태자로 여희驪姬의 참소로 인해 자진했다. 중이는 신생의 동생으로 여희의 참소를 우려해 도망한 결과 목숨을 부지할 수 있었다. 그가 바로 훗날 제환공에 이어 두 번째로 패자가 된 진문공晉文公이다.

악화시키는 것은 효자가 취할 도리가 아니오."

유기를 문밖에서 저지시키고 유표를 만나지 못하게 하자 유기가 눈물을 흘리며 강하로 떠났다. 유표가 세상을 떠나자 채모와 장윤 등은 유종을 후계자로 세웠다. 유종이 열후의 인수를 유기에게 건네주자 유기가 분노해 인수를 땅바닥에 집어던진 후 분상을 틈 타 난을 일으키려고 했다. 유기는 마침 조조의 군사가 몰려온다는 소식을 접하고 강남으로 급히 달려갔다.

장릉 태수 괴월蒯越과 동조연 부손傅巽 등은 유종에게 투항을 권했다.

"반역과 순종인 역순逆順에 일정한 도리가 있고 강약 또한 일정한 형세가 있습니다. 신자의 지위에서 군주에게 항거하는 것은 역도逆道입니다. 방금 접수한 형주를 가지고 조정에 저항하는 것은 필연 위기를 불러오게 됩니다. 유비에 의지해 조공에 대항하는 것으로는 버틸 수 없습니다. 우리는 이 세 가지 측면에서 모두 열세에 처해 있습니다. 장차 무엇으로 적과 맞설 것입니까? 더구나 장군은 유비가 어떤 인물인지 스스로 한번 생각해 보시오. 만일 유비가 조공을 막지 못할 경우 형주는 살아남을 수 없을 것입니다. 또한 만일 조공을 막아낼 경우에는 장군의 밑에 있으려 하지 않을 것입니다."

유종이 동의했다.

9월, 조조가 신야에 도착하자 유종이 마침내 형주를 들어 투항했다. 유종이 손에 부절을 들고 조조를 영접하자 조조의 제장들은 이것이 거짓이 아닌지 의심했다. 누규婁圭가 확신을 가지고 말했다.

"천하가 시끄러워지자 각자 탐욕스럽게 조명을 구해 스스로를 높이고 있소. 지금 부절을 가지고 오는 것은 진심으로 하는 것임에 틀림없소."

조조가 진군했다.

당시 유비는 번성樊城에 있었다. 유종은 자신이 투항하려는 사실을 감히 유비에게 알리지 못했다. 유비가 한참이 지나서야 비로소 알게 돼 곧 측근을 유종에게 보내 사실인지 여부를 묻게 했다. 유종이 측근 송충宋忠을 유비에게 보내 자신의 뜻을 알리도록 했다. 이때 조조는 이미 완성宛城에 도착해 있었다. 유비가 크게 놀라 송충에게 물었다.

"경들은 하는 일이 어찌 이 모양인가? 조금 일찍 알리지 않았으면 지금 나에게 화란이 닥쳤을 것이다. 너무 지나치지 않는가?"

이어 칼을 뽑아 송충을 겨누고 말했다.

"지금 설령 경의 목을 쳐도 나의 원통함을 해소할 길이 없다. 더구나 대장부가 헤어지는 마당에 너와 같은 자들을 죽이는 것은 수치이다."

유비가 송충을 가게 한 뒤 부하들을 소집해 상의했다. 어떤 이가 유비에게 유종을 쳐 형주를 취하라고 권하자 유비가 이를 거절했다.

"유형주劉荊州가 죽으면서 어린 아들을 나에게 부탁했다. 자신이 살기 위해 신의를 배신하는 것을 나는 할 수 없다. 내가 죽어서 무슨 면목으로 유형주를 볼 것인가?"

결국 유비는 자신의 군사를 이끌고 번성을 떠날 수밖에 없었다. 양양을 지날 때 말을 세우고 큰 소리로 유종을 부르니 유종이 두려워 일어서지 못했다.

유종의 좌우측근과 형주의 사람들은 대다수가 유비에게 귀부했었다. 유비는 유표의 묘를 지나며 그에게 이별을 고하고 눈물을 흘리며 떠났다. 당양에 도착했을 때 부중의 수가 10여만 명에 이르렀고 치중 또한 수천 대에 달했다. 하루에 10여 리를 가게 되자 관우를 따로 보내 100척의 배를 타고가 강릉에서 회합하게 했다. 어떤 사람이 유비에게 권했다.

"응당 빨리 가서 강릉을 보위해야 합니다. 지금 비록 대규모의 부중을 거느리고 있으나 갑옷을 입은 자는 적으니 만일 조공의 부대가 쫓아오면 무엇으로 대항할 것입니까?"

유비가 거절했다.

"무릇 대업을 완성하려면 반드시 사람을 근본으로 삼아야 하오. 지금 사람들이 나에게 귀부했는데 내가 어떻게 그들을 버리고 떠날 수 있겠소?"

습착치習鑿齒가 평했다.[225]

"유비는 비록 전패顚沛넘어짐해 위기에 처했을 때 오히려 신의를 더욱 밝혔고 형세가 곤핍해 사정이 위급한데도 오히려 말이 정도를 잃지 않았다. 유경승劉景升유표의 구은을 추념해 진정으로 3군三軍을 감동시키고 대의를 따르는 백성을 연연히 생각하니 백성들이 즐겨 그와 화란을 같이 하려 한다. 그가 끝내 대업을 완성하는 게 마땅한 일이 아니겠는가?"

11) 유종의 부장 왕위王威가 유종에게 건의했다.

"조조는 장군이 이미 투항할 것이라는 애기를 들었고 유비가 이미 도주했으니 필경 조조는 해이해져 방비를 하지 않고 가뿐한 차림으로 떠나는 경행輕行으로 홀로 나아갈 것입니다. 만일 저에게 기병奇兵 수천 명을 주면 지세가 험고한 곳에서 기다리고 있다고 조조를 사로잡을 수 있습니다. 조조를 잡으면 가히 사해가 진동할 것이니 어찌 한낱 오늘의 이런 모습을 유지하는 데 그치겠습니까?"

유종이 듣지 않았다.

조조가 강릉에 군자軍資가 있는 까닭에 유비가 강릉을 점거할까 두려

---

225 습착치는 동진시대의 학자로 자는 언위彦威이고 양양襄陽 출신이다. 어려서부터 박학하고 문장을 잘해 명성을 날렸다. 일찍이 환온桓溫의 속료가 돼 형양滎陽태수를 역임했다. 저서로는 후한에서 서진까지 의 역사를 기록한 『한진춘추漢晉春秋』 54권이 있다. 그는 이 책에서 삼국시대를 다루면서 촉한을 정통으로 삼고 위나라의 조조를 찬역한 인물로 평가함으로써 송대 성리학의 정통관과 나관중의 『삼국연의』 저술 등에 지대한 영향을 미쳤다.

워 치중을 뒤에 남겨둔 채 경군을 거느리고 양양에 도착했다. 유비가 이미 떠났다는 소식을 듣고 조조가 급히 정예한 기병 5,000명을 거느리고 추격했다. 꼬박 하루 밤낮을 새워 300여 리를 달려가 당양當陽호북성 당양현의 북쪽에 있는 장판長坂에 이르렀다. 유비가 처자를 버린 채 제갈량과 장비, 조운 등 수십 명만을 데리고 말을 급히 몰아 도망가니 조조가 수많은 인마와 치중을 획득하게 됐다.

이때 서서의 모친이 조조에게 포로가 됐다. 서서가 부득이 유비에게 고별을 하며 자신의 가슴을 가리켜 말했다.

"본래 장군과 함께 패왕의 대업을 도모하고자 한 것은 바로 이 한 뼘도 안 되는 심중에서 나온 것입니다. 지금 이미 노모를 잃어 마음이 산란하니 남아 있더라도 별다른 도움을 주지 못할 것입니다. 작별하고자 합니다."

조조에게 달려갔다.

장비는 20명의 기병騎兵을 거느리고 뒤를 막을 때 하안河岸을 점거하고 교량을 끊은 뒤 눈을 부릅뜬 채 창을 옆에 비껴차고 큰 소리로 외쳤다.

"내가 장익덕張益德이다. 앞으로 나와 생사를 가르자!"

조조의 사병이 감히 그에게 접근하지 못했다. 이때 어떤 사람이 유비에게 황급히 보고했다.

"조운이 이미 북쪽으로 도주했습니다."

유비가 화가 나 수극手戟을 집어던지며 호통을 쳤다.

"자룡子龍은 나를 버리고 도주할 사람이 아니다."

과연 얼마 후 조자룡이 유비의 아들 유선劉禪을 품에 안고 돌아왔다. 함께 관우의 배를 타고 면수沔水를 건너다가 마침 유기의 부대 1만여 명과 만나 이들과 함께 하구夏口에 도착했다.

조조가 강릉으로 진군해 유종을 청주자사로 임명하고 열후에 봉했다.

또한 괴월 등을 포함해 모두 15인을 열후에 봉했다. 감옥에 갇힌 한숭韓嵩을 석방해 붕우의 예로 대하고 그에게 형주의 인물들을 품평하게 한 후 거론된 자들을 모두 탁용했다. 한숭을 대홍려, 괴월을 광록훈, 유선劉先을 상서, 등희鄧羲를 시중으로 삼았다.

형주대장 남양인 문빙文聘은 성 밖에서 주둔하고 있었다. 유종이 투항할 때 문빙을 불러 함께 투항하려고 하자 문빙이 거부했다.

"나 문빙은 형주를 능히 보전하지 못하니 의당 여기서 대죄待罪할 뿐입니다."

조조가 한수를 건너오자 문빙이 조조를 찾아가 배견하자 조조가 기뻐했다.

"오는 것이 왜 이리 늦었소?"

문빙이 비통해 했다.

"전에 저는 유형주를 보필해 국가를 받드는 일을 제대로 하지 못했습니다. 유형주는 비록 서세逝世했지만 늘 한천漢川을 지켜 강토를 보전하고자 했습니다. 살아서 유주幼主를 져버리지 않고 죽어서 지하의 유형주에게 부끄럽지 않고자 했으나 저 스스로 결정할 수 없는 상황으로 인해 이 지경에 이르게 됐습니다. 실로 비통하고 수치스러운 생각에 일찍이 얼굴을 들고 배견할 수 없었습니다."

마침내 문빙이 목이 메어 슬피 흐느껴 우는 허희유체歔欷流涕를 하자 조조도 비감한 생각이 들어 말했다.

"중업仲業, 경은 실로 충신이오."

조조가 그를 후히 대우해 강하태수에 임명한 뒤 원래의 군사를 이끌게 했다.

당초 원소는 기주에 있을 때 사자를 보내 여남군의 사대부를 영접한 적이 있었다. 서평西平청해성 서녕 출신 화흡和洽은 기주는 땅이 평탄하고 백성들이 강인해 영웅호걸이 노리는 지역이라고 판단했다. 지세가 험고하고 백성들이 유약한 형주에 기대느니만 못하다고 생각해 유표에게 몸을 의탁했다. 유표가 상빈의 예로 그를 대접하자 화흡이 속마음을 털어놓으며 말했다.

"제가 원본초를 따라가지 않은 것은 쟁지爭地을 피하기 위해서였습니다.[226] 난세의 군주는 쉽게 친할 수 없고 오래 머물러 있게 되면 참언과 비방이 곧 나타나게 됩니다."

남쪽 무릉으로 갔다. 유표가 남양인 유망지劉望之를 불러 종사로 삼았다. 그의 두 친구가 모두 참언과 비방으로 인해 유표에게 죽임을 당했다. 유망지는 여러 차례 직간을 했으나 유표와 뜻이 맞지 않자 벼슬을 버리고 귀향했다. 유망지의 동생 유이劉廙가 유망지에게 충고했다.

"조간자趙簡子가 두명독竇鳴犢을 죽이자 공자가 중도에서 수레를 돌렸습니다.[227] 지금 형은 이미 유하혜柳下惠처럼 속세에서 뭇 백성과 어울려 사는 화광동진和光同塵을 행하기가 어렵게 됐으니 의당 범리范蠡의 본을 받아 속세 밖으로 나가십시오. 집안에 앉아 바깥과 관계를 끊는 것은 거의 불가능한 일이 아닌가 싶습니다."

유망지가 이를 듣지 않다가 얼마 후 살해됐다. 유이는 양주揚州로 달아났다.

---

226 '쟁지'는 『손자병법』「구지九地」에 따르면 아군이 차지하면 유리하고 적이 차지하면 적에게 유리한 곳을 말한다.

227 이 일화는 『사기』「공자세가」에 나온 것이다. 공자는 일찍이 진晉나라의 조간자를 찾아보러 가다가 황하 가에 이르렀을 때 조간자가 두명독과 순화舜華 등을 죽였다는 얘기를 듣고 "하늘이 나를 강을 넘지 못하게 하는구나!" 라고 말했다. 제자 자공이 그 이유를 묻자 공자가 말하기를, "조간자는 두명독과 순화 덕분에 몸을 일으키게 됐는데 지금 불의를 저질러 그들을 죽였으니 짐승도 불의한 것을 피할 줄 아는데 하물며 나야 말할 것이 있겠는가?"라며 수레의 방향을 돌렸다고 한다.

남양인 한기韓曁는 원술의 부름을 피해 산도산山都山호북성 양번으로 옮겨가 살았다. 유표가 또 그를 징소하자 잔릉孱陵으로 옮겨가 은거했다. 유표가 이를 통한히 여기자 한기가 두려워 명을 받아 의성宜城 현장이 됐다.

하동인 배잠裴潛도 유표에게 후한 대우를 받았다. 어느 날 은밀히 왕창王暢의 아들 왕찬王粲과 하내인 사마지司馬芝에게 말했다.

"유형주는 패왕의 재목이 아니다. 본인은 주문왕을 자처하고자 하나 그가 망하는 데에는 시간이 얼마 걸리지 않을 것이다."

배잠이 남쪽 장사로 갔다.

조조가 한기를 승상사조속丞相士曹屬, 배잠을 참승상군사參丞相軍事, 화흡과 유이, 왕찬 등을 연속掾屬[228], 사마지를 관현菅縣의 현령으로 삼아 민심에 부응했다.

12) 겨울 10월 1일, 일식이 있었다.

13) 당초 노숙이 유표가 죽었다는 소식을 듣고 손권에게 건의했다.

"형주는 우리 국토와 붙어 있는데다 강산이 험고하고 옥야가 만리이며 백성이 부유하니 만일 우리가 차지하면 이는 제왕의 기반이 될 것입니다. 지금 유표가 죽자 두 아들이 불목해 군내의 제장들도 두 파로 갈려 있습니다. 유비는 사납고 용맹한 천하의 효웅梟雄입니다. 지금 조조와 틈이 생겨 유표에게 의탁하고 있지만 유표 또한 그의 재능을 꺼려 그를 크게 쓸 수가 없습니다. 만일 유비와 유표가 마음을 합쳐 상하가 하나로 되면 의당 조문해 위로하고 동맹을 맺어야 합니다. 만일 그들이 서로 마음이 안 맞아 헤어지게 된다면 의당 대업을 완성하는 방안을 강구해야 합니

228 '연속'은 중앙정부의 벼슬아치로 동서조東西曹의 연掾은 대략 400석, 다른 조曹의 연은 300석, 속屬은 200석의 녹질을 받았다. 이들은 대개 삼공의 뜻을 전달하는 역할을 했다. 위진남북조 시대에는 대략 수십 명에 달했다고 한다.

다. 저는 명을 받들어 유표의 두 아들에게 조의를 표하고 군중의 주요 장군들을 위로한 뒤 유비를 설득해 그의 군사를 안무하도록 하겠습니다. 이렇게 합심해 함께 조조를 물리치자고 하면 유비가 반드시 흔쾌히 동의할 것입니다. 만일 성공하면 천하가 가히 안정될 것이니 지금 빨리 가지 않으면 조조에게 선수를 빼앗길까 두렵습니다."

손권이 즉시 노숙을 보냈다.

노숙이 하구에 이르러 조조가 이미 형주를 떠났다는 소리를 듣고 주야로 말을 달려 남군에 도착하니 유종은 이미 투항했고 유비는 남쪽으로 도망간 뒤였다. 노숙이 직접 그들을 맞이하기 위해 달려가 당양의 장판에서 유비 일행을 만났다. 노숙이 유비에게 손권의 뜻을 설명하고 천하 형세를 논한 뒤 유비에게 은근한 뜻을 표시하며 물었다.

"유예주劉豫州는 지금 어디로 가려 합니까?"

유비가 대답했다.

"나와 창오蒼梧 태수 오거吳巨는 옛 교분이 있으니 그에게 가려 하오."

노숙이 제의했다.

"손토로孫討虜는 총명하고 인혜仁惠로워 선비들을 예로써 높이 받드니 강남의 영웅호걸들이 모두 그에게 귀부하고 있습니다. 이미 6개 군을 거느리고 있는데다 군사 또한 정예하고 양식이 풍부하니 가히 대업을 이룰만 합니다. 지금 유예주를 위해 생각건대 측근을 강동의 손토로에게 보내 결맹을 맺어 함께 대업을 완성하는 것보다 나은 것은 없을 것입니다. 유예주는 오거에게 가려고 하나 그는 일개 범인에 지나지 않고 땅 또한 구석에 치우쳐 있어 장차 병탄될 것입니다. 어찌 그에게 가서 의탁하려 합니까?"

유비가 크게 기뻐하자 노숙이 다시 제갈량을 찾아가 말했다.

"나는 제갈자유諸葛子瑜제갈근의 친구요."

두 사람이 즉시 교분을 맺고 친구가 됐다.

자유는 제갈량의 형인 제갈근으로 강동으로 피난 갔다가 손권의 장사長史가 됐다. 유비가 노숙의 계책을 좇아 악현鄂縣의 번구樊口로 가 주둔했다.

조조가 강릉에서 장강을 따라 동쪽으로 내려가자 제갈량이 유비에게 건의했다.

"일이 급하게 됐으니 명을 받들어 손장군에게 가 구원을 청할 생각입니다."

제갈량이 노숙과 함께 손권을 배견했다. 제갈량이 시상柴桑강서성 구강시 서남쪽에서 손권을 만나 유세했다.

"천하대란으로 장군은 강동에서 기병하고 유예주는 강남에서 사람을 모아 조조와 더불어 천하를 다투고 있습니다. 지금 조조는 북방의 대난大難을 제거해 이미 북방을 평정한데다 형주마저 격파하니 그 위엄이 사해를 진동시키고 있습니다. 영웅이 군사운용인 용무用武의 땅이 없어 유예주가 이곳으로 도피해 있습니다. 원컨대 장군이 힘을 다해 눈앞에 닥친 위기국면에 대처해 주길 바랍니다.

만일 오월吳越 지역의 백성을 거느리고 중원과 항쟁하고자 하면 일찍 조조와 관계를 끊느니만 못합니다. 만일 그것이 불가능하면 왜 속히 군사를 해산시키고 무장을 해제하는 안병속갑按兵束甲을 한 뒤 북면해 조조에게 칭신하지 않는 것입니까? 지금 장군은 겉으로는 조정에 복종하고 있으나 심중은 머뭇거리며 결정을 내리지 못하고 있습니다. 지금 정황이 긴박한데도 결단을 못 내리니 화란이 닥칠 날을 손꼽아 헤아릴 수 있습니다."

손권이 반문했다.

"만일 사실이 군의 말과 같다면 유예주는 왜 조조에게 투항하지 않는 것이오?"

제갈량이 대답했다.

"전횡田橫은 제나라의 장사일 뿐인데 의절을 굳건히 지켜 굴욕으로 투항하지 않았습니다. 하물며 유예주는 황실의 후예로 뛰어난 재주가 세상을 덮을 만합니다. 사대부들이 그를 앙모하는 게 마치 물이 흘러 대해로 들어가는 것과 같습니다. 만일 사업에 성공하지 못할지라도 이는 하늘의 뜻이니 어찌 능히 조조의 발밑에 무릎을 꿇겠습니까?"

손권이 발끈했다.

"나는 전 오군의 땅과 10만 명의 군사를 들어 다른 사람의 통제를 받을 수는 없소. 나의 생각은 이미 정해졌소. 유예주를 제외하고는 조조를 당할 사람이 없소. 유예주는 방금 실패한 후이니 어찌 능히 이 재난을 벗어날 수 있겠소."

제갈량이 대답했다.

"유예주의 군사는 비록 장판에서 패하기는 했으나 지금 다시 돌아온 군사와 관우의 수군을 합치면 정병이 1만 명이고 유기 또한 강하의 군사를 합치면 최소한 1만 명은 될 것입니다. 조조의 군사는 먼 길을 달려와 피곤을 감당하기 어려울 것입니다.

또한 듣건대 유예주를 추격할 때 경기輕騎로 하루 밤낮에 300여 리를 달려 왔다고 하니 이는 강노强弩의 화살도 마지막에는 노나라의 얇은 천 조각을 뚫지 못하는 이치와 같습니다. 『손자병법』에서 이를 꺼려 '반드시 상장군을 좌절시킬 것이다'라고 말한 이유입니다.[229] 나아가 북방인은 수

---

229 『손자병법』「군쟁軍爭」은 장군이 경솔하게 행군해 병사들을 지치게 만들 경우 포로가 되거나 큰 피해를 입게 된다고 경고하고 있다. 『손자병법』의 "백리이쟁리百里而爭利, 즉금삼장군則擒三將軍. 오십리이쟁리五十里而爭利, 즉궐상장군則蹶上將軍." 구절이 그렇다.

전에 익숙지도 않은데다 형주의 백성 또한 비록 조조에게 귀부했다 해도 이는 무력에 핍박돼 부득이해 그랬을 뿐 진심으로 심복한 것이 아닙니다. 지금 장군이 맹장들에게 명해 수만 명의 군사를 이끌고 유예주와 협력하게 하면 반드시 조조의 군사를 격파할 수 있습니다. 조조의 군사는 패하면 반드시 북쪽으로 돌아갈 것이고, 그러면 형주와 오군의 세력은 더욱 커져 정립鼎立의 양상이 형성될 것입니다. 성패의 관건은 바로 오늘에 있습니다."

손권이 크게 기뻐하며 곧 요속들을 불러 상의했다.

이때 조조가 손권에게 서신을 보내 엄포했다.

"근자에 나는 천자의 명을 받들어 반적을 토벌하고 있으니 천자기와 대장기인 정휘旌麾가 남쪽을 가리키자 유종이 꼼짝 못하고 붙잡혔다. 지금 수군 80만 명을 정비해 장차 장군과 오군 땅에서 회전하고자 한다."

손권이 이를 신하들에게 보여주자 놀라서 실색失色하지 않는 자가 없었다. 장사 장소張昭 등이 이들을 대표했다.

"조공은 승냥이와 범인 시호豺虎와 같은 자입니다. 천자를 옆에 끼는 협천자로 사방을 정벌하는 까닭에 움직이면 곧 조정의 명령이 되고 있습니다. 지금 그에게 저항하면 곧 대역불순이 됩니다. 하물며 장군이 가장 유효하게 조조를 막을 수 있는 것은 장강인데 지금 조조는 형주를 얻어 그 땅을 점령하고 있습니다. 유표가 수군을 훈련시키면서 만든 몽충 전함이 1,000척인데 조조가 이 배들을 모두 강에 연이어 띄워놓고 있습니다. 만일 보병과 함께 수륙으로 병진하면 이는 이른바 장강의 천험天險을 이미 우리와 공유하고 있는 셈이니 세력의 대소를 논할 수가 없습니다.[230] 어

---

230 '천험'은 자연적인 지세가 매우 험해 적에게는 유리하고 아군에게는 극히 불리한 곳을 말한다. 『손자병법』에는 자연적인 천험지역으로 모두 6곳이 언급돼 있다. 사방이 절벽

리석은 생각으로는 조조를 영접하는 것보다 좋은 방법은 없을 듯싶습니다."

이때 노숙이 한마디도 하지 않았다. 손권이 몸을 일으켜 용변인 갱의更衣를 하러 가자 노숙이 측간까지 좇아갔다. 손권이 그 취지를 알아채어 노숙의 손을 잡고 물었다.

"경이 무슨 말을 하려는 것이오?"

노숙이 대답했다.

"사람들이 하는 말을 가만히 들어보니 온통 장군을 오도하고 있어 가히 그들과 더불어 대사를 도모할 수가 없습니다. 지금 저는 가히 조조를 영접할 수 있으나 장군은 할 수 없습니다. 그 까닭을 보면 제가 조조를 영접하면 조조는 곧 저를 고향에 돌아갈 수 있도록 해줄 것입니다. 아니면 저의 명성과 지위 등을 감안해 최소한 말단 관원인 하조종사下曹從事 이상은 시켜줄 수 있습니다. 그러면 독거犢車소가 끄는 수레를 탄 채 아전들을 거느리고 사림들과 교유하다가 점차 승진해 주군州郡의 장관까지는 지낼 수 있습니다. 장군은 조조를 영접하면 과연 어디에다 몸을 둘 수 있을 것으로 생각합니까? 원컨대 하루 속히 천하대계를 정하기를 바랍니다. 절대 중인들의 의견을 채택해서는 안 됩니다."

손권이 탄식했다.

"그들의 논의는 고를 심히 실망시키고 있소. 지금 경이 천명한 대계는 바로 고의 생각과 같소."

이때 주유가 명을 받고 번양番陽에 도착했다. 노숙이 손권에게 권해 주

으로 둘러싸인 절간絶澗과 땅이 우품 꺼진 천정天井, 한 번 들어가면 나오기 힘든 천뢰天牢, 초목이 무성해 사방을 분간할 수 없는 천라天羅, 한 번 들어가면 빠져나오기 힘든 늪지대인 천함天陷, 틈새가 좁고 길게 뻗친 것과 같이 극히 험한 골짜기인 천극天隙 등이 그것이다.

유를 돌아오도록 했다. 주유가 돌아와 손권에게 건의했다.

"조조는 비록 한나라의 재상을 칭하고 있지만 사실은 한조를 절국竊國할 대도적입니다. 장군은 신무웅재神武雄才를 지니고 있고 부형의 세운 혁혁한 기업을 바탕으로 하고 있습니다. 홀로 강동에 웅거해 강역이 사방 수천 리에 달하고 병사들은 정예해 쓸 만하며 영웅호걸들이 즐거이 명을 받드니 의당 천하를 횡행하며 한조를 위해 적당들을 제거할 만합니다. 하물며 조조는 제 발로 죽으러 왔는데 어찌 그에게 투항할 수 있겠습니까? 청컨대 장군을 위한 계책을 진언할 수 있게 해 주기 바랍니다.

지금 북방은 아직 평정이 안 돼 마초와 한수韓遂가 관서에 버티고 있으니 이는 조조의 두통거리입니다. 또한 조조가 기병을 버리고 수군에 의지해 오월인과 다투고자 하나 지금은 추운 겨울로 말먹일 풀도 없고 중원의 병사들 또한 멀리 강호江湖에 와 수토가 맞지 않아 반드시 병이 날 것입니다. 이 몇 가지 점은 모두 용병에서 가장 꺼리는 것인데 조조가 위험을 무릅쓰고 실행하는 것입니다. 장군이 조조를 잡을 수 있는 때가 바로 지금입니다. 청컨대 저에게 정병 수만 명을 주시길 바랍니다. 그러면 하구에 진주해 장군을 위해 적들을 반드시 격파할 것을 약속드리겠습니다."

손권이 기뻐했다.

"늙은 도적이 한나라를 폐하고 스스로 자립한지 이미 오래됐소. 그는 단지 원씨 형제와 여포, 유표와 고를 꺼렸을 뿐이오. 지금 몇 명의 영웅은 이미 그에 의해 멸망했고 오직 고만 남아 있소. 고는 늙은 도적과 세가 양립할 수 없소. 의당 영격해야 한다는 군의 주장은 고의 의견과 완전히 일치하오. 하늘이 아마도 당신을 나에게 준 듯하오."

손권이 칼을 뽑아 앞의 서류용 탁자인 주안奏案을 내리쳐 쪼갠 뒤 큰 소리로 말했다.

"제장들 가운데 감히 조조를 맞이해야 한다고 다시 말하는 자는 이 책상과 같이 될 것이다!."

곧 산회했다. 이날 저녁 주유가 손권을 다시 찾아가 건의했다.

"사람들이 단지 조조가 서신에서 수군과 보병을 합쳐 80만 명이라고 한 말에 겁을 먹고 있습니다. 그 허실을 다시 정확히 헤아리지 않고 이런 의논을 낸 것이니 언급할 필요조차 없는 것입니다. 지금 실제로 따져보면 조조가 이끄는 중원의 사병은 불과 15–16만 명에 불과하고 게다가 이미 매우 지쳐 있습니다. 또한 유표의 군사를 얻었다 해도 많아봐야 7–8만 명이고 이들은 아직 여우의 의심인 호의狐疑를 품고 있습니다. 무릇 병들고 피곤한 병사들로 호의를 품고 있는 병사들을 제어하면 사람 수는 비록 많다 하나 결하고 두려워할 이유가 없습니다. 저에게 단지 정병 5만 명만 주면 능히 그들을 제압할 수 있습니다. 원컨대 장군은 심려치 말도록 하십시오."

손권이 주유의 등을 쓰다듬으며 말했다.

"공근公瑾, 경의 말이 이와 같으니 고의 마음에 꼭 드오. 자포子布장소와 원표元表진송 등은 각기 처자식만을 생각해 사사로운 마음을 품게 돼 사람들을 크게 실망시켰소.[231] 오직 경과 자경과 고만이 같은 생각이니 이는 하늘이 경 두 사람을 보내 나를 보좌하도록 한 것이오. 지금 군사 5만 명을 일시에 모으기는 힘드나 이미 3만 명은 모아 놓았고 배와 양식, 무기 등도 모두 준비됐소. 경과 자경, 정공程公정보이 앞서 출발하면 나는 계속 인마를 모으고 양초를 많이 실어 보냄으로써 경을 뒤에서 돕겠소. 경은 능히 적들과 대적할 수 있으나 혹여 여의치 않게 되면 나에게 오도록 하시오. 내가 장차 맹덕孟德과 자웅을 겨룰 것이오."

주유와 정보를 각각 좌우독左右督으로 삼아 군사를 이끌고 가 유비와

231 원표가 아니라 문표文表가 옳다는 주장이 유력하다. 문표는 진송秦松의 자이다.

함께 조조를 영격하게 했다. 또한 노숙을 찬군교위贊軍校尉로 임명해 방략을 세우는 것을 돕도록 했다.

유비가 번구에 주둔하며 매일 순라병을 강변으로 보내 손권의 군사가 오는지를 알아보도록 했다. 순라병이 주유가 탄 배를 보자 날듯이 군영으로 달려와 유비에게 보고했다. 유비가 사람을 보내 주유의 노고를 치하하자 주유가 이의를 제기했다.

"나는 임무 때문에 자리를 비울 수가 없소. 만일 유예주가 광림해 주면 나의 뜻에 합당하겠소."

유비가 한 척의 작은 배를 타고 가서 주유를 보고 말했다.

"지금 조조를 막으려면 깊이 생각해 계책을 마련해야 할 것이오. 병사들은 모두 얼마나 되오?"

주유가 힘찬 목소리로 대답했다.

"3만 명입니다."

유비가 고개를 갸웃했다.

"약간 적은 것이 애석하다."

주유가 발끈했다.

"이 정도면 충분히 대적할 수 있습니다. 유예주는 제가 적을 깨뜨리는 것을 보기나 하십시오."

유비가 노숙 등을 불러 함께 상의하고 싶어 하자 주유가 단호히 반대했다.

"자경도 임무 때문에 자리를 비울 수 없습니다. 만일 그를 보고자 하면 가서 만날 수는 있습니다."

유비가 이 말을 듣고 내심 부끄러웠으나 일면 흐뭇한 생각도 들었다.

주유가 계속 전진해 조조와 장강의 남안인 적벽赤壁 호북성 포기현 서북쪽에서 만났다.

당시 조조군 내에는 이미 전염병인 역질疫疾이 돌고 있었다. 첫 번째 교전에서 조조군은 매우 불리한 상황에 처하자 곧바로 강북으로 퇴군해 영채를 세웠다. 주유 등은 강남에 영채를 차리고 대치했다. 주유의 부장 황개가 건의했다.

"지금 적의 수는 많고 우리는 적어 지구전이 어렵습니다. 조조군이 바야흐로 함선들을 모두 일렬로 늘여 세워 앞뒤를 붙여 놓았으니 가히 불을 지른 뒤 도망할 수 있습니다."

몽충蒙衝 전함 10척에다가 마른 억새풀과 섶을 가득 싣고 그 안에 기름을 부은 뒤 조조군이 눈치 채지 못하게 겉에 장막을 덮었다. 이어 위에 정기旌旗를 꽂고 쾌속선을 준비해 몽충 전함 뒤에 연결시켰다.

황개가 우선 조조에게 서신을 보내 거짓으로 투항하겠다는 뜻을 밝혔다. 이때는 마침 동남풍이 맹렬히 불고 있었다. 황개가 10척의 몽충 배를 맨 앞에 내세워 앞으로 나아가다가 강심에 이르러 돛을 올리게 한 뒤 나머지 배들이 그 뒤를 좇아 전진하게 했다. 조조군의 장병들이 모두 영채 밖으로 나와 서서 바라보면서 손가락으로 가리키며 황개가 투항하러 온다고 떠들었다.

강북의 조조군으로부터 2리가량 떨어진 곳에 이르렀을 때 몽충 배에 동시에 불을 붙이니 화광이 충천했다. 이때 미친 듯이 부는 바람으로 인해 쏜살같이 나아간 몽충 배의 불길이 조조군의 배에 옮겨붙어 조조군의 배를 모두 태워버린 뒤 군영까지 동시에 태워버렸다.

순식간에 배와 영채를 태운 시커먼 연기가 자욱히 위로 올라가 하늘을 가렸다. 불에 타거나 물에 빠져 죽은 인마가 매우 많았다. 주유 등이 경장한 정예부대를 이끌고 전고소리가 천지에 진동하는 속에 패주병의 뒤를 맹추격해 조조군을 대파했다.

조조가 군사를 이끌고 화용도華容道를 따라 도보로 도주하는데도 길이 온통 진흙웅덩이어서 통행할 수가 없었다. 하늘에서 또 큰 바람이 일자 조조가 모든 병약한 병사들에게 풀을 등에 지고와 웅덩이를 메우도록 해 기병들이 겨우 통과할 수 있었다. 이때 병약한 병사들 가운데 상당수가 인마에 서로 밟히게 돼 진흙 웅덩이 속에 빠져 죽은 자가 대단히 많았다.

유비와 주유의 군사는 수륙으로 병진해 조조군을 뒤쫓아 남군에 이르렀다. 이때 조조군 가운데 기아와 병으로 죽은 자가 거의 절반 가까이 됐다. 조조가 정남장군 조인과 횡야장군橫野將軍 서황徐晃을 남겨 두어 강릉을 지키게 하고 절충장군折衝將軍 악진에게는 양양을 지키도록 한 뒤 회군했다. 주유와 정보는 수만 명의 군사를 이끌고 조인과 강을 사이에 두고 대치했으나 교전은 하지 않았다.

이때 감녕이 직접 군사를 이끌고 나가 이릉夷陵호북성 의창시 동남쪽을 공략할 것을 청해 곧바로 나아가 이릉성을 함락한 뒤 성에 들어가 굳게 지켰다. 익주의 제장 습숙襲肅이 솔군해 투항하니 주유가 상표해 습숙의 부대를 횡야중랑장 여몽에게 주었다. 여몽이 크게 칭찬했다.

"습숙은 담력과 지략이 있는데다 귀화를 하려고 멀리서 왔으니 도의상 의당 그의 군사를 증원시켜 주어야지 오히려 병탄해서는 안 된다."

손권이 여몽의 말에 일리가 있다고 생각해 습숙의 군사를 돌아가게 했다.

조인이 군사를 보내 감녕을 포위하자 감녕이 피곤한데다 형세마저 위급해 주유에게 구원을 요청했다. 제장들이 군사 규모가 대단히 작아 나누어 지원하기에는 부족하다고 생각하자 여몽이 주유와 정보에게 권했다.

"능공凌公능통을 강릉에 남겨두고 군과 나는 같이 가서 감녕의 포위를 풀어 위급한 상황을 구해줍시다. 많은 시간이 걸리지 않을 것이오. 능통이 능히 10일은 확고히 지킬 것을 보증하오."

주유가 여몽의 말을 좇아 이릉으로 나아가 조인의 군사를 대파하고 전마 300필을 얻어 돌아왔다. 장병들의 사기가 앙양하자 주유가 곧장 장강을 건너 북안에 주둔해 조인과 대치했다.

12월, 손권은 친히 군사를 이끌고 합비合肥를 포위하고 장소를 보내 구강九江의 당도當塗안휘성 회원를 쳤으나 공략하지 못했다.

유비가 상표해 유기를 형주자사로 추천한 뒤 솔병해 남쪽으로 가 4개 군을 공격했다. 무릉 태수 금선金旋과 장사 태수 한현韓玄, 계양 태수 조범趙范, 영릉 태수 유도劉度가 모두 항복했다. 여강의 영수營帥 뇌서雷緖도 부중 수만 명을 이끌고 유비에게 귀부했다. 유비가 제갈량을 군사중랑장軍師中郞將으로 삼아 영릉과 계양, 장사 등 3개 군을 감독하게 하고 부세를 거두어 군비에 충당하게 했다. 편장군 조운은 계양태수를 겸하게 했다.

14) 익주목 유장은 조조가 형주를 점령했는 소식을 접하고 별가 장송張松을 조조에게 보내 경하하는 뜻을 전했다. 장송은 몸이 왜소하고 행동이 제멋대로였으나 식견이 매우 높고 과단성이 있었다.

조조는 당시 이미 형주를 평정하고 유비를 뒤쫓고 있던 중이라 장송을 다시 불러 기용할 생각을 하지 않았다. 주부 양수楊修가 조조에게 장송을 징소할 것을 건의했으나 조조가 듣지 않았다. 장송이 원한을 품고 돌아가 유장에게 조조와 관계를 단절하고 유비와 동맹을 맺을 것을 권하자 유장이 이를 따랐다.

습착치가 평했다.

"예전에 제환공이 일단 공을 세우고 자만하자 9국이 이반했다. 조조도 잠시 득의해 자만한 나머지 천하가 3분되고 말았다. 수십 년 동안 어렵게 근면히 쌓아온 대업이 일순간에 훼손되니 어찌 가석한 일이 아니겠는가?"

15) 조조가 전에 전주田疇가 세운 공을 돌이켜 생각해 보다가 그가 사양하는 것을 들어준 일을 후회했다.

"이는 한 사람의 뜻을 이루게 해주고 제왕의 통치제도인 왕법대제王法大制에 손상을 입힌 것이다."

당초와 같이 다시 전주를 열후에 봉했다. 전주가 상소해 자신의 진정한 뜻을 전하면서 죽어도 받지 않겠다고 스스로 맹서했다. 조조가 동의하지 않고 그에게 강제로라도 받게 하려고 했다. 이렇게 오가길 4차례나 했으나 전주가 시종 받지 않자 유사가 그를 탄핵했다.

"절의를 지켜 뜻을 굽히지 않아 큰 도에 어긋난 견개위도狷介違道로 단지 개인의 작은 소절을 세우고자 하니 의당 관직을 면직시키고 형을 가해야 합니다."

조조가 세자인 조비와 대신들에게 이 문제를 광범위하게 토론하는 박의博議에 부쳤다. 조비가 전주를 높이 평가했다.

"전주의 행위는 옛날 초나라 자문子文이 녹질을 사양한 것과 신포서申包胥가 상을 받지 않으려 한 것과 같다.[232] 의당 그 뜻을 빼앗지 말고 그의 지조를 높이 표창해야 한다."

상서 순욱과 사례교위 종요도 이 의견을 좇는 것이 좋다고 생각했다.

조조가 여전히 전주를 열후로 책봉하려는 생각으로 전주가 평소 하후돈과 친한 것을 알고 하후돈을 보내 전주를 설득하게 했다. 하후돈이 전주가 사는 곳에 도착해 전주에게 말하자 전주가 그의 뜻을 알고 다시는 말하지 않았다. 하후돈이 떠나기에 앞서 정성을 다해 전주를 설득하려고 하자 전주가 단호하게 말했다.

---

232 『국어國語』「초어楚語」의 기록에 따르면 초성왕楚成王이 영윤令尹인 자문에게 봉록을 주려할 때마다 자문이 도망갔다가 초성왕이 봉록을 거두자 그때 비로소 다시 나타났다. 『춘추좌전』에는 오나라가 초나라를 치자 초나라의 신포서가 진秦나라로 가 원군을 요청하면서 7일간 음식을 먹지 않고 밤낮으로 울어 결국 진왕을 감동시켜 초나라를 구한 일화가 기록돼 있다. 신포서 역시 후에 초소왕楚昭王이 상을 주려고 하자 달아났다.

"나 전주는 단지 은의義를 저버리고 숨어든 사람에 불과할 뿐이다. 은혜를 입어 목숨을 보전하는 것 자체가 커다란 행운이다. 어찌 노룡盧龍의 길이 막힌 것을 해결한 것을 팔아 상록賞祿과 바꿀 수 있는가? 설령 조정이 나를 총애해 그렇다 하더라도 어찌 내 마음조차 부끄럽지 않을 수가 있겠는가? 장군은 평소 나를 잘 알면서도 오히려 이같이 하니 만일 부득이하다면 나는 정녕 죽기를 바란다. 장군 앞에서 스스로 목을 베고자 한다."

말이 끝나기도 전에 이미 얼굴이 눈물로 가득했다. 하후돈이 와서 보고하자 조조가 장탄식을 하며 그가 굴복하지 않을 것을 알고 그를 의랑에 임명했다.

16) 조조가 아들 조창서曹倉舒가 죽자 대단히 통석해했다. 마침 사공연司空掾 병원邴原의 딸도 요절하자 조조가 둘을 합장하려고 하자 병원이 거절했다.

"요절한 자를 혼인시키는 것은 예에 합당치 않습니다. 제가 명공에게 용납된 것과 명공이 저를 후대하게 된 것은 제가 능히 옛 성인의 말을 지키며 고치지 않은 데 있습니다. 만일 명공의 말을 따르게 되면 저는 범용한 인간이 되고 맙니다. 명공은 어찌 생각하십니까?"

조조가 그만두었다.

17) 손권이 무위중랑장 하제賀齊를 보내 단양군 이현黟縣과 흡현歙縣에 있는 적도들을 쳤다. 이현의 수령 진복陳僕과 조산祖山 등은 2만호의 부중을 거느리고 임력산林歷山을 지켰다. 사면이 모두 낭떠러지 절벽인지라 진공할 방법이 없자 하제의 군사들이 1달을 머물렀다.

하제가 마침내 몰래 몸이 날랜 병사들을 선발해 낮에 험고한 곳에 숨어 있다가 밤에 쇠창을 이용해 산위로 기어오르게 했다. 한 사람이 위로 올라간 뒤 천으로 엮은 밧줄을 내려 보내는 방법으로 모두 100여 명이 산위로 올라갔다. 이들이 사방으로 퍼져 전고를 치고 호각號角을 불자 적들이 크게 놀라 산 입구를 지키는 사람마저 모두 달아났다. 귀부한 부중들을 이용해 하제의 대군을 산위로 끌어 올려 도적들을 대파했다. 손권이 이 두 현을 6개 현으로 나누어 신도군新都郡을 만든 뒤 하제를 태수로 삼았다.

* 孝獻皇帝建安十三年

春, 正月, 司徒趙溫辟曹操子丕. 操表"溫辟臣子弟, 選舉故不以實", 策免之.

曹操還鄴, 作玄武池以肄舟師.

初, 巴郡甘寧將僮客八百人歸劉表, 表儒人, 不習軍事, 寧觀表事勢終必無成, 恐一朝眾散, 並受其禍, 欲東入吳. 黃祖在夏口, 軍不得過, 乃留, 依祖三年, 祖以凡人畜之. 孫權擊祖, 祖軍敗走, 權校尉凌操將兵急追之. 寧善射, 將兵在後, 射殺操, 祖由是得免. 軍罷, 還營, 待寧如初. 祖都督蘇飛數薦寧, 祖不用. 寧欲去, 恐不免. 飛乃白祖, 以寧為邾長. 寧遂亡奔孫權. 周瑜·呂蒙共薦達之, 權禮異, 同於舊臣. 寧獻策於權曰, "今漢祚日微, 曹操終為篡盜. 南荊之地, 山川形便, 誠國之西勢也. 寧觀劉表, 慮既不遠, 兒子又劣, 非能承業傳基者也. 至尊當早圖之, 不可後操. 圖之之計, 宜先取黃祖. 祖今昏耄已甚, 財谷並乏, 左右貪縱, 吏士心怨, 舟船戰具, 頓廢不修, 怠於耕農, 軍無法伍. 至尊今往, 其破可必. 一破祖軍, 鼓行而西, 據楚關, 大勢彌廣, 即可漸規巴·蜀矣." 權深納之. 張昭時在坐, 難曰, "今吳下業業, 若軍果行, 恐必致亂." 寧謂昭曰, "國家以蕭何之任付君, 君居守而憂亂, 奚以希慕古人乎!" 權舉酒屬寧曰, "興霸, 今年行討, 如此酒矣, 決以付卿. 卿但當勉建方略, 令必克祖, 則卿之功, 何嫌張長史之言乎!"

權遂西擊黃祖. 祖横兩蒙沖, 挾守沔口, 以拼閭大紲系石為矴, 上有千人, 以弩交射, 飛矢雨下, 軍不得前. 偏將軍董襲與別部司馬凌統俱為前部, 各將敢死百人, 人被兩鎧, 乘大舸, 突入蒙沖裡. 襲身以刀斷兩紲, 蒙沖乃橫流, 大兵遂進. 祖令都督陳就以水軍逆戰. 平北都尉呂蒙勒前鋒, 親梟就首. 於是將士乘勝, 水陸並進, 傅其城, 盡銳攻之, 遂屠其城. 祖挺身走, 追斬之, 虜其男女數萬口.

權先作兩函, 欲以盛祖及蘇飛首. 權為諸將置酒, 甘寧下席叩頭, 血涕交流, 為權言飛疇昔舊恩曰, "寧不值飛, 固已損骸於溝壑, 不得致命於麾下. 今飛罪當夷戮, 特從將軍乞其首領." 權感其言, 謂曰, "今為君置之. 若走去何?" 寧曰, "飛免分裂之禍, 受更生之恩, 逐之尚必不走, 豈當圖亡哉! 若爾, 寧頭當代入函." 權乃赦之. 凌統怨寧殺其父操, 常欲殺寧, 權命統不得仇之, 令寧將兵屯於它所.

夏, 六月, 罷三公官, 復置丞相·御史大夫. 癸巳. 以曹操為丞相. 操以冀州別駕從事崔琰為丞相西曹掾, 司空東曹掾陳留毛玠為丞相東曹掾, 元城令河內司馬朗為主簿, 弟懿為文學掾, 冀州主簿盧毓為法曹議令史. 毓, 植之子也. 琰·玠並典選舉, 其所舉用皆清正之士, 雖於時有盛名而行不由本者, 終莫得進. 拔敦實, 斥華偽, 進沖遜, 抑阿黨. 由是天下之士莫不以廉節自勵, 雖貴寵之臣, 輿服不敢過度, 至乃長吏還者, 垢面羸衣, 獨乘柴車, 軍吏入府, 朝服徒行. 吏潔於上, 俗移於下. 操聞之, 歎曰, "用人如此, 使天下人自治, 吾復何為哉!"

司馬懿, 少聰達, 多大略. 崔琰謂其兄朗曰, "君弟聰亮明允, 剛斷英特, 非子所及也." 操聞而辟之, 懿辭以風痺. 操怒, 欲收之, 懿懼, 就職.

操使張遼屯長社，臨發，軍中有謀反者，夜，驚亂起火，一軍盡擾. 遼謂左右曰，“勿動! 是不一營盡反，必有造變者，欲以驚動人耳.” 乃令軍中曰，“其不反者安坐!” 遼將親兵數十人中陳而立，有頃，皆定，即得首謀者，殺之. 遼在長社，於禁頓潁陰，樂進屯陽翟，三將任氣，多共不協. 操使司空主簿趙儼並參三軍，每事訓諭，遂相親睦.

初，前將軍馬騰與鎮西將軍韓遂結為異姓兄弟，後以部曲相侵，更為仇敵. 朝廷使司隸校尉鍾繇·涼州刺史韋端和解之，征騰入屯槐里. 曹操將征荊州，使張既說騰，令釋部曲還朝，騰許之. 已而更猶豫，既恐其為變，乃移諸縣促儲人待，二千石郊迎，騰不得已，發東. 操表騰為衛尉，以其子超為偏將軍，統其眾，悉徙其家屬詣鄴.

秋，七月，曹操南擊劉表.

八月，丁未，以光祿勳山陽郗慮為御史大夫.

壬子，太中大夫孔融棄市. 融恃其才望，數戲侮曹操，發辭偏宕，多致乖忤. 操以融名重天下，外相容忍而內甚嫌之. 融又上書言曰，“宜准古王畿之制，千里寰內不以封建諸侯.” 操疑融所論建漸廣，益憚之. 融與郗慮有隙，慮承操風旨，構成其罪，令丞相軍謀祭酒路粹奏曰，“融昔在北海，見王室不靜，而招合徒眾，欲規不軌. 及與孫權使語，謗訕朝廷. 又，前與白衣禰衡跌蕩放言，更相讚揚. 衡謂融曰‘仲尼不死’，融答‘顏回復生’，大逆不道，宜極重誅.” 操遂收融，並其妻子皆殺之. 初，京兆脂習與融善，每戒融剛直太過，必罹世患. 及融死，許下莫敢收者. 習往撫屍曰，“文舉捨我死，吾何用生為!” 操收習，欲殺之，既而赦之.

初，劉表二子琦·琮，表為琮娶其後妻蔡氏之侄，蔡氏遂愛琮而惡琦. 表妻弟蔡瑁·外甥張允並得幸於表，日相與毀琦而譽琮. 琦不自寧，與諸葛亮謀自安之術，亮不對. 後乃共升高樓，因令去梯，謂亮曰, “今日上不至天, 下不至地, 言出子口, 而入吾耳, 可以言未?” 亮曰, “君不見申生在內而危, 重耳居外而安乎?” 琦意感悟, 陰規出計. 會黃祖死, 琦求代其任, 表乃以琦為江夏太守. 表病甚, 琦歸省疾. 瑁·允恐其見表而父子相感, 更有托後之意, 乃謂琦曰, “將軍命君撫臨江夏, 其任至重. 今釋眾擅來, 必見譴怒. 傷親之歡, 重增其疾, 非孝敬之道也.” 遂遏於戶外, 使不得見. 琦流涕而去. 表卒, 瑁·允等遂以琮為嗣. 琮以侯印授琦. 琦怒, 投之地, 將因奔喪作難. 會曹操軍至, 琦奔江南.

章陵太守蒯越及東曹掾傅巽等勸劉琮降操, 曰, “逆順有大體, 強弱有定勢. 以人臣而拒人主, 逆道也. 以新造之楚而御中國, 必危也. 以劉備而敵曹公, 不當也. 三者皆短, 將何以待敵? 且將軍自料何如劉備? 若備不足御曹公, 則雖全楚不能以自存也. 若足御曹公, 則備不為將軍下也.” 琮從之. 九月, 操至新野, 琮遂舉州降, 以節迎操. 諸將皆疑其詐, 婁圭曰, “天下擾攘, 各貪王命以自重, 今以節來, 是必至誠.” 操遂進兵. 時劉備屯樊, 琮不敢告備. 備久之乃覺, 遣所親問琮, 琮令其官屬宋忠詣備宣旨. 時曹操已在宛, 備乃大驚駭, 謂忠曰, “卿諸人作事如此, 不早相語, 今禍至方告我, 不亦太劇乎!” 引刀向忠曰, “今斷卿頭, 不足以解忿, 亦恥丈夫臨別復殺卿輩.” 遣忠去. 乃呼部曲共議. 或勸備攻琮, 荊州可得. 備曰, “劉荊州臨亡托我以孤遺, 背信自濟, 吾所不為, 死何面目以見劉荊州乎!” 備將其眾去, 過襄陽, 駐馬呼琮. 琮懼, 不能起. 琮左右及荊州人多歸備. 備過辭表墓, 涕泣而去. 比到當陽, 眾十餘萬人, 輜重數千兩, 日行十餘里, 別遣關羽乘船數百艘, 使會江陵. 或謂備曰, “宜速行保江陵, 今雖擁大眾, 被甲者少, 若曹公兵至, 何以拒之!” 備曰, “夫濟大事必以人為本, 今人歸吾, 吾何忍棄去!”

習鑿齒論曰, "劉玄德雖顚沛險難而信義愈明, 勢逼事危而言不失道. 追景升之顧, 則情感三軍. 戀赴義之士, 則甘與同敗. 終濟大業, 不亦宜乎!"

劉琮將王威說琮曰, "曹操聞將軍既降, 劉備已走, 必懈弛無備, 輕先單進. 若給威奇兵數千, 徼之於險, 操可獲也. 獲操, 即威震四海, 非徒保守今日而已." 琮不納. 操以江陵有軍實, 恐劉備據之, 乃釋輜重, 輕軍到襄陽. 聞備已過, 操將精騎五千急追之, 一日一夜行三百餘里, 及於當陽之長板. 備棄妻子, 與諸葛亮·張飛·趙雲等數十騎走, 操大獲其人眾輜重.

徐庶母為操所獲, 庶辭備, 指其心曰, "本欲與將軍共圖王霸之業者, 以此方寸之地也. 今已失老母, 方寸亂矣, 無益於事, 請從此別." 遂詣操. 張飛將二十騎拒後, 飛據水斷橋, 瞋目橫矛曰, "身是張益德也, 可來共決死!" 操兵無敢近者. 或謂備曰, "趙雲已北走." 備以手戟擿之曰, "子龍不棄我走也." 頃之, 雲身抱備子禪. 與關羽船會, 得濟沔, 遇劉琦眾萬餘人, 與俱到夏口. 曹操進軍江陵, 以劉琮為青州刺史, 封列侯, 並蒯越等, 侯者凡十五人. 釋韓嵩之囚, 待以交友之禮, 使條品州人優劣, 皆擢而用之. 以嵩為大鴻臚, 蒯越為光祿勳, 劉先為尚書, 鄧羲為侍中. 荊州大將南陽文聘別屯在外, 琮之降也, 呼聘, 欲與俱. 聘曰, "聘不能全州, 當待罪而已!" 操濟漢, 聘乃詣操. 操曰, "來何遲邪?" 聘曰, "先日不能輔弼劉荊州以奉國家. 荊州雖沒, 常願據守漢川, 保全土境. 生不負於孤弱, 死無愧於地下. 而計不在己, 以至於此, 實懷悲慚, 無顏早見耳!" 遂歔欷流涕. 操為之愴然, 字謂之曰, "仲業, 卿真忠臣也!" 厚禮待之, 使統本兵, 為江夏太守.

初, 袁紹在冀州, 遣使迎汝南士大夫. 西平和洽, 以為冀州土平民強, 英桀所利, 四戰之地, 不如荊州土險民弱, 易依倚也, 遂從劉表. 表以上客待之. 洽曰, "所以不從本初, 辟爭地也. 昏世之主, 不可黷近, 久而不去, 讒慝將興." 遂南之武陵. 表辟南陽劉望之為從事, 而其友二人皆以讒毀為表所誅, 望之又以正諫不合, 投傳告歸. 望之弟廙謂望之曰, "趙殺鳴犢, 仲尼回輪. 今兄既不能法柳下惠和光同塵於內, 則宜模範蠡遷化於外, 坐而自絕於時, 殆不可也." 望之不從, 尋復見害, 廙奔揚州. 南陽韓暨避袁術之命, 徙居山都山. 劉表又辟之, 遂遁居孱陵. 表深恨之, 暨懼, 應命, 除宜城長. 河東裴潛亦為表所禮重, 潛私謂王暢之子粲及河內司馬芝曰, "劉牧非霸王之才, 乃欲西伯自處, 其敗無日矣!" 遂南適長沙. 於是操以暨為丞相士曹屬, 潛參丞相軍事, 洽·廙·粲皆為掾屬, 芝為管令, 從人望也.

冬, 十月, 癸未朔, 日有食之.

初, 魯肅聞劉表卒, 言於孫權曰, "荊州與國鄰接, 江山險固, 沃野萬里, 士民殷富, 若據而有之, 此帝王之資也. 今劉表新亡, 二子不協, 軍中諸將, 各有彼此. 劉備天下梟雄, 與操有隙, 寄寓於表, 表惡其能而不能用也. 若備與彼協心, 上下齊同, 則宜撫安, 與結盟好. 如有離違, 宜別圖之, 以濟大事. 肅請得奉命弔表二子, 並慰勞其軍中用事者, 及說備使撫表眾, 同心一意, 共治曹操, 備必喜而從命. 如其克諧, 天下可定也. 今不速往, 恐為操所先." 權即遣肅行. 到夏口, 聞操已向荊州, 晨夜兼道, 比至南郡, 而琮已降, 備南走, 肅徑迎之, 與備會於當陽長板. 肅宣權旨, 論天下事勢, 致殷勤之意, 且問備曰, "豫州今欲何至?" 備曰, "與蒼梧太守吳巨有舊, 欲往投之." 肅曰, "孫討虜聰明仁惠, 敬賢禮士, 江表英豪, 咸歸附之, 已據有六郡, 兵精糧多, 足以立事. 今為君計, 莫若遣腹心自結於東, 以共濟世業. 而欲投吳巨, 巨是凡人, 偏在遠郡, 行將為人所並, 豈足托乎!"

備甚悅. 肅又謂諸葛亮曰, "我, 子瑜友也." 即共定交. 子瑜者, 亮兄瑾也, 避亂江東, 為孫權長史. 備用肅計, 進住鄂縣之樊口.

曹操自江陵將順江東下. 諸葛亮謂劉備曰, "事急矣, 請奉命求救於孫將軍." 遂與魯肅俱詣孫權. 亮見權於柴桑, 說權曰, "海內大亂, 將軍起兵江東, 劉豫州收眾漢南, 與曹操並爭天下. 今操芟夷大難, 略已平矣, 遂破荊州, 威震四海. 英雄無用武之地, 故豫州遁逃至此, 願將軍量力而處之. 若能以吳·越之眾與中國抗衡, 不如早與之絕. 若不能, 何不按兵束甲, 北面而事之! 今將軍外托服從之名, 而內懷猶豫之計, 事急而不斷, 禍至無日矣." 權曰, "苟如君言, 劉豫州何不遂事之乎!" 亮曰, "田橫, 齊之壯士耳, 猶守義不辱. 況劉豫州王室之胄, 英才蓋世, 眾士慕仰, 若水之歸海! 若事之不濟, 此乃天也, 安能抗此難乎!" 權勃然曰, "吾不能舉全吳之地, 十萬之眾, 受制於人. 吾計決矣! 非劉豫州莫可以當曹操者. 然豫州新敗之後, 安能抗此難乎!" 亮曰, "豫州軍雖敗於長板, 今戰士還者及關羽水軍精甲萬人, 劉琦合江夏戰士亦不下萬人. 曹操之眾, 遠來疲敝, 聞追豫州, 輕騎一日一夜行三百餘里, 此所謂'強弩之末勢不能穿魯縞'者也. 故『兵法』忌之, 曰'必蹶上將軍' 且北方之人, 不習水戰. 又, 荊州之民附操者, 逼近勢耳, 非心服也. 今將軍誠能命猛將統兵數萬, 與豫州協規同力, 破操軍必矣. 操軍破, 必北還. 如此, 則荊·吳之勢強, 鼎足之形成矣. 成敗之機, 在於今日!" 權大悅, 與其群下謀之.

是時, 曹操遺權書曰, "近者奉辭伐罪, 旄麾南指, 劉琮束手. 今治水軍八十萬眾, 方與將軍會獵於吳." 權以示群下, 莫不響震失色. 長史張昭等曰, "曹公, 豺虎也, 挾天子以征四方, 動以朝廷為辭. 今日拒之, 事更不順. 且將軍大勢可以拒操者, 長江也. 今操得荊州, 奄有其地, 劉表治水軍, 蒙沖鬥艦乃以千數, 操悉浮以沿江, 兼有步兵,水陸俱下, 此為長江之險已與我共之矣, 而勢力衆寡又不可論. 愚謂大計不如迎之.” 魯肅獨不言. 權起更衣, 肅追於宇下. 權知其意, 執肅手曰, “卿欲何言?” 肅曰, “向察衆人之議, 專欲誤將軍, 不足與圖大事. 今肅可迎操耳, 如將軍不可也. 何以言之? 今肅迎操, 操當以肅還付鄉黨, 品其名位, 猶不失下曹從事, 乘犢車, 從吏卒, 交遊士林, 累官故不失州郡也. 將軍迎操, 欲安所歸乎? 願早定大計, 莫用衆人之議也!” 權歎息曰, “諸人持議, 甚失孤望. 今卿廓開大計, 正與孤同.”

時周瑜受使至番陽, 肅勸權召瑜還. 瑜至, 謂權曰, “操雖托名漢相, 其實漢賊也. 將軍以神武雄才, 兼仗父兄之烈, 割據江東, 地方數千里, 兵精足用, 英雄樂業, 當橫行天下, 為漢家除殘去穢. 況操自送死, 而可迎之邪? 請為將軍籌之今北土未平·馬超·韓遂尚在關西, 為操後患. 而操捨鞍馬, 杖舟楫, 與吳·越爭衡. 今又盛寒, 馬無藁草, 驅中國士衆遠涉江湖之間, 不習水土, 必生疾病. 此數者用兵之患也, 而操皆冒行之. 將軍禽操, 宜在今日. 瑜請得精兵數萬人, 進住夏口, 保為將軍破之!” 權曰, “老賊欲廢漢自立久矣, 徒忌二袁·呂布·劉表與孤耳. 今數雄已滅, 惟孤尚存. 孤與老賊勢不兩立, 君言當擊, 甚與孤合, 此天以君授孤也.” 因拔刀斫前奏案曰, “諸將吏敢復有言當迎操者, 與此案同!” 乃罷會.

是夜, 瑜復見權曰, “諸人徒見操書言水步八十萬而各恐懾, 不復料其虛實, 便開此議, 甚無謂也. 今以實校之彼所將中國人不過十五六萬, 且已久疲. 所得表衆亦極七八萬耳, 尚懷狐疑. 夫以疲病之卒御狐疑之衆, 衆數雖多, 甚未足畏. 瑜得精兵五萬, 自足制之, 願將軍勿慮!” 權撫其背曰, “公瑾, 卿言至此, 甚合孤心. 子布·元表諸人, 各顧妻子, 挾持私慮, 深失所望. 獨卿與子敬與孤同耳, 此天以卿二人讚孤也. 五萬兵難卒合, 已選三萬人, 船糧戰具俱辦. 卿與子敬·程公便在前發, 孤當續發人眾, 多載資糧, 為卿後援. 卿能辨之者誠決, 邂逅不如意, 便還就孤, 孤當與孟德決之." 遂以周瑜·程普為左右督, 將兵與備並力逆操. 以魯肅為贊軍校尉, 助畫方略.

劉備在樊口, 日遣邏吏於水次候望權軍. 吏望見瑜船, 馳往白備, 備遣人慰勞之. 瑜曰, "有軍任, 不可得委署. 儻能屈威, 誠副其所望." 備乃乘單舸往見瑜問曰, "今拒曹公, 深為得計. 戰卒有幾?" 瑜曰, "三萬人." 備曰, "恨少." 瑜曰, "此自足用, 豫州但觀瑜破之." 備欲呼魯肅等共會語, 瑜曰, "受命不得妄委署. 若欲見子敬, 可別過之." 備深愧喜.

進, 與操遇於赤壁. 時操軍眾已有疾疫, 初一交戰, 操軍不利, 引次江北. 瑜等在南岸, 瑜部將黃蓋曰, "今寇眾我寡, 難與持久. 操軍方連船艦, 首尾相接, 可燒而走也." 乃取蒙沖鬥艦十艘, 載燥荻·枯柴·灌油其中, 裹以帷幕, 上建旌旗, 預備走舸, 繫於其尾. 先以書遺操, 詐雲欲降. 時東南風急, 蓋以十艦最著前, 中江舉帆, 餘船以次俱進. 操軍吏士皆出營立觀, 指言蓋降. 去北軍二里餘, 同時發火, 火烈風猛, 船往如箭, 燒盡北船, 延及岸上營落. 頃之, 煙炎張天, 人馬燒溺死者甚眾. 瑜等率輕銳繼其後, 雷鼓大進, 北軍大壞. 操引軍從華容道步走, 遇泥濘, 道不通, 天又大風, 悉使羸兵負草填之, 騎乃得過. 羸兵為人馬所蹈藉, 陷泥中, 死者甚眾. 劉備·周瑜水陸並進, 追操至南郡. 時操軍兼以饑疫, 死者太半. 操乃留征南將軍曹仁·橫野將軍徐晃守江陵, 折衝將軍樂進守襄陽, 引軍北還.

周瑜·程普將數萬眾, 與曹仁隔江未戰. 甘寧請先徑進取夷陵, 往, 即得其城, 因入守之. 益州將襲肅舉軍降, 周瑜表以肅兵益橫野中郎將呂蒙. 蒙盛稱曰, "肅有膽用, 且慕化遠來, 於義宜益, 不宜奪也."

權善其言, 還肅兵. 曹仁遣兵圍甘寧, 寧困急, 求救於周瑜, 諸將以為兵少不足分, 呂蒙謂周瑜·程普曰, "留凌公績於江陵, 蒙與君行, 解圍釋急, 勢亦不久. 蒙保公績能十日守也." 瑜從之, 大破仁兵於夷陵, 獲馬三百匹而還. 於是將士形勢自倍. 瑜乃渡江, 頓北岸, 與仁相距. 十二月, 孫權自將圍合肥, 使張昭攻九江之當塗, 不克.

劉備表劉琦為荊州刺史, 引兵南徇四郡, 武陵太守金旋·長沙太守韓玄·桂陽太守趙范·零陵太守劉度皆降. 廬江營帥雷緒率部曲數萬口歸備. 備以諸葛亮為軍師中郎將, 使督零陵·桂陽·長沙三郡, 調其賦稅以充軍實. 以偏將軍趙云領桂陽太守.

益州牧劉璋聞曹操克荊州, 遣別駕張松致敬於操. 松為人短小放蕩, 然識達精果. 操時已定荊州, 走劉備, 不復存錄松. 主簿楊修白操辟松, 操不納. 松以此怨, 歸, 勸劉璋絕操, 與劉備相結, 璋從之.

習鑿齒論曰, "昔齊桓一矜其功而叛者九國, 曹操暫自驕伐而天下三分. 皆勤之於數十年之內, 而棄之於俯仰之頃, 豈不惜乎!"

曹操追念田疇功, 恨前聽其讓, 曰, "是成一人之志而虧王法大制也." 乃復以前爵封疇. 疇上疏陳誠, 以死自誓. 操不聽, 欲引拜之, 至於數四, 終不受. 有司劾疇曰, "狷介違道, 苟立小節, 宜免官加刑." 操下世子及大臣博議. 世子丕以"疇同於子文辭祿, 由胥逃賞, 宜勿奪以優其節." 尚書令荀彧·司隸校尉鍾繇, 亦以為可聽. 操猶欲侯之, 疇素與夏侯惇善, 操使惇自以其情喻之. 惇就疇宿而勸之, 疇揣知其指, 不復發言. 惇臨去, 固邀疇, 疇曰, "疇, 負義逃竄之人耳. 蒙恩全活, 為幸多矣, 豈可賣盧龍之塞以易賞祿哉! 縱國私疇, 疇獨不愧於心乎! 將軍雅知疇者, 猶復如此, 若必不得已, 請願效死, 刎首於前." 言未卒, 涕泣橫流. 惇具以答操, 操喟然, 知不可屈, 乃拜為議郎.

操幼子倉舒卒, 操傷惜之甚. 司空掾邴原女早亡, 操欲求與倉舒合葬, 原辭曰, "嫁殤, 非禮也. 原之所以自容於明公, 公之所以待原者, 以能守訓典而不易也. 若聽明公之命, 則是凡庸也, 明公焉以為哉!" 操乃止.

孫權使威武中郎將賀齊討丹楊黟·歙賊. 黟帥陳僕·祖山等二萬戶屯林歷山, 四面壁立, 不可得攻, 軍住經月. 齊陰募輕捷士, 於隱險處, 夜以鐵戈拓山潛上, 縣布以援下人. 得上者百餘人, 令分佈四面, 鳴鼓角. 賊大驚, 守路者皆逆走, 還依眾. 大軍因是得上, 大破之. 權乃分其地為新都郡, 以齊為太守.

** 권66-한기漢紀 58: 유비가 익주로 진출하다

한헌제 건안 14년(AD 209)

1) 3월, 조조가 군사를 이끌고 초현譙縣에 당도했다.

2) 손권이 합비를 포위 공격했으나 오랜 시간이 지나도록 공략하지 못했다. 손권이 친히 경기輕騎를 이끌고 적진으로 돌격하려고 하자 장사 장굉張紘이 만류했다.

"무릇 무기는 불길한 것이고 전쟁은 위험한 일입니다. 지금 휘하麾下장군의 존칭어는 치솟는 용기만을 믿고 강포强暴한 적을 경시하고 있어 3군의 장병들치고 간담이 떨리지 않는 사람이 없습니다. 설령 적장을 베고 군기를 탈취하는 참장건기斬將搴旗를 해 위엄이 적진에 떨칠지라도 이는 단지 일개 편장偏將의 임무에 불과할 뿐 주장主將이 해야 할 일이 아닙니다. 원컨대 맹분과 하육의 용기를 누르고 패왕의 대계를 품길 바랍니다."

손권이 친히 출격하려는 마음을 접었다.

조조는 장군 장희張喜에게 군사를 이끌고 가 합비의 포위를 풀게 했으나 오랜 시간이 지나도록 도착하지 않았다. 양주揚州별가 초국 출신 장제蔣濟가 비밀히 자사에게 건의해 장희의 거짓 서신을 이용하도록 권했다. 보기 4만 명이 이미 우루현雩婁縣하남성 상성에 도착했다고 떠벌이면서 주부를 보내 장희를 영접하는 모습을 취했다.

장제가 이와는 별도로 3명의 사자에게 이 거짓 서신을 갖고 성중의 수비하는 장수들에게 통지하도록 했다. 그 가운데 한 명은 성안으로 들어갔으나 나머지 두 사람은 손권의 군사에게 포로가 됐다. 손권은 이것이 거짓 정보인 줄 모르고 곧바로 영채를 태우고 철수했다.

3) 가을 7월, 조조가 수군을 이끌고 와수渦水에서 회수로 들어갔다가 비수肥水를 빠져 나와 합비에 주둔한 뒤 작피芍陂에서 둔전하도록 했다.

4) 겨울 10월, 형주에 지진이 났다.

5) 12월, 조조가 군사를 이끌고 초현으로 돌아왔다.

6) 여강인 진란陳蘭과 매성梅成이 첨현灊縣안휘성 곽산과 육현六縣안휘성 육안을 점거해 반기를 들자 조조가 탕구장군 장료를 보내 그들을 치게 했다. 장료와 악진, 이전 등이 7,000여 명의 군사를 이끌고 합비에 주둔했다.

7) 주유가 조인을 1년여 넘도록 공격해 살상한 자가 매우 많았다. 결국 조인이 성을 버리고 도주하자 손권이 주유에게 남군태수를 겸임하게 한 후 강릉에 주둔하게 했다. 정보가 강하태수를 겸임해 사선沙羡호북성 무한시에 군부를 설치했다. 여범呂范이 팽택彭澤태수를 겸임하고 여몽은 심양尋陽 현령을 겸임했다.

유비가 상표해 손권을 행行거기장군·영領서주목에 천거했다. 마침 유기가 세상을 떠남에 따라 손권이 유비를 영領형주목으로 삼자 주유가 강릉 남안의 땅을 쪼개어 유비에게 주었다. 유비가 유구油口에 영채를 세우고 이름을 공안公安호북성 공안으로 바꿨다.

손권이 여동생을 유비에게 주었다. 손권의 여동생은 재주가 민첩한데다 강맹剛猛해 우두머리의 풍모를 지녔다. 시비侍婢가 100여 명에 달했고 이들 모두 칼을 들고 시립했다. 유비가 매번 집안에 들 때마다 마음이 늘 두려워 불안해하는 늠름凜凜의 모습을 보였다.

조조가 비밀히 구강인 장간蔣干을 주유에게 보내 유세하게 했다. 장간은 뛰어난 재주로 강회江淮 일대의 바다거북 매매를 독보獨步 즉 독점을 했다. 장간이 포의를 걸치고 머리에 갈건을 쓰고 사적으로 주유를 만나러 간다고 말했다. 주유가 문밖까지 나와 그를 영접하면서 선 채로 장간에게 뼈있는 농담을 던졌다.

"자익子翼장간이 실로 고생이 많소. 멀리 강호까지 건너오니 조씨를 위해 세객이 된 모양이오."

이어 장간을 들어오게 해 함께 영내의 창고와 군수물자, 무기장비 등을 두루 살펴본 뒤 돌아와 연회를 베풀었다. 장간에게 시녀와 복식, 진기한 완물을 보여주고 곧이어 장간에게 물었다.

"대장부가 세상을 살면서 자신을 알아주는 주군인 지기지주知己之主를 만나게 되면 밖으로는 군신 간의 대의에 의탁하게 되고 안으로는 골육지간의 은혜를 맺게 되오. 언행이 서로 닮고 화복을 같이 하니 설사 소진과 장의가 다시 살아올지라도 능히 그 마음을 고칠 수 있겠소?"

장간은 웃으며 시종 말이 없었다. 장간이 조조에게 돌아가 주유의 아량이 매우 고원高遠하다고 칭찬하면서 말로써는 결하고 그를 이간할 수 없다고 보고했다.

8) 승상연 화흡이 조조에게 진언했다.

"천하의 사람은 각기 재능과 품성이 달라 하나의 표준으로는 취사선택할 수 없습니다. 검소함이 지나칠 경우 스스로 그렇게 처신하는 것으로 족합니다. 이 기준을 일체의 사물에 적용할 경우 잃는 것이 많게 됩니다.

지금 조정의 여론은 관리 중에 새로운 옷을 입고 좋은 말을 타는 자가 있으면 청렴하지 못하다고 말하고 반대로 겉을 꾸미지 않고 낡은 옷을 입고 다니면 염결하다고 말합니다. 사대부로 하여금 고의로 자신의 옷을 더럽고 헤진 것으로 만들고 수레와 옷을 감추도록 하는 데 이르렀습니다. 조정의 어떤 고관은 스스로 음식을 싸들고 와 관공서에서 먹기도 합니다.

무릇 민속을 교화할 때에는 중용지도를 귀하게 여기니 이것만이 가히 전승될 수 있는 것입니다. 지금 획일적으로 지키기 어려운 행위를 숭상해 그것을 표준으로 서로 다른 사람을 평가하고 이를 강력히 권하는 것은 결국 사람들을 피곤하게 만들고야 말 것입니다. 예로부터 가장 좋은 교화는 사람 간의 정을 서로 통하게 만드는 데 있습니다. 무릇 한쪽으로 치우친 궤탄한 행위인 격궤激詭는 곧 거짓을 은폐하고 포장한 것일 뿐입니다."

조조가 화흡의 견해가 매우 좋다고 생각했다.

** 起屠維赤奮若, 盡昭陽大荒落, 凡五年.

孝獻皇帝建安十四年

春, 三月, 曹操軍至譙.

孫權圍合肥, 久不下. 權率輕騎欲身往突敵, 長史張紘諫曰, "夫兵者凶器, 戰者危事也. 今麾下恃盛壯之氣, 忽強暴之虜, 三軍之眾, 莫不寒心. 雖斬將搴旗, 威震敵場, 此乃偏將之任, 非主將之宜也. 願抑賁·育之勇, 懷霸王之計." 權乃止. 曹操遣將軍張喜將兵解圍, 久而未至. 揚州別駕楚國蔣濟密白刺史, 偽得喜書, 雲步騎四萬已到雩婁, 遣主簿迎喜. 三部使繼書語城中守將, 一部得入城, 二部為權兵所得. 權信之, 遽燒圍走.

秋, 七月, 曹操引水軍自渦入淮, 出肥水, 軍合肥, 開芍陂屯田.

冬, 十月, 荊州地震.

十二月, 操軍還譙.

廬江人陳蘭·梅成據灊·六叛, 操遣蕩寇將軍張遼討斬之. 因使遼與樂進·李典等將七千餘人屯合肥.

周瑜攻曹仁歲餘, 所殺傷甚眾, 仁委城走. 權以瑜領南郡太守, 屯據江陵. 程普領江夏太守, 治沙羡. 呂范領彭澤太守. 呂蒙領尋陽令. 劉備表權行車騎將軍, 領徐州牧. 會劉琦卒, 權以備領荊州牧, 周瑜分南岸地以給備. 備立營於油口, 改名公安. 權以妹妻備. 妹才捷剛猛, 有諸兄風, 侍婢百餘人, 皆執刀侍立, 備每入, 心常凜凜.

曹操密遣九江蔣幹往說周瑜. 幹以才辨獨步於江·淮之間, 乃布衣葛巾, 自托私行詣瑜. 瑜出迎之, 立謂幹曰, "子翼良苦, 遠涉江湖, 為曹氏作說客邪?" 因延幹, 與周觀營中, 行視倉庫·軍資·器仗訖, 還飲宴, 示之侍者服飾珍玩之物. 因謂幹曰, "丈夫處世, 遇知己之主, 外托君臣之義, 內結骨肉之恩, 言行計從, 禍福共之, 假使蘇·張共生, 能移其意乎?" 幹但笑, 終無所言. 還白操, 稱瑜雅量高致, 非言辭所能間也.

丞相掾和洽言於曹操曰, "天下之人, 材德各殊, 不可一節取也. 儉素過中, 自以處身則可, 以此格物, 所失或多. 今朝廷之議, 吏有著新衣·乘好車者, 謂之不清. 形容不飾·衣裘敝壞者, 謂之廉潔. 至令士大夫故污辱其衣, 藏其輿服. 朝府大吏, 或自挈壺飧以入官寺. 夫立教觀俗, 貴處中庸, 為可繼也. 今崇一概難堪之行以檢殊塗, 勉而為之, 必有疲瘁. 古之大教, 務在通人情而已. 凡激詭之行, 則容隱偽矣." 操善之.

한헌제 건안 15년(AD 210)

1) 봄 정월, 조조가 영을 내려 말했다.

"맹공작孟公綽은 조씨趙氏와 위씨魏氏 두 집안의 원로만을 우대해 등滕나라와 설薛나라의 대부를 임용하는 데에는 실패했다. 만일 반드시 염결한 자만이 임용된다면 제환공은 무엇으로써 패자를 칭했겠는가? 나를 돕고자 한다면 출신이 한미한 측루仄陋의 인물일지라도 오직 재주만 있으면 추천하는 이른바 유재시거惟才是擧의 원칙에 입각해 내가 그들을 탁용할 수 있게 하라."

2) 2월 1일, 일식이 있었다.

3) 겨울, 조조가 업성에 동작대銅爵臺를 수축했다.

4) 12월 기해己亥, 조조가 하령했다.

"고는 당초 효렴으로 추천됐을 때 스스로 동굴 속의 은사隱士가 아니라고 생각했다. 세상사람들이 범용한 자로 대할까 두려워 정무를 잘 처리하고 교화를 추진해 명예를 세웠다. 그래서 제남濟南에서 폭력적이고 부정한 잔예殘穢를 제거하고 공평하게 인재를 천거했다.

이에 호강한 자들에게 원한을 사게 돼 혹여 집안에 화란을 초래하게 될까 두려워 병을 칭하고 고향으로 돌아갔다. 당시 나이가 적어 초현譙縣의 동쪽 50리에 정사精舍를 세워 여름과 가을에 독서하고 겨울과 봄에 수렵하려 했다. 20년간의 계획으로 천하가 맑아질 때를 기다려 다시 나오려 했다. 여의치 못해 조정의 부름을 받아 전군교위典軍校尉가 되자 점차 국가를 위해 반적을 토벌해 공훈을 세우려는 생각을 갖게 됐다. 나의 묘비에 '한漢 고故 정서장군征西將軍 조후지묘曹侯之墓'로 쓰도록 만드는 것이 내 바람이었다. 그러다가 동탁의 난을 만나 의병을 일으켰다. 후에 연주자사를 맡은 후 출격해 30만 명의 황건적을 깨뜨리고 그들을 항복시켰다. 또 원술을 정토해 그를 궁지로 몰아 죽게 했고 원소를 격파해 그의 두 아들을 효수한 후 마침내 유표를 쳐 천하를 평정했다. 고는 재상이 됨으로써 이미 신하로서는 그 존귀함이 극에 달해 당초의 기대를 넘어섰다. 만일 국가에 고가 없었다면 얼마나 많은 사람이 제왕을 칭했을지 모른다. 혹여 누군가 고의 강성함만을 보고 또한 심성이 천명天命을 믿지 못해 함부로 촌탁忖度한 나머지 고가 찬위를 할 뜻을 지니고 있다고 말할까 두렵다. 나는 늘 불안해 조심스러운 경경耿耿의 모습을 취하고 있다. 제군에게 이런 말을 하고자 한다. 이는 모두 나의 폐부에서 나오는 말이다. 사실 고는 휘하의 군사를 포기하고 고의 봉지인 무평후국武平侯國으로 돌아가려 했으나 실제로는 그러지 못했다. 나는 솔직히 군사를 떠나면 사람들에게 모해 받을 것이 두려웠고 자손을 위한 계책으로 볼 때 내가 실패하면 국가가 무너질까 두려웠다. 허명虛名을 좇는 일이 불가능하게 돼 실제로 화란을 만나게 된 것이다. 지금 동시에 4개 현에 책봉돼 식읍이 3만 호나 되니 내가 무슨 덕행으로 이를 감당할 것인가? 강호가 아직 평정되지 않아 양위할 수는 없으나 식읍에는 가히 양보함이 있을 것이다. 지금 고는 양하현陽夏縣과 자현柘縣, 고현苦縣 등 3개 현의 2만 호를 돌려주고 오직 무평현武平縣의 1만 호만을 갖고자 한다. 비방을 줄여 고에 대한 질책을 감경해 달라."

5) 유표의 옛 부하들 대다수가 유비에게 귀부했다. 주유가 그에게 준 땅이 대단히 적어 그의 부중을 용납하기에는 턱없이 부족했다. 직접 경구京口강소성 진강로 가 손권을 배견하면서 형주를 다스릴 뜻을 밝혔다. 주유가 상소해 손권에게 당부했다.

"유비는 효웅의 자질이 있고 관우와 장비 등의 곰과 호랑이 같은 맹장인 웅호지장熊虎之將이 있으니 반드시 오랜 기간 남 밑에 엎드려 있지 않을 것입니다. 저는 큰 차원에서 생각건대 의당 유비를 오군으로 보내 성대한 궁실을 지어 많은 미녀와 완물을 보내 그의 이목을 즐겁게 할 필요가 있습니다. 또한 관우와 장비 두 사람을 서로 떼어놓은 뒤 저 같은 자를 보내 그들을 통솔하게 하면 대사를 가히 정할 수 있습니다. 지금 크게 땅을 쪼개어 그들에게 기반으로 삼도록 하면 세 사람을 모두 한 곳에 모이게 해 마치 교룡蛟龍이 비구름을 만난 것같이 끝내 연못 속에 머물지 않을까 두렵습니다."

여범도 손권에게 유비를 억류해 둘 것을 권했다. 손권은 조조가 북방에 웅거해 바야흐로 널리 영웅호걸을 불러 모으고 있어 이를 듣지 않았다. 유비가 공안에 돌아와 상당한 시일이 지난 뒤 이 얘기를 전해 듣고 탄식했다.

"천하의 지모 있는 자는 보는 바가 대략 같다. 당시 공명이 고에게 가지 말라고 권했는데 그의 의견도 이 일을 염두에 둔 것이다. 고는 바야흐로 위급한 상황에 처하게 될 것이나 가지 않을 수 없었다. 이는 확실히 위험한 상황으로 거의 주유의 수중에 떨어질 뻔 했다."

주유가 경구에 도착해 손권을 보고 말했다.

"지금 조조는 얼마 전 실패한데다 내부의 우환으로 장군과 싸울 수가 없으니 저는 분위奮威손유와 함께 촉과 장로를 공략하고자 합니다. 이후 분위를 그곳에 남겨두어 지키게 한 뒤 마초와 결맹하고 돌아와 장군과 함께 양양을 거점으로 조조를 핍박하면 가히 북방을 도모할 수 있습니다."

손권이 동의했다. 분위는 손견의 조카로 분위장군인 단양 태수 손유孫瑜를 말한다.

주유가 강릉에 돌아와 행장을 준비하다 노상에서 중병에 걸리게 되자 손권에게 전箋을 올려 간했다.

"수명의 장단은 천명이니 실로 애석해 할 일이 아닙니다. 다만 저의 작은 뜻을 펴보지도 못하고 다시는 명을 받들 수 없게 된 것이 한스러울 뿐입니다. 지금 조조는 북방을 점거하고 있으나 강역이 아직 평정되지 않았고 유비는 나라 안에 기거하고 있어 마치 호랑이를 키우는 것과 같습니다. 천하대사가 과연 어찌 될지 알 수 없으니 지금은 바로 조정백관이 간식旰食해야 하는 가을이고 지존이 마음을 다해 계책을 마련해야 하는 시기이기도 합니다. 노숙은 충렬忠烈한데다 일을 처리하면서 조금도 구차하지 않으니 가히 저를 대신할 만합니다. 제 건의가 채용되기만 한다면 저는 비록 죽더라도 몸은 조금도 썩지 않을 것입니다."

주유가 파구巴丘호남성 악양시에서 죽었다.

손권이 소식을 듣고 비통해했다.

"공근은 제왕을 보좌하는 자질이 있는데 지금 급작스레 단명하니 나는 장차 누구를 의지해야 한단 말인가?"

친히 무호蕪湖에 도착해 그의 영구를 맞아들였다. 주유는 2남 1녀를 두었다. 손권이 장자 손등孫登을 위해 그의 딸을 며느리로 삼았다. 그의 아들 주순周循을 기도위에 임명해 자신의 딸을 처로 맞아들이게 했고 주윤周胤도 흥업도위興業都尉에 임명해 일족의 딸을 그에게 시집보냈다.

당초 주유는 손권과 붕우지교를 맺었기 때문에 태부인 또한 손권에게 주유를 형으로 대우하게 했다. 그 때 손권의 직위는 장군으로 제장과 빈객들이 그를 대하는 예절은 매우 간략했다. 오직 주유만큼은 손권에 대해 모든 정성을 다해 신하의 예로 성실하게 받들었다.

정보가 자신이 연장자라고 생각해 여러 번 주유를 모욕했으나 주유는 그에 대해 몸을 낮춰 겸하하는 자세를 취하면서 시종 그와는 스스로를 비교하지 않았다. 정보가 후에 마음으로부터 경복敬服해 주유를 매우 친중親重하게 여기게 됐다. 그는 늘 주변 사람에게 주유를 칭찬했다.

"주공근과 사귀게 되면 마치 맛있는 술을 마시는 것과 같아 자신도 모르는 사이에 취하게 된다."

손권이 노숙을 분무교위에 임명해 주유를 대신해 군사를 통솔하게 하고 정보에게는 남군태수를 겸하게 했다. 노숙이 손권에게 형주를 유비에게 빌려주어 그와 함께 조조에게 공동으로 대항해야 한다고 권하자 손권이 이를 좇았다.

예장군을 나누어 번양군番陽郡강서성 파양을 만들고 장사군의 일부를 떼어 한창군漢昌郡호남성 평강을 만들었다. 또한 정보를 강하태수를 겸임하게 하고 노숙을 한창태수로 삼아 육구陸口에 주둔하게 했다.

당초 손권이 여몽에게 권해 말한 적이 있었다.

"경은 지금 일을 처리하는 자리에 앉게 됐으니 배우지 않으면 안 된다."

여몽이 군중에 일이 많은 것을 핑계로 사양하자 손권이 말했다.

"고가 어찌 경보고 경전을 공부해 박사博士가 되라고 하는 것인가? 단지 두루 섭렵해 옛 일을 알 수 있는 정도면 되오. 경은 일이 많다고 하나 고보다 더 많은가? 고는 늘 독서를 하는데 유익한 점이 매우 많소."

여몽이 책을 읽기 시작했다. 노숙이 심양을 지나다가 여몽과 얘기를 나누다가 크게 놀라 말했다.

"경이 오늘 보여준 재략才略은 오군吳郡 때의 아몽阿蒙과는 다르구려!"

여몽이 대답했다.

"선비가 3일간 헤어지면 곧 괄목상대하는데 대형은 아는 게 어찌 이리 늦었소!"

노숙이 여몽의 모친을 배견한 뒤 여몽과 붕우결의를 맺고 헤어졌다.

유비가 종사 방통에게 뇌양耒陽호남성 뇌양 현령의 일을 보게 했으나 방통이 현을 제대로 다스리지 않아 면직됐다. 노숙이 유비에게 서신을 보내 방통을 칭송했다.

"방사원龐士元은 사방 100리 정도의 작은 지역을 다스리는 재목인 백리재百里才가 아닙니다. 주州의 행정을 총괄하는 치중治中이나 따로 수레를 타고 다니는 자사의 부관인 별가別駕 정도의 임무를 주어야만 비로소 천리마의 재주인 기족驥足을 펼칠 수 있습니다."

제갈량 역시 노숙과 같이 말했다. 유비가 방통을 불러 시사를 놓고 격렬히 논쟁하는 선담善譚을 한 후 그를 크게 존중하게 됐다. 곧 그를 치중으로 삼고 대우를 제갈량 다음으로 하게 되니 제갈량과 함께 군사중랑장軍師中郎將의 직임도 맡게 했다.

6) 당초 창오인 사섭士燮이 교지交趾태수가 됐을 때 교주 자사 주부朱符가 만족蠻族에 의해 살해됐다. 주군州郡이 시끄럽게 되자 사섭이 상표해 자신의 동생 사일士壹은 합포合浦태수, 사황士黃은 구진九眞태수, 사무

士武는 남해南海광동성 광주시 태수를 겸임하게 했다. 사섭은 성정이 관후해 중원 일대의 사대부들이 그를 많이 찾아왔다. 한 주를 완전히 장악해 변방 만리의 땅에서 위엄이 지고至高하니 출입시의 행차가 장관이어서 여러 만족들이 놀라 신복했다.

조정이 남양인 장진張津을 파견해 교주자사로 삼았다. 장진은 귀신 믿는 것을 좋아해 늘 붉은색의 머리띠인 파두帕頭를 매고 다니면서 북과 비파를 연주하고 향을 사르며 도가의 경전을 읽었다. 그는 이를 두고 가히 신선이 되는 데 도움이 된다고 말했다. 결국 그의 부하 제장 구경區景에 의해 살해됐다. 유표가 영릉인 뇌공賴恭을 보내 장진을 대신해 자사 업무를 보게 했다. 이때 창오 태수 사황史璜이 세상을 떠나자 유표가 오거吳巨를 보내 그를 대신하게 했다.

조정이 사섭에게 조서를 내려 수남중낭장綏南中郎將으로 삼고 7개 군의 사무를 관리하게 하고 전과 같이 교지태수를 겸임하게 했다. 오거가 뇌공과 불목해 군사를 이끌고 가 뇌공을 쫓아내자 뇌공이 영릉으로 달아났다.

손권이 번양 태수 임회인 보즐步騭을 교주자사로 삼자 사섭이 형제들을 데리고 가 보즐의 통제를 받아들였다. 오거가 표면상 따르면서 내심 두 마음을 품게 되자 보즐이 그를 유인해 죽이니 위엄이 진동했다. 손권이 사섭을 승진시켜 좌장군으로 삼고 사섭이 아들을 손권에게 인질로 보내니 영남嶺南오령산맥 이남 일대는 손권에게 귀속되기 시작했다.

* 孝獻皇帝建安十五年

春, 下令曰, "孟公綽為趙·魏老則優, 不可以為滕·薛大夫. 若必廉士而後可用, 則齊桓其何以霸世! 二三子其佐我明揚仄陋, 唯才是舉, 吾得而用之!

二月, 乙巳朔, 日有食之.

冬, 曹操作銅爵台於鄴.

十二月, 己亥, 操下令曰, "孤始舉孝廉, 自以本非巖穴知名之士, 恐為世人之所凡愚, 欲好作政教以立名譽, 故在濟南, 除殘去穢, 平心選舉. 以是為強豪所忿, 恐致家禍, 故以病還鄉里. 時年紀尚少, 乃於譙東五十里築精舍, 欲秋夏讀書, 冬春射獵, 為二十年規, 待天下清乃出仕耳. 然不能得如意, 征為典軍校尉, 意遂更欲為國家討賊立功, 使題墓道言'漢故征西將軍曹侯之墓', 此其志也. 而遭值董卓之難, 興舉義兵. 後領兗州, 破降黃巾三十萬眾. 又討擊袁術, 使窮沮而死. 摧破袁紹, 梟其二子. 復定劉表, 遂平天下. 身為宰相, 人臣之貴已極, 意望已過矣. 設使國家無有孤, 不知當幾人稱帝, 幾人稱王! 或者人見孤強盛, 又性不信天命, 恐妄相忖度, 言有不遜之志, 每用耿耿, 故為諸君陳道此言, 皆肝鬲之要也. 然欲孤便爾委捐所典兵眾以還執事, 歸就武平侯國, 實不可也. 何者? 誠恐己離兵為人所禍, 既為子孫計, 又己敗則國家傾危, 是以不得慕虛名而處實禍也! 然兼封四縣, 食戶三萬, 何德堪之! 江湖未靜, 不可讓位. 至於邑土, 可得而辭. 今上還陽夏·柘·苦三縣, 戶二萬, 但食武平萬戶, 且以分損謗議, 少減孤之責也!"

劉表故吏士多歸劉備, 備以周瑜所給地少, 不足以容其眾, 乃自詣京見孫權, 求都督荊州. 瑜上疏於權曰, "劉備以梟雄之姿, 而有關羽·張飛熊虎之將, 必非久屈為人用者. 愚謂大計宜徙備置吳, 盛為築宮室, 多其美女玩好, 以娛其耳目. 分此二人各置一方, 使如瑜者得挾與攻戰, 大事可定也. 今猥割土地以資業之, 聚此三人俱在疆場, 恐蛟龍得雲雨, 終非池中物也." 呂范亦勸留之. 權以曹操在北, 方當廣攬英雄, 不從. 備還公安, 久乃聞之, 歎曰, "天下智謀之士,所見略同. 時孔明諫孤莫行, 其意亦慮此也. 孤方危急, 不得不往, 此誠險塗, 殆不免周瑜之手!"

周瑜詣京見權曰, "今曹操新政, 憂在腹心, 未能與將軍連兵相事也. 乞與奮威俱進, 取蜀而並張魯, 因留奮威固守其地, 與馬超結援, 瑜還與將軍據襄陽以蹙操, 北方可圖也." 權許之. 奮威者, 孫堅弟子奮威將軍·丹楊太守瑜也. 周瑜還江陵為行裝, 於道病困, 與權箋曰, "修短命矣, 誠不足惜. 但恨微志未展, 不復奉教命耳. 方今曹操在北, 疆埸未靜. 劉備寄寓, 有似養虎. 天下之事, 未知終始, 此朝士旰食之秋, 至尊垂慮之日也. 魯肅忠烈, 臨事不苟, 可以代瑜. 儻所言可采, 瑜死不朽矣!" 卒於巴丘. 權聞之哀慟, 曰, "公瑾有王佐之資, 今忽短命, 孤何賴哉!" 自迎其喪於蕪湖. 瑜有一女·二男, 權為長子登娶其女. 以其男循為騎都尉, 妻以女. 胤為興業都尉, 妻以宗女. 初, 瑜見友於孫策, 太夫人又使權以兄奉之. 是時權位為將軍, 諸將·賓客為禮尚簡, 而瑜獨先盡敬, 便執臣節. 程普頗以年長, 數陵侮瑜, 瑜折節下之, 終不與校. 普後自敬服而親重之, 乃告人曰, "與周公瑾交, 若飲醇醪, 不覺自醉."

權以魯肅為奮武校尉, 代瑜領兵, 令程普領南郡太守. 魯肅勸權以荊州借劉備, 與共拒曹操, 權從之. 乃分豫章為番陽郡, 分長沙為漢昌郡. 復以程普領江夏太守, 魯肅為漢昌太守, 屯陸口.

初, 權謂呂蒙曰, "卿今當塗掌事, 不可不學." 蒙辭以軍中多務. 權曰, "孤豈欲卿治經為博士邪! 但當涉獵, 見往事耳. 卿言多務, 孰若孤! 孤常讀書, 自以為大有所益." 蒙乃始就學. 及魯肅過尋陽, 與蒙論議, 大驚曰, "卿今者才略, 非復吳下阿蒙!" 蒙曰, "士別三日, 即更刮目相待, 大兄何見事之晚乎!" 肅遂拜蒙母, 結友而別. 劉備以從事龐統守耒陽令, 在縣不治, 免官. 魯肅遺備書曰, "龐士元非百里才也.

使處治中·別駕之任，始當展其驥足耳!” 諸葛亮亦言之. 備見統，與善譚，大器之，遂用統為治中，親待亞於諸葛亮，與亮並為軍師中郎將.

初，蒼梧士燮為交趾太守. 交州刺史朱符為夷賊所殺，州郡擾亂，燮表其弟壹領合浦太守，黃領九真太守，武領南海太守. 燮體器寬厚，中國人士多往依之. 雄長一州，偏在萬里，威尊無上，出入儀衛甚盛，震服百蠻. 朝廷遣南陽張津為交州刺史. 津好鬼神事，常著絳帕頭，鼓琴·燒香，讀道書，雲可以助化，為其將區景所殺. 劉表遣零陵賴恭代津為刺史. 是時蒼梧太守史璜死，表又遣吳巨代之. 朝廷賜燮璽書，以燮為綏南中郎將，董督七郡，領交趾太守如故. 後巨與恭相失，巨舉兵逐恭，恭走還零陵. 孫權以番陽太守臨淮步騭為交州刺史，士燮率兄弟奉承節度. 吳巨外附內違，騭誘而斬之，威聲大震. 權加燮左將軍，燮遣子入質. 由是嶺南始服屬於權.

한헌제 건안 16년(AD 211)

1) 봄 정월, 조조의 세자 조비를 오관중랑장으로 삼고 관속을 설치해 승상의 부관인 승상부丞相副로 삼았다.

2) 3월, 조조가 사례교위 종요를 보내 장로를 쳤다. 정서호군征西護軍 하후연夏侯淵 등에게 군사를 이끌고 하동을 출발해 종요와 만나게 하자 창조속倉曹屬 고유高柔가 저지했다.

"대군이 서쪽으로 나아가면 한수와 마초가 자신들을 습격하는 것으로 의심해 반드시 서로 반란을 선동할 것입니다. 의당 먼저 삼보三輔 일대를 초무招撫해야 합니다. 삼보를 평정하면 한중은 단 한 장의 격문만으로도 능히 평정할 수 있습니다."

조조가 듣지 않았다.

관중의 제장들이 의심하더니 마초와 한수, 후선侯選, 정은程銀, 양추楊秋, 이감李堪, 장횡張橫, 양흥梁興, 성의成宜, 마완馬玩 등이 이끄는 10개 부중이 모두 반기를 들었다. 이들이 이끄는 군사는 모두 10만 명이었다. 동관潼關섬서성 동관을 지키며 주둔했다.

조조가 안서장군 조인을 보내 제장을 통솔해 저항하게 한 후 성을 굳게 지키되 교전하지 말도록 지시했다.

오관장 조비에게 업성을 지키도록 하고 분무장군 정욱을 파견해 조비의 군사업무에 참여하게 했다. 문하독門下督인 광릉 출신 서선徐宣을 좌호군으로 삼아 남아서 각 군을 통령하게 하고 낙안 출신 국연國淵을 거부장사居府長史에 임명해 유수留守의 사무를 통섭하게 했다.

가을 7월, 조조가 친히 군사를 이끌고 마초 등을 치자 참의 등이 대부분 건의했다.

"관서병은 긴 창을 잘 쓰니 만일 정예한 선봉이 없으면 당할 수가 없습니다."

조조가 대답했다.

"싸움의 주도권은 나에게 있지 반적에게 있지 않다. 반적이 비록 긴 창을 잘 쓰나 나는 그들이 찌르지 못하도록 만들어주겠다. 제군들은 오직 보고만 있으라."

8월, 조조가 동관에 도착해 마초 등과 동관을 사이에 두고 대치했다. 조조가 겉으로는 동관을 장악하는 데 급급한 모습을 보이면서 몰래 서황과 주령朱靈에게 명해 보기 4,000명을 이끌고 가 포판진蒲阪津산서성 영제 서쪽을 건너 하서河西에 영채를 차리도록 했다.

윤8월, 조조가 동관에서 북쪽으로 황하를 건넜다. 군사들이 먼저 건너도록 하고 조조는 100여 명의 호사虎士와 함께 남쪽 하안에 남아 뒤를 끊었다. 마초가 보기 1만여 명를 이끌고 조조를 공격하자 화살이 비 오듯

하였다. 조조는 여전히 접는 의자인 호상胡床에 앉아 움직이지 않았다.

허저가 조조를 부축해 배에 오르자 사공이 유시에 맞아 죽었다. 허저가 왼손으로 말안장을 들어 조조를 가리고 오른손으로는 배를 지탱했다. 교위 정비丁斐가 우마를 풀어 반적들을 유인하자 반적의 진용이 우마를 쟁탈하기 위해 혼란스러워졌다. 조조가 비로소 황하를 건너니 마침내 포판진에서 서쪽으로 황하를 건너가 하안을 따라 양쪽에 담을 쌓은 군사도로인 용도甬道를 만든 뒤 남쪽으로 진군했다.

마초 등이 물러나 황하로 들어가는 위수 입구인 위구渭口를 지키자 조조가 의병疑兵을 여럿 세운 뒤 몰래 배에다 군사를 싣고 위수로 들어갔다. 이어 부교를 만든 뒤 밤에 몰래 군사를 나누어 위수 남안에 영채를 세웠다. 마초 등이 야음을 틈타 영채를 공격했으나 매복한 조조군에 의해 격퇴됐다.

마초 등이 위수 남쪽에 주둔한 뒤 사자를 보내 황하 이서의 땅을 1주州 나눠줄 것을 청하면서 화해를 구했으나 조조가 거절했다.

9월, 조조군이 모두 위수를 건넜다. 마초 등이 누차 도전했으나 조조가 응하지 않았다. 마초 등이 끝까지 할지割地를 요구하면서 자식들을 인질로 보낼 것을 제안하자 가후가 거짓으로 응답하는 계책을 생각했다. 조조가 다시 계책의 내용을 묻자 가후가 간략히 대답했다.

"단지 그들의 동맹을 이간하는 것일 뿐입니다."

조조 역시 그 뜻을 알아채고 기뻐했다.

"잘 알았다."

한수가 조조와 만날 것을 요구하자 조조가 한수와 오랜 교분이 있어 만나게 됐다. 두 사람은 서로 인사하고 교담을 나누면서도 군사문제에 대해서는 전혀 언급을 하지 않았다. 단지 경성에서의 지난 얘기와 옛 우정을 얘기하면서 손뼉을 치며 환담했다. 당시 관중의 진인秦人들과 호인들이 와서 이들이 교담하는 광경을 둘러싸고 구경하면서 앞뒤로 몇 겹을 이루게 되자 조조가 웃으며 그들에게 말했다.

“너희들이 조공을 보고 싶은가. 나 역시 사람일 뿐이다. 눈이 넷 달린 것도 아니고 입이 두 개 있는 것도 아니다. 단지 지모가 좀 많을 뿐이다.”

두 사람의 회견이 끝난 후 한수가 돌아오자 마초가 한수에게 물었다.

“조공이 무엇이라고 했습니까?”

한수가 간략히 대답했다.

“특별히 말할 것이 없소.”

마초 등이 의심을 품게 됐다. 며칠 후 조조가 한수에게 서신을 보냈다. 편지에는 여러 군데 고쳐쓴 흔적이 있어 마치 한수가 개찬한 듯이 보였다. 마초 등이 더욱 한수를 의심하게 됐다.

조조가 마초 등에게 싸울 날자를 약정해 우선 경군을 보내 도전했으나 싸움이 매우 오래 갔다. 이때 비로소 날랜 기병들을 보내 협격하자 마초 등이 대패했다. 성의와 이감 등이 죽자 한수와 마초는 양주凉州로 도망가고 양추는 안정으로 달아났다.

제장들이 조조에게 물었다.

“당초 반적들은 동관을 지키는 바람에 위수 북쪽의 방비가 허술해져 있었습니다. 하동에서 풍익을 치지 않고 오히려 동관을 지키며 시일을 끈 후 북쪽으로 황하를 건넌 이유는 무엇입니까?”

조조가 대답했다.

“반적이 동관을 지킬 때 만일 내가 하동으로 들어가면 반적은 필히 솔병해 각 나루터를 지킬 것이니 그리 되면 서하를 건널 길이 없게 된다. 나는 일부러 대군을 동관으로 보내 반적들이 전력으로 남쪽을 지키게 한 후 서하의 방비가 허술하게 만들어 서황과 주령 두 장군에게 가벼이 서하를 취하게 한 것이다. 이후 내가 군사를 이끌고 북쪽으로 황하를 건넜는데도 반적들이 나와 서하를 쟁탈할 수 없게 된 것은 두 장군이 이미 거기를 점령했기 때문이다. 내가 수레를 연결해 울타리로 삼고 용도를 만들어 남진한 것은 이길 수 없다는 모양을 만들어 자신의 허약함을 일부러 내보인 것이다. 위수를 건너 견고한 보루를 만들고 반적이 왔어도 영격하지 않은 것은 반적들을 교만하게 만들어 영루를 만들지 않고 할지를 청하도록 만들려고 한 것이다. 내가 할지를 허락해 그들의 요구를 순순히 좇은 것도 그들이 스스로 안전하다고 느껴 더 이상 방비하지 않도록 만들고자 한 것이다. 이 사이 나는 병사들의 힘을 축적한 뒤 단 한 번의 공격으로 반적들이 마치 질뢰疾雷매우 빠른 우레에 귀를 막을 사이도 없도록 만들었다. 전쟁의 변화는 실로 한 가지로만 나타나는 것이 아니다."

당초 싸움을 시작할 때 관중의 제장들이 차례로 각 부중을 이끌고 도착할 때마다 조조가 만면에 희색이 가득했다. 제장들이 그 이유를 묻자 조조가 대답했다.

"관중은 넓고도 멀어 만일 반적들이 각자 험고한 지세에 기대어 저항하게 되면 그들을 정토하려 해도 1–2년 안으로는 불가능하다. 지금 그들이 모두 모이니 그들의 숫자가 비록 많기는 하나 서로 복종하지 않아 주장이 없을 터이니 가히 일거에 제거할 수 있다. 이는 일일이 정토하는 것에 비해 매우 쉬운 일이다. 그래서 좋아하는 것이다."

겨울 10월, 조조가 장안에서 북쪽으로 가 양추를 정토하기 위해 안정을 포위했다. 양추가 투항하자 그의 작위를 회복시켜 주고 그에게 현지에 남아 백성들을 안무하게 했다.

12월, 조조가 안정에서 회사回師회군한 후 하후연을 남겨두어 장안을 방비하게 했다. 의랑 장기張旣를 경조윤으로 삼았다. 장기는 유민流民들을 초무해 과거의 현읍을 다시 세우고 백성들을 다독였다.

한수와 마초가 반기를 들었을 때 홍농과 풍익 소속의 각 현읍 대다수가 호응했다. 단지 하동의 백성만이 두 마음이 없었다. 조조는 마초 등과 위수를 사이에 두고 대치할 때 군량을 전부 하동에서 얻었다. 마초가 패배할 때 비축된 곡식이 아직도 10여만 곡이나 됐다. 조조가 하동 태수 두기杜畿의 녹질을 중2천석으로 올렸다.

3) 부풍인 법정法正은 유장의 군의교위軍議校尉를 맡고 있었으나 유장이 그를 중용하지 않았다. 더구나 그는 익주에 거주하는 고향사람들로부터 멸시를 받게 돼 더욱 뜻을 얻지 못했다. 익주 별가 장송이 법정과 매우 친했다. 그는 자신의 재주를 자부해 늘 유장과 함께 일을 할 수 없다며 몰래 탄식하곤 했다. 장송이 유장에게 유비와 결탁하길 권하자 유장이 물었다.

"누가 가히 사자로 갈만할까?"

장소가 법정을 천거했다. 유장이 법정을 보내자 법정은 깊이 사례하면서도 겉으로는 부득이해 가는 것처럼 꾸몄다. 법정이 돌아와 장송에게 유비가 웅략雄略이 있음을 말하고 은밀히 유비를 익주의 주인으로 모시기 위한 계책을 함께 모의했다.

마침 조조가 종요를 보내 한중으로 진군하게 하자 유장이 얘기를 전해 듣고 내심 두려워했다. 장송이 유장에게 건의했다.

"조공의 군사는 천하무적이니 만약 장로를 이용해 촉을 공격하면 누가 능히 막을 수 있겠습니까? 유예주는 사군의 종실인데다 조공과는 깊은 원한이 있고 용병 또한 능하니 만일 유예주를 보내 장로를 치면 반드시 격파할 수 있습니다. 장로가 궤멸되면 익주는 더욱 강대해질 것이니 조공이 비록 올지라도 어쩔 수가 없을 것입니다. 지금 익주 내에는 방희龐羲와 이이李異 등이 모두 자신이 세운 공을 믿고 거만한데다 외부의 세력에 귀부하려 하고 있습니다. 만일 유예주의 원조가 없게 되면 적들이 외부에서 공격해 오고 백성들이 안에서 작란할 것이니 이리 되면 반드시 망하고야 말 것입니다."

유장이 일리가 있다고 생각해 법정에게 군사 4,000명을 이끌고 가 유비를 영접하게 했다. 주부 파서巴西 출신 황권黃權이 간했다.

"유좌장군劉左將軍은 효용하다는 명성이 있어 지금 청해 부하로 대우하고자 하면 곧 심중에 불만을 가질 것입니다. 그렇다고 빈객의 예로 대우하면 한 나라에 두 군주를 둘 수 없으니 객에게는 태산처럼 안온한 태산지안泰山之安이 있는 반면 주인은 계란을 쌓은 것과 같은 위기인 누란지위累卵之危에 처하게 됩니다. 국경을 굳게 닫고 천하가 조용해지길 기다림만 못합니다."

유장이 듣지 않고 황권을 조정 밖으로 내보내 광한현장을 하도록 했다. 종사 광한인 왕루王累가 성문에 거꾸로 매달려 간했으나 유장이 조금도 받아들이려 하지 않았다.

법정이 형주에 도착해 몰래 유비에게 헌책獻策했다.

"명장군의 영명한 재능으로 유장의 유약함을 이용해야 합니다. 장송은 익주의 고굉股肱핵심관원으로 안에서 응할 것입니다. 익주를 취하는 것은 여반장입니다."

유비가 머뭇거리며 결단하지 못했다. 방통이 유비에게 적극 권했다.

"형주는 황폐해 인물이 곧 다할 것입니다. 동쪽에는 손권이 있고 북쪽에는 조조가 있어 뜻을 얻기가 어렵습니다. 지금 익주는 민호가 100만 호이고 토지가 비옥한데다 물산이 풍부하니 만일 익주를 얻어 기반으로 삼게 되면 가히 대업을 완성할 수 있습니다."

유비가 대답했다.

"지금 나와 물과 불처럼 상극인 자는 바로 조조요. 그는 엄려嚴厲한데 나는 관후寬厚하고, 그는 법력法力을 이용하는데 나는 인애仁愛를 이용하고, 그는 궤사詭詐를 쓰나 나는 충신忠信을 쓰고 있소. 이 모든 것이 조조와 반대되오. 비로소 그렇게 해야만 대사를 이룰 수 있소. 지금 소리小利를 탐해 천하에 신의를 잃게 되면 금후 어찌 할 것이오?"

방통이 다시 반론을 제시했다.

"혼란과 분열의 시기에는 실로 하나의 방법만으로 능히 평정할 수 있는 것이 아닙니다. 게다가 부드러움으로 우매함을 치는 겸약공매兼弱攻昧와 역리로 취한 뒤 순리로 지키는 역취순수逆取順守는 옛 성인들도 귀히 여겼던 것입니다. 만일 대업을 완성한 후 그를 큰 나라의 후왕으로 봉하면 신의에 무슨 위배가 있겠습니까? 오늘 취하지 않으면 끝내 다른 사람의 이익이 될 뿐입니다."

유비가 일리가 있다고 생각했다. 곧 제갈량과 관우 등에게 형주를 지키도록 하고 조운에게 유영사마留營司馬를 겸임하게 한 뒤 스스로 보병 수만 명을 이끌고 익주로 들어갔다.

손권이 유비가 서쪽으로 올라갔다는 얘기를 듣고 배를 보내 여동생을 맞이하도록 했다. 부인이 유비의 아들 유선을 데리고 오군으로 돌아가는 것을 장비와 조운이 솔병해 장강 위에서 이를 막고 유선을 데려왔다.

유장이 유비가 지나는 지역에 명해 군자를 제공하게 했다. 유비가 경계를 넘자 마치 귀향이라도 한 것인 양 그에게 앞뒤로 보내온 물자가 1억 전 가까이 됐다. 유비가 파군에 도착하자 파군 태수 엄안嚴顔이 가슴을 치며 탄식했다.

"이는 이른바 '깊은 산 속에 홀로 있던 호랑이를 불러 자위自衛한다' 하는 것과 같다."

유비가 강주江州사천성 중경시의 북쪽에서 점강墊江사천성 합천현을 따라 부현涪縣사천성 금양현에 도달했다. 유장이 보기 3만여 명을 이끌고 수레에 휘장인 장만帳幔을 치고 나아가니 햇빛에 반사돼 번쩍였다. 유장이 대규모 환영행렬을 이끌고 앞으로 나아가 유비를 영접했다. 이때 장송은 은밀히 법정을 통해 면회 때 유장을 습격하도록 유비에게 권했다. 유비가 난색을 표시했다.

"이 일은 창졸 간에 할 수 없는 일이오."

방통이 나서 다시 간했다.

"지금 회견할 때 그를 잡으면 장군은 군사를 동원하는 수고를 하지 않고도 쉽게 한 주를 얻을 수 있습니다."

유비가 이를 거절했다.

"방금 타국으로 들어와 은신恩信이 아직 드러나지도 않았는데 그리할 수는 없소."

유장이 유비를 행行대사마·영領사례교위로 추천하자 유비도 유장을 행行진서대장군·영領익주목으로 천거했다.

양쪽의 이병吏兵들이 서로 오가며 100여 일 동안 함께 마시고 먹으며 환담했다. 이어 유장은 유비에게 병력을 증원시켜주고 대량의 군자를 보내어 장로를 치게 하면서 또한 백수白水의 주둔군을 통솔하게 했다. 유비는 군사 3만여 명을 거느리게 됐고 수레와 갑옷, 기계, 양초 등 숱한 군자를 얻게 됐다. 유장이 성도로 돌아가자 유비는 북쪽의 가맹葭萌사천성 광원현까지 군사를 이끌고 갔으나 즉각 장로를 칠 수 없어 널리 은덕을 베풀며 인심을 수습했다.

* 孝獻皇帝建安十六年

春, 正月, 以曹操世子丕為五官中郎將, 置官屬, 為丞相副.

三月, 操遣司隸校尉鐘繇討張魯, 使征西護軍夏侯淵等將兵出河東, 與繇會. 倉曹屬高柔諫曰, "大兵西出, 韓遂·馬超疑為襲己, 必相扇動. 宜先招集三輔, 三輔苟平, 漢中可傳檄而定也." 操不從. 關中諸將果疑之, 馬超·韓遂·侯選·程銀·楊秋·李堪·張橫·梁興·成宜·馬玩等十部皆反, 其眾十萬, 屯據潼關. 操遣安西將軍曹仁督諸將拒之, 敕令堅壁勿與戰. 命五官將丕留守鄴, 以奮武將軍程昱參丕軍事, 門下督廣陵徐宣為左護軍, 留統諸軍, 樂安國淵為居府長史, 統留事.

秋, 七月, 操自將擊超等. 議者多言曰, "關西兵習長矛, 非精選前鋒, 不可當也." 操曰, "戰在我, 非在賊也. 賊雖習長矛, 將使不得以刺, 諸君但觀之."

八月, 操至潼關, 與超等夾關而軍. 操急持之, 而潛遣徐晃·朱靈以步騎四千人渡蒲阪津, 據河西為營. 閏月, 操自潼關北渡河. 兵眾先渡, 操獨與虎士百餘人留南岸斷後. 馬超將步騎萬餘人攻之, 矢下如雨, 操猶據胡床不動. 許褚扶操上船, 船工中流矢死, 褚左手舉馬鞍以蔽操, 右手刺船. 校尉丁斐, 放牛馬以餌賊, 賊亂取牛馬, 操乃得渡. 遂自蒲阪渡西河, 循河為甬道而南. 超等退拒渭口, 操乃多設疑兵, 潛以舟載兵入渭, 為浮橋, 夜, 分兵結營於渭南. 超等夜攻營, 伏兵擊破之. 超等屯渭南, 遣信求割河以西請和, 操不許. 九月, 操進軍, 悉渡渭. 超等數挑戰, 又不許. 固請割地, 求送任子. 賈詡以為可偽許之. 操復問計策, 詡曰, "離之而已." 操曰, "解!" 韓遂請與操相見, 操與遂有舊, 於是交馬語移時, 不及軍事, 但說京都舊故, 拊手歡笑. 時秦·胡觀者, 前後重沓, 操笑謂之曰, "爾欲觀曹公邪! 亦猶人也, 非有四目兩口, 但多智耳!" 既罷, 超等問遂曰, "公何言!" 遂曰, "無所言也." 超等疑之. 他日, 操又與遂書, 多所點竄, 如遂改定者. 超等愈疑遂. 操乃與剋日會戰, 先以輕兵挑之, 戰良久, 乃縱虎騎夾擊, 大破之, 斬成宜·李堪等. 遂·超奔涼州, 楊秋奔安定.

諸將問操曰, "初, 賊守潼關, 渭北道缺, 不從河東擊馮翊而反守潼關, 引日而後北渡, 何也?" 操曰, "賊守潼關, 若吾入河東, 賊必引守諸津, 則西河未可渡, 吾故盛兵向潼關. 賊悉眾南守, 西河之備虛, 故二將得擅取西河. 然後引軍北渡. 賊不能與吾爭西河者, 以二將之軍也. 連車樹柵, 為甬道而南, 既為不可勝, 且以示弱. 渡渭為堅壘, 虜至不出, 所以驕之也. 故賊不為營壘而求割地. 吾順言許之, 所以從其意, 使自安而不為備, 因畜士卒之力, 一旦擊之, 所謂疾雷不及掩耳. 兵之變化, 固非一道也."

始, 關中諸將每一部到, 操輒有喜色. 諸將問其故, 操曰, "關中長遠, 若賊各依險阻, 征之, 不一二年不可定也. 今皆來集, 其眾雖多, 莫相歸服, 軍無適主, 一舉可滅, 為功差易, 吾是以喜."

冬, 十月, 操自長安北征楊秋, 圍安定. 秋降, 復其爵位, 使留撫其民.

十二月, 操自安定還, 留夏侯淵屯長安. 以議郎張既為京兆尹. 既招懷流民, 興復縣邑, 百姓懷之. 遂·超之叛也, 弘農·馮翊縣邑多應之, 河東民獨無異心. 操與超等夾渭為軍, 軍食一仰河東. 及超等破, 餘畜尚二十餘萬斛, 操乃增河東太守杜畿秩中二千石.

扶風法正為劉璋軍議校尉, 璋不能用, 又為其州里俱僑客者所鄙, 正邑邑不得志. 益州別駕張松與正善, 自負其才, 忖璋不足與有為, 常竊歎息. 松勸璋結劉備, 璋曰, "誰可使者?" 松乃舉正. 璋使正往, 正辭謝, 佯為不得已而行. 還, 為松說備有雄略, 密謀奉戴以為州主. 會曹操遣鐘繇向漢中, 璋聞之, 內懷恐懼. 松因說璋曰, "曹公兵無敵於天下, 若因張魯之資以取蜀土, 誰能御之! 劉豫州, 使君之宗室而曹公之深仇也, 善用兵. 若使之討魯, 魯必破矣. 魯破, 則益州強, 曹公雖來, 無能為也. 今州中諸將龐羲·李異等, 皆恃功驕豪, 欲有外意. 不得豫州, 則敵攻其外, 民攻其內, 必敗之道也." 璋然之, 遣法正將四千人迎備. 主簿巴西黃權諫曰, "劉左將軍有驍名, 今請到, 欲以部曲遇之, 則不滿其心. 欲以賓客禮待, 則一國不容二君, 若客有泰山之安, 則主有累卵之危. 不若閉境以待時清." 璋不聽, 出權為廣漢長. 從事廣漢王累, 自倒縣於州門以諫, 璋一無所納.

法正至荊州, 陰獻策於劉備曰, "以明將軍之英才, 乘劉牧之之懦弱. 張松, 州之股肱, 響應於內. 以取益州, 猶反掌也." 備疑未決. 龐統言於備曰, "荊州荒殘, 人物殫盡, 東有孫車騎, 北有曹操, 難以得志. 今益州戶口百萬, 土沃財富, 誠得以為資, 大業可成也!" 備曰, "今指與吾為水火者, 曹操也. 操以急, 吾以寬. 操以暴, 吾以仁. 操以譎, 吾以忠. 每與操反, 事乃可成耳. 今以小利而失信義於天下, 奈何?" 統曰, "亂離之時, 固非一道所能定也. 且兼弱攻昧, 逆取順守, 古人所貴. 若事定之後, 封以大國, 何負於信! 今日不取, 終為人利耳." 備以為然. 乃留諸葛亮·關羽等守荊州, 以趙雲領留營司馬, 備將步卒數萬人入益州. 孫權聞備西上, 遣舟船迎妹, 而夫人欲將備子禪還吳, 張飛·趙雲勒兵截江, 乃得禪還.

劉璋敕在所供奉備, 備入境如歸, 前後贈遺以巨億計. 備至巴郡, 巴郡太守嚴顏拊心歎曰, "此所謂'獨坐窮山, 放虎自衛'者也." 備自江州北由墊江水詣涪. 璋率步騎三萬餘人, 車乘帳幔, 精光耀日, 往會之. 張松令法正白備, 便於會襲璋. 備曰, "此事不可倉猝!" 龐統曰, "今因會執之, 則將軍無用兵之勞而坐定一州也." 備曰, "初入他國, 恩信未著, 此不可也." 璋推備行大司馬, 領司隸校尉. 備亦推璋行鎮西大將軍, 領益州牧. 所將將士, 更相之適, 歡飲百餘日. 璋增備兵, 厚加資給, 使擊張魯, 又令督白水軍. 備並軍三萬餘人, 車甲·器械·資貨甚盛. 璋還成教, 備北到葭萌, 未即討魯, 厚樹恩德以收眾心.

한헌제 건안 17년(AD 212)

1) 봄 정월, 조조가 업성으로 돌아왔다. 조령으로 조조가 황제를 배알

할 때 그의 이름을 호명하지 않고, 입조할 때 빠른 걸음인 추행趨行을 할 필요가 없고, 전위로 올라올 때 검을 차고 신을 신을 수 있도록 했다. 이는 소하蕭何의 전례를 좇은 것이다.

2) 조조가 서정할 때 하간인 전은田銀과 소백蘇伯이 모반해 유주와 기주의 백성을 선동했다. 오관장 조비가 친히 정벌하려고 하자 공조 상림常林이 만류했다.

"북방의 관민들은 화평에 대한 열망과 전란에 대한 증오로 인해 조정에 귀복한지 이미 오래 됐기에 분수와 법을 지키는 자가 매우 많습니다. 전은과 소백은 개와 양이 함께 모인 것처럼 위해를 가할 수 없습니다. 지금 대군은 멀리 있고 밖에는 강적이 있으니 장군은 천하의 안위와 직결된 중요한 성을 진수하고 있는 것입니다. 만일 경솔히 움직여 멀리 원정하면 비록 난을 평정하더라도 결하고 무위武威를 드러낼 수 없습니다."

장군 가신賈信을 보내 정토하게 해 적들을 궤멸시켰다. 이때 잔당 1,000여 명이 투항하자 이를 놓고 논의하던 사람들이 모두 입을 모아 말했다.

"조공은 이전에 법령을 쓸 때 포위된 후 투항한 자는 사면하지 않았습니다."

정욱이 반박했다.

"그것은 시끄럽고 불안한 시기에 나온 시세에 좋은 임시방편인 권시지의權時之宜에 불과한 것이오. 지금은 천하가 안정한 때인 만큼 주살할 수 없소. 설령 죽일지라도 의당 먼저 상부에 보고해야 하오."

논의하던 사람들이 반론을 제기했다.

"군사의 일은 전결해 처리하는 것이니 보고할 필요가 없습니다."

정욱이 재차 반박했다.

"무릇 전명專命이라 함은 긴급한 사정이 있을 때 한해 하는 것이오. 지금 반적들이 가신의 수중에 제압돼 있으니 노신老臣은 원컨대 장군이 그 같이 하지 않기를 바라오."

조비가 결론을 내렸다.

"경의 말이 맞소."

즉각 조조에게 보고하자 조조가 과연 주살을 허락지 않았다. 조조가 곧 정욱이 말한 내용을 전해 듣고 크게 기뻐했다.

"군君은 단순히 군사전략에 밝을 뿐만 아니라 부자지간의 문제를 처리하는 데도 매우 능란하다."

당시의 관례를 보면 승전을 전하는 보고공문은 하나를 열로 헤아려 보고하는 게 통례였다. 국연國淵이 수급을 보고하면서 모두 실제의 숫자에 의거해 보고하자 조조가 의아해하며 그 이유를 물었다. 국연이 숙연히 대답했다.

"무릇 영역 밖의 적을 정토하면서 죽이거나 생포하는 참획斬獲의 숫자를 늘려 보고하는 것은 무공을 부풀려 백성들이 깜짝 놀라는 용청聳聽의 상황을 만들고자 하는 것입니다. 하간은 영역 내에 있으니 전은 등의 반역을 토벌했다 하더라도 저로서는 수치스럽게 생각지 않을 수 없습니다."

조조가 크게 기뻐했다.

3) 5월 계미癸未, 위위 마등을 죽이고 삼족을 멸했다.

4) 6월 29일, 일식이 있었다.

5) 가을 7월, 황충의 재해가 있었다.

6) 마초 등이 잔당을 이끌고 남전藍田에 주둔하자 하후연이 공격해 평정했다.

부현鄜縣의 반적 양흥梁興이 풍익을 침입하자 모든 현이 두려워해 현부縣府를 군부郡府 소재지로 옮겼다. 논의하던 사람이 의당 험고한 곳으로 옮길 것을 주장했으나 좌풍익 정혼鄭渾이 반대했다.

"양홍 등은 이미 패주해 산곡으로 숨어들었으니 비록 따르는 자가 있다 해도 대부분 협박에 못이겨 갔을 것이다. 지금 의당 항복하는 길을 크게 열어 놓고 효유曉諭해 위신을 보여주어야지 만일 험고한 곳에 의지해 지키려 들면 오히려 우리의 약함만을 보여주는 것이다."

관민을 모은 뒤 성곽을 수리해 수비를 강화하고 군사를 모집해 반적을 쫓아냈다. 이어 노획한 반적의 재물과 부녀 가운데 10분의 7을 포상으로 내렸다. 백성들이 모두 기뻐하며 반적을 잡으려 들었다. 반적들 가운데 처자를 잃은 자들이 모두 와 투항을 청하자 정혼이 그들을 꾸짖어 약탈한 부녀들을 모두 돌려보내도록 명한 뒤 그들의 처자를 돌려주었다. 반적들은 서로 공격하며 도둑질을 하다가 무리가 모두 흩어지게 됐다.

정혼이 관민 가운데 은덕과 신망이 있는 자들을 여러 산곡에 나누어 보내 선유宣諭하게 하자 투항하는 자들이 줄을 이었다. 이어 각 현의 관원들에게도 각자 자신의 현부로 돌아가 그들을 위무하게 했다. 양홍 등이 두려운 나머지 잔당을 모두 부성鄜城에 집결시켰으나 조조가 하후연을 보내 정혼과 함께 토벌하게 해 양홍을 참하고 잔당을 평정했다. 정혼은 정태鄭泰의 동생이다.

7) 9월 21일, 황자 유희劉熙를 제양왕濟陽王, 유의劉懿를 산양왕山陽王, 유막劉邈을 제북왕濟北王, 유돈劉敦을 동해왕東海王으로 삼았다.

8) 당초 장굉은 말릉의 산천지세가 빼어난 것을 보고 손권에게 그곳을 치소로 삼도록 권했다. 유비가 동쪽으로 말릉을 지나게 되자 다시 손권에게 이곳으로 옮길 것을 권했다. 손권이 석두성石頭城강소성 남경시 청량산을 쌓고 치소를 말릉으로 옮긴 뒤 말릉의 명칭을 건업建業으로 바꿨다.

9) 여몽이 조조가 동쪽으로 진군한다는 소리를 듣고 손권에게 장강의 지류인 유수수濡須水 입구의 양안에 마을 어귀의 흙 보루인 비성庳城을

세울 것을 건의하자 제장들이 반대했다.

"상안上岸에서 적을 친 후 발을 씻고 배에 오르면 되는데 비성이 무슨 필요가 있습니까?"

여몽이 말했다.

"전쟁이란 승리가 있으면 좌절이 있기 마련이오. 싸워서 늘 이기는 것만이 아니니 만일 적군이 급히 추격해 오면 물가에 닿을 여유가 없는데 어찌 배에 오를 수 있겠소."

손권이 말했다.

"그 말이 과연 옳소."

유수수의 양안에 비성을 쌓게 했다.

10) 겨울 10월, 조조가 동쪽으로 군사를 보내 손권을 치자 동소가 조조에게 간했다.

"자고로 신하의 몸으로 세상을 구하는 광세匡世를 행하면서 오늘과 같은 공을 세운 적은 없었습니다. 또한 오늘과 같은 공을 세우고도 인신의 자리에 이토록 오래 머문 적도 없었습니다. 지금 명공은 덕행에 부족함이 있다고 부끄러워하며 자신의 명예와 절조인 명절名節을 지키는 데 만족해하고 있습니다. 대신의 자리에 있으면서 큰일을 일으키게 되면 사람들로 하여금 자신을 의심하게 만들 소지가 크니 실로 신중히 생각지 않으면 안 됩니다."

열후와 제장들과 함께 상의하면서 승상을 의당 국공國公으로 작위를 올리고 구석九錫 등을 내려 그의 특수한 공훈을 표창해야 한다고 의견을 모았다. 순욱이 반대했다.

"조공이 본래 의병을 일으킨 것은 조정을 구하고 나라를 평안하게 만들고자 한 것이오. 가슴에 충정의 성심을 담고 있고 실제로 퇴양退讓하려는 뜻을 지니고 있소. 군자는 덕으로써 백성을 사랑하는 것이지 이같이 하는 게 아니오."

조조가 이 얘기를 듣고 내심 불쾌해했다.

조조가 손권을 공격할 즈음 상표해 순욱으로 하여금 초현으로 가 군사들을 위무하게 했다. 순욱이 도착하자 조조가 순욱에게 시중·광록대부·지절·참승상군사參丞相軍事의 자격으로 초현에 머물도록 했다.

조조의 군사가 유수수를 향해 진군하자 순욱이 병을 칭탁하고 수춘에 머물다가 독약을 먹고 죽었다. 순욱은 행의行義가 단정하고 지략 또한 풍부한데다 늘 현사들을 추천하길 좋아해 당시 사람들이 모두 그의 죽음을 애석하게 생각했다.

신 사마광은 평한다.

"공자는 인仁을 매우 중시해 자로子路와 염구冉求, 공서적公西赤 등과 같은 고족제자高足弟子뿐만 아니라 영윤 자문子文과 진문자陳文子와 같은 제후 신분의 현명한 대부일지라도 모두 인이 부족했다고 지적하면서 오히려 관중의 인을 크게 칭송했다. 이는 그가 제환공을 보좌했기 때문이 아니라 백성들을 크게 구했기 때문이 아니겠는가? 제환공의 행동은 개와 돼지인 구체狗彘를 닮았으나 관중은 이를 수치로 생각지 않고 그를 도왔다. 그는 대략 제환공을 돕지 않으면 백성을 구원할 수 없다고 생각한 것이다. 한나라 말기의 천하대란으로 백성들이 도탄에 빠져 있을 때 난세를 구할 인물인 고세지재高世之才가 아니면 이들을 구원할 수 없었다. 그런즉 순욱은 위무제魏武帝 조조를 버리고 과연 누구를 섬기려 했던 것일까? 제환공의 시대는 주나라 왕실이 비록 쇠약했다 하나 건안建安 연간의 초기보다는 나았다. 건안의 초기는 사해가 온통 뒤집히고 동요하는 탕복蕩覆의 상황이 돼 한 뼘의 땅과 한 명의 백성도 모두 한조의 소유가 아니었다. 순욱은 위무제를 보좌해 한조를 흥기시켰다. 현능한 인재를 추천·임용하고 병사들을 엄히 훈련시켰으며 중요한 계기에 결론을 이끌어

내어 사방을 정벌하고 처처마다 승리를 얻게 했다. 능히 약함을 강함으로 바꾸고 난세를 치세로 바꾸기에 충분했다. 천하의 10분의 8을 얻은 그의 공훈이 어찌 관중의 밑에 있을 수 있겠는가?

관중은 공자 규糾를 위해 죽지 않았다. 순욱은 한실을 위해 죽었다. 그의 인仁이 또한 관중보다 위에 있었다. 두목杜牧은 이를 두고 비판했다. '순욱은 위무제에게 연주를 취할 것을 권하면서 위무제를 한고제와 광무제에 비유했다. 관도의 싸움에서 조조가 허현으로 철수하려는 것을 저지하면서 초한전楚漢戰 당시의 상황을 예를 들었다. 그는 일이 이뤄지자 한 대의 역사 속에서 자신의 명성을 얻으려 했다. 비유컨대 도둑에게 담을 뚫고 들어가 금궤를 열도록 사주하면서 자신은 같이 도둑질을 하지 않았다고 해 도둑이 아니라고 주장할 수 있는 것인가' 나는 공자가 『논어』에서 내용보다 수식이 앞서는 것이 역사라는 취지의 '문승질즉사文勝質則史'를 언급한 것은 무릇 역사란 사람의 말을 기록하면서 반드시 문식文飾을 가하게 돼 있음을 지적한 것으로 생각한다.[233] 순욱이 위무제를 한고제와 광무제, 초한전 등의 예를 들어 비유한 것은 역사가인 사씨史氏의 문식으로 보아야 한다. 어찌 이 모두가 순욱 자신이 말한 것일 수 있겠는가? 이를 두고 순욱을 폄하하는 것은 그의 잘못에 근거한 것이 아니다. 만일 위무제가 황제에 올랐다면 순욱은 대업을 이룬 원훈이 돼 소하와 같은 포상을 받았을 것이다. 그러나 순욱은 이를 탐하지 않고 한실에 충성했다는 명성을 얻기 위해 목숨을 바쳤으니 이 어찌 인간의 통상적인 정리인 인정

233 『논어』「옹야」의 '質勝文則野, 文勝質則史. 文質彬彬, 然後君子' 구절을 인용한 것이다. 대략 "질質이 문文을 이기면 야野하고, '문'이 '질'을 이기면 사史하다. '문'과 '질'이 조화를 이룬 연후에 가히 군자라고 이를 수 있다."의 뜻이다. 여기의 야野는 교양을 닦지 않은 거친 모습, 사史는 사관이 붓을 놀려 수식하듯 겉만 호화스러운 모습을 지칭한다. '빈빈彬彬'은 잘 조화를 이룬 모습을 형상한 것이다.

人情이라고 할 수 있겠는가?"

11) 유비가 가맹에 주둔하자 방통이 유비에게 간했다.

"지금 은밀히 정병을 선발해 밤낮으로 달려가 곧바로 성도를 습격해야 합니다. 유장이 군사를 모르는데다 평소 방비를 소홀히 했을 터이니 대군이 갑자기 나타나면 일거에 평정할 수 있습니다. 이것이 상책입니다. 양회楊懷와 고패高沛는 유장의 명장으로 각자 강병을 거느리고 관문을 지키고 있습니다. 그들은 여러 차례 유장에게 장군을 형주로 돌아가도록 하라고 간했다고 합니다. 장군이 사람을 보내 형주에 긴급한 사정이 있어 구원하려 한다고 전하고 군장을 꾸려 돌아가는 모습을 취하면 두 사람 모두 장군의 영명英名에 경복敬服하면서도 겁을 먹고 있으니 장군의 회군을 기뻐할 것입니다. 그들이 반드시 경기輕騎로 장군을 배송할 터이니 이 기회에 그들을 사로잡은 뒤 진군해 그들의 부대를 취하고 곧 성도로 향할 수 있습니다. 이는 중책입니다. 마지막으로 백제성白帝城으로 물러나 형주와 연계해 서서히 익주를 도모하는 계책이 있습니다. 이는 하책입니다. 만일 머뭇거리며 결단하지 못하면 커다란 곤경에 빠지는 일이 미구에 닥칠 것입니다."

유비가 방통의 중책에 찬동했다.

조조가 손권을 치게 되자 손권이 유비에게 구원을 청했다. 유비가 유장에게 서신을 보내 군사를 돌려 손권을 지원할 수 있도록 허락해 줄 것을 청했다.

"손씨와 고는 원래 순치脣齒의 관계인데다 관우의 병력이 약해 지금 가서 그를 구하지 않으면 조조가 반드시 형주를 취한 후 익주를 침입할 것이니 이는 장로보다 훨씬 큰 우환이 될 것이오. 장로는 스스로 지키기에 바쁜 일개 도적에 불과하니 크게 걱정할 것이 없을 것입니다."

군사 1만 명의 증원과 양초 등의 군자지원을 요구했으나 유장이 단지

4,000명의 군사만을 지원하고 다른 요구도 모두 반만 내주었다. 유비가 유장의 부하에게 격노했다.

"나는 익주를 위해 강적을 치려고 하는데 군사들이 매우 피곤한 상황이다. 유장은 재물을 쌓아 놓고도 이처럼 인색하게 구니 어찌 사대부들이 그를 위해 목숨을 바치려 들겠는가?"

장송이 서신을 써 유비와 법정에게 주며 말했다.

"지금 대사가 막 성사되려고 하는데 이곳을 버리고 떠나면 어찌 되는 것입니까?"

장송의 형 광한 태수 장숙張肅은 화란이 몸에 이를까 두려워 장송의 음모를 유장에게 일렀다. 유장이 장송을 잡아 죽인 뒤 각 관문을 지키는 제장에게 공문을 보내 다시는 유비와 거래하지 말도록 명했다. 유비가 대로해 유장의 백수군독白水軍督 양회와 고패를 불러 그들의 무례함을 꾸짖은 뒤 죽였다. 이어 군사를 이끌고 백수의 관문에 이르러 그들의 군사를 병탄하고 부성涪城으로 쳐들어가 점거했다.

* 孝獻皇帝建安十七年

春, 正月, 曹操還鄴. 詔操贊拜不名, 入朝不趨, 劍履上殿, 如蕭何故事.

操之西征也, 河間民田銀·蘇伯反, 扇動幽·冀. 五官將丕欲自討之, 功曹常林曰, "北方吏民, 樂安厭亂, 服化已久, 守善者多. 銀·伯犬羊相聚, 不能為害. 方今大軍在遠, 外有強敵, 將軍為天下之鎮, 輕運遠舉, 雖克不武." 乃遣將軍賈信討之, 應時克滅. 餘賊千餘人請降, 議者皆曰, "公有舊法, 圍而後降者不赦." 程昱曰, "此乃擾攘之際, 權時之宜. 今天下略定, 不可誅之. 縱誅之, 宜先啟聞." 議者皆曰, "軍事有專無請." 昱曰, "凡專命者, 謂有臨時之急耳. 今此賊制在賈信之手, 故老臣不願將軍行之也.” 丕曰, “善.” 即白操, 操果不誅. 既而聞昱之謀, 甚悅, 曰, “君非徒明於軍計, 又善處人父子之間.” 故事破賊文書, 以一為十. 國淵上首級, 皆如其實數, 操問其故, 淵曰, “夫征討外寇, 多其斬獲之數者, 欲以大武功, 聳民聽也. 河間在封域之內, 銀等叛逆, 雖克捷有功, 淵竊恥之.” 操大悅.

夏, 五月, 癸未, 誅衛尉馬騰, 夷三族.

六月, 庚寅晦, 日有食之. 秋, 七月, 螟.

馬超等餘眾頓藍田, 夏侯淵擊平之.

鄜賊梁興寇略馮翊, 諸縣恐懼, 皆寄治郡下, 議者以為當移就險阻. 左馮翊鄭渾曰, “興等破散, 藏竄山谷, 雖有隨者, 率脅從耳. 今當廣開降路, 宣喻威信. 而保險自守, 此示弱也.” 乃聚吏民, 治城郭, 為守備, 募民逐賊, 得其財物婦女, 十以七賞. 民大悅, 皆願捕賊. 賊之失妻子者皆還, 求降, 渾責其得他婦女, 然後還之. 於是轉相寇盜, 黨與離散. 又遣吏民有恩信者分佈山谷告諭之, 出者相繼. 乃使諸縣長吏各還本治, 以安集之. 興等懼, 將餘從聚鄜城. 操使夏侯淵助渾討之, 遂斬興, 餘黨悉平. 渾, 泰之弟也.

九月, 庚戌, 立皇子熙為濟陰王, 懿為山陽王. 邈為濟北王, 敦為東海王.

初, 張紘以秣陵山川形勝, 勸孫權以為治所. 及劉備東過秣陵, 亦勸權居之. 權於是作石頭城, 徙治秣陵, 改末陵為建業.

呂蒙聞曹操欲東兵, 說孫權夾濡須水口立塢. 諸將皆曰, “上岸擊賊, 洗足入船, 何用塢為!” 蒙曰, “兵有利鈍, 戰無百勝, 如有邂逅, 敵步騎蹙人, 不暇及水, 其得入船乎?” 權曰, “善!” 遂作濡須塢.

冬, 十月, 曹操東擊孫權. 董昭言於曹操曰, “自古以來, 人臣匡世, 未有今日之功. 有今日之功, 未有久處人臣之勢者也. 今明公恥有慚德, 樂保名節. 然處大臣之勢, 使人以大事疑己, 誠不可不重慮也." 乃與列侯諸將議, 以丞相宜進爵國公, 九錫備物, 以彰殊勳. 荀彧以為曰, "曹公本興義兵以匡朝寧國, 秉忠貞之誠, 守退讓之實. 君子愛人以德, 不宜如此." 操由是不悅. 及擊孫權, 表請彧勞軍於譙, 因輒留彧, 以侍中·光祿大夫·持節·參丞相軍事. 操軍向濡須, 彧以疾留壽春, 飲藥而卒. 彧行義修整而有智謀, 好推賢進士, 故時人皆惜之.

臣光曰, "孔子之言仁也重矣, 自子路·冉求·公西赤門人之高第, 令尹子文·陳文子諸侯之賢大夫, 皆不足以當之, 而獨稱管仲之仁, 豈非以其輔佐齊桓, 大濟生民乎! 齊桓之行若狗彘, 管仲不羞而相之, 其志蓋以非桓公則生民不可得而濟也, 漢末大亂, 群生塗炭, 自非高世之才不能濟也. 然則荀彧捨魏武將誰事哉! 齊桓之時, 周室雖衰, 未若建安之初也. 建安之初, 四海蕩覆, 尺土一民, 皆非漢有. 荀彧佐魏武而興之, 舉賢用能, 訓卒厲兵, 決機發策, 征伐四克, 遂能以弱為強, 化亂為治, 十分天下而有其八, 其功豈在管仲之後乎! 管仲不死子糾而荀彧死漢室, 其仁復居管仲之先矣! 而杜牧乃以為'彧之勸魏武取兗州則比之高·光, 官渡不令還許則比之楚·漢, 及事就功畢, 乃欲邀名於漢代, 譬之教盜穴牆發匱而不與同挈, 得不為盜乎?' 臣以為孔子稱'文勝質則史', 凡為史者記人之言, 必有以文之. 然則比魏武於高·光·楚·漢者, 史氏之文也, 豈皆彧口所言邪! 用是貶彧, 非其罪矣. 且使魏武為帝, 則彧為佐命元功, 與蕭何同賞矣. 彧不利此而利於殺身以邀名, 豈人情乎!"

十二月, 有星孛於五諸侯.

劉備在葭萌, 龐統言於備曰, "今陰選精兵, 晝夜兼道, 逕襲成都, 劉璋既不武, 又素無豫備, 大軍卒至, 一舉便定, 此上計也. 楊懷·高沛, 璋之名將, 各杖強兵, 據守關頭, 聞數有箋諫璋, 使發遣將軍還荊州. 將軍遣與相聞, 說荊州有急, 欲還救之, 並使裝束, 外作歸形, 此二子既服將軍英名, 又喜將軍之去, 計必乘輕騎來見將軍, 因此執之, 進取其兵, 乃向成都, 此中計也. 退還白帝, 連引荊州, 徐還圖之, 此下計也. 若沉吟下去, 將致大困, 不可久矣." 備然其中計. 及曹操攻孫權, 權呼備自救. 備貽璋書曰, "孫氏與孤本為脣齒, 而關羽兵弱, 今不往救, 則曹操必取荊州, 轉侵州界, 其憂甚於張魯. 魯自守之賊, 不足慮也." 因求益萬兵及資糧, 璋但許兵四千, 其餘皆給半. 備因激怒其眾曰, "吾為益州征強敵, 師徒勤瘁, 而積財吝賞, 何以使士大夫死戰乎!" 張松書與備及法正曰, "今大事垂立, 如何釋此去乎!" 松兄廣漢太宗肅, 恐禍及己, 因發其謀. 於是璋收斬松, 敕關戍諸將文書皆勿復得與備關通. 備大怒, 召璋白水軍督楊懷·高沛, 責以無禮, 斬之. 勒兵徑至關頭, 並其兵, 進據涪城.

한헌제 건안 18년(AD 213)

1) 봄 정월, 조조가 유수濡須의 수구水口로 진군해 보기 40만 명이라 칭하고 손권의 장강 서안의 영채를 공격해 도독 공손양公孫陽을 생포했다. 손권이 군사 7만 명을 거느리고 조조의 남진을 막았다. 1달여를 대치하다가 조조가 손권 군사의 전함과 군진 등이 정숙하게 정비돼 있는 것을 보고 탄식했다.

"아들을 낳으려면 의당 손중모孫仲謀와 같은 아들을 낳아야 한다. 유경승의 아들은 개와 돼지인 돈견豚犬에 불과할 뿐이다!"

손권이 쪽지 서신인 전箋을 조조에게 보내어 말했다.

"춘수가 바야흐로 넘치려 하니 공은 의당 속히 돌아가시오."

별지에는 다음과 같은 제안이 덧붙여져 있었다.

"족하가 죽지 않으면 고가 안녕할 수 없소."

조조가 제장들에게 엄숙한 어조로 말했다.

"손권은 고를 속이지 않는다."

이내 철군해 돌아왔다.

2) 1월 3일, 조령으로 14주를 병합한 뒤 다시 9주九州를 회복했다.[234]

3) 여름 4월, 조조가 업성에 도착했다.

4) 당초 조조는 초현에 있을 때 장강 연안의 빈강濱江 일대 군현이 손권에 의해 공략될까 두려워 현지의 백성을 내지로 옮기려고 생각하고 이를 양주揚州 별가 장제蔣濟에게 물었다.

"전에 내가 원소와 관도에서 대치할 때 연현燕縣과 백마白馬의 백성을 옮기려 했으나 백성들이 가려 하지도 않고 적 또한 감히 약탈할 생각을 못했소. 지금 회남의 백성을 옮기려 하는데 어찌 하면 좋겠소?"

장제가 반대했다.

"당시 아군은 약하고 적군은 강하니 옮기지 않으면 반드시 그곳의 백성을 잃었을 것입니다. 원소를 격파한 이래 명공의 위험은 천하를 진동하게 하고 있으니 백성들이 두 마음을 가질 리 없습니다. 더구나 백성들은 살던 땅에 애착이 있어 실로 옮기고 싶어 하지 않을 것입니다. 저는 백성들이 불안해할까 염려됩니다."

조조가 듣지 않았다.

얼마 후 백성들이 서로 얘기를 전하며 놀라워했다. 여강과 구강, 기춘蘄春, 광릉廣陵 등에 사는 10여만의 민호가 모두 동쪽으로 가 장강을 건너갔다. 장강 이서는 사람의 흔적이 끊어지게 되고 합비合淝안휘성 합비 이

---

234 원래 14주는 사리, 예豫, 기冀, 연兗, 서徐, 청靑, 형荊, 양揚, 익益, 양涼, 옹雍, 병幷, 유幽, 교交 등을 말한다. 이때 사주와 양주涼州, 유주, 병주 등 4개 주를 다른 주에 쪼개어 합병함으로써 고대의 9주를 회복했다.

남은 오직 환성만이 남게 됐다. 장제가 후에 명을 받들어 사행使行차 업성에 당도하자 조조가 접견하는 자리에서 크게 웃으며 말했다.

"본래는 단지 적을 피하게 하려 한 것인데 오히려 그들 전부를 적이 있는 곳으로 쫓아내고야 말았소."

장제를 단양태수에 임명했다.

5) 5월 10일, 기주의 10개 군을 봉지封地로 해 조조를 위공魏公에 봉한 뒤 옛 사례를 좇아 승상 겸 영領기주목으로 삼았다. 또한 구석을 가해 천자의 수레인 대로大輅와 천자의 전장용 수레인 융로戎輅 각 1대와 흑색의 웅마인 현모玄牡 4필, 곤룡포와 면류관인 곤면袞冕과 붉은 색의 예식용 가죽신인 적석赤舃과 부속물, 3면배치의 제후용 주악인 헌현지악軒懸之樂과 6행렬의 제후용 무악인 육일지무六佾之舞, 적색 문을 단 저택을 사용하는 주호이거朱戶以居, 궁실의 처마 밑에 섬돌을 설치하는 납폐이등納陛以登,[235] 호위병사인 호본지사虎賁之士 300명, 부鈇와 월鉞 각 1자루, 주홍색 활인 동궁彤弓 1개와 주홍색 화살인 동시彤矢 100개 및 흑색 활인 노궁玈弓 10개와 흑색 화살인 노시玈矢 1,000개, 제사용 울창주인 거창秬鬯 1통인 1유卣 및 백옥으로 손잡이를 장식한 주걱인 규찬圭瓚 등을 하사했다.

6) 큰 수재가 났다.

7) 익주종사 광한인 정도鄭度가 유비가 거병했다는 말을 듣고 유장에게 건의했다.

"좌장군은 고군孤軍으로 우리를 습격하려 하나 군사가 채 1만 명도 안

235 '납폐이등'은 궁전에 오르는 섬돌을 궁전의 처마 밑에 부설하는 것을 말한다. 원래 제왕의 궁실은 섬돌의 기단에 구멍을 뚫어 신분의 등급을 표시하게 돼 있었다. 이는 처마 밑에 감추게 돼 있고 밖으로 노출되게 해서는 안 됐기 때문이다. 이를 납폐納陛라고 한다.

되고 병사들이 완전히 귀부한 것도 아닌데다 치중 또한 없으니 오직 야곡野谷에서 군량을 충당할 수밖에 없습니다. 그들을 격퇴하는 방법으로는 파서와 재동梓潼의 백성을 전부 내수內水와 부수涪水 서쪽으로 몰아넣고 창고와 야곡을 모두 불태운 뒤 보루를 높이고 해자를 깊이 파 조용히 기다리는 것보다 나은 것이 없습니다. 그가 와서 도전하면 응하지 않은 채 시일을 끌면 그의 양초가 다할 것입니다. 그러면 100일 이내에 스스로 물러나게 될 터이니 그때 출격하면 반드시 그를 사로잡을 수 있습니다."

유비가 이 얘기를 듣고 정도를 크게 증오했다. 유비가 걱정이 돼 법정에게 대책을 묻자 법정이 대답했다.

"유장은 결국 그의 말을 채용하지 않을 것입니다. 아무 걱정할 필요가 없습니다."

유장이 과연 부하들에게 말했다.

"나는 지금까지 적과 싸워 백성을 안정시킨다는 얘기는 들었어도 백성을 동요시켜 적을 피한다는 얘기는 듣지 못했다."

유장이 정도의 계책을 채용하지 않았다.

유장이 부장 유괴劉璝, 냉포冷苞, 장임張任, 정현鄭賢, 오의吳懿 등을 보내 유비를 막게 했으나 모두 유비에게 격파당해 면죽으로 물러나 굳게 지켰다. 이때 오의가 유비에 투항했다. 유장이 또 호군 남양인 이엄李嚴과 강하인 비관費觀을 보내 면죽의 모든 군사를 감독하게 했으나 이엄과 비관 역시 그들의 군사를 이끌고 유비에게 투항했다.

유비가 병력이 더욱 증강되자 제장들을 각기 나누어 파견해 각 현을 평정했다. 유괴와 장임, 유장의 아들 유순劉循이 뒤로 물러나 낙성洛城사천성 광한현을 지키자 유비가 진군해 낙성을 포위했다. 장임이 군사를 이끌고 출성해 안교雁橋에서 유비와 교전했으나 대패해 전사했다.

8) 가을 7월, 위魏나라가 사직과 종묘를 건립하기 시작했다.

9) 위공魏公 조조가 3명의 딸을 바쳐 귀인貴人으로 삼게 했다.[236]

10) 당초 위공이 마초를 뒤쫓아 안정에 도착했다가 전은과 소백이 반기를 들었다는 소식을 듣고 인군引軍해 돌아가려고 하자 참양주군사參凉州軍事 양부楊阜가 조조에게 간했다.

"마초는 한신과 영포英布의 용맹이 있는데다 강족과 호인의 마음까지 얻고 있습니다. 만일 대군이 돌아가면서 방비를 하지 않을 경우 농상隴上 농서와 남안, 하양, 영양의 각 군현은 곧 국가 소유가 되지 않을 것입니다."

조조가 돌아간 후 마초가 과연 강족과 호인을 이끌고 진격하자 농상의 전 군현이 모두 호응했다. 오직 양주부凉州府와 기성冀城만이 호응하지 않고 성을 굳게 지켰다. 마초가 농상의 여러 부대를 병탄하자 장로가 또 대장군 양앙楊昻을 보내 마초를 원조했다.

모두 1만여 명에 달하는 마초의 군사가 기성을 공격하는 동안 정월에서 8월에 이르기까지 구원병이 오지 않았다. 자사 위강韋康이 별가 염온閻溫을 하후연에게 보내 위급한 사정을 알리고자 했다. 염온이 성 밖에 둘러쳐진 몇 겹의 포위망을 뚫고 밤에 물속으로 잠수해 몰래 빠져나갔다.

다음날 마초의 군사가 염온의 종적을 발견해 보고하자 마초가 급히 군사를 보내 그를 생포했다. 마초가 염온을 데리고 성 밑으로 간 뒤 군사들로 하여금 성안을 향해 외치게 했다.

"동쪽에서 구원병은 오지 않는다!"

염온이 성안을 향해 큰 소리로 외쳤다.

"대군이 불과 3일 안에 온다. 조금만 참도록 하라!"

성안의 사람들이 모두 눈물을 흘리며 만세를 외쳤다. 마초가 비록 화가 났으나 오랫동안 성을 공략하지 못한 탓에 서서히 염온을 달래며 그

---

236 이 부분부터 『자치통감』은 조조의 성을 쓰지 않고 '위공'으로 칭하고 있다.

가 마음을 바꾸기를 바랐다. 염온이 단호하게 말했다.

"사군事君에는 두 번 죽는 법이 없소. 경은 장자長者에게 불의한 말을 하게 하려는 것이오."

마초가 그를 죽였다.

며칠이 지났는데도 구원병이 도착하지 않았다. 위강과 태수가 투항하려고 하자 양부가 호곡號哭을 하면서 말했다.

"우리는 부형자제와 함께 대의로써 서로 격려하면서 두 마음이 없음을 맹서하고 사군을 위해 이 성을 지키기로 했습니다. 그런데 지금 왜 곧 이루게 될 공업을 차버리고 불의한 이름을 얻으려 하는 것입니까?"

자사와 태수가 듣지 않고 성문을 열어 마초를 영접했다. 마초가 성으로 들어가 자사와 태수를 죽이고 스스로 정서장군·영領병주목을 칭한 뒤 양주凉州의 군사를 감독했다.

위공이 하후연을 보내 기성을 구원하게 했으나 도착하기도 전에 기성이 이미 함락됐다. 하후연이 기성에서 200여 리 떨어진 곳에 도착했을 때 마초가 군사를 이끌고 나와 영격하자 하후연의 군사가 불리해졌다. 이때 저족氐族의 왕 천만千萬까지 반기를 들고 마초에 호응하기 위해 흥국興國에 주둔하자 하후연이 인군해 돌아갔다.

마침 양부가 상처하게 돼 마초에게 가 처의 안장을 허락해 줄 것을 청했다. 이때 양부의 외사촌형인 천수天水 출신 강서姜敍가 무이장군撫夷將軍이 돼 군사를 이끌고 역성歷城을 지키고 있었다. 양부가 강서를 찾아가 그와 그의 모친을 보고 호곡하며 비통해 하자 강서가 그 이유를 물었다.

"왜 우는가?"

양서가 대답했다.

"수성하려 했지만 하지 못하고 주군이 죽었는데도 따라 죽지 못했으니 무슨 면목으로 세상을 살겠습니까? 마초가 부친과 주군을 배반하고 병주의 제장들을 학살했는데 어찌 나만 홀로 비통해하며 자책할 수 있겠습니까? 이는 병주의 사대부 모두가 이 치욕을 책임져야 합니다. 군君은 군사를 이끌고 이 지역을 다스리면서도 적을 토멸할 생각이 없으니 이는 실로 춘추시대 당시 진晉나라 권신인 조돈趙盾이 역사서에 시군한 것으로 기록된 이유이기도 합니다. 마초는 비록 강하다고 하나 도의가 없는데다 약점 또한 많아 쉽게 도모할 수 있습니다."

강서의 모친이 감동돼 개연히 말했다.

"쯧쯧(돌咄), 백혁伯奕강서! 위사군이 화란을 당한 데에는 네 책임도 있다. 어찌 홀로 의가 산같이 높은 인물이 있을 수가 있는가? 사람은 누구나 다 죽는다. 충의를 위해 죽게 되면 죽을 자리를 찾은 것이다. 너는 속히 행동에 옮길 것만 생각하고 내 걱정은 조금도 할 필요가 없다. 내 스스로 너를 위해 할 일을 할 터이니 나의 여생이 너에게 부담이 되어서는 안 된다."

강서가 동군인 조앙趙昻과 윤봉尹奉, 무도武都 출신 이준李俊 등과 함께 마초를 칠 계획을 모의했다. 이어 사람을 기성으로 보내 안정安定 출신 양관梁寬과 남안南安 출신 조구趙衢 등과 같이 내응하게 했다.

마초가 조앙의 아들 조월趙月을 인질로 잡자 조앙이 부인 사이士異에게 물었다.

"우리의 밀모는 이와 같아 만전을 기하고 있소. 그런데 조월을 어찌 해야 좋겠소?"

사이가 매서운 목소리로 대답했다.

"군부君父의 큰 치욕을 설욕하는 데에는 목숨을 바치는 것조차 시원치 않은데 하물며 애 하나쯤이야 뭐가 대수겠습니까?"

9월, 양부가 강서와 함께 진군해 노성鹵城으로 들어가자 조앙과 윤봉이 기산을 거점으로 마초를 치려고 했다. 마초가 소식을 듣고 대로하자 조구가 마초를 감언이설로 속여 출격하게 만들었다.

마초가 출격하자 조구와 양관이 곧바로 기성의 문을 닫아 버린 후 마초의 처자식을 모두 죽였다. 마초가 오갈 데가 없게 되자 역성을 습격해 강서의 모친을 포로로 잡았다. 강서의 모친이 마초를 크게 꾸짖었다.

"너는 부친을 배반한 역자逆子이고 주인을 죽인 폭적暴賊이다. 천지가 어찌 너를 오랫동안 용납하겠는가? 너는 일찍 죽지도 않고 어찌 감히 얼굴을 쳐들고 사람을 보는 것이냐."

마초가 그녀를 죽인 뒤 조앙의 아들 조월도 죽였다. 양부가 마초와 교전하다가 몸에 5군데 상처를 입었으나 결국 마초의 군사를 깨뜨렸다. 마초가 남으로 도주해 장로에게 투항하자 장로가 마초를 도강좨주都講祭酒로 삼고 딸을 주려고 하였다. 어떤 사람이 말리며 장로에게 말했다.

"이런 사람은 자신의 부모도 사랑하지 않는데 어찌 능히 다른 사람을 사랑하겠습니까?"

장로가 그만두었다.

위공이 마초를 토벌하는 데 공을 세운 사람에게 상을 내리자 열후에 봉해진 자가 11명이나 됐다. 양부는 관내후에 봉해졌다.

11) 11월, 위나라가 상서와 시중, 육경 등의 관직을 설치했다. 순유를 상서령, 양무凉茂를 복야로 삼고 모개와 최염, 상림, 서혁徐奕, 하기何夔 등을 상서, 왕찬王粲과 두습杜襲, 위개衛覬, 화흡을 시중으로 삼았다. 종요는 대리大理, 왕수王修는 대사농, 원환袁渙은 낭중령郎中令이 돼 어사대부의 일을 보았다. 진군陳群은 어사중승이 됐다.

원환은 상받은 것은 다른 사람들에게 모두 나누어 주고 집에 저축한 것이 없어 궁핍하게 될 때에는 다른 사람에게서 구했다. 교찰皦察청렴된 행동을 하지 않았음에도 당시의 사람들은 모두 그의 청렴에 경복했다. 이때 유비가 이미 죽었다는 낭설이 떠돌았다. 대신들이 모두 이를 축하했으나 오직 원환만이 그같이 행동하지 않았다.

위공이 발꿈치를 자르는 등의 신체형인 육형肉刑을 다시 부활시키기 위해 하령했다

"전에 진홍려陳鴻臚진기가 사형이 인은仁恩을 벗어난 점이 있다고 했는데 어사중승은 능히 부친의 논점을 진술할 수 있겠소?"

진군이 대답했다.

"신의 부친 진기는 한조를 위해 육형을 제거하고 태형笞刑을 늘리자고 한 것으로 본래는 인덕仁德을 고양하자는 것이었으나 오히려 죽는 사람이 더 많아졌습니다. 이는 죄목만 가벼울 뿐 오히려 처벌이 더욱 엄한 이른바 명경실중名輕實重에 따른 것입니다. 죄목이 가벼우면 범죄를 부추길 우려가 있고 처벌이 무거우면 백성을 상하게 합니다. 사람을 죽인 자에게 그 목숨을 빼앗는 것은 고대의 법제에도 합당한 것입니다. 사람을 상해할 경우 혹 신체를 훼손시켜 머리를 깎는 경우도 있으나 이는 사리에 맞지 않습니다. 만일 고대 형법을 좇아 음란죄에 궁형宮刑을 쓰고 절도죄에 월형刖刑을 쓰면 영원히 음란 방탕한 인물과 벽을 뚫고 담을 넘는 자들은 없어질 것입니다. 무릇 3천 조에 달하는 고대의 형법은 비록 전부 회복할 수 없다 할지라도 몇 개 조는 지금 몇 가지 걱정스런 사안에는 의당 실시할 필요가 있습니다. 한조의 법률 가운데 살인죄에 대해 참수형을 규정한 것은 인덕을 언급할 여지가 없습니다. 다만 여타 죽을죄에 대해서는 가히 육형으로 바꿀 만합니다. 하면 주살되는 자와 살아남는 자가 가히 상호 비슷해질 것입니다. 지금 사람을 죽게 하는 태형으로 신체형인 불살지형不殺之刑을 대체하는 것은 사람의 신체만을 중시하고 생명을 경시하는 것이라고 할 수 있습니다."

당시 논의에 참여한 사람 가운데 오직 종요만이 진군과 의견이 같았고 나머지 사람들은 모두 이를 시행할 수 없다고 생각했다. 위공은 전쟁이

아직 끝나지 않았기 때문에 중의를 좇아 논의를 중지시켰다.

＊ 孝獻皇帝建安十八年

春, 正月, 曹操進軍濡須口, 號步騎四十萬, 攻破孫權江西營, 獲其都督公孫陽. 權率眾七萬御之, 相守月餘. 操見其舟船器仗軍伍整肅, 歎曰, "生子當如孫仲謀. 如劉景升兒子, 豚犬耳!" 權為箋與操, 說曰, "春水方生, 公宜速去." 別紙言曰, "足下不死, 孤不得安." 操語諸將曰, "孫權不欺孤." 乃徹軍還.

庚寅, 詔並十四州, 復為九州.

夏, 四月, 曹操至鄴.

初, 曹操在譙, 恐濱江郡縣為孫權所略, 欲徙令近內, 以問揚州別駕蔣濟, 曰, "昔孤與袁本初對軍官渡, 徙燕·白馬民, 民不得走, 賊亦不敢鈔. 今欲徙淮南民, 何如?" 對曰, "是時兵弱賊強, 不徙必失之. 自破袁紹以來, 明公威震天下, 民無他志, 人情懷土, 實不樂徙, 懼必不安." 操不從. 既而民轉相驚, 自廬江·九江·蘄春·廣陵, 戶十餘萬皆東流江, 江西遂虛, 合淝以南, 惟有皖城. 濟後奉使詣鄴, 操迎見, 大笑曰, "本但欲使避賊, 乃更驅盡之!" 拜濟丹楊太守.

五月, 丙申, 以冀州十郡封曹操為魏公, 以丞相領冀州牧如故. 又加九錫大輅·戎輅各一, 玄牡二駟. 袞冕之服, 赤舄副焉. 軒縣之樂, 八佾之舞. 朱戶以居. 納陛以登. 虎賁之士三百人. 鈇·鉞各一. 彤弓一, 彤矢百, 玈弓十, 玈矢千. 秬鬯一卣, 珪·瓚副焉.

大雨水.

益州從事廣漢鄭度聞劉備舉兵, 謂劉璋曰, "左將軍懸軍襲我, 兵不滿萬, 士眾未附, 軍無輜重, 野谷是資. 其計莫若盡驅巴西·梓潼民內·涪水以西, 其倉廩野谷, 一皆燒除, 高壘深溝, 靜以待之. 彼至,請戰勿許. 久無所資, 不過百日, 必將自走, 走而擊之, 此必禽耳.” 劉備聞而惡之, 以問法正. 正曰, “璋終不能用, 無憂也.” 璋果謂其群下曰, “吾聞拒敵以安民, 未聞動民以避敵也.” 不用度計. 璋遣其將劉瑰·冷苞·張任·鄧賢·吳懿等拒備, 皆敗, 退保綿竹. 懿詣軍降. 璋復遣護軍南陽李嚴·江夏費觀督綿竹諸軍, 嚴·觀亦率其眾降於備. 備軍益強, 分遣諸將平下屬縣. 劉瑰·張任與璋子循退守雒城, 備進軍圍之. 任勒兵出戰於雁橋, 軍敗, 任死.

秋, 七月, 魏始建社稷·宗廟.

魏公操納三女為貴人.

初, 魏公操追馬超至安定, 聞田銀·蘇伯反, 引軍還. 參涼州軍事楊阜言於操曰, “超有信·布之勇, 甚得羌·胡心. 若大軍還, 不設備, 隴上諸郡非國家之有也.” 操還, 超果率羌·胡擊隴上諸郡縣, 郡縣皆應之, 惟冀城奉州郡以固守. 超盡兼隴右之眾, 張魯復遣大將楊昂助之, 凡萬餘人, 攻冀城, 自正月至八月, 救兵不至. 刺史韋康遣別駕閻溫出, 告急於夏侯淵, 外圍數重, 溫夜從水中潛出. 明日, 超兵見其跡, 遣追獲之. 超載溫詣城下, 使告城中云, “東方無救.” 溫向城大呼曰, “大軍不過三日至, 勉之!” 城中皆泣, 稱萬歲. 超雖怒, 猶以攻城久不下, 徐徐更誘溫, 冀其改意. 溫曰, “事君有死無二, 而卿乃欲令長者出不義之言乎!” 超遂殺之. 已而外救不至, 韋康太守欲降. 楊阜號哭諫曰, “阜等率父兄子弟以義相勵, 有死無二, 以為使君守此城. 今奈何棄垂成之功, 陷不義之名乎!” 刺史·太守不聽, 開城門迎超. 超入, 遂殺刺史·太守, 自稱征西將軍·領并州牧·督涼州軍事.

魏公操使夏侯淵救冀, 未到而冀敗. 淵去冀二百餘里, 超來逆戰, 淵軍不利. 氐王千萬反應超, 屯興國, 淵引軍還. 會楊阜喪妻, 就超求假以葬之. 阜外兄天水姜敍為撫夷將軍, 擁兵屯歷城. 阜見敍及其母, 歔欷悲甚. 敍曰, "何為乃爾?" 阜曰, "守城不能完, 君亡不能死, 亦何面目以視息於天下! 馬超背父叛君, 虐殺州將, 豈獨阜之憂責, 一州士大夫皆蒙其恥. 君擁兵專制而無討賊心, 此趙盾所以書弒君也. 超強而無義, 多釁, 易圖耳." 敍母慨然曰, "咄! 伯奕, 韋伯君遇難, 亦汝之負, 豈獨義山哉! 人誰不死, 死於忠義, 得其所也. 但當速發, 勿復顧我. 我自為汝當之, 不以餘年累汝也." 敍乃與同郡趙昂·尹奉·武都李俊等合謀討超, 又使人至冀, 結安定梁寬·南安趙衢使為內應. 超取趙昂子月為質, 昂謂妻異曰, "吾謀如是, 事必萬全, 當奈月何?" 異厲聲應曰, "雪君父之大恥, 喪元不足為重, 況一子哉!"

九月, 阜與敍進兵, 入鹵城, 昂·奉據祁山, 以討超. 超聞之, 大怒, 趙衢因譎說超, 使自出擊之. 超出, 衢與梁寬閉冀城門, 盡殺超妻子. 超進退失據, 乃襲歷城, 得敍母. 敍母罵之曰, "汝背父之逆子, 殺君之桀賊, 天地豈久容汝! 而不早死, 敢以面目視人乎!" 超殺之, 又殺趙昂之子月. 楊阜與超戰, 身被五創. 超兵敗, 遂南奔張魯. 魯以超為都講祭酒, 欲妻之以女. 或謂魯曰, "有人若此, 不愛其親, 焉能愛人!" 魯乃止. 操封討超之功, 侯者十一人, 賜楊阜爵關內侯.

冬, 十一月, 魏初置尚書·侍中·六卿. 以荀攸為尚書令, 涼茂為僕射, 毛玠·崔琰·常林·徐奕·何夔為尚書, 王粲·杜襲·衛覬·和洽為侍中, 鍾繇為大理, 王修為大司農, 袁渙為郎中令·行御史大夫事, 陳群為御史中丞. 袁渙得賞賜, 皆散之, 家無所儲, 乏則取之於人, 不為皦察之行, 然時人皆服其清. 時有傳劉備死者, 群臣皆賀, 唯渙獨否.

魏公操欲復肉刑, 令曰, "昔陳鴻臚以為死刑有可加於仁恩者, 御史中丞能申其父之論乎?" 陳群對曰, "臣父紀以為漢除肉刑而增加於笞, 本興仁惻而死者更眾, 所謂名輕而實重者也. 名輕則易犯, 實重則傷民. 且殺人償死, 合於古制. 至於傷人, 或殘毁其體, 而裁翦毛髮, 非其理也. 若用古刑, 使淫者下蠶室, 盜者刖其足, 則永無淫放穿窬之奸矣. 夫三千之屬, 雖未可悉復, 若斯數者, 時之所患, 宜先施用. 漢律所殺, 殊死之罪, 仁所不及也, 其餘逮死者, 可易以肉刑. 如此, 則所刑之與所生足以相貿矣. 今以笞死之法易不殺之刑, 是重人支體而輕人軀命也." 當時議者, 唯鐘繇與群議同, 餘皆以為未可行. 操以軍事未罷, 顧衆議而止.

** 권67-한기漢紀 59: 형주를 반씩 나누다

한헌제 건안 19년(AD 214)

1) 봄, 마초가 장로에게 군사를 빌려달라고 청하면서 북쪽으로 가 양주凉州를 취하려 했다. 장로가 마초를 보내 기산을 포위하게 하자 강서가 급히 하후연에게 구원을 요청했다. 제장들이 상의하면서 위공의 하명을 기다리려고 하자 하후연이 이를 반박했다.

"위공이 업성에 있기 때문에 왕복 4,000리나 되니 명령이 도달하는 것을 기다리면 강서는 반드시 패배할 수밖에 없소. 이는 구하는 게 아니오."

곧 장합에게 보기 5,000명을 이끌고 선봉이 돼 공격하게 하자 마초가 패배해 도주했다.

한수가 현친顯親감숙성 진안 서북쪽에 주둔할 때 하후연이 이를 공략하려고 하자 한수가 도주했다. 하후연이 추격해 약양성略陽城감숙성 진안 동북쪽에 이르렀다. 한수로부터 마침내 30여 리 떨어진 곳까지 다가가자 제장들 대부분이 곧바로 한수를 진공하려 했다. 일부 장령들이 먼저 흥국興國감숙성 진안 북쪽의 저족부터 공격해야 한다고 말하자 하후연도 동의하며 스스로 계책을 세웠다.

"한수의 군사는 정예하고 흥국의 성벽은 견고해 진공하더라도 빨리 점령할 수 없으니 장리長離진안을 흐르는 강에 있는 강족 부락을 공략하느니만 못하다. 장리의 강족 가운데 상당수가 한수의 부대에 있을 터이니 필경 그들의 가족을 구하려 할 것이다. 그러면 한수는 강족도 없이 외로이 지키느라 피곤해질 수밖에 없어 강족과 함께 장리를 구하려 들 터이니 이때 이병吏兵이 야외에서 교전하면 능히 사로잡을 수 있을 것이다."

하후연이 독장督將을 남겨두어 치중을 지키게 한 뒤 직접 경군輕軍을 이끌고 장리에 도착해 강족의 부락을 불태웠다. 한수가 과연 장리의 강족을 구하려 나섰다. 제장들이 한수의 군사가 많은 것을 보고 영채를 세우고 참호를 판 뒤 싸우려 했다. 하후연이 이를 저지했다.

"나는 1,000리를 돌아와 싸우는 것이니 만일 지금 영채를 세우고 참호를 판 뒤 싸우게 되면 병사들이 피곤에 견디지 못해 다시 쓸 수가 없소. 반적이 비록 숫자가 많으나 쉽게 대적할 수 있소."

북을 울려 출격해 한수의 군사를 대파하고 흥국을 포위했다. 저족의 왕 천만이 마초에게 도망하자 나머지 부중이 모두 투항했다. 이어 군사를 돌려 고평高平영하성 고원현과 흉노의 도각屠各 부락을 공격해 모두 격파했다.

2) 3월, 조령으로 위공의 지위를 제후왕의 위에 두게 해 금새金璽와 홍색의 인끈인 적불赤紱, 원유관遠游冠을 주었다.

3) 여름 4월, 한재旱災가 있었다.

5월, 큰 비가 내렸다.

4) 당초 위공은 여강 태수 주광朱光을 환성으로 보내 논을 대량으로 개간하려 했다. 여몽이 손권에게 건의했다.

"환성의 전토는 비옥해 만일 벼를 심어 거두게 되면 반드시 그들의 세가 증대될 것이니 일찍 주광을 제거함만 못합니다."

윤5월, 손권이 직접 군사를 이끌고 가 환성을 쳤다. 제장들이 토산을 쌓고 공성기구를 설치하려고 하자 여몽이 만류했다.

"공성기구를 설치하고 토산을 쌓으려면 반드시 많은 날이 걸려야 하오. 성의 방비가 이미 견고한데다 반드시 밖에서 구원하러 올 것이니 환성을 도모할 수 없소. 게다가 우리는 비가 많이 왔을 때 쳐들어 왔으니 만일 체류가 길어져 물이 빠지게 되면 귀환하는 길이 험난해 질 것이니 이는 매우 위험하오. 지금 이 성을 보니 그다지 견고한 것이 아니니 우리 군사들의 예기로 사면에서 동시에 공격하면 많은 시간도 필요 없이 곧바로 공략할 수 있소. 물이 차 있을 때 돌아갈 수 있도록 하는 게 완승하는 길이오."

손권이 동의했다.

여몽이 감녕을 승성독升城督으로 추천하자 감녕이 손에 백색의 질긴 명주비단을 쥐고 성위로 올라가니 몸이 사병들보다 앞섰다. 여몽이 정예부대를 이끌고 그 뒤를 따르면서 직접 북채를 잡고 북을 치자 사병들이 모두 용기백배해 성벽 위로 뛰어 올랐다. 새벽 때에 진공해 조반을 먹을 쯤에 성을 완전히 공략해 주광과 남녀 수만 명을 포로로 잡았다. 얼마 후 장료가 협석夾石안휘성 동성 북쪽에 도착했으나 환성이 이미 공략됐다는 소리를 듣고 곧바로 퇴각했다. 손권이 여몽을 여강태수에 임명한 뒤 회군해 심양尋陽호북성 황매에 주둔했다.

5) 제갈량이 관우를 남겨두어 형주를 지키게 한 뒤 곧 장비 및 조운 등과 함께 군사를 이끌고 강을 거슬러 올라가 파동巴東사천성 봉절을 공략했다. 강주에 이르러 파군 태수 엄안을 사로잡았다. 장비가 큰 소리로 엄안을 질책했다.

"대군이 이미 도착했는데 왜 투항하지 않고 감히 저항했는가?"

엄안이 대답했다.

"경 등이 예의가 없는 무상舞狀의 모습으로 우리 강주를 침탈했다. 우리 주에는 오직 목숨을 걸고 싸우는 장수인 단두장군斷頭將軍만 있지 투항하는 장수인 항장군降將軍은 없다!"

장비가 화가 난 나머지 좌우에 명해 그를 끌고 가서 목을 치도록 했다.

엄안은 안색과 행동거지인 용지容止를 전혀 고치지 않은 채 오히려 책망했다.

"머리를 자르려면 곧바로 자르면 될 것이지 왜 화를 내는가!"

장비가 그의 담대한 모습에 경복해 그를 풀어주고 자신의 빈객으로 삼았다. 제갈량이 조운을 보내 외수外水에서 강양江陽민강과 건위犍爲를 평정하게 하자 장비는 파서와 덕양德陽사천성 재동을 평정했다.

유비가 낙성洛城을 포위한지 근 1년이 지날 즈음 방통이 유시에 맞아 죽었다. 법정이 유장에게 전箋을 보내 형세의 강약 등을 설명하면서 설득했다.

"좌장군은 거병한 이래 옛 정인 구심舊心이 여전해 조금도 야박스런 생각인 박의薄意가 없습니다. 저는 유익주劉益州가 가히 변화를 꾀해 존문尊門을 보전할 것으로 생각합니다."

유장이 응답하지 않았다.

낙성이 와해된 뒤 유비가 진군해 성도를 포위하자 제갈량이 장비와 조운 등과 함께 군사를 이끌고 합류했다.

마초가 장로와는 대사를 같이 할 수 없음을 깨달았다. 더군다나 장로의 부장 양앙楊昻 등이 여러 차례에 걸쳐 자신의 재능을 질시하자 마초가 내심 불만을 품게 됐다. 이때 유비가 건녕建寧의 독우督郵 이회李恢를 보내 설득하자 마초가 마침내 무도武都감숙성 성현에서 몸을 빼내 저족의 부락으로 도망간 후 비밀히 서신을 보내 유비에게 귀항歸降할 뜻을 밝혔다. 유비가 사람을 보내 마초가 다른 곳으로 가지 못하도록 막은 후 몰래 군사를 보내 그를 돕게 했다. 마침내 마초가 귀항하니 유비가 그에게 군사를 이끌고 성북城北에 주둔하게 하자 성도 성안의 사람들이 두려움에 떨었다.

유비가 성도의 성을 수십 일간 포위하다가 종사중랑장인 탁군 출신 간옹簡雍을 성안으로 들여보내 유장을 설득하게 했다. 당시 성안에는 아직 정병이 3만 명이 있었다. 식량과 비단 등이 풍부해 가히 1년 정도는 버틸만했다. 관민이 모두 죽음으로써 항전하려고 하자 유장이 만류했다.

"부자가 익주에 있은 지 20여년이 됐소.[237] 은덕을 백성들에게 베풀지도 못했는데 백성들이 죽기를 각오하고 3년간이나 싸워 시신이 초야에 널리게 됐으니 이는 모두 나 때문에 빚어진 일이오. 내 어찌 마음이 편할 수 있겠소."

성문을 열고 간옹과 함께 수레를 타고 나가 항복했다. 부하들 가운데 눈물을 흘리며 울지 않는 자가 없었다. 유비가 유장을 공안公安으로 옮기게 한 뒤 그의 재물을 모두 돌려주고 진위장군振威將軍의 인수를 패용하게 했다.

유비가 성도에 입성해 주연을 베풀고 대대적으로 군사들을 호궤犒饋했다. 성안 창고에 있는 금은을 장병들에게 나눠주고 식량과 비단 등은 각기 그 주인에게 돌려주었다.

유비가 스스로 영領익주목이 된 뒤 군사중랑장 제갈량을 군사장군軍師將軍으로 삼고 익주 태수 남군인 동화董和를 장군중랑장으로 삼아 제갈량과 함께 좌장군부左將軍府 사무를 처리하게 했다.

이어 편장군 마초를 평서장군平西將軍, 군의교위 법정을 촉군태수·양무장군揚武將軍, 비장군裨將軍 남양 출신 황충黃忠을 토로장군討虜將軍, 종사중랑 미축을 안한장군安漢將軍, 간옹을 소덕장군昭德將軍, 북해 출신 손건孫乾을 병충장군秉忠將軍, 광한현장 황권黃權을 편장군, 여남 출신 허정許靖을 좌장군장사左將軍長史, 방희를 사마, 이엄을 건위태수, 비

237 유장의 부친 유언이 익주에 온 영제 중평5년부터 계산하면 유언과 유장이 익주를 다스린 햇수는 통산 27년간이 된다.

관을 파군태수, 산양 출신 이적伊籍을 종사중랑, 영릉 출신 유파劉巴를 서조연, 광한 출신 팽양彭兼을 익주치중종사로 삼았다.

당초 동화는 군郡 내에 있을 때 청렴하고 공정해 한인과 이족夷族의 신임을 받았다. 그는 촉 땅에서 법을 잘 지키는 공정한 관리인 순리循吏로 높은 존경을 받게 됐다. 유비가 그의 명성을 듣고 탁용한 것이다.

유비가 전에 신야에서 강남으로 도망칠 때 형초荊楚형주 일대의 선비들 가운데 그와 함께 도망친 자가 구름같이 많았다. 유파는 홀로 북쪽으로 가 위공에게 몸을 의탁했다. 위공이 그를 징소해 연掾으로 삼아 장사와 영릉, 계양 등지를 초무하게 했다. 마침 유비가 이 3개 군을 점령하자 유파가 임무를 수행할 수 없게 돼 교주를 거쳐 경성으로 돌아가려 했다.

이때 제갈량이 임증臨蒸호남성 형양시에서 서신을 보내 그를 불렀으나 유파가 듣지 않았다. 유비가 이를 가슴 속 깊이 한으로 새겨두게 됐다. 유파는 결국 교지에서 경성으로 가지 않고 촉군으로 들어가 유장에게 의부했다. 유장이 유비를 촉으로 불러들이려 할 때 유파가 만류했다.

"유비는 영웅이니 들어오면 반드시 화가 될 것입니다."

유비가 촉에 들어오자 유파가 또 간했다.

"만일 유비에게 장로를 토벌하게 하면 이는 호랑이를 산에 풀어놓는 것과 같습니다."

유장이 듣지 않자 칭병해 문을 잠근 뒤 외부와 연락을 끊었다.

유비가 성도를 점령한 뒤 군사들에게 하령했다.

"누구든지 유파를 상하게 하는 자는 삼족을 멸할 것이다."

유비는 유파를 얻게 되자 크게 기뻐했다.

당시 익주의 모든 군현이 시세의 흐름을 보고 유비에게 귀부할 때 오직 황권이 성문을 굳게 닫고 항복하지 않았다. 그는 유장이 무릎을 꿇고 항복할 때야 비로소 투항했다. 동화와 황권, 이엄 등은 유장이 임용한 인물이었고 오의와 비관은 유장의 인척이다. 팽양은 유장이 버린 인물이었고 유파는 유비가 전에 원한을 품었던 자였다.

유비가 이들을 모두 현요직顯要職에 임명해 그들의 재능을 십분 발휘하게 하자 뜻있는 선비들이 서로 다투어 노력하게 되고 백성들 또한 크게 화순해졌다.

당초 유표는 허정을 촉군태수로 임명했다. 성도가 막 함락되려 할 즈음 허정이 은밀히 성을 빠져나가 유비에게 투항하려는 계책을 꾸몄다. 유비가 허정의 인품을 낮게 보고 그를 등용하지 않자 법정이 간했다.

"천하에는 허명虛名만 있고 내실이 없는 자가 있는데 허정이 바로 그런 사람입니다. 지금 주공主公이 대업을 바야흐로 시작하려는 시점에 천하 사람을 일일이 헤아릴 수는 없는 것입니다. 오히려 그를 존중해 원근 백성들의 바람을 충족시켜야 합니다."

유비가 허정을 예로써 대우해 임용했다.

성도를 공격할 때 유비가 병사들과 약속했다.

"만일 일이 이뤄지면 성안 부고府庫의 모든 재물을 마음대로 가져도 좋다. 나는 간여하지 않을 것이다."

성도를 함락하자 병사들이 모두 무기를 버리고 창고로 달려들어 보물 쟁탈전을 벌였다. 결국 군용 물자가 부족하게 됐다. 유비가 이를 심히 우려하자 유파가 건의했다.

"이는 매우 쉬운 일입니다. 100전짜리 돈을 주조해 모든 물가를 평준화한 뒤 관리에게 시장을 통제하게 하면 됩니다."

유비가 이 의견을 좇자 수 개월 내에 부고가 다시 충실해졌다.

당시 논의에 참여한 사람들 가운데 대다수가 성도의 이름난 전택田宅을 제장들에게 상으로 나눠주어야 한다고 생각했으나 조운만이 이를 반대했다.

"전한 초기 곽거병霍去病은 흉노가 축출되지 않자 가산家産을 가지려 하지 않았소. 지금은 국적國賊이 단지 흉노뿐만이 아니니 안일을 탐할 수 없소. 천하가 평정되길 기다려 각자 뽕나무와 가래나무를 심어놓은 고향인 상재桑梓로 돌아가 땅을 경작하면 그것으로 충분할 것이오. 익주의 백성은 방금 전란을 겪었으니 전택을 모두 그들에게 주어 안주하고 옛 일을 할 수 있도록 한 연후에 세금과 부역인 역조役調을 거두어야만 그들의 환심을 살 수 있소. 그들의 재산을 빼앗아도 안 되고 자신의 병사만을 편애해서도 안 되오."

유비가 이를 좇았다.

유비가 유장을 칠 때 중랑장 남군인 곽준霍峻에게 가맹성을 지키도록 했다. 장로가 양앙을 곽준에게 보내 함께 성을 방비하자고 유인하자 곽준이 단호하게 말했다.

"소인의 머리는 가져갈 수 있으나 이 성만큼은 안 된다."

양앙이 돌아갔다.

후에 유장의 부장 부금扶禁과 향존向存 등이 1만여 명의 군사를 이끌고 낭수閬水를 거슬러 올라와 곽준을 포위 공격했다. 1년이 다 되어갈 즈음 곽준의 성안에는 병사들이 겨우 수백 명에 불과했다. 적이 태만한 틈을 노려 정예부대를 이끌고 출성해 공격함으로써 적군을 대파하고 향존의 목을 베었다. 유비가 촉군을 평정한 후 광한군廣漢郡사천성 수녕현의 일부를 나누어 재동군梓潼郡사천성 재동현을 만들고 곽준을 재동태수에 임명했다.

법정이 밖에서는 성도 주변의 촉군 일대인 도기都畿를 통할하고 안에서는 주요 정책 입안에 참여했다. 한 그릇의 밥을 먹는 은덕과 눈을 부릅뜨는 원한 등 세세한 일조차 그에게 일일이 보고되지 않는 것이 없었다. 법정이 자신의 사람을 상해한 몇 사람을 임의로 죽이게 되자 어떤 사람이 제갈량에게 고자질했다.

"법정이 전횡을 하니 장군이 의당 주공에게 알려 그가 포상과 형벌인 위복威福을 임의로 하지 못하도록 해야 합니다."

제갈량이 반대했다.

"주공이 공안에 있을 때 북쪽으로는 조조 군사의 강대함을 두려워하고 동쪽으로는 손권의 핍박을 꺼렸고 집안에서는 손부인이 주액肘腋[238]에 해를 끼칠까 두려워했다. 법효직法孝直법정이 주공을 보좌하는 측근인 보익輔翼이 됨으로써 겨우 주공이 하늘을 자유롭게 날게 됐으니 그가 타인의 제약을 다시 받아서는 안 된다. 어찌 효직을 제지해 그가 다소 마음대로 하고자 하는 것조차 막을 수 있겠는가?"

제갈량이 유비를 보좌해 촉 땅을 다스렸다. 법령의 집행이 엄준해 한탄하는 자들이 많아지자 법정이 제갈량에게 건의했다.

"예전에 한고제는 관중으로 입관入關할 때 약법3장約法三章으로 진나라 백성을 감동시켜 덕을 받들게 만들었습니다. 지금 장군은 힘과 권위로 한 주를 점거해 처음으로 나라를 갖게 돼 아직 은덕으로 백성들을 위무하지 못하고 있습니다. 더구나 주인과 객의 의리에서 보더라도 의당 겸허해야 하니 원컨대 형률과 금령을 완화해 백성들의 소망에 부응하도록 하십시오."

제갈량이 반박했다.

"군은 하나만 알고 둘은 모르오. 진나라는 무도했기에 가혹한 정치로 인해 백성들이 원한을 품었기 때문에 설령 필부가 소리를 지를지라도 천하가 흙이 무너지듯 무너지게 돼 있었소. 한고제는 이를 틈타 간명하고 관대한 법령으로 대업을 완성한 것이오. 유장은 암약暗弱한데다 유언 이

238 주액肘腋은 팔꿈치와 겨드랑이로 곧 신변을 상징한다.

래 누세에 걸쳐 온정으로 일관하니 문법文法법령을 시행할 길이 없게 되고 서로 아첨하는 봉승奉承을 해 덕정을 펼 길이 없으니 형률이 느슨하기 그지없게 됐소. 촉 땅의 인사들이 권력을 휘두르며 방자하자 군신 간의 도리가 점차 쇠락해지게 됐소. 또한 관직만으로 사람을 총애하게 되니 관직이 극에 달하자 관직이 천하게 됐소. 은혜로써 백성을 총애하면 은혜가 다할 경우 백성들은 원망을 해 태만하게 되니 촉 땅이 쇠퇴하게 된 것은 실로 이 때문이오. 내가 지금 법령을 이용해 핍박한다 하나 법령이 제대로 시행되어야 은총을 알게 되고 작상爵賞의 수여를 제한한다 하나 작위를 제대로 수여할 때 영예를 알게 되오. 은총과 영예는 서로 보완되어야만 상하가 절제가 있게 되니 정치의 요체는 바로 여기서 드러나는 것이오."

유비가 영릉인 장완蔣琬을 광도廣都 현장에 임명했다. 유비가 일찍이 이곳저곳 돌아보다가 광도에 이르러 장완이 일을 제대로 처리하지도 않은 채 술에 취해 자고 있는 것을 보고 대로했다. 장완을 치죄해 죽이려고 하자 제갈량이 만류했다.

"장완은 나라를 살리는 큰 동량인 사직지기社稷之器이지 작은 고을 다스리는 재주인 백리지재百里之才가 아닙니다. 그는 정치를 하면서 안민安民을 근본으로 삼고 꾸미는 것을 우선하지 않습니다. 원컨대 주공이 다시 한 번 고려하도록 하십시오."

유비가 제갈량을 존중해 장완에게 죄를 주지 않고 그의 관직만을 빼앗았다.

6) 가을 7월, 위공이 손권을 공격할 때 어린 아들 임치후臨菑侯 조식曹植에게 업성을 수비하게 했다. 위공이 자식들을 위해 관속 가운데 뛰어난 자를 엄선해 자식들과 함께 있도록 했다. 형옹邢顒을 조식의 보좌관인 가승家丞으로 임명했다. 형옹이 늘 예법을 들어 조식의 행동을 방한防閑금지

하면서 조금도 양보하려 하지 않자 서로 맞지 않게 됐다.

서자庶子 유정劉楨는 문사가 매우 화려했다. 조식이 그를 총애하자 유정이 서신을 조식에게 보내 권했다.

"군후君侯가 저의 화려한 문사인 춘화春華를 채택하고 가승의 질박한 실질인 추실秋實을 잊어 비방을 받는 데에 이르렀으니 그 죄가 작지 않습니다.[239] 나는 실로 두려울 뿐입니다."

7) 위나라의 상서령 순유가 죽었다. 순유는 생각이 매우 깊고 주밀해 명철보신明哲保身하는 지방智防을 잘 했다. 위공을 따라 전장에 나가 늘 장막 안에서 전략을 짜는 운주유악運籌帷幄에 능해 당시 사람들과 그 자식들은 그가 무슨 말을 했는지 아는 자가 없었다. 위공이 일찍이 그를 칭찬해 이같이 말한 바 있다.

"순문약荀文若순욱은 선을 권하는 진선進善이 받아들여지지 않으면 그치지 않고 순공달荀公達순유은 잘못을 간하는 거악去惡이 실행되지 않으면 그치지 않는다."

또 칭찬해 이같이 말한 적이 있다.

"2순령二荀令순욱과 순유의 인물평은 시간이 지날수록 사람을 더욱 신복하게 하니 나는 종신토록 잊을 수 없다."[240]

8) 당초 부한枹罕 출신 송건宋建이 양주涼州에서 천하가 혼란한 틈을 타 자칭 하수평한왕河首平漢王이라 칭하고 연호를 고쳐 30여 년 동안이나 백관을 설치했다.

겨울 10월, 위공이 하후연을 흥국에 보내 송건을 토벌하게 하자 하후연

239 군후는 원래 열후를 지칭하는 말이었으나 뒤에는 상대방에 대한 존칭어로 사용됐다.

240 두 사람을 '령令'으로 지칭한 것은 순욱이 한조의 상서령을 지냈고 순유는 위나라의 상서령을 지낸 데서 비롯된 것이다.

이 부한을 포위해 성을 공략한 뒤 송건을 죽였다. 하후연이 따로 장합에게 명해 군사를 이끌고 황하를 건너 소황중小湟中청해성 적석산으로 들어가게 하자 하서의 강족 부락이 모두 투항했다. 농우隴右가 완전히 평정됐다.

9) 황제가 허현으로 도읍지를 옮긴 이후 근근이 명목만 유지할 뿐이었다. 좌우의 시종 가운데 위공의 사람이 아닌 자가 없었다. 의랑 조언趙彦은 늘 황제를 위해 형세에 부응하는 책략인 시책時策을 진술했다. 위공이 이를 혐오해 그를 죽였다. 위공이 후에 다른 일로 황제를 만나게 되자 황제가 두려움을 이기지 못하고 말했다.

"군이 만일 나를 보좌하고자 하면 관대히 하고 그렇지 않으면 은혜를 베풀어 나를 버리도록 하시오."

조조가 대경실색해 여러 번 머리를 조아리며 퇴청하길 청했다. 옛날의 의례에 따르면 삼공이 군사를 통솔하게 되면 조회할 때 황제를 모시는 호분虎賁이 칼을 빼어들고 좌우에 시립하게 돼 있었다.[241] 위공이 궁을 나오면서 좌우를 둘러보고 식은땀을 흘린 후 다시는 조견하지 않았다.

동승董承의 딸은 귀인이다. 조조가 동승을 죽이고 귀인도 죽이려고 하자 황제가 귀인이 임신한 것을 이유로 여러 번 조조에게 사정했으나 동의를 얻지 못했다. 복황후伏皇后가 두려워한 나머지 서신을 부친인 복완伏完에게 보내 조조가 황제를 핍박한 상황을 알리고 조조를 은밀히 도모할 것을 명했으나 복완이 감히 움직이지 못했다.

얼마 후 이 일이 누설되자 조조가 대로했다.

11월, 조조가 어사대부 치려郗慮에게 부절과 서책書策을 가지고 가 황후의 새수를 거두게 했다. 이어 상서령 화흠을 치려의 부관으로 삼아 그

241 군사를 통솔하는 삼공이 혹여 군사를 동원해 변란을 일으킬까 염려해 이런 조치를 취했던 것이다.

로 하여금 군사를 이끌고 입궁해 황후를 끌어내게 했다. 황후가 문을 닫고 벽 사이에 숨자 화흠이 문을 부수고 벽장을 뜯어낸 후 황후를 끌어내게 했다.

이때 황제가 외전에 있다가 치려에게 다가와 앉게 했다. 황후가 산발에 맨발인 채로 병사들에 이끌려 울면서 황제 앞을 지나가다가 작별인사를 하며 물었다.

"다시 나를 구할 수 없습니까?"

황제가 처연히 말했다.

"나 또한 내가 언제까지 살지 모르오."

고개를 돌려 치려에게 한탄했다.

"치공, 천하에 어찌 이런 일이 있을 수 있소!"

황후를 폭실暴室에 유폐해 죽게 했다. 황후 소생의 두 황자는 모두 짐살鴆殺됐고 그녀의 형제와 종족으로 피살된 자만 100여 명에 가까웠다.

10) 12월, 위공이 맹진에 이르렀다.

11) 위공이 상서랑 고유高柔를 이조연理曹掾으로 삼았다.[242] 과거의 법규에 따르면 군사가 원정을 갔을 때 병사가 도망가면 그의 처자를 고문해 추궁하게 했다. 병사의 도망이 여전히 그치지 않자 위공이 형벌을 더욱 엄하게 해 부모와 형제 등에까지 미치게 하려 했다. 고유가 간했다.

"병사가 탈영하는 것은 확실히 악한 일이나 그 중에는 후회하는 자도 있다고 들었습니다. 신의 어리석은 생각으로는 그들의 처자를 용서해 그들의 마음을 돌리도록 유인하는 게 옳을 듯합니다. 이전의 법령은 돌아오려는 마음을 단절하게 하고 있습니다. 그런데 오히려 형벌을 가중하게 되

---

242 '이조理曹'는 한조에는 없는 관서로 위나라에 있었다. 대략 법을 다룬 곳으로 짐작된다.

면 향후 사병 한 명이 도망갈 경우 해가 자신에게 미칠까 두려워 일족이 잇달아 도망갈 터이니 다시는 벌을 가할 수조차 없게 될까 염려됩니다. 형벌을 가중하는 것은 도망을 멈추게 할 수 없을 뿐 아니라 오히려 도망을 부채질할 뿐입니다."

위공이 칭찬했다.

"그 말이 과연 옳소."

곧 정지해 다시는 죽이지 않았다.

** 起閼逢敦牂, 盡柔兆涒灘, 凡三年.

孝獻皇帝建安十九年

春, 馬超從張魯求兵, 北取涼州, 魯遣超還圍祁山. 姜敘等告急於夏侯淵, 諸將議欲須魏公操節度. 淵曰, "公在鄴, 反覆四千里, 比報, 敘等必敗, 非救急也." 遂行, 使張郃督步騎五千為前軍. 超敗走. 韓遂在顯親, 淵欲襲取之, 遂走. 淵追至略陽城, 去遂三十餘里, 諸將欲攻之, 或言當攻興國氐. 淵以為曰, "遂兵精, 興國城固, 攻不可卒拔, 不如襲長離諸羌. 長離諸羌多在遂軍, 必歸救其家. 若捨羌獨守則孤, 救長離則官兵得與野戰, 必可虜也." 淵乃留督將守輜重, 自將輕兵到長離, 攻燒羌屯, 遂果救長離. 諸將見遂兵眾, 欲結營作塹乃與戰. 淵曰, "我轉斗千里, 今復作營塹, 則士眾罷敝, 不可復用. 賊雖眾, 易與耳." 乃鼓之, 大破遂軍. 進圍興國. 氐王千萬奔馬超, 餘眾悉降. 轉擊高平·屠各, 皆破之.

三月, 詔魏公操位在諸侯王上, 改授金璽·赤紱·遠遊冠.

夏, 四月, 旱. 五月, 雨水. 初, 魏公操遣廬江太守朱光屯皖, 大開稻田. 呂蒙言於孫權曰, "皖田肥美, 若一收孰, 彼眾必增, 宜早除之." 閏月, 權親攻皖城. 諸將欲作土山, 添攻具, 呂蒙曰, "治攻具及土山, 必歷日乃成. 城備既修, 外救必至, 不可圖也. 且吾乘雨水以入, 若留經日, 水必向盡, 還道艱難, 蒙竊危之. 今觀此城, 不能甚固, 以三軍銳氣, 四面並攻, 不移時可拔. 及水以歸, 全勝之道也." 權從之. 蒙薦甘寧為升城督, 寧手持練, 身緣城, 為士卒先. 蒙以精銳繼之, 手執枹鼓, 士卒皆騰踊. 侵晨進攻, 食時破之, 獲朱光及男女數萬口. 既而張遼至夾石, 聞城已拔, 乃退. 權拜呂蒙為廬江太守, 還屯尋陽.

諸葛亮留關羽守荊州, 與張飛·趙雲將兵泝流克巴東. 至江州, 破巴郡太守嚴顏, 生獲之. 飛呵顏曰, "大軍既至, 何以不降, 而敢拒戰!" 顏曰, "卿等無狀, 侵奪我州, 我州但有斷頭將軍, 無降將軍也!" 飛怒, 令左右牽去斫頭. 顏容止不變, 曰, "斫頭便斫頭, 何為怒邪!" 飛壯而釋之, 引為賓客. 分遣趙雲從外水定江陽·犍為, 飛定巴西·德陽.

劉備圍雒城且一年, 龐統為流矢所中, 卒. 法正箋與劉璋, 為陳形勢強弱, 且曰, "左將軍從舉兵以來, 舊心依依, 實無薄意. 愚以為可圖變化, 以保尊門." 璋不答. 雒城潰, 備進圍成都. 諸葛亮·張飛·趙雲引兵來會. 馬超知張魯不足與計事, 又魯將楊昂等數害其能, 超內懷於邑. 備使建寧督郵李恢往說之, 超遂從武都逃入氐中, 密書請降於備. 使人止超, 而潛以兵資之. 超到, 令引軍屯城北, 城中震怖. 備圍城數十日, 使從事中郎涿郡簡雍入說劉璋. 時城中尚有精兵三萬人, 穀帛支一年, 吏民咸欲死戰. 璋言曰, "父子在州二十餘年, 無恩德以加百姓. 百姓攻戰三年, 肌膏草野者, 以璋故也, 何心能安!" 遂開城, 與簡雍同輿出降, 群下莫不流涕. 備遷璋於公安, 盡歸其財物, 佩振威將軍印綬.

備入成都, 置酒, 大饗士卒. 取蜀城中金銀, 分賜將士, 還其穀帛.

備領益州牧, 以軍師中郎將諸葛亮為軍師將軍, 益州太守南郡董和為掌軍中郎將, 並置左將軍府事, 偏將軍馬超為平西將軍, 軍議校尉法正為蜀郡太守·揚武將軍, 裨將軍南陽黃忠為討虜將軍, 從事中郎麋竺為安漢將軍, 簡雍為昭德將軍, 北海孫乾為秉忠將軍, 廣漢長黃權為偏將軍, 汝南許靖為左將軍長史, 龐羲為司馬, 李嚴為犍為太守, 費觀為巴郡太守, 山陽伊籍為從事中郎, 零陵劉巴為西曹掾, 廣漢彭羕為益州治中從事.

初, 董和在郡, 清儉公直, 為民夷所愛信, 蜀中推為循吏, 故備舉而用之. 備之自新野奔江南也, 荊楚群士從之如雲, 而劉巴獨北詣魏公操. 操闢為掾, 遣招納長沙·零陵, 桂陽. 會備略有三郡, 巴事不成, 欲由交州道還京師. 時諸葛亮在臨蒸, 以書招之, 巴不從, 備深以為恨. 巴遂自交趾入蜀依劉璋. 及璋迎備, 巴諫曰, "備, 雄人也, 入必為害." 既入, 巴復諫曰, "若使備討張魯, 是放虎於山林也." 璋不聽, 巴閉門稱疾. 備攻成都, 令軍中曰, "有害巴者, 誅及三族." 及得巴, 甚喜. 是時益州郡縣皆望風景附, 獨黃權閉城堅守, 須璋稽服, 乃降. 於是董和·黃權·李嚴等, 本璋之所授用也. 吳懿·費觀等, 璋之婚親也. 彭羕, 璋之所擯棄也. 劉巴, 宿昔之所忌恨也. 備皆處之顯任, 盡其器能, 有志之士, 無不競勸, 益州之民, 是以大和. 初, 劉璋以許靖為蜀郡太守. 成都將潰, 靖謀逾城降備, 備以此薄靖, 不用也. 法正曰, "天下有獲虛譽而無其實者, 許靖是也. 然今主公始創大業, 天下之人, 不可戶說, 宜加敬重, 以慰遠近之望." 備乃禮而用之.

成都之圍也, 備與士眾約曰, "若事定, 府庫百物, 孤無預焉." 及拔成都, 士眾皆捨干戈赴諸藏, 競取寶物. 軍用不足, 備甚憂之, 劉巴曰, "此易耳. 但當鑄直百錢, 平諸物價, 令吏為官市." 備從之. 數月之間, 府庫充實. 時議者欲以成都名田宅分賜諸將. 趙雲曰, "霍去病以匈奴未滅, 無用家為. 今國賊非但匈奴, 未可求安也. 須天下都定, 各反桑梓, 歸耕本土, 乃其宜耳. 益州人民, 初罹兵革, 田宅皆可歸還, 令安居復業, 然後可役調, 得其歡心, 不宜奪之以私所愛也.” 備從之.

備之襲劉璋也, 留中郎將南郡霍峻守葭萌城. 張魯遣楊昂誘峻求共守城. 峻曰, “小人頭可得, 城不可得!” 昂乃退. 後璋將扶禁·向存等帥萬餘人由閬水上, 攻圍峻, 且一年. 峻城中兵才數百人, 伺其怠隙, 選精銳出擊, 大破之, 斬存. 備既定蜀, 乃分廣漢為梓潼郡, 以峻為梓潼太守.

法正外統都畿, 內為謀主, 一飧之德·睚眥之怨, 無不報復, 擅殺毀傷己者數人. 或謂諸葛亮曰, “法正太縱橫, 將軍宜啟主公, 抑其威福.” 亮曰, “主公之在公安也, 北畏曹操之強, 東憚孫權之逼, 近則懼孫夫人生變於肘腋. 法孝直為之輔翼, 令翻然翱翔, 不可復製. 如何禁止孝直, 使不得少行其意邪!” 諸葛亮佐備治蜀, 頗尚嚴峻, 人多怨歎者. 法正謂亮曰, “昔高祖入關, 約法三章, 秦民知德. 今君假借威力, 跨據一州, 初有其國, 未垂惠撫. 且客主之義, 宜相降下, 願緩刑弛禁以慰其望.” 亮曰, “君知其一, 未知其二. 秦以無道, 政苛民怨, 匹夫大呼, 天下土崩. 高祖因之, 可以弘濟. 劉璋闇弱, 自焉已來, 有累世之累, 文法羈縻, 互相承奉, 德政不舉, 威刑不肅. 蜀土人士, 專權自恣, 君臣之道, 漸以陵替. 寵之以位, 位極則賤. 順之以恩, 恩竭則慢. 所以致敝, 實由於此. 吾今威之以法, 法行則知恩. 限之以爵, 爵加則知榮. 榮恩並濟, 上下有節, 為治之要, 於斯而著矣.” 劉備以零陵蔣琬為廣都長. 備嘗因遊觀, 奄至廣都, 見琬眾事不治, 時又沉醉. 備大怒, 將加罪戮. 諸葛亮請曰, “蔣琬社稷之器, 非百里之才也. 其為政以安民為本, 不以修飾為先, 願主公重加察之.” 備雅敬亮, 乃不加罪, 倉卒但免官而已.

秋, 七月, 魏公操擊孫權, 留少子臨菑侯植守鄴. 操為諸子高選官屬, 以刑顒為植家丞. 顒防閑以禮, 無所屈撓, 由是不合. 庶子劉楨美文辭, 植親愛之. 楨以書諫植曰, "君侯采庶子之春華, 忘家丞之秋實, 為上招謗, 其罪不小, 愚實懼焉."

魏尚書令荀攸卒. 攸深密有智防, 自從魏公操攻討, 常謀謨帷幄, 時人及子弟莫知其所言. 操嘗稱曰, "荀文若之進善, 不進不休. 荀公達之去惡, 不去不止." 又稱曰, "二荀令之論人, 久而益信, 吾沒世不忘."

初, 枹罕宋建因涼州亂, 自號河首平漢王, 改元, 置百官, 三十餘年. 冬, 十月, 魏公操使夏侯淵自興國討建, 圍枹罕, 拔之, 斬建. 淵別遣張郃等渡河, 入小湟中, 河西諸羌皆降, 隴右平.

帝自都許以來, 守位而已, 左右侍衛莫非曹氏之人者. 議郎趙彥嘗為帝陳言時策, 魏公操惡而殺之. 操後以事入見殿中, 帝不任其憤, 因曰, "君若能相輔, 則厚. 不爾, 幸垂恩相捨." 操失色, 俛仰求出. 舊儀三公領兵, 朝見, 令虎賁執刃挾之. 操出, 顧左右, 汗流浹背. 自後不復朝請. 董承女為貴人, 操誅承, 求貴人殺之. 帝以貴人有妊, 累為請, 不能得. 伏皇后由是懷懼, 乃與父完書, 言曹操殘逼之狀, 令密圖之, 完不敢發. 至是, 事乃洩, 操大怒, 十一月, 使御史大夫郗慮持節策收皇后璽綬, 以尚書令華歆為副, 勒兵入宮, 收後. 後閉戶, 藏壁中. 歆壞戶發壁, 就牽後出. 時帝在外殿, 引慮於坐, 後被發, 徒跣, 行泣, 過訣曰, "不能復相活邪?" 帝曰, "我亦不知命在何時!" 顧謂慮曰, "郗公, 天下寧有是邪!" 遂將後下暴室, 以幽死. 所生二皇子, 皆鴆殺之, 兄弟及宗族死者百餘人.

十二月, 魏公操至孟津.

操以尚書郎高柔為理曹掾. 舊法軍征士亡, 考竟其妻子. 而亡者猶不息. 操欲更重其刑, 並及父母·兄弟, 柔啟曰, "士卒亡軍, 誠在可疾, 然竊聞基中時有悔者. 愚謂乃宜貸其妻子, 一可使誘其還心. 正如前科, 固已絕其意望. 而猥復重之, 柔恐自今在軍之士, 見一人亡逃, 誅將及己, 亦且相隨而走, 不可復得殺也. 此重刑非所以止亡, 乃所以益走耳!" 操曰, "善!" 即止不殺.

한헌제 건안 20년(AD 215)

1) 봄 정월 28일, 귀인 조씨를 황후로 삼았다. 조씨는 위공의 딸이다.

2) 3월, 위공이 친히 솔병해 장로를 쳤다. 무도에서 저족 부락으로 진입하려고 하자 저족이 길을 막았다. 장합과 주령 등을 보내 저족을 공파攻破했다.

여름 4월, 조조가 진창陳倉섬서성 보계시에서 그 서남쪽에 있는 산관散關을 빠져나와 하지河池감숙성 휘현에 이르렀다. 저족의 왕 두무竇茂가 부중 1만여 명을 이끌고 험한 요충지에 기대어 항복하지 않았다.

5월, 저족을 대파하고 도살했다. 서평西平과 금성金城의 장령인 국연麴演과 장석蔣石 등이 공동으로 한수를 죽인 뒤 그의 수급을 보냈다.

3) 당초 유비가 형주에 있을 때 주유와 감녕 등이 누차 손권에게 촉 땅을 취할 것을 권했다. 손권이 사자를 유비에게 보내 설득했다.

"유장은 군사를 모르는 불무不武의 인물이니 스스로 지킬 수 없소. 만일 조조가 촉을 얻으면 형주가 위험해지오. 지금 내가 먼저 유장을 공략하고 이어 장로를 잡아 남쪽을 일통하게 되면 설령 10명의 조조가 온다해도 무슨 걱정이 있겠소?"

유비가 회보했다.

"익주는 백성이 부유하고 지세가 험고해 유장이 비록 약하다 하나 스스로 지킬 수는 있을 것이오. 지금 촉과 한으로 무리하게 출병하는 폭사暴師를 하면 치중의 운송거리가 1만 리이니 아무리 승리해 잃는 바가 없도록 한다 할지라도 이는 손무孫武와 오기吳起조차도 하기 힘든 일이오. 논의하는 사람들이 조조가 적벽에서 패한 것을 보고 그의 세력이 이미 한풀 꺾여 다시는 원정할 생각을 하지 못할 것이라고 말하고 있소. 지금 조조는 이미 천하의 3분의 2를 차지했으니 창해에서 전마에게 물을 먹인 뒤 장차 오군 땅에서 열병하려 할 것이 틀림없소. 어찌 그가 마냥 자리를 차고 앉아 늙기를 기다리겠소. 우리가 이처럼 동맹하고도 무고히 서로 죽이는 것은 대문의 열쇠를 조조에게 주어 적들로 하여금 기회를 노리게 만드는 것이나 다름없으니 이는 장구한 계책이 아니오. 더구나 나와 유장은 황실의 종친으로 조종 혼령의 덕으로 한조를 흥기시키려 하고 있소. 지금 유장이 좌우左右[243]에게 득죄하게 돼 나 홀로 매우 송구하게 생각하오. 감히 말하기가 쉽지 않으나 원컨대 널리 용서하는 관대寬貸를 해주기 바라오."

손권이 듣지 않고 손유孫瑜에게 수군을 이끌고 가 하구에 주둔하게 했다. 유비가 수군의 통과를 거부하면서 손유에게 말했다.

"네가 촉 땅을 취하려고 하면 나는 산발하고 산으로 들어가야 한다. 나는 천하 사람에서 신의를 잃을 수는 없다."[244]

관우를 강릉, 장비를 자귀秭歸호북성 자귀현로 보내 주둔하게 했다. 제갈량이 남군에 버티고 있고 유비가 잔릉으로 나아가자 손권이 부득이 손유에게 회사回師하게 했다. 훗날 유비가 서쪽으로 가 유장을 치자 손권이

243 여기의 좌우左右는 상대방에 대한 존칭으로 사용된 것이다.

244 유비의 이런 언급은 황실의 종친인 유장이 공격당할 때 이를 돕지 않으면 천하 사람에게 면목이 없게 된다는 뜻을 담고 있다.

분개했다.

"교활한 놈(활로猾虜), 가슴 속에 감히 간사한 술책을 품고 있었구나!"

유비가 관우에게 강릉을 지키게 하자 노숙과 관우가 인접하게 됐다. 관우가 누차 노숙에게 의심을 품었으나 노숙이 늘 우호적인 태도로 그를 안심시켰다.

유비가 이미 익주를 취하자 손권이 중사마 제갈근諸葛瑾을 유비에게 보내 형주를 돌려달라고 요구했다. 유비가 이를 거절했다.

"나는 바야흐로 양주凉州를 취하려 하오. 양주가 평정되면 이내 전 형주를 돌려주겠소."

손권이 제장들에게 말했다.

"이는 핑계를 대어 돌려주지 않으려는 것이다. 오직 그럴듯한 구실을 대어 시일을 끌려는 수작에 불과하다."

장사와 영릉, 계양 등 3개 군에 새 지방장관을 임명해 파견했다. 관우가 그들을 전부 쫓아내자 손권이 대로해 여몽에게 2만 명의 군사를 이끌고 가 3개 군을 취하도록 했다.

여몽이 장사와 계양군에 서신을 보내자 모두 소문만 듣고도 귀복歸服했다. 단지 영릉 태수 학보郝普만이 성을 굳게 지키고 항복하지 않았다. 유비가 소식을 듣고 직접 촉 땅에서 군사를 이끌고 공안에 도착한 뒤 관우를 파견해 3개 군을 장악하게 했다.

손권도 직접 육구陸口 호북성 육계구에 주둔하면서 각 군을 지휘했다. 손권이 노숙에게 군사 1만 명을 이끌고 익양益陽으로 가 관우를 막게 한 뒤 급히 보내는 서신인 비서飛書를 여몽에게 보내 급히 영릉을 포기하고 와서 노숙을 돕게 했다. 여몽이 서신을 받아본 뒤 은밀히 밤에 제장들을 소집해 자신의 작전을 설명했다. 이어 아침 일찍 영릉을 공격하면서 고개를 돌려 학보의 옛 친구 남양인 등현鄧玄을 보고 말했다.

"학자郝子학보는 세간에서 충의에 관한 얘기를 듣고 그같이 하려 하나 이는 시무時務를 모르는 소치이다. 지금 좌장군은 한중에서 하후연에게 포위돼 곤경에 처해 있고 관우는 남군에 있으나 우리의 지존이 거기에 친림해 있다. 그들은 수미首尾가 모두 위급한 상황인 도현倒懸의 상황에 처해 있어 스스로를 구하기도 여가가 없는데 무슨 여력이 있어 영릉을 구할 수 있겠는가? 지금 내가 피아간의 힘을 계산해 치밀하게 전략을 짜는 계력탁려計力度慮로 이 성을 공격하고 있으니 얼마 후 반드시 성이 함락될 것이다. 성이 무너진 뒤 죽어보아야 무슨 도움이 되겠는가? 오히려 백세의 노모만이 헛되이 죽임을 당하게 될 뿐이니 이 어찌 능히 통석한 일이 아니겠는가? 나는 학보가 성 밖의 소식을 못들은 채 구원군이 올 것으로 믿고 이 지경에 이른 듯하니 너는 곧 그에게 가서 화복득실을 얘기해 주도록 하라."

등현이 학보를 만나 여몽의 얘기를 전하자 학보가 두려운 나머지 성을 나와 항복했다. 여몽이 그를 영접해 그의 손을 잡고 같이 하선해 얘기를 마친 후 손권이 보내준 서신을 학보에게 보여주며 박장대소했다. 학보가 이를 보고 비로소 유비가 공안에 있고 관우가 익양에 있다는 사실을 알게 됐다. 수치스럽고 분한 생각에 땅속이라도 들어가고픈 생각뿐이었다. 여몽은 이날 손하孫河를 남겨두어 뒷일을 부탁한 뒤 군사를 이끌고 익양에 도착했다.

노숙이 관우와 회담하려고 하자 제장들이 변고가 일어날까 염려해 가지 못하게 했다. 노숙이 제장들을 안심시키며 말했다.

"오늘 일은 피차가 서로 분명히 해 두어야 하오. 유비가 우리를 배반한 일의 시비가 아직 가려지지 않았으나 관우가 어찌 감히 또다시 명령을 어기려 하겠소."

노숙과 관우가 만나 회견하면서 각자 군사들을 100보 밖에 머물게 했으나 단 장령들만큼은 검을 차고 서로 만나게 했다. 노숙이 관우에게 3개 군을 돌려주지 않는 것에 대해 조목조목 질책하자 관우가 반박했다.

"오림지역烏林之役적벽대전은 좌장군이 친히 나아가 사력을 나해 적을 쳐부수어 이룬 것인데 어찌 헛되이 고생만 하고 한 뙈기 땅조차 없을 수 있겠소? 족하는 지금 땅을 찾으러 온 것이오?"

노숙이 이의를 제기했다.

"그렇지 않소. 당초 장판에서 유예주를 만났을 때 유예주 일행은 불과 수십 명에 불과했던데다 계교가 궁하고 의지와 기세가 꺾여 멀리 달아나 숨는 도찬逃竄을 할 생각뿐이었소. 꿈에도 오늘과 같은 일이 있으리라고 생각지도 못했소. 나의 주상은 유예주가 몸조차 둘 곳이 없는 것을 보고 매우 안타깝게 여기는 긍민矜愍의 마음으로 땅과 민력民力을 아끼지 않고 유예주에게 주어 어려움을 벗어나도록 해주었소. 유예주는 오직 자신의 이익만을 생각해 간교한 거짓말로 덕을 해치고 맹약을 져버렸소. 지금 익주를 손에 넣고도 또 형주를 병탄하려고 하니 이는 범부조차 할 수 없는 일이 아니오. 하물며 한 지역을 다스리는 주인인 바에야 더 말할 것이 있겠소?"

관우가 아무 대답도 하지 않았다.

마침 위공이 한중을 치려고 한다는 얘기가 들리자 유비가 혹여 익주를 잃을까 두려워 사자를 손권에게 보내 화해를 요청했다. 손권이 제갈근에게 명해 익주로 가 다시 우호맹약을 맺도록 했다.

마침내 형주를 나누어 상수湘水를 경계로 삼으니 장사와 강하, 계양 이동지역은 손권에게 속하게 됐고 남군南郡과 영릉, 무릉武陵 이서지역은 유비에게 속하게 됐다. 제갈근이 매번 명을 받아 촉에 갔으나 동생 제갈량과는 오직 공공장소에서만 만날 수 있었다. 자리가 파한 뒤에는 결하고 사적으로 만나지 않았다.

4) 가을 7월, 위공이 양평陽平섬서성 면현에 도착했다. 장로가 한중을 들어 투항하려고 하자 그의 동생 장위張衛가 반대했다. 장위가 수만 명의 군사를 이끌고 관문을 굳게 지키면서 산을 가로질러 10여 리에 걸쳐 성벽을 쌓았다.

당초 위공은 양주종사와 무도 출신 투항자들이 하는 얘기를 보고받은 적이 있었다.

"장로는 쉽게 공격할 수 있다. 양평성 아래에 있는 남북의 산들은 서로 멀리 떨어져 있어 막을 도리가 없다."

위공이 이 얘기를 실로 믿었다. 가까이 다가간 후 소문과 다른 사실을 발견하고는 이내 탄식했다.

"타인의 계산 및 판단인 상탁商度이 자신의 생각과 맞는 경우가 이토록 드문 것일까?"

위공이 양평 산위에 있는 각 영채를 공격하게 했으나 산세가 험준해 등반하기조차 어려워 일시에 공략할 수가 없었다. 더구나 사상자가 늘어나고 군량마저 다하자 위공의 의기가 크게 꺾이었다. 군사를 거두어 철군하기 위해 대장군 하후돈과 장군 허저를 보내 산위에 포진해 있던 병사들을 부르도록 했다.

이때 마침 선봉부대가 밤에 길을 잃게 돼 잘못해 장위 소속의 한 군영에 들어가게 됐다. 장위의 병사들이 크게 놀라 도주하자 시중 신비辛毗와 주부 유엽劉曄 등이 이들 뒤쪽에 있다가 이런 사실을 하후돈과 허저에게 말했다.

"우리 군사가 적의 요새를 점거하자 적이 이미 도주했습니다."

하후돈과 허저가 이를 믿지 않았으나 하후돈이 직접 가서 이를 확인한 후 돌아와 위공에게 보고했다. 조조군이 계속 진병해 장위를 공격하자 장위 등이 밤을 이용해 도주했다.

장로가 양평이 이미 함락됐다는 소식을 듣고 항복하려고 하자 염포閻圃가 만류했다.

"만일 핍박돼 항복하면 항복한 공功을 대단히 가볍게 평가할 터이니 종민의 추장인 두호杜濩에게 부탁해 판순부 추장인 박호樸胡에게 가 그들과 함께 저항함만 못합니다. 연후에 다시 굴복하게 되더라도 우리의 항복한 공을 크게 평가할 것입니다."

남산南山으로 도주해 파중巴中사천성 파중현으로 들어갔다. 장로가 도주할 때 주변에서 보물과 창고를 태우려고 하자 장로가 만류했다.

"본래 국가에 돌려주려고 했던 것인데 전달할 방법이 없었다. 지금 예봉을 피해 도망가는 것이니 무슨 악의가 있는 것은 아니다. 보물과 창고는 나라의 소유이다."

부고를 봉하고 떠났다. 위공이 남정南鄭섬서성 남정현에 들어간 뒤 장로의 행위를 크게 칭찬했다. 이어 장로가 본래 선의로 도주했다는 것을 알고 사람을 보내 그를 효유하게 했다.

승상주부 사마의가 조조에게 건의했다.

"유비는 기만과 폭력인 사력詐力으로 유장을 잡았기 때문에 촉인蜀人들이 아직 귀부하지 않고 있습니다. 그런데도 오히려 멀리 가서 강릉을 쟁탈하려고 하니 이 기회를 놓칠 수 없습니다. 지금 한중을 치자 익주가 진동하고 있으니 진군하면 그들의 세력이 반드시 와해될 것입니다. 성인은 천시를 위배하지도 않고 실기하지도 않습니다."

조조가 말했다.

"사람의 고뇌는 만족할 줄을 모르는데서 나온다는 뜻의 인고무족人苦無足이라는 말이 있더니 이미 득롱得隴을 했는데 또 다시 망촉望蜀을 하려는 것인가?"

유엽이 말했다.

"유비는 인중호걸로 그릇이 크나 결단이 늦습니다. 촉을 얻은지 얼마 후이나 촉인들이 아직 그를 믿지 않고 있습니다. 지금 한중을 깨뜨려 촉인들이 놀랄 것이니 사세 상 그 세력이 스스로 무너질 것입니다. 공의 신명에 의해 장차 붕궤되는 것을 틈타 솔병해 압박하면 이기지 못할 리가 없습니다. 만일 조금이라도 늦추게 되면 치국에 능한 제갈량이 재상이 되고 용맹무쌍한 관우와 장비가 장군이 돼 촉민이 안정될 것이니 이들이 험한 요충지에 기대어 지키게 되면 다시 도모하기가 어렵습니다. 지금 취하지 못하면 반드시 훗날의 우환이 될 것입니다."

조조가 듣지 않았다.

7일 후에 촉에서 투항한 사람이 말했다.

"촉인들이 하루에도 수십 번씩 놀라고 있어 비록 수장守將들이 강력히 진압하여도 안정이 안 되고 있습니다."

조조가 유엽에게 물었다.

"지금 아직도 진격할 수 있겠소?"

유엽이 대답했다.

"지금 이미 조금씩 안정돼 가고 있어 진격할 수 없습니다."

이내 회군했다.

하후연을 도호장군都護將軍으로 삼은 뒤 장합과 서황 등을 지휘해 한중을 지키게 했다. 또한 승상장사 두습杜襲을 부마도위로 삼아 한중의 사무를 관장하게 했다. 두습이 백성을 위무해 설득하자 한중의 백성들 가운데 기꺼이 자발적으로 낙양과 업성으로 이주한 자들의 수가 8만여 명에 달하게 됐다.

5) 8월, 손권이 군사 10만 명을 이끌고 합비를 포위했다. 당시 장료와 이전, 악진은 7,000여 명의 군사를 이끌고 합비에 주둔했다. 위공이 장로를 정토할 때 왕공의 명령인 교령敎令을 담은 봉투를 합비호군 설제薛悌

에게 주었다. 그 봉투의 겉에는 이런 글이 쓰여 있었다.

"적이 오면 열어보도록 하라!"

손권이 처들어 왔을 때 열어 보니 교령의 내용은 다음과 같았다.

"만일 손권이 오면 장료와 이전 장군은 출성해 교전하고 악진 장군은 지키며 호군은 손권과 싸워서는 안 된다."[245]

제장들이 중과부적衆寡不敵이라고 생각해 위공의 교령에 회의를 표시하자 장료가 반박했다.

"조공이 밖으로 원정을 나가 있어 구원병이 올 때까지 기다리게 되면 손권이 반드시 우리를 공략할 것이오. 교령은 적이 채 집결하지 못했을 때 영격해 그들의 예기를 꺾어 군심을 안정시킨 후 다시 방비하라는 뜻이오."

악진 등이 대답하지 않자 장료가 화를 냈다.

"성패의 관건은 이 한 번의 싸움에 있소. 제군이 만일 의심한다면 나 혼자라도 결행하겠소!"

이전이 평소 장료와 불목했으나 이 말에 감개感慨했다.

"이는 국가의 대사로 군의 계책이 어떤 것인지 알고자 했을 뿐이오. 내 어찌 사적인 감정으로 공의公義를 망각할 수 있겠소. 나 또한 공과 함께 출성하고자 하오."

장료가 밤에 돌격대 800명을 선발한 뒤 소를 잡아 그들을 호궤했다. 다음날 새벽 갑옷을 입은 후 손에 철극을 쥐고 먼저 적진을 향해 돌진해 나갔다. 수십 명의 적을 죽이고 2명의 대장을 참한 뒤 큰 소리로 자신의

245 조조의 이런 분부가 나오게 된 배경과 관련해 대략 '장료와 이전은 용감해 싸우게 하고 악진은 신중하니 지키게 하고 설제는 문관이기 때문에 싸우지 말도록 했다'는 해석이 유력하다.

이름을 외치며 적의 보루를 뚫고 손권의 깃발이 나부끼는 영채 밑까지 나아갔다. 손권이 크게 놀라 어디로 갈지 몰라 하다가 이내 물러나 고총高冢 위로 올라가 긴 창으로 막기에 급급했다.

장료가 손권을 욕하며 결전을 청하자 손권이 감히 움직이지 못했다. 손권의 군사들이 장료가 불과 얼마 안 되는 군사들을 거느리고 있는 것을 보고 곧 어지러이 흩어진 인마를 수습한 후 겹겹이 장료를 포위했다. 장료가 수십 명의 부하를 이끌고 급히 포위를 뚫고 나가자 딴 곳에서 포위된 병사들이 큰 소리로 외쳤다.

"장군은 우리를 버리려는 것이오?"

장료가 또 앞으로 나아가 포위를 뚫고 나머지 대원까지 구해서 돌아왔다. 손권의 군사들 모두 장료의 이름을 듣고 포위를 곧바로 푼 채 감히 저항하는 자가 없었다. 아침부터 시작한 싸움이 점심때까지 계속되는 동안 손권 군사들의 예기가 완전히 꺾였다. 장료가 군사들을 이끌고 성안으로 들어가 방비를 강화하자 비로소 군심이 안정됐다.

손권은 합비에서 10여일 머물다 결국 성을 공략치 못하고 물러났다. 손권의 군사들이 모두 귀환 길에 오를 때 손권과 제장들은 모두 합비 동쪽에 있는 소요진逍遙津 북쪽에 있었다. 장료가 이를 멀리서 보고 즉각 군사를 이끌고 급작스레 쫓아가자 감녕과 여몽 등이 사력을 다해 막았다. 이 사이 능통이 시종인 친근親近들과 함께 손권을 부축해 포위를 빠져나간 뒤 다시 돌아와 장료와 교전했다. 주변 사람들이 모두 전사하고 자신도 큰 상처를 받았을 즈음 손권이 이미 위험상황을 벗어나게 되자 이때 비로소 퇴각했다.

손권이 준마를 타고 급히 소요진 다리 위를 넘을 때 다리 남쪽이 이미 훼손돼 나무판자가 1장丈 남짓이나 떨어져 나가 있었다. 친근감親近監 곡리谷利가 말 뒤에서 손권에게 말안장을 꽉 잡은 채 고삐를 느슨하게 하라고 주문한 뒤 채찍을 휘둘러 말을 맹렬히 치니 말이 크게 솟아올라 다리 남쪽으로 뛰어 넘어갔다. 이때 하제賀齊가 급히 군사 3,000명과 함께 소요진 남안에서 손권을 영접함으로써 손권은 위험을 간신히 면하게 됐다.

손권이 큰 배에 들어가 주연을 베풀자 하제가 달려 나와 울면서 간했다.

"지존은 인주人主로서 의당 늘 근신해 자중하는 지중持重을 해야만 하는데도 오늘 일은 자칫 커다란 화를 부를 뻔했습니다. 부하가 놀라 공포에 떠니 마치 천지가 무너지는 듯했으니 원컨대 오늘 일을 평생의 교훈으로 삼으시길 바랍니다."

손권이 앞으로 나와 하제의 눈물을 닦아주며 말했다.

"너무 부끄럽소. 삼가 이미 마음에 깊이 새겼으니 결하고 서신書紳이 아니오."[246]

6) 9월, 파민巴民과 종민賨民의 추장 박호와 두호, 임약任約 등이 각기 부중을 이끌고 귀부했다. 파군을 나누어 박호를 파동巴東태수, 두호를 파서巴西태수, 임약을 파군巴郡태수로 삼고 모두 열후에 봉했다.

7) 겨울 10월, 명호名號가 있는 후작侯爵 제도를 신설해 군공이 있는 자에게 상으로 주었다.

8) 11월, 장로가 가속과 부중을 이끌고 투항했다. 조조가 출영해 장로를 진남장군에 임명하고 객례로 대접했다. 그를 낭중후閬中侯에 봉하고 식읍으로 1만호를 내렸다. 장로의 5자식과 염포 등도 모두 열후에 봉했다.

습착치가 평했다.

"염포는 장로에게 칭왕할 필요가 없다고 권했다. 결국 조공이 그를 사

246 '서신'은 『논어』에 나오는 말로 귀담아 들어야 할 말을 사대부의 허리띠인 신紳에 적어두는 것을 말한다. 손권은 하제의 얘기를 단순히 기록해 두는 차원이 아니라 깊이 새겨두겠다는 취지에서 이를 인용한 것이다.

후에 왕으로 봉하는 추봉追封을 했다. 그러니 이후 누가 귀순하려 하지 않겠는가? 물이 흐르는 원천을 막으면 하류의 물은 자연히 그치게 되니 이것이 바로 이 이치를 말한 것이다. 만약 이 이치를 분명히 하지 않고 머리털을 태우고 이마를 지지며 세운 전공인 초란지공焦爛之功만을 중시해 죽기로 싸우는 사전死戰을 한 자에게만 작상爵賞을 두터이 하게 되면 백성들은 전란이 일어나는 것을 유리하게 생각한다. 그리 되면 세상의 풍속이 서로 다투어 죽이는 것을 힘쓰고 각자 군사와 무력에 의지하려 드니 전쟁이 그칠 날이 없게 된다. 위공의 이런 봉상封賞은 상벌의 근본을 제대로 파악한 것이라 할 만하다."

9) 정은程銀과 후선侯選, 방덕龐德이 모두 장로를 따라 투항하자 조조가 정은과 후선의 관작을 회복시켜 주고 방덕을 입의장군立義將軍에 임명했다.

10) 장로가 파중으로 도망갔을 때 황권이 유비에게 말했다.

"만일 한중을 잃으면 파동과 파서, 파군 등 3파三巴는 곧 구제할 수 없게 됩니다. 이는 촉의 사지를 자르는 셈입니다."

유비가 황권을 호군으로 삼아 제장을 이끌고 나아가 장로를 영격하게 했다. 장로가 이미 투항하자 황권이 출격해 박호와 두호, 임약 등을 패퇴시켰다. 위공이 장합을 보내 각 군을 통수해 3파를 점령하게 하고 3파의 백성을 한중으로 옮기기 위해 탕거宕渠사천성 거현로 진군하게 했다. 유비가 파서 태수 장비를 보내 장합과 대치하게 하니 50여 일 후 장비가 장합을 습격해 대파했다. 장합이 남정으로 도피하자 유비도 성도로 돌아왔다.

위공이 전에 한수와 마초 등이 이끌던 사병 5,000명을 선발해 평난장군平難將軍 은서殷署 등에게 통령하게 하고 부풍 태수 조엄을 관중호군으로 임명했다. 이어 조엄에게 명해 군사 1,200명을 차출해 한중의 방어를 돕게 하고 은서에게 이들의 호송을 감독하게 하자 차출된 군사들이 매우 불쾌해했다.

조엄이 군사들을 사곡구斜谷口까지 호송한 후 돌아오던 중 미처 영채에 도달하기도 전에 은시의 부대 내에 빈린이 일이났다. 조엄을 따라긴 보기 150명이 모두 그 일당이었다. 이들은 소식을 듣고 각자 놀란 나머지 갑옷을 입고 손에 병기를 들고서도 안절부절 하지못했다. 조엄이 그들에게 차분히 성패이해를 얘기하며 효유하자 그들 모두 강개慷慨한 어조로 다짐했다.

"생사를 모두 호군과 같이 하기로 했으니 어찌 감히 두 마음이 있을 수 있겠습니까?"

조엄이 각 군영으로 가 병사들을 소집한 뒤 반란병과 결당한 800여 명을 심사하자 이들 모두 군영을 이탈해 들과 산으로 흩어졌다. 조엄이 영을 내려 모반을 일으킨 수괴를 징치하고 나머지 병사들에 대해서는 일절 추궁하지 않았다. 나아가 각 군현에서 잡아 보낸 자들을 모두 석방하자 도주했던 자들이 서로 달려와 투항했다. 조엄이 비밀히 위에 보고했다.

"반드시 군사들을 대영大營으로 보내도록 하겠습니다. 다만 청컨대 옛 부하들과 함께 관중을 지킬 수 있도록 허락해 주시기 바랍니다."

위공이 장군 유주劉柱에게 군사 2,000명을 거느리고 가도록 하면서 조엄이 보낸 군사들이 도착할 때까지 당분간 기다리도록 했다.

얼마 후 이 사실이 누설되자 각 군영이 공포에 질려 효유曉諭를 해도 안정을 찾을 수가 없게 됐다. 조엄이 군사들을 모아놓고 설득했다.

"새로운 군사 가운데 온후한 자 1,000명을 선발해 관중을 지키게 하고 나머지는 모두 대영으로 보낼 것이다."

군적을 관리하는 자들에게 명해 각 군영의 병사명단을 즉각 가져오도록 한 뒤 문제 있는 자들을 즉시 솎아냈다. 잔류하게 된 병사들은 마음이 안정되게 돼 조엄과 한 마음이 됐다. 동쪽으로 가게 된 자들도 감히 경거

망동하려 하지 않았다. 조엄이 그들 전부를 단 하루 만에 출발하게 만들면서 잔류하게 된 병사 군사 1,000명을 대오의 각 요소에 투입시켜 호송에 만전을 기했다.

동쪽의 군사가 매우 빠르게 도착하자 조엄이 다시 위엄으로 효유한 뒤 잔류하게 된 병사 1,000명에게 함께 동쪽으로 가도록 명령했다. 이때 동쪽으로 보낸 군사가 모두 2만여 명에 달했다.

* 孝獻皇帝建安二十年

春, 正月, 甲子, 立貴人曹氏為皇后. 魏公操之女也. 三月, 魏公操自將擊張魯, 將自武都入氐, 氐人塞道, 遣張郃·朱靈等攻破之. 夏, 四月, 操自陳倉出散關至河池, 氐王竇茂眾萬餘人恃險不服, 五月, 攻屠之. 四平·金城諸將麴演·蔣石等共斬送韓遂首.

初, 劉備在荊州, 周瑜·甘寧等數勸孫權取蜀. 權遣使謂備曰, "劉璋不武, 不能自守, 若使曹操得蜀, 則荊州危矣. 今欲先攻取璋, 次取張魯, 一統南方, 雖有十操, 無所憂也." 備報曰, "益州民富地險, 劉璋雖弱, 足以自守. 今暴師於蜀·漢, 轉運於萬里, 欲使戰克攻取, 舉不失利, 此孫·吳所難也. 議者見曹操失利於赤壁, 謂其力屈, 無復遠念. 今操三分天下已有其二, 將欲飲馬於滄海, 觀兵於吳會, 何肯守此坐須老乎! 而同盟無故自相攻伐, 借樞於操, 使敵承其隙, 非長計也. 且備與璋托為宗室, 冀憑英靈以匡漢朝. 今璋得罪於左右, 備獨悚懼, 非所敢聞, 願加寬貸." 權不聽, 遣孫瑜率水軍往夏口. 備不聽軍過, 謂瑜曰, "汝欲取蜀, 吾當被發入山, 不失信於天下也." 使關羽屯江陵, 張飛屯秭歸, 諸葛亮據南郡, 備自住孱陵, 權不得已召瑜還. 及備西攻劉璋, 權曰, "猾虜, 乃敢挾詐如此!" 備留關羽守江陵, 魯肅與羽鄰界. 羽數生疑貳, 肅常以歡好撫之. 及備已得益州, 權令中司馬諸葛瑾以備求荊州諸郡. 備不許, 曰, “吾方圖涼州, 涼州定, 乃盡以荊州相與耳.” 權曰, “此假而不反, 乃欲以虛辭引歲也.” 遂置長沙·零陵·桂陽三郡長吏. 關羽盡逐之. 權大怒, 遣呂蒙督兵二萬以取三郡. 蒙移書長沙·桂陽, 皆望風歸服, 惟零陵太守郝普城守不降. 劉備聞之, 自蜀親至公安, 遣關羽爭三郡. 孫權進住陸口, 為諸軍節度. 使魯肅將萬人屯益陽以拒羽. 飛書召呂蒙, 使捨零陵急還助肅. 蒙得書, 秘之, 夜, 召諸將授以方略. 晨, 當攻零陵, 顧謂郝普故人南陽鄧玄之曰, “郝子太聞世間有忠義事, 亦欲為之, 而不知時也. 今左將軍在漢中為夏侯淵所圍. 關羽在南郡, 至尊身自臨之. 彼方首尾倒縣, 救死不給, 豈有餘力復營此哉! 今吾計力度慮而以攻此, 曾不移日而城必破, 城破之後, 身死, 何益於事, 而令百歲老母戴白受誅, 豈不痛哉! 度此家不得外問, 謂援可恃, 故至於此耳. 君可見之, 為陳禍福.” 玄之見普, 具宣蒙意, 普懼而出降. 蒙迎, 執其手與俱下船, 語畢, 出書示之, 因拊手大笑. 普見書, 知備在公安而羽在益陽, 慚恨入地. 蒙留孫河, 委以後事, 即日引軍赴益陽.

魯肅欲與關羽會語, 諸將疑恐有變, 議不可往. 肅曰, “今日之事, 宜相開譬. 劉備負國, 是非未決, 羽亦何敢重欲干命!” 乃邀羽相見, 各駐兵馬百步上, 但諸將軍單刀俱會. 肅因責數羽以不返三郡, 羽曰, “烏林之役, 左將軍身在行間, 戮力破敵, 豈得徒勞, 無一塊土, 而足下來欲收地邪!” 肅曰, “不然. 始與豫州覲於長阪, 豫州之眾不當一校, 計窮慮極, 志勢摧弱, 圖欲遠竄, 望不及此. 主上矜愍豫州之身無有處所, 不愛土地士民之力, 使有所庇廕以濟其患. 而豫州私獨飾情, 愆德墮好. 今已藉手於西州矣, 又欲翦並荊州之土, 斯蓋凡夫所不忍行, 而況整領人物之主乎!” 羽無以答. 會聞魏公操將攻漢中, 劉備懼失益州, 使使求和於權. 權令諸葛瑾報命, 更尋盟好. 遂分荊州,以湘水為界. 長沙·江夏·桂陽以東屬權, 南郡·零陵·武陵以西屬備. 諸葛瑾每奉使至蜀, 與其弟亮但公會相見, 退無私面.

秋, 七月, 魏公操至陽平. 張魯欲舉漢中降, 其弟衛不肯, 率眾數萬人拒關堅守, 橫山築城十餘里. 初, 操承涼州從事及武都降人之辭, 說"張魯易攻, 陽平城下南北山相遠, 不可守也", 信以為然. 及往臨履, 不如所聞, 乃歎曰, "他人商度, 少如人意." 攻陽平山上諸屯, 山峻難登, 既不時拔, 士卒傷夷者多, 軍食且盡, 操意沮, 便欲拔軍截山而還, 遣大將軍夏侯惇·將軍許褚呼山上兵還. 會前軍夜迷惑, 誤入張衛別營, 營中大驚退散. 侍中辛毘·主簿劉曄等在兵後, 語惇·褚, 言"官兵已據得賊要屯, 賊已散走", 猶不信之. 惇前自見, 乃還白操, 進兵攻衛, 衛等夜遁. 張魯聞陽平已陷, 欲降, 閻圃曰, "今以迫往, 功必輕. 不如依杜濩赴樸胡, 與相拒, 然後委質, 功必多." 乃奔南山入巴中. 左右欲悉燒寶貨倉庫, 魯曰, "本欲歸命國家, 而意未得達. 今之走避銳鋒, 非有惡意. 寶貨倉庫, 國家之有." 遂封藏而去. 操入南鄭, 甚嘉之. 又以魯本有善意, 遣人慰喻之.

丞相主簿司馬懿言於操曰, "劉備以詐力虜劉璋, 蜀人未附, 而遠爭江陵, 此機不可失也. 今克漢中, 益州震動, 進兵臨之, 勢必瓦解. 聖人不能違時, 亦不可失時也." 操曰, "人苦無足, 既得隴, 復望蜀邪!" 劉曄曰, "劉備, 人傑也, 有度而遲. 得蜀日淺, 蜀人未恃也. 今破漢中, 蜀人震恐, 其勢自傾. 以公之神明, 因其傾而壓之, 無不克也. 若小緩之, 諸葛亮明於治國而為相, 關羽·張飛勇冠三軍而為將, 蜀民既定, 據險守要, 則不可犯矣. 今不取, 必為後憂." 操不從. 居七日, 蜀降者說"蜀中一日數十驚, 守將雖斬之而不能安也." 操問曄曰, "今尚可擊不?" 曄曰, "今已小定, 未可擊也." 乃還. 以夏侯淵為都護將軍, 督張郃·徐晃等守漢中. 以丞相長史杜襲為駙馬都尉, 留督漢中事. 襲綏懷開導, 百姓自樂出徙洛·鄴者八萬餘口.

八月, 孫權率眾十萬圍合肥. 時張遼·李典·樂進將七千餘人屯合肥. 魏公操之征張魯也, 為教與合肥護軍薛悌, 署函邊曰, "賊至, 乃發." 及權至, 發教, 教曰, "若孫權至者, 張·李將軍出戰, 樂將軍守, 護軍勿得與戰." 諸將以眾寡不敵, 疑之. 張遼曰, "公遠征在外, 比救至, 彼破我必矣. 是以教指及其未合逆擊之, 折其盛勢, 以安眾心, 然後可守也." 進等莫對. 遼怒曰, "成敗之機, 在此一戰. 諸君若疑, 遼將獨決之." 李典素與遼不睦, 慨然曰, "此國家大事, 顧君計何如耳, 吾可以私憾而忘公義乎! 請從君而出." 於是遼夜募敢從之士, 得八百人, 椎牛犒饗. 明旦, 遼被甲持戟, 先登陷陣, 殺數十人, 斬二大將, 大呼自名, 沖壘入至權麾下. 權大驚, 不知所為, 走登高塚, 以長戟自守. 遼叱權下戰, 權不敢動, 望見遼所將眾少, 乃聚圍遼數重. 遼急擊圍開, 將麾下數十人得出. 餘眾號呼曰, "將軍棄我乎?" 遼復還突圍, 拔出餘眾, 權人馬皆披靡, 無敢當者. 自旦戰至日中, 吳人奪氣. 乃還修守備, 眾心遂安. 權守合肥十餘日, 城不可拔, 徹軍還. 兵皆就路, 權與諸將在逍遙津北, 張遼覘望知之, 即將步騎奄至. 甘寧與呂蒙等力戰扞敵, 凌統率親近扶權出圍, 復還與遼戰, 左右盡死, 身亦被創, 度權已免, 乃還. 權乘駿馬上津橋, 橋面已徹, 丈餘無版. 親近監谷利在馬後, 使權持鞍緩控, 利於後著鞭以助馬勢, 遂得超度. 賀齊率三千人在津南迎權, 權由是得免. 權入大船宴飲, 賀齊下席涕泣曰, "至尊人主, 常當持重, 今日之事, 幾致禍敗. 群下震怖, 若無天地, 願以此為終身之誡!" 權自前收其淚曰, "大慚謹已刻心, 非但書紳也."

九月, 巴·賨夷帥樸胡·杜濩·任約, 各舉其眾來附. 於是分巴郡, 以胡為巴東太守, 濩為巴西太守, 約為巴郡太守, 皆封列侯.

冬, 十月, 始置名號侯以賞軍功.

十一月, 張魯將家屬出降. 魏公操逆拜魯鎮南將軍, 待以客禮, 封閬中侯, 邑萬戶. 封魯五子及閻圃等皆為列侯.

習鑿齒論曰, “閻圃諫魯勿王, 而曹公追封之, 將來之人, 孰不思順! 塞其本源而末流自止, 其此之謂與! 若乃不明於此, 而重焦爛之功, 豐爵厚賞止於死戰之士, 則民利於有亂, 俗競於殺伐, 阻兵杖力, 干戈不戢矣. 曹公之此封, 可謂知賞罰之本矣.”

程銀·侯選·龐德皆隨魯降, 魏公操復銀·選官爵, 拜德立義將軍.

張魯之走巴中也, 黃權言於劉備曰, “若失漢中, 則三巴不振, 此為割蜀之股臂也.” 備乃以權為護軍, 率諸將迎魯. 魯已降, 權遂擊樸胡·杜濩·任約, 破之. 魏公操使張郃督諸軍徇三巴, 欲徙其民於漢中, 進軍宕渠. 劉備使巴西太守張飛與郃相拒, 五十餘日, 飛襲擊郃, 大破之. 郃走還南鄭, 備亦還成都.

操徙出故韓遂·馬超等兵五千餘人, 使平難將軍殷署等督領, 以扶風太守趙儼為關中護軍. 操使儼發千二百兵助漢中守禦, 殷署督送之, 行者不樂. 儼護送至斜谷口, 還, 未至營, 署軍叛亂. 儼自隨步騎百五十人, 皆叛者親黨也, 聞之, 各驚, 被甲持兵, 不復自安. 儼徐諭以成敗, 慰勵懇切, 皆慷慨曰, “死生當隨護軍, 不敢有二!” 前到諸營, 各召料簡諸奸結叛者八百餘人, 散在原野. 儼下令惟取其造謀魁率治之, 餘一不問, 郡縣所收送皆放遣, 乃即相率還降. 儼密白曰, “宜遣將詣大營, 請舊兵鎮守關中.” 魏公操遣將軍劉柱將二千人往, 當須到乃發遣. 俄而事露, 諸營大駭, 不可安諭. 儼遂宣言曰, “當差留新兵之溫厚者千人, 鎮守關中, 其餘悉遣東.” 便見主者內諸營兵名籍, 立差別人. 留者意定, 與儼同心, 其當去者亦不敢動. 儼一日盡遣上道, 因使所留千人分佈羅落之. 東兵尋至, 乃復脅諭, 並徙千人, 令相及共東. 凡所全致二萬餘口.

한헌제 건안 21년(AD 216)

1) 2월, 위공이 업성으로 돌아왔다.

2) 5월, 위공을 위왕魏王으로 삼았다.

당초 중위 최염이 위공에게 거록 출신 양훈楊訓을 추천하자 위공이 예를 갖춰 징소했다. 위공이 위왕이 되자 양훈이 상표해 위왕의 공덕을 칭송했다. 어떤 사람이 양훈을 두고 시류에 아부하는 희세希世와 허황하고 거짓된 부위浮僞의 인물이라고 비웃으면서 최염이 사람을 잘못 천거했다고 말했다.

최염이 양훈에게 부탁해 상주한 표문의 기안서를 얻어 읽어본 양훈에게 서신을 써 충고했다.

"표문을 보니 내용이 매우 좋다. 지금이 과연 어떤 시기인가? 하루 사이에도 뒤집혀질 수 있다."

최염의 원래 뜻은 남을 함부로 비평하길 좋아해 오히려 이치에 맞지 않는 소리를 하는 자를 풍자하고자 한 것이다. 당시 최염과 숙원이 있는 사람이 최염을 고자질해 보고했다.

"세상을 우습게보고 원망해 비방하는 오세원방傲世怨謗을 행하니 그 뜻이 불손하기 그지없습니다."

위왕 조조가 대로해 최염을 머리를 깎는 곤형髡刑에 처한 뒤 감옥에서 복역하게 했다. 전에 최염을 이른 자가 또 고자질했다

"최염은 죄수가 되어서도 면회를 간 자들에게 수염을 뻣뻣이 세우고 눈을 뚫어지게 보는 규수직시虯鬚直視를 하니 분개심인 분만憤懣을 품은 듯합니다."

결국 최염이 자진했다.

상서복야 모개가 최염이 무고하게 모함을 받아 자진하게 된 것에 매우 비통한 생각이 들어 기분이 좋지 않았다. 누군가가 또 모개가 분만에 차 비방을 한다고 하자 위왕이 그를 잡아가두게 했다. 시중 환계桓階와 화흡이 모두 모개를 위해 진정하고 나섰으나 위왕이 듣지 않았다. 환개가 사실을 명백히 조사할 것을 청하자 위왕이 말했다.

"고발한 사람의 말에 의하면 모개가 단지 나를 비방한 데 그치지 않고 최염을 위해 원망하는 마음인 결망觖望을 품었다고 하오. 이는 군신 간의 은의恩義를 져버리는 것이고 망령되게 죽은 친구를 위해 한탄을 하는 것이니 거의 용납할 수가 없소."

화흡이 말했다.

"고발한 사람의 말이 맞는다면 모개의 죄악이 크고 중하니 천지에 용납하기 어렵습니다. 신은 감히 모개를 비호해 군신간의 의리인 대륜大倫을 왜곡하려는 것은 아닙니다. 모개는 오랫동안 은총을 입은 강직하고 충성스런 인물로서 사람들이 개탄할 일을 했으니 의당 이런 일이 있어서는 안 됩니다. 사람의 속마음은 알 길이 없으니 의당 자세히 심리해 쌍방의 진심을 밝혀내야만 합니다. 지금 성상의 은덕으로 사리에 좇은 심리를 허락지 않게 되면 곡직曲直을 또다시 불분명하게 만들 것입니다."

위왕이 말했다.

"자세히 심리하지 않는 것은 모개와 고발한 자를 모두 살려두기 위한 것이오."

화흡이 대답했다.

"모개가 과연 주상을 비방하는 말을 했다면 의당 죽인 뒤 시체를 거리에 내걸어야 할 것입니다. 만일 모개가 이런 말을 하지 않았다면 고발한 자는 대신을 무함해 주상의 눈과 귀를 가렸으니 자세히 추궁하지 않을 수 없습니다. 신은 걱정스런 마음뿐입니다."

결국 위왕이 이 사안을 자세히 추궁하지 않았다. 모개는 관직을 박탈 당하고 쫓겨나 집에서 늙어 죽었다.

이때 서조연西曹掾인 패국沛國 출신 정의丁儀가 권력을 잡게 돼 모개는 죄를 입어 벌을 받게 됐다. 정의는 대단히 큰 힘을 휘둘러 신하들이 모두 두려워한 나머지 감히 그를 바로 보지 못했다. 오직 상서복야 하기와 동조속東曹屬인 동완東莞산동성 기수현 동북쪽 출신 서혁徐奕만이 정의를 두려워하지 않았다. 정의가 서혁을 참소해 위군魏郡태수로 내쫓으려 했으나 간신히 환개의 도움으로 위기를 면하게 됐다.

상서 부선傅選이 하기에게 충고했다.

"정의가 이미 모개를 박해했으니 그대도 의당 조금 그에게 몸을 굽힐 필요가 있소."

하기가 반박했다.

"행동거지가 불의하면 그 자신을 해칠 뿐 어찌 다른 사람을 해칠 수 있겠소? 게다가 마음에 간녕한 마음을 품고 성명한 조정에서 일하고 있으니 어찌 오래 버틸 수 있겠소?"

최염의 종제 최림崔林이 일찍이 진군陳群과 함께 기주의 인물을 평론하면서 최염을 수위로 뽑자 진군은 최염의 재주가 스스로를 보전하는 데 부족하다고 생각해 그를 폄하했다. 최림이 반박했다.

"대장부는 오직 적당한 기회를 만나기만 하면 되오. 경과 같은 사람들조차 실로 고귀한 위치에 올랐다고 할 수 있겠소?"

3) 5월 1일, 일식이 있었다.

4) 대군代郡산서성 양고현에 있는 3명의 오환족 추장이 모두 선우를 칭하며 힘을 믿고 교만 방자했으나 태수가 이들을 통제할 길이 없었다. 위왕이 승상부의 창조속倉曹屬 배잠裴潛을 태수로 삼고 그에게 정병을 나눠 주려고 하자 배잠이 거부했다.

"선우 스스로 자신의 방자함을 안 지 오래 됐습니다. 지금 많은 부대를 이끌고 가면 그들이 반드시 두려워해 경계에 들어서지 못하게 막을 것이니 약간의 병사를 이끌고 가야만 그들을 안심시킬 수 있습니다. 그들은 의당 계략을 써서 도모해야만 합니다."

혼자 수레를 타고 도착하자 선우들이 놀라워하며 기뻐했다. 배잠이 그들을 안무하고 은위를 베푸니 선우들이 모두 섭복讋服했다.

5) 당초 남흉노는 새내 지역에 오래 동안 살았다.[247] 이들은 새내에 편입된 뒤 평민과 같은 대우를 받았으나 공물과 세금인 공부貢賦를 내지 않았다. 의논에 참여한 사람들이 그들의 숫자가 점차 늘어나 다루기 어려워질 것을 염려해 이들을 의당 방비하는 방안을 강구했다.

가을 7월, 남흉노 선우 호주천呼廚泉이 위나라에 입조하자 위왕이 그를 업성에 억류하고 우현왕 거비去卑를 보내 그의 나라를 감리하게 했다. 위왕이 선우에게 매년 견면絹綿과 전곡錢穀 등을 열후와 같이 지급하고 그들의 자손들이 작위를 세습하게 했다. 이어 그의 부중을 5부로 나누어 각 부에 귀인貴人을 세워 추장으로 삼은 뒤 한인을 사마司馬로 파견해 그들을 감독하게 했다.

6) 8월, 위나라가 대리大理 종요를 상국相國으로 임명했다.

7) 겨울 10월, 위왕이 군사를 정비해 손권을 쳤다.

11월, 초현에 도착했다.

* 孝獻皇帝建安二十一年

春, 二月, 魏公操還鄴.

夏, 五月, 進魏公操爵為王.

---

247 남흉노는 광무제의 치세인 건무 26년년인 50년부터 새내塞內로 들어와 살았다.

初, 中尉崔琰薦鉅鹿楊訓於操, 操禮辟之. 及操進爵, 訓發表稱頌功德. 或笑訓希世浮偽, 謂琰為失所舉. 琰從訓取表草視之, 與訓書曰, "省表, 事佳耳. 時乎, 時乎! 會當有變時." 琰本意譏論者好譴呵而不尋情理也, 時有與琰宿不平者, 白琰"傲世怨謗, 意指不遜", 操怒, 收琰付獄, 髡為徒隸. 前白琰者復白之云, "琰為徒, 對賓客虯鬚直視, 若有所瞋." 遂賜琰死. 尚書僕射毛玠傷琰無辜, 心不悅. 人復白玠怨謗, 操收玠付獄, 侍中桓階·和洽皆為之陳理, 操不聽. 階求案實其事. 王曰, "言事者白, 玠不但謗吾也, 乃復為崔琰觖望. 此捐君臣恩義, 妄為死友怨歎, 殆不可忍也." 洽曰, "如言事者言, 玠罪過深重, 非天地所覆載. 臣非敢曲理玠以枉大倫也, 以玠歷年荷寵, 剛直忠公, 為眾所憚, 不宜有此. 然人情難保, 要宜考玠, 兩驗其實. 今聖恩不忍致之於理, 更使曲直之分不明." 操曰, "所以不考, 欲兩全玠及言事者耳." 洽對曰, "玠信有謗主之言, 當肆之市朝. 若玠無此言, 言事者加誣大臣以誤主聽, 不加檢覈, 臣竊不安." 操卒不窮治, 玠遂免黜, 終於家. 是時西曹掾沛國丁儀用事, 玠之獲罪, 儀有力焉. 群下畏之側目. 尚書僕射何夔及東曹屬東莞徐弈獨不事儀, 儀譖弈, 出為魏郡太守, 賴桓階左右之得免. 尚書傅選謂何夔曰, "儀已害毛玠, 子宜少下之." 夔曰, "為不義, 適足害其身, 焉能害人! 且懷奸佞之心, 立於明朝, 其得久乎!" 崔琰從弟林, 嘗與陳群共論冀州人士, 稱琰為首, 群以智不存身貶之. 林曰, "大丈夫為有邂逅耳, 即如卿諸人, 良足貴乎!" 五月, 己亥朔, 日有食之.

代郡烏桓三大人皆稱單于, 恃力驕恣, 太守不能治. 魏王操以丞相倉曹屬裴潛為太守, 欲授以精兵. 潛曰, "單于自知放橫日久, 今多將兵往, 必懼而拒境, 少將則不見憚, 宜以計謀圖之." 遂單車之郡, 單于驚喜. 潛撫以恩威, 單于讋服.

初, 南匈奴久居塞內, 與編戶大同而不輸貢賦. 議者恐其戶口滋蔓, 浸難禁制, 宜豫為之防. 秋, 七月, 南單于呼廚泉入朝於魏, 魏王操因留之於鄴, 使右賢王去卑監其國. 單于歲給綿·絹·錢·谷如列侯, 子孫傳襲其號. 分其眾為五部, 各立其貴人為帥, 選漢人為司馬以監督之.

八月, 魏以大理鐘繇為相國.

冬, 十月, 魏王操治兵擊孫權. 十一月, 至譙.

** 권68-한기漢紀 60: 한중을 두고 대치하다

한헌제 건안 22년(AD 217)

1) 봄 정월, 위왕이 거소居巢안휘성 소현에 주둔하자 손권이 유수濡須를 방어했다.

2월, 위왕이 유수로 쳐들어갔다.

2) 당초 우호장군右護將軍 장흠蔣欽이 선성宣城안휘성 선성에 주둔할 때 무호蕪湖 현령 서성徐盛이 장흠의 주둔 관원을 잡아 상표한 뒤 죽였다. 손권이 유수에 주둔하자 장흠이 여몽과 함께 전군을 지휘하게 됐다. 장흠이 매번 서성을 칭송했다. 손권이 장흠에게 그 이유를 묻자 장흠이 대답했다.

"서성은 충성스럽고 근면하며 강직한 근강勤强의 모습을 보이는데다 담략이 있고 그릇이 커 만인을 통수할 만합니다. 지금 대업이 아직 이뤄지지 않았으니 신은 의당 나라를 도와 인재를 찾는 조국구재助國求才를 해야 하니 어찌 감히 사사로운 감정으로 인재를 은폐할 수 있겠습니까?"

손권이 그를 크게 칭찬했다.

3월, 위왕이 군사를 이끌고 철군하면서 복파장군 하후돈을 남겨두어 조인과 장료 등이 이끄는 26개 군을 통수해 거소에 주둔하게 했다. 손권이 도위 서상徐詳을 위왕에게 보내 투항을 받아달라고 청하도록 했다.

위왕이 응답해 손권과 다시 우호를 다지는 수호修好를 해 인척관계를 맺을 것을 약속했다. 손권이 평로장군 주태周泰를 남겨두어 유수의 수군을 통수하게 하자 주연朱然과 서성 등이 모두 주태 휘하로 들어가게 됐다. 이들은 주태의 출신이 한미하다는 이유로 그에게 불복했다.

손권이 제장들을 소집해 주연을 베풀어 모두 즐거이 마시며 담소할 때 손권이 주태에게 옷을 벗도록 한 뒤 손가락으로 그의 몸 위에 나 있는 상흔을 가리키며 그 내력을 물었다. 주태가 곧 옛날 전투할 때의 장면을 일일이 떠올리며 대답했다. 손권이 주태의 대답이 끝나자 다시 옷을 입게 한 뒤 그의 손을 잡고 눈물을 흘리며 말했다.

"유평幼平, 경은 고의 형제요. 곰과 호랑이 같이 싸워 자신의 목숨을 아끼지 않고 수십 군데의 상처를 입었으니 피부가 마치 칼로 깎고 도끼로 찍은 듯하오. 고 역시 어찌 골육 간의 은의로 경을 대하지 않을 수 있고, 군사의 중임 또한 경에게 맡기지 않을 수 있겠소?"

주연이 끝난 뒤 손권이 어가에 올라 주태에게 군사를 이끌고 앞장서 길을 열게 했다. 고각을 크게 울리며 군영을 나가자 이때 비로소 서성 등이 순복順服하게 됐다.

2) 여름 4월, 조령으로 위왕이 천자의 정기旌旗를 세울 수 있게 하고 출입할 때 천자처럼 미리 앞서가며 길을 치우는 경필警蹕을 하게 했다.

3) 6월, 위나라가 군사軍師 화흠을 어사대부에 임명했다.

4) 겨울 10월, 조령으로 위왕의 면류관에 12줄의 류旒를 달게 했다. 또 금은으로 장식한 수레를 6필의 말이 끌도록 하고 호위하는 수레인 오색의 부거副車가 앞뒤로 따르게 했다.

5) 위나라가 오관중랑장 조비를 태자太子로 삼았다.

당초 위왕은 정부인丁夫人을 처로 맞았으나 자식이 없었다. 첩 유씨劉氏가 조앙曹昻을 낳고 변씨卞氏가 조비曹丕와 조창曹彰, 조식曹植, 조웅曹熊 등 4명의 아들을 낳았다.

위왕이 정부인에게 생모의 명의로 조앙을 키우도록 했으나 조앙은 양현穰縣에서 죽었다. 정부인이 호곡을 하며 절제를 잃자 위왕이 대로해 그녀를 내친 뒤 변씨로 하여금 계실繼室하게 했다.

조식은 천성이 기경機警한데다 예능 방면에 뛰어나 화사한 글 짓는 재능인 재조才藻가 있었고 행동이 민첩하고 지혜가 많은 민섬敏贍의 모습을 보여 위왕이 그를 매우 총애했다.

위왕이 딸을 정의에게 주려 하자 조비가 정의의 관상이 한쪽 눈이 움푹 들어가 작은 목묘目眇라며 만류했다. 정의가 조비에게 크게 원한을 품게 됐다. 동생 황문시랑 정이丁廙와 승상주부 양수楊修와 함께 여러 차례 임치후臨菑侯 조식을 칭송해 은근히 위왕이 그를 후계자로 삼도록 권했다. 양수는 양표楊彪의 아들이다.

위왕이 서신을 보내 밖에서 은밀히 자식들을 조사하게 하자 상서 최염이 봉인을 하지 않은 공개된 서신인 노판露版을 통해 간했다.

"『춘추』의 대의에 따르면 의당 장자를 세워야 하고 또한 오관중랑장은 인효하고 총명하니 의당 대통을 이어야 합니다. 신은 죽음으로써 이를 지킬 것입니다."

조식은 최염 형의 사위였다.

상서복야 모개가 위왕에게 간했다.

"근자에 원소는 적서를 분명하게 하지 않아 일족이 전멸하고 나라 또한 망했습니다. 태자의 폐립은 국가대사이니 의당 이런 얘기가 나오지 않도록 해야 합니다."

동조연 형옹도 간했다.

"서자로 대통을 대신하는 것은 예로부터 경계하는 것입니다. 전하가 심사숙고해 명찰하기 바랍니다."

조비가 사람을 보내 태중대부 가후에게 자신의 지위를 공고히 하는 방법을 묻자 가후가 대답했다.

"원컨대 장군이 덕성을 널리 펴고 친히 선비들의 학업인 소사지업素士之業을 닦는데 밤낮으로 애쓰면서 자식의 도리에 어긋나지 않기를 바랍니다. 오직 하기만 하면 됩니다."

조비가 이 얘기를 듣고 남몰래 열심히 연마했다. 얼마 후 위왕이 측근을 물리치고 가후를 불러 묻자 가후가 묵연嘿然히 대답하지 않았다. 조조가 의아하게 생각해 물었다.

"경과 얘기를 나누는데 대답을 하지 않으니 어찌 된 일이오?"

가후가 대답했다.

"마침 생각하던 중이어서 즉각 대답을 하지 못했습니다."

조조가 더욱 궁금해 물었다.

"무엇을 생각하던 중이었소?"

가후가 대답했다.

"신은 원본초와 유경승 부자간의 일들을 생각하던 중이었습니다."

조조가 그 뜻을 알아채고 크게 웃었다.

위왕이 전에 출정할 때 조비와 조식이 함께 길에 나와 마중을 했다. 조식이 위왕의 공덕을 칭송하자 입을 열면 문장이 됐다. 좌우의 사람들이 모두 놀라 눈이 휘둥그레지자 위왕도 크게 기뻐했다. 조비가 망연자실한 모습을 보이자 제양濟陽 출신 오질吳質이 조비에게 다가와 귓속말로 속삭였다.

"왕이 떠나려 할 때 눈물을 흘리기만 하면 됩니다."

마침내 환송인사를 할 때 조비가 눈물을 흘리며 절을 올렸다. 위왕과 좌우의 사람 모두 비창한 생각이 들어 허희歔欷하며 흐느꼈다. 모든 사람들이 조식이 비록 문사가 화려하지만 성심은 조비에 못 미친다고 생각했다.

조식은 본인이 생각나는 대로 행동해 행동에 꾸밈이 없었다. 조비는 술책을 구사해 자신의 감정을 억제하고 스스로를 꾸미는 데 능했다. 궁인들을 비롯한 위왕 주변사람들 모두가 조비를 칭송하자 결국 위왕이 조비를 태자로 확정지었다.

황후궁의 측근관원인 장어長御가 변부인에게 축하했다.

"장군이 태자가 됐으니 천하에 좋아하지 않는 사람이 없습니다. 부인은 의당 창고에 있는 재물을 가져다가 상으로 나눠주어야 합니다."

변부인이 말했다.

"위왕은 조비가 연장자라고 생각해 그를 후계자로 삼은 것이오. 나는 단지 자식을 제대로 가르치지 못한 책임을 면하게 된 것만이 다행이라고 생각할 뿐이오. 다른 사람들에게 후히 상을 내릴 이유가 무엇이 있겠소?"

장어가 돌아와 이를 위왕에게 말하자 위왕이 크게 기뻐했다.

"사람이 화를 내며 안색이 변치 않는 노불변용怒不變容과 기뻐하며 절제를 잃지 않는 희불실절喜不失節을 행하기가 사실 가장 어려운 일이다!"

태자 조비가 의랑 신비의 목을 두 팔로 끌어안고 말했다.

"군은 내가 얼마나 기분이 좋은지를 알 수 있겠소?"

신비가 이를 그의 딸인 헌영憲英에게 얘기하자 헌영이 탄식했다.

"태자는 군위를 승계해 종묘사직을 받들 사람입니다. 군위의 승계인 대군代君은 슬퍼하는 마음이 없으면 안 되고 종묘사직을 받드는 주국主國은 두려워하는 마음이 없으면 안 됩니다. 의당 슬퍼하거나 두려워해야 하는데도 오히려 기뻐하니 어찌 능히 오래가겠습니까? 위나라가 창성하지 못할까 두렵습니다."

한참 후에 임치후 조식이 수레를 타고 제왕의 전용도로인 치도馳道를 달려 사마문을 열고 나갔다. 위왕이 대로해 치도담당 관원인 공거령公車令이 죄를 받아 죽었다. 제후에 대한 법금을 보다 엄히 하자 조식에 대한 총애 또한 날로 식어갔다.

조식의 처가 비단에 수놓은 옷을 입고 있을 때 위왕이 우연히 누대에 올라가 사방을 둘러보다가 그녀를 보게 됐다. 위왕이 그녀가 법규를 어겼음을 알고 곧 그녀를 친정으로 돌려보낸 뒤 사약을 내려 죽게 했다.

6) 법정이 유비에게 권했다.

"조조가 일거에 장로를 항복시키고 한중을 평정했음에도 승세를 몰아 파촉을 도모하지 않고 하후연과 장합만을 남겨둔 채 자신은 급히 북쪽으로 돌아갔습니다. 이는 그의 지모가 이르지 못한 것도 아니고 그의 역량이 부족한 것도 아닙니다. 반드시 내부에 우환이 있어 상황이 급박했기 때문일 것입니다. 지금 보건대 하후돈과 장합의 재략才略은 우리의 장수를 이길 수 없으니 군사를 이끌고 가 정토하면 반드시 승리할 수 있습니다. 승리한 후 농업을 크게 일으켜 양식을 쌓아 두어 적의 틈을 엿보다가 기회를 노려 공격하면 가히 적을 무너뜨릴 수 있습니다. 그러면 위로는 황실을 보좌해 받들 수 있고 옆으로는 가히 옹주와 양주凉州를 병탄해 널리 강토를 개척할 수 있고 아래로는 험한 요충지를 지켜 장구히 유지해 나갈 수 있습니다. 이 어찌 하늘이 우리에게 준 기회가 아니겠습니까? 이 좋은 기회를 잃어서는 안 됩니다."

유비가 그의 계책을 칭찬했다. 제장들을 이끌고 한중으로 진군하면서 장비와 마초, 오란吳蘭 등에게 명해 하변下辨감숙성 성현 서쪽에 주둔하게 했다. 위왕이 도호장군 조홍曹洪을 보내 유비군을 막았다.

7) 노숙이 세상을 떠나자 손권이 종사중랑장 팽성인 엄준嚴畯에게 노숙을 대신해 군사 1만 명을 이끌고 육구로 나아가 주둔하게 하려 했다. 사람들이 모두 엄준을 임명한 것을 기뻐하자 엄준이 끝까지 사양했다.

"신은 박소樸素한 서생으로 군사를 모릅니다."

그의 언사는 매우 간절하면서도 측은해 주변사람들의 눈물을 자아냈다. 손권이 좌호군 호위장군虎威將軍 여몽에게 명해 한창태수를 겸임하면서 노숙이 하던 일을 대신하게 했다. 이를 두고 사람들은 엄준이 능히 실정에 의거해 겸양할 줄 안다고 칭송했다.

8) 정위교위定威校尉 오군인 육손陸遜이 손권에게 계책을 진언했다.

"적을 무찌르고 난을 평정하는 일은 군세軍勢가 강하지 않으면 이룰 수가 없습니다. 지금 산월족이 오랫동안 악행을 저질러 왔으나 깊고 험한 지세로 인해 아직 평정하지 못하고 있습니다. 무릇 복심腹心이 평정되지 않은 상황에서 원정을 꾀하기는 어렵습니다. 우선 군사를 확충하고 정예한 병사들을 선발하게 해야 합니다."

손권이 건의를 좇기로 하고 육손을 장하우부독帳下右副督으로 삼았다. 마침 단양丹陽의 비적 수령 비잔費棧이 산월족을 선동해 반기를 들자 손권이 육손에게 명해 그들을 격파하게 했다. 단양군과 신도군 및 회계군 등 동3군東三郡의 군민을 대상으로 징병을 실시해 강장한 자는 병사로 삼고 노약한 자는 민적에 보충 편입하게 해 정병 수만 명을 확보했다. 육손이 군사들을 이끌고 가 평시 악행을 저지른 자들을 제거하는 식으로 지나는 곳마다 일일이 숙청한 뒤 무호로 회군해 주둔했다. 회계 태수 순우식淳于式이 상표해 육손을 비난했다.

"육손이 함부로 백성을 징발해 그가 가는 곳마다 백성들이 불안해하며 동요하고 있습니다."

육손이 후에 도성에 도착해 보고하면서 순우식을 훌륭한 관리라고 치켜세우자 손권이 의아해하며 물었다.

"순우식은 상표해 군을 고발했는데 군은 오히려 그를 추천하니 어쩐 일이오?"

육손이 대답했다.

"순우식의 본의는 백성을 육양育養하는 데 있기 때문에 저를 고발한 것입니다. 만일 저 또한 순우식을 욕하면 성주聖主의 눈과 귀를 어지럽게 만드는 것이니 미리 이런 조짐을 키울 수는 없습니다."

손권이 칭찬했다.

"이는 실로 장자長者만이 할 수 있는 일로 일반 사람은 능히 할 수 없는 일이오."

9) 위왕이 승상장사 왕필王必에게 군사를 이끌고 가 허현의 일을 감독하게 했다.

이때 관우가 강성했다. 경조인 금의金禕는 천명이 옮겨질 것을 읽고 소부少府 경기耿紀와 사직司直 위황韋晃, 태의령太醫令 길본吉本, 길본의 아들 길막吉邈, 길막의 동생 길목吉穆 등과 함께 왕필을 죽인 뒤 천자를 겁박해 위나라를 치면서 남쪽의 관우를 끌어들여 외원으로 삼으려 했다.

** 起強圉作噩, 盡屠維大淵獻, 凡三年.

孝獻皇帝建安二十二年

春, 正月, 魏王操軍居巢, 孫權保濡須, 二月, 操進攻之. 初, 右護軍蔣欽屯宣城, 蕪湖令徐盛收欽屯吏, 表斬之. 及權在濡須, 欽與呂蒙持諸軍節度, 欽每稱徐盛之善. 權問之, 欽曰, "盛忠而勤強, 有膽略器用, 好萬人督也. 今大事未定, 臣當助國求才, 豈敢挾私恨以蔽賢乎!" 權善之. 三月, 操引軍還, 留伏波將軍夏侯惇都督曹仁·張遼等二十六軍屯居巢. 權令都尉徐詳詣操請降, 操報使修好, 誓重結婚. 權留平虜將軍周泰督濡須. 朱然·徐盛等皆在所部, 以泰寒門, 不服. 權會諸將, 大為酣樂, 命泰解衣, 權手自指其創痕, 問以所起, 泰輒記昔戰鬥處以對. 畢, 使復服. 權把其臂流涕曰, "幼平, 卿為孤兄弟, 戰如熊虎, 不惜軀命, 被創數十, 膚如刻畫, 孤亦何心不待卿以骨肉之恩, 委卿以兵馬之重乎?" 坐罷, 住駕, 使泰以兵馬道從, 鳴鼓角作鼓吹而出. 於是盛等乃服.

夏, 四月, 詔魏王操設天子旌旗, 出入稱警蹕. 六月, 魏以軍師華歆為御史大夫.

冬, 十月, 命魏王操冕十有二旒, 乘金根車, 駕六馬, 設五時副車.

魏以五官中郎將丕為太子.

初, 魏王操娶丁夫人, 無子. 妾劉氏, 生子昂. 卞氏生四子丕·彰·植·熊. 王使丁夫人母養昂. 昂死於穰, 丁夫人哭泣無節, 操怒而出之, 以卞氏為繼室. 植性機警, 多藝能, 才藻敏贍, 操愛之. 操欲以女妻丁儀, 丕以儀目眇, 諫止之. 儀由是怨丕, 與弟黃門侍郎廙及丞相主簿楊修, 數稱臨菑侯植之才, 勸操立以為嗣. 修, 彪之子也. 操以函密訪於外, 尚書崔琰露板答曰, "『春秋』之義, 立子以長. 加五官將仁孝聰明, 宜承正統, 琰以死守之." 植, 琰之兄女婿也. 尚書僕射毛玠曰, "近者袁紹以嫡庶不分, 覆宗滅國. 廢立大事, 非所宜聞." 東曹掾邢顒曰, "以庶代宗, 先世之戒也, 願殿下深察之." 丕使人問太中大夫賈詡以自固之術. 詡曰, "願將軍恢崇德度, 躬素士之業, 朝夕孜孜, 不違子道, 如此而已." 丕從之, 深自砥礪. 它日, 操屏人問詡, 詡嘿然不對. 操曰, "與卿言, 而不答, 何也?" 詡曰, "屬有所思, 故不即對耳." 操曰, "何思?" 詡曰, "思袁本初·劉景升父子也." 操大笑. 操嘗出征, 丕·植並送路側, 植稱述功德, 發言有章, 左右屬目, 操亦悅焉. 丕悵然自失, 濟陰吳質耳語曰, "王當行, 流涕可也." 及辭, 丕涕泣而拜, 操及左右咸歔欷, 於是皆以植多華辭而誠心不及也. 植既任性而行, 不自雕飾, 五官將御之以術, 矯情自飾, 宮人左右並為之稱說, 故遂定為太子. 左右長御賀卞夫人曰, "將軍拜太子, 天下莫不喜, 夫人當傾府藏以賞賜." 夫人曰, "王自以丕年大, 故用為嗣. 我但當以免無教導之過為幸耳, 亦何為當重賜遺乎?" 長御還, 具以語操, 操悅, 曰, "怒不變容, 喜不失節, 故最為難." 太子抱議郎辛毘頸而言曰, "辛君知我喜不?" 毘以告其女憲英, 憲英歎曰, "太子, 代君主宗廟·社稷者也. 代君, 不可以不戚. 主國, 不可以不懼. 宜戚宜懼, 而反以為喜, 何以能久! 魏其不昌乎!" 久之, 臨菑侯植乘車行馳道中, 開司馬門出. 操大怒, 公車令坐死. 由是重諸侯科禁, 而植寵日衰. 植妻衣繡, 操登台見之, 以違制命, 還家賜死.

法正說劉備曰, "曹操一舉而降張魯, 定漢中, 不因此勢以圖巴·蜀, 而留夏侯淵·張郃屯守, 身遽北還, 此非其智不逮而力不足也, 必將內有憂逼故耳. 今策淵·郃才略, 不勝國之將帥, 舉眾往討, 必可克之. 克之之日, 廣農積穀, 觀釁伺隙, 上可以傾覆寇敵, 尊奬王室. 中可以蠶食雍·涼, 廣拓境土. 下可以固守要害, 為持久之計. 此蓋天以與我, 時不可失也." 備善其策, 乃率諸將進兵漢中, 遣張飛·馬超·吳蘭等屯下辨. 魏王操遣都護將軍曹洪拒之.

魯肅卒, 孫權以從事中郎彭城嚴畯代肅, 督兵萬人鎮陸口. 眾人皆為畯喜, 畯固辭以"樸素書生, 不閑軍事", 發言懇惻, 至於流涕. 權乃以左護軍虎威將軍呂蒙兼漢昌太守以代之. 眾嘉嚴畯能以實讓.

定威校尉吳郡陸遜言於孫權曰, "方今克敵寧亂, 非眾不濟. 而山寇舊惡, 依阻深地. 夫腹心未平, 難以圖遠, 可大部伍, 取其精銳." 權從之, 以為帳下右都督. 會丹楊賊帥費棧作亂, 扇動山越. 權命遜討棧, 破之. 遂部伍東三郡, 強者為兵, 羸者補戶, 得精卒數萬人. 宿惡蕩除, 所過肅清, 還屯蕪湖. 會稽太守淳于式表"遜枉取民人, 愁擾所在." 遜後詣都, 言次, 稱式佳吏. 權曰, "式白君, 而君薦之, 何也?" 遜對曰, "式意欲養民, 是以白遜. 若遜復毀式以亂聖聽, 不可長也." 權曰, "此誠長者之事, 顧人不能為耳."

魏王操使丞相長史王必典兵督許中事. 時關羽強盛, 京兆金禕睹漢祚將移, 乃與少府耿紀·司直韋晃·太醫令吉本·本子邈·邈弟穆等謀殺必, 挾天子以攻魏, 南引關羽為援.

한헌제 건안 23년(AD 218)

1) 봄 정월, 길막 등이 무리 1,000여 명을 이끌고 밤에 왕필을 쳤다. 영문을 불태우고 활을 쏘아 왕필의 어깨를 맞히자 장하독帳下督이 왕필을 부축해 남성南城하남성 허창으로 달아났다. 마침 날이 밝아지자 길막 등의 무리가 붕궤됐다. 왕필과 전농중랑장典農中郎將 영천인 엄광嚴匡이 함께 반격해 길막의 목을 베었다.

2) 3월, 조홍이 오란을 공격하려고 하자 장비가 고산固山감숙성 성현에 주둔한 뒤 조홍 군사의 퇴로를 차단할 것이라고 떠벌이자 의논하던 사람들이 모두 이를 의심했다. 기도위 조휴가 제안했다.

"적이 확실히 우리의 퇴로를 차단하려 한다면 의당 복병을 두고 행군을 은폐해야 하오. 지금 그들의 얘기는 허장성세로 그들이 이처럼 할 수 없음은 명백하오. 의당 적이 결집되지 않았을 때 급히 오란을 치면 오란이 무너질 것이고 장비 또한 스스로 물러날 것이오."

조홍이 건의를 좇아 진군해 적을 격파하고 오란의 목을 베었다.

3월, 장비와 마초가 철수했다. 조휴는 위왕의 족친이다.

4) 여름 4월, 대군과 상곡군에 사는 오환족 무신저無臣氐 등이 반기를 들었다. 이전에 위왕이 대군 태수 배잠을 불러 승상이조연丞相理曹掾으로 삼았다. 배잠은 위왕이 대군을 잘 다스린 자신의 공적을 칭찬하자 겸손해 하며 건의했다.

"저는 백성을 대할 때는 비록 관후했으나 호인들을 대할 때에는 엄준했습니다. 지금 저의 후임은 반드시 제가 다스렸던 전례로 인해 지나치게 엄하거나 은혜를 더할 것입니다. 그들은 평소 교만 방자한 모습을 보이고 있습니다. 지나치게 관대하면 반드시 방종해지고 이들이 방종해진 후에 다시 법으로 묶고자 하면 원한을 품고 반기를 들 것입니다. 여러 정황에 비춰 대군은 틀림없이 재차 반기를 들 것입니다."

위왕은 배잠을 이토록 빨리 부른 것을 깊이 후회하게 됐다. 수십 일 후 과연 세 선우가 반기를 들었다는 소식이 들려왔다.[248] 위왕이 아들 언릉후鄢陵侯 조창을 행行효기장군驍騎將軍으로 삼아 세 선우를 정토하게 했다. 조창은 어려서부터 말과 활을 잘 쏘아 팔의 힘이 대단했다. 조조가 조창을 불러 주의를 주며 말했다.

"집에 머물 때는 부자지간이나 일을 맡은 후에는 군신지간이니 반드시 왕법을 좇아 움직이고 일을 처리해야 한다. 이를 명심해야 한다."

5) 유비가 양평관陽平關섬서성 면현 서쪽에 주둔하자 하후연과 장합, 서황 등이 유비와 대치했다. 유비가 그의 부장 진식陳式 등을 파견해 마명각馬鳴閣사천성 소화현의 길을 끊게 하자 서황이 나서 진식을 격파했다. 장합이 광석廣石에 주둔하자 유비가 이를 공격했다. 공략이 불가능하자 급히 서신을 보내 익주의 군사를 징발하게 했다. 제갈량이 이 일을 종사 건위인 양홍楊洪에게 문의하자 양홍이 징병을 건의했다.

"한중은 익주의 인후이니 존망의 관건입니다. 만일 한중이 없으면 촉 땅은 없는 것이나 마찬가지입니다. 이는 대문 앞에 있는 화근이니 징병을 머뭇거릴 이유가 어디 있겠습니까?"

당시 법정은 유비를 따라 북정하고 있었다. 제갈량이 상표해 양홍을 영領촉군태수로 추천했다. 이후 양홍이 숱한 일을 잘 처리함으로써 정식으로 촉군태수에 임명됐다.

당초 건위 태수 이엄이 양홍을 공조로 징소한 적이 있었다. 이엄이 건위군을 떠나지도 못한 사이에 양홍은 이미 촉군태수에 임명된 것이다. 양홍이 추천한 문하서좌門下書佐 하지何祗는 재주와 지략인 재책才策이 있

---

248 오환족의 세 선우를 가리킨다. 보려普廬, 무신저無臣氐, 영일另一 선우 등이 그들이다.

었다. 양홍이 아직 촉군태수로 있을 때 하지는 이미 광한태수에 임명됐다. 이 일로 인해 익주사람들 모두 제갈량이 때에 맞춰 그에 맞는 인물을 쓸 줄 안다고 경복했다.

가을 7월, 위왕이 친히 솔병해 유비를 공격했다.

9월, 위왕이 장안에 이르렀다.

6) 조창이 대군의 오환족 부락을 공격하면서 직접 진두에 서서 전투를 지휘했다. 갑옷을 뚫고 몇 개의 화살이 꽂혔으나 그의 투지는 더욱 높아졌다. 승세를 틈타 북쪽으로 추격해 상간桑干영정하 상류 이북에 이르러 적군을 대파했다. 참획한 적의 숫자가 1,000명을 넘었다.

당시 선비족의 추장 가비능軻比能이 수만 명의 기병을 이끌고 쌍방의 전투를 관망하다가 조창이 역전力戰해 나아가는 곳마다 모두 깨뜨리는 것을 보고 이내 귀항歸降을 청했다. 북방이 완전히 평정됐다.

7) 남양의 관민이 조인의 군사로 인해 요역의 고통이 매우 컸다.

겨울 10월, 완성의 수장守將 후음侯音이 반기를 들자 남양 태수 동리곤東里衮이 공조 응여應餘와 함께 달아났다. 후음이 기병을 보내 추격하자 화살이 빗발치는 속에서 응여가 몸으로 동리곤을 엄호하다가 몸에 7군데 상처를 입고 죽었다. 후음의 기병이 동리곤을 생포해 돌아왔다.

이때 정남장군 조인은 번성에 주둔하면서 형주를 제압하고 있었다. 위왕이 조인에게 후음을 토벌하도록 명하자 공조 종자경宗子卿이 후음에게 권했다.

"족하가 민심에 부응해 대사를 일으키자 원근에서 고개를 들고 다투어 우러러 보는 망풍望風을 하지 않는 자가 없습니다. 군郡 내의 제장을 잡아두는 것은 민심에 배치되니 좋을 일이 없습니다. 왜 그들을 놓아주지 않습니까?"

후음이 이 건의를 좇았다. 종자경이 야음을 틈타 성벽을 뛰어넘어 가 태수와 함께 사람들을 모아 후음을 포위했다. 마침 조인의 군사가 와 이들과 함께 동시에 후음을 쳤다.

* 孝獻皇帝建安二十三年

春, 正月, 吉邈等率其黨千餘人, 夜攻王必, 燒其門, 射必中肩, 帳下督扶必奔南城. 會天明, 邈等衆潰, 必與穎川典農中郎將嚴匡共討斬之.

三月, 有星孛於東方.

曹洪將擊吳蘭, 張飛屯固山, 聲言欲斷軍後, 衆議狐疑. 騎都尉曹休曰, "賊實斷道者, 當伏兵潛行. 今乃先張聲勢, 此其不能, 明矣. 宜及其未集, 促擊蘭. 蘭破, 飛自走矣." 洪從之, 進, 擊破蘭, 斬之. 三月, 張飛·馬超走. 休, 魏王族子也.

夏, 四月, 代郡·上谷烏桓無臣氐等反. 先是, 魏王操召代郡太守裴潛爲丞相理曹掾, 操美潛治代之功, 潛曰, "潛於百姓雖寬, 於諸胡爲峻. 今繼者必以潛爲治過嚴而事加寬惠. 彼素驕恣, 過寬必弛. 既弛, 又將攝之以法, 此怨叛所由生也. 以勢料之, 代必復叛." 於是操深悔還潛之速. 後數十日, 三單于反問果至. 操以其子鄢陵侯彰行驍騎將軍, 使討之. 彰少善射御, 膂力過人. 操戒彰曰, "居家爲父子, 受事爲君臣, 動以王法從事, 爾其戒之!"

劉備屯陽平關, 夏侯淵·張郃·徐晃等與之相拒. 備遣其將陳式等絕馬鳴閣道, 徐晃擊破之. 張郃屯廣石, 備攻之不能克, 急書發益州兵. 諸葛亮以問從事犍爲楊洪, 洪曰, "漢中, 益州咽喉, 存亡之機會, 若無漢中, 則無蜀矣. 此家門之禍也, 發兵何疑!" 時法正從備北行, 亮於是表洪領蜀郡太守. 衆事皆辦, 遂使即真. 初, 犍爲太守李嚴辟洪爲功曹, 嚴未去犍爲而洪已爲蜀郡. 洪舉門下書佐何祇有才策, 洪尚在蜀郡, 而祗已為廣漢太守. 是以西土咸服諸葛亮能盡時人之器用也.

秋, 七月, 魏王操自將擊劉備. 九月, 至長安.

曹彰擊代郡烏桓, 身自搏戰, 鎧中數箭, 意氣益厲. 乘勝逐北, 至桑干之北, 大破之, 斬首·獲生以千數. 時鮮卑大人軻比能將數萬騎觀望強弱, 見彰力戰, 所向皆破, 乃請服, 北方悉平.

南陽吏民苦繇役, 冬, 十月, 宛守將侯音反. 南陽太守東里袞與功曹應余迸竄得出. 音遣騎追之, 飛矢交流, 余以身蔽袞, 被七創而死, 音騎執袞以歸. 時征南將軍曹仁屯樊以鎮荊州, 魏王操命仁還討音. 功曹宗子卿說音曰, "足下順民心, 擧大事, 遠近莫不望風. 然執郡將, 逆而無益, 何不遣之!" 音從之. 子卿因夜逾城從太守收餘民圍音, 會曹仁軍至, 共攻之.

헌제 건안 24년(AD 219)

1) 봄 정월, 조인이 완성에서 후음을 참한 뒤 번성으로 돌아갔다.

2) 당초 하후연은 전쟁에서 비록 여러 번 승리했으나 위왕은 늘 그에게 주의를 주며 말했다.

"장수는 의당 두려워하며 약한 모습을 보여줄 때도 있어야 하니 오로지 용맹에만 의지해서는 안 되오. 장수는 당연히 용맹을 근본으로 삼으나 행동할 때만큼은 지혜와 계략인 지계智計를 써야 하오. 오로지 용맹에 기댈 줄만 알면 일개 필부만을 상대할 수 있을 뿐이오."

유비가 하후연과 대치한 지 한 해를 넘기게 되자 양평에서 남쪽으로 가 면수를 건넌 뒤 산록을 따라 조금씩 앞으로 나아가 정군산定軍山섬서성 면현 동남쪽에 영채를 차렸다.

하후연이 군사를 이끌고 이를 쟁탈하려고 하자 법정이 득의의 표정으로 유비에게 말했다.

"가히 공격할 만합니다."

유비가 토로장군 황충에게 높은 곳으로 올라가 북을 치며 함성을 지르는 고조鼓噪를 하며 공격하게 했다. 황충이 위나라 군사를 대파하고 하후연과 익주 자사 조옹趙顒의 목을 베었다.

이때 장합이 군사를 이끌고 양평으로 돌아왔으나 군사들이 방금 원수를 잃은 탓에 혼란스러워 하며 갈피를 잡지 못했다. 독군 두습과 하후연의 사마인 태원 출신 곽회郭淮가 흩어진 병사들을 모은 뒤 이같이 호령했다.

"장장군은 국가의 명장으로 유비가 두려워하고 있소. 지금 정황이 위급하니 장장군이 없으면 이 위기를 벗어날 수 없소."

임시로 장합을 총사령관인 군주軍主로 추천하자 장합이 나서서 병권을 장악한 뒤 군진을 순시했다. 제장들이 모두 장합의 통수를 받게 되자 군심이 비로소 안정됐다.

다음 날 유비가 한수를 건너 공격해 왔다. 제장들이 중과부적을 염려해 한수를 의지해 포진해 대적하려고 하자 곽회가 건의했다.

"이는 적에게 우리의 약함을 보이는 것으로 적의 예기를 꺾을 수 없으니 좋은 계책이 아니오. 차라리 멀리 한수에서 떨어진 곳에 포진해 적을 유인함만 못하오. 그들이 막 반쯤 도강했을 때 공격하면 유비를 가히 꺾을 수 있을 것이오."

군진을 뒤로 물리자 유비가 의심해 도강하지 않았다. 곽회가 진지를 굳게 지키고 돌아가지 않겠다는 의사를 표명했다. 이런 전황이 보고되자 위왕이 이를 크게 칭찬하며 사자를 보내 장합에게 부절을 주고 곽회를 사마로 임명했다.

3) 2월 30일, 일식이 있었다.

4) 3월, 위왕이 장안을 출발해 사곡을 넘어가면서 군사들을 보내 연도

의 험한 요충지를 지키게 한 뒤 한중에 도착했다. 유비가 제장들에게 말했다.

"조공이 비록 왔지만 아무것도 할 수 없을 것이오. 내가 반드시 한천을 차지할 것이오."

군사를 모아 험한 요충지를 지키게 한 뒤 시종 싸우지 않았다.

위나라 군사들이 군량을 운반해 북산 아래에 도착하자 황충이 솔병해 탈취하러 나갔다가 기한을 넘겨서도 돌아오지 않았다. 익군장군翊軍將軍 조운이 수십 명의 기병을 이끌고 영채 밖으로 황충을 찾아 나섰다가 마침 위나라 대군이 출동하게 돼 창졸간에 이들과 조우하게 됐다. 조운이 위나라 군진을 향해 돌진해 일면 싸우면서 일면 후퇴했다.

위나라 군사들이 흩어졌다 다시 모이기를 반복하면서 조운의 영채 있는 곳까지 추격해 왔다. 조운이 영채 안으로 들어간 뒤 오히려 대문을 크게 연 채 깃발을 쓰러뜨리고 북조차 치지 않았다. 위나라 군사들이 매복이 있을 것을 우려해 철군했다. 전고소리가 천지에 진동하면서 강노의 시위를 떠난 화살들이 위나라 군사를 향해 비 오듯 날아왔다. 위나라 군사들이 크게 놀라 서로 밟고 밟히면서 도주하자 한수에 빠져죽은 자가 매우 많았다.

유비가 이튿날 아침 친히 조운의 군영에 도착해 전날의 전황을 돌아보며 말했다.

"자룡의 몸은 온통 담 덩어리이다!"

위왕이 유비와 1달여 대치하는 동안 위나라 병사 가운데 도망치는 자들이 매우 많았다.

5월, 위왕이 한중의 전군을 이끌고 장안으로 돌아가게 되자 유비가 결국 한중을 장악하게 됐다. 위왕은 유비가 북쪽으로 가 무도의 저족을 공략해 관중關中을 압박할까 두려워 옹주 자사 장기에게 대책을 구하자 장기가 건의했다.

"저족에게 북쪽의 식량이 있는 곳으로 옮겨 적을 피하는 방안을 설득할 만합니다. 먼저 이주한 자에게 두터이 상을 내리면 먼저 옮기는 것이 유리한 것을 알고 뒤에 남은 자들도 반드시 이를 뒤좇을 것입니다."

위왕이 이를 받아들여 장기를 무도로 보내 5만 호에 달하는 저족의 부중을 부풍과 천수天水의 경계지역으로 유배 보냈다.

5) 무위 출신 안준顔俊과 장액 출신 화란和鸞, 주천 출신 황화黃華, 서평 출신 국연麴演 등이 각자 자신의 출신 군을 점거한 뒤 장군을 자칭하며 서로 공격했다. 안준이 사자를 위왕에게 보내 어미와 자식을 인질로 보낼 것을 약속하면서 구원을 요청했다. 위왕이 이를 장기에게 문의하자 장기가 건의했다.

"안준 등은 밖으로는 위나라의 위세에 기대면서도 안으로는 교만하고 패역한 자들이니 계책이 성공해 세력이 확충되면 즉각 반기를 들 것입니다. 지금 마침 촉 땅의 문제가 결정 났으니 의당 잠시 그들 양쪽이 병존하면서 서로 싸우도록 놓아두어야 합니다. 이는 마치 변장자卞莊子가 호랑이를 잡듯이 양쪽이 상처를 모두 입을 때를 기다렸다가 앉아서 그 이익을 취하는 것과 같습니다."[249]

위왕이 기뻐했다.

"그 의견이 과연 그럴 듯하오."

---

249 변장자卞莊子 고사는 『전국책』「진책秦策」에 나온다. 변장자가 호랑이를 잡으러 나가려고 하자 관수자管豎子가 만류하기를, "두 마리 호랑이가 소를 잡아먹고 있으니 다 잡아먹은 후에는 반드시 서로 싸울 것입니다. 큰 호랑이는 상처를 입을 것이고 작은 호랑이는 죽게 될 것이니 그때 상처 입은 호랑이를 찔러 죽이면 가히 일거에 두 마리의 호랑이를 잡을 수 있습니다."라고 했다. 변장자가 그의 말을 좇아 과연 쉽게 두 마리의 호랑이를 한꺼번에 얻게 됐다.

1년여 뒤 화란이 안준을 죽이자 무위 출신 왕비王秘가 이어 화란을 죽였다.

6) 유비가 의도宜都태수인 부풍 출신 맹달을 보내 자귀에서 북쪽으로 나아가 방릉房陵호북성 방현을 치게 하자 맹달이 방릉을 공략해 태수 괴기蒯祺를 죽였다. 또한 양자 부군중랑장副軍中郎將 유봉劉封에게 한중에서 면수를 따라 아래로 내려가 맹달의 군사를 통수해 맹달과 함께 상용上庸호북성 죽산을 공격하게 했다. 상용 태수 신탐申耽이 군을 들어 투항했다. 유비가 신탐을 정북장군征北將軍으로 삼고 상용태수를 겸임하게 했다. 신탐의 동생 신의申儀를 건신장군建信將軍·서성西城섬서성 안강태수로 삼았다.

7) 가을 7월, 유비가 한중왕漢中王을 자칭했다. 면양沔陽섬서성 면현 서남쪽에 광장의 높은 연단인 단장壇場를 세우고 군진을 펼쳤다. 신료들이 전후에 배종한 가운데 주장奏章을 읽는 일이 모두 끝난 뒤 새수璽綬를 경건히 받고 왕관을 썼다. 유비가 사자를 통해 주장을 올리면서 전에 받았던 좌장군·의성정후의 인수를 반환하고 아들 유선을 왕태자王太子로 삼았다.

또한 아문장군牙門將軍 의양義陽하남성 신양 출신 위연魏延을 진원장군鎭遠將軍으로 올리고 한중태수를 겸하게 해 한천을 진무하게 했다. 유비가 치소를 성도로 옮기고 허정을 태부로 삼았다. 이어 법정을 상서령, 관우를 전장군, 장비를 우장군, 마초를 좌장군, 황충을 후장군에 임명한 뒤 나머지 장령들도 모두 품계에 따라 차등 있게 승진시켰다.

유비가 익주전부사마益州前部司馬인 건위 출신 비시費詩를 관우에게 보내 인수를 주었다. 관우가 황충의 지위가 자신과 같다는 얘기를 듣고 화를 냈다.

"대장부가 도저히 노병과 같이 동렬에 있을 수는 없다!"

관우는 인수를 받으려 하지 않았다. 비시가 관우를 설득했다.

"무릇 왕업을 이루려는 사람은 임용하는 사람을 모두 하나로 할 수 없습니다. 예전에 소하와 조참은 한고제와 어릴 때부터 친구였고 진평과 한신은 망명한 인물이었지만 서열에서는 한신이 가장 위에 있었습니다. 소하와 조참이 원한을 품었다는 얘기를 들은 적이 없습니다. 지금 한중왕이 일시의 공로를 생각해 한승漢升황충을 높인 것이나 마음에는 경중고하가 있을 터이니 황충이 어찌 군후君侯와 같을 수 있겠습니까? 게다가 한중왕은 비유하면 군후와 한 몸이니 동고동락해 화복을 같이 할 것입니다. 저는 군후가 의당 관직 명칭의 고하와 작록의 다소를 괘념치 말아야 한다고 생각합니다. 저야 단지 일개 사자로서 명령을 전달하는 사람에 불과하니 군후가 인수를 받지 않으면 그냥 돌아가면 됩니다. 다만 군후의 이런 거동이 애석할 뿐이니 조만간 군후가 후회하지나 않을까 두렵습니다."

관우가 크게 깨닫고 곧바로 인수를 받아들였다.

8) 조령으로 위왕의 부인 변씨를 왕후로 삼았다.

9) 손권이 합비를 공격할 당시 각 주의 군사가 회남에 주둔했다. 양주揚州 자사 온회溫恢가 연주 자사 배잠에게 말했다.

"이곳에 비록 비적이 있기는 하나 크게 우려할 바는 아니오. 지금 바야흐로 큰 물이 나려 하고 있는데 자효子孝조인가 원정 준비도 없이 홀로 깊이 들어갔소. 관우가 효용하고 교활해 혹여 정남장군에게 변이 있을까 걱정이오."

얼마 후 관우가 과연 남군 태수 미방에게 강릉, 장군 사인士仁에게는 공안을 지키게 한 뒤 직접 군사를 이끌고 번성으로 가 조인을 쳤다. 조인이 좌장군 우금과 입의장군立義將軍 방덕龐德 등을 번성 북쪽으로 보내 주둔하게 했다.

8월, 연일 계속된 큰 장마로 한수가 흘러넘쳐 평지의 수심이 몇 길이나 되자 우금 등이 이끄는 7개 군이 전부 물에 빠졌다. 우금과 제장들이 고지로 올라가 물을 피하자 관우가 큰 배를 타고 가까이 다가와 공격했다.

우금이 궁지에 몰려 투항했다.

방덕은 언덕 위에서 갑옷을 입고 활을 당기니 화살이 허발虛發되는 것이 없었다. 아침부터 전력을 다해 싸웠으나 오후 들어 관우의 공격이 더욱 급해졌다. 화살처럼 멀리 가는 병기인 장병長兵이 다한 뒤 칼과 창 등의 짧은 병기인 단병短兵이 상접하자 방덕이 싸울수록 더욱 용기가 나고 기세 또한 더욱 높아졌다.

물이 더욱 불어나 부하들이 거의 모두 투항하자 방덕은 작은 배에 올라타 조인의 군영을 향했다. 뒤이어 급류로 인해 배가 뒤집히면서 활을 떨어뜨리게 되자 물속에서 뒤집힌 배를 잡고 있다가 관우에게 포로가 됐다. 관우 앞에서 선 채로 무릎을 꿇지 않자 관우가 그를 달래며 말했다.

"경의 형이 한중에 있으니 경을 장군으로 삼고자 하오.[250] 왜 일찍 항복하지 않은 것이오?"

방덕이 관우에게 욕을 했다.

"이놈(수자豎子)! 무슨 투항인가? 위왕이 군사 100만 명을 거느려 천하에 그 위세가 진동하고 있다. 유비는 작은 용재庸才에 불과할 뿐이니 어찌 당할 수 있겠는가? 나는 차라리 죽어 국가의 귀신이 될지언정 반적의 장군이 되지는 않을 것이다."

관우가 그를 죽였다.

조조가 소식을 듣고 개연히 탄식했다.

"나는 우금을 30년 동안 같이 있어 잘 안다. 어찌 위난에 처해 방덕만도 못할 줄이야 생각조차 했겠는가!"

그러고는 방덕의 두 아들을 열후에 봉했다.

관우가 번성을 공격할 때 성이 온통 물에 잠겨 여기저기 무너지자 사

250 이는 방덕의 종형인 방유龐柔가 촉나라에서 벼슬을 한 것을 말한 것이다.

람들이 모두 두려워하며 불안해했다. 어떤 사람이 조인에게 말했다.

"오늘의 위기는 힘으로 버틸 수 있는 문제가 아닙니다. 관우의 포위가 아직 완전하지 않을 때 가히 가벼운 배를 타고 밤에 철수할 수 있습니다."

여남 태수 만총滿寵이 반대했다.

"산에 흐르는 물은 그 흐름이 매우 빠르니 그리 오래 가지는 않을 것입니다. 듣건대 관우가 별장을 이미 겹하郟下하남성 겹현로 보냈다 하니 이는 허현 이남의 백성들이 소란스럽기 때문인 듯합니다. 그런데도 관우가 감히 나아가지 않는 것은 우리가 그의 뒤를 칠까 두려워하기 때문입니다. 지금 만일 도주하면 홍하洪河황하 이남이 다시는 나라의 소유가 되지 않을 것입니다. 군은 반드시 여기에 남아 있어야 합니다."

조인이 다짐하듯 말했다.

"좋소. 나는 죽더라도 여기서 죽을 것이오."

백마를 물속에 빠뜨리며 모두 한마음이 돼 번성을 사수할 것을 병사들과 함께 맹서했다. 이때 성안의 군사는 겨우 수천 명에 불과했고 물에 잠기지 않은 성벽의 높이는 겨우 몇 척 높이밖에 안 됐다.

관우가 배를 타고 성 아래에 도착해 여러 겹의 포위망을 구축해 안팎을 완전히 차단했다. 관우가 또 별장을 파견해 양양에서 장군 여상呂常을 포위하게 했다. 형주 자사 호수胡修와 남향南鄕하남성 석천 태수 부방傅方 등이 모두 관우에게 투항했다.

10) 당초 패국沛國 출신 위풍魏諷은 사람들을 혹하게 하는 재주가 있어 업도鄴都의 사람들을 놀라게 했다. 위나라 상국 종요가 그를 불러 서조연으로 삼았다. 형양 출신 임람任覽은 위풍과 가까웠다. 고향사람 정무鄭袤는 정태의 아들로 늘 임람에게 이같이 충고했다.

"위풍은 간웅이니 끝내 난을 일으킬 것이오."

9월, 위풍이 몰래 무리를 결성해 장락위위 진의陳禕와 함께 업도를 칠 것을 모의했다. 약정한 날이 오기 전에 진의가 두려운 나머지 모의사실을 고변하자 태자 조비가 위풍을 주살했다. 이때 연루돼 죽은 자가 수천 명이나 됐다. 종요도 이 일로 인해 죄를 얻어 관직을 박탈당했다.

11) 당초 승상주부 양수楊修는 정의 형제와 밀모해 조식을 위나라의 후계자로 옹립하려 했다. 오관장 조비가 이를 우려한 나머지 수레에 다 낡은 광주리를 싣고 가 조가朝歌 현장 오질을 숨겨 성안으로 들어오게 한 뒤 그와 함께 대책을 논의했다. 양수가 이를 위왕에게 보고했으나 위왕이 추궁하지 않았다. 조비가 두려워해 오질에게 문의하자 오질이 태연히 말했다.

"아무 해가 없을 터이니 걱정할 필요가 없습니다."

다음 날 광주리를 이용해 비단실을 실어오자 양수가 또 위왕에게 이를 보고했다. 위왕이 사람을 보내 조사했으나 아무도 없었다. 위왕이 양수를 의심하기 시작했다.

후에 조식이 교만 방자해짐에 따라 다소 소원해지기는 했으나 옛날과 같이 끊임없이 왕래하자 양수도 감히 스스로 관계를 끊지 못했다. 매번 조식이 자기 식으로 생각해 허술함이 있을 때마다 위왕의 의도를 헤아려 미리 10여 개의 답안을 만들어 그를 도와주었다. 양수가 조식의 수하인에게 당부했다.

"교지가 나오면 즉시 질문내용에 상응하는 답을 골라 제출하라."

교지가 나오면 답안이 이미 제출돼 있었다. 위왕이 너무 빨리 대답이 나온 것을 이상하게 여겨 이를 조사해 본 뒤에야 비로소 그 내막을 알게 됐다. 위왕은 평소 양수가 원술의 생질인 사실로 인해 그를 혐오했다. 교지를 앞뒤로 누설해 제후와 결탁한 죄목으로 그를 잡아들인 뒤 죽였다.

12) 위왕이 두습을 유부장사留府長史에 임명해 관중에 주둔하게 했다. 관중의 영수 허유許攸가 부하들을 거느린 채 귀부하려 하지 않는 것

은 물론 언사 또한 오만불손했다.[251] 위왕이 대로해 그를 먼저 치려 하자 신하들 대다수가 간했다.

"반드시 허유를 초무한 뒤 그와 함께 강적을 쳐야 합니다."

위왕이 칼을 무릎 위에 얹어 놓은 채 노기가 가득한 얼굴로 듣지 않았다. 두습이 와서 간하려고 하자 위왕이 오히려 먼저 그에게 말했다.

"나의 계책은 이미 서 있으니 다시 말하지 말라."

그럼에도 두습이 간했다.

"만일 전하의 계책이 맞는다면 신은 전하의 계책이 성사되도록 돕겠습니다. 만일 전하의 계책이 틀렸다면 비록 결심이 섰다 하더라도 의당 고쳐야 합니다. 전하는 먼저 신하에게 진언하지 말라고 명하니 어찌 신하를 대하는 게 이처럼 개명치 못합니까?"

위왕이 노기를 띠고 말했다.

"허유가 나를 경멸했다. 어찌 그를 그냥 놓아둘 수 있겠는가?"

두습이 물었다.

"전하는 허유를 어떤 사람으로 생각하십니까?"

위왕이 대답했다.

"그는 범부凡夫에 불과할 뿐이다."

두유가 간했다.

"무릇 현인만이 현인을 이해할 수 있고 성인만이 성인을 이해할 수 있으니 범부가 어찌 범상치 않은 사람을 이해할 수 있겠습니까? 지금 이리인 시랑豺狼이 길 위에 있는데 옆에 있는 여우인 호리狐狸부터 먼저 잡으려 들면 사람들이 장차 전하에 대해 강한 것을 피하고 약한 것을 공격했

251 여기에 나오는 허유는 원소의 휘하에 있다가 도망나온 허유와는 완전히 다른 사람이다.

다고 말할 것입니다. 병가에는 진격하는 군사를 두고 용감함을 논할 나위가 없다는 취지의 진불위용進不爲勇과 퇴각하는 적을 두고 인자함을 논할 나위가 없다는 취지의 퇴불위인退不爲仁 속언이 있습니다. 신은 1,000균鈞의 강노는 작은 쥐를 잡기 위해 쏘지 않고 1만 석石의 큰 종은 풀줄기를 흔들기 위해 울리지 않는다고 들었습니다. 지금 하찮기 그지없는 허유를 잡기 위해 어찌 신무神武를 수고스럽게 할 필요가 있겠습니까?"

위왕이 파안대소했다.

"그 말이 실로 듣기 좋소."

허유를 후대해 위무하자 허유가 즉각 위왕에게 귀복했다.

13) 겨울 10월, 조조가 낙양에 도착했다.

14) 육혼陸渾하남성 숭산 북쪽지역 출신 손랑孫狼이 작란해 현의 주부를 살해하고 남쪽으로 가 관우에게 귀부했다. 관우가 손랑에게 관인과 군사를 준 뒤 돌아가서 적들을 도모하게 했다. 허현 이남에서 왕왕 관우와 서로 호응하니 관우의 위망이 화하를 진동시켰다. 위왕이 허도를 옮겨 관우의 예기를 피하려고 이를 논의하게 하자 승상군사마丞相軍司馬 사마의와 서조연 장제蔣濟가 위왕에게 건의했다.

"우금 등이 홍수로 인해 궤멸된 것은 작전의 실수에 따른 것이 아니기에 국가대계에 큰 손해를 끼친 것은 아닙니다. 유비와 손권은 겉으로는 친밀하나 사실은 오히려 소원하니 관우의 득세를 손권은 반드시 원치 않을 것입니다. 가히 사람을 보내 손권에게 관우의 후방을 견제하도록 권하면서 장강 이남을 떼어 손권을 열후에 봉하면 번성의 포위는 저절로 풀릴 것입니다."

위왕이 이 계책을 따랐다.

당초 노숙은 일찍이 손권에게 권해 조조가 아직 살아 있는 만큼 의당 관우를 위무해 그와 함께 조조와 대항해야 하고 이런 관계를 훼손해서는 안 된다고 말한 적이 있었다. 여몽은 노숙을 대신해 육구에 머물면서 관우는 평소 뛰어난 무용武勇을 바탕으로 형주를 겸병할 야심이 있다고 생각했다. 게다가 관우가 장강의 상류지역에 머물고 있어 이런 상황을 그대로 방치할 수 없다고 판단해 비밀리에 손권에게 건의했다.

"지금 정로장군征虜將軍 손교孫皎를 남군, 반장潘璋을 백제白帝에 머물게 하고 장흠蔣欽에게 유병游兵 1만 명을 주어 장강을 오가며 적이 출현하는 곳에 달려가게 하면 제가 국가를 위해 양양을 지키겠습니다. 하면 무엇 때문에 조조를 걱정해 관우에게 기대겠습니까? 게다가 관우 쪽 사람들은 군신君臣이 사력詐力만을 믿고 반복무상한 자들이어서 진심을 갖고 대하기가 어렵습니다. 지금 관우가 동쪽으로 나아가지 못하는 것은 지존이 성명하고 저 같은 사람들이 상존하고 있기 때문입니다. 지금 강성할 때 도모하지 않다가 만일 우리가 죽기라도 하게 되면 다시 무력에 의지하려 한들 그것이 다시 가능하겠습니까?"

손권이 다른 방안을 제시했다.

"지금 나는 우선 서주를 공략하고 그 연후에 관우를 취하고자 하는데 어찌 생각하오?"

여몽이 고개를 가로 저으며 대답했다.

"지금 조조는 멀리 황하 이북에 있고 유주와 기주를 안정시키느라 동쪽을 돌아볼 겨를이 없습니다. 서주의 수비병은 그 숫자가 너무 적어 언급할 필요조차 없다고 들었으니 만일 가게 되면 쉽게 취할 수 있습니다. 서주의 지세는 평탄한데다 교통이 편해 반드시 효용한 기병이 달려올 곳이니 지존이 수일 내에 서주를 공략한다 해도 조조가 열흘 후에는 반드시 다시 빼앗으러 올 것입니다. 비록 7만-8만 명으로 수비를 한다 해도 여전히 사람들에게 큰 부담을 안겨줄 것입니다. 이는 관우를 공략해 장강 일대를 전부 장악하는 것만 못합니다. 그리 되면 세력이 더욱 장대하게 돼 수비하는 것도 훨씬 쉬워질 것입니다."

손권이 흔쾌히 동의했다.

손권은 일찍이 자신의 아들을 위해 관우에게 청혼한 적이 있었다. 관우가 손권의 사자에게 호통을 치며 허락지 않자 손권이 크게 노했다. 관우가 번성을 공격하자 여몽이 상소해 계책을 건의했다.

"관우가 번성을 취하게 되면 설령 많은 수비 병력을 두고 싶어도 반드시 우리가 그의 후방을 칠까 두려워할 것입니다. 저는 평소 병이 자주 나니 요양을 구실로 일부 군사를 이끌고 건업에 돌아갈 것을 청할 생각입니다. 관우가 소식을 듣게 되면 반드시 수비 병력을 전부 철수시켜 양양으로 돌아가게 할 것입니다. 이때 우리의 대군이 배를 타고 장강을 따라 밤낮으로 위로 거슬러 올라가 관우의 비어 있는 후방을 습격하면 가히 남군을 공략하고 관우 또한 생포할 수 있습니다."

마침내 여몽이 거짓으로 병이 위독한 것처럼 소문을 냈다. 손권이 곧 봉하지 않은 격문인 노격露檄을 띄워 여몽을 귀환하도록 명한 뒤 그와 몰래 후속계책을 논의했다. 여몽이 강을 따라 내려가다 무호蕪湖에 이르렀을 때 정위교위定威校尉 육손이 여몽에게 물었다.

"관우와 접경하고 있는데 왜 멀리까지 내려오는 것입니까? 뒷일이 가히 걱정되지도 않는 것입니까?"

여몽이 대답했다.

"참으로 그렇소. 내 병이 깊으니 어쩔 수가 없소."

육손이 말했다.

"관우는 자신의 용맹한 기세인 효기驍氣를 과신해 다른 사람을 깔보고 업신여기는 능력凌轢을 행하는 경향이 있습니다. 더구나 이번에 세운 큰 공으로 인해 의기가 사뭇 교만해져 스스로를 높이 평가하는 교일驕逸의 모습을 보이고 있습니다. 전심으로 북진하려고만 하고 우리를 더 이상 혐의치 않고 있는 게 그렇습니다. 그가 병 소식을 듣게 되면 반드시 더욱 방비에 힘쓰지 않을 터이니 지금 출기불의로 공격하면 가히 그를 사로잡을 수 있습니다. 지존을 보게 되면 의당 잘 상의해 국가대계를 마련해야 할 것입니다."

여몽이 말했다.

"관우는 평소 용맹해 그를 대적하기 쉽지 않소. 또한 이미 형주를 점거하고 있고 은덕과 신망이 널리 퍼져 있는데다 이미 대승까지 거두어 담력과 기세가 더욱 장대하니 더욱 대적하기 어렵게 됐소."

여몽이 도성에 도착하자 손권이 물었다.

"누가 능히 경을 대신할 만하오?"

여몽이 대답했다.

"육손은 사려가 깊은데다 재능이 뛰어나 중임을 감당할 수 있고 대체를 파악할 줄 아니 가히 대임을 맡을 만합니다. 더구나 아직 명성이 없어 관우가 꺼릴 리도 없으니 그보다 나은 인물을 찾을 수 없습니다. 만일 그를 임용하게 되면 의당 그에게 명해 밖으로는 자신의 의도를 감추고 안으로는 형세를 통찰하도록 해야 합니다. 그리하면 가히 성공을 거둘 수 있습니다."

손권이 육손을 불러 편장군·우도독에 임명하고 여몽을 대신하게 했다. 육손이 육구에 도착하자마자 관우에게 서신을 보내 그의 공로와 미덕인 공미功美를 칭송함으로써 자신의 한없는 겸양을 드러내면서 충심으로 앞일을 부탁하는 의사를 전했다.

관우가 크게 안심해 다시는 혐의를 두지 않고 점차 군사를 철수시켜 번성으로 가도록 했다. 육손이 이런 정황을 자세히 적어 상주하면서 관우를 사로잡을 수 있는 비책을 건의했다.

관우가 우금을 포함해 수만 명의 위나라 군사를 포로로 잡은 뒤 양식이 달리게 됐다. 임의로 손권이 오촉의 경계 관문인 상관湘關에 쌓아 둔 곡식을 손에 넣었다. 손권이 이 얘기를 듣고 마침내 군사를 동원해 관우를 습격하게 했다. 손권이 정로장군 손교와 여몽을 좌우부대독左右部大督으로 삼으려고 하자 여몽이 이의를 제기했다.

"지존이 만일 정로장군이 능히 임무를 수행할 수 있다고 생각하면 의당 그를 쓰고 제가 그렇다면 의당 저를 쓰십시오. 전에 주유와 정보가 좌우부독에 임명돼 군사를 이끌고 강릉을 공격할 때 비록 주유가 결정을 내리기는 했으나 정보는 자신이 선임자인데다 지위 또한 같다고 생각했기 때문에 서로 불목하게 됐습니다. 거의 국가대사를 망칠 뻔했으니 이는 의당 눈앞의 경계로 삼아야 할 것입니다."

손권이 크게 깨닫고 여몽에게 사죄했다.

"경을 대독으로 임명하고 손교가 뒤에서 후원하도록 하겠소."

위왕이 한중으로 출병했을 때 평구장군平寇將軍 서황을 완성에 주둔하게 해 조인을 보조하게 했다. 우금이 함몰될 당시 서황이 진군해 양릉피陽陵陂에 도착하자 관우가 군사를 보내 언성偃城 호북성 양번 북쪽에 주둔하게 했다. 서황이 양릉피에 도착한 후 언성으로 연결된 소로 위에 참호구덩이를 파면서 관우 군사의 퇴로를 자르겠다고 떠벌이자 관우 군사들이 군영을 불태우고 도주했다.

서황이 언성에 도착한 후 군영을 연결해 점차 앞으로 나아갔다. 위왕이 조엄을 보내 의랑의 신분으로 조인의 전략회의에 참여하는 동시에 서황과 함께 전진하게 했으나 여타의 구원군은 도착하지 않았다. 더구나 서황이 거느린 군사로는 포위를 풀기에 부족했다. 제장들이 서황을 원망하면서 먼저 조인을 구할 것을 재촉하자 조엄이 제장들을 설득했다.

"지금 적의 포위가 매우 견고한데다 물 흐름이 아직 성하고 우리는 군사 또한 얼마 안 되오. 더구나 조인과 격절돼 있어 힘을 합칠 방법이 없으니 행동하면 장차 내외가 모두 곤경에 처하게 될 것이오. 차라리 지금 앞으로 나아가 적의 포위를 압박하면서 첩자를 보내 조인이 구원병이 있음을 알게 해 장병들을 격려하는 것만 못하오. 대략 포위로 인해 곤경에 처한 날은 불과 열흘도 안 돼 아직 굳게 지킬 만하니 이후 안팎이 하나가 돼 공격하면 반드시 적을 쳐부술 수 있소. 만일 구원병을 늦춘 죄로 처벌을 받게 되면 내가 제군들을 위해 책임지고 떠맡겠소."

제장들이 모두 기뻐했다.

서황이 성을 포위한 관우의 군사와 3장丈 정도 떨어진 곳에 영채를 세웠다. 이어 땅굴을 파는 동시에 화살을 이용해 조인에게 서신을 전하며 누차에 걸쳐 서로 소식을 전했다.

손권이 전箋을 위왕에게 보내 관우를 토벌해 위왕을 위해 진력할 터이니 이 소문이 밖으로 새어나가 관우가 수비를 강화하는 일이 없도록 해줄 것을 요청했다. 조조가 이에 대해 신료들의 의견을 묻자 모두 입을 모아 의당 비밀을 지켜야 한다고 말했다. 동소가 반대했다.

"병법이란 임기응변과 전술전략인 권술權術을 중시해 최상의 결과를 얻고자 하는 것입니다. 겉으로는 손권의 요구에 응해 비밀을 보호하되 내부적으로는 몰래 소식을 밖으로 새나가게 해야 합니다. 관우가 이 소식을 전해 듣고 철군해 손권을 막으려 들면 번성의 포위는 신속히 해소될 것이니 우리는 그 이익을 얻을 수 있습니다. 가히 두 적을 서로 대치하게 해 앉아서도 양쪽 모두 지치기를 기다릴 수 있는 것입니다. 만일 비밀을 지켜 누설하지 않으면 손권에게 뜻을 얻게 만드는 것이니 이는 상책이 아닙니다. 또한 포위된 장병들이 구원받을 수 있을지 여부를 알지 못해 군량이 떨어질까 두려워한 나머지 만일 불량한 생각을 갖게 되면 그 재난이 결코 작지 않을 것입니다. 누설하는 게 여러모로 좋은 이유입니다. 게다가 관우는 굳세고 흉포한 강량強梁의 인물이어서 스스로 강릉과 공안의 두 성을 확고히 지킬 수 있다고 자신할 터이니 반드시 신속히 철수하지는 못할 것입니다."

위왕이 수긍했다.

"과연 그 말이 묘하다."

즉각 서황에게 명해 손권이 올린 글을 화살을 이용해 포위된 성안과 관우의 군영 안에 동시에 떨어뜨리게 했다. 성안에서는 이 사실을 알고 사기가 백배가 됐으나 관우는 과연 머뭇거리며 쉽게 떠날 수가 없었다.

위왕이 낙양에서 남쪽으로 내려가 조인을 구하려고 하자 신료들이 이구동성으로 떠들었다.

"왕이 즉각 행동에 옮기지 않으면 곧 실패할 것이다."

시중 환계가 홀로 위왕에게 물었다.

"대왕은 조인 등이 능히 상황을 읽을 것으로 보는 것입니까?"

위왕이 대답했다.

"나는 그가 충분히 읽을 것으로 보오."

환계가 다시 물었다.

"대왕은 그들 두 사람이 노력하기를 포기하는 유력遺力을 할까 두렵지 않습니까?"[252]

위왕이 대답했다.

"나는 전혀 걱정하지 않고 있소."

환계가 또 물었다.

"그렇다면 왜 친히 나아가려 하는 것입니까?"

위왕이 속마음을 내비쳤다.

"나는 적들의 수가 많아 서황 등이 형세에서 밀릴까 걱정이오."

252 여기의 두 사람은 조인과 여상을 말한다.

환계가 위왕의 친정을 만류했다.

"지금 조인 등이 겹겹이 포위된 속에서 결사항쟁하며 두 마음이 없는 것은 바로 대왕이 멀리서 명성과 위세인 성세聲勢를 이루고 있기 때문입니다. 1만 번에 걸쳐 사지死地에 빠지더라도 반드시 결사항쟁의 마음을 갖게 될 것입니다.[253] 안에서는 결사항쟁의 자세를 보이고 밖에서는 강력한 구원의 형세가 있으니 대왕은 6군을 어루만지며 위세를 보여주는 것만으로도 충분합니다. 하필 실패를 염려해 친히 나아갈 이유가 무엇이 있습니까?"

위왕이 환계의 건의에 따라 이내 마피摩陂하남성 겹현 동남쪽에 주둔한 뒤 전 기간에 걸쳐 은서殷署와 주개朱蓋 등 모두 12영營의 지원군을 서황이 있는 곳으로 보냈다.

관우가 위두圍頭에 군영을 둔 채 별도로 사총四冢에도 군영을 두고 있었다. 서황이 위두의 군영을 진격하겠다고 떠벌여 놓고 몰래 사총을 공격하자 관우가 직접 보기 5,000명을 이끌고 출영해 영격했으나 서황의 반격을 받고 퇴각했다.

관우가 참호 주위에 끝을 뾰쪽하게 한 목책인 10겹의 녹각鹿角을 둘러쳤다. 서황이 관우를 곧바로 추격해 함께 포위망 안으로 들어가 관우의 군사를 격파하고 부방과 호수 등을 모두 죽였다. 관우가 포위를 풀고 철수했으나 선대船隊는 여전히 면수를 점거해 양양과는 격절돼 있던 탓에 소식이 끊어지게 됐다.

여몽이 심양에 이르러 정병들을 모두 큰 배의 일종인 구록선䑸鹿船에

---

253 '사지'는 열심히 싸우면 살아날 수 있지만 그렇지 않을 경우에는 죽을 수밖에 없는 지형을 말한다. 『손자병법』「구지九地」의 "질전즉존疾戰則存, 부질전즉망자不疾戰則亡者, 위사지爲死地." 구절이 전거이다.

매복시킨 뒤 사공에게 노를 젓게 했다. 이어 병사들에게 장사꾼의 옷을 입게 한 뒤 밤낮으로 달려가 관우가 강변에 세워놓은 초소에 있던 병사들을 모두 사로잡았으나 관우는 이를 알 길이 없었다.

미방糜芳과 사인士仁은 평소 관우가 자신들을 업신여긴 것에 원한을 품고 관우가 출병할 때 군용물자를 제대로 공급하지 않았다. 관우가 이들에게 화를 냈다.

"내가 돌아온 후 반드시 너희들을 다스리겠다."

두 사람이 모두 두려움에 떨었다.

여몽이 이 사실을 알고 전 기도위 우번虞翻에게 명해 서신을 사인에게 보내 성패득실을 진술해 설득하게 하자 사인이 서신을 받아본 뒤 곧바로 투항했다. 우번이 여몽에게 건의했다.

"이는 기만술을 이용한 용병인 휼병譎兵입니다. 의당 사인을 데려가고 일부 군사를 남겨 성을 지키게 해야 합니다."

사인을 앞세워 남군에 도착했다. 여몽이 성을 지키고 있던 미방에게 사인을 보여주자 미방이 성문을 열고 투항했다. 여몽이 곧 군사들을 이끌고 강릉성 안으로 들어가 우금을 석방하고 곧 관우와 제장들의 가속을 모두 포로로 잡은 뒤 이들을 위무했다. 이어 군사들을 모아놓고 당부해 명했다.

"민가에 침입하거나 재물을 탈취해서는 안 된다."

여몽 휘하의 한 병사가 여몽과 동향인이었다. 민가의 삿갓을 하나 얻어 군용갑옷인 관개官鎧를 숨겼다. 여몽은 갑옷이 비록 공물이기는 하나 그가 분명히 군령을 어겼다고 생각했다. 고향 사람이라는 이유로 군법을 훼손할 수 없다며 눈물을 흘리며 베는 체참涕斬을 했다. 전군이 모두 놀라 길에 물건이 떨어져 있어도 줍지 않았다.

여몽은 곧이어 측근들을 노인들에게 보내 그들을 무휼하면서 부족한 것이 무엇인지를 묻고, 병자에게는 약을 주고, 헐벗고 굶주린 자에게는 양식과 옷을 주도록 조치했다. 관부에 쌓여 있는 재물은 모두 봉인해 손권이 오기를 기다렸다.

관우가 남군이 함락 당했다는 소식을 듣고 즉각 전군을 철수시켜 남쪽으로 이동했다. 조인이 제장들에게 이를 논의하게 하자 모두 입을 모아 말했다.

"지금 관우가 위급해 두려워하는 위구危懼의 모습을 보이고 있으니 가히 그를 추격해 생포할 수 있다."

조엄이 반대했다.

"손권은 관우와 우리가 교전하게 되면 출기불의出其不意로 그의 후방을 제압하는 요행을 바라고 있소. 그는 관우가 돌아온 것을 알게 되면 우리가 그들 두 사람이 서로 상처 입는 것을 이용할까 두려워할 것이오. 그래서 언사를 공손히 해 우리가 힘을 다해 관우를 공격하도록 유인한 후 틈을 노려 그 이득을 취하려 한 것이오. 지금 관우가 외로이 도주하고 있다고 하니 의당 그가 다시 힘을 보존해 손권을 견제하도록 해야 하오. 만일 끝까지 쫓아가 그를 패하게 하면 손권이 다시는 관우를 방비하려 하지 않을 것이니 성공이 오히려 우리의 화가 될 것이오. 위왕은 반드시 심사숙고해야 할 것이오."

조인이 이 건의를 좇아 경계를 해제하고 관우를 뒤쫓지 않았다. 위왕이 과연 관우가 도주했다는 소리를 듣고 혹여 제장들이 추격할까 염려돼 그의 뒤를 쫓지 못하게 급히 조인에게 영을 내렸다. 조엄의 계책과 같았다.

관우가 수차례에 걸쳐 사자를 여몽에게 보내 성안 소식을 듣고자 했다. 여몽이 관우의 사자를 후히 대접해 그가 성안을 두루 살피고 관우 군사들의 집을 일일이 들러 안부도 묻도록 허락했다. 어떤 집의 경우는 직접 서신을 써 사자에게 건네주며 전달해달라고 부탁하기도 했다.

관우의 사자가 돌아오자 장병들이 사적으로 와 가족의 안부 등을 물었다. 관우의 장병들이 자신의 집안이 평안하고 오히려 예전보다 더 나은 대우를 받고 있다는 사실을 알게 되자 더 이상 싸울 마음이 없게 됐다.

이때 손권이 강릉에 이르자 형주의 문무관원들이 모두 그에게 귀부했다. 단지 치중종사 무릉인 반준潘濬만이 칭병하고 그를 보러오지 않았다. 손권이 부하에게 명해 침상을 가지고 그의 집으로 가 그를 실어오게 했다. 반준이 얼굴을 침상 위에 묻고 손으로 침상을 잡은 채 자리에서 일어나지도 않고 슬피 흐느끼니 비애에 젖어 목이 메었다.

손권이 반준을 만나 그의 자字를 호칭해 얘기를 나누면서 위무하니 말이 간절하고 깊은 정이 담겨 있어 듣는 사람을 감동시킬 만했다. 손권이 친히 수건을 꺼내 그의 얼굴을 닦아주자 반준이 몸을 일으켜 땅으로 내려가 크게 인사를 올렸다. 손권이 즉각 그를 치중으로 임명해 형주의 군사를 맡기면서 그에게 일일이 자문을 구했다.

무릉부武陵部 종사인 번주樊伷가 여러 소수민족을 유인해 무릉을 한중왕 유비에게 귀부시키려고 시도했다. 밖에서 이를 손권에게 보고해 장령에게 군사 1만 명을 딸려 보내 번주를 칠 것을 요구했으나 손권이 이를 듣지 않았다. 손권이 특별히 반준을 불러 자문을 구하자 반준이 말했다.

"군사 5,000명만 보내면 번주를 잡기에 족합니다."

손권이 의아해하며 물었다.

"왜 이토록 그를 경시하는 것이오?"

반준이 대답했다.

"번주는 남양 세족의 후예로 매우 구변이 좋기는 하나 사실 재략才略은 없습니다.[254] 신이 그를 알게 된 것은 번주가 전에 주州 안의 사람들을 위해 연회를 베풀게 되면서부터입니다. 당시 점심때까지 기다렸으나 먹을 것이 없자 10여 명이 일어나 자리를 떠났습니다. 이는 마치 난장이 어릿

광대인 주유侏儒의 연희를 보는 것과 같았습니다. 이것 하나만 보아도 그의 모든 기량을 엿볼 수 있는 것입니다."

손권이 크게 웃으며 곧 반준에게 5,000명의 군사를 이끌고 가도록 했다. 과연 반준이 번주를 죽이고 난을 평정한 뒤 귀환했다.

손권이 여몽을 남군태수에 임명하고 잔릉후에 봉했다. 또한 1억 전과 황금 500근을 부상으로 내렸다. 육손은 의도宜都 태수를 겸하게 했다.

11월, 한중왕 유비가 세운 의도 태수 번우樊友가 인수를 버리고 도주하자 각 성의 장관과 만이蠻夷의 추장들이 모두 육손에게 투항했다. 육손이 금·은·동으로 된 관인을 만들어 새로 귀부한 관원들에게 나눠 줄 것을 청했다. 이어 촉장 첨안詹晏 등과 자귀秭歸의 호족으로서 군사를 거느린 자들을 공격해 패배시키자 이들 모두 육손에게 항복했다. 당시 참획된 자의 수가 모두 수만 명에 달했다.

손권이 육손을 우호군·진서장군에 임명하고 누후婁侯에 봉한 뒤 이릉夷陵에 주둔하면서 협구峽口서릉협를 지키게 했다.

관우는 스스로 고립무원에 처했음을 알고 서쪽으로 가 맥성麥城호북성 당양 동쪽을 지켰다. 손권이 사자를 보내 투항을 권유하자 관우가 거짓 투항해 성벽에 기치를 내걸고 허수아비를 세운 뒤 기회를 보아 도주했다. 병사들이 모두 흩어져 그의 신변에는 겨우 십여 명의 기병밖에 남지 않았다. 손권이 앞서 주연朱然과 반장潘璋을 파견해 관우가 가는 길을 차단했다.

12월, 반장의 사마 마충馬忠이 장향章鄕호북성 당양 동북쪽에서 관우와 그의 아들 관평關平을 잡아 목을 베자 형주가 완전히 평정됐다.

당초 편장군 오군인 전종全琮이 상소해 관우를 잡을 계책을 진언하자

---

254 번주를 남양의 세족이라고 한 것은 번씨가 바로 광무제의 모친과 같은 성씨였다는 사실을 지적한 것이다.

손권이 일이 누설될까 두려워 대답하지 않았다. 손권이 관우를 잡고 공안에서 연회를 베풀 때 전종을 돌아보며 말했다.

"군이 전에 건의했을 때 내가 비록 대답은 하지 않았으나 오늘의 승리는 또한 군의 공이오."

전종을 양화정후陽華亭侯에 봉했다.

손권이 다시 유장을 익주목으로 삼고 자귀에 주둔하게 했으나 유장은 얼마 후 세상을 떠났다.

여몽이 논공행상을 채 받기도 전에 곧 옛 병이 발작했다. 손권이 그를 자신이 기거하는 곳에 머물게 하며 백방으로 그를 치료하고 간호하기 위해 노력했다. 침을 놓게 되자 손권이 비통해하며 수심에 찼다.

수시로 가 그의 안색을 살피고자 하면서도 혹 누가 될까 두려워해 벽에 구멍을 뚫고 훔쳐보았다. 혹 여몽이 조금씩 음식을 삼키는 것을 보면 기뻐하며 좌우를 둘러보았고, 그렇지 않으면 신음소리를 내며 탄식하는 돌차咄嗟를 하며 잠을 자지 못했다.

중간에 차도가 있자 손권이 기뻐하며 대사령을 내리자 군신이 모두 경하했다. 곧 얼마 후 여몽은 세상을 떠나고 말았다. 그때 그의 나이는 겨우 42세에 불과했다. 손권이 비통하기 짝이 없어 민호 300호를 여몽의 묘 옆으로 이주시킨 뒤 그들로 하여금 묘를 지키게 했다.

손권이 후에 육손과 더불어 주유와 노숙, 여몽을 논할 때 세 사람을 품평해 말한 적이 있었다.

"주공근은 웅렬雄烈해 담략이 보통을 넘어 마침내 맹덕를 깨고 형주를 차지했으니 그는 실로 매우 고원해 짝할 자가 드물었소. 노자경은 주공근을 통해 고에게 오게 됐는데 고는 그와 한담을 하며 제왕의 업이라는 대략大略을 세우게 되니 이는 첫 번째로 통쾌한 일이었소. 후에 맹덕이 유종의 세력을 얻은 것을 계기로 바야흐로 수십만 명의 대군을 이끌고 수륙으로 침공할 것을 호언할 때 고가 모든 제장에게 대책을 물었으나 누구 하나 옳은 방안을 제시하지 못했소. 장자포張子布장소와 진문표秦文表진송조차도 모두 사자에게 투항의 격문을 써 보내 맹덕을 영접하라고 했소. 노자경이 즉시 반언駁言해 안 된다고 하면서 고에게 급히 주공근을 불러 그에게 중임을 맡겨 군사를 이끌고 가 맹덕을 영격하게 하라고 권하니 이것이 두 번째로 통쾌한 일이었소. 후에 고에게 권해 유비에게 땅을 빌려주도록 했으니 이는 실책이기는 하나 이 또한 그의 2가지 공헌을 훼손시킬 수는 없소. 예전의 주공周公은 한 사람에게 전 책임을 묻지 않았으니 고 또한 그의 실책을 모두 잊고 오직 그가 세운 공만을 귀하게 여기오. 고는 항시 그를 등우鄧禹에 비유하곤 했소. 자명子明여몽이 어릴 때 고는 늘 말하기를 간난을 무서워하지 않고 과감하고 담량이 있을 뿐이라고 호언했소. 훗날 장성해 학문을 더욱 쌓게 되면서 전략과 모책인 주략籌略이 심상치 않아 가히 주공근에 다음 간다고 할 만했소. 단지 말하는 조리 등이 그에 미치지 못했을 뿐이오. 관우를 도모해 잡은 것은 오히려 자경을 능가하는 바가 있었소. 전에 자경이 고에게 답신해 말하기를, '제왕의 흥기는 모두 적이 될 만한 자를 몰아내는 데 있으나 관우는 그리 꺼릴만한 대상이 아니다'라고 했소. 이는 자경이 속으로는 스스로 처리할 수 없음을 알면서도 겉으로만 호언장담인 대언大言을 한 것에 불과했으나 나는 그를 용서해 책망하지 않았소. 그는 군사를 정비해 영채를 세우면서 금지할 것을 하령해 지켜지지 않은 적이 한 번도 없었소. 그가 관할하는 경계 내에서는 직책을 다하지 않아 죄를 짓는 폐부廢負를 한 자가 없고 길에 떨어진 것을 줍는 자가 없었으니 그의 다스림은 가히 칭찬할 만하다 하겠소."

손권이 우금과 말을 타고 같이 가자 우번이 큰 소리로 우금을 책망했다.

"너는 지금 투항한 포로인데 어찌 감히 우리 주군과 말머리를 같이 하는 것인가?"

말채찍을 휘둘러 우금을 치려 하자 손권이 꾸짖어 막았다.

15) 손권이 위왕에게 번국을 자처하는 칭번稱藩을 하자 위왕이 장료 등 각 장령들이 이끄는 군사를 모두 동원해 번성을 구하도록 했다. 이들이 도착하기도 전에 포위가 풀리게 됐다. 서황이 병마를 정비해 마피摩陂에 도착할 즈음 위왕이 7리 밖에서 서황을 맞이해 큰 연회를 베풀었다. 위왕이 술잔을 들어 건배하며 서황에게 말했다.

"번성과 양양을 보전한 것은 장군의 공로이오."

또한 환계에게 중상을 내리고 상서로 삼았다.

위왕이 형주에 잔류한 백성과 한수 양안에서 둔전하는 사람을 꺼려 이들 모두를 이주시키려고 했다. 사마의가 이의를 제기했다.

"형초 일대는 백성이 취약해 변동을 일으키기 쉽습니다. 관우는 방금 파멸했고 악행을 저지른 자들은 몸을 숨기고 시국을 관망하고 있으니 선량한 자들을 이주시키면 그들의 마음을 상하게 할 뿐 아니라 떠난 자 또한 감히 다시는 돌아오지 못하게 만드는 것입니다."

위왕이 말했다.

"듣고 보니 그 말이 과연 옳소."

이후 도망한 자들이 거의 모두 돌아오게 됐다.

16) 위왕이 상표해 손권을 표기장군·가절·영형주목으로 추천하고 남창후南昌侯강서성 남창 남쪽에 봉했다. 손권이 교위 양우梁寓를 보내 공물을 바치게 하고 주광朱光 등을 통해 위왕에게 상주문을 바치면서 스스로 칭신한 뒤 위왕이 천명을 받들어 칭제할 것을 권했다. 위왕이 손권의 상주문를 모든 사람들에게 보여주고 말했다.

"이 어린애(시아是兒)가 나를 화로 옆에 앉혀 태우려 한다!"

시중 진군 등이 모두 입을 모아 말했다.

"한조漢祚가 끝난 것은 비단 오늘 시작된 일이 아닙니다. 전하의 공덕이 높고 위대해 중생이 앙망하고 있으니 손권 또한 원방에서 칭신한 것입니다. 이는 천의가 인간에게 나타난 응험이니 이구동성인 이기제성異氣齊聲으로 전하가 의당 대위에 올라야 한다고 하는 것입니다. 다시 무엇을 의심하겠습니까?"

조조가 거부했다.

"혹여 천명이 나에게 있다면 나는 주문왕일 것이다."[255]

신 사마광은 평한다.

"교화는 국가가 급무急務이나 속된 관원인 속리俗吏는 이를 경시한다. 풍속은 천하의 대사이나 범용한 군주인 용군庸君은 이를 소홀히 한다. 오직 명지明智가 있는 군자만이 심모원려를 해 그 이익되는 것이 광대하고 공효가 심원하다는 것을 안다. 광무제는 한조가 중도 쇠락해져 군웅이 일어설 때 평민의 신분으로 일어나 선인의 업적을 계승해 이를 드높였다. 사방을 정벌하느라 밤낮없이 바쁜데도 여전히 경술經術을 숭상하고 빈객의 예로 뛰어난 유사儒士를 초빙해 학교를 일으키고 예악을 밝혔다. 무공武功이 이뤄지자 문덕文德 또한 흡족하게 된 것이다. 광무제는 나아가 효명孝明과 효장孝章을 뒤이어 선제先帝의 유지를 뒤따르는 휼추遹追를 행하니 대학인 벽옹辟雍에 나아가 3로5경三老五更에게 문안을 드린 후 경서를 펼쳐놓고 교습을 받는 횡경문도橫經問道를 했다.[256] 공경과 대부로부

255 주문왕은 천하의 3분의 2를 차지하고도 은나라에 계속 신복했다. 그는 그의 아들 주무왕에 의해 훗날 문왕으로 추숭된 것이다. 조조는 바로 자신이 처한 상황이 주문왕 당시의 모습과 유사하다고 본 것이다. 이는 자신의 대에서는 결하고 칭제할 수 없음을 의미하는 것이기도 하다.

256 벽옹辟雍은 원래 서주시대에 천자가 세운 대학을 말한다. 한나라 이후 역대 정권 모두 이름만 달랐을 뿐 일종의 국립대학격인 벽옹을 예외 없이 설치했다. 3로5경三老五更은 벽옹에 기거한 나이 많은 노인들을 뜻한다. 한나라 황제는 이들을 마치 부형을 대하듯

터 군현의 관속에 이르기까지 모두 유교경전을 선택해 활용하니 행위가 바른 자와 호본위사虎賁衛士 모두 열심히 『효경』을 읽었다. 흉노의 자제 또한 대학으로 유학 와서 공부하려 하니 위로는 교화를 창도하고 아래로는 풍속을 이루게 됐다. 이처럼 충성심이 두텁고 수양이 바른 충후청수忠厚淸修의 선비가 어찌 오직 공경대부에게만 존중을 받겠는가? 백성들 또한 그들을 앙모하게 되는 것이다. 어리석고 비루한데다 부패한 우비오예愚鄙汚穢의 인물은 어찌 조정에서만 용인되지 못할 뿐이겠는가? 향리에서도 그들은 버림받을 것이다. 요순우탕의 3대三代가 끝난 이후 교화와 풍속의 아름다움으로 동한東漢과 같이 흥성한 적이 없었다. 효화孝和 이후 황실의 외척인 귀척貴戚이 대권을 뒤흔들고 환관 및 후궁인 폐행嬖幸이 정사에 간여하게 됐다. 상벌에 기준이 없게 되고 뇌물이 공개적으로 유행해 현우賢愚가 뒤섞이고 시비是非가 뒤집히니 가히 난리라 할만 했다. 교화와 풍속이 연면히 이어져 소멸에 이르지는 않았으니 위로는 공경을 비롯해 대부 원안袁安과 양진楊震, 이고李固, 두교杜喬, 진번陳蕃, 이응李膺과 같은 자들이 제왕 앞에서 기탄없이 논쟁하는 면인정쟁面引廷爭을 행하니 충의로써 국가의 위기를 구해냈다. 또한 아래로는 벼슬 안한 선비인 포의지사布衣之士인 부융符融과 곽태郭泰, 범방范滂, 허소許劭와 같은 자들이 사론私論으로써 한나라의 패망을 구해냈다. 정치가 비록 혼탁하기는 했으나 풍속까지 쇠퇴하지는 않았던 이유다. 심지어 어떤 사람은 감히 부월斧鉞 앞에 서는 것을 꺼리지 않았다. 앞의 사람이 쓰러지면 충의로써 더욱 분발해 뒤를 이어 죽임을 자청하며 마치 죽는 것을 고향 가듯 했다. 이 어찌 단지 몇 사람만의 현덕이라고 할 수 있겠는가? 이 또한 광무제와 명제明帝, 장제章帝가 남긴 교화 때문이기도 했다. 당시 만일 명군이 나와

이 봉양함으로써 천하에 효제孝悌의 취지를 드러냈다.

교화를 진작시켰다면 한조漢祚는 더 오래 계속됐을 것이다. 불행히도 쇠락과 퇴폐를 거듭하다 환제와 영제에 이르러서는 그 어둡고 포학한 혼학昏虐이 더욱 심해졌다. 간사한 자를 보양하는 게 골육을 보양하는 것보다 더욱 융숭해지고 충량한 자를 죽이는 것이 적을 죽이는 것보다 더욱 잔혹해지니 문무백관의 분만과 천하백성의 분노가 쌓이게 됐다. 하진何進이 군사를 일으키자 동탁이 이를 틈타 작란하고 원소와 같은 무리가 뒤를 이어 병란을 일으켰다. 천자의 수레인 승여乘輿가 파월播越하고 종묘가 폐허가 되자 황실이 뒤집히고 백성이 도탄에 빠지게 되니 천명이 끊어져 다시는 복구할 수 없게 됐다. 그럼에도 각 주군州郡을 차지한 자들은 병사를 거느린 채 땅을 점거해 서로 탄서呑噬병탄하면서도 말로는 존한尊漢을 내세우지 않은 적이 없었다. 위무제魏武帝는 무력과 결단인 폭려강항暴戾强伉으로 천하에 대공을 세우면서 한나라 황제를 폐하려는 무군지심無君之心을 품은 지 이미 오래됐다. 죽을 때까지 자립하지 않은 것을 두고 어찌 그의 마음조차 황제가 되려는 생각이 없다고 할 수 있겠는가? 단지 명분이 없음을 두려워해 자제했을 뿐이다. 이로써 보면 교화를 어찌 경시할 수 있고 풍속을 어찌 소홀히 다룰 수 있겠는가!"

* 孝獻皇帝建安二十四年

春, 正月, 曹仁屠宛, 斬侯音, 復屯樊.

初, 夏侯淵戰雖數勝, 魏王操常戒之曰, "為將當有怯弱時, 不可但恃勇也. 將當以勇為本, 行之以智計. 但知任勇, 一匹夫敵耳." 及淵與劉備相拒逾年, 備自陽平南渡沔水, 緣山稍前, 營於定軍山. 淵引兵爭之. 法正曰, "可擊矣." 備使討虜將軍黃忠乘高鼓噪攻之, 淵軍大敗, 斬淵及益州刺史趙顒. 張郃引兵還陽平. 是時新失元帥, 軍中擾擾, 不知所為. 督軍杜襲與淵司馬太原郭淮收斂散卒, 號令諸軍曰, "張將軍國家名將, 劉備所憚. 今日事急, 非張將軍不能安也." 遂權宜推郃為軍主. 郃出, 勒兵按陳, 諸將皆受郃節度, 眾心乃定. 明日, 備欲渡漢水來攻. 諸將以眾寡不敵, 欲依水為陳以拒之. 郭淮曰, "此示弱而不足挫敵, 非算也. 不如遠水為陳, 引而致之, 半濟而後擊之, 備可破也." 既陳, 備疑, 不渡. 淮遂堅守, 示無還心. 以狀聞於魏王操, 操善之, 遣使假郃節, 復以淮為司馬.

二月, 壬子晦, 日有食之.

三月, 魏王操自長安出斜谷, 軍遮要以臨漢中. 劉備曰, "曹公雖來, 無能為也, 我必有漢川矣." 乃斂眾拒險, 終不交鋒. 操運米北山下, 黃忠引兵欲取之, 過期不還. 翊軍將軍趙雲將數十騎出營視之, 值操揚兵大出, 雲猝與相遇, 遂前突其陳, 且鬥且卻. 魏兵散而復合, 追至營下, 雲入營, 更大開門, 偃旗息鼓. 魏兵疑雲有伏, 引去. 雲雷鼓震天, 惟以勁弩於後射魏兵. 魏兵驚駭, 自相蹂踐, 墮漢水中死者甚多. 備明旦自來, 至雲營, 視昨戰處, 曰, "子龍一身都為膽也!" 操與備相守積月, 魏軍士多亡. 夏, 五月, 操悉引出漢中諸軍還長安, 劉備遂有漢中. 操恐劉備北取武都氐以逼關中, 問雍州刺史張既, 既曰, "可勸使北出就谷以避賊, 前至者厚其寵賞, 則先者知利, 後必慕之." 操從之, 使既之武都, 徙氐五萬餘落出居扶風·天水界.

武威顏俊·張掖和鸞·酒泉黃華·西平麴演等, 各據其郡, 自號將軍, 更相攻擊. 俊遣使送母及子詣魏王操為質以求助. 操問張既, 既曰, "俊等外假國威, 內生傲悖, 計定勢足, 後即反耳. 今方事定蜀, 且宜兩存而斗之, 猶卞莊子之刺虎, 坐收其斃也." 王曰, "善!" 歲餘, 鸞遂殺俊, 武威王祕又殺鸞.

劉備遣宜都太守扶風孟達從秭歸北攻房陵, 殺房陵太守蒯祺. 又遣養子副軍中郎將劉封自漢中乘沔水下, 統達軍, 與達會攻上庸, 上庸太守申耽舉郡降. 備加耽征北將軍, 領上庸太守, 以耽弟儀為建信將軍·西城太守.

秋, 七月, 劉備自稱漢中王, 設壇場於沔陽, 陳兵列眾, 群臣陪位, 讀奏訖, 乃拜受璽綬, 御王冠. 因驛拜章, 上還所假左將軍·宜城亭侯印綬. 立子禪為王太子. 拔牙門將軍義陽魏延為鎮遠將軍, 領漢中太守, 以鎮漢川. 備還治成都, 以許靖為太傅, 法正為尚書令, 關羽為前將軍, 張飛為右將軍, 馬超為左將軍, 黃忠為後將軍, 餘皆進位有差. 遣益州前部司馬犍為費詩即授關羽印授, 羽聞黃忠位與己並, 怒曰, "大丈夫終不與老兵同列!" 不肯受拜. 詩謂羽曰, "夫立王業者, 所用非一. 昔蕭·曹與高祖少小親舊, 而陳·韓亡命後至. 論其班列, 韓最居上, 未聞蕭·曹以此為怨. 今漢中王以一時之功隆崇漢室. 然意之輕重, 寧當與君侯齊乎! 且王與君侯譬猶一體, 同休等戚, 禍福共之. 愚謂君侯不宜計官號之高下·爵祿之多少為意也. 僕一介之使, 銜命之人, 君侯不受拜, 如是便還, 但相為惜此舉動, 恐有後悔耳." 羽大感悟, 遽即受拜.

詔以魏王操夫人卞氏為王后.

孫權攻合肥. 時諸州兵戍淮南. 揚州刺史溫恢謂兗州刺史裴潛曰, "此間雖有賊, 然不足憂. 今水潦方生, 而子孝縣軍, 無有遠備, 關羽驍猾, 正恐征南有變耳." 已而關羽果使南郡太守糜芳守江陵, 將軍傅士仁守公安, 羽自率眾攻曹仁於樊. 仁使左將軍於禁·立義將軍龐德等屯樊北. 八月, 大霖雨, 漢水溢, 平地數丈, 於禁等七軍皆沒. 禁與諸將登高避水, 羽乘大船就攻之, 禁等窮迫, 遂降. 龐德在堤上, 被甲持弓, 箭不虛發, 自平旦力戰, 至日過中, 羽攻益急. 矢盡, 短兵接, 德戰益怒, 氣愈壯, 而水浸盛, 吏士盡降. 德乘小船欲還仁營, 水盛船覆, 失弓矢, 獨抱船覆水中, 為羽所得, 立而不跪. 羽謂曰, "卿兄在漢中, 我欲以卿為將, 不早降何為!” 德罵羽曰, “豎子, 何謂降也! 魏王帶甲百萬, 威振天下. 汝劉備庸才耳, 豈能敵邪! 我寧為國家鬼, 不為賊將也!” 羽殺之. 魏王操聞之流涕曰, “吾知於禁三十年, 何意臨危處難, 反不及龐德邪!” 封德二子為列侯. 羽急攻樊城, 城得水, 往往崩壞, 眾皆恟懼. 或謂曹仁曰, “今日之危, 非力所支, 可及羽圍未合, 乘輕船夜走.” 汝南太守滿寵曰, “山水速疾, 冀其不久. 聞羽遣別將已在郟下, 自許以南, 百姓擾擾, 羽所以不敢遂進者, 恐吾軍掎其後耳. 今若遁去, 洪河以南, 非復國家有也, 君宜待之.” 仁曰, “善!” 乃沉白馬與軍人盟誓, 同心固守. 城中人馬才數千人, 城不沒者數板. 羽乘船臨城, 立圍數重, 外內斷絕. 羽又遣別將圍將軍呂常於襄陽. 荊州刺史胡修·南鄉太守傅方皆降於羽.

初, 沛國魏諷有惑眾才, 傾動鄴都, 魏相國鐘繇辟以為西曹掾. 滎陽任覽, 與諷友善. 同郡鄭袤, 泰之子也, 每謂覽曰, “諷奸雄, 終必為亂.” 九月, 諷潛結徒黨, 與長樂衛尉陳禕謀襲鄴. 未及期, 禕懼而告之. 太子丕誅諷, 連坐死者數千人, 鐘繇坐免官.

初, 丞相主簿楊修與丁儀兄弟謀立曹植為魏嗣, 五官將丕患之, 以車載廢簏內朝歌長吳質, 與之謀. 修以白魏王操, 操未及推驗. 丕懼, 告質, 質曰, “無害也.” 明日, 復以簏載絹以入, 修復白之, 推驗, 無人. 操由是疑焉. 其後植以驕縱見疏, 而植故連綴修不止, 修亦不敢自絕. 每當就植, 慮事有闕, 忖度操意, 豫作答教十餘條, 敕門下曰, “教出, 隨所問答之”, 於是教裁出, 答已入. 操怪其捷, 推問, 始洩. 操亦以修袁術之甥, 惡之, 乃發修前後漏洩言教, 交關諸侯, 收殺之.

魏王操以杜襲為留府長史, 駐關中. 關中營帥許攸擁部曲不歸附, 而有慢言, 操大怒, 先欲伐之. 群臣多諫宜招懷攸, 共討強敵. 操橫刀於膝, 作色不聽. 襲入欲諫, 操逆謂之曰, "吾計已定, 卿勿復言!" 襲曰, "若殿下計是邪, 臣方助殿下成之. 若殿下計非邪, 雖成, 宜改之. 殿下逆臣令勿言, 何待下之不闡乎!" 操曰, "許攸慢吾, 如何可置!" 襲曰, "殿下謂許攸何如人邪?" 操曰, "凡人也." 襲曰, "夫惟賢知賢, 惟聖知聖, 凡人安能知非凡人邪! 方今豺狼當路而狐狸是先, 人將謂殿下避強攻弱. 進不為勇, 退不為仁. 臣聞千鈞之弩, 不為鼷鼠發機. 萬石之鐘, 不以莛撞起音. 今區區之許攸, 何足以勞神武哉!" 操曰, "善!" 遂厚撫攸, 攸即歸復.

冬, 十月, 魏王操至洛陽.

陸渾民孫狼等作亂, 殺縣主簿, 南附關羽. 羽授狼印, 給兵, 還為寇賊, 自許以南, 往往遙應羽, 羽威震華夏. 魏王操議徙許都以避其銳, 丞相軍司馬司馬懿·西曹屬蔣濟言於操曰, "於禁等為水所沒, 非戰攻之失, 於國家大計未足有損. 劉備·孫權, 外親內疏, 關羽得志, 權必不願也. 可遣人勸權躡其後, 許割江南以封權, 則樊圍自解." 操從之.

初, 魯肅嘗勸孫權以曹操尚存, 宜且撫輯關羽, 與之同仇, 不可失也. 及呂蒙代肅屯陸口, 以為羽素驍雄, 有兼併之心, 且居國上流, 其勢難久, 密言於權曰, "今令征虜守南郡, 潘璋住白帝, 蔣欽將遊兵萬人循江上下, 應敵所在, 蒙為國家前據襄陽, 如此, 何憂於操, 何賴於羽! 且羽君臣矜其詐力, 所在反覆, 不可以腹心待也. 今羽所以未便東向者, 以至尊聖明, 蒙等尚存也. 今不於強壯時圖之, 一旦僵仆, 欲復陳力, 其可得邪!" 權曰, "今欲先取徐州, 然後取羽, 何如?" 對曰, "今操遠在河北, 撫集幽·冀, 未暇東顧, 徐土守兵, 聞不足言, 往自可克. 然地勢陸通, 驍騎所騁, 至尊今日取徐州, 操後旬必來爭, 雖以七八萬人守之, 猶當懷憂. 不如取羽, 全據長江, 形勢益張, 易為守也.” 權善之. 權嘗為其子求昏於羽, 羽罵其使, 不許昏. 權由是怒. 及羽攻樊, 呂蒙上疏曰, “羽討樊而多留備兵, 必恐蒙圖其後故也. 蒙常有病, 乞分士眾還建業, 以治疾為名, 羽聞之, 必撤備兵, 盡赴襄陽. 大軍浮江晝夜馳上, 襲其空虛, 則南郡可下而羽可禽也.” 遂稱病篤. 權乃露檄召蒙還, 陰與圖計. 蒙下至蕪湖, 定威校尉陸遜謂蒙曰, “關羽接境, 如何遠下, 後不當可憂也?” 蒙曰, “誠如來言, 然我病篤.” 遜曰, “羽矜其驍氣, 陵轢於人, 始有大功, 意驕志逸, 但務北進, 未嫌於我. 有相聞病, 必益無備. 今出其不意, 自可禽制. 下見至尊, 宜好為計.” 蒙曰, “羽素勇猛, 既難為敵, 且已據荊州, 恩信大行, 兼始有功, 膽勢益盛, 未易圖也.” 蒙至都, 權問曰, “誰可代卿者?” 蒙對曰, “陸遜意思深長, 才堪負重, 觀其規慮, 終可大任. 而未有遠名, 非羽所忌, 無復是過也. 若用之, 當令外自韜隱, 內察形便, 然後可克.” 權乃召遜, 拜偏將軍·右部督, 以代蒙. 遜至陸口, 為書與羽, 稱其功美, 深自謙抑, 為盡忠自托之意. 羽意大安, 無復所嫌, 稍撤兵以赴樊. 遜具啟形狀, 陳其可禽之要. 羽得於禁等人馬數萬, 糧食乏絕, 擅取權湘關米. 權聞之, 遂發兵襲羽. 權欲令征虜將軍孫皎與呂蒙為左右部大督, 蒙曰, “若至尊以征虜能, 宜用之. 以蒙能, 宜用蒙. 昔周瑜·程普為左右部督, 督兵攻江陵, 雖事決於瑜, 普自恃久將, 且俱是督, 遂共不睦, 幾敗國事, 此目前之戒也.” 權寤, 謝蒙曰, “以卿為大督, 命皎為後繼可也.”

魏王操之出漢中也, 使平寇將軍徐晃屯宛以助曹仁. 及於禁陷沒, 晃前至陽陵陂. 關羽遣兵屯偃城, 晃既到, 詭道作都塹, 示欲截其後, 羽兵燒屯走. 晃得偃城, 連營稍前. 操使趙儼以議郎參曹仁軍事, 與徐晃俱前, 餘救兵未到. 晃所督不足解圍, 而諸將呼責晃, 促救仁. 儼謂諸將曰, “今賊圍素固, 水潦猶盛, 我徒卒單少, 而仁隔絕, 不得同力, 此擧適所以斂內外耳. 當今不若前軍逼圍, 遣諜通仁, 使知外救, 以勵將士. 計北軍不過十日, 尚足堅守, 然後表裡俱發, 破賊必矣. 如有緩救之戮, 餘為諸君當之." 諸將皆喜. 晃營距羽圍三丈所, 作地道及箭飛書與仁, 消息數通. 孫權為箋與魏王操, 請以討羽自效, 及乞不漏, 令羽有備. 操問群臣, 群臣咸言宜密之. 董昭曰, "軍事尚權, 期於合宜. 宜應權以密, 而內露之. 羽聞權上, 若還自護, 圍則速解, 便獲其利. 可使兩賊相對銜持, 坐待其斂. 秘而不露, 使權得志, 非計之上. 又, 圍中將吏不知有救, 計糧怖懼. 儻有他意, 為難不小. 露之為便. 且羽為人強梁, 自恃二城守固, 必不速退." 操曰, "善!" 即敕徐晃以權書射著圍里及羽屯中, 圍里聞之, 志氣百倍. 羽果猶豫不能去. 魏王操自雒陽南救曹仁, 群下皆謂曰, "王不亟行, 今敗矣." 侍中桓階獨曰, "大王以仁等為足以料事勢不也?" 曰, "能." "大王恐二人遺力邪?" 曰, "不然." "然則何為自往?" 曰, "吾恐虜眾多, 而徐晃等勢不便耳." 階曰, "今仁等處重圍之中而守死無貳者, 誠以大王遠為之勢也. 夫居萬死之地, 必有死爭之心. 內懷死爭, 外有強救, 大王案六軍以示餘力, 何憂於敗而欲自往?" 操善其言, 乃駐軍摩陂, 前後遣殷署·朱蓋等凡十二營詣晃. 關羽圍頭有屯, 又別屯四塚, 晃乃揚聲當攻圍頭屯而密攻四塚. 羽見四塚欲壞, 自將步騎五千出戰. 晃擊之, 退走. 羽圍塹鹿角十重, 晃追羽, 與俱入圍中, 破之, 傅方·胡修皆死, 羽遂撤圍退, 然舟船猶據沔水, 襄陽隔絕不通.

呂蒙至尋陽, 盡伏其精兵𦪇䑶中, 使白衣搖櫓, 作商賈人服, 晝夜兼行. 羽所置江邊屯候, 盡收縛之, 是故羽不聞知. 糜芳·傅士仁素皆嫌羽輕己, 羽之出軍, 芳·仁供給軍資不悉相及, 羽言曰, "還, 當治之!" 芳·仁咸懼. 於是蒙令故騎都尉虞翻為書說仁, 為陳成敗, 仁得書即降. 翻謂蒙曰, "此譎兵也, 當將仁行, 留兵備城." 遂將仁至南郡. 麋芳城守, 蒙以仁示之, 芳遂開門出降. 蒙入江陵, 釋於禁之囚, 得關羽及將士家屬, 皆撫慰之, 約令軍中曰, "不得干歷人家, 有所求取." 蒙麾下士, 與蒙同郡人, 取民家一笠以覆官鎧. 官鎧雖公, 蒙猶以為犯軍令, 不可以鄉里故而廢法, 遂垂涕斬之. 於是軍中震慄, 道不拾遺. 蒙旦暮使親近存恤耆老, 問所不足, 疾病者給醫藥, 饑寒者賜衣糧. 羽府藏財寶, 皆封閉以待權至.

關羽聞南郡破, 即走南還. 曹仁會諸將議, 咸曰, "今因羽危懼, 可追禽也." 趙儼曰, "權邀羽連兵之難, 欲掩制其後, 顧羽還救, 恐我承其兩疲, 故順辭求效, 乘釁因變以觀利鈍耳. 今羽已孤迸, 更宜存之以為權害. 若深入追北, 權則改虞於彼, 將生患於我矣, 王必以此為深慮." 仁乃解嚴. 魏王操聞羽走, 恐諸將追之, 果疾敕仁如儼所策.

關羽數使人與呂蒙相聞, 蒙輒厚遇其使, 周遊城中, 家家致問, 或手書示信. 羽人還, 私相參訊, 咸知家門無恙, 見待過於平時, 故羽吏士無鬥心.

會權至江陵, 荊州將吏悉皆歸附. 獨治中從事武陵潘濬稱疾不見. 權遣人以床就家輿致之, 濬伏面著床席不起, 涕泣交橫, 哀哽不能自勝. 權呼其字與語, 慰諭懇惻, 使親近以手巾拭其面. 濬起, 下地拜謝. 即以為治中, 荊州軍事一以諮之. 武陵部從事樊胄誘導諸夷, 圖以武陵附漢中王備. 外白差督督萬人往討之, 權不聽. 特召問濬, 濬答曰, "以五千兵往, 足以擒胄." 權曰, "卿何以輕之?" 濬曰, "胄南陽舊姓, 頗能弄脣吻, 而實無才略. 臣所以知之者, 胄昔嘗為州人設饌, 比至日中, 食不可得, 而十餘自起, 此亦侏儒觀一節之驗也." 權大笑, 即遣濬將五千人往, 果斬平之. 權以呂蒙為南郡太守, 封孱陵侯, 賜錢一億, 黃金五百斤. 以陸遜領宜都太守.

十一月，漢中王備所置宜都太守樊友委郡走，諸城長吏及蠻夷君長皆降於遜．遜請金·銀·銅印以假授初附，擊蜀將詹晏等及秭歸大姓擁兵者，皆破降之，前後斬獲·招納凡數萬計．權以遜為右護軍·鎮西將軍，進封婁侯，屯夷陵，守峽口．關羽自知孤窮，乃西保麥城．孫權使誘之，羽偽降，立幡旗為像人於城上，因遁走，兵皆解散，才十餘騎．權先使朱然·潘璋斷其徑路．十二月，璋司馬馬忠獲羽及其子平於章鄉，斬之，遂定荊州．

初，偏將軍吳郡全琮，上疏陳關羽可取之計，權恐事洩，寢而不答．及已禽羽，權置酒公安，顧謂琮曰，"君前陳此，孤雖不相答，今日之捷，抑亦君之功也．" 於是封琮陽華亭侯．權復以劉璋為益州牧，駐秭歸，未幾，璋卒．

呂蒙未及受封而疾發，權迎置於所館之側，所以治護者萬方．時有加金咸，權為之慘慼．欲數見其顏色，又恐勞動，常穿壁瞻之，見小能下食，則喜顧左右言笑，不然則咄嗟，夜不能寐．病中瘳，為下赦令，群臣畢賀，已而竟卒，年四十二．權哀痛殊甚，為置守塚三百家．權後與陸遜論周瑜·魯肅及蒙曰，"公瑾雄烈，膽略兼人，遂破孟德，開拓荊州，邈焉寡儔．子敬因公瑾致達於孤，孤與宴語，便及大略帝王之業，此一快也．後孟德因獲劉琮之勢，張言方率數十萬眾水步俱下，孤普請諸將，咨問所宜，無適先對．至張子布·秦文表俱言宜遣使修檄迎之，子敬即駁言不可，勸孤急呼公瑾，付任以眾，逆而擊之，此二快也．後雖勸吾借玄德地，是其一短，不足以損其二長也．周公不求備於一人，故孤忘其短而貴其長，常以比方鄧禹也．子明少時，孤謂不辭劇易，果敢有膽而已．及身長大，學問開益，籌略奇至，可以次於公瑾，但言議英發不及之耳．圖取關羽，勝於子敬．子敬答孤書云，'帝王之起，皆有驅除，羽不足忌' 此子敬內不能辦，外為大言耳, 孤亦恕之, 不苟責也. 然其作軍屯營, 不失令行禁止, 部界無廢負, 路無拾遺, 其法亦美矣." 孫權與於禁乘馬並行, 虞翻呵禁曰, "汝降虜, 何敢與吾君齊馬首乎!" 抗鞭欲擊禁, 權呵止之.

孫權之稱藩也, 魏王操召張遼等諸軍悉還救樊, 未至而圍解. 徐晃振旅還摩陂, 操迎晃七里, 置酒大會. 王擧酒謂晃曰, "全樊·襄陽, 將軍之功也." 亦厚賜桓階, 以為尚書. 操嫌荊州殘民及其屯田在漢川者, 皆欲徙之. 司馬懿曰, "荊楚輕脆易動, 關羽新破, 諸為惡者藏竄觀望, 徙其善者, 既傷其意, 將令去者不敢復還." 操曰, "是也." 是後諸亡者悉還出.

魏王操表孫權為票騎將軍, 假節, 領荊州牧, 封南昌侯. 權遣校尉梁寓入貢, 又遣朱光等歸, 上書稱臣於操, 稱說天命. 操以權書示外曰, "是兒欲踞吾著爐火上邪!" 侍中陳群等皆曰, "漢祚已終, 非適今日. 殿下功德巍巍, 群生注望, 故孫權在遠稱臣. 此天人之應, 異氣齊聲, 殿下宜正大位, 復何疑哉!" 操曰, "若天命在吾, 吾為周文王矣."

臣光曰, "教化, 國家之急務也, 而俗吏慢之. 風俗, 天下之大事也, 而庸君忽之. 夫惟明智君子, 深識長慮, 然後知其為益之大而收功之遠也. 光武遭漢中衰, 群雄糜沸, 奮起布衣, 紹恢前緒, 征伐四方, 日不暇給, 乃能敦尚經術, 賓延儒雅, 開廣學校, 修明禮樂. 武功既成, 文德亦洽. 繼以孝明·孝章, 遹追先志, 臨雍拜老, 橫經問道. 自公卿·大夫至於郡縣之吏, 咸選用經明行修之人, 虎賁衛士皆習『孝經』, 匈奴子弟亦游太學, 是以教立於上, 俗成於下. 其忠厚清修之士, 豈唯取重於搢紳, 亦見慕於眾庶. 愚鄙污穢之人, 豈唯不容於朝廷, 亦見棄於鄉里. 自三代既亡, 風化之美, 未有若東漢之盛者也. 及孝和以降, 貴戚擅權, 嬖倖用事, 賞罰無章, 賄賂公行, 賢愚渾殽, 是非顛倒, 可謂亂矣. 然猶綿綿不至於亡者, 上則有公卿·大夫袁安·楊震·李固·杜喬·陳蕃·李膺之徒面引廷爭, 用公義以扶其危, 下則有布衣之士符融·郭泰·范滂·許邵之流, 立私論以救其敗. 是以政治雖濁而風俗不衰, 至有觸冒斧鉞, 僵仆於前, 而忠義奮發, 繼起於後, 隨踵就戮, 視死如歸. 夫豈特數子之賢哉, 亦光武·明·章之遺化也! 當是之時, 苟有明君作而振之, 則漢氏之祚猶未可量也. 不幸承陵夷頹敝之餘, 重以桓·靈之昏虐:保養奸回, 過於骨肉. 殄滅忠良, 甚於寇讎. 積多士之憤, 蓄四海之怒. 於是何進召戎, 董卓乘釁, 袁紹之徒從而構難, 遂使乘輿播越, 宗廟丘墟, 王室蕩覆, 烝民塗炭, 大命隕絕, 不可復救. 然州郡擁兵專地者, 雖互相呑噬, 猶未嘗不以尊漢為辭. 以魏武之暴戾強伉, 加有大功於天下, 其蓄無君之心久矣, 乃至沒身不敢廢漢而自立, 豈其志之不欲哉? 猶畏名義而自抑也. 由是觀之, 教化安可慢, 風俗安可忽哉!”

제7부 삼국시대 2

** 권69-위기魏紀 1: 조비가 황제로 즉위하다

위문제魏文帝 **황초**黃初 **원년(AD 220)**[257]

1) 봄 정월, 위왕 조조가 낙양에 이르렀다.

1월 23일, 위왕이 훙거했다. 위왕은 사람을 잘 파악해 거짓으로 미혹하기가 어려웠다. 특별히 재능 있는 자를 능히 식별해 발탁할 줄 알았고 신분에 구애받지 않고 재능에 따라 임용하니 그들 모두 자신의 능력을 발휘할 수 있었다.

적과 대진해 싸울 때 태연자약해 마치 싸우지 않는 듯했으나 결정적인 기회에 결단해 승세를 타는 결기승승決機乘勝을 할 때는 기세가 용솟음쳐 마치 돌을 뚫는 듯했다. 공이 있는 자에게는 반드시 상을 주었고 천금을 아끼지 않았다. 공도 없이 상을 받으려는 자에게는 한오라기의 털조차 나눠주지 않았다. 법을 집행하는 게 엄려하고 긴박해 범법자는 반드시 주살됐으니 비록 범법자를 보고 눈물을 흘리며 애석해 할지라도 끝내 사면하지 않았다. 평소 검박하게 살면서 화려한 것을 싫어했다. 군웅을 삼제芟除제거하고 거의 해내를 평정하게 된 것이다.

257 황초黃初 연호는 조비가 이해 10월에 한헌제로부터 선양을 받은 까닭에 이때 이후로 사용한 것이다. 당시에는 이해 9월까지 건안建安의 연호를 썼다. 사가들은 왕조가 바뀐 까닭에 이해 초부터 '황초' 연호를 쓴 것으로 기록해 놓은 것이다.

위왕이 훙했을 때 태자는 업도에 있었다. 군중軍中에서 소동이 일자 신료들이 이를 비밀로 해 발상發喪하지 않으려 했다. 간의대부 가규賈逵가 이를 비밀로 할 수 없다고 주장해 이내 발상을 선포했다. 어떤 자가 각 성을 지키는 제장들을 모두 초현譙縣과 패군沛郡 출신으로 바꿔야만 한다고 주장하자 위군 태수 광릉인 서선徐宣이 성난 목소리로 꾸짖었다.

"지금은 원근이 하나로 통일되어 사람마다 충성스런 마음을 지니고 있는데 하필 초현과 패군의 사람만을 임명해 오랫동안 성을 지켜온 제장들의 마음을 저상시킬 필요가 있는가?"

이에 그만두게 됐다.

청주병青州兵들이 멋대로 북을 울리며 서로 권해 떠났다. 사람들이 의당 그들을 제지하여 명령을 따르지 않는 자는 토벌해야 한다고 주장하자 가규가 반대했다,

"그들을 제지해서는 안 된다."

장문의 격문을 그들이 지나는 각지방의 관부에 돌려 그들에게 양식을 대주도록 명했다. 언릉후鄢陵侯 조창이 장안에서 달려와 가규에게 선왕의 옥새가 어디에 있는지를 묻자 가규가 정색을 했다.

"나라에 이미 왕태자인 저부儲副가 있으니 선왕의 새수는 군이 물을 문제가 아니오."

흉문凶問 즉 부고가 업도에 전달되자 태자가 호곡하며 울음을 그치지 않았다. 중서자中庶子 사마부司馬孚가 말리며 간했다.[258]

"군왕이 안가晏駕서거해 천하가 전하를 주인으로 믿고 있으니 의당 위로는 종묘를 받들고 아래로는 백성을 다독여야 하는데 어찌 필부의 효행

258 여기의 중서자中庶子는 '태자중서자'를 가리킨다. 녹질은 600석으로 시중과 같은 수준이다.

을 행하려 하는 것입니까?"

태자가 한참 동안 울음을 계속하다가 이내 그친 뒤 사마부를 돌아보고 말했다.

"경의 말이 맞소."

이때 신료들이 모두 왕이 훙했다는 소식을 듣고 서로 모여 통곡하자 혼란스럽기 그지없었다. 사마부가 조중朝中에서 성난 목소리로 말했다.

"지금 군왕이 서세逝世해 천하가 진동하고 있으니 의당 사군嗣君에게 배례한 후 전국을 진정시켜야 옳거늘 어찌 울기만 하는 것인가?"

신료들을 물러나게 한 뒤 경비를 세우고 상사를 치렀다. 사마부는 사마의의 동생이다.

신료들이 의당 태자가 즉위할 것으로 알고 황제의 조명을 기다리자 상서 진교陳矯가 말했다.

"대왕이 밖에서 훙해 천하가 황공하니 태자가 의당 슬픔을 누르고 즉위해 원근의 여망에 부응해야 합니다. 더구나 대왕의 사랑하는 자식이 그 옆에 있으니 피차 변이 일어나게 되면 사직이 위험해질 것입니다."

곧바로 관원들을 배치해 상례를 차리니 모든 것이 하루 만에 잘 처리됐다.

다음날 왕후가 의지懿旨를 선포하자 태자가 왕위에 올라 천하에 대사령을 내렸다. 한나라 황제가 어사대부 화흠을 보내 조령으로 태자에게 승상의 인수와 위왕의 새수를 주고 기주목을 겸임하게 하고 왕후를 왕태후로 올렸다.

2) 연호를 연강延康으로 고쳤다.

3) 2월 1일, 일식이 있었다.

4) 2월 16일, 태중대부 가후를 태위, 어사대부 화흠을 상국, 대리 왕랑을 어사대부로 삼았다.

5) 2월 21일, 위무왕魏武王 조조를 고릉高陵에 예장했다.

6) 위왕 조비의 동생 언릉후 조창 등이 모두 자신의 봉국으로 돌아갔다. 임치의 감국알자監國謁者 관균灌均이 조비의 뜻에 영합해 상주했다.[259]

"임치후 조식이 술주정과 무례한 행동인 후주패만酗酒悖慢으로 사자를 위협했습니다."

조비가 조식을 안향후安鄕侯로 깎아내리고 우척간연右刺奸掾인 패국 출신 정의丁儀와 그의 동생 황문시랑 정이丁廙 및 그의 일족 남자들을 모두 죽였다. 그들 모두 조식의 당우였다.

삼국시대 위나라의 사가 어환魚豢은 이같이 평했다.

"빈궁한 자는 배우지 않아도 검약하고 비천한 자는 배우지 않아도 공손하다는 취지의 '빈불학검貧不學儉, 비불학공卑不學恭'이라는 속담이 있다. 이는 인성이 그런 것이 아니라 세가 그같이 만든 것이다. 만일 위무제가 주석疇昔 즉 예전에 조식 등에게 뜻을 밝히지만 않았다면 그같이 현명한 사람이 어찌 분수에 맞지 않게 바라는 규망窺望의 마음을 가졌겠는가? 조창이 원한을 품는 일도 없었을 것이고 조식의 경우도 어찌 능히 파란을 불러일으킬 수 있겠는가? 양수가 조식에게 기대어 관심을 기울이는 의주倚注를 하다가 해를 입고 정의가 조식에 대해 영합하는 마음인 희의希意를 품고 있다가 멸족을 당했으니 실로 슬픈 일이다."

7) 처음에 산기상시散騎常侍를 설치할 때 시랑 각 4인은 환관으로 보임하되 각 부서의 서령署令을 넘지 못하게 하고 이를 금으로 만든 책문인 금책金策으로 만들어 석실 안에 보관했다. 당시 마침 시중과 상시를 선발

---

259 감국알자는 당시 제후의 발호를 막기 위해 제후국에 파견돼 감시활동을 벌인 조정의 알자를 말한다.

하던 중이었다. 조비가 자신을 위해 계책을 짰던 주변 측근들을 쓰고 다른 사람을 뽑지 않으려고 하자 사마부가 간했다.

"지금 사왕嗣王이 등극한 지 얼마 안되었는데, 의당 천하의 영재와 현인을 써야 함에도 어찌 이 기회를 이용해 자신의 사람을 뽑으려 하는 것입니까? 관직에 적임자가 임용되지 않으면 관원 또한 존경받을 수 없는 것입니다."

이내 다른 사람을 뽑았다.

8) 상서 진군陳群이 한조의 관원선발 제도가 인재를 제대로 망라하지 못한 것을 알고 9품관인지법九品官人之法을 만들었다.[260] 각 주군州郡에 중정中正의 직책을 두어 인물들을 고르고, 주군 내의 인재를 선발하게 했다. 각 인물의 능력을 감식하는 자가 따로 존재해 선발 대상 인물들의 능력을 구별하고 그 고하를 정하도록 조치한 것이다.

9) 5월 3일, 한나라 황제가 왕의 조부 태위 조숭을 태왕太王, 그의 부인 정씨丁氏를 태왕후太王后로 추존했다.

10) 위왕이 안정 태수 추기鄒岐를 양주凉州자사로 삼자 서평인 국연麴演이 주변 군郡과 결탁해 난을 일으키고 추기에 저항했다. 장액 출신 장진張進이 태수 두통杜通을 잡자 주천 출신 황화黃華도 태수 신기辛機를 받아들이지 않은 채 모두 태수를 자칭하며 국연에 호응했다. 무위에 있는 3종류의 호인들이 또 다시 반기를 들었다.

무위 태수 관구흥毌丘興이 금성태수·호강교위 부풍인 소칙蘇則에게 급고하자 소칙이 가서 구하려고 했다. 군내의 사람들 모두 반적의 세력이

---

260 이는 훗날 남북조시대에 권문세족들이 관직을 독점하는 폐단을 낳기도 했다. 조비는 즉위하던 해에 이부상서 진군의 건의를 받아들여 각 군에 관내의 명망가를 추천하는 이른바 중정中正의 임무를 부여했다. 중정이 관할지역의 인재를 9품으로 분류해 추천하면 조정은 이 등급에 의거해 관원을 선발했다. 이른바 9품중정제九品中正制이다.

강성함을 알고 의당 대군을 기다리고자 했다. 당시 장군 학소郝邵와 위평魏平은 이미 금성에 주둔하면서 조령을 받았으나 서쪽으로 나아가 황하를 도강하는 준비를 하지 못했다. 소칙이 군내의 주요 관원과 학소 등을 만나 상의했다.

"지금 반적이 비록 강성하나 모두 방금 규합한 것인데다 어떤 자는 협박을 받아 따른 것이니 반드시 한 마음이 아닐 것이오. 이 틈을 노려 진격하면 선악이 분리될 것이고 적진을 이탈한 자가 귀부하면 우리는 병력이 증강하고 적은 약해질 것이오. 증강된 병력에 기세 또한 배가 되니 솔병해 진격하면 반드시 적을 깨뜨릴 수 있소. 만일 대군이 오길 기다려 시일을 끌게 되면 선한 자는 돌아갈 곳이 없게 돼 필경 악인과 합류하게 될 것이니 그리 되면 그 세력을 일거에 분리하기 어렵게 되오. 지금 비록 조명이 그렇다 하더라도 위배하는 게 권의지계權宜之計에 맞는다면 우리 스스로 판단해 행동하는 게 가할 것이오."

학소 등이 이 건의를 좇아 출병해 무위를 구원하니 3종의 호인들은 모두 항복했다. 이어 관구흥과 함께 장액에서 장진을 공격하자 국연이 소식을 듣고 기보 3,000명을 이끌고 소칙을 영접해 응원하겠다고 말하면서 실제로는 반란을 일으키려 했다. 소칙이 유인계를 써 그를 죽인 뒤 그의 수급을 효수해 부중에게 보여주자 국연의 무리가 황급히 달아났다. 소칙이 제장들이 이끄는 군사를 이끌고 장액을 포위해 반적을 깨뜨린 뒤 장진을 죽이자 황화가 두려워 투항을 구하게 됐다. 하서가 평정됐다.

당초 돈황 태수 마애馬艾가 재임 중에 세상을 떠나자 군내의 사람들이 공조 장공張恭을 행行장사로 천거했다. 장공이 아들 장취張就를 조정으로 올려 보내 빨리 태수를 파견해 줄 것을 청하도록 했다.

마침 황화와 장진이 반기를 든 뒤 돈황과 합세하기 위해 장취를 잡아가두고 칼로 위협했다. 장취가 죽기를 각오하고 이를 거부하면서 몰래 부친 장공에게 서신을 보내 간했다.

"대인이 돈황을 다스리면서 충의를 천하에 보여주었는데 어찌 제가 곤경에 처한 것으로 인해 대인의 충정을 버리려 합니까? 지금 대군이 곧 오려고 하니 대인은 의당 빨리 솔병해 반적을 뒤에서 견제해야만 합니다. 대인은 사사로운 인정인 하류지애下流之愛로 인해 제가 황천에서 한을 품는 일이 없도록 해주십시오."

장공이 솔병해 주천을 치고 별도로 철기 200명과 관속에게 명해 주천의 북새北塞를 따라 동쪽으로 가 태수 윤봉尹奉을 맞아들이게 했다. 황화가 장진을 구하고 싶어도 혹여 서쪽에서 장공이 자신의 뒤를 칠까 두려워 이내 앞으로 나아가지 못하고 투항했다. 장취는 평안히 눈을 감았고 윤봉은 군에 도착해 임무에 착수하게 됐다. 조령으로 장공을 관내후에 봉했다.

11) 6월 26일 위왕 조비가 군사를 이끌고 남순南巡했다.

12) 가을 7월, 손권이 사자를 보내 봉헌奉獻했다.

13) 촉장군 맹달孟達이 상용上庸에 주둔할 때 부군중랑장 유봉劉封과 불목했다. 맹달은 유봉이 자신을 업신여기자 부하 4,000여 명을 이끌고 위나라에 투항했다. 맹달은 용모와 행동거지인 용지容止가 당당하면서도 비범했다. 위왕이 그를 매우 총애해 자신과 같은 수레에 타게 했다. 이어 그를 산기상시·건무장군建武將軍으로 삼고 평양정후平陽亭侯에 봉했다.

방릉房陵과 상용, 서성 등의 3개 군을 합해 신성新城안휘성 합비 서쪽을 만들고 맹달을 신성태수로 삼아 서남쪽의 일을 그에게 위임하자 행군장사行軍長史 유엽劉曄이 간했다.

"맹달은 요행으로 이익을 취하려는 마음이 있는데다 자신의 재능을 믿고 술수부리기를 좋아하니 반드시 은혜 입은 것을 모르고 충의지심을 지니지 못할 것입니다. 신성은 손권 및 유비와 접경하고 있어 만일 변고가 생기면 나라의 우환이 될 것입니다."

위왕 조비가 듣지 않았다.

정남장군 하후상夏侯尙과 우장군 서황을 보내 맹달과 함께 유봉을 습격하게 하자 상용 태수 신탐이 유봉에게 반기를 들고 투항했다. 유봉이 패배해 성도로 돌아갔다.

당초 유봉은 본래 나후羅侯 구씨寇氏의 아들이었으나 한중왕 유비가 막 형주에 도착했을 때 아들이 없어 유봉을 양자로 삼았다. 제갈량은 유봉이 각박하고 흉맹한 강맹强猛의 성품을 지닌 까닭에 유비가 죽으면 끝내 그를 제압하기 어려울 것을 알았다. 유비에게 이 기회를 이용해 그를 제거하라고 권하자 유비가 유봉을 사사했다.

14) 무도에 있는 저족의 왕 양복楊僕이 무리를 이끌고 귀부했다.

15) 7월 20일, 위왕이 초현에 들러 성의 동쪽에서 크게 연회를 베풀고 6군六軍과 초현의 부로들을 위로했다. 기악伎樂과 온갖 잡기인 백희百戲를 펼치게 했다. 관민이 모두 위왕에게 오래 살기를 기원하는 상수上壽를 했다. 황혼 무렵에야 연회를 끝냈다.

손성이 이같이 평했다.

"부모에 대한 3년상은 천자로부터 백성에 이르기까지 모두 이를 존중한다. 그래서 비록 3대의 후기와 7웅이 쟁패하는 난세에서도 열흘 내지 반달 만에 상복인 최참衰斬을 벗거나 곡을 마치는 날에 장례용 지팡이인 마장麻杖을 버리는 자가 없었다. 한문제 때에 이르러 옛 제도를 변경함으로써 인도人道의 기강이 일순간에 폐훼廢毁됐다. 도덕이 이미 당시에 쇠미해졌고 퇴폐한 풍속이 백대에 전해지게 됐다. 위왕 조비는 한나라의 제도를 좇아 이를 가지고 3년상인 대례大禮를 대체함으로써 비통하기 그지없어야 할 시기에 오히려 연회를 베풀어 즐겼고, 제업을 이은 첫 후계자로서 왕화王化의 기초를 무너뜨렸다. 또한 선양을 받을 때에는 한나라 황제의 두 딸을 빈으로 삼았으니 왕의 재위기간이 짧고 왕조가 오래 가지 못할 것임을 알 수 있다."

16) 위왕 조비가 승상좨주 가규를 예주자사로 삼았다. 이때 천하가 처음 안정돼 자사들 대다수가 소속 현을 제대로 다스리지 못하자 가규가 건의했다.

"자사는 본래 6개 조문의 조서에 의해 2천석 이하의 관리를 감찰하도록 돼 있습니다. 따라서 자사를 논할 때는 모두 말이 엄려해 능히 위엄을 보일 수 있어야 하고 관리감독의 재능이 있어야 하며 스스로 평안함과 관인함을 말하지 않고 즐거이 공경해 백성들이 편안히 다가가는 개제지덕愷悌之德이 있어야 한다고 합니다. 지금 군현의 관장들이 법을 느슨하게 집행해 도적들이 횡행하고 있습니다. 자사들은 이를 잘 알면서도 추궁하지 않으니 천하가 언제야 바로 잡힐 수 있겠습니까?"

2천석 이하의 관원으로서 법을 따르지 않고 방종하게 일을 처리하는 자를 모두 상주해 파면시켰다. 밖으로는 군사를 엄히 정비하고 안으로는 민사를 다스리면서 수리시설인 보洑와 밭인 피전陂田을 수축하고 운송수로를 개통하자 관민이 모두 칭송했다. 위왕이 이를 두고 칭찬했다.

"가규야말로 진정한 자사이다."

천하에 포고해 모두 예주를 본받게 하고 가규를 관내후에 봉했다.

17) 좌중랑장 이복李伏과 태사승 허지許芝가 상표했다.

"위나라가 의당 한나라를 대신해야 한다는 징험이 도참서에 나타나고 있는데다 그 사례가 매우 많습니다."

신료들이 상표해 위왕 조비가 천의와 민심을 좇을 것을 권했다. 위왕이 허락하지 않았다.

겨울 10월 13일, 한나라 황제가 한고제의 묘廟에 나아가 제사를 올린 후 행行어사대부 장음張音에게 부절을 든 채 새수璽綬와 조서를 기록한

책인 소책紹冊을 받들어 위왕 앞으로 나아가게 해 선양의 뜻을 전하게 했다. 위왕이 3번 글을 올려 사양한 후 비로소 번양繁陽하남성 허창에 단을 쌓게 했다.

10월 29일, 위왕이 단에 올라 새수를 받고 황제의 자리에 올랐다. 불을 피워 천지를 비롯해 산과 강하인 악독嶽瀆에 제를 올렸다. 이어 연호를 바꾸고 천하에 대사령을 포고했다.

11월 1일, 한헌제를 산양공山陽公하남성 초작시 동쪽으로 삼아 한나라의 정삭正朔을 쓰고 천자의 예악을 사용할 수 있도록 허락했다.[261] 또 산양공의 네 아들을 모두 열후에 봉했다.

위나라 태왕을 태황제로 추존한 후 무왕을 무황제로 추존해 묘호를 태조라 하고 왕태후를 황태후로 높였다. 한조가 봉한 모든 후왕은 숭덕후崇德侯, 열후는 관중후關中侯로 그 작호를 바꾼 뒤 신료들에 대한 봉작封爵은 관위의 차이에 따라 차등 있게 승진시켰다. 상국을 사도司徒, 어사대부를 사공司空으로 고쳐 임명했다. 산양공의 두 딸을 위나라 황제의 빈으로 삼았다.

위나라 황제 조비가 새로운 역법을 사용하려고 하자 시중 신비가 간했다.

"위씨魏氏는 순舜과 우禹의 정통을 이었으니 천명을 좇아 민심에 부응하는 응천순민應天順民의 모습을 보여야 합니다. 탕왕湯王과 무왕武王은

---

261 '정삭'의 '정正'은 1년의 첫날이고 '삭朔'은 1달의 첫날을 말한다. 고대에는 새 왕조가 나타날 때마다 '응천승운應天承運'을 내세웠기 때문에 정삭을 새로이 정했다. 후대에 들어와서는 역법이 고정됨에 따라 전대의 정삭을 그대로 잇는 것이 관례가 됐다. 복색 역시 '응천승운'의 이론에 따라 거마와 희생의 색깔을 달리 했던 것을 말한다. 예컨대 하나라는 수덕水德으로 흑색, 은나라는 금덕金德으로 흰색, 주나라는 화덕火德으로 적색 등을 숭상했다.

무력으로 천하를 평정한 후에야 역법을 고쳤습니다. 공자는 『논어』「위령공」에서 치국 방안을 묻는 안연의 질문에 하나라의 역법을 실행하면 된다는 취지의 행하지시行夏之時를 언급했고, 『춘추좌전』「노소공 17년」조는 하나라의 역법이 천지운행의 규율에 가장 부합한다고 지적했습니다. 하필 이와 상반되게 하려는 것입니까?"

황제가 칭찬하며 이를 좇았다.

당시 신료들이 모두 위나라의 공덕을 칭송하고 대다수가 한나라를 폄하했으나 산기상시 위진衛臻이 홀로 선양의 대의를 높이 기리면서 한나라의 미덕을 칭찬했다.

황제가 여러 번 위진의 말에 공감을 표시하면서 자신의 뜻을 밝혔다.

"천하의 진귀한 보물을 장차 산양공과 함께 갖고자 한다."

황제가 태후의 부모를 추존하려고 하자 상서 진군이 상주했다.

"폐하는 성덕으로 천명에 순응해 대업을 창건하고 제도를 개혁해 의당 후세의 영원한 전범이 되어야 합니다. 경전을 아무리 살펴보아도 부녀에게 토지와 작위를 분봉한 제도가 없고 예전禮典에는 오직 남편의 작위를 좇도록 돼 있습니다. 진나라는 고대의 법전을 위배해 한조가 나타나게 된 것입니다. 이는 선왕의 법령이 아닙니다."

황제가 동의했다.

"그 의견이 과연 옳소. 내가 시행하지 않을 것이오."

선왕이 규정한 제도를 기록해 이를 대각臺閣에 보존하게 했다.

18) 12월, 낙양의 궁전을 수리하기 시작했다.

12월 27일, 위문제 조비가 낙양으로 갔다.

19) 위문제 조비가 시중 소칙에게 물었다.

"전에 주천과 장액을 깨뜨릴 때 서역에서 일찍이 돈황으로 사절을 보내 직경 1촌 가량의 커다란 진주를 봉헌했다고 하는데 이를 시중에서 가히 살 수 있겠소?"

소칙이 대답했다.

"만일 폐하가 중국을 교화해 윤택하게 만들면 그 성덕이 사막까지 흘러갈 것이니 구하지 않더라도 저절로 들어올 것입니다. 진주는 구하면 얻을 수 있는 것이니 귀하게 여길 필요가 없습니다."

황제가 아무 말도 하지 않았다.

20) 황제가 동중랑장東中郎將 장제를 불러 산기상시로 삼았다. 당시 조령으로 정남장군 하후상에게 상을 내리면서 이같이 말했다.

"경은 복심腹心에 해당하는 중요 직책의 장수인 중장重將이오. 특별히 벼슬을 임의로 내리는 작위작복作威作福과 사람을 임의로 죽이거나 살리는 살인활인殺人活人의 권한을 부여하도록 하겠소."

하후상이 이 조서를 장제에게 보여주었다. 장제가 경성에 도착해 황제를 만났을 때 황제가 그에게 그간 듣고 본 바를 물었다. 장제가 거침없이 대답했다.

"그다지 좋은 얘기를 들은 적은 없고 오직 망국적인 얘기만을 들었습니다."

황제가 발끈해 이유를 묻자 장제가 조서 얘기를 꺼낸 뒤 이같이 간했다.

"무릇 '작위작복'은 『상서』에서 이를 명백한 경계로 삼고 있습니다. 천자는 희언戲言을 하지 않으니 옛 사람들은 매우 신중했습니다. 폐하는 이를 명찰하시길 바랍니다."

황제 조비가 즉시 사람을 보내 전에 내린 조서를 도로 가져오게 했다.

21) 황제가 기주에 적을 두고 있는 병사 가족 10만 호를 이주시켜 하남을 채우고자 했다. 당시 가뭄과 메뚜기 재해로 인해 백성들이 기근에 시달리고 있었기 때문에 조정의 여러 부서가 모두 불가하다고 생각했으나 유독 황제만이 이를 고집했다. 시중 신비와 조정대신이 일제히 알현을 청

하자 황제가 그들이 간하려는 것을 알고 발끈한 모습으로 그들을 기다렸다. 누구도 감히 발언하지 못하자 신비가 나서서 물었다.

"폐하가 병사들의 가속을 이주시키고자 하는데 이런 생각은 어떻게 해서 나온 것입니까?"

황제가 오히려 반문했다.

"경은 왜 내 생각이 옳지 않다고 말하는 것이오?"

신비가 대답했다.

"신은 분명히 잘못된 것이라고 생각합니다."

황제가 발끈했다.

"나는 경과 더 이상 논의하고 싶지 않소."

신비가 간했다.

"폐하는 제가 불초한 인물이 아니라고 생각해 곁에 두고 국사를 함께 논의하는 관원으로 삼은 것입니다. 어째서 저와 상의하지 않겠다는 것입니까? 제가 상의하려는 것은 결하고 사사로운 일로 인한 것이 아니라 사직을 염려하기 때문입니다. 어째서 신에게 화를 내는 것입니까?"

황제가 아무 대답도 하지 않고 몸을 일으켜 내실로 들어갔다. 신비가 따라가며 옷자락을 잡아당기자 황제가 힘으로 옷을 잡아채 안으로 들어간 뒤 나오지 않았다. 한참 시간이 지난 뒤에야 나와 자가 좌치佐治인 신비에게 말했다.

"좌치, 경은 왜 나를 이토록 급하게 몰아세우는 것이오?"

신비가 대답했다.

"지금 그들을 옮기면 이미 인심을 잃는 것이고 또한 그들을 먹일 양식도 없습니다. 힘써 간하지 않을 수 없습니다."

황제가 반만 이주하게 했다. 황제가 일찍이 꿩 사냥을 나갔을 때 신료들을 돌아보며 이같이 말한 적이 있다.

"꿩 사냥은 실로 즐겁다!"

신비가 간했다.

"폐하에게는 매우 즐거울지 몰라도 신하들에게는 고통스럽기 그지없습니다."

황제가 아무 말도 하지 않았다. 이후 매우 드물게 출렵했다.

** 起上章困敦, 盡玄黓攝提格, 凡三年.

世祖文皇帝黃初元年

春, 正月, 武王至洛陽. 庚子, 薨. 王知人善察, 難眩以僞. 識拔奇才, 不拘微賤, 隨能任使, 皆獲其用. 與敵對陳, 意思安閒, 如不欲戰然. 及至決機乘勝, 氣勢盈溢. 勳勞宜賞, 不吝千金. 無功望施, 分豪不與. 用法峻急, 有犯必戮, 或對之流涕, 然終無所赦. 雅性節儉, 不好華麗. 故能芟刈群雄, 幾平海內. 是時太子在鄴, 軍中騷動. 群僚欲秘不發喪, 諫議大夫賈逵以為事不可秘, 乃發喪. 或言宜諸城守, 悉用譙·沛人. 魏郡太守廣陵徐宣厲聲曰, "今者遠近一統, 人懷效節, 何必專任譙·沛以沮宿衛者之心!" 乃止. 青州兵擅擊鼓相引去, 眾人以為宜禁止之, 不從者討之. 賈逵曰, "不可." 為作長檄, 令所在給其稟食. 鄢陵侯彰從長安來赴, 問逵先王璽綬所在, 逵正色曰, "國有儲副, 先王璽綬非君侯所宜問也." 凶問至鄴, 太子號哭不已. 中庶子司馬孚諫曰, "君王晏駕, 天下恃殿下為命. 當上為宗廟, 下為萬國, 奈何效匹夫孝也!" 太子良久乃止, 曰, "卿言是也." 時群臣初聞王薨, 相聚哭, 無復行列. 孚厲聲於朝曰, "今君王違世, 天下震動, 當早拜嗣君, 以鎮萬國, 而但哭邪!" 乃罷群臣, 備禁衛, 治喪事. 孚, 懿之弟也. 群臣以為太子即位, 當須詔命. 尚書陳矯曰, "王薨於外, 天下惶懼. 太子宜割哀即位, 以系遠近之望. 且又愛子在側, 彼此生變, 則社稷危也.” 即具官備禮, 一日皆辦. 明旦, 以王后令, 策太子即王位, 大赦. 漢帝尋遣御史大夫華歆奉策詔, 授太子丞相印·綬, 魏王璽·綬, 領冀州牧. 於是尊王后曰王太后.

改元延康.

二月, 丁未朔, 日有食之.

壬戌, 以太中大夫賈詡為太尉, 御史大夫華歆為相國, 大理王朗為御史大夫.

丁卯, 葬武王於高陵.

王弟鄢陵侯彰等皆就國. 臨菑臨國謁者灌均, 希指奏曰, “臨菑侯植醉酒悖慢, 劫脅使者.” 王貶植為安鄉侯, 誅右刺奸掾沛國丁儀及弟黃門侍郎廙並其男口, 皆植之黨也.

魚豢論曰, “諺言曰, ‘貧不學儉, 卑不學恭.’ 非人性分殊也, 勢使然耳. 假令太祖防遏植等在於疇昔, 此賢之心, 何緣有窺望乎! 彰之挾恨, 尚無所至. 至於植者, 豈能興難! 乃令楊修以倚注遇害, 丁儀以希意族滅, 哀夫!”

初置散騎常侍·侍郎各四人. 其宦人為官者不得過諸署令. 為金策, 藏之石室. 時當選侍中·常侍, 王左右舊人諷主者, 便欲就用, 不調餘人. 司馬孚曰, “今嗣王新立, 當進用海內英賢, 如何欲因際會, 自相薦舉邪! 官失其任, 得者亦不足貴也.” 遂他選.

尚書陳群, 以天朝選用不盡人才, 乃立九品官人之法. 州郡皆置中正以定其選, 擇州郡之賢有識鑒者為之, 區別人物, 第其高下.

夏, 五月, 戊寅, 漢帝追尊王祖太尉曰太王, 夫人丁氏曰太王后.

王以安定太守鄒岐為涼州刺史, 西平麴演結旁郡作亂以拒岐. 張掖張進執太守杜通, 酒泉黃華不受太守辛機, 皆自稱太守以應演. 武威三種胡復叛. 武威太守毋丘興告急於金城太守·護羌校尉扶風蘇則, 則將救之, 郡人皆以為賊勢方盛, 宜須大軍. 時將軍郝昭·魏平先屯金城, 受詔不得西度. 則乃見郡中大吏及昭等謀曰, "今賊雖盛, 然皆新合, 或有脅從, 未必同心. 因釁擊之, 善惡必離, 離而歸我, 我增而彼損矣. 既獲益眾之實, 且有倍氣之勢, 率以進討, 破之必矣. 若待大軍, 曠日彌久, 善人無歸, 必合於惡, 善惡就合, 勢難卒離. 雖有詔命, 違而合權, 專之可也." 昭等從之, 乃發兵救武威, 降其三種胡, 與毋丘興擊張進於張掖. 麴演聞之, 將步騎三千迎則, 辭來助軍, 實欲為變, 則誘而斬之, 出以徇軍, 其黨皆散走. 則遂與諸軍圍張掖, 破之, 斬進. 黃華懼, 乞降, 河西平. 初, 敦煌太守馬艾卒官, 郡人推功曹張恭行長史事. 恭遣其子就詣朝廷請太守. 會黃華·張進叛, 欲與敦煌並勢, 執就, 劫以白刃. 就終不回, 私與恭疏曰, "大人率厲敦煌, 忠義顯然, 豈以就在困厄之中而替之哉! 令大軍垂至, 但當促兵以掎之耳. 願不以下流之愛, 使就有恨於黃壤也." 恭即引兵攻酒泉, 別遣鐵騎二百及官屬, 緣酒泉北塞, 東迎太守尹奉. 黃華欲救張進, 而西顧恭兵, 恐擊其後, 故不得往而降. 就卒平安, 奉得之郡, 詔賜恭爵關內侯.

六月, 庚午, 王引軍南巡.

秋, 七月, 孫權遣使奉獻.

蜀將軍孟達屯上庸, 與副軍中郎將劉封不協. 封侵陵之, 達率部曲四千餘家來降. 達有容止才觀, 王甚器愛之, 引與同輦, 以達為散騎常侍·建武將軍, 封平陽亭侯. 合房陵·上庸·西城三郡為新城, 以達領新城太守, 委以西南之任. 行軍長史劉曄曰, "達有苟得之心, 而恃才好術, 必不能感恩懷義. 新城與孫·劉接連, 若有變態, 為國生患." 王不聽. 遣征南將軍夏侯尚·右將軍徐晃與達共襲劉封. 上庸太守申耽叛封來降, 封破, 走還成都. 初, 封本羅侯寇氏之子, 漢中王初至荊州, 以未有繼嗣, 養之為子. 諸葛亮慮封剛猛, 易世之後, 終難制御, 勸漢中王因此際除之. 遂賜封死.

武都氐王楊僕率種人內附.

甲午, 王次於譙, 大饗六軍及譙父老於邑東, 設伎樂百戲, 吏民上壽, 日夕而罷.

孫盛曰, "三年之喪, 自天子達於庶人. 故雖三季之末, 七雄之敝, 猶未有廢衰斬於旬朔之間, 釋麻杖於反哭之日者也. 逮於漢文, 變易古制, 人道之紀, 一旦而廢, 固已道薄於當年, 風頹於百代矣. 魏王既追漢制, 替其大禮, 處莫重之哀而設饗宴之樂, 居貽厥之始而墮王化之基, 及至受禪, 顯納二女, 是以知王齡之不遐, 卜世之期促也."

王以丞相祭酒賈逵為豫州刺史. 是時天下初定, 刺史多不能攝郡. 逵曰, "州本以六條詔書察二千石以下, 故其狀皆言嚴能鷹揚, 有督察之才, 不言安靜寬仁, 有愷悌之德也. 今長吏慢法, 盜賊公行, 州知而不糾, 天下復何取正乎!" 其二千石以下, 阿縱不如法者, 皆舉奏免之. 外修軍旅, 內治民事, 興陂田, 通運渠, 吏民稱之. 王曰, "逵真刺史矣." 布告天下, 當以豫州為法. 賜逵爵關內侯.

左中郎將李伏·太史丞許芝表言曰, "魏當代漢, 見於圖緯, 其事眾甚." 群臣因上表勸王順天人之望, 王不許. 冬, 十月, 乙卯, 漢帝告祠高廟, 使行御史大夫張音持節奉璽綬詔冊, 禪位於魏. 王三上書辭讓, 乃為壇於繁陽, 辛未, 升壇受璽綬, 即皇帝位, 燎祭天地·岳瀆, 改元, 大赦. 十一月, 癸酉, 奉漢帝為山陽公, 行漢正朔, 用天子禮樂. 封公四子為列侯. 追尊太王曰太皇帝. 武王曰武皇帝, 廟號太祖. 尊王太后曰皇太后. 以漢諸侯王為崇德侯, 列侯為關中侯. 群臣封爵·增位各有差. 改相國為司徒, 御史大夫為司空. 山陽公奉二女以嬪於魏. 帝欲改正朔, 侍中辛毘曰, “魏氏遵舜·禹之統, 應天順民. 至於湯·武, 以戰伐定天下, 乃改正朔. 孔子曰, ‘行夏之時,’『左氏傳』曰, ‘夏數為得天正,’ 何必期於相反!” 帝善而從之. 時群臣並頌魏德, 多抑損前朝. 散騎常侍衛臻獨明禪授之義, 稱揚漢美. 帝數目臻曰, “天下之珍, 當與山陽共之.” 帝欲追封太后父·母, 尚書陳群奏曰, “陛下以聖德應運受命, 創業革制, 當永為後式. 案典籍之文, 無婦人分土命爵之制. 在禮典, 婦因夫爵. 秦違古法, 漢氏因之, 非先王之令典也.” 帝曰, “此議是也, 其勿施行.” 仍著定制, 藏之臺閣.

十二月, 初營洛陽宮. 戊午, 帝如洛陽.

帝謂侍中蘇則曰, “前破酒泉·張掖, 西域通使敦煌, 獻徑寸大珠, 可復求市益得不?” 則對曰, “若陛下化洽中國, 德流沙幕, 即不求自至. 求而得之, 不足貴也.” 帝嘿然.

帝召東中郎將蔣濟為散騎常侍. 時有詔賜征南將軍夏侯尚曰, “卿腹心重將, 特當任使, 作威作福, 殺人活人.” 尚以示濟. 濟至, 帝問以所聞見, 對曰, “未有他善, 但見亡國之語耳.” 帝忿然作色而問其故, 濟具以答, 因曰, “夫‘作威作福’,『書』之明誡. 天子無戲言, 古人所慎, 惟陛下察之!” 帝即遣追取前詔.

帝欲徙冀州士卒家十萬戶實河南, 時天旱, 蝗, 民饑, 群司以為不可, 而帝意甚盛. 侍中辛毘與朝臣俱求見, 帝知其欲諫, 作色以待之, 皆莫敢言. 毘曰, “陛下欲徙士家, 其計安出?” 帝曰, “卿謂我徙之非邪?” 毘曰, “誠以為非也.” 帝曰, “吾不與卿議也.” 毘曰, “陛下不以臣不肖, 置之左右, 廁之謀議之官, 安能不與臣議邪! 臣所言非私也, 乃社稷之慮也, 安得怒臣!” 帝不答, 起入內. 毘隨而引其裾, 帝遂奮衣不還, 良久乃出, 曰, “佐治, 卿持我何太急邪!” 毘曰, “今徙, 既失民心, 又無以食也, 故臣不敢不力爭.” 帝乃徙其半. 帝嘗出射雉, 顧群臣曰, "射雉樂哉!" 毘對曰, "於陛下甚樂, 於群下甚苦." 帝默然, 後遂為之稀出.

위문제 황초 2년(AD 221)

1) 봄 정월, 의랑 공선孔羨을 종성후宗聖侯로 삼고 공자에 대한 제사를 받들게 했다.

2) 3월, 요동 태수 공손공公孫恭을 거기장군으로 삼았다.

3) 오수전을 다시 사용하기 시작했다.

4) 촉 땅에 한나라 황제가 이미 해를 입었다는 소문이 들리자 한중왕 유비가 발상을 선포해 상복으로 갈아입을 것을 명한 뒤 효민황제孝愍皇帝의 시호를 올렸다. 신하들이 다투어 상서로운 조짐인 부서符瑞를 다투어 말하자 유비가 칭제했다. 전부사마前部司馬 비시가 상소했다.

"전하는 조조 부자가 주군을 핍박해 찬위한 것으로 인해 1만 리 떨어진 곳에서 타향살이를 하는 기려만리羈旅萬里를 하며 사졸들을 규합해 장차 역적을 토멸하려 하고 있습니다. 지금 대적大敵을 아직 토멸하지 못한 상황에서 자립하면 사람들이 의혹을 가질까 두렵습니다. 예전에 한고제 유방은 초패왕 항우와 약정해 우선 진나라를 친 뒤 칭왕稱王하기로 했습니다. 한고제는 함양을 함락해 자영子嬰을 생포하고도 오히려 사양할 생각을 가졌습니다.[262] 하물며 전하는 지금 아직도 촉 땅을 벗어나지 못했는데도 자립하려 드는 것입니까? 어리석은 신은 실로 전하가 이리 할 수 있다고는 생각하지 않습니다."

한중왕 유비가 매우 불쾌하게 생각해 비시를 좌천시켜 영창종사永昌

---

262 자영은 진시황의 손자로 진나라 최후의 황제이다. 그는 불과 재위 46일 만에 한고제 유방에게 사로잡혔다가 후에 항우가 함양에 쳐들어 왔을 때 그에 의해 피살됐다.

從事로 삼았다.

여름 4월 6일, 한중왕 유비가 무담武擔사천성 성도 서북쪽의 남쪽에 단을 세우고 황제의 자리에 올랐다. 천하에 대사령을 내리고 연호를 장무章武로 고쳤다. 제갈량을 승상으로 삼고 허정許靖을 사도에 임명했다.

신 사마광은 평한다.

"하늘이 백성인 증민蒸民을 만들 때 사세 상 자치自治가 불가능해 반드시 함께 군주를 추대해 다스리도록 한 것이다. 만일 능히 폭력을 금하고 해를 제거하는 금폭제해禁暴除害를 하고 증민의 생존을 온전히 하며 선한 일에 상을 주고 악행에 벌을 내리는 상선벌악賞善罰惡을 행해 난에 이르지 않게 할 수 있다면 가히 군주라 일컬을 만하다. 그래서 3대 이전에 중국의 제후국은 어찌 1만 개의 국가에 그쳤겠는가만 백성을 다스리는 자나 토지신과 곡물신에 제사하는 자들 모두 군주라 칭했다. 1만 개의 국가를 합해 하나의 군주를 세운 후 법도를 세우고 호령을 반포하니 천하에 감히 저항하는 자가 없게 돼 그를 칭해 '왕王'이라고 한 것이다. 왕덕이 쇠락한 이후에는 강대한 나라가 여러 제후를 통솔해 천자를 존봉하니 그를 칭해 '패覇'라고 한 것이다. 따라서 예로부터 천하가 무도하면 제후가 쟁웅爭雄해 오랜 기간 '왕'이 없게 되는 것이니 이런 사례는 매우 많다. 진나라의 분서갱유가 있은 후 한나라가 흥기하자 학자들이 5덕五德의 상생상극 이론을 끌어다가 진나라를 잠시 나타났다 사라진 비정통 왕조인 윤위閏位로 간주해 목덕木德과 화덕火德의 사이에 두었다. 이는 '패'일 뿐 '왕'이 아니라고 한 것이다. 정통 왕조인 정위正位와 윤위의 논쟁이 크게 일어나게 된 배경이다. 한나라가 무너져 3국이 정치鼎峙한 후 진조晉朝가 나타났다가 주도권을 잃고 5호五胡가 중원에서 대란을 일으키자 유송劉宋과 북위北魏 이래 남북이 분립해 따로 역사서를 쓰게 됐다. 서로 폄하하고 배척하니 남조는 북조를 색로索虜라 했고 북조는 남조를 도이島夷라고 했다.[263] 뒤에 주온朱溫이 후량을 건국해 당나라를 대신하자 사방이 분열하게 됐다. 후당의 건국자인 이존욱李存勖이 변경卞京에 들어와 주온을 하나라를 찬탈한 유궁씨有窮氏와 신나라를 세운 왕망에 비유하며 이전의 역법과 기년법인 운력연기運曆年紀를 모두 버리고 쓰지 않았다. 이는 모두 제멋대로 생각한 편협한 비유로 대공大公의 통론이 아니었다. 신 사마광은 우둔해 실로 이전 시대의 정위와 윤위를 자세히 알 길이 없다. 가만히 생각건대 만일 9주를 통일하지 못했다면 설령 천자의 이름을 썼다 하더라도 천자의 실질이 없는 것이다. 비록 화이華夷와 인폭仁暴, 대소大小, 강약强弱 등에서 때에 따라 차이가 있기는 했지만 예전의 열국과 아무런 차이가 없는 것이다. 어찌 능히 한 나라의 경우만을 존숭해 정통으로 삼고 나머지는 비정통의 거짓 정권인 참위僭僞로 치부할 수 있을 것인가? 만일 위에서 아래로 전수된 것만을 기준으로 해 정통과 참위를 가른다면 남조의 진씨陳氏는 누구를 계승한 것이고 북위의 탁발씨는 누구를 계승했다는 말인가? 만일 중원에 존재했던 왕조를 기준으로 정통과 참위를 가른다면 흉노족의 유씨劉氏와 갈족羯族의 석씨石氏, 선비족의 모용씨慕容氏, 저족氐族의 부씨苻氏, 강족의 요씨姚氏, 흉노족의 혁련씨赫連氏가 모두 삼황오제三皇五帝가 다스리던 곳을 다스린 셈이 된다. 만일 도덕을 기준으로 해 정통과 참위를 가른다면 변방의 작은 나라인 최이지국蕞爾之國일지라도 뛰어난 군주인 영주令主가 나올 수 있고 비록 3대의 경우라 할지라도 말기에는 패악한 왕인 벽왕僻王이 나왔으니 어찌 판단해야 하는가? 그래서 정윤의 이론은 예로부터 지금까지 그 뜻을 제대로 알

263 남북조 당시 북쪽 사람들이 변발辮髮한 것을 두고 흔히 '색두索頭'라 했다. '색로'는 직역하면 '변발을 한 오랑캐'라는 뜻이다. 반해 '도이'는 '섬 오랑캐'라는 뜻으로 당시 남조의 동남쪽이 바다에 근접해 있어 이 지역을 흔히 '도중島中'이라고 낮추어 부른 데서 나온 말이다.

수 있는 사람이 있을 수 없음에도 오히려 견고하게도 사람들이 이를 손대지 못하도록 만들어 놓고 있는 것이다. 신 사마광이 지금 서술한 것은 단지 국가의 흥망만을 기술하고 백성들의 고락인 휴척休戚에 착안해 나온 것으로 관자觀者인 독자들은 스스로 선악득실을 식별해 권계勸戒로 삼아야 한다. 만일 그 누구도『춘추』에 입각해 포폄의 기준을 확립하지 않으면 '발란세반저정撥亂世反諸正'을 이룰 수 없는 것이다.[264] 신 사마광은 정위와 윤위에 관해 잘 알지는 못하나 단 그들이 세운 공업의 실질에 근거해 서술할 수는 있다. 주周와 진秦, 한漢, 진晉, 수隋, 당唐의 경우는 모두 일찍이 9주를 통일해 제위를 후손에게 물려주었다. 비록 후손이 미약해 파천播遷을 한 경우조차 여전히 조종의 제업을 계승하면서 이전의 성황을 회복하고자 하는 소복지망紹復之望을 가졌다. 사방에서 들고 일어나 그들과 대권을 다툰 자들은 모두 천자의 옛 신하인 고신故臣들이다. 그래서 본서『자치통감』은 이들을 모두 천자와 신하의 관계인 천자지제天子之制로 파악한 것이다. 그 밖의 경우는 땅의 크기도 별 차이가 없었던데다 덕망도 거의 비슷하고 피차 통일을 이루지 못해 명호 또한 아무런 구별이 없었다. 따라서 이들을 두고 천자지제로 볼 수는 없기 때문에 본서는 이들을 모두 열국 간의 상호관계인 열국지제列國之制로 파악한 것이다. 이것을 두터이 하고 저것을 박하게 하거나 이것을 높이고 저것을 낮출 필요가 없었던데다 역사적 사실을 조금도 왜곡한 것이 없으니 가히 지공至公에 가깝다고 할 만하다. 다만 천하가 나뉘어 붕괴될 때라 하더라도 세시일월歲時日月도 없이 일의 선후를 기록할 수는 없다. 따라서 한나라가 제

264 『춘추공양전』에 나오는 '발란세반저정撥亂世反諸正'은 어지러운 세상을 평정해 바른 세상으로 되돌린다는 뜻이다. 이때의 '저諸'자는 '지어之於'의 준말이다. '반反'은 되돌려 놓는다는 뜻을 지닌 타동사이다. '발란세반저정'의 준말인 반정反正은 곧 부정不正한 난세의 상황을 정正의 치세로 되돌려 놓는다는 뜻을 지니고 있다.

위를 위魏나라로 전했다가 곧 진晉나라로 이어진 것에 근거해 보면 진나라는 송宋나라로 제위를 전한 뒤 진陳나라에 이르러 수隋나라가 제위를 취했다고 볼 수 있다. 당唐나라는 제위를 후량後梁에 전했다. 후주後周에 이르러 마침내 대송大宋이 제위를 잇게 됐다고 할 수 있다. 이로써 보면 부득불 위魏와 송宋, 제齊, 양梁, 진陳, 후량後梁, 후당後唐, 후진後晉, 후한後漢, 후주後周의 연호를 사용해 각 나라의 일을 기록하지 않을 수 없는 것이다. 이는 이것을 높이고 저것을 폄하하거나 정위와 윤위의 논리를 가지고 기록하는 게 아니다. 삼국시대 당시 촉나라의 소열昭烈유비을 한나라와의 관계에서 보면 그는 비록 중산정왕의 후예임을 자처했으나 족친관계가 너무 소원해 몇 대 후손인지와 신분이 어떠했는지 등에 관해 전혀 알 길이 없다. 이는 마치 남조의 송고조宋高祖 유유劉裕가 한나라 때의 초원왕楚元王의 후예임을 자처하고 남당南唐의 열조烈祖 이승李升이 당나라 때의 오왕 이각李恪의 후예임을 자처한 것과 같아 그 시비를 가리기가 매우 어려운 것이다. 따라서 그를 두고 감히 전한을 이은 후한의 광무제光武帝와 서진을 이은 동진의 원제元帝 등에 비유해 한나라의 정통을 이었다고 말할 수는 없는 것이다."

5) 손권이 공안에서 악鄂으로 천도한 뒤 악의 이름을 무창武昌호북성 악성으로 바꿨다.

6) 5월 12일 한주漢主 유비가 부인 오씨吳氏를 황후로 삼았다. 황후는 편장군 오의吳懿의 여동생으로 원래는 유장의 형 유모劉瑁의 처였다. 아들 유선을 황태자로 삼고 거기장군 장비의 딸을 태자비로 삼았다.

7) 위태조魏太祖 조조가 업도에 들어갔을 때 황제는 오관중랑장의 자리에 있었다. 원희袁熙의 처 중산인 견씨甄氏가 미모인 것을 보고 대단히 기뻐했다. 태조가 그를 위해 견씨를 며느리로 맞아들이자 견씨가 조예曹睿를 낳았다.

조비가 황제가 된 후 안평安平 출신 곽귀빈郭貴賓이 총애를 입었다. 견부인이 업도에 남아 있으면서 황제의 얼굴을 볼 수 없게 되자 실의에 빠져 원망 섞인 말을 하게 됐다. 곽귀빈이 견부인을 참소하자 황제가 대로해 6월 28일에 사자를 보내 견부인을 사사했다.

8) 황제가 종묘가 업도에 있다는 이유로 낙양의 건시전建始殿에서 가례家禮와 같은 수준으로 태조의 제사를 지냈다.

9) 5월 29일, 일식이 있었다.

유사有司가 상주해 태위의 파면을 요청하자 황제가 이같이 하조下詔했다.

"재이災異의 출현은 하늘이 원수元首인 군주를 견책하려 하는 것이다. 고굉股肱인 대신에게 책임을 묻게 되면 어찌 우왕과 탕왕이 자신에게 허물을 물은 본의에 합당하겠는가? 지금 명하건대 백관은 각자 자신이 맡은 바의 직무를 다하도록 하라. 금후 천재지변의 재앙인 천지지생天地之眚이 나타날지라도 다시는 삼공을 탄핵하지 말라."

10) 한주 유비가 아들 유영劉永을 노왕魯王, 유리劉理를 양왕梁王으로 삼았다.

11) 한주가 관우의 죽음을 갚기 위해 손권을 치려고 하자 익군장군 조운이 간했다.

"국적國賊은 조조이지 손권이 아닙니다. 위나라를 멸하면 손권은 자복自服할 것입니다. 지금 조조가 비록 폐斃[265]했다고 하나 그의 아들 조비가 제위를 도둑질하는 찬도簒盜를 했으니 의당 민심에 부응해 먼저 관중을 도모한 후 황하를 점거해 위수의 상류를 거슬러 올라가 흉적凶賊을 쳐야

265 폐斃는 죽음의 낮춤말로 우리말의 '엎어져 죽다' 의미에 가까운 폐사斃死의 줄임말이다. 『국어国语』「진어晋语」에 '폐사' 표현이 나온다.

합니다. 관동의 의사義士는 반드시 양식을 싸가지고 전마를 몰아 정의의 군사인 왕사王師를 맞이할 것입니다. 위나라를 놓아둔 채 먼저 오나라와 싸워서는 안 됩니다. 양쪽이 한 번 교전하게 되면 일거에 해결이 날 수 없으니 이는 결하고 상책이 될 수 없습니다."

신하들 중에 간하는 자가 매우 많았으나 한주 유비는 이를 모두 물리쳤다. 광한 출신의 처사處士 진밀秦宓은 천시가 오나라를 치는 데 반드시 불리하다고 말한 죄로 하옥돼 유폐됐다가 사면을 받아 나오는 대출貸出을 하게 됐다.

당초 거기장군 장비는 웅장용맹雄壯勇猛한 면에서 관우에 버금갔다. 관우가 병사들에게는 잘 대해주면서 사대부에게는 오만했던데 반해 장비는 사대부에게는 예로써 대우하면서도 병사들에게는 가차가 없었다. 한주 유비가 늘 장비에게 경계해 이같이 말하곤 했다.

"경의 형살刑殺이 이미 도가 지나치고 또 날마다 건아健兒인 병사들을 채찍질인 편과鞭檛를 하고도 그들을 신변에 두니 이는 스스로 화를 부르는 길이다."

그러나 장비는 이런 버릇을 여전히 고치지 않았다.

한주가 손권을 치려고 할 때 장비는 1만 명의 군사를 이끌고 낭중閬中에서 강주江州로 와 대군과 회합하기로 되어 있었다. 출발에 임박해 장비의 휘하 장군 장달張達과 범강范强이 장비를 죽인 뒤 그 수급을 가지고 물을 따라 내려가 손권에게 달아났다. 한주가 장비의 영도독營都督이 올린 표문을 읽고 탄식했다.

"아, 장비가 죽었다!"

서진 때의 사가 진수陳壽는『삼국지三國志』에서 이같이 평했다.

"관우와 장비는 모두 만인의 적을 당할 수 있다고 칭해진 일대의 호신虎臣무신이다. 관우는 은혜에 보답하기 위해 조조에게 충성을 바쳤고 장비는 대의에 입각해 엄안을 석방했으니 두 사람 모두 군자의 풍모인 국사지풍國士之風이 있었다. 관우는 각박하며 자긍심이 강했고 장비는 폭압을 휘둘러 은혜를 몰랐으니 두 사람 모두 이런 단점 때문에 실패하게 된 것이다. 이는 천지의 이치에 따른 것이다."

12) 가을 7월, 한주 유비가 직접 전군을 이끌고 손권을 치자 손권이 사자를 보내 화해를 청했다. 남군 태수 제갈근이 한주에게 전箋을 보내 건의했다.

"폐하는 관우를 선제先帝한헌제와 비교하면 누가 더 가깝습니까? 또 형주를 해내海內인 중원과 비교하면 어느 것이 큽니까? 위나라와 오나라가 모두 한을 품었겠지만 누가 우선이고 누가 뒤입니까? 이는 손을 뒤집듯이 쉬운 이치입니다."

한주 유비가 듣지 않았다.

당시 어떤 사람이 제갈근이 따로 측근을 보내 유비와 내통하고 있다고 하자 손권이 이를 부인했다.

"고와 자유子瑜제갈근는 죽어도 배신하지 않는 생사불역生死不易의 맹서를 했다. 자유가 나를 저버리지 않는 것은 내가 그를 저버리지 않는 것과 같다."

비방하는 말이 계속 밖에서 들려오자 육손이 상표해 제갈근이 이런 일을 할 리가 없다고 전제하면서도 이를 해명해 의혹을 불식할 필요가 있다고 건의했다. 손권이 육손에게 보내는 회신에서 제갈근을 옹호했다.

"고는 자유와 오랜 세월 같이 일을 해 은정이 골육과 같기에 서로 깊이 잘 알고 있소. 자유는 도가 아니면 행하지 않고 의가 아니면 말하지 않는 사람이오. 현덕이 전에 공명을 오나라로 보냈을 때 내가 자유에게 말하기를, '경은 공명과 동복형제인 동산同産이고 동생은 형을 따라야 하는 게 의리상 순리가 아니겠소? 왜 공명을 붙들지 않는 것이오. 공명이 만일 이

곳에 남아 경을 따를 경우 고가 서신을 현덕에게 보내 내용을 설명하면 대략 그도 동의할 것이오'라고 했소. 그러자 자유가 말하기를, '동생은 이미 다른 사람에게 몸을 의탁했으니 의당 신하로서의 명분을 정했을 것이고 의리상 두 마음이 없을 것입니다. 동생이 이곳에 남지 않은 것은 제가 유비에게 가서 의탁하지 않는 것과 같습니다'라고 했소. 이 말은 신명을 하나로 관통하기에 족했소. 어찌 지금이라고 해서 그런 일이 있을 수 있겠소? 이전에 고는 자유를 비난하는 상소문을 보면 즉각 봉한 뒤 겉에 몇 자 수필手筆친필로 써서 자유에게 전해주었소. 고는 자유와 가히 정신적 교감인 신교神交를 나눴다 할 만하니 다른 사람의 얘기인 외언外言으로 이간할 수 있는 사이가 아니오. 고가 경의 뜻을 분명히 알았으니 곧 경의 글을 전해 자유가 경의 뜻을 충분히 알 수 있도록 하겠소."

한주가 장군 오반吳班 및 풍습馮習을 보내 무현巫縣사천성 장강 연안에서 손권의 부장 이이李異와 유아劉阿 등을 공파攻破하게 했다. 이때 자귀로 진군한 한주 유비의 군사는 4만여 명이었다.

무릉의 만이가 모두 사자를 보내 파병을 요청하자 손권이 진서장군 육손을 대도독·가절로 삼고 장군 주연과 반장, 송겸宋謙, 한당韓當, 서성徐盛, 선우단鮮于丹, 손환孫桓 등이 이끄는 5만 명의 군사를 통수해 한주에 저항하게 했다.

13) 황제의 동생 언릉후 조창曹彰과 완후宛侯 조거曹据, 노양후魯陽侯 조우曹宇, 초후譙侯 조림曹林, 찬후贊侯 조곤曹衮, 양읍후襄邑侯 조준曹峻, 홍농후弘農侯 조간曹干, 수춘후壽春侯 조표曹彪, 역성후歷城侯 조휘曹徽, 평여후平輿侯 조무曹茂가 모두 진작進爵해 공公이 됐다. 안향후安鄕侯 조식을 견성후甄城侯로 다시 봉했다.

14) 낙양성에 능운대陵雲臺를 세웠다.

15) 당초 황제가 신하들에게 조령을 내려 유비가 과연 관우의 복수를

위해 출병해 손권을 칠 것인지를 논의하게 하자 신하들 대부분이 회의적인 견해로 중론을 모은 뒤 입을 모아 보고했다.

"촉은 소국에 불과해 명장은 오직 관우뿐이었는데 그가 죽자 군사들은 지리멸렬해졌고 나라 안은 온통 두려움에 떨게 돼 다시 출병할 이유가 없습니다."

시중 유엽이 반박했다.

"촉은 비록 작고 약하나 유비는 위무威武로써 자강自强하려는 생각을 갖고 있어 사세 상 반드시 용병해 자신의 역량에 여유가 있음을 보여주고자 할 것입니다. 더구나 관우와 유비는 의리상 군신 간이지만 은정으로 치면 부자와 같습니다. 관우가 죽었는데도 출병해 복수전을 치르지 않으면 생사와 화복을 같이 나누는 명분인 종시지분終始之分에도 맞지 않습니다."

8월, 손권이 사자를 보내 칭신하며 지극히 겸손한 언사인 비사卑辭로 된 상주문을 올리고 우금 등을 송환할 뜻을 밝혔다. 조정대신들이 모두 축하했으나 오직 유엽만이 경계했다.

"손권이 아무 이유 없이 귀부를 청한 것은 반드시 내부에 위급한 사정이 있기 때문입니다. 손권은 전에 몰래 기습해 관우를 죽였으니 유비가 반드시 대병을 일으켜 그를 치려 할 것입니다. 밖으로는 강적이 있고 민심은 불안한데 중국中國인 위나라 틈을 노려 공격할까 두려워 땅을 떼어주며 귀부를 청한 것입니다. 그러면 첫째 중국의 출병을 막을 수 있고 둘째 중국의 원조에 기대어 자신들의 역량을 키우는 동시에 적에게는 두려움을 줄 수 있는 것입니다. 천하가 3분된 후 중국은 그 가운데 10분의 8을 차지하고 있으나 오와 촉은 각기 한 주를 보유해 겨우 지세의 험고함에 의지하고 있기 때문에 서로 위급할 때 구원하는 게 이들 소국에는 유리할 것입니다. 지금 서로 공벌하려 드니 이는 하늘이 그들을 멸망하게 하려는 것이니 의당 대군을 일으켜 곧바로 장강을 넘어가 손권을 쳐야 합니다. 촉이 밖에서 공격할 때 중국이 그 내부를 습격하면 오의 멸망은 불과 열흘을 넘지 않을 것입니다. 오가 멸망하면 촉은 자연히 고립돼 설령 오의 반을 촉에 준다한들 촉은 오래 버틸 수 없습니다. 하물며 촉은 단지 오의 변경을 얻는 데 불과하나 중국은 오의 내지를 모두 얻게 되니 대업의 완성을 손꼽아 기다릴 수 있습니다."

황제 조비가 반대했다.

"칭신해 귀항하는 자를 가서 토벌하면 장차 천하의 귀부하려는 사람들이 모두 의혹을 가질 것이니 잠시 오의 귀항을 접수해 촉의 뒤를 치느니만 못하오."

유엽이 재차 간했다.

"촉은 멀고 오는 가깝습니다. 또한 중국이 촉을 치러간다는 소식을 듣고 촉이 군사를 거둘 경우 이를 제지하기도 어렵습니다. 지금 유비는 이미 대단히 화가 나 군사를 이끌고 오를 맹렬히 공격하려 하고 있습니다. 만일 중국이 오를 친다는 얘기를 들으면 오가 필경 망할 것을 알고 대단히 기뻐하며 급히 진공해 중국과 오지吳地를 다투어 나눠가지려 할 것입니다. 그리 되면 반드시 당초의 계획을 바꿔 분노를 억누르고 오를 구원하려 하지는 않을 것입니다."

황제가 이를 듣지 않고 끝내 오나라 손권의 투항을 받아들였다.

우금은 머리털과 수염이 모두 하얗게 센데다 형용마저 매우 초췌했다. 황제를 보더니 눈물을 흘리며 절했다. 황제가 순림보荀林父와 맹명시孟明視의 고사를 들어 그를 위무한 뒤 그를 안원장군安遠將軍에 임명하고 북쪽의 업도로 가 고릉을 참배하게 했다.[266]

---

266 순림보는 춘추시대 진晉나라의 대부로 초나라와 교전해 패했으나 진나라의 경공景

황제가 사람을 보내 능 앞의 사당인 능옥陵屋의 벽면 위에 관우가 승리하고 방덕이 분노하며 우금이 항복하는 그림을 그리게 했다. 우금이 부끄럽고 화가 나 발병해 죽었다.

신 사마광은 평한다.

"우금은 수만 명의 군사를 이끌고 싸우다 패했을 때 죽지 않고 적에게 투항했다가 오래지 않아 돌아오게 됐다. 문제文帝 조비는 가히 그를 폐기하거나 죽일 수도 있었다. 능옥에 벽화를 그려 모욕했으니 이는 군주의 모습이 아니다."

16) 8월 19일, 태상 형정邢貞에게 명해 책명策命을 갖고 가 손권을 오왕吳王에 봉하고 구석九錫을 내리고자 했다. 유엽이 반대했다.

"그리 해서는 안 됩니다. 선제가 천하를 정벌해 10분의 8을 점유하자 그 위엄이 해내에 진동했습니다. 폐하가 선양을 받아 황제의 자리에 오르는 수선受禪을 해 덕망이 천지와 부합하니 그 명성이 사방의 먼 곳까지 들리고 있습니다. 손권이 비록 웅재가 있다 하나 단지 한나라 때의 표기장군·남창후에 지나지 않습니다. 신분이 가벼운데다 세력 또한 약하니 오지의 백성들이 중국을 두려워하고 있는데 그들을 강박해 우리와 함께 대사를 도모하게 할 수는 없습니다. 중국은 부득이 그의 귀항을 받았으니 그의 장군칭호를 올려 10만호의 후에 봉하는 것은 몰라도 단번에 왕으로 봉할 수는 없습니다. 왕은 천자와 단지 한 급의 차이가 있을 뿐이어서 사용하는 의례의 수준과 복식, 거마 등이 천자와 서로 섞이게 됩니다. 그가 단지 일개 제후에 불과해야만 강남의 사민이 그와 군신 간의 명분

公이 계속 그를 기용했다. 얼마 후 적적赤狄을 정복하는 공을 세웠다. 맹명시는 진秦나라의 대부로 일찍이 진晉나라의 포로가 된 적이 있었으나 진목공秦穆公이 계속 그를 기용했다. 후에 진나라가 서융西戎을 제패하는 데 큰 공을 세웠다.

이 없게 됩니다. 우리가 그의 거짓 귀항을 믿고 분봉해 땅을 1주라도 주면 그의 지위를 높여 군신 간의 명분을 만들어 주는 것입니다. 이는 마치 호랑이에게 날개를 달아주는 것과 같습니다. 손권이 왕위를 받고 촉을 격퇴한 후 겉으로 예를 다해 중국을 섬겨 그의 국내 사민들이 이를 모두 알게 되면 이는 사실 무례를 행해 폐하를 격노하게 만드는 것입니다. 만일 폐하가 분노한 나머지 거병해 그를 치면 그는 조용히 그의 백성들에게 말하기를, '나는 몸을 굽혀 중국을 섬겼고 진귀한 보물을 아끼지 않고 수시로 바쳐 감히 신하의 도리를 어기지 않았는데도 무고히 우리를 치려고 한다. 이는 우리나라를 없애고 우리 인민을 포로로 잡아 종과 비첩으로 만들려는 것임에 틀림없다'고 할 것입니다. 이리되면 오나라 백성이 그 말을 믿지 않을 도리가 없습니다. 그의 말을 믿고 곧 분노해 상하가 합심하면 싸우기가 10배는 더 힘들게 됩니다."

황제 조비가 또 듣지 않았다. 제장들은 오나라가 이미 내부內附했다고 생각해 의지가 모두 해이해졌다. 단지 정남대장군 하후상만이 더욱 전투 준비에 박차를 가했다.

산양 출신 조위曹偉는 평소 재간이 있다는 명성이 있었다. 그는 오나라가 칭번稱藩한 얘기를 듣고 평민의 신분으로 오왕에게 서신을 보내 재물을 요구하면서 경성의 관원과 결탁하려 했다. 황제 조비가 그 소식을 듣고 그를 죽였다.

17) 오나라가 또 무창에 성벽을 쌓았다.

18) 당초 황제가 양표를 태위에 임명하려고 하자 양표가 사양했다.

"신은 일찍이 한나라의 삼공을 맡았을 때 세도世道가 쇠락하는 것을 보고도 촌척寸尺의 도움도 주지 못했습니다. 그런데 다시 위나라의 신하가 되면 나라의 인재등용에 광채가 날 수 없습니다."

황제가 그만 두었다.

겨울 10월 2일, 대신들이 초하루 아침인 삭단朔旦의 문안을 했다. 황제가 양표를 불러 빈객의 예로 대접한 후 연년장延年杖과 풍궤馮几를 하사했다. 이어 베로 된 피서용 홑옷인 단의單衣와 방한용 가죽모자인 피변皮弁을 착용한 채 알현하는 것을 윤허했다.[267] 그를 광록대부에 임명했다. 품급은 중中2천석이었고 조견할 때의 서열은 삼공 다음이었다. 또한 문에 행마行馬를 시행해 이졸吏卒을 둘 수 있도록 해 크게 우대하며 존숭하는 뜻을 표시했다.[268] 양표는 나이 84세에 세상을 떠났다.

19) 곡물 가격이 올라 오수전을 폐지했다.

20) 양주凉州의 노수호족盧水胡族인 치원다治元多 등이 반기를 들어 하서지역이 커다란 혼란에 빠졌다. 황제가 추기鄒岐를 돌아오도록 하고 경조윤 장기張既를 양주자사로 임명해 파견한 뒤 호군 하후유夏侯儒와 장군 비요費曜 등에게 자사의 뒤를 따르게 했다.

노수호족의 기병 7,000여 명이 전음鸇陰감숙성 정원 서북쪽의 어귀에서 장기를 영격할 기세를 보이자 장기가 전음을 지나갈 것이라고 떠벌이고 몰래 무위로 나아갔다. 노수호족이 장기의 군사를 신병神兵으로 생각하고 철군해 현미顯美감숙성 영창 동쪽로 돌아갔다. 장기가 이미 무위를 점거했을 때 비로소 비요가 군사를 이끌고 도착했으나 하후유 등은 여전히 도착하지 않았다. 장기가 장병들을 호궤한 뒤 진군해 노수호족을 치려고 하자 제장들이 이의를 제기했다.

"병사들이 극히 피곤해 하는데다 적의 숫자가 많고 기 또한 성하니 쟁

---

267 연년장延年杖은 노인들이 사용하는 지팡이, 풍궤馮几는 앉아 있을 때 몸을 기댈 수 있는 작은 탁자를 말한다. 연년장과 풍궤를 보내는 것은 지극한 경로敬老의 표시이다.

268 행마는 인마의 통행을 차단하기 위해 설치한 나무시렁木架를 말한다. 위진남북조시대 이래로 고관들은 문앞에 행마를 설치하고 이졸들을 배치해 이곳이 통행금지구역임을 표시했다.

봉爭鋒하기 어렵습니다."

장기가 설득했다.

"지금 군량이 거의 바닥을 드러내고 있으니 의당 적의 양식을 우리의 식량으로 삼아야 하오. 만일 적들이 우리 군사들이 모여드는 것을 보면 필경 깊은 산 속으로 숨어들 것이니 아무리 추격한들 길이 험해 병사들만 굶게 되오. 또한 우리가 철수하면 또다시 기어 나와 약탈을 자행할 것이니 그러면 전쟁이 쉴 날이 없게 되오. '하루 동안 적을 놓아두면 그 피해가 몇 대를 간다'는 속언은 바로 이를 두고 한 것이오."

그러고는 현미로 진군했다.

11월, 여수호족의 기병 수천 명이 대풍大風을 이용해 장기의 군영을 불태우려고 하자 장병들이 모두 두려워했다. 장기가 밤에 정병 3,000명을 매복시킨 뒤 참군 성공영成公英에게 명해 기병 1,000여 명을 이끌고 나아가 싸움을 건 뒤 거짓으로 도주하게 했다. 노수호족이 과연 앞다퉈 뒤쫓아 오자 복병들이 노수호족의 퇴로를 끊은 뒤 앞뒤로 협격해 노수호족을 대파했다. 이때 참획한 적의 숫자가 1만여 명에 이르렀다. 하서가 전부 평정됐다.

후에 서평西平 출신 국광麴光이 모반해 서평군수를 죽였다. 제장들이 국광을 치려하자 장기가 만류했다.

"단지 국광 등이 모반했다고 해서 반드시 군민이 모두 동참한 것은 아닐 것이오. 만일 파병해 진압하게 되면 관민과 강족, 호인들이 반드시 조정이 시비도 분별하지 못한다고 생각해 서로 부추겨 모두 국광을 지지하게 될 것이오. 이는 호랑이에게 날개를 달아주는 격이오. 국광 등은 강족과 호인을 외원으로 삼으려 하니 지금 우선 강족과 호인에게 국광을 공격해 노략하도록 유인해야 하오. 두터이 현상을 내걸어 노획한 사람과 물건은 모두 그들에게 주겠다고 하면 그들을 충분히 유인할 수 있소. 그러면 밖으로는 국광의 세력을 억제하고 안으로는 그들과 강족 및 호인을 분리시킬 수 있으니 반드시 싸우지 않고도 평정할 수 있을 것이오."

모든 강족 및 호인에게 격문을 돌려 국광 등에게 속아 가담한 자는 모두 사면하고 능히 국광의 수급을 바치는 자에게는 후히 상을 내리겠다는 뜻을 밝혔다. 국광의 무리가 그의 목을 베어 수급을 보내자 모든 것이 이전과 다름없이 평온하게 됐다.

21) 형정이 오나라에 도착했을 때 오나라 사람들은 손권이 의당 상장군과 9주백九州伯을 칭하고 위나라의 작위를 받지 않을 것으로 생각했다. 오왕 손권이 설득했다.

"고는 구주백이 예전에 있었다는 얘기를 듣지 못했소. 전에 패공 유방도 항우가 내린 봉호를 받아 한왕漢王이 됐소. 이는 대략 권의지계에 불과한 것이니 또 무슨 손실이 있겠소?"

봉호를 받았다. 오왕이 성을 나가 도정都亭에서 형정을 기다릴 때 형정이 문안으로 들어온 뒤 수레에서 내리지 않자 장소가 형정을 꾸짖었다.

"무릇 예절이 공경치 못한 적이 없으면 법령 또한 집행되지 않는 적이 없는 법이오. 군이 감히 망령되이 스스로 존대하니 강남에는 군사가 적고 약하다 해 방촌方寸의 병기조차 없는 줄 아는 것이오?"

형정이 즉각 수레에서 내려왔다. 중랑장 낭야인 서성이 매우 분개해 좌우를 둘러보며 말했다.

"우리가 목숨을 내걸고 명을 받들어 국가를 위해 허도와 낙양을 겸병하고 파촉巴蜀을 병탄하지 못해 우리 주군이 형정과 결맹하도록 만들었으니 이 또한 수치가 아닌가?"

그러고는 눈물을 흘리며 슬피 울었다. 형정이 이 말을 듣고 감탄해 그의 수종들에게 말했다.

"강동의 장상將相들이 이와 같으니 머지않아 많은 신민들을 거느리겠다."

오주吳主 손권이 중대부 남양인 조자趙咨를 경성으로 보내 베푼 은정에 고마움을 표시하는 치사致謝를 하게 하자 황제 조비가 물었다.

"오주는 어떠한 군주요?"

조자가 대답했다.

"총명聰明하고 인지仁智하며 웅략雄略이 있는 군주입니다."

황제가 구체적인 사실을 묻자 조자가 당당한 어조로 대답했다.

"초야의 선비인 범품凡品에서 노숙을 발탁했으니 이는 총기聰氣입니다. 여몽을 뽑아 군사를 맡겼으니 이는 명기明氣입니다. 우금을 잡아 해를 가하지 않았으니 이는 인자仁慈입니다. 형주를 취하면서 피를 흘리지 않으니 이는 지혜智慧입니다. 형주와 양주 및 교주 등 3주三州를 점거해 천하를 호시虎視하니 이는 웅지雄志입니다. 몸을 굽혀 폐하에게 칭신하니 이는 대략大略입니다."

황제가 또 물었다.

"오왕은 학문이 깊소?"

조자가 대답했다.

"오왕은 전선 1만 척을 강에 띄워놓고 100만의 군사를 이끌고 있습니다. 현능한 자를 임용해 그 능력을 펴게 하고 오직 뜻을 천하 사방을 다스리는 경략經略에 두고 있으니 비록 짧은 여가일지라도 시간만 나면 여러 책과 사서를 두루 섭렵하는 박람博覽을 하고 있습니다. 그러면서도 기묘한 요점만을 취하니 유생들이 글의 대강도 모른 채 일부 글귀만 취하는 심장적구尋章摘句와는 전혀 다릅니다."

황제가 물었다.

"오나라를 가히 정복할 수 있지 않겠소?"

조자가 대답했다.

"대국에는 정벌에 동원할 군사가 있지만 소국에는 견고한 방어준비가 돼 있습니다."

황제가 반박했다.

"그래도 오나라가 위나라를 대적하기는 어렵지 않겠소?"

조자가 대답했다.

"군사가 100만 명이나 있고 장강과 한수를 연못처럼 쓰고 있는데 무슨 어려움이 있겠습니까?"

황제가 감탄했다.

"도대체 오나라에는 대부大夫와 같은 사람이 얼마나 되오?"

조자가 대답했다.

"총명한 것은 물론 문리를 통달한 자는 대략 80-90인 정도이고 신과 같은 자는 수레에 실어 셈을 해야 할 정도로 많아 그 수를 셀 수조차 없습니다."

황제가 사자를 오나라로 보내 작두향雀頭香과 대패大貝, 야광주인 명주明珠, 상아, 하고뿔소 뿔인 서각犀角, 바다거북 껍데기인 대모玳瑁, 공작, 비취, 싸움 오리인 투압鬪鴨, 장명계長鳴鷄 등을 요구했다. 오나라의 대신들이 모두 입을 모아 반대했다.

"형주와 양주 등 2개 주가 조정에 공납하는 데에는 일정한 규정이 있습니다. 위나라가 요구한 진기한 완물玩物은 예에 맞지 않으니 의당 주지 말아야 합니다."

오왕 손권이 말했다.

"우리는 서북쪽의 촉과 대치하고 있고 강표의 백성인 원원元元은 위주魏主에 기대어 스스로를 보전해야 하오. 위주가 요구한 것은 나에게는 마치 기와 파편과 돌멩이인 와석瓦石과 같은 것이니 무엇이 애석하겠소? 하물며 그가 양암諒暗 중에 이런 물건을 요구하니 어찌 그와 더불어 예를 논할 수 있겠소?"

그러고는 요구한 것을 전부 갖추어 바쳤다.

22) 오왕이 아들 손등孫登을 태자로 삼고 사우師友를 정선했다. 남군 태수 제갈근의 아들 제갈각諸葛恪과 수원장군 장소의 아들 장휴張休, 대리인 오군 출신 고옹顧雍의 아들 고담顧譚, 편장군인 여강 출신 진무陳武의 아들 진표陳表를 모두 중서자로 삼았다. 이들은 손등이 집에 있을 때에는 함께 시서를 강하고 밖으로 나올 때는 함께 기사騎射를 배웠다. 사람들이 그들을 일컬어 4우四友라 칭했다. 손등이 요속들을 대할 때에는 행례를 간략히 해 선비들의 예를 행했다.

23) 12월, 황제가 동순東巡했다.

24) 황제 조비가 오왕 손권의 아들 손등을 만호후萬戶侯에 봉하려고 하자 오왕이 손등의 나이가 어린 것을 이유로 상서해 사양하고 받지 않았다. 오왕이 서조연 오흥吳興 출신 심형沈珩을 경성으로 보내 치사하고 특산물을 바치자 황제가 물었다.

"오나라는 위나라가 동쪽으로 진공할까 의심하는 것인가?"

심형이 반문했다.

"어찌 의심하겠습니까?"

황제가 물었다.

"어째서 의심치 않는다고 말하는 것인가?"

심형이 대답했다.

"종전의 맹약을 굳게 믿고 있고 맹약에서 우호를 다짐했기에 의심치 않는 것입니다. 만일 위나라가 맹약을 지키지 않으면 저희도 방어를 준비할 것입니다."

황제가 다시 물었다.

"듣건대 오나라 태자가 장차 경성으로 온다고 하는데 정말 그러한가?"

심형이 말했다.

"신은 동오東吳에 있으면서 사람을 예방할 때에는 끝내 앉지 않고 연회에 참석할 때에는 줄곧 말을 나누지 않기 때문에 그런 얘기를 들어본 적이 없습니다."

황제가 속으로 그를 매우 칭찬했다.

오왕이 무창의 조대釣臺에서 연회를 베풀고 크게 취해 시종에게 물을 떠가지고 와 신료들을 씻어주라고 명한 후 술을 권했다.

"오늘 통쾌히 마시고자 하니 대취해 조대 위에서 쓰러져 넘어질지라도 멈추지 마시오."

장소가 정색을 해 말을 하지 않은 채 밖으로 나가 수레 안에 앉아 있었다. 오왕이 사람을 보내 장소를 불러 조대 안으로 들어오게 한 뒤 물었다.

"단지 함께 즐기고자 하는 것일 뿐인데 공은 무엇 때문에 그리 화가 난 것이오?"

장소가 대답했다.

"예전에 은나라의 주왕은 지게미가 쌓여 만들어진 언덕인 조구糟丘와 주지酒池를 만들어 밤을 새워 술을 마셨습니다. 당시에도 같이 즐긴다고 생각했지 일을 망친다고 생각지는 않았습니다."

오왕이 한마디도 못하고 부끄러운 생각에 이내 연회를 파했다.

당시 오왕 손권이 신하들과 술을 마시며 친히 몸을 일으켜 술을 권할 때 우번이 자기 차례가 되자 땅위에 팔자로 드러누워 마치 술에 취해 몸을 가누지 못하는 것같이 가장했다. 오왕이 지나간 뒤 우번이 기어가 자리에 앉자 오왕이 대로해 손에 칼을 들고 그를 죽이려 했다. 앉아 있던 신하들이 모두 두려워하자 대사농 유기劉基가 일어나 오왕을 감싸 안고 만류했다.

"대왕은 3작爵을 든 후 친히 현량한 선비를 죽이게 되면 설령 우번이 죄가 있다 한들 천하에 그 누가 이를 알겠습니까? 하물며 대왕은 능히 천하의 현자들을 불러 모으고 있어 해내가 모두 망풍望風하고 있습니다. 오늘 이 일은 일단 없는 것으로 하는 게 어떻겠습니까?"

오왕이 여전히 노기를 풀지 못한 채 물었다.

"조맹덕도 일찍이 공문거孔文擧공융를 죽였는데 고라고 해서 우번을 죽이지 못할 이유가 무엇이란 말이오?"

유기가 대답했다.

"맹덕이 가벼이 선비를 죽여 천하 사람이 모두 그를 욕했습니다. 대왕은 몸소 덕행과 인의를 실천하며 요순과 고하를 다투려고 하면서 어찌 스스로를 그와 비교하려 하는 것입니까?"

우번이 가까스로 화를 면했다. 오왕이 이내 측근들 앞에서 스스로를 경계했다.

"오늘 이후 설령 내가 술을 먹고 사람을 죽이겠다고 말할지라도 결하고 그 누구라도 죽이게 해서는 안 되오."

유기는 유요劉繇의 아들이다.

25) 당초 위태조가 답돈을 깨뜨린 후 오환족은 점차 쇠락해 갔다. 선비족 추장 보도근步度根과 가비능軻比能, 소리素利, 미가彌加, 궐기厥機 등이 염유閻柔를 통해 조정에 공물을 바치면서 통상을 허락해 줄 것을 청했다. 위태조가 이들을 총애하게 돼 곧 상표해 이들 모두를 왕에 봉했다.

가비능은 본래 선비족의 일개 방계부락에 속했으나 위인이 용감하고 공평해 부중의 신망을 얻었다. 왕이 된 후 능히 위망에 기대어 각 부락을 통제하자 그의 세력이 가장 강성했다. 운중과 오원을 시작으로 동쪽으로 요하에 이르는 지역이 모두 선비족의 지역이다. 가비능은 소리 및 미가와 함께 선비족의 땅을 분할해 통치함으로써 각각 분계선이 있었다.

가비능이 다스리는 지역은 관새關塞와 접경하고 있어 중국의 많은 사람들이 반기를 들어 패배한 뒤 그에게 망명했다. 소리는 요서와 우북평, 어양의 관새 밖에 있는데다 길 또한 멀어 변경의 우환을 일으키지는 않았다. 황제 조비가 평로교위 견초牽招를 호선비교위護鮮卑校尉, 남양 태수 전예田豫를 호오환교위護烏桓校尉로 삼아 선비족과 오환족을 진무하게 했다.

* 世祖文皇帝黃初二年

春, 正月, 以議郎孔羨為宗聖侯, 奉孔子祀. 三月, 加遼東太守公孫恭車騎將軍. 初復五銖錢.

蜀中傳言漢帝已遇害, 於是漢中王發喪制服, 謚曰孝愍皇帝. 群下競言符瑞, 勸漢中王稱尊號. 前部司馬費詩上疏曰, “殿下以曹操父子逼主篡位, 故乃羈旅萬里, 糾合士衆, 將以討賊. 今大敵未克而先自立, 恐人心疑惑. 昔高祖與楚約, 先破秦者王之. 及屠咸陽, 獲子嬰, 猶懷推讓. 況今殿下未出門庭, 便欲自立邪! 愚臣誠不為殿下取也.” 王不悅, 左遷詩為部永昌從事. 夏, 四月, 丙午, 漢中王即皇帝位於武擔之南, 大赦, 改元章武. 以諸葛亮為丞相, 許靖為司徒.

臣光曰, “天生烝民, 其勢不能自治, 必相與戴君以治之. 苟能禁暴除害以保全其生, 賞善罰惡使不至於亂, 斯可謂之君矣. 是以三代之前, 海內諸侯, 何啻萬國, 有民人·社稷者, 通謂之君. 合萬國而君之, 立法度, 班號令, 而天下莫敢違者, 乃謂之王. 王德既衰, 強大之國能帥諸侯以尊天子者, 則謂之霸. 故自古天下無道, 諸侯力爭, 或曠世無王者, 固亦多矣. 秦焚書坑儒, 漢興, 學者始推五德生·勝, 以秦為閏位, 在木火之間, 霸而不王, 於是正閏之論興矣. 及漢室顛覆, 三國鼎跱. 晉氏失馭, 五胡雲擾. 宋·魏以降, 南北分治, 各有國史, 互相排黜, 南謂北為索虜, 北謂南為島夷. 朱氏代唐, 四方幅裂, 朱邪入汴, 比之窮·新, 運歷年紀, 皆棄而不數, 此皆私己之偏辭, 非大公之通論也. 臣愚誠不足以識前代之正閏, 竊以為苟不能使九州合為一統, 皆有天子之名, 而無其實者也. 雖華夷仁暴, 大小強弱, 或時不同, 要皆與古之列國無異, 豈得獨尊獎一國謂之正統, 而其餘皆為僭偽哉! 若以自上相授受者為正邪, 則陳氏何所授? 拓跋氏何所受? 若以居中夏者為正邪, 則劉·石·慕容·苻·姚·赫連所得之土, 皆五帝·三王之舊都也. 若有以道德者為正邪, 則蕞爾之國, 必有令主, 三代之季, 豈無僻王! 是以正閏之論, 自古及今, 未有能通其義, 確然使人不可移奪者也. 臣今所述, 止欲敍國家之興衰, 著生民之休戚, 使觀者自擇其善惡得失, 以為勸戒, 非若『春秋』立褒貶之法, 拔亂世反諸正也. 正閏之際, 非所敢知, 但據其功業之實而言之. 周·秦·漢·晉·隋·唐, 皆嘗混壹九州, 傳祚於後, 子孫雖微弱播遷, 猶承祖宗之業, 有紹復之望, 四方與之爭衡者, 皆其故臣也, 故全用天子之制以臨之. 其餘地丑德齊, 莫能相壹, 名號不異, 本非君臣者, 皆以列國之制處之, 彼此鈞敵, 無所抑揚, 庶幾不誣事實, 近於至公. 然天下離析之際, 不可無歲·時·月·日以識事之先後. 據漢傳於魏而晉受之, 晉傳於宋以至於陳而隋取之, 唐傳於梁以至於周而大宋承之, 故不得不取魏·宋·齊·梁·陳·後梁·後唐·後晉·後漢·後週年號, 以紀諸國之事, 非尊此而卑彼, 有正閏之辨也. 昭烈之漢, 雖雲中山靖王之後, 而族屬疏遠, 不能紀其世數名位, 亦猶宋高祖稱楚元王后, 南唐烈祖稱吳王恪後, 是非難辨, 故不敢以光武及晉元帝為比, 使得紹漢氏之遺統也."

孫權自公安徙都鄂, 更名鄂曰武昌.

五月, 辛巳, 漢主立夫人吳氏為皇后. 後, 偏將軍懿之妹, 故劉璋兄瑁之妻也. 立子禪為皇太子. 娶車騎將軍張飛女為太子妃.

太祖之入鄴也，帝為五官中郎將，見袁熙妻中山甄氏美而悅之，太祖為之聘焉，生子叡. 及即皇帝位，安平郭貴嬪有寵，甄夫人留鄴不得見. 失意，有怨言. 郭貴嬪譖之，帝大怒. 六月，丁卯，遣使賜夫人死.

帝以宗廟在鄴，祀太祖於洛陽建始殿，如家人禮.

戊辰晦，日有食之. 有司奏免太尉，詔曰，"災異之作，以譴元首，而歸過股肱，豈禹·湯罪己之義乎! 其令百官各虔厥職. 後有天地之眚，勿復劾三公."

漢主立其子永為魯王，理為梁王.

漢主恥關羽之沒，將擊孫權. 翊軍將軍趙雲曰，"國賊，曹操，非孫權也. 若先滅魏，則權自服. 今操身雖斃，子丕篡盜，當因眾心，早圖關中，居河·渭上流以討凶逆，關東義士必裹糧策馬以迎王師. 不應置魏，先與吳戰. 兵勢一交，不得卒解，非策之上也." 群臣諫者甚眾，漢主皆不聽. 廣漢處士秦宓陳天時必無利，坐下獄幽閉，然後貸出.

初，車騎將軍張飛，雄壯威猛亞於關羽. 羽善待卒伍而驕於士大夫，飛愛禮君子而不恤軍人. 漢主常戒飛曰，"卿刑殺既過差，又日鞭撾健兒而令在左右，此取禍之道也." 飛猶不悛. 漢主將伐孫權，飛當率兵萬人自閬中會江州. 臨發，其帳下將張達·范彊殺飛，以其首順流奔孫權. 漢主聞飛營都督有表，曰，"噫，飛死矣!"

陳壽評曰，"關羽·張飛皆稱萬人之敵，為世虎臣. 羽報效曹公，飛義釋嚴顏，並有國士之風. 然羽剛而自矜，飛暴而無恩，以短取敗，理數之常也."

秋，七月，漢主自率諸軍擊孫權，權遣使求和於漢. 南郡太守諸葛瑾遺漢主箋曰，"陛下以關羽之親，何如先帝? 荊州大小，孰與海內?

俱應仇疾, 誰當先後? 若審此數, 易於反掌矣." 漢主不聽. 時或言瑾別遣親人與漢主相聞者, 權曰, "孤與子瑜, 有死生不易之誓, 子瑜之不負孤, 猶孤之不負子瑜也." 然謗言流聞於外, 陸遜表明瑾必無此, 宜有以散其意. 權報曰, "子瑜與孤從事積年, 恩如骨肉, 深相明究. 其為人, 非道不行, 非義不言. 玄德昔遣孔明至吳, 孤嘗語子瑜曰, '卿與孔明同產, 且弟隨兄, 於義為順, 何以不留孔明? 孔明若留從卿者, 孤當以書解玄德, 意自隨人耳' 子瑜答孤言, '弟亮已失身於人. 委質定分, 義無二心. 弟之不留, 猶瑾之不往也' 其言足貫神明, 今豈當有此乎! 前得妄語文疏, 即封示子瑜, 並手筆與之. 孤與子瑜可謂神交, 非外言所間, 知卿意至, 輒封來表以示子瑜, 使知卿意." 漢主遣將軍吳班·馮習攻破權將李異·劉阿等於巫, 進軍秭歸, 兵四萬餘人, 武陵蠻夷皆遣使往請兵. 權以鎮西將軍陸遜為大都督·假節, 督將軍朱然·潘璋·宋謙·韓當·徐盛·鮮於丹·孫桓等五萬人拒之.

皇弟鄢陵侯彰·宛侯據·魯陽侯宇·譙侯林·贊侯兗·襄邑侯峻·弘農侯幹·壽春侯彪·歷城侯徽·平輿侯茂皆進爵為公. 安鄉侯植改封鄄城侯.

築陵雲台.

初, 帝詔群臣, 令料劉備當為關羽出報孫權否, 眾議咸云, "蜀小國耳, 名將唯羽. 羽死軍破, 國內憂懼, 無緣復出." 侍中劉曄獨曰, "蜀雖狹弱, 而備之謀欲以威武自強, 勢必用眾以示有餘. 且關羽與備, 義為君臣, 恩猶父子. 羽死, 不能為興軍報敵, 於終始之分不足矣." 八月, 孫權遣使稱臣, 卑辭奉章, 並送於禁等還. 朝臣皆賀, 劉曄獨曰, "權無故求降, 必內有急. 權前襲殺關羽, 劉備必大興師伐之. 外有強寇, 眾心不安, 又恐中國往乘其釁, 故委地求降, 一以卻中國之兵, 二假中國之援, 以強其眾而疑敵人耳. 天下三分, 中國十有其八. 吳·蜀各保一州, 阻山依水, 有急相救, 此小國之利也. 今還自相攻,天亡之也, 宜大興師, 逕渡江襲之. 蜀攻其外, 我襲其內, 吳之亡不出旬月矣. 吳亡則蜀孤, 若割吳之半以與蜀, 蜀固不能久存, 況蜀得其外, 我得其內乎!" 帝曰, "人稱臣降而伐之, 疑天下欲來者心, 不若且受吳降而襲蜀之後也." 對曰, "蜀遠吳近, 又聞中國伐之, 便還軍, 不能止也. 今備已怒, 興兵擊吳, 聞我伐吳, 知吳必亡, 將喜而進與我爭割吳地, 必不改計抑怒救吳也." 帝不聽, 遂受吳降.

於禁鬚髮皓白, 形容憔悴, 見帝, 泣涕頓首. 帝慰喻以荀林父·孟明視故事, 拜安遠將軍, 令北詣鄴謁高陵. 帝使豫於陵屋畫關羽戰克·龐德憤怒·禁降服之狀. 禁見, 慚恚發病死.

臣光曰, "於禁將數萬眾, 敗不能死, 生降於敵, 既而復歸. 文帝廢之可也, 殺之可也, 乃畫陵屋以辱之, 斯為不君矣!"

丁巳, 遣太常邢貞奉策即拜孫權為吳王, 加九錫. 劉曄曰, "不可. 先帝征伐天下, 十兼其八, 威震海內. 陛下受禪即真, 德合天地, 聲暨四遠. 權雖有雄才, 故漢票騎將軍·南昌侯耳, 官輕勢卑. 士民有畏中國心, 不可強迫與成所謀也. 不得已受其降, 可進其將軍號, 封十萬戶侯, 不可即以為王也. 夫王位去天子一階耳, 其禮秩服御相亂也. 彼直為侯, 江南士民未有君臣之分. 我信其偽降, 就封殖之, 崇其位號, 定其君臣, 是為虎傅翼也. 權既受王位, 卻蜀兵之後, 外盡禮以事中國, 使其國內皆聞, 內為無禮以怒陛下. 陛下赫然發怒, 興兵討之, 乃徐告其民曰, '我委身事中國, 不愛珍貨重寶, 隨時貢獻, 不敢失臣禮, 而無故伐我, 必欲殘我國家, 俘我人民認為僕妾' 吳民無緣不信其言也. 信其言而感怒, 上下同心, 戰加十倍矣." 又不聽. 諸將以吳內附, 意皆縱緩, 獨征南大將軍夏侯尚益修攻守之備. 山陽曹偉, 素有才名, 聞吳稱藩, 以白衣與吳王交書求賂, 欲以交結京師, 帝聞而誅之.

吳人城武昌.

初, 帝欲以楊彪為太尉, 彪辭曰, "嘗為漢朝三公, 值世衰亂, 不能立尺寸之益, 若復為魏臣, 於國之選, 亦不為榮也." 帝乃止. 冬, 十月, 己亥, 公卿朝朔旦, 並引彪, 待以客禮. 賜延年杖·馮幾, 使著布單衣·皮弁以見. 拜光祿大夫, 秩中二千石. 朝見, 位次三公. 又令門施行馬, 置吏卒, 以優崇之. 年八十四而卒.

以谷貴, 罷五銖錢.

涼州盧水胡治元多等反, 河西大擾. 帝召鄒岐還, 以京兆尹張既為涼州刺史, 遣護軍夏侯儒·將軍費曜等繼其後. 胡七千餘騎逆拒既於鸇陰口, 既揚聲軍從鸇陰, 乃潛由且次出武威. 胡以為神, 引還顯美. 既已據武威, 曜乃至, 儒等猶未達. 既勞賜將士, 欲進軍擊胡, 諸將皆曰, "士卒疲倦, 虜眾氣銳, 難與爭鋒." 既曰, "今軍無見糧, 當因敵為資. 若虜見兵合, 退依深山, 追之則道險窮餓, 兵還則出候寇鈔, 如此, 兵不得解, 所謂一日縱敵, 患在數世也." 遂前軍顯美. 十一月, 胡騎數千, 因大風欲放火燒營, 將士皆恐. 既夜藏精卒三千人為伏, 使參軍成公英督千餘騎挑戰, 敕使陽退. 胡果爭奔之, 因發伏截其後, 首尾進擊, 大破之, 斬首獲生以萬數, 河西悉平. 後西平麴光反, 殺其郡守. 諸將欲擊之, 既曰, "唯光等造反, 郡人未必悉同. 若便以軍臨之, 吏民·羌·胡必謂國家不別是非, 更使皆相持著, 此為虎傅翼也. 光等欲以羌·胡為援, 今先使羌·胡鈔擊, 重其賞募, 所虜獲者, 皆以畀之. 外沮其勢, 內離其交, 必不戰而定." 乃移檄告諭諸羌, 為光等所詿誤者原之, 能斬賊帥送首者當加封賞. 於是光部黨斬送光首, 其餘皆安堵如故.

邢貞至吳, 吳人以為宜稱上將軍·九州伯, 不當受魏封. 吳王曰, "九州伯, 於古未聞也. 昔沛公亦受項羽封為漢王, 蓋時宜耳, 復何損邪!” 遂受之. 吳王出都亭候邢貞, 貞入門, 不下車. 張昭謂貞曰, “夫禮無不敬, 法無不行. 而君敢自尊大, 豈以江南寡弱, 無方寸之刃故乎!” 貞即遽下車. 中郎將琅邪徐盛忿憤, 顧謂同列曰, “盛等不能奮身出命, 為國家並許·洛, 呑巴·蜀, 而令吾君與貞盟, 不亦辱乎!” 因涕泣橫流. 貞聞之, 謂其徒曰, “江東將相如此, 非久下人者也.” 吳王遣中大夫南陽趙咨入謝. 帝問曰, “吳王何等主也?” 對曰, “聰明·仁智·雄略之主也.” 帝問其狀, 對曰, “納魯肅於凡品, 是其聰也. 拔呂蒙於行陳, 是其明也. 獲於禁而不害, 是其仁也. 取荊州兵不血刃, 是其智也. 據三州虎視於天下, 是其雄也. 屈身於陛下, 是其略也.” 帝曰, “吳王頗知學乎?” 咨曰, “吳王浮江萬艘, 帶甲百萬, 任賢使能, 志存經略, 雖有餘閒, 博覽書傳, 歷史籍, 采奇異, 不效書生尋章摘句而已.” 帝曰, “吳可征否?” 對曰, “大國有征伐之兵, 小國有備御之固.” 帝曰, “吳難魏乎?” 對曰, “帶甲百萬, 江·漢為池, 何難之有!” 帝曰, “吳如大夫者幾人?” 對曰, “聰明特達者, 八九十人. 如臣之比, 車載斗量, 不可勝數.” 帝遣使求雀頭香·大貝·明珠·象牙·犀角·玳瑁·孔雀·翡翠·斗鴨·長鳴雞於吳. 吳群臣曰, “荊·揚二州, 貢有常典. 魏所求珍玩之物, 非禮也, 宜勿與.” 吳王曰, “方有事於西北, 江表元元, 恃主為命. 彼所求者, 於我瓦石耳, 孤何惜焉! 且彼在諒闇之中, 而所求若此, 寧可與言禮哉!” 皆具以與之.

吳王以其子登為太子, 妙選師友, 以南郡太守諸葛瑾之子恪·綏遠將軍張昭之子休·大理吳郡顧雍之子譚·偏將軍廬江陳武之子表皆為中庶子, 入講詩書, 出從騎射, 謂之四友. 登接待僚屬, 略用布衣之禮.

十二月, 帝行東巡.

帝欲封吳王子登為萬戶侯, 吳王以登年幼, 上書辭不受. 復遣西曹掾吳郡沈珩入謝, 並獻方物. 帝問曰, “吳嫌魏東向乎?” 珩曰, “不嫌.” 曰, “何以?” 曰, “信恃舊盟, 言歸於好, 是以不嫌. 若魏渝盟, 自有豫備.” 又問曰, “聞太子當來, 寧然乎?” 珩曰, “臣在東朝, 朝不坐, 宴不與, 若此之議, 無所聞也.” 帝善之.

吳王於武昌臨釣台飮酒, 大醉, 使人以水灑群臣曰, “今日酣飮, 惟醉墮台中, 乃當止耳!” 張昭正色不言, 出外, 車中坐. 王遣人呼昭還入, 謂曰, “為共作樂耳, 公何為怒乎?” 昭對曰, “昔紂為糟丘酒池, 長夜之飮, 當時亦以為樂, 不以為惡也.” 王默然慚, 遂罷酒. 吳王與群臣飮, 自起行酒, 虞翻伏地, 陽醉不持. 王去, 翻起坐. 王大怒, 手劍欲擊之, 侍坐者莫不惶遽. 惟大司農劉基起抱王, 諫曰, “大王以三爵之後, 手殺善士, 雖翻有罪, 天下孰知之! 且大王以能容賢蓄衆, 故海內望風. 今一朝棄之, 可乎!” 王曰, “曹孟德尚殺孔文擧, 孤於虞翻何有哉!” 基曰, “孟德輕害士人, 天下非之. 大王躬行德義, 欲與堯·舜比隆, 何得自喩於彼乎?” 翻由是得免. 王因敕左右曰, “自今酒後言殺, 皆不得殺.” 基, 繇之子.

初, 太祖既克蹋頓, 而烏桓浸衰, 鮮卑大人步度根·軻比能·素利·彌加·厥機等因閻柔上貢獻, 求通市, 太祖皆表寵以為王. 軻比能本小種鮮卑, 以勇健廉平為衆所服, 由是能威制餘部, 最為強盛. 自雲中·五原以東抵遼水, 皆為鮮卑庭, 軻比能與素利·彌加割地統御, 各有分界. 軻比能部落近塞, 中國人多亡叛歸之. 素利等在遼西·右北平·漁陽塞外, 道遠, 故不為邊患. 帝以平虜校尉牽招為護鮮卑校尉, 南陽太守田豫為護烏桓校尉, 使鎮撫之.

위문제 황초 3년(AD 222)

1) 봄 정월 초하루, 일식이 있었다.

2) 1월 5일, 황제가 허창許昌으로 갔다.[269]

3) 황제가 하조해 명했다.

"지금의 계리計吏와 효렴은 고대의 공사貢士와 같다. 만일 연령을 제한해 취사取士하게 되면 설령 여상呂尙과 주진周晉일지라도 고대에 이름을 훤히 드러내지는 못했을 것이다. 지금부터 군국郡國이 천거하는 인재에 대해 노소를 불문하고자 한다. 유자로서 경술經術유학이론과 경전에 통달하고 관원으로서 문법文法법령에 밝은 자는 모두 시용試用할 것이다. 해당 관원인 유사는 실속 없이 추천된 자들을 가려내도록 하라."

4) 2월, 선선鄯善과 구자龜玆, 우전于闐의 왕들이 각자 사자를 보내 봉헌奉獻했다. 이후 서역과 다시 교통하게 돼 무기교위戊己校尉를 설치했다.

5) 한주 유비가 자귀에서 진격해 오를 치려고 하자 치중종사 황권黃權이 간했다.

"오나라 사람들은 강한强悍해 싸움을 잘하나 우리 수군은 물을 따라 내려가기 때문에 진군은 용이하나 퇴각이 어렵습니다. 신은 청컨대 선봉이 돼 진격하려고 하니 폐하는 의당 뒤에서 진수鎭守하는 후진後鎭이 되어주십시오."

한주가 듣지 않고 황권을 진북장군에 임명해 강북의 모든 군사를 통수하게 한 뒤 자신은 제장들을 이끌고 강남에서 숱한 산과 고개를 넘어 이도현夷道縣의 효정猇亭으로 진군했다. 오나라 제장들이 모두 한주 유비를 영격하려고 하자 육손이 만류했다.

"유비가 군사를 이끌고 동쪽으로 내려왔으니 예기가 바로 극성할 때요. 게다가 고지에 올라가 험고에 기대고 있으니 단번에 공략하기 어렵소.

---

269 당초 일개 현에 불과했던 허현은 한헌제가 도읍으로 정하면서 허도가 됐다. 이후 위문제가 황제의 자리에 오른 뒤 도읍지를 다시 낙양으로 옮기면서 허도에 궁실과 무기고 등이 그대로 남아 있었기에 이름을 바꿔 허창이라 했다.

설령 이긴다 해도 그들을 완전히 제압하기도 어렵소. 만일 싸움이 불리하게 되면 곧 우리의 주력이 상처를 입게 되니 이는 보통 작은 손실이 아니오. 지금은 단지 장병들을 격려하고 계략을 널리 사용해 전세의 변화를 예의 주시해야만 하오. 만일 이 곳이 평원이나 광야라면 우리는 이리저리 쫓겨 다닐 우려가 크오. 다행히 지금 그들은 산을 따라 진군해 세력을 펼 곳이 없으니 곧 스스로 돌과 나무 사이에서 지치고 말 것이오. 이때 천천히 그들을 제압할 수 있을 것이오."

제장들이 육손의 의도를 제대로 이해하지 못하고 그가 한주를 두려워하는 것으로 생각해 모두 불만을 품었다.

촉한蜀漢의 사람들이 항산佷山호북성 장양에서 무릉으로 나아가는 길을 찾게 되자 시중 양양인 마량馬良에게 명해 황금과 비단을 갖고 가 오계五溪의 모든 만이蠻夷 부락에 상과 관작을 나눠주도록 했다.

6) 3월 1일, 황제가 황자 제공齊公 조예를 평원왕平原王으로 삼고 황제의 동생 언릉공 조창 등의 작위를 모두 왕으로 올려 봉했다.

3월 10일, 황자 조림曹霖을 하동왕河東王으로 삼았다.

7) 3월 30일, 황제가 양읍襄邑으로 갔다.

8) 여름 4월 14일, 견성후 조식을 견성왕으로 삼았다. 당시 제후왕은 모두 봉지에 살았으나 이름만 있을 뿐 실지實地가 없었다. 봉국에는 나이 많은 병사 100여 명이 수위를 섰고 봉지 또한 경성에서 1,000리밖에 떨어져 있는데다 제후왕은 정기적으로 황제를 조빙朝聘하는 게 허락되지 않았다.[270] 나아가 제후왕은 신설된 방보防輔와 감국監國 등의 관원에 의해 모든 행동이 철저히 감시당했다. 각 제후왕은 비록 왕후王侯의 봉호만 있었을 뿐 실제 생활은 평민과 거의 차이가 없었다. 평민이 되려고 해도 이 또한 허락되지 않았다. 법령이 가혹해 제후왕의 과실과 악행 소식은

날마다 모두 황제에게 보고됐다.

북해왕 조곤은 언행이 근신한데다 학문하기를 좋아해 일찍이 아무런 과실이 없었다. 북해국의 문학文學과 방보가 상호 논의하면서 조곤을 칭송했다.[271]

"우리는 조명을 받들어 국왕의 언동과 행동인 거조擧措를 감찰하고 있으니 과실이 있으면 의당 상주해야 하나 선행이 있을 경우 또한 의당 보고해야만 한다."

공동으로 상표해 조곤의 미덕을 칭송했다. 조곤이 이 얘기를 듣고 크게 놀라 문학을 책망했다.

"수신하는 것은 자신을 연마하는 것으로 단지 누구나 하는 통상적인 행동일 뿐인데 제군이 이를 위에 보고하면 나에게 더 큰 부담을 안겨주는 것이오. 만일 진실로 선행을 행하는 사람이 나올 경우 오히려 황제가 듣지 못할까 염려되는데 제군들이 갑작스레 보고하는 것은 결하고 도움이 되는 게 아니오."

9) 4월 29일, 황제가 허창으로 돌아왔다.

10) 5월, 강남의 8개 군을 형주로 삼고 강북의 각 군을 묶어 영주郢州로 삼았다.

11) 촉한의 군사들이 무협巫峽으로부터 한줄로 연결되는 수십 채의 영채를 이릉의 경계에 이르기까지 일렬로 세웠다. 풍습馮習을 대독大督, 장

---

270 조빙은 정기적으로 찾아와 천자를 알현하는 것을 뜻한다. 『예기』「왕제王制」에 따르면 제후들은 매년 한 번 소빙小聘을 하고 3년에 한 번 대빙大聘, 3년에 한 번 조朝를 해야만 했다.

271 한대에는 각 주군과 왕국에 문학 또는 문학연文學掾, 문학사文學史 등을 두었다. 이들이 후대에 나타나는 교관敎官의 전신이다. 위진시대에는 문학종사文學從事를 두기도 했다.

남張南을 전부독前部督으로 삼아 정월부터 오군과 대치하기 시작했으나 6월이 다가도록 아무런 교전이 없었다. 한주 유비가 오반五班에게 수천 명의 군사를 데리고 가 평지에 영채를 세우게 하자 오나라 장수들이 모두 출성해 공격하려 했다. 육손이 이를 제지했다.

"여기에는 틀림없이 궤계詭計가 숨겨져 있으니 잠시 한 번 지켜보도록 하시오."

한주가 자신의 계책이 맞아 떨어지지 않은 것을 알고 부득이 복병 8,000명을 이끌고 산곡에서 빠져나오자 육손이 제장들을 둘러보며 말했다.

"제군들이 오반을 공격하자고 할 때 내가 듣지 않은 이유가 바로 반드시 이런 궤계가 숨겨져 있을 것으로 짐작했기 때문이오."

육손이 오왕 손권에게 상소해 계책을 건의했다.

"이릉은 전략요지인 동시에 국가의 문호이나 쉽게 얻을 수 있는 만큼 쉽게 잃을 수도 있습니다. 이릉을 잃는 것은 단순히 한 군郡의 땅을 잃는 것이 아니라 형주까지도 위험해지는 만큼 지금 취하고자 한다면 반드시 성공해야만 합니다. 한주는 하늘의 이치인 천상天常을 위배해 자신의 소굴을 지키지 않고 감히 자진해 죽으려 왔으니 신이 비록 재주는 없으나 지존의 위엄서린 정기인 위령威靈을 빌려 정의로써 불의를 토벌하는 이순토역以順討逆을 하고자 합니다. 눈앞에서 곧바로 적을 토벌할 수 있는데 무엇을 우려하겠습니까? 신은 당초 수륙병진을 우려했으나 지금 적들은 오히려 배를 버리고 육로로 진군해 곳곳에 영채를 차렸으나 영채의 배치를 보니 다른 변화가 없을 것이 확실합니다. 엎드려 원컨대 지존은 베개를 높여 편히 자는 고침高枕을 하며 전혀 괘념치 마십시오."

윤6월, 육손이 군사를 이끌고 촉한의 군사를 공격하려고 하자 제장들이 모두 불만을 표시했다.

"유비를 공격하려 했으면 당초에 했어야 합니다. 지금 이미 그가 500-

600리에 걸쳐 들어오도록 방치해 상호 대치한지 벌써 7-8개월이나 흘렀습니다. 그는 이미 여러 요해처에 요새를 구축해 놓고 이를 견고하게 지키고 있어 설령 공격하더라도 아무 이익이 없을 것입니다."

육손이 설득했다.

"유비는 매우 교활한데다 일찍이 산전수전을 겪어 군사를 동원할 때 이미 나름대로 주밀하게 따졌을 것이기 때문에 우리가 그를 공격할 수 없었던 것이오. 지금 주둔한지가 오래돼 병사들이 지치고 의기가 저상돼 있는데다 우리 측의 장점을 알지도 못하니 틀림없이 다른 계책을 세울 수도 없을 것이오. 적들을 협격해 뿔을 뽑아내는 기각掎角을 행하는 것은 바로 오늘에 있소."

우선 촉한의 한 군영을 골라 공격했으나 상황이 불리해지자 제장들이 입을 모아 불만을 표시했다.

"병사들만 헛되이 희생시킬 뿐입니다."

육손이 제장들에게 확신을 심어주었다.

"나는 이미 적을 깨는 방법을 알고 있으니 조금도 염려하지 마시오."

병사들에게 한 사람 당 한 다발의 띠 풀인 모초茅草를 들고 가 촉한군의 영채 밑에 갖다놓도록 한 뒤 이내 화공火攻을 구사해 영채를 불태웠다. 한 번 이기고 나자 군사들의 사기가 충천했다.

이어 육손이 전군을 이끌고 일제히 진공해 촉한의 장수인 장남張南과 풍습, 호인의 왕 사마가沙摩柯 등의 목을 베고 촉한군의 영채 40여 채를 모두 함몰시켰다. 촉한군의 장수 두로杜路와 유녕劉寧 등은 궁지에 몰린 나머지 투항하고 말았다.

한주 유비가 마안산馬鞍山으로 올라가 군사들을 자신의 둘레에 포진시켰으나 육손이 군사들을 독려해 사방에서 핍박하자 촉한의 군사가 일거에 붕괴돼 죽은 자가 1만여 명에 달했다. 한주가 야음을 틈타 몰래 도주하자 역참을 지키던 병사들이 길에 떨어진 군사용 징인 요鐃와 갑옷 등을 주어다 험한 요충지 어귀에 쌓아 올린 뒤 불을 질러 동오군의 추격을 막았다. 한주는 간신히 백제성으로 들어가게 됐으나 촉한의 배와 기계, 수군과 육군의 군용물자 등이 일시에 바닥이 나버렸다. 촉한의 죽은 병사들의 시체가 장강을 메울 듯이 흘러 내려갔다.

한주 유비가 너무 부끄럽고 화가 나 이같이 말했다.

"나도 이내 육손에게 능욕을 당하고 말았으니 이 어찌 천의天意가 아니라고 할 것인가!"

촉한의 장군 의양義陽 출신 부융傅肜이 군진의 맨 뒤인 후전後殿을 이끌었으나 병사들이 모두 죽자 오히려 투지가 더욱 끓어올랐다. 오나라 군사들이 투항할 것을 권하자 부융이 크게 욕을 했다.

"동오의 개자식들(오구吳狗)! 어찌 한나라 장군이 너희들에게 투항할 수 있겠는가?"

마침내 그는 싸우다 죽었다.

종사좨주 정기程畿가 강을 거슬러 올라가 퇴각하자 사람들이 말했다.

"뒤에서 추격병이 곧 다가올 것이니 쌍배인 방주舫舟를 반으로 갈라 배를 가볍게 해야만 합니다."

정기가 기세등등했다.

"나는 종군하면서 적을 만나 도망가는 일을 배운 적이 없다."

그도 싸우다 죽었다.

당초 오나라의 안동중랑장 손환孫桓은 따로 군사를 이끌고 가 이도에서 촉한군의 선봉을 공격하다가 촉한군에게 포위됐다. 육손에게 도움을 청하자 육손이 거부했다.

"전력을 분산시킬 수 없어 도와줄 수 없소."

제장들이 걱정이 돼 물었다.

"손안동孫安東손환은 대왕의 일족인데 포위돼 곤경에 처한 것을 알고도 왜 구해 주지 않는 것입니까?"

육손이 단호히 대답했다.

"안동은 병사들의 마음을 얻고 있는데다 성이 튼튼하고 양식 또한 충분하니 가히 염려할 것이 없소. 내 계책이 펼쳐지면 손안동을 구하려 하지 않아도 포위가 저절로 풀릴 것이오."

육손의 계책이 크게 펼쳐지자 촉한군이 과연 다투어 달아나는 분궤奔潰를 해 포위가 저절로 풀렸다. 손환이 후에 육손을 만나 감탄했다.

"이전에 실은 구원군이 오지 않아 원한을 품은 적이 있었소. 지금에야 비로소 그대의 조치가 옳았다는 것을 알게 됐소!"

당초 육손이 대도독을 맡았을 때 제장들 가운데 일부는 토역장군 손책의 옛 장수들이었고 일부는 손씨의 일가친척이어서 자긍심이 강한 나머지 육손의 지휘를 듣지 않았다. 육손이 한 손으로 칼자루를 거머쥔 채 단호한 어조로 주의를 주었다.

"유비는 천하의 명인으로 조조조차 그를 두려워하고 있소. 지금 그가 우리 경내에 들어와 있으니 그는 강적 중의 강적인 셈이오. 제군은 모두 국은을 크게 입었으니 의당 합심해 함께 이 적을 쳐 없애야만 그 은혜에 다소나마 보답할 수 있는 것이오. 그런데도 제군들이 내 지휘를 듣지 않으니 이는 어찌된 일이오? 나는 비록 서생이기는 하지만 주상의 명을 받았고 주상이 제군들을 임명한 것은 나의 지휘를 받도록 하려는 것이었소. 이는 내가 조금이라도 가히 칭할 만한 점이 있고 능히 모욕을 견디며 무거운 책무를 짊어질 수 있기 때문이었소. 각기 직임을 맡았으니 어찌 능히 사양할 수 있겠소. 군령은 추호의 가차가 없으니 모두 조금이라도 위배되어서는 안 될 것이오."

마침내 유비를 깨뜨리는 계책이 대부분 육손에게서 나오자 제장들이 이내 심복했다. 오왕이 이 얘기를 듣고 육손에게 물었다.

"공은 어찌 해서 당초에 나에게 지휘를 따르지 않는 제장들의 얘기를 보고하지 않았소?"

육손이 대답했다.

"그들 모두 깊고 큰 은혜를 입은 자들로 그 중에는 지존의 복심과 조아爪牙, 혹은 공신도 있었습니다. 모두 의당 국가대업을 이루기 위해 지존과 함께 일해야 할 사람들입니다. 신은 전국시대 조나라의 재상인 인상여藺相如와 후한의 개국공신인 구순寇恂이 나라를 제대로 만들기 위해 스스로 몸을 굽힌 행동을 늘 앙모해 왔습니다."

오왕 손권이 크게 웃으며 그를 칭송했다. 육손을 보국장군輔國將軍·영領형주목에 임명하고 작호를 강릉후江陵侯로 개봉했다.

당초 제갈량은 상서령 법정과 좋아하는 것과 숭상하는 게 달랐다. 단 두 사람 모두 국사를 중하게 생각했다. 제갈량이 늘 법정의 지략을 칭찬하며 경탄해 마지않은 이유다. 한주가 오나라를 치다 실패하게 됐을 때는 법정이 이미 죽은 뒤였다. 제갈량이 탄식했다.

"만일 효직孝直이 있었다면 능히 주상의 동정東征을 제지했거나 설령 동정을 제지하지는 못하더라도 반드시 위급한 지경에 처하게 하지는 않았을 것이다!"

한주 유비가 백제성에 머물고 있자 서성과 반장, 송겸 등이 각자 다투어 상표해 건의했다.

"유비를 반드시 포획할 수 있으니 청컨대 재차 진공할 수 있도록 허락해 주십시오."

오왕이 이를 육손에게 문의하자 육손과 주연, 낙통駱統이 상언했다.

"조비가 크게 병마를 모아 겉으로는 우리의 유비 토벌을 돕고 있으나 내심 간계를 품고 있으니 속히 하령해 철군하게 해야 합니다."

당초 황제 조비는 촉한의 군사가 영채를 잇는 목책을 무려 700여 리에 걸쳐 세웠다는 얘기를 듣고는 신하들에게 이같이 예언했다.

"유비는 군사를 모르는 사람이오. 어찌 700여 리에 걸쳐 영채를 세우고 적을 막겠다는 것이오? 병서에 이르기를, '잡초가 무성하거나 지세가 평탄, 조습, 험고한 곳인 포원습험조苞原濕險阻에 영채를 세우면 반드시 적에게 포로로 잡힌다'고 했소. 이는 병가에서 가장 꺼리는 것이니 손권이 이겼다는 상서가 매우 빨리 도착할 것이오."

과연 이로부터 7일 후 동오군이 촉한군을 격파했다는 보고서가 도착했다.

12) 가을 7월, 기주에 황충의 재해와 기근이 있었다.

13) 한주 유비가 패할 때 황권이 강북에 있었으나 퇴로가 오나라에 의해 막혀 돌아갈 길이 없게 됐다.

8월, 부중을 거느리고 위나라에 투항했다. 촉한의 유사가 황권의 처자를 잡아들일 것을 청하자 한주가 침통한 어조로 반대했다.

"고孤가 황권을 저버린 것이지 황권이 고를 저버린 게 아니오."

황권의 가속에 대한 대우가 전과 다름이 없었다.

황제가 황권에게 물었다.

"군은 불의를 버리고 정의를 따르는 사역효순舍逆效順을 했으니 이는 항우 휘하에 있다가 한고제 유방 밑으로 귀순한 진평陳平과 한신韓信의 뒤를 따르려 한 것인가?"

황권이 대답했다.

"신은 유주劉主유비의 두터운 은혜를 입은 까닭에 오군에 투항할 수는 없었습니다. 또한 길이 막혀 촉으로 돌아갈 수도 없어 폐하에게 귀명歸命한 것입니다. 하물며 패군지장敗軍之將으로 한 목숨을 건진 것도 다행인데 어찌 고인을 선모羨慕한다 말할 수 있겠습니까?"

황제가 크게 칭찬해 그를 진남장군에 임명하고 육양후育陽侯에 봉한 뒤 다시 시중侍中에 임명해 황제와 같은 수레에 타는 배승陪乘을 허락했다. 촉한에서 투항해 온 어떤 사람이 한주가 황권의 처자를 이미 죽였다고 말하자 황제가 조서를 내려 황권이 발상하게 하려고 하자 황권이 만류했다.

"신과 유비, 제갈량은 성심으로 서로 믿고 있어 그들 또한 신이 부득이해 투항한 것을 잘 알고 있습니다. 신의 생각으로는 사실이 아닐 듯싶으니 잠시만 기다리도록 허락해 주십시오."

후에 확실한 소식이 들려왔는데 과연 황권의 말이 맞았다. 마량도 오계에서 전사했다.

14) 9월 3일, 황제가 하조했다.

"무릇 부녀가 정치에 간섭하는 것은 화란의 근원이다. 지금 이후 군신群臣들은 태후에게 국사를 보고해서는 안 된다. 또한 황후와 황태후의 친속은 조정대신의 직임인 보정지임輔政之任을 맡을 수 없고 땅을 분봉 받는 왕제후의 작위인 모토지작茅土之爵을 받을 수 없다. 이 조령을 후대에 전할 것이니 만일 위배 시에는 천하가 함께 주벌할 것이다."

변태후가 매번 외척을 보면 늘 정색해 훈계했다.

"사는 집은 의당 검소해야 하고 상 받기를 기대하거나 안일을 구해서는 안 된다. 친척들은 나보고 내가 그들에게 너무 박정하게 대하는 게 아닌가 생각할지 모르나 이는 나에게는 기본 원칙이 있기 때문이다. 나는 황제를 40~50년간 모셨으나 이미 검소한 것이 습관이 돼 다시 사치하라고 해도 할 수가 없다. 법령을 어기게 되면 나는 해당 죄에 한 등급을 더할 것이니 돈이나 쌀로 은혜로운 용서인 은대恩貸를 구하려 하지 마라."

15) 황제가 장차 곽귀빈郭貴賓을 황후로 삼으려고 하자 중랑中郎 잔잠棧潛이 상소했다.

"무릇 후비의 품성은 나라의 치란성쇠治亂盛衰와 관계되기에 성명한 군주는 원비元妃를 신중히 생각해 세우는 것입니다. 그래서 반드시 여러 세대에 걸쳐 현귀한 가문 중에서 사대부가의 딸인 영숙令淑을 맞아들여 6궁六宮을 통어하게 하고 종묘를 경건히 받들게 한 것입니다. 『주역』을 보면 '집안의 도가 바로 서야 천하의 도 역시 바로 선다'고 했습니다. 안이 바로 서야 밖도 바로 서는 것이니 이는 선왕 때부터의 영전令典이었습니다. 『춘추좌전』에 나오는 노애공 때의 예관禮官인 종인宗人 흔하釁夏도 말하기를, '첩으로써 부인을 삼은 예가 없다'고 했습니다. 춘추시대 중엽 첫 패업을 이룬 제환공 또한 규구葵丘에서 맹서하면서 말하기를, '첩으로써 처를 삼지 않는다'고 했습니다. 후궁이 폐총嬖寵을 받게 되면 늘 승여乘輿의 다음 자리에 서게 됩니다. 만일 폐총을 기준으로 황후를 세우면 천박한 것이 갑자기 귀해지는 폭귀暴貴를 하게 됩니다. 신은 후대에 위를 능멸해 위아래가 뒤집히는 하릉상체下凌上替 현상이 극심해져 탈법이 횡행하고 화란이 일어날까 두렵습니다."

황제 조비가 듣지 않았다.

9월 9일, 곽귀빈을 황후로 삼았다.

16) 당초 오왕이 우금의 호군 호주浩周와 군사마 동리곤東里袞에게 명해 황제를 조알朝謁하면서 자신의 간절한 충성심을 표시하게 했다. 그 언사가 대단히 공각恭慤공손했다. 황제 조비가 호주 등에게 물었다.

"손권은 가히 믿을만한 인물인가?"

호주는 손권이 반드시 신복臣服할 것이라고 대답했고, 동리곤은 반드시 신복하지 않을 것이라고 대답했다. 황제는 호주의 대답에 기뻐하며 자신이 손권을 잘 안다고 생각했다.

손권을 오왕으로 삼고 다시 호주를 파견해 동오에 가게 했다. 호주가 오왕 손권에게 보고했다.

"폐하는 대왕이 아들을 입조시켜 시봉하리라는 것을 믿지 않습니다. 그래서 저는 부득이 저의 집안 일족인 합문闔門 100명의 목숨을 담보로 해 대왕이 반드시 아들을 보낼 것이라고 말했습니다."

오왕이 눈물로 옷을 적시면서 하늘에 대고 맹서했으나 호주가 돌아가자 자식을 보내지 않고 숱한 허사虛辭인 핑계를 대어 이를 변명했다. 황제가 시중 신비와 상서 환계를 오왕에게 보내 다시 맹서하게 하고 동시에 아들을 보내지 않은 것을 책망하려 했다. 오왕이 사양하며 사자를 받아들이지 않았다. 황제가 대로해 손권을 토벌하려고 하자 유엽이 간했다.

"그는 방금 승리해 득의한데다 상하가 한 마음이 돼 있고 중간에 강호가 막혀 있으니 그를 창졸 간에 제복하기는 어렵습니다."

황제가 동의하지 않았다.

9월, 조명으로 정동대장군 조휴와 전장군 장료, 진동장군 장패臧覇에게는 동구洞口사천성 성구현 남쪽를, 대장군 조인에게는 유수濡須를 치게 했다. 이어 상군대장군 조진과 정남대장군 하후상, 좌장군 장합, 우장군 서황에게는 남군을 포위하게 했다.

오나라가 건위장군 여범에게 5군을 통수하면서 수군으로 조휴 등을 막게 했다. 좌장군 제갈근과 평북장군 반장, 장군 양찬楊粲에게는 남군을 구원하게 하고 비장군 주환朱桓에게는 유수에서 조인을 막도록 했다.

17) 겨울 10월 3일, 황제가 자신의 능인 수릉壽陵을 수양산首陽山하남성 낙양시의 동쪽에 세울 것을 공표했다. 장례제도의 조서를 작성해 검소하게 치를 것을 강조하면서 금옥을 부장하지 말고 일률적으로 와기瓦器를 쓰게 했다. 이어 이 조서를 황가의 종묘에 영구 보존하게 하고 부본을 상서와 비서, 3부 등에 남겨두게 했다.

18) 오왕이 양월揚越 만이의 숫자가 많아 평정하지 못했다. 극히 공손한 언사로 상서해 자신의 과실을 고칠 수 있도록 허락해 줄 것을 청했다.

"만일 저의 죄를 용서하기 어려워 반드시 그냥 둘 수 없는 것이라면 저는 장차 토지와 백성을 봉환하고 몸을 교주交州로 빼내 여생을 보낼까 합니다."

또 서신을 호주에게 보내 말했다.

"나는 아들 손등을 위해 황실에 구혼하고자 하오."

또 이같이 덧붙였다.

"손등의 나이가 어려 손장서孫長緖손소와 장자포張子布장소를 손등과 함께 보내려고 하오."

황제가 회보했다.

"짐과 군 사이에는 이미 군신의 명분이 정해졌으니 어찌 수고를 마다하지 않고 군사를 움직여 장강 및 한수와 같이 먼 곳에 임하겠소? 만일 손등이 아침에 오면 저녁에 군사를 불러 돌아갈 뿐이오."

오왕이 연호를 황무黃武로 고치고 장강에 친림해 지켰다.

황제가 허창에서 군사를 이끌고 남정길에 올라 영주郢州를 회복해 형주로 만들었다.

11월 11일, 황제가 완성에 도착하자 조휴가 동구에서 상서했다.

"원컨대 정병을 이끌고 맹호의 기세로 강남으로 출격해 적의 군수물자를 획득하고 반드시 승리할 것이니 혹여 신이 전사하더라도 폐하는 괘념할 필요가 없습니다."

황제가 조휴가 바로 도강할까 두려워 곧바로 역마를 보내 제지했다. 시중 동소가 옆에서 시종하다가 간했다.

"폐하의 용안에 근심하는 기색이 보이니 혹여 조휴가 도강할까 걱정하시는 것입니까? 지금 도강하는 것은 사람들이 모두 어렵게 생각하고 있어 설령 조휴가 그런 생각이 있을지라도 사세 상 반드시 단독으로 행동하기는 어려울 것이니 제장들과 함께 움직일 것입니다. 장패 등은 이미 부귀해 다시 다른 바람은 없고 오직 천수天壽인 천년天年을 다해 녹질을 지키고자 할 따름입니다. 어찌 스스로 위험을 무릅쓰고 사지에 몸을 던지는 모험을 하며 요행을 바라겠습니까? 만일 장패 등이 진군하지 않으면 조휴 또한 의기가 저상할 것입니다. 신은 폐하가 비록 도강을 명할지라도 그들이 오히려 머뭇거리는 침음沈吟을 하며 즉각 명을 받들지 못할까 두렵습니다."

잠시 후 폭풍이 오나라 여범 등의 배에 휘몰아쳐 모든 밧줄을 끊게 되자 배가 곧장 조휴 등의 군영으로 가게 됐다. 위나라 군사가 이를 공격하자 오나라 군사가 사방으로 흩어져 달아나는 병산迸散을 했다. 이때 참획된 오나라 군사의 수가 1,000명에 달했다.

황제가 소식을 듣고 곧바로 전군에 하령해 급히 도강하게 했다. 위나라 군사들이 미처 진격하기도 전에 오나라의 구원선대가 도착해 흩어졌던 군사들을 모아 강남으로 돌아갔다. 조휴가 장패를 보내 추격했으나 오히려 전황이 불리하게 돼 장군 윤로尹盧가 전사했다.

19) 11월 30일, 일식이 있었다.

20) 오왕이 태사대부 정천鄭泉을 촉한에 사자로 보냈다. 촉한도 태중대부 종위宗瑋에게 보빙報聘하게 했다. 동오와 촉한이 다시 왕래하기 시작했다.

21) 한주 유비가 위나라 군사가 대거 오나라로 진공한다는 소식을 듣고 서신을 육손에게 보냈다.

"적이 이미 장강과 한수 일대에 있으니 나는 장차 다시 동쪽으로 내려가려 하오. 장군은 능히 이리 될 줄 생각이나 했소?"

육손이 회신했다.

"귀군貴軍이 방금 전에 패해 상이傷夷가 제대로 치유나 됐을지 걱정입니다. 다시 우리와 왕래를 재개한 마당에 잠시 스스로 보완하기에도 바쁠 터인데 군사력을 증강하는 궁병독무窮兵黷武의 여가가 있겠습니까? 만일 이를 고려치 않고 다시 요행히 살아 돌아간 패잔병이 또 다시 먼 길을 온다면 이번에는 목숨을 부지할 길이 없을 것입니다."

22) 촉한의 한가漢嘉 태수 황원黃元이 반기를 들었다.

23) 오나라 장수 손성孫盛이 군사 1만 명을 지휘해 강릉의 중주中州에 주둔하면서 남군을 외원外援하려 했다.

* 世祖文皇帝黃初三年

春, 正月, 丙寅朔, 日有食之.

庚午, 帝行如許昌.

詔曰, "今之計·孝, 古之貢士也. 若限年然後取士, 是呂尙·周晉不顯於前世也. 其令郡國所選, 勿拘老幼. 儒通經術, 吏達文法, 到皆試用. 有司糾故不以實者."

二月, 鄯善·龜茲·于闐王各遣使奉獻. 是後西域復通, 置戊己校尉.

漢主自秭歸將進擊吳, 治中從事黃權諫曰, "吳人悍戰, 而水軍沿流, 進易退難. 臣請為先驅以當寇, 陛下宜為後鎮." 漢主不從, 以權為鎮北將軍, 使督江北諸軍. 自率諸將, 自江南緣山截嶺, 軍於夷道猇亭. 吳將皆欲迎擊之. 陸遜曰, "備舉軍東下, 銳氣始盛. 且乘高守險, 難可卒攻. 攻之縱下, 猶難盡克, 若有不利, 損我太勢, 非小故也. 今但且獎厲將士, 廣施方略, 以觀其變. 若此間是平原曠野, 當恐有顛沛交逐之憂. 今緣山行軍, 勢不得展, 自當罷於木石之間, 徐制其敝耳." 諸將不解, 以為遜畏之, 各懷憤恨. 漢人自佷山通武陵, 使侍中襄陽馬良以金錦賜五谿諸蠻夷, 授以官爵.

三月, 乙丑, 立皇子齊公睿為平原王·皇弟鄢陵公彰等皆進爵為王. 甲戌, 立皇子霖為河東王.

甲午, 帝行如襄邑.

夏, 四月, 戊申, 立鄄城侯植為鄄城王. 是時, 諸侯王皆寄地空名而無其實. 王國各有老兵百餘人以為守衛. 隔絕千里之外, 不聽朝聘, 為設防輔監國之官以伺察之. 雖有王侯之號而儕於匹夫, 皆思為布衣而不能得. 法既峻切, 諸侯王過惡日聞. 獨北海王兗謹慎好學, 未嘗有失. 文學·防輔相與言曰, "受詔察王舉措, 有過當奏, 及有善亦宜以聞." 遂共表稱陳兗美. 兗聞之, 大驚懼, 責讓文學曰, "修身自守, 常人之行耳, 而諸君乃以上聞, 是適所以增其負累也. 且如有善, 何患不聞, 而遽共如是, 是非所以為益也."

癸亥, 帝還許昌.

五月, 以江南八郡為荊州, 江北諸郡為郢州.

漢人自巫峽建平連營至夷陵界, 立數十屯, 以馮習為大督, 張南為前部督, 自正月與吳相拒, 至六月不決. 漢主遣吳班將數千人於平地立營, 吳將帥皆欲擊之, 陸遜曰, "此必有譎, 且觀之." 漢主知其計不行, 乃引伏兵八千從谷中出. 遜曰, "所以不聽諸君擊班者, 揣之必有巧故也." 遜上疏於吳王曰, "夷陵要害, 國之關限, 雖為易得, 亦復易失. 失之, 非徒損一郡之地, 荊州可憂, 今日爭之, 當令必諧. 備干天常, 不守窟穴而敢自送, 臣雖不材, 憑奉威靈, 以順討逆, 破壞在近, 無可憂者. 臣初嫌之水陸俱進, 今反捨船就步, 處處結營, 察其佈置, 必無他變. 伏願至尊高枕, 不以為念也." 閏月, 遜將進攻漢軍, 諸將並曰, "攻備當在初, 今乃令入五六百里, 相守經七八月, 其諸要害皆已固守, 擊之必無利矣." 遜曰, "備是猾虜, 更嘗事多, 其軍始集, 思慮精專, 未可干也. 今住已久, 不得我便, 兵疲意沮, 計不復生. 掎角此寇, 正在今日." 乃先攻一營, 不利, 諸將皆曰, "空殺兵耳!" 遜曰, "吾已曉破之之術." 乃敕各持一把茅, 以火攻, 拔之. 一爾勢成, 通率諸軍, 同時俱攻, 斬張南·馮習及胡王沙摩柯等首, 破其四十餘營. 漢將杜路·劉寧等窮逼請降. 漢主升馬鞍山, 陳兵自繞, 遜督促諸軍, 四面蹙之, 土崩瓦解, 死者萬數. 漢主夜遁, 驛人自擔燒鐃鎧斷後, 僅得入白帝城, 其舟船·器械, 水·步軍資, 一時略盡, 屍骸塞江而下. 漢主大慚恚曰, "吾乃為陸遜所折辱, 豈非天耶!" 將軍義陽傅肜為後殿, 兵眾盡死, 肜氣益烈. 吳人諭之使降, 肜罵曰, "吳狗, 安有漢將軍而降者!" 遂死之. 從事祭酒程畿溯江而退, 眾曰, "後追將至, 宜解舫輕行." 畿曰, "吾在軍, 未習為敵之走也." 亦死之.

初, 吳安東中郎將孫桓別擊漢前鋒於夷道, 為漢所圍, 求救於陸遜, 遜曰, "未可." 諸將曰, "孫安東, 公族, 見圍已困, 奈何不救!" 遜曰, "安東得士眾心, 城牢糧足, 無可憂也. 待吾計展, 欲不救安東, 安東自解." 及方略大施, 漢果奔潰. 桓後見遜曰, "前實怨不見救. 定至今日, 乃知調度自有方耳!" 初, 遜為大都督, 諸將或討逆時舊將, 或公室貴戚, 各自矜恃, 不相聽從. 遜按劍曰, "劉備天下知名, 曹操所憚, 今在境界, 此強對也. 諸君並荷國恩, 當相輯睦, 共翦此虜, 上報所受, 而不相順, 何也? 僕雖書生, 受命主上, 國家所以屈諸君使相承望者, 以僕尺寸可稱, 能忍辱負重故也. 各在其事, 豈復得辭! 軍令有常, 不可犯也!" 及至破備, 計多出遜, 諸將乃服. 吳王聞之曰, "公何以初不啟諸將違節度者邪?" 對曰, "受恩深重, 此諸將或任腹心, 或堪爪牙, 或是功臣, 皆國家所當與共克定大事者, 臣竊慕相如·寇恂相下之義以濟國事." 王大笑稱善, 加遜輔國將軍, 領荊州牧, 改封江陵侯.

初, 諸葛亮與尚書令法正好尚不同, 而以公義相取, 亮每奇正智術. 及漢主伐吳而敗, 時正已卒, 亮歎曰, "孝直若在, 必能制主上東行. 就使東行, 必不傾危矣." 漢主在白帝, 徐盛·潘璋·宋謙等各競表言

"備必可禽, 乞復攻之." 吳王以問陸遜. 遜與朱然·駱統上言曰, "曹丕大合士衆, 外托助國討備, 內實有奸心, 謹決計輒還." 初, 帝聞漢兵樹柵連營七百餘里, 謂群臣曰, "備不曉兵, 豈有七百里營可以拒敵者乎! '苞原隰險阻而為軍者為敵所禽', 此兵忌也. 孫權上事今至矣." 後七日, 吳破漢書到.

秋, 七月, 冀州大蝗, 饑.

漢主既敗走, 黃權在江北, 道絕, 不得還, 八月, 率其衆來降. 漢有司請收權妻子, 漢主曰, "孤負黃權, 權不負孤也." 待之如初. 帝謂權曰, "君捨逆效順, 欲追蹤陳·韓邪?" 對曰, "臣過受劉主殊遇, 降吳不可, 還蜀無路, 是以歸命. 且敗軍之將, 免死為幸, 何古人之可慕也!" 帝善之, 拜為鎮南將軍, 封育陽侯, 加侍中, 使陪乘. 蜀降人或雲漢誅權妻子, 帝詔權發喪. 權曰, "臣與劉·葛推誠相信, 明臣本志. 竊疑未實, 請須." 後得審問, 果如所言. 馬良亦死於五谿.

九月, 甲午, 詔曰, "夫婦人與政, 亂之本也. 自今以後, 群臣不得奏事太后, 後族之家不得當輔政之任, 又不得橫受茅士之爵. 以此詔傳之後世, 若有背違, 天下共誅之." 卞太后每見外親, 不假以顏色, 常言曰, "居處當節儉, 不當望賞, 念自佚也. 外捨當怪吾遇之太薄, 吾自有常度故也. 吾事武帝四五十年, 行儉日久, 不能自變為奢. 有犯科禁者, 吾且能加罪一等耳, 莫望錢米恩貸也."

帝將立郭貴嬪為後, 中郎棧潛上疏曰, "夫后妃之德, 盛衰治亂所由生也. 是以聖哲慎立元妃, 必取先代世族之家, 擇其令淑, 以統六宮, 虔奉宗廟. 『易』曰, '家道正而天下定' 由內及外, 先王之令典也. 『春秋』書宗人釁夏云, '無以妾為夫人之禮' 齊桓誓命於葵丘, 亦曰, '無以妾為妻' 令後宮嬖寵, 常亞乘輿, 若因愛登後, 使賤人暴貴, 臣恐後世下陵上替, 開張非度, 亂自上起." 帝不從. 庚子, 立皇后郭氏.

初, 吳王遣於禁護軍浩周·軍司馬東里袞詣帝, 自陳誠款, 辭甚恭愨. 帝問周等曰, "權可信乎?" 周以為權必臣服, 而袞謂其不可必服. 帝悅周言, 以為有以知之, 故立為吳王, 復使周至吳. 周謂吳王曰, "陛下未信王遣子入侍, 周以闔門百口明之." 吳王為之流涕沾襟, 指天為誓. 周還而侍子不至, 但多設虛辭. 帝欲遣侍中辛毘·尚書桓階往與盟誓, 並責任子, 吳王辭讓不受. 帝怒, 欲伐之, 劉曄曰, "彼新得志, 上下齊心, 而阻帶江湖, 不可倉卒制也." 帝不從. 九月, 命征東大將軍曹休·前將軍張遼·鎮東將軍臧霸出洞口, 大將軍曹仁出濡須, 上軍大將軍曹真·征南大將軍夏侯尚·左將軍張郃·右將軍徐晃圍南郡. 吳建威將軍呂范督五軍, 以舟軍拒休等, 左將軍諸葛瑾·平北將軍潘璋·將軍楊粲救南郡, 裨將軍朱桓以濡須督拒曹仁.

冬, 十月, 甲子, 表首陽山東為壽陵, 作終制, 務從儉薄, 不藏金玉, 一用瓦器. 令以此詔藏之宗廟, 副在尚書·秘書·三府.

吳王以揚越蠻夷多未平集, 乃卑辭上書, 求自改厲. "若罪在難除, 必不見置, 當奉還土地民人, 寄命交州以終餘年." 又與浩周書云, "欲為子登求昏宗室." 又云, "以登年弱, 欲遣孫長緒·張子布隨登俱來." 帝報曰, "朕之與君, 大義已定, 豈樂勞師遠臨江·漢! 若登身朝到, 夕召兵還耳." 於是吳王改元黃武, 臨江拒守. 帝自許昌南征, 復郢州為荊州. 十一月, 辛丑, 帝如宛. 曹休在洞口, 自陳曰, "願將銳卒虎步江南, 因敵取資, 事必克捷, 若其無臣, 不須為念." 帝恐休便渡江, 驛馬止之. 侍中董昭侍側, 曰, "竊見陛下有憂色, 獨以休濟江故乎? 今者渡江, 人情所難, 就休有此志, 勢不獨行, 當須諸將. 臧霸等既富且貴, 無復他望, 但欲終其天年, 保守祿祚而已, 何肯乘危自投死地以求徼倖! 苟霸等不進, 休意自沮. 臣恐陛下雖有敕渡之詔, 猶必沉吟, 未便從命也." 頃之, 會暴風吹吳呂范等船, 綆纜悉斷, 直詣休等營下, 斬首獲生以千數, 吳兵迸散. 帝聞之, 敕諸軍促渡. 軍未時進, 吳救船遂至, 收軍還江南. 曹休使臧霸追之, 不利, 將軍尹盧戰死.

庚申晦, 日有食之.

吳王使太中大夫鄭泉聘於漢, 漢太中大夫宗瑋報之, 吳·漢復通.

漢主聞魏師大出, 遺陸遜書曰, "賊今已在江·漢, 吾將復東, 將軍謂其能然否?" 遜答曰, "但恐軍新破, 創夷未復, 始求通親. 且當自補, 未暇窮兵耳. 若不推算, 欲復以傾覆之餘遠送以來者, 無所逃命."

漢漢嘉太守黃元叛.

吳將孫盛督萬人據江陵中州, 以為南郡外援.

자치통감 5

발행일 1쇄 2023년 10월 20일
지은이 사마광
역 주 신동준
펴낸이 여국동
펴낸곳 도서출판 인간사랑
출판등록 1983. 1. 26. 제일-3호
주소 경기도 고양시 일산동구 백석로 108번길 60-5 2층
물류센타 경기도 고양시 일산동구 문원길 13-34(문봉동)
전화 031)901-8144(대표) | 031)907-2003(영업부)
팩스 031)905-5815 **전자우편** igsr@naver.com
페이스북 http://www.facebook.com/igsrpub
블로그 http://blog.naver.com/igsr
인쇄 하정인쇄 **출력** 현대미디어 **종이** 세원지업사

ISBN 978-89-7418-846-7 04910
978-89-7418-841-2 (세트)

* 책값은 뒤표지에 있습니다. * 잘못된 책은 바꿔드립니다.

20여 년에 걸친 고 신동준 작가의 동양 고전 번역 작업의 총결산

『관자』 상·하

중국의 역사문화는 모두 춘추전국시대의 제자백가 사상에서 비롯되었다. 제자백가의 효시가 바로 사상 최초의 정치경제학자인 관중이다. 지피지기 차원에서라도 위정자와 기업CEO는 물론 일반인 모두 『관자』가 역설한 경세제민과 부국강병 이치를 통찰할 필요가 있다. 그래야 난세에 살아남을 수 있다. 민족의 염원인 한반도통일을 조속히 실현해 명실상부한 '동북아 허브시대'를 조기에 개막할 수 있는 비결도 여기에 있다.

『당시삼백수』 수정증보판

청조 건륭제 때 활약한 손수가 53세 때 직접 편찬한 당시선집이다. 당시 손수는 53세였다. 굳이 책의 제목에 '삼백수'를 단 것은 『시경』을 흉내 낸 것이다. 건륭 28년인 1763년에 부인 서난영과 함께 『당시삼백수』를 편찬했다. 그는 이 책을 편찬할 때 심덕잠의 『당시별재』 및 왕사정의 『고시선』을 참고해 310수를 정선했다.

『고전으로 분석한 춘추전국의 제자백가』 상·하

『고전으로 분석한 춘추전국의 제자백가』 하권. 제4부 '무위자연의 자유를 즐겨라 — 도가道家', 제5부 '엄법으로 천하를 평정하라 — 법가法家', 제6부 '지피지기로 승리를 취하라 — 병가兵家', 제7부 '상대의 속마음을 공략하라 — 세가說家'로 구성되었다.

『시경』 수정증보판

『시경』은 황하를 중심으로 한 중원 일대 여러 나라의 노래가사를 모아 놓은 것이다. 노래가사의 주종이 서정시의 형식을 띠고 있기에 시집일 뿐이지 엄밀히 말하면 악보가 빠진 가요 및 가곡 선집에 해당한다. 그럼에도 『시경』은 '경經' 표현이 암시하듯이 수천 년 동안 『역경』 및 『서경』 등과 더불어 유가경전의 상징인 3경 내지 5경의 하나로 취급돼 왔다. 말할 것도 없이 공자가 『시경』을 편수編修했다는 믿음 때문이었다.

『한비자』 상·하

21세기의 관점에서 볼 때 『한비자』는 동서고금을 통틀어 난세 리더십의 압권에 해당한다. 실제로 진시황은 『한비자』를 읽고 500여 년에 달하는 춘추전국시대의 난세상황을 일거에 종식시켰다. 삼국시대 당시 천하의 재사 제갈량도 죽기 직전 후주 유선에게 올린 글에서 반드시 『한비자』를 숙독할 것을 권한 바 있다.

『십팔사략』 상·하

『십팔사략』에는 춘추전국시대에 활약한 수많은 영웅호걸은 물론 사상 최초로 천하를 통일한 진시황을 비롯해 초한지제의 주인공인 항우와 유방, 삼국지 영웅인 조조와 유비 및 손권, 『정관정요』의 당사자인 당태종과 유일무이한 여제인 측천무후, 사상 최대의 대제국을 건설한 칭기즈칸 등이 쉼 없이 등장한다.

『정관정요』을 통해 역사무대에 등장한 무수한 영웅호걸과 재자가인들의 지략과 대응, 행보 등을 자연스럽게 알 수 있다. 무엇보다도 치세와 난세의 차이에 따른 임기응변의 리더십을 터득할 수 있다.

『묵자』 수정증보판

묵자는 대략 공자가 세상을 떠난 지 10여 년 뒤 태어나, 맹자가 태어나기 10여 년 전 세상을 떠난 것으로 추정되고 있다. 예수보다 약 4백여 년 가량 앞서 인류가 서로 평화롭게 사는 비결을 전수한 셈이다. 그가 말한 '겸애'는 관념적인 사랑이 아니다. 타인을 이롭게 하는 것이 곧 자신을 이롭게 하는 길이라고 설파한 게 그렇다.

원래 『묵자』는 71편이었으나 현존하는 것은 53편이다. 진시황의 천하통일을 계기로 묵가가 감쪽같이 사라지면서 『묵자』 또한 훼손을 면치 못한 결과다. 현존 53편으로도 나름 묵가사상의 요체를 파악할 수 있다.

『춘추좌전』 상·하

동아시아 역사문화를 이해하는 열쇠 『춘추좌전』. 이번 전면개정판은 두예와 공영달의 주소를 기본으로 하면서 『춘추공양전』과 『춘추곡량전』은 물론 역대 제가의 학설을 모두 참조한 『춘추좌전』의 결정판이라고 할 수 있으며, 『춘추좌전』의 편제에 관한 한 가장 체계적인 책이라고 할 수 있다.

사상사적으로 볼 때 『춘추좌전』의 위대한 면모는 국가의 흥체 이치를 있는 그대로 기술한 사서라는 사실에서 찾을 수 있다. 또한 치세와 난세의 관점에서 볼 때 『춘추좌전』은 난세의 전형인 춘추전국시대의 핵심인 춘추시대 역사를 가장 체계적으로 정리해 놓았다. 『춘추좌전』에 대한 이해가 없으면 결국 춘추전국시대를 제대로 파악할 길이 없고, 춘추전국시대를 모르면 동아시아의 역사문화를 이해할 길이 없게 된다.

『국어』 전면개정판

춘추시대를 알려면 반드시 읽어야 할 필독서. 『국어』가 주로 춘추시대를 주도한 '춘추5패'와 이들을 뒷받침한 군신君臣들의 활약을 기술하고 있으며 당시의 상황을 생생히 그리고 있다.

『서경』

『서경』은 사서인 동시에 문학서적의 성격을 띠고 있다. 『시경』과 더불어 고대문학의 양대 기념비로 간주되고 있는 게 그렇다. 『서경』은 『시경』이 운문韻文 문학의 시원이라는 평가를 받고 있는 것처럼 산문散文의 효시라는 평가를 받고 있다. 현존 『서경』은 총 58편으로 구성되어 있으며, 크게 2가지 점에서 오늘날에도 고전의 역할을 충분히 수행하고 있다.

첫째, 이상향인 왕도王道 리더십 모델을 제시하고 있다. 비록 성사된 적도 없고, 앞으로 성사될 가능성이 거의 희박하지만 전 인류가 서로 협심해 추구해야 할 평화공동체의 이상향이 그것이다. 둘째, 정치의 존재이유인 위민爲民 리더십 모델을 제시하고 있다. 모든 방향으로 눈과 귀를 활짝 열어 민심의 향배를 파악하고, 통치의 기본목표를 신민 앞에 제시하며 장기적인 안목의 국가정책 비전을 제시코자 한 이유다.

『장자』

21세기는 풍부한 상상력을 바탕으로 한 소프트웨어의 콘텐츠가 국력을 좌우하는 시대이다. 『장자』는 그 보고에 해당한다. 『장자』의 보물창고는 그 종류가 매우 다양한데도 대부분 문예와 철학의 창고만 뒤지고 있다. 본서는 리더십 분야 창고의 문을 여는 첫 시도에 해당한다. 위정자와 기업 CEO 등의 리더십은 문예와 자연과학 분야 못지않게 창조적인 상상력이 절실히 요구되는 분야이다. 본서가 척박한 한국의 리더십 풍토에 천공을 자유로이 넘나드는 장자의 상상력이 적극 유입되는 계기로 작용했으면 하는 바람이다.

『전국책』

중국 전국 시대에 활약한 책사와 모사들의 문장을 모은 『전국책』의 완역본. 『전국책』은 전한 시대의 유향이 서주, 동주, 진, 제, 초, 조, 위, 한, 연, 송, 위, 중산의 12개 나라 역사를 33권으로 정리한 것이다. 『춘추』가 엄밀하고 정확한 역사서인 데 반하여 『전국책』은 그 시대 인물의 말과 행동을 좋은 표현으로 적은 일종의 일화집으로, 단순히 외교지략을 얻는 데 그치는 것이 아니라 이야기를 통해 치국의 병략을 터득할 수 있도록 도와준다. 『전국책』에는 주나라 원왕에서부터 진나라 시황이 여섯 나라를 멸하였던 시기까지 240여 년 간의 역사가 실려 있으며, 전국 시대를 주름잡은 세객들의 활약상을 함께 만나볼 수 있다.

풍몽룡의 동주열국지 1-5권

난세의 전형인 춘추전국시대를 수많은 일화를 곁들여 흥미진진하게 파헤친 고전『열국지』.『열국지』는 겉으로만 역사소설일 뿐 사실상 사서에 해당한다. 실제로『열국지』의 내용은 거의 모두『사기』와『춘추좌전』,『전국책』,『자치통감』 등의 정통 사서에서 취한 것이다.

나머지 내용도『오월춘추』 등에서 취한 것으로, 풍몽룡 자신이 문학적 상상력을 발휘해 쓴 내용은 거의 없다고 해도 과언이 아니다. 선인의 언행만 기술할 뿐 창작하지는 않겠다고 언명한 공자의 술이부작 원칙을 철저히 지킨 셈이다.

하지만『열국지』는 여타 사서처럼 마냥 딱딱하지 않고 이야기 구성이 탄탄하며 내용도 흥미진진하다. 그 이유는 역사소설 형식을 빌린 덕분이다. 따라서『열국지』 독자들은『춘추좌전』과『사기』,『자치통감』 등의 정통 사서의 내용을 박진감 넘치는 이야기체 형식으로 읽는 것이나 다름없다.

『열자』

『열자』는 기본적으로 노장철학의 기초 위에 서 있으면서도 제자백가의 관점을 흡수해 자신만의 독특한 우주관을 완성해 놓았다. 저자로 알려진 열자의 실존 자체가 불분명하다는 견해가 있지만 본명이 열어구(列禦寇)인 열자는 춘추시대 말기에서 전국시대 초기에 걸쳐 활약한 실존 인물이었다. 『열자』의 내용을 보면 도가의 입장에서 우주 만물과 치국평천하 문제를 일이관지(一以貫之)하여 해석하고 있다.

이 책은 열자사상을 통치사상의 차원에서 분석한 최초의 저서에 해당한다. 또한 열자는 물론 노자와 장자를 완전히 새롭게 인식할 수 있을 것이다. 사실 이것이 노자사상 및 열자사상의 본령이자 『열자』의 실체이다. 이 책이 도가사상에 대한 전면적인 재해석의 계기로 작용하기를 기대해 본다.

『순자』

유가의 정통이 맹자가 아닌 순자로 이어졌다면 중국을 비롯한 한국과 일본 등 동양이 얼마나 달라졌을지 상상하기 힘들다. 순자는 제자백가사상을 집대성해 유가사상을 비약적으로 발전시켰을 뿐만 아니라 법가나 명가와 같은 다른 학파의 사상 발전에도 큰 영향을 미쳤다. 특히 그는 유가경전의 연구와 전승에 다른 학자들보다 큰 역할을 수행했다. 중국사상은 물론 한국사상과 일본사상 등 동양사상을 제대로 이해하기 위해서는 반드시 『순자』를 읽어야만 하는 이유가 바로 여기에 있다.

21세기 동북아시대는 공자사상에 대한 정확한 이해가 필요하다. 이는 순자사상에 대한 정확한 이해를 전제로 한다. 순자사상에 대한 재해석이 절실히 요구되는 시점이 아닐 수 없다.